GROSSE PHILOSOPHEN

GROSSE PHILOSOPHEN

Mit einer Einleitung von Andreas Graeser

PRIMUS
VERLAG

Einbandgestaltung: Jutta Schneider, Frankfurt

Die Deutsche Bibliothek – CIP-Einheitsaufnahme
Ein Titeldatensatz für diese Publikation ist bei
Der Deutschen Bibliothek erhältlich.

Gedruckt auf säurefreiem und alterungsbeständigem Papier
Printed in Germany

ISBN 3-89678-225-8

INHALT

EINLEITUNG: ZUR SITUATION DER PHILOSOPHIE

I. Probleme der Beurteilung

Die hier vorliegende Sammlung von Beiträgen zu eminenten Gestalten der Philosophie eröffnet nicht nur ein denkbar reiches Spektrum von Gedanken und Fragen. Sie verdeutlicht auch, was Philosophie gewesen sein mochte und sein kann. Damit trägt sie der Erwägung Rechnung, daß Philosophie – und das unterscheidet diese Disziplin von anderen Metiers – historisch und systematisch gesehen sinngemäß ein Ganzes ist und Züge eines Kosmopolitismus an den Tag legt. Dazu paßt, daß die Darstellungen der hier versammelten Denker aus verschiedenen Federn stammen und den Leserinnen und Lesern auch in dieser Hinsicht unterschiedliche Temperamente und unterschiedliche Begabungen begegnen. Auch dies gehört zum Ferment dieser Disziplin, die sich Normierungen weitgehend entzieht.

Vor diesem Hintergrund leuchtet wohl ein, daß Sammlungen wie diese alles andere als problemlose Unterfangen sind und auch heikle, um nicht zu sagen lästige Fragen aufwerfen. So dürfte eine Präsentation *der* großen Philosophen mehr noch als eine bloße Präsentation großer Philosophen Skepsis nähren. Denn sowenig feststehen mag, wer eigentlich ein Philosoph ist und wer nicht, so wenig ist ausgemacht, ob jemand ein großer Philosoph ist oder nicht. Fragen dieser Art lassen sich nicht allein im Blick auf bestimmte Tatsachen bescheiden. Es handelt sich um Fragen normativer Art, deren Beantwortung an Standards appelliert. Dazu bedarf es nicht nur eindeutiger Anwendungsbedingungen des Terminus 'Philosoph'; es bedarf auch konsensfähiger Beurteilungskriterien in bezug auf Einstufungen. Diese divergieren aber nicht nur mit und in der Zeit. Sie variieren zwischen Kulturen und innerhalb von Kulturen, zwischen Universitäten und innerhalb von Instituten sowie zwischen Akademie und interessierter Öffentlichkeit. So wie in offenen Gesellschaften Meinungen aufeinanderprallen und Ideen einander konkurrenzieren, so sind auch Fehden innerhalb der philosophischen Zunft von jeher Triebfeder produktiver Entwicklungen. Oft genug hängen derartige Divergenzen davon ab, welche Probleme man als wichtig ansieht und welche Lösungen als relevant. Gewichtungen dieser Art sind zwar das Lebenselixier dieser Disziplin, die Trivialitäten zu meiden und Perspektive(n) zu gewinnen sucht. Doch machen sich hier die Divergenzen massiv bemerkbar. Insbesondere vergrößern sie auch die Kluft zwischen akademischen und außerakademischen Erwartungen. So betrachtet scheint es sich bei jedem Unterfangen einer quasi-kanonischen Präsentation der großen Philosophen um ein zweischneidiges Schwert zu handeln.

Die Realität sieht freilich anders aus. Denn in der Praxis ist ziemlich klar, um welche Denker es geht und um welche nicht. Zur Debatte stehen in erster Linie Denker, die ihren Platz behauptet haben und selbst dann als Größen behandelt werden, wenn sie nicht zu den bevorzugten Gesprächspartnern der Gegenwart gehören. Andere wiederum sind auf Grund von Umständen verschiedenster Art zu Gesprächspartnern geworden; und manche darunter erweisen sich plötzlich im Spiegel zeitgenössischer Interessen sogar als relevante Autoren. Wieder andere bleiben deshalb im Gespräch, weil sie Angebote zu andersartigen Orientierungen verkörpern. Mit anderen Worten: Einer philosophisch engagierten Lektüre bieten sich viele Gründe, einen Denker als kongenial oder wichtig und bedeutsam anzusehen und ihn deshalb als überlegenen Geist zu empfinden. Umgekehrt läßt sich feststellen, daß große Philosophen ähnlich wie eminente Figuren der Dichtung unterschiedliche Temperamente unterschiedlich ansprechen und *so* Generationen von Menschen in ihren Bann ziehen. Die hier vorgestellten Denker sind von diesem Kaliber und verdienen deshalb unsere Aufmerksamkeit.

II. Weitere Annäherungen

In der Regel sind große Denker dadurch charakterisiert, daß ihre Gedanken die Welt der philosophischen Diskussionen an einem bestimmten Punkt verändern. Ob man derartige Veränderungen als Paradigma-Wechsel oder Revolution der Denkungsart bezeichnet oder als Verschiebung der Perspektive, tut eigentlich wenig zur Sache. Entscheidend ist, ob und wie die Sache ins Gewicht fällt. So stellte etwa die kopernikanische Wende Kants die Diskussion damit auf eine neue Basis, daß er den aktiven bzw. spontanen Anteil der Subjektivität bei der Strukturierung von Erfahrung hervorkehrte. Entsprechend beruht die Relevanz der Thesen seiner idealistischen Nachfolger wiederum auf der Art und Weise, wie man die Möglichkeiten und Grenzen der Antworten Kants auslotete. In anderer Hinsicht wieder mag man an Spinozas Umdeutung der Wirklichkeit denken. Seine Charakterisierung der Menschen als endlicher Zug (modus finitus) im Gewebe der einen Substanz stellt eine ungewöhnliche Provokation dar. Dies betrifft nicht nur unsere normalen Intuitionen bezüglich der Wirklichkeit; es betrifft das Selbstverständnis menschlicher Wesen als autonomer Agenten. Wiederum andere Veränderungen kommen mit William James und den Pragmatisten in die Diskussion. Dies ist vor allem die Einsicht, daß wir nicht primär als betrachtende Wesen agieren, sondern als Wesen, die sich in Handlungskontexte eingebettet finden. Diese Einsicht fällt insofern ins Gewicht, als viele unserer vertrauten begrifflichen Unterscheidungen naiv-realistisch interpretiert werden – als ob sie in einer Welt der Kontemplation beheimatet wären und nicht etwa in einer Welt des Handelns gründeten. Wiederum andere Veränderungen im Bereich der Grundlagen unserer Disziplin knüpfen sich an den Namen Willard V. O. Quine, dem in der Fachwelt einflußreichsten Denker unserer Zeit. Seine subtile Attacke auf die Unterscheidung zwischen analytischen und synthetischen Sätzen bzw. Urteilen ist vielleicht weniger geeignet, Konsumentinnen und Konsumenten unserer Disziplin von den Sitzen zu reißen. Doch handelt es sich hier, wenn irgendwo, um eine Leistung epochaler Art.

Die Liste massiver Veränderungen und substantieller Eingriffe – zu ihnen gehört auch Edmund Gettiers Attacke auf Elemente unseres tradierten Verständnisses von Wissen als begründeter Meinung – ließe sich leicht erweitern. Nur ist dies nicht einmal nötig. Was zählt, ist, daß große Denker mit ihren Veränderungen im Gefüge unserer Überzeugungen *in philosophicis* sozusagen auch die jeweiligen Arbeitsgrundlagen modifizierten. Doch wird auch etwas anderes deutlich. Das ist der Umstand, daß heute Veränderungen im relevanten Sinn weniger plakative Dimensionen an den Tag legen als früher. Vielfach handelt es sich um punktuell anmutende Belange. Tatsächlich geht es jedoch um z. T. hochkomplexe Gefilde minutiöser Detailarbeit und um Problemnester, wie sie großzügigen Autoren früherer Zeiten und großflächigen Texten eher fremd waren. Entsprechend fällt auf, daß die Zeiten großer Systeme bzw. eindrücklicher Systementwürfe vorbei sind und die wissenschaftliche Kultur heute generöse Visionen auch nicht zu begünstigen scheint. Dies gibt uns Gelegenheit, einen Punkt anzusprechen, der den Spielraum für Wandlungen in der Entwicklung philosophischer Thematiken angeht.

III. Gliederungen

Die Geschichte des philosophischen Denkens läßt sich nämlich nicht nur nach Epochen gliedern. Die dabei geläufigen Einteilungen – Antike und Mittelalter, Neuzeit und Gegenwart – können ihrerseits mit bestimmten Projekten bzw. Paradigmen verbunden werden. Danach wäre die Philosophie der Antike ebenso wie die des Mittelalters auf die Idee des Seins hin orientiert; die Philosophie der Neuzeit wäre auf das Bewußtsein ausgerichtet; und für die Philosophie des 20. Jahrhunderts wäre Sprache *das* Paradigma. (Vermutlich ist es korrekt zu sagen, daß die Sprachphilosophie ihre privilegierte Stellung an die Philosophie des Geistes zu verlieren droht [s. u. V].)

Was diese Gliederung besagt, ist folgendes. Antike und mittelalterliche Philosophen interessierten sich für die Natur und Struktur der Wirklichkeit. Dies mögen die Physis im Denken der Vorsokratiker sein oder die Ideen bei Platon oder Gott als esse tantum im Mittelalter: Allenthalben geht es um die Orientierung an einer paradigmatischen Realität, deren Züge wir zu ergründen trachten; und allenthalben begründet diese Realität – man mag sie Sein nennen – auch den Rahmen für die Plazierung anderer Thematiken. Damit ist gemeint, daß gewisse Themen sozusagen prioritär sind und andere Fragen entweder im Hintergrund bleiben oder gar nicht erst aufkommen. Im Falle der beiden hier in Rede stehenden Epochen ist das z. B. die Frage nach dem Status des Subjekts oder nach dem Wesen von Subjektivität. Natürlich gibt es Texte bzw. Textstellen, in bzw. an denen Elemente oder Ingredienzen dieser Frage vorkommen. Platons proto-kantische Erwägungen zum Wesen der Wahrnehmung im Dialog *Theaitetos* wären hier ebenso zu nennen wie etwa bestimmte Überlegungen Augustins. Nur ist das nicht der springende Punkt. Wichtig ist der Gesichtspunkt, daß die angesprochenen Momente allenfalls operativ sind, aber nicht thematisch werden; und da, wo sie buchstäblich fehlen, scheint es fair zu sagen, daß sie nicht als philosophische Optionen betrachtet wurden.

Entsprechend läßt sich im Blick auf Belange der Philosophie der Neuzeit die nämliche Situation unter umgekehrten Vorzeichen ausmachen. Hier dominiert das Interesse am Subjekt und dessen geistigen Zuständlichkeiten. Waren Wahrheit und Erkenntnis früher im Sein fundiert und, so betrachtet, ontologisch gerechtfertigt, so sind sie nun Angelegenheiten des Bewußtseins und menschlicher Gewißheit. Natürlich gibt es auch hier Texte, die weitere Dimensionen verkörpern und, wie die Werke Hegels, sogar ein komplexes Verständnis der Möglichkeiten und Grenzen von Positionen nahelegen. Doch ändert dies wohl nichts an der Tendenz der philosophischen Ausrichtung insgesamt.

Im 20. Jahrhundert dominiert die Überzeugung, daß Sprache nicht ein Thema unter anderen sei, sondern *das* Thema überhaupt. Die Gründe für die Überzeugung liegen erstens im Befund der Analyse natürlicher Sprachen mit den Mitteln der neuen Logik(en), zweitens im Befund der begrifflichen Klärung umgangssprachlicher Ausdrucksweisen. Gottlob Frege in Jena und Bertrand Russell in Cambridge legten nahe, daß sich die Defekte der normalen Sprache durch die Konstruktion einer idealen Sprache ausmerzen bzw. vermeiden lassen. Diese Meinung wurde von Ludwig Wittgenstein im *Tractatus* vertreten. Anders zeigten John L. Austin und Gilbert Ryle sowie Ludwig Wittgenstein in seinen späteren *Philosophischen Untersuchungen*, daß viele philosophische Probleme dadurch entstehen, daß wir uns von den sicheren Gestaden der Umgangssprache entfernen bzw. Verhexungen des Geistes zum Opfer fallen, wenn – so Wittgenstein – die Sprache feiert.

Idealsprachlich orientierte Denker zeigten u. a., daß Heideggers Rede vom Sein und dem Nichts Symptom einer tiefen Verwirrung sei. So argumentierte Rudolf Carnap, daß die Bedeutungen vom Hilfszeitwort ‚ist' als Ausdruck der Identität einerseits, von ‚ist' als der Ding-/Eigenschaftsbeziehung bzw. Elementrelation andererseits und vom Vollwerb ‚ist' als Ausdruck der Existenz irreduzibel seien und nicht in einem Infinitiv ‚sein' eingefaßt werden können. Ferner argumentierte Carnap, daß die Großschreibung ‚das Sein' entsprechend einen unechten Namen bzw. eine Gegenstandsbezeichnung generiere, der nichts entspreche.

Alltagssprachlich orientierte Philosophen wie John L. Austin machten geltend, daß die Verwendung solcher Ausdrücke wie ‚mittelbar'/‚unmittelbar' bzw. ‚direkt'/‚indirekt' im Kontext von Wahrnehmungslehre und Erkenntnistheorie als willkürliche Expansion des Idioms des Sehens anzusehen sei. Sie zeigten auch, daß die typisch philosophische Verwendung solcher Ausdrücke wie ‚Wirklichkeit' einem Irrtum entspringe; und zwar ignorieren Philosophen, daß ‚wirklich' ein attributives Prädikat sei. Mit anderen Worten: Wir haben es sehr wohl mit wirklichen Freunden, wirklichem Gold usw. zu tun, nicht jedoch mit etwas, was simpliciter wirklich wäre.

IV. Rückblick

Nun hat die sog. Sprachliche Wende die Philosophie nicht revolutioniert. Doch hat sie für einen stilistischen Wandel gesorgt. Denn sie hat dazu beigetragen, daß in der philosophischen Diskussion neue Standards begrifflicher Präzision beobachtet werden. Im deutschsprachigen Raum ist diese Tendenz allerdings noch wenig ausgebildet. Das hat mehrere Gründe. Einer davon ist, daß man die englische Philosophie immer schon als bodenständig einschätzte und kaum ernst nahm – von den amerikanischen Denkern ganz zu schweigen. Verlorene Kriege und verletztes Nationalbewußtsein taten das ihrige. Zudem schien die vom englischen Sprachraum ausgehende Analytische Philosophie mit zwei autochthonen Denkrichtungen zu kollidieren, die bei aller Feindseligkeit doch eine unterirdische Allianz unterhielten. Da war einmal die Kritische Theorie, die von Max Horkheimer und Theodor Adorno propagiert sowie zeitweilig von Jürgen Habermas vertreten wurde. Diesen Denkern erschienen die Vertreter der Sprachlichen Wende überwiegend als Sachwalter jenes Positivismus, den man selber, u. a. auch mit Hilfe marxistischer Ansätze zu kritisieren suchte.

Auf der anderen Seite gab es die Front der Philosophischen Hermeneutik. Hier handelt(e) es sich um Autoren, die im Ausgang von Martin Heideggers Texten alles technische Philosophieren als ‚abkünftig' ablehnten. Einflußreiche Gestalten wie Hans-Georg Gadamer orientierten sich zudem an Hegel. Dieser Philosoph bildete auch einen wichtigen Bezugspunkt für die Vertreter der Kritischen Theorie, die politische Vorbehalte gegen das philosophische Denken der anglo-amerikanischen Welt kultivierten.

Mit dem Zusammenbruch der marxistisch orientierten Welt sind einige Feindbilder verblaßt und manche Loyalitäten geschwunden. Heute scheint klar, daß die Antagonismen zurückliegender Jahrzehnte zum beträchtlichen Teil auf Mißverständnissen der kritisierten Positionen beruhen. So verkennt insbesondere der Positivismus-Vorwurf in den einschlägigen Texten Adornos und Habermas', daß Karl Popper seinerzeit in seiner *Logik der Forschung* die Grundlage des Logischen Empirismus erschüttert hatte. Desgleichen blieb auch den Anhängern der Philosophischen Hermeneutik verborgen, daß z. B. die These von der Vorverständnis-Struktur allen Erkennens in der Analytischen Philosophie längst eine wichtige Rolle spielte. Leserinnen und Leser von Wilfrid Sellars Kritik am Mythos der Gegebenen werden wenig Mühe haben zu sehen, daß diese Attacke überaus belangvoll ist und philosophisch gesehen ihresgleichen sucht. Jedenfalls wird heute deutlich, daß quer durch die Fronten ein breiter Fundus gemeinsamer Thematiken besteht.

Noch in anderer Hinsicht zeichnen sich neue Konvergenzen ab. Diese betreffen thematische Belange der Existenzphilosophie. Galt diese Richtung zumal in den Nachkriegsjahren als Hort von Sinn-Findung und Schlüssel menschlichen Selbstverständnisses, so schwand ihre Bedeutung vor den Herausforderungen neuer Nüchternheit. Damit traten auch jene Thematiken in den Hintergrund, die die ursprüngliche Faszination dieser Fragerichtung ausmachten. Zumindest in der professionell geprägten Diskussion spielten die Texte der Existenzphilosophie nur noch eine Rolle am Rand. Nun scheint das Pendel zurückzuschlagen. Denn Thematiken wie die der radikalen Wahl bei Sartre kommen nun auch bei Autoren der Analytischen Tradition ebenso zum Tragen wie anthropologische Gesichtspunkte und Belange der philosophischen Psychologie. Zu den federführenden Denkern, die sich seit geraumer Zeit Fragen der Selbst-Auslegung zuwandten, gehören Charles Taylor und Harry G. Frankfurt. Ersterer hat u. a. die Erklären/Verstehen-Debatte bereichert und die Relevanz der Wissenschaften vom Menschen deutlich gemacht. Letzterer warb in einer Reihe von Aufsätzen für die Anerkennung hierarchischer Willensstrukturen und weckte so den Sinn für Notwendigkeit einer Sondierung wichtiger Bedeutungsnuancen im Umkreis von ‚Wollen', ‚Wünschen', ‚Schätzen', ‚Werten' usw. Diese Diskussionen erwiesen sich bald als sehr produktiv.

Damit rückt die Frage nach dem Menschen erneut ins Zentrum philosophischen Interesses. Insofern läßt sich sagen, daß die Anliegen der Existenzphilosophie heute unter veränderten gesellschaftspolitischen Verhältnissen, fruchtbaren Boden fanden und, unter neuen Bedingungen systematischer Art, gewinnvoll erörtert werden.

V. Ausblick

In den zurückliegenden Jahrzehnten hat sich die sog. Philosophie des Geistes als Disziplin herauskristallisiert, die auf längere Zeit *die* Domäne der Philosophie schlechthin sein dürfte. Sie integriert nämlich nicht nur wichtige Anliegen der Sprachphilosophie und Erkenntnistheorie, von Handlungstheorie und philosophischer Psychologie. Sie steht auch längst im Verbund mit ‚harten' Disziplinen wie den Neurowissenschaften und ihre ambitiösen Projekte einen weltweit zahlreiche Philosophinnen und Philosophen quer über die Kontinente. Dabei geht es nicht allein um so abstrakt anmutende Positionen, die unter den Begriffen ‚Eliminativer Materialismus' oder ‚Reduktiver Physikalismus' bekannt wurden. Es geht um komplexe Betrachtungen der Realität mentaler Gegebenheiten in Begriffen von ‚Emergenz' oder ‚Supervenienz' usw. Im Brennpunkt stehen heute sicher die Kontroversen um die Frage der Eigenständigkeit distinkter Züge der Subjektivität, wie sie unter den Titeln ‚Qualia' bzw. ‚Phänomenales Bewußtsein' kursieren. Sind Gebilde wie ‚wie es ist, Toblerone zu schmecken' tatsächlich irreduzibel? Entfalten sie gegebenenfalls kausale Wirksamkeit? Und was würde diese oder jene Antwort bedeuten? Derartige Fragen stellen heute besondere Herausforderungen dar; und hier ist die zeitgenössische Philosophie mit wichtigen Aufgaben konfrontiert.[1]

[1] Einen Überblick über relevante Thematiken der Gegenwartsphilosophie gebe ich in meinem Buch *Philosophie im 20. Jahrhundert*, München 2001.

PYTHAGORAS

Zwischen Wissenschaft und Lebensführung

Von GERALD BECHTLE

Pythagoras ist für uns eine schattenhafte Figur, von der wir im Grunde wenig Sicheres wissen. Gemeinhin gilt er als Begründer religiöser Vorstellungen einerseits und mathematisch-metaphysischer Spekulationen bezüglich des Wesens der Wirklichkeit andererseits. Doch sind auch diese Punkte umstritten. Insofern kann ein Aufsatz zu „Pythagoras"[1], ähnlich wie ein solcher zu Orpheus und zu Hippokrates, seinen Titel nur dann zu Recht tragen, wenn man ihn von vornherein in einem weiteren Sinne versteht. Er sollte auf jeden Fall so ausgelegt werden, dass er komplexe Phänomene wie die, die man gemeinhin unter dem Titel „Pythagoreer" und „Pythagoreismus" zusammenfasst, zumindest teilweise mit umschließt. Eine weitgehende Beschränkung auf die nicht leicht fassbare Figur und Lehre des Pythagoras würde die hier angestrebte skizzenhafte Orientierung über das pythagoreische „Phänomen" als ganzes und einige seiner vorwiegend philosophischen Implikationen kaum voranbringen. Um dieses Phänomen besser verstehen zu lernen, empfiehlt es sich, eine dreifache sowohl sachlich-historische als auch terminologisch-systematische Unterscheidung in den Raum zu stellen. Sie markiert bestimmte Prinzipien der Ein- und Ausgrenzung und spezifiziert damit den Bereich der nachfolgenden Erörterungen.

[1] Die für Pythagoras im Rahmen einer Einführung wichtigen und im Folgenden zitierten und verwendeten Ausgaben und Übersetzungen sind: D. K. = Die Fragmente der Vorsokratiker, Griechisch und Deutsch von H. Diels, hrsg. v. W. Kranz, 3 Bde., Zürich–Hildesheim 1992–93 (= 1989[18], die wiederum ein unveränderter Nachdruck der Ausgabe Berlin 1951–52[6] ist, welche wiederum ein verbesserter Nachdruck der Ausgabe Berlin 1934–37[5] ist), s. unter den entsprechenden pythagoreischen Autoren. J. Mansfeld, Die Vorsokratiker, Griechisch/Deutsch, Auswahl der Fragmente, Übersetzung und Erläuterungen von J. M., Stuttgart 1987, 98–203 zu Pythagoras und die älteren Pythagoreer (Mansfeld's Übersetzungen sind nicht immer zuverlässig und wurden in diesem Beitrag durch eigene ersetzt). M. Timpanaro Cardini (hrsg. u. übers.), Pitagorici. Testimonianze e Frammenti, Florenz 1958–1964.

I

1. In unserem Beitrag geht es vorwiegend, aber nicht ausschließlich, um Pythagoreer und Pythagoreismus im Sinne einer *gerechtfertigten Berufung* auf Pythagoras, d. h. auf seine – im weiten und nicht unbedingt strikte Lehrnachfolge voraussetzenden Sinne – „Schule“ sowie deren Lehrinhalte oder auch Lebensform und -ansichten. Somit muss echte oder volle pythagoreische Zugehörigkeit vorausgesetzt werden; letztere ist entweder *de facto* gegeben oder wird – zumindest im Sinne einer notwendigen Bedingung – durch das *Selbstverständnis* der entsprechenden Pythagoreer etabliert, wenn auch *wir* eine hinreichende Bedingung hinzufügen dürfen. Am besten wäre es somit, Pythagoreer nur die Denker zu nennen, die dem im 4. Jh. v. Chr. nach ungefähr zwei Jahrhunderten allmählich aussterbenden „ursprünglichen“ (archaischen und klassischen) Pythagoreismus angehören. Letzterer hat seine – wenn auch manchmal entfernten – Wurzeln bei Pythagoras und stellt eine relativ unabhängige – viel diskutiert ist freilich das Verhältnis zum Orphismus insbesondere in der Frage der Metempsychose – und eigene Bewegung dar. Diese ist durch ihre teilweise sehr selbstständigen, in ihren Ansichten unabhängigen und auch sonst recht unterschiedlichen Denker gekennzeichnet. Letztere können noch in mindestens zwei chronologische Kategorien geteilt werden, die „frühen“ oder „alten“ Pythagoreer des 6. und 5. Jh. und die „späten“ oder „letzten“ Pythagoreer des 4. Jh., als sich der Pythagoreismus weit über die Grenzen Süditaliens hinaus verbreitete. Beide zusammen konstituieren sozusagen den „originalen“ Pythagoreismus, mit dem alle anderen mehr oder weniger ausdrücklich auf ihm fußenden Manifestationen im impliziten Vergleich stehen. Eine Liste dieser pythagoreischen Denker gibt der so genannte Pythagoreerkatalog bei Iamblichos ›De Vita Pythagorica‹ 267, der wohl auf Aristoxenos, der die „letzten Pythagoreer“ in Unteritalien noch persönlich kannte, zurückgeht. Da dieser Katalog aber wohl kaum vollständig sein dürfte und nicht in einem absoluten Sinne autoritativ ist, wird man gut daran tun, Kriterien wie die eben genannten zu entwickeln, um theoretisch reflektiert und zu Recht von *den* Pythagoreern sprechen zu können.

2. Es ist hier somit vor allem eine Abgrenzung gegenüber den Konzepten „Pythagorismus“ oder „pythagorisch“ (ohne -e) vorzunehmen – Termini, die sich nur auf gewisse Bruchteile oder entfernte Interpretationen der Lehre oder auf Anverwandlungen des pythagoreischen Selbstverständnisses (z. B. im platonischen Rahmen) beziehen. Die Vertreter eines solchen Pythagorismus könnte man entsprechend als Pythagor(e)isierer oder, mit einem attestierten Terminus, auch als „Pythagoristen“[2] bezeichnen. Es ist

[2] Wir präsentieren hier im Wesentlichen unsere eigene, moderne Einteilung, da

für sie charakteristisch, dass sie, von außen kommend, *de facto* keine wie auch immer entfernten Pythagoras-„Schüler" sind, sondern lediglich pythagor(e)isieren.[3] Die hellenistische Epoche ist ein deutliches Beispiel für das Existieren eines solchen Pythagorismus. Die hellenistische Pseudepigraphik des 3.–1. Jh. v. Chr. wäre demnach eher als pythagorisch und pythagoreisierend denn als pythagoreisch zu bezeichnen, da die entsprechenden Texte nur *vorgeben*, von Pythagoreern zu stammen, in Wahrheit aber vor allem Platonisches und Aristotelisches übermitteln. Letzteres wird, meist recht äußerlich, pythagoreisiert (z. B. durch Verwendung des dorischen Dialekts und pythagoreischer Verfassernamen), mit dem Ziel, Platons und Aristoteles' Autorität auf Pythagoras als Ur-Archegeten und Ur-Autorität zurückzuführen und so Pythagoras aufzuwerten. Es handelt sich somit um Fälschungen (daher: Pseudepigraphik), die in der Antike allerdings immer als authentisch pythagoreisch akzeptiert wurden und keinerlei Anspruch erheben können, pythagoreisch zu sein. Vor dem Aufkommen dieser Pseudepigraphik und vor dem Ende des Pythagoreismus im 4. Jh. v. Chr. könnte man Platon und Aristoteles selbst, sowie andere Philosophen der alten Akademie, im hier definierten Sinne als zumindest teilweise pythagoreisierend einstufen, d. h. als Denker charakterisieren, die ihrerseits die pythagoreischen Lehren um- und neu deuten. Es ist in der Tat genau diese originelle akademische Anverwandlung des „originalen" pythagoreischen Gedankengutes – und nicht dieses selbst –, die den Niedergang des ursprünglichen Pythagoreismus beschleunigt und im Hellenismus dann die Basis der pseudepigraphischen Texte darstellt, wo sie nicht als akademisch, sondern als pythagoreisch deklariert wird. Man kann somit

die antike Terminologie nicht einheitlich und für moderne Zwecke zu frei und ungenau ist. Für ein Beispiel einer antiken Einteilung, vgl. den anonymen Neupythagoreer bei Photios (›Bibliotheca‹ VII, p. 126,23–26 Henry); cf. H. Thesleff, An Introduction to the Pythagorean Writings of the Hellenistic Period, Åbo 1961, 27 und 77. Dort werden Pythagoriker diejenigen genannt, die persönlichen Kontakt zu Pythagoras hatten, Pythagoreer diejenigen, die Schüler der Pythagoriker waren, und Pythagoristen schließlich diejenigen, die schulexterne Anhänger/Nachahmer des Pythagoras waren. Der Term „Pythagoristen" wird in der wissenschaftlichen Literatur zum Thema heute freilich vor allem recht spezifisch für die von uns hier nicht gemeinte und aus der mittleren Komödie wohl bekannte Pythagoreergruppe des 4. Jh. v. Chr. verwendet, die vor allem wegen ihres extremen Vegetarismus/Askese, ihrer Schmutzigkeit und Armut verspottet wurde und die zu dem Bild, das Aristoxenos von den letzten Pythagoreern zeichnet, in starkem Kontrast steht.

[3] Zu diesem Kontext der terminologischen Festsetzung vgl. auch die exzellenten Anmerkungen von W. L. Gombocz, Die Philosophie der ausgehenden Antike und des frühen Mittelalters [Geschichte der Philosophie Band IV, hrsg. v. W. Röd], München 1997, 26–31 und 416–417 Anm. 5 und 11.

von Akademischem in pythagoreisierender Verpackung sprechen. Die Motive und Gründe für das Aufkommen eines solchen – wesentlich literarischen – Pythagorismus sind umstritten, und ein Lösungsversuch würde den hier vorgegebenen Rahmen sprengen.

3. Etwas anders gelagert ist der Fall in Bezug auf den Pythagorismus bzw. die pythagorischen Elemente, die mit der in den pseudepigraphischen Schriften verwurzelten kaiserzeitlichen *Renaissance* der pythagoreischen Bewegung schon ab dem 1. Jh. v. Chr. aufkommen. Das pythagorische bzw. pythagorische Momente enthaltende Schrifttum, das von dieser Zeit bis weit in die Spätantike hinein reicht, stammt meist, soweit es sich darin um (Schul-)Philosophie und nicht um ausschließlich paraphilosophische, gnostische, religiöse, prophetische oder auch lebenspraktisch inspirierte Texte handelt, von Philosophen, die für uns heute vor allem Platoniker sind. Dies hindert diese Philosophen allerdings nicht daran, sich selbst – anscheinend widerspruchslos – als Pythagoreer zu bekennen, sich auf Pythagoras zu berufen und somit ihren Platonismus zu pythagoreisieren. Diese Philosophenfiguren scheinen sich allerdings nur noch literarisch für die mit dem „originalen" Pythagoreismus verbundenen lebenspraktischen oder *bíos*-Aspekte der Bewegung zu interessieren (moralisch-ethische Anforderungen, Vegetarismus, Leinenkleider etc.), die sie, freilich mit geändertem Vorzeichen, weitgehend solch schillernden Persönlichkeiten wie beispielsweise Apollonios von Tyana oder seinem Enkelschüler Alexander von Abonuteichos überlassen. Auf diese Weise sind dann Theorie und Lebenspraxis, Philosophie/Wissenschaftstheorie und *bíos Pythagorikós*, stärker voneinander getrennt. Doch (i) bleibt unsicher, ob sie je konsequent in der harmonischen Personalunion auftraten, die man sich für den frühen Pythagoreismus oft vorstellt (manche Pythagoreer akzentuierten vielleicht mehr die Theorie, andere mehr die Praxis); (ii) auch in der fortschreitenden Kaiserzeit mussten sich (Schul)philosophie und religiöses Gefühl sowie auch politisch-soziales Engagement in Theorie und Praxis keineswegs im modernen Sinne ausschließen. Trotzdem wird man pythagorische Propheten und Thaumaturgen wie Apollonios oder Alexander nicht wirklich als Philosophen ansehen können. Uns geht es hier um vorwiegend theoretische Philosophen, die ihren Platonismus ohne weiteres mit Pythagoras verbunden sehen. Letzteres gilt auch in dem Sinne, dass sie als bekennende Pythagoreer sich doch gleichzeitig auch als das verstehen können, was sie *de facto* sind, nämlich als Platoniker, wie insbesondere das als Ausnahme die Regel bestätigende Beispiel des Moderatos zeigt. Denn Moderatos war unseres Wissens nach der Einzige unter diesen Philosophen, der sich explizit *gegen* Platon und die Platoniker wandte, was nichts daran ändert, dass er selber ohne jeden Zweifel als Platoniker zu kategorisieren ist. Gegenüber dem „Akademischen in pythagoreisierender Verpackung" des Helle-

nismus hat sich also folgendes gewandelt: a) Der Fälschungsaspekt beim Pythagoreisieren fällt ganz weg; b) es handelt sich nicht mehr nur um ein „totes“ oder literarisches, sondern auch um ein (schul)philosophisches und lebendiges Phänomen; c) es handelt sich bei diesem Pythagorismus *de facto* um einen klaren Platonismus, umso mehr, als Platon selbst nun gelesen wird; d) wir können von einer wirklichen „pythagoreischen Renaissance“ der Kaiserzeit sprechen, die vor dem Hintergrund einer platonischen Renaissance (Platon ist *die* Hauptquelle) möglich wird. Insofern kann man dieses sich von Eudoros von Alexandrien bis Iamblichos von Chalkis und darüber hinaus erstreckende Phänomen als *Neupythagoreismus*, die entsprechenden Denker somit als *Neupythagoreer* oder auch als „Pythagoreer“ (in Anführungszeichen) bezeichnen, da sie ihrem Selbstverständnis nach, wenn auch freilich nicht mehr *de facto*, Pythagoreer sind. Oft wird der Neupythagoreismus eher auf die Epoche vom 1. Jh. v. Chr. bis zum 2. Jh. n. Chr. beschränkt und die Neupythagoreer werden als Teilgruppe der ohne wirklich guten Grund ‘Mittelplatoniker’ genannten Denker angesehen, weil sich ja ihre Lehrsätze bequem auf eine Art von Platonismus reduzieren lassen. Man kann jedoch ohne Gefahr von einem Trend bzw. einer förmlichen Pythagoras-„Mode“ ausgehen, die auch über das 2. Jh. hinaus ohne wirkliche Unterbrechung wirksam war, wie das Beispiel des Iamblichos ganz deutlich zeigt. An der grundsätzlichen Vereinbarkeit zwischen *de facto*-Platonismus und mit Vehemenz *postuliertem* Pythagoreismus ändert sich in der Spätantike im Großen und Ganzen nichts mehr. Für Proklos steht Platon widerspruchslos (allerdings nicht ganz unterschiedslos) neben Pythagoras und sogar Orpheus.

II

Um nun zur oben unternommenen Bestimmung unseres Themas zurückzukommen, so ist zunächst zu bemerken, dass sich die Pythagoreer bzw. der Pythagoreismus, insbesondere des 6. und 5. Jh. v. Chr., von der zwar historischen, aber heute nur noch eingeschränkt greifbaren, dafür durch spätere Legendenbildung umso überragender erscheinenden Figur des Pythagoras, der selbst nichts Schriftliches hinterlassen hat, wenn überhaupt, dann nur schwer trennen lassen. (1) Erstens sind, soweit wir überhaupt über sie verfügen, unsere frühen und gegebenenfalls relativ authentischen Informationen zu Pythagoras und zum Pythagoreismus jener Epoche doch äußerst spärlich und oft keineswegs eindeutig oder auch relevant. Somit bleibt unser Bild notwendig lückenhaft. Anders als im Falle von Orpheus (cf. den Beitrag in diesem Band) haben wir es bei Pythagoras jedoch kaum mit einer mythischen bzw. quasi-mythischen[4] Figur zu tun. Denn die bloße Existenz des Pythagoras von Samos und einige, allerdings umstrittene, Fakten seines Lebens lassen sich einigermaßen sicher auf das 6./5. Jh. datieren. Die genaue Chronologie ist freilich eine schier unauflösliche *quaestio vexata;* es scheint aber relativ unumstritten, dass die 2. Hälfte des 6. Jh. wohl den wesentlichen Teil der Lebenszeit des Pythagoras abdeckt. Diese klare historische Verankerung rechtfertigt

[4] In der Antike stand die Historizität der Figur des Orpheus – und die des Pythagoras erst recht – freilich außer Frage, wenn man Aristoteles einmal ausnimmt, der nach Cicero ›De natura deorum‹ 1,107 (ed. Pease) die Existenz des Orpheus in Zweifel zog (vielleicht im verlorenen Dialog ›De Philosophia‹). Auch finden sich bei Aristoteles allenfalls Bezugnahmen auf Ansichten, die „in der *sogenannten* Dichtung des Orpheus" vorkommen (›De generatione animalium‹ 734a18–19; vgl. auch ›De anima‹ 410b28 wo, in leichter Abwandlung, von der „*sogenannten* orphischen [adjektivische Form] Dichtung" die Rede ist), womit wohl ausgedrückt ist, dass die in Frage stehende Dichtung oder die konkreten Dichtungen/Verse zwar, gemäß Aristoteles, in irgendeinem Sinne orphisch sind und man sich üblicherweise in der genannten Art auf sie bezieht, dass sie aber, Aristoteles' Meinung nach, entsprechend nicht von Orpheus selbst stammen können (vgl. auch schon Herodotos 2,81, der von „sogenannten Orphikern" spricht, aber einfach von „Pythagoreern"). „Sogenannt" ist bezeichnenderweise auch Aristoteles' Lieblingsepithet für die von ihm im Vergleich zu den Orphikern viel öfter erwähnten Pythagoreer. Dies deutet wohl einerseits darauf hin, dass Aristoteles für die Ableitung der Ideen der von ihm gemeinten „sogenannten" Pythagoreer von Pythagoras selbst aufgrund dessen für ihn legendären und auf jeden Fall problematischen Status selbst die Hand nicht ins Feuer legt. Andererseits wird auf diese Weise nahe gelegt, dass zumindest eine gewisse Anzahl der unter der Bezeichnung „Pythagoreer" zusammengefassten Personen sehr eigenständig sind oder aber – gemäß Aristoteles – recht weit von so etwas wie einer originalen oder authentischen pythagoreischen Haltung entfernt sind, ohne dass Aristoteles sie aber beispielsweise mit einem anderen *terminus technicus* gekennzeichnet hätte. Sowohl Orpheus wie auch Pythagoras finden bei Aristoteles wohl aufgrund ihrer ihm zweifelhaft erscheinenden Realität denn auch kaum Erwähnung. Diese aristotelische Meinung sollten wir heute zumindest dahingehend modifizieren, dass, auch entsprechend des von J.-M. Roessli Gesagten, die *communis opinio* bezüglich Orpheus und Pythagoras dahin tendiert, jene verklärte Persönlichkeit zwar als mythische Figur einzuordnen, aber diesem zumindest seine historische Existenz wohl kaum abzusprechen (cf. K. v. Fritz [1963], 179–187 zu Leben und Chronologie des Pythagoras). Auch haben wir wohl keine Wahl und müssen, weniger skeptisch als Aristoteles, seine „sogenannten" Pythagoreer zu unseren unter 1. erörterten Pythagoreern zählen. Ein in vieler Hinsicht bezeichnendes Kuriosum sollte noch kurz im Zusammenhang mit der Cicero-Stelle erwähnt werden: Im gleichen Atemzug mit dem uns hinterbrachten Zweifel des Aristoteles an Orpheus' Existenz berichtet Cicero noch, dass man sage, dass das Gedicht des *Orpheus* – gemeint ist wohl der Hieros Logos – in Wahrheit von einem *Pythagoreer,* nämlich einem gewissen (zweifelhaften? Orphiker?) Kerkops stamme.

somit auch die Subsumierung der Anhänger der pythagoreischen Bewegung und Lehre und dieser selbst unter ihren Gründer und Archegeten, zumindest in einem losen Sinne. Dadurch soll nicht im mindesten eine Vergleichbarkeit mit, geschweige denn eine Ableitbarkeit von *Gedankengut* von „nachfolgenden" Pythagoreern aus dem des Pythagoras selbst in irgendeiner Weise präjudiziert werden. Durch Verwendung des ambivalenten Wortes „nachfolgend" soll hier übrigens eine Anspielung an das Konzept einer „Schule" des Pythagoras im *strikten* Sinne (die Schüler vertreten die gleichen Meinungen wie der Meister und bauen sie in seinem Sinne aus) vermieden werden.[5]

(2) Zweitens gilt es, im Blick auf die je später, desto zahlreicheren und ausführlicheren – allerdings oft auch weniger zuverlässigen oder relevanten – aus pythagorischem und neupythagoreischem Umfeld stammenden Zeugnisse zum Pythagoreismus Vorsicht walten zu lassen. Hier ist die Entscheidung, ob diese oder jene Idee, dieser oder jener Lehrsatz auf das frühe pythagoreische Umfeld oder gar Pythagoras selbst zurückgeht oder nicht, entsprechend noch problematischer und im Ernstfall noch weniger gerechtfertigt. Doch versucht die Forschung nichtsdestoweniger, pythagorische Fälschungen, Anverwandlungen, Anekdoten, Fehl- bzw. Mangelinformationen, Pseudo-Autoren und Pseudo-Texte von Echtem und (Früh-)Pythagoreischem nach möglichst objektiven Kriterien zu trennen bzw. solches allererst herauszufiltern. Wiederum ist das Problem hierbei unser Mangel an sicher authentischen Zeugnissen über den frühen Pythagoreismus. Mithin bleibt der Forschung nur eine relativ geringe Basis an harten Fakten, gemäß denen solche objektiven Kriterien aufgestellt werden können. Vielmehr sind diese späteren Zeugnisse, spätestens ab dem 4. und 3. Jh. v. Chr. bis weit in die Spätantike und ihre „pythagoreische Renaissance" hinein, oft für die Autoren aufschlussreicher, bei denen sie überliefert werden, als für die Autoren oder Lehrstücke, über die sie etwas berichten bzw. zu berichten vorgeben; Letzteres ist übrigens eine Tatsache, die Quellenforscher leider immer noch ungenügend berücksichtigen, wenn sie eine Quelle als „schlecht" verurteilen. Dennoch sollen auch die späten Manifestationen des „Pythagoreismus" bzw. Pythagorismus hier ganz knapp zu Wort kommen. Denn auch sie tragen dazu bei, unser Bild von dem, was irgendwie typisch „pythagoreisch" – wenn auch nicht authentisch –, und von dem,

[5] Überhaupt müsste sowohl das antike wie auch das moderne Bedürfnis nach der Postulierung bzw. Valorisierung von „Schulgründern", „Archegeten" bzw. „Ersten in einer Linie" sowohl im Falle des Orpheus wie in dem des Pythagoras hinterfragt werden. Denn allgemein scheint die Tendenz stark, diesen Gründerpersönlichkeiten, ob sie nun mythische oder historische Figuren sind, zu viel von dem zuzuschreiben, was eigentlich späteren Generationen gehört.

was philosophisch bei den Pythagoreern interessant ist, mitzuprägen und darüber hinaus einen Ausblick zu geben.

III

Versuchen wir nun zu klären, inwieweit Pythagoras bzw., *à défaut,* die frühen Pythagoreer im Rahmen des in den vorliegenden zwei Bänden gesetzten *philosophischen* Schwerpunkts von Interesse sind. Dabei müssen freilich gänzlich verschiedene, auf den ersten Blick unphilosophisch anmutende Aspekte gestreift werden, da sie fester – wenn auch zu überprüfender – Bestandteil unseres Bildes vom nichtsdestoweniger *philosophischen* Pythagoreertum sind. Außerdem sind sie bei der Herausarbeitung des für Pythagoras und für die Pythagoreer Typischen schon deshalb unverzichtbar, weil die Nähe zu Politik und Gesellschaft, Religion und Wissenschaft für den frühen Pythagoreismus unbestrittener feststeht als die Verbindung zur (theoretischen) Philosophie. Letztere tritt je später, desto markanter in der Geschichte des Pythagoreismus hervor und findet als philosophischer Pythagorismus schließlich ihren – wechselnden – Ausdruck. Bei dieser Philosophisierung des Pythagoreismus, der zu einer Pythagoreisierung der Philosophie führte, spielte Platon die historisch entscheidende Rolle. Der Titel des vorliegenden Aufsatzes könnte von daher auch „Pythagoras Philosophus?" lauten. Freilich muss dabei gerade für den frühen Pythagoreismus auch im Auge behalten werden – und hierauf sollte man besonders insistieren –, dass sich die Verwendung des Wortes „Philosophie" in der Antike *nicht* mit unserem relativ eingeschränkten modernen Gebrauch des Wortes deckt, das im Wesentlichen eine wissenschaftliche und theoretische *Disziplin* unter anderen beschreibt. Philosoph zu sein und zu philosophieren schloss damals keineswegs aus – ganz im Gegenteil –, auch ein naturwissenschaftlich-kosmologisch bzw. religiös und sogar politisch interessierter Mensch zu sein. Jemanden einen „Philosophen" zu nennen beinhaltete meist durchaus eine solch erweiterte Palette,[6] wenn auch das *tragende Element* des „Philosophen" so etwas wie das unten zur Definition der Philo-

[6] Dies gilt insbesondere für die Milesier. So war Thales ein *sophos* im weiten und auch praktischen Sinne; er war beispielsweise, neben vielem anderen, nach Herodotos auch Politiker. Anaximandros werden verschiedene praktische Errungenschaften zugeschrieben. Anaximenes' pragmatische Interessen kann man fast eher als physikalisch denn als kosmologisch ansehen. Aber auch Xenophanes, der wie Pythagoras nach Unteritalien emigrierte, war beispielsweise Theologe und Dichter, und der Pythagoreer Empedokles war Arzt. Gerade letzterer, als wissenschaftlich und religiös interessierter Philosoph, bildet eine gute Parallele zu Pythagoras.

sophie aus Nikomachos zitierte „Verlangen nach der wahren *epistēme tou ontos*“, d. h. nach dem „Wissen dessen, was ist“ war. Dieser Ausdruck, wenn auch wahrscheinlich platonisch geprägt, umschreibt ein auch für die vorplatonische Zeit allgemein gültiges Verständnis von „Philosophie“: Es wird damit eben kein bestimmtes Aufgabenfeld oder eine Disziplin ins Visier genommen, sondern eher ein Anspruch, der in allem, was ist, und somit gerade in *vielen verschiedenen Bereichen*, die selbst noch nicht als *Disziplinen* gedacht werden, verfolgt werden kann. Die kategorisierenden Raster sind in der Antike und sogar noch in der Spätantike und trotz des aristotelischen Einflusses noch nicht ganz diejenigen, die im modernen Okzident gelten werden. Auf jeden Fall sollte man sich nicht nur dafür interessieren, inwieweit die uns überlieferten Teile der Lehre pythagoreisch sind, sondern auch inwieweit der frühe Pythagoreismus über „Philosophie“ bzw. „philosophische/wissenschaftliche“ Überlegungen im Sinne des allgemeinen antiken Anspruchs verfügt, der freilich auch den engeren Fachbereich „Philosophie“ abdecken kann.

Dass wir uns heute aufs Neue die Grundsatz- oder Entscheidungsfrage nach dem Verhältnis der Pythagoreer und des Pythagoras zur Philosophie stellen können oder müssen, ist nach den bahnbrechenden Forschungsarbeiten des 20. Jh. nicht weiter erstaunlich. Der früher recht üblichen Einordnung und Behandlung des Pythagoras und des alten Pythagoreismus im Rahmen der Philosophie- und teilweise auch der Wissenschaftsgeschichte haben eminente Wissenschaftler (vgl. Bibliographie) wie E. R. Dodds oder W. Burkert, dessen Arbeit in der Aufarbeitung der Quellen ganz ohne Parallele ist, in der Folge der Arbeiten von W. Schmidt[7] und K. Meuli[8] in der Mitte des 20. Jh. widersprochen. Sie machen aus Pythagoras im Wesentlichen einen religiösen Führer, Sektengründer und Schamanen, eine These, die gegenwärtig wohl wieder unpopulärer wird (vgl. insbesondere die herausragenden Arbeiten von L. Zhmud). Eng mit diesen unterschiedlichen Einschätzungen hängt auch der Stellenwert zusammen, der der orphischen Bewegung in diesem Kontext zugestanden wird: Die an sich unbestrittene relative Nähe von Orphismus und Pythagoreismus (vor allem bei der Metempsychose; cf. J.-M. Roesslis Beitrag in diesem Band) wird umso mehr betont, als der alte Pythagoreismus zunehmend als religiöse Bewegung gesehen wird. Dabei wird dann oft, fälschlicherweise, dem Pythagoras die eigentliche Urheberschaft an bzw. Einführung der Seelenwanderungslehre zugesprochen

[7] Der Ursprung der Gottesidee. Eine historisch-kritische und positive Studie, Abt. 2 = Bd. 2–6: Die Religionen der Urvölker und Abt. 3 = Bd. 7–12: Die Religionen der Hirtenvölker, Münster 1929–1955.

[8] Scythica, in: Hermes 70 (1935) 121–176.

und der Orphismus im Vergleich zum Pythagoreismus stark abgewertet. Inzwischen kommt wieder mehr die traditionelle Auffassung zur Geltung, nach der die Metempsychose bei den Orphikern ihren natürlichen und von Pythagoras und den Pythagoreern unabhängigen und vermutlich auch ursprünglicheren Platz hat. Es ist dann eher die pythagoreische Metempsychose, die als sekundäre Version erscheint und übrigens dann auch in ihren Unterschieden zur orphischen genauer gefasst werden kann.

IV

Die Befürworter eines auch im modernen Sinne „philosophischeren" Pythagoras bzw. Frühpythagoreismus können sich zunächst bis zu einem gewissen Grad auf die mächtige und schlussendlich von Herakleides Pontikos abgeleitete Tradition stützen, nach der Pythagoras sogar das Wort „Philosophia" (Weisheitsliebe) allererst eingeführt hat.[9] So gibt beispielsweise Nikomachos an, dass Pythagoras die Verwendung des Begriffs „Weisheit" *(sophia)*, der vor ihm einfach jede Art von Fach- und praktischem Wissen bedeutet habe, strikt auf das wahre Wissen und Erfassen dessen, was ist, eingeschränkt und das starke Verlangen nach diesem Wissen Philo-sophie genannt habe, eben als Verlangen (Liebe) nach Weisheit. Doch bereits hier beginnen denn auch die Probleme: Es ist natürlich keineswegs sicher und wird wohl auch nicht endgültig geklärt werden können, ob diese Zuschreibung an Pythagoras auch zutrifft, und ob es sich nicht vielmehr um so etwas eine Rückprojizierung von platonischem Usus auf Pythagoras handelt. Letzteres scheint in der Tat wahrscheinlicher; dies bedeutet aber *nicht*, dass der vorsokratische philosophische Anspruch geringer als der Platons ist, auch wenn sich vielleicht erste Anzeichen eines sich entwikkelnden Fach- oder Disziplinencharakters der Philosophie erst bei Platon ausmachen lassen.

Wie steht es nun aber mit dem konkreten Inhalt des Denkens des Pythagoras und der alten Pythagoreer? Können wir aus den frühesten Angaben hierzu für die philosophisch-wissenschaftlichen Interessen der Pythagoreer wenn nicht mehr so doch Authentischeres gewinnen als aus doxographischen und wohl immer unsicher bleibenden Affirmationen bezüglich eines Pythagoras, der der erste Philosoph gewesen sein soll? In diesem Zusammenhang ist daran zu erinnern, dass es leider überhaupt wenig Si-

[9] Cf. W. Burkert, Platon oder Pythagoras? Zum Ursprung des Wortes 'Philosophie', in: Hermes 88 (1960) 159–177 und textkritisch zu einem wichtigen Zeugnis des Neupythagoreers Nikomachos von Gerasa s. R. Kassel, Kleine Schriften, hrsg. v. H.-G. Nesselrath, Berlin–New York 1991, 354.

cheres gibt und man wohl keine Wahl hat, als sich auf die (wenigen) frühen und das heißt vor allem vorplatonischen Zeugnisse zu stützen, wenn man eine einigermaßen sichere Ausgangsbasis zum Pythagoreismus gewinnen will. Aber vielleicht kann uns ja auch zunächst Pythagoras' Biographie etwas weiterhelfen, die uns allerdings nur aus nacharistotelischen Quellen bekannt ist.

Nach neuerer Meinung wird Pythagoras wieder vermehrt als eine Vorsokratiker- (und somit wissenschaftlich und philosophisch, freilich auch religiös interessierte) Persönlichkeit unter anderen gesehen, womit eine Einschränkung des Schamanencharakters einhergeht. Und in der Tat gibt es Momente im Leben des Pythagoras, die auf ein recht weites und sozusagen übergreifendes Interessenspektrum hindeuten. Pythagoras stammt von Samos, einer Insel, die in unmittelbarer Nähe der kleinasiatischen Städte Milet und Ephesos liegt und somit durchaus im Kontext ionisch-milesischer Naturphilosophie eines Thales, Anaximandros oder Anaximenes steht. Um 530 wanderte er (wie vor ihm bereits Xenophanes) nach Unteritalien (= Großgriechenland/Magna Graecia)[10] aus, unter Umständen – so die gängigste Meinung – im direkten Zusammenhang mit der samischen Tyrannis des Polykrates. In Unteritalien waren Kroton und Metapont nacheinander seine Lebensschwerpunkte und sein Tod wird oft mit der letzterwähnten Stadt verbunden. Kroton erlebte damals einen neuen Aufschwung und wurde gegen Ende des 6. Jh. und darüber hinaus gar zur Hegemonialmacht in Süditalien. Dabei wurde eine entscheidende Schlacht, der Sieg von Kroton über Sybaris im Jahre 510 zumindest unter Mitanführung eines Pythagoreers namens Milon errungen. Wie bereits dieses Detail zeigt und noch weitere Informationen bestätigen, war Krotons Blüte im späten 6. und in der ersten Hälfte des 5. Jh. eng mit dem Wirken vermutlich aristokratisch-oligarchisch ausgerichteter Pythagoreer verbunden. Diese spielten eine im Detail freilich umstrittene, aber doch sicher nicht unwichtige, wenn auch großenteils indirekte, politische Rolle (die radikale Skepsis eines E. Frank bezüglich der pythagoreischen politischen Aktivitäten hat sich als unhaltbar erwiesen). Historiker können den nicht unbeträchtlichen politischen Einfluss der Pythagoreer, deren Organisationsform die der Hetairie, der informellen Gemeinschaft/Vereinigung aufgrund der persönlichen Beziehungen unter den Mitgliedern, ist, vor allem an den antipythagoreischen Bewegungen in Unteritalien ablesen. Dieses aktive Interesse an Politik, Gesellschaft und Gegenwartsgeschehen kann höchstwahrscheinlich sogar

[10] Der Fall des Pythagoras legt nahe, dass die gängige klischeehafte Einteilung von auf der einen Seite *italischer,* vermeintlich mystisch-religiöser Theosophie und auf der anderen Seite *ionischer,* vermeintlich aufgeklärterer Naturphilosophie wesentlich auf Vorurteilen beruht, die der tatsächlichen Lage kaum gerecht werden.

auf Pythagoras selbst zurückgeführt werden. Vom philosophischen Standpunkt aus sind diese Informationen interessant, weil sie in der Tat die Realität eines pythagoreischen *bios praktikos*, des aktiven, ethisch-politisch-sozialen Engagements des Pythagoras und insbesondere der frühen Pythagoreer belegen. Es ist genau diese praktische und konkrete Seite der pythagoreischen Philosophie, ein Teil des originalen *bios Pythagoreios* oder *bios Pythagorikos*, der nicht vergessen werden darf und freilich problemlos in das wohl ganzheitlichere Interessenspektrum eines Philosophen der Zeit integriert war.

Diese politisch-soziale Komponente bestimmt auch noch den Pythagorismus und den Neupythagoreismus der Spätantike. Hier muss das praktisch einhellige Urteil der Forschung wohl revidiert werden. Dies liegt vor allem deshalb nahe, weil sich bei späteren Neupythagoreern wie Iamblichos (und auch bei anderen spätantiken Platonikern wie Plotinos oder Proklos) nicht nur viel Reflexion zur politischen Theorie und Philosophie findet, sondern wir über biographische Angaben und die erhaltenen Briefe Iamblichos' auch auf eine recht aktive Rolle in Politik und Gesellschaft schließen können. Eine genaue Analyse der entsprechenden Zeugnisse steckt noch in den Anfängen. Trotzdem muss gesagt werden, dass die aktive gesellschaftliche Rolle vermutlich nicht Teil einer besonderen neupythagoreischen Ideologie war, sondern sich aus der sozialen Stellung oder der Persönlichkeit der entsprechenden Philosophen ergab. Was die eigentlich theoretische Seite anbelangt, so lässt sich ein authentisch pythagoreischer Einfluss natürlich nicht nachweisen, dafür umso stärker ein platonischer. Die somit eher äußerliche Parallele ist dennoch interessant, insbesondere, weil sie dem dominanten Bild in der heutigen Forschung widerspricht.

Im Zusammenhang mit den biographischen Aspekten ist noch kurz auf die angeblichen Reisen einzugehen. Die Berichte dieser Reisen werden fast ausschließlich der Gattung Legende/Märchen zugeordnet und ihr historischer Gehalt wird heute meistens auf den vermeintlichen Kern eines wie auch immer gearteten Einflusses aus dem Osten (durch die Syrer, Babylonier, Perser, Hebräer, Ägypter, Phöniker, Araber etc.) reduziert, der bei Pythagoras eine Rolle spiele. Dabei ist die grundsätzliche These einer Übernahme von Wissenschaft und sogar Philosophie aus dem Orient von Bedeutung. Nach allem, was bereits gesagt wurde, war die facettenreiche Figur des Pythagoras geradezu prädestiniert, das Vehikel für die Postulierung solcher Einflüsse zu werden, um dann umso glaubhafter als Übermittler der Philosophie, Wissenschaft, Religion etc. dazustehen (so zum Beispiel B. L. van der Waerden[11]). Doch ist dieser Punkt problematisch. Bei aller Erklärungsnot gegenüber dem grie-

[11] Vgl. sein Buch: Die Pythagoreer. Religiöse Bruderschaft und Schule der Wissenschaft, Zürich 1979.

chischen Phänomen einer geistigen *ex nihilo*-Entwicklung von Philosophie und Wissenschaft (was nicht für andere Bereiche wie Alphabet, Kunst, Technik, Mythologie etc. gilt), muss man wohl zugeben, dass diejenigen, die, übrigens in Übereinstimmung mit den Zeugnissen der Griechen selbst, deren philosophische und wissenschaftliche Ursprünge im Orient suchen, Philosophie und Wissenschaft (in ihrem über das Technisch-Praktische hinausgehenden Aspekt) zunächst einmal dort nachweisen müssten. Genau darin, dass dies nicht belegt werden kann, liegt aber das wirkliche Problem. Insofern tendiert die Mehrheitsmeinung heute wieder zu einem Bild, das die hellenische Eigenständigkeit mehr betont. Für die Einschätzung des Pythagoras und der Pythagoreer hat dies wohl die Konsequenz, dass man ihre philosophischen und wissenschaftlichen Interessen und Leistungen wohl doch als recht authentische Beiträge zur Entwicklung der griechischen Kultur würdigen darf, die sich in den üblichen vorsokratischen Kontext einordnen. Dies heißt nicht, dass sie, insbesondere im religionsphilosophischen und lebenspraktischen Bereich (vgl. Metempsychose und Orphismus), aber auch im wissenschaftlich-philosophischen ihrerseits ganz ohne Einflüsse waren. Vielmehr ist, wie auch die – teilweise heftigen – Reaktionen der Zeitgenossen zeigen, wohl eher mit einer Auseinandersetzung und mit Einflüssen sowohl von den Vorgängern als auch von den gleichzeitigen Vorsokratikern zu rechnen, wie die Evidenz nahe legt.

Letztere soll im Folgenden kurz zur Sprache kommen, um so, außer dem politisch-sozialen, auch andere Aspekte der Persönlichkeit des Pythagoras (Religionsphilosoph: Metempsychose; Philosoph/Wissenschaftler: Weisheitssuche) in den Blick zu nehmen. Dabei dürfen sinnvollerweise nur vorplatonische Zeugnisse aus dem 6. und 5. Jh. herangezogen werden. Denn allein diese Texte können authentische und möglicherweise korrekte, da auf geringer zeitlicher Distanz beruhende, Auskunft darüber geben, was Pythagoras und die frühen Pythagoreer wirklich dachten. So sagt beispielsweise Xenophanes in anekdotischer, aber nichtsdestoweniger hochinteressanter Art im wohl ältesten Zeugnis, das wir über Pythagoras haben, Folgendes (hier und bei allen folgenden wörtlichen Zitaten wird der von D. K. gedruckte Text übersetzt):

Und man sagt, dass er einmal vorbeikam, als ein junger Hund misshandelt wurde, ihn bemitleidete und Folgendes sprach: „Hör auf zu schlagen! Denn es ist ja *die Seele eines Freundes, die ich erkannte, als ich sie sprechen hörte*“ (D. K. 21 B 7 [D. L. 8,36, wo auch gesagt wird, dass es sich um Pythagoras handelt]; meine Hervorhebung).

Gerade die Ironie, mit der Xenophanes diese Anekdote erzählt, zeigt, dass wir es hier mit Pythagoras selbst zu tun haben: Die Gehässigkeit des ebenfalls religiös-theologisch interessierten Xenophanes gegenüber seinem vermutlich erfolgreicheren Konkurrenten ist so authentisch wie der

Kern dessen, was er berichtet. Andernfalls träfe die kleine satirische Anekdote ins Leere. Dieses Zeugnis des Xenophanes belegt, dass Pythagoras die Metempsychose oder Transmigration der Seelen lehrte und dass diese als pythagoreische Lehre bekannt und wahrscheinlich auch *de facto* verbreitet ist. Darauf weisen, selbst wenn sie nicht direkt von der Metempsychose sprechen, auch einige andere frühe Testimonien (Herodotos 4,95–96; Ion v. Chios, D. K. 36 B 4; für die, wie anzunehmen ist, pythagoreische Metempsychose vergleiche man beispielsweise auch Herodotos 2,123), die Pythagoras als *die* Referenz in Fragen der Unsterblichkeit und des Lebens der Seele nach dem Tod erscheinen lassen.

Sobald man freilich von pythagoreischer Seelenwanderungs- und Wiedergeburtenlehre spricht, stellt sich die Frage nach dem Verhältnis zu den entsprechenden Lehren des Orphismus. Dieser extrem schwierige Problemkomplex wurde bereits im entsprechenden Beitrag zu Orpheus in diesem Band behandelt, und so reicht es vielleicht, hier auf nur einen Punkt einzugehen. Es scheint heute wieder klarer – trotz der Tatsache, dass sich Unterschiede in der tatsächlichen Doktrin nur schwer ausmachen lassen –, dass die pythagoreische Version der Metempsychose eher sekundär und abgeleitet ist, wobei man jedoch zugeben muss, dass die Einzelheiten der Lehre vom Kreislauf der Wiederverkörperungen bei Pythagoras sehr weitgehend im Dunkeln bleiben. Dennoch fällt auf, dass uns bei den frühen Pythagoreern von orphischer „Schuld und Sühne“ und „Erlösung“ wenig wirklich Überzeugendes überliefert ist, obgleich in diesem Kontext zuzugestehen ist, dass wir über den Orphismus in dieser Beziehung inzwischen mehr wissen als über die entsprechenden pythagoreischen Lehransätze.

Auf jeden Fall scheint mir, anders als L. Zhmud (vgl. Bibliographie), S. 123–125, dass Ansätze einer pythagoreischen Eschatologie (freilich *nicht* einer mit Schuld und Sühne verknüpften Anthropogonie) durchaus nachweisbar sind (zu dem oben genannten Zeugnis des Ion von Chios vgl. auch die doch eher in pythagoreische Nähe zu rückenden Stücke in Pindars zweiter olympischer Ode [56 ff.] und im Fragment eines Threnos [fr. 133 Schroeder = 127 Bowra] sowie Empedokles in den ›Katharmoi‹ [z. B. D. K. 31 B 146/147 etc.: Vgl. auch die Beschreibungen des „goldenen Zeitalters“]). Somit wird deutlich, dass die radikale – die Pythagoreer abwertende – These, die aus den Pythagoreern nur noch Orphiker bzw. Orpheotelesten und aus ihren Hetairien religiöse Bruderschaften/Sekten macht, ebenso verfehlt ist wie die gegenteilige und aufwertende These, die die Pythagoreer zu den Hauptverfassern orphischer Schriften macht.

Vielleicht wird aber die Lehre von der Metempsychose, die bisher recht abstrakt blieb, mit Leben gefüllt, sobald man die damit verbundenen praktischen Konsequenzen im Alltag der Pythagoreer betrachtet. Hierbei handelt es sich zum einen um den weit verbreiteten und im Orphismus wohl strengeren Vegetarismus. Wie dieser wann genau gehandhabt wurde, lässt sich nicht mehr feststellen; zu verworren ist die Überlieferung und vermutlich auch die dahinter stehende Realität. Das erwähnte politisch-soziale Engagement vieler Pythagoreer und die damit verbundene Partizipation an den verbindlichen religiösen Festen, Kulten und Opferbräuchen kann kaum je eine gänzliche Fleischenthaltung zur Folge gehabt haben. Andererseits bestanden auch andere Speiseverbote, so das berühmte Bohnen-Verbot – ebenfalls im Orphismus bekannt und mit der Metempsychose verknüpft –, und bei Empedokles lesen wir beispielsweise das Gebot, sich der Lorbeerblätter zu enthalten.

Ein Wort sollte im Zusammenhang der Metempsychose auch noch zu Empedokles gesagt werden, der zusammen mit Philolaos zu den bedeutendsten Pythagoreern (beide sind ins 5. Jh. v. Chr. zu datieren) zählt. Wie fruchtbar die Ansätze des Pythagoras in punkto Seelenwanderungslehre für seine Nachfolger waren, die sie eigenständig weiterentwickelten, dafür ist Empedokles ein recht leuchtendes Beispiel. Anstelle eines langen Kommentars sei nur ein bedeutendes Fragment von ihm zitiert (in Ausschnitten):

„Wenn ein Daimon – sie haben ja ein langdauerndes Leben erlost – in Schuldverstrickung seine eigenen Glieder mit Mordblut befleckt, [...] so soll er dreimal zehntausend Horen (Jahre?) entfernt von den Glückseligen umherirren, im Laufe der Zeit *sich dabei zu verschiedenen Gestalten von sterblichen Menschen entwickeln* (Konj. Wilamowitz) *und immer neue beschwerliche Lebenspfade begehen* [...] Zu diesen gehöre auch ich nun, *ein von den Göttern Verbannter, ein Herumirrender*, auf rasenden Haß vertrauend“ (D. K. 31 B 115 [Hippol. Ref. Haer. 7,29,14–23]; meine Hervorhebungen. Vgl. ferner D. K. 31 B 117–119).

Ein anderes empedokleisches Fragment, das den Zusammenhang von Metempsychose und Vegetarismus explizit macht, ist folgendes (in Ausschnitten):

„Der Vater hebt seinen eigenen Sohn auf, *der eine andere Gestalt angenommen hat,* schlachtet ihn und betet dabei, in seinem großen Unwissen. [...] nachdem er ihn geschlachtet hatte, *bereitete er im Hause ein schlechtes Mahl.* Ebenso ergreift der Sohn seinen Vater und die Kinder ihre Mutter, *berauben sie der Lebenskraft und verschlingen hernach ihr eigenes Fleisch*“ (D. K. 31 B 137 [S. E. M. 9,129]; meine Hervorhebungen).

Darüber hinaus waren auch andere Ge- und Verbote gängig, wie das, nicht der Sonne zugewendet zu urinieren, oder das, beim Schuhanziehen mit dem rechten Fuß, beim Füßewaschen mit dem linken anzufangen. Diese wurden in Form der erst von Iamblichos so genannten Akusmata (Gehörtes; in der voriamblichischen Tradition „Symbola“ genannt) übermittelt, und es gibt vorplatonische Evidenz für diese sehr alten und vermutlich archaischen Maximen. Ihre bloße Existenz ist ein ziemliches Rätsel; ebenso unklar ist ihr Zusammenhang mit dem Pythagoreismus. Das vollständige Fehlen einer Anspielung auf diese als Verspottungsobjekt geradezu ideal geeigneten Akusmata bzw. entsprechende sie befolgende Akusmatiker in der Komödie des 4. Jh. sowie eines sonstigen frühen Hinweises auf (eine Gruppe von) Pythagoreer(n), die diese Art von Akusmata wörtlich umgesetzt hätten, legt nahe, dass die vermutlich auf Aristoteles zurückgehende Spaltung der Pythagoreer in „Mathematiker" (der Terminus *mathematikos* ist zum ersten Mal bei Platon bezeugt [›Sophistes‹ 219c2]) und „Akusmatiker" zweifelhaft sein dürfte. Letzteres gilt insbesondere angesichts der Tatsache, dass diejenigen Vorschriften, die nachweislich für die Pythagoreer eine Rolle spielten – wie beispielsweise die Speisevorschriften – durchaus im Rahmen der Metempsychose und des *bios Pythagorikos* erklärt werden können. Andere Akusmata wie die Gleichsetzung der Tetraktys mit dem delphischen Orakel oder die Identifizierung des Schönsten mit der Harmonie oder auch die bei Aristoteles genannten Gleichsetzungen von Zahlen mit Dingen (die Vier ist Gerechtigkeit etc.) mögen hingegen zumindest teilweise durchaus auf Pythagoras und die Pythagoreer zurückgehen; und der originale Kern kann Anlass für die Subsumierung der recht zahlreichen anderen Akusmata unter die pythagoreischen gewesen sein.

In diesem Zusammenhang sollte auch kurz die von der jüngeren Überlieferung oft forcierte Mündlichkeit und, damit teilweise verbunden, die Geheimhaltung insbesondere der religiösen, teilweise aber auch der ganzen pythagoreischen Lehre erwähnt werden. Das Kernstück der religiösen und religionsphilosophischen Lehre, die Metempsychose, war ganz sicher nicht geheim; der offene Spott des Xenophanes, die angeführten Zitate des Empedokles, die Parallele mit den ebenfalls ihre Lehre verkündenden Orphikern und die Berichte des Herodotos widersprechen einer derartigen Annahme. Für die wissenschaftlich-philosophische Lehre lässt sich die Idee einer Geheimhaltung bei den Pythagoreern noch klarer aus den frühen Quellen heraus widerlegen. Außerdem ist denkbar, dass die Tradition einer „pythagoreischen Esoterik" wahrscheinlich aus den Informationen zur Schweigsamkeit und zur bewussten und gezielten Zurückhaltung der Pythagoreer im Reden sowie ihrer Fähigkeit zuzuhören erwachsen ist. Die Mündlichkeit – exemplifiziert beispielsweise durch die Akusmata – die erst mit der schriftlichen Fixierung der pythagoreischen Lehre durch Philolaos ein Ende gefunden habe (diese Meinung wird von C. A. Huffmann akzeptiert, vgl. Bibliographie, S. 14–15, und seine Anmerkung 25), wird wohl mit Recht von L. Zhmud (vgl. Bibliographie) angezweifelt. Die frühen und vorphilolaischen Pythagoreer haben wohl doch einiges schriftlich niedergelegt, wenn auch freilich nicht Dinge von der Art oder aus demselben Bereich, über die Philolaos schrieb. Es scheint mir recht leicht erklärbar, dass die philolaische *Zahlenphilosophie* – fixiert in der Form der ersten echt pythagoreischen Schrift zu diesem Thema –, die für spätere Generationen unter dem Einfluss des Aristoteles zum schlechthin *typischsten* Lehrgut der Pythagoreer wurde, die nicht-zahlenphilosophischen Schriften der frühen Pythagoreer verdrängte und so Philolaos' Schrift überhaupt als das erste von einem Pythagoreer geschriebene Buch erscheinen konnte. Bestimmt spielte dabei auch eine Rolle, dass Pythagoras' literarische Inaktivität auch dem frühen pythagoreischen Kreis zugeschrieben wurde. Doch ist wohl insgesamt eher mit einer Koexistenz von mündlicher Tradition und schriftlicher Fixierung für den frühen Pythagoreismus zu rechnen.

Die hier behandelte Lehre von der Metempsychose war bei den Neupythagoreern bzw. späten Platonikern umstritten. Auch bildete sie bei ihnen keineswegs mehr das wichtige Kernstück des Lehrgebäudes schlechthin, und wenn sie auftritt, dann in platonischem und nicht etwa in pythagoreischem Gewand: Exempli gratia seien Numenios und Plotinos genannt, die die Transmigration von menschlichen Seelen in Tiere zugaben, während auf der anderen Seite wahrscheinlich Porphyrios und insbesondere Iamblichos den Übergang von Menschen- in Tierseelen ablehnten.

V

Dem kundigen und bis hierhin vorgedrungenen Leser wird auffallen, dass die gemeinhin in der Literatur dem Pythagoras oder den frühen Pythagoreern zugestandene Zahlenlehre bzw. Zahlenphilosophie (Verhältnis von Zahlen und Dingen) und ihre Hauptaussage „Alles ist Zahl" sowie die diese begründende zahlentheoretische Kosmogonie (d. h. die *archē*, der Ursprung, ist die Zahl) bisher für uns noch keine Rolle spielte. Mit gutem Grund: Sie lässt sich nämlich für Pythagoras und die frühen Pythagoreer gar nicht nachweisen, wenngleich im vorsokratischen Kontext sehr wahrscheinlich ist, dass es eine frühe pythagoreische, durch Anaximandros beeinflusste, Kosmogonie gegeben hat und diese dualistisch aufgebaut war: Unbegrenztes und Grenze waren wohl die *archai*, aus denen alles entstand. Hier lag es nahe, die – wie Philolaos sagen wird – unbegrenzten und Grenze bildenden Faktoren näher zu bestimmen, um das Resultat, die Welt, entsprechend als Produkt solcher Verhältnisse zu sehen. Offensichtlich hat diese Problematik auch eine wichtige erkenntnistheoretische Seite. Denn Denken findet, wie auch Parmenides sagen wird, nur da Halt, wo Struktur und Idealität vorliegen. *Zahlen*philosophie im eigentlichen und aristotelischen Sinne beginnt aber in der pythagoreischen Tradition frühestens mit Philolaos, in ihrem ausgearbeiteten und systematisierten Sinne geht sie sogar auf Aristoteles selbst zurück. Sogar für einen herausragenden Spezialisten wie C. A. Huffmann (vgl. Bibliographie) bedeutet diese Tatsache, dass pythagoreische *Philosophie tout court* erst mit Philolaos beginne, der gleichzeitig der Erste sei, der sie schriftlich fixiere. Es ist aber eben unser Hauptziel in diesem Beitrag zu zeigen, dass das „Fehlen“ der eigentlichen Zahlenphilosophie bis (mindestens) Philolaos im Pythagoreismus keineswegs einen philosophischen Mangel für den frühen Pythagoreismus bedeutet oder auf eine Absenz von Philosophie als solcher schließen lässt. Auch wurde diese Philosophie aller Wahrscheinlichkeit nach sowohl mündlich als auch schriftlich betrieben. Es scheint angesichts des oben über Philosophie Gesagten zu eng, nur mathematisierende theoretische Gedankengänge als Philosophie zuzulassen und Religionsphilosophie/Psychologie und praktische Philosophie auszuschließen. Der philosophische Anspruch, der durchaus auf einer Linie mit den anderen Vorsokratikern liegt, ist auch bei den vorphilolaischen Pythagoreern vorhanden und einiges davon wurde wohl auch schriftlich fixiert. Man sollte sich somit auf jeden Fall vor den Modernismen (1) einer zu starken theoretischen und disziplinären Einengung der Philosophie als auch (2) einer Forderung nach Schriftlichkeit als Kriterium der „eigentlichen“ Philosophie hüten.

Auf den eben behaupteten philosophischen Anspruch des Pythagoras und der frühen Pythagoreer gibt es übrigens auch zeitgenössische Hinweise. Dabei fällt im Folgenden philosophischer (im weiten Sinne) und wissenschaftlicher Erkenntnisdrang wesentlich zusammen, bestätigt aber immer das Verlangen nach *sophia* im oben definierten und über die technisch-praktischen Kenntnisse hinausgehenden Sinne von Wissen überhaupt und somit den vorsokratischen philosophischen Anspruch. Herodotos (4,95) beispielsweise klassifiziert Pythagoras als „nicht den schwächsten *sophistés* der Hellenen“. Es ist klar, dass in diesem hier nicht pejorativen Terminus eine Anspielung auf die Weisheit des Pythagoras steckt. Aber welche Art von Weisheit: die, nach der der Philosoph im weiten Sinne strebt, oder die Weisheit des Thaumaturgen? Eine Antwort wird durch die anderen frühen Zeugnisse nahe gelegt. Bei Ion von Chios (D. K. 36 B 4) wird der wahrhaftig weise Pythagoras mit tiefen Einsichten und Wissen verknüpft, *wodurch erst* seine Aussagen zum Nachleben der Seele gestützt werden. Bei dem gehässigen Heraklit (D. K. 22 B 129; B 40) ist ironisch vom Nachforschungsdrang *(historiē)* des Pythagoras die Rede. Ebenso mokiert sich Heraklit über die 'eigene' Weisheit, die sich Pythagoras bastelt, über die Vielwisserei (*polymathiē*; der Sokratesschüler Antisthenes wendet das homerische Epitheton des Odysseus „vielgewandt“ auf Pythagoras an) und über die Schwindelei *(kakotechniē)* des Pythagoras. Auch die Zusammenstellung der von Heraklit ironisierten unverständigen Vielwisser Hesiod, Pythagoras, Xenophanes und Hekataios bestätigt, dass es sich bei Heraklits Aussagen zu Pythagoras im Wesentlichen um ironische Kollegenkritik handelt; Kollegen sind die, die, wie er, nach (wissenschaftlicher) Erkenntnis und Weisheit streben, diese aber, anders als er, nicht erlangen. Wäre Pythagoras nur ein Wundertäter und Sektenoberhaupt und wendete er sein Wissensstreben nicht auf vergleichbare (philo)sophisch-wissenschaftliche Gebiete an, wodurch er zumindest partiell Konkurrent wird, müsste die Pointe der Ironie des Heraklit ins Leere gehen. Ein Fragment des Empedokles (D. K. 31 B 129), das fälschlicherweise auf die Metempsychose bezogen wurde, weist dem Pythagoras die intellektuellen Fähigkeiten zu, „leicht jedes einzelne von allem, was ist" zu sehen. Dies passt, wie zu sehen war, sehr gut zu einem Philo-sophen und wissenschaftlich interessierten Menschen.

VI

Dies muss in diesem Zusammenhang genügen, um die positive Antwort auch der ungefähren Zeitgenossen der frühen Pythagoreer auf die Frage „Pythagoras Philosophus?" zu skizzieren. Dem modernen Leser würde vielleicht der philosophisch-wissenschaftliche Charakter der Pythagoreer und des Pythagoras vollends offensichtlich, wenn man nun die konkreten wissenschaftlichen Leistungen in der Mathematik, die die Musik und die Astronomie miteinschließt, sowie die in der Medizin, Botanik etc. zur Komplettierung unseres Bildes des Weisheitssuchers Pythagoras näher in Betracht ziehen würde. Dass dies bisher nicht geschehen ist, hat vor allem darin seinen Grund, dass Ausführungen zu den einzelwissenschaftlichen Themen und Fragestellungen im Zusammenhang mit Pythagoras und den Pythagoreern den hier gegebenen Rahmen klar sprengen würden. Es muss daher genügen anzumerken, dass unsere Hauptzeugnisse zur pythagoreischen Wissenschaft, die im Wesentlichen aus dem 4. Jh. v. Chr. stammen – in das man übrigens die Blütezeit der griechischen Wissenschaft setzt – das eben anhand der frühen Quellen gezeichnete Bild bestätigen: Die pythagoreische Suche nach Weisheit, sowohl die des Pythagoras als auch die der frühen Pythagoreer, zeitigt unter anderem eben auch konkrete wissenschaftliche Resultate in Mathematik, Botanik, Anatomie. Freilich dürfte der aus der Schule berühmte „Satz des Pythagoras" nicht von Pythagoras, sondern vermutlich von Euklid selbst (›Elemente‹ 1,47) stammen, wie konkrete Zuschreibungen von bestimmten Errungenschaften an Pythagoras auch sonst problematisch sind. Dies ändert nichts am Sachverhalt, dass die Quellen des 4. Jh. keinen Zweifel an der pythagoreischen wissenschaftlichen Aktivität auf verschiedenen Gebieten lassen, wenn auch die Pythagoreer keineswegs die einzigen „Wissenschaftler" des 6. und 5. Jh. waren. Die anderen vorsokratischen Philosophen waren ebenfalls wissenschaftlich tätig. Eines dieser Zeugnisse, mit dem dieser Beitrag enden soll, lautet wie folgt:

„Um welches der Dinge willen, die sind, hat uns nun hervorgebracht die Natur und der Gott? Auf diese Frage antwortete Pythagoras: '*Um den Himmel zu betrachten.*' Und er sagte von sich, dass er ein *Betrachter der Natur* sei und um dessentwillen ins Leben hineingekommen sei" (Aristoteles ›Protreptikos‹ fr. 18 Düring [Iamblichos ›Protreptikos‹ p. 51,6–10 Pistelli]; meine Hervorhebungen).

Auswahlbibliographie

Burkert, W.: Weisheit und Wissenschaft, Nürnberg 1962 (transl. E. L. Minar, Lore and Science in Ancient Pythagoreanism, Cambridge, Mass. 1972).

Dodds, E. R.: The Greeks and the Irrational, Berkeley – Los Angeles 1956 (dt. Die Griechen und das Irrationale, übers. von H.-J. Dirksen, Darmstadt 1970), s. Kapitel V, 135–178: The Greek Shamans and the Origin of Puritanism.

Fritz, K. v.: Artikel Pythagoras und Pythagoreer, Pythagoreismus bis zum Ende des 4. Jhdts. v. Chr., in: Realencyclopädie der classischen Altertumswissenschaft von Pauly/Wissowa RE 47 (1963), 171–209 und 209–268.

Huffman, C. A.: Philolaus of Croton. Pythagorean and Presocratic, a commentary on the fragments and testimonia with interpretative essays, Cambridge 1993.

Kahn, C. H.: Pythagorean Philosophy before Plato, in: A. P. D. Mourelatos (Hrsg.), The Pre-Socratics, New York 1974 (rev. ed. Princeton 1993), 161–185.

Kingsley, P.: Ancient Philosophy, Mystery, and Magic. Empedocles and Pythagorean Tradition, Oxford 1995.

Kirk, G. S./Raven, J. E./Schofield, M.: The Presocratic Philosophers. A Critical History with a Selection of Texts, Cambridge 1983^2 (dt. Die vorsokratischen Philosophen. Einführung, Texte und Kommentare, übers. von K. Hülser, Stuttgart 1994), s. Kapitel VII, 214–238 (oft als KRS zitiert; es handelt sich um ein Textbuch mit Übersetzungen und Kommentar).

O'Meara, D. J.: Pythagoras Revived. Mathematics and Philosophy in Late Antiquity, Oxford 1989 (zur „pythagoreischen Renaissance" in der späteren Antike).

Thesleff, H.: The Pythagorean Texts of the Hellenistic Period, Åbo 1965.

Zhmud, L.: Wissenschaft, Philosophie und Religion im frühen Pythagoreismus, Berlin 1997.

HERAKLIT

Einheit der Gegensätze

Von Andreas Bächli

Heraklit von Ephesos (ca. 550–480) galt im Altertum als „der Dunkle“, doch wurde er auch von manchen Philosophen als kongenialer Denker gesehen, so in hellenistischer Zeit von den Stoikern und später von G. W. F. Hegel und M. Heidegger. Von seinem Buch sind nur Fragmente erhalten, Zitate späterer Autoren, bei denen sehr oft unklar ist, welchen Zusammenhängen sie entnommen sind und wie weit sie den ursprünglichen Wortlaut wiedergeben. Der Stil dieser Sätze lässt vermuten, dass das Buch einst als Sammlung sorgfältig und kunstvoll formulierter Sprüche oder Aphorismen bestanden hat, deren Bedeutung und Zusammenhang schwer zu beurteilen ist und die in vielen Fällen verschiedene Übersetzungen bzw. Interpretationen zulassen.[1]

1. Das „Gemeinsame“ und die Beschränktheiten des menschlichen Erkennens

Es bestehen kaum Zweifel, dass am Anfang von Heraklits Buch folgende Sätze standen (D. K. 22 B 1): „Obwohl dieser *logos* stets vorhanden ist, sind die Menschen verständnislos, sowohl bevor sie ihn gehört, wie nach-

[1] Die Nummerierung der Fragmente bezieht sich auf die Sammlung von H. Diels und W. Kranz, Die Fragmente der Vorsokratiker, Bd. 1, Dublin–Zürich (14. Aufl.) 1969 [abgekürzt D. K.]; über die ursprüngliche Anordnung der Sätze sagt sie nichts aus. – Andere wichtige Editionen bieten G. S. Kirk, Heraclitus. The Cosmic Fragments. Edited with an Introduction and Commentary, Cambridge 1954, Nachdruck 1975; M. Marcovich, Heraclitus. Editio maior, Merida, Venezuela, 1967; Ch. H. Kahn, The art and thought of Heraclitus. An edition of the Fragments with translation and commentary, Cambridge 1979; S. N. Mouraviev, Héraclite d' Éphèse. Les muses ou De la nature. Texte établi, reconstruit et traduit par S. N. M., Moskau – Paris 1991. – Die Übersetzung der zitierten Fragmente stammt vom Verfasser. Zum Vergleich sei auf die Übersetzungen von Diels-Kranz (in der genannten Sammlung) und von B. Snell (Heraklit. Fragmente, Griechisch und deutsch, hrsg. v. B. S., München [6. Aufl.] 1976) verwiesen.

dem sie ihn erst gehört haben" (B 1 [a]). „Denn während alles nach diesem *logos* geschieht, gleichen sie [die Menschen] Unerprobten, wenn sie sich an solchen Worten und Werken erproben, wie ich sie erörtere, indem ich jedes nach der Natur zerlege und zeige, wie es sich verhält" (B 1 [b]). „Den anderen Menschen aber ist verborgen, was sie aufgewacht tun, so wie [ihnen] das [verborgen ist], was sie schlafend vergessen" (B 1 [c]).

Ein solcher Anfang ist in mehr als einer Hinsicht irritierend. Man kann wohl davon ausgehen, dass sich „dieser *logos*" (B 1 [a]) zunächst einmal auf den Inhalt des Buches bezieht, d. h. auf das, was Heraklit darin „sagt" *(legei)*, seine „Rede".[2] Doch in B 1 [b] scheint derselbe Ausdruck „dieser *logos*" so etwas wie ein Prinzip zu bezeichnen, „nach dem alles geschieht". Auf ein solches Prinzip bezieht sich vielleicht B 41: „Denn *eines* sei das Weise, sich auf die *gnōmē* zu verstehen, welche (?) alles durch alles steuert." „*Gnōmē*" lässt sich mit „Gedanke", „Einsicht" oder „Plan" übersetzen. Insofern es in „diesem *logos*" Heraklits um diese *gnōmē* geht, die alles „steuert" oder gemäß der alles gesteuert wird, ist sein *logos* zwar seine „Rede", aber diese ist nicht *sein* Logos, sondern *der* Logos, d. h. die wahre Rechenschaft über die Dinge. Diese Unterscheidung wird von Heraklit selbst gemacht: „Für diejenigen, die nicht mich [Heraklit], sondern den *logos* hören, ist es weise, übereinzustimmen, dass alles Eines ist" (B 50).

Inwiefern ist dieser *logos* „stets vorhanden" *(eontos aei)* (B 1 [a])? In B 2 heißt es, der Logos sei „gemeinsam" *(xynon)*: „Obwohl der *logos* gemeinsam ist, leben die Vielen, als hätten sie [je ihre] private Einsicht *(idian phronēsin)*." Das Gemeinsame des Logos wird hier dem Leben der „Vielen" entgegengehalten, d. h. dem, was „die Menschen" sagen und tun, in dem sie zwar „erfahren" sind, aber „Unerfahrenen gleichen" (B 1 [b]). Heraklit scheint zu meinen, dass den Menschen verborgen ist, was sich *ihm* als *der* Logos in ihren „Worten und Werken" zeigt. Der Logos liegt zwar jenseits der Intentionen ihres Sprechens und Handelns, hat aber einen Bezug dazu. „Logos" in dieser emphatischen Bedeutung kommt auch bei Herodot vor, z. B. ›Historien‹ I 95: „Von jetzt ab untersucht unser *logos*, wer Kyros war, der die Herrschaft des Kroisos niederriss [...] Wie einige Perser reden *(legousin)*, wenn sie die Vorgänge um Kyros nicht überhöhen *(semnoun)*, sondern den wahren Tatbestand schildern (*ton eonta legein logon,* „den seienden *logos* sagen") wollen, so werde ich schreiben [...]" Herodot will ‚die Wahrheit' über Kyros sagen, im Unterschied zu denen, die die Dinge „überhöhen". Heraklit aber will mehr als so etwas wie ‚die Wahrheit über Kyros' sagen, er beabsichtigt mehr als eine mit anderen rivalisierende Darstellung eines bestimmten Gegenstandes: *Die* Wahrheit

[2] Zur Bedeutung des Wortes „Logos" vgl. R. Dilcher, Studies in Heraclitus, Hildesheim–Zürich–New York 1995, 27–52.

über den persischen König müsste u. a. auch die Rechenschaft über die Verblendungen anderer Geschichtsschreiber einschließen, d. h., Heraklit müsste, „ein jegliches nach der Natur zerlegend“ (B 1 [b]), alles bedenken in Beziehung zu allem anderen.

Der Ausdruck „nach der Natur *(kata physin)* zerlegend“ legt denn auch eine solche Beziehung der Dinge nahe, die jenseits der Intentionen von Worten und Werken der „anderen“ Menschen liegt. In diesem Sinn scheint Heraklit auch zu sagen: „Die Natur liebt sich zu verbergen“ (B 123). Aus B 1 [c] erfährt man mehr darüber, inwiefern sich etwas dem Bewusstsein der Menschen entzieht. Der Satz wird verständlich, wenn man B 73 heranzieht: „Man darf nicht reden und tun wie Schlafende.“ Die redenden und handelnden Menschen gleichen Schlafenden, denen das, was sie im Zustand des Wachens tun, ebenso verborgen ist wie das, was sie im Schlafe vergessen. Das Vergessen im Schlafe bezieht sich offenbar darauf, dass einem der Schlaf die Aufmerksamkeit gegenüber den Dingen entzieht. Dieser Entzug ist für den Schlafenden natürlich, aber nicht für den Wachenden: In diesem Fall ist das „Vergessen“ Mangel an Besonnenheit: „Besonnenes Denken *(sōphronein)* ist höchste Vortrefflichkeit *(aretē)*, und Weisheit ist, Wahres zu sagen und zu tun, aufmerksam gemäß der Natur *(kata physin epaiontas)*“ (B 112). Heraklit begreift den Mangel an „Aufmerksamkeit“, die „der Natur gemäß“ ist, als Mangel an Verstehen: „Schlechte Zeugen sind den Menschen Augen und Ohren, wenn sie barbarische Seelen haben“ (B 107). Als „Barbaren“ wurden von den Griechen Menschen bezeichnet, die die griechische Sprache nicht verstehen; Heraklit könnte also hier „die Menschen“ gemeint haben, die den Logos nicht verstehen (vgl. B 1 [a]).[3] Ebenso wie die griechische Sprache Sprachgemeinschaft konstituiert, konstituiert der Logos die Gemeinschaft der Verstehenden. So gesehen liegt eine beabsichtigte Paradoxie in der Behauptung, dass es Menschen gibt, die „barbarische Seelen“ haben: Sie ist der Behauptung analog, dass es Griechen gibt, die kein Griechisch verstehen.

So gesehen überrascht es nicht, wenn es B 113 heißt: „Gemeinsam ist allen das einsichtige Denken *(to phroneein)*“, obwohl, wie erwähnt, „besonnenes Denken“ *(sōphronein)* die wenigsten auszeichnet. Heraklit versteht Besonnenheit als so etwas wie eine natürliche Fähigkeit, vergleichbar mit der Sprachfähigkeit: „Allen Menschen ist zuteil, sich selbst zu erkennen und besonnen zu denken“ (B 116). Das Nichtverstehen des Logos hat

[3] Zu dieser Interpretation des Fragments B 107 vgl. K. Robb, The Witness in Heraclitus and in Early Greek Law, in: The Monist 74, no. 4 (1991) 638–676. Für eine andere Deutung vgl. z. B. E. Hussey, Epistemology and Meaning in Heraclitus, in: M. Schofield, M. Nussbaum (Hrsg.), Language and Logos. Studies in ancient Greek philosophy presented to G. E. L. Owen, Cambridge 1982, 33–59.

in seinen Augen Züge des Paradoxen: „Gerade mit dem Logos [...], mit dem sie beständig umgehen, mit dem entzweien sie sich, und das, dem sie am Tage begegnen, erscheint ihnen fremd“ (B 72). Eigentlich müsste irrationales Verhalten für alle leicht erkennbar sein; so wird in B 5 offenbar auf rituelle Blutreinigung angespielt: Was Menschen, die glauben, sich mit Blut von Blut zu reinigen, tun, ist „sich mit neuem Blut besudeln“. M. a. W.: Was auch immer die rituelle Bedeutung einer solchen Handlung sein mag, sie ist das Gegenteil von Reinigung, „wie wenn jemand, der in Kot getreten ist, sich mit Kot abwaschen wollte: Er würde für wahnsinnig *(mainesthai)* gelten, wenn ihn ein Mensch bei diesem Tun bemerkte“.

Die durch den gemeinsamen Logos konstituierte Gemeinschaft der Verständigen wird in B 114 verglichen mit der politischen Gemeinschaft, die das gemeinsame Gesetz *(nomos)* zusammenhält: „Diejenigen, die mit Vernunft *(xyn noōi)* reden, müssen sich stark machen mit dem allen Gemeinsamen *(tōi xynōi)*, wie die Stadt mit dem Gesetz und noch viel stärker. Denn alle menschlichen Gesetze nähren sich von dem göttlichen Einen *(hypo henos tou theiou)*; es herrscht nämlich, soweit es will und reicht hin für alle und überdauert sie.“ Der Nomos ist etwas, wofür man kämpfen muss: „Das Volk muss kämpfen für das Gesetz wie für die Stadtmauer“ (B 44). Offenbar hat Heraklit diese Einstellung bei seinen Mitbürgern vermisst, die er als politisch unmündig empfand (vgl. z. B. B 121). Politische Unmündigkeit sieht er vermutlich als Konsequenz philosophischer Unmündigkeit: „Hesiod ist Lehrer der meisten; nach ihrem Verstand weiß er am meisten, der doch Tag und Nacht nicht erkannt hat: denn sie sind Eines“ (B 57). In diesem Fragment bezieht er sich auf den stark von den Epen Homers und Hesiods geprägten Bildungshorizont der Menschen seiner Zeit (vgl. B 104). Vor diesem Hintergrund lassen sich auch seine Äußerungen über die Notwendigkeit des Kampfes für das Gesetz und über den Krieg besser verstehen.

„Krieg ist Vater aller und König aller: Die einen erweist er als Götter, die anderen als Menschen, die einen macht er zu Sklaven, die anderen zu Freien“ (B 53). Und: „Man muss aber wissen, dass Krieg gemeinsam *(xynon)* ist, dass Recht *(dikē)* Streit *(eris)* ist und dass alles geschieht gemäß Streit und Ordnung *(chreōn)*“ (B 80). Hesiod hatte seine ›Werke und Tage‹ damit begonnen, dass „nach dem Willen des mächtigen Zeus“ die Menschen „namhaft“ oder „namenlos“, „berühmt“ oder „ruhmlos“ sind. Wenn Heraklit sagt, Krieg sei „Vater aller“, schließt er die Götter ein. Er versteht also den Krieg nicht wie Hesiod als etwas, das von den Göttern her über die Menschen hereinbricht. Für seine Auffassung von Krieg und Streit war er berühmt: So soll er Homer dafür getadelt haben, dass er den Streit von Göttern und Menschen bannen wollte (22 A 22). Streit und „Ordnung“ sind nach B 80 miteinander verbunden; der Gedanke scheint also B 1 [b] parallel zu sein, wonach alles „nach diesem Logos" geschieht. Wie lässt sich diese Korrespondenz deuten?

Mit Bezug auf die oben zitierten Fragmente B 114 und B 44 lässt sie sich vielleicht so verstehen: Die Notwendigkeit, für den Nomos zu kämpfen, ist ein Gebot der Vernunft, die ihre „Stärke" aus dem „Gemeinsamen" bezieht, das Heraklit „das Eine" bzw. „das Göttliche" nennt. Von diesem „nähren" sich die menschlichen Gesetze, auf denen die Stärke einer politischen Gemeinschaft beruht; sie nähren sich davon, weil ihre die Gemeinschaft zusammenhaltende Kraft von der Vernunft derjenigen abhängt, die einsehen, dass man für den Nomos kämpfen muss. Diese ‚Einsichtigen' sind sozusagen – nach einem Wort I. Kants – „Bürger zweier Welten": Sie sind Glieder der politischen Gemeinschaft, aber sie gehören auch der Gemeinschaft an, die durch den Logos konstituiert wird. Während eine politische Gemeinschaft wie die der Bürger von Ephesos zerstört werden kann, ist die Logos-Gemeinschaft unzerstörbar: Das „Göttliche" oder „Gemeinsame" „überdauert" *(periginetai)* alle menschlichen Gesetze, heißt es B 114. Heraklits Invektiven gegen seine Mitbürger (z. B. B 121, B 125 a) lassen vermuten, dass er den Grund für die Schwäche einer Polis und deren eventuelle Zerstörung hauptsächlich in der politischen Unvernunft ihrer Bürger sieht. Würde Ephesos zerstört, so geschähe dies nicht nach dem unergründlichen „Willen des mächtigen Zeus": Der Fall der Stadt durch Krieg und Streit wäre vielmehr der Vernunft derer gemäß, die in ihrem Streit um den Nomos am Unverstand ihrer Mitbürger gescheitert sind. Vielleicht ist dies eine mögliche Erklärung der gedanklichen Verbindung von Logos und „Streit".

Der Gedanke der ‚Vernunftgemeinschaft' ist sicher ein wichtiger Aspekt der Gemeinsamkeit des Logos. Aber zu verstehen, dass der Logos „gemeinsam" ist, bedeutet auch zu verstehen, dass „alles *eines* ist" (B 50). Wie oben bereits angedeutet, scheint Heraklit hervorheben zu wollen, dass man die Dinge nicht isoliert betrachten darf,[4] sondern ihre vielschichtigen Beziehungen zu anderen Dingen berücksichtigen muss. Die von ihm verwendeten Beispiele sind vorzugsweise der Alltagserfahrung entnommen, aber es ist nicht immer klar, was genau er an ihnen zeigen will: z. B. B 60: „Der Weg hinauf und hinab ist einer und derselbe." Oder B 48: „Der Bogen hat den Namen Leben, sein Werk aber ist Tod." In diesem Fragment wird auf den Umstand Bezug genommen, dass *biós* ein Wort für „Bogen", mit anderer Betonung aber auch für „Leben" *(bíos)* ist. Inwiefern diese Beobachtung für die Thematik der 'Einheit der Gegensätze' (s. u., Kap. 2) relevant ist, ist nicht so klar. Leichter interpretierbar ist der Sinn des Satzes:

[4] Vgl. B. Snell, Die Sprache Heraklits, in: B. Snell, Gesammelte Schriften, Göttingen 1966, bes. 141.

„Auch der Gerstentrank zersetzt sich, wenn er ‹nicht› gerührt wird“ (B 125). Vielleicht meint Heraklit, dass die Weltordnung zusammenbrechen würde, wenn der ‚Fluss der Dinge‘ (s. u., Kap. 3) aufhörte; so gesehen wird hier an einem ‚trivialen‘ Beispiel etwas gezeigt, das nicht trivial ist. Dasselbe lässt sich über B 61 sagen: „Meer: reinstes und unreinstes Wasser: für Fische trinkbar und lebenserhaltend, für Menschen untrinkbar und Verderben bringend.“ Vielleicht kann man die Verwendung der beiden Superlative in diesem Satz dahingehend verstehen, dass Heraklit nicht zu sagen beabsichtigt, Meerwasser sei trinkbar *und* untrinkbar, nämlich ohne die im Nachsatz erwähnten Qualifizierungen. Vielmehr scheint er mittels der paradoxen Behauptung, dass das Reinste auch das Unreinste sei, etwas über die „Natur“ des Meerwassers sagen zu wollen.

2. *Die Einheit der Gegensätze*

„Als dasselbe wohnt es inne (?), Lebendes und Totes und Wachendes und Schlafendes und Junges und Altes, denn dieses ist umschlagend jenes und jenes wieder umschlagend dieses“ (22 B 88). Dieses Fragment gilt in der Forschung als Paradebeispiel für das, was Heraklits Lehre von der ‘Einheit der Gegensätze’ genannt wird, die mit einem aus der Tradition der negativen Theologie stammenden *terminus technicus* auch als Lehre von der *coincidentia oppositorum* bezeichnet wird. In der Philosophie des Nikolaus von Kues (1401–1464) bedeutet diese „Koinzidenz“, dass Gott als das absolut Größte keinen Gegensatz hat, weil das absolut Größte mit dem absolut Kleinsten zusammenfällt, während das relativ Größte einen Gegensatz haben muss, da sonst relative Prädikate nicht von Dingen aussagbar wären. Da Lebendes und Totes, etc., im Fragment Heraklits Gegensätze sind, können sie nicht im Sinne dieser Koinzidenzlehre ‘zusammenfallen’. Außerdem setzt diese Lehre eine ausgebildete Theorie der Prädikation voraus, gemäß der es nicht möglich ist, von demselben Subjekt in derselben Hinsicht entgegengesetzte Prädikate auszusagen; deshalb meinte Nikolaus auch, dass der menschliche Verstand, der an die Geltung des Satzes vom verbotenen Widerspruch gebunden ist, die Koinzidenz nicht begreifen könne. Aus demselben Grunde hatte auch Aristoteles die Meinung vertreten, Heraklit habe diesen Satz geleugnet (vgl. ›Metaphysik‹, Buch IV, Kap. 7).[5]

[5] Vgl. J. Barnes, The Presocratic Philosophers, Bd. 1: Thales to Zeno, London 1979, 69–75. Barnes’ Auffassung, nach der Heraklit gegen den Satz vom verbotenen Widerspruch verstoßen hat, wird kritisiert von D. W. Graham, Heraclitus’ Criticism of Ionian Philosophy, in: Oxford Studies in Ancient Philosophy XV (1997) 1–50. Siehe auch M. M. Mackenzie, Heraclitus and the Art of Paradox, in: Oxford Studies in Ancient Philosophy VI (1988) 1–37.

Für Heraklit kann allerdings eine ausgebildete Theorie dieser Art nicht vorausgesetzt werden; außerdem gibt es in den überlieferten Fragmenten seines Buches kein Wort für „Gegensatz". Und offenbar meint Heraklit nicht, es lasse sich nicht begreifen, dass Lebendes und Totes, etc., „dasselbe" sind, sondern er hält dieses Nichtbegreifen für ein Zeichen mangelnder Einsicht der unphilosophischen Menschen. Die Frage ist also, was genau es ist, das die Menschen nicht verstehen.

Das Fragment enthält ein paradoxes Element. Lebendes und Totes sind dasselbe, denn, so lautet die Begründung, dieses ist „umschlagend" *(metapesonta)* jenes, und jenes ist „wieder umschlagend" dieses. Die Beispiele legen zunächst eine zeitliche Abfolge nahe: Lebendes „schlägt um" und ist dann Totes, ebenso Waches Schlafendes, Junges Altes. Das Paradoxe an dieser Begründung liegt darin, dass Totes bzw. Altes nicht ebenso in Lebendes bzw. Junges umzuschlagen scheinen wie Schlafendes in Waches. Doch scheint gerade die Reziprozität der wesentliche Punkt der Begründung zu sein. Wenn man z. B. den kontinuierlichen Prozess des Älterwerdens in Phasen unterteilt und die Übergänge als „Umschlagen" *(metapiptein)* auffasst, dann ist stets das, was umschlägt, jünger als das, was in der darauf folgenden Phase umschlägt. Wenn es also nichts gibt, von dem man sagen könnte, dass es alt *ist*, sondern immer nur etwas, das älter *wird*, dann ist „das Alte", indem es umschlägt, dasselbe wie „das Junge", weil das, was umschlägt, stets „das Junge" ist. So betrachtet scheinen aber zwei verschiedene Begriffe von „Umschlag" involviert zu sein: Man könnte sagen, der Umschlag von Jungem zu Altem sei real, der umgekehrte Umschlag jedoch bloß logisch zu verstehen. In diesem Sinne könnte ein Verteidiger der Meinung der Vielen geltend machen, dass der Umschlag von Jungem in Altes eine reale Veränderung bedeute, während es sich beim umgekehrten Umschlag gar nicht um eine Veränderung handele, sondern bloß um eine Vertauschung der Begriffe; Junges und Altes seien demzufolge nicht „dasselbe".

Hätte nun Heraklit über den Begriff „Gegensatz" verfügt, so hätte er vielleicht folgendermaßen darauf geantwortet: Lebendes und Totes, Junges und Altes, etc., sind Gegensätze. Falls damit gemeint ist, dass es etwas gibt, das jung oder alt, lebend oder tot, etc., *ist*, dann sind diese Gegensätze nicht dasselbe. Wie kann aber dann das, was alt *ist*, älter werden, außer in der Weise, dass es stets „das Junge" ist, das älter wird? „Das Junge" und „das Alte" sind begriffliche Gegensätze, doch real, d. h. bezogen auf den kontinuierlichen Prozess des Älterwerdens, sind sie „dasselbe". Der „Umschlag" ist begrifflicher Natur, aber nicht im Sinne einer bloßen Vertauschung der Begriffe, wie ein Verteidiger des Common Sense argumentieren würde: Vielmehr ist dies nach Heraklit die einzig mögliche rationale Erklärung *(logos)* realer Veränderung. Eben dies aber begreifen die unphilosophischen Menschen nicht.

Was setzt diese Auffassung Heraklits voraus? Wenn es wahr wäre zu sagen „Das Junge *ist* jung" oder „Das Junge *ist nicht* das Alte", dann wäre ein „Umschlagen" im erläuterten Sinne nicht denkbar. In dieser Hinsicht lässt sich die Position Heraklits mit der des ‚Eleaten' Melissos von Samos vergleichen, der die These des Parmenides von Elea verteidigte, wonach das, was ist, Eines und unveränderlich ist. Melissos könnte Heraklits Buch gekannt haben (vgl. D. K. 30 A 1). In einem längeren Fragment (D. K. 30 B 8) ist ein Argument gegen die Annahme einer Vielheit des Seienden überliefert: Wäre das Seiende Vieles, d. h., gäbe es ‚Dinge' wie Erde, Wasser, Eisen, Gold, oder Warmes, Kaltes, Hartes, Weiches etc., dann könnte dieses jeweils Seiende nicht „umschlagen" *(metapiptein)*, weil sonst Seiendes zu Nichtseiendem würde, was (nach Parmenides) undenkbar ist. Nun beobachten wir zwar *de facto* ein solches Umschlagen: Erde wird zu Wasser, Warmes wird kalt, etc., was war, gleicht nicht *(ouden homoion)* dem, was jetzt ist. Unser Wahrnehmen ist aber nicht *de iure* ein Wahrnehmen *(orthōs blepein)*, weil das, was umschlägt, nicht *ist*; unsere Meinung *(doxa)*, das Seiende sei Vieles, ist deshalb falsch. Anders als Heraklit spricht Melissos hier von einem *realen* Umschlag, aber es ist gut möglich, dass er sich auf Heraklit bezieht: so heißt es z. B. im Fragment 22 B 126: „Das Kalte erwärmt sich, Warmes kühlt sich, Feuchtes trocknet sich, Dürres netzt sich." Wenn die Positionen dieser beiden Vorsokratiker einander diametral entgegengesetzt sind, so bezieht sich dieser Gegensatz nur auf den Begriff des „Umschlagens"; denn der Gedanke, dass das, von dem wahrheitsgemäß gesagt werden kann, dass es (z. B.) kalt *ist*, nicht „umschlagen" kann im Sinne eines ‚realen' Umschlags, ist beiden Denkern gemeinsam. Darin scheint die Voraussetzung für Heraklits Auffassung eines ‚begrifflichen' Umschlagens zu liegen.

Heraklit hat den Begriff „Fügung" verwendet, um die Beziehung der ‚Gegensätze' zueinander auszudrücken: „Sie [d. h. die unphilosophischen Menschen] begreifen nicht, wie es, auseinander getragen *(diapheromenon)*, mit sich selbst übereinstimmt *(homologeei)*: zurückgespannte (?) Fügung *(palintropos* [?] *harmonia)* wie beim Bogen und der Leier" (B 51; vgl. B 8, B 10, B 54). Der genaue Wortlaut dieses Fragments ist umstritten. Davon unabhängig stellen sich zwei Fragen: was ist als Subjekt zum Partizip *diapheromenon* zu ergänzen („es" in der Übersetzung), und was bedeutet der Begriff „Fügung" *(harmonia)*? Dieser Begriff spielte in der Musiktheorie der Pythagoreer eine Rolle, aber auch im Zusammenhang ihrer Kosmologie, und zwar im Sinne einer ‚Klammer', die die Grundbestandteile des Kosmos zusammenfügt. So begründete der Pythagoreer Philolaos von Kroton die Notwendigkeit einer solchen *harmonia* mit der Ungleichheit der beiden „Prinzipien“, dem „Grenzebildenden“ einerseits und dem „Grenzelosen“ andererseits: Wären nämlich diese beiden Prinzipien „gleich“ *(homoia)*, bräuchten sie nicht „zusammengefügt“ zu werden (vgl. D. K. 44 B 6). Die Ungleichheit der entgegengesetzten Prinzipien ist für Philolaos‘ Argument von ebenso großem Gewicht wie die Ungleichheit der ‚Gegensätze‘ in Melissos‘ Argument gegen ein „Umschlagen“: Hier wie dort drückt sich die Auffassung aus, dass die Gegensätze ‚substanziell‘, und nicht nur ‚begrifflich‘, verschieden sind. Ebenso wie Heraklit das „Umschlagen“ anders versteht als Melissos, bedeutet also auch der Begriff „Fügung“ bei ihm etwas anderes als bei Philolaos: Sie bezeichnet ein begriffliches Verhältnis und nicht eine ‚Klammer‘, die gewissermaßen heterogene Dinge zusammenhält. Damit lässt sich auch die andere Frage teilweise beantworten, worauf sich das Pronomen „es“ in der Übersetzung des Fragments B 51 beziehe: „es“ steht nicht für das eine Glied eines Gegensatzpaares unter Ausschluss des anderen. Was aber heißt dies positiv ausgedrückt?

Eine positive Antwort auf diese Frage scheint die Unterscheidung zwischen ‚Substanz‘ und ‚Attribut‘ vorauszusetzen: Wenn die Gegensätze im Fragment B 88 „dasselbe“ sind, dann ist dasselbe (‘Substanz’) lebend (‘Attribut’) und tot bzw. wachend und schlafend bzw. jung und alt. So hat Aristoteles Heraklit verstanden und ihm deshalb vorgeworfen, gegen den Satz vom Widerspruch verstoßen zu haben. Nun ist „alt sein“ ein relatives Prädikat in dem Sinne, als etwas, insofern es „älter“ wird, als „Junges“ bezeichnet werden kann. Aber „tot sein“ und „schlafend“ sind keine relativen Prädikate im selben Sinn wie „alt sein“. In welchem Sinn sind aber dann Lebendes und Totes, Waches und Schlafendes dasselbe? Das menschliche Leben ist durch diese Gegensätze charakterisiert; unter diesem Gesichtspunkt sind sie nicht dasselbe. Sie sind nicht dasselbe, wenn Leben als Prozess begriffen wird und das lebende Individuum als das ‘Subjekt’ dieses Prozesses. Aber Heraklit scheint zu meinen, dass die Erklärung eines Lebensprozesses wie des Alterns, die die Einsicht erfordert, dass „Junges“ und „Altes“ dasselbe sind; und er scheint nicht nahe zu legen, dass die Gegensatzpaare „Lebendes-Totes“, „Waches-Schlafendes“ anders aufzufassen sind. Das hinzugefügte Pronomen „es“ kann sich also nicht auf so etwas wie eine den ‚Lebensprozessen‘ zugrunde liegende aristotelische ‚Substanz‘ beziehen. Vielmehr betrachtet Heraklit die Prozesse, denen eine aristotelische Substanz unterworfen ist, als Manifestationen der Prozessualität, die das Leben selbst ist und die alles im Kosmos umfasst.

Dass Leben Manifestation einer alles umfassenden Prozessualität ist, ausgedrückt im Begriff des Kosmos als „ewig lebendigen Feuers“ (vgl. B 30), scheint durch B 62 bestätigt zu werden: „Unsterbliche sterblich, Sterbliche unsterblich, lebend den Tod jener, jener Leben aber [sind sie] gestorben“ (vgl. B 77). Heraklit scheint damit zu sagen, dass das „Leben“

jedes der beiden Glieder des Gegensatzes „Unsterbliche-Sterbliche" mit Bezug auf den „Tod" des anderen zu begreifen ist. Diese begriffliche Verknüpfung lässt vermuten, dass für Heraklit Unsterblichkeit mehr ist als die Negation der Sterblichkeit, und umgekehrt. Worin dieses „mehr" besteht, sagt er nicht, auch nicht, worin sich Unsterbliche von Sterblichen unterscheiden; er scheint nur zu sagen, dass das Leben des einen nicht das „Leben" des andern ist, sondern dessen „Tod". Vielleicht kann ein Vergleich mit Aristoteles' Unterscheidung zwischen unvergänglichen und vergänglichen Substanzen die Auffassung Heraklits etwas erhellen. Für Aristoteles wird die Art des Prozesses, dem eine Substanz unterliegt, durch die Art der betreffenden Substanz bestimmt: Materielle Substanzen sind vergänglich, immaterielle Substanzen unvergänglich. Insofern die Unterscheidung der beiden Arten von Substanzen die Ordnung des Kosmos widerspiegelt, kann es nicht einen einzigen, alles umfassenden Prozess geben, der als Grund dieser Ordnung gelten könnte. Heraklit aber nimmt einen solchen Prozess an, der durch die Natur des „ewig lebendigen Feuers" symbolisiert ist, das „nach Maßen sich entzündet und nach Maßen verlöscht". Dann aber kann, was auch immer der Grund für die Unterscheidung zwischen Sterblichem und Unsterblichem sein mag, nicht in der jeweiligen Art der Substanz liegen. Im Prinzip scheint es möglich, dass Heraklit alles in gewissem Sinn für „unsterblich" erachtet hat, nicht aber, dass er etwas für unvergänglich hielt; denn Unvergänglichkeit müsste in der ‚Substanz' eines Dinges gründen, und diese Auffassung verträgt sich nicht mit der Annahme eines einzigen, umfassenden Prozesses.

3. Der Fluss der Dinge

„Denen, die in dieselben Flüsse steigen, fließt anderes und anderes Wasser zu […]" (B 12). Dieser Satz drückt eine Erfahrung aus: Wer gegen die Strömung in einen Fluss steigt, dem fließen ständig neue Wassermassen zu. Ein anderes Fragment lautet: „Man kann nicht zweimal in denselben Fluss steigen" (B 91).[6] Dieses zweite Fragment spielt eine Rolle in der Diskussion der

[6] Vgl. L. Tarán, Heraclitus: The River-Fragments and their Implications, in: Elenchos XX/1 (1999) 9–52. Das Fragment B 91 spielt eine Rolle in der Philosophie Wittgensteins, vgl. D. S. Stern, Heraclitus' and Wittgenstein's River Images: Stepping Twice into the Same River, in: The Monist 74, no. 4 (1991) 579–604. Ähnlichkeiten im Denkansatz Heraklits und Wittgensteins sieht auch A. P. D. Mourelatos, Heraclitus, Parmenides, and the Naive Metaphysics of Things, in: E. N. Lee, A. P. D. Mourelatos, R. M. Rorty (Hrsg.), Exegesis and Argument. Studies in Greek Philosophy Presented to Gregory Vlastos, Assen 1973, 16–48. Die Fluss-Lehre Heraklits ist Gegenstand einer Studie von D. Wiggins: Heraclitus' conceptions of flux, fire and

Position der sogenannten Herakliteer bei Platon und Aristoteles. Vielleicht geht der Satz „Alles fließt“ *(panta rhei)* tatsächlich auf Heraklit zurück. Aber im ›Theaetet‹ (vgl. 182 a–c) betrachtet Platon eine extrem zugespitzte Form dieser ‚Fluss-Lehre‘, gemäß der sich alles in jeder Hinsicht ständig verändert. Wenn dies wahr wäre, wären keine Aussagen über die Dinge möglich, nicht einmal die Behauptung „alles fließt“, da die Wahrheit dieser Behauptung ein Minimum an Stabilität voraussetzte. In diesem Sinne hat nach Aristoteles‘ Darstellung im IV. Buch der ›Metaphysik‹, Kap. 5, der Herakliteer Kratylos – der nach dem Zeugnis des Aristoteles Platons Auffassungen bezüglich der sinnlich wahrnehmbaren Dinge stark beeinflusst hatte – am Ende keine Aussagen mehr gemacht, sondern nur noch den Finger bewegt. Und er habe Heraklit für die Bemerkung „getadelt“, man könne nicht zweimal in denselben Fluss steigen (B 91), weil er meinte, selbst *einmal* sei dies nicht möglich. Kratylos’ ‘Korrektur’ scheint also im Hinweis darauf bestanden zu haben, dass der Fluss nicht nur nicht „derselbe“ bleibt, sondern dass dem Ausdruck „dieser Fluss“ nichts in der Wirklichkeit entspricht.

Die Kratylos zugeschriebene extreme Auffassung zeigt auf, welches die Voraussetzungen sinnvollen Sprechens über die Dinge sind. Fragen dieser Art haben Platon und Aristoteles beschäftigt. Ist Kratylos‘ „Tadel“ gerechtfertigt? Lässt sich Heraklits Gedanke tatsächlich im Sinn der extremen ‚Fluss-Lehre‘ zu Ende denken? Vielleicht nicht. Denn die Beschreibung der Erfahrung in B 12, wonach den in den Flüssen Stehenden „andere und andere Wasser zufließen“, ist eine Beschreibung des Flusses als Phänomen, und zwar in Begriffen von Kontinuität und Wechsel. Die Flüsse sind „dieselben“, weil die Beschreibung des kontinuierlichen Wechsels einen Fixpunkt erfordert, mit Bezug auf den der Wechsel festgestellt werden kann. Aber die ‘Identität’ der Flüsse ist kein Aspekt des Flusses als Phänomen. Diese ‚phänomenologische‘ Beschreibung der Erfahrung lässt an das Fragment B 101 denken, wo Heraklit von sich selbst sagt: „Ich erforschte mich selbst.“ Dieser Satz gibt dem Begriff „Seele“ *(psychē)* Gewicht. Heraklit hat sich die Seele selbst, vermutlich in Analogie zum Feuer des Kosmos, als etwas im Fluss Befindliches vorgestellt: „Für Seelen ist es Tod, Wasser zu werden, für Wasser ist es Tod, Erde zu werden, aus Erde aber

material persistence, in: M. Schofield, M. Nussbaum (Hrsg.), Language and Logos, Cambridge 1982, 1–32. Vgl. ferner K. R. Popper, Back to the Presocratics, in: D. J. Furley, R. E. Allen (Hrsg.), Studies in Presocratic Philosophy, Vol. I: The Beginnings of Philosophy, London 1970, 130–153; G. S. Kirk, Popper on Science and the Presocratics, a. a. O., 154–177; G. E. R. Lloyd, Popper versus Kirk: a controversy in the interpretation of Greek science, in: British Journal for the Philosophy of Science XVIII, 21–38.

wird Wasser, und aus Wasser wird Seele" (B 36).[7] „Die Grenzen der Seele kannst du gehend nicht ausfindig machen, auch wenn du jeden Weg beschreitest: so tiefen *logos* hat sie" (B 45). Die Seele – d. h. sich selbst – kann man nicht in der Weise erforschen, in der die Geographen Länder erkunden, indem sie deren Grenzen aufsuchen. Was immer „Logos" in diesem Zusammenhang genau bedeutet – der Logos der Seele ist etwas anderes als der Logos des Geographen, der von seinen Erkundungen Rechenschaft gibt. Das bedeutet, dass die Art des Wissens von der Welt, das die Geographie vermittelt, nicht dem Wissen entspricht, das Heraklit als Philosoph gewinnen will. Jenes Wissen bezeichnet Heraklit als „Vielwisserei" *(polymathiē)*, und unter denen, die er deswegen kritisiert, ist auch der Historiker und Geograph Hekataios von Milet: „Vielwisserei lehrt nicht Verstand haben, sonst hätte sie es Hesiod und Pythagoras gelehrt und auch Xenophanes und Hekataios" (B 40). Der berühmteste ‚Geograph' aber, der die erste Erdkarte gezeichnet hat, fehlt in dieser Aufzählung, nämlich Anaximander von Milet (vgl. D. K. 12 A 6).

Anaximander wird in den erhaltenen Fragmenten von Heraklit nicht namentlich erwähnt, aber er gilt zu Recht als einer seiner wichtigsten philosophischen Vorgänger: sei es in der Annahme, dass Heraklit mit seiner These, der Kosmos sei Feuer, die Spekulation der Milesier bezüglich des 'Ursprungs' *(archē)* bzw. 'Urstoffs' weiterführte,[8] sei es in der – plausibleren – Annahme, dass er mit dieser Lehre die 'Urstoff'-Theorie kritisieren wollte.[9] Anaximander hatte den Ursprung aller Dinge als „Unbegrenztes" *(apeiron)* bezeichnet. Nach späteren Darstellungen (D. K. 12 A 9; vgl. A 15) war seine Überlegung die, dass das Prinzip *(archē)* aller Dinge von „anderer Natur" sein müsse als die Grundbestandteile der sichtbaren Welt, Feuer, Wasser, Luft und Erde. Dieses Prinzip steht den sich wandelnden Elementen unveränderlich gegenüber; es ist insofern „unsterblich" und „göttlich", als es „alles umfasst und alles lenkt *(kybernan)*" (A 15). Wie Anaximander fragt auch Heraklit nach einem Prinzip, das alles lenkt (vgl. B 41; B 64: „Alles lenkt der Blitz."). Doch für ihn ist das Feuer nicht ein unveränderliches Prinzip wie das *apeiron* Anaximanders, sondern wie der Fluss ein Symbol des Wandels. Der symbolische Status des Feuers kommt B 90 zum Ausdruck: „Alles ist Austausch gegen Feuer und Feuer gegen

[7] Zum Begriff der Seele vgl. die Darstellungen O. Gigons (in: Der Ursprung der griechischen Philosophie. Von Hesiod bis Parmenides, Basel–Stuttgart [2. Aufl.] 1968, 229–237) und R. Dilchers (a. a. O. [s. o., Anm. 2], 67–98); vgl. ferner M. Schofield, Heraclitus' theory of the soul and its antecedents, in: St. Everson (Hrsg.), Companions to Ancient Thought: 2. Psychology, Cambridge 1991, 13–34.

[8] Vgl. J. Barnes, a. a. O. (s. o., Anm. 5), 60–64.

[9] Vgl. J. Kerschensteiner, Kosmos. Quellenkritische Untersuchungen zu den Vorsokratikern, München 1962, 97–114.

alles, wie Waren gegen Gold und Gold gegen Waren." Dies scheint zu bedeuten, dass Feuer nicht im Sinne eines Prinzips aufzufassen ist, aus dem alles entsteht und in das alles vergeht, wie es Anaximanders Fragestellung entsprochen haben dürfte. Allerdings gibt es in dieser Hinsicht immer noch beträchtliche Probleme der Deutung; so ist namentlich die Frage umstritten, ob der stoische Gedanke eines „Weltenbrandes" *(ekpyrōsis)* auf Heraklit zurückgeht.[10] Wenn dies zuträfe, dann hätte Heraklits Feuer, als undifferenzierter End- bzw. Urzustand der Welt gesehen, deutlich Züge von Anaximanders *apeiron*. Doch dann wäre das Feuer, ebenso wie Anaximanders Prinzip, von „anderer Natur" als die Welt, deren Prinzip es ist. Heraklit aber identifiziert den Kosmos mit dem Feuer: „Diesen Kosmos, derselbe für alle (?), hat nicht einer der Götter noch der Menschen gemacht, sondern er war immer, ist und wird sein ewig lebendiges Feuer, nach Maßen erglimmend und nach Maßen erlöschend" (B 30).

Wenn das Fragment B 30 einen Ursprung des Kosmos im Sinne Anaximanders ausschließt, stellt sich die Frage nach dem Motiv für Heraklits Ablehnung der milesischen Konzeption. Heraklit scheint der erste Philosoph gewesen zu sein, der das Wort „Kosmos" mit Bezug auf die alles umfassende „Weltordnung" verwendet hat. Wie das Demonstrativpronomen „dieser" in B 30 nahe legt, bezieht er *kosmos* auf die Erfahrung, d. h., „dieser Kosmos" ist die Welt, wie sie erfahren wird. Die Erfahrung von *kosmos* ist die in B 12 beschriebene Erfahrung des Flusses; für sie sucht Heraklit eine Erklärung. Diese Erklärung, so scheint es, kann nicht in Begriffen des Ursprungs gegeben werden; vielmehr steht der Gedanke des Maßes im Vordergrund, wie er in B 30 ausgedrückt ist. B 31 gehört wohl in denselben Zusammenhang: „Des Feuers Wenden: zuerst Meer, vom Meer aber die eine Hälfte Erde, die andere Gluthauch [...] (?) Meer aber vergießt sich und wird (wieder?) gemessen nach demselben Verhältnis *(logos)*, das vorher war (?)." Der Maß-Gedanke spielt auch in einem Satz Anaximanders eine Rolle, dem gemäß die Dinge einander ihre gegenseitige „Ungerechtigkeit" abgelten, und zwar „nach der Anordnung *(taxis)* der Zeit" (vgl. D. K. 12 B 1). Der Bezug auf die Zeit signalisiert den Gedanken der Begrenzung, der sich in der Ordnung bzw. der Notwendigkeit *(to chreōn)* des Entstehens und Vergehens der Dinge ausdrückt: „Woraus aber den seienden Dingen das Werden ist, in das ist auch ihr Vergehen nach der Ordnung" (bzw. „Notwendigkeit" [a. a. O.]). Dieser Begrenzung ist der Begriff des „Unbegrenzten" entgegengesetzt, aus dem alles entsteht und in das alles vergeht. Das Unbegrenzte kann vielleicht als eine Art 'Reservoir' betrachtet werden, das die Kontinuität von Werden und Vergehen gewährleistet, während das, was die Reziprozität des Wandels si-

[10] Vgl. z. B. die Darstellung O. Gigons, a. a. O. (s. o., Anm. 7), 214–218.

chert, das Prinzip der Vergeltung ist. Aus der Sicht Heraklits ist aber das, was die Kontinuität des Wandels gewährleistet, dasselbe wie das, was das „Maß“ der Veränderung bewahrt. Denn in Heraklits Analyse des Flusses erweisen sich Kontinuität und „Maß“ des Wandels als Aspekte desselben Phänomens, das er mit dem Wort „Kosmos“ bezeichnet. Das, was das Maß und damit die Kontinuität des Wandels gewährleistet, nennt er „Weisheit“ oder „das Weise“.

Wenn Heraklit die Weltordnung als Manifestation von Weisheit betrachtet, so ist dies nicht im Sinne einer Weltentstehungslehre zu verstehen, wie sie etwa Platon im ›Timaios‹ in der Form eines „Mythos“ vorstellt. Denn B 30 wird gesagt, dass der Kosmos nicht von einem Gott oder Menschen gemacht wurde. Demnach scheint es sich bei dem „Weisen“ oder dem „Göttlichen“ nicht um ein Prinzip handeln zu können, das wie Anaximanders *apeiron* die Weltordnung transzendiert. Dies wird auch durch die enge Beziehung der Begriffe des „Göttlichen“ und des „Gemeinsamen“ nahe gelegt (vgl. B 114; s. o., Kap. 1). Auf der anderen Seite scheint B 108 für die Transzendenz zu sprechen: „Von allen, deren *logoi* ich gehört habe, gelangt keiner dazu, zu erkennen, dass das Weise von allen [*logoi*?] getrennt ist.“ Heraklit spricht hier offenbar von einer Erkenntnis, die vor ihm noch niemand gehabt habe. Doch worin besteht diese Erkenntnis? Das Fragment B 32 gibt eine Erklärung; der Text ist allerdings syntaktisch mehrdeutig, sodass die folgende Übersetzung nicht die einzig mögliche ist: „Das Eine Weise: Allein will es nicht und will mit dem Namen des Zeus gesagt *(legesthai)* werden.“ Das Eine – so könnte man interpretieren – will nicht allein mit dem Namen des Zeus gesagt werden, weil die Gottheit *alles* ist. Diese These lässt sich aus B 67 ableiten: „Der Gott ist Tag Nacht, Winter Sommer, Krieg Frieden, Sattheit Hunger; er wandelt sich, so wie Feuer nach dem Duft eines jeden benannt wird, wenn es mit Räucherwerk vermischt wird.“ Andererseits *will* das Eine allein mit dem Namen des Zeus gesagt werden, weil es *Eines* ist.

„Alles ist Eines“ ist nach B 50 der Inhalt des Logos. Dass das Eine *alles* ist, kommt in der Einheit „dieses Kosmos“ (B 30) zum Ausdruck. Die Explikation des Kosmos als „Wenden des Feuers“ (B 31) in Heraklits Logos setzt seine Einheit voraus. Der Grund der ‚kosmologischen‘ Einheit ist jene Einheit, die Heraklit „das Weise“ nennt. Eine philosophische Darstellung der Welt, d. h. ein Logos, muss von dieser Einheit Rechenschaft geben, d. h., sie muss dem Phänomen des Flusses – der Kontinuität und Maßhaftigkeit des Wandels – Rechnung tragen. Insofern Heraklits Logos die kosmologische Einheit artikuliert, wird das Weise in Begriffen des „ewig lebendigen Feuers“ (B 30) expliziert, d. h. in Begriffen, die sich auf die sichtbare Ordnung der Welt beziehen. In diesem Sinn will das Weise *nicht* allein mit dem Namen des Zeus gesagt werden. Aber das Weise ist auch der Grund der kosmologischen Einheit: Insofern *will* es allein mit dem Namen des Zeus gesagt werden. Der Ausdruck „Name des Zeus" *(Zēnos onoma)* mag nahe legen, dass Heraklit eine etymologische Verbindung des Namens „Zeus" zum Wort für „leben" *(zēn)* sah. Dies würde bedeuten, dass er das Weise als Prinzip des Lebens sah. Anders gesagt: Das Weise ist der Grund für die Erfahrung von *kosmos*, insofern es das Phänomen des Flusses erklärt, dessen Analyse letztlich eine philosophische Betrachtung des eigenen Lebens ist.

Wenn dies mit der 'Transzendenz' des Weisen gemeint ist, was lässt sich dann aus dieser von Heraklit hervorgehobenen 'Erkenntnis' im Hinblick auf die Frage lernen, ob man zweimal in denselben Fluss steigen könne? Wie bereits angedeutet, scheint das Fragment B 45 einen Kontrast auszudrücken zwischen der ‚phänomenologischen' bzw. philosophischen Betrachtungsweise Heraklits auf der einen und der Weltsicht des Geographen bzw. Kosmographen auf der anderen Seite. Beschreibt man den Kosmos in einer dem Anlegen einer Erdkarte vergleichbaren Weise, dann erscheint die Antwort auf die von Heraklit gestellte Frage unproblematisch: Natürlich kann man zweimal in den Kaystros steigen. Der Kontrast zwischen der philosophischen und der 'geographischen' Sicht lässt sich mit Bezug auf Heraklits Betonung der Überlegenheit der Götter gegenüber den Menschen interpretieren: „Der Mensch steht im Ruf des Törichten im Vergleich zur Gottheit, so wie der Knabe im Vergleich zum Mann" (B 79).[11] „Menschliche Art *(ēthos)* hat nämlich keine Einsichten *(gnōmas)*, göttliche [Art] aber hat sie wohl" (B 78). Der Gegensatz zwischen der göttlichen und der menschlichen Sichtweise wird in B 102 ausgedrückt: „Für den Gott ist alles schön und gut und gerecht, die Menschen aber haben das eine als ungerecht, das andere als gerecht angenommen." Der Standpunkt des Philosophen ist nicht der Standpunkt des Gottes, sondern der Standpunkt eines Menschen, der über die Beschränktheiten des menschlichen Erkennens nachdenkt. Vermutlich hätte Heraklit nicht einmal bestritten, dass Anaximanders Erdkarte aus der beschränkten Sicht des menschlichen Erkennens eine wissenschaftliche Errungenschaft darstellt. Aber er würde bestreiten, dass die geographische Betrachtungsweise philosophischer Einsicht fähig sei: Sie kann dem Phänomen des Flusses nicht Rechnung tragen, in dem sich „das Weise" zeigt. Auf der anderen Seite kann der Philosoph diese Erfahrung nicht in der Weise explizieren, wie der Kosmograph die Welt expliziert, indem er sie aus ihrem Ursprung erklärt. Dass eine Theorie über die Entstehung des Kosmos philosophische Probleme in sich birgt, ist eine Auffassung, die Heraklit mit Parmenides von Elea teilt. Doch während

[11] Vgl. dazu H. Fränkel, Eine heraklitische Denkform, in: H. Fränkel, Wege und Formen frühgriechischen Denkens, hrsg. v. F. Tietze, München 1955, 253–283.

von Parmenides' 'Kosmologie' vergleichsweise umfangreiche Fragmente erhalten sind, wissen wir sehr wenig über Heraklits Vorstellungen vom Aufbau des sichtbaren Kosmos.[12] Eine mögliche Erklärung dafür ist wohl die, dass es Heraklit nicht als die primäre Aufgabe des Philosophen ansah, darüber Rechenschaft zu geben.[13]

[12] Vgl. O. Gigon, a. a. O. (s. o., Anm. 7), 224–229.

[13] Die vorliegende Arbeit wurde ermöglicht durch die Unterstützung des Schweizerischen Nationalfonds zur Förderung wissenschaftlicher Forschung.

PARMENIDES

Denken und Sein

Von ANDREAS GRAESER

I.

Bald nach 500 v. Chr. verfasste Parmenides von Elea, einer griechischen Kolonie in Süditalien, einen Text, der die Form eines Lehrgedichtes hat und dessen Inhalt bzw. Mitteilung einer ungenannten Gottheit zugeschrieben wird. In diesem Gedicht, das uns nur bruchstückhaft überliefert ist, gewinnen Themen Gestalt, die später als Domänen der Ontologie und Metaphysik hohe Geltung erlangen werden. Dabei geht es um die Frage, welche Bedingungen etwas erfüllt, das existiert, und welche Bedingungen der Erkenntnis von Wirklichkeit gesetzt sind. 'Sein' heißt dieser Auffassung nach so viel wie unentstanden, unvergänglich, ganzheitlich-homogen, unbeweglich, ohne Vergangenheit oder Zukunft, eines und kontinuierlich sein (D. K. 28 B 8, 2–49). Nur Gebilde dieser Art *sind* im vollgültigen Sinn; und nur Gebilde dieser Art gestatten Erkenntnis. Darf Heraklits Kosmos als Sinnbild lebensdurchpulster Kraft gelten – eine Vorstellung, die Hegel in einigen frühen Texten der Frankfurter Zeit gefangen hielt –, so mag Parmenides' Konzeption eines homogenen, unwandelbaren Seienden als Metapher von Starre und ewigem Tode anmuten. Dies scheint vielleicht weit hergeholt. Doch gewinnt der Gedanke, der auch in Platons Dialog ›Sophistes‹ durchscheint (248e–249a), an Plausibilität, wenn bedacht wird, dass die Offenbarung, die in Parmenides' Lehrgedicht Ausdruck findet, aus der Unterwelt stammen dürfte. Das zumindest ist eine Möglichkeit, den Beschreibungen zu Beginn des überlieferten Textes Sinn abzugewinnen. Aber auch wenn man dieser Erwägung, die seinerzeit von W. Burkert zur Diskussion gestellt wurde,[1] nicht folgt, drängt sich das Bild von beklemmender Leblosigkeit und Starre auf. Dazu passt eine Terminologie, die zumindest für heutige Leser die Vorstellung eines Materialismus der robusten Sorte nahe legt; und dazu passt auch das Verfahren kalter Logik, d. h. das vielleicht aus der Mathematik her übernommene Verfahren indirekter Beweisfüh-

[1] Siehe: Das Prooimion des Parmenides und die Katabasis des Pythagoras, in: Phronesis 14 (1969) 1–30.

rung, das für die Philosophie so etwas wie das Paradigma der Argumentation überhaupt werden sollte.

Es ist dieses Verfahren indirekter Beweisführung, das die Vision einer Wirklichkeit etabliert, welche sinnfällig mit dem Bild der Erfahrung kontrastiert. Wie Heraklit hält auch Parmenides dem Denken des Common Sense das Bild einer wahren Wirklichkeit entgegen, die gänzlich andere Züge aufweist als die uns vertraute Welt von Dingen im Wechsel von Entstehung und Vernichtung. Bietet Parmenides dann eine Zwei-Welten-Lehre etwa von der Art, wie sie Platon gelegentlich zugeschrieben wird? Oder haben wir es mit einer Wirklichkeit zu tun, die unter zwei Beschreibungen steht? Und ist die Welt der Erfahrung ihrerseits womöglich nur die Ausgeburt irrender Phantasie?

Diese und andere Fragen gehören ebenso zu den Konstanten der Diskussion wie die Frage, weshalb die Erörterungen einer Schein*(doxa)*-Welt überhaupt so breiten Raum im Lehrgedicht einnehmen. Vielleicht wäre die plausibelste Antwort hierzu die, dass Parmenides eigens eine Irrtumstheorie entwickle. M. a. W.: Er biete danach eine Erklärung dafür an, dass Menschen mehr oder weniger zwangsläufig auf die Annahmen verfallen, von denen sie sich de facto leiten lassen. Die Art der Stilisierung dieser Annahmen legt die Vorstellung einer pythagoreischen Sicht polarer Gebilde nahe. Das Problem, das mit dieser Interpretation der *doxa*-Welt als Irrtumstheorie verbunden wäre, ist nur, dass bereits die Annahme der Existenz denkender und erfahrender Subjekte die Annahme jener Pluralität birgt, die erst erklärt werden müsste. Doch stellt sich dieses Problem wohl allen Interpretationen, die Parmenides einen strikten Monismus zuschreiben; und damit verliert es vielleicht seine Schärfe. Vielleicht lässt sich der Stein des Anstoßes auf die Weise eliminieren, dass man auf einen Punkt hinweist, der gewissermaßen als Hintergrundsbedingung wirksam sein mag: Wie im wissenschaftlichen Weltbild unserer Zeit kein Platz für Subjekte bzw. Personen ist, so wurde die Wirklichkeit von den griechischen Philosophen nicht als etwas angesehen, was Subjekte beherbergt; und die Frage nach der Existenz denkender Wesen wurde in diesem Kontext gar nicht erst thematisch. Dazu passt im Prinzip, dass auch Subjektivität in dem uns vertrauten Sinn nicht zu einem eigenen philosophischen Gegenstand wird.

II.

Was nun die Frage Monismus/Pluralismus angeht, so bietet sich die Erwägung an, dass Parmenides in einem ersten Schritt nach Bedingungen fragte, die dem gesetzt sind, was existiert bzw. zu Recht als *seiend* angesprochen wird. Für diese Erwägung spricht auch der sprachliche Befund.

Denn Parmenides vermeidet, soweit wir dies auf der Basis des lückenhaft überlieferten Textes beurteilen können, jeden Hinweis auf ein bestimmtes Objekt der Rede. Anders gesagt tritt das 'ist' gewissermaßen als subjektloses, einstelliges Prädikat in Erscheinung. In einem zweiten Schritt hätte Parmenides dargelegt, dass die in Rede stehenden Bedingungen von der Art seien, dass die Verwirklichung der Eigenschaft zu *sein* die Realität einer Pluralität von Seiendem ausschließe. Eine solche Strategie findet sich übrigens auch bei Spinoza, der zunächst den Begriff der Substanz definiert und dann die Einzigkeit der Substanz erweist.

Im Blick auf den ersten Schritt wäre wissenswert, wieso Parmenides eigentlich die Frage stellt, die er aufwirft. Offenbar handelt es sich um eine originelle und jedenfalls neue Frage. Zwar wissen wir (oder können vermuten), dass Anaximander mit seiner Charakterisierung des Prinzips *(archē)* als das Unbegrenzte *(to apeiron)* sinngemäß die Frage beantwortet, wie dasjenige beschaffen sein muss, das zu Recht als *archē* angesprochen wird. Dabei steht Anaximander in einer Tradition, für die das Wort *archē* u. a. auch in der mythologischen Weltentstehungslehre eine Funktion hatte und seine Verwendung insofern früher oder später auch zu metakritischen Reflexionen einlud. Hinsichtlich des Wortes 'sein' kennen wir keine analogen Situationen. Zumindest kennen wir keinen Kontext, in welchem die Frage nach dem Sinn von 'sein' bereits in vergleichbarer Weise thematisch geworden wäre. Insofern scheint Parmenides hier in der Tat Neuland betreten zu haben. Aber wie kam es dazu?

Die Antwort auf diese Frage bietet sich vielleicht in Gestalt einer Annahme an, die in der heutigen Forschung im Gegensatz zu früher wenig Beachtung findet; und zwar geht es um die Annahme, dass Parmenides zunächst bei Pythagoreern studierte (A 1) und sich dann von diesem Denken löste. Dies würde den Schluss nahelegen, dass Parmenides zu irgendeinem Zeitpunkt seiner philosophischen Entwicklung im Blick auf Gebilde von der Art pythagoreischer Monaden zu dem Befund gelangte, dass diese Bausteine der Wirklichkeit genau genommen über gar keine Existenz verfügen können. Noch Zenon von Elea, der gemeinhin als direkter Schüler des Parmenides gilt, wird geltend machen, dass etwas, was unteilbar sei, keine Existenz habe. Zenon hätte demnach vorausgesetzt, dass 'sein' so viel einschließe wie *ausgedehnt sein* und unteilbare Gebilde genau diese Bedingung nicht erfüllen (D. K. 29 A 21). Der relevante Kontext legt eine Auseinandersetzung mit pythagoreischem Gedankengut nahe. Parmenides seinerseits scheint einen Begriff von Unteilbarkeit akzeptiert zu haben, der mit dem von Ausgedehntheit verträglich war. In dieser Hinsicht dürfte er den klassischen Atomisten den Weg gewiesen haben, die, wie Demokrit, z. T. sogar mit der Existenz sehr großer Atome rechneten (D. K. 68 A 43). Dies würde bedeuten, dass mit 'Unteilbarkeit' speziell physikalische und nicht etwa mathematische Unteilbarkeit gemeint war. Dass Parmenides dies in der Tat so gesehen haben dürfte, geht daraus hervor, dass das Charakteristikum Ganzheitlichkeit/Homogenität (B 8, 21 ff.) näherhin gewährleistet, dass das in Rede stehende Gebilde keinerlei Ansätze zu Einschnitten usw. bietet. Was *ist,* ist in seinen Augen nicht nur intrinsisch kompakt, sondern auch – dies legt der Kugelvergleich nahe (B 8, 43) – eine ideale Totalität, unangreifbar und vollkommen.

Weshalb aber ist die Annahme eines Pluralismus unhaltbar? Die Antwort auf diese Frage scheint in folgende Richtung zu gehen: Sagen, dass wir es mit einer Pluralität von Seiendem zu tun haben, heißt unterstellen, dass die in Rede stehenden Gebilde numerisch distinkt und mithin durch Lücken getrennt seien. So viel sagen hieße, bereits die Existenz von Leerem *(kenon)* annehmen. Wenn jedoch Seiendes kompakt ist und Nicht-Kompaktes dieser Auffassung nach nicht-seiend sein müsste, kann Leeres nicht sein. Damit ist klar, dass es keine Lücken gibt und sich Seiendes vielmehr ohne Rest aneinander fügt (B 8, 25; vgl. B 4). Dies wiederum heißt, dass wir es mit einem singulären Seienden zu tun haben.

Vielleicht lässt sich einwenden, dass diese Auffassung wenigstens ein Problem offen zu lassen scheint. Denn Parmenides sagt an keiner Stelle, dass das Seiende unendlich oder unbegrenzt sei. Er spricht vielmehr von Begrenzung, und intuitiv ist man geneigt zu fragen, was sich neben oder außerhalb dieser kugelartigen Masse befinden mag. Genau diese Frage scheint Melissos, einen spätereren Eleaten, außerordentlich beunruhigt zu haben. Dieser Philosoph hat das Seiende ausdrücklich als unbegrenzt *(apeiron)* ausgegeben. Dabei würden die wenigsten Interpretinnen und Interpreten eigentlich soweit gehen zu sagen, dass Melissos Parmenides formell kritisiert und korrigiert habe. Eher drängt sich der Gedanke auf, dass Melissos nun, vor dem Hintergrund z. B. auch der Atomistik, die mit der Existenz von Atomen *und* dem Leeren rechnet, Parmenides' Gedanken präzisieren und die eleatische Position gewissermaßen gegen pluralistische Attacken immunisieren wollte.

III.

Aber was brachte Parmenides dazu, Nicht-Seiendes generell zu verdächtigen? Und wie wäre dieser Punkt näherhin zu verstehen? Hier ist es zunächst wichtig zu beachten, dass Parmenides immer wieder betont, was nicht sei, könne nicht gedacht werden (vgl. B 2,5). An dieser Stelle begegnen wir nun einem Nest von Problemen, die sich vielleicht nicht einmal zufrieden stellend ordnen lassen und immer wieder neue Diskussionen herausfordern. Generell gesagt dürfte die These, Nicht-Seiendes lasse sich nicht denken, so viel besagen, dass Erkennbarkeit auf Seiten des Gegenstandes ein bestimmtes Maß an Struktur und Bestimmungshaftigkeit voraussetzt. Diese Vorstellung wird später bei dem Pythagoreer Philolaos eine Rolle spielen und vor allem Platon zu dem Gedanken bestimmten, dass vorzüglich erkennbare Dinge in vorzüglicher Weise existieren (vgl. Politeia V).[2] So, wie der Gedanke bei Parmenides Gestalt gewinnt, lässt er den Schluss zu, dass Negationen prinzipiell undurchsichtige Kontexte schaffen, in bzw. an denen das Denken keinen Halt finde. Diese Vorstellung hat, zumindest für moderne Begriffe, mit dem Problem von Referenz und Intentionalität zu tun. Sagen, dass das Denken keinen Halt finde, heißt zugleich behaupten, dass Worte gegebenenfalls an den Gegenständen abgleiten, an ihnen vorbeiweisen und sich die entsprechenden begrifflichen Gehalte so in Nicht-Welten verflüchtigen. Derartige Erwägungen muten vielleicht nicht sonderlich vertrauenswürdig an. In der Tat hat man dem Eleatismus sogar gelegentlich entgegengehalten, dass er einen Fehlschluss von '-Fa' zu '-(Ex) (x = a & Fx)' begehe. Auf jeden Fall scheint es für heutige Begiffe nicht korrekt zu sagen, dass Ausdrücke wie '... ist nicht grün' in Nicht-Welten verweisen. Im Gegenteil, Ausdrücke dieser Art versehen uns, wie vor allem P. F. Strawson darlegte, mit neuen Prädikaten, z. B. mit der Bestimmung *jede andere Farbe als Grün*. Keine Prädikate werden von Eigennamen produziert; und dies gilt auch für Eigennamen, an die ein Negationszeichen geheftet ist (‚Nicht-Peter').

Doch lässt sich die Sache auch anders sehen. Denn wenn, wie zu jener Zeit offenbar üblich, noch kein Unterschied zwischen Prädikaten auf der einen und (Eigen-)Namen auf der anderen Seite beobachtet wird und Ausdrücke wie 'den Ort verändern', 'Farbe wechseln', 'sein' und 'nicht sein' generell als Namen *(onomata)* gelten (B 8,40), so steht hier die Benennungsfunktion im Vordergrund. Ausdrücke hätten es demnach an sich, ihren Gegenstand gleichsam zu treffen oder rundheraus zu verfehlen; und Negationen, die logisch betrachtet nach dem Modell 'Nicht-Peter' fungieren würden, schaffen in der Tat keinen Bezug! Nun eröffnet die Rede von der Benennungsfunktion allerdings ein wichtiges Korrelat auf Seiten der Wirklichkeitsauffassung. Denn sprachliche Ausdrücke in erster Linie als Namen betrachten, heißt, die von ihnen benannten Wirklichkeitsstücke jeweils als dingartige Gebilde ansehen. Wir haben es hier also mit einer bestimmten Ausprägung jener Denkform zu tun, die als Vergegenständlichung anzusprechen wäre und in hegelscher Betrachtung als *Bewusstseinsgestalt* zu gelten hätte. Diese Denkform – Alexander P. D. Mourelatos charakterisierte

[2] Diesen Hintergrund der Rede vom vorzüglich Seienden habe ich an anderer Stelle weiter ausgeleuchtet: Plato on Knowledge and Opinion (Republic V), in: ders., Issues in the Philosophy of Language. Past and Present, Bern u. a. 1999, Kap. 3.

sie als 'Naive Metaphysik von Dingen'[3] – liegt insofern nahe, als die Verwendung des Artikels 'das' wie im Falle von 'das Schöne' nicht nur schöne Dinge und die konkrete Schönheit eines Dinges einführt, sondern selbst die abstrakte Eigenschaft namens Schönheit als dingartiges Gebilde vorstellig zu machen scheint. Platon hat sich in seinem Dialog ›Parmenides‹ gegen solche Vergegenständlichungen der Idee und damit auch – dies zeigt der Kontext – gegen die Denkform des Eleatismus gewehrt;[4] und im VII. Brief wird auf die Unzulänglichkeit der Sprache *(logoi)* hingewiesen, die darin bestehe, Was- bzw. Wesensgehalte begrifflich dem Status von Dingen mit Beschaffenheiten anzugleichen. In unserer Zeit hat sich der Jenaer Mathematiker und Philosoph Frege um präzise Unterscheidungen etwa zwischen Begriff und Gegenstand bemüht. Dabei versuchte er, Ausdrücke wie 'der Begriff *F*' zu vermeiden, um nicht das Risiko einer Vergegenständlichung einzugehen. Dass seine Bemühungen oft missverstanden wurden, sagt etwas über die Natur der Komplikationen.

So betrachtet befand sich Parmenides im Dschungel ernsthafter philosophischer Problematiken, die – dies zeigt die kontroverse Diskussion um Sätze wie 'Pegasus existiert nicht' – namentlich im 20. Jh. als aufklärungswürdige Fragen empfunden wurden. Dabei hat die Konstellation noch eine weitere interessante Dimension. Wenn es in der Tat so ist, dass Worte vorwiegend als Namen und die möglichen Bedeutungen als Gegenstände aufgefasst wurden, dann hat dies auch für die Einschätzung der Erkenntnissituation bestimmte Folgen. Was wir gegegebenfalls denken bzw. erkennen, hätte den Charakter von dingartigen Gebilden; und dies wiederum hieße, dass die in Rede stehende Erkenntnis als eine Art Bekanntschaftsbeziehung aufzufassen wäre. Dieser Punkt ist wichtig. Denn er würde zeigen, dass die Gegenstände des Denkens und Erkennens dieser Auffassung zufolge nicht etwa als Sachverhalte oder jedenfalls propositionale Gebilde aufzufassen wären (dass *p*), sondern als Sachen, wie sie als Objekte in der Konstruktion entsprechender Verben mit einem direkten Objekt erscheinen.

Doch wie wäre diese Art von Wissensbeziehung näherhin zu verstehen? Literarisch ambitionierte Interpretationen helfen sich in diesem Zusammenhang gelegentlich mit der Verwendung solcher Ausdrücke wie 'vernehmen' oder 'vergegenwärtigen'. Namentlich scheint damit die Bedeutung

[3] Siehe Heraclitus, Parmenides, and the Naive Metaphysics of Things, in: E. N. Lee, A. P. D. Mourelatos, R. Rorty (Hrsg.), Exegesis and Argument: Studies in Greek Philosophy Presented to Gregory Vlastos, Assen u. New York 1973 (= Phronesis. Supplementary Volume 1), 16–48.

[4] Siehe meine Arbeit: Parmenides in Plato's ›Parmenides‹, in: Issues in the Philosophy of Language. Past and Present (s. o. Anm. 2), Kap. 2.

von *noein* aufgefangen, das ja auch bei Platon und ausdrücklich bei Aristoteles ebenso wie das Nomen *Nous* als Bezeichnung nicht-urteilshaften, irrtumsfreien Erfassens einfacher, nicht- komplexer Gehalte begegnet. Gegen Paraphrasen dieser Art ist so lange nichts einzuwenden, als die Frage der logischen Struktur solcher Erkenntnisbeziehungen ausdrücklich als Problem empfunden wird. Ob dies durchwegs der Fall ist, mag hier dahingestellt bleiben. Immerhin kann 'vernehmen' und 'vergegenwärtigen' in unserer Sprache ja auch zur Bezeichnung propositionaler Einstellungen verwendet werden; und gerade diese Möglichkeit sollte bei der Interpretation des relevanten Gedanken eigentlich ausgeschlossen sein. Mithin scheint mit dieser Wiedergabe nichts gewonnen und das eigentliche Problem nur verschoben. Insofern bieten Anleihen an Sprachmagie keinen Ersatz für Argumente.

IV.

Vor dem Hintergrund dieser Erwägungen zeichnet sich ein weiteres Problem ab, das in der Geschichte der abendländischen Philosophie besondere Bedeutung erlangen sollte. Und zwar geht es um Parmenides' These einer Identität von Denken und Sein. Zwar findet diese These, wie noch zu sehen sein wird, unterschiedlichen Ausdruck. Doch scheint die Kernaussage des Gedankens da vorzuliegen, wo es heißt „denn dasselbe ist Denken und Sein" (B 3). Wenige Fragmente haben mehr Aufmerksamkeit erfahren als dieses; und wenige Fragmente sind so umstritten wie diese Zeile. Doch scheint heute ein gewisser Konsensus zu bestehen, dass hier nicht etwa eine buchstäbliche Identität zweier Relata behauptet wird, wie das von Geistmetaphysisch orientierten Autoren wie Plotin empfunden worden sein mochte. Vielmehr wird die hier in Rede stehende Identität vor dem Hintergrund des im Griechischen Gesagten so verstanden, als habe Parmenides behauptet: Dasselbe ist für das Denken und für das Sein. Damit hätte er sinngemäß dekretiert: Nur, was gedacht werden kann, existiert wirklich, und nur, was wirklich existiert, lässt sich denken. Nach allem, was gesagt wurde, scheint klar, dass Parmenides nichts anderes meinte, als dass ein Denken, das sich in Negationen verstrickt, die Realität verfehlt, und umgekehrt nur eine solche Realität Züge der Erkennbarkeit an den Tag legt, welche die oben genannten Eigenschaften von Einheit, Homogenität, Ungewordenheit usw. aufweist. M. a. W.: Sie hat keinerlei Lücken und bietet in diesem Sinn auch keinerlei Anlass zu Negationen. Die Qualifikation 'in diesem Sinn' ist vielleicht nötig. Denn es ist nicht klar, bis zu welchem Grade Sprache und Wirklichkeit von Parmenides systematisch unterschieden werden konnten, ja ob sie überhaupt unterschieden wurden. Da auch noch Aristoteles, wie andere vorstoische Philosophen, überhaupt wenig

Anlass sieht zu signalisieren, wann er von *Sein* spricht und wann von 'sein', wann ein Ausdruck also, technisch gesprochen, *verwendet* wird und wann *erwähnt,* ist hier ein Entscheid schwierig. Dies gilt umso mehr, als andere Stellen im Lehrgedicht neue Komplikationen bieten.

Da ist erstens B 6,1–2 und zweitens B 8,34–35. (i) Die erste Stelle lautet in der Ausgabe von Diels Kranz: „Nötig ist zu sagen und zu denken, dass nur das Seiende ist; denn Sein ist, ein Nichts dagegen ist nicht"; die andere Stelle (ii) lautet entsprechend: „Dasselbe ist Denken und der Gedanke, dass IST *ist*; denn nicht ohne das Seiende, in dem es als Ausgesprochenes ist, kannst du das Denken antreffen." Auch hier gilt, dass wir uns in einem relativ weiten Spektrum durchaus verschiedener Interpretationsmöglichkeiten bewegen. Doch scheint es von vornherein wichtig zu beachten, dass der Passus in (ii) „in dem es als Ausgesprochenes ist" eine besondere Nähe von Sprache, Denken und Wirklichkeit erahnen lässt. Dies kann auf das Verständnis der sog. Identitätsthese zurückfallen. Die erstgenannte Stelle lässt sich vielleicht auch folgendermaßen verstehen (i*): Es ist nötig, dass Sagen und Denken seiend ist.

Dieses Verständnis von 'seiend' als Qualifikation von Denken und Sagen würde nicht etwa bedeuten, dass wir beide als existierende Dinge aufzufassen hätten. Vielmehr wäre der Gedanke der, dass beide Wirklichkeitsbezug haben bzw. wahr sein müssen. Vergleichbare Verwendungen des Partizipis 'seiend' in der griechischen Sprache lassen diese Vorstellung keineswegs als abseitig erscheinen (s. o. S. 57). Ob die grammatische Struktur des Satzes dieses Verständnis zulässt, ist allerdings nicht klar und sicher wie jede Deutung kontrovers. Auch für den zweiten Text könnte ein anderes Verständnis gewonnen werden; und zwar ließe sich dasjenige, *worin* das Denken ausgesprochen ist [i. e. das Sein], ausdrücklicher (ii*) als das Wort 'ist' auffassen, das in unseren Behauptungen über die Welt eine Rolle spielt. Damit ist nicht behauptet, Parmenides habe hier 'ist' von *Sein* etwa ausdrücklich unterschieden; im Gegenteil, die oben erwähnte Nähe von Sprache, Denken und Wirklichkeit legt für das Verständnis von Sprache ohnehin, wie eben auch bei Aristoteles, die Auffassung von Sprache als Seinssprache nahe. Wenn Denken und Sagen im hier relevanten Kontext von Hause aus mit dem Ansprechen von etwas verbunden sind und das Sein von etwas angehen, so wäre dieses veridische Verständnis von 'ist', das uns auch bei Autoren wie Thomas v. Aquin begegnen wird,[5] nicht nur nicht abwegig, sondern geradezu willkommen.

[5] Siehe A. Graeser, Aquinas and Aristotle on Being as Being True, in: ders., Issues in the Philosophy of Language. Past and Present (s. o. Anm. 2), 71–98.

V.

Insbesondere aber bietet dieses Verständnis (ii*) die Möglichkeit, einen anderen Punkt besser zu beleuchten, der für das Verständnis der philosophischen Vision des Parmenides offensichtlich eine wichtige Rolle spielt. Und zwar geht es darum, dass die Göttin von zwei Wegen der Forschung spricht und davon, welcher Weg gangbar sei und welcher nicht. Diese Wege – das Bild evoziert sicher die berühmte Weg-Metaphorik bei Hesiod und die Geschichte von Herakles am Scheideweg – sind die Wege des '... ist ...' bzw. '... ist nicht ...' (B 2, 1 ff.); daneben ist noch von einem weiterem (dritten?) Weg die Rede, „auf dem da nichts wissende Sterbliche einherschwanken [...] unentschiedene Haufen, denen das Sein und Nicht-Sein für dasselbe gilt und nicht für dasselbe" (B 6, 4 ff.). Aus dem Kontext wird klar, dass die Gottheit Parmenides nicht nur von dem Weg des '... ist nicht ...' fernhalten will, sondern auch vor jener Konfusion bewahren möchte, die – so nimmt sich die Sache aus – darin bestehen würde, dass die beiden erstgenannten Wege nicht sauber als unterschiedliche Optionen wahrgenommen und entsprechend systematisch getrennt werden. Auffällig ist zudem, dass die Schilderung der Konfusion Züge an den Tag legt, die sich unschwer als Heraklit-Polemik verstehen lassen. In der Tat hatte letzterer verschiedentlich von der Identität gegensätzlicher Gebilde gesprochen (s. o. S. 61 ff.) und unter Hinweis auf unterschiedliche Perspektiven u. a. auch davon, dass wir *sind* und *nicht sind*; und zumindest im gängigen Verständnis gilt Heraklit als jemand, der vor dem Hintergrund perspektivischer Orientierungen die Welt als Ensemble hochkomplexer diskrepant anmutender Vorfälle zu verstehen sucht. Hingegen erscheint Parmenides geradezu als revisionistischer Denker, der innerhalb der heraklitischen Welt Spannungen identifiziert und diese philosophisch massiv radikalisiert. Diese Einschätzung widerspricht übrigens derjenigen Hegels, der Parmenides an den Anfang stellte und Heraklit als denjenigen Denker ansieht, der mit der Beobachtung der Identität von Sein und Nichts einer Wahrheit Rechnung trage, die Parmenides noch entgehen musste.[6]

Unabhängig von der Frage, ob die in Rede stehende Konfusion speziell Heraklit anzulasten ist oder als Charakteristikum menschlicher Denkformen überhaupt gelten soll, bleibt zu klären, was es mit den eigentlichen Wegen der Forschung auf sich hat, die von Parmenides kontrastiert werden. Dieser Punkt ist extrem schwierig zu beurteilen. Denn einmal mehr stellt sich nun die Frage nach dem Subjekt (oder möglichen Subjekten) im

[6] Hegel glaubte zudem, den Gedanken, dass das Nicht-Sein um nichts weniger sei als das Sein, Heraklit zuordnen zu dürfen. De facto handelt es sich jedoch um eine These Demokrits. Die Interpreten, denen Loyalität gegenüber Hegel etwas bedeutet, akzeptieren die Sequenz Parmenides/Heraklit.

Satz-Schema '... ist ...'; desgleichen wäre wissenswert, welche Termini typischerweise syntaktisch an Prädikatstelle auftauchen sollen. Zugleich aber bleibt aber vorderhand unklar, ob es sich bei dem 'ist' um das *ist* der Existenz handelt, um das der Prädikation oder auch um das Identitätszeichen. Im gewissen Sinn sind diese Fragen natürlich unhistorisch und sogar blanke Anachronismen. Nur ändert dies nichts daran, dass wir sie stellen müssen, und sei es auch nur, um ausschließen zu können, was nicht gemeint sein kann. Hier nun zeichnen sich einige interessante Entwicklungen ab. Dominierte früher die Auffassung, dass Parmenides primär Existenzsätze vor Augen hatte und/oder das 'ist' der Existenz mit dem 'ist' der Prädikation verwechselte, so schälten sich seit den 70er-Jahren subtilere Deutungen heraus.

Dabei war u. a. zunächst die Einsicht leitetend, dass der Begriff der Existenz in der griechischen Philosophie eigentlich nie eine thematische Rolle erlangte. Positiv gewendet heißt dies u. a, dass selbst ein absolut konstruiertes, grammatisch als einstelliges Prädikat konstruiertes 'ist' nicht die Bedeutung von 'existiert' haben müsse,[7] sondern – wie in Protagoras' Rede vom Menschen als Maß der Dinge, die sind, dass sie sind, und der Dinge, die nicht sind, dass sie nicht sind – so viel wie 'ist der Fall' oder 'ist so und so' bedeuten könne. Speziell im Blick auf Parmenides vertrat A. P. D. Mourelatos in einer Reihe von Arbeiten die Meinung, dass Parmenides im Satz-Rahmen '... ist ...' einen Sinn artikulierte, der als spekulative Prädikation[8] anzusehen sei. Danach habe Parmenides typischerweise an Aussagen wie '*X* ist *YZ*' oder 'Was man *X* nennt, ist in Wirklichkeit *YZ*' gedacht. Diese Deutung würde gestatten, dass an Subjektstelle im Prinzip jede Entität (bzw. deren Name) eintreten kann, die als Explanandum in den Raum gerückt werden soll; und an Prädikatsstelle würde entsprechend jene Sache (bzw. deren Name) auftauchen können, die als Explanans fungiert bzw. eine Erklärung im Sinne einer Wesensangabe liefert.

All diesen Fällen von Erklärung scheint nicht nur gemeinsam, dass das Sein der Dinge überhaupt an Hand einheitlicher Kriterien artikuliert und so gesehen nach gemeinsamen Standards beurteilt wird; gemeinsam ist ihnen auch, was man ihr Seinsnetz nennen könnte. Das Sein der Dinge ist, so betrachtet, ewig, unveränderlich, homogen, kontinuierlich usw. Selbst scheinbar gänzlich entrückte Dinge entpuppen sich innerhalb der Perspektive relevanter Betrachtung nunmehr als unlöslicher Verband: „Schaue je-

[7] Diese Einsichten sind namentlich C. H. Kahn und G. E. L. Owen zu verdanken.

[8] Der Begriff der spekulativen Prädikation verrät eine gewisse Entsprechung zu Hegels Begriff des spekulativen Satzes. Letzterer ist da gefordert, wo wir das Absolute nicht (oder nicht nur) als Substanz charakterisieren, sondern angemessen als Subjekt verstehen und sich damit auch die Diskrepanz zwischen Subjekts- und Prädikatsbegriff auflösen würde.

doch mit dem Geist, wie durch den Geist das Abwesende anwesend ist mit Sicherheit; denn er wird das Seiende von seinem Zusammenhang mit dem Seienden nicht abtrennen weder als solches, das sich überall zerstreue nach der Ordnung, noch als, das sich also zusammenballe" (B 4; vgl. B 8, 23). So betrachtet weist der Weg des 'ist' den Pfad eines universalen Seinszusammenhanges, der des 'ist nicht' kreiert indes Lückenhaftigkeit und Unverständlichkeit. Doch ist dieser zweite Weg nicht nur uninformativ und buchstäblich nichts-sagend; er hat auch kein *fundamentum in re*. Denn Nicht-Seiendes gibt es nicht und kann es nicht geben. Mithin kreiert die Rede des zweiten Weges Gegebenheiten, die nicht existieren.

VI.

Allerdings sind die Probleme damit nicht am Ende. Eine Schwierigkeit ist dabei, dass Parmenides seinerseits Negationen verwendet. Eine andere betrifft eine mögliche Unklarheit in Parmenides' Verständnis des Monismus. Das erste Problem scheint gravierend, wenn nicht desaströs. Denn die Gedankenkette ist von Negationen durchsetzt. Damit stellt sich die Frage, wie Parmenides seinem eigenen Verdikt entgehen könnte. Von Rechts wegen müsste er zumindest zwischen unzulässigen und zulässigen Negationen unterscheiden und sagen, inwiefern etwa die Negationen im großen Fragment B8 zulässig wären. Nur gibt es keinen Anhaltspunkt dafür, dass Parmenides dieses Phänomen als Problem empfindet. Vielleicht ließe sich seine Praxis so rechtfertigen, dass man zwischen Negationen *de re* und Negationen *de dicto* unterscheidet und nur die ersten für perniziös ansehen würde. Aber dieser Rettungsversuch könnte wohl nur bedingt fruchten. Denn wenn es so ist, dass Parmenides Worte im Wesentlichen als Namen ansah und die Bedeutungen dieser Ausdrücke mit dingartigen Wirklichkeitstücken identifizierte, so ist zweifelhaft, dass die Unterscheidung *de re/de dicto* für ihn eine wirkliche Option dargestellt hätte.

Das zweite Problem ist schlechthin kruzial. Denn es betrifft letztlich den Kern der Sache und damit die Möglichkeiten und Grenzen unseres Verständnisses. So es ist vermutlich eine Sache, mit der Existenz nur einer, singulären Substanz zu rechnen, eine andere, die Realität einer homogenen Struktur anzunehmen, die alles durchzieht. Während die erste Auffassung die zweite implizieren dürfte, impliziert die letztere Auffassung nicht die erste. Beispiel für einen Fall ersterer Art wäre Spinozas Substanz-Monismus in der ›Ethica‹ I, Beispiel für einen Fall letzterer Art etwa Hegels Panlogismus in der ›Enzyklopädie‹. Doch ebenso wie Hegels Vorstellung der Struktur eines Kategoriensystems als Substanz/Subjekt betrachtet werden kann und, so gesehen, die Klassifikation wechseln würde, ließe sich Spinozas Substanz unter dem Aspekt von Denkung *(cogitatio)* als Struktur (nämlich von Gedanken- bzw. Ideen-Verkettungen) ins Auge fassen. Wissen wir, wo und gegebenenfalls wie Parmenides die Grenzen gezogen hätte?

VII.

Parmenides' Gedanken haben sich auch außerhalb der eigentlichen Tradition des Eleatismus in verschiedener Hinsicht als außerordentlich einflussreich erwiesen. So wurden die Naturphilosophen Empedokles, Demokrit und Anaxagoras von ihm dahingehend bestimmt, mit Grundkörpern bzw. Grundstoffen zu rechnen, die alle Merkmale eleatischen Seins aufwiesen. Auf diese Weise wurde es für sie möglich, Phänomene des Wandels in Begriffen von Rearrangement Umgestaltung, Ummischung usw. jeweils bereits vorhandener, im eleatischen Sinn *seiender* Gebilde zu beschreiben. Metaphysiker wie Philolaos und Platon wiederum ließen sich von Parmenides zur Formulierung von Kriterien der Intelligibilität inspirieren, während der Sophist Gorgias zu einer ultraskeptischen, ja nihilistisch anmutenden Gegenattacke provoziert wurde: Nichts ist! Die megarischen Philosophen wiederum zehrten nicht nur von Parmenides' Logik des Seins, sondern gewannen ihre Axiologie vor dem Hintergrund der parmenideischen Ontologie. Später wurde Parmenides als Advokat der Annahme eines geistigen Seins interpretiert und so immer wieder auch als Begründer des Idealismus überhaupt empfunden.

Auswahlbibliographie

Curd, P.: The Legacy of Parmenides. Eleatic Monism and Later Presocratic Thought, Princeton, N. J. 1998.
Ebert, T.: Wo beginnt der Weg der Doxa?, in: Phronesis 34,2 (1989) 121–138.
Mourelatos, A. P. D.: Parmenides and the Pluralists, in: Apeiron. A Journal of Ancient Philosophy and Science (1999) 117–129.
Palmer, J.: Plato's Reception of Parmenides, Oxford 1999.
Tarán, L.: Parmenides. A Text with Translation, Commentary, and Critical Essays, Princeton, N. J. 1965.
Wiesner, J.: Parmenides. Der Beginn der Aletheia. Untersuchungen zu B2-B3-B6, Berlin u. New York 1996.

SOKRATES

Der Philosoph

Von Günter Figal

Sokrates ist unter den großen Denkern eine singuläre Gestalt: Mit ihm fängt an, was man seitdem Philosophie nennt. Die Kultur, zu der er gehört, aus deren Tradition und Traditionsbrüchen sich sein Denken entwickelt, konzentriert sich in ihm auf eine vorher unbekannte Weise; mit Sokrates tritt alles, was es zuvor schon gab, in ein neues Licht. Deshalb hat es ein sachliches Recht, wenn die gegenüber Sokrates früheren Denker als „Vorsokratiker“ bezeichnet werden. Mit dieser übrigens erst um die Wende vom 19. zum 20. Jh. gefundenen Prägung ist die maßgebende Kraft des sokratischen Denkens gut getroffen; sie bekundet, dass Geschichte, die Geschichte des Denkens zumal, nicht linear verläuft und als gleichförmige Folge von Gestalten und Ereignissen berichtet werden kann. Oft sieht man Früheres vom Späteren her, und manchmal, wie bei Sokrates, gibt das Spätere sogar den Rahmen zum Verständnis des Früheren vor.

Das radikal Neue an Sokrates erschließt sich vielleicht am besten durch einen Text, der sich gar nicht direkt auf ihn bezieht, sondern ihn schon wie selbstverständlich zum Maßstab nimmt. Hier, in Platons ›Sophistes‹, ist von den bedeutenden Denkern vor Sokrates, von Parmenides und Heraklit, auch von Empedokles die Rede, und es heißt, sie hätten ihre Zuhörer wie Kinder behandelt: Geschichten erzählt, unbekümmert darüber, ob man ihnen folgen konnte oder nicht (Soph. 242c, 243a–b). Der Vorwurf hat die Entschiedenheit, auch die Ungerechtigkeit einer neu gefundenen Position. Dass der Sprachgestus der Genannten im Kontrast auffällt, seine Überzeugungskraft verliert und die Perspektive eröffnet ist, Gedanken gesprächsweise, in Frage und Antwort zu entfalten, berücksichtigend, ob der Gesprächspartner folgen kann oder nicht, geht auf Sokrates zurück.

Was sich derart ändert, ist keine Äußerlichkeit, entschieden mehr als eine Frage des Stils. Gedanken sind anders, wenn sie mitgeteilt und geteilt, nicht mehr gelehrt oder verkündet werden. Man erfasst sie überhaupt erst als Gedanken, denn gerade weil ihre sprachliche Artikulation jetzt ernst genommen, bewusst erfahren wird, lösen sie sich von ihrer jeweiligen Sprachgestalt ab. Gedanken, so erfährt man es jetzt, können so, aber auch anders formuliert werden, und sie werden erst dadurch verständlich, dass man sie verschieden, in verschiedenen Anläufen und Versionen zur Sprache bringt. Außerdem zeigt sich nun die Bedeutung der Gedanken für das eigene und gemeinsame Leben: Wo man es wichtig findet, sich um ihre Artikulation zu bemühen, haben sie das eigene Leben immer schon bestimmt; es lässt sich erfahren, dass sie als etwas Gemeinsames angehen.

Durch Sokrates ist das Denken zum Gespräch geworden – und zwar auch dort, wo es sich monologisch, im Vortrag oder als schriftliche Abhandlung äußert. Gespräch muss nicht Wechselrede sein; es reicht, dass die „Seele" eine Rede für sich selbst durchgeht (Theait. 189e); dass man die Möglichkeit der Nachfrage, des Einwands sieht und grundsätzlich bereit ist, Gedanken auszuweisen, im Fall des begründeten Zweifels zu revidieren. In Sokrates aber tritt der Gesprächscharakter des Denkens machtvoll, ohne jede Brechung hervor. Von ihm gibt es keine Abhandlungen, er ist ein Philosoph ohne Lebenswerk. Sein Denken ist nur bekannt durch die Schriften anderer, und sieht man von einigen Bemerkungen bei Aristoteles, die auf sokratische Gedanken Bezug nehmen, ab, wird Sokrates immer als Gesprächsführer, freilich auch als Zuhörer von Gesprächen dargestellt. Seine Schüler haben mit ihren philosophischen Lese- und Vorlesedramen sogar eine eigene literarische Gattung etabliert.[1]

Von diesen Schülern sind Xenophon und Platon die bedeutendsten, auch, was die Wirkungsgeschichte des sokratischen Denkens betrifft. Von anderen wie Antisthenes oder Phaidon ist nur weniges und das nur fragmentarisch überliefert, während Xenophon und Platon ein lebendiges Bild ihres Lehrers zeichnen. Aber als Denker ist Sokrates doch nur in den platonischen Dialogen präsent. Weder aus Xenophons Dialogen noch aus seinem Erinnerungsbuch, den ›Memorabilia‹, lässt sich die unvergleichliche Bedeutung des sokratischen Denkens entnehmen. Die platonischen Texte hingegen lesen sich so, als solle man durch sie verstehen, warum die Philosophie mit Sokrates anfängt und warum alles weitere Philosophieren ihm verpflichtet bleiben muss. Angesichts dessen ist auch die Frage müßig, ob das von Platon gezeichnete Bild des Sokrates echt oder zutreffend sei. Alle Porträts sind „Idealporträts";[2] sie heben hervor und lassen weg, um das Wesen des Porträtierten zu treffen. Sogar die Erdichtung von Äußerungen, Gesprächen und Gesprächssituationen kann in diesem Sinne darstellend sein; Züge, die sich im unmittelbaren Leben schwächer, weniger konzentriert zeigten, sind nun, in der Dichtung, als Wesenszüge erkennbar geworden.

Es gibt nur einen platonischen Dialog ohne Sokrates: das Spätwerk ›No-

[1] Vgl. Aristoteles, Poetica 1447b9.

[2] H.-G. Gadamer, Platon als Porträtist, in: Gesammelte Werke, Bd. 7, Tübingen 1991, 228 ff. Hier 233.

moi‹, ›Die Gesetze‹. Von ihm und den Briefen absehend, liest man das Werk Platons wie ein reich facettiertes, immer wieder neu ansetzendes und darin auch in sich reflektiertes Sokrates-Bild, mit einem Wort Goethes: als „wiederholte Spiegelung".[3] Platon hat Sokrates bewusst immer wieder neu dargestellt: in Situationen, die verschiedene Aspekte seines philosophischen Lebens freisetzen. So wird der Anfang der Philosophie begreiflich, indem gezeigt wird, wie das philosophische Denken in seinem Umfeld entspringt. Doch kann die Philosophie nicht in ihrem Anfang verharren; schon ein auf Sokrates bezogenes Denken wie dasjenige Platons, ist bei aller Treue zu ihm über Sokrates hinaus. In seinen späten Dialogen – im ›Sophistes‹, ›Politikos‹ und im ›Timaios‹ – konfrontiert Platon seinen Helden mit Fragen, die ihn verstummen und zum Zuhörer werden lassen, und zeigt so an, wo die Grenze des sokratischen Denkens verläuft.

Indem Platons Dialoge Sokrates in Gesprächssituationen erfahrbar machen, stellen sie auch die Welt dar, in der Sokrates sich als Philosoph artikuliert. Insofern machen sie den Lebenszusammenhang zugänglich, in den sich die spärlichen Daten, die über Sokrates bekannt sind, eintragen lassen. Sokrates wurde als Sohn des Steinmetzen Sophroniskos und der Hebamme Phainarete 470 oder 469 in Athen geboren. Also war er ungefähr zehn Jahre alt, als seine Heimatstadt die Perser bei Salamis vernichtend schlug und sich damit als bedeutendste Macht im griechischen Raum etablierte. Sein Leben wurde durch die radikalen Veränderungen der folgenden Jahrzehnte geprägt: Noch als Kind erlebte Sokrates die Einführung der Demokratie, und zwar in der Form direkter Bürgerherrschaft, als junger Mann den Reichtum und die künstlerische Pracht der Jahre unter Perikles, dann die Wirren des Peloponnesischen Krieges, in dem er an zwei Schlachten als einfacher Soldat teilnahm (Apol. 24e). In seine späteren Jahre fallen die Umstürze und Wiederherstellungen der demokratischen Staatsform, schließlich auch die Niederlage und Kapitulation Athens gegenüber Sparta.

Sokrates, das sollte durch diese Hinweise deutlich geworden sein, lebte in einer unruhigen, instabilen Zeit und, damit verbunden, in einer Zeit des Verlustes traditioneller Orientierungsmöglichkeiten, aber auch des Versuchs, neue, zeitgemäße Lebensmuster zu erkunden und zu propagieren. Das sokratische Denken gehört in diese Spannung von Traditionsverlust und Zukunftsgewinn, von Unsicherheit und auftrumpfendem Selbstvertrauen. Aber es lässt sich aus seiner Zeit nicht erklären, aus den für sie charakteristischen Möglichkeiten nicht begreifen. Sokrates ist weder ein rückwärtsgewandter Anhänger des Alten noch ein Parteigänger des Neu-

[3] Goethes Werke, hrsg. im Auftrag der Großherzogin Sophie von Sachsen. Weimar 1887–1919, Bd. 46, 149.

en. Indem er zum Philosophen wird, unterläuft er diese Alternative und geht darum in seiner Zeit nicht auf.

Das mag, äußerlich betrachtet, auch ein Grund für den Tod des Sokrates gewesen sein. Er kam vor Gericht,[4] nachdem von drei Bürgern, Lykon, Meletos und Anytos, eine Klage gegen ihn eingebracht worden war; vorgeworfen wurde ihm, die Götter zu missachten und die Jugend zu verderben – eine Anklage, mit der man jemanden treffen konnte, der öffentlich auffiel und dadurch missliebig wurde, dass er das Fraglose des bürgerlichen Selbstverständnisses störte. Man hielt Sokrates für einen radikalen Parteigänger des Neuen, für einen Relativierer vordem unbefragter Wertmaßstäbe und wollte ihn los sein.

Doch wären seine Ankläger und deren Sympatisanten gewiss zufrieden gewesen, wenn Sokrates außer Landes gegangen wäre. Dafür dass es anders kam, war er selbst verantwortlich. Seine Verteidigungsrede war offenbar so provozierend, dass die Richter mehrheitlich kaum anders konnten, als ihn zum Tod zu verurteilen. Offenbar wollte Sokrates diesen Tod. Das Leben in einer fremden Stadt schien ihm nicht wünschenswert – in seinem Alter zumal (Krit. 53e); die Verbundenheit mit seiner Heimatstadt ist so tief gewesen, dass er lieber durch sie sterben als anderswo leben wollte. Doch der Tod des Sokrates ist auch die Besiegelung seines philosophischen Lebens, die Konsequenz seines das Leben ganz und gar prägenden Denkens und der Bereitschaft, für die eigene Unbeugsamkeit einzustehen. Also schlug er die Möglichkeit, ins Exil zu gehen, aus und starb einige Zeit nach der Verurteilung, im Kreis seiner Schüler und Freunde, durch den Giftbecher.

Dass Sokrates sein Todesurteil so vorbehaltlos akzeptiert, begründet er in seiner Verteidigungsrede vor Gericht, wie Platon sie gestaltet hat, auf zweierlei Weise: Es sei besser zu sterben als schändlich handelnd sein Leben zu bewahren (Apol. 28b–29a; 38e–39b), und außerdem sei der Tod nichts Schlechtes, weil er in jedem Fall die Abwesenheit der das Leben heimsuchenden Übel sei, möglicherweise aber sogar ein besseres Leben (Apol. 40c–41c). Das weiß zwar, wie Sokrates, seine Rede abschließend, sagt, nur der Gott (Apol. 42a); aber aus der Gelassenheit und Zuversicht, mit der Sokrates den Tod auf sich nimmt, spricht ein Vertrauen darauf, dass es so sei. Auf dem Weg zum Gericht, sagt Sokrates, habe er kein ihn warnendes Zeichen des Gottes erhalten (Apol. 40a–b). Dafür, dass Sokrates so lebens- und todesgelassen ist, gibt es letztlich nur eine Erklärung: seine Frömmigkeit. Ohne sie lässt sich auch das Leben des Sokrates als Philosoph nicht verstehen.

[4] Zum Prozeß vgl. C. Moussé, Der Prozeß des Sokrates. Hintermänner, Motive, Auswirkungen, Freiburg im Breisgau 1999. T.C. Brickhouse u. N. D. Smith, Socrates on Trial, Princton N. J. 1989.

Man sollte die sokratische Frömmigkeit allerdings nicht mit einer traditionellen Bindung an Göttererzählung und Kultus verwechseln – und insofern hätte die Anklage, dass Sokrates die Götter, wie sie traditioneller Weise verehrt werden, nicht achtet, zumindest einen Anhaltspunkt: Sokrates achtet und verehrt die Götter in der Tat nicht auf herkömmliche Weise, sondern dadurch, dass er nach den Grenzen eines nur menschlichen Könnens und Wissens fragt. Es geht ihm dabei um eine im Denken zwar aufweisbare, aber nicht aus dem Denken zu gewinnende Verbindlichkeit menschlichen Lebens, um einen letzten Bezugspunkt des Handelns und Wissens, nach dem man fragen, auf den man hindenken kann, während er sich einer positiven Bestimmung entzieht. Sokrates vermittelt derart zwischen dem Menschlichen und dem, was die menschlichen Erfassungsmöglichkeiten übersteigt. Und weil in solcher Vermittlung schon die Verbindlichkeit dieses Übersteigenden anerkannt ist – warum sollte die Vermittlung andernfalls unternommen werden? – ist das sokratische Denken, ist Philosophie im sokratischen Sinne „Dienst für den Gott" (Apol. 23c).

Die Vermittlungsaufgabe, in die Sokrates sich gestellt sah, lässt sein Denken und Reden oft zweideutig werden. Würde er die Verbindlichkeit des Übermenschlichen oder Göttlichen für das menschliche Handeln immer offen bekennen, nähme er seiner Frage nach den Grenzen menschlichen Handelns und Wissens die Kraft; er könnte auf das für ihn Wesentliche nicht mehr hinführen und würde geradezu verhindern, dass jemand anders im eigenen Nachdenken darauf aufmerksam wird. Sokrates kann sein Ziel nur erreichen, indem er dieses verschweigt. Dadurch wird auch das Gesagte oft uneindeutig, schwebend – sein Sinn liegt ja nicht offen zutage, sondern ist, genau wie die Intention des Sprechers, verstellt. Verstellung, griechisch *eironeia*, ist ein Grundzug des sokratischen Denkens und Redens, und dabei ist die „Sokratische Ironie" statt einer Relativierung des Ernstes dessen wahrhaftiger Ausdruck. Aber die Ironie lässt Sokrates verwechselbar sein; seine eigentümliche Aufgabe stellt sich für ihn im Kontext einer Redeweise, die seinen Intentionen radikal widerspricht.

Gleich zu Anfang seiner Verteidigungsrede verwahrt Sokrates sich gegen einen Vorwurf mit besonderem Nachdruck: Es sei nicht wahr, dass er auf bedrohliche Weise geschickt im Reden sei; als Redner wolle er nur bezeichnet werden, wenn damit einer, der die Wahrheit sagt, gemeint sei (Apol. 17a–b). Aber das hatte niemand, der Sokrates für einen Redner hielt, im Sinn gehabt. Vielmehr hatte man Sokrates unterstellt, er könne „die schwächere Rede zur stärkeren machen" (Apol. 18b), also eine Sache unabhängig davon, ob das Gesagte wahr ist oder nicht, so versiert und überzeugend vertreten, dass man nichts mehr zu erwidern weiß. Man hält Sokrates also für einen Rhetoriker und, mehr noch, für einen Sophisten. Denn einer der prominentesten Vertreter der Sophistik, Protagoras, hatte die skizzierte Fähigkeit für sich in Anspruch genommen;[5] außerdem hatte er mit seinem Grundsatz, der Mensch sei das Maß aller Dinge,[6] die Begründung dafür gegeben, dass eine andere Möglichkeit im Rahmen der Sprache überhaupt nicht bestehe: Wenn alles so ist und nur so ist, wie es jeweils erfahren wird, gibt es nichts Gemeinsames, über das man sich verständigen könnte, und also lässt sich nichts anderes tun als die eigene Sichtweise so erfolgreich wie möglich zu vertreten – die möglicherweise schwächere eigene Rede zur stärkeren zu machen.

Sokrates müsste sich nicht so entschieden dagegen wehren, ein Sophist und Rhetor zu sein, wenn die Unterstellung ohne Belang und sofort als haltlos durchschaubar wäre. Aber zum einen war die Unterstellung verbreitet – durch eine Komödie von Aristophanes, ›Die Wolken‹, war sie geradezu populär geworden. Und zum anderen hat Sokrates mit den Sophisten wirklich einiges gemeinsam: Wie diese Intellektuellen und Aufklärer des fünften vorchristlichen Jahrhunderts hielt er die überkommenen Lebensorientierungen nicht mehr für tragfähig und war überzeugt davon, dass man die Frage, wie zu leben sei, deshalb ausdrücklich stellen und erörtern müsse, statt sich in die scheinbare Sicherheit eines selbstverständlichen Bürgerlebens zu flüchten. Außerdem verband ihn mit Männern wie Protagoras, Gorgias, Hippias, Euthydemos und Prodikos eine ausgeprägte Disputierlust, die Freude am zugespitzten Problem, an der geschliffenen Formulierung. Und schließlich redete Sokrates am liebsten mit jungen, oft aus sehr guten Familien stammenden Leuten, die durch ihn der bürgerlichen Selbstverständlichkeit entfremdet wurden wie andere durch die Kurse, die sie bei Vertretern der Sophistik besuchten. Dagegen fiel der Umstand, dass Sokrates arm war, während die Sophisten, vor allem durch Rhetorikunterricht, außerordentlich gut verdienten, genauso wenig ins Gewicht wie seine dem unruhigen Wanderleben der Sophisten kontrastierende Sesshaftigkeit. Weil das sokratische Reden mit dem der Sophisten verwechselt werden konnte, hat Platon in seinen Dialogen alles daran gesetzt, die Trennlinie zwischen beidem sehr deutlich zu ziehen. Das sokratische Denken, Philosophie, ist nicht Sophistik – das festzuhalten ist eine Überlebensfrage der Philosophie.

Platon hat die Trennlinie dort angesetzt, wo die Gemeinsamkeit zwischen Sokrates und den Sophisten am größten ist. Das ist nicht der Redestil und auch nicht die Einstellung zu den erörterten Problemen; während Sokrates die Wechselrede in Frage und Antwort bevorzugt, haben die Sophi-

[5] Vgl. Aristoteles, Rhetorica 1402a 23.

[6] Vgl. Theait. 151e–152a.

sten eine Neigung zum weit ausgreifenden, oft kunstvoll gestalteten Monolog, und während Sokrates, nicht selten mit gespielter Naivität, sein eigenes Nichtwissen hervorkehrt, treten die Sophisten gern mit der Versicherung auf, sie seien zu jeder gewünschten Erklärung imstande. Doch Sokrates teilt mit den Sophisten die Überzeugung, menschliches Wissen sei Können, genauer die Fähigkeit, eine bestimmte Leistung oder ein bestimmtes Werk zu vollbringen. Wissen ist *technē*, „Kunst" im weiten Sinne. Aber nun kommt alles darauf an, wie man diese in ihren Möglichkeiten und Grenzen versteht.

Was dies betrifft, so repräsentieren die Sophisten ein – in dieser Zeit auch sonst dominierendes – Vertrauen in die menschlichen Fähigkeiten: Grundsätzlich nichts soll dem bewerkstelligenden Zugriff verschlossen sein – am wenigsten das menschliche Leben selbst, wie es gemeinschaftlich, also als politisches geführt wird; die Gestaltung und Lenkung des Gemeinwesens, der *polis*, ist eine erlernbare Kunst. Im Versprechen, diese Kunst zu lehren, findet das „Könnens-Bewußtsein"[7] der klassischen Zeit Athens einen besonders sinnfälligen Ausdruck. Wohl am eindrucksvollsten ist das im ersten Chorlied der ›Antigone‹ des Sophokles zur Sprache gebracht, wo es heißt, der Mensch besitze „in dem Erfinderischen der Kunst eine nie erhoffte Gewalt".[8]

Umso provozierender ist es, dass Sokrates in seiner Verteidigungsrede nur eine Ausprägung des Könnens gelten lassen will: die Handwerkskunst (Apol. 22d). Im Vergleich mit der vermeintlichen Staatskunst zeigt er, warum: Ein Handwerker kann seine Fähigkeiten wirklich erweisen; das Ergebnis seines Tuns ist ein Werk *(ergon)*, über dessen Tauglichkeit jeder Benutzer ohne weiteres urteilen kann. Außerdem gehört zum Handwerk die Möglichkeit, das, was man kann, auch weiterzugeben; jeder wirkliche Meister kann ein erfolgreicher Lehrer sein und macht auch damit klar, dass er sein Wissen nicht nur vorspiegelt. Also hatten die Sophisten bei ihrem Verständnis der Politik mit einem unklaren Begriff von Kunst, *technē*, gearbeitet und nicht gesehen, dass ein besseres Verständnis nur in der Orientierung am Handwerk zu gewinnen war. Vielleicht aber hatten sie das auch nicht sehen wollen, denn wo sich zeigt, dass nur das Handwerk wahrhafte Kunst ist, lässt sich der Begriff eben nicht mehr so umfassend verwenden, wie die Sophisten es tun. Doch wenn es um eine präzise und nachprüfbare Verwendung des Begriffs geht, wird das Handwerk unter der Vorausset-

[7] C. Meier, Die Entstehung des Politischen bei den Griechen, Frankfurt am Main 1980, 435–499.

[8] Antigone, Vers 354 f., übersetzt von Wolfgang Schadewaldt, in: Sophokles, Tragödien, Zürich–Stuttgart 1968.

zung, dass Wissen als Können zu verstehen ist, zu einem vorzüglichem Maßstab für die Beurteilung des Wissens.

Weil Sokrates diesen Maßstab mit konsequenter, bisweilen auch ermüdender Beharrlichkeit anlegt, muss er sich gelegentlich dafür schelten lassen, nur von banalen Dingen zu reden (z. B. Gorgias 491a). Aber es gelingt ihm so immer wieder, die problematischen Wissensansprüche der Sophisten, der Staatsmänner und ebenso der Dichter zurückzuweisen. Allzu viel gewonnen wäre damit jedoch nicht, wenn das Ergebnis immer nur in der Einschränkung wirklichen Könnens und Wissens auf das Handwerk bestünde. Die von den Sophisten erörterte Frage nach der Möglichkeit einer Gestaltung des gemeinsamen Lebens ist ja so weder beantwortet noch endgültig abgewiesen; wenn die Politik keine Kunst im Sinne des Handwerks ist, wird der Versuch, sie zu bestimmen, umso dringender. Sokrates unternimmt ihn, indem er die Struktur der Handwerkskunst als Spezialfall der Struktur menschlichen Handelns erweist. Von hier aus ergibt sich ein Verständnis der Politik; sie ist kein Bewerkstelligen von etwas, sondern ein Handeln. Aber dadurch verliert die Orientierung an der *technē* nicht ihren Wert. Im Gegenteil: trotz der Unterschiedenheit von Bewerkstelligen und Handeln lässt sich an der *technē* verstehen, wie das Handeln und mit ihm das Leben überhaupt gelingen kann.

Sokrates entwickelt den skizzierten Gedankengang, indem er mit der Bezogenheit jeder *technē* auf ein Werk, in dem sich das Planen und Tun erfüllt, ansetzt und dann zeigt, dass sich jedes Tun zwar nicht in einem Werk oder einer bestimmten, von anderen nachprüfbaren Leistung vollendet, aber ein Ziel braucht, auf das es ausgerichtet ist. Wie auch immer dieses Ziel im Einzelnen zu beschreiben ist, formal wird es von Sokrates als „das Gute“ bestimmt: Alle, die etwas tun, tun dies um des Guten willen (Gorg. 468b); das Gute ist das, was jemand als Ziel seines Handelns anstrebt und erreichen will.

Diese Bestimmung dürfte nicht ohne weiteres einleuchten – warum soll das, was jemand will, nicht etwas Schlechtes sein können? Die von Sokrates immer wieder, am deutlichsten vielleicht im ›Menon‹ (77b–78a), gegebene Antwort auf diese Frage bezieht ihre Überzeugungskraft aus der Differenz zwischen der von außen und im Nachhinein gegebenen Beurteilung eines Handelns und seines Resultats und der Perspektive des Handelnden selbst. Für diesen gilt, dass er das Gewollte in irgend einer Hinsicht für gut halten muss, um es überhaupt wollen zu können. Niemand, heißt es im ›Menon‹, will das Schlechte (Men. 78a): Entweder erkennt man es nicht als solches, und dann will man, was man für gut hält; oder wenn man es als solches erkennt, glaubt man nicht, dass es einem schaden wird, und also will man auch so wiederum nichts Schlechtes, sondern das eigene Wohlbefinden, das man sich von dem sonst für schlecht Gehaltenen verspricht.

Aus diesen Überlegungen gewinnt Sokrates eine These, die Platon ihn in seinen Dialogen so entschieden vertreten lässt,[9] dass man sie ihm als einen Grundgedanken zuschreiben muss: Niemand tut freiwillig etwas Schlechtes. Wenn es so ist, lässt sich jedes – im Nachhinein oder von außen – als schlecht identifizierte Handeln auf Unwissen zurückführen: Wer Schlechtes tut, wusste es nicht besser und hat, nach einer im ›Gorgias‹ (466e) eingeführten Unterscheidung, nicht getan, was er wollte, sondern nur, was ihm das Beste zu sein schien.

Dieser Gedanke ist auch in der Wirkungsgeschichte eng mit dem Namen des Sokrates verbunden geblieben. Søren Kierkegaard hat ihn als die „Sokratische Definition der Sünde" der christlich verstandenen Sünde entgegengesetzt und hinzugefügt, dass die „Sünde" – oder, wie man richtiger sagen müsste: die Schuld – hier noch nicht wie bei der Sünde im eigentlichen Sinne im willentlichen Aufstand gegen Gott, sondern eben in der Unwissenheit bestehe.[10] Und Friedrich Nietzsche, der andere der beiden sokratischen Antisokratiker der modernen Philosophie, hat Sokrates als das „Urbild des theoretischen Optimisten" verstanden, der „der Erkenntniss die Kraft einer Universalmedizin" beilege „und im Irrthum das Uebel an sich" begreifen wolle.[11] Gewiss, Sokrates hat sich weder einen radikal bösen, auch die Selbstzerstörung bewusst in Kauf nehmenden Willen vorstellen können noch hat er je eine andere Möglichkeit zur Überwindung des schlechten Tuns und Lebens gesehen als zu erfahren, was das Gute ist, statt sich nur an dem zu orientieren, was einem das Beste zu sein scheint. Aber worum es dabei geht, ist letztlich keine „theoretische" Erkenntnis, sondern ein Erfahren seiner selbst. Die Frage nach dem Tun des Guten wird damit Frage, wie man gut sein kann.

Sein philosophisches Bemühen zusammenfassend und deshalb mit großem Nachdruck und Ernst, sagt Sokrates in der ›Apologie‹, er habe die Athener davon überzeugen wollen, dass man sich nicht eher um etwas „vom Seinigen" kümmern solle, ehe man nicht für sich gesorgt habe, damit man so gut und vernünftig wie nur möglich werde (Apol. 36c). Die sokratische Antwort auf die Frage nach dem Guten ist Aufforderung zur Sorge um sich. Was das wahrhaft Gute ist, erkennt man nicht wie einen Sachverhalt, den man feststellen kann, sondern man erfährt es als einen Zustand der eigenen Lebendigkeit.

[9] Z. B.: Apol. 25d–e, Prot. 345e, Resp. 336e, 382a, Phileb. 22b.

[10] S. Kierkegaard, Die Krankheit zum Tode, übersetzt von Emanuel Hirsch, Düsseldorf 1957, 87–96.

[11] F. Nietzsche, Die Geburt der Tragödie, Kritische Studienausgabe, hrsg. von Giorgio Colli und Mazzino Montinari, München–Berlin–New York ^{2}1988. Bd. 1, 100.

Aber wie ist diese Erfahrung möglich, und wie ist das Gutsein zu erlangen? Grundsätzlich ist es das, was jeder möchte, denn niemand will ja elend und vom Schlechten beherrscht sein (Men. 78a). Doch andererseits gilt es, zwischen „sich selbst“ und „dem Seinigen“ zu unterscheiden, um sich ausdrücklich um das eigene Sein kümmern zu können, befreit von der Verstricktheit in diverse Wünsche und Ziele. Dazu bedarf es jedoch einer Vorstellung davon, wie man sein müsste, wie man, nach der Formulierung der ›Apologie‹, „so gut und vernünftig wie nur möglich sein kann“. Das führt auf das Handwerkswissen und die sokratische Orientierung an ihm zurück. Indem Sokrates diese unter dem Gesichtspunkt ihres Resultats, des hergestellten Werkes betrachtet, gewinnt er ein Modell zur Veranschaulichung des guten menschlichen Lebens.

Das geschieht im ›Gorgias‹, am Ende eines langen und teilweise erbittert geführten Gesprächs mit einem sophistisch geschulten jungen Mann, Kallikles. Jeder Handwerker, führt Sokrates aus, ist darum bemüht, etwas in sich Geordnetes zustande zu bringen: „Keiner von ihnen verwirklicht etwas, indem er planlos und ziellos dieses und jenes aufsammelt, sondern damit das, was er verwirklicht, durch ihn eine bestimmte Gestalt habe.“ Auch die Gymnastiklehrer und Ärzte verführen so: „Sie ordnen den Körper auf seine Schönheit hin und bringen seine Teile in einen geordneten Zusammenhang“ (Gorg. 503d–504a). Eine solche erscheinende Ordnung *(kosmos)*, einen wohlgefügten Zusammenhang *(taxis)* dieser Art gilt es auch für die Lebendigkeit, die Seele *(psychē)* zu finden, damit diese in ihren besten Zustand *(aretē)* gelangt (Gorg. 504b–d).

Nach diesem besten Zustand der Seele, nach ihrer „Tugend“, wie man *aretē* meist übersetzt, hat Sokrates eigentlich immer gefragt; sie ist das große, ja im Grunde das einzige Thema seines Philosophierens. Doch sollte man das nicht im Sinne einer „ethischen“ Erörterung verstehen, die sich in einem als selbstverständlich vorgegebenen Begriffsrahmen bewegt. Die platonischen Dialoge legen vielmehr den Gedanken nahe, Sokrates habe die Begriffe, in deren Zusammenhang sich nach dem besten Zustand der Seele fragen lässt, erst entwickelt und die Phänomene so beschrieben, dass eine Antwort auf diese Frage möglich ist. So betont Sokrates einmal, dass es darauf ankomme, die Natur und den Grund dessen, womit man umgehe, erforscht zu haben – das unterscheide eine Kunst von der bloßen Erfahrung *(empeiria)* (Gorg. 501a). In diesem Sinne setzt die Frage nach dem besten Zustand der Seele die Klärung von deren „Natur“ voraus.

Das bekannteste Ergebnis dieser Klärung dürfte in der ›Politeia‹ (435a–441c) die Untersuchung über die Seele sein, die Sokrates entweder grundsätzlich vertreten hat oder die zumindest als Ausarbeitung sokratischer Motive zu verstehen ist. Hier wird aus der Erfahrung, dass man etwas begehren und das Begehren doch zugleich als unvernünftig einsehen kann, darauf geschlossen, dass die menschliche Lebendigkeit, die Seele, in sich gegliedert ist: Begehren und Vernunft sind zwei ihrer Teile, und sofern es die Möglichkeit gibt, das Leben im Sinne der Vernunft zu bestimmen, muss es noch einen dritten Teil, eine Kraft geben, die gegen das Begehren und seine Mächtigkeit der Vernunft zur Überlegenheit verhelfen kann. Die Vernunft allein setzt sich nicht durch. Aber sie verstummt auch nicht einfach, sodass ein Begehren, das mit ihr nicht im Einklang steht, gleichsam von der Einrede der Vernunft begleitet wird.

Hieraus ergibt sich wie von selbst eine Bestimmung des für die menschliche Lebendigkeit besten Zustands: Er ist erreicht, sobald Vernunft und Begehren miteinander im Einklang stehen und man so mit sich übereinstimmt – wie das in sich gefügte, in seinen Teilen harmonierende Werk einer *techne*. Nur jemand, der solche Übereinstimmung mit sich erreicht hat, vermag auch mit anderen, Menschen oder Göttern, wie Sokrates betont (Gorg. 507e–508a, Resp. 352a–b), in Freundschaft zu leben. Nur so ist im politischen Leben Gerechtigkeit möglich, und nur so entspricht das menschliche Leben der Ordnung des Ganzen, dem *kosmos* (Gorg. 508a).

Wenn dieser Gedanke wesentlich für Sokrates ist, lässt sich die von ihm geforderte „Sorge um sich" nicht als bloße Selbstbezüglichkeit des individuellen menschlichen Lebens verstehen. Dass Sokrates, wie Cicero es ihm zuschreibt, die Philosophie vom Himmel herabgeholt und dazu gebracht hat, über das Leben und die Sitten, das Gute und Schlechte nachzudenken,[12] ist nicht gleichbedeutend mit einer Beschränkung auf die Fragen eines im engeren Sinne verstandenen ethischen und politischen Denkens. Weil die „ganze Natur", wie Sokrates im ›Menon‹ (81c–d) sagt, in sich verwandt ist, gehört auch das individuelle Leben in ein Ganzes, spiegelt sich in der Ordnung der Seele die Ordnung der Welt.

Aber Sokrates hat diese Ordnung nicht als solche erörtert. Glaubt man dem Zeugnis der platonischen Dialoge, sind ihm auf das Seiende im Ganzen bezogene Spekulationen wie die des Parmenides von Elea fremd geblieben (Theait. 183e–184a) – im von Platon erdichteten Gespräch mit Parmenides gerät Sokrates mit besonderer Deutlichkeit an seine philosophischen Grenzen. Es genügt ihm, die Welt ihm Ganzen unter dem Gesichtspunkt der Lebensführung zu bedenken und zu klären, wie in ihr die „Sorge um sich" möglich ist.

Das tritt wohl nirgends eindrucksvoller hervor als im ›Phaidon‹, wo Sokrates Rechenschaft über seine philosophische Entwicklung gibt, indem er seine Abwendung von der Naturphilosophie schildert: Zum Verständnis des Lebens und Handelns trüge diese überhaupt nichts bei, wenn sie etwa den Umstand, dass er jetzt im Gefängnis sitze und seinen Tod erwarte, nur

[12] Cicero, Tusculanae Disputationes V, 10.

„materialistisch“, als Zustand seines Körpers zu erklären versuche. Dass es „gerechter und schöner“ sei, die Strafe auf sich zu nehmen, statt sich ihr zu entziehen, komme so nicht in den Blick. Das ist, wie Sokrates nun zeigt, allein möglich, wenn man die Welt unter dem Gesichtspunkt ihrer Verständlichkeit betrachtet und sich an den Gedanken hält, dass es keiner umwegigen Erklärungen bedarf, sondern alles sich in seiner Verständlichkeit zeigt. Allein durch das Schöne ist das viele Schöne schön (Phaid. 100d). Die Schönheit von etwas ist nichts anderes als eine jeweilige Realisierung von „Schönheit selbst“; immer, wenn etwas als schön erscheint, versteht man im Grunde dasselbe – eben dies, was in allem Schönen zur Geltung kommt.

Damit ist eingeführt, was meist als „Ideenlehre“ bezeichnet und Sokrates abgesprochen wird – die Ideenlehre sei erst eine Erfindung oder Entwicklung Platons gewesen.[13] Doch wenn das zutreffen sollte, bliebe unklar, wie Sokrates die Fragen stellen könnte, die als Sokratische Fragen nicht bezweifelt werden: die nach der Tapferkeit, der Besonnenheit, der Gerechtigkeit, ja nach der Tugend selbst statt nach ihren vielen Erscheinungsformen[14] – was anders als das jeweils Verständliche, als die jeweilige Idee hätte Sokrates hier im Sinn haben können? Und ebenso bliebe unverständlich, wie Sokrates die für ihn so wesentliche Todesgelassenheit, die Überzeugung von der Unsterblichkeit der Seele gedanklich entwickelt haben könnte: Was hier überhaupt in Gedanken fassbar ist, wird im ›Phaidon‹ im Zusammenhang der Annahme von Ideen – und statt von einer „Lehre“ sollte besser davon die Rede sein – artikuliert. Außerdem ist die entsprechende Passage als autobiographischer Rückblick des Sokrates auf sein Leben gestaltet. Dies spricht ebenfalls dafür, die Annahme von Ideen Sokrates' eigenem Denken zuzurechnen.

Dass die Ideenannahme nur gleichsam die Innenseite einer verständlichen Welt zeigt und damit nicht alles zu erfassen vermag, was sich im Zusammenhang des Lebens als klärungsbedürftig erweist, ist daran zu sehen, dass der endgültige Beweis einer Unsterblichkeit der Seele im ›Phaidon‹ nicht gelingt. Zwar kann Sokrates zeigen, dass die Seele immer mit Lebendigkeit zusammengehört so wie das Feuer immer mit Hitze, und daraus, dass die Idee des Lebens unvergänglich sei, kann er auf die Unvergänglichkeit der Seele schließen (Phaid. 106d). Nur dass die Idee des Le-

[13] Repräsentativ für diese Position ist G. Vlastos, Socrates. Ironist and Moral Philosopher. Cambridge–New York u. ö. 1991. Vgl. zu einer Auseinandersetzung mit dieser Position: G. Figal, Sokrates. München 1995, ^{2}1998.

[14] Die Frage nach der Tapferkeit ist vor allem das Thema des ›Laches‹, die nach der Besonnenheit die des ›Charmides‹; nach der Gerechtigkeit wird in der ›Politeia‹, nach der Tugend allgemein im ›Menon‹ gefragt.

bens unvergänglich ist, kann er nicht mehr beweisen. Sie entzieht sich – wie der Gott, mit dem sie für Sokrates zusammengehört (Phaid. 106d). Damit stößt die Philosophie an eine Grenze, die sie nur noch durch einen Wechsel der Redeweise, durch den Schritt vom begrifflichen Reden des Logos zum Mythos, zur Erzählung zu überschreiten vermag. Philosophie im Sinne des Sokrates gehört in diese Spannung von Logos und Mythos; sie ist ein Versuch, in Gedanken zu fassen, was sich in letzter Konsequenz im Denken nicht mehr zeigt. Als jemanden, der mit der Grenze des begrifflichen Denkens zugleich seine Möglichkeit erfährt, hat Platon in seinen Dialogen Sokrates darstellen wollen. Damit formuliert er die Maßgeblichkeit eines philosophischen Lebens für alle nachkommende Philosophie.

Auswahlbibliographie

Platon, Werke in acht Bänden, Griechisch und deutsch, hrsg. von Günter Eigler, Darmstadt 1977, ^{2}1990.

Xenophon, Erinnerungen an Sokrates, Griechisch und deutsch, hrsg. von Peter Jährisch, Düsseldorf – Zürich ^{4}1987.

PLATON

Spektrum der Philosophie

Von Jan Szaif

In den Dialogen Platons begegnet uns Philosophie zum ersten Mal in der ganzen Breite ihrer Fragestellungen, und auch zum ersten Mal spezifisch unter dem Namen „Philosophie“. Der Reichtum seiner Themen, und insbesondere auch die differenzierte und variable Art, in der sie in den Dialogen behandelt werden, macht es schwer, auf kurzem Raum eine doxographische Zusammenfassung zu geben. Vor allem aber wird eine glättende Doxographie gerade bei Platon dem Charakter seines Philosophierens, so wie es uns in seinen Dialogen erhalten ist, besonders wenig gerecht. Ich werde darum in meinen Bemerkungen in erster Linie versuchen, Informationen zu geben, die für die Lektüre Platons eine Orientierung zu liefern vermögen.

Dass man bei Platon als einem antiken Philosophen überhaupt die Lektüre seiner Werke in den Mittelpunkt stellen kann, verdankt sich zwei Glücksumständen: zum einen, dass er schriftliche Werke verfasst hat, zum anderen, dass diese uns auch erhalten sind. Dass ein Philosoph zugleich auch Autor ist, mag uns ja aus heutiger Sicht selbstverständlich erscheinen. Aber es gibt eine lange Liste von Philosophen der Antike vor und nach Platon, die sich auf mündliche Mitteilung beschränkten. Der berühmteste Fall ist natürlich Sokrates. Dass auch für Platon selbst der Schritt zur Schriftlichkeit nicht selbstverständlich war, zeigt sich in seiner kritischen Auseinandersetzung mit dem Versuch schriftlicher Mitteilung philosophischer Gedanken im ›Phaidros‹, aber auch in der Wahl seiner charakteristischen schriftlichen Mitteilungsform, der Dialoge, in denen er selbst nie als Unterredner auftritt.

Von denjenigen antiken Philosophen, die schriftlich tätig wurden, auch von sehr bedeutenden, sind meist nur eher spärliche Fragmente und indirekte Zeugnisse erhalten. Zu den wenigen Ausnahmen gehört Platon, von dem wir nicht nur als Erstem vollständige philosophische Einzelwerke besitzen, sondern der uns sogar in allen seinen philosophischen Werken erhalten geblieben ist. Diese Tatsache verdankt sich seiner außerordentlichen Wirkungsgeschichte, und nicht zuletzt wohl auch seiner Rezeption durch christliche Autoren.

Jedoch stellt das Gewicht dieser langen und intensiven Rezeptionsgeschichte, in Verbindung mit der besonderen Form schriftlicher Mitteilung, die Platon gewählt hat, auch eine Gefahr dar. Platon handhabt die Dialogform in einer Art und Weise, dass sie nicht einfach in eine traktathafte Mitteilung „zurückübersetzt" werden kann, und ist darum, wie schon angedeutet, schwerer als irgendein anderer der großen Philosophen auf eine bestimmte inhaltliche, „doktrinale" Position festzulegen. Andererseits ist die philosophische Lektüre Platons natürlich auch an den Antworten interessiert, die sich als Platons eigener Standpunkt zu den Fragen, die er aufwirft, betrachten lassen. Und hier kommt nun das Gewicht der doktrinalen Interpretationstradition ins Spiel – das Platonbild, wie es sich in der Tradition des Platonismus, aber auch der antiplatonischen Polemik über die Jahrhunderte entfaltet und verfestigt hat. Die Weichen hierfür werden schon in der Generation der direkten Schüler Platons gestellt, vor allem durch Xenokrates, in dessen Systematisierung sich schon vieles findet, was für den späteren doktrinalen Platonismus charakteristisch ist, aber auch durch die Platon-kritische Doxographie des Aristoteles. Die Interpretationssituation wird noch zusätzlich dadurch komplizierter, dass die frühen Systematisierungen sich auch auf mündliche Lehren Platons stützen, von denen uns manches durch den Filter doxographischer Überlieferung erhalten ist. Jedenfalls darf die moderne Platonlektüre seine Dialoge nicht von vornherein auf die Positionen eines späteren Platonismus hin interpretieren, muss sich also von dem Gewicht dieser Tradition freizumachen versuchen. Doch besteht auch die Gefahr einer Überreaktion, die Platons Denken zu einseitig in einen Gegensatz zum späteren Platonismus setzt (und womöglich dann unseren eigenen philosophischen Sichtweisen mehr als billig nahe rückt).

Für den Zugang zu Platon sind auch einige Aspekte seiner Biographie von Bedeutung, weshalb mit einer kurzen Darstellung seines Lebens begonnen sei:[1] Platon lebte etwa 80 Jahre, von 428/427(?) bis 348/347 v. Chr. Er stammte väterlicher- und mütterlicherseits aus Land besitzenden aristokratischen Familien Athens. Sein Vater Ariston starb früh, und seine Mutter Periktione heiratete ein zweites Mal. Platon scheint sich emotio-

[1] Erläuterungen zur Biographie Platons und ihren Quellen Platons sowie orientierende Gesamtüberblicke liefern bspw. H. Görgemanns, Platon, Heidelberg 1994; R. M. Hare, Platon. Eine Einführung, Stuttgart 1990; G. Martin, Platon, Reinbek 1969; G. Ryle, Plato, in: Encyclopedia of Philosophy, VI 314–333; Grundriß der Geschichte der Philosophie (Neuer Ueberweg), Antike 2/2 (M. Erler), (demnächst). Zu den Schulgründungen einschl. der Akademie vgl. etwa J. P. Lynch, Aristotle's School, Berkeley 1972.

nal vor allem seiner Familie mütterlicherseits verbunden gefühlt zu haben. Von seinen Vorfahren in dieser Linie und den besonderen Beziehungen zum athenischen Gesetzgeber Solon spricht er nicht ohne Stolz (Charm. 157e). Platon wuchs auf in der Zeit des Peloponnesischen Krieges, also einer Zeit fortgesetzter Kriegshandlungen, in denen Athen mit immer weniger Glück seine Vormachtstellung gegenüber Sparta und dessen Verbündeten zu behaupten versuchte. Gegenüber dem vorausgegangenen Perikleischen Zeitalter, als die athenische Demokratie über die bedeutendste Flottenmacht des Mittelmeers verfügte und eine glanzvolle ökonomische und kulturelle Blüte erlebte, zugleich durch die dominierende Stellung des Perikles auch im Inneren Stabilität besaß, war dies eine Zeit nicht nur des militärischen und ökonomischen Niedergangs, sondern auch eines fortschreitenden Verfalls sittlicher und politischer Werte. Generell ging es bei Kriegen jener Zeit sehr leicht um alles oder nichts, da Niederlage die Versklavung, teils sogar Ermordung der Bürgerschaft zur Folge haben konnte. Und auch die inneren politischen Konflikte, die durch äußere Krisen noch verschärft wurden, konnten für den Einzelnen sehr schnell gefährliche Folgen zeitigen und zu Vermögensverlust, Verbannung, ja zum Verlust von Leib und Leben führen, zumal im politisch besonders labilen Athen mit seinen (der heutigen Form von Demokratie nicht vergleichbaren) Verfahren direkter demokratischer Machtausübung in Volksversammlungen und Volksgerichten. Man muss sich dieses hohe Maß an persönlicher Unsicherheit vor Augen halten, um zu verstehen, als was für eine Bedrohung es empfunden wurde, wenn in jener Krisenzeit, in der Platon aufwuchs, auch noch das Fundament gemeinschaftlicher, durch religiöse und sittliche Tradition verbürgter Werthaltungen zusehends erschüttert wurde.

Durch seine familiäre Herkunft war Platon ein politisches Engagement eigentlich in die Wiege gelegt. Der politische Grundkonflikt in den griechischen Stadtstaaten war der zwischen Anhängern einer demokratischen und denen einer oligarchischen Verfassung, und da Platons Familie mütterlicherseits, der er ja stärker verbunden war, auf der oligarchischen Seite stand, war diese Richtung seine natürliche politische Heimat. Eine Gelegenheit, sich stärker politisch zu engagieren, war mit der durch Sparta unterstützten Machtergreifung der oligarchischen Partei in 404 unter Führung seines Verwandten Kritias gegeben. Und ihm scheinen auch tatsächlich Avancen gemacht worden zu sein (›7. Brief‹ 324 d). Doch stand Platon damals bereits unter einem anderen Einfluss, der der prägende sein sollte, dem des Sokrates.

Man kann Platon nicht verstehen ohne Sokrates, und deshalb muss man auch versuchen, die Wirkung, die Sokrates auf Platon gehabt hat, näher einzugrenzen.[2] Sokrates, der sich, sozusagen als stadtbekannte Figur, zumeist an

[2] Zu Sokrates vgl. etwa G. Vlastos, Socrates. Ironist and Moral Philosopher, Cambridge 1991 (wichtig, aber mit durchaus bezweifelbaren Thesen); K. Döring, Sokra-

öffentlichen Plätzen aufhielt, zog gerade Heranwachsende in seinen Bannkreis. Platon wird Sokrates schon als Knabe gesehen haben, vielleicht auch durch ihn in jene Art von Gespräch verwickelt worden sein, wie er sie später in einigen seiner fiktiven sokratischen Dialoge veranschaulicht. Der Entschluss, sich Sokrates' philosophische Intentionen bewusst zu Eigen zu machen und in diesem Sinne ein philosophischer Freund des Sokrates zu werden, mag dann erst etwas später gereift sein, vielleicht in dem von der antiken Überlieferung behaupteten Alter von 20 Jahren.

Welche Faszination konnte von Sokrates auf einen Heranwachsenden wie Platon ausgehen? Welche Herausforderung? Da ist zum einen Sokrates der *Elenktiker*, und Sokrates der *Moralist*. Sokrates verbrachte seine Zeit damit, seine Mitbürger in individuelle Gespräche zu verwickeln, in denen er ihr prätendiertes Wissen über grundlegende ethische, lebensorientierende Begriffe überprüfte und regelmäßig als Scheinwissen entlarvte. Mit seiner als *Elenktik* bezeichneten Frage- und Argumentationstechnik, die einen großen Anklang gerade beim jugendlichen Publikum des Sokrates fand (Apol. 23c), stand Sokrates durchaus in Kontinuität zu jenem intellektuellen Phänomen, das später durch Platon den negativ verstandenen Namen „Sophistik" erhielt. Die Technik der Argumentationsagone, die wohl von dem großen Sophisten des 5. Jh., Protagoras, begründet worden ist, schien aber für viele darauf hinauszulaufen, dass man für jede These und ihr Gegenteil gleich gut oder erfolgreich argumentieren könne, und förderte so einen Wahrheitsrelativismus (wie er denn auch von Protagoras programmatisch formuliert wurde). Dieser Wahrheitsrelativismus konnte auch eine praktische Haltung nahe legen, die die Kriterien gelingenden Lebens auf Macht, Reichtum und Bedürfnisbefriedigung reduzierte und sittliche Normen als bloße Konventionen betrachtete, zu denen die starke Persönlichkeit sich nur strategisch-instrumentell verhält. Gerade darin aber stellte sich Sokrates in einen Gegensatz zur „Sophistik", nämlich erstens indem er seine Elenktik (zu der er sich göttlich beauftragt wähnte) als eine Kritik am Scheinwissen verstand, eine Kritik, die mit der Aufforderung zum ernsthaften Nachdenken über die leitenden ethischen Begriffe, und d. h. zu einem wahrheitsorientierten Philosophieren und einer darin gegründeten Sittlichkeit, verbunden war, und zweitens, indem er in seinen Gesprächen zugleich auch schon bestimmte inhaltliche ethische Thesen nahe legte, die nicht auf eine Auflösung, sondern Vertiefung der sittlichen Forderungen hinausliefen. Dieses „Programm" war gerade in seinen ethischen Paradoxen enthalten, insbesondere den Thesen, 1) dass seelische Vortrefflichkeit (*aretē*, „Tugend") die entscheidende Bedingung für

tes, in: Grundriß der Geschichte der Philosophie: Die Philosophie der Antike, Bd. 2/1, 141–178 (ausgewogen).

ein gutes, glückliches Leben sei, 2) dass diese *aretē* im Wissen hinsichtlich des Guten bestehe, weshalb Fehlverhalten eigentlich immer nur eine Folge mangelnden Wissens sei. Für Platon wurden diese Paradoxe zum Ausgangspunkt seiner eigenen ethischen Überlegungen, denn sie enthielten gleichsam die Verheißung zu einer Erneuerung der sittlichen Verhaltensmaßstäbe im Gemeinwesen aus der für jeden rational nachvollziebaren Einsicht heraus, dass individuelles Glücksstreben und die Ausrichtung auf gemeinschaftserhaltende Werte gar nicht in einem Konflikt zueinander stehen und dass sich darum jener behauptete unauflösliche Widerspruch zwischen dem Interesse der starken Persönlichkeit und dem des Gemeinwohls als ein Schein erweisen lasse.

In der Weise von Sokrates' Umgang mit den jungen Leuten lag ein weiteres, Platon bestimmendes Faszinosum: Sokrates der *Pädagoge,* und zugleich Sokrates der *Erotiker*. Dass die sokratische Konzeption der Pädagogik mit einer spezifischen Sicht des Eros zusammenhing, dafür gibt es einen besonderen Hintergrund: das für Athen und das antike Griechenland charakteristische kulturgeschichtliche Phänomen der pädagogisch-initiatorischen so genannten Knabenliebe. Es war für einen heranwachsenden Jungen in Athen üblich, eine engere Bindung zu einem erwachsenen Mann einzugehen, deren soziale Funktion u. a. in der Heranführung in die Erwachsenenwelt bestand und die idealerweise ein Verhältnis lebenslanger Loyalität begründen sollte. Sie schloss eine erotische Komponente ein, wobei der erotische Impuls vom Älteren ausgehen sollte, dessen Erwiderung durch den Jüngeren allerdings einer strikten sozialen Reglementierung unterlag. Dieser initiatorischen Knabenliebe gibt nun der sokratische Eros eine neue Deutung: Der Eros wird als die entscheidende Triebkraft in der pädagogischen Beziehung verstanden, jedoch ganz auf das Ideal der sittlichen Formung und Sorge für die Seele des Jüngeren bezogen, verbunden mit der strikten Forderung sexueller Enthaltsamkeit. Die zentrale Rolle, die der Eros auch in Platons Verständnis philosophischer Pädagogik spielt, die literarische Brillanz, mit der er die Gespräche des Sokrates mit Knaben oder Jünglingen nachgestaltet, die Eindringlichkeit der Schilderung, mit der er die psychologische Seite dieser erotischen Beziehung ausleuchtet, all dies spricht dafür, dass dieser Aspekt des Sokratischen für die persönliche Entwicklung Platons, der nie geheiratet hat, von besonderem Gewicht war.[3]

Als nun Platon im Jahre 404, also im Alter von gut 30, wie erwähnt in die Situation kam, sich stärker politisch zugunsten der oligarchischen Partei und jenes Regimes der „Dreißig“ unter Führung des Kritias engagieren

[3] Zum kulturhistorischen Hintergrund vgl. K. J. Dover, Greek Homosexuality, London 1978.

zu können, war er bereits geprägt durch das sokratische Ideal einer durch die Kultur des rationalen Gesprächs ermöglichten tief greifenden sittlichen Erneuerung. Und es nimmt darum nicht wunder, dass die jedem Recht und Herkommen Hohn sprechenden, durch Revanche motivierten Willkürmaßnahmen der „Dreißig" ihn abstießen, zumal auch Sokrates selbst durch sein unbeugsames Verhalten in persönliche Gefahr geriet. Doch auch das nach dem schnellen Sturz der „Dreißig" wiedererrichtete demokratische Regime führte zu Unrechtsmaßnahmen, deren Tiefpunkt der Asebie-Prozess gegen Sokrates und seine Hinrichtung 399 darstellten. Für diejenigen, die ihn verurteilten, ging es wohl um die Beseitigung eines „sophistischen" Störenfrieds, der, wie man meinte, traditionelle Werte gefährdet. Für Platon dagegen bedeutete es den endgültigen inneren Bruch mit einer Ordnung, die in solcher Weise gegen ihren besten Bürger vorgeht.

Heute wird im Allgemeinen angenommen, dass Platon, und ebenso die anderen Schüler des Sokrates („Sokratiker"), erst *nach* dem Tod des Sokrates damit begonnen haben, fiktive Gespräche des Sokrates in literarischer Form nachzugestalten, also sokratische Dialoge zu verfassen. Sicher ist das allerdings nicht. Es gibt eine Überlieferung, wonach Platon zuerst Tragödien verfasst habe, die er dann aber unter dem Einfluss von Sokrates' Kritik an den Dichtern verbrannte. Das mag Legende sein, reflektiert aber die außerordentliche literarische Meisterschaft, mit der gerade Platon die Form des Dialogs auch unter ihren dramaturgischen Aspekten handhabt.

Für Platons ontologische, kosmologische, psychologische und physiologische Theorien kommen die Anregungen nicht von Sokrates, und sein Werk ist außerordentlich reich an Anspielungen auf andere Denker. Zu nennen sind die intensive Auseinandersetzung mit den Vorsokratikern, die sich manifestiert etwa im Einfluss des parmenideischen Seinsdenkens, das gleichsam antipodisch verknüpft wird mit einer „herakliteischen" Deutung der Sinnenwelt, oder die Anknüpfung an den Gedanken des Anaxagoras, dass das natürliche Geschehen im Kosmos einen rationalen, geistigen Ausgangspunkt habe, sowie die scharfe Gegnerschaft zum materialistischen Atomismus des Demokrit. Platon rezipiert intensiv die bedeutenden mathematischen Entwicklungen (Theaitetos u. a.), die mathematische Astronomie (Eudoxos), mathematisierende Musiktheorie (Pythagoreer, Damon) sowie bedeutende medizinische Autoren (Alkmaion, Hippokrates) und setzt sich kritisch mit den Strömungen der Sophistik und Rhetorik auseinander. Aufgrund der Quellenlage weniger gut greifbar sind für uns die Beziehungen der Sokratesschüler zueinander. Jedenfalls hat es hier nicht nur wechselseitige Anregungen, sondern zum Teil auch polemische Auseinandersetzung gegeben, mit besonders viel Galle zwischen Platon und dem älteren Sokratiker Antisthenes. Ein besonderer Aspekt ist seine Adaption religiöser und mythologischer Vorstellungen, insbesondere auch der mit bestimmten Mysterienkulten verbundenen orphisch-pythagoreischen Seelenkonzeption.

Die Überlieferung berichtet von einer Reihe von Reisen des Platon (z. B. auch nach Ägypten), aber dies können Konstruktionen späterer Biographen sein. Um die eben angeführten reichhaltigen Einflüsse auf Platon zu erklären, ist die Annahme von Reisen jedenfalls nicht notwendig. Denn umgekehrt kamen viele, auch philosophisch interessierte Besucher aus der ganzen griechischen Welt nach Athen und hatten dort reichlich Gelegenheit zu gedanklichem Austausch. Des weiteren gab es schon so etwas wie einen gewerblichen Buchhandel auch für philosophische und überhaupt wissenschaftliche Schriften (vgl. Apol. 26 d-e). Ein anderes Thema sind die drei sizilischen Reisen, insbesondere die zweite und dritte Reise, da sie mit politischen Intentionen Platons zusammenhingen, über die der ›7. Brief‹ berichtet. Ich fasse mich hier kurz, da diese ganze sizilische Episode für Platons philosophischen Werdegang, im Vergleich zum Sokrates-Erlebnis oder zur Gründung der Akademie, weniger bedeutend ist. Platon scheint Anfang der 390er-Jahre (389–88?) eine Reise zu den griechischen Städten Süditaliens und an den Hof des syrakusanischen Tyrannen Dionysios I., der den griechischen Teil Siziliens beherrschte, unternommen zu haben. In Süditalien knüpfte er Kontakt zu führenden Pythagoreern (Archytas), während der Aufenthalt in Syrakus vor allem die Beziehung zu dem jungen, sehr reichen, mit Dionysios I. verwandtschaftlich verbundenen Dion stiftete, der sich für Platons philosophischen Unterricht sehr empfänglich erwies. Nach dem Tod von Dionysios I. in 367 machte sich Dion die Hoffnung, mithilfe Platons auf dessen Sohn und Nachfolger, den jungen Dionysios II., einen solchen Einfluss auszuüben, dass Sizilien zum Gegenstand einer politischen Reform würde, die Gedanken Platons fruchtbar macht. Er konnte Platon zu einer zweiten und noch einer dritten Reise nach Syrakus (367–66, 361–60) motivieren, aber das ganze Unterfangen war ein völliger Fehlschlag. Weder konnte Platon einen nachhaltig günstigen Einfluss auf den jungen Tyrannen ausüben, noch konnte er in dem bald entstandenen Konflikt zwischen Dionysios II. und Dion erfolgreich vermitteln.

Das bedeutende Ereignis im Leben Platons nach der Rückkehr von der ersten sizilischen Reise war die Gründung der Akademie. (Das genaue Datum der Gründung ist unbekannt, vielleicht gegen 385.) Die Akademie war wohl Platons Versuch, dem sokratischen Ideal des gemeinsamen Philosophierens und des pädagogischen Eros eine feste Form zu geben. Zugleich stellte sie eine erzieherische Alternative zu der kurz zuvor erfolgten rhetorisch orientierten Schulgründung des bereits erwähnten Isokrates dar. Man hat sich die Akademie Platons als eine Gemeinschaft von Philosophierenden zu denken, deren geistige Selbstständigkeit geachtet wurde, also nicht etwa als einen esoterischen Zirkel, die einen Meister verehren und dessen Lehren aufsaugen. Neben den im engeren Sinne philosophischen Untersuchungen (Dialektik) nahmen mathematische Studien einen breiten Raum ein, weshalb die Akademie auch Mathematiker und Astronomen anzog. Für das hohe Maß an geistiger Toleranz in der Akademie legt etwa die Tatsache ein beredtes Zeugnis ab, dass während Platons Abwesenheit anlässlich seiner zweiten sizilischen Reise der berühmte Astronom Eudoxos von Knidos stellvertretend die Leitung der Akademie übernehmen und gleichwohl in der Ethik eine ganz gegensätzliche Auffassung zum Begriff des Guten entwickeln konnte. Die Vermittlung philosophischen Denkens an jüngere Schüler kann man sich wohl durchaus im Sinne des humboldtschen Ideals der Verbindung von Forschung und Lehre denken. Aristoteles jedenfalls, der mit 17 der Akademie beitrat, wuchs in den 20 Jahren seiner Mitgliedschaft schrittweise von der Rolle des Lernenden in die eines Mitlehrenden hinein, der im Übrigen ebenfalls Positionen vertreten konnte, die denen Platons entgegengesetzt waren. Der Ort des akademischen Zusammenseins war ein heiliger Hain im Kephisostal außerhalb der Stadtmauern, der nach dem lokalen Heros, dem er geweiht war, *Hekademeia* (später *Akademeia*, daher der Name „Akademie“) genannt wurde, bzw. ein darin befindliches, gleichnamiges Gymnasion, also ein „Sportzentrum“, das auch als öffentlicher Treffpunkt und Diskussionsort diente. Nach der Überlieferung hat Platon später in der Nähe des Hains noch einen Garten erstanden, in dem dann auch (sehr bescheidene) Räumlichkeiten seiner Schule errichtet wurden. Das gemeinsame Philosophieren *(symphilosophein)* in der Akademie und die schriftstellerische Arbeit blieben jedenfalls bis zu seinem Tod Platons Lebensmittelpunkt.

Dank sprachstatistischer Untersuchungen[4] sind wir in der glücklichen Lage, ein wenigstens grobes Bild von der chronologischen Abfolge der Werke Platons zu besitzen, bei denen es sich, mit Ausnahme der von Platon nachgestalteten Verteidigungsrede des Sokrates (›Apologie‹), der literarischen Gattung nach um Dialoge handelt. Wenn man die sprachstatistischen Ergebnisse mit gewissen inhaltlichen Gesichtspunkten verknüpft (z. B. dem Übergang zu metaphysischen Lehrinhalten), erhält man folgende heute relativ übliche Einteilung in Werkphasen:

I. Frühe Werke. Hierzu gehören sicher: ›Apologie‹, ›Kriton‹, ›Ion‹, ›Hippias minor‹, ›Protagoras‹, ›Laches‹, ›Charmides‹, ›Euthyphron‹, ›Gorgias‹. Die Reihenfolge innerhalb dieser Gruppe ist völlig unsicher.

[4] Eine kompetente Übersicht zu den sprachstatistischen Untersuchungen liefert L. Brandwood, Stylometry and Chronology, in: R. Kraut (Hrsg.), The Cambridge Companion to Plato, Cambridge 1992, 90–120; eine inhaltliche Werkübersicht enthält P. Friedländer, Platon, 3. Aufl., 3 Bde., Berlin 1964–1975.

II. Mittlere Werke: ›Menon‹, ›Phaidon‹, ›Symposion‹, ›Politeia‹ (›Staat‹).

III. Übergang zum Spätwerk: ›Phaidros‹, ›Parmenides‹, ›Theaitetos‹.

IV. Spätwerke: ›Sophistes‹, ›Politikos‹ (›Staatsmann‹), ›Timaios‹, ›Kritias‹, ›Philebos‹, ›Nomoi‹ (›Gesetze‹).

Die Dialoge ›Lysis‹, ›Euthydemos‹, ›Hippas maior‹ (wenn echt) bilden möglicherweise eine eigene Übergangsgruppe vom frühen zum mittleren Werk, der man auch den ›Menon‹ zurechnen könnte. Die zeitliche Einordnung des ›Kratylos‹ ist ganz umstritten, vielleicht gehört er an das Ende des mittleren Werkes. Ein Teil der weiteren im ›Corpus Platonicum‹ erhaltenen Dialoge galt schon in der Antike als unecht. Andere wurden von der modernen Kritik als unecht erkannt, wobei es auch umstrittene Fälle gibt, insbesondere ›Alkibiades I‹ und ›Hippias maior. Die Mehrzahl der 13 im ›Corpus‹ erhaltenen Briefe sind sicherlich unecht. Von Bedeutung ist vor allem die Frage der Echtheit des schon erwähnten ›7. Briefes‹, auch wegen des darin enthaltenen philosophischen Exkurses. Die Mehrzahl der Forscher nimmt die Echtheit an, aber abschließend klären läßt sich dies wohl nicht.

Nur sehr spekulativ kann über die Frage der absoluten Datierung der Dialoge diskutiert werden. Die Arbeit an der (stilistisch bereits der Gruppe III verwandten) ›Politeia‹ stellt jedenfalls so etwas wie die Mitte seines ausgereiften Schaffens dar und beginnt vielleicht in den frühen 370er-Jahren. Im konzeptionell sehr reichen Spätwerk merkt man, dass Platon nicht mehr alle Fäden, die er sich selbst ausgelegt hat, bis an ihr Ende verfolgen kann. Der im ›Sophistes‹ und im ›Politikos‹ angekündigte ›Philosophos‹ wird nicht geschrieben. Der ›Kritias‹ bleibt ein Fragment. Der Schlussteil der ›Philebos‹ ist nur noch flüchtig ausgearbeitet. Die fast schon ausufernden ›Nomoi‹ bleiben unvollendet.

Platon wird uns greifbar in seinen Dialogen. Warum wählte er gerade diese Form, und nicht die für die Wissenschaftspraxis seiner Zeit sonst übliche traktathafte Darstellung? Die Diskussionslage hierzu stellt sich äußerst komplex dar, was auch damit zu tun hat, dass Platon die Dialogform sehr variabel handhabt, weshalb man die Dialoge Platons nicht nach einem einheitlichen Schema deuten kann.[5] Ich werde mich hier auf einige Hinweise beschränken müssen. Der ursprüngliche Impuls zur schriftlichen

[5] Zur Dialogform bei Platon vgl. etwa Ch. Gill, Afterword: Dialectic and the Dialogue Form in Late Plato, in: Ch. Gill /M. M. McCabe (Hrsg.), Form and Argument in Late Plato, Oxford 1996, 283–311; E. Heitsch, Platon über die rechte Art zu reden und zu schreiben, Mainz 1978; Ch. Kahn, Plato and the Socratic Dialogue, Cambridge 1996; Th. Szlezák, Platon lesen, Stuttgart 1993.

Nachgestaltung sokratischer Gespräche mag bei ihm, und auch bei anderen „Sokratikern", in der Absicht gelegen haben, das Wirken des Sokrates auf diese, obgleich unvollkommene Weise noch nach seiner Hinrichtung am Leben zu erhalten. Zugleich aber wurde diese „Sokrates-Dichtung" für ihre Autoren zu einem Vehikel der Vermittlung eigener, nur mehr oder weniger lose von Sokrates inspirierter Sichtweisen, weshalb man sie nicht einfach naiv als historische Dokumente in Bezug auf Sokrates lesen kann.

Für Platon kann man mit ziemlicher Sicherheit sagen, dass er aus bestimmten theoretischen Überlegungen heraus, wie sich philosophische Einsichten überhaupt vermitteln lassen, an der Dialogform festhielt. Vergegenwärtigen wir uns zuerst, wie er diese Form in seinen frühen Werken handhabt, die gleichsam noch ganz vom „Sokrates-Erlebnis" getragen werden und deren Grundzug der sokratische „Elenchos" ist, also die Widerlegung der These des Gesprächspartners hinsichtlich eines leitenden ethischen Begriffes bzw. einer ethischen Fragestellung. Der Gesprächspartner wird dabei durch geschicktes Erfragen von Prämissen, denen er zustimmt, dahin gebracht, sich selbst zu widerlegen, und zwar um ihm auf diese Weise sein eigenes Nicht-Wissen zu offenbaren. Nun kann die Widerlegung einer These so gestaltet werden, dass sie in den Erweis einer gegenteiligen positiven These mündet. Wenn die Sokrates-Figur von dieser gegenteiligen These mit Nachdruck vertritt, dass sie erwiesen worden sei, gewinnt der Elenchos einen doktrinal belehrenden Charakter (vor allem im ›Gorgias‹). Wenn sie dagegen Zweifel am erreichten Ergebnis durchblicken lässt und eine weitere Prüfung verlangt, besitzen die elenktische Argumentation und ihr Ergebnis nur erst hypothetische Geltung (z. B. ›Protagoras‹). Oder aber das elenktische Gespräch wird so gestaltet, dass die Sokrates-Figur, nachdem mehrere Antworten auf die Ausgangsfrage geprüft und widerlegt worden sind, das Gespräch mit der Feststellung abschließt, dass keiner der Antwortversuche auf die Ausgangsfrage der Überprüfung standgehalten habe und dass man folglich noch nicht die Lösung besitze, sich also in einer „Aporie" befinde (z. B. ›Laches‹, ›Charmides‹, ›Euthyphron‹). In jener letzteren, der aporetischen Dialogform, die typischerweise je von einer Definitionsfrage ausgeht, exemplifiziert sich Platons Sokrates-Bild in besonders eindrucksvoller Weise, gleichsam als eine nahtlose Einheit von Form und Inhalt: Indem der Gesprächspartner in einer *ad-hominem*-Argumentation, d. h. mit seinen eigenen Voraussetzungen, in die Aporie geführt wird, vermittelt Sokrates ihm die Einsicht in sein Noch-nicht-Wissen und sucht ihn damit zugleich, ganz im Sinne des sokratischen Programms (so wie Platon es versteht), dazu aufzurütteln, sich um eine genuine Erkenntnis jener leitenden ethischen Begriffe zu bemühen, ohne die er ethisch blind bleibt. Zugleich liefern diese Dialogbeispiele als *geschriebene* Dialoge dem Autor Platon die Möglichkeit, Lösungen immerhin anzudeuten, und liefern eine *Vorlage* für das mündliche philosophische Gespräch, das sich durch Nachvollziehen, Überprüfen, Weiterdiskutieren der schriftlich fixierten Argumente entfalten und über sie hinausgehen kann.

Die Dialoge ab dem mittleren Werk haben bei aller Vielfältigkeit in der Regel sehr viel eher einen konstruktiv-doktrinalen Charakter als die meisten der frühen Dialoge. Gleichwohl lässt sich die zugrunde liegende Methodik philosophischen Forschens als eine Fortentwicklung aus der sokratischen Elenktik der frühen Werke betrachten. Das grundlegende methodische Problem der sokratischen Elenktik besteht ja darin, dass sie zwar einerseits ihr Ziel in der Erschließung der Wahrheit über die leitenden ethischen Begriffe hat, andererseits aber nicht deutlich ist, in welcher Weise man mit ihr über widerlegende *ad hominem*-Argumentationen hinaus zu einem Verfahren systematischer Wahrheitserschließung gelangen kann. Der Sokrates etwa des *Gorgias* reklamiert zwar für sich, dass sich seine grundlegenden Thesen bewährt haben, weil er mit ihnen noch nie in einem elenktischen Gespräch zu Fall gebracht worden ist. Doch eigentlich kann solche „Widerlegungsresistenz" nur darin gründen, dass jemand auf der Basis seiner grundlegenden Thesen ein in sich stimmiges Verständnis seiner Begriffe gewonnen und gegenüber den elenktischen Versuchen anderer bewährt hat. Denn allein begriffliche Konsistenz kann gewährleisten, dass man nicht durch geschickte Elenktik in Widersprüche verwickelt wird. Und um eine solche Konsistenz und Kohärenz des eigenen Begriffsverstehens zu erreichen, braucht es methodische Verfahren, mit denen sich über einzelne Begriffe hinaus das ganze Feld der leitenden Begriffe und deren Beziehungen erschließen lassen.

Aufschlussreiche Hinweise zu einem solchen konstruktiven methodischen Verfahren, das aus der Elenktik selbst entwickelt wird, enthält der Methoden-Abschnitt des ›Phaidon‹ (99 d ff.). Dies kann hier zwar nicht genauer auseinander gesetzt werden,[6] aber es sei doch in recht grober Vereinfachung herausgestellt, dass dieses Verfahren den Aspekt der elenktischen Bewährung einer These oder „Hypothesis", die sich aus der Konsistenz der *nachgeordneten* "Konsequenzen" dieser These ergibt, mit dem des Aufstiegs zu je einer *vorgeordneten,* höheren „Hypothesis" verbindet. Dieses Verfahren scheint der Ausgangspunkt für das im Liniengleichnis der ›Politeia‹ angedeutete Modell einer systematischen Erschließung der zu klärenden begrifflichen Gehalte durch Verfahren des „Aufstiegs" und des

[6] Grundlegend immer noch R. Robinson, Plato's Earlier Dialectic, 2. Aufl., Oxford 1953. Genauer begründet werden die von mir hierzu vertretenen Thesen in J. Szaif, Platon über Wahrheit und Kohärenz, in: Archiv für Geschichte der Philosophie (demnächst), s. a. ders., Platons Begriff der Wahrheit, 2. Aufl., Freiburg – München 1998.

„Abstiegs“ zu sein. Entscheidend dabei ist, dass der „Aufstieg“ schließlich zu einem höchsten Prinzip führen muss, das nicht mehr nur hypothetischen Charakter hat, weil nicht mehr über es hinausgegangen werden kann und weil es die systematische Zusammenschau des Ganzen der Wahrheit (= des Wissbaren) ermöglicht. Dieses nicht-hypothetische Prinzip ist als ein selbst-evidentes Prinzip gedeutet worden, von dem her sich alles andere beweisen ließe. Aber Platon fordert auch für die Erkenntnis des höchsten Prinzips ausdrücklich eine elenktische Bewährung, was aufgrund der spezifischen Eigenart der Elenktik bedeutet, dass sich das höchste Prinzip durch die Konsistenz und Kohärenz der nachgordneten Sätze oder Bestimmungen bewähren muss. Erkenntniskriterium ist bei Platon darum letztlich eine qualifizierte Form von Kohärenz, als Zusammenschau von einem höchsten Prinzip aus, das selbst erst in dieser Zusammenschau zur vollen Einsichtigkeit gelangt.

Im Spätwerk spielt das dihairetische Einteilungsverfahren eine prominente Rolle, bei dem Begriffsklärung durch Subsumption unter einen Gattungsbegriff und schrittweise Einteilung im Ausgang von diesem Gattungsbegriff versucht wird. Die Untersuchung der grundlegenden Ebene allgemeinster, gleichsam strukturbildender Bestimmungen (z. B. Sein/Nichtsein, Identität/Andersheit) wird dagegen nach dem Modell der Analyse der unterschiedlichen Kombinationsmöglichkeiten zwischen den Buchstaben des Alphabets einer Sprache beschrieben. Das elenktische Gespräch behält grundsätzlich die kritische Funktion der Entlarvung von Scheinwahrheiten.

Diese Verfahren der systematischen Erschließung begrifflicher Gehalte und ihrer Beziehungen nennt Platon „Dialektik“, wobei dieses Wort bei ihm zunächst einfach die Kunst der wahrheitsorientierten Gesprächsführung meint, dann aber zum Inbegriff von Verfahren der wesenserhellenden Begriffsklärung wird, da sich für Platon Wahrheit vor allem durch die Klärung der Begriffe erschließt. Haben wir die Veränderung der Dialogform im mittleren und späten Werk so zu verstehen, dass Platon jetzt dazu übergeht, die Ergebnisse seiner systematischen, „dialektischen“ Untersuchungen schriftlich mitzuteilen? Zwar ist deutlich, dass im mittleren und späten Werk nicht mehr sozusagen die elenktischen Dramen, sondern die konstruktive gesprächsweise Annäherung an philosophische Einsichten im Vordergrund steht, wobei sich die Erörterung im übrigen nicht mehr auf das Gebiet ethischer Begriffe und Thesen beschränkt, sondern das gesamte Spektrum philosophischer Themen in den Blick nimmt. Gleichwohl hat die Dialogform auch jetzt noch ihre spezifischen Funktionen und ist mehr als nur eine didaktische Darstellungsform, die ebensogut durch eine traktathafte Darstellung ersetzt werden könnte. Zum einen ist da natürlich weiterhin der dramatische Aspekt, die Möglichkeit, bestimmte Themen nicht nur argumentativ darzustellen, sondern auch szenisch zu verdichten, etwa das Thema „Philosophie als Einübung ins Sterben“ durch die Verbindung mit dem Sterben des Sokrates im ›Phaidon‹, oder das Thema „Philosophie als Erotik“ in der szenischen Darstellung von Tischgesprächen über den *Eros* im ›Symposion‹. Aber auch aus einer anderen grundsätzlichen Erwägung heraus, die die Möglichkeit der Vermittlung philosophischer Einsicht betrifft, bleibt die Dialogform für Platon unverzichtbar. Er ist weiterhin der Auffassung, dass sich philosophische Einsichten nicht einfach wie Tatsachenwissen vermitteln lassen, sondern als Einsichten des je anderen, ausgehend von seinem Vorverständnis, entwickelt werden müssen. Das ist allerdings nicht im Sinne einer Relativierung der Wahrheit zu verstehen, sondern als ein zugleich pädagogisches und erkenntnismethodisches Programm, dem zufolge Wirklichkeit eben primär durch das Ordnen und Klären der begrifflichen Gehalte transparent wird, diese Ordnung der Begriffe, wenn sie einem anderen vermittelt werden soll, aber jeweils ihren Ausgang von dessen Verständnisebene nehmen muss. Die literarische Form des Dialoges besitzt den Vorzug, diesen spezifisch adressatenabhängigen Charakter philosophischer Vermittlung verdeutlichen zu können.

Der Charakter der durch die unterschiedlichen Voraussetzungen der Gesprächspartner bedingten Vorläufigkeit und Ungenauigkeit der konstruktiven Exposition wird auf verschiedene Weise in diesen Dialogen explizit. Ein berühmtes Beispiel aus der ›Politeia‹ ist der Übergang von einer argumentativen zu einer nur noch gleichnishaften Darlegungsweise (506 d–e), wobei auch schon die vorausgegangene argumentative Erörterung als bloß vorläufig charakterisiert wurde (435 c–d, 504 b). Die zentralen Gleichnisse der ›Politeia‹ sind bildhafte Vergegenwärtigungen bestimmter erkenntnismetaphysischer Zusammenhänge, die eigentlich einer argumentativ-wissenschaftlichen Exposition bedürften, zu der die Gesprächspartner aber noch nicht hinreichend vorbereitet sind, da dies eine langjährige mathematisch-dialektische Ausbildung und Erfahrung voraussetzen würde. Als Gleichnisse geben sie aber bereits eine bestimmte Orientierung und regen zum Weiterfragen an.

Wenn man nun versucht zu rekonstruieren, was Platons leitende Auffassungen hinter den nur erst vorläufigen argumentativen Expositionen oder gleichnishaften Annäherungen sind, so stellt sich auch die Frage nach der Berücksichtigung der indirekten Überlieferung zu Platons Lehre, eine Frage, die insbesondere schon deshalb virulent ist, weil sich die indirekte Überlieferungstradition auch auf „ungeschriebene Lehrauffassungen Platons“ bezieht *(agrapha dogmata),* wobei dafür eine von Platon gehaltene Vorlesung „Über das Gute“ einen wesentlichen Anstoß geliefert zu haben scheint. Diese *agrapha dogmata* beinhalten doktrinale Aussagen, die sich nicht explizit im schriftlichen Werk formuliert finden, andererseits aber wenigstens teilweise zu bestimmten Andeutungen in den Dialogen passen könnten. Das betrifft zum Beispiel die Frage nach dem höchsten Prinzip, das in der ›Politeia‹ als die Idee des Guten beziehungsweise deren Wesensbestimmung bezeichnet wird, ohne dass erläutert würde, wie denn nun die Idee des Guten ihrem essentiellen Gehalt nach einzugrenzen ist. Die indirekte Überlieferung, und zwar schon bei Aristoteles, schreibt Platon die Auffassung zu, dass das Wesen des Guten vom Begriff der Einheit her zu fassen ist, und dies scheint auch zu bestimmten Andeutungen in der ›Politeia‹ zu passen, welche aber doch so vage sind, dass eine sichere interpretatorische Entscheidung allein aus der Lektüre dieses Dialoges heraus nicht möglich ist. Soll hier also die indirekte Überlieferung den Ausschlag geben? Über diese Frage herrscht unter den modernen Platon-Exegeten große Uneinigkeit. Dabei geht es nicht nur um das Ob-Überhaupt, sondern auch darum, wie viel man der indirekten Überlieferung entnehmen kann und ob letztlich gar den Dialogen ein nur sekundärer, gleichsam propädeutischer Stellenwert gegenüber jenen *agrapha dogmata* zukommt, die man aus indirekten Zeugnissen zu rekonstruieren versucht.

Da es durch Platons eigene Andeutungen offensichtlich genug ist, dass er nicht alle seine philosophischen Auffassungen in den Dialogen niedergeschrieben hat, ist es m. E. auch sinnvoll, die indirekte Überlieferung, wo sie sich Platon einigermaßen sicher zuordnen läßt und zum Verständnis von Andeutungen und Verweisungsstellen in den Dialogen weiterhilft, mitzuberücksichtigen. Gleichwohl sei hier gegen eine Sichtweise plädiert, die die Dialoge zur bloßen Propädeutik einer mündlich tradierten esoterischen Lehre herabstuft. Es sei erstens darauf hingewiesen, dass die indirekten Zeugnisse häufig nicht eindeutig zuzuordnen sind (Platon oder seine Schüler?), sodass, wenn tatsächlich die ungeschriebenen Lehrauffassungen das Eigentliche des platonischen Philosophierens darstellten, wir zu dem Ergebnis kommen müssten, dass *wir* dann eben nur wenig Verlässliches über Platons Lehre sagen könnten.[7] Vor allem aber ergibt sich nach meiner Auffassung aus Platons bereits angedeuteter pädagogisch-erkenntnismethodischer Auffassung

[7] Diese negative Einschätzung wird nicht von allen geteilt, siehe bspw. H. J. Krämer, Arete bei Platon und Aristoteles, Heidelberg 1959; K. Gaiser, Platons ungeschriebene Lehre, 2. Aufl., Stuttgart 1968. Eine vorsichtigere Herangehensweise an das Problem der Verknüpfung der indirekten Überlieferung mit den Andeutungen und „Auslassungsstellen" in einem Dialog wie der ›Politeia‹ exemplifiziert M. F. Burnyeat, Platonism and Mathematics: A Prelude to Discussion, in: A. Graeser (Hrsg.), Mathematics and Metaphysics in Aristotle, Bern 1987, 213–240.

und ebenso aus seiner Schriftlichkeitskritik im ›Phaidros‹ (274 b ff.),[8] die um den Begriff des „lebendigen *logos*“ kreist, dass den Zeugnissen der *agrapha dogmata* nicht jener primäre Stellenwert zukommen kann. Ein monologischer Vortrag und überhaupt die einseitige Vermittlung esoterischer Lehren an Schüler, die in einen „inneren Kreis“ aufgenommen werden, entspricht gerade nicht Platons Auffassung vom menschlichen Lernen, die seiner Bevorzugung der Dialogform zugrunde liegt. Die Hinführung zu philosophischen Einsichten muss gesprächshaft erfolgen und in der Weise, dass dabei der Betreffende schrittweise aus sich selbst heraus jene Einsicht hervorholt, zu der ihn sein Mentor hinführen will. Genau auf diese dialogisch-argumentativ vermittelte Einsicht, die sich dann wieder an andere weitervermittelt (gleichsam fortpflanzt), zielt der Begriff des „lebendigen *logos*“ im ›Phaidros‹. Und aus dieser Perspektive muss man auch Platons dialogisches Werk verstehen, das jeweils adressatengerechte Gespräche nachgestaltet, die, als geschriebene Texte, zu uns sprechen sollen, was sie aber (da sie, wie Platon sagt, auf unsere Nachfragen nicht antworten können) nur dann in der angemessenen und vom Autor intendierten Weise tun können, wenn wir die in ihnen enthaltene Aufforderung zum sachorientierten, gesprächsweisen Weiterforschen ernst nehmen. Natürlich haben wir heute nicht mehr die Möglichkeit, uns zu diesem Zweck in den Kreis von Platons Akademie zu begeben. Für uns sollten die Dialoge darum einerseits Anregung zum eigenen philosophischen Fragen und Forschen sein, sofern wir aber versuchen, Platon zu verstehen, müssen sie nicht nur Ausgangspunkt, sondern zugleich auch der bleibende Bezugspunkt unserer Auseinandersetzung mit ihm sein. – Sie sind uns Platons eigentliches Vermächtnis.

Eine doktrinale Zusammenfassung von Platons Philosophie ist hier, wie eingangs schon ausgeführt, nicht beabsichtigt. Ich möchte aber doch mit ein paar Bemerkungen zu einigen zentralen Stichworten schließen, die mit den Inhalten des platonischen Philosophierens verbunden sind und deren angemessenes Verständnis mir für die Lektüre Platon wichtig erscheint.

Ideenlehre. Eine grundlegende „Hypothesis“, auf die die dialektische Erforschung hinführt, ist die Annahme der Existenz der so genannten Ideen oder Eide *(eidos, idea).*[9] Ein Eidos ist zunächst einmal ein bestimmter Sachgehalt, der einem Begriffswort wie „Gerechtigkeit“ oder „das Gerechte“ entspricht und von dem vorausgesetzt wird, dass man ihn definie-

[8] Die Deutung dieser Phaidros-Passage ist sehr kontrovers; vgl. etwa E. Heitsch, Platon: Phaidros, Übersetzung und Kommentar, Göttingen 1993; Th. Szlezák, Platon lesen (Anm. 5); Ch. Kahn, Plato and the Socratic Dialogue (Anm. 5).

[9] Zu Platons Ideenlehre vgl. etwa D. Ross, Plato's Theory of Ideas, Oxford 1951;

ren kann. Platon spricht auch vom „Gerechten *selbst*" in Abhebung zu den vielen Einzelfällen des Gerechten. Hierin steckt schon eine Unterscheidung zwischen den vielen Dingen und dem zu definierenden Eidos, wobei es eine wesentliche Voraussetzung ist, dass es sich bei dem Eidos z. B. der Gerechtigkeit um etwas Vorgegebenes jenseits bloßer sprachlicher Konvention handelt. Platons Dialoge bis zum *Menon* unterstellen dabei jedoch nicht mehr, als dass man das Eidos für sich betrachten und charakterisieren kann, auch wenn es jeweils nur *in* den Dingen vorkommt. Das Eidos wird hier also noch nicht anders betrachtet als eine allgemeine Eigenschaft von Dingen, und d. h., es wird ihm noch keine selbstständige Subsistenz unabhängig von diesen Dingen zugeschrieben. Doch das ändert sich mit dem ›Phaidon‹. Die ontologisch voraussetzungsreichere Form der „Ideen-Hypothesis" im ›Phaidon‹ oder der ›Politeia‹ ergibt sich für Platon wohl daraus, dass in vielen Fällen die sinnlich gegebenen Dinge nicht mehr sind als bloße Approximationen an den definierbaren eidetischen Gehalt und dass sie sich verändern und die Vermischung der Gegensätze zulassen, während die Wesenseingrenzung gleichsam die vollkommene Gestalt dieser fraglichen Eigenschaft voraussetzt und dabei das Gegensätzliche und die Veränderung strikt ausschließt. Was „in" den Dingen ist, kann aufgrund seiner Unvollkommenheit und Veränderlichkeit nur bloße Abbildung des Eidos selbst sein, welchem somit eine separate, nur intellektuell-argumentativ zu erschließende Existenz zuzuschreiben ist. Folglich müssen die Eide oder Ideen eine eigene Realität gegenüber den sinnlich gegebenen Gegenständen bilden, die diesen sogar ontologisch vorgeordnet ist, da die sinnlichen Gegenstände ihr unvollkommenes Sosein von den Ideen jeweils nur durch jene auch als Abbildbeziehung gedeutete „Teilhabe" an den Ideen entlehnen. Diese starke ontologische These der „Ideenlehre" hängt bei Platon mit einem realistischen Wahrheitsverständnis zusammen, wonach der Wahrheit eines Satzes immer eine dem entsprechende Wirklichkeit zugrunde liegen muss, was im Falle der wahren definitorischen Charakterisierungen eben die eigenständige, rein intellektuell-argumentativ zu erschließende Subsistenz der Eide oder Ideen ist.[10]

Die These der ontologischen Selbstständigkeit der Ideen bringt aber auch eine Reihe von theoretischen Problemen mit sich, z. B. hinsichtlich dessen, wie die Teilhabe der sinnlich gegebenen Einzelfälle an den Ideen zu verstehen ist. Platon spricht diese Probleme insbesondere im ›Parmenides‹ an. Auch bleibt letztlich unklar, für welche Arten von Begriffswörtern

A. Graeser, Platons Ideenlehre, Bern – Stuttgart 1975; G. Patzig, Platons Ideenlehre, kritisch betrachtet, in: Antike und Abendland 16 (1970) 113–140; zur Kritik an ihr G. Fine, On Ideas, Oxford 1993.

[10] Vgl. J. Szaif, Platons Begriff der Wahrheit (Anm. 6).

man solche selbstständig subsistierenden Ideen annehmen soll. Es ist eine kontrovers diskutierte und wohl nicht eindeutig entscheidbare Frage, inwieweit Platon noch im Spätwerk sozusagen doktrinal an der Ideen-Hypothesis in ihrer starken ontologischen Variante (Ideen-Chorismos) festhält. Im Vordergrund seines Interesses stehen dort jedenfalls die komplexen Beziehungen der eidetischen Gehalte untereinander.

Seele. „Seele" *(psychē)* kann nach dem griechischen Verständnis das Lebensprinzip in einem Menschen meinen und ist als solches für die philosophische Betrachtung schlicht ein objektives naturtheoretisches Prinzip. „Seele" meint aber auch das, was von einem Menschen nach dem Tod noch fortbesteht (etwa im homerischen „Totenreich") und Erinnerung bewahrt, und ist unter diesem Aspekt schon eher mit dem verknüpft, was wir als das Psychische und Subjektive fassen. In Platons Verständnis von Seele fließen jedenfalls beide Gesichtspunkte mit ein. Seele ist für ihn das Prinzip, welches körperliche Lebewesen (Menschen und Tiere, aber auch den Kosmos im Ganzen) „belebt" und durch das ihm zukommende Vermögen der *Selbst*bewegung der letzte Ursprung aller Bewegung im Kosmos ist. Weil zu Seele Rationalität gehört, gewährleistet sie als kosmologisches Prinzip das Vorhandensein der mathematisch beschreibbaren Ordnungsstrukturen und Gesetzmäßigkeiten. Unter dem Titel „Seele" werden von Platon aber auch die Faktoren unseres psychischen Lebens analysiert. Gleichwohl fällt Seele nie einfach nur mit der individuellen Psyche (im modernen Sinne des Wortes) eines Menschen zusammen. Denn in Anknüpfung an die orphisch-pythagoreischen Vorstellungen ist für ihn Seele im Gegensatz zum Leib nicht nur das eigentliche Selbst, sondern zugleich auch ein unzerstörbares natürliches Prinzip, das sich in einem nur mythologisch beschreibbaren Kreislauf von Wiedergeburten durchhält und somit nicht nur an einen Menschen gebunden ist.

Die menschliche Seele ist von ihrem Ursprung her rational, indem sie aber in einen Körper eingeht und einen Leib beseelt, nimmt sie eine komplexere kognitive und motivationale Struktur an: Das rationale Erkennen und Wollen wird zunächst gleichsam überschwemmt von leiblich induzierten Wahrnehmungen und Begierden; und die soziale Natur dieses nicht nur leiblichen, sondern auch Gemeinschaften bildenden Wesens bedingt zusätzlich ein auf Anerkennung und Selbstbehauptung bezogenes Affektleben. Gegenüber diesen Begierden und Affekten muss die Rationalität erst wieder die Oberhand gewinnen, jene auf ihre naturgemäßen Funktionen zurückführen und eine geordnet-harmonische Seelenverfassung verwirklichen. Mit dieser komplexen Analyse der Seelenfaktoren (zuerst in der ›Politeia‹) verlässt Platon im Übrigen auch den Boden eines einseitigen sokratischen Intellektualismus: Das Ziel der seelischen Vervollkommnung ist nicht nur durch sozusagen abstrakte Erkenntnis zu erreichen, sondern setzt die Formung des Seelenlebens im Ganzen voraus, wozu auch musische Faktoren, ja selbst die Gymnastik, einen wesentlichen Beitrag leisten.

Philosophie ist von ihrer lebenspraktischen Zielsetzung her zuallererst Sorge um die Seele. Eigentliche Bestimmung der Seele ist der Aufstieg zur Wahrheit, und d. h. zum intellektuellen Wirklichkeitsbereich der Ideen, der sich im Wesentlichen dadurch vollzieht, dass die ursprüngliche Ordnung der seelischen Begriffe wiederhergestellt wird. Dies kann auch als ein Prozess der Wiedererinnerung *(anamnesis)* des Wissens beschrieben werden, das der mit dem Ideenbereich „verwandten" Seele inhäriert.

Einen besonderen und zugleich übergreifenden Aspekt der Motivationskraft in der menschlichen Seele stellt der Eros dar, dessen Auslöser nach Platon das *kalon* ist, wobei dieser Ausdruck „kalon" das sinnlich Schöne, aber auch das Sittlich-Vortreffliche und überhaupt in sich Wohlgefügte und Werthafte meinen kann. Als schöner menschlicher Körper wirkt das *kalon* sexuell stimulierend, doch ist der Eros gerade nicht nur auf diese animalisch-leibliche Seite beschränkt, sondern umgreift alle Schichten menschlichen Strebens, entsprechend gleichsam den Sublimationsstufen des Schönen, bis hin zu den Ideen und speziell zur Idee des Schönen. Und da die Seele ja ihrem Ursprung nach rein rational ist und sich in den niederen Formen des Eros eigentlich an etwas ihrer Bestimmung Fremdes verliert, stellt intellektuelle Erkenntnis durch „Aufstieg" zu den Ideen die ihrem Ursprung gemäße Form der Erfüllung des erotischen Grundstrebens dar.[11]

Philosophie und Polis. Der Ausdruck „Philosophie" steht von seiner griechischen Wortbedeutung her für die Lebensausrichtung auf *sophia* (Weisheit, Kundigkeit, Wissen). Platon fasst Philosophie als eine persönliche Haltung, die von Wissens- und Wahrheitsliebe getragen wird, und als die daraus erwachsende Tätigkeits- und Lebensform. Und zwar bedeutet diese Tätigkeitsform für ihn *zum einen,* dass man versucht, in methodischer Weise die grundlegenden, unser Welt- und Selbstverhältnis formenden Begriffe aufzuklären, was generell auch noch unserem heutigen Verständnis von Philosophie gemäß sein dürfte. (Offene Fragen ergeben sich für uns allerdings dahingehend, auf welche Weise und inwieweit es sich hierbei um eine Form objektiver Erkenntnis handeln kann. Sicherlich sind wir heute nicht mehr in der Lage, jene starken ontologischen Thesen hinsichtlich der zu klärenden

[11] Allgemein zur Theorie des Strebens bei Platon vgl. etwa Ch. Kahn, Plato's Theory of Desire, in: Review of Metaphysics 41 (1987/88) 77–103; J. Szaif, Strebensnatur und Interpersonalität in Platons Konzeption von *philia,* in: M. Dreyer, K. Fleischhauer (Hrsg.), Natur und Person im ethischen Disput, Freiburg – München 1998, 25–60; über die wirklichen oder vermeintlichen Bezüge zu Freud vgl. A. W. Price, Plato and Freud, in: Ch. Gill (Hrsg.), The Person and the Human Mind, Oxford 1990, 247–270.

Begriffsgehalte oder Eide mitzutragen, jenen Ideen-Chorismos, wie er allemal im mittleren Werk Platons, und auch wieder im ›Timaios‹, nahe gelegt wird.) *Zum anderen* ist Philosophie für Platon die Tätigkeit, in der sich jenes Grundstreben der Seele nach Rückkehr zu ihrem eigentlichen Ursprungs- und Bestimmungsort der Erfüllung nähert (wodurch dem Ideen-Chorismos noch eine ganz andere praktische Signifikanz zuwächst). In diesem Punkt gewinnt Platons Philosophieverständnis sogar eine quasireligiöse Seite, allerdings so, dass der erstrebte, die Seele befreiende Aufstieg nicht im Sinne einer rituellen und an mythisch-personalen Gottheiten orientierten Religiösität, sondern als ein intellektueller Transformationsprozess verstanden wird, in dem die Seele sozusagen aus leiblicher Fremdbestimmung zu der inneren Ordnung ihrer Begriffe und damit zugleich zum unverstellten Kontakt mit einer höheren Wirklichkeit intelligibler Gegenstände zurückfindet. Eine eminent lebenspraktische Seite ist für die griechische Philosophie übrigens generell kennzeichnend, und bei Platon, noch stärker dann in späteren Formen des Platonismus, gewinnt sie einen geradezu erlösungsverheißenden Zug.

Philosophische Veranlagung ist zunächst immer etwas erst noch zu Entwickelndes, und zwar durch Erziehung oder charakterliche und intellektuelle Bildung *(paideia)*. Für die richtige Erziehung ist man aber jeweils auf andere angewiesen. Wie nun ist zu gewährleisten, dass günstige Veranlagung tatsächlich durch die richtige Form der Erziehung gefördert wird? Im Idealstaatsentwurf der ›Politeia‹ wird die Einrichtung der Paideia den weisen Philosophen-Herrschern übertragen, die die bestmögliche Auswahl und Erziehung gewährleisten. Doch in den Gemeinwesen, so wie sie faktisch bestehen, sind diese Bedingungen nicht gegeben, weshalb es zu einem tief greifenden Zwiespalt zwischen Politik und Philosophie kommt: Eigentlich ist es für den philosophisch herangereiften Menschen sittlich geboten, als Teil des Gemeinwesens (der Polis) zum Wohlergehen nicht nur seiner selbst, sondern dieses Gemeinwesens beizutragen. Unter den faktischen Bedingungen der Politik ist es ihm aber nicht möglich, seine Erkenntnisse politisch nutzbar zu machen. Politik bringt im Gegenteil sogar einen verderblichen Einfluss auf die Heranwachsenden mit sich und äußerliche Gefährdungen für den ausgereiften Philosophen. Der unter diesen Gegebenheiten sich nahe legende *Rückzug der Philosophie ins Private*, wie Platon ihn etwa im Exkurs des ›Theaitetos‹ beschreibt (172 c–177 c), hat jedoch bei ihm nicht den Charakter eines zufriedenen Philosophierens im eigenen Garten (wie bei Epikur), sondern ist resignierte Abwendung eines Philosophen *und* athenischen Bürgers, der die Philosophie zwar nicht nur auf die Sorge für die eigene Seele, sondern auch auf das Gemeinwesen hin verpflichtet sieht, aber daran zweifelt, dass Philosophie und Politik wirklich werden zusammenkommen können.

ARISTOTELES

Ein Porträt

Von Erwin Sonderegger

Was soll und was kann ein Porträt?

Hier soll Aristoteles in der Weise eines Porträts dargestellt werden. Was soll und was kann ein Porträt? Der Begriff stammt aus der Malerei und bezeichnet eine Gattung, in der idealerweise das Wesen einer Person zum Ausdruck kommen kann. In der Regel ist die Darstellung des Gesichts dabei die Hauptsache, doch kann, um den Zweck zu erreichen, daneben auch mehr oder weniger vom ganzen Körper und sogar von der typischen Umgebung der Person mit dargestellt werden.

Wenn hier also ein Porträt von Aristoteles versucht wird, dann wird von vornherein und ausdrücklich verzichtet auf eine detailreiche Darstellung seiner Werke, seiner wirklichen oder angeblichen Theorien und Lehrmeinungen, des Lebenslaufs, der Forschungsgeschichte und vieler weiterer wichtiger Themen, die leicht den gängigen Philosophiegeschichten, Einführungen, Kompendien und Sammelbänden aller Art zu entnehmen sind. Doch, was bleibt dann noch Darstellenswertes? Ein Porträt darf zwar skizzenhaft sein, doch soll es das Wesentliche, in gewissem Sinne „alles" zeigen.

Platon und Aristoteles haben darauf hingewiesen, dass man „alles wissen" in zwei Weisen verstehen kann. Man kann damit meinen, alle Einzelheiten zu wissen; in dieser Weise ist es offensichtlich unmöglich, alles zu wissen. Man kann aber darunter auch verstehen, die Prinzipien von allem zu wissen. In dieser Weise ist der Versuch, alles zu wissen, sinnvoll und nicht hoffnungslos. So ist das Porträtartige dieser Darstellung gemeint. Statt „alles", was Aristoteles gedacht und geschrieben hat, darzustellen, steht hier der Versuch darzustellen, in welchem Geist, in welcher Welt, in welcher Intention er gedacht und geschrieben hat. Zu diesem Zweck versuchen wir uns zunächst ein Bild von der Welt zu machen, in die hinein Aristoteles geboren worden ist. Anschließend versuchen wir zu verstehen, worauf und wie Aristoteles auf diese Welt reagiert hat. In einem dritten Teil soll das darin Erkannte an einem Beispiel – an ›Metaphysik XII‹ – verdeutlicht werden.

1. Das Gegebene

a) Vita

Das Leben von Aristoteles kann in vier Abschnitte geteilt werden.[1] Geboren 384/3, verbrachte er seine Jugend in Stagira, einer ionischen Kolonie, unter den Augen seines Vaters Nikomachos, eines Arztes, der allerdings früh verstarb. Als Siebzehnjähriger trat er in der Akademie ein, gerade zur Zeit der zweiten Reise Platons nach Sizilien. Als das Neueste gab es den ›Theaitet‹ zu lesen. Darauf folgte, was wir heute das Spätwerk Platons nennen.[2] Zwanzig Jahre lang, bis zum Tod Platons, blieb er in der Akademie – die längste Epoche seines Lebens (367–347). Allerdings ist anzunehmen, dass auch diese lange Zeit gegliedert ist in Phasen des Schülers, des Assistenten, des Dozenten. Seine Spitznamen in der Akademie waren – ob echt oder unecht doch beides zutreffend – der „Leser“ und der „Geist“. Mit dem Letzteren wollte man vielleicht eine Beziehung zu Anaxagoras und dessen Beschäftigung mit dem *nus* zum Ausdruck bringen.[3] In dieser Zeit entstehen seine Dialoge,[4] nur fragmentarisch erhaltene Frühschriften (z. B. ›De ideis‹, ›De philosophia‹), aber auch die ›Topik‹.

Nach dem Tod Platons 347 und der Wahl von Speusipp zum Schuloberhaupt folgen als dritte Epoche dreizehn „Wanderjahre“ (ca. 347–335/4). Wenn sich Theophrast bereits damals in Athen befand, zog Aristoteles mit ihm zusammen nach Kleinasien (Atarneus, Assos), einer Einladung des Fürsten Hermias folgend. Wenn Aristoteles Theophrast erst auf Lesbos traf, dann kannte dieser jedenfalls den Problemstand der Akademie aus den Schriften bereits bestens. Es scheint sich zu bestätigen, dass die Schrift ›Metaphysik XII‹ von Aristoteles bald nach dem Verlassen Athens, etwa gleichzeitig mit der ›Metaphysik‹ des Theophrast, entstanden ist.[5] Man hat

[1] Quellen zur Vita des Aristoteles: siehe H. Flashar (Hrsg.), Grundriss der Geschichte der Philosophie, Die Philosophie der Antike 3, Basel–Stuttgart 1983, 229 ff.; R. Goulet (Hrsg.), Dictionnaire des philosophes antiques, 1989 ff., unter Aristoteles; Zeugnisse zur Vita I. Düring, Aristotle in the ancient biographical tradition, Göteborg 1957.

[2] Speziell die Dialoge nach der zweiten sizilianischen Reise (366–365): ›Parmenides‹, ›Sophistes‹, ›Politikos‹, ›Philebos‹, ›Timaios‹; nach der dritten sizilianischen Reise (361–360): ›Kritias‹, ›Nomoi‹.

[3] Diogenes Laertios, II 6.

[4] Einige davon mit Titeln platonischer Dialoge, wie etwa ›Symposion‹, ›Sophistes‹, ›Menexenos‹.

[5] A. Laks/G. W. Most, Théophraste, Métaphysique, Paris 1993, Notice; G. W. Most und D. Devereux, in: W. W. Fortenbaugh u. R.W. Sharples (Hrsg.), Theophrastean Studies, vol. III, New Brunswick 1987.

diese bis vor kurzem noch für ein Fragment einer nachträglichen Kritik des frustrierten Schülers gehalten. Mit der neuen Datierung erweisen sich beide Schriften zusammen als Reflexionen auf den gemeinsamen Problembestand der Alten Akademie. Beide Werke sind Sammlungen der wichtigsten Fragen und Probleme, die das Gespräch in der Akademie in den letzten Jahren vor ihrem Weggang beherrscht haben. Die Fragen nach dem Ersten im Wissen und dem Ersten im Sein, nach der Reichweite der Fragen „Warum?“ und „Wozu?“, die Frage, wie weit die Begründung ins Detail gehen kann. Und an den ›Timaios‹ anschließend, die Frage nach dem Zusammenhang der Welt, die wir denken, mit der Welt, die wir wahrnehmen, äußerlich erleben und erfahren. Die Schrift von Aristoteles ist dann zugleich die Registrierung der anstehenden Fragen, selbstverständlich in eigener, aristotelischer Fokussierung auf das Sein. Es geht jetzt um die Betrachtung des Seins, der *ousia*, denn das ist jedenfalls das Erste, sagt Aristoteles im ersten Satz. Damit stimmt der erste Satz mit der ›Metaphysik‹ von Theophrast überein, der hier fragt, wie die Betrachtung *(theōria)* über das Erste anzustellen sei.

Wie es scheint, hat Aristoteles in Kleinasien umfangreiche Feldforschungen vorgenommen (Ortsnamen sowie Pfanzen- und Tierbeobachtungen). Etwa zwei bis drei Jahre dieses Lebensabschnittes gehören der Erziehung Alexanders des Großen. Von einer tieferen gegenseitigen Beeinflussung des großen Schülers und des großen Lehrers ist aus den Zeugnissen allerdings nichts zu entnehmen. Immerhin muss später dieser Eindruck bestanden haben, denn man wollte die Situation wiederholen, indem man Seneca als den Erzieher Neros bestellte.

Nach einigen weiteren Jahren in Stagira entschließt sich Aristoteles 335, wiederum nach Athen zurückzukehren, was vor der Schlacht bei Chaireoneia (338), in der Athen Philipp definitiv unterliegt, nicht gut möglich gewesen wäre. Hier gründet er das Lykeion als seine Schule neben der bereits bestehenden und organisierten Akademie. Als Ausländer kann er allerdings kein Land erwerben (auch der Nachfolger in der Leitung der Schule, Theophrast aus Lesbos, nicht), das tut später Demetrios von Phaleron für ihn. In diesem zweiten Athenaufenthalt entsteht der Großteil der erhaltenen Pragmatien. Diese letzte Epoche dauert etwa 12 Jahre. Seine fremde Herkunft holt ihn 323 ein, er muss zuerst nach Chalkis, dann nach Makedonien vor der wieder erstarkten makedonienfeindlichen Partei in Athen fliehen. Ein Jahr nach Alexander stirbt Aristoteles (322). – In seinem Testament trifft er umsichtige Sorge für die Hinterbliebenen, auch für Herpyllis.[6] Vielleicht war das mit Anlass, die mittelalterlich-orientalische Wandergeschichte vom mächtigen Herrscher oder hochgeistigen Weisen, der

[6] Diogenes Laertios, V 1, 11–16.

liebestoll einer Dirne hörig wird, auch mit dem Namen von Aristoteles zu verbinden.[7]

b) Politischer und kultureller Hintergrund

Wirtschaftlich hatte sich Athen vom Peleponnesischen Krieg rasch und gut erholt, doch die politische Vormachtstellung Athens ist spätestens seit Chaireoneia dahin. Die politischen Zentren wechseln im 4. Jh. verhältnismäßig schnell. Sie gruppieren sich um große Einzelpersönlichkeiten in Athen, Korinth, Sparta, Theben (Epaminondas: thebanische Hegemonie 371–362; Kallistratos: zweiter attischer Seebund 377) und organisieren sich in Bünden. Alle zusammen gehen aber unter in der Auseinandersetzung mit Philipp II von Makedonien.[8] Aristoteles kennt zwar noch die Polis, das Herz des griechischen Lebens, hat aber doch hauptsächlich ihren Untergang und Übergang erlebt. Er ist nicht Athener wie Platon, sondern lebt in Athen nur geduldet und sozusagen unter makedonischem Schutz.

Aristoteles kann die Tragödien der drei großen Tragodiendichter lesen und die heute nurmehr fragmentarisch erhaltenen Tragödien vieler weiterer Dichter. Er kennt die Bühnenpraxis. Zu seiner Zeit hatte man auch schon begonnen, bereits aufgeführte Tragödien nochmals aufzuführen. Er zitiert auch Komödie und Epos, und zwar nicht nur in der Poetik. Manchmal dienen die Zitate dem Zweck, ein *endoxon*, eine gängige Meinung, in eben literarischer Form vorzustellen, manchmal sollen sie einen Sprachgebrauch erläutern. Die Akropolis steht noch in ihrer Pracht; Architektur, Skulptur, Töpferei, Oliven- und Weinkultur blühen. Die Kulte werden noch mit Pomp abgehalten. Immerhin war die Gesamtstimmung in Athen politisch, militärisch, wirtschaftlich, kulturell doch reflexiv: In allem, was man sagte, dachte und machte, war es unumgänglich, sich auf das offensichtlich maßgebende Frühere zu beziehen, und es war notwendig, die Wirkung auf die Makedonen in Betracht zu ziehen. Durch Alexander kam Aristoteles mit der Vorbereitung des Hellenismus sozusagen persönlich in Kontakt.

c) Philosophische Tradition

Umfangreiche Referate der Vorsokratiker, der Sophisten, natürlich im Besonderen Platons und der Philosophen an der Akademie belegen die Lek-

[7] Im Falle von Aristoteles die Phyllis; Lai d'Aristote, von Henri d'Andeli (1. H. 13. Jh.), vielleicht nach Amr Ben Bahr al-Gahiz, 767–868.

[8] Philippica, sowie weiteren Reden von Demosthenes gegen Philipp zwischen 349 und 341.

türe des „Lesers".[9] Aristoteles reiht sich bewusst und explizit in die Tradition ein. Tradition ist zwar zunächst nur die Ansammlung geteilter Meinungen einer Gemeinschaft und deren Weitergabe an die folgende Generation. Das heißt bei Aristoteles *endoxa* und ist Gegenstand der Doxographien. Aristoteles sieht aber die philosophische Aufgabe in der Reflexion auf die *endoxa*, nicht etwa auf der Ersetzung alter *endoxa* durch neue. In der ›Topik‹ denkt Aristoteles nach über die Art, wie Platon in den Dialogen die *doxa* als die nicht mehr hintergehbare Grundmeinung entdeckte. Das hat ihn zu einem tieferen Begriff von *doxa* geführt, wonach sie Lebenselement unseres Denkens, Sprechens und Handelns überhaupt ist. Sie ist die in einer geschichtlichen Situation je vorgegebene Struktur der Welt, die sich als faktisch agierte Meinung über das Sein *(doxa)*, finden lässt. Diese *doxa* reflektiert Aristoteles in der ›Metaphysik‹. Um das Resultat dieser Reflexion formulieren zu können, bedarf es eines neuen Typs von Begriffen, da die Analyse der Meinung nicht in die Äußerung einer neuen Meinung münden darf. Die üblichen thematischen Begriffe aber dienen eben der Darstellung von Behauptungen. Davon später mehr. Überblicken wir vorerst die Themen- und Problemkreise, die Aristoteles in der ihm vorliegenden philosophischen Tradition vorfindet.

Von den Vorsokratikern hat Aristoteles Thema und Problem des Werdens, sowie das des Anfangs und des Ganzen aufgegriffen (gegen H. Cherniss doch wohl gutwillig und berechtigterweise). Im Besonderen aber verdanken alle Nachfolger den Vorsokratikern den rationalen Impuls und die Fragehaltung, nicht nur gegen den Mythos, sondern auch gegen den Augenschein. Sie trauen sich auch, wenigstens zur Probe, die Verallgemeinerung zu, den Versuch, das Ganze als solches zu fassen. „Alles ist Wasser" kann nur sagen, wer den Blick vom bloß Einzelnen abgewendet hat.

Die Sophisten haben ihre Zeitgenossen daran gewöhnt, im Gespräch mit Schlüssen zu rechnen. Sie waren aber auch Künstler im Gebrauch der Äquivokation. Daraus ergibt sich die Aufgabe, den Gebrauch der Logik von Grund auf zu klären. Platon hatte die Aufgabe schon gesehen und aufgezeigt, aber erst Aristoteles hat sie systematisch im ›Organon‹ (nicht nur in den ›Sophistici elenchi‹) durchgeführt. Zudem haben sie, sofern sie eben in der Polis wirken wollten und zur Wirkung in der Polis befähigen wollten, das ethische Thema vorbereitet. In dieses Gespräch schaltet sich Sokrates ein.

Aristoteles erlebt unmittelbar die Entstehung der Schriften der so genannten Spätphilosophie Platons. Es ist deshalb sehr bedeutsam, was er davon aufgreift und worauf er sich bezieht. Er hätte aus Früherem Platons

[9] Physik I, Met. I; cf. Tabelle der Doxographien in: E. Sonderegger, Aristoteles, Metaphysik Z 1–12, Bern 1993.

„höchstes Wissen", die Idee des Guten, zum Fundament seines Nachdenkens nehmen können, oder das, was außerhalb der platonischen Dialoge heute allenfalls noch erschließbar ist als „Prinzipientheorie". Er tat das nicht. Aus seinem Werk wir klar, dass er die größte Aporie (Sophistes 243c–244a) aufgreift, die darin besteht, dass wir unentwegt zwar „sein" gebrauchen und etwas damit meinen, aber ebenso wenig wie die Sophisten, „Somatiker" und sogar die „Ideenfreunde" klar sagen können, was damit gemeint ist. Aristoteles hält sich an das, was wir nach Platon nicht verlieren dürfen, an die Aporie (Philebos 34d), da wir sonst die Frage und das Gespräch überhaupt verlieren, an die Idee (Parmenides 135b), denn ohne Idee verliert jede Rede ihre feste Ausrichtung, und an den *logos* (die Rede, Sophistes 260), denn ohne den *logos* ist kein Philosophieren möglich.

Von der Vergegenständlichung des spekulativen Denkens und der Zersplitterung der Theorie in Einzelwissenschaften, welche die Akademie zu beherrschen beginnt, setzt er sich ab. Aristoteles hält zwar in der empirischen Forschung die Arbeitsteilung für nützlich, aber gerade dann bedarf es der Sicherung der Einheit der übergeordneten Fragestellung.

2. *Die Antwort von Aristoteles auf das Gegebene*

So ließe sich etwa das Aristoteles Gegebene umreißen. Jetzt ist darzustellen, wie er darauf reagiert hat.

a) Thematischer Bezug auf die Tradition

Vorsokratiker

Die Vorsokratiker stellen den einen Zweig der Tradition dar, in den Aristoteles sich stellt. Er behält dabei zwar die vorsokratische Frage nach dem Werden und Aufbau des Kosmos (›De Caelo‹, ›Meteorologie‹, ›Metaphysik XII‹ 8), stellt sie aber so, dass damit nicht nur nach einem faktischen elementaren Material oder nach dem Herstellenden gefragt wird, der das Gewordene wie ein Handwerker hergestellt hätte. Er stellt sie als Frage nach dem Woraus überhaupt, und er stellt diese Frage in den Zusammenhang mit den Fragetypen und der Art und Weise der Rede über das Werden generell. So weitet er sie aus zur Frage nach dem Werden überhaupt.[10] Immer, wenn wir vom Werden reden, reden wir auch über etwas, wodurch etwas wird, woraus etwas wird, wozu etwas wird und was den Anstoß zum

[10] De generatione et corruptione, Metaphysik VII 7–9, VIII 6, XII 3; Physik I 5–8 und II.

Werden überhaupt gibt. So entsteht die Liste der vier Gründe, aber als Redetypen, nicht als Weltkonstituentien.

Im Wandel des Gebrauchs des Begriffs *hylē* lässt sich das beispielhaft fassen. Im vorphilosophischen Gebrauch ist *hylē* Material in unserem alltäglichen Sinne, die Vorsokratiker haben das als allgemeineres Woraus, aber doch noch als stoffliches genommen. Aristoteles seinerseits unterscheidet aber *hylē* und Körper. Er behält zwar durchaus die sonst üblichen Gebrauchsweisen von *hylē* bei, aber in seinem primären philosophischen Gebrauch ist es jetzt ein Seinsbegriff. Er soll, mit anderen zusammen, dazu dienen, auszuformulieren, was wir je schon in unseren Meinungen über das Seiende mit „sein" gemeint haben. *Hylē* bezeichnet jenen Aspekt am Sein des Seienden, den M. Heidegger „Geeignetheit zu …" genannt hat.

Die Bemerkung zur Stellung der Astronomie und die Kautelen zu den faktischen Beobachtungen zeigen, dass Aristoteles Philosophie und Kosmologie trennt.[11] Soweit es Astronomie mit Beobachtung zu tun hat, kann sie keine grundlegenden Sätze abgeben oder Fundament eines primären Wissens sein. Ihre Weise des Wissens ist kontingent.

Aristoteles zitiert ›Metaphysik XIV‹ 2, 1089a4, denselben Satz, auf den sich schon Platon im ›Sophistes‹ (237a und 258c) mit dialoggliedernder Funktion bezogen hatte: Es gebe strikt das Nicht-Seiende nicht. Wer so von der absoluten Trennung von Sein und Nichtsein ausgeht, kann das Werden gedanklich nicht formulieren, damals wie heute. Aristoteles bietet zur Lösung dieses Problems Folgendes an. Zuerst muss der absolute Begriff des Werdens aufgegeben werden (Physik I 8), sonst muss man das Werden aus dem Nichtseienden behaupten. Zweitens muss verstanden werden, dass das Werden nicht ein Übergehen vom völlig Nichtseienden zum Seienden, sondern von der Möglichkeit eines Seienden zu seiner Wirklichkeit ist. Schließlich ist die Einsicht notwendig, dass das Werden um des Seins willen stattfindet und nur auf dem Grunde des Seins denkbar ist.[12]

“Bewegung“ *(kinēsis)* ist nur ein anderes Wort für das Werden, oder dasselbe in einer spezifischen Situation, denn auch die Bewegung ist die Wirklichkeit des Möglichen als eines solchen. Wirklichkeit – und das ist ein heute besonders schwer verständlicher Punkt – ist in keiner Weise „Existenz", Dasein, Vorhandenheit usw. So müsste sie aus ihrem Bezug zu Essenz, Sosein, verstanden werden. Vielmehr stellt Aristoteles Wirklichkeit aus ihrem Bezug zum *eidos* dar. Eine Sache sei wirklich, heißt, dass sie die ihr zukommenden eidetischen Bestimmungen realisiert hat.

Der logischen Seite des Problems des Werdens hat Aristoteles mit der

[11] Dazu unten mehr; zur Astronomie: Metaphysik XII 8, 1073b1–17, vgl. auch Theophrast, Metaphysik, §§ 8 und 27.

[12] Platon, Philebos 54a–c und 26d, Aristoteles, De partibus animalium I 1.

Behandlung der Negation und den Typen von Gegensätzen in der ›Kategorienschrift‹ und in ›De interpretatione‹ vorgearbeitet, auch dies in der Nachfolge der Problemstellung Platons im ›Sophistes‹ (das Nichtseiende ist das andere, nicht das schlechthinnige Nichts, Sophistes 258b).

Sophisten

Die Sophistik ist ein zweiter Zweig seiner Tradition. Wie Platon sieht er darin primär jenes Denken, das es auf die Verwirrung durch die Ausnutzung der Äquivokationen abgesehen hat. Er spricht deshalb von „sophistischen Belästigungen". Dem Programm von Platon folgend, setzt sich auch Aristoteles dafür ein, dass es in Zukunft möglich sein soll, beliebige Sophismen, besonders natürlich die, die das Sein betreffen, als solche zu entlarven. Die Schriften des ›Organon‹ bieten deshalb eine Palette von Unterscheidungen an, kategoriale etwa wie 'Wesen', 'Quantität', 'Qualität' usw., dann Unterscheidungen in den Arten der Negierungen und Gegensätze (konträr, kontradiktorisch usw.) und in den Weisen der Ausgesagtheit in den Prädikaten (Prädikabilien: Definition, Proprium, Gattung und Differenz, Beiläufiges). Weiter sollen auch die Unterscheidungen der Seinsweisen (Modalitäten) helfen, das Spiel der Vieldeutigkeiten als solcher formulierbar und erkennbar zu machen.

Platon

Der ohne Zweifel wichtigste philosophische Partner für Aristoteles ist Platon. Immer war es auch sein Verhältnis zu Platon, das als Kriterium für sein Verständnis diente. Im Neuplatonismus hat man beide eher in einer Kongruenz mindestens der Problemstellungen, manchmal sogar in Bezug auf die positiven Aussagen, gesehen, im letzten und in diesem Jahrhundert eher den Gegensatz zwischen dem Idealisten Platon und dem Empiriker Aristoteles betont. Die Entwicklungsgeschichte im Anschluss an die Forschungen von W. Jaeger nahm die Platonnähe bzw. -ferne als Maß der Entwicklung. Wenn die Vertreter der 'Ungeschriebenen Lehre' ein Verdienst haben, dann gewiss dieses, dass sie wieder die Problem- oder Fragekontinuität von Platon zu Aristoteles salonfähig gemacht haben.

Auch wenn Aristoteles energisch gegen die Verwendung der Ideen Stellung bezieht, so anerkennt er doch die Fragestellung, worauf die Ideen eine Antwort sein sollten, und er behält selbst das eidos als das vom Dinglichen zu Denkende bei. Er behält den Fragehorizont Platons. Einige Forscher sehen sogar in den Spätdialogen mögliche Antworten Platons auf Fragen von Aristoteles.

Aristoteles nennt als die zwei philosophisch relevanten Neuerungen von Sokrates die ethische Fragestellung und die Suche der Definition und des Allgemeinen.[13] Daraus hat Platon die Dialektik als Methode der begrifflichen Klärung überhaupt und damit als Methode der Wahrheitsfindung entwickelt. Dass die philosophische Frage nach dem Ersten immer einer anderen Methode folgen muss als die Fragen von Handwerk, Wissenschaft oder Politik, bleibt auch bei Aristoteles als Resultat bestehen.

Die ethische Fragestellung („Wie muss ich handeln, um gerecht zu sein?") bei Sokrates und Platon wird von Aristoteles zur Frage nach der eigentlichen Leistung des Menschen transformiert (›Nikomachische Ethik‹). In diesen Rahmen gehört auch die politische Frage als Frage nach dem Sein des Menschen in der Gemeinschaft. In der Untersuchung der ethischen und dianoetischen *aretai* (ethische und denkerische Leistungen) gelangt Aristoteles zum Resultat, dass das Sein, das Leben des Menschen im Wahrnehmen und Denken bestehe und als letztmögliches Resultat die Eudaimonie, das Glück, habe. Dieses sei erreichbar dann, wenn das Denken – unter Voraussetzung von „normalen" Lebensumständen und Muße – seine ihm spezifisch eigene Wirklichkeit erlangen könne (Nikomachische Ethik X 7). Das ist aber dann am meisten der Fall, wenn er sich mit sich selbst beschäftigt. Das ist eine Äußerung, die mit ›Metaphysik XII‹ zusammentrifft, mit der Formulierung *Noēsis noēseōs noēsis* (das Denken ist das Denken des Denkens), die man fast immer als Definition Gottes betrachtet hat. Wir werden eine alternative Interpretation vorstellen.

Im Spätwerk Platons finden sich Fragen und Probleme, deren sich Aristoteles in freier Weise angenommen hat. Hier folgen einige davon aus dem ›Sophistes‹ und dem ›Timaios‹. – Aus dem ›Sophistes‹, einem Schlüsseldialog für das Verständnis von Aristoteles, kommen gleich mehrere Aufgaben: zum einen die Notwendigkeit der Reflexion auf den *logos* (Aristoteles vollzieht diese im ›Organon‹), dann die Wiederholung der Frage nach dem Sein (Aristoteles stellt das spekulative Programm dieser Frage in ›Metaphysik X‹ auf und wiederholt die Frage in ›Metaphysik‹ VII–IX), schließlich auch die Einsicht, dass es nach allem stattgehabten Behaupten nun kein Behaupten mehr geben kann, sondern nur noch ein Prüfen dessen, was andere behaupten. Aristoteles stellt diese Einsicht als Resultat seines Nachdenkens über den Denkstil in den platonischen Dialogen in der ›Topik‹ dar. Die ›Topik‹ ist vielschichtig und vielfältig verwendbar. Aber weit entfernt, nichts weiter als eine Methode des Schließens aus bloß Plausiblem zu sein (was wäre der Wert von Schlüssen, bei denen von vornherein feststeht, dass die Prämissen nicht besonders gut sind?), begründet die ›Topik‹ zwei grundlegende und nicht mehr rückgängig zu machende Einsich-

[13] Metaphysik I 6, 987b1–7, XIII 4, 1078b17–19 und 27–31.

ten: zum einen die, dass „sein“ und „Einheit“ nicht zu den Prädikabilien gehört („was allem folgt“, cf. Topik IV 1, IV 6, 127a 25 ff.); jedes Prädikat lässt sich, je nachdem, wie wesentlich seine Aussage über das Subjekt ist, in Definition, Gattung und Differenz, Eigentümlichkeit, Beiläufiges, einordnen, nur „sein“ und „Einheit“ nicht; zum zweiten, dass es im Gespräch Positionen gibt, die für das Verständnis des Gesagten nicht außer Acht gelassen werden dürfen. Der Fragende und der Antwortende besetzen zwei aus einer Reihe möglicher weiterer Positionen. Der Philosophierende hat aber nicht die Aufgabe und die Möglichkeit, sich in der Position des Behauptenden zu bewegen, er kann nur die Behauptungen des Behauptenden in korrekte und feste Form bringen *(= protaseis labein)*, um danach in Bezug auf diese seine verschiedenen Prüfungen vorzunehmen (Unterscheidung der vielfältigen Redeweise, des *pollachōs legetai* also, usw.). Man hat die ›Topik‹ oft als ein Frühwerk betrachtet, dessen Einsichten Aristoteles später überholt hätte. Mindestens in den genannten zwei Punkten ist die „topische Einstellung“ nicht überholbar, so wenig wie etwa heute der *linguistic turn*. Auch die ›Metaphysik‹ ist in dieser Einstellung geschrieben – und muss auch in dieser Weise wieder gelesen werden.

Auf den ›Timaios‹ scheinen sich die häufigsten und am breitesten über das Gesamtwerk gestreuten Bezugnahmen von Aristoteles zu beziehen.[14] Er ist auch noch bei Plotin der meistzitierte Dialog und fungiert im Neuplatonismus als Darstellung der Physik neben dem ›Parmenides‹ als Darstellung der Theologie an der systematischen Spitze. Durch zwei Götteranrufungen ist er literarisch klar in zwei Teile getrennt. Dieser Teilung entspricht die sachliche Gliederung. In beiden Teilen wird genau dasselbe dargestellt, nämlich die Welt, aber im ersten Teil ist es die Welt, wie wir sie denken, die noetische Welt, im zweiten Teil die Welt, wie sie uns faktisch begegnet. Der zweite Teil unterscheidet sich vom ersten dadurch, dass er alles nochmals „in der *chōra*“ wiederholt. Damit präludiert Platon die Frage des Übergangs von der spekulativen Physik zur materiellen, mundanen Physik, wie sie Aristoteles in ›Metaphysik XII‹ wiederholt. Dieser Fragestellung entspricht auf der einen Seite die kosmologische und die spekulative Seite, die ›Metaphysik XII‹ hat, und auf der anderen Seiten die Frage, mit der Theophrast die leitende Frage seiner ›Metaphysik‹, wie die Theorie des Ersten beschaffen sei (§ 1), auszuarbeiten beginnt, nämlich ob es einen Zusammenhang zwischen dem Noetischen und dem Physischen gebe (§ 2).[15]

[14] Bonitz, Index Aristotelicus, s. v. Platon.

[15] Aus sachlichen, nicht motivgeschichtlichen Gründen taucht diese Frage bei Kant in der Weiterführung der „Übergangs“-Problematik im Opus postumum gegenüber der Problemstellung in den ›Metaphysischen Anfangsgründen der Naturwissenschaft‹ viel später wieder auf.

Akademie
Die nicht erhaltenen Dialoge und weitere Frühschriften von Aristoteles (›De ideis‹, ›Topik‹, einige Werke des ›Organon‹, im Besonderen die nachher separat zu besprechende Schrift ›Metaphysik XII‹) reflektieren – zusammen mit der ›Metaphysik‹ des Theophrast – den Problembestand der späten Akademie. Hier findet die Auseinandersetzung um die Brauchbarkeit der Ideen für das statt, wofür sie erfunden worden sind. Hier (neben ›Metaphysik‹ I, XIII, XIV) finden sich auch die Hinweise auf Thesen, die nicht in den Dialogen zu finden sind, die man zu den Zeugnissen für die ›Ungeschriebene Lehre‹ gestellt hat (d. h. das Eine und die unbestimmte Zweiheit als „Prinzipien", die Idealzahlen). Auch wenn man dieser These nicht anhängt, ergibt sich doch der klare Hinweis auf die Denktradition und die relative Nähe von Aristoteles zu Platon.

b) Begrifflichkeit und philosophischer Stil

In dieser Weise, meine ich, ließe sich beschreiben, wie Aristoteles auf die ihm vorgegebenen Inhalte eingeht. Kaum ein Thema wird übergangen. Etwas vom Erstaunlichsten am *Corpus Aristotelicum* ist diese Vielseitigkeit. Käfer und Syllogismen werden mit derselben Sorgfalt analysiert wie Seele und Natur. Zwar wird das theoretische Wissen *(theōria)* dem bloß faktischen Feststellen *(historia)*[16] rangmäßig vorgestellt, und doch wird beides gleichermaßen geübt. Jederzeit bleibt bewusst, auf welchem Niveau man sich befindet: auf dem analysierenden, dem referierenden, dem Fakten feststellenden, dem Aporien sammelnden, dem Redeweisen reflektierenden, dem Grundbegriffe erörtenden, dem Unterscheidungen festlegenden.

Die Rezeption hat vieles davon vermischt. Vor allem hat sie aus den systematischen Fragen die Behauptung eines Systems gemacht. Die mit Kautelen versehenen Beobachtungen am Himmel etwa hat man als apriorische Begründungen verstanden. Simplicio in den ›Dialogi‹ von Galilei ist das literarische Muster dafür. Galilei hat die *reservatio mentalis* bei Aristoteles[17] selbst richtiger gesehen. Aristoteles hätte durch sein Fernrohr geblickt.

Die großen Themen Sein und Werden, Natur (in ihren Einzelheiten und als Prinzip und Seinsweise) und Bewegung, die Seele als die Wirklichkeit und das Sein des Menschen, wie wir reden (argumentativ: ›Topik‹, ›Ana-

[16] Das ist mit „Historie" gemeint, Beispiele dafür sind ›Historia animalium‹, die naturwissenschaftlichen Schriften, ›Meteora‹.

[17] De partibus animalium I 5, 644b 22–645a6; De Caelo II 10, 291a 29–32; Metaphysik XII 8, 1073 b8–17.

lytik‹; öffentlich: ›Rhetorik‹; dichterisch: ›Poetik‹), wie wir miteinander umgehen und was unser Höchstes sein kann (›Politik‹, die Ethiken, aber auch ›Metaphysik XII‹ unter dem Stichwort *theōria*), sowie selbstverständlich die Reflexion darauf, wie man von dergleichen überhaupt etwas wissen kann, was die dafür notwendigen Grundbegriffe sind, welches die angemessenen Methoden für die verschiedenen Inhalte sein mögen – all das wird behandelt.

Das Spezifische ist aber weniger, dass diese Themen behandelt werden – das ist in der Folge weiterhin unzählige Male geschehen, in einzelnen Fällen sogar mit mehr Erfolg –, sondern wie sie behandelt werden, mit welcher Begrifflichkeit, mit welchen Methoden, mit welcher Auffassung von Wissen, mit welchem Erkenntnisziel und mit welchem Ausgangspunkt. – In diesen Hinsichten ist Aristoteles mit ganz wenigen der Philosophiegeschichte eine Ausnahmegestalt.

Aristoteles stellt sich in eine Tradition, in der es darum geht, sich nicht von Meinungen gefangen nehmen zu lassen. Sokrates hat die Redenden vor ihr Meinen gestellt. Nachdem aber Platon dies lange Zeit getan hat, führt ihn die weitere Reflexion zur Entdeckung, dass das Behaupten von Meinungen schlechthin die Position des Sophisten ist und dass niemand davon Abstand nehmen kann, selbst über das Sein Meinungen zu haben (etwa „alles ist Körper“, „Sein heißt Idee“). Jeder hat insofern einen Sophisten in sich, sofern er Meinungen über das Sein *(doxa)* behauptet. Das ist die Erfahrung, die der Gast aus Elea im ›Sophistes‹ macht. Wenn aber nur noch Meinungen aufeinander prallen, wird das philosophische Gespräch unmöglich. Es gilt also, die Behauptung von Meinungen zu vermeiden. Platon zeigt bereits im ›Sophistes‹ die einzig mögliche Reaktion auf diese Situation. Aus der Welt der Meinung kann sich zwar niemand davonstehlen, aber er muss sie nicht mitbehaupten, jeder kann dabei stehen bleiben, sie zu reflektieren und den anderen das Resultat seiner Reflexion über ihr gemeinsames Meinen mitzuteilen. Aristoteles arbeitet genau an diesem Resultat weiter, indem er einerseits eine neue Gruppe von Begriffen schafft (die „Anführungen“) und andererseits die topische Einstellung als die philosophische Haltung entwickelt. Die topische Einstellung besteht darin, (I) jede Äußerung als *endoxon* zu nehmen, (II) auch einen Traktat als Gespräch durchzuführen, (III) die nötigen Unterscheidungen vorzunehmen, (IV) die Position des Sophisten als des Behauptenden zu vermeiden und schließlich (V) die Rede zu analysieren. „Anführungen“ (weiteres hierzu gleich unten) sind jene Begriffe, die Redewendungen aus Sätzen zitieren (z. B. „das ‘dass’“). Die einzige Aufgabe ist und bleibt seither die Formulierung der Meinungen in bearbeitbarer Form *(protaseis labein)* und die Reflexion auf das in diesen Meinungen grundlegend Voraus-Gemeinte *(doxa)*.

In dieser Weise hat Platon als Erster ein Beispiel gegeben, wie ohne Behaupten zu philosophieren ist, und Aristoteles das, wie mir scheint, verstanden und genau so in seiner eigenen Situation wiederholt. Die Grundsituation und Aporie des Behauptens kann sich für den Philosophierenden bis heute nicht ändern, das Problem bleibt immer dasselbe. Auch die scheinbar bessere Behauptung ist nur eine Behauptung. Für den Hörer ist es ein *endoxon*, etwas, was jemand durchaus plausibel behauptet, wofür er auch Gründe haben mag, was sinnvoll ist in einer bestimmten Welt, Situation usw.

Aristoteles hat dieses Resultat in der ›Topik‹ so dargestellt, dass nur auf die Art der Prädikate, d. h., in welcher Form sie Wesentliches vom Subjekt aussagen oder nicht, zu reflektieren sei. So lassen sich alle Denkgegenstände in topischer Einstellung vornehmen. Gerade die Anfänge lassen sich nur so finden. – Dies ist etwas, was zwar in der Aristotelesliteratur durchaus auch besprochen wird, doch wird es ebenso schnell auch wieder vergessen. D. h., in den Pragmatien soll diese Einsicht nicht mehr gelten, hier soll wiederum von neuem behauptet werden können. Die vorliegende Darstellung geht davon aus, dass diese Vorstellung fehlgeht und die einmal erreichte Einsicht durch nichts rückgängig gemacht werden kann.

Gliederung des Werks und Werkcharakter

Die Schriften Platons und Aristoteles' lassen sich gleichermaßen in solche einteilen, die für internen bzw. externen Gebrauch bestimmt waren. Aber anders als bei Platon ist bei Aristoteles der interne Teil erhalten, die zur Publikation bestimmten Dialoge hingegen nicht.[18] Die Überlieferungsgeschichte des *Corpus Aristotelicum* liest sich wie ein Roman.[19] Bis ins 1. Jh. waren fast nur die heute verschollenen exoterischen, zur Publikation berechneten Schriften bekannt und zitiert, z. B. von Cicero.

Wenn man von Materialsammlungen des Typs der ›Historia animalium‹ absieht (und von der ›Nikomachische Ethik‹ mit ihrem höheren Grad stilistischer Ausarbeitung), dann waren die meisten heute erhaltenen Schriften Texte von Aristoteles für ihn selbst bzw. für den Vortrag bestimmt. Sie enthalten mannigfache Überarbeitungen im Laufe der Zeit, weil sie mehr als einmal gebraucht wurden. Die von Jaeger und anderen anvisierte Ur-Metaphysik ließ sich so wenig dingfest machen wie die Ur-Ilias. Theophrast übermacht seinem Neffen Neleus seine gesamte Bibliothek, in der sich auch Werke von Aristoteles befinden. Als Straton statt seiner als Nachfolger im Scholarchat gewählt wird, zieht sich Neleus in seine Heimat Skepsis

[18] Siehe näher D. Ross, Aristotle's Metaphysics, Oxford 1948, vol. II, 409.

[19] W. Jaeger, Studien zur Entstehungsgeschichte der Metaphysik des Aristoteles, Berlin 1912, zum Schriftcharakter; P. Moraux, Der Aristotelismus bei den Griechen, Berlin 1973, zur Überlieferung.

zurück, mitsamt der Bibliothek. Von Sulla wird sie aufgestöbert, nach Rom gebracht und von Andronikos von Rhodos zur Ausgabe zurechtgemacht. Allerdings, dass nur die einzige Ausgabe im Keller von Skepsis überlebt hätte, ist doch unwahrscheinlich. In den Schulen von Rhodos, Athen, aber auch in Alexandrien und Skepsis, eventuell sogar auch schon in Rom müssen Abschriften bestanden haben.[20] Jedenfalls verschwinden die bisherigen externen („exoterischen") Schriften, die internen („esoterischen") werden gelesen und kommentiert *(Commentaria in Aristotelem Graeca)* und werden so ihrerseits exoterisch.

Begriffe

Die Begrifflichkeit von Aristoteles ist äußerst vielseitig. Zum einen lassen sich seine Begriffe in thematische und funktionale unterscheiden. Zu den thematischen gehören solche wie Sein, Wesen, Alles, Das All *(panta, to pan)*, Werden und Vergehen, Natur, Bewegung, Lebewesen und deren Zeugung, Teile, Bewegung und Tätigkeiten. Sie rekrutieren sich aus der ihm vorliegenden philosophischen Tradition. Weitere ererbte Themen sind Seele und *nus*, Gemeinschaft in der Form des Staates und der Familie, dann ethische Grundbegriffe wie Streben, menschliche Tüchtigkeit, das Glück *(eudaimonia)* und die Lust *(hēdonē)*, die Wahl *(prohairesis)*. Begriffe dieses Typs dienen der Nennung eines Themas, einer Frage.

Daneben stehen funktionale Begriffe. Diese haben keinen eigenen Inhalt, sie dienen vielmehr der Darstellung und Analyse des Inhalts der thematischen Begriffe. Es sind oft Ordnungsbegriffe und Unterscheidungen. Sie geben also Verhältnisse im Seienden an, nicht selbst Seiendes.[21] Dazu gehören Wahrheit/Falschheit, Möglichkeit/Wirklichkeit, die Kategorien, das Dies-da, die Unterschiede an sich/für uns, Identitiät/Differenz. Die Unterscheidung Gestalt/Materie ist ein terminologisch gefasstes *endoxon*. Wenn wir das Eigentliche von etwas sagen wollen, sagen wir je nach Situation entweder, wie es aussieht oder woraus es ist. Weitere Unterscheidungen sind „das gemäß ihm selbst Gesagte" gegenüber dem „gemäß anderem Gesagten", „das Abtrennbare". Dies sind die entscheidenden Kriterien für *ousia*, Sein, in ›Metaphysik‹ VII–IX. Auch die Gründe, als Typen unserer Art zu fragen, sind von dieser Art (Woraus ist etwas? Was ist etwas? Wozu ist etwas? Woher kommt der Anstoß, dass es geworden ist?)

Zu interessanten Beobachtungen führt die Gliederung der Begriffe nach ihrer sprachlichen Form. Zum einen verwendet Aristoteles bereits bestehende Begriffe, wie etwa *eidos*, das Wesen, *physis* für Natur, *aretē* für Leis-

[20] Moraux I, 15.

[21] Liste bei R. Eucken, Geschichte der philosophischen Terminologie, Leipzig 1879, rpr. Hildesheim 1964, 25.

tung. Er schreckt aber nicht vor Neubildungen zurück, die immer schon Beachtung gefunden haben; *entelecheia* (das Am-Ziel-Sein) ist eine solche, aber auch *energeia* (Wirklichkeit).[22] Er benutzt auch das Mittel der begrifflichen Umbesetzung eines bereits bestehenden Begriffs, etwa *dynamis* (Möglichkeit), *hylē* (Geeignetheit zu …), *archē* (das erste Woher), *hypokeimenon* (das Worüber).[23]

Das Auffälligste aber ist ein zwar von Platon (z. B. im ›Sophistes‹ 254d–e Identität und Differenz als „der Ausdruck dasselbe" und „der Ausdruck das andere" aus der Rede selbst) bereits entdeckter, aber erst von Aristoteles systematisch ausgebauter Typ von Begriffen, die Anführungen.

Ein statistisch erheblicher und sachlich relevanter Teil der aristotelischen Terminologie ist unter Bezug auf die Umgangssprache gebaut. Dazu gehören etwa die Kategorien, die Gründe und Ursachen, „das, wonach gefragt wird" (Analytik II 1), und vieles andere mehr.[24] Formal handelt es sich um gängige Ausdrucksweisen der Umgangssprache („Was ist das?", „Weswegen 'tust du das'?", „'Es ist klar,' dass …", „'Ich tue das,' weil …", „Woraus 'ist denn das'?" usf.), die mit dem zitierenden Artikel versehen werden. Der Sinn eines Ausdrucks wie *to ti estin* („das: 'Was ist es?'") ist dann: Denk an das, woran du denken musst, wenn du fragst „Was ist es?" Solche Begriffe können als „Anführungen" durch den bloßen Verweis auf die faktische Rede, ohne neue eigene Behauptungen die zu analysierenden Behauptungen thematisieren. Gerade sie helfen am meisten, das philosophische Programm der Thematisierung, der technischen und terminologischen Bereitstellung der faktischen Meinungen so vorzulegen, dass sie analysierbar und reflektierbar werden. Sie sind das Hauptmittel der topischen Methode.

3. Ein Beispiel: ›Metaphysik XII‹ als Programm

Nicht erst und nicht nur Hegel hatte eine pathetische Auffassung von ›Metaphysik XII‹. Dieser hatte ein Zitat über den *nus* aus dessen 7. Kapitel unübersetzt, griechisch, an den Schluss seiner ›Enzyklopädie‹ gesetzt. Im Zuge der Übersetzung von *ousia* als Substanz (wonach bei den ersten Kirchenvätern Gott die erste Substanz wird) und in Verbindung mit dem neuplatonischen *nus* hat man diesen Text bald theologisch verstanden.

Diese Auffassung wurde aber nicht nur in der Neuscholastik aufgegriffen, sondern auch in der philologischen und philosophiegeschichtlichen

[22] K. v. Fritz, Philosophie und sprachliche Form, 1938, repr. Darmstadt 1966.

[23] Liste: Eucken, 26.

[24] W. Wieland, Die Aristotelische Physik, Göttingen 1962, § 12; weiteres bei Sonderegger 1993, § 4, Anführungen.

Forschung des 19. Jahrhunderts. Im Besonderen ist dies wohl dem Einfluss von Trendelenburg und Brentano, aber auch der historischen Forschung in der Nachfolge Hegels (Zeller) zuzuschreiben. Auch unser Jahrhundert hat diese Interpretation übernommen – die theologische Auffassung dieses Textes ist so einmütig wie sonst kaum etwas im wissenschaftlichen Diskurs. Auch wenn in Details Differenzen der Interpretation bestehen, ist man sich darin einig, dass man hier eine Variante des Gottesbeweises *ex parte motus* vor sich hat. Der Schluss geht von den sichtbaren Bewegungen in der Natur zurück bis zum ersten Grund der Bewegung, dem Ersten Beweger. Die maskuline Form wird zwar von Aristoteles nie gebraucht. Man meint, „Und das ist eben Gott“ bei Thomas am Schluss seiner fünf Gottesbeweise entspreche genau dem Satz ›Metaphysik XII‹ 7, 1072b 30. Dieser „Erste Beweger“ ist reine Wirklichkeit oder Wirksamkeit, reiner Akt, reines Denken, ein Geist, der sich selbst als das Beste denkt, erste Substanz aller anderen Substanzen, Ziel des Strebens alles sonst Seienden, selbst völlig unbewegt, immateriell. Diese Vorstellungen werden in der Folge zum einen mit dem Demiurgen in Platons ›Timaios‹ identifiziert und dann für das jüdisch-christliche Gottesbild gebraucht. Eben genau das ist mit geringen Ergänzungen (z. B. Persönlichkeit; aber sogar diese will z. B. G. Reale nicht nur bei Aristoteles, sondern sogar im ›Timaios‹ von Platon feststellen) der Schöpfer der Genesis. Aufgrund einer übermächtigen Tradition hat sich das bis heute gehalten.

Versuchen wir, nüchtern zu bleiben. Wenn wir die Sache wieder einmal von Anfang an lesen und überlegen, müssen wir folgende Feststellungen treffen.

1. Von Gott ist faktisch gar nicht so häufig die Rede, wie es sein sollte, wenn er thematisch wäre.[25] Das Wort „Gott“ kommt viermal als Beispiel für eine ganz bestimmte Art des Denkens oder Wissens vor (1072b 22–30), in der Übersetzung von J. Tricot dieser Stelle sechsmal; im Übrigen schreibt Tricot einfach öfter Intelligence, Pensée, Bien usw. groß, sodass der Eindruck entstehen kann, es sei unablässig von Gott die Rede. Unsere Meinung über Gott ist bei Aristoteles ein Muster für das, was an der Stelle unter *noēsis* zu denken ist.

2. Thema ist vielmehr sowohl nach der Ankündigung des einleitenden Satzes wie auch nach der Durchführung *ousia*, das Sein. Das Thema wird zweimal durchgeführt, zum einen unter Bezug auf das Naturseiende, zum andern spekulativ.

3. Die theologische Interpretation, wie sie gegenwärtig vertreten wird, setzt generell eine späte Datierung voraus. Sie geht davon aus, dass es sich

[25] Das hat z. B. auch H. Lang, The Structure and Subject of Metaphysics XII, in: Phronesis 38 (1993) 257–280, bemerkt.

bei den Gedankengängen von ›Metaphysik XII‹ um die späte Frucht eines reifen Denkens handle.[26] Diese Tiefe des Denkens, dieses Niveau der Reflexion, diese Durchdringung der Gottesfrage, sei erst einem späten Denken möglich, heißt es. Nun ist eine Spekulation, der nachzudenken sich lohnt, immer Zeugnis reifen Denkens. Doch das muss nicht das biologische Alter meinen. Und es scheint je länger je mehr, dass die Spätdatierung aufgegeben werden muss. ›Metaphysik XII‹ scheint ein Frühwerk zu sein.[27] Dies ist zwar kein Argument zugunsten einer untheologischen Lektüre von ›Metaphysik XII‹, doch immerhin fällt damit ein Argument der theologischen Interpretation.

4. Man hat die ›Metaphysik‹ des Theophrast ebenfalls als spätes, sogar nach dem Tod von Aristoteles geschriebenes Werk aufgefasst und es deswegen als Kritik an Aristoteles gelesen. Es zeigt sich jetzt aber, dass sie ebenfalls eine frühe Schrift ist, wohl zeitgleich mit ›Metaphysik XII‹, und sogar vermutlich in der gleichen Intention verfasst. Beide Schriften stützen sich gegenseitig. Sie reflektieren beide die akademische Diskussionslage kurz vor dem Tode Platons.

5. Der Hauptgrund für die heutigen herrschenden Annahmen zu Substanz und Theologie bei Aristoteles liegt im Gebrauch dieser Philosophie in der christlichen Theologie. In dieser Analyse sind sich so verschiedene Denker wie Heidegger und Putnam einig. Dazu kommt, dass man Theophrast bis in die Zeit der Renaissance als kritische Einleitung in die ›Metaphysik‹ des Aristoteles gelesen hat. Codex Vaticanus 1302 aus dem 13. Jh. ist die älteste bekannte Handschrift, in der die ›Metaphysik‹ des Theophrast nicht vor der ›Metaphysik‹ des Aristoteles steht.

Wenn wir nun all dies berücksichtigen, wird der Weg frei zu einer alternativen Betrachtung. Vor dem Hintergrund des ›Timaios‹ und der Akademischen Problemlage und in der Nähe von Theophrasts ›Metaphysik‹, ergibt sich der Charakter eines spekulativen Entwurfs, einer Programmschrift, funktionell vergleichbar dem ›Ältesten Systemprogramm des Deutschen Idealismus‹.

Das Werk besteht, sowohl der sprachlichen wie der inhaltlichen Seite nach, aus zwei Hälften. Die erste Hälfte ist eher skizzenhaft und im Stil der übrigen Pragmatien, die zweite hat mindestens stellenweise „höheren Schwung“ (W. Jaeger). Die erste Hälfte gilt dem mundan Seienden, dem Werden des Werdenden. Das Seiende als Gesamtheit aus Form mit Stoff (*synholon* aus *eidos* und *hylē*) und seine Gründe, natürlich auch das Bewegende neben dem hyletischen, eidetischen und finalen Grund sind seine

[26] Nicht nur Ross und Reale, auch Oehler und Frede denken – mit fast allen anderen – so.

[27] Siehe oben Anm. 5, zu Frühdatierung: Laks-Most, Devereux.

Themen. Allerdings sind sie nicht um ihrer selbst willen Thema, sondern um der Frage nach dem Ersten in jedem der Gründe willen. So ist *ousia*, Wesen in beiderlei Bedeutung (Einzelwesen und Allgemeines), letztlich aber das Sein, Thema, ausgehend von dem wahrnehmbaren Wesen, da über dieses der beste Konsens besteht. In der zweiten Hälfte ist dieses „Sein", das Grund des Werdens ist, Thema des spekulativen Entwurfs.

Die herrschenden Meinungen über das wahrnehmbare Wesen sind begrifflich zu fassen als das Insgesamt von Gestalt und *hylē*, sein Werden als Übergang von der Privation zur Bestimmtheit (von *steresis* zum *eidos*), denn, was auch immer wir vom Werden des Werdenden sagen, lässt sich einordnen in das, was etwas wird (sein Wesen, *eidos*, dahin übergehend aus der Noch-nicht-so-Bestimmtheit, *steresis*), woraus etwas wird (die *hylē* als Geeignetheit zu ...), worum willen es wird *(telos)* und wodurch sein Werden überhaupt zu etwas veranlasst wird (das Bewegende).

Das Erste im Werden des natürlich Seienden wird gesucht. Dabei ist allerdings ein Erstes, das im Gewordenen aufgeht, zu unterscheiden, von dem anderen Ersten, das sich außerhalb des Gewordenen befindet und bleibt. Das außerhalb des Werdenden, dessen Werden „Anstoßende" muss jedenfalls schon sein. Das Werden beruht also auf einem ihm gegenüber prioritären Sein. Aristoteles fragt weiter, welchen Bedingungen dieses Sein mindestens genügen muss, um das gesuchte Erste, das natürliche Werden in Bewegung Setzende, sein zu können. Es stellt sich Folgendes heraus. (I) Das Sein dieses Ersten muss Wirklichkeit sein. Kriterium der Existenz ist hier aber nicht Vorhandensein, sondern die Bestimmungen des Wesens zu haben. (II) Es darf nicht selbst bewegt sein; es muss unbewegterweise bewegen.

In ›Metaphysik XII‹ klingt ein Reichtum von Themen an, wie selten sonst in einer Schrift. Das hat dazu geführt, dass der Text für viele divergente Themen einstehen musste: für die Substanzlehre (weil man *ousia* als Substanz verstand), für die Theologie (weil Gott die erste Substanz sei), für die Kosmologie (weil kosmologische Betrachtungen wesentlich sind für das Thema des Anfangs der Naturbewegung), für die Teleologie (weil man Gott als *telos* des Geschaffenen verstand), als Text über Reflexion (wegen der *noēsis noēseōs*).

Wenn wir die hier vorgestellte Konzeption eines Aristoteles zugrunde legen, der von den *endoxa* ausgeht, diese reflektiert und deren Gründe aufzeigt, aber im weiteren keine neuen Behauptungen neben die alten setzt, dann lässt sich die spekulative Einsicht von ›Metaphysik XII‹ etwa so formulieren: Wir verstehen die Welt und können uns sinnvoll in ihr bewegen, weil der *nus* in uns sich je selbst schon als Struktur der Welt verstanden hat. Dies ist aber keine absolute und für alle Menschen gleiche Struktur, sondern das Fundament von je verschiedenen Meinungs-Welten.

Diese können sich, überlappend zwar, epochal ändern und sind einer Sprach- und Geschichtsgemeinschaft eigen.

Verstehen *(noēsis)*, Wirklichkeit *(energeia)* und Sein *(ousia)* sind „wirklich" eins in jedem konkreten Verstehensakt. Im Verstehen ist der *nus* wirklich (*energei de echon*, 10722b 22, der *nus* ist wirklich, wenn er das *noeton* und die *ousia* hat), aber auch das Seiende hat in der *noēsis* seine Wirklichkeit. Eintretend in eine Struktur einer jeweiligen Meinungswelt ist es „etwas", ein Bestimmtes.

Durch einige Hinweise möchte ich auf Aristoteles' Versuch hinweisen, in all seinen späteren Schriften das, was ›Metaphysik XII‹ noch Programm war, in den verschiedensten thematischen Gebieten und auf den verschiedensten Niveaus der Reflexion einzuholen: „Die Seele ist die erste Wirklichkeit eines natürlichen, organischen Körpers" (De Anima II 1; cf. De partibus animalium I 1); „Die Bewegung ist die Wirklichkeit des der Möglichkeit nach Seienden als eines solchen" (Physik III 1); „Vielleicht kann man nur die *physis* unter dem Vergänglichen als Sein setzen" (Metaphysik VIII 3); wenn die Eudaimonie das Ziel aller menschlichen Bemühungen ist (Nikomachische Ethik X 6) und unsere spezifisch menschliche Leistung darstellt *(aretē)*, im Besonderen der Leistung des *nus* (Nikomachische Ethik X 7), „dann ist aber die Wirklichkeit von diesem nach seiner ihm eigenen Leistung die vollendete Eudaimonie – und besteht in der Theorie" (Nikomachische Ethik X 7).

Auswahlbibliographie

Die Übernahme der Seitenzahl, Spalte und Zeile der Ausgabe von I. Bekker, Berlin 1831–70, durch alle anderen Ausgaben ermöglicht die einheitliche Zitierung.
Die vollständigste Übersetzung ist die unter Leitung von D. Ross (1908–1952) entstandene, unter J. Barnes revidierte Ausgabe ›The Complete Works of Aristotle‹, Princeton 1984; größere Teile der griechischen Ausgabe des *Corpus Aristotelicum* finden sich in der Reihe Oxford Classical Texts, griechischer Text mit französischer Übersetzung und Anmerkungen in der Édition Budé, mit englischer Übersetzung in der Loeb-Library; eine deutsche Übersetzung mit wissenschaftlicher Einleitung, sehr ausführlichen Anmerkungen und Bibliographien, Forschungsgeschichte in der unterdessen unerschwinglichen Akademie-Ausgabe.

EPIKUR

Aufklärung und Gelassenheit

Von Maximilian Forschner

Epikur ist eine der Gründerfiguren der naturphilosophischen Tradition des Atomismus. Seine philosophische Methodenlehre und seine Ethik verdienen noch heute unser systematisches Interesse. In der Geschichte der europäischen Aufklärung gebührt ihm ein Ehrenplatz.

1. Leben und Werk[1]

Epikur wurde 341 v. Chr. auf der Insel Samos geboren. Sein Vater, der einem alten Athener Geschlecht entstammte, hatte sich dort 352 v. Chr. mit seiner Frau als Militärkolonist niedergelassen. Die Quellen berichten von drei Brüdern, die später alle seiner Philosophie anhingen. Epikur pflegte zu seiner Familie ein gutes Verhältnis. Mit zwölf Jahren schon soll er sich für philosophische Fragen interessiert haben, mit vierzehn philosophischen Studien nachgegangen sein. Eine Anekdote, die wohl auf Epikurs späteres luzides und wohl geordnetes Weltbild anspielt, berichtet, er habe die Elementarschule verlassen, als der Lehrer ihm Hesiods Bericht über das Chaos nicht plausibel machen konnte. Er schloss sich zunächst auf Samos einem Platoniker an und studierte dann (möglicherweise bereits vor seiner Militärzeit) 3 Jahre auf Teos bei dem Demokriteer Nausiphanes. Dieser hatte zusammen mit dem Skeptiker Pyrrhon von Elis am Alexanderzug nach Osten teilgenommen und spielte für die geistige Entwicklung Epikurs wohl eine wichtige Rolle. Mit 18 Jahren ging Epikur zum Militärdienst nach Athen. Inwieweit er während seines zweijährigen Athenaufenthalts mit den dortigen Philosophen in Berührung kam, ist unklar. Sicher ist, dass er nach 321 v. Chr. seinen Eltern, die von Samos vertrieben wurden und nach Kolophon (nordwestlich von Ephesos) ins Exil gingen, nachfolgte. Die nächsten zehn Jahre, über die wir wenig Konkretes wissen, hielt er

[1] Vgl. dazu ausführlich M. Erler, Epikur – Die Schule Epikurs – Lukrez, in: Grundriss der Geschichte der Philosophie. Hrsg. H. Flashar. Die Philosophie der Antike 4: Die hellenistische Philosophie, 1. Halbbd., Basel 1994, §§ 5 u. 6.

sich in Kolophon, Mytilene und Lampsakos auf. Berichtet wird, dass er Schüler um sich sammelte und in Mytilene auf Lesbos und in Lampsakos am Hellespont Schulen eingerichtet habe. Vor allem Lampsakos steht für eine naturphilosophische Tradition. Epikur hat in dieser Zeit wohl seine Philosophie entwickelt; und die Beziehungen zu den Freunden und Schülern aus dieser Zeit (Menoikeus, Metrodor, Hermarchos, Timokrates u. a.) sollten sein ganzes weiteres Leben prägen. Im Jahr 307/6 v. Chr. oder 305/4 v. Chr. konnte Epikur mit einem Teil seiner Schüler und Freunde nach Athen wechseln; er kaufte ein Gartengrundstück (den Kepos) und gründete dort eine Schule als Gemeinschaft von miteinander Philosophierenden (Diogenes Laertius [= DL] X, 17). Sie bestand die Konkurrenz mit den bestehenden Philosophenschulen. Epikur achtete auf die Freundschaft und Solidarität innerhalb seiner Gemeinschaft und – in einer Zeit wechselvoller politischer Zeitläufte – auf ihre Sicherheit nach außen. Er ist in Athen im Jahr 271/70 v. Chr. im Alter von 72 Jahren nach längerer, gelassen ertragener Krankheit gestorben. Sein Abschiedsbrief an Idomeneus (DL X, 22) und sein Testament (DL X, 16–21) zeugen von menschlicher Größe.

Epikurs umfangreiches philosophisches Œuvre (vgl. DL X, 26–28) ist weitgehend verloren. Sein Hauptwerk ›Über die Natur‹ umfasste 37 Bücher und enthielt nicht nur seine Naturphilosophie, sondern auch seine Erkenntnistheorie und (möglicherweise auch) seine Ethik. Die übrigen bekannten Titel seiner Schriften lassen (mit Ausnahme eines Traktats über Musik) auf Spezialuntersuchungen aus diesen Gebieten oder auf Auszüge schließen. Diogenes Laertius überliefert im Buch X seines Werks ›Leben und Meinungen berühmter Philosophen‹ das Testament Epikurs, die sog. ›Hauptlehren‹ (*kyriai doxai* [= KD]) und drei Lehrbriefe (an Herodot, an Pythokles und an Menoikeus), von denen die Echtheit des Pythokles-Briefes allerdings umstritten ist. Diesen wenigen Primärtexten steht uns für die Rekonstruktion seiner Philosophie eine Menge antiker ‚Sekundär'-Texte zur Seite: Zitate, Exzerpte, Referate, Polemiken bei griechischen und lateinischen Autoren, von denen Cicero, Plutarch, Seneca und Sextus Empiricus (= SE) die wichtigsten sind. Einen Zwischenstatus zwischen Primär- und Sekundärtext nimmt das große, 6 Bücher umfassende Lehrgedicht ›De rerum natura‹ von Lukrez (= L) ein. Es ist wahrscheinlich nach authentischen Vorlagen verfasst und behandelt die wesentlichen Themen der epikureischen Naturphilosophie. Den *Papyri Herculanenses*, stark beschädigten Buchrollen aus einer Villa in Herculaneum, die 1752–1754 ausgegraben und seither in komplizierten Verfahren entrollt und entziffert wurden, verdanken wir kleine Reste von Epikurs Hauptwerk und von Briefen, sowie größere Fragmente aus Abhandlungen späterer Epikureer, insbesondere des Philodem von Gadara (1. Jh. v. Chr.). Letztere zeigen, dass der Epikureismus sich entwickelte und keine ganz so enge Orthodoxie und epigonale

Schultradition pflegte, wie man vielfach annahm. 1888 wurde in einer Vatikanischen Handschrift aus dem 14. Jh. eine epikureische Gnomensammlung mit 81 Lehrsätzen entdeckt (›Gnomologium Vaticanum‹ = GV), die zum Teil die wohl von Epikur selbst stammenden ›Hauptlehren‹ ergänzen. Als weitere Quelle ist eine 1884 entdeckte Inschrift anzusehen, die ein Epikureer Diogenes im 2. Jh. n. Chr. zum Wohl seiner Mitbürger und der Fremden in seiner Heimatstadt Oinoanda in Kleinasien an einer monumentalen Mauer hatte anbringen lassen und die die Grundgedanken der epikureischen Ethik und Naturphilosophie enthält.

2. *Die Lehre*

Epikurs Philosophie wird nach der Vorgabe des Diogenes Laertius üblicherweise in Kanonik, Physik und Ethik gegliedert und entspricht darin der hellenistischen Einteilung philosophischer Disziplinen in Logik, Physik und Ethik.

2.1. Die Kanonik

Epikur selbst hat eine Schrift dieses Titels verfasst. *Kanōn* meint Lot, Richtscheit oder Maßstab, der ein verlässliches Mittel *(kritērion)* darstellt, um etwas daraufhin zu prüfen, ob es gerade, richtig oder passend ist. Die Kanonik soll „die Zugangsweisen zur wissenschaftlichen Behandlung der Dinge" (DL X, 30) enthalten, modern gesprochen: die Logik der Forschung (Erkenntnistheorie und Wissenschaftstheorie).[2] Epikur scheint eine gewisse Aversion gegen die zu seiner Zeit wachsende Tendenz einer Verselbstständigung der formalen Logik und Argumentationskunst entwickelt zu haben (vgl. DL X, 31). Die drei „Kriterien der Wahrheit", die er im Kanon anbot: Wahrnehmungen *(aistheseis),* Vorbegriffe *(prolēpseis)*, Empfindungen *(pathē)* und ein viertes, das seine Schüler hinzugefügt haben sollen, die Aufmerksamkeit des Verstandes, die zu einem Eindruck führt *(phantastikai epibolai tēs dianoias)* (DL X, 31), haben jedenfalls mit der Erkenntnis der Welt und der Orientierung in ihr zu tun.

Wenn ein Kanon bzw. ein Kriterium ein Mittel sein soll, das 'schiefes' Urteilen verhindert bzw. zu 'geradem' Urteil verhilft, dann muss, wie beim Richtscheit das Geradesein, mit dem der zu beurteilende Gegenstand verglichen wird, so beim Erkenntniskriterium das Wahr- bzw. Richtigsein des Urteilsmittels selbst gesichert sein. Epikur hatte sich deshalb in seiner Kanonik zuallererst mit der Wahrheit seiner Kriterien zu beschäftigen. Dass

[2] Im Ganzen vgl. dazu v. a. E. Asmis, Epicurus' Scientific Method, Ithaca 1984.

er dies tat, ist dem erkenntnistheoretischen Vorspann zu entnehmen, den Diogenes Laertius unter Berufung auf Werke Epikurs den drei Lehrbriefen voranschickt.

Als Ausgangspunkt und Basis aller Erkenntnis gilt Epikur die *Wahrnehmung*. Prima facie mutet seine Kernthese paradox an, dass alle Wahrnehmungen wahr sind. Sie besagt vermutlich nicht lediglich, dass alle Sinneseindrücke wirkliche Ursachen in der äußeren Welt haben und uns irgendwie Zugang zu ihr verschaffen. Epikur hat zwischen Wahrnehmung und Wahrnehmungsaussage noch nicht unterschieden[3] und unter Wahrnehmungen, die in Gestalt von Wahrnehmungsaussagen alle wahr sind (vgl. L IV, 499), elementare deiktische Wahrnehmungsaussagen über spezifische Sinnesobjekte (wie „dies ist rot", „das schmeckt bitter", „dort ist es kalt") verstanden. Er dachte wohl an Unterscheidungsleistungen der Sinne, die in solch unbezweifelbare Aussagen übersetzt werden können und von irrtumsanfälligen Interpretationen des Gedächtnisses und des Verstandes unabhängig sind. Es gilt nur, streng und genau auf das zu achten, was den Sinnen „gegeben" ist (*to paron,* vgl. DL X, 31; L IV, 486–499), und sich aller Hinzufügungen des Verstandes zu enthalten. Irrtum und Verfehlung verdanken sich einzig dem zum Gegebenen Hinzugedachten (vgl. DL X, 50). Die Sinne selbst, und dies ist für Epikur die wesentliche Begründung für das Wahrsein aller Wahrnehmungen, verhalten sich in ihrer Aktualisierung rein rezeptiv (die Wahrnehmung, so heißt es, kann weder durch sich selbst noch durch anderes bewegt von sich aus etwas [zum Wahrnehmungsinhalt] hinzu- oder wegtun, DL X, 31); sie bieten somit von sich aus ein unverfälschtes Bild der Wirklichkeit.[4] Als reine Wahrnehmung ist ferner jede Wahrnehmung gleich viel wert, sodass eine Wahrnehmung weder durch eine andere gleichartige noch durch eine ungleichartige widerlegt werden kann; Wahrnehmungen als solche widersprechen sich nicht; und auch der Verstand ist zu einer Widerlegung einer Wahrnehmung nicht in der Lage, weil er seinerseits in der Begriffsbildung und in der Sicherung seiner Geltungsansprüche ganz auf Wahrnehmungen verwiesen ist (DL X, 31 f.; L IV, 478 ff.).

Epikur war wohl von den skeptischen Einwänden gegen die stoische Auszeichnung bestimmter Wahrnehmungen, der *phantasiai katalēptikai,*[5] die sich und ihre Quelle irrtumsfrei zu erkennen geben sollen, beeindruckt. Wollte er sich nicht mit den Skeptikern durch eine generelle Infragestellung der Zuverlässigkeit des Darstellungscharakters der Wahrnehmungen

[3] Vgl. G. Striker, Kritērion tēs alētheias, Göttingen 1974, 65.

[4] Vgl. dazu M. Hossenfelder, Epikur, München 1991, 112.

[5] Vgl. dazu Cicero, Lucullus 17 ff., 77 ff.; M. Frede, Stoics and Skeptics on Clear and Distinct Impressions, in: Ders., Essays in Ancient Philosophy, Oxford 1987, 151–176.

den Zugang zur Wirklichkeit verbauen (vgl. KD 23 u. 24), musste er irgendwie allen Wahrnehmungen die gleiche epistemische Autorität (DL X, 32) zuerkennen und die Möglichkeit von Irrtum und Täuschung ganz den fahrlässigen oder wunschgesteuerten Interpretationszugaben des Verstandes zurechnen. Es hat den Anschein, dass Epikur in der Konsequenz seiner Option alle so genannten Sinnestäuschungen und vorgeblichen Wahrnehmungswidersprüche auf Fehlleistungen des interpretierenden Verstandes zurückzuführen sich bemüht hat.[6]

Natürlich haben wir es beim „rein Gegebenen" in konkreter sinnlicher Erfahrung nicht nur, auch nicht primär, mit dem einfachen Bild eines spezifischen Gegenstands eines einzigen Sinnes, sondern in der Regel mit einem komplexen Bild zu tun, das aus der Affektion verschiedener Sinne resultiert und vom Verstand in einem Wahrnehmungsurteil über einen beobachtbaren Sachverhalt (wie „dies ist ein Pferd", „jener Schrank ist braun", „dort kommt meine Frau") interpretiert wird. Möglicherweise ist der irrtumsfreien Erfassung und Klassifikation eines derart komplexen Eindrucks das in seiner Formulierung schwer verständliche Kriterium der zu einem Eindruck führenden Aufmerksamkeit des Verstandes zugeordnet (vgl. DL X, 51).[7]

In Wahrnehmungsurteilen dieser Art spielen nun *Vorbegriffe* als Wahrheitskriterien eine wesentliche Rolle.[8] Vorbegriffe sind in uns abgelagerte Allgemeinvorstellungen, ein „Gedächtnis des häufig von außen Erschienenen" (DL X, 33); sie bilden sich auf der Basis des Vermögens der Bewahrung von Eindrücken im Verlauf der Erfahrungen von selbst im Geist und ermöglichen die Klassifikation von etwas als Fall eines Allgemeinen. Sie scheinen für Epikur an eine natürliche Sprache gebunden zu sein, insofern sie als das bezeichnet werden, was ursprünglich jedem Namen (Gemeinnamen) zugrunde liegt und was wir (jenseits aller Konvention) verstehen, wenn wir ein Wort verstehen (Vgl. DL X, 33; 37). Ihr Inhalt ist evident *(enarges)* und dient als Basis allen sinnvollen Fragens, Problematisierens und Beweisens; ihr Bezug zu Wirklichem ist durch ihre (unwillkürliche, rein rezeptive) Entstehung gesichert; ihrer Struktur nach sind sie ein Schema, das sich durch die Überlagerung gleichartiger Eindrücke in der Seele bildet;[9] in ihrer Funktion lassen sie sich einer Passform *(typos)* vergleichen, mit der eine Wahrnehmung daraufhin geprüft wird, ob sie sich mit ihr

[6] Vgl. G. Striker, Epikur, in: O. Höffe (Hrsg.), Klassiker der Philosophie I, München 1981, 100.

[7] Vgl. G. Striker, Epicurus on the Truth of Sense Impressions 89, in: Dies., Essays on Hellenistic Epistemology and Ethics, Cambridge 1996, 77–91, 89 Fn.

[8] Vgl. D. K. Glidden, Epicurean Prolepsis, in: Oxford Studies in Ancient Philosophy 3 (1985) 175–217.

[9] Vgl. M. Hossenfelder, Epikur (siehe Anm. 4), 117.

zusammenfügt bzw. in sie hineinpasst (vgl. KD 37); und wahr sind sie insofern, als sie einer Realdefinition des Gegenstands entsprechen. Mit *Vorbegriff* bezeichnet Epikur also das, was vorgängig zu einem bestimmten Begreifen bereits begriffen sein muss und in diesem Begreifen als erkenntnisermöglichender Maßstab fungiert. So hängt die Erkenntnis „dieses hier ist ein Mensch" an einem Vor-Wissen darum, was ein Mensch ist. „Denn zugleich mit dem Gesagtwerden des Wortes „Mensch" wird auch gemäß der Prolepsis die Form des Menschen gedacht nach der Vorgängigkeit der Wahrnehmungen" (DL X, 33). Und die echten Vorbegriffe sind jene Vorstellungen, die sich beim Nennen eines Wortes zuerst und unwillkürlich und mit Evidenz einstellen, mit denen der sprachliche Ausdruck auf natürliche Weise verbunden ist (vgl. DL X, 37).[10]

Epikur war aus Gründen, die jenseits von Erkenntnis- und Wissenschaftstheorie liegen, davon überzeugt, dass der Mensch zur Erkenntnis der Wirklichkeit befähigt ist. Seine Kanonik enthielt eine Erklärung der Entstehung von Irrtum ebenso wie eine Methodologie der Verifikation und Falsifikation von Annahmen *(doxai).*Dabei gliedert er die möglichen Gegenstände menschlicher Erkenntnis in solche, die im Bereich der Wahrnehmung liegen, und solche, die sich prinzipiell unserer Wahrnehmung entziehen, für die Erklärung der Dinge und Vorgänge der Wahrnehmungswelt jedoch angenommen werden müssen und über methodisches Denken erfasst werden können (der Bereich der *adēla,* in dem die Prinzipien- und Elementenlehre der Naturphilosophie angesiedelt ist, vgl. DL X, 38; KD 24). Annahmen über Sachverhalte, die im Bereich der Wahrnehmung liegen, werden durch die Evidenz der Wahrnehmung bestätigt *(epimartyrēsis)* oder nicht bestätigt *(ouk epimartyrēsis).* Meinungen über nichtwahrnehmbare Sachverhalte lassen sich über Widerlegung *(antimartyrēsis)* oder Nichtwiderlegung *(ouk antimartyrēsis)* als falsch oder wahr erweisen (vgl. SE M VII, 211–216; DL X, 51; 34). Im ersten Fall wird der Gedanke (z. B. „der Mann, der dort kommt, ist Sokrates") in direkter Beobachtung als zutreffend und damit wahr oder als nicht zutreffend und damit falsch erwiesen. Im zweiten Fall ist eine derartige Verifikation oder Falsifikation nicht möglich. Eine Meinung über einen nichtwahrnehmbaren Sachverhalt hat vielmehr als falsch zu gelten, wenn aus ihr eine Meinung bzw. Meinungen folgen, die zu evidenten Wahrnehmungsaussagen in Widerspruch stehen, und als wahr, wenn kein derartiger Widerspruch vorliegt, wenn sie vielmehr aus evidenten Wahrnehmungsaussagen „folgt" bzw. ihrer optimalen Erklärung dient (SE M VII, 213; DL X, 47; 48; 88; 92; 95; 98).[11] Für den

[10] Zu Epikurs Sprachphilosophie vgl. M. Hossenfelder, Epikureer. Geschichte der Sprachtheorie, in: P. Schmitter (Hrsg.), Geschichte der Sprachtheorie Bd. 2: Sprachtheorien der abendländischen Antike, Tübingen 1991, 217–237.

[11] Vgl. G. Striker, Kritērion, 74ff.

Fall, dass die Evidenz bestimmter Phänomene (etwa astronomischer bzw. meteorologischer Art, DL X,79–80) mit verschiedenen Erklärungen auf der Ebene der *adēla* vereinbar ist und keine bestimmte „fordert", müssen alle (im Rahmen der gesicherten Prinzipienlehre) möglichen Ursachen in Betracht gezogen werden und als möglich anerkannt bleiben (vgl. DL X, 79; 80; 87; 98; 99; 104; L V, 526–533; VI, 703–711).[12] Es wäre ebenso unwissenschaftlich wie – im Blick auf die Seelenruhe – unbekömmlich, sich unter solchen epistemischen Umständen mit *einer* möglichen Erklärung zu begnügen oder sich für *eine* zu entscheiden.

Als drittes Wahrheitskriterium nennt Epikur die *Empfindung (pathos)*. Von Wahrheit ist hier insofern die Rede, als es bei diesem Kriterium um die korrekte Beurteilung von etwas als gut oder schlecht, als meidens- oder erstrebenswert geht. Wiederum ist es die Natur selbst, die uns dieses Kriterium mit auf den Lebensweg gibt, die uns vor aller Überlegung und Wahl die Lust lieben und suchen und den Schmerz hassen und fliehen lässt.[13] Von der Lust, so Epikur, geht all unser Ergreifen und Fliehen aus, und auf sie kommen wir zurück, indem die Empfindung uns zum Maßstab der Beurteilung jeden Guts dient. Die Lust ist das erste, ursprüngliche und angeborene Gut (DL X, 129) und der Schmerz das entsprechende Übel. Die fundamentale wertende Unterscheidungs- und Orientierungsleistung im Leben ist demnach Sache eines natürlichen, unwillkürlichen, prärationalen Empfindens; die Funktion der menschlichen Vernunft hat ihm gegenüber als nachträglich und dienend zu gelten, denn sie besitzt für sich nichts Zielhaftes; sie hat lediglich zu prüfen, zu berechnen, abzuwägen, zu erinnern, worin die höchste Lust zu finden ist (vgl. Cicero, De fin. 1, 30; 41).

2.2. Die Physik

„Wenn uns nicht die argwöhnischen Vermutungen bezüglich der Himmelserscheinungen bedrücken würden und bezüglich des Todes, ob er vielleicht doch etwas [Schlimmes] für uns sei, ferner dies, daß wir nicht die Grenzen der Schmerzen und der Begierden sehen, dann bedürften wir nicht der (wissenschaftlichen) Lehre von der Natur" (KD 11).

„Es wäre nicht möglich, das, was man hinsichtlich der wichtigsten Dinge befürchtet, aufzulösen, wenn man nicht weiß, wie die Natur des Ganzen beschaffen ist, sondern etwas nach Art der Dinge, die die Mythen berich-

[12] Vgl. G. Striker, Kritērion, 77 ff.

[13] Vgl. dazu J. Brunschwig, The Cradle Argument in Epicureanism and Stoicism, in: M. Schofield and G. Striker (Hrsg.), The Norms of Nature. Studies in Hellenistic Ethics, Cambridge/Paris 1986, 113–144.

ten, argwöhnisch vermutet. Daher wäre es nicht möglich, ohne (wissenschaftliche) Lehre von der Natur die Lüste (des Lebens) unvermischt in Empfang zu nehmen“ (KD 12).

Epikur vertritt, wie diese beiden ‘Hauptlehren’ andeuten, ein am Modell der Medizin orientiertes therapeutisches Verständnis von Philosophie.[14] Die wissenschaftliche Beschäftigung mit der Natur hat eine aufklärende und über die Aufklärung den Menschen von irrationalen Sorgen und Belastungen befreiende Funktion. Es wäre verfehlt, Epikur angesichts dieses Konzepts die Ernsthaftigkeit seines wissenschaftlichen Interesses abzusprechen und seine Naturphilosophie unter Ideologieverdacht zu stellen oder in die Nähe einer religiösen Heilslehre zu rücken. Die Naturphilosophie spielt bei ihm nicht die Nebenrolle eines Vorspanns zur Ethik; immerhin umfasste sein Hauptwerk 37 Bücher. Und nach allem, was wir wissen, hat sich Epikur darin der naturphilosophischen Diskussion der Zeit gestellt und sein Weltbild allein mit rationaler Argumentation zu entwickeln und zu begründen versucht. Er erwartete die Heilung der Seele von der wissenschaftlichen, wahrheitsverpflichteten Vernunft; und er sagt von sich selbst, dass er in einem Leben, das sich kontinuierlich der Naturforschung widme, am meisten zu seelischer Gelassenheit finde (DL X, 37). Richtig ist freilich, dass ihm die philosophische Prinzipienforschung und wissenschaftliche Betrachtung der Natur keine Tätigkeit war, die in einem zielhaften Sinn zuhöchst wertvoll wäre, weil der Mensch in ihr dem Göttlichen am nächsten komme und sich ihm angleiche. Seine Theoria ist primär mit Atomen und ihren Konstellationen beschäftigt, mit Inhalten, die den Geist zwar beruhigen, aber nicht zu erfüllen vermögen. Sie ist aufklärend und bereitet das Vergnügen befreiender und beruhigender Klarheit (vgl. KD 18). Andererseits steht Epikur mit dem Gedanken, dass die Betrachtung der Götter höchste Lust bereite (vgl. Cicero, De nat. deor. [= ND] I, 49) und aus ihr das Bestreben der Nachahmung resultiere,[15] aristotelischen Gedanken über Theoria nicht völlig fern.

Im Herodot-Brief bietet Epikur zu Zwecken leichterer Erfassung, Memorierung und Anwendung einen auf das Wesentliche reduzierten Abriss seiner gesamten Naturlehre. Dabei kommt es ihm vor allem darauf an, Gesichtspunkte der Beschreibung und Erklärung zu bieten, die es erlauben, das konkret Erfahrene auf einfache Elemente und Bezeichnungen zurückzuführen (vgl. DL X, 36). Kennzeichnend ist das Bemühen, jede These mit überzeugenden Argumenten zu stützen. Am Beginn formuliert

[14] Vgl. dazu M. C. Nussbaum, Therapeutic Arguments: Epicurus and Aristotle, in: M. Schofield/G. Striker (Hrsg.), The Norms of Nature (siehe Anm. 13), 31–74.

[15] Vgl. M. Erler, Epikur (siehe Anm. 1), 168; W. Schmid, Götter und Menschen in der Theologie Epikurs, in: Rheinisches Museum 94 (1951) 97–156.

und begründet er die fundamentalen Sätze seines Bildes der Wirklichkeit: (1) dass nichts aus nichts entsteht und (2) nichts in nichts vergeht, (3) dass das Ganze immer so war und sein wird, wie es jetzt ist, und (4) dass das All aus Körpern und dem Leeren besteht.

Epikur versteht diese Sätze nicht als selbstevident; er begründet sie durch den Verweis auf Wahrnehmung und die Inanspruchnahme rationaler Erwägung *(logismos)* (DL X, 39).

Die Wahrheit des 1. Satzes belegt die positiv formulierte alltägliche Beobachtung, dass alles, was entsteht, aus etwas, und zwar aus bestimmten Materialien unter bestimmten Bedingungen entsteht. Die Leugnung des Satzes, dass nichts aus nichts entsteht, führte, so Epikur, zu der Behauptung, „daß alles aus allem entstehen könnte, da es ja keines Samens bedürfte“ (DL X, 38/9); und diese Behauptung widerspräche eklatant den Phänomenen. Epikurs „Argument“ trägt nur, wenn man ihm zugesteht, dass mit dem Gedanken, dass einiges aus nichts entsteht, dem (absurden) Gedanken, dass alles aus allem (Beliebigen) oder aus nichts entstehen kann, das Tor geöffnet ist.

Den 2. Satz, dass nichts in nichts vergeht, scheint Epikur auf ähnliche Weise begründet zu sehen: „Und wenn das Verschwindende ins Nichtseiende verginge, dann wären wohl alle Dinge vernichtet, da nicht Seiendes wäre, in das sie sich aufgelöst hätten“ (DL X, 39). Auch hier also das (zu ergänzende) Argument: Wenn einiges in nichts vergeht, dann muss man den Gedanken akzeptieren, dass alles in nichts vergehen kann. Und wenn alles in nichts vergehen kann, dann wäre es in einer endlos langen vergangenen Zeit auch in nichts vergangen, weil, was real möglich ist, sich in einer endlos langen Zeit auch realisiert. Dem aber widerspricht, dass wir Wirkliches erfahren.

Der 3. Satz scheint rein analytisch aus dem Begriff des Ganzen bzw. des Alls *(to pan)* als der Gesamtheit aller Gegenstände und dem Begiff der Veränderung *(metabolē)* entwickelt zu sein.[16] Der Begriff der Veränderung impliziert, dass etwas (x) durch etwas (y) in etwas (z) verwandelt wird. Nun schließt der Begriff des Alls aus, dass das All durch etwas in etwas verwandelt werden könnte, weil es in Bezug auf das All kein (y) und (z) gibt.

Befassen sich die ersten drei Sätze mit dem Entstehen und Vergehen und der Veränderung von Seiendem im Rahmen des Ganzen und mit der Zurückweisung des Gedankens, dass das All selbst entsteht oder vergeht oder sich ändert, so benennt der 4. Satz das, woraus das All besteht: Körper und Leeres. Dass es Körper *(sōmata)* gibt, bezeugt vor allem die Wahrnehmung (DL X, 39). Das Leere *(to kenon)* ist unberührbare Natur *(anaphēs*

[16] Vgl J. Brunschwig, L’argument d’Epicure sur l’immutabilité du tout, in: Permanence de la philosophie. Mélanges offerts à Joseph Moreau, Neuchâtel 1977, 127–150.

physis), nicht wahrnehmbar, aber notwendige Voraussetzung alles Wahrnehmbaren, indem es den Körpern den Ort ihres Seins einräumt und den Raum ihrer Bewegung gewährt (DL X, 40; SE M X, 2; L I, 334–401). Körper sind ausgedehnt, näherhin dreidimensional, existieren selbstständig, aber bedürfen zu ihrem Sein des Raumes, während die Existenz des Raumes (nach Art eines leeren Behälters) sich denken lässt, auch ohne dass Körper ihn füllen oder durchmessen.[17] Was wirklich ist, muss fähig sein, etwas zu tun oder zu erleiden, wie die Körper, oder dem Geschehen von Tun und Erleiden Raum zu gewähren, wie das Leere. Darüber hinaus ist nichts selbstständig Existierendes *(holē physis)* denkbar. Was es sonst noch gibt, sind (permanente) Eigenschaften von Dingen *(symbebēkota)* und akzidentelle Attribute *(symptōmata)* die ihnen äußerlich bzw. unwesentlich zukommen (können) (vgl. DL X, 40).

Körper, die wir wahrnehmen, sind teilbar und zerfallen (im Lauf der Zeit). Dies zeigt, dass es sich bei ihnen um mehr oder weniger solide und kohärente Verbindungen *(synkraseis)* handelt und dass ihr Gefüge Leerräume enthält. Das, woraus sie sich zusammensetzen, muss aus letzten Partikeln bestehen, die undurchdringlich, unteilbar und unwandelbar sind, „wenn anders nicht alles ins Nichtseiende verfallen, sondern kräftigen Bestand haben soll in den Auflösungen der Zusammensetzungen“ (DL X, 41). Epikur verbindet offensichtlich mit dem Gedanken einer unendlichen Teilbarkeit eines Körpers den Gedanken seiner möglichen Auflösung in nichts, der nach dem oben Gesagten auszuschließen ist. Deshalb sind als Elementarbausteine der Körperwelt nichtwahrnehmbare unteilbare Körper anzunehmen.

Diese Atome sind physisch unteilbar; sie haben gleichwohl theoretisch fassbare Teile, da sie als Körper notwendigerweise über Gestalt, Masse und Größe verfügen (vgl. DL X, 54). Ihre Größe hat vor der Sichtbarkeit ihre Grenze. Der Gestalt nach sind entsprechend der immensen Verschiedenheit der Arten von Phänomenen für uns unfassbar viele, an sich aber eine endliche Zahl von Atomvarianten anzunehmen (DL X, 42). Sekundäre Eigenschaften wie Farbe, Geruch etc. treten nur an wahrnehmbaren Körpern auf und verdanken sich der Art und dem Zustand ihres atomaren Gefüges (vgl. DL X, 54).

Die Atome sind aufgrund ihrer Masse in unablässiger und trotz ihres unterschiedlichen Gewichts (in Epikurs Theoriekontext sonderbarerweise) in gleich schneller Bewegung (vgl. DL X, 61, 62). Die Bewegungsrichtung und die Art der Bewegung (bis hin zu stationärer Vibration, vgl. DL X, 43, L II, 80 ff.) hängt davon ab, ob das Atom sich (neben anderen Atomen) im

[17] Vgl K. Algra, Concepts of Space in Classical and Hellenistic Greek Philosophy, Utrecht 1988, 40 ff.

freien Fall im Leeren befindet, auf ein anderes Atom auf- und von ihm wieder abprallt oder durch Zusammenprall mit anderen Atomen sich zu einem Geflecht verbindet (vgl. L II, 184ff.). Die „natürliche" Bewegung der Atome wird von Epikur als gleichförmiger senkrechter Fall „nach unten" (DL X, 61) gedacht, wobei, was im unendlichen Raum „unten" und „oben" ist, durch diese Bewegung des freien Falls selbst bestimmt ist.

Um die Entstehung von Welten zu erklären, sieht Epikur sich gezwungen, eine einmalige oder gelegentliche minimale Spontanabweichung *(parenklisis, clinamen* bzw. *declinatio)* eines Atoms oder mehrerer Atome von der senkrechten Bahn zu postulieren (vgl. L II, 216–250)[18]: Nur so kann es zum Zusammenprall und zur Verflechtung von Atomen und damit zur Entstehung einer Welt kommen.

Für Epikur ist der Ablauf der Naturereignisse von der (mechanischen) Gesetzlichkeit atomarer Bewegung geprägt, die durch Eigengewicht, Auf- und Abprall und Verflechtung der die Dinge konstituierenden Atome determiniert wird. Gleichwohl hält er den Gedanken eines universalen Determinismus für unvereinbar mit den Evidenzen des menschlichen Selbstverständnisses, das von der Möglichkeit des Lustkalküls und des freiwilligen und verantwortlichen Handelns überzeugt ist.[19] Es sei noch humaner, so Epikur, sich dem Mythos von ansprechbaren Göttern anzuvertrauen als der unerbittlichen Notwendigkeit *(heimarmenē)* der Physiker (vgl. DL X, 134). Epikur benützte die Lehre von der Spontanabweichung von Atomen sowohl, um die Möglichkeit einer Weltentstehung, als auch, um die Möglichkeit von Willensfreiheit zu erklären (vgl. L II, 243–293; Cicero, De fato 10, 23). Wie das Phänomen menschlicher Willensfreiheit mit dem Gedanken spontaner atomarer Bewegung zusammenhängt, bleibt freilich in den vorhandenen Texten ungeklärt.

Das All ist der Ausdehnung nach unendlich.[20] Denn es wäre nicht das All, wenn es eine Grenze zu einem Anderen besäße. Aber es ist auch der Menge der in ihm befindlichen Körper nach unendlich, da bei einer endlichen Zahl die Körper sich im Unendlichen verlieren und keine Zusammensetzungen bilden würden (vgl. DL X, 42). So steht denn auch dem Gedanken nichts im Wege, dass das All unbegrenzt viele Welten enthält, die der unseren ähnlich oder unähnlich sein mögen (vgl. DL X, 45). Umgekehrt kann die theoretische Teilbarkeit der Atome, ja aller begrenzten

[18] Zur Lehre von der Atomabweichung vgl. W. G. Englert, Epicurus on the Swerve and Voluntary Action, Atlanta 1987.

[19] Vgl. D. Sedley, Epicurus' Refutation of Determinism, in: Syzetesis. Studi sull'epicureismo greco e latino offerti a Marcello Gigante, 2 Bde. Neapel 1983, Bd. I, 11–51.

[20] Vgl D. Furley, Cosmic Problems. Essays on Greek and Roman Philosophy of Nature, Cambridge 1989, 1–13.

Größen nicht ins Unendliche, sondern nur bis zu kleinsten Einheiten gehen (vgl. DL X, 58 f.; L I, 746–752). Wären begrenzte Größen, so Epikurs Argument, unendlich teilbar, dann bestünden sie aus unendlich vielen Teilen, deren Größe jedenfalls jeweils größer null wäre und die zusammengenommen unbegrenzte Größen ergäben (vgl. DL VII, 56 ff.; L I, 615 ff.). Mit dieser viel diskutierten Annahme der Existenz von Minima setzte er sich in Gegensatz zur Geometrie seiner Zeit, die mit dem Begriff kontinuierlicher Größen, und zur theoretischen Physik seiner Zeit, die mit dem Begriff einer kontinuierlichen Bewegung arbeitete; denn Kontinua enthalten nach dieser Auffassung keine unteilbaren Teile.[21]

Epikurs Kosmologie ist antiteleologisch;[22] er kennt keine Natur, die nach Zwecken arbeitet. Was es im unendlichen Leeren an zusammengesetzten Gebilden gibt und wie sich diese Gebilde verhalten, scheint sich allein dem Zufall, den mechanischen Gesetzen atomarer Bewegung und zum Teil dem Wirken menschlicher Freiheit zu verdanken.

Zwar ist seine Einstellung zur Welt durchaus von Vertrauen geprägt: Unser Kosmos, die nichtmenschliche Natur und die Verfassung des Menschen bieten im Grunde alles, was wir brauchen, um glücklich zu sein. „Alles Naturgemäße ist leicht zu beschaffen, das Überflüssige dagegen schwer" (DL X, 130). Auf die Frage, ob die Götter nichts tun, nichts bewirken und auf jede Leitung und Verwaltung des Weltgeschehens verzichten oder ob sie im Gegenteil alles von Beginn an geschaffen und eingerichtet haben und bis in alle Ewigkeit lenken und in Bewegung halten (Cicero, ND I, 2), ist Epikurs Antwort eindeutig (vgl. DL X, 76 f.): Er kennt keine göttliche Weltschöpfung oder Weltverwaltung.

Gleichwohl geben die vorhandenen Texte eindeutige Auskunft von Epikurs Überzeugung, „daß es Götter gibt" (DL X, 123; Cicero, ND I, 43), dass er sie für ewige bzw. unvergängliche und glückselige Lebewesen hält, sie mit Tugend und Weisheit ausgestattet sieht und ihnen alle Schwächen und Affekte, insbesondere Gunst und Zorn, ja überhaupt jede interessierte bzw. mühevolle Beschäftigung mit himmlischen und irdischen Angelegenheiten abspricht, weil solches mit ihrer Autarkie und Seligkeit unvereinbar wäre (vgl. DL X 76 f., 81, 123, 139; Cicero ND I, 44–56; L VI, 68 ff.). Was die Art ihrer körperlichen Verfassung und Gestalt, ihren Aufenthaltsort, ihr Tun und Befinden betrifft, so hat Epikur nach Auskunft seines Vertreters Velleius in Ciceros ND „diese Dinge mit zuviel Scharfsinn herausgefunden und zuviel Genauigkeit formuliert, als daß sie jeder beliebige verstehen könnte" (I, 49). Die Rede ist bei Cicero vom Aufenthalt in (raum-zeitlicher

[21] Vgl. M. Hossenfelder, Epikur (siehe Anm. 4), 127 ff.; G. Striker, Epikur (siehe Anm. 6), 107 f.; D. J. Furley, Two Studies in Greek Atomists, Princeton 1967, Study I: Indivisible Magnitudes 7–158.

[22] Vgl. M. Erler, Epikur (siehe Anm. 1), 144 f.

Verortung enthobenen) Zwischenwelten (I, 18), von menschlicher bzw. menschenähnlicher Gestalt (I, 47 f.), von einer Art von Körper und einer Art von Blut (I, 49), vom Freisein von mühevollen Geschäften und Aufgaben, von der Freude an der eigenen Weisheit und Tugend und von ihren ewigen Vergnügungen (I, 51). Epistemologisch wird die Gotteserkenntnis in den vorhandenen Texten als allgemeine Einsicht charakterisiert (DL X, 123), deren Gegenstand Evidenzcharakter hat (ebd.), die von Natur bei allen Menschen in einer ursprünglichen Vorstellung vom menschlichen Aussehen der Götter sich ausprägt (Cicero, ND I, 46; vgl. L I, 422) und hinsichtlich ihres Wesens durch den Verstand, nicht durch die Sinne vollzogen wird (DL X, 139; Cicero, ND I, 49), der sich in seinem Erfassen der Ähnlichkeit der (Götter-)Bilder und der Analogie bedient (ebd.). Die Differenz und der teilweise beängstigende Charakter der Gottesvorstellungen der Menge resultiert daraus, dass der auf ursprünglichen Eindrücken beruhende Vorbegriff nicht bewahrt, sondern (in projizierender Weise) mit irrigen Annahmen belastet wird (DL X, 123 f.).

Epikurs Deismus begleitete wohl sehr früh der Vorwurf, er habe, um bei den Athenern keinen Anstoß zu erregen, die Götter nur dem Wortlaut nach beibehalten, in Wahrheit aber „abgeschafft" (vgl. Cicero, ND I, 85 f.). Der Vorwurf kommt eindeutig von theistischer Seite (Cicero, ND I, 123, nennt den Stoiker Poseidonios), die mit der Existenz kosmologisch funktionsloser Götter nichts anzufangen weiß.[23]

Klar ist, dass Epikurs Theologie, die durchaus auf der Verehrung der Götter besteht,[24] dazu bestimmt ist, den Menschen die Furcht vor den Göttern zu nehmen.

Wie Epikurs Theologie hat auch seine Psychologie primär die Funktion, die Furcht vor dem Tod und dem Jenseits zu beseitigen. Epikur glaubt, dies mit dem Nachweis leisten zu können, dass die menschliche Seele mit dem Tod sich auflöst: „Der Tod ist für uns nichts. Denn was aufgelöst ist, ist wahrnehmungs- und empfindungslos. Was aber nicht wahrnimmt und emp-

[23] Die gegenwärtig vertretene subjektivistische Interpretation von Epikurs Götterlehre (vgl. A. A. Long/D. Sedley, The Hellenistic Philosophers 1, Cambridge 1987, 144 ff.; M. Erler, Epikur [siehe Anm. 1], 151) stützt sich auf eine dunkle Stelle (Cicero ND I, 49), die, isoliert betrachtet, im Sinn einer reinen Projektionstheorie verstanden werden kann, aber nicht muss. In Verbindung mit DL X, 139 ergibt sich zudem der bessere Sinn, dass der kontinuierliche Fluss der einander ähnlichen Bilder, von denen die Rede ist, auf dasselbe (von menschlichen Einstellungen Unabhängige) referiert. Das passt zu den oben zitierten eindeutig objektivistischen Aussagen und zu Epikurs generell „dogmatischer" Erkenntnistheorie. Vgl. D. Obbink, The Atheism of Epicurean Theology, in: Greek, Roman and Byzantine Studies 30 (1989) 127–223; J. Mansfeld, Aspects of Epicurean Theology, in: Mnemosyne 46 (1993) 172–210.

[24] Vgl. dazu M. Erler, Epikur (siehe Anm. 1), 167 ff.

findet, ist für uns nichts" (DL X, 139; vgl. X, 124). Epikurs Ontologie kennt nur Körper und das Leere. Nur Körper wirken und erleiden etwas. Die menschliche Seele als Prinzip, das kausal für den Unterschied eines lebenden von einem toten Körper verantwortlich zeichnet, steht für Funktionen des Tuns und Erleidens. Epikur kann die Seele deshalb nur als etwas Körperliches denken (DL X, 66). Es handelt sich in seinen Augen um ein äußerst feinteiliges Gebilde, das über das gesamte solide materielle Gefüge des Körpers verteilt und am besten einer Mischung aus Atem bzw. Windhauch und Wärme bzw. Hitze vergleichbar ist (DL X, 63), aber auch „namenlose" atomare Teile hat, die noch feiner sind als die von Wind und Feuer. Die Seele entsteht mit dem Leib (DL X, 64), hat nur in ihm Bestand (L III, 417–846) und kann nur in seinem Schutz und in Verbindung und Wechselwirkung mit ihm die Funktionen des Wahrnehmens und Empfindens, Fühlens, Strebens und Denkens vollziehen. Bei Lukrez (III, 136 ff.) findet sich die (für die epikureische Ethik wichtige) Unterscheidung von *anima,* dem Prinzip der Lebens- und Wahrnehmungsfunktionen, die über den gesamten Körper verstreut ist, und *animus* bzw. *mens*, der Geistseele, die, weil hier die Ängste und Freuden erlebt werden, in der Mitte der Brust ihren Sitz hat. Während die *anima* dem Geheiß des Geistes gehorcht, ist dieser in der Lage, für sich selbst vernünftig zu sein, sich zu freuen und (in gewissem Ausmaß jedenfalls) auch für sich allein zu leiden. Auf der Ebene der *anima* gibt es nichts, was nur den Leib oder nur die Seele bewegt; hier herrscht strenge Wechselwirkung *(sympatheia)*; auf der Ebene des *animus* sehen wir, dass nur bei heftigen Bewegungen des Geistes die *anima* und der Leib mitempfinden und erschüttert werden. Offensichtlich möchte die epikureische Psychologie den seelischen Funktionen, für die die Geistseele steht, eine gewisse Selbstständigkeit und die Möglichkeit der Dominanz gesichert wissen.

Wahrnehmen bzw. Empfinden und Denken sind die wesentlichen Funktionen der Seele. Alle seelischen Funktionen sind auf Konstellationen und Bewegungen von bestimmten Atomen „rückführbar"; d. h., bestimmte Atome in bestimmter Anordnung und Bewegung sind physiologische Träger von Bewusstseinsphänomenen. Wie Epikur sich das Verhältnis physiologischer Zustände und Vorgänge zu seelischen Zuständen, Einstellungen, Erlebnissen und Tätigkeiten genauer gedacht hat, bleibt im Blick auf die vorhandenen Quellen weitgehend dunkel; und dies kann auch bei dem heutigen Stand des diesbezüglichen Wissens nicht verwundern. Interessant ist, dass offensichtlich nicht die dem Atem und der Wärme ähnlichen, sondern die „namenlosen" atomaren Elemente der Seele den Funktionen der Wahrnehmung, des Gefühls und der Verstandestätigkeit zugeordnet werden (vgl. frg. 314 und 315 Us.).

Der Herodot-Brief (DL X, 48 ff.) und Lukrez (IV, 722 ff.; 749 ff.) bieten präzisere Hinweise auf Epikurs Erklärung, wie (äußere) Wahrnehmung, speziell das Sehen von etwas, zustande kommt. Die Erklärung zeugt von einer eigenartigen, für Epikur aber nicht untypischen Verbindung von subtiler Rationalität und phantasievoller Naivität. Im Zentrum steht die Vorstellung von (filmartigen) gestalt- und farbgleichen Bildchen *(eidōla)*, die sich „in Gedankenschnelle" und in kontinuierlichem Fluß von der Oberfläche des Gegenstandes ablösen, durch die Luft auf die Sinnesorgane treffen, über sie (in passender Größe) in die Seele gelangen, und sich in ihr als bildhafter Eindruck *(phantasia)* eines soliden Dinges bekunden, der zum Gegenstand des Denkens wird. Das Modell war so ausformuliert, dass es auch eine Erklärung für nichtsinnliche (über die Poren erfolgende) Wahrnehmung, für Träume und Phantasmagorien enthielt.

2.3. Die Ethik

Epikurs Ethik ist, wie alle antiken Ethiken, eudämonistisch,[25] d. h., sie setzt das Ziel des Lebens in das „gut leben" *(eu zēn)* bzw. in das „selig sein" *(makariōs zēn)*. Anstoß erregte sie, weil Epikur das „gut leben" ausschließlich über den Begriff der „Lust" *(hēdonē)* interpretiert (vgl. DL X, 128) und im Begriff der Lust keine qualitative Differenzierung zuzulassen scheint. Provokative, zumindest stark interpretationsbedürftige Sätze der Art, dass „Ursprung und Wurzel alles Guten die Lust des Magens sei" (frg. 409 Us.), die in einen polemischen Diskussionskontext gehören, leisteten Missverständnissen Vorschub. Epikur konnte vielen, die das Feindbild einer Lustethik von der Kenntnisnahme der Texte abhielt, als Vertreter eines vulgären Hedonismus gelten. Dabei stellt schon eine flüchtige Lektüre unmissverständlich klar, dass eine solche Charakterisierung seiner Ethik unzutreffend ist. „Wenn wir also sagen, die Lust sei das Ziel, dann reden wir nicht von den Vergnügungen der Schlemmer und von den Lüsten, die im Genuß liegen, wie einige Unwissende oder Gegner oder Böswillige meinen, sondern davon, daß man dem Leibe nach ohne Schmerzen und der Seele nach frei von Erschütterungen ist. Denn nicht Trinkgelage und lärmende Umzüge, nicht der Genuß von Knaben und Frauen, auch nicht der von Fischen und den übrigen Dingen, die eine prächtige Tafel bietet, erzeugen das angenehme Leben, sondern nüchterne Erwägung, die die (richtigen) Gründe alles Verfolgens und Meidens aufspürt und die (falschen) Meinungen vertreibt, aufgrund derer die meiste Unruhe die Seelen erfaßt" (DL X, 131 f.).

Wie im Zusammenhang der Kanonik gezeigt wurde, ist für Epikur die

[25] Vgl. G. Striker, Epicurean Hedonism, in: Dies., Essays on Hellenistic Epistemology and Ethics (siehe Anm. 7), 196–208.

Zielvorgabe eine Sache der Natur, nicht der menschlichen Freiheit: Die Lust ist das erste und letzte, das angeborene und in bestimmtem Sinn auch unausweichliche Ziel allen Lebens (vgl. DL X, 129; 137). Deshalb bedarf es für dieses Ziel nicht der Argumentation, sondern (in zivilisatorisch unguten Verhältnissen) der mahnenden (und therapeutischen) Erinnerung (vgl. Cicero, De fin. I, 30; 41). Die grundlegende Aufgabe der Ethik besteht so gesehen in der Klärung des Begriffs der Lust und in der Sichtung der Mittel und Wege, wie das recht verstandene Ziel zu erreichen ist.

Philosophie ist eine Tätigkeit, die über falsch „Hinzugedachtes" aufklärt und damit von ihm und seinen negativen Lebensfolgen befreit. Dieser diagnostisch-therapeutischen Kunst und Funktion ist die positive Kunst, richtig zu leben, vorgeordnet. Epikur verabschiedet keineswegs die (traditionellen) Tugenden, sondern schätzt sie als konstitutive Dispositionen des Könnens einer im Ganzen angenehmen und erfreulichen Lebensführung. „Für dieses alles Ursprung und das größte Gut ist (praxisbezogene) Vernünftigkeit *(phronēsis)*. Deshalb ist *phronēsis* auch wertvoller als Philosophie. Ihr verdanken alle übrigen Tugenden ihr Entstehen. Lehrt sie doch, dass es nicht möglich ist, angenehm zu leben, ohne vernünftig und schön und gerecht zu leben … Denn die Tugenden sind mit dem Angenehm-Leben verwachsen und das Angenehm-Leben ist von ihnen untrennbar" (DL X, 132). Was notwendiges und einzig notwendiges Mittel zu einem Ziel ist, wird von Menschen häufig und unmerklich in die Schätzung des Ziels mit hineingenommen. Gleichwohl gilt es zu sehen, dass Tugenden nicht eigentlich in einem zielhaften Sinn wertvoll sind: „Der Lust wegen werden auch die Tugenden ergriffen, nicht ihrer selbst wegen, wie die Heilkunst der Gesundheit wegen" (DL X, 138).

Epikurs Zielbestimmung ist gegenüber Platon und Aristoteles stark verinnerlicht und gegenüber diesen und der Stoa in einer bemerkenswerten (für manche beängstigenden und inakzeptablen) Weise entintellektualisiert. Er setzt das Ziel des Lebens ganz offensichtlich nicht in weltlichen Erfolg, auch nicht in die (Aktualisierung von) Tugenden, sondern *in ein Erleben des Lebens* und sieht das Erleben des Lebens auch beim Menschen letztlich in Wahrnehmung und Empfindung zentriert, „da alles Gute und Schlechte seine Basis in der Wahrnehmung hat" (DL X, 124).

Epikur hat (vielleicht nach Vorgaben von Aristoteles) zwischen Bewegungslust und Zustandslust unterschieden *(hēdonē en kinēsei/hēdonē katastematikē, voluptas in motu – voluptas stabilis,* vgl. DL X, 136–137, Cicero, De fin. II, 9). Mit „Bewegungslust" sind offensichtlich die bekannten episodischen Phänomene angenehmen Empfindens und Fühlens gemeint, die den Prozeß der Linderung eines Schmerzes, der Befreiung aus einer Notlage, der Befriedigung eines Bedürfnisses begleiten. Gedacht ist aber wohl auch an Vergnügungen des „Übergangs", die mit Vielfalt, Abwechslung und Neuheit von Erlebnisinhalten verbunden sind, ohne dass die Bewegung vom einen zum andern als Behebung einer Schmerz- oder Mangelsituation beschreibbar wäre (vgl. KD 18). Von „Zustandslust“ spricht Epikur im Blick auf ein angenehmes bzw. erfreuliches Erleben des Lebens, wenn dieses frei von leiblicher Not und Mühsal *(aponia)* und frei von seelischem Schmerz, seelischer Unruhe und Erschütterung *(ataraxia)* ist (DL X, 136). Dass das Freisein von leiblichem Schmerz und seelischer Not nicht ein neutraler Zustand, sondern als Lust, ja als höchste Lust zu verstehen ist, der gegenüber kinetisches Vergnügen keine Steigerung in der Substanz, sondern bestenfalls eine kostenfreie akzidentelle Variation (gewissermaßen) an der Oberfläche bedeutet, war ein neuer Gedanke.[26] Er ermöglichte erst die für Epikur kennzeichnende Verbindung eines vergleichsweise asketischen Eudaimonie-Ideals mit den überkommenen Motiven des Hedonismus. Jenseits aller distanzierenden Verarbeitung der philosophischen Tradition liegt die Bedeutung des Gedankens bzw. der Entdeckung jedoch schlicht darin, dass das wache Leben selbst, wenn es von Schmerzen, Ängsten und der Last unerfüllbaren Strebens frei ist, als zuhöchst lustvoll erfahrenes angesehen wird (vgl. Cicero, De fin. I, 37 f.).

Epikur unterscheidet zwischen der „Lust im Fleische“ *(hēdonē en sarki)* bzw. „leiblicher Lust“ *(hēdonē somatikē)* und der „Lust des Verstandes“ *(hēdonē tēs dianoias)* bzw. „seelischer Lust“ *(hēdonē tēs psychēs)* und entsprechenden Schmerzen (vgl. DL X, 136; 137; 144). Die Differenzierung in kinetische und katastematische Lust dürfte sich auf beide Bereiche beziehen. Dabei meint „katastematische Lust“ die Lust, die den guten Zustand des Leibes und der Seele, die gesunde Verfassung der vitalen und mentalen Funktionen begleitet (vgl. frg. 67 Us.).[27] Epikur gewichtet die Lust und den Schmerz der Seele (gelegentlich) stärker als die des Leibes, weil der Geist sich auf Vergangenes, Gegenwärtiges und Künftiges bezieht, während der Leib nur jeweils die Gegenwart empfindet (vgl. DL X, 137). Der Geist vermag leiblichen Schmerz über die Vorstellung von Beruhigendem und Erfreulichem zu kompensieren, aber auch die Lust des Leibes mit der Vorstellung von Übeln zu überdecken (vgl. Cicero, De fin. I, 55 f.). Gleichwohl hat Epikur sich offensichtlich dagegen gewehrt, die Unterscheidung von leiblicher und geistiger Lust über eine Differenzierung der jeweiligen Erlebnisse bzw. Inhalte in eine qualitative Differenz der entsprechenden Vergnügungen umzumünzen (vgl. frg. 67 Us.; Cicero, De fin. I, 55 f.). Der Geist verfügt über keine anderen Inhalte als die, die Wahrnehmung und Empfindung bieten; die höchste (sc. kineti-

[26] Vgl. G. Striker, Ataraxia: Happiness as Tranquillity, in: Dies., Essays on Hellenistic Epistemology and Ethics (siehe Anm. 7), 183–195.

[27] Vgl. M. Hossenfelder, Epikur (siehe Anm. 4), 66.

sche) Lust des Geistes besteht in der Ergründung (und Beseitigung) dessen, was ihm die größten Ängste bereitet (DL, X, 144); und das sind selbst verfertigte Ängste.

Jede Lust ist gut und jeder Schmerz ist schlecht, aber nicht jede Lust ist wählenswert und nicht jeden Schmerz sollte man meiden. Die vernünftige Wahl orientiert sich an der kausalen Beziehung der einzelnen Lust und des einzelnen Schmerzes zur Gesundheit des Leibes und zur Ruhe der Seele im Ganzen (vgl. DL X, 128–130). Epikur empfiehlt hier ein Kalkül, das sowohl die extensive und intensive Quantität kinetischer Lust, die Bedingungen ihrer Erreichbarkeit wie ihre Beziehung zu leiblicher und seelischer Integrität und deren katastematischer Lust nach Erfahrungsregeln in Rechnung stellt (vgl. GV 71). Dabei gilt es, hinsichtlich der menschlichen Bedürfnisse zwischen natürlichem und notwendigem, natürlichem und nichtnotwendigem sowie unnatürlichem und nichtnotwendigem Begehren klar zu unterscheiden (vgl. DL X, 127; KD 26; 29; 30). Nur bei den natürlichen und notwendigen Bedürfnissen (nicht hungern, nicht dürsten, nicht frieren, GV 33) zieht die Nichtbefriedigung notwendigerweise Schmerz nach sich. Im Blick auf die natürlichen und nichtnotwendigen Begierden (Sexualität, Variation in den Objekten natürlichen Begehrens) ist Einübung in Autarkie ratsam, weil sie einen für die Notwendigkeiten und Wechselfälle des Lebens rüstet und weil man auf ihrer Basis den (zufällig) gegebenen Überfluss freier genießen kann (vgl. DL X, 130–132). Die unnatürlichen und nichtnotwendigen Begierden (nach Ruhm, Reichtum und Macht, vgl. L III, 59 ff.) beeinträchtigen als Produkte leeren Wahns die Ruhe der Seele. Im Übrigen bedarf menschliches Streben ganz wesentlich einer Kultur des Verstandes, weil das „Streben des Fleisches", d. h. das Begehren des Lebenstriebs (in Verbindung mit Voraussicht), grenzenlos ist und in seiner Unerfüllbarkeit frustrierend wirkt (vgl. KD 20).

Wir können das Leben nicht völlig schmerzfrei führen, aber die Furcht vor grenzenlosem Schmerz ist unbegründet. Leiblicher Schmerz ist zumeist in einem Mischungsverhältnis mit leiblicher Lust vorhanden und durch eben diese Lust gemildert, neutralisiert oder überwogen. Erlangt der Schmerz ein erhebliches Übergewicht, so ist seine Dauer begrenzt und wird durch Ohnmacht oder Tod abgelöst (vgl. KD 4, 15, 30; GV 33, 59; DL X, 133; Cicero, De fin. II, 22).

Epikurs Theorie des Schmerzes bezieht sich auch auf das Sterben, insofern dieses mit leiblichen Schmerzen verbunden ist. Die Sorge vor kümmerlichem Schattendasein im Jenseits oder ewigem Leiden in der Unterwelt wird durch den naturphilosophischen Nachweis der Auflösung der Seele im Tod beseitigt. Das „Streben des Fleisches" ist grenzenlos, und gleichwohl weiß der Mensch, dass er sterben wird. Im Bewusstsein um den bevorstehenden definitiven Verlust von Handlungs- und Erfahrungsmöglichkeiten liegt das eigentliche Problem des Todes[28]: „Gegen alles andere können wir uns Sicherheit verschaffen; des Todes wegen aber bewohnen wir Menschen alle eine Polis ohne Mauern" (GV 31). Die erforderliche Hilfe des Verstandes besteht im Einverständnis mit der eigenen Endlichkeit. „Die rechte Einsicht von der Bedeutungslosigkeit des Todes für uns macht erst das sterbliche Leben zum Genuß, indem sie uns nicht eine grenzenlose Zeit in Aussicht stellt, sondern das Verlangen nach der Unsterblichkeit nimmt" (DL X, 124). Mit „rechter Einsicht" *(orthē gnōsis)* meint Epikur hier theoretische Erkenntnis ebenso wie emotive Anerkennung der Sterblichkeit, das Einüben und Erreichen einer souveränen Distanz zum eigenen Lebenstrieb, die gleichwohl mit einer Bejahung des Lebens verbunden ist. Die große Menge, so Epikur, scheut bald den Tod als das größte Übel, bald sucht sie ihn als Befreiung aus der Not. Der Weise hingegen weist weder das Leben von sich noch fürchtet er sich vor dem Nichtsein. Denn weder wird ihm das Leben zum Feind noch hält er es für ein Übel, nicht zu leben (DL X, 125 f.). Diese furcht- und begierdelose Souveränität macht den Menschen zu einem sterblichen Gott. Sie beseitigt einmal ein unvernünftiges, weil unstillbares Verlangen nach unbegrenztem Leben. Dieses Verlangen entfremdet das menschliche Dasein sich selbst; denn es erstickt und ersetzt dessen in vernünftiger Freiheit erreichbares Ziel durch etwas Unerreichbares, niemals Präsentes, durch ein imaginäres „Danach". Seine Beseitigung befreit den Menschen erst für den Genuss des Vorhandenen und Möglichen, sie gibt dem endlichen Leben das ihm eigene Recht und Gewicht zurück (vgl. GV 35). Die Anerkennung der Sterblichkeit verlagert ferner im Rahmen der begrenzten Lebenszeit das Schwergewicht des Interesses von der Zukunft und dem möglicherweise Kommenden auf die jeweilige Gegenwart und das in ihr aktuell Gegebene (vgl. GV 14). Sie setzt ein Vergnügen des Lebens frei, dessen Fülle auf den jeweiligen Augenblick zusammengezogen ein Maximum und Optimum darstellt, das durch das Maß zeitlicher Ausdehnung und inhaltlicher Variation nicht mehr gesteigert werden kann.

Epikurs Gedanken zu Recht, Staat und Gesellschaft sind von der atomistischen ebenso wie von der sophistischen Tradition beeinflusst. In ihrem Zentrum stehen die Begriffe der Sicherheit *(asphaleia)*, des Vertrags *(synthēkē)* und des Nutzens *(to symphoron)*. Seine Anthropologie unterstellte wohl keinen über die Zeugung und Brutpflege hinausgehenden natürlichen menschlichen Sozialtrieb. Gesellschaftliche, politische und rechtliche Institutionen verdanken sich der Vernunft, die sie erfand, als für alle Be-

[28] Vgl. D. Furley, Nothing to Us?, in: M. Schofield and G. Striker (eds.), The Norms of Nature, Cambridge 1986, 75–92.

teiligten nützlich einsichtig machte und über Vereinbarung in Kraft und Geltung setzte.[29] Jedenfalls lassen sie sich über das Vertragsmodell rational erklären: Es ist für jeden Einzelnen unter der Bedingung, dass alle anderen denselben Regeln folgen, zuträglicher, im Verhältnis zueinander bestimmte Dinge zu tun und bestimmte Dinge zu unterlassen, als ohne Bestehen und Berücksichtigung gemeinsamer Regeln nach eigenem Gutdünken den eigenen Nutzen zu verfolgen. Grundlegend ist für Epikur offensichtlich das Bedürfnis des Menschen nach Lebenssicherheit, die der Einzelne am stärksten durch die anderen Menschen bedroht sieht und die er sich nur über eine vertragliche Verbindung mit anderen Menschen verschaffen kann (vgl. KD 6; 7; 13; 14; 28; 39; 40). Das Bestehen des Rechts ist den durch Übereinkunft zu Rechtssubjekten gewordenen Menschen von Nutzen; und der Nutzen besteht primär in der Verhinderung gegenseitiger Schädigung. „Das Recht der Natur ist ein vereinbartes Zeichen des Zuträglichen, dahingehend, daß man sich gegenseitig nicht schädigt und voneinander nicht geschädigt wird" (KD 31; vgl. 33).[30] In der vertraglichen Vereinbarung und im Nutzen für alle Beteiligten liegt das Kriterium für den Rechtscharakter gesetzlicher Regeln, die der Vertrag enthält und die sich aus ihm ergeben. Außerhalb solcher Verträge gibt es weder Recht noch Unrecht (vgl. KD 32; 36; 37; 38). Der Vertrag (und seine weitgehende Befolgung durch die Beteiligten) schafft mehr (äußere) Sicherheit, aber nicht so etwas wie unbedingte Verbindlichkeit. Die Befolgung seiner Regeln, d. h. rechtes Verhalten, bleibt für den Einzelnen eine Sache der Klugheit; es empfiehlt sich im Allgemeinen aus Gründen der Stabilität der bestehenden Rechtsordnung und aus Gründen der beunruhigenden Furcht vor früherer oder späterer Entdeckung und Bestrafung von Vergehen (KD 17, 34, 35). Der Weise hat nur vernünftige, und das heißt so wenige und leicht erfüllbare Bedürfnisse, dass er nicht dazu tendiert, den anderen zu schädigen; ihm bietet das staatliche Recht den Schutz vor den Übergriffen anderer Menschen (frg. 530; 533 Us.) und damit den erforderlichen Rahmen für ein Leben in philosophischer Ataraxie. Am Staat interessiert Epikur nur die persönliche Sicherheit der Rechtssubjekte; er erwartet von ihm keinen positiven Beitrag zum Glück; die Staatsform ist gegenüber der Funktion des Staates sekundär. Eine aktive Beteiligung an politischer Herrschaft wirkt nicht glücksfördernd; der Epikureer hält sich von der Sphäre politischer Macht

[29] Vgl. J. Sprute, Vertragstheoretische Ansätze in der antiken Rechts- und Staatsphilosophie. Die Konzeptionen der Sophisten und der Epikureer, in: Nachr. d. Akad. d. Wiss. in Göttingen I. Philologisch-hist. Klasse Jahrg. 1989 Nr. 2, 39 ff.; R. Müller, Die epikureische Gesellschaftstheorie, Berlin (Ost) 1972, 38 ff.

[30] Vgl. V. Goldschmidt, La Doctrine d'Epicure et le Droit, Paris 1977, 25 ff.

und Entscheidung fern, wenn und solange seine persönliche Sicherheit gewährleistet ist (vgl. GV 58; frg. 8; 552; 554 Us.).

Nicht vom Staat, sondern von freundschaftlicher Verbindung mit Gleichgesinnten erwartet Epikur einen positiven Beitrag zum Glück. Freundschaft *(philia)* besitzt denn auch für Epikur einen außerordentlich hohen Stellenwert: „Von dem, was die Weisheit zur Seligkeit des ganzen Lebens beiträgt, ist das bei weitem größte der Erwerb der Freundschaft" (KD 27). Diese Sentenz klingt so, als sei Freundschaft wesentlicher Bestandteil menschlichen Glücks, als habe Epikur der Freundschaft nicht oder nicht primär funktionalen, sondern zielhaften Wert zugesprochen und die Egozentrik seiner Ethik durchbrochen. Dafür spricht auch direkt ein überlieferter Spruch: „Jede Freundschaft ist um ihrer selbst willen zu wählen. Ihren Anfang jedoch nimmt sie beim Nutzen" (GV 23). Andere Stellen lauten dagegen so, als biete die Freundschaft dem Einzelnen nur jenes Maß und jene Art von Sicherheit, die der Staat nicht zu geben vermag: Zwar unterscheidet sie sich von den gewinnorientierten Beziehungen menschlichen Tauschverkehrs; gleichwohl besteht ihr Sinn nicht zuletzt in der Gewährung von Zuversicht, auch in schlimmen Lebenssituationen nicht menschlicher Hilfe ledig zu sein. „Weder ist derjenige Freund, der es in allem auf den Nutzen abgesehen hat, noch derjenige, der ihn niemals (mit seiner Gunst) verbindet. Denn der eine erhandelt sich mit seiner Gunst den Gegenwert, der andere aber schneidet sich die Zuversicht für die Zukunft ab" (GV 39). Im Blick auf schreckliche Lagen wissen wir, „daß die Sicherheit gerade unter eingeschränkten Umständen am meisten durch Freundschaften vollendet wird" (KD 28); „Wir bedürfen nicht so sehr der Hilfe seitens der Freunde wie des Vertrauens auf ihre Hilfe" (GV 34). Gewiss, ein wahrer Freund ist im Extremfall bereit, für den Freund auch in den Tod zu gehen (DL X, 120f.) oder Schlimmes zu ertragen (frg. 546 Us.), aber er tut dies auf der Basis einer Autarkie, die es eher versteht und angenehmer findet, in Notlagen seinen Anteil zu geben, als zu nehmen (vgl. GV 44; frg. 544 Us.). Damit lässt sich nun allerdings der Streit um den Egoismus oder Altruismus von Epikurs Freundschaftslehre[31] mit dem Hinweis beilegen, dass die Orientierung an Selbstliebe und Vergnügen im Begriff der Autarkie des Weisen altruistisches Verhalten keineswegs ausschließt. Und Ciceros Frage (De fin 1, 66ff.), wie auf utilitaristischer Grundlage Freundschaft möglich sei, kann man mit einer Unterscheidung von Perspektiven beantworten, die Epikur möglicherweise schon selbst getroffen hat: Objektiv gesehen ist es das gegenseitige Gefallen und der gegenseitige

[31] Vgl. P. T. Mitsis, Epicurus on Friendship and Altruism, in: Oxford Studies in Ancient Philosophy 5 (1987) 127–153; S. Stern-Gillet, Epicurus and Friendship, in: Dialogue 28 (1989) 275–288.

Nutzen, der Freundschaft stiftet und dem Freundschaft dient. Aber diese objektive Funktion erfüllt sich in optimaler Weise nur, wenn die Beteiligten in subjektiver Perspektive und Einstellung den jeweils Anderen, die Verwirklichung seiner Möglichkeiten, sein Wohlsein und sein Vergnügen als etwas für sie zielhaft Wertvolles betrachten und sich entsprechend verhalten.

Auswahlbibliographie

Ausgaben, Übersetzungen, Kommentare

Epicurea, ed. H. Usener, Leipzig 1887, ND Stuttgart 1966 (= Us.).

Epicuro, Opere, ed. G. Arrighetti, Turin 1960, ^{2}1973.

Epicurus. The Extant Remains, ed. with Translation and Notes by C. Bailey, Oxford 1926. ND Hildesheim 1975.

Epicuri ethica et epistulae, ed. C. Diano, Florenz 1946, ND 1974.

Epikur. Briefe, Sprüche, Werkfragmente. Gr.-Dt., übers. u. hrsg. v. H.-W. Krautz, Stuttgart ^{2}1985.

Diogenes Laertius, Leben und Meinungen berühmter Philosophen, übers. v. O. Apelt, 2 Bde., Leipzig 1921, u. Mitarbeit v. G. Zekl neu hrsg. v. K. Reich, Berlin ^{2}1967.

Lukrez, De rerum natura – Welt aus Atomen. Übers. u. hrsg. von K. Büchner, Stuttgart 1973.

A. A. Long and D. N. Sedley, The Hellenistic Philosophers. Vol.1: Translation of the Principal Sources with Philosophical Commentary, Vol. 2: Greek and Latin Texts with Notes and Bibliography, Cambridge 1987.

Sekundärliteratur

Gesamtdarstellungen

Erler, M.: Epikur – Die Schule Epikurs – Lukrez, in: Grundriss der Geschichte der Philosophie. Hrsg. H. Flashar. Die Philosophie der Antike 4: Die hellenistische Philosophie, 1. Halbbd., Basel 1994, 29–490 (mit ausführlicher Bibliographie).

Hossenfelder, M.: Epikur, München 1991.

Long, A. A.: Hellenistic Philosophy. Stoics, Epicureans, Sceptics, London 1974, ^{2}1986.

Rist, J. M.: Epicurus. An Introduction, Cambridge 1972.

Schmid, W.: Epikur, in: Reallexikon für Antike und Christentum Bd. 5, Stuttgart 1962, Sp. 681–819.

Striker, G.: Epikur, in: O. Höffe (Hrsg.), Klassiker der Philosophie Bd. I, München 1981, 98–114.

Spezialuntersuchungen

Asmis, E.: Epicurus' Scientific Method, Ithaca, N. Y. 1984.

Clay, D.: Lucretius and Epicurus, Ithaca N. Y, 1983.

Furley, D.: Two Studies in Greek Atomists, Princeton 1967.

Englert, W.: Epicurus on the Swerve and Voluntary Action, Atlanta 1987.
Gaskin, J.: The Epicurean Philosophers, London 1995.
Goldschmidt, V.: La doctrine d'Epicure et le droit, Paris 1977.
Hibler, R. W.: Happiness through Tranquillity. The School of Epicurus,Washington D. C. 1984.
Jones, H.: The Epicurean Tradition, London 1989.
Jürss, F.: Die epikureische Erkenntnistheorie, Berlin 1991.
Konstan, D.: Some Aspects of Epicurean Psychology, Leiden 1973.
Lemke, D.: Die Theologie Epikurs, München 1973.
Mitsis, P. T.: Epicurus' Ethical Theory. The Pleasures of Invulnerability, Ithaca/London 1988.
Müller, R.: Die epikureische Gesellschaftstheorie, Berlin (Ost) 1972, ^{2}1974.
Müller, R.: Die epikureische Ethik, Berlin 1991.
Preuss, P.: Epicurean Ethics, Lewiston 1994.
Salem, J.: Tel un dieu parmi les hommes. L' éthique d' Epicure, Paris 1989.
Sprute, J.: Vertragstheoretische Ansätze in der antiken Rechts- und Staatsphilosophie. Die Konzeptionen der Sophisten und Epikureer. Nachr. d. Akad. d. Wiss. in Göttingen I, Jg. 1989 Nr. 2.
Striker, G.: Kritērion tes alētheias, Göttingen 1974.
Rodis-Lewis, G.: Epicure et son école, Paris 1993.

SENECA

Von der Diskrepanz zwischen Ideal und Wirklichkeit

Von THERESE FUHRER

Gegen keinen antiken Philosophen ist so oft der Vorwurf erhoben worden, dass er selbst dem Ideal, das er in seinen Werken vertrete, in seinem Leben nicht entspreche, wie Lucius Annaeus Seneca, der am Hof Neros zu den einflussreichsten Persönlichkeiten gehörte und sich gleichzeitig in seinen Schriften zur rigiden Lehre der stoischen Philosophie bekennt. Bereits seine Zeitgenossen bezichtigten ihn der Doppelmoral, weil er einerseits schwerreich und mächtig sei und andererseits in seinen Schriften eine asketische Lebensweise empfehle. Denn er war schon damals nicht allein ein Politiker, sondern auch ein anerkannter philosophischer Schriftsteller, der in seinen Werken das Idealbild des stoischen Weisen zeichnet, der selbst in den widrigsten, ärmlichsten Umständen noch glücklich ist. Die historischen Quellen berichten von solchen Anschuldigungen im Zusammenhang mit einem Gerichtsprozess im Jahre 58 n. Chr. gegen den Anwalt Publius Suillius, der sich in seiner Verteidigungsrede gegen den Vorwurf der Veruntreuung öffentlicher Gelder mit einer Gegenanklage gegen seinen Widersacher Seneca zur Wehr setzte: Dieser Günstling des Kaisers und Scheinphilosoph habe sich selbst schamlos bereichert. Suillius wurde zwar verurteilt, doch mit der schwindenden Macht Senecas wurden solche Äußerungen immer öfter laut, und tatsächlich bestand dessen Reaktion darin, dass er im Jahre 62 n. Chr. Nero nicht allein den Rücktritt, sondern auch die Rückgabe des von ihm erhaltenen Vermögens anbot: Er wolle nun ein Leben in gemäßigten Verhältnissen führen, wie er es in seinen philosophischen Schriften immer als Ideal gepriesen habe. Nero lehnte den Antrag ab (Tacitus, Annales 14, 53–56).

Auch wenn wir den Informationen der erhaltenen Quellen – zumal der darin referierten Polemik – mit Sicherheit kritisch begegnen müssen, so besteht kein Zweifel, dass Seneca spätestens in der Zeit seiner Aktivitäten am kaiserlichen Hof ein reicher Mann war. In Ägypten besaß er weite Ländereien. In Britannien soll er große Geldsummen zu Wucherzinsen verliehen haben, diese dann aber unvermittelt wieder eingetrieben haben, was im Jahre 61 zu einem Aufstand führte. Er selbst nimmt in seinen Schriften öfter auf seine Besitztümer Bezug, und wenn er sich in der Schrift ›De

Vita Beata‹ (›Vom glückseligen Leben‹) selbst zu entsprechenden Vorwürfen äußert, widerlegt er nicht diesen Sachverhalt, sondern stellt allein die moralische Kompetenz der Ankläger in Frage.

Seneca, der aus einer wohlhabenden Familie aus dem Ritterstand stammte, war tatsächlich wohl ein guter Geschäftsmann, der das Vermögen, das er später als Minister am Kaiserhof erworben hatte, geschickt verwaltete und vermehrte. Er war aber auch ein klug taktierender Politiker, der unter Tiberius und später unter der instabilen Regierung Caligulas – trotz Krankheit und längerem Kuraufenthalt in Ägypten – verschiedene politische Ämter bekleidete.[1] Zwar wurde er im Jahre 41 n. Chr. unter Claudius des Ehebruchs mit Julia Livilla, einer der Schwestern Caligulas, angeklagt und musste acht Jahre im Exil in Korsika verbringen, doch holte ihn eine andere Caligula-Schwester, Agrippina, nach Rom zurück, und zwar direkt an den Hof, wo sie ihre politische Nebenbuhlerin Messalina von der Seite des Kaisers Claudius verdrängt hatte. Offenbar hatte sich Seneca unter Caligula in einer Weise profiliert, die seine Rückberufung als politisch bedeutsamen Akt und ihn als Symbolgestalt einer neuen Ära erscheinen ließ. Allerdings wissen wir nichts von Senecas Aktivitäten und Beziehungen zum Kaiserhof vor, während und nach seiner Verbannung; wir können höchstens aus seinen eigenen Bemerkungen Schlüsse ziehen: In der Trostschrift an seine Tante Marcia (›Consolatio ad Marciam‹), die Gattin des unter Tiberius von dem mächtigen Sejan geförderten Präfekten von Ägypten, vergleicht er sich mit Caesars Gegenspieler Cato und sieht sich entsprechend als Widerstandskämpfer gegen eine Tyrannenherrschaft. Andererseits wendet er sich in einer weiteren Trostschrift an Polybius (›Consolatio ad Polybium‹), den mächtigsten Freigelassenen am kaiserlichen Hof, und preist die Milde des Claudius, um sich die Begnadigung zu erwirken. Wenn er sich also in der Tradition Catos als Vertreter der Senatsopposition sah, so ließ sich diese Position sehr wohl machtpolitisch nutzbar machen, und zwar nicht nur im eigenen Interesse, sondern eben auch im Interesse Agrippinas.

Nach seiner Rückkehr nach Rom (49 n. Chr.) setzte er, von der Kaiserin gefördert, seine politische Laufbahn fort und bekleidete das Amt des Prätors. Wichtiger war jedoch seine Funktion als Erzieher von Agrippinas Sohn Nero, den er entsprechend der Machtpolitik Agrippinas zur Thronfolge geleitete. Nach Neros Herrschaftsantritt im Jahre 54 wurde er Mitglied des politisch einflussreichen Gremiums der ‘Freunde des Prinzeps’. Auch wenn sich in Senecas politischen Schriften Anzeichen finden, dass er

[1] Für detaillierte Ausführungen zur Biographie Senecas vgl. P. Grimal, Seneca. Macht und Ohnmacht des Geistes, Darmstadt 1978; G. Maurach, Seneca. Leben und Werk, Darmstadt ^{2}1996; M. Giebel, Seneca, Hamburg 1997.

eine neue Prinzipatsideologie vertrat,[2] die er mit seinem Fürstenspiegel ›De Clementia‹ (›Über die Milde‹) philosophisch zu begründen versuchte, so war doch seine Tätigkeit als Lehrer von mehreren politischen Morden begleitet, von deren Planung er jeweils mehr oder weniger informiert gewesen sein dürfte und die er wohl im Sinn der Stabilisierung der kaiserlichen Macht auch tolerierte: Im Jahre 54 wurde Neros Stief- und Adoptivvater Claudius ermordet, wenig später sein Stiefbruder Britannicus; im Jahre 59 beging Nero den Muttermord. Doch erst als Nero im Jahre 62 seine Frau Oktavia zugunsten der intriganten Poppäa Sabina verstieß und Burrus, den Präfekten der kaiserlichen Garde und Senecas Verbündeten, ermorden ließ, wollte sich auch Seneca vom Hof und von der Macht zurückziehen. Der Historiker Tacitus lässt Seneca seinem ehemaligen Zögling gegenüber den Wunsch äußern, ein Leben in bescheidenen Verhältnissen führen und deshalb Macht und Vermögen dem Kaiser zurückgeben zu dürfen (Annales 14, 54). Diese Situation war allerdings politisch brisant: Senecas Position war zu wichtig, als dass Nero den Rücktritt seines 'Ministers' akzeptieren und sich einen Bruch mit seinem Lehrer in der Öffentlichkeit leisten konnte.[3] Seneca beugte sich auch diesen Umständen, indem er sich ohne Aufsehen von seiner Stellung am Hof zurückzog. Im Zuge der Strafmaßnahmen gegen die Mitglieder der Pisonischen Verschwörung gegen Nero im Jahre 65 wurde Seneca – wohl fälschlicherweise – der Mitwisserschaft bezichtigt und von Neros Häschern zum Freitod gezwungen.

Tacitus, der insgesamt ein differenziertes, aber in der Grundtendenz doch positives Bild von Senecas Wirken im Umfeld Neros zeichnet, lässt ihn den Philosophentod in der Tradition des Sokrates sterben (Annales 15, 60–64). Er stellt ihn zudem in eine Reihe mit nahmhaften Vertretern der Senatsopposition stoischer Ausrichtung, die in den Razzien nach der Aufdeckung der Verschwörung ebenfalls zum Suizid gezwungen wurden. Insgesamt ergibt sich so ein Bild, in dem Nero als grausamer, zügelloser Tyrann seine besonnenen Mahner – die Philosophen – zurückdrängt und schließlich aus dem Weg räumt. Es dürfte jedoch klar sein, dass an diesem Bild einiges wegretuschiert werden muss: einerseits als Überspitzung im Sinne der taciteischen Tendenz gegen die absolutistische Macht des Prinzipats und andererseits als Stilisierung aufgrund von Senecas eigenen Äußerungen. Denn auch wenn Seneca tatsächlich aus Nero einen Philoso-

[2] Diese These vertritt Grimal, wobei er sich auf Senecas Aussagen in der Satire ›Divi Claudii Apocolocyntosis‹ (›Die Verkürbissung des Kaisers Claudius‹) stützt.

[3] Seneca mag mit den Kreisen stoischer 'Philosophen' in Verbindung gestanden haben, die sich im Senat als Opposition gegen die absolutistische Macht am Kaiserhof wirkungsvoll in Szene setzten. Dazu V. Rudich, Dissidence and Literature under Nero, London/New York 1997, 44.

phenkönig machen wollte, auch wenn er den Morden innerhalb der kaiserlichen Familie zustimmte, um damit einen offenen Kampf unter den Thronprätendenten und einen Bürgerkrieg zu vermeiden, und auch wenn er schließlich, als er sein „staatstheoretisches Experiment"[4] scheitern sah, selbst das Ideal des Asketen verwirklichen wollte, das er in seinen philosophischen Schriften predigte, so hatte er doch bis ins Alter von mehr als sechzig Jahren insgesamt ein Leben gelebt, das von Reichtum, Karriere und Machtpolitik bestimmt war.

Der Vorwurf der Geld- und Machtgier wurde denn auch, wie anfangs erwähnt, bereits zu seinen Lebzeiten gegen ihn erhoben und in der Folge weitertradiert.[5] Mit der zunehmenden Dämonisierung des Tyrannen Nero musste auch die Rolle seines Erziehers und Beraters mehr und mehr in Frage gestellt werden. So stellt Petrarca Seneca in einem fingierten Brief die Frage, warum er, der doch die schlechte Anlage seines Schülers erkannt haben musste, dennoch bis fast zuletzt nicht von seiner Seite wich (Epist. 24, 5). Die Frage, was man von einem Philosophen halten solle, dessen Lehre in so manchen Punkten nicht übereinstimmt mit seiner eigenen Lebensführung, erzeugt auch heute meist Ratlosigkeit. Man bezeichnet Seneca etwa als „moraliste de cabinet", der seine eigene Person und sein eigenes Leben in seinen Schriften in keiner Weise miteinbeziehe, da er ja nicht für sich selbst, sondern für die Menschen ganz allgemein schreibe;[6] er sei „theoretisch ein Fels und praktisch ein Mitmacher",[7] ein „immoral moralist"[8]. Meist begegnet man ihm aber doch mit etwas mehr Respekt und sagt etwa, Seneca habe als Minister an Neros Hof den hohen Anforderungen der stoischen Ethik *natürlich* nicht immer genügen können und habe sich ja selbst nicht als vollkommen, sondern als Fortschreitenden auf dem Weg zur Weisheit gesehen.[9] Zudem vermag Tacitus' eindrückliche Schilderung von Senecas Tod, die ihn in die Tradition des Sokrates stellt, die ganze

4 So wiederum die These von Grimal (oben Anm. 1), Zitat S. 171.

5 Ein Sammlung von Seneca-kritischen Zeugnissen findet sich beim Historiker Dio Cassius in Buch 61.

6 H. E. Wedeck, The Question of Seneca's Wealth, in: Latomus 14 (1955) 540–544, bes. 544: „Seneca has preached one principle and followed another."

7 So L. Marcuse, Philosophie des Glücks. Von Hiob bis Freud, Zürich 1972, 102.

8 So Rudich (oben Anm. 3), 17–106.

9 Vgl. z. B. M. T. Griffin, Seneca. A Philosopher in Politics, Oxford 1976, 286–314; M. Pohlenz, Philosophie und Erlebnis in Sencas Dialogen, in: Nachrichten von der Gesellschaft der Wissenschaften zu Göttingen 6 (1941) 55–81 = ders., Kleine Schriften, hrsg. von H. Dörrie, Hildesheim 1965, 384–410, bes. 408: „Aber es kommt eben nicht auf den Buchstaben an, und es heißt wirklich nicht, 'den Maßstab einer kleinbürgerlichen hausbackenen Moral anlegen', wenn man feststellt, daß dieses Leben des reichen Weltmannes und vielgewandten Höflings dem Geiste der Stoa widersprach."

Biographie auch rückwirkend zu verklären, sodass die wichtigen neueren Seneca-Monographien zumindest eine apologetische, wenn nicht positive Tendenz aufweisen. Tatsache bleibt, dass uns auf der einen Seite eine Reihe von Testimonien Seneca als macht- und geldversessenen Höfling beschreiben, auf der anderen Seite er selbst in seinen philosophischen Schriften als Weg zur Verwirklichung des stoischen Ideals der 'sittlichen Vollkommenheit' (der *virtus*) die Übung in Enthaltsamkeit, die Distanz zum öffentlichen Leben und die Geringschätzung von Ehre und Besitz empfiehlt.

Diese Diskrepanz zwischen dem in den Quellen dokumentierten Leben und der in den Schriften vorgetragenen Lehre ist nun allerdings nicht entscheidend für das Verständnis von Senecas Werk. Zwar zieht er selbst immer wieder Beispiele aus seiner eigenen Lebenswelt heran, um seine Aussagen zu veranschaulichen; doch für deren Verständnis sind Kenntnisse biographischer Daten nicht relevant. Unser Wissen um die persönlichen Erfahrungen des Autors mit Krankheit, Exil, Reichtum, Macht, Mord, Leidenschaft lässt sich zwar in dem Sinn fruchtbar machen, dass die konkreten Schilderungen von exemplarischen Begebenheiten und Situationen als realistisch gelten können. Doch ob Seneca nun in Britannien Wuchergeschäfte betrieben und Neros Muttermord mitzuverantworten hat oder nicht, spielt für seine Darlegung der stoischen Lehre letztlich keine Rolle.

Seine Ausführungen können in ihren Grundzügen als orthodox altstoisch bezeichnet werden und weisen in seinem ganzen Werk eine fast durchgängige Einheitlichkeit und Folgerichtigkeit auf.[10] Und gerade diese rigide Konsequenz ist es, die sowohl den Vorwurf der Diskrepanz von Leben und Lehre als auch die Versuche, diese Diskrepanz wegzuerklären, hinfällig werden lässt: Zum einen ist die klare Unterscheidung zwischen dem sittlich vollkommenen Leben des Weisen (des *sapiens*) und dem Bemühen des Nicht-Weisen (des *insipiens* oder des *stultus*) um den sittlichen Fortschritt für die stoische Philosophie charakteristisch. Zum anderen wird in der stoischen Güterlehre den 'äußeren Gütern' Macht und Reichtum ein nur relativer Wert zugesprochen, wodurch sie weder als gut noch als schlecht gelten und ihr Besitz das höchste Gut, die sittliche Vollkommenheit, in keiner Weise tangiert. Wenn also Seneca in der ›Consolatio ad Polybium‹ Claudius und in ›De Clementia‹ Nero mit höchstem Herrscherlob auszeichnet, so beschreibt er nicht die Wirklichkeit, sondern stellt den Herrschern und auch seinen Lesern das in der Philosophie vorgegebene Konzept des idealen Herrschers vor Augen, das die beiden erstreben müssen. Und wenn Seneca in einem seiner ›Briefe an Lucilius‹ (›Epistulae Morales ad Lucilium‹) zu einem einfachen Leben auf hartem Lager, im härenen Gewand und bei

[10] Dies betonen gegen andere vor allem Grimal (oben Anm. 1) und I. Hadot, Seneca und die griechisch-römische Tradition der Seelenleitung, Berlin 1969.

Gerstenbrei und Wasser rät, um so den möglichen Verlust des gegenwärtigen Wohlstands übungshalber zu antizipieren (Epist. 18, 5–12), so erklärt er diese Askese keineswegs zum Ziel, sondern zeigt damit einen Weg auf, wie das Ideal erreicht werden kann. Ebenso wenig sind die Empfehlungen an den Adressaten der Schrift ›De Brevitate Vitae‹ (›Von der Kürze des Lebens‹), sich von seinem Amt als Proviantmeister Roms zurückzuziehen, um sich ganz der Philosophie zu widmen, so zu verstehen, dass Seneca das Philosophiestudium generell über die Ausübung eines politischen Amtes und das Leben in der Öffentlichkeit stellt. Solche Äußerungen sind allein als Ratschläge zu verstehen, wie jemand in einer bestimmten Situation dem Ziel der sittlichen Vollkommenheit näher kommen könnte, welches unabhängig von der Wahl des Weges unverändert gleich bleibt.

So lässt sich denn auch jedes der Ereignisse in Senecas Biographie, wie sie uns die antiken Quellen überliefern, höchstens im Hinblick auf die Frage auswerten, ob die jeweilige Situation dem Erlangen des Ziels, das Seneca in seinen Schriften festlegt, eher zu- oder abträglich gewesen sein könnte; denn abgesehen davon, dass die einzelnen Fakten für die Gültigkeit seiner Lehre nicht relevant sind, lassen sie auch keinen Schluss darüber zu, ob Seneca selbst in jeder Lebenssituation die innere Gelassenheit hat wahren können oder nicht.

Auch wenn also bei der biographistischen Auswertung von Senecas Schriften größte Zurückhaltung angebracht ist, so bieten diese dennoch ein Arsenal an Beispielen aus dem täglichen oder auch nicht alltäglichen Leben seiner Zeit, mit denen die zur Diskussion stehenden Fragen illustriert werden sollen, und diese Anschaulichkeit kann als Hauptcharakteristikum von Senecas philosophischem Werk bezeichnet werden. Sie ist jedoch immer nur Mittel zum Zweck: Zugrunde liegt die stoische Lehre, die Seneca genau kennt und auch anderen philosophischen Richtungen gegenüberstellen kann,[11] und diese Lehre soll dem Leser vermittelt werden – allerdings nicht in erster Linie in systematischer Darstellung und theoretischen Lehrsätzen, sondern in Form von Beispielen und Ratschlägen. Auch in dieser Hinsicht steht Seneca in der Tradition der Stoa und letztlich einer älteren popularphilosophischen Tradition, in der ein dogmatischer und ein paränetischer Teil der Philosophie unterschieden werden, welche neben den philosophischen Lehrsätzen (*dogmata* bzw. *decreta* oder *placita*) Verhaltensvorschriften *(praecepta)* und Lebensratschläge *(consilia)* vermitteln (Epist. 94 und 95).[12] Indem Seneca versucht, diese beiden Teile

[11] Zu Senecas Kenntnissen anderer philosophischer Lehren vgl. B. Inwood, Seneca in his Philosophical Milieu, in: Harvard Studies in Classical Philology 97 (1995) 63–76.

[12] Zur Tradition dieser Zweiteilung in der älteren Philosophie vgl. Hadot (oben Anm. 10) 8 f. und 21.

miteinander zu verbinden, geht er über das hinaus, was Cicero ein Jahrhundert zuvor unternommen hat, nämlich die griechische Philosophie seinem römischen Publikum in lateinischer Sprache und in literarisch anspruchsvoller Form nahe zu bringen: Während Cicero in seinen Dialogen mit den theoretischen Grundlagen der hellenistischen Philosophenschulen auch die entsprechenden Termini in die lateinische Sprache übertragen musste, so kann Seneca bereits auf dieser doppelten Leistung aufbauen. Er kann also die stoischen Dogmen und Begriffe als bekannt voraussetzen und sie seinen paränetischen Ausführungen zugrunde legen, ohne sie erst erklären zu müssen. Populärphilosophische Paränese und theoretische Abhandlung mit hohem intellektuellem Anspruch sind damit auf eine ideale Weise miteinander verbunden: In der Form von Traktaten, Briefen und Trostschriften wendet sich Seneca an bestimmte Adressaten und gleichzeitig an ein weiteres (gebildetes!) Lesepublikum und behandelt jeweils eines oder mehrere Themen der stoischen Ethik – die Beherrschung des Zorns (in ›De Ira‹), die Milde (in ›De Clementia‹), die Wohltätigkeit (in ›De Beneficiis‹), die Unerschütterlichkeit des Weisen (in ›De Constantia Sapientis‹), die Kürze des Lebens (in ›De Brevitate Vitae‹), das glückliche Leben (in ›De Vita Beata‹), die Seelenruhe (in ›De Tranquillitate Animi‹), die Musse (in ›De Otio‹), die Vorsehung (in ›De Providentia‹)[13] – und in den ›Naturforschungen‹ (›Naturales Quaestiones‹) auch der Physik.[14] Diese Themen werden einerseits anhand von konkreten Beispielen von verschiedenen Seiten her beleuchtet und andererseits immer wieder mit prägnant formulierten Lehrsätzen im stoischen System situiert. Die Logik wird nur am Rande mit einbezogen und meist kritisch kommentiert.

Im Zentrum von Senecas Werk stehen also die stoische Ethik und ihre Definition des höchsten Ziels: der sittlichen Vollkommenheit, die wechselweise mit der Weisheit, dem glückseligen Leben oder dem höchsten Gut identifiziert wird. In der Schrift ›De Vita Beata‹ formuliert Seneca eine ganze Reihe von Varianten der Definition dieses höchsten Ziels: „Glücklich ist also dasjenige Leben, das mit seiner Natur im Einklang steht" (3, 3: *beata est ergo vita conveniens naturae suae*); „das höchste Gut ist eine Sinnesart, die alles Zufällige gering achtet und sich nur an der Tugend erfreut" (4, 2: *summum bonum est animus fortuita despiciens, virtute laetus*); „denn was hindert uns zu sagen, ein glückliches Leben gründe auf einer

[13] Die Chronologie dieser Schriften ist umstritten; vgl. dazu Griffin (oben Anm. 9) 395 ff.; K. Abel, Seneca. Leben und Leistung, in: H. Temporini/W. Haase, Aufstieg und Niedergang der römischen Welt, II 32, 2 (1985) 653–775, bes. 711 ff. Hinzu kommen Fragmente und Titel von Schriften ›De Superstitione‹, ›De Matrimonio‹, ›De Amicitia‹, ›De Officiis‹ und den ›Moralis Philosophiae Libri‹.

[14] Dazu N. Gross, Senecas Naturales Quaestiones. Komposition, Naturphilosophische Aussagen und ihre Quellen, Stuttgart 1989.

freimütigen, aufrechten, unerschrockenen und standhaften Sinnesart" (4, 3: *quid enim prohibet nos beatam vitam dicere liberum animum et erectum et interritum ac stabilem*); „glücklich kann derjenige genannt werden, der kraft seiner Vernunft weder Begierde noch Angst verspürt" (5, 1: *potest beatus dici qui nec cupit nec timet beneficio rationis*); „glücklich ist also, wer über eine gesunde Urteilskraft verfügt; glücklich ist, wer mit seiner Situation, wie sie auch immer sein mag, zufrieden ist und seine Verhältnisse akzeptiert; glücklich ist derjenige, der sich in allen Bereichen seines Lebens von der Vernunft leiten läßt" (6, 2: *beatus ergo est iudicii rectus; beatus est praesentibus qualiacumque sunt contentus amicusque rebus suis; beatus est is cui omnem habitum rerum suarum ratio commendat*).

Wer also dieses Ziel erreicht hat, weise und glückselig ist, behält seine Triebe und Affekte unter Kontrolle und hat die vollkommene Seelenruhe erlangt (die *securitas* bzw. die *tranquillitas animi*), ist unabhängig von den Wechselfällen des Schicksals, behält seine Autonomie, gleich ob er sein Hab und Gut, sein Ansehen und seine Stellung in der Gesellschaft, seine Heimat, seine körperliche Unversehrtheit, seine Verwandten und Freunde verliert, d. h., er beurteilt diese Dinge gemäß der stoischen Güterlehre als wertneutral ('indifferent'), da ihr Verlust seinem Besitz der vollkommenen Vernunft und seiner sittlichen Vollkommenheit keinen Abbruch tun kann, er akzeptiert alle Lebensbedingungen nicht nur, sondern er macht sie zum Objekt seines Wollens[15]: „Ich lasse mich zu nichts zwingen, ich erdulde nichts gegen meinen Willen, ich diene Gott nicht, sondern gebe ihm meine Zustimmung" (Provid. 5, 6: *nihil cogor, nihil patior invitus, nec servio deo sed assentior*). So verwirklicht er das Konzept der vollständigen Autonomie: „Der Weise aber kann nichts verlieren; er hat alles in sich geborgen, nichts vertraut er dem Schicksal an, seine Güter hat er in Sicherheit, zufrieden mit der sittlichen Vollkommenheit, die nicht auf die Gunst des Zufalls angewiesen ist und daher weder gesteigert noch gemindert werden kann" (Const. Sap. 5, 4: *sapiens autem nihil perdere potest; omnia in se reposuit, nihil fortunae credit, bona sua in solido habet contentus virtute, quae fortuitis non indiget ideoque nec augeri nec minui potest*). Dies gelingt ihm, weil er sein Leben ganz im Einklang mit der in der Welt (der göttlichen Allnatur) vorgegebenen, vollkommen vernünftigen Ordnung führt, die auch in seiner eigenen Natur angelegt ist: „Auf diese Weise werden Kraft

[15] Der Wille ist zentral sowohl für das Konzept der sittlichen Vollkommenheit (Epist. 20, 5: *quid est sapientia? semper idem velle atque idem nolle*) wie auch für den Weg dahin (ibid. 71, 36: *sed magna pars est profectus velle proficere*), wobei allerdings der Wille nicht lernbar ist (ibid. 81, 13: *velle non discitur*). Zu Senecas eigener Ausprägung der Bedeutung des Willens vgl. C. Kahn, Discovering the Will. From Aristotle to Augustine, in: J. M. Dillon/A. A. Long (Hrsg.), The Question of 'Eclecticism'. Studies in Later Greek Philosophy, Berkeley 1988, 234–259.

und Fähigkeit zu einer Einheit gestaltet, die mit sich selbst in Einklang steht, und es wird jene verläßliche Einsicht entstehen, die nicht in Zwiespalt gerät und in ihren Meinungen und Wahrnehmungen oder Überzeugungen nicht unentschieden ist; wenn sie eine innere Ordnung hergestellt hat und mit ihren Teilen in Übereinstimmung und sozusagen im Einklang ist, hat sie das höchste Gut erlangt [...] Daher darf man kühn verkünden, das höchste Gut sei die Harmonie der Seele" (Vit. Beat. 8, 5 f.: *hoc modo una efficietur vis ac potestas concors sibi et ratio illa certa nascetur, non dissidens nec haesitans in opinionibus conprensionibusque nec in persuasione, quae cum se disposuit et partibus suis consensit et, ut ita dicam, concinuit, summum bonum tetigit [...] quare audaciter licet profitearis summum bonum esse animi concordiam*).

Die Definitionen des höchsten Ziels durchziehen Senecas Schriften wie ein roter Faden: Immer und immer wieder wird betont, dass nichts über und auch nichts neben der sittlichen Vollkommenheit steht; sie ist der alleingültige Maßstab (die *regula*), nach dem sich sein Verhalten richtet: „Wähle dir ein für alle Mal eine einzige Richtschnur, nach der du lebst, und richte fortan dein ganzes Leben nach ihr aus" (Epist. 20, 3: *unam semel ad quam vivas regulam prende et ad hanc omnem vitam tuam exaequa*).[16] Allein an ihr ist jeder sittliche Wert und jedes sittliche Handeln zu messen, und allein dann, wenn ein Mensch nicht nur gemäß dieser Richtschnur wertet und handelt, sondern dies auch im vollen Wissen und mit seinem ganzen Streben und Wollen tut, hat er die richtige geistige Haltung (den richtigen *habitus animi*) und somit das Ideal der Weisheit erlangt.

Mit dem Begriff der Weisheit wird in der Stoa ein Idealzustand umschrieben, der von den Kritikern dieser Schule immer wieder als übermenschlich und damit von vornherein unerreichbar bezeichnet wird.[17] Die Stoiker machen allerdings geltend, dass er zwar selten, aber doch im Durchschnitt alle fünfhundert Jahre von bestimmten Menschen erlangt wird, wie von Sokrates oder – im römischen Bereich – vom jüngeren Cato. Auch Seneca beruft sich öfter auf diese Leitbilder, um gewisse Manifestationen der sittlichen Vollkommenheit mit historischen Begebenheiten zu

[16] M. Forschner, Über das Handeln im Einklang mit der Natur. Grundlagen ethischer Verständigung, Darmstadt 1998, 9 und 32 weist darauf hin, dass in der stoischen Lehre „die Maßstäbe und Orientierungspunkte der Sittlichkeit und des gelungenen Lebens [...] noch nicht auseinandergetreten sind", während in der modernen Philosophie gewöhnlich davon ausgegangen wird, „daß die Prinzipien und Normen vernünftiger Moral und die Prinzipien und Regeln persönlicher Glückssuche heterogene und in der Konkretion korrekter Anwendung keineswegs deckungsgleiche Dinge sind".

[17] Z. B. Cicero, Laelius 18. Vgl. dazu Grimal (oben Anm. 1), 286: „[Der Weise] ist eine Gedankenkonstruktion, eine Extrapolation wirklichen Menschentums."

veranschaulichen,[18] doch hält er den Status des Weisen letztlich ebenfalls als für den Menschen unerreichbar, denn „derjenige, der erst zur moralischen Vollkommenheit strebt, braucht – auch wenn er weit vorangekommen ist – in gewissem Maß die Nachsicht des Schicksals, da er noch mit der 'condition humaine' zu kämpfen hat, solange bis er diesen Knoten und alle Fesseln der Sterblichkeit gelöst hat [...] Derjenige, der auf eine höhere Stufe gelangt ist und sich weiter erhoben hat, zieht noch eine lose Kette mit sich: er ist zwar noch nicht frei, aber schon so gut wie frei" (Vit. Beat. 16, 3: *sed ei qui ad virtutem tendit, etiam si multum processit, opus est aliqua fortunae indulgentia adhuc inter humana luctanti, dum nodum illum exsolvit et omne vinculum mortale. [...] hic qui ad superiora progressus est et se altius extulit laxam catenam trahit, nondum liber, iam tamen pro libero*). Der 'Weise', der in römischer Tradition auch als 'guter Mensch' *(vir bonus)* bezeichnet wird, bleibt somit im Gegensatz zum Durchnittsmenschen, den Seneca mit all seinen Fehlern in verschiedensten Varianten mit kräftigen Farben zeichnet, ein theoretisches Konstrukt, das jedoch bei aller Abstraktheit klar umrissene Konturen hat und sich somit vorzüglich als Normschema eignet. An diesem normgebenden Vorbild, das Seneca in seinen Ausführungen immer wieder aufscheinen lässt, werden alle konkreten Begebenheiten und als Beispiele herangezogenen Handlungen und Persönlichkeiten gemessen, aufgrund dieses Ideals werden alle Vorschriften und Ratschläge formuliert. So spielt es letztlich keine Rolle, ob dieses Ideal je verwirklicht werden konnte oder werden kann; es behält die Funktion einer Richtschnur, an der sich derjenige, der das glückselige Leben erlangen will, zu orientieren hat.

Die immer wiederkehrenden Formulierungen des höchsten Ziels sind deshalb fast regelmäßig eingestreut in die Darstellungen des unvollkommenen Zustandes, in dem sich die Menschen normalerweise befinden, von dem zumindest diejenigen, an die sich Seneca wendet, wegkommen wollen. Seneca unterscheidet verschiedene Stufen auf dem Weg zum höchsten Ziel, die sich durch das Ausmaß ihrer Befreiung von den Affekten unterscheiden (Epist. 71, 34 und 75, 8–15). Zugrunde liegt das Konzept des ethischen Fortschritts, das bereits in der alten Stoa gewissermaßen komplementär zum normgebenden Konzept der Weisheit existiert[19]: Wichtig ist jedoch für Seneca weniger das theoretische Konstrukt als die praktischen Konsequenzen bzw. die konkreten Verhaltensmaßnahmen und Anforderungen an den

[18] Grimal (oben Anm. 1), 286f. Z. B. Epist. 95, 69ff.; ›De Constantia Sapientis‹ passim.

[19] Zum Konzept des ethischen Fortschritts ist immer noch grundlegend der Aufsatz von O. Luschnat, Das Problem des ethischen Fortschritts in der alten Stoa, in: Philologus 102, 1958, 178–214.

Fortschreitenden. Hier entfaltet Seneca seine wohl berühmtesten Fähigkeiten: diejenigen des 'Seelenleiters'.[20]

Am deutlichsten wird die Absicht im Corpus der ›Briefe an Lucilius‹. Der Adressat, der stellvertretend für eine bestimmte Leserschicht angesprochen ist, wird als junger Mann charakterisiert, der im öffentlichen Leben erfolgreich ist und eine politische Karriere anstrebt, an Bildung und Philosophie interessiert und insbesondere der epikureischen Lehre zugeneigt ist. Damit erfüllt er bereits eine der wichtigsten Voraussetzungen, die für ein Fortschreiten unabdingbar sind: Er ist an der Philosophie interessiert und auch willig, die philosophischen *praecepta* umzusetzen. Auch seine gesellschaftliche Stellung und seine anforderungsreiche Tätigkeit machen ihn zum idealen Rezipienten der senecanischen Ausführungen. Denn auch wenn sich die stoische Lehre natürlich an alle Menschen richtet und auch alle Menschen trotz individueller Veranlagung für fähig erklärt, das Weisheitsideal anzustreben und im Prinzip auch zu verwirklichen (vgl. Epist. 94, 29 und 108, 8), so ist doch die unterschiedliche Sozialisation zumindest wichtig für die Formulierung der Paränese, da sich diese an konkreten Situationen ausrichtet. Senecas Lucilius ist als Politiker allen möglichen Schwierigkeiten, Versuchungen und insbesondere der Gunst des Schicksals ausgesetzt, in denen er sich als Philosoph bewähren muss, die ihm aber auch die Notwendigkeit des Fortschreitens auf dem Weg zum Ziel der inneren Autonomie deutlich werden lassen. So rät ihm Seneca in der Rolle des 'Seelenleiters' und Freundes zur Selbstbeobachtung und zur täglichen Gewissensprüfung,[21] gibt ihm konkrete Anweisungen, was er meiden und was er erstreben soll, wie er sich auf verschiedene schwierige Situationen einstellen kann, ohne die innere Ruhe zu verlieren, wie er das durch die *regula* der sittlichen Vollkommenheit vorgegebene affektfreie Verhalten und sittliche Handeln einüben kann: Lucilius soll sich selbst jeden Tag über seine Tätigkeiten, seine Reaktionen und seine Fortschritte Rechenschaft ablegen, er soll sich durch 'Vorausbedenken' *(praemeditatio)* auf alle möglichen Schicksalsschläge vorbereiten, alle möglichen Übel in Gedanken vorausnehmen, sich freiwillig für eine gewisse Zeit der Armut aussetzen, sich in die Einsamkeit zurückziehen, sich auf den Tod vorbereiten usw.

[20] Zentral hierzu ist die Studie von Ilsetraut Hadot (oben Anm. 10). Vgl. jetzt auch E. Hachmann, Die Führung des Lesers in Senecas ›Epistulae Morales‹, Münster 1995.

[21] Diese Technik des *examen conscientiae* ist nicht spezifisch stoisch, sondern findet sich bei den Epikureern in Form der 'Beichtpraxis'; ihr Ursprung ist möglicherweise älter (pythagoreisch?). Dazu Hadot (oben Anm. 10), 66–71. Zur Rolle der Freundschaft in der Seelenleitung vgl. ibid. 164–176.

Das dieser Paränese zugrunde liegende Prinzip ist gemäß stoischer Lehre die dem Menschen als rationalem Wesen eigene Diskrepanz zwischen dem Wissen um das höchste Ziel und um die Anforderungen, die für ein glückliches Leben erfüllt werden müssen, und dem Handeln, das mit diesem Wissen oft nicht übereinstimmt.[22] Ursache dieses paradoxen Verhaltens sind die Einflüsse durch die Umwelt, denen der Mensch von Geburt an ausgesetzt ist und die ihn falschen Trieben nachgeben lassen, anstatt gemäß der Vernunftnatur zu leben. Die Vorschriften und Ratschläge haben die Funktion, sich dieser Fehler Schritt für Schritt wieder zu entwöhnen und entsprechend dem durch die Philosophie vermittelten Wissen zu handeln. Das Ziel ist erreicht, wenn das Wissen die innere Haltung und das Wollen vollständig bestimmt, wenn das Wissen selbst zum *habitus* geworden ist, sodass das Handeln notwendigerweise mit diesem Wissen übereinstimmt. Genau dann ist die Harmonie (die *concordia, congruentia, convenientia*) zwischen göttlicher Weltvernunft und individueller menschlicher Natur erreicht, und das Verhalten des Individuums entspricht uneingeschränkt den Vorgaben der Richtschnur der sittlichen Vollkommenheit.

Dieses Wissen, dessen Umsetzung im Handeln anzustreben ist, ist nun nicht etwa enzyklopädisches Sachwissen, sondern philosophisches Wissen, namentlich in Physik und Ethik[23]:

In der Physik gelten theologische und kosmologische Fragen als höchstes Wissen: „Ziehe dich auf das zurück, was ruhiger, sicherer und bedeutender ist [...] auf die heiligen und erhabenen Dinge [...] und du wirst wissen, aus welcher Materie Gott besteht, welchen Willen er hat, welche Beschaffenheit, welche Gestalt; welches Schicksal deine Seele erwartet; welchen Platz uns die Natur zuweisen wird, wenn wir den Körper verlassen haben; was es ist, das gerade die schwersten Bestandteile der Welt in der Mitte zurückhält, das Leichte in die Höhe hebt, das Feuer an die höchste Stelle trägt, die Gestirne zu ihren wechselnden Stellungen antreibt; und schließlich wirst du auch alles andere wissen, was gewaltige Wunder in sich birgt“ (Brev. Vit. 19, 1: *recipe te ad haec tranquilliora tutiora maiora [...] ad haec sacra et sublimia [...] sciturus quae materia sit dei, quae voluntas,*

[22] Hadot (oben Anm. 10), 107 weist auf den grundlegenden Unterschied hin zwischen dem sokratischen Konzept, in dem „das Vorhandensein des Wissens [...] automatisch entsprechende Handlungen nach sich“ zieht, und der stoischen Lehre, wo „Wissen und Handlungen sich durchaus widersprechen können (unbeschadet der Tatsache, dass ein rechtes Wissen die unabdingbare Voraussetzung für sittliches Handeln darstellt)“.

[23] Den enzyklopädischen Wissenschaften, den traditionellen *artes liberales,* steht Seneca kritisch gegenüber und bezeichnet sie als *artes pueriles,* lässt sie aber doch als Vorbereitung auf die Philosophie, die *artes liberae*, gelten (Epist. 88, 20–23). Dazu I. Hadot, Arts libéraux et philosophie dans la pensée antique, Paris 1984, 272 f.

quae condicio, quae forma; quis animum tuum casus expectet; ubi nos a corporibus dimissos natura componat; quid sit quod huius mundi gravissima quaeque in medio sustineat, supra levia suspendat, in summum ignem ferat, sidera vicibus suis excitet, cetera deinceps ingentibus plena miraculis). Auch die Erklärung der Naturphänomene, die in den ›Naturales Quaestiones‹ im Zentrum stehen, ist wichtig; denn dieses Wissen vermittelt die Einsicht in die göttliche Weltordnung: „Selbst das, was ohne Ordnung und ohne sichere Regel vor sich zu gehen scheint, nämlich Regengüsse, Wolken, die Wucht geschleuderter Blitze, die Feuermassen, die aus den geborstenen Berggipfeln hervorströmen, das Beben des wankenden Erdbodens und anderes, was zum unruhigen Teil der Natur gehört, der überall die Erde in Aufruhr bringt – selbst dies vollzieht sich, auch wenn es plötzlich geschieht, nicht ohne Gesetzmäßigkeit, sondern hat auch seine Gründe" (Provid. 1, 3: *ne illa quidem, quae videntur confusa et incerta, pluvias dico nubesque et elisorum fulminum iactus et incendia ruptis montium verticibus effusa, tremores labantis soli aliaque quae tumultuosa pars rerum circa terras movet, sine ratione, quamvis subita sint, accidunt, sed suas et illa causas habent*).

Die Ethik umfasst die Wissensbereiche der Güter-, der Affekten- und der Pflichtenlehre, die so aufeinander abgestimmt sind, dass allein das Wissen in allen Bereichen insgesamt zum richtigen Urteil und zum ethisch vollkommenen Verhalten führt: „Erstens mußt du dir nämlich ein Urteil bilden über den Wert jeder Sache, zweitens mußt du ein geordnetes und gemäßigtes Streben dazu entwickeln, drittens mußt du dein Streben und dein Handeln in Einklang bringen, damit du in all diesen Dingen mit dir selbst in Übereinstimmung bist" (Epist. 89, 14: *primum enim est ut quanti quidque sit iudices, secundum ut impetum ad illa capias ordinatum temperatumque, tertium ut inter impetum tuum actionemque conveniat, ut in omnibus istis tibi ipse consentias*). Wer um die Gleichgültigkeit der körperlichen und äußeren Güter weiß und dieses Wissen im Handeln umsetzt, kann emotionslos ohne sie leben oder auch mit ihnen umgehen. Er macht von ihnen Gebrauch, erstrebt sie aber nicht,[24] sondern bewahrt ihnen gegenüber seine Autonomie: „Du glaubst, er werde von Übeln bedrängt? Er nutzt sie. So wird der Weise die sittliche Vollkommenheit, wenn es erlaubt ist, im Reichtum entfalten, andernfalls in der Armut; wenn er es kann, im Vaterland, andernfalls im Exil; wenn er es kann, als Feldherr, andernfalls als Soldat; wenn er es kann, gesund, andernfalls gebrechlich" (Epist. 85, 39 f.: *tu illum premi putas malis? utitur [...] sic sapiens virtutem, si licebit,*

[24] Dies entspricht dem altstoischen Konzept der 'Chresis', des rechten 'Gebrauchs' der indifferenten Güter; dazu M. Forschner, Die stoische Ethik. Über den Zusammenhang von Natur-, Sprach- und Moralphilosophie im altstoischen System, Darmstadt ^{2}1995, 117 und 170.

in divitiis explicabit, si minus, in paupertate; si poterit, in patria, si minus, in exilio; si poterit, imperator, si minus, miles; si poterit, integer, si minus, debilis).

Natürlich wird hier wiederum der Idealzustand beschrieben, der kaum je verwirklicht wird. Denn selbstverständlich gelingt es kaum je jemandem, sich beispielsweise im Umgang mit dem Reichtum stets der Wertneutralität dieses äußeren Guts bewusst zu sein, sich nicht zu Gewinnstreben oder – bei einem finanziellen Verlust – zu Ärger und Jähzorn hinreißen zu lassen. Wenn nun aber jemand, der reich ist und in der Öffentlichkeit in hohem Ansehen steht, solchen Anforderungen ausgesetzt ist, heißt dies jedoch nicht notwendigerweise, dass er den Besitz weggeben und sich aus dem öffentlichen Leben zurückziehen solle,[25] sondern diese Situation kann durchaus auch als *stimulus* für die Bewährung der Tugend verstanden werden (Provid. 4, 6). Die Anforderungen an den Fortschreitenden sind umso höher, je mehr er von äußeren Gütern umgeben ist: Einerseits muss er, wenn er in ihrem Besitz ist, lernen, sie als indifferent zu werten und zu 'verachten', und andererseits muss er einen Verlust dieser Güter mit Gleichmut ertragen können: „Kein anderer ist des Gottes würdig, als wer den Reichtum verachtet; ich will dir seinen Besitz nicht etwa untersagen, sondern ich will bewirken, daß du ihn ohne Angst besitzen kannst, und dies erreichst du nur auf eine Weise: wenn du zur Überzeugung gelangt bist, dass du auch ohne ihn glücklich leben wirst, und wenn du ihn immer als etwas betrachtest, das dir auch verloren gehen kann“ (Epist. 18, 13: *nemo alius est deo dignus quam qui opes contempsit; quarum possessionem tibi non interdico, sed efficere volo ut illas intrepide possideas; quod uno consequeris modo, si te etiam sine illis beate victurum persuaseris tibi, si illas tamquam exituras semper aspexeris*). Der Reichtum ist auch in dem Sinn 'Anwendungsmaterial' für die Tugend *(virtuti materia)*, dass er die Gelegenheit bietet, wohltätig zu sein: „Der Weise liebt den Reichtum nicht, aber er zieht ihn (einem anderen Besitzstand) vor; nicht in seine Seele, sondern in sein Haus nimmt er ihn auf und verschmäht es nicht, ihn zu besitzen, sondern er bewahrt ihn und will damit seiner Tugend größere Mittel verfügbar machen“ (Vit. Beat. 21, 4: *sapiens [...] non amat divitias sed mavult; non in animum illas sed in domum recipit, nec respuit possessas sed continet, et maiorem virtuti suae materiam subministrari vult*); „wie kann man aber daran zweifeln, daß dem Weisen der Reichtum mehr Gelegenheit bietet, seinen Geist vielseitig zu entfalten, als die Armut? Denn in der Armut besteht die Ausübung der Tugend allein darin, sich nicht beugen und niederdrücken zu lassen; im Reichtum dagegen besteht ein weiter Spielraum

[25] Anders als das christliche Gebot, den Besitz wegzugeben und Christus nachzufolgen (nach Mk 10, 17–31).

für die Bewährung der Mäßigung, der Freigebigkeit, der Sorgsamkeit, der richtigen Verteilung und der Entfaltung von Großzügigkeit" (Vit. Beat. 22, 1: *quid autem dubii est quin haec maior materia sapienti viro sit animum explicandi suum in divitiis quam in paupertate, cum in hac unum genus virtutis sit non inclinari nec deprimi, in divitiis et temperantia et liberalitas et diligentia et dispositio et magnificentia campum habeat patentem?*).[26] Der Reichtum bietet also die größere Herausforderung für den Fortschreitenden als die Armut. Doch da er ihn in der Folge oft auch scheitern lässt, rät Seneca immer wieder zu einem einfachen Lebensstil, zu karger Kost und bescheidener Ausstattung: „Üben wir uns am Holzpfahl, [...] die Armut soll uns vertraut werden; wir werden sorgloser reich sein, wenn wir wissen, wie wenig beschwerlich es ist, arm zu sein" (Epist. 18, 8: *exerceamur ad palum [...] fiat nobis paupertas familiaris; securius divites erimus si scierimus quam non sit grave pauperes esse*). Allerdings kann die Armut, wenn sie – wie von den Kynikern – als Ideal gepriesen wird, genauso zum falschen Ziel des Strebens werden wie der Reichtum (Vit. Beat. 18, 3).[27]

Damit sind wir wiederum beim Vorwurf der doppelten Moral, den Seneca in ›De Vita Beata‹ einem fiktiven Gegner gegen sich selbst in den Mund legt: „Du redest anders, als du lebst" (18, 1: *aliter [...] loqueris, aliter vivis*), „Warum hältst du Geld für unentbehrlich? [...] Warum hast du so prächtige Möbel? [...] Warum trinkt man bei dir Wein, der älter ist als du selbst? [...] Warum trägt deine Frau Schmuck an den Ohren im Wert eines ganzen Hauses?" usw. (ibid. 17, 1–3). Wenn er daraufhin gemäß stoischer Doktrin den Reichtum als indifferentes Gut bezeichnet und deshalb seinen Besitz nicht verurteilt, sondern als *materia virtuti* bezeichnet, so entsteht tatsächlich der Eindruck, dass Seneca in den ›Briefen an Lucilius‹ zwar Armut predigt, in ›De Vita Beata‹ jedoch für sich selbst den Besitz von Reichtum legitimiert. Nun ist die Schrift ›De Vita Beata‹ mit großer Wahrscheinlichkeit in eine frühere Phase zu datieren als die ›Briefe an Lucilius‹, die Seneca nach dem Rückzug von Neros Hof verfasste, als er das asketische Leben auch selbst vorlebte, sodass man eine Entwicklung in Senecas Denken und somit auch in seiner Interpretation der stoischen Lehre bzw. eine zeitweilige Annäherung an die milderen Formen der Mittleren Stoa annehmen kann.[28] Mindestens in einem Punkt bleibt Se-

[26] Auch Antipater bezeichnet die indifferenten Dinge als 'Material' für die Bewährung der Tugend (Stoicorum Veterum Fragmenta 3, 195; 491: hylē tēs aretēs; vgl. Cicero, De Finibus 3, 61: *materia sapientiae*).

[27] Dazu T. Fuhrer, The Philosopher as Multi-Millionaire: Seneca on Double Standards, in: K. Pollmann/B. Dunsch, Double Standards in the Ancient and Mediaeval World, Göttingen 2000 (im Druck).

[28] Davon geht insbesondere Maurach (oben Anm. 1) aus, gegen Hadot (oben Anm. 10) und Rudich (oben Anm. 3) u. a. Für eine Anlehnung an die Mittlere Stoa in ›De Vita Beata‹ spricht sich E. Asmis, Seneca's On the Happy Life and Stoic Individualism, in: Apeiron 23, 1990, 219–255 aus.

neca jedoch konsistent: Immer betont er, dass allein die *virtus* als Maßstab gelten darf; es gelten also nicht zwei, sondern immer nur dieser eine Maßstab.[29] Man kann Seneca höchstens anlasten, dass er, während er anderen eine 'stoische Haltung' inmitten von Luxus und Machtintrigen nicht zutraut und deshalb zur Mäßigung in der Zurückgezogenheit rät, sich in ›De Vita Beata‹ offenbar selbst in der Lage des weit Fortgeschrittenen sieht, der die höheren Anforderungen, denen er als reicher Höfling ausgesetzt ist, meistern kann. Er unterlässt es jedoch nicht zu betonen, dass er als Nicht-Weiser das stoische Ideal nicht erfüllt, sondern erst danach strebt: „Ich bin kein Weiser und – um deiner Böswilligkeit Vorschub zu leisten –: ich werde es auch nicht sein. [...] Mir genügt es, wenn ich täglich einen Teil meiner Schwächen entfernen und meine Fehler unter Kontrolle bekommen kann" (Vit. Beat. 17, 3: *non sum sapiens et, ut malivolentiam tuam pascam, nec ero. [...] hoc mihi satis est, cotidie aliquid ex vitiis meis demere et errores meos obiurgare*). So kann er auch begründen, warum er anders *spricht,* als er *lebt:* „So spreche ich über die moralische Vollkommenheit und nicht über mich selbst, und wenn ich moralische Schwächen tadle, so meine ich damit vor allem meine eigenen" (Vit. Beat. 18, 1: *de virtute, non de me loquor, et cum vitiis convicium facio, in primis meis facio*).

Mit seinem *ceterum censeo,* mit dem er die sittliche Vollkommenheit seinen Lesern immer wieder als alleingültige Richtschnur in Erinnerung ruft und ihnen so dieses Ideal richtig gehend einhämmert, folgt Seneca genau der rigiden Lehre der alten Stoa, und er kritisiert auch jede Abweichung wie z. B. die peripatetische Güterlehre: Die *virtus* allein ist ein Gut im strikten Sinn, neben ihr dürfen keine anderen Güter mehr bestehen, weder Gesundheit noch Wohlstand, und erst dann, wenn die *virtus* vollkommen ist, kann man von einer *vita beata* sprechen. Seneca wendet sich insbesondere gegen die peripatetische Definition des abgestuften Glücks, das erst dann vollkommen ist, wenn es die körperlichen und die äußeren Güter miteinschließt (Epist. 85, 19 f.). Ebenso polemisiert er gegen die Lehre der Metriopathie, die eine bloße Mäßigung der Affekte als Idealzustand bezeichnet (Epist. 85, 5 f.). Auch wenn sich Seneca in bestimmten Einzelheiten Abweichungen von der stoischen Orthodoxie erlaubt, berühren diese in keiner Weise das Dogma der Autarkie der *virtus.*

Seneca ist also ein Dogmatiker, aber sicher kein Systematiker. Man hat ihm deswegen öfter den Status des 'Philosophen' absprechen wollen.[30] Wenn wir den Begriff 'Philosophie' jedoch – wie Seneca selbst – im Sinn

[29] Für eine Interpretation von Senecas ›De Vita Beata‹ als Plädoyer gegen die Doppelmoral vgl. Fuhrer (oben Anm. 27).

[30] Dazu P. Grimal, Sénèque est-il un philosophe?, in: L'information littéraire 5, Paris 1953, 60–64.

von Platon und Karl Jaspers als „Liebe zur Weisheit und eifriges Streben nach ihr“ *(amor sapientiae et adfectatio)* und als „Streben nach sittlicher Vollkommenheit“ *(studium virtutis;* Epist. 89, 4–8) verstehen wollen, dann sind seine philosophischen Schriften in allen Teilen eine Dokumentation dieser Haltung.

In jedem Fall ist Seneca ein großer Literat, zumal er sich ja auch als Verfasser von Tragödien hervorgetan hat. Seine Vorliebe für kurze, prägnante Sätze und Antithesen, mit denen er seine *praecepta* einprägsam formuliert, seine auf das Gegenüber bezogene, dialogische Argumentationsweise, die auch als Diatribenstil bezeichnet wird und große Ähnlichkeit mit dem Predigtstil hat, seine Fülle an Metaphern und *exempla* trugen dazu bei, dass er durch die Jahrhunderte hindurch einer der meistgelesenen Philosophen blieb: Bereits in der Spätantike wurde er von den Christen als „beinahe einer der ihren“ *(saepe noster)* bezeichnet, und ein fingerter, aber bis zu Erasmus für echt gehaltener Briefwechsel mit dem Apostel Paulus legitimierte für die Christen die Lektüre seiner Schriften durch das ganze Mittelalter hindurch. Im Humanismus der Renaissance wurde er zum Idol der Vertreter des Neustoizismus um Justus Lipsius, dessen Freund Peter Paul Rubens seine Verehrung für den Philosophen Seneca auf zwei Gemälden zum Ausdruck brachte. Michel de Montaignes ›Essais‹ sind in Bezug auf Form und Inhalt den ›Briefen an Lucilius‹ nachempfunden. Auch wenn Seneca im 18. und 19. Jh. Mangel an denkerischer Originalität vorgeworfen wurde, blieb er gern gelesener Autor und war sogar der Lieblingsautor Arthur Schopenhauers.[31] Eine gewisse Popularität bleibt ihm auch am Ende des 20. Jh. erhalten, indem einzelne Aussagen als Lebensweisheiten in Anthologien (›Seneca für Manager‹),[32] auf Kalenderblättern oder Zuckertüten abgedruckt werden.

Bibliographie

L. Annaei Senecae De Beneficiis, hrsg. und übers. von E. Préchac, Paris 1926 (mit mehreren Nachdrucken).

L. Annaei Senecae De Clementia, hrsg. und übers. von E. Préchac, Paris 1925 (mit mehreren Nachdrucken).

[31] Eine Sammlung von Aufsätzen zu „Senecas Nachleben“ findet sich bei R. Chevallier et R. Poignault, Présence de Sénèque, Paris 1991. Eine zusammenfassende Darstellung gibt Giebel (oben Anm. 1) 127–132. Zum Briefwechsel mit Paulus vgl. zuletzt A. Fürst, Pseudepigraphie und Apostolizität im apokryphen Briefwechsel zwischen Seneca und Paulus, in: Jahrbücher für Antike und Christentum 41, 1998, 77–117.

[32] Seneca für Manager. Sentenzen, ausgewählt und übersetzt von G. Schoeck, Zürich/München ^{2}1989.

L. Annaei Senecae Dialogorum Libri Duodecim, hrsg. von L. D. Reynolds, Oxford 1977 (mit mehreren Nachdrucken), darin:
›De Brevitate Vitae‹ (›Von der Kürze des Lebens‹) [Brev. Vit.]
›De Constantia Sapientis‹ (›Von der Unerschütterlichkeit des Weisen‹) [Const. Sap.]
›De Vita Beata‹ (›Vom glückseligen Leben‹) [Vit. Beat.]
›De Providentia‹ (›Von der Vorsehung‹) [Provid.]
L. Annaei Senecae ad Lucilium Epistulae Morales, 2 Bde., hrsg. von L. D. Reynolds, Oxford 1965 (mit mehreren Nachdrucken). [Epist.]
L. Annaei Senecae Naturalium Quaestionum Libri VIII, hrsg. von A. Gercke, Neuauflage besorgt von W. Schaub, Stuttgart 1986.

PLOTIN

Die Heimkehr der Seele

Von Dominic J. O'Meara

In der Mitte des 3. Jahrhunderts nach Christus interpretierte Plotin in Rom, in einem kleinen philosophischen Kreis, Platons Philosophie. Zeit und Ort dieser Tätigkeit sollten noch ihre Bedeutung bekommen. Plotins engste Schüler führten eine philosophische Bewegung weiter, heutzutage 'Neuplatonismus' genannt, welche das philosophische Denken der Spätantike in Italien, Syrien, Griechenland und Ägypten gestaltete und die griechische Philosophie, insbesondere die Werke Platons und Aristoteles', dem Mittelalter vermittelte. Die Grundlage des Philosophierens im Mittelalter, sei es im lateinischen Westen, in Byzanz oder im islamischen Osten, war eben der Zugang zur griechischen Philosophie: Diesen Zugang hat der Neuplatonismus vermittelt und gestaltet. Als führende philosophische Bewegung der Spätantike haben Plotin und seine Nachfolger auch die Entwicklung der christlichen Theologie stark beeinflusst, obwohl sie eher christenfeindlich waren. Unter den christlichen Theologen, die Plotins Werk gut kannten und viel benutzten, seien hier nur Gregor von Nyssa im griechischen Osten und Augustinus im lateinischen Westen erwähnt. Zur Zeit der italienischen Renaissance, als Marsilio Ficino in Florenz die aristotelische Scholastik des Spätmittelalters bekämpfen wollte, vertrat dieser erfolgreich die neuplatonische Deutung der Philosophie Platons. Sein Einsatz prägte nicht nur die Entwicklung der Philosophie in der modernen Zeit, sondern auch die Literatur und Kunst der Renaissance in Europa. Plotins Denken konnte offensichtlich in verschiedenen Epochen und Kulturen auf unterschiedliche Weise interessant und wertvoll sein, was wohl auch heute noch weiterhin gelten kann. Dazu dürfte eine Rückkehr zu Plotins Person, seinem Leben und seinen Ideen, wie wir es hier kurz unternehmen werden, nützlich sein.

I

Zu Plotins Zeit, wie überhaupt im Zeitalter des Römischen Reiches, nahm die Philosophie hauptsächlich die Form eines Lehrunterrichts an, in welchem Grundtexte gelesen und kommentiert wurden, wie es auch heute noch oft der Fall ist. Im 2. Jh. n. Chr. lasen in ihren Schulen Stoiker wie Epiktetos die Werke des Mitbegründers des Stoizismus, Chrysippos, Aristoteliker wie Alexander von Aphrodisias studierten Aristoteles' Werk und Platoniker wie Alkinoos und Numenios interpretierten Platons Dialoge. Im Unterschied aber zur heutigen Praxis galten die Werke der Gründer – seien es Platon, Aristoteles oder Chrysippos – als Ausdruck der Wahrheit. In einer platonisierenden Schule also Platon richtig zu interpretieren, hieß wohl auch die Wahrheit zu erreichen, indem treffende Lösungen zu philosophischen Problemen gefunden werden sollten. Dazu hat man, was uns jetzt anachronistisch erscheinen mag, Begriffe unterschiedlicher Herkunft angewandt, z. B. Platon mithilfe aristotelischer oder stoischer Theorien interpretiert. Zu dieser Schulkultur der Philosophie des Römischen Reichs gehört Plotin.

Wahrscheinlich in Ägypten geboren (204/205 n. Chr.) und aufgewachsen, besuchte Plotin die philosophische Schule des Platonikers Ammonios in Alexandrien (232–242 n. Chr.). Über Plotins frühere Lehrer wissen wir so gut wie nichts. Nach dem gescheiterten Feldzug des Kaisers Gordianus gegen Persien (243 n. Chr.), an dem er teilgenommen hat, zog Plotin nach Rom (244 n. Chr.), wo er, als Gast der adligen Gemina, eine inoffizielle Schule leitete. Der Weggang seiner Hauptschüler in den Jahren 268 n. Chr. (Porphyrios zur Erholung nach Sizilien) und 269 n. Chr. (Amelios nach Syrien) bedeutete wahrscheinlich die Auflösung der Schule. Plotin wurde schwer krank und starb zurückgezogen auf dem Lande in Kampanien, im Jahre 270 n. Chr.

Plotins Schule in Rom wurde von Senatoren, Ärzten, Schriftstellern, Männern und Frauen unterschiedlicher kultureller Herkunft besucht. Plotins Zugang zu höheren Schichten der römischen Gesellschaft zeigt sich auch in seiner Freundschaft mit dem Kaiser Gallienus (253–268 n. Chr.) und dessen Frau. Neben den unregelmäßigen Besuchern und den treuen Mitgliedern der Schule gehörten zudem noch Schüler wie Porphyrios, die sich ganz dem Leben der Schule gewidmet hatten und Beihilfe im Lehrbetrieb leisteten. Auszüge aus Platons Dialogen wurden vorgelesen und diskutiert. Dabei wurden die auseinander gehenden Interpretationen der vorherigen platonischen Kommentatoren (zumeist aus dem 2. Jahrhundert) kritisch herangezogen, ebenso sogar die Schriften des Aristoteles und seiner Kommentatoren. Die richtige Textdeutung zu erreichen bedeutete die beste Lösung eines philosophischen Problems zu finden. Solche Debatten wurden sehr locker geführt, wenn nicht manchmal sogar etwas chaotisch; eine davon – es ging um das Verhältnis zwischen Seele und Körper – dauerte drei Tage. Plotin vertrat seine eigene Meinung nur zurückhaltend; für Auseinandersetzungen blieb offensichtlich viel Raum. Einige Plotin zufolge gänzlich verkehrte Platondeutungen, wie z. B. die der Gnostiker,[1] wurden aber durch Plotin und seine Hauptschüler sowohl mündlich als auch schriftlich entschieden zurückgewiesen.

Plotins Schriften entstanden im Zusammenhang mit solchen Diskussionen zwischen 254 und 270 n. Chr. Die Zugänglichkeit dieser Schriften war jedoch zuerst begrenzt – erst 30 Jahre nach Plotins Tod wurde endlich eine offizielle Gesamtausgabe veröffentlicht. Porphyrios, der Herausgeber, gliederte die Schriften seines Meisters auf eine merkwürdige Weise. Er zerteilte einige Schriften, um deren Anzahl zu vergrößern und dadurch die Zahl von 54 Traktaten zu erreichen.[2] Dann verteilte er die so entstandenen 54 Traktate in 6 thematische Gruppen von je 9 Traktaten (‘Enneaden’ = ‘Neuner’).[3] Die 6 thematischen Gruppen bilden eine Reihe (Gruppe I: moralische Fragen; Gruppe II und III: die Welt; Gruppe IV: die Seele; Gruppe V: der Geist; Gruppe VI: das Eine), die einen Weg zur Weisheit zeigen soll. Porphyrios wollte hiermit dem Leser einen Durchgang durch Plotins Schriften anbieten, welche ihm eine philosophische Ausbildung, eine Hinführung zum absolut Guten beibringen würde. Allgemeines Ziel der Textlektüre und -deutung in den philosophischen Schulen des Römischen Reiches war an erster Stelle die Umgestaltung des Lebens, die Heilung der Seele, die Hinführung zu einem daraus resultierenden guten Leben.

Einleitend zur Werkausgabe fügte Porphyrios noch eine Biographie Plotins, die ›Vita Plotini‹, hinzu,[4] die Hauptquelle unserer Auskünfte über Plotins Leben und eine wirklich faszinierende Darstellung des Lebens eines spätantiken Philosophen. Doch auch hier, an der Schwelle zur Lektüre der Schriften Plotins, ging es um eine Hinführung zu einem neuen Leben. Hier begegnet der Leser dem Sinnbild der Weisheit, wie sie durch die Philosophie, durch die Lektüre der Schriften Plotins erreicht wird. In seinem Leben zeigte Plotin einerseits einen Zugang zur höchsten Erkenntnis; er nahm am geistigen Leben des Göttlichen ständig teil, was auch das höchste Gut des Menschen bedeutet. Andererseits verhinderte diese philosophische Zurückgezogenheit keineswegs einen erfolgreichen Einsatz im praktischen Leben: Praktische Weisheit und Tugend zeichneten Plotin aus,

[1] Der Gnostizismus war eine facettenreiche religiöse Bewegung der Zeit des Römischen Reiches, welche dazu tendierte, die Welt als Kampfplatz zwischen dem Guten und Bösen zu verstehen, und eine Erlösung durch eine besondere Erkenntnis (‘gnosis’) versprach.

[2] 54 = 6 (Zahl der Vollkommenheit) x 9 (Zahl der Ganzheit)!

[3] Plotins Schriften werden nach dieser Enneadenordnung zitiert: Enn. I, 9, z. B., bedeutet das neunte Traktat der ersten Gruppe.

[4] Üblicherweise liest man auch heute die ›Vita Plotini‹ am Anfang jeder Gesamtausgabe der Schriften Plotins.

sei es in der Betreuung von Waisenkindern, sei es in der gerechten Regelung verschiedener Streitigkeiten zwischen Bekannten, sei es in einer sanften, wohlwollenden und geduldigen Haltung gegenüber seinen Mitmenschen. Wie dieses Ziel, versinnbildlicht durch Porphyrios' Darstellung von Plotins Leben, zu erreichen ist, wie, genauer gesagt, die kritische Deutung von Platons Philosophie zur Weisheit, zum höchsten Gut des Menschen führen soll, werden wir hier als Leitfaden verfolgen, wenn wir jetzt zu Plotins Philosophie übergehen.

II

Bei den ersten griechischen Philosophen lässt sich eine Erklärungsordnung feststellen, welche ihren deutlichsten Ausdruck in Platons Werk ›Timaios‹ findet. Dieser Ordnung folgend wurde zuerst die Frage der Entstehung der Welt behandelt: Aus welchen Grundmaterialien entsteht die Welt, welche Faktoren tragen dazu bei? Nachdem der allgemeine Ausbau der Welt erklärt wurde, kamen noch Detailbereiche der Welt zur Sprache, z. B. die Entstehung der Pflanzen, der Tiere und insbesondere der Menschen. Beim Menschen wurde nicht nur seine biologische Natur erfasst, sondern auch seine technische, kulturelle und politische Entwicklung erforscht. Hier kamen Fragen zum Vorschein, die wir heute eher der Ethik und Politik zuschreiben würden. Diese Erklärungsordnung können wir auch bei Plotin verfolgen und daher zuerst die Frage nach der Entstehung der Welt stellen, so wie sie in Platons ›Timaios‹ behandelt wird. Wie lautet also Platons Antwort? Wie ist sie zu verstehen?

Plotins Vorgänger im 2. Jh. n. Chr. glaubten üblicherweise drei Hauptbestandteile oder Ursachen der Welt in Platons ›Timaios‹ zu finden, und zwar (1) einen Urstoff, der Ordnung und Strukturen bekommt nach dem Muster (2) gewisser übersinnlicher Paradigmen, bei Platon 'Ideen' genannt, und zwar durch die Wirkung (3) eines göttlichen Baumeisters (des 'Demiurgos'), auch als 'Geist' bezeichnet. Solch eine Deutung bringt viele Unklarheiten, Schwierigkeiten und Fragen mit sich: Wie ist die Wirkung des Demiurgos zu verstehen? Wie hat er die Welt geschaffen? Heißt dies, dass die Welt einen Anfang hat? Was ist der Demiurgos? Was sind die Ideen und wie beziehen sie sich auf den Demiurgos? Was ist der Urstoff, oder die Materie, der Welt? Durch die Behandlung solcher Fragen ist Plotin zu dem Schluss gekommen, dass drei Hauptursachen der Welt zu identifizieren sind: die Seele, der Geist und das Eine (Enn. V, 1). Der Frage, wie er zu diesem Ergebnis gekommen und warum dadurch eine Deutung Platons gefunden worden ist, die eine Lösung der Schwierigkeiten des ›Timaios‹ verspricht, wollen wir nun nachgehen.

Im ›Timaios‹ (30b–d) wird die Welt als organische Einheit dargestellt, als Lebewesen, als kosmisches Tier. Eine Weltseele durchdringt den Körper der Welt, gibt ihm Ordnung, Leben, Einheit. Plotin zufolge ist die Seele, sei es die Weltseele oder die individuelle Seele, die einzige Quelle aller Struktur und Ordnung, die durch ihre dynamische Wirkung dem Körper übermittelt wird. Der Körper hingegen, durch Örtlichkeit und Masse gekennzeichnet, zerfällt als Zusammengesetztes, verliert seine Einheit, seine Struktur, wenn die Seele bei ihm nicht mehr wirksam bleibt. Diese Unterscheidung zwischen Seele und Körper bedeutet für Plotin (Enn. IV, 7), dass die Seele unkörperlich sein muss, da sonst die Welt zur Vernichtung gekommen sein würde. Wegen ihrer Unkörperlichkeit ist die Seele nicht durch Örtlichkeit und Masse bestimmt. Sie kann überall und einheitlich im Körper (Welt- oder individueller Körper) wirksam sein. Der Körper in seinem strukturierten Wesen setzt die Seele voraus: Nicht die Seele hängt vom Körper ab, sondern der Körper von der Seele. Wenn alles, Ordnung, Struktur und Form, von dem, was dem Körper durch die Seele vermittelt wird, begrifflich entzogen wird, bleibt nur noch eine radikale Abwesenheit aller Form, in diesem Sinne ein Nicht-Sein, eine Dunkelheit, bei Plotin 'Materie' genannt, welche in der Seele ihren Ursprung findet (Enn. III, 4, 1) und Grundlage der Weltentstehung ist. Die Seele übernimmt hier in der Tat die weltstiftende Tätigkeit des Demiurgos in Platons ›Timaios‹. Plotin zieht es aber vor, Platons Demiurgos eher mit einem göttlichen Geist zu identifizieren, der die Seele in ihrer Gestaltungsfunktion inspiriert. Diese Funktion setzt nämlich eine Erkenntnis voraus, ein Wissen der Vorbilder oder Muster, nach denen die Materie zu einer geordneten rationalen Einheit gebracht wird. Indem die Seele diese Erkenntnis nicht besitzt oder ist, sondern diese bekommt oder lernt, muss diese Erkenntnis schon vorher existieren (Enn. V, 1, 3–4), eine Erkenntnis, die auch eins mit ihren Gegenständen (den Vorbildern) sein muss, wenn kein Lernprozeß oder eine unsicherheitsstiftende Trennung zwischen Erkenntnis und Erkenntnisgegenstand vorkommen soll (Enn. V, 5, 1–2). Diese Einheit von Erkenntnis und den Vorbildern der Welt (Platons Ideen), die von der Seele vorausgesetzt ist, bildet das Denken eines göttlichen Geistes *(Nous)*. Platons Ideen sind also das Denken eines übersinnlichen Geistes, den Plotin als Platons Demiurgos identifiziert.

Aristoteles und seine Nachfolger hatten einen göttlichen Geist, den so genannten 'unbewegten Beweger', als Urprinzip der Welt eingeführt. Bei Plotin kann aber dieser Geist kein Urprinzip sein: Der Geist ist sowohl Zweiheit (des Denkens und des Gedachten) als auch zugleich Vielheit (der Ideen). Wie intensiv die Einheit des Geistes auch immer ist, er muss dennoch stets vereint sein, d.h., er setzt ein Einheitsprinzip voraus (Enn. V, 1, 4–5), das keine Einheit aus Vielheit sein kann, sondern Eines sein soll als das Nicht-Viele, das 'Eine',[5] das als Urprinzip der Einheit aller Wirklichkeit funktioniert.

Das Eine – Plotin glaubte, es in Platons ›Parmenides‹ und in Platons ›Staat‹ (die 'Idee des Guten') lesen zu können – befindet sich also jenseits der höchsten Stufe der Erkenntnis und des Denkens sowie des denkbaren Seins (der Ideen). Das Eine ist somit in sich undenkbar und deswegen auch unsagbar, wenn die Sprache Ausdruck des Denkens ist. Wird dennoch von Plotin viel über das Eine gedacht und gesagt, so ist das nur als Aufspüren der Anwesenheit des Einen in der denkbaren Welt zu verstehen: Jede Vielheit, sei es die Vielheit der Welt oder die Vielheit der Ideen, zeigt in ihrer Einheit ihre Abhängigkeit vom Einheitsprinzip und weist auf dieses Prinzip hin (Enn. VI , 9, 3; V, 3, 14). Die Unzulänglichkeit der Sprache, so wie die des Denkens, wird bei Plotin deutlich thematisiert und reflektiert. Unzulänglichkeit heißt bei ihm aber keineswegs Verzweiflung über eine Kluft zwischen Denken bzw. Sprechen und Wirklichkeit. Plotin geht mit der griechischen Sprache sehr frei und schöpferisch um, entwickelt einfallsreiche Sinnbilder und Gedankenexperimente, um die Bedeutungskraft der Sprache und der Welt, die hinführende Struktur von Erscheinungen, auszuschöpfen. Er benutzt sie als Übergang zum Absoluten, welches jenseits des Sprechens und des Denkens steht.

Doch sollten wir zuerst noch zurück zu Plotins eigenartiger Deutung von Platons ›Timaios‹ kommen. Plotins Vorgänger hatten den ›Timaios‹ meist so verstanden, dass die Hauptursachen, die sie im Text fanden (Materie, Ideen, Demiurgos), alle Urprinzipien seien und durch ihr Zusammenwirken die Welt entstehen ließen. Bei Plotin ist es aber nicht so: Die Seele, als Gestaltungskraft der Welt, setzt den Geist voraus, der noch das Eine voraussetzt. Selbst die Materie ist kein Urprinzip, wenn sie durch die Seele erzeugt wird. Es bleibt also eigentlich nur ein Urprinzip: das Eine; alle anderen Ursachen hängen mittelbar oder unmittelbar, ihrem Wesen nach, vom Einen ab. Letztendlich ist also das Eine die Urquelle der Existenz aller Wirklichkeit. Wie kann aber die vielfältige Wirklichkeit aus dem Einen, dem Nicht-Vielen, kommen (Enn. V, 1, 6)? Genauer gefragt, wie entsteht der Reihe nach der Geist aus dem Einen, die Seele aus dem Geist, die Welt aus der Seele?

Bevor wir zur Entstehung der Welt kommen, muss noch bemerkt werden, dass diese Entstehung unzeitlich sein muss. Wenn die Welt zeitlich ist, dann entstehen sowohl die Zeit als auch die Welt. Ist die Zeit aber als Ergebnis eines Prozesses entstanden, dann ist diese Entstehung als Prozess unzeitlich: Die Welt hat keinen zeitlichen Anfang. Wenn die Entstehung

[5] Dieser Ausdruck ist als Verneinung der Vielheit zu verstehen (Eins = Nicht-Vieles).

der Welt aus der Seele unzeitlich ist, dann muss umso mehr auch die Entstehung des Geistes aus dem Einen und der Seele aus dem Geist als unzeitlich verstanden werden: Die Wirklichkeit entwickelt sich ewig (im Sinne von unzeitlich), ohne Anfang, ohne Ende, aus dem Einen.

Die erste Stufe dieser Entwicklung, die Entstehung des Geistes aus dem Einen, lässt sich allerdings kaum erklären, weil es um eine Beziehung geht, welche unsere Denkmöglichkeiten weit übersteigt, nämlich die Beziehung zwischen dem unsagbaren Absoluten und dem Geist, der Höchstform des Denkens ist, dessen Wesen wir uns durch unsere mühsame nachforschende Schlussfolgerungen kaum annähern können. Immerhin stehen uns Entstehungsprozesse zur Verfügung, die ihresgleichen auf einer höheren Stufe versinnbildlichen können: Die Sonne strahlt Licht aus, das Feuer Hitze usw. Verallgemeinernd behauptet Plotin, dass jedes Wesen als Tätigkeit eine zweite sekundäre Tätigkeit entstehen lässt (Sonne –› Licht). Im biologischen Bereich zeigt sich die schöpferische Tätigkeit eines Lebewesens in der Fortpflanzung. Sie deutet darauf hin, dass die Kreativität eines Lebewesens mit seiner Maturität, seiner (biologischen) Vollkommenheit, verbunden ist. Daraus schließt Plotin, dass die Verwirklichung, die Vollkommenheit eines Wesens, eine Kreativität, die Schöpfung einer weiteren Tätigkeit bedeutet. Es handelt sich um Plotins wichtiges Prinzip, dem zufolge alles, was gut ist, etwas von sich selbst weitergibt. Wenn nun das Eine absolute Vollkommenheit ist, weil jenseits jeglicher Abhängigkeit und Zusammengesetztheit, dann muss es auch schöpferisch sein, d. h. eine zweite, sekundäre Tätigkeit entstehen lassen. Da es um die Entstehung des Geistes geht, muss diese Tätigkeit das Denken sein. Wenn das Denken (nach dem aristotelischen Modell) eine undeterminierte Aufnahmefähigkeit ist, die durch Denkgegenstände geformt wird, dann entsteht aus dem Einen eine solche Fähigkeit, welche, durch Hinwendung zum Einen, artikuliert wird als eine Vielheit von Denkgegenständen (die Ideen), also als ein denkbares begriffliches Bild, als vereinte Vielheit des Einen (Enn. V, 4, 1–2). Solch eine Erklärung der Entstehung des Geistes aus dem Einen besteht, wie gesagt, aus Analogien, die ihre Begründung in unserer Erfahrung finden: Die Erklärung muss also lückenhaft, schwierig und problematisch bleiben in Bezug auf die Sache selbst. Wichtig ist vor allem die Idee, dass die Wirklichkeit aus dynamischen, selbststiftenden Prozessen entsteht, welche auch schöpferisch wirken und weitere Abbilder ihrer Tätigkeit entstehen lassen.

Die Entstehung der Seele aus dem Geist erklärt Plotin in Grunde genommen genau wie die Entstehung des Geistes aus dem Einen (Enn. V, 2, 1). Die Seele ist also eine weiterentwickelte Vielheit, Abbild und Ausdruck des Geistes. Wie der Geist ist die Seele Eines und Vieles zugleich, eine Seele und viele Seelen. Deren Einheit, wenn auch nicht so intensiv wie die des Geistes, bedeutet dennoch, dass dort, wo eine Seele ist, Seele im Ganzen da ist, ohne dass dadurch die Vielheit der Seelen geschwächt würde. Im Vergleich mit dem Geist zeichnet sich die Seele besonders dadurch aus, dass sie die körperliche Welt entstehen lässt und durchdringt. Auch hier entsteht eine Undeterminiertheit aus der Seele, die Materie (Enn. III, 4, 1). Als allerletzte Entstehung muss die Materie in sich unfruchtbar, zu jeglicher Aufnahme unfähig bleiben. Es entstehen aber im Spannungsfeld zwischen dieser 'Dunkelheit' und der Seele flüchtige, unsichere Abbilder des Denkens der Seele, die körperliche Welt also, die noch durch die Wirksamkeit der Seele belebt, aufgebaut und vereint werden muss. Hier will Plotin der Seele kein baumeisterliches Schaffen zuschreiben, wie man es etwa beim Demiurgos in Platons ›Timaios‹ vorfinden könnte: Die Seele wirkt, indem sie den Geist denkt; ihr Denken ist schöpferisch (Enn. III, 8), und ein Abbild ihres Denkens entsteht zwischen ihr und der Dunkelheit, der absoluten Grenze der Negativität, der Materie.

III

Der Mensch befindet sich in der Welt als Seele im Körper. Seine Untersuchung über die Entstehung der Welt, welche die Form einer philosophisch-kritischen Deutung von Platons ›Timaios‹ annimmt, ist also eine Untersuchung über sich selbst: Welterkenntnis ist auch Selbsterkenntnis. Man entdeckt seine eigene Natur als wirksame Seele im Körper. Die Tätigkeit der Seele, und somit das Leben, das man führt, ist vielfältig (Enn. III, 4) und erstreckt sich vom Denken des göttlichen Geistes hinunter bis zur Beschäftigung mit materiellen Angelegenheiten. Das 'Ich' – von Plotin zum ersten Mal in der Philosophie thematisiert – ist also höchst beweglich und dazu fähig, sich überall in der Wirklichkeit zu äußern, sei es in einem Rückgang zum Grund der Seele im göttlichen Geist, sei es in einer Selbstentfremdung der Seele in der Körperlichkeit. Der göttliche Geist, als Ursprung der Seele, bleibt ihr immer zugänglich und anwesend, selbst wenn dies der Seele unbewusst ist (Enn. IV, 8, 8). Wenn das Leben des göttlichen Geistes die Vollkommenheit der Seele darstellt, dann ist auch dieses Leben das Beste, was der Mensch erfahren darf, das Glück im Sinne vollkommener Unabhängigkeit und gänzlicher Verwirklichung des Denkens der Seele (Enn. I, 4). Der Mensch kann auch dieses Denken, diese Erkenntnis, zum Ausdruck bringen, indem er als Seele die körperliche Existenz erkenntnisvoll ordnet und leitet. Seine Beschäftigung mit den körperlichen Erzeugnissen der Seele kann aber auch zur Faszination, zur verkehrten Liebe seiner eigenen Abbilder werden, gleich dem Narzissus, der sich in sein Abbild im Wasser verliebt (Enn. I, 6, 8). Der Mensch verliert sich dadurch, vergisst seine Beziehung zum göttlichen Geist, seinen Zugang zur Erkenntnis, unterwirft sich minderwertigen Gegenständen, verzweifelt, wird verwirrt, unwissend, unglücklich, böse. Indem ein solcher Selbstverlust nur entstehen kann, wenn es die Körperlichkeit gibt und Letztere ihre Negativität durch die Materie erhält, so ist die Materie der Ursprung aller Bedürftigkeit und Bosheit, das Prinzip des Bösen also, des absolut Bösen (Enn. I, 8, 3–5).

Die sich selbst verlierende Seele, verwirrt wie Odysseus, der während seiner langen Irrfahrt sogar seine geliebte Heimat Ithaka vergisst (Enn. I 6, 8; V, 1, 1), ist dennoch nicht gänzlich dem negativen Einfluss der Materie ausgesetzt. Insofern die Welt geordnet und geformt ist, ist sie Ausdruck der Erkenntnis der Seele bzw. des göttlichen Geistes. In diesem Sinne ist die Welt auch gut und schön: Plotin interpretiert 'schön sein' als 'geformt sein' (Enn. I, 6) und die ursprünglichen Formen, die Ideen im göttlichen Geist, als absolute Schönheit (Enn. V, 8). Umgeben von Abbildern dieser Schönheit findet die Seele durch die Erfahrung und Liebe der Schönheit den Weg zurück zum göttlichen Geist, dessen Schönheit ein Abglanz, eine 'Gnade' des absolut Guten, des Einen, ist (Enn. VI , 7, 22 und 32). Auch Künstler können Zugang zum göttlichen Geist haben und dieser Schönheit in ihrem Werk Ausdruck verleihen (Enn. V, 8, 1) – ein einflussreicher Gedanke in der Kunstphilosophie der Renaissance.

Der Weg zurück durch Liebe der Schönheit, wie er auch schon bei Platon im ›Gastmahl‹ und im ›Phaidros‹ zu lesen ist, kann kaum allein angetreten werden. Die verwirrte Seele braucht Begleitung, Hinführung, so wie sie in der Philosophie vorhanden ist. Die Aufgabe der Philosophie, wie sie in Plotins Schule und in seinem Werk praktiziert wird, besteht somit darin, als Suche nach Erkenntnis die Rettung der Seele von ihrer Selbstvergessenheit, Verwirrung, Selbsterniedrigung vorzunehmen: Durch die Rückkehr zur Erkenntnis entdeckt die Seele ihre eigene Natur, ihren Wert, wieder, und diese Selbsterkenntnis kann dann zur absoluten Erkenntnis im göttlichen Geist, was dem vollkommenen Glück gleichkommt, führen. Platons Text zu deuten, Probleme zu umkreisen und zu lösen, kann also als Übung betrachtet werden, die den Zugang zur Selbsterkenntnis und zum Glück ermöglichen und erleichtern kann. Solche kritischen Überlegungen und Argumentationen, solche mühsam entwickelten Schlussfolgerungen sollen zu einer Erkenntnis führen, die nicht mehr von solchen Vorgängen abhängt, die als absolute Erkenntnis gelten soll, insofern als das Denken und seine Gegenstände unmittelbar vereint sind und dadurch absolute Wahrheit bilden (Enn. V, 5, 1–2). Diese Erkenntnis ist das Leben des göttlichen Geistes: Sie zu erreichen heißt, das philosophische Nachforschen nicht mehr zu benötigen und umso weniger den sprachlichen Ausdruck dieses Forschens zu benötigen: Die Wahrheit wird in vollkommenem Schweigen erlebt; das Ziel der Philosophie ist erreicht.

Wenn der göttliche Geist durch den Bezug zum absoluten Einen entsteht, dann nähert sich die Seele, die teilnimmt am Leben des göttlichen Geistes, unmittelbar dem Einen an. Plotin nennt das Eine auch das Gute, insofern das Eine als Urprinzip, als absolute Unabhängigkeit und Vollkommenheit, der Bedürftigkeit der Seele vollkommen entgegenkommen kann (Enn. VI, 9, 3). Sowohl der göttliche Geist als auch die Seele, die Geist geworden ist, stehen also in einem suchenden Verhältnis zum Einen. Eine Einigung mit dem Einen kann auch erfolgen, insofern wir alle Unterschiede zwischen uns als Geist und dem Einen weglassen und uns der Anwesenheit des Einen im geduldsamen Schweigen bereitstellen (Enn. VI, 7, 34 und 36; VI, 9). Plotins Beschreibungen solcher Vorgänge haben die Sprache verschiedener Mystiker in der lateinischen, griechischen und islamischen Welt geprägt. Es sei aber darauf hingewiesen, dass die Einigung mit dem Einen bei Plotin Ergebnis des philosophischen Suchens ist: Durch die Philosophie kommt die Seele zum Geist, zur Erkenntnis und dadurch zur Einigung mit dem Einen.

IV

Unsere knappe Besichtigung von Plotins Werk kann durch die Lektüre einiger plotinischer Schriften ergänzt und vertieft werden, z. B. des Traktates über das Schöne (Enn. I, 6) oder des Traktates über den Weg zum Einen (VI, 9). Manches in Plotins Philosophie ist der Schulkultur und Selbstverständlichkeit seiner Zeit verhaftet und mag uns fremd und problematisch erscheinen, genauso wie unsere eigene philosophische Kultur und Selbstverständlichkeit eines Tages als überholt gelten werden. Von historischer Wichtigkeit sind Plotins allgemeine Gestaltung des Erbes der griechischen Philosophie sowie neue Gedanken und Ansätze, wovon einige Beispiele oben Erwähnung gefunden haben. Sein dynamisches Weltbild, die Wirklichkeit als Tätigkeit, als selbststiftender Prozess, die Verbindung zwischen Selbstbewusstsein und Erkenntnis der Welt, unsere Verantwortlichkeit in der Gestaltung des Lebens durch Erkenntnis, unser Wert und unsere wertstiftende Funktion, die Unzulänglichkeit des Denkens und der Sprache, diese plotinischen Thesen können, wie auch andere, wohl auch den heutigen Menschen noch ansprechen.

Auswahlbibliographie

Plotins Schriften. Griechisch-deutsch, übers. v. R. Harder, Neubearbeitung fortgeführt von R. Beutler und W. Theiler, Hamburg 1956–1971 (6 Bde.). Gesamtausgabe.

Plotin, Geist – Ideen – Freiheit (Enneade V 9 und VI 8), hrsg. v. W. Beierwaltes, Hamburg 1990.
Plotin, Seele – Geist – Eines (Enneade IV 8, V 4, V 1, V 6 und V 3), hrsg. v. K. Kremer, Hamburg 1990.
Plotin, Über Ewigkeit und Zeit (Enneade III 7), übers. v. W. Beierwaltes, Frankfurt 1995 (4., ergänzte Auflage).
Selbsterkenntnis und Erfahrung der Einheit (Enneade V 3), übers. v. W. Beierwaltes, Frankfurt 1991.

AUGUSTINUS

Antike Philosophie in christlicher Interpretation

Von Christoph Horn

Das zentrale Anliegen Augustinus' (354–430 n. Chr.) bestand darin, die christliche Offenbarung als 'wahre Philosophie' zu erweisen.[1] Das lässt darauf schließen, dass Augustinus seine Tätigkeit als die eines Philosophen verstand. Natürlich finden sich bei ihm auch zahlreiche Texte, die keine philosophisch-argumentative Form aufweisen; aber diese fallen für ein angemessenes Augustinus-Bild kaum ins Gewicht. So gesehen wäre es historisch unrichtig, wollte man Augustinus in die Zunft der ‚Theologen' einordnen (wie Buchhändler und Bibliothekare dies gewöhnlich tun). Denn als moderne Leser sind wir gewohnt, den Ausdruck ‚Theologie' wenigstens teilweise in einem nicht-rationalistischen, vielleicht sogar in einem antiphilosophischen Sinn aufzufassen. Ein solcher fideistischer Theologiebegriff, dem zufolge der Glaube eine selbstständige, nicht auf Vernunftgründe reduzierbare Einsichtsform darstellt, wäre freilich ganz und gar unaugustinisch.

Der Kirchenvater gehört dem Diskussionskontext der antiken Philosophie an, deren intellektualistische Grundhaltung er übernimmt und an deren Themen, Lehrgehalten und Methoden er sich auch dann orientiert, wenn er spezifisch christliche Themen behandelt. Das zeigt sich gerade an jenen Stellen, an denen er die christliche Sichtweise als überlegen zu erweisen sucht. Aus heutiger Sicht sind wir mit Augustinus' Argumentationstandards zwar längst nicht immer zufrieden: Er scheint etwa dem kirchlichen Autoritäts- sowie dem Schriftprinzip häufig zu viel Raum zuzugestehen. Auch wirkt eine ganze Reihe augustinischer Positionen, darunter die berühmte Lehre von Erbsünde, Gnade und Prädestination, philosophisch betrachtet recht angreifbar. Aber entscheidend ist, dass Augustinus der neuzeitlichen Auffassung denkbar fern steht, die gedanklichen Inkonsistenzen eines Offenbarungsglaubens ließen sich unter Hinweis auf dessen rational unerfassbare ‚höhere' Wahrheit legitimieren. Weit eher kommt Augustinus' theoretische Einstellung in dem Diktum zum Ausdruck: Wenn Platon noch am Leben wäre, dann müsste er vernünftigerweise dem Christ-

[1] Explizit etwa in ›Contra Iulianum‹ IV 72. Vgl. auch ›Epistula‹ 2 sowie ›De civitate dei‹ XXII 22.

entum Recht geben.[2] Kurzum, der Kirchenvater betrachtete das Christentum als rationale Erfüllung, nicht als irrationale Überbietung der paganen Philosophie des Altertums.

Natürlich führt ein solches Beweisziel zu erheblichen Modifikationen und Innovationen gegenüber dem vorchristlichen antiken Denken. Hierin liegt der besondere Reiz, der von dem Philosophen Augustinus ausgeht. Im Folgenden soll Augustinus' eigentümliche Verknüpfung von Tradition und Innovation exemplarisch anhand der vier Themen Ethik, Cogito, Willensbegriff und Staatsphilosophie skizziert werden, die zueinander in einem engen inneren Zusammenhang stehen.

1. Augustinus' teleologische Ethik

Der Ausgangspunkt der augustinischen Ethik liegt in der Beobachtung, menschliches Handeln vollziehe sich auf der Basis einer einheitlichen, freilich dem Akteur meist unbewusst bleibenden Handlungstendenz. Augustinus konstatiert beispielsweise, es gebe für das Philosophieren keinen anderen Beweggrund als das Glücksstreben.[3] So harmlos dieser Satz wirkt, so inhaltsreich ist er bei näherem Hinsehen. Denn er zielt nicht eigentlich auf eine (reichlich überpointiert wirkende) Behauptung zum Motiv allen Philosophierens ab, vielmehr deutet er auf die anspruchsvolle These hin, im Menschen sei eine Strebenstendenz angelegt, die erst in ihrem abschließenden Ziel, dem Glück, zur Ruhe kommt. Diese These begründet einen eigenständigen Ethiktyp, den man als ‚teleologische Ethik' bezeichnet (griech. *telos* = Ziel). Darunter ist eine Moralkonzeption zu verstehen, die dem Menschen eine zugleich natürliche und vernünftige Strebenstendenz zuspricht und behauptet, diese Tendenz richte sich auf ganz bestimmte, objektiv angebbare Güter. Letztlich soll alles Streben sogar auf ein einziges Gut zulaufen, wofür meist das Glück, gelegentlich auch die Lust, vorgeschlagen wird. Unter ‚Glück' wird hierbei nicht – wie in der Neuzeit üblich – eine gehobene Gemütsstimmung, eine Lebensphase euphorischer Gefühle, verstanden, sondern ein dauerhafter Vollendungszustand, in dem alle relevanten Wünsche, Neigungen und Anlagen realisiert sind. Anstelle des modernen Empfindungsglücks liegt der teleologischen Ethik also die Vorstellung eines Erfüllungsglücks zugrunde. Charakteristisch für eine teleologische Ethik, wie Augustinus sie vertritt, ist somit zweierlei: Erstens enthält sie – deskriptiv – die Auffassung, dass menschliches Handeln eine

[2] ›De vera religione‹ 3, 3 ff.

[3] *Nulla est homini causa philosophandi nisi ut beatus sit*: ›De civitate dei‹ XIX 1; ebenso ›Sermo‹ 150, 4.

implizite Strebenslogik aufweist, eine natürliche Tendenz, die immer schon auf ein bestimmtes letztes Ziel ausgerichtet ist. Zweitens bestimmt sie – normativ – den Begriff des richtigen Handelns in Abhängigkeit von dieser Strebenstendenz: Richtig handelt, wer die in ihm angelegte Tendenz bewusst und rational verwirklicht, wer also der natürlichen Strebensordnung zum Glück hin zielstrebig Folge leistet.[4] Das menschliche Glücksstreben *ist* eine rationale Tendenz, die überdies rational betrieben werden *soll*.

Die augustinische Version dieses Ethikmodells wird mustergültig im Frühdialog ›De beata vita‹ entwickelt. Am Anfang steht die These von der Unumgänglichkeit menschlicher Glückssuche, die für alle Dialogteilnehmer einen konsensfähigen Ausgangspunkt bildet.[5] Als Glück gilt dasjenige, worin alles Handeln und Begehren zur Erfüllung kommt. Daraus wird gefolgert: Niemand kann glücklich sein, wenn er etwas Begehrtes nicht hat; freilich macht nicht alles, was begehrt und erlangt wird, tatsächlich glücklich; deshalb bedürfe es der Philosophie, die eine kritische Betrachtung der Glücksrelevanz von Strebensgütern unternimmt. Welches Gut oder welche Güter erweisen sich dabei als glücksrelevant oder gar als glückskonstitutiv? Augustinus stellt für ein Gut des gesuchten Typs fünf Teilforderungen auf: Erstens muss es immer (also ohne Unterbrechung und endlos) existieren, sonst könnte menschliches Glück nicht lückenlos und nicht dauerhaft sein. Versteht man Glück aber als einen Erfüllungszustand, so scheint die Forderung nach seiner Kontinuität tatsächlich zwingend. Zweitens darf das gesuchte Gut für den Glückssucher nicht partiell unzugänglich oder verlierbar sein; um kontinuierlich im Besitz dessen sein zu können, den man glücklich nennen kann, muss es unter allen Lebensbedingungen zugänglich und festhaltbar sein. Drittens muss es den, der es hat, wunschlos glücklich machen; der Betreffende darf nichts darüber hinaus erstreben wollen. Viertens muss das Gut, das ein gleichbleibendes Glück sicherstellen soll, unerschöpflich sein; seine Glückswirkung darf nicht nachlassen. Dazu gehört fünftens, dass das gesuchte Gut nicht nur ewig, sondern auch in sich unwandelbar ist, nämlich ebenso unveränderlich wie die Glückswirkung, die von ihm ausgehen soll. Als das Gute, das ein solches permanentes Glück herbeiführt, kommt nun klarerweise allein Gott in Betracht. Denn nur dessen Merkmale (1) Ewigkeit, (2) Zugänglichkeit, (3) Unüberbietbarkeit, (4) Fülle und (5) Unveränderlichkeit sollen das menschliche Glücksstreben abschließend zufrieden stellen können.

Wie man sofort sieht, ist für Augustinus' Ausprägung einer teleologi-

[4] Umgekehrt verfahren „deontologische Ethiken", z. B. diejenige Kants: Sie weisen Verbindlichkeiten aus, die unabhängig von der Erlangung von Gütern sein sollen.

[5] Vgl. *beatos nos esse volumus*: ›De beata vita‹ 2, 10; ähnlich ›De civitate dei‹ VIII 8 sowie ›De trinitate‹ XIII 3, 6 f.

schen Ethik die neuplatonische Vorstellung prägend, die menschliche Glückstendenz sei innerhalb eines metaphysischen Schemas zu interpretieren, welches vom Gedanken einer Derivation des Kosmos aus einem göttlichen ersten Prinzip und seiner Rückkehr zu diesem bestimmt ist. Nach neuplatonischer Überzeugung geht alles Entstandene aus dem ersten Prinzip, der absoluten Fülle, hervor; da der Hervorgang, verglichen mit dieser Fülle, eine Minderung oder Depotenzierung bedeutet, besitzt alles Hervorgegangene die Tendenz, um seiner Wiederherstellung willen zu seinem Ausgangspunkt zurückzukehren. Aus dieser Perspektive spricht Augustinus in ›De beata vita‹ allen Geschöpfen eine Rückkehrtendenz zum göttlichen Ursprung zu (vgl. etwa den Ausdruck *ad deum reditus*).[6] Auf den Gedanken, dass die menschliche Strebenstendenz nur durch Gott als das *summum bonum* zu erfüllen ist, dessen ‚Schau‘ oder ‚Genuss‘ das gesuchte Glück darstellt, kommt Augustinus auch später immer wieder zurück.[7] Das neuplatonische Motiv des Gott-Habens oder Gott-Genießens erlangt bei dem Kirchenvater eine bleibende und für die spätere christlich-metaphysische Tradition zentrale Bedeutung.

Um nun die Existenz einer natürlichen Strebenstendenz im Menschen nachzuweisen, stützt sich Augustinus gerne auf Argumente, die beweisen sollen, dass wir nicht bestreiten können, gewisse Strebensziele zu haben. Überlegungen dieser Art stammen aus der Stoa; bekannt ist das so genannte *eklogē*-Argument, dem zufolge jeder Mensch, sofern er nur bei Verstand ist, einsieht, dass es für ihn *ceteris paribus* besser ist zu leben als nicht zu leben und ebenso besser, als Mensch zu leben denn als nicht-rationales Lebewesen.[8] Gemeint ist: Es gibt natürliche Güter, die jeder Mensch immer schon bejaht und unweigerlich bejahen muss, weil er ihren Wertcharakter unmittelbar und mit Evidenz einsieht und bei ihrer Bestreitung mit seiner Vernunfteinsicht in Konflikt geriete.

Augustinus verwendet das stoische *eklogē*-Argument nicht nur, um auf pragmatisch unbestreitbare Selbstverständlichkeiten hinzuweisen, beispielsweise mit der antihedonistischen Pointe, niemand könne leben, um zu essen, vielmehr müsse man essen, um zu leben.[9] Er sieht darin mehr als nur ein *Indiz* auf eine im Menschen angelegte, konstante Naturtendenz,

[6] ›De beata vita‹ 4, 36.

[7] Die ausführlichsten späteren Darstellungen der metaphysischen *summum bonum*-Konzeption finden sich in ›De trinitate‹ VIII 3, 4–5 und in ›De civitate dei‹ XIX 11–14. Die Unabschließbarkeit des Glücks unter irdischen Bedingungen wird in ›De civitate dei‹ XIX 6 und in ›Sermo‹ 19, 4 sowie 105, 6 erläutert.

[8] Für das stoische Argument vgl. SVF III 124–127; Cicero, ›De finibus‹ III 17; Seneca, ›Epistulae morales‹ 92, 11, 1. Vgl. M. Forschner, Über das Handeln im Einklang mit der Natur. Grundlagen ethischer Verständigung, Darmstadt 1998.

[9] ›De magistro‹ 9, 26.

bestimmte Güter anderen vorzuziehen. In ›De trinitate‹ versieht er das Argument mit einem weitergehenden Anspruch: Vielleicht könne man ja wahrheitsgemäß von allen Menschen behaupten, sie wollten lieber geschäftliche Gewinne machen als Verluste; ebenso sei plausibel, dass alle Menschen lieber gelobt als getadelt würden. Freilich seien für beide Feststellungen Ausnahmen denkbar. Ganz gewiss könne man jedoch konstatieren: Ausnahmslos jeder wolle glücklich sein. Das Glück sei mit dem menschlichen Streben so unmittelbar verknüpft, dass niemand es zu bejahen und zu verfolgen bestreiten könne.[10] Anders gesagt: Augustinus kennzeichnet das Glück als den notwendigen, letzten Zweck allen individuellen Handelns. Derselbe Punkt kommt im Kontext der augustinischen Diskussion des Falles Cacus zum Ausdruck: Cacus, der mythische Inbegriff des skrupellosen und asozialen Verbrechers, zielt ebenso wie alle anderen Lebewesen auf das Glück des Friedens; denn er sucht in seiner Räuberhöhle den ungestörten Genuss der geraubten Güter. Auch er, der scheinbar ganz nach unmoralischen Prinzipien lebt, bestätigt somit noch, dass ein einziges Ziel verbindlich ist und sich folglich auch die Mittel-Ziel-Relation niemals gänzlich pervertieren lässt. Zwar kann jemand, so verallgemeinert Augustinus, unfriedliche Mittel gebrauchen, um einen für sich angenehmen Frieden zu erreichen, aber niemand kann den Unfrieden selbst zu seinem Strebensziel machen. Eine relative Pervertierung der Moralität ist für Augustinus nur in zwei Hinsichten möglich: bei der inhaltlichen Bestimmung des Strebensziels und bei der Wahl der Mittel zu seiner Erlangung. Ausgeschlossen ist dagegen eine verkehrte Zielwahl oder eine Umkehrung der Mittel-Ziel-Relation innerhalb der Strebensordnung. Niemand kann bestreiten, das Strebensziel des Glücks oder Friedens zu verfolgen, oder gar behaupten, er ziehe prinzipiell Krieg dem Frieden vor.[11]

2. *Das Augustinische Cogito*

Augustinus hält die basale Glückstendenz, wie wir sahen, für regelrecht beweisbar, und zwar im Sinn einer cartesischen, also selbstevidenten und endgültigen Gewissheit. In diesem Anspruch liegt eine bemerkenswerte philosophiehistorische Innovation. Bekanntlich findet sich in Augustinus' Schriften eine Reihe von Stellen, die Descartes' Cogito-Argument auf überraschende Weise antizipieren.[12] In Analogie zur cartesischen Konzeption eines *Cogito, (ergo) sum* spricht man unter Philosophiehistorikern da-

[10] ›De trinitate‹ XIII 3, 6.

[11] ›De civitate dei‹ XIX 12.

[12] Die wichtigsten Cogito-Stellen sind ›Contra Academicos‹ III 9, 19; III 11, 26; ›De beata vita‹ 2, 7; ›Soliloquia‹ II 1, 2; ›De vera religione‹ 39, 73; ›De libero arbitrio‹

her auch von einem ‚augustinischen Cogito' – wobei freilich über dessen genaue Bedeutung unter den Interpreten keine Einigkeit besteht. Im Frühwerk kommt ein solches Argument am deutlichsten in ›De vera religione‹ zum Ausdruck, wo es heißt: Wer auf den Akt des Zweifelns achte, könne eben darin eine Gewissheit finden; wer an der Existenz von Wahrheit zweifle, könne eben in seinem Zweifel etwas unbezweifelbar Wahres entdecken.[13] Nun zeigt sich bei näherem Hinsehen, dass Augustinus' Cogito an seinen wichtigsten Belegstellen mit der These verknüpft ist, das, was einem Menschen „unmittelbar vertraut" sei, sei eben sein Glücksstreben.

Die einschlägige Stelle aus ›De civitate dei‹ bildet hierfür den ausführlichsten und interessantesten Beleg. Augustinus wendet sich gegen den Einwand der akademischen Skepsis, auch die Behauptung einer unmittelbaren Selbstgewissheit könne auf Täuschung beruhen, indem er argumentiert:

„Denn wenn ich mich täusche, bin ich. Wer nämlich nicht ist, kann sich keinesfalls täuschen; und auf diese Weise bin ich, wenn ich mich täusche. Da ich demnach bin, wenn ich mich täusche, wie könnte ich mich dann darüber täuschen, daß ich bin, wenn doch sicher ist, daß ich bin, wenn ich mich täusche? Da ich es also wäre, der sich täuschte, auch wenn ich mich täuschte, steht es außer Zweifel, daß ich weiß, daß ich bin. Dann ist es aber folgerichtig, daß ich mich auch darin nicht täusche, daß ich weiß, daß ich weiß, daß ich bin. Denn ebenso wie ich weiß, daß ich bin, weiß ich auch um eben dieses mein Wissen. Und indem ich diese zwei liebe, füge ich diesen Dingen, die ich weiß, als ein Drittes von nicht geringerer Wertschätzung die Liebe hinzu. Denn ich täusche mich auch darin nicht, daß ich sie liebe, wenn ich mich nicht in dem täusche, was ich liebe; und auch wenn dies falsch wäre, wäre es doch wahr, daß ich Falsches liebte. Denn wie sonst könnte man mich mit Recht tadeln und mit Recht von der Liebe zum Falschen abhalten, als wenn es falsch wäre, daß ich es liebte? Da aber auch jenes wahr und gewiß ist, kann niemand bezweifeln, daß auch die Gegenstände der Liebe und die Liebe selbst wahr und gewiß sind. Denn ebensowenig gibt es jemanden, der nicht existieren wollte, wie es irgend jemanden gibt, der nicht glücklich sein wollte. Denn wie kann einer glücklich sein, wenn er überhaupt nicht ist?"

Augustinus antwortet auf den fiktiven Einwand eines Skeptikers, dem folgender Zweifel an der eigenen Existenz in den Mund gelegt wird: „Was wäre, wenn ich mich darin täuschte, dass ich existiere?" Der Kirchenvater macht geltend, dass die Annahme, ich täuschte mich in meiner Existenz, bereits impliziert, dass ich existiere; folglich sei mein eigenes Sein unbe-

II 3, 7; ›De civitate dei‹ XI 26 sowie ›De trinitate‹ X 10, 13–16 und XV 12, 21. Zur teleologischen Interpretation des augustinischen Cogito vgl. G. B. Matthews, Thought's Ego in Augustine and Descartes, Ithaca/London 1992 sowie Ch. Horn, Welche Bedeutung hat das Augustinische Cogito?, in: ders. (Hrsg.), Augustinus, De civitate dei, Berlin 1997, 109–129.

[13] ›De vera religione‹ 39, 73.

zweifelbar. Das klingt klarerweise cartesisch. Andererseits gibt die Fortführung des Arguments einen Hinweis auf den Entdeckungszusammenhang des augustinischen Cogito, nämlich die Unbestreitbarkeit der eigenen Glückstendenz. Augustinus zielt nicht nur darauf ab, die unmittelbare Gewissheit meines Seins zu erweisen, vielmehr fügt er in einem zweiten Schritt mein Wissen um diese Gewissheit und in einem dritten Schritt meine ‚Liebe' zur ersten wie zur zweiten Gewissheit als unmittelbare Evidenzen hinzu. Von Descartes her gesehen wirkt der dritte augustinische Gewissheitsanspruch problematisch. Er wäre für Descartes nur akzeptabel, wenn ‚Lieben' *(amare)* kein emotional-affektives Phänomen, sondern einen geistigen Akt zum Ausdruck bringen sollte.

Dass Letzteres bei Augustinus tatsächlich der Fall ist, zeigt sich am Schluss des zitierten Textstücks. Dort wird deutlich, dass *amare* in diesem Kontext soviel bedeuten muss wie ‚bewusst bejahen' oder ‚rational erstreben' und somit als ein *terminus technicus* innerhalb einer teleologischen Ethik fungiert. Offenkundig kann Augustinus sogar bei seinem (nicht nur fiktiven) skeptischen Gegner die Grundformel aller antiken Glückstheorien voraussetzen: Niemand will unglücklich sein; jeder strebt von Natur aus nach dem Glück. Von dieser Formel ausgehend verstand auch die akademische (und ebenso die pyrrhonische) Skepsis ihr philosophisches Anliegen vor einem glückstheoretischen Hintergrund: Denn wenn es falsche Überzeugungen sind, die die menschliche Seele irritieren und vom Glücklichsein abhalten, dann ist es rational, allem die Zustimmung vorzuenthalten, was bezweifelbar und daher möglicherweise falsch ist. Nun ist aber alles bezweifelbar; also ist eine allgemeine Urteilsenthaltung *(epochē)* rational. Augustinus will vor diesem Hintergrund am Ende des zitierten Textes nachweisen, dass sich aus der von dem Skeptiker anerkannten Gewissheit einer Zustimmung zum eigenen Sein und zum eigenen Wissen auch die Evidenz des eigenen Seins ableiten lässt. Anders gesagt, er gewinnt aus dem Satz „Es gibt niemanden, der nicht glücklich sein wollte" die Präsupposition „Es gibt niemanden, der nicht sein wollte". Und eben darin gibt Augustinus die Wurzel seines Cogito-Arguments in der antiken Strebenskonzeption zu erkennen.[14]

Der Wille als Dezisionsvermögen und als Strebenstendenz

Die These von der unmittelbaren Kenntnis meines eigenen Strebens ist noch in einem anderen Kontext von Bedeutung: im Zusammenhang der augustinischen Willenstheorie.

[14] Für den Zusammenhang von Cogito und teleologischer Ethik vgl. auch ›De trinitate‹ XV 12, 21.

Im Œuvre des Kirchenvaters findet sich eine Reihe von Stellen, an denen ein innovativer Willensbegriff erscheint: Unter ‚Wille' wird erstmals in der Philosophiegeschichte ein freies Entscheidungsvermögen verstanden[15] – und damit tritt die seit dem späten Mittelalter vorherrschende Begriffsbedeutung in Erscheinung. Mit dieser Innovation versucht der Kirchenvater das Theodizeeproblem und komplementär dazu das Problem menschlicher Eigenverantwortlichkeit zu bewältigen. Sein neuartiger Willensbegriff lässt sich wie folgt charakterisieren: Der Wille bezeichnet diejenige innere Entscheidungsinstanz, an der wir die Vorstellung von Verantwortlichkeit und Zurechenbarkeit festmachen und auf die wir moralische Leistungen oder Schuld, Lob oder Tadel, Belohnung oder Strafe zurückführen. Je nach der Güte des willentlichen Motivs lässt sich von einer guten oder bösen Handlung sprechen; die Qualität einer Handlung wird also nach der Dignität des zugrunde liegenden Willens beurteilt. Gemeint ist ferner ein unmittelbar Ich-nahes, kein triebhaft-irrationales Vermögen. Und es handelt sich um ein Vermögen, das ein Ereignis spontan und undeterminiert herbeiführen kann. Eine solche Spontaneität der Entscheidung und der Ausführung schließt die Fähigkeit ein, vollkommen willkürlich zu verfahren. Der Wille gestattet es somit, trotz klarer Einsicht in die Vorzüge der besseren Handlungsoption die schlechtere zu wählen, und er erlaubt es, im nächsten Augenblick vollkommen anders als bislang zu handeln. Das bedeutet keineswegs, dass der Wille irrational wäre. Er verhält sich vielmehr neutral gegenüber der Alternative von Rationalität und Irrationalität. Kennzeichnend für ihn ist nur die Überlegtheit oder Bewusstheit einer willentlichen Zustimmung, nicht ihre Rationalität. Zwar besitzt Rationalität für eine bewusst getroffene Entscheidung einen normativen Charakter: Die Entscheidung soll rational ausfallen; aber längst nicht alle *bewusst* getroffenen Entscheidungen sind deshalb bereits *rational*. Und schließlich ist für den Willen charakteristisch, dass er seine Tätigkeit schlechthin nicht unterbrechen oder beenden kann. Wer über einen Willen verfügt, kann sich keinen Augenblick lang von ihm verabschieden und beispielsweise einfach nur triebhaft agieren. Auch ein impulsiv-irrationales Handeln muss zuvor von der Instanz des Willens als meine Handlungswahl abgesegnet worden sein.

Hierzu einige Belege: In ›De libero arbitrio‹ antwortet Augustinus auf die Frage, ob böses Handeln des Menschen Gott als dessen Schöpfer zugerechnet werde müsse: Nichts könne den menschlichen Geist zum An-

[15] Es gibt gute Gründe anzunehmen, dass die Idee eines solchen Willens erst der jüdisch-christlichen Tradition entstammt: vgl. A. Dihle, Die Vorstellung vom Willen in der Antike, Göttingen 1985 und Ch. Horn, Augustinus und die Entstehung des philosophischen Willensbegriffs, in: Zeitschrift für philosophische Forschung 50 (1996) 113–132.

hänger einer schlechten Neigung machen als allein sein eigener Wille und sein eigenes freies Entscheidungsvermögen *(propria voluntas et liberum arbitrium)*.[16] Niemand, so heißt es weiter, könne irgend etwas unwillentlich wollen *(nemo autem vult aliquid nolens)*.[17] Augustinus' Willensbegriff schließt erkennbar zwei Momente ein. Zum einen soll der Wille subjektiv verfügbar sein im Sinn eines unmittelbar bekannten Vermögens. Wollen ist kein dunkles oder triebhaftes Begehren, sondern steht zur persönlichen Disposition. Zum anderen ist der menschliche Wille objektiv frei. Gott oder andere äußere Faktoren, z. B. meine früher getroffenen Entscheidungen, mögen meinen Willen in eine bestimmte Richtung ziehen – determinieren können sie ihn nicht. Er ist eine spontane Entscheidungsinstanz, deren Wahl nicht weiter kausal abgeleitet werden kann. So sagt der Kirchenvater, es stehe außer Frage, dass mein Wille mir unmittelbar selbst gehört.[18] Andererseits soll der Mensch objektiv frei sein, da Gott zwar seine Entscheidungen vorhersehe, sie jedoch nicht determiniere.[19] In ›De duabus animabus‹ gibt Augustinus eine Definition des Willens, die mit diesen beiden Elementen operiert: Der Wille ist „ein uns unmittelbar bekanntes Vermögen" *(nobis autem voluntas nostra notissima est)*, und er ist, wie Augustinus sagt, „eine zwanglose Geistesbewegung mit dem Ziel, etwas nicht zu verlieren oder aber etwas zu erreichen" *(voluntas est animi motus cogente nullo ad aliquid vel non amittendum vel adipiscendum)*.[20]

Die deutlichste Textstelle für diesen neuartigen Willensbegriff findet sich in ›De civitate dei‹ XII 6: Augustinus erklärt dort, wie man sich die Abwendung ‚gefallener Engel' von Gott vorstellen kann, ohne letztlich Gott selbst für deren ‚Abfall' verantwortlich machen zu müssen. Die gesuchte Erklärung liegt in einem spontanen, durch nichts anderes verursachten Willen, welcher imstande ist, trotz bester Einsicht bewusst Schlechtes zu wählen. Der Wille besitzt die Fähigkeit, eine Entscheidung zu treffen, für die keine weiteren Ursachen mehr angebbar sind.[21] Es ist sehr interessant zu sehen, wie der Kirchenvater jede zusätzliche Ursachenforschung mittels des Willensbegriffs ad absurdum führt:

16 ›De libero arbitrio‹ I 11, 21.

17 ›De libero arbitrio‹ II 14, 37.

18 ›De libero arbitrio‹ III 1, 3.

19 Vgl. dazu u. a. ›De diversis quaestionibus‹ 68, 5.

20 ›De duabus animabus‹ 10, 14.

21 Im spätmittelalterlichen Voluntarismus wies man – mit Blick auf die Entscheidungen Gottes – darauf hin, dass ein so verstandener Wille vollkommen *grundlos* wollen kann: Entscheidungen können auch ohne gute, nachvollziehbare Gründe gefällt werden; Augustinus ist freilich noch kein Voluntarist und insbesondere kein theologischer Dezisionist.

„Sucht man nach einer bewirkenden Ursache dieses bösen Willens, so findet man keine. Denn was sollte es sein, das den bösen Willen verursacht, der seinerseits das böse Werke hervorbringt? Es ist der böse Wille, der das böse Werk vollbringt, aber es gibt nichts, was den bösen Willen bewirkt. Denn wenn es irgend etwas gäbe, was als Ursache in Frage käme, hätte dieses entweder auch einen Willen oder keinen. Hat es einen, dann entweder einen guten oder einen bösen. Wenn einen guten, wird doch niemand so unsinnig sein zu glauben, dass der gute Wille einen bösen Willen hervorbrächte. [...] Wenn aber jenes etwas, das den bösen Willen verursachen soll, selbst einen bösen Willen hat, forsche ich folgerichtig nach der Ursache, die ihn hervorgebracht hat, und so fort [...]. Es bleibt noch die Annahme, dass den bösen Willen etwas hervorgebracht hat, in dem noch kein Wille war. Ich frage nun, ob dieses etwas Höheres oder Niederes oder Gleiches war. War es höher, dann gewiß auch besser, hatte also gewiß nicht etwa keinen, sondern vielmehr einen guten Willen. Dasselbe müßte gelten, wenn es gleich gewesen wäre. [...] So müßte ein geringeres Etwas, das keinen Willen hat, dem Engelwesen, das zuerst sündigte, den bösen Willen eingeflößt haben."

Natürlich ist auch die letztgenannte Option ausgeschlossen, da nach Augustinus' neuplatonischer Ontologie keine Entität ausschließlich schlecht sein kann; erst recht kann nichts graduell Schlechteres in etwas Besserem etwas absolut Schlechtes, nämlich einen bösen Willen, erzeugen. Der zentrale Gedanke der zitierten Stelle ist also: Nur dadurch, dass der Wille als vollständig unabhängig und letztursächlich gedacht wird, wird er als Wille überhaupt adäquat verstanden und ernst genommen; folglich ist er frei, das Falsche trotz klarer Einsicht dem Richtigen vorzuziehen. Der Wille ermöglicht falsche Entscheidungen, für die keine weiteren Ursachen mehr angebbar sind. Erst durch ihn gelangt man zu einer rationalen Erklärung freien und falschen Handelns, das eine Bestrafung rechtfertigt. Einen solchen Willen besitzen alle Wesen, die „einen für das göttliche Licht (d. h. die Vernunft) empfänglichen Geist" haben.[22] Der Wille ist aber nicht einfach identisch mit der Vernunft; er soll vielmehr das Vermögen sein, eine Wahl zwischen vernünftigen und unvernünftigen, zwischen guten und bösen Optionen zu treffen.

Nun ist Folgendes auffällig: Augustinus hält zugleich an der traditionellen strebenstheoretischen Willenskonzeption fest. Für den bisher erläuterten Willensbegriff der Letztursächlichkeit verwendet er in der Regel den Ausdruck *liberum arbitrium,* während er für den traditionellen das Wort *voluntas* reserviert; *voluntas* hat also zumeist den Sinn von ‚rationaler Neigung' oder ‚natürlicher Tendenz' und steht nicht für ein freies Entscheidungsvermögen.[23] Beginnend mit der Schrift ›Contra Fortunatum‹ aus dem

[22] ›De civitate dei‹ XII 1.

[23] Vgl. etwa ›De beata vita‹ 2, 10 oder ›De trinitate ‹ XI 5, 9; 6, 10 sowie ebd. XIII 3, 6; 4, 7.

Jahr 392 n. Chr. zeigt Augustinus ein klares Bewusstsein für die Differenz zwischen dem freien Entscheidungsakt einerseits und der unfreiwilligen oder durch eigene Willensentscheidung gewählten Handlungstendenz andererseits. Das *liberum arbitrium,* die Fähigkeit zu freier Entscheidung, wird von der *voluntas,* der zugrunde liegenden Handlungstendenz allenfalls inkliniert, nicht aber determiniert.[24]

Aufgrund von Augustinus' Gnadenlehre kommt es seit den Jahren 396/7 n. Chr. zu einer leichten Verschiebung innerhalb dieser Position. Während bis dahin nicht nur das *liberum arbitrium*, sondern auch die *voluntas* als frei gedacht war, entwickelt Augustinus nun – am klarsten in ›Confessiones‹ VIII[25] – die Vorstellung, die menschliche *voluntas* sei ‚zerrissen' und unfrei, und es bedürfe der göttlichen Gnade, um den Willen des Menschen wieder zu vereinigen. Augustinus meint, erst eine göttliche Intervention ermögliche die Aufhebung der partikularisierten Strebenstendenzen eines Individuums. Das bedeutet keineswegs eine Verabschiedung des fundamentalen Theorems ‚Jeder strebt von Natur aus nach Glück'; nur soll unser Glücksstreben uneinheitlich und systematisch ‚pervertiert' sein. Nach Augustinischer Auffassung stellt erst eine von Gott ausgehende, ohne menschliches Verdienst gewährte Hilfe in einem Individuum jenen Zustand wieder her, der vor dem sogenannten Sündenfall bestanden haben soll. Seitdem nämlich der Mensch im Paradies gegen Gottes Gebot verstoßen habe, sei er für alle nachfolgenden Generationen mit der Strafe belegt worden, einen uneinheitlichen, zerrissenen Willen zu haben.

Was bedeutet die These, der menschliche Wille sei unaufhebbar partikularisiert? In ›Confessiones‹ VIII will Augustinus damit erklären, weshalb er seine eigene Bekehrung zu Gott nicht selbst, also nicht aus vernünftiger Entscheidung vollziehen konnte – und dies, obwohl er damals längst von der Richtigkeit einer persönlichen Wendung zum Christentum überzeugt gewesen sei. Warum lag dies nicht in seiner Verfügung? Augustinus sagt, dieses Unvermögen sei umso erstaunlicher, als es ihm ja jederzeit möglich sei, sich das Haar zu raufen, sich an die Stirn zu schlagen oder mit verschränkten Händen sein Knie zu umfassen, sobald er etwas dergleichen tun wolle.[26] Anders gesagt, der menschliche Wille ist frei, sich für Einzelhandlungen zu entscheiden (soweit sie in seinem körperlichen Aktionsradius liegen), aber er ist nicht frei, eine insgesamt richtig orientierte Strebenstendenz zu wählen. Der Kirchenvater beschreibt die Situation vor seiner Konversion wie folgt:

[24] Den Unterschied zwischen den beiden von Augustinus unterschiedenen Willensmomenten hat N. W. Den Bok, Freedom of the Will, in: Augustiniana 44 (1994) 237–270 anhand der späten gnadentheologischen Schriften präzise herausgearbeitet.

[25] ›Confessiones‹ VIII 8, 20–10, 24.

[26] ›Confessiones‹ VIII 8, 20.

„So kämpften meine zwei Willen miteinander, einer der alte Wille, ein anderer der neue, jener fleischlich, dieser geistig; sie zerrissen durch ihre Zwietracht meine Seele."[27]

Auch für die augustinische Theorie der zerrissenen *voluntas* in den ›Confessiones‹ bleibt es dabei, dass beide Teilwillen ‚meine eigenen' sein sollen; natürlich bleibt erst recht das *liberum arbitrium* in meinem unmittelbaren Besitz. Nur soll der Mensch zu jeder partikularen *voluntas* einen komplementären negativen Willen besitzen. Wäre dies anders, so könnte sich ein einmal definierter Wille leicht durchsetzen. Genau dies soll jedoch ohne göttliche Hilfe unmöglich sein: Keiner der Teilwillen kann zum Gesamtwillen werden. Augustinus erklärt ‚dieses Unbegreifliche' *(hoc monstrum)*[28] mittels folgender Überlegung. Die Vorstellung, wir könnten unseren Willen vereinheitlichen, enthalte ein Paradox: Einerseits sei sie nur sinnvoll, wenn der Wille nicht schon vereinheitlicht ist; folgerichtig muss es in uns zu jedem Wollen ein entgegengesetztes Nichtwollen geben. Andererseits sei unser Bestimmungsversuch genau deswegen sinnlos: Da keiner der beiden Teilwillen der ganze Wille ist, ist der Konflikt durch keinen von ihnen aufhebbar. Der Mensch unterliege aufgrund der Zerrissenheit seiner Neigungen einer prinzipiellen und unauflöslichen ‚Krankheit des Geistes' *(aegritudo animi)*.[29]

Die Tatsache, dass im vorliegenden Fall gerade zwei Willen miteinander im Streit liegen, spielt nach Augustinus keine Rolle; die Zerrissenheit kann sich ebenso im Auftreten mehrerer Willen manifestieren. Auch muss sich unter den Willensmomenten keineswegs immer ein moralisch guter sowie ein böser Teilwille befinden. Möglich seien auch ausschließlich schlechte Willensoptionen, so etwa, wenn jemand unschlüssig zwischen einer manichäischen Kultversammlung, einem wüsten Gladiatorenspektakel, einer üblen Theatervorstellung, einem Diebstahl und einem Ehebruch schwanke; kennzeichnend für die Zerrissenheit des Willens ist also lediglich die Vielzahl der Neigungen, nicht ihre Qualität. Ebenso könne die innere Spaltung im Hin- und Hergerissensein zwischen einer guten und einer schlechten Option oder sogar zwischen ausschließlich guten Optionen zum Ausdruck kommen. Entscheidend soll nur das wechselseitige Ausschlussverhältnis des Wollens sein. Günstigstenfalls kann ich mich nach Augustinus darum bemühen, mein *liberum arbitrium* immer nur zu moralisch guten Entscheidungen zu benutzen. Aber selbst wenn ich ausschließlich Gutes wähle, gelingt mir damit noch nicht die Einheit eines guten Strebens, eine *bona voluntas*. Letztere bleibt allein durch göttliche Gnade erreichbar.

Nach 396/7 n. Chr. vertritt Augustinus also die These, es gebe zwei Ebe-

27 ›Confessiones‹ VIII 5, 10.

28 ›Confessiones‹ VIII 9, 21.

29 Ebd.

nen des Willens. Der Wille im emphatischen Wortsinn ist der gute Wille (*bona* oder *recta voluntas*), der aber nur durch ein Zusammenspiel (Synergismus) von menschlicher Willensentscheidung *(liberum arbitrium)* und göttlicher Gnadenwirkung zustande kommen kann. Der menschliche Normalfall ist hingegen die *perversa voluntas*, innerhalb deren dem *liberum arbitrium* nur die Möglichkeit verbleibt, zwischen mehr oder weniger guten, aber isolierten Handlungsoptionen auszuwählen. Augustinus' ‚böser Wille' ist somit kein teuflisch motiviertes Dezisionsvermögen, das beständig das Schlechte wählt, sondern die zerrissene, diskontinuierliche Strebenstendenz. In ›De civitate dei‹ entfaltet Augustinus die Dichotomie von verkehrt und richtig orientiertem Willen (*malus amor* bzw. *bonus amor*)[30], wie sich im Folgenden zeigen wird, zur pointierten staatsphilosophischen Antithese von einer moralisch verwerflichen ‚irdischen Gemeinschaft' *(terrena civitas)* und einer ‚Stadt Gottes' *(civitas dei)*.

4. Dualität der Strebensrichtungen und Staatsphilosophie

Erst einige Jahre nach ›De beata vita‹ trifft Augustinus eine der zentralen Unterscheidungen seiner Ethik: die *uti-frui*-Distinktion. Allein Gott dürfe Gegenstand des ‚Genießens' sein *(frui)*, während alle anderen Dinge lediglich im Blick auf Gott ‚gebraucht' werden dürften *(uti)*. 'Genießen', so erklärt der Kirchenvater, bedeutet, „einer Sache um ihrer selbst willen mit Zustimmung anhängen",[31] 'Gebrauchen' dagegen meint, etwas instrumentell zur Erlangung dessen einzusetzen, was man erstrebt.[32] An anderer Stelle werden die Begriffe *frui* und *uti* auf den Gegensatz des moralisch Guten *(honestum)* und des Nützlichen *(utile)* zurückgeführt.[33] Das bedeutet, dass nach Augustinus' Auffassung alles menschliche Fehlverhalten dem unzulässigen Gebrauch dessen entspringt, was zu genießen sei, oder aber dem unzulässigen Genuß dessen, was nur gebraucht werden dürfe.

Es handelt sich hierbei um folgende Theorie: Das höchste menschliche Strebensziel ist Gott; nur er erfüllt die Bedingungen, die durch unser fundamentales Glücksstreben vorgegeben sind. Alle Güter, die man sonst entweder um anderer Ziele willen oder um ihrer selbst willen erstreben kann, also einerseits z. B. Geld, Macht oder Erfolg und andererseits z. B. Ansehen, Wohlbefinden oder Liebe, nehmen allenfalls einen untergeordneten Platz in der Hierarchie der Strebensziele ein. Und zwar erhalten diese Güter den

[30] ›De civitate dei‹ XIV 7.

[31] Vgl. ›De trinitate‹ X 10, 13 sowie ebd. 11, 17: *frui est amore inhaerere alicui rei propter seipsam.*

[32] ›De doctrina christiana‹ I 4, 4.

[33] ›De diversis quaestionibus‹ 30.

Rang, der ihnen innerhalb der ‚richtigen' Strebensordnung jeweils angemessen ist, erst dadurch, dass man sie einer kritischen Prüfung unterzieht, ob, in welcher Weise und in welchem Umfang sie zu Gott hinführen. Einige der angeblichen Güter erweisen sich bei dieser kritischen Prüfung als unnütz und schädlich, andere als bedingt nützlich, wieder andere als hilfreich, aber nicht frei von Gefahren und wieder andere, etwa die traditionellen vier Kardinaltugenden, als schlechterdings nützlich. Wie auch immer diese Güterhierarchie im Detail aussehen mag, in jedem Fall ist nach dieser Konzeption einzig Gott *per se* (intrinsisch) erstrebenswert, während sich alle anderen Güter als lediglich partiell und instrumentell erstrebenswert erweisen.

Das gemeinte Ethikmodell lässt sich an folgendem Beispiel erläutern. Angenommen, jemand wäre ein übermäßig ehrgeiziger Leistungssportler; statt Sport zu betreiben, um seine Gesundheit zu verbessern, würde er geradezu seine Gesundheit opfern, um es zu sportlichen Höchstleistungen zu bringen. Damit würde er offenkundig ein Partikularziel an die Stelle eines überzuordnenden Gutes setzen. Denn selbst wenn der Sportler zu Erfolg, Ruhm und Geld gelangen sollte, scheinen diese Güter um den Preis gesundheitlicher Schäden zu teuer erkauft zu sein. In Bezug auf seine eigene Person begeht er zumindest einen Irrtum oder eine Verrücktheit; er handelt seinen wohlverstandenen Interessen zuwider, agiert also im *prudentiellen* Sinne falsch. Ist seine Handlungsweise darüber hinaus auch als *moralisch* falsch anzusehen? Das wäre zum einen sicher dann der Fall, sollte man von ‚Pflichten gegen sich selbst' sprechen können. Zum anderen wäre sein sportlicher Ehrgeiz zweifellos moralisch verwerflich, wenn er zur Schädigung anderer Personen führen würde.

Wie das Beispiel vorführt, gelingt dem augustinischen Strebensmodell die theoretische Rekonstruktion prudentiellen und moralischen Fehlverhaltens recht überzeugend. Plausibel wirkt eine solche Konzeption immer dann, wenn es höherrangige von untergeordneten Gütern zu unterscheiden erlaubt. Mitunter scheint es moralisch betrachtet freilich auch nicht unbedenklich. Wenn Gott der einzig legitime Gegenstand des menschlichen Genusses ist und alle Gegenstände für das Ziel des Gottesgenusses zu instrumentalisieren sind, droht sogar der Mitmensch zum bloßen Instrument auf einem individualistisch konzipierten Weg zu Gott zu werden. Dies geriete natürlich mit unserer moralischen Idee von der Selbstzwecklichkeit von Personen in Konflikt. Zu beachten ist aber, dass *uti* bei Augustinus eine streng gottzentrierte Finalisierung der Mittel meint und sich beispielsweise nicht im Sinn ideologischer Rechtfertigung kirchlicher oder staatlicher Absolutheitsansprüche deuten lässt. Wenn Menschen ebenso wie leblose Güter oder Tiere dem ‚Gebrauch' zugewiesen werden, dann bedeutet dies Augustinus zufolge nur, dass sie keine absoluten Zwecke oder Letztziele, sondern Zwischenziele auf dem Weg zu Gott darstellen.

Der Kirchenvater verstößt insofern nicht gegen die uns von Kant her vertraute Formel von der Selbstzwecklichkeit der Person, als der Mitmensch durchaus – wenn auch indirekt über die Liebe zu Gott – einen hochwertigen Gegenstand der ethischen Zuwendung bildet.[34] Im Übrigen soll sich auch die angemessene Form der Selbstliebe erst indirekt aus der Gottesliebe ergeben; sowohl Fremd- als auch Selbstwertschätzung werden also nach Maßgabe der Gottesliebe bewertet.[35] Eine solche Ethik wäre nur dann inhuman, wenn sie zu einem theokratischen Absolutismus oder einem religiösen Egoismus führen würde. Gerade dies stünde aber in Widerspruch zu ihrer Letztzielbestimmung.

Wie wir schon sahen, ist Augustinus überzeugt, dass Menschen ziemlich konstant und zuverlässig die *falschen* Lebensziele verfolgen. Wieso täuschen wir uns so hartnäckig über die wohlverstandene Strebensordnung? Seit seiner Entdeckung des Themenkomplexes von Gnade, Erbsünde und Prädestination hat Augustinus hierfür die Antwort parat, die sich aus der Theorie des ‚zerrissenen Willens' ergibt. Ein zerrissener Wille lässt sich nun freilich trotz seiner inneren Inhomogenität als einheitliche Strebenstendenz beschreiben; er resultiert aus einer missverstandenen ‚Selbstliebe' *(amor sui),* die von Augustinus der ‚Gottesliebe' *(amor dei)* entgegengesetzt wird. Menschliches Fehlverhalten ist somit nicht Sache falscher oder bösartiger Einzelentscheidungen, sondern ergibt sich aus einer pervertierten und verirrten Grundausrichtung. Diese soll seit dem ‚Sündenfall' Adams allen Menschen gemeinsam sein. Die fundamentale Fehlausrichtung lässt sich nach augustinischer Auffassung allein durch menschliche Bemühungen – wie wir schon sahen – nicht beheben. Was den späteren Augustinus vom Tugendoptimismus vorchristlicher Philosophen und von seinem frühen philosophischen Modell unterscheidet, ist also seine grundlegende Skepsis hinsichtlich der Erreichbarkeit des Glücks unter irdischen Voraussetzungen. Das philosophische Glücks- und Weisheitsideal ist für den Kirchenvater durch den Sündenfall unerreichbar geworden. Augustinus teilt irdische Tugenden, wie sie bei manchen Individuen vorzuliegen scheinen, folgerichtig in zwei Kategorien ein. Haben sie ihre Quelle in der Gottes- und Nächstenliebe und sind sie letztlich auf Gott finalisiert, so handelt es sich um ‚wahre Tugenden' *(verae virtutes).* Sind sie dagegen von Menschen ausgehende und auf innerweltliche Ziele gerichtete Charakterdispositionen, so muss man sie „eher als Laster denn als echte Tugenden" betrachten.[36] Sogar für die ‚wahren Tugenden' gilt allerdings, dass sie unter irdischen Be-

[34] Vgl. ›De trinitate‹ VIII 8, 12: „Aus ein und derselben Liebe lieben wir Gott und den Nächsten; Gott aber um seiner selbst willen, uns und den Nächsten dagegen um Gottes willen."

[35] So etwa in ›De moribus‹ 26, 48 oder in ›De trinitate‹ XIV 14, 18.

[36] ›De civitate dei‹ XIX 25: *vitia sunt potius quam virtutes.*

dingungen niemals vollständig sein können; ihre Komplettierung erhalten sie erst in der Endzeit. Dennoch wäre es ein Missverständnis anzunehmen, dass die Gnaden- und Erbsündenlehre die augustinische Strebenskonzeption beseitigt oder aufgehoben hätte. Das Modell wird vielmehr beibehalten, aber eschatologisch uminterpretiert. Das verdeckte Ziel des menschlichen Strebens liegt nunmehr entweder im transzendenten, himmlischen Frieden der *civitas dei* oder aber in einer Anhäufung untergeordneter Güter im Fall der *terrena civitas*.

Wenn die wahren Tugenden unter irdischen Bedingungen allenfalls bedingt realisierbar sein sollen, was wird dann aus der antiken Lehre vom ‚besten Staat', den man traditionell als den Inbegriff wahrer Gerechtigkeit verstand? In der Tat rückt Augustinus mit seinem eigenen Modell von Staatslegitimation von der Hauptlinie der antiken Staatsbegründung ab. Statt die Staats- und Rechtsordnung mit dem Argument zu legitimieren, sie sei Ausdruck oder Abbild der göttlichen Gerechtigkeit, vertritt Augustinus die Auffassung, es handle sich um ein bloßes Interessenbündnis zum Vorteil aller Staatsbürger; Staat und Recht seien als Instrumente der Interessensicherung zu verstehen und als solche legitim. Die *terrena civitas* ist dann – trotz ihrer relativen Legitimität – von der *civitas dei* brückenlos geschieden. Zweifellos ist dies ein überraschender Punkt, den man bei einem Autor der christlichen Spätantike kaum erwarten würde. Denn der Platoniker Augustinus nähert sich mit dieser Staatsbegründung der neuzeitlichen Vertragstheorie an; auch diese hält die Tatsache konvergierender Interessen für staatskonstituierend und sieht in der Gedankenfigur einer vertraglichen Übereinkunft die legitimatorische Basis des Staates. Allerdings markiert der neuzeitliche Kontraktualismus ebenso wie sein rechtsphilosophisches Pendant, der Rechtspositivismus, eine ausgesprochen antiplatonische Position.

Bei näherem Hinsehen erweist sich Augustinus' Position aber keineswegs als deckungsgleich mit dem antiplatonischen Kontraktualismus eines Thomas Hobbes. Für ein angemessenes Verständnis Augustinus' in diesem Punkt bildet vielmehr der strebenstheoretisch-metaphysische Hintergrund seiner *civitas*-Konzeption eine unumgängliche Voraussetzung. In dieser vereinigen sich weit auseinander liegende sprachliche und inhaltliche Aspekte. Der Begriff *civitas* bezeichnet zunächst eine soziale Gruppe, die Gemeinschaft der Bürger einer Stadt. Sodann steht er – als lateinisches Äquivalent des griechischen Ausdrucks Polis – für die Stadt als geographisch-territoriales Gebilde. Mit dem Begriff Polis hat *civitas* ferner den politischen und den religiösen Aspekt gemeinsam; gemeint ist eine städtische Bürgerschaft unter einer zwangsbefugten Regierung, die zugleich eine Kultgemeinschaft bildet. Über ‚Polis' hinaus meint der Ausdruck schließlich die abstrakte Zugehörigkeit zu einer Stadt, also deren Bürgerrecht oder Staatsbürgerschaft. Hingegen bezeichnet *civitas* niemals einfach den Staat; *civitas dei* bedeutet also nicht ‚Gottesstaat', wie manche älteren Übersetzungen irrigerweise suggerieren.

Augustinus verbindet die genannten Bedeutungsaspekte in seiner *civitas*-Konzeption. Die beiden *civitates* sind erstens Gemeinschaften *(societates),* also durch irgendeine Form von Sozialbindung charakterisierte Gruppen;[37] sie sind zweitens wohldefinierte, lokalisierbare Gebilde (freilich nur aus der Gottesperspektive, nicht in einem empirisch feststellbaren Sinn). Drittens stehen sie unter der Herrschaft eines Regenten, die himmlische Stadt unter der Gottes *(civitas dei)* und die irdische unter der des Teufels *(civitas diaboli).* Und viertens haben sie eine Art von abstrakter Zugehörigkeit zu vergeben, eine Staatsbürgerschaft, die man auch in der Fremde beibehält. Folgerichtig bestimmt Augustinus die beiden *civitates* erstens durch ihren jeweiligen Gemeinschaftscharakter, der in der ‚himmlischen Stadt' auf vollständiger Eintracht und in ihrem irdischen Gegenstück auf einem lediglich transitorischen, machtgestützten und vorteilsorientierten Konsens beruht. Zweitens sollen die beiden ‚Städte', die unter irdischen Bedingungen bestenfalls vermutungsweise identifizierbar sind, am Ende der Geschichte voneinander getrennt werden, um dann räumlich getrennt ewig fortzubestehen. Drittens stehen sie unter dem Einfluss und Schutz sie bestimmender metaphysischer Kräfte; sie sind Teil eines größeren kosmischen Dramas, in welchem gute und böse Engel eine maßgebliche Rolle spielen. Und viertens gehört jeder Mensch genau einer der beiden Gemeinschaften an; diese Zugehörigkeit nimmt den abstrakten Charakter einer Staatsbürgerschaft an, sobald ein Angehöriger der himmlischen Stadt als ‚Pilger' oder ‚Fremder' *(peregrinus)* auf der Erde leben muss, oder umgekehrt, wenn ein Angehöriger der irdischen Stadt äußerlich der Kirche angehört.

Diese metaphysische *civitas*-Konzeption führt zu einer charakteristischen Form der Staatskritik, exemplarisch vorgeführt als Kritik des römischen Expansionismus in den ersten vier Büchern von ›De civitate dei‹. Die Kritik gipfelt in der berühmten Seeräuberanekdote von Buch IV 4. In dieser Textpassage lässt Augustinus einen Seeräuber, der von Alexander dem Großen zur Rechenschaft gezogen wird, beherzt antworten: „Machst du es mit dem Erdkreis anders? Ich freilich mit meinem winzigen Schiff heiße Räuber, während man dich mit der großen Flotte Feldherr nennt."[38] Der Kirchenvater weist mit der Anekdote auf eine staatsphilosophisch zentrale Schwierigkeit hin, nämlich auf die Frage, wie sich eine Rechts- und

[37] Vgl. ›De civitate dei‹ XV 8: *hominum multitudo aliquo societatis vinculo conligata.*

[38] Das Beispiel erscheint bereits bei Cicero, ›De re publica‹ III 14.

Staatsordnung von einer Räuberbande oder einem Verbrechersyndikat unterscheiden lässt. Entscheidend ist hierbei, den Sinn des Einleitungssatzes richtig zu bestimmen. „Bei fehlender Gerechtigkeit – was sind da Reiche anderes als große Räuberbanden?“ *(remota itaque iustitia quid sunt regna nisi magna latrocinia?).* Zwei Lesarten sind möglich: Entweder versteht man den Ausdruck „bei fehlender Gerechtigkeit“ konditional, nämlich im Sinn des bedingenden Nebensatzes „*dann,* aber auch nur dann, *wenn* Gerechtigkeit fehlt“. In diesem Fall würde der Kirchenvater meinen, dass Staaten unter der Bedingung fehlender Gerechtigkeit mit Räuberbanden gleichzusetzen wären, sich bei vorhandener Gerechtigkeit hingegen von kriminellen Vereinigungen unterscheiden ließen. Oder aber man versteht „bei fehlender Gerechtigkeit“ kausal, also im Sinn des begründenden Nebensatzes „*weil* Gerechtigkeit fehlt“. Dann würde Augustinus meinen, dass Staaten die Gerechtigkeit ebenso abgeht wie Räuberbanden; Staaten wären dann ausnahmslos mit Räuberbanden gleichzusetzen.

Augustinus muss nun offenkundig die zweite Lesart im Sinn gehabt haben. Er ist keineswegs der Ansicht, eine politische Gemeinschaft stehe der *civitas dei* näher als etwa eine Räuberbande. Denn zwischen der *civitas dei* und einer *terrena civitas* gibt es nach augustinischer Auffassung keinerlei Urbild-Abbild-Verhältnis; irdische Gemeinschaften unterscheiden sich – qua Zweckverbände – allenfalls graduell voneinander. Staaten erreichen den Inbegriff einer moralischen Gemeinschaft, die *civitas dei,* nicht einmal näherungsweise. Anders gesagt: Augustinus nimmt keinen prinzipiellen Unterschied zwischen Staaten und Räuberbanden an. Er hält vielmehr eine rein pragmatische und vorteilsorientierte Einigung einer bestimmten Zahl von Personen bereits für staatskonstitutiv, weswegen er auch kriminellen Banden einen staatsähnlichen Charakter zuerkennt. Individuen begreifen, dass ihr persönlicher Vorteil am besten so zu wahren ist, dass sie den gemeinsamen Vorteil jener Gemeinschaft fördern, der sie zugehören; sie schließen einen Vertrag, in dem sie Rechte an die Gemeinschaft abtreten, um dafür durch die Gemeinschaft geschützt (und vielleicht mit materiellen Gütern versorgt) zu werden. Staaten unterscheiden sich von Räuberbanden allenfalls durch das Ausmaß ihrer moralischen Verkehrtheit. Und zwar ist die Habgier und Herrschsucht von Staaten nicht geringer, sondern sogar größer als die von Seeräubern.

Der gravierende Unterschied zur hobbesschen Vertragstheorie liegt darin, dass Augustinus seine Staats- und Rechtsvorstellung aus dem Begriff einer vollkommenen Gerechtigkeit gewinnt. Freilich erkennt er, anders als etwa Platon, der vollkommenen Gerechtigkeit, der er immerhin geringe Realisierungschancen konzediert, keinerlei irdische Wirklichkeit zu; eine gute Staatseinrichtung bleibt ausgeschlossen. Denn eine tatsächlich gerechte Gemeinschaft, eine *civitas dei,* wäre eine Gruppe von Menschen, deren rationale Strebenstendenzen vom Übel der verfehlten Grundausrichtung befreit wäre. So führt bei Augustinus die teleologisch-metaphysische Individualethik nicht nur zum Cogito-Argument, zu einem neuartigen Willensbegriff und zur Theorie zweier Strebensrichtungen, sondern – nicht minder überraschend – auch zu einer kontraktualistischen Institutionenethik.

Auswahlbibliographie

De beata vita – Über das Glück. Lat./dt., Übers., Anmerkungen und Nachwort v. I. Schwarz-Kirchenbauer und W. Schwarz, Zürich 1972 (Stuttgart ^{2}1982).

De libero arbitrio, in: Theologische Frühschriften. Übers. und erl. v. W. Thimme, Zürich/Stuttgart 1962.

De vera religione/Über die wahre Religion. Lat./dt., übers. und Anmerkungen v. W. Thimme, Zürich 1962 (Stuttgart ^{2}1983).

Confessiones – Bekenntnisse. Übers. v. K. Flasch und B. Mojsisch, Stuttgart 1989.

De civitate dei – Vom Gottesstaat. Übers. v. W. Thimme; eingel. und komm. v. C. Andresen, 2 Bde., Zürich 1955 (München ^{2}1985).

De trinitate – Über die Dreieinigkeit. Übers. und eingel. v. M. Schmaus, 2 Bde., München 1936.

AVICENNA

Die Metaphysik der rationalen Seele

DIMITRI GUTAS

Avicenna (Abū-ʿAlī al-Ḥusayn ibn-ʿAbdallāh Ibn-Sīnā), der bedeutendste und einflussreichste Philosoph arabischer Sprache, lebte in einer Zeit der unbestrittenen Vormachtstellung der mittelalterlichen islamischen Kultur. Das Alter der Volljährigkeit erreichte er am Ende des 10. Jh., zu einer Zeit, als im Islam die philosophische und naturwissenschaftliche Entwicklung sowie die griechisch-arabische Übersetzungsbewegung, die von dieser Entwicklung begünstigt und unterstützt wurde, seit über 200 Jahren im Gange war. Die überwiegende Mehrheit philosophischer und naturwissenschaftlicher Texte griechischer Sprache war bereits auf Betreiben arabischer Wissenschaftler und Gelehrter übersetzt worden, und in allen Bereichen des intellektuellen Lebens waren Arbeiten fortschrittlichen Inhaltes selbst schon in arabischer Sprache verfasst worden, die ihre griechischen Vorbilder in ihren Leistungen übertrafen.

Die Auffassung, dass die philosophische und naturwissenschaftliche Forschung als Kulturgut zu betrachten sind, entwickelte sich in Bagdad während der 2. Hälfte des 8. Jh. Dies ging einher mit dem Anfang der griechisch-arabischen Übersetzungsbewegung während der ersten Jahrzehnte der neuen Herrscherdynastie der Abbasiden. Dem schrittweisen Verlust der Kalifen-Autorität in der Mitte des 10. Jh. folgte eine Dezentralisierung politischer Macht; innerhalb des riesigen islamischen Reiches, von al-Andalus bis nach Zentral-Asien, entstanden Lokal-Dynastien, die die regionalen Regierungsaufgaben übernahmen, den Kalifen von Bagdad aber weiterhin als den obersten Herrscher anerkannten. Mit der politischen Dezentralisierung ging auch eine kulturelle Dezentralisierung einher, und in einigen Hauptsitzen der Lokal-Dynastien begann man, Stil und Geschmack der abbasidischen Hauptstadt nachzuahmen und mit ihrer intellektuellen und kulturellen Vormachtstellung zu rivalisieren.

Avicenna wuchs in Buchara auf, der Hauptstadt der persischen Dynastie der Samaniden (819–1005) in Zentral-Asien. Sein genaues Geburtsjahr ist nicht bekannt, obwohl es mit Sicherheit vor 980, das in einigen Quellen genannt wird, zu datieren ist. Sein Vater war Verwaltungsdirektor im nahegelegenen Kharmaythan und Avicenna wuchs als kleiner Junge in der Gesellschaft der samanidischen Verwaltungselite auf. Entsprechend der damaligen Gewohnheit wurde seine Ausbildung früh begonnen und bis zu seinem 18. Lebensjahr fortgesetzt. Er widmete sich den traditionellen Lehrinhalten, dem Koran, der arabischen Literatur sowie der Arithmetik und hatte darüber hinaus eine besondere Neigung für die Rechtswissenschaften und die Medizin. In seiner berühmten Autobiographie, unserer einzigen Quelle, die hierüber Auskunft gibt, berichtet er vom Beginn seiner juristischen und medizinischen Studien im Alter von 16 Jahren.

Er erwähnt außerdem, dass er zu derselben Zeit immer wieder alle Bereiche der Philosophie auf ständig steigendem Niveau studierte. Der philosophische Lehrplan seiner Studien, dem er nach seiner Aussage folgte, entsprach der in aristotelischer Tradition stehenden Klassifikation der philosophischen Wissenschaften der alexandrinischen Spätantike. An erster Stelle steht die Logik als Werkzeug (Organon) für das philosophische Studium. Darauf folgt die theoretische Philosophie, zu der die Physik (Aristoteles' physikalische und zoologische Abhandlungen), die Mathematik (das Quadrivium) und die Metaphysik gehörten. Vollendet wurden seine Studien durch fortgeschrittene Forschungen in der königlichen Bibliothek der Samaniden, die er in seiner Autobiographie wie folgt beschreibt:

Es war ein Gebäude, das aus zahlreichen Häusern bestand, in deren jedem Regale mit aufeinandergeschichteten Büchern sich befanden; in einem Hause waren die Bücher über arabische Sprachwissenschaft und Poesie, in einem anderen die über Jurisprudenz usw.; jedes Haus war für die Bücher einer besonderen Wissenschaft eingerichtet. Ich sah den Katalog der antiken Bücher durch und suchte mir die, die ich brauchte, heraus. Da bekam ich Bücher zu sehen, deren Namen nur wenigen Leuten zu Ohren gekommen sind. Weder früher noch später habe ich sie wiedergesehen. In diesen Büchern studierte ich, eignete mir ihre wertvollen Gedanken an und erkannte den wissenschaftlichen Rang eines jeden Autors. Als ich 18 Jahre alt war, war ich mit allen diesen (philosophischen) Wissenschaften zu Ende. Damals konnte ich das Wissen besser im Gedächtnis behalten; heute aber ist es reifer geworden. Im übrigen ist das Wissen ein und dasselbe geblieben, und seit damals habe ich nichts Neues mehr zugelernt.[1]

Avicennas Beschreibung der samanidischen Bibliothek und ihrer Bestände ist ein bedeutsames Zeugnis der Ausbreitung und Herrschaft philosophischer und naturwissenschaftlicher Kultur, wie sie in Bagdad in den ersten beiden Jahrhunderten ihres Bestehens ins Leben gerufen wurde. Was die Darstellung seiner außerordentlichen Leistung in seinen Studien angeht, so will sie eine konkrete Illustration seiner Erkenntnistheorie ge-

[1] Avicenna, Autobiographie, Übersetzung von P. Kraus: „Eine arabische Biographie Avicennas", in: Klinische Wochenschrift 11, Nr. 45, 5. Nov. 1932, S. 1882a.

ben. Ihr Schwerpunkt liegt darin, dass einige Individuen mit einer besonders kräftigen Seele die Fähigkeit zur Erkenntnis der Intelligibilia, d. h. des theoretischen Wissens, besitzen, und zwar allein durch sich selbst und ohne die Hilfe eines Lehrers. Darauf soll später eingegangen werden.

Als sich um die Jahrtausendwende politische Schwierigkeiten entwickelten, die zum Fall der samanidischen Dynastie führten, war Avicenna nach seiner friedvoll verbrachten Jugend gezwungen, sein Vaterland zu verlassen. Er ging in den Westen und verbrachte den Rest seines Lebens an den Höfen iranischer Lokal-Herrscher, hauptsächlich in Hamadan und Isfahan. Er stand dort sowohl in politischen wie auch in medizinischen Diensten, wobei er einen Großteil seiner freien Zeit der Philosophie widmete und in gleicher Weise für seine Schüler wie auch für seine Gönner Werke verfasste, philosophische Diskussions-Foren führte und eine Korrespondenz mit anderen Gelehrten und ehemaligen Schülern über philosophische Fragestellungen unterhielt. Er starb 1037 in Hamadan und wurde dort begraben.

Das von ihm hinterlassene Œuvre ist ungeheuer groß und harrt noch der vollständigen Erschließung. Seine Beiträge sind hauptsächlich philosophischer Natur, obwohl er auch den monumentalen „Kanon" verfasste, der innerhalb der Medizin für viele Jahrhunderte das Standardwerk sowohl in arabischer Sprache als auch für den Westen in der lateinischen Übersetzung darstellte. Er schrieb über 100 philosophische Werke, von kurzen Essays bis zu mehrbändigen Summae, die eine große stilistische Vielfalt zeigen. Sie umfassen analytische Studien, Darstellungen, Kommentare, Kurzdarstellungen, Allegorien, Responsa, Lehrgedichte und eine ihm eigene Stilrichtung, die er in die arabische Philosophie einführte, das anspielungsreiche und suggestive Genre der „Hinweise und Mahnungen", das er in dem gleichnamigen Werk (al-Išārāt wa-t-Tanbīhāt) ausarbeitete. Sein Hauptwerk ist das Buch mit dem Titel „Die Genesung" (d. h. der Seele, aš-Šifā', ein Großteil davon wurde ins Lateinische übersetzt als ›Sufficientia‹), eine philosophische Summe, die in 22 großen Teilen (in der Kairoer Edition 1952–83) alle Teilgebiete der Philosophie in der Klassifikation der alexandrinischen spätantiken Tradition umfasst. Dies sind ihre Inhalte:

A. Logik: 1. Eisagoge, 2. Kategorien, 3. De Interpretatione, 4. Syllogismus (Erste Analytik), 5. Beweis (Zweite Analytik), 6. Dialektik (Topik), 7. Sophistik, 8. Rhetorik, 9. Poetik.

B. Theoretische Philosophie

- I. Physik: 1. Physik, 2. De Caelo, 3. De Generatione et Corruptione, 4. Meteorologie IV, 5. Mineralogie und Meteorologie, 6. De Anima, 7. Botanik, 8. Zoologie.
- II. Mathematik: 1. Geometrie, 2. Arithmetik, 3. Musik, 4. Astronomie.
- III. Metaphysik.

C. Praktische Philosophie
I. Ethik
II. Ökonomie
III. Politik.

Avicenna behandelt die praktische Philosophie in der „Genesung“ sehr kurz als einen Anhang am Ende seines Metaphysik-Abschnittes. Er hatte wenig Interesse an den Gegenständen der praktischen Philosophie, und außer zwei Kurz-Essays über Ethik und Politik, die noch erhalten sind, schrieb er in seiner Jugend nur ein bedeutendes Werk zur Ethik, „Frömmigkeit und Sünde“, das als verloren gilt.

Das philosophische Werk Avicennas ist gekennzeichnet von dem Versuch, ein philosophisches System zu entwerfen, das alle oben genannten Teilgebiete der Philosophie auf der Grundlage der aristotelischen Logik als ein mit sich selbst übereinstimmendes Ganzes verbinden sollte. In der Praxis hieß dies, ein System zu entwerfen, das all die voneinander getrennten Traditionslinien der aristotelischen Philosophie mit den Weiterführungen durch Plotin, Proklos und andere Neuplatoniker harmonisch, konsequent und vollständig zusammenfassen würde. Deshalb ist die Struktur seiner Schriften auch zutiefst rational und äußerst systematisch und ihre inhaltliche Spannbreite allumfassend. Während zwischen Proklos und Avicenna lebende und sowohl Griechisch als auch Arabisch schreibende Philosophen noch den Kommentar als Ausdrucksform vorzogen, entwickelte Avicenna schließlich die *Summa philosophiae* zu seiner favorisierten Gattung. Von diesem Standpunkt betrachtet kann er als der letzte Philosoph der Antike und der erste Scholastiker gelten. Außerdem versuchte er, seine neue Synthese der Philosophie in einer Weise auszudrücken, die den philosophischen Anliegen seines Zeitalters gerecht wurde; dies erklärt auch sein Experimentieren mit der großen Vielfalt von Stilarten, die bereits aufgezählt wurden. Sein Ziel war es, ein Publikum mit unterschiedlichem Hintergrund und Vorwissen zu erreichen, um die Inhalte seiner Philosophie wirkungsvoll mitzuteilen.

Das, was das philosophische System Avicennas beseelt und ihm Einheit und Kohärenz verleiht, ist seine Theorie der rationalen Seele. Sie ist der Teil der Seele, der den Menschen kennzeichnet, der Intellekt also, vermittels dessen wir denken. Der Hintergrund dieser Entwicklung liegt sicherlich in Aristoteles' „De Anima“ III,4–5 und dessen langer griechischer Kommentartradition wie auch in der größeren ontologischen Bedeutsamkeit, die der Intellekt *(nous)* in der Philosophie Plotins und im Neuplatonismus der Schule von Athen erfährt. Fortgesetzt wurde diese Tradition in arabischer Sprache im Werk Farabis († 950), in dem die Noetik (Intellektlehre) ebenfalls eine integrative Funktion erfüllt. Ihren Abschluss fand diese Tradition in Avicenna, der sich selbst als Nachfolger Farabis betrachtete.

Avicennas Beschäftigung mit den verschiedenen Aspekten der rationalen Seele vereinigt die meisten Teilgebiete der Philosophie, und sie schließt in die Gesamtheit der Vernunft traditionell religiöse Gegenstände mit ein wie die Prophezeiung, die Offenbarung, Wunder, die Theurgie und die göttliche Vorsehung. Diese Theorie umfasst deshalb mehr als eine Seelentheorie, ist aber eine echte Metaphysik der rationalen Seele und erstes Ziel und Zweck jeder philosophischen Praxis.

Die rationale Seele ist nach Avicenna eine an sich bestehende Substanz, die weder dem menschlichen Körper noch sonst etwas Körperlichem innewohnt. Sie ist vollständig abtrennbar und abgelöst von der Materie. Gemeinsam mit dem menschlichen Körper, nicht davor, gelangt sie zur Existenz, und sie steht zu ihm in einer gewissen Beziehung, solange eine Person lebt. Diese Beziehung beschreibt Avicenna mit einer streng aristotelischen Terminologie, indem er die rationale Seele „die erste Entelechie eines natürlichen, organischen Körpers“ nennt, und den „rationalen“ Teil dadurch erklärt, dass er hinzufügt, „insofern es von ihm abhängt, Handlungen auszuführen aufgrund rationaler Entscheidung und gezielter Wahl, und insofern er Universalien erkennt“[2]. Die rationale Seele hat genau zwei Funktionen. Eine theoretische, die Universalien zu erkennen, und eine praktische, rationale Entscheidungen zu treffen und Überlegungen anzustellen, die dann zu Handlungen führen. In dieser dualen Funktion der rationalen Seele liegt für den Menschen der Berührungspunkt zwischen der transzendenten und der natürlichen Welt. In ihr ist auf diese Weise die Gesamtheit des Universums repräsentiert. Der theoretische Teil erkennt die supralunare Welt der metaphysischen Wirklichkeit – die Intelligibilia, wie weiter unten noch gezeigt werden wird –, und der praktische Teil richtet sich auf die sublunare Welt des natürlichen Entstehens und Vergehens. An anderer Stelle sagt Avicenna über die Funktion der rationalen Seele, dass ihre Verbindung mit dem Körper verstanden werden muss wie die Beziehung zwischen demjenigen, der ein Werkzeug bedient, und diesem Werkzeug, nicht wie die Beziehung zwischen einem Gegenstand und seinem Behälter. Mit anderen Worten: Die rationale Seele ist nicht *in* einem Körper, sondern sie ist in einer Position, von der aus sie durch die Wahrnehmung der Universalien und die rationale Entscheidung, die sie trifft, den Körper leitet und koordiniert.[3]

Die rationale Seele in ihrer Substanz ist unsterblich. Wenn der Körper stirbt, mit dem sie verbunden war, überlebt sie entweder glückselig oder

[2] Rahman: Avicennas De Anima, 40. Mit Bezugnahme auf Aristoteles' De Anima II,1. 412b5–6.

[3] In seinem letzten Werk: Über die rationale Seele, übersetzt in Gutas, Avicenna, 74.

in Trauer. Dies hängt davon ab, ob sie sich, solange sie mit dem Körper verbunden war, verwirklicht oder vervollkommnet hat. Die Verwirklichung der Seele wird in Übereinstimmung mit der dualen Funktion so beschrieben, daß sie wahres Wissen erlangt und die rechten Handlungen vollzogen hat. Eine Analyse dessen, was und wie die rationale Seele erkennt, führt zu Avicennas Metaphysik, Ontologie und Kosmologie ebenso wie seine Erkenntnistheorie, während die Frage nach den Handlungen auf sein Verständnis der Ethik und die daran angelehnten praktischen Wissenschaften wie auch die Medizin verweist.

Avicenna versteht den Begriff des wahren Wissens im Rahmen der aristotelischen Tradition, nach der das Glück, die aristotelische Eudaimonia, darin besteht, ewig und ungehindert die Intelligibilia zu denken, und zwar folgendermaßen: In Avicennas kosmologischem Emanations-Schema geht aus der Gottheit oder dem notwendig Seienden ein Intellekt hervor, aus dem in Aufeinanderfolge die übrigen Intellekte der Himmelssphären mit ihren Seelen hervorgehen. Das Ende dieser Reihe ist der Intellekt der irdischen Welt, der als aktiver Intellekt bekannt ist und mit dem die menschliche rationale Seele in Kontakt treten kann. Da all diese Intellekte immateriell und gänzlich aktuell sind ohne eine Spur von Potentialität, so kann ihre Tätigkeit nichts anderes sein als ein unablässiges Denken. Ihre gedachten Objekte sind die Intelligibilia, die sich als universale Begriffe selbst ausdrücken: die Ordnung und der Inhalt des Universums, seine Emanation aus dem notwendig Seienden, die Prinzipien des Einen und des Vielen, des Notwendigen und des Zufälligen, der Bewegung und der Ruhe usw. und die mathematischen Prinzipien. Mit anderen Worten: Die Intelligibilia im Ganzen umfassen den Inhalt der Wissenschaften der theoretischen Philosophie: Physik, Mathematik und Metaphysik.

Es ist wichtig festzuhalten, dass diese Intelligibilia, obwohl sie unzeitlich und alle zusammen von den himmlischen Intellekten gedacht werden, eine wesentliche Ordnung besitzen, in der sie gedacht werden. Es ist die Ordnung der Begriffe in den Aussagen, die die Schlussfolgerung der Syllogismen ergeben; diese Begriffe drücken die individuellen Intelligibilia aus.[4] So ist die wesentliche Ordnung der Intelligibilia eine syllogistische, d. h. syllogistisch bezüglich der aufeinanderfolgenden Schritte der Argumente, die, angefangen bei der ersten Prämisse, schrittweise fortschreiten, um den Rest der Behauptungen zu beweisen, die die Wirklichkeit darstellen sollen. Und weil diese Intelligibilia allesamt die Struktur des Universums widerspiegeln, was in der theoretischen Philosophie behandelt wird, so ist die wesentliche Struktur des Universums eine syllogistische.

[4] So ausgeführt in Avicenna: Erörterungen (Mubāḥaṯāt), Bīdārfar § 237; übersetzt in Gutas: Avicenna, 166, L12 §3.

Das menschliche Glück liegt demnach in der nachdenkenden Tätigkeit der rationalen Seele, d. h. darin, durch die Nachahmung der unsterblichen Intellekte in den himmlischen Sphären diese Intelligibilia anzuschauen. Eine Analyse dessen, wie sich der menschliche Intellekt zu den Intelligibilia verhält und auf welchem Wege er sie sich aneignen kann, zeigt Avicennas Erkenntnistheorie.

Es gibt vier verschiedene Beziehungen zu den Intelligibilia für die menschliche rationale Seele oder den Intellekt. Wenn die rationale Seele erstmalig mit einem Menschen verbunden ist, wie bei einem Kind, so ist ihre Beziehung zu den Intelligibilia reine Potentialität; sie besitzt die Fähigkeit, sie zu erwerben, aber sie vollzieht diesen Erwerb noch nicht. In dieser Beziehung zu den Intelligibilia wird sie materieller Intellekt genannt, insofern sie potentiell im Sinne der reinen Materie ist, und nicht, weil sie mit der Materie vermischt wäre. Wenn der Intellekt später die primären Intelligibilia erwirbt, die axiomatische und selbst-evidente Universal-Begriffe sind, so ist seine Beziehung zu den Intelligibilia zweiter Ordnung (die oben beschrieben wurden) die eines möglichen Erwerbs, eine Beziehung also, in welcher der Intellekt darüber verfügen kann, die Intelligibilia zu erwerben. Er wird deshalb Intellekt *in habitu* (habitueller Intellekt) genannt. Wenn die Beziehung des Intellektes zu den Intelligibilia dergestalt ist, daß der Intellekt sie bereits in bestimmten Momenten erworben hat und deshalb in der Lage ist, sie sich jederzeit wieder zu vergegenwärtigen, sie jedoch nicht in diesem Moment denkt, so wird dieser Intellekt der Intellekt *in effectu* (aktueller Intellekt) genannt. Und wenn er die Intelligibilia aktuell denkt, wird er der erworbene Intellekt genannt.[5]

Die zentrale Frage in der Diskussion um die Beziehung des menschlichen Intellekts zu den Intelligibilia ist die, wie gerade der Intellekt die Intelligibilia erwerben kann, d. h., wie der Intellekt sich entwickelt von einem Intellekt *in habitu* zu einem erworbenen oder einem Intellekt *in effectu* (die beiden letzten Bestimmungen des Intellekts beschreiben wesentlich denselben Zustand, ausgenommen, dass der erste zum je gegenwärtigen Zeitpunkt aktuell denkt, der zweite jedoch nicht). Avicenna heftet sich bei der Beantwortung dieser Frage sehr eng an die Tradition der aristotelischen Logik. Die Schlussfolgerungen von Syllogismen, d. h. die Intelligibilia, werden dann erreicht, wenn der Mittelbegriff gefunden ist. Avicenna baut seine gesamte Erkenntnistheorie auf der Auffindung des Mittelbegriffes auf. Da aber das menschliche Glück, wie schon erwähnt, von der Erkenntnis der Intelligibilia abhängig ist, folgte auch seine Erlösungslehre, also das Ziel aller philosophischen Tätigkeit, diesem Konzept.

[5] Rahman, Avicennas De Anima, 48–49. Siehe auch die Übersetzung und Analyse dieser Stelle in Hasse, Vier Intellekte, 28–40.

Wie der Mittelbegriff aufzufinden sei, beschäftigte Avicenna während seiner gesamten Laufbahn, und er verbesserte ständig seine Lehre und arbeitete deren Implikationen aus. Kurz dargestellt: Die Intelligibilia existieren aktuell nur in den himmlischen Intellekten, wie bereits erwähnt, und zwar dergestalt, dass die ewige Tätigkeit dieser Intellekte daraus besteht, sie zu denken. Dies bedeutet, dass alle Intelligibilia, die als Mittelbegriffe in Syllogismen dienen können, auch in den himmlischen Intellekten existieren. Spezifiziert man dies mit Blick auf das Ziel menschlicher Erkenntnis, so existieren sie im Intellekt der irdischen Welt, der als aktiver Intellekt bezeichnet wird. Diese Mittelbegriff-Intelligibilia können nirgendwo anders existieren. Avicenna lässt keine platonischen Ideen gelten, und sie können offensichtlich auch nicht im menschlichen Intellekt ihre Existenz haben, wenn er sie nicht gerade denkt. Mit anderen Worten: Wenn sie einmal erworben worden sind, so können die Intelligibilia nicht in der Denkkraft (im Geiste) gespeichert werden, da ein Gespeichert-Werden in ihrem Fall identisch ist mit einem Gedacht-Werden. Aber da wir sie offenkundig nicht ständig denken, müssen sie irgendwo anders existieren, und der einzige Ort hierfür ist der aktive Intellekt. Folgerichtig bedeutet die Entdeckung des Mittelbegriffs für den menschlichen Intellekt, dass er ihn vom aktiven Intellekt erwirbt. Und dies genau meinte Avicenna, wenn er vom Kontakt des menschlichen und des aktiven Intellekts sprach. Avicenna beschrieb den Prozess dieses Kontakts auf zwei Arten, die davon abhängig waren, ob er vom Standpunkt des aktiven oder des menschlichen Intellekts argumentierte. Im ersten Falle handelt es sich um einen Prozess, den er ein „göttliches Ausströmen" *(al-fayḍ al-ilāhī)* nennt, um eine Emanation der Intelligibilia in den menschlichen Intellekt. Vom Standpunkt des menschlichen Intellekts gesehen, beschrieb Avicenna den Prozess der Entdeckung des Mittelbegriffs als Intuition *(ḥads)*. Angeregt wurde Avicenna durch Aristoteles' Behandlung der Intuition in der „Zweiten Analytik" (I, 34, 89b10–11), in der er sie als die Fähigkeit spontan „richtig den Mittelbegriff zu treffen" (*eustochia, ḥusnu ḥadsin* in der arabischen Übersetzung) bezeichnet. Dies wurde zum Fundament seiner Erkenntnistheorie.

Wenn nun alle Mittelbegriffe ihren Ort im aktiven Intellekt haben, stellt sich die Frage, wie die Menschen einen Zugang dazu bekommen können oder wie genau die Intuition funktioniert. Avicenna vertrat anfangs noch die These, dass alles Lernen oder jeder Erwerb der Mittelbegriffe entweder durch Anleitung oder Intuition zustande kommt; aber nachdem er sich vergegenwärtigt hatte, dass auch die Anleitung letzten Endes auf Intuition basiert (der theoretische erste Lehrer musste notwendigerweise allein durch die Intuition lernen), ließ er den Begriff der Anleitung fallen und führte statt dessen den Begriff der Reflexion ein. Die Reflexion und das Denken sind in der Abstraktion und der logischen Analyse begründet und bereiten den Intellekt auf die Intuition vor, um vom aktiven Intellekt den Mittelbegriff zu empfangen. Diesen Prozess beschreibt er in seinen späteren „Erörterungen" so, dass die Reflexion ein Netz in ein aussichtsreiches Gebiet auswirft, wo der Mittelbegriff sich befinden könnte, um ihn dort einzufangen.[6] Avicennas zahlreiche Aussagen in diesem Kontext machen ganz deutlich, dass das „göttliche Ausströmen" niemals automatisch stattfindet und niemals durch den aktiven Intellekt eingeleitet wird. Tatsächlich wird das gesamte Konzept der Emanation der Intelligibilia bei Avicenna niemals jenseits dieser bloßen Beschreibung entwickelt, während der Prozess der Beweisführung, der in der Auffindung des Mittelbegriffes gipfelt, sorgfältig und tiefgreifend in einer Anzahl von Werken analysiert wird. Von diesem Standpunkt aus betrachtet scheint der aktive Intellekt keinem anderen Zweck zu dienen, als Aufbewahrungsort der Mittelbegriff-Intelligibilia zu sein; sonst ist er im Prozess des menschlichen Denkens vollkommen untätig.

Die Fähigkeit der Menschen den Mittelbegriff aufzufinden, ist unterschiedlich und hängt davon ab, wie schnell und wie häufig sie ihn durch Intuition erfassen können. Einige Menschen sind völlig hilflos dabei, andere bedürfen häufig der Anleitung oder einer vorbereitenden logischen Analyse, bevor sie erfolgreich sind, während andere nur in geringem Maße der Reflexion bedürfen, da sie in kurzer Zeit die Mittelbegriffe intuitiv erfassen können. Im anderen Extremfalle steht das seltene und einzigartige Individuum mit einer „starken Seele", das alle Mittelbegriffe in kürzester Zeit und gänzlich ohne Reflexion intuitiv erfassen kann. Diese Person ist der Prophet. Seinem Intellekt werden die im aktiven Intellekt enthaltenen Intelligibilia nahezu auf einmal eingeprägt. Jedoch weist Avicenna darauf hin, dass dieser Prozeß keine unkritische Aufnahme der Intelligibilia durch bloße Autorität darstellt, sondern dass er der strengen syllogistischen Ordnung der Intelligibilia folgt, wie sie im aktiven Intellekt existieren. Diese syllogistische Ordnung enthält die Mittelbegriffe.[7] In dieser Hinsicht zeigt der Vorgang, durch den der Prophet sein Wissen erlangt, keinen Unterschied zu dem der anderen Menschen, ausgenommen, dass der Prophet eine vollständig entwickelte Kraft der Intuition besitzt. Deshalb ist sein Intellekt *in habitu*, auf dessen Niveau die Intuition stattfindet, der stärkste und wird von Avicenna der heilige Intellekt genannt. Auf diese Weise gewährt die Aufnahme der Intelligibilia dem Propheten die Inhalte der Offenbarung, die sich als identisch mit den Inhalten der Philosophie erweisen.

Dies ist der intellektbezogene Aspekt der Prophezeiung. Avicenna kennt

[6] Mubāḥaṯāt, § 600, Bīdārfar.

[7] Vgl. die Gesamtdarstellung zu diesem Thema in Gutas, Avicenna: De Anima V 6.

noch zwei weitere Aspekte; einer bezieht sich auf das Vorstellungsvermögen und der andere auf das Bewegungsvermögen des Propheten, wobei beide in ihm über das durchschnittliche Maß hinaus entwickelt sind. Das Vorstellungsvermögen des Propheten ist auch in der Lage, aus der himmlischen Welt Bilder und Geräusche zu empfangen, die mit der Offenbarung zusammenhängen. Diese Bilder und Geräusche gibt das Vorstellungsvermögen in wahrnehmbaren und hörbaren Botschaften wieder: Daraus besteht der Text der Offenbarung, der den Menschen vorgetragen wird. Dies verhält sich deshalb notwendigerweise so, weil die syllogistische Form, in welcher der Intellekt des Propheten die Intelligibilia aufgenommen hat, von der Mehrheit der Menschen nicht verstanden wird. Dieser Mechanismus, durch den das Vorstellungsvermögen zugänglich ist für Einflüsse der überirdischen Welt der Himmelssphäre, verursacht auch bei einigen Menschen prophetische Träume. Schließlich hat der Prophet auch ein vollständig entwickeltes Bewegungsvermögen, und seine Seele kann dementsprechend nicht nur Teile seines eigenen Körpers bewegen und beeinflussen – dies vermag jede Seele –, sondern auch Körper außerhalb seiner selbst. Dies ist eine Art Telekinese (Beeinflussung ohne Körper-Kontakt), die auch an anderer Stelle beobachtet werden kann, z. B. als der Einfluss des Mondes auf Ebbe und Flut, als Folgen des bösen Blickes und im Falle von Menschen mit bösartigen Absichten als Magie. Der Prophet setzt diese Fähigkeit zu nutzbringenden Zwecken ein, namentlich um Wunder zu vollbringen, die die Wahrheit der Worte des Propheten unter Beweis stellen sollen. Es leuchtet also ein, daß Avicennas Interesse an alldem nicht dem Aufweis der Einzigartigkeit des Propheten gilt, was ihn philosophisch und wissenschaftlich unerklärbar werden ließe, sondern er will im Kontext der aristotelischen und neuplatonischen Theorie der Seele die Grundoperationen der menschlichen Seele entdecken und darstellen, die alle beobachtbaren psychischen Phänomene erklären – z. B. auch die prophetischen Träume, den bösen Blick und in Extremfällen auch die Prophetie.

Wenden wir uns wieder dem Prozess der intellektualen Erkenntnis zu und fassen wir zusammen: Der Intellekt *in habitu* ist im Besitz der primären Intelligibilia und nach den Prozessen der Beweisführung, welche die Reflexion und die Abstraktion einschließen, in der Lage, den Mittelbegriff in jedem Syllogismus aufzufinden, die Schlussfolgerung zu erwerben, die den Begriff eines Intelligiblen darstellt, und – als Ergebnis – zum Intellekt *in effectu* oder zum erworbenen Intellekt zu werden. Vermittels der Logik kann der menschliche Intellekt die Intelligibilia denken, die ebenso Gedachtes der Himmelssphären sind, und er kann auf diese Weise die Struktur der Wirklichkeit in sich selbst abbilden, wie sie sich in den Intelligibilia widerspiegelt. Jedoch ist dieses Abbild der Intelligibilia im menschlichen Intellekt nicht vollkommen, und zwar aus mehreren Gründen: Da alle

Menschen an die Zeitlichkeit gebunden sind, ist auch die Auffindung und Wahrnehmung der Intelligibilia bei den Menschen eine an die Zeitlichkeit gebundene Abfolge. Dies steht im Gegensatz zu der unzeitlichen Wahrnehmung der Intelligibilia durch die Himmelssphären. Bedeutsamer als dies ist jedoch die Tatsache, dass der menschliche Intellekt dem Körper eng verbunden ist, was sich als Hinderungsgrund für den Intellekt erweist, die Intelligibilia zu denken, und ihn auf verschiedene Weise davon ablenkt. In diesem Zusammenhang führt Avicenna in seiner Analyse der rationalen Seele Überlegungen ein, die medizinischer, ethischer und politischer Natur sind.

Wir hatten bereits erwähnt, dass eine der beiden Funktionen der rationalen Seele das Treffen rationaler Entscheidungen ist, die zu rechtem Handeln führen und als Folge die rationale Seele in ihrer Vervollkommnung fördern. Die rationalen Entscheidungen müssen den anderen Kräften (der begehrlichen Kraft und der aggressiven Kraft), die den Körper beherrschen, annehmbar sein, damit die jeweilige Person die rechten Handlungen ausführen kann. Mit anderen Worten: Die rationale Seele muss die begehrliche Seele *(epithymētikē, šahwānī)* und die aggressive Seele *(thymoeidēs, ġaḍabī)* unterjochen. Dies ist der Fall, wenn eine Person gute Gewohnheiten oder einen ausgezeichneten Charakter hat. Gewohnheiten oder Charaktereigenschaften sind jedoch wissenschaftlich oder medizinisch gesprochen eine Funktion der körperlichen Verfassung; in der Humorallehre Galens, der Avicenna folgt, sind sie abhängig vom Temperament des Körpers oder seiner ihm eigenen Mischung der vier Kardinalsäfte, Blut, Schleim, schwarze Galle und gelbe Galle. Das Überwiegen eines der Säfte im Vergleich zu den anderen führt zu bestimmten vorherrschenden Charaktereigenschaften der Individuen. Ein Phlegmatiker ist derjenige, dessen Temperament durch den Schleim (Phlegma) beherrscht wird; das Temperament des Melancholikers wird durch die schwarze Galle beeinflusst usw. Dieses Ungleichgewicht in der Humoralverfassung der Individuen verursacht das Ungleichgewicht des Charakters, d. h. des schlechten Charakters, während ein ausgezeichneter Charakter das Resultat eines Gleichgewichtes des Temperamentes ist (woher auch das Wort Gleichmut im Deutschen herrührt).

Es gilt als bekannte Tatsache, dass Temperamente sich ändern, was zur Folge hat, dass auch Charaktereigenschaften sich dadurch ändern. Um den schlechten Charakter einer Person zu verbessern, muß ihr Temperament verändert werden. Dies kann in vieler Hinsicht erfolgen, chemisch wie verhaltenspsychologisch, wie wir heute sagen würden. Diät und Medikation sind die naheliegenden Maßnahmen, um die Veränderung des Charakters einer Person zu erzielen. Eine melancholische Person sollte beispielsweise warme Flüssigkeiten zu sich nehmen, um die Eigenschaften ihres vorherrschenden Saftes (schwarze Galle, die kalt und trocken ist) auszugleichen. Eine Änderung des Verhaltens kann demgegenüber erzielt werden durch das Befolgen von Regeln, die in ethischen Schriften aufgeführt sind, und durch die Erfüllung von Pflichten und Übungen, die im religiösen Gesetz vom Propheten festgelegt sind. Tugendhafte Lebensführung, Gebet, Fasten, Wallfahrten und dergleichen dienen alle der Absicht, das Temperament auszugleichen und der Person einen ausgezeichneten Charakter zuteil werden zu lassen. Sie dienen auch dazu, die körperbezogenen Seelenvermögen, das begehrliche und aggressive, der rationalen Seele dienend unterzuordnen. Indem die körperbezogenen Seelenvermögen derartig untergeordnet werden, kann die rationale Seele sich auf ihrem Weg zur Glückseligkeit auf ihre Hauptaufgabe konzentrieren: das rationale Nachdenken bzw. die Auffindung der Mittelbegriffe oder die Intuition. Das erklärt übrigens, warum Avicenna in seiner Autobiographie erwähnt, dass er, wenn er bei Auffindung der Mittelbegriffe Schwierigkeiten habe, in die Moschee zum Beten gehe und dann zu Hause mit Hilfe von etwas Wein weiterstudiere: Wie bekannt war in der antiken und mittelalterlichen Pharmakologie, bewirkte Wein das Ausgleichen der körperlichen Säfte. Je ausgeglichener ein Temperament ist, desto besser ist eine Person in der Lage, ausgezeichnete Eigenschaften sowohl in der Lebensführung als auch in der Erkenntnis zu entwickeln.

Avicenna vertritt diese Position, indem er den spezifischen Unterschied zwischen der rationalen Seele und den himmlischen Sphären betrachtet. Beide sind Substanzen, deren Wesen es ist, die Intelligibilia zu denken; sie unterscheiden sich aber in der Natur ihrer Körper, denen sie angehören. Der menschliche Intellekt ist mit einem Körper verbunden, der aus einer Mischung der vier Elemente besteht, die zusammen die vier Säfte und deren einander entgegengesetzte Eigenschaften (heiß, kalt, feucht, trocken) bilden. Die Himmelssphären hingegen, deren Denken der Intelligibilia ununterbrochen und vollkommen ist, sind nicht so aufgebaut und dementsprechend fehlen ihnen gänzlich diese einander entgegengesetzten Eigenschaften. Deshalb leuchtet es ein, dass die Verbindung mit diesen einander entgegengesetzten Eigenschaften und das daraus resultierende Ungleichgewicht im Aufbau des menschlichen Körpers die rationale Seele daran hindert, die Mittelbegriffe intuitiv zu erfassen oder, anders gesagt, die göttliche Ausströmung vom aktiven Intellekt zu empfangen. Aus diesem Grund ist die Person am geeignetsten, diese Ausströmung zu empfangen, deren Temperament einem ausgeglichenen Zustand am nächsten kommt. Dennoch sind die Menschen, wie ausgeglichen ihre Temperamente auch sein mögen, nicht vollkommen frei von Mängeln, die durch ihre Verbindung mit den einander entgegengesetzten Eigenschaften auftreten. Solange die rationale Seele mit dem menschlichen Körper verbunden ist, kann niemand ganz in der Lage sein, alle Intelligibilia vollkommen zu denken (oder das göttliche Ausströmen zu empfangen); aber er kann sich diesem Ziel asymptotisch annähern, indem er alle Mühe aufwendet, durch das Studium und eine tugendhafte Lebensführung ein ausgeglichenes Temperament zu erlangen, dem diejenigen einander entgegengesetzten Eigenschaften fehlen, die ihn an der Aufnahme der göttlichen Ausströmung hindern. Wenn dies geschieht, so erreicht er eine gewisse Ähnlichkeit mit den Himmelssphären. Auf dieser Stufe ist er in der Lage, sich die Intelligibilia, wenn er sie nicht aktuell denkt (also wenn sein Intellekt kein erworbener Intellekt ist), zu vergegenwärtigen, wann immer er es wünscht (sein Intellekt ist dann ständig *in effectu*). Die rationale Seele wird dann, wie Avicenna mehrmals erwähnt, „wie ein glänzender Spiegel, auf dem sich die Formen der Dinge, wie sie in sich selbst sind (d. h. die Intelligibilia), ohne jede Verzerrung widerspiegeln“[8]. Daraus besteht das Studium der theoretischen philosophischen Wissenschaften.

Vollkommen und ununterbrochen denkt die rationale Seele die Intelligibilia nur, wenn sie durch den Tod vom Körper abgetrennt wird und nachdem sie die rechte Erkenntnis erlangt und die rechten Handlungen ausgeführt hat. In diesem posthumen Zustand wird die rationale Seele die Intelligibilia so präzise denken wie die Intellekte der Himmelssphären und ihnen ähnlich werden. Dies ist der endgültige Zustand der Glückseligkeit.

In dem System des Avicenna werden das Mittel des Denkens (der menschliche Intellekt), der Prozess des Denkens (das Auffinden des Mittelbegriffs), die Methode des Denkens (Logik) und die Objekte des Denkens (die Intelligibilia) in einer wechselseitig sich erläuternden und voneinander abhängenden Beziehung zusammengeführt. Verschiedene Zweige der aristotelischen Tradition der Philosophie werden harmonisiert und in Beziehung zueinander gesetzt. Die Theorie der Seele liefert das Gerüst, in dem die Erkenntnistheorie durch die Logik eine Kosmologie (oder Ontologie) widerspiegelt, die wiederum die Theorie der Seele voraussetzt. Praktische Philosophie in Gestalt einer Ethik und religiöses Gesetz sind ebenso in das System eingegliedert wie die Medizin, die der gesamten Untersuchung der rationalen Seele ein biologisches Fundament verleiht.

Es handelt sich um einen zwingenden theoretischen Entwurf, der eine integrative Schau des Universums und der Stellung des Menschen in ihm bietet und besonders wegen seiner grundlegenden Rationalität gewirkt hat. So erwies er sich im arabischen Osten als unwiderstehlich und beherrschte die Philosophie und das intellektuelle Leben bis in das moderne Zeitalter hinein. Er war Anlass für eine Kommentartradition und weiteren Ausarbeitungen, die in arabischer Sprache von Philosophen aristotelischer oder

[8] „Über die rationale Seele“, in: Gutas, Avicenna, 74–75.

avicennischer Provenienz bis in das späte Osmanische Reich (bis zur Tulpen-Periode der ersten Hälfte des 18. Jh) fortgesetzt wurden. Darüber hinaus war die nachdrückliche Beschäftigung mit den Erkenntnis-Modalitäten der rationalen Seele, die den Tod des Körpers überdauert, von gewaltigem Einfluss auf die Entwicklung der illuminatorischen Philosophie des Suhrawardī von Aleppo († 1193) und die mystische Theorien des Ibn-'Arabī († 1240). Beide wurden später in die Werke der schiitischen Philosophen einbezogen, die seit der Epoche der Safaviden im frühen 16. Jh. wirkten. Diese durch Mīr Dāmād († 1632) eingeleitete Bewegung, die von seinem Schüler Mullā Ṣadrā († 1640) weiterentwickelt wurde, setzte sich bei den teilweise auf Persisch schreibenden iranischen Philosophen bis in die Gegenwart fort. Im arabischen Westen, wo Farabi am einflußreichsten wirkte, rief Avicennas integrativer Systementwurf – jenseits aristotelischer Textnähe – heftige Reaktionen beim andalusischen Averroes († 1198) hervor, der für einen ursprungsorientierteren Aristotelismus eintrat. Averroes wie Avicenna wurden beide ins Lateinische übersetzt, doch Avicenna nur in einer wenig repräsentativen Weise, da seine Übersetzer, die im Westen arbeiteten, die Vorurteile der andalusischen Philosophen teilten. Während der lateinische Averroismus bereits gründlich studiert ist, gewinnt der lateinische Avicenna, der ebenso bedeutend war, zunehmend an Aufmerksamkeit, und eine weitere Beschäftigung mit seiner Philosophie dürfte sich zukünftig als lohnend erweisen.

Aus dem Englischen übersetzt von Kerstin Gevatter

Auswahlbibliographie

Quellentexte

1. Kitāb al-Shifā', hrsg. I. Madkour u. a., 22 Bde., Kairo 1952–83.

Avicenna Latinus, hrsg. S. van Riet, Leiden 1968 ff. Mittelalterliche Übersetzung der Šifā'. Bisher erschienen:

Liber De anima seu Sextus de Naturalibus, 2 Bde., 1968–1972.

Liber De Philosophia Prima sive Scientia Divina, 3 Bde., 1977–1983.

Liber Primus Naturalium. Tractatus primus de causis et principiis naturalium, 1993.

Liber Tertius Naturalium. De generatione et corruptione, 1987.

Liber Quartus Naturalium. De actionibus et passionibus, 1989.

The Propositional Logic of Avicenna, Dordrecht/Boston 1973 [Englische Übersetzung des Ersten Analytik-Teiles der Šifā' v. N. Shehaby].

Avicenna's De anima, being the psychological part of Kitāb al-Shifā', hrsg. F. Rahman, Oxford 1959 [Arabischer Text].

La Métaphysique du Šifā', Paris 1978–85 [Französische Übersetzung v. G. C. Anawati].

Avicenna's Metaphysics, im Druck [Englische Übersetzung der Ilāhiyyāt der Šifā' v. M. E. Marmura].

2. Kitāb an-Naǧāt, Cairo 1331/1912
Avicenna's Psychology, Oxford 1952 [Englische Übersetzung des De anima-Teiles der an-Naǧāt, Buch II,6, v. F. Rahman].
3) Al-Išārāt wa-t-Tanbīhāt, hrsg. S. Dunyā, 4 Bde., Kairo 1960–68.
Ibn Sīnā, Livre des Directives et Remarques, hrsg. A.-M. Goichon, Beirut/Paris 1951.
4) al-Mubāḥaṯāt, hrsg. M. Bīdārfar, Qum 1413/1992.

Sekundärliteratur

Art. Avicenna, in: Encyclopaedia Iranica, hrsg. E. Yarshater, Bd. III, 1987, 66–110.
Davidson, H. A.: Alfarabi, Avicenna, & Averroes, on Intellect, Oxford 1992.
Gohlman, W. E.: The Life of Ibn Sina, New York 1974.
Goodman, L. E.: Avicenna, London 1992.
Gutas, D.: Avicenna and the Aristotelian Tradition, Leiden 1988.
Gutas, D.: Avicenna: De anima V 6. Über die Seele, über Intuition und Prophetie, in: Interpretationen. Hauptwerke der Philosophie. Mittelalter, hrsg. K. Flasch, Stuttgart 1998, 90–107.
Hasse, D. N.: Avicenna's De anima in the Latin West. The Formation of a Peripatetic Philosophy of the Soul, 1160–1300, London 2000.
Hasse, D. N.: Das Lehrstück von den vier Intellekten in der Scholastik: von den arabischen Quellen bis zu Albertus Magnus, in: Recherches de Theologie et Philosophie Medievales 66, 1 (1999) 21–77.
Janssens, J.: An Annotated Bibliography of Ibn Sīnā (1970–1989), Leuven 1991; First Supplement (1990–1994), Leuven 1999.
Maróth, M.: Ibn Sīnā und die peripatetische „Aussagenlogik", Budapest/Leiden 1989.
Michot, J. R.: La destinée de l'homme selon Avicenne, Louvain 1986.
Rahman, F.: Prophecy in Islam, Chicago 1958.

ANSELM VON CANTERBURY

Gottesbeweise

Von Burkhard Mojsisch

Anselm von Canterbury war ohne Zweifel einer der wichtigsten Philosophen des Mittelalters, und dies, obwohl man in seinen Schriften den Terminus 'Philosophie' vergeblich sucht. Dennoch fehlt das unter methodischer Perspektive Philosophische an der Philosophie, nämlich die vernünftige Argumentation, gerade im Zusammenhang mit den von Anselm vorgelegten Gottesbeweisen nicht.

Bevor diese jedoch analysiert werden sollen, kurz einige Daten aus Anselms Leben: Anselm ist 1033 in Aosta geboren. Nach frühzeitigem Tod der Mutter und Streit mit dem Vater verließ Anselm Italien und begab sich 1056 nach Frankreich, wo er nach 3 Jahren Bildungswanderschaft gezielt ins Auge fasste, im Kloster Bec in der Normandie bei dem damals angesehenen Dialektik-Lehrer Lanfrank zu studieren. Nach einiger Zeit beschloss Anselm, Mönch zu werden, und schon 1063 ist er als Prior des Klosters Bec bezeugt. Darauf folgten dreißig Jahre intensiver schriftstellerischer Tätigkeit. 1093 übernahm Anselm dann das Amt, das vor ihm Lanfrank innehatte: Er wurde Erzbischof von Canterbury. Wegen seiner unnachgiebigen Haltung im englischen Investiturstreit musste Anselm zweimal das Land verlassen und lebte teils in Frankreich, teils in Italien. Er starb 1109, nicht ohne kurz vor seinem Tod noch dem Bedauern Ausdruck gegeben zu haben, dass er seine geplante Schrift über die Seele nun nicht mehr werde schreiben können.[1]

Umso erfreulicher ist es, dass Anselms Erstlingswerke erhalten sind: Es handelt sich um das ›Monologion‹ (Selbstgespräch), das Anselm 1076 verfasst hat, und das 1077/78 konzipierte ›Proslogion‹ (Anrede). Die ursprünglichen Titel dieser Schriften lassen Anselms Generalintention besser erkennen; sowohl im Werk ›Exemplum meditandi de ratione fidei‹[2] (Ein Beispiel, wie man sich denkend von der Begründung des Glaubens Rechenschaft gibt) – also im ›Monologion‹ – als auch in dem Büchlein ›Fides

[1] Zur Biographie Anselms vgl.: Southern. – Vgl. auch: Hödl.

[2] Anselmus Cantuariensis, Prosl., prooem., in: Opera omnia I, 93, 2 f.; 94, 6 f.

quaerens intellectum‹[3] (Der Glaube, der nach Einsicht verlangt) – also im ›Proslogion‹ – geht es um den Glauben, genauer: um Grundinhalte des Glaubens, in der ersten Schrift nämlich um die Wesenheit der Gottheit, in der zweiten um die wahrhafte (oder auch: notwendige) Existenz Gottes. Diese Inhalte des Glaubens sollen aber nicht aus dem Glauben selbst heraus ermittelt werden; schon die ursprünglichen Titel zeigen an, dass es einer vernünftigen Begründung des Glaubens bedarf, einer Begründung aufgrund von Einsicht. Anselms methodisches Programm lautet dann auch, *sola cogitatione*[4] („einzig mit den Mitteln des Denkens") oder *sola ratione*[5] („einzig mit den Mitteln der Vernunft") das herauszustellen, was bei einem vorgegebenen Glaubensinhalt früher noch nicht bedacht worden ist[6], und zwar ohne Rekurs auf jedwede Autorität. Anselm selbst war jedenfalls der Ansicht, dass es zur Begründung von Glaubensinhalten der Notwendigkeit vernünftiger Argumentation *(rationis necessitas*[7]*)* bedarf. Es war die Verknüpfung von Glaubenswissenschaft und argumentativ prozedierender Dialektik, die Anselm nicht nur für wünschenswert, sondern für zwingend geboten erachtete, wobei aber immer dann, wenn dialektisch argumentiert wurde, der Glaubenswissenschaft als solcher keine Einrede gestattet war. Das ging sogar so weit, dass Anselm im ›Proslogion‹ ein Argument ersann, das sich selbst beweisen können sollte.[8] Das war im 11. Jh. eine erstaunliche Konzession an die Philosophie: Die philosophische Dialektik sollte nach Anselm nicht nur in Dienst genommen werden dürfen, um ihr Äußerliches zu beweisen; der Wert der philosophischen Dialektik war ihr vielmehr immanent, indem sie sich aus sich selbst heraus argumentativ zu entfalten in der Lage war.

Im ›Monologion‹ versucht Anselm zunächst, mit vier Argumenten zu demonstrieren, was die eine göttliche Natur ist, mag man sie nun kennen oder nie von ihr etwas gehört haben.

1. Alle streben nur das zu genießen an, was sie für Güter halten. Diese Mannigfaltigkeit der Güter in ihrer so vielfachen Verschiedenheit wird mit den Körpersinnen erfahren und mit der geistigen Vernunft unterschieden. Dann aber erhebt sich die Frage, ob es *ein* Etwas ist, durch welches Eine alle Güter als Güter *sind,* oder ob die einen Güter durch Eines, die anderen

[3] Anselm., Prosl., prooem., in: Opera omnia I, 94, 7.

[4] Anselm., Monol., prol., in: Opera omnia I, 8, 18.

[5] Anselm., Monol. 1, in: Opera omnia I, 13, 11. – Vgl. zu Anselms Vernunftmethode: Schmitt 12–18.

[6] Vgl. Anselm., Monol., prol., in: Opera omnia I, 8, 19.

[7] Anselm., Monol., prol., in: Opera omnia I, 7, 10.

[8] Vgl. Anselm., Prosl., prooem., in: Opera omnia I, 93, 6 f.: … *unum argumentum, quod nullo alio ad se probandum quam se solo indigeret* …

Güter durch Anderes sind. Es ist jedoch gänzlich gewiss, dass alles Differente nicht wieder durch Differentes ausgesagt werden kann – weil sich so nämlich ein unstatthafter *Regressus in infinitum* ergäbe –, sondern ein Eines voraussetzt, das als Identisches im Differenten, als *unum in diversis*, begriffen wird, mag dieses Identische auch im Differenten auf gleiche oder ungleiche Weise betrachtet werden[9] – übrigens ein platonisch-neuplatonisches Argument[10], ohne dass Anselm dies jedoch anzeigte. Wenn das aber generell gilt, dann trifft im Besonderen zu: Alle Güter setzen *ein* Gut voraus, durch das gut ist, was auch immer gut ist.[11]

2. Dieses *eine Etwas*, durch das gut ist, was immer gut ist, ist zugleich auch ein großes Gut, weil es einzig durch sich selbst gut ist.[12] Während das höchste Gut aber durch seinen Mitteilungscharakter ausgezeichnet ist, ist es das höchst Große durch sein Durch-sich-selbst-Sein. Denn wäre das höchst Große nicht durch sich selbst, gehörte es zum Bereich des different Großen, das selbst aber gleichwohl etwas voraussetzte, das durch sich groß wäre. Das *eine* Etwas ist somit nicht nur höchst gut, sondern auch höchst groß, freilich nicht quantitativ, sondern qualitativ groß – wie die Weisheit.[13]

3. Alles, was ist, scheint durch *ein* Etwas zu sein. Dann erhebt sich aber das Problem, ob das *eine* Etwas *eines* oder *mehreres* ist, durch das alles ist, was ist. Ist es nun mehreres, so sind diese Vielen auf ein Etwas zurückzuführen, durch das sie sind, oder diese Vielen sind jedes Einzelne durch sich, oder diese Vielen sind durch sich gegenseitig. Ist nun Vieles auf Eines zurückzuführen, hat sich das Problem erledigt, auch dann, wenn Vieles durch sich besteht, weil dann die Vielen die *eine* Natur des Durch-sich-Bestehens voraussetzen. Dass aber Vieles durch sich wechselseitig ist, ist nach Anselm ein unvernünftiger Gedanke, weil dann der Seinsspender von seinem durch ihn ins Sein begründeten Prinzipiat auch ins Sein begründet würde. Es bleibt somit, dass es allein *ein* Etwas gibt, das nicht nur in höchster Weise gut und groß, sondern auch in höchster Weise seiend ist.[14]

4. Die Naturen der Dinge weisen eine Rangordnung auf; diese Vielheit der Naturen findet aber ihren Abschluss – um erneut den unendlichen Regress zu vermeiden – in einer Natur, von der gilt, dass sie keiner anderen Natur untergeordnet ist. Das ist die eine Natur (oder Wesenheit), die das höchste Gute, das höchste Große, das höchste Seiende (oder Subsistierende), kurz: das Höchste von allem ist, was ist. Das ist die göttliche Natur.[15]

9 Vgl. Anselm., Monol. 1, in: Opera omnia I, 13, 12–14, 13.
10 Vgl.: Flasch.
11 Vgl. Anselm., Monol. 1, in: Opera omnia I, 14, 28–15, 5.
12 Vgl. Anselm., Monol. 1, in: Opera omnia I, 15, 4–7.
13 Vgl. Anselm., Monol. 2, in: Opera omnia I, 15, 15–23.
14 Vgl. Anselm., Monol. 3, in: Opera omnia I, 15, 27–16, 28.
15 Vgl. Anselm., Monol. 4, in: Opera omnia I, 16, 31–18, 3.

Anselm selbst war jedoch unzufrieden mit dem Resultat dieser seiner Vernunftüberlegung, und zwar aus mindestens drei Gründen:

1. Seine Argumente erbrachten zwar den Nachweis, *was* die göttliche Natur ist, nämlich höchst Gutes, Großes, Seiendes, ja Höchstes schlechthin; *dass* die Gottheit aber *notwendig existiert*[16], war so noch nicht gezeigt.

2. Die im ›Monologion‹ exerzierte Vernunftüberlegung stützte sich auf *viele* Argumente. Für den Nachweis der notwendigen Existenz Gottes suchte Anselm aber nach *einem einzigen* Argument, das sich – wie bereits bemerkt – selbst sollte beweisen können.[17] Nach langer Suche, die er im 1. Kapitel des *Proslogion* beschreibt und die ihn an den Rand der Verzweiflung trieb, fand er endlich dieses *unum argumentum.*

3. Was Anselm aber an seinen vier Argumenten im ›Monologion‹ für besonders unzureichend gehalten haben dürfte, war der Umstand, dass er dem Denken nicht die Aufmerksamkeit geschenkt hatte, die es verdient gehabt hätte. Mit seinen Argumenten hatte er stets nur etwas Faktisches ermittelt, mochte es auch das Höchste von allem, was ist, sein. Denn ein potentieller Zweifler hätte immer noch vorbringen können, dass das *Nicht-Sein* des Höchsten von allem, das ist, zumindest doch *gedacht* werden könne. Um einem solchen potentiellen Zweifler zu begegnen, ging Anselm auf die Suche und entdeckte schließlich ein *einziges* Argument, das all seinen dialektischen Ansprüchen zu genügen schien. Vorformen dieses Arguments finden sich zwar schon bei Cicero und Seneca, Augustin und Boethius[18]; *wie* aber Anselm dieses Argument sich selbst entwickeln lässt, damit erkennbar wird, was es seit je verdeckt in sich enthält, ist ein gänzlich neuartiges dialektisches Philosophieren.

Anselms ›Proslogion‹-Argument ist der Aussage zu entnehmen: „Wir glauben, daß du (Gott) etwas bist, über das hinaus nichts Größeres gedacht werden kann“ *(credimus te esse aliquid, quo nihil maius cogitari possit)*[19]. Anselm suspendiert nun alles, also auch den Gottes- und den Glaubens-

[16] Vgl. Anselm., Prosl., prooem., in: Opera omnia I, 93, 7: … *quia deus vere est* …

[17] Vgl. Anselm., Prosl., prooem., in: Opera omnia I, 93, 2–10.

[18] Vgl. die Nachweise in dem (in vielen Hinsichten instruktiven) Beitrag von Schönberger, bes. 41, Anm. 113 (Es fehlt ein Hinweis auf Cicero); vgl. ergänzend: Mojsisch (Hrsg.) 127, Anm. 2.

[19] Anselm., Prosl. II, in: Mojsisch (Hrsg.) 50 f. – Eine Übersicht über die Forschungsliteratur des 20. Jh. bietet: Schrimpf 8–16, 59–67. Schrimpfs Übersetzung der Anselm-Gaunilo-Kontroverse ist allerdings mit Vorsicht zu genießen, da sie sich nicht nur an seiner Interpretationsrichtung orientiert, sondern als Übersetzung bereits durchgängig Interpretation ist. Ein Beispiel: *non est deus* wird mit „Gott ist nicht etwas“ wiedergegeben (68); das „etwas“ ist pure Erfindung des ‘Übersetzers’.

begriff, was dem Argument „Etwas, über das hinaus nichts Größeres gedacht werden kann“ nicht gemäß ist, um allein es in seiner Selbstexplikation zu verfolgen.

Diese Selbstexplikation des Arguments erfolgt in drei Reflexionsschritten, denen nun im Einzelnen nachgegangen werden soll:

1. Selbst der Tor, so sagt Anselm, muss, obwohl er die Existenz Gottes bestreitet, Folgendes einräumen: Wenn er das Argument hört, versteht er, was er hört; was er aber versteht, ist in seinem Verstande. Wenn aber etwas im Verstande ist, so wird jedoch noch nicht verstanden, dass es in der extramentalen Wirklichkeit existiert, also außerhalb des Verstandes Wirklichkeit besitzt. Denn, so Anselm, eines ist es, dass etwas im Verstande ist, ein anderes aber, zu verstehen, dass etwas in Wirklichkeit existiert. Ein Maler konzipiert etwa zunächst ein Kunstwerk, sodass es zwar in seinem Verstande ist, ohne dass er freilich versteht, dass es außerhalb seines Verstandes existiert; hat der Maler aber ein Kunstwerk geschaffen, dann hat er es im Verstande und versteht zugleich, dass es existiert, und zwar auch außerhalb seines Verstandes.[20]

2. Der zweite Schritt des Arguments ist folgendermaßen aufgebaut:

A (These): Das „Etwas, über das hinaus nichts Größeres gedacht werden kann“ kann nicht bloß im Verstande sein.

B (Begründung): Denn wenn es auch nur bloß im Verstande ist, kann *gedacht* werden, dass es auch in Wirklichkeit existiert, was größer ist, sodass das „Etwas, über das hinaus …“ in seiner Realität ein Größeres ist als es selbst, sofern es nur im Verstande ist.

C (Sicherung der Begründung): Wenn das „Etwas, über das hinaus …“ bloß im Verstande ist, dann ist das „Etwas, über das hinaus …“ ein solches, über das hinaus Größeres gedacht werden kann; das aber widerspräche dem Begriff des „Etwas, über das hinaus …“.

D (Konsequenz): Also existiert das „Etwas, über das hinaus …“ sowohl im Verstande als auch in Wirklichkeit.[21]

Diese reale Existenz des „Etwas, über das hinaus …“ ist aber noch mit Kontingenz behaftet. Denn alles, was *nur* existiert, *kann* auch *nicht existieren,* und zwar allein schon deshalb, weil seine *Nicht-Existenz gedacht* werden kann. Zum Beispiel kann das, was heute existiert, morgen schon nicht mehr existieren; diese mögliche Nicht-Existenz kann aber schon heute *gedacht* werden. Von allem, was bloß existiert, gilt, dass es zumindest der Möglichkeit nach auch nicht existiert, und zwar deshalb, weil seine mögliche Nicht-Existenz *gedacht* werden kann.

An dieser Stelle sei nur daran erinnert, wie wichtig der im *unum argu-*

[20] Vgl. Anselm., Prosl. II, in: Mojsisch (Hrsg.) 50–53.

[21] Vgl. Anselm., Prosl. II, in: Mojsisch (Hrsg.) 52 f.; vgl. auch: 128 f.

mentum selbst begegnende Begriff des Denkens für Anselm ist: Wer philosophische Systeme entwickelt, ohne den Begriff des Denkens zu berücksichtigen, fällt hinter Anselms Einsicht im ›Proslogion‹ zurück. Das gilt von allen Ontologien und Henologien, also Theorien des Seins, des Seienden oder des Einen. Diese Instanzen, mögen sie auch gegenüber allem Differenten Superiorität aufweisen, erlauben gleichwohl immer die Frage, ob nicht etwas Größeres als sie zumindest *gedacht* werden kann. Anselm hat gegenüber seinen Letztprinzipsbestimmungen aus dem ›Monologion‹ für sich selbst genau diesen Einwand erhoben und für sich selbst zu entkräften versucht, indem er seinem Argument im ›Proslogion‹ das Gedacht-Werden immanent sein ließ: „Etwas, über das hinaus nichts Größeres *gedacht* werden kann“.

Doch zurück zum Argumentationsverlauf! Als Zwischenresultat ist erreicht: Das „Etwas, über das hinaus ...“ ist sowohl im Verstande als auch in Wirklichkeit, das heißt: Es ist nicht nur im Verstande, sondern wird zugleich vom Verstand als außerhalb des Verstandes existierend eingesehen.

3. In einem dritten und letzten Reflexionsschritt, der übrigens formal wie der zweite strukturiert ist, wird der volle Gehalt des Arguments deutlich und das Ziel der Selbstentfaltung dieses Arguments erreicht:

A (These): Das „Etwas, über das hinaus nichts Größeres gedacht werden kann“ kann als nicht-existierend nicht einmal gedacht werden.

B (Begründung): Denn es kann *gedacht* werden, dass etwas existiert, das nicht als nicht-existierend gedacht werden kann, was ein Größeres ist als das, was als nicht-existierend gedacht werden kann.

C (Sicherung der Begründung): Wenn das „Etwas, über das hinaus nichts Größeres gedacht werden kann“ als nicht-existierend gedacht werden kann, ist das „Etwas, über das hinaus ...“ nicht das „Etwas, über das hinaus ...“ – ein unzutreffender Widerspruch.

D (Konsequenz): Also existiert das „Etwas, über das hinaus nichts Größeres gedacht werden kann“ so wahrhaft, dass es als nicht-existierend nicht einmal gedacht werden kann.[22]

Damit ist für Anselm nicht nur die reale Existenz des „Etwas, über das hinaus nichts Größeres gedacht werden kann“ bewiesen, sondern auch seine notwendige Existenz.

Erst nach dieser Gesamtargumentation bedient sich Anselm wieder des Terminus ‘Gott’[23]: Dieses argumentativ ermittelte notwendige Sein besitzt

[22] Vgl. Anselm., Prosl. III, in: Mojsisch (Hrsg.) 52–55; vgl. auch: 128f.

[23] Vgl. Anselm., Prosl. III, in: Mojsisch (Hrsg.) 54f.: *Et hoc es tu, domine, deus noster. Sic ergo vere es, domine, deus meus, ut nec cogitari possis non esse.* („Und das bist du, Herr, unser Gott. So wahrhaft existierst du also, Herr, mein Gott, dass dein Nicht-Sein nicht einmal gedacht werden kann.“) – In der folgenden Sentenz ersetzt Anselm dann das *maius* durch *melius*, das „Größeres“ durch „Besseres“.

für Anselm allein Gott, da sich etwas Besseres als dieses notwendige Sein nicht denken lässt. Indem Anselm jetzt das „größer" durch „besser" ersetzt, gibt er zu erkennen, dass für die einzelnen Reflexionsschritte des Arguments der Fortgang von Besserem zu Bestem grundlegend ist: Besser ist es für das „Etwas, über das hinaus nichts Größeres gedacht werden kann", im Verstande zu sein, als gar nicht verstanden zu werden; besser ist es für das „Etwas, über das hinaus ...", sowohl im Verstande zu sein als auch als wirklich existierend verstanden zu werden; besser ist es für das „Etwas, über das hinaus ...", mit Notwendigkeit zu sein, als nur so zu sein, dass es auch als nicht-existierend gedacht werden könnte, also als nur kontingent zu sein. Notwendige Existenz ist somit das beste Sein, das einzig der göttlichen Natur zuzuerkennen ist.

Für das 11. Jh. war damit viel gewonnen: Ohne sich aus sich selbst entfaltendes Denken, also ohne das *eine* Argument, wäre ein Hauptinhalt des Glaubens, nämlich dic notwendige Existenz Gottes, durch schlichtes Bestreiten seiner Gültigkeit zumindest dem Zweifel ausgesetzt gewesen. Das Argument richtete sich zwar auf einen eminenten Glaubensinhalt, aber das Verfahren selbst, dieses *eine* Argument sich ohne Rekurs auf Autoritäten selbst entfalten zu lassen, war neu.

Zum Argument selbst nur noch eine Bemerkung: Dass das „Etwas, über das hinaus nichts Größeres gedacht werden kann" überhaupt ein Glaubensinhalt sein sollte, war Anselms eigene Erfindung. Schon das war auch ein Affront gegen die Glaubenswissenschaft. Diesen Affront versuchte Anselm im 15. Kapitel des ›Proslogion‹ jedoch abzuschwächen, indem er konstatierte: „Herr, du bist also nicht nur, über den hinaus Größeres nicht gedacht werden kann, sondern du bist etwas Größeres, als gedacht werden kann, weil nämlich gedacht werden kann, dass etwas Derartiges existiert."[24] Damit widersprach Anselm seiner eigenen Aussage im 3. Kapitel, dass das „Etwas, über das hinaus Größeres nicht gedacht werden kann" mit Gott identisch sei. Anselm war sich jedoch dieses Widerspruchs bewusst; deshalb hob er später hervor: Gottes Existenz lasse sich in der Tat bestreiten; wenn aber jemand für das Argument einen sinnvollen Gedanken aufbringe, sei, weil durch dieses Argument die göttliche Existenz notwendig, wenn auch nur *irgendwie* bewiesen werde, mehr gewonnen, als wenn *überhaupt kein* Argument angeführt werde.[25] Wer also dem Argument zustimmt, ist auf dem richtigen Weg, selbst wenn Gott in seiner notwendigen Existenz als

[24] Vgl. Anselm., Prosl. XV, in: Opera omnia I, 112, 14–16: *Ergo domine, non solum es quo maius cogitari nequit, sed es quiddam maius quam cogitari possit, quoniam namque valet cogitari esse aliquid huiusmodi* (Interpunktion von mir geändert!).

[25] Vgl. Anselm., Quid ad haec respondeat editor ipsius libelli ... 7, in: Mojsisch (Hrsg.) 112–115.

solcher etwas ist, das größer ist als das „Etwas, über das hinaus nichts Größeres gedacht werden kann".

Aber schon zu Lebzeiten Anselms trat jemand auf den Plan, der gegen Anselms Argument mit philosophischen Gründen opponierte, somit Anselms Philosophie mit Philosophie begegnete: Es war der Mönch Gaunilo von Marmoutiers. Hier sollen nur die markantesten Einwände Gaunilos gegen Anselms Argument hervorgehoben werden:

1. Von einem bloßen Im-Verstande-Sein des „Etwas, über das hinaus nichts Größeres gedacht werden kann" lässt sich dessen reale Existenz nicht erschließen. Es gilt vielmehr umgekehrt: Nur das, was der Wirklichkeit nach existiert, kann auch verstanden werden.[26]

2. Wenn nicht gezeigt werden kann, dass das „Etwas, über das hinaus nichts Größeres gedacht werden kann" existiert, dann kann schon gar nicht gezeigt werden, dass es notwendig existiert.[27]

3. *Beweisen* heißt nach Aristoteles *mehrere Schlüsse aneinander reihen*; dazu sind Definitionen erforderlich; eine Definition setzt sich aber aus Gattung, spezifischer Differenz und Art zusammen. Weil diese Regeln des Schließens von Anselm aber nicht eingehalten worden seien, da sie nämlich – im Falle Gottes – auch gar nicht hätten eingehalten werden können, habe Anselm, so sein Opponent, in strengem Sinne nichts *bewiesen*.[28]

Dieser aristotelisierenden Kritik begegnete Anselm freundlich, aber mit Bestimmtheit, indem er stets auf den Eigencharakter seines Arguments verwies: Das „Etwas, über das hinaus nichts Größeres gedacht werden kann" erweist sich im Argumentationsgang überhaupt erst als es selbst; es liegt nicht einfach vor wie ein rein faktisch Existierendes; erst der Verlauf der Argumentation eröffnet, was das *eine* Argument verdeckt seit je in sich enthält; es existiert jedenfalls nicht, um dann erst verstanden werden zu können; eine solche Existenz, da kontingentes Sein, implizierte nämlich Nicht-Existenz; vielmehr offenbart das *eine* Argument erst im Verlauf der Argumentation das, was es immer schon in sich enthält: *notwendige* Existenz.[29] Wer also mit *bloßer* Existenz argumentiert, verfehlt den Gehalt des Arguments. So weist Anselm die ersten beiden Kritikpunkte Gaunilos zurück. – Der dritte Kritikpunkt verfehlt ohnehin Anselms Argument, weil das „Etwas, über das hinaus nichts Größeres gedacht werden kann" in der Tat jenseits von Gattung und Art zu denken ist, also mit den Definitions-

[26] Vgl. Quid ad haec respondeat quidam ... 5, in: Mojsisch (Hrsg.) 74 f.
[27] Vgl. Quid ad haec respondeat quidam ... 7, in: Mojsisch (Hrsg.) 76–79.
[28] Vgl. Quid ad haec respondeat quidam ... 4, in: Mojsisch (Hrsg.) 68 f.
[29] Vgl. Quid ad haec respondeat editor ... 10, in: Mojsisch (Hrsg.) 122 f.

und Schlussverfahren des Aristoteles gar nicht erfasst werden kann.[30] Diese Verfahrensweisen mögen für einen begrenzten Realitätsbereich der Erkenntnis zwar dienlich oder sogar förderlich sein; der entgrenzte Bereich notwendiger Existenz verlangt gemäß Anselm eine andere Vorgehensweise, nämlich die der Selbstexplikation des *einen* Arguments.

Der bekannteste Einwand Gaunilos dokumentiert sich freilich in dem 'Insel'-Exempel; ich zitiere Anselms Kritiker: „Man erzählt sich, irgendwo im Ozean gebe es eine Insel, die einige wegen der Schwierigkeit oder vielmehr Unmöglichkeit, das, was nicht existiert, aufzufinden, ergänzend 'verschwundene' Insel nennen und die, so geht die Sage, noch weit mehr, als es von den Inseln der Glückseligen berichtet wird, unermesslich reich sei an lauter kostbaren Gütern und Annehmlichkeiten, niemandem gehöre, von keinem bewohnt werde und alle anderen bewohnten Länder durch ein Übermaß an Besitztümern allenthalben übertreffe. Dass dies so sei, könnte mir jemand sagen, und ich vermöchte diese Rede, die ja keine Schwierigkeiten aufweist, ohne weiteres zu verstehen. Wenn er dann aber, als ergäbe sich dies folgerecht, mit der Zusatzbehauptung fortführe: Du kannst nun nicht mehr daran zweifeln, dass diese unter allen Ländern vortrefflichste Insel wahrhaft irgendwo in Wirklichkeit existiert, steht es doch für dich außer Zweifel, dass sie auch in deinem Verstande ist; und weil es vortrefflicher ist, nicht allein im Verstande, sondern auch in Wirklichkeit zu sein, deshalb existiert sie notwendig so, denn wenn das nicht der Fall wäre, wäre jedes andere Land, das in Wirklichkeit existiert, vortrefflicher als sie, und so wäre sie, obwohl von dir bereits als unter allen Ländern vortrefflichstes verstanden, nicht das vortrefflichste – wenn er, so sage ich, mir dadurch einreden wollte, an der wahrhaften Existenz dieser Insel dürfe nicht mehr gezweifelt werden, nähme ich entweder an, er erlaube sich einen Scherz, oder ich wäre unschlüssig, wen ich für törichter halten sollte, mich, wenn ich ihm beipflichtete, oder ihn, wenn er glaubte, für das wesentliche Sein dieser Insel auch nur irgendwie einen sicheren Beweis erbracht zu haben, es sei denn, er hätte erst eben ihre Vortrefflichkeit ausschließlich unter dem Gesichtspunkt, dass es eine wahrhaft und unzweifelhaft existierende Wirklichkeit ist, nachgewiesen, nicht jedoch nur so, wie auch etwas Falsches oder Ungewisses in meinem Verstande ist.“[31] Dazu Anselm lapidar: „Voller Zuversicht sage ich: Wenn mir jemand außer dem, über das hinaus Größeres nicht gedacht werden kann, etwas ausfindig macht, das entweder der Wirklichkeit selbst oder allein dem Denken nach existiert und auf das er die Gedankenverknüpfung dieses meines Beweisganges treffend applizieren könnte, werde ich die verschwundene Insel

[30] Vgl. Quid ad haec respondeat editor … 8, in: Mojsisch (Hrsg.) 114–119.
[31] Quid ad haec respondeat quidam … 6, in: Mojsisch (Hrsg.) 74–77.

finden und sie ihm schenken, auf dass sie nicht mehr verschwinde."[32] Diese offenkundig scherzhaften – oder zumindest scherzhaft angelegten – Argumente entbehren jedoch nicht eines tieferen Sinnes: Gaunilo sagt, Anselms Argument, das für Gott in seiner notwendigen Existenz steht, ist nichts anderes als eine Fabel, ein Inexistentes, das aber allein dadurch, dass man es versteht, der Wirklichkeit nach existieren soll – für Gaunilo eine Absurdität, da man von einer sprachlichen Äußerung nicht auf wahrhafte Existenz schließen kann; Anselm sagt: Der Opponent hat den Vergleichspunkt falsch gewählt; das Argument, das für Gott in seiner notwendigen Existenz steht, ist in keiner Weise der nur sprachlichen Erzählung von einer nichtexistierenden Insel vergleichbar, sondern ist allein zu begreifen als seine eigene Selbstentwicklung, die über die einzelnen Reflexionsschritte hin erfolgt. Das Wesen des Arguments, seine Selbstentwicklung, wird verkannt, wenn es mit einem bloßen Laut verwechselt wird – so Anselm bereits in Kap. 4 des ›Proslogion‹ –; sollte aber die inexistente Insel gleichwohl existieren und auffindbar sein, würde sie Anselm trotzdem verschenken, da die Insel, ein nur kontingent Seiendes, auch dann gegenüber dem notwendigen Sein dessen, für das das Argument steht, inferior wäre, weil sie eben nur dem Seinsbereich zugehörte, in dem etwas sein oder nicht sein kann. Die Pointe: Anselms Geschenk wäre nur ein Scheingeschenk; seine eigene Einsicht, die er im ›Proslogion‹ gewonnen hat, würde er jedenfalls mit diesem 'Geschenk' nicht verschenken.

Was Anselm seinem Kritiker aber besonders vorwarf, war die Tatsache, dass sein Opponent das *eine* Argument gar nicht begriffen habe; Gaunilo sprach nämlich fast immer von einem *maius omnibus,* einem „Größer als alles", während Anselms Argument lautete: „Etwas, über das hinaus nichts Größeres gedacht werden kann". Gaunilo wollte mit seinem Ausdruck Anselms Argument auf die Ebene rein faktischer Existenz herabziehen; für Anselm war es ein Leichtes, diesem Schachzug seines Opponenten zu begegnen: Wenn nur von einem „Größer als alles" die Rede ist, dann ist jedenfalls nicht von dem „Etwas, über das hinaus Größeres nicht gedacht werden kann" die Rede, weil dem *Denken* keine Beachtung geschenkt wird; es kann jedoch – so Anselm – ein Größeres als das „Größer als alles" zumindest *gedacht* werden; es kann darüber hinaus sogar die Nicht-Existenz eines solchen „Größer als alles" *gedacht* werden.[33] Gaunilo schenkte jedenfalls dem Terminus 'Denken' in Anselms Argument nicht die gehörige Beachtung. In diesem Punkt waren seine kritischen Einwände gegen Anselms Argument ohne Zweifel verfehlt.

[32] Quid ad haec respondeat editor … 3, in: Mojsisch (Hrsg.) 94–97.

[33] Vgl. Quid ad haec respondeat editor … 5, in: Mojsisch (Hrsg.) 106 f.

Doch war damit Anselms Argument unanfechtbar gültig? Es sollen nur zwei Gesichtspunkte genannt werden, die Schwachstellen in der Argumentation Anselms anzeigen:

1. Die Basis der anselmianischen Argumentation gründet sich auf die Annahme, dass das, was vernommen werde, auch im Verstande sei. Die Möglichkeit dieses Im-Verstande-Seins des Vernommenen wird von Anselm jedoch nicht näherhin expliziert.

2. Anselms Argument setzt eine Wertehierarchie voraus: Besser ist es, zu sein, als nur im Verstande zu sein, noch besser, notwendig zu sein, als nur kontingent zu sein. Das Nicht-Sein etwa hatte in dieser Wertehierarchie des Seins keinen Platz. Schon gar nicht stellte sich Anselm die Frage nach der Möglichkeit notwendiger Existenz, obwohl gerade im Anschluss an Anselm diese Frage erlaubt ist, da die Möglichkeit notwendiger Existenz zumindest *gedacht* werden kann. Wenn die Möglichkeit als Prinzip[34] aber nur Mögliches prinzipiiert und nichts notwendig Existierendes, dann zerplatzt Anselms Argument wie eine Seifenblase. Doch das sind moderne Fragestellungen, die gleichwohl anzeigen, wie bedeutsam für sie Positionen aus der Geschichte der Philosophie sind: Anselm war es, der gegenüber seinem Opponenten stets die Bedeutsamkeit des Denkens für dialektische Argumentation herausgestellt hat, sodass sich Anselms philosophisches Vermächtnis zumindest in der Aufforderung manifestiert: mit den Mitteln des Denkens das Denken auch weiterhin zu bedenken. Dafür steht jedenfalls Anselms *sola cogitatione.*

Auswahlbibliographie

Quellentexte

Anselmus Cantuariensis: Op. omn. I, hrsg. v. F.S. Schmitt, Stuttgart-Bad Cannstatt 1968.

Mojsisch, B. (Hrsg.): Kann Gottes Nicht-Sein gedacht werden? Die Kontroverse zwischen Anselm von Canterbury und Gaunilo von Marmoutiers, lat.-dt., übers., erläut. v. B. Mojsisch, eing. v. K. Flasch, Mainz 1989.

Schrimpf, G.: Anselm von Canterbury. Proslogion II–IV. Gottesbeweis oder Widerlegung des Toren? Unter Beifügung der Texte mit neuer Übersetzung, Frankfurt a. M. 1994.

Southern, R. W. (Hrsg.): The Life of St Anselm, Archbishop of Canterbury, by Eadmer, with introduction, notes and translation by R. W. Southern, Oxford 1962.

[34] Vgl. zu einer Theorie der Möglichkeit *in nuce*: Mojsisch 60–77.

Sekundärliteratur

Flasch, K.: Der philosophische Ansatz des Anselm von Canterbury im Monologion und sein Verhältnis zum augustinischen Neuplatonismus. Analecta Anselmiana II, hrsg. v. F. S. Schmitt, Frankfurt a. M. 1970, 1–43.

Hödl, L.: Anselm von Canterbury. Lexikon des Mittelalters 1, München/Zürich 1980, 680–687 (686: G. Binding: Ikonographie).

Mojsisch, B.: The Otherness of God as Coincidence, Negation, and Not-Otherness in Nicholas of Cusa: An Explication and Critique, in: The Otherness of God, ed. O. F. Summerell, Charlottesville/London 1998, 60–77.

Schmitt, F. S.: Einführung, in: Anselm von Canterbury: Monologion, lat.-dt., hrsg. v. F. S. Schmitt, Stuttgart-Bad Cannstatt 1964, 9–24.

Schönberger, R.: Responsio Anselmi. Anselms Selbstinterpretation in seiner Replik auf Gaunilo. Freiburger Zeitschrift für Philosophie und Theologie 36 (1989) 3–46.

AVERROES

Treue zu Aristoteles

Von Josep Puig Montada[1]

Abū l-Walīd Muḥammad Ibn Rušd (latinisiert: Averroes) wurde 1126 in Cordova geboren. Averroes bekam eine juristische Ausbildung, aber auch die „Wissenschaften der Antike“, die Naturwissenschaften, die Medizin und Philosophie, fanden sein Interesse. Er studierte in arabischer Übersetzung die Werke des Aristoteles und seiner griechischen Kommentatoren, während er von den arabischen Philosophen vor allem al-Fārābī (gest. 950), Avicenna (gest. 1067) und Ibn Bāǧǧa, Avempace (gest. 1139), der in al-Andalus einen bemerkenswerten Einfluss auf den jungen Averroes ausübte, rezipierte.

Im lateinischen Westen wurde er als „der Kommentator“ des Aristoteles bekannt. Drei Arten von Kommentaren zu den Schriften des Aristoteles wurden von ihm verfasst: lange oder große Kommentare zu fünf Schriften, die er für die wichtigsten hielt: ›Zweite Analytica‹, ›Physik‹, ›De caelo‹, ›De anima‹, ›Metaphysik‹; mittlere Kommentare zu allen Schriften und kurze Kommentare nur zu den logischen und den naturwissenschaftlichen Werken, ferner zu ›De anima‹ und zur ›Metaphysik‹. Darüber hinaus kommentierte er in kurzer Form Platos ›Staat‹ und den ›Almagest‹ des Ptolemäus.

Averroes genoss den Schutz des Almohaden-Herrschers Abū Ya‘qūb Yūsuf (gest. 1184), der ihn zum obersten Richter von al-Andalus ernannte. Nachfolger von Abū Ya‘qūb wurde sein Sohn Abū Yūsuf Ya‘qūb (gest. 1199), der im Jahre 1197 die Philosophie verbieten ließ. Averroes wurde zuerst nach Lucena verbannt und dann nach Marrakesch bestellt, wo er in der Nacht vom 9. zum 10. Dezember 1198 starb.

Obwohl seine Arbeit als Kommentator des Aristoteles von hohem Wert und reich an originellen Gedanken ist, wurde seine Verteidigung der Philosophie gegen den Angriff muslimischer Theologen Kernstück der mittelalterlichen arabischen Philosophie. In seinem ›Endgültigen Traktat über die Harmonie der Philosophie und der Religion‹ rechtfertigte Averroes

[1] Der Autor bedankt sich bei Prof. G. Endreß (Bochum) für die sprachliche Überarbeitung des Beitrages.

unter Bezug auf den Koran seine Beschäftigung mit der Philosophie. Er nahm die Gegenposition zu der im Werk des Abū Ḥāmid al-Gazālī (gest. 1111) ›Zusammenbruch der Philosophen‹ aufgestellten Behauptung ein, die Philosophie widerspreche dem Islam.

In reifem Alter revidierte er seine kleinen Kommentare (Epitomen oder Kompendien) zum sechsteiligen Kern der aristotelischen Philosophie (›Physik‹, ›De generatione et corruptione‹, ›Meteorologica‹, ›De caelo‹, ›De anima‹, ›Metaphysik‹) und schrieb eine neue Einleitung zu diesen Kompendien. Sein Ziel war es, das wahre Denken des Aristoteles darzustellen. Auf Polemik gegen die Vorgänger des Aristoteles wird verzichtet, und nur seine wissenschaftlichen Beweise werden in Betracht gezogen[2].

1. Averroes sah sich in dieser Aufgabe als Kampfgenosse des Abū Ḥāmid Muḥammad al-Gazālī (Gazali), der im Jahre 1058 in Ṭūs (Iran) geboren wurde. Nach einer theologisch-juristischen Ausbildung lehrte er das schāfi'itische Recht an der Nizāmīya-Hochschule in Bagdad und verteidigte die Orthodoxie gegen schiitische Bewegungen. Sein Ruf reichte bis an die Grenzen des Islam. Gazali schrieb auch über Philosophie und ist der Verfasser der ›Absichten der Philosophen‹, die nach Ansicht seines spanischen Übersetzers Manuel Alonso Vorläufer der Schrift ›Zusammenbruch der Philosophen‹ sind[3]. In diesem Werk greift Gazali Lehren an, die er für die Hauptthesen der avicennischen Philosophie hält, wie die Lehre der anfangslosen Schöpfung der Welt. Alonso stützt seine Meinung, die ›Absichten‹ seien nur der erste Schritt für einen Angriff auf die Philosophie, auf die Einleitung zu diesem Werke:

> Ich habe es für nötig gehalten, dass dem ›Zusammenbruch der Philosophen‹ eine kurze Studie vorhergeht, welche die Absichten der Philosophen in ihren logischen, physischen und metaphysischen Wissenschaften erklärt, ohne das Wahre von dem Falschen darin zu unterscheiden[4].

Averroes' abweichendes Verständnis von dem Zweck der ›Absichten der Philosophen‹ in seiner Schrift ›Epitome der Physik‹ offenbart seine Behauptung, dass Gazali in diesem Buch das Ziel verfolge, das wahre Denken des Aristoteles darzustellen[5]. Vermutlich kannte er die Einleitung nicht, die in dem von ihm benutzten Exemplar fehlen mochte, sodass er

[2] Epitome in Physicorum libros (Madrid 1983) 7–8.

[3] Tahāfut al-falāsifa, ed. M. Bouyges 1927, Beirut 1960. Ed. Bouyges und englische Übersetzung M. Marmura: The Incoherence of the Philosophers, Provo, 1997.

[4] Maqāṣid al-falāsifa, Teilausgabe Georg Beer (Leiden 1888) 1, 9–11 (Arabische Seitenzahlen); deutsche Übers., ibid. 21–22.

[5] Epitome in Physicorum 8, 5.

ein Werk in Händen hatte, das Avicenna (gest. 1037) selbst hätte akzeptieren können. Wie Alonso und andere feststellten, sind die ›Absichten der Philosophen‹ geradezu ein Plagiat des avicennischen ›Buch der Wissenschaft‹[6].

Billigt Averroes Gazali auch dieselbe Absicht zu, so hat er seiner Meinung nach doch das Ziel verfehlt. Das Motiv hingegen sei für Gazali und ihn identisch: „Wir beide wünschen unseren Zeitgenossen gleichen Nutzen".[7] Was dieser Nutzen oder dieses Gut ist, wird Gegenstand unserer Untersuchung sein.

Zuerst wollen wir jedoch die Behauptung des Averroes prüfen, ob und in welchem Sinne Gazali ein Philosoph war. Dies soll uns Einsicht in das geistige Umfeld des Averroes vermitteln und seinen Begriff der Philosophie klären. Die zitierte Stelle am Anfang der ›Epitome der Physik‹ ist nicht die einzige, in der Averroes dem Gazali ein gut gemeintes Vorhaben wie auch ein echt philosophisches Streben zubilligt. Nach 1180 und vor der Revision der Kompendien schrieb er den ›Zusammenbruch des „Zusammenbruches"‹, um die Schrift des Gazali ›Der Zusammenbruch der Philosophen‹ zu widerlegen. Trotz der polemischen Natur dieser Schrift bestreitet Averroes, dass Gazali ein Sophist sei:

> Gazali stand weit über jenen, die einen Betrug nach dem anderen begehen, aber vielleicht hatten ihn seine Zeitgenossen dazu gezwungen, dieses Buch [›Der Zusammenbruch der Philosophen‹] zu schreiben, um sich des Verdachtes zu erwehren, dass er eigentlich wie die griechischen Philosophen dachte[8].

Ein solcher Verdacht scheint nicht unbegründet zu sein. Averroes erwähnt ›Die Nische der Lichter‹[9], die für ihn sogar Metaphysik „gemäß der Lehre der Philosophen" ist[10]. Der Anlass für diese kurze Schrift sind jene Verse aus der Sura ›Das Licht‹, die beginnen: „Gott ist das Licht des Himmels und der Erde."[11]

Diese Sura hat die islamischen Mystiker stark beeinflusst, sodass auch ›Die Nische der Lichter‹ auf einer Exegese dieser Sura aufbaut. Gazali legt hier die Bildsprache des Koran in mystischen Begriffen aus: Die ganze

[6] Dānesh Nāme-ye 'Elāye. Ed. M. Mo'īn und M. Meshkāt, ND Tehran 1975. Siehe Alonso, Maqāṣid al-falāsifa o Intenciones de los filósofos (Barcelona 1962), XLV–LII.

[7] Epitome in Physicorum 8, 6–7.

[8] Tahāfut at-Tahāfut, ed. M. Bouyges (Beirut 1930, ND 1987), 159, 10–160, 2.

[9] Miṣkāt al-anwār [wa-miṣfāt al-asrār], ed. A.'Afīfī, Cairo 1964. Deutsche Übersetzung von 'Abd al-Ṣamad Elschazlī, Hamburg 1987.

[10] Tahāfut at-Tahāfut 117, 6–7.

[11] Koran 24: 35. Deutsche Übersetzung von R. Paret, 2. Ausg. (Stuttgart 1982) 290.

Wirklichkeit ist Licht und Finsternis, Licht ist Existenz und Finsternis das Nichtsein. Alle Substanzen sind Lichter, und jedes Licht empfängt seine Leuchtkraft von einem höheren Licht. Dieser Prozess geht nicht bis in das Unendliche, sondern endet in einem ersten, wahren Licht, Gott[12]. Dass Averroes ein eindeutig mystisches Werk als Metaphysik bezeichnet, mag etwas überraschend sein. Er sah jedoch im Sufismus immer einen Reflex der antiken Philosophie, und wenn wir den Einfluss des Neuplatonismus auf die Entwicklung des Gnostizismus berücksichtigen, ging seine Auffassung schon in die richtige Richtung.

›Die Nische der Lichter‹ bildet keine Ausnahme in der reichen schriftlichen Produktion des Gazali; sie gibt die Leitgedanken von Gazalis Hauptwerk ›Die Wiederbelebung der Religionswissenschaften‹[13] in konzentrierter Form wieder, sodass es genug Zeugen für den Sufismus des Gazali gibt. Aber Averroes möchte nicht nur den Sufismus des Gazali als allegorische Form der Philosophie ansehen, sondern Gazali auch als einen echten, wenngleich verborgenen Philosophen vorstellen, wobei er seine Behauptung auf den philosophischen Inhalt des Kalam stützen kann:

Abū l-Ḥasan al-Aš‘arī (gest. 945) hatte dem orthodoxen Islam dieses hervorragende Werkzeug zur Verfügung gestellt, indem er eine rationelle Theologie im Dienste der Orthodoxie entwickelt hatte. Diese Theologie, die von Anfang an von polemischer Struktur war, heißt *kalām*. Wenn Gazali den Kalam in Anspruch nimmt und die Philosophie von dem Standpunkt der traditionellen Theologie aus bekämpft, kann er sich der Philosophie nicht entziehen. Der Kalam besteht nicht nur aus dialektischen Argumenten, wie Averroes oft behauptet, er besteht auch aus philosophischen Begriffen und Beweisführungen, wie sie im ›Zusammenbruch der Philosophen‹ verwendet werden.

Mehrere von Gazali übernommene Argumente des Kalam gegen die Ewigkeit der Welt waren aus der spätgriechischen Philosophie bekannt; Gazalis Verneinung des Kausalitätsprinzips innerhalb der Natur ist reine Philosophie. Die zentrale These seiner Möglichkeitslehre, dass die Möglichkeit auf keiner materiellen Grundlage ruhe, sondern nur eine logische Kategorie sei, hatte die griechische Philosophie schon früher vertreten. Nach Gazali existiert die Möglichkeit – im Sinne der Potenz – nur in demselben Augenblick wie die Handlung oder Aktualisierung. „Die Existenz von etwas im Akt (in Wirklichkeit) ist dasselbe wie seine Existenz in Potenz (in Möglichkeit).“[14] Diese Lehre ist eigentlich eine aš‘aritische und

[12] Mishkāt al-anwār 57–58.

[13] Iḥyā’ ‘ulūm ad-dīn, 4 Bde. Kairo 1312/1895. ND Beirut: Dār al-Ma‘ārif, ohne Datum.

[14] Tahāfut al-falāsifa, c. XIX, 343.

entstand in der Megarikerschule, wie Averroes in seinem großen Kommentar zur ›Metaphysik‹ erläutert[15]. In diesen Fällen kann er sagen, dass Gazali der Philosophie nachgehe, wenn auch nicht der richtigen.

An anderen Stellen hören wir von Averroes, dass die Unterschiede zwischen Gazali und der aristotelischen Philosophie nur terminologisch und sprachlich sind. Dies steht im ›Endgültigen Traktat über die Harmonie der Religion und der Philosophie‹[16] und selbst im ›Zusammenbruch des „Zusammenbruches"‹. Wenn zum Beispiel die Aš'ariten den Ausdruck „Voraussetzung und Substrat" *(sharṭ wa-maḥall)* benutzen, meinen sie die erste Materie der Philosophen. Mit dem Ausdruck „geistige Eigenschaft" *(ṣifa nafsīya)* bezeichnen sie die Form der Philosophen[17], sodass also Gazali nach Auffassung des Averroes eine unpräzise Form der Philosophie betreibt.

Am Ende seines Lebens wendet sich Gazali jedoch vom Kalam völlig ab und gibt damit auch diese Art philosophischen Denkens auf. Kurz vor seinem Tode im Jahre 1111 schreibt er ein Buch, „um die einfachen Leute von der Wissenschaft des Kalam fernzuhalten"[18], weil der Kalam ihren Glauben zerstöre, und bekennt sich zur traditionellen Methode der Koranexegese. Auch schon in der ›Wiederbelebung der Religionswissenschaften‹ hatte Gazali vor der inneren Schwäche des Kalam gewarnt, denn selbst für die Gelehrten sei der Kalam von geringem Nutzen, weil er keine unmittelbare, sondern nur eine auf Indizien aufgebaute Kenntnis Gottes vermittele[19].

Die Gedankenwelt des Gazali ist also nicht frei von Widersprüchen. Averroes beschreibt dies in seinem ›Endgültigen Traktat‹ mit der ironischen Äußerung, Gazali sei ein Aš'arit mit den Aš'ariten, ein Sufi mit den Sufis und ein Philosoph mit den Philosophen[20]. Seine Ironie sollte jedoch nicht überbewertet werden, da wir nicht übersehen dürfen, dass er in seinem gesamten Werk die lautere Absicht des Gazali nie infrage stellt.

Gazali bleibt sein bester Schutz gegen den Angriff jener Zeitgenossen, die die Philosophen als Ungläubige ansahen. Averroes schrieb den ›Endgültigen Traktat‹ um 1179. In diesem Werk schützt er sich vor der Behauptung, dass die Unterschiede zwischen Philosophie und religiöser Orthodo-

[15] Tafsīr mā ba'd aṭ-ṭabī'at, ed. M. Bouyges, 2. Bd. (1942, Beirut 1983) 1126, 9–13.

[16] Faṣl al-maqāl, ed. und deutsche Übersetzung M. J. Müller, München 1859; 2. Ausg. der deutschen Übers. Weinheim 1991.

[17] Tahāfut at-Tahāfut, c. XVII, 521, 15–16.

[18] Kitāb ilǧām al-'awāmm 'an 'ilm al-Kalām, ed. M. al-Mu'taṣim bi-Llāh al-Baǧdādī, Casablanca 1985. Spanische Teilübersetzung M. Asín Palacios, El justo medio en la creencia (Madrid 1929), „Apéndice 1", 383–417.

[19] Iḥyā' III. 1,15–16.

[20] Faṣl al-maqāl 18,1–4. Deutsche Übers. 19.

xie unüberwindbar seien. Gazali kommt hier mit seiner Schrift über den ›Unterschied zwischen dem Islam und der Häresie‹[21] zu Hilfe, wo er betont, dass niemand des Unglaubens beschuldigt werden kann, weil seine Meinung von der der Allgemeinheit abweicht. Averroes gibt die Worte des Gazali wie folgt wieder: „Wegen Verletzung der Konvention kann man jemanden nur annähernd einen Ungläubigen *(takfīr)* nennen."[22] Averroes wird später den ›Zusammenbruch des „Zusammenbruches"‹ verfassen und beweisen, dass die Meinungen der Philosophen mit dem Glauben übereinstimmen, aber sicherheitshalber hatte er schon festgelegt, dass eine eventuelle Abweichung ihn des Unglaubens nicht schuldig machte.

Zweifellos war seine Annäherung an Gazali in hohem Maße eine taktische Maßnahme. Unumstritten bleibt aber die Tatsache, dass in großen Teilen der Werke des Gazali philosophische Gehalte thematisiert werden oder eine philosophische Methode angewandt wird. Die ›Absichten der Philosophen‹ sind reine avicennische Philosophie, und besonders hervorzuheben ist, dass der aš'aritische Kalam, dem sich Gazali einen Teil seines Lebens widmete, philosophische Elemente enthält und Gazali hier von Avicenna manches übernommen hat. Ferner wendete Gazali in seinen Werken die Logik philosophischer Herkunft an, und in dieser Hinsicht dürfen wir von einer offenen, wenn auch bedingten Akzeptanz eines Teiles der Philosophie reden. Averroes nun sah den Sufismus als eine sekundäre, abgeschwächte Form der Philosophie an, und da Gazali eine leitende Figur des Sufismus war, konnte er auf diesem Umweg als Philosoph anerkannt werden. Die Grenzen der Toleranz des Averroes waren die Grenzen des aristotelischen Systems.

2. In der oben zitierten Einleitung zum Kleinen Kommentar zur ›Physik‹ legte Averroes Wert darauf, dass Gazali und er selbst ihren muslimischen Zeitgenossen dasselbe Gut wünschten. Wir wissen, dass Gazali, nach seinen eigenen Worten im ›Munqidh‹, die Glückseligkeit im Jenseits gewinnen wollte und der Weg dazu nur „Frömmigkeit und Enthaltung der Seele von der Leidenschaft"[23] war. Auch nach Averroes früheren Bemerkungen im ›Endgültigen Traktat‹ ließen sich die beiden vom selben Geist leiten. Unter der Voraussetzung der Übereinstimmung von Philosophie und Religion erklärt Averroes als Zweck der religiösen Offenbarung, „die

[21] Kitāb faiṣal at-tafriqa bain al-islām wa-z-zandaqa, Kairo 1901, verfasst vor 1095. Der Text wurde von R. J. McCarthy ins Englische übersetzt in: Freedom and Fulfillment (Boston 1980) 145–174 und ins Spanische in Auszügen von M. Asín Palacios, El justo medio en la creencia (Madrid 1929), „Apéndice 5", 499–540.

[22] Faṣl al-maqāl 10, 3.

[23] Munqidh 38, 4–5. Deutsche Übers. 42.

wahre Wissenschaft und die wahre Praxis zu unterrichten"[24]. Mit Recht lobt er den Gazali für sein Hauptwerk ›Die Wiederbelebung der Religionswissenschaften‹, das ausdrücklich dazu geschrieben wurde, um die zur Glückseligkeit im Jenseits notwendige Wissenschaft zu lehren[25].

Diese Aussage unterscheidet sich aber von jener, die er in der ersten Fassung seiner Einleitung zu den Kompendien machte. Um 1159 bestimmt er das Ziel seiner Kompendien und seiner philosophischen Tätigkeit:

> Unser Ziel in diesem Traktat besteht darin, die Bücher des Aristoteles zu studieren, um aus ihnen die zur Erlangung der menschlichen Vollkommenheit notwendigen Beweise zu entnehmen, aus denen sich diese in wesentlicher und primärer Art ergibt[26].

Der Averroes-Forscher Jamāl ad-Dīn al-ʿAlawī stützt sich besonders auf diese zwei Lesungen, um seine Theorie von zwei verschiedenen Stadien im Denken des Averroes zu entwickeln[27].

Wie in der zweiten Redaktion sind die positiven Beweise in den aristotelischen Schriften Ziel seiner Untersuchung, aber im Unterschied zu jener ist der Endzweck „die menschliche Vollkommenheit", die durch das in ihnen aufbewahrte Wissen vermittelt wird. Ist also dieser Endzweck verschieden von dem „Guten", welches Averroes und Gazali ihren Zeitgenossen wünschten?

Averroes bringt denselben Gedanken über die menschliche Vollkommenheit in anderen Schriften zum Ausdruck. Nicht später als 1162 schrieb er seine Zusammenfassung des ptolemäischen ›Almagest‹, die nur auf Hebräisch erhalten ist. In der Einleitung erinnert er an die Einteilung der theoretischen Wissenschaften in Hilfs- und Grundwissenschaften. Die die Astronomie des ›Almagest‹ einschließende Mathematik dient der Philosophie, die allein die menschliche Vollkommenheit hervorbringt[28]. Auch im Großen Kommentar zur ›Physik‹, der nur in Latein erhalten ist und 1186 geschrieben wurde, ist davon die Rede, daß die menschliche Vollkommenheit über die spekulative Erkenntnis zu erlangen ist[29].

Ausschlaggebend für die averroische Auslegung ist der Saragossaner Ibn

[24] Faṣl al-maqāl 18, 20. Deutsche Übers. 19.

[25] Iḥyāʾ, Band I, Kitāb al-ʿilm 3.

[26] Epitome in Physicorum 7–8, Fn.

[27] Al-matn ar-rušdī (Casablanca 1986) 160–167.

[28] Juliane Lay, L'Abrégé de l'Almageste: un inédit d'Averroès en version hebraïque, in: Arabic Sciences and Philosophy 6,1 (1996) 52.

[29] Für weitere Einzelheiten, siehe ›Tres manuscritos del Epítome de Física de Averroes en El Cairo‹, in: Anaquel 2 (1991) 131–138; Aristotelis Opera cum Averrois Commentariis, Bd. 4 (Venedig 1562; ND Frankfurt 1962) Fol. 1 H–1 L.

Bāǧǧa (Avempace, gest. 1039), der einen starken Einfluss auf den jungen Averroes ausübte. Die ganze Philosophie des Avempace wird von einem Gedanken beherrscht: Der Mensch wird sein Glück nur auf dem Wege seiner geistigen Vervollkommnung erlangen. Den Gedanken finden wir in seinem Brief ›Über den Zusammenschluß des Intellekts mit dem Menschen‹[30], wo Avempace den Menschen als „geistige Form" (*ṣūra rūḥānīya*) bezeichnet, welche ihn mit den Intelligibilia (*ma'qūlāt*, Verstandesobjekte) verbindet. Über diese Begriffe kann er bis zum ersten Intellekt aufsteigen und sich mit ihm vereinigen[31].

Zweifellos stimmt, was Averroes in der ersten Fassung seines Vorwortes in Jahre 1159 sagt, zum Inhalt seines Großen Kommentars zur ›Physik‹ von 1186. Es gibt aber weitere Belege für die Lehre, dass die menschliche Glückseligkeit in der Vollkommenheit des Menschen besteht und diese über rationelle Erkenntnis erreicht wird. Die Frage beschäftigte ihn in verschiedenen Schriften, insbesondere in seinen Kommentaren zu ›De anima‹. Von der Epitome gibt es zwei Versionen wie auch im Fall der Epitome zur ›Physik‹. Die erste Fassung soll kurz nach 1169 entstanden sein, während die zweite ausdrücklich auf den Großen Kommentar Bezug nimmt, sodass die Revision der Epitome nach dessen Abfassung stattfand. In seiner revidierten Fassung sagt Averroes, dass der Große Kommentar seine endgültige Lehre über das intellektuelle Vermögen enthalte[32], während die erste Fassung der Epitome propädeutischen Charakter habe. Mit dieser Lehre verbunden ist die Frage nach der menschlichen Glückseligkeit.

In einer doppelten Dimension, die über das Individuum hinausgeht, zeigt sich der menschliche Verstand als wirkender und als materieller Intellekt. Der wirkende oder aktive Intellekt, *intellectus agens,* ist immer aktiv und bringt den materiellen Intellekt aus dem Zustand der reinen Möglichkeit heraus, sodass der Mensch Kenntnisse erwirbt. Nach dieser Erfahrung befindet er sich in einem anderen Zustand als zuvor. Darüber hinaus hat der Mensch die Fähigkeit, Gedanken hervorzubringen. Diese Fähigkeit bildet den natürlichen Intellekt, *bi-l-malaka (intellectus in habitu).* Der aktive Intellekt wird zwar immer benötigt, aber der natürliche Intellekt ist direkt dafür verantwortlich, dass der Mensch „Intelligibilia erzeugen kann".[33]

Oft wird der Unterschied zwischen aktivem Intellekt und natürlichem

[30] Ittiṣāl al-'aql bi-l-insān, ed. und spanische Übersetzung von M. Asín Palacios, in: Al-Andalus 7 (1942) 1–47. Ed. M. Fakhry, in: Rasā'il Ibn Bāǧǧa al-ilāhīya (Beirut 1968) 153–173.

[31] Ed. M. Fakhry 166, 9–12.

[32] Muḫtaṣar an-nafs, ed. A. F. al-Ahwānī (Kairo 1950) 90, 11–15.

[33] CM 499, 585–586.

Intellekt mit einem Vergleich erklärt: Solange der Geometer schläft, hat er einen Intellekt *in habitu,* was die Geometrie angeht. Er kann jederzeit seine geometrischen Kenntnisse aktivieren im Unterschied zu jenem, welcher der Geometrie nicht kundig ist.

Diese Vereinfachung birgt Schwierigkeiten, die Averroes sehr beschäftigten. Vor allem seine Lehre vom materiellen Intellekt hat er tief gehenden Veränderungen unterzogen, wie H. A. Davidson gezeigt hat.[34] Anfänglich übernimmt Averroes die Lehre des Alexander von Aphrodisias, nach dem der materielle Intellekt „eine entstandene Potenz" ist, die auch wieder vergeht, folgt dann aber der Lehre des Avempace. Für Avempace liegt der materielle Intellekt im Einbildungsvermögen *(qūwa mutaḫayyila)* unserer Seele. Dieses Vermögen bereitet die denkende Tätigkeit vor. Im Anschluss an diese Lehre ortet Averroes den materiellen Intellekt in den *ṣuwar khayālīya,* jenen vom Einbildungsvermögen erzeugten seelischen Formen, und bestimmt ihn als „ihre Bereitschaft, die Intelligibilia zu empfangen".[35]

In seinem Mittleren Kommentar lehnt er die Möglichkeit ab, dass der materielle Intellekt sich mit den empfangenen Formen „vermischt". Diese Ablehnung führt ihn zur Behauptung, der materielle Intellekt sei „etwas aus der in uns vorhandenen Bereitschaft und aus einem mit dieser Bereitschaft vereinigten Intellekt Zusammengesetztes".[36] So wie im Kleinen Kommentar spricht er hier von der Bereitschaft als Merkmal des materiellen Intellektes. Zusätzlich aber führt er einen Intellekt ein, der sowohl in Bereitschaft als auch aktual sein kann. Dieser Intellekt ist kein anderer als der aktive Intellekt, sodass Averroes sich im Mittleren Kommentar dem Begriff eines materiellen Intellekts annähert, der auf derselben Ebene wie der aktive Intellekt liegt.

Am Ende seiner geistigen Entwicklung lehnte sich Averroes stark an Themistius an, obwohl er immer eine mittlere Position vertreten wollte und die wahre Lehre des Aristoteles in einer Synthese zu finden glaubte. Averroes ist fest davon überzeugt, dass für Aristoteles „der materielle Intellekt eine ewige Substanz ist".[37] Seine Substanz ist nicht so edel wie diejenige des aktiven Intellekts, da sie potentieller, nicht aktueller Natur ist. Dieser Intellekt ist der ganzen menschlichen Gattung gemeinsam.[38]

Die verschiedenen Lehren über den materiellen Intellekt in der Epito-

[34] Alfarabi, Avicenna, and Averroes, on Intellect, Oxford 1992. Siehe auch Jamāl ad-Dīn al-ʿAlawī, The Philosophy of Ibn Rushd, in: Handbuch der Orientalistik I. 12; The Legacy of Muslim Spain (Leiden 1992) 804–829.

[35] Muḫtaṣar, ed. Ahwānī 86, 14–15. Handschrift Kairo, fol. 209 r„a": 1–2.

[36] Talḫīṣ kitāb an-nafs, ed. A. L. Ivry (Kairo 1994) 124, 10–11.

[37] CM 389, 57–59.

[38] CM 407, 377.

me und im Großen Kommentar bestimmen auch die Lehren über die menschliche Vollkommenheit, die nach dem Kompendium zu ›De anima‹ in der Ausbildung der Idee *(taṣawwur)* besteht, „dieser von der Materie gelösten Form, welche reines Denken ist".[39] Um sie zu erreichen, muss der Mensch den Weg über die kontingenten Intelligibilia gehen; Bestandteil solcher Intelligibilia ist jener materielle Intellekt, der in den *ṣuwar khayālīya* vorhanden ist. Dies ist die Lehre der ältesten Handschrift, die in der revidierten Fassung vermutlich von Averroes selbst entfernt wurde[40].

Im Grunde genommen fasst er hier die Lehre des Avempace zusammen, wie sie in der ›Epistel über die Einung des Intellektes mit dem Menschen‹ dargestellt ist. Die Intelligibilia bilden eine Art Leiter: Auf der untersten Stufe stehen die Formen des Einbildungsvermögens, über ihnen stehen die praktischen Intelligibilia, über diesen die verschiedenen theoretischen Intelligibilia: zuerst die mathematischen, dann die naturwissenschaftlichen, zuletzt die metaphysischen Intelligibilia, die abstrakten, von der Materie gelösten Formen. Averroes vermisst aber in den Worten des Avempace die Erörterung einer wichtigen Frage: Sind die metaphysischen Intelligibilia ewig? Er beantwortet die Frage mit einem Hinweis auf die Beschränktheit unseres Denkvermögens. Wir können nämlich einen Begriff *(taṣawwur)* von solchen Intelligibilia „nur wegen des zwischen ihnen und den materiellen Intelligibilia existierenden Verhältnisses und ihrer Analogizität" gewinnen[41]. Unsere Erkenntnis beruht auf kontingenten Intelligibilia, die nie frei von Änderungen sind, und so müssen wir die Begriffe von materiellen Intelligibilia nehmen und sie in ihrer edelsten Existenz vorstellen, „so wie die Ursache edler als die Wirkung ist"[42].

Aber Averroes gibt die Hoffnung nicht auf, eine unmittelbare Kenntnis von diesen Substanzen zu gewinnen, die Kenntnis dieser „an sich selbst" ohne jede Materie. Im Anschluss an Avempace versteht er unter ihr das Einssein des Menschen mit dem aktiven Intellekt. Die Einung führt über das Natürliche zum Göttlichen hinauf und wird als „ein Wunder der Natur" bezeichnet. Im Zustand des Einsseins mit dem aktiven Intellekt gleicht der Mensch einem Zusammengesetzten aus Ewigem und Entstandenem, ein Zustand der Verwunderung und des Erstaunens[43].

In seinem Großen Kommentar zu ›De anima‹ wendet sich Averroes von Alexander von Aphrodisias[44] und dessen hispano-arabischem Schüler

[39] Muḫtaṣar, ed. Ahwānī 89, 17–18.
[40] Kairo fols. 210 v° 1–214 r° 8, bei Ahwānī auf 90–95 gedruckt.
[41] Muḫtaṣar 93, 11–12.
[42] Muḫtaṣar 93, 21.
[43] Muḫtaṣar 95, 4–8.
[44] CM 395, 228.

Avempace ab. Einen entgegengesetzten Standpunkt vertritt nach seiner Auffassung Themistius. Nach langjährigen Überlegungen hat Averroes seine eigene Meinung gewonnen, die für ihn nur die des Aristoteles ist. Wie schon gesagt, interpretiert der späte Averroes den materiellen Intellekt als eine ewige Substanz und gibt die Auffassung auf, dass dieser eine Bereitschaft in der imaginativen Form sei. Selbstverständlich bleibt die Grundlehre bestehen, dass intellektuelle Erkenntnis durch das Wirken des aktiven Intellekts auf den materiellen stattfindet, aber er wird präziser:

Der Mensch besitzt zuerst individuelle, aber keine rationalen Vermögen, um die Sinnesangaben zu koordinieren, mit ihnen ein Bild herzustellen, zwischen dem Bild und der Wirklichkeit zu unterscheiden[45] und diese Bilder im Gedächtnis zu behalten[46]. Im Lateinischen werden diese Bilder *intentiones ymaginate,* „Vorstellungsdinge", genannt und übersetzen das Arabische *al-ma'ānī al-khayālīya*[47]. Der Begriff der *ma'ānī*, wörtlich „Bedeutungen", spielt eine große Rolle in der arabischen Philosophie und Theologie und steht dem Begriff der Form nahe, wenn diese nur auf das intellektuelle Erfahren beziehungsweise die Vorstellungskraft bezogen wird. Der Erkenntnisvorgang besteht „in unserer Einung mit der verstandenen Bedeutung", und diese ist nichts anderes als „jener Teil der *intentiones ymaginate,* welcher in uns wie eine Form ist"[48].

Diese „Bedeutungen" sind nicht mehr die passive Grundlage für den materiellen Intellekt, sie sind umgekehrt jene aktiven Elemente, die auf den materiellen Intellekt wirken. Tätig zu werden setzt voraus, von der Möglichkeit in die Wirklichkeit überzugehen, und das geschieht nur, wenn der aktive Intellekt aus diesen *intentiones ymaginate* die aktuellen „Bedeutungen" entnimmt, die dann den materiellen Intellekt bewegen. Der aktive Intellekt „ist das, was verursacht, daß die im Einbildungsvermögen vorhandenen Bedeutungen tatsächlich den materiellen Intellekt bewegen"[49].

Ein dritter Intellekt entsteht als Ergebnis des Lernverfahrens, als „Erzeugtes",[50] der so genannte theoretische, spekulative Intellekt. Dieser Intellekt setzt sich aus der Summe unserer rationalen Kenntnisse zusammen. Diese Kenntnisse sind in Bezug auf den einzelnen Menschen vergänglich, in Bezug auf die menschliche Gattung jedoch ewig und universell.

Ein von Averroes gezeichnetes Bild hilft uns, seine Gedanken zu verste-

[45] Genannt *virtus cogitativa*, die auch im Körper existiert. CM 415, 39–68.

[46] CM 415–416, 70–72.

[47] Siehe ›Averroes' Middle Commentary on Aristotle's De anima‹, ed. A. L. Ivry (Kairo 1994) 34, 3–5.

[48] CM 405, 518–519.

[49] CM 406, 559–561.

[50] factum, CM 406, 571.

hen. Erkennen wird von ihm mit dem Sehen verglichen: Die Farbe – die Bedeutung in den Vorstellungsformen – kann den Sehenden – den materiellen Intellekt – nicht bewegen, solange das Licht – der aktive Intellekt – nicht die Farbe von der Möglichkeit in die Wirklichkeit bringt[51]. An einer anderen Stelle wird das Bild etwas geändert: Das Licht – der aktive Intellekt – wirkt auf das Übertragungsmedium *(diaffonum)* – den materiellen Intellekt – und bringt die Farben – *intentiones* – von der Potenz in den Akt[52].

Averroes will das Ewige und das Vergängliche, das Universelle und das Individuelle in der intellektuellen Erfahrung vereinigen. Der aktive und der materielle Intellekt sind ewig, der dritte, der erzeugte Intellekt ist ewig und vergänglich[53]. Seitens des wahrgenommenen Objektes ist er vergänglich, seitens des materiellen Intellekts ewig.

Der materielle Intellekt erhält also im Großen Kommentar eine herausragende Stellung. Unser Wissen ist gerade deshalb nicht vergänglich, weil der materielle Intellekt seinen Fortbestand sichert. Für Averroes gibt es „natürliche Grundsätze, die der menschlichen Gattung gemeinsam sind". Diese Gemeinsamkeit ist auf den Empfänger zurückzuführen, nämlich den passiven oder materiellen Intellekt. Von der Behauptung der Gemeinsamkeit dieser natürlichen Grundsätze geht dann Averroes zu der ihrer Ewigkeit über.

Die von ihm vertretene Auffassung der menschlichen Vollkommenheit steht mit der Auffassung des materiellen Intellekts in enger Verbindung. Nur weil der materielle Intellekt ewig ist, kann er Materie für den aktiven Intellekt werden. Die Einung wird nicht über unmittelbare, gnostische Erfahrungen dieses Empfängers, sondern auf dem Wege eines langwierigen Erwerbes der Wissenschaften vollzogen. Averroes selbst fragt sich, warum wir uns nicht sofort mit dem aktiven Intellekt einen: Wir sind ja immer mit dem materiellen Intellekt geeint.[54]

In der Antwort weist Averroes darauf hin, dass der Mensch die Intelligibilia erzeugt, denkt und versteht, aber nicht nur jene Intelligibilia denkt, die er erzeugt hat, sondern auch erste Intelligibilia, nämlich Prinzipien, die auf natürliche, spontane Art in jedem von uns erscheinen. Der aktive Intellekt ist die Quelle dieser ersten Aussagen oder Grundsätze; das arabische *muqaddimāt* heißt oft „Prämissen", der lateinische Übersetzer entschied sich für *primae propositiones*. Die Intelligibilia, die der Mensch frei mit seiner Willenskraft erzeugt, beruhen immer auf solchen *muqaddimāt.*[55]

[51] CM 401, 400–417.
[52] CM 410–411, 666–701.
[53] CM 406, 570–574.
[54] CM 488, 258–260.
[55] CM 496, 487–496.

Der theoretische Intellekt, jener dritte Intellekt, von dem vorher die Rede war[56], wird nun als „etwas vom aktiven Intellekt und von den ersten Aussagen erzeugtes“ definiert[57]. Ferner wird der natürliche Intellekt, der Intellekt *in habitu (bi-l-malaka),* integriert: Obwohl beide – der theoretische und der natürliche Intellekt – verschiedene Funktionen haben, sind sie im einzelnen Menschen identisch.

Der Mensch, als theoretischer Intellekt, ist etwas aus einer besonderen Materie, dem natürlichen Intellekt, und aus einer besonderen Form, dem aktiven Intellekt, Zusammengesetztes[58], wobei der zweite die wirkende Ursache im Denkverfahren ist. Die angestrebte Einung des materiellen mit dem aktiven Intellekt wird in dieser Analyse verständlicher, denn was unter dem natürlichen Intellekt als Substrat vorhanden ist, ist nichts anderes als der materielle Intellekt. Der natürliche Intellekt ist einerseits vergänglich, andererseits ewig. Das Vergängliche hat er von den Intelligibilia, von den Bedeutungen, das Ewige vom materiellen Intellekt. Dieser ist Subjekt sowohl des aktiven Intellektes als auch des natürlichen. Averroes erklärt diese doppelte Funktion mit einem bekannten Bild: Der materielle Intellekt ist das Übertragungsmedium, das *diaffonum,* das gleichzeitig das Licht – aktiver Intellekt – und die Farbe – Bedeutungen – empfängt.[59]

Averroes findet in dieser Struktur die Antwort auf die vorher gestellte Frage. Die Vereinigung des materiellen mit dem aktiven Intellekt muss immer über den Erwerb von Wissen, von intellektuellen Erkenntnissen erfolgen[60]. Je tiefer die Kenntnisse eines Menschen werden, desto stärker wird die Grundlage für seine Bindung an den aktiven Intellekt. Dieser wirkt nicht nur auf die *intentiones,* damit sie den materiellen Intellekt bewegen, sondern ist auch Form, weil der Intellekt des einzelnen Menschen aus Intelligibilia – Materie – und aus dem aktiven Intellekt – Form – besteht. Aktiver und materieller Intellekt sitzen im Innersten des Menschen:

> Das Vertrauen in die Möglichkeit zur Einung des [aktiven] Intellektes mit uns erreicht man durch die Behauptung, dass das Verhältnis zwischen dem [aktiven] Intellekt und dem Menschen das Verhältnis zwischen der Form und der Materie ist. Das ist es, was wir in dieser Angelegenheit gesehen haben, und wenn wir noch mehr sehen, werden wir es aufschreiben[61].

Die Bestimmung des aktiven Intellektes als menschlicher Form ist Bestandteil eines Weltbildes, in dem die intellektuelle Wirklichkeit wegen ih-

[56] Siehe oben 16–17.
[57] CM 497, 506.
[58] CM 497, 512–517.
[59] CM 499, 565–566.
[60] CM 499, 581–585.
[61] CM 502, 661–666.

rer Eingliederung in das ebenso intellektuelle Göttliche die wahre Wirklichkeit ist. Wenn der Mensch nach dem langwierigen Gang durch Forschen und Lernen das abstrakte Wissen erlangt, vervollkommnet er seine Einung mit dem aktiven Intellekt, aber nicht als Ergebnis seiner subjektiven Anstrengungen, sondern weil die Wissenschaften die wahre Wirklichkeit widerspiegeln. Die Wirklichkeit ist nicht wahr, weil unser Intellekt sie richtig und unabhängig denkt, sondern sie ist wahr, weil das wahre Wirkliche und das Göttliche einzig Intellekt sind. Das Intellektuelle erhält von Gott sein Wesen und seine Existenz ohne Umwege, es ist Schöpfung von seinem Wissen, *entia enim nihil aliud sunt nisi scientia Eius*[62].

3. Zwischen dem philosophischen Vorhaben des Averroes in seiner Jugend und in seinem Alter besteht mit Sicherheit kein Widerspruch. Nie hat er dem Druck nachgegeben, den Gazali und seine Anhänger unter den Almohaden auf die Philosophie ausübten. Ambivalent war sein Verständnis des aš'aritischen Kalam: Er hat seine Argumente, die für ihn nur dialektische sind, bekämpft, aber auch unterstrichen, dass manches im Kalam der Philosophie nahe liege. Ähnlich war sein Urteil über den Sufismus: Er besitze philosophische Inhalte, die mittels Allegorien zur Sprache gebracht würden. Seine Hinwendung zu Gazali kann als taktische Maßnahme ausgelegt werden, aber das schließt objektive Gründe für ein Akzeptieren mancher Aspekte nicht aus, insofern diese Aspekte im Einklang mit der Philosophie des Aristoteles stehen.

Schwieriger zu beurteilen ist das Verhältnis beider Denker, was das Ziel menschlichen Handelns sein soll. Gazali denkt an das Jenseits als letztes Ziel und stützt sich auf die Religion. Averroes hat nie die Existenz des Jenseits bestritten, setzt aber mithilfe der Philosophie ein diesseitiges Ziel. Grundsätzlich hat er seine Auffassung über dieses Ziel sein Leben lang aufrechterhalten. Nur die Philosophie kann dem Menschen das Glück bringen, das in der höchsten Vollkommenheit seines Wesens besteht. In seiner Jugend, unter dem Einfluss des Avempace, glaubte er an eine Art von Vollkommenheit als unmittelbare Einung des Menschen mit dem aktiven Intellekt, wenn er auf der Leiter der Formen, von den materiellsten zu den rein intellektuellen, aufgestiegen ist. Im Alter wird die Analyse des Denkvorganges präziser: Er definiert den Menschen als Zusammensetzung aus aktivem Intellekt und aus einem natürlichen Intellekt, der immer im Aufbau begriffen ist. Dieser Aufbau findet durch die Vertiefung unserer philosophischen, wissenschaftlichen Kenntnisse statt, die die ganze Wirklichkeit umfassen sollen. Der Mensch muss darauf bedacht sein, alles Wesent-

[62] Denn die Seienden sind nichts anderes als Seine Wissenschaft: CM 501, 619–620.

liche mit seinem Verstandesvermögen zu begreifen und auch dementsprechend zu handeln[63].

Das System der daraus folgenden Wissenschaften ist das aristotelische, weil nur dieses genau und wahrhaftig die Wirklichkeit beschreibt. In seinem Großem Kommentar zum Buch *Zeta* der ›Metaphysik‹ (1028a 10ff.) teilt Averroes die Metaphysik als Wissenschaft vom Seienden als Seienden in drei Kategorien ein: die Wissenschaft von der Substanz und den Akzidentien, die Wissenschaft von der Potenz und dem Akt, die Wissenschaft von der Einheit und der Vielheit[64]. Zweifellos ist die Wissenschaft der Substanz die inhaltsreichste; es gibt Substanzen, die mit der Materie verbunden sind und in den naturwissenschaftlichen Werken erforscht werden, und es gibt Substanzen, die frei von ihr existieren und Gegenstand des Buches *Lambda* der ›Metaphysik‹ sind. Die Wissenschaft von den materiellen Substanzen ist die breiteste und weiteste.

Für Averroes hängen die Teile des aristotelischen Systems eng und lükkenlos zusammen, denn sie sind Schöpfung der göttlichen Wissenschaft, an der der Mensch mit seinem Verstand teilhaben darf und von der er in seinen Handlungen Gebrauch machen soll. Keiner hat das so gut verstanden wie Aristoteles selbst.

Auswahlbibliographie

Quellentexte

Philosophie und Theologie von Averroes, übers. v. Marcus J. Müller, 1859, Weinheim ²1991.

Die Epitome der Metaphysik des Averroes, übers. v. Simon van den Bergh, 1924, Leiden 1970.

Averroes' Tahafut al-Tahafut (The Incoherence of the Incoherence), englische Übers. v. Simon van den Bergh, 1954, London 1969, 1975.

Averroès, L'intelligence et la pensée. Sur le De anima, französische Übers. v. Alain de Libera, Paris 1998.

Die Mehrzahl der Averroes-Kommentare in lateinischer Übersetzung findet sich in der Giuncta Ausgabe der Werke des Aristoteles:

Aristotelis opera cum Averrois commentariis. Venedig, 1560–1562, ND Frankfurt a. M. 1962.

Commentarium magnum in De anima libros, ed. F. St. Crawford, Cambridge (Mass.) 1953 = CM. Franz. Übers. v. A. de Libera (Paris 1998).

[63] CM 500, 611–614.

[64] Tafsīr mā ba'd aṭ-ṭabī'a, ed. Maurice Bouyges, Bd. 2 (1942, Beirut 1983) 744–745.

Sekundärliteratur

Aertsen, J./Endreß, G. (Hrsg.): Averroes and the Aristotelian Tradition. Sources, Constitution and Reception of the Philosophy of Ibn Rushd (1126–1198), Proceedings of the Fourth Symposium Averroicum (Cologne 1996), Leiden 1999.

Arnaldez, R.: Averroès, un rationaliste en Islam, Paris ^{2}1998.

Cruz Hernández, M.: Abū l-Walīd Ibn Rušd (Averroes). Vida, obra, pensamiento, influencia, Cordoba ^{2}1998.

Davidson, H. A.: Alfarabi, Avicenna and Averroes on Intellect, Oxford 1992.

Gätje, H.: „Averroes als Aristoteles Kommentator", in: Zeitschrift der Deutschen Morgenländischen Gesellschaft 114 (1964) 59–65.

Jolivet, J. (Hrsg.): Multiple Averroès. Actes du colloque international ... 1976, Paris 1978.

Kügelgen, A. v.: Averroes und die arabische Moderne, Leiden 1994.

Urvoy, D.: Averroès: Les ambitions d'un intellectuel musulman, Paris 1998.

MAIMONIDES

Bibel als Philosophie

Von Rémi Brague

Leben

Rabbi Moshe ben Maïmon, arabisch Mūsā Ibn Maymūn al Qurṭubī, bei den Juden auch unter dem Akronym RaMBaM bekannt, bei den Christen im Mittelalter Rabbi Moses Aegyptus, in der Neuzeit Maimonides (fallweise auch Maimuni) genannt, wurde 1138 (nicht 1135, wie früher geglaubt) im damals von den Muslimen beherrschten Córdoba geboren. Als 1148 die neue Dynastie der Almohaden Andalusien eroberte, wurden Juden und Christen vor die Wahl gestellt, zum Islam überzutreten oder das Land zu verlassen. Die Familie des Maimonides flüchtete nach Marokko und später nach Ägypten. Sie wurde vom jüngeren Bruder David unterstützt, der als Juwelenhändler tätig war. Als dieser 1173 Schiffbruch erlitt und ertrank, musste Maimonides sein Brot als Arzt verdienen. Er brachte es bis zum Leibarzt al-Fadils, eines Offiziers Saladins. In diesem Zusammenhang schrieb er auch medizinische Traktate. Zugleich bekleidete er ein Amt als Vorsitzender des rabbinischen Gerichtshofs in Fustat (Alt-Kairo). 1187 wurde ihm sein einziger Sohn Abraham geboren. Maimonides war eine moralische Autorität und genoss weltweiten Ruhm, was ihm zahlreiche Aufträge für juristische Gutachten *(Responsa)* einbrachte. Es bleibt jedoch umstritten, ob er je offiziell Haupt (Nagid) der jüdischen Bevölkerung Ägyptens war. Maimonides starb 1204 in Fustat und liegt in Tiberias begraben.

Werke:

1159: Traktat über Logik (arabisch)
um 1162: Brief über die Verfolgung (auf Hebräisch erhalten)
1168: Kommentar zur Mischna (arabisch); darin Einleitung zu Pirqey Avoth („Acht Kapitel"); Einleitung zum Kap. Heleq (bSanhedrin, Kap. 10)
kurz vor 1170: Buch der Gebote (arabisch)
1172: Brief an die Jemeniten (arabisch)
1180: Mishneh Torah (hebräisch)
1190–1200: Führer der Unschlüssigen (arabisch) [hier: FU].
1191: Traktat über die Auferstehung (arabisch)

1194: Brief an die Gemeinden Südfrankreichs über die Astrologie (hebräisch)

Unphilosophische Werke eines philosophischen Genies

In der Geschichte der mittelalterlichen Philosophie stellt Maimonides einen paradoxen Fall dar. Er kann nur schwerlich als Philosoph gelten. Das kann man auch von den großen Scholastikern sagen, die sich selbst als Theologen betrachteten. Thomas von Aquin z. B. hat aber auch Werke verfasst, die zweifelsohne zur Philosophie gerechnet werden können, wie seine Kommentare zu Aristoteles. Was Maimonides betrifft, so schrieb er keine philosophischen Werke, mit Ausnahme eines schmalen Traktats über Logik. Sein Ruhm im Judentum rührt nicht von den Werken her, die eine philosophische Thematik aufweisen: Rabbi Moshe ben Maimon, der große Adler der Synagoge, ist vor allem eine erstrangige Autorität auf dem Gebiet des Gesetzes.

Maimonides war jedoch mit der Philosophie vertraut. Für ihn wie für seine Zeitgenossen bildete „die" Philosophie ein einheitliches, vollständiges System des Wissens, das in den Werken des Aristoteles und seiner Kommentatoren vorlag. Für das ganze Mittelalter bestand die Philosophie nicht nur aus Logik, Ethik und Metaphysik. Die Physik gehörte auch dazu, sodass Philosophie als der zusammenhängende Inbegriff des menschlichen Wissens von der Welt galt. Maimonides war sich jedoch bewusst, dass die Wissenschaft im Zeitalter des Aristoteles noch nicht völlig entwickelt war: Er erwähnt zweimal die Fortschritte der Mathematik bzw. der darauf gegründeten Astronomie (FU II, 19 u. 24). Trotzdem war er von der Richtigkeit der aristotelischen Forschungsmethode überzeugt (FU II, 3).

Auf dem Gebiet der Philosophie erhob Maimonides keinen Anspruch auf Originalität. Genauso wie die anderen Philosophen auch betrachtete Maimonides das philosophische Wissen keineswegs als seinen alleinigen Besitz, sondern als das Gemeingut derjenigen Menschen, die sich als fähig erweisen, an der gemeinsamen Wahrheit teilzunehmen. Diese bilden eine Elite, die sich zu allen Zeiten und in allen Ländern findet. An diese Elite richtet sich Maimonides.

Die Quellen

Maimonides betrachtete sich als Erbe der geistigen Überlieferung Andalusiens. Das arabische Spanien war u. a. die Heimat einer erneuten Zuwendung zum „reinen" Aristotelismus, jenseits des neuplatonisch gefärbten Systems Avicennas, das sich im islamischen Orient ausbreitete. Aus Treue zu Aristoteles hatte der Andalusier al-Bitrugi versucht, ein neues

Modell der himmlischen Bewegungen zu entwerfen, das die ptolemäische Astronomie mit ihrem rein hypothetischen Charakter ablösen und mit den Gesetzen der aristotelischen Physik vereinbar sein sollte. Maimonides selber erzählt, dass er Astronomie zusammen mit einem direkten Schüler des Ibn Bājja studiert hat (FU II, 9). Er preist die Juden Andalusiens wegen ihres Hanges zur Philosophie und ihrer Abneigung gegen den Kalām (FU I, 71). Auf der anderen Seite erwähnt er niemals andere jüdische Denker, nicht einmal seine Landsleute, den Mystiker Bahya Ibn Paquda (um 1080), den Dichter und Apologeten Jehuda Halevi (1075–1141) oder den Exegeten Abraham Ibn Ezra (1092–1167).

Unter den „Meistern" des Maimonides wie jedes Denkers aus Andalusien steht an erster Stelle al-Farabi, ein arabisch schreibender Muslim türkischer Abstammung mit einem persischen Hintergrund (875–950). Der „zweite Meister" – als der erste galt Aristoteles – war vor allem als Logiker berühmt. Er hat die logischen Werke des Aristoteles teils kommentiert, teils umgeschrieben. Der Andaluse Ibn Bājja – oder Avempace – (um 1080–1138) hatte diese Werke al-Farabis kommentiert. Ansonsten ist Farabi als der Verfasser mehrerer Werke bekannt, die, zumindest teilweise, politischen Inhalts sind, wie das berühmte ›Der Musterstaat‹ (urspr. ›Buch der Prinzipien der Meinungen der Bewohner der tugendhaften Stadt‹) oder die ›Staatsleitung‹, das Maimonides in einem Brief an den hebräischen Übersetzer des FU preist.

Maimonides benutzt die Werke von Farabi und spielt ständig auf sie an, auch ohne sie ausdrücklich zu erwähnen. Er exzerpiert z. B. aus den ›Aphorismen des Staatmanns‹ in den ›Acht Kapiteln‹. Wahrscheinlich ist das Ausmaß des Gebrauchs noch größer, da manches unter den Werken von Farabi verschollen ist. Farabis Sprachgebrauch und Fachausdrücke sind überall bei Maimonides zu finden, auch an entlegenen Stellen. Als Beispiel kann man hier den ›Brief über die Verfolgung‹ angeben. In diesem Trostbrief rechtlichen und homiletischen Inhalts empfiehlt der junge Maimonides seinen Mitgläubigen, den Ort, in dem das Gesetz lax angewendet wird, zu verlassen, um sich in eine „gute Stadt" zu begeben (IV). Nun wird dieser Zufluchtsort gerade mit dem Fachausdruck bezeichnet, den Farabi für seinen Musterstaat verwendet, d. h. „die tugendhafte Stadt" (h. *ham-medinah haṭ-ṭovah*: a. *al-madīna al-fāḍila*). Dabei wird das religiöse Gebot, den strengeren Lebenswandel zu bevorzugen, auch von einer philosophischen Pflicht mitgeprägt: Späte Neuplatoniker wie Simplikios und in ihrer Nachfolge Farabi hatten dem Philosophen empfohlen, aus der lasterhaften Stadt zu emigrieren[1].

[1] Simplikios, Kommentar zu Epiktets Encheiridion, 24; Farabi, Aphorismen des Staatsmanns, § 93.

Der Traktat über Logik

Maimonides Erstlingsschrift, abgesehen von einem kurzen Schreiben astronomischen und chronologischen Inhalts, ›Über die Berechnung des Neumondes‹ (1159), ist ein kleiner Traktat über Logik. Das Werk ist in Arabisch geschrieben und verwendet Beispiele aus der islamischen Kulturwelt. Sein vorgebliches Ziel ist es, den relevanten Fachwortschatz Liebhabern der schönen Literatur zu vermitteln, die sich insofern auch für seltene Wörter interessieren. Maimonides erklärt den Sinn der gebräuchlichsten Termini der Logik und stellt die elementarsten Gesetze des Syllogismus dar. Dabei exzerpiert er Farabis Einführungsschriften.

Nach dem 7. Kap. verlässt er die Logik im engeren Sinne, um die Terminologie anderer Zweige der Wissenschaft zu erklären. So behandelt er die Erkenntnisquellen (Kap. 8), die vier Ursachen (Kap. 9), die fünf Prädikabilien (Kap. 10), Substanz und Akzidens (Kap. 11), „vor" und „nach" (Kap. 12), die verschiedenen Arten der Ambiguität (Kap. 13) und die Einteilung der Wissenschaften (Kap. 14).

Der Kommentar zur Mischna

Maimonides bleibt auch als rabbinischer Gelehrter an der Philosophie interessiert. In seiner ersten Summa, dem Kommentar zur ›Mischna‹, betont er immer wieder, wie sehr die Lehre der „Weisen" (d. h. der Rabbiner, deren Gespräche in den Talmud aufgenommen wurden) mit derjenigen der „Philosophen" (d. h. der Aristoteliker) übereinstimmt. Er bemerkt z. B., dass die vollkommenen Philosophen der Magie keinen Glauben schenken, wobei die Weisen Griechenlands und diejenigen Israels gegen den heidnischen Aberglauben gemeinsame Front machen (Kommentar zum Traktat ›Avoda Zara‹, IV, 7).

Später kommt dieselbe Geisteshaltung im Brief, den Maimonides an die Vorsteher einiger Gemeinden in Südfrankreich um 1194 richten musste, zum Vorschein. Er warnt sie vor der Gefahr der Astrologie. U. a. erklärt er den Verlust des Gelobten Landes rationalistisch. Die Anbetung der Himmelskörper – also Götzendienst – sei zur Astrologie geworden, woraufhin das Volk die Weiterentwicklung der Kriegskunst vernachlässigt habe. Dies habe zum Untergang des jüdischen Staates geführt (§ 7).

Eine besondere Stelle in der Mischna nimmt der Traktat ›Kapitel über die Väter‹ *(Pirqey Avoth)* ein, eine Blütenlese rabbinischer Aphorismen meist erbaulicher Natur. In der rabbinischen Literatur ist er der *locus classicus* für die Ethik. In seinem Kommentar zitiert Maimonides mehrmals Aristoteles, die größte philosophische Autorität in moralischen Fragen: Der

Freund sei ein anderes Ich (I, 6); die ethischen Tugenden sollten vor der Weisheit erworben werden (III, 8); es sei töricht, Physisches mathematisch zu beweisen und umgekehrt (V, 6); nach „den Philosophen“ sei der vergöttlichte Mensch selten, doch nicht unmöglich; der völlig lasterhafte Mensch sei dagegen unmöglich (V, 13).

Noch philosophisch aufschlussreicher sind die ›Acht Kapitel‹. Dort versucht Maimonides die Lehren der ›Nikomachischen Ethik‹ mit derjenigen der Rabbiner in Einklang zu bringen. Nach Aristoteles ist die Tugend eine Mitte zwischen zwei Extremen. Maimonides lehnt jede asketische Lehre, da sie Maßloses fordere, ab. Das Ziel der Tora ist es zu bewirken, dass der Mensch völlig natürlich lebe (Kap. 4). Nach Aristoteles ist der Tugendhafte, der nur das Gute begehrt, ein besserer Mensch als der Enthaltsame, der auch das Böse begehrt, aber diese Begierde bezwingt; die Rabbiner lehren im Gegenteil, dass das Verdienst des Enthaltsamen größer sei. Maimonides sucht den Widerspruch zu beseitigen, indem er eine Unterscheidung einführt: Die Rabbiner hätten das nur für den Fall der positiven Gesetze gesagt, nicht dagegen, wo von den vernünftigen Gesetzen die Rede sei (Kap. 6). Kap. 8 betrachtet die menschliche Freiheit: Gott straft, indem er den Bösen um seine Freiheit bringt, sodass er zur Umkehr nicht mehr imstande ist. Das Werk zielt darauf, die Moral als Vorbereitung zur Kontemplation verständlich zu machen: Die Laster seien Schleier, die die Schau Gottes erschwerten (Kap. 7).

Philosophie im Gesetz

Das erste große selbstständige Werk des Maimonides ist der ›Mishneh Torah‹, d. h. die Wiederholung der Tora. Es gelingt ihm, die ungeheure Fülle der rechtlichen Verhandlungen des Talmuds in eine klare und übersichtliche Ordnung zu bringen. Auch in diesem höchst technischen Werke der Jurisprudenz versucht er eine Annäherung an die Philosophie.

Schon im ›Buch der Gebote‹, einer Zusammenfassung aller positiven und negativen Satzungen des mosaischen Gesetzes, die als Einleitung zum ›Mishneh Torah‹ konzipiert wurde, spürt man Maimonides’ philosophische Anliegen. Als Beispiel kann das 3. positive Gebot zitiert werden: „Gott lieben“ wird gewöhnlich als „seine Gebote studieren“ gedeutet; nun fügt Maimonides ein paar Worte hinzu, für die sich kaum ein Beleg in der Bibel ausfindig machen lässt: „seine Gebote *und seine Werke* studieren“. Damit wird die Erforschung der natürlichen Phänomene legitimiert. „Wissen“, das traditionell, wie ar. *'ilm,* religiöse Gelehrsamkeit bedeutete, wird um eine profane Dimension erweitert.

Im ›Mishneh Torah‹ findet man Philosophisches vor allem im ersten Buch, „Das Buch der Erkenntnis [Gottes]“, dessen Anfang die Grundsätze der Torah *(Yesodey hat-Torah)* behandelt. Die ersten Absätze enthalten eine Zusammenfassung der damals als wissenschaftlich gesichert geltenden Kosmologie: Die Welt besteht aus durchsichtigen Sphären, der sublunare Bereich aus vier Elementen usw. Dabei werden einige Begriffe aus der Tradition mit einem neuen Sinn erfüllt: Die Engel werden z. B. zu den Geistern, die die Himmelssphären lenken.

Philosophischer Stil

Der ›Führer der Unschlüssigen‹ (oder: *der Umherirrenden)*, unbestritten Maimonides' Meisterwerk, ist äußerst schwer zu deuten. Auf den ersten Blick ist er ein planloses Dickicht, ein Durcheinander aus allegorischer Exegese, Lexikographie, Astronomie, Jura und Religionsgeschichte – philosophische Fragen werden nur nebenbei gestreift. Diese Unordnung ist umso befremdlicher, als Maimonides für seine außerordentliche Begabung berühmt war, Klarheit und Ordnung in den dunkelsten talmudischen Diskussionen zu schaffen, ein Talent, das man auch ab und zu im FU bewundern kann, wie z. B. in seiner Darstellung der Prämissen der Philosophen und der *Mutakallimūn*. In der Einleitung gesteht Maimonides, dass er mit Absicht seine Spuren verwischt habe, insbesondere durch eine kunstvolle Verwendung des Widerspruchs.

Nach Maimonides ist diese Methode doppelt legitimiert: Einerseits ist sie die philosophische Schreibweise schlechthin, ein Vorgehen, das er als „den praktischen Teil der Philosophie" bezeichnet (Einleitung zum Kapitel Heleq, § 3). Sie ermöglicht nämlich, sich angemessen an die kleine Elite der potentiellen Philosophen und an den großen Kreis der Laien zu richten: eine streng apodiktische Beweisführung für die Auserkorenen, erbauliche Reden für die Menge. Ferner betrachtet Maimonides diese Methode als diejenige der Bibel, die neben ihrem tiefen religiösen Inhalt auch Anweisungen für die ethische und politische Gestaltung der Gesellschaft enthält.

Der Stil dieser Schrift hat zu den verschiedensten Deutungen geführt: Der ›Führer‹ gilt bis heute entweder als das Werk eines frommen Gläubigen und Mystikers oder eines reinen Aristotelikers und Freidenkers oder gar eines Skeptikers kantischer Prägung.

Die Kritik am Kalām

Maimonides treibt nicht nur Philosophie als ein Fach unter anderen. Er versucht, der philosophischen Tätigkeit eine Stelle im System des jüdischen Wissens zu sichern. Dieses System ruht nach wie vor auf dem Gesetz. „Wissen" heißt vor allem: die Gebote erforschen, um sie genauer zu erfüllen. Die jüdische Praxis bedarf andererseits aber auch einer vernünftigen Begründung und einer intellektuellen bzw. spirituellen Vertiefung.

Im Mittelalter musste übrigens jede Religion demselben Problem begegnen. Jede bevorzugte eine andere Lösung: Das westliche Christentum hat, außer seiner sakramentalen Praxis, eine Theologie mit philosophischen Methoden entwickelt, der Islam seine Regeln des Alltags mit einem von der neuplatonischen Einheitsmetaphysik beeinflussten mystischen Überbau *(Sufitum)* beseelt, das spätmittelalterliche Judentum sich für Mystik *(Kabbala)* entschieden; im Zeitalter des Maimonides und seiner islamischen Vorläufer wie Farabi bildete aber auch die aristotelisch-neuplatonische Philosophie *(falsafa)* eine plausible Möglichkeit, diese intellektuellen Bedürfnisse zu befriedigen: Man konnte die Dogmen und Vorschriften der Religion als Gleichnisse für Wahrheiten auffassen, deren reine Form sich in der Philosophie fanden.

Die Philosophie sah sich aber auf demselben Gebiet der Spekulation mit einem Gegner konfrontiert, dem sog. *Kalām*. Früh hatten Christen und in der Folge Muslime versucht, ihre jeweiligen Glaubenssätze durch Methoden, die sie der Philosophie entlehnten, plausibel zu machen und zu verteidigen. Diese Kunst der Apologetik hieß *Kalām* (= Wort), deren Anhänger *Mutakallimūn* (= [Für]sprecher). Auch Juden hatten sich der Methoden des *Kalāms* bedient, wie z. B. der in Bagdad wirkende Ägypter Saadia Gaon (882–942) in seinem Hauptwerke ›Der Glauben und die Überzeugungen‹.

So muss Maimonides den *Kalām* bekämpfen, um die Philosophie zu etablieren. Das geschieht zuerst, indem er die Genealogie des *Kalāms* bloßlegt (FU I, 71). Sein Unternehmen ähnelt Nietzsches Versuch einer „Genealogie" oder der heutigen Ideologiekritik: Die Legitimität einer gedanklichen Position wird dadurch untergraben, dass gezeigt wird, aus welchen konkreten Verhältnissen sie entstand. Nach Maimonides rühren die Argumente des *Kalāms* nicht von einer eigentlich freien philosophischen Wahrheitssuche her. Die Anhänger des *Kalāms* seien nur darauf aus, Glaubenssätze, deren Wahrheit sie sowieso voraussetzten, nachträglich in ein philosophisches Gewand zu kleiden.

Maimonides unterwirft den *Kalām* auch einer inhaltlichen Kritik, indem er dessen oft stillschweigend vorausgesetzte Prämissen thematisiert (FU I, 73). Nach dem *Kalām* oder wenigstens der Schule von *al-Aš'arī*, die er bekämpft, besteht die Welt aus unteilbaren Teilchen, und zwar nicht nur materiell aus Atomen, sondern auch zeitlich aus Augenblicken und ontologisch aus Qualitäten, die sich bloß akzidentell zu Substanzen zusammenbündeln. Die *Mutakallimūn* verwerfen den Begriff einer stabilen Natur, die nach ihren eigenen Gesetzen verläuft. Jedes Phänomen hängt von einem freien Entschluss Gottes ab, der es Augenblick für Augenblick im Sein erhält; die Dauer eines Phänomens wird als Gewohnheit Gottes angesehen. Über die Möglichkeit bzw. Unmöglichkeit eines Sachverhalts entscheidet nur die Einbildungskraft, nicht die Vernunft: Was man sich einbilden kann, ist möglich. Indem Maimonides die Weltanschauung des *Kalāms* verwirft, rettet er einen ganzen Teil der Philosophie, und zwar die Physik, der er ihren Gegenstand, nämlich die Natur, und ihr Subjekt, die Vernunft, zurückgibt.

Gottes Dasein

Im Unterschied zu den *Mutakallimūn* nehmen die Philosophen Gottes Dasein nur aufgrund vernünftigen Schließens an. Maimonides stellt eine Liste der 26 Prämissen auf, deren sich die Philosophen bedienen, um Gottes Dasein zu beweisen (FU II, Einführung). Er bringt vier Argumente vor, die nicht nur Gottes Dasein beweisen, sondern auch dessen Einheit und Unkörperlichkeit (FU II, 1). (1) Der erste Beweis, direkt von Aristoteles entlehnt, gründet auf der Regel, das jedes Bewegte einen Beweger haben muss; folglich muss es einen ersten, unbewegten, unkörperlichen Beweger geben. (2) Der zweite rührt von Aristoteles auf dem Wege über Alexander von Aphrodisias her: In einem zusammengesetzten Ganzen, in dem ein Element auch getrennt vorkommt, muss das zweite Element auch getrennt vorkommen; nun beobachten wir, dass es Dinge gibt, die bewegt sind und andere bewegen, ferner, dass es auch Dinge gibt, die nur bewegt sind; folglich muss es auch Dinge geben, die nur bewegen, ihrerseits aber stillstehen. (3) Der dritte Beweis ist angeblich aristotelisch, stammt aber von Avicenna: Wenn überhaupt etwas existiert, so muss es ein Notwendig-Seiendes geben. (4) Der vierte Beweis verläuft ähnlich wie der erste, schließt aber vom beobachtbaren Vorkommen eines Übergangs von Potenz zu Aktualität auf das Dasein eines rein aktuellen Wesens.

Diese Beweise entsprechen dreien der fünf Wege zu Gott *(viae)* bei Thomas von Aquin: Die ersten zwei entsprechen den ersten zwei Wegen in ›Gegen die Heiden‹ (= CG) und dem ersten in der ›Summa Theologica‹ (= ST). Der dritte bei Maimonides ist auch der dritte in der ST, fehlt aber in der CG. Der vierte kommt bei Thomas als Nr. 3 in der CG und als Nr. 2 in der ST vor. Nur die letzten zwei thomasischen Beweise, der von den Stufen der Vollkommenheit im Sein, die eine oberste Stufe postulieren, und der von der weisen Lenkung der Dinge durch die Providenz *(gubernatio rerum)* fehlen bei Maimonides.

Ferner sind Maimonides' Beweise sozusagen „neutral“. Ihre Gültigkeit hängt nicht von der Hypothese eines zeitlichen Anfangs der Schöpfung ab; umgekehrt setzt sie die Annahme einer ewigen Welt nicht außer Kraft.

Deshalb betont er, dass diese Beweise von den „besten Philosophen“ stammen. Dazu kommt, dass der Gott, dessen Dasein damit bewiesen wird, eher der Erste Beweger des Aristoteles oder der Notwendig-Seiende des Avicenna ist als der biblische Schöpfer und Lenker der Geschichte. Philosophische Argumente beweisen einen philosophischen Gott.

Schöpfung der Welt oder Ewigkeit?

Der Hauptstreit zwischen den Offenbarungsreligionen und den Philosophen betraf die Schöpfung. Nach der Bibel und dem Koran hat die Welt einen Anfang in der Zeit gehabt. Aristoteles, Plotin und noch am Ende des 5. Jh. Proklos vertraten die Lehre von der Ewigkeit der Welt. Am Anfang des 6. Jh. hatte der Christ Johannes Philoponos versucht, die Argumente des Aristoteles und des Proklos rein philosophisch zu widerlegen. Sein heidnischer Gegner Simplikios hatte sie wiederum verteidigt und der Muslim Farabi hatte sich der Sichtweise des Simplikios angeschlossen[2].

Maimonides versucht, das Problem zu neutralisieren. Er zeigt, dass man Gottes Dasein auch dann beweisen kann, wenn man von der Hypothese ausgeht, dass die Welt ewig sei (FU II, 2). Thomas v. Aquin hat diese Lösung rezipiert und umgestaltet: Man könne an einen zeitlichen Anfang des Weltalls nur glauben, ihn dagegen nicht wissenschaftlich beweisen[3]. Maimonides schlägt einen anderen Weg als den des Glaubens ein. Er versucht, die Argumente der Philosophen zu entkräften und die Schöpfung plausibel zu machen. Er macht geltend, dass Aristoteles mit seinen eigenen Beweisen nicht völlig zufrieden war (FU II, 15) und er zeigt, dass mit der Annahme einer ewigen Welt, die notwendig aus Gott hervorgeht, die Erklärung der Struktur des Kosmos schwieriger wird als mit dem Glauben an eine zeitliche Erschaffung der Welt durch Gottes freien Entschluss (FU II, 19 u. 22).

Welchen Wert Maimonides seinen eigenen Argumenten beimisst, bleibt unklar. Es steht jedoch fest, dass er damit das Augenmerk auf die Fragestellung der Astronomie richtet, ja das Problem auf das Feld der Wissenschaft verlegt, wobei er der Forschung aus theologischen Gründen Vorschub leistet.

[2] Aristoteles, Über den Himmel I, 10–12; Plotin, Enneaden II, 1 [40], 1; II, 9 [33], 7; Proklos' Schrift ist nur bruchstückhaft erhalten; Johannes Philoponos, De aeternitate mundi contra Proclum, hrsg. v. H. Rabe, Leipzig 1899; Simplikios, In Physicam Aristotelis VIII; hrsg. v. H. Diels, CAG X, Berlin 1895; M. Mahdi, Alfarabi against Philoponus, Journal of Near Eastern Studies 26 (1967) 233–260.

[3] Thomas von Aquin, De aeternitate mundi contra murmurantes.

Rede von Gott

Nach Maimonides darf man über Gott keine positive Äußerungen machen. Gott hat keine Attribute, die sein Wesen ausdrücken würden. Solche Attribute würden seine absolute Einheit beeinträchtigen (FU I, 50). Gott als der Erste kann nicht regelrecht definiert werden, da die Elemente der Definition, Art und Gattung ursprünglicher wären als Er; als der Einfache kann Er auch nicht von einem einzigen definitorischen Element beschrieben werden, da dieses Element ein Teil von Gottes Quiddität wäre, als bestünde der Einfache aus Teilen; Er kann erst recht nicht von einer Qualität beschrieben werden, die Ihm nur als Akzidens zukommen würde, sodass Er aus einer Mehrheit bestehen würde. Zwischen Gott und den Geschöpfen gibt es überhaupt kein Verhältnis, auch „Sein" bedeutet nicht dasselbe in beiden Fällen. Nur die Attribute, die eine Wirkung Gottes ausdrücken, können ausgesagt werden (FU I, 52).

Der einzige Weg, der übrig bleibt, ist ein negativer, und zwar derjenige der doppelten Negationen: Auch die Attribute, die positiv klingen, wie z. B. „mächtig", bedeuten in der Tat nur, dass Gott „nicht ohnmächtig" ist, „seiend", dass man nicht sagen darf, es gebe keinen Gott, usw. Sie erweitern unsere Kenntnisse lediglich dadurch, dass sie falsche Vorstellungen entfernen (FU I, 58).

Diese streng apophatische Theologie macht zugleich die Bahn frei für andere Dimensionen der philosophischen Forschung. Das Studium der Natur als Schöpfung wird zum einzig möglichen Weg, indirekt zu einer gewissen Kenntnis Gottes zu gelangen (FU I, 34). Die Würdigung der Physik (vgl. FU I, 55) geht mit einer Minderung des Stellenwertes der Metaphysik einher. Negative Theologie führt zur Physik; die Physik wird wiederum zur einzigen möglichen Rede über die göttlichen Dinge, die ebensowohl „natürliche Dinge" sind (FU III, 32 Anfang).

Auf der anderen Seite gibt es zwischen uns und dem unerkennbaren Gott ein verbindendes Glied, und zwar den Intellekt. Mit einer überraschenden Kühnheit behauptet Maimonides, dass Gottes Intellekt dieselbe Struktur aufweise wie der unsere: Die Identität zwischen Akt, Subjekt und Objekt der Intellektion ist diesselbe in uns und in Gott. Es gibt sogar zwischen beiden Intellekten einen gemeinsamen Punkt, eine Tatsache, die Maimonides mit einem Zitat aus dem Psalm 36, 10 ausdrückt: „In deinem Lichte sehen wir das Licht" (FU II, 12 Ende; III, 52 Anfang). Die Tätigkeit unseres Intellekts ist durch das Ausströmen des göttlichen Intellekts ermöglicht. Wir erkennen Gott durch dasselbe Mittel, wie Er sich selbst erkennt.

Physik als Exegese

Durch diese Form der apophatischen Rede bekommen wir einen Schlüssel zum Verständnis der Bibel in Übereinstimmung mit einem von Maimonides häufig zitierten Spruch der Rabbiner: „Die Tora spricht in der Sprechweise der Menschen" (FU I, 26 usw.). Maimonides verleiht dieser Äußerung, die ursprünglich die Milde („Menschlichkeit") der Vorschriften ausdrücken sollte, einen neuen Sinn. Alles, was in der Bibel gegen die Regel der negativen Theologie verstößt, muss allegorisch gedeutet werden – ein Programm, das Maimonides selber nur teilweise verwirklicht. Er überlässt vielmehr seinen Lesern die Aufgabe, dieses hermeneutische Prinzip anzuwenden. Kurz nach seinem Tode und am Anfang des 14. Jh. sollte die übertriebene Anwendung der Allegorese einen heftigen Streit in den jüdischen Gemeinden Südfrankreichs entfachen.

Was Maimonides selber betrifft, so legt er als Probe die zwei Hauptstellen der jüdischen Esoterik physikalisch aus: das „Werk des Anfangs" (Ma'aseh Bereshit), d. h. den ersten Schöpfungsbericht (1 Mose 1), aufgrund der Lehre der vier Elemente bzw. der trockenen und feuchten Dünste (FU II, 30), und das „Werk des [Thron]wagens" (Ma'aseh Merkabah), d. h. die Darstellung des göttlichen Gespanns im ersten Kapitel Ezechiels, als eine Anspielung auf das himmlische Sphärengefüge (FU III, 1–7). Das Neue dabei ist nicht der Inhalt der Lehren, die die Bibel enthalten soll. Im Gegenteil findet sich wohl unter dem Schleier der Allegorie nur ganz übliches Gedankengut: aristotelische Meteorologie und ptolemäische Astronomie. Manche Kommentatoren haben sich mit Staunen gefragt, warum Maimonides Mühe darauf verwendet, Lehren zu verschleiern, die in jeder Schule öffentlich vor Anfängern vorgetragen wurden. Das Neue und Provozierende ist die bloße Annahme, dass die Bibel im Grunde außer den Geboten keine andere Lehre enthält als die philosophische. Bibel ist eher Physik als Theologie. Die Identität der geheimen Lehre der Bibel und der öffentlichen Lehre der Philosophen ist genau das, was geheim gehalten werden sollte.

Das Gesetz

Nach der jüdischen Orthodoxie ist das göttliche Gesetz dem Moses gegeben worden. Moses konnte es empfangen, weil er Prophet war, ja der größte unter allen, was erklärt, dass die ihm anvertrauten Regelungen für immer gültig sind. Maimonides entwirft nun eine philosophische Deutung der Prophetie. Das geschieht im Rahmen der Seelenlehre des Aristoteles. Die Kommentatoren hatten seine dürftigen Ansätze über den tätigen Intellekt zu einer differenzierten Noetik weiterentwickelt. Farabi hatte sie mit einer Kosmologie und einer Emanationslehre verbunden: Jeder Sphäre im zwiebelförmigen Weltgefüge entspricht eine Intelligenz; jede Intelligenz emaniert in die unmittelbar tiefere, bis zur zehnten und letzten Sphäre, derjenigen des Mondes. Ihre Intelligenz bildet den tätigen Intellekt, der über die ganze sublunare Welt waltet[4].

Der Prophet ist derjenige, dessen vollkommene körperliche Verfassung und sittsamer Lebenswandel ihn instand setzen, das Ausströmen des tätigen Intellekts in seiner reinsten Form zu empfangen. Je reiner der Prophet, desto unmittelbarer sein Kontakt mit dem Göttlichen. Über der obersten Stufe auf der Leiter der Prophetie steht Moses (FU II, 45). Die göttliche Emanation beeinflusst seinen Intellekt und erlaubt ihm, göttliche Dinge zu begreifen. Sie beeinflusst auch seine Einbildungskraft, was ihn dazu befähigt, das Gesehene auch bildlich darzustellen, folglich es dem Volk mitzuteilen.

So wird der Prophet zum Gesetzgeber des vollkommenen Staats. Platons „Kallipolis" wird in die Tat umgesetzt. Das geschieht nicht notwendig, indem der Staat zu einer wirklichen politischen Macht wird. Er existiert doch wenigstens als das vollkommene Gesetz, nach dem sich die Philosophen richten können – was übrigens schon Platon erklärt hatte[5]. Dieses Gesetz ist dasjenige des Moses, die vollkommene Polis ist das jüdische Volk. Das Gesetz erlaubt nicht nur, die Gesellschaft bestens zu organisieren; es verleiht zugleich dem Menschen richtige Ansichten über Gott und die Engel, damit er weise, klug und hellsichtig wird, wobei er den ganzen Bereich des Seins in seiner Wahrheit erkennen kann (FU II, 40). Das göttliche Gesetz fördert die Philosophie.

Damit ist die Möglichkeit einer realen, irdischen Verwirklichung des vollkommenen Staates nicht ausgeschlossen. Sie bleibt aber ein eschatologischer Fluchtpunkt, wobei Maimonides den Messianismus neu deutet: Das Zeitalter, das traditionell als die „Tage des Messias" bezeichnet wird, ist ein rein diesseitiges Reich des Friedens und der Befriedigung aller Bedürfnisse. Es ist nicht an und für sich wünschenswert, sondern nur, weil es einem jeden erlaubt, sich in vollkommener Seelenruhe der Kontemplation zu widmen[6]. Auch der Messianismus wird von der Philosophie her gedacht, und zwar als die Bedingung ihrer vollkommenen Entfaltung.

Die Gebote sind im Grunde vernünftig und sinnvoll. Maimonides verwirft die traditionelle Unterscheidung, die auch bei Saadia vorkommt, zwischen den Geboten, deren Gründe die Vernunft einsehen kann, und den-

[4] Aristoteles, Von der Seele III, 5; Farabi, Musterstaat, hrsg. v. F. Dieterici, Kap. 10.

[5] Platon, Staat IX, 592b.

[6] Einführung ins Kap. Heleq 5; Mishneh Torah, 1. Buch: Erkenntnis V, 9.

jenigen, die bloß Gehorsam fordern und dazu dienen, ihn zu erproben. Ein jedes Gebot hat einen Grund. Als das Gesetz gegeben wurde, plante Gott, das jüdische Volk aus dem Heidentum („Götzendienst“) zu führen. Das geschieht immer indirekt, aber der Umweg ist entweder chronologisch oder strategisch. Im ersten Fall wendet Gott eine Art List an. Das zeigt er am Beispiel der Opfer. Nach dem Gesetz sind sie zwar erlaubt, dürfen aber nur dem Gotte Israels dargebracht werden. Das Volk konnte nicht sofort auf die Opfer verzichten, sondern musste sich allmählich entwöhnen (FU III, 32).

Auch die sog. „rituellen“ Gebote *(ḥuqqim)*, die keine Einsicht in ihre Gründe gewähren, sind Teile einer indirekten Strategie. Maimonides rekonstruiert aufgrund einiger Bücher wie der ›Nabatäischen Landwirtschaft‹ eine angeblich universale Ur-Religion, die er Sabäismus nennt (FU III, 29). Sie funktioniert als ein Gegenbild zur mosaischen Gesetzgebung. Die Abwehr des Sabäismus sei der vergessene Grund der „rituellen“ Gebote: Das Untersagte sei gerade die damals übliche Praxis der Götzendiener. Der Aberglaube, der damit beseitigt wird, ist auch der Philosophie abträglich. So bereitet die Bibel den Weg für die Philosophie.

Maimonides’ Gesamtstrategie könnte man als untermauerndes Untergraben bezeichnen, d. h., den Bau des Judentums einerseits zu unterstützen, indem man andererseits die herkömmlichen Gründe für sein Bestehen und Gelten aufhebt und durch neue, philosophische ersetzt. Die Tradition wird mit untraditionellen Mitteln begründet. Am Wert des jüdischen Gesetzes hat Maimonides wahrscheinlich nie gezweifelt, ebenso wenig am endgültigen Charakter zumindest seiner Hauptsatzungen. Sonst könnte man seine lebenslange Tätigkeit als Fachmann und Praktiker des rabbinischen Rechts nicht mehr verstehen. Hat sich doch Maimonides ständig bemüht, das Gesetz zu festigen und eine pünktliche Anwendung desselben durchzusetzen. Er revidiert aber seine Grundlagen. „Das Gesetz des Herrn ist vollkommen“ (Psalm 19, 6); Maimonides gibt auch den Grund an: Weil es vervollkommnet (Acht Kapitel, IV; FU, II, 39, Ende). Das Gesetz verhilft dem Menschen zur höchstmöglichen Vollkommenheit.

Die Wirkung

Maimonides’ Einfluss auf das geistige Leben des Judentums und indirekt auch des Christentums kann man kaum überschätzen. Jeder Jude, der sich nach ihm mit Philosophie beschäftigte, musste zu ihm Stellung nehmen. Den philosophischen Kanon hatte er entschieden mitgeprägt: Die Werke, die er in seinem Brief an seinen Übersetzer Samuel Ibn Tibbon preist (Aristoteles, dessen Kommentatoren, Farabi), wurden übersetzt und studiert; diejenigen dagegen, die er entweder tadelt (die „Lauteren Brüder“ aus Basra und generell jeden neuplatonisch gefärbten Denker, die christlichen Aristoteliker aus Bagdad) oder nur als zweitrangig betrachtet (Avicenna), wurden mehr oder weniger vernachlässigt. Seine Kritik am *Kalām* beendete radikal dessen Einfluss auf das jüdische Leben. Die Art und Weise, wie er die Lehren z. B. von der Ewigkeit und der Prophetie problematisierte, war richtungweisend. Der Provenzale Gersonides (1288–1344) in ›Die Kriege des Herrn‹ genauso wie sein Gegner, der Katalane Hasday Crescas (1340–1412), in ›Das Licht des Herrn‹ standen mit dem Werk des Maimonides in ständigem Dialog, z. B. hinsichtlich der Ewigkeit der Welt und der Natur der Seligkeit. Spinoza widerlegte Maimonides' Deutung des Gesetzes, obwohl er sie ziemlich oberflächlich versteht. Im modernen Judentum schrieb Moses Mendelssohn (1729–1786) einen hebräischen Kommentar zum ›Traktat über Logik‹ (1761). Nachman Krochmal (1785–1840) betitelte sein hebräisches Hauptwerk mit einer deutlichen Anspielung auf Maimonides: ›Führer der Unschlüssigen unserer Zeit‹ (posthum 1851).

Unter den Christen gebrauchten seinen ›Führer‹ u. a. Albert der Große, Thomas von Aquin und Meister Eckhart. Sie benutzten v. a. die Kritik des Maimonides am *Kalām* und seine Exegese des Alten Testaments (wie z. B. die Erklärung des göttlichen Namens oder die Deutung des Buches Job). Noch Leibniz zitiert Maimonides' Äußerungen über den geringen Anteil des Bösen in der Welt[7]. Die Vorläufer der vergleichenden Religionswissenschaft im 17. Jh. wie John Spencer lasen eifrig FU III, 37 über die „Sabäer“ und bezogen sich auf Maimonides' Theorie eines ursprünglichen einheitlichen Heidentums.

Eine zweite, breitere, aber weniger auffallende Wirkung lässt sich nachweisen. Sie liegt nämlich auf einer tieferen Ebene als diejenige der philosophischen Werke, deren Entstehen sie erst ermöglicht. Die Berufung auf das Beispiel Maimonides diente nämlich dazu, das Studium der profanen Wissenschaften in jüdischen Kreisen zu legitimieren. Diese Studien wurden nämlich, wenn nicht gerade verpönt, doch mit einem gewissen Misstrauen betrachtet. Wenn nun die größte Autorität in Sachen der *Halacha* sich zugunsten des Studiums der Philosophie eingesetzt, ja selber Philosophie getrieben hatte, wer könnte es noch unterbinden? Das hat eine deutliche Spur in den Biographien der jüdischen Gelehrten aus der spätmittelalterlichen Periode hinterlassen: Sie erzählen des öfteren, dass sie sich gleich nach ihrem biblischen und talmudischen Unterricht mit dem ›Führer‹ beschäftigt haben, und zwar als Einleitung zum richtigen Gebrauch

[7] Thomas v. Aquin, Gegen die Heiden I, 4 (FU, I, 34); Spinoza, Theologisch-politischer Traktat, Kap. V u. VII; Leibniz, Theodizee III, § 262 (FU III, 12).

der Naturwissenschaften. Das Werk des Maimonides war der Beweis dafür, dass man auch als Jude Philosoph sein konnte.

Auswahlbibliographie

Quellentexte

Acht Kapitel. Eine Abhandlung zur jüdischen Ethik und Gotteserkenntnis, hrsg. v. M. Wolff, Hamburg 1981 [1903].

Das Buch der Erkenntnis, Berlin 1994.

Der Führer der Unschlüssigen, hrsg. v. S. Munk, Paris 1960 [1856 ff.] (mit frz. Übersetzung); engl. Übers. v. S. Pinès, Chicago 1963 [vorzüglich]; dt. Übers. v. A. Weiß, Hamburg 1972 [1923].

Sekundärliteratur

Klein Braslavi, S.: King Solomon and Philosophical Esotericism in the Thought of Maimonides [Hebräisch], Jerusalem 1996.

Kraemer, J. L. (Hrsg.): Perspectives on Maimonides. Philosophical and Historical Studies, Oxford 1991.

Pinès, S.: The Philosophic Sources of The Guide of the Perplexed, in: Moses Maimonides, The Guide of the Perplexed, Chicago/London 1963, LVII–CXXXIV.

Ravitzky, A.: History and Faith. Studies in Jewish Philosophy, Amsterdam 1997.

Strauss, L.: Philosophie und Gesetz. Beiträge zum Verständnis Maimunis und seiner Vorläufer [1935], in: Gesammelte Schriften 2, Stuttgart 1997.

Twersky, I.: Introduction to the Code of Maimonides (Mishneh Torah), New Haven/ London 1980.

Weiss, R. L.: Maimonides' Ethics. The Encounter of Philosophy and Religious Morality, Chicago/London 1991.

Wohlmann, A.: Thomas d'Aquin et Maïmonide. Un dialogue exemplaire, Paris 1988.

ALBERT DER GROSSE

Der Entwurf einer eigenständigen Philosophie

Von Georg Wieland

Albert als Philosophen vorzustellen, das bedeutet, ihn in einer begrenzten Perspektive zu betrachten. Denn er beginnt sein wissenschaftliches Werk mit theologischen Schriften und beschließt es auch mit solchen Abhandlungen. Von den mehr als 70 dem großen Gelehrten zugeschriebenen Werken behandeln immerhin über 30 theologische Gegenstände.[1] Und man kann darüber hinaus den ganzen Lebensgang Alberts als wesentlich auf das Studium und die Lehre der Theologie ausgerichtet beschreiben.

Er wurde um 1200 in Lauingen an der Donau geboren[2] und trat während seines Studiums in Padua – wie viele Studenten an den gerade entstandenen Universitäten Europas – um 1223 in den Dominikanerorden ein. Dies war der Beginn einer Existenzform, für welche die Theologie eine ganz zentrale Bedeutung hatte. Nach einer ordensinternen theologischen Ausbildung wirkte Albert von 1233 an als Lektor an verschiedenen Konventen der deutschen Dominikanerprovinz Teutonia (Hildesheim, Freiberg, Regensburg, Straßburg). Zu Beginn der 40er-Jahre wurde er nach Paris geschickt, um an der dortigen Universität den Magistergrad der Theologie zu erwerben. Nach dessen Erwerb 1245 lehrte Albert drei Jahre in Paris, bis er 1248 vom Generalkapitel seines Ordens nach Köln gesandt wurde, um dort ein *studium generale* der deutschen Dominikanerprovinz zu gründen. Hier entstand die erste akademische Institution auf deutschem Boden, welche die modernen Lehr- und Lernformen der Scholastik pflegte.[3] Und Köln wurde die Stadt, mit der Albert zeit seines Lebens verbunden blieb, wenn er seine Stadt auch immer wieder verlassen musste.

Von 1254 bis 57 war er Provinzial der deutschen Ordensprovinz. Er wirkte 1256 bis 57 als Lektor an der päpstlichen Kurie von Anagni und lehrte 1257 bis 60 wieder in Köln. 1260 berief ihn Papst Alexander IV. zum Bischof von Regensburg, ein Amt, das Albert jedoch nach einem Jahr wieder aufgab. 1263 bis 64 predigte er im päpstlichen Auftrag den Kreuzzug

[1] Zu den Werken Alberts vgl. Weisheipl und neuesten Anzulewicz, De forma, 3.

[2] Zum Leben Alberts vgl. Weisheipl und Lohrum.

[3] Zu der Bedeutung dieses Vorgangs vgl. Sturlese, 332–42.

in Deutschland, übrigens mit geringem Erfolg. Dann war er wieder als Lektor tätig, und zwar in Würzburg und Straßburg, bis er 1270 nach Köln zurückkehrte, wo er 1280 starb. Es war ein reiches Leben, das durch zahlreiche Friedenssprüche und Vermittlungen unmittelbar auch in die bürgerlich-politische Welt hineinwirkte.[4]

Alberts Ansehen und Gewicht als Philosoph beruht im Wesentlichen auf seiner kommentierenden und interpretierenden Arbeit an den Werken des Aristoteles. Er hat zu allen aristotelischen Schriften umfangreiche Kommentare verfasst, die in der Regel den vorliegenden Text auf selbstständige Weise rekonstruieren. Bei der Realisierung dieses Vorhabens lässt Albert sich nicht einfach von den ihm in lateinischer Übersetzung zugänglichen Schriften des Stagiriten leiten.[5] Vielmehr legt er seiner Interpretationsarbeit ein Disziplinenschema der Philosophie zugrunde, das sich zwar an der Wissenschaftseinteilung des Aristoteles orientiert, aber im Resultat über den Bestand des aristotelischen Corpus hinausgeht. Das gilt für die Logik, bei der Albert neben dem Organon auch Schriften des Porphyrius und des Boethius sowie das Werk ›De sex principiis‹ (Ps.-Gilbert von Poitiers) kommentiert. Das gilt auch für die Mathematik; Aristoteles hat sich um diese Wissenschaft nicht bemüht, Albert nimmt die Geometrie des Euklid in sein Kommentarwerk auf. Auch in der Naturphilosophie und Metaphysik gibt es Ergänzungen, so die Schriften ›Über die Natur der Örter‹ und ›Über die Mineralien‹ sowie ›Über die Ursachen und den Hervorgang des Alls aus der ersten Ursache‹, einen Kommentar zum ›Liber de causis‹; diese Schrift galt den Zeitgenossen Alberts als ein Werk des Aristoteles, das jedoch Auszüge aus der ›Elementatio theologica‹ des Neuplatonikers Proklos enthält.[6]

Neben diesen kommentierenden Werken hat Albert einige selbstständige philosophische Abhandlungen verfasst, so die Schriften ›Über die Einheit des Intellekts‹, ›Über die Natur und den Ursprung der Seele‹ und ›Über fünfzehn Probleme‹. Es geht darin um kontroverse Thesen, die vor allem die Seelen- und Intellektlehre sowie die Kosmologie betreffen, um „Artikel" – so heißt es in der Schrift ›Über fünfzehn Probleme‹ –, „welche Pariser Magister, die in der Philosophie einen Namen haben, in den Schulen vortragen".[7]

[4] Zu Alberts Wirken als Friedensstifter vgl. Lohrum 68–75.

[5] Physica I 1,1: *Taliter autem procedendo libros perficiemus eodem numero et nominibus, quibus fecit libros suos Aristoteles. Et addemus etiam alicubi partes librorum imperfectas et alicubi libros intermissos vel omissos, quos vel Aristoteles non fecit vel forte si fecit, ad nos non pervenerunt* (Ed. Colon. IV 1: 1, 36–41).

[6] Zum ›Liber de causis‹ und dessen Rezeption bei Albert und den Lateinern vgl. de Libera 55–72.

[7] De quindecim problematibus, prol.: *Articulos, quos proponunt in scholis magistri Parisienses, qui in philosophia maiores reputantur, vestrae paternitati … transmittens dignum duxi* (Ed. Colon. XVII 1:31, 5–9).

Vergleicht man diesen schriftstellerischen Befund mit Alberts Biographie, dann stellt sich die Frage: Wie kommt ein Ordensmann, ein Mann der Kirche, ein Theologe dazu, fast zwanzig Jahre seines Lebens der Erschliessung und Interpretation des peripatetischen Denkens zu widmen? Der Vergleich mit den wichtigsten Zeitgenossen lässt die Besonderheit und Größe der Leistung Alberts sichtbar werden. Bonaventura (1217/18–74), auch er Pariser Magister der Theologie und Ordensmann, hat keine philosophischen Werke verfasst und keine Aristoteleskommentare geschrieben. Er kennt Aristoteles natürlich, das ist im Paris der Vierziger- und Fünfzigerjahre unvermeidlich, aber er spricht der philosophischen Weltweisheit keine selbstständige Bedeutung zu. Philosophie kann ihren geordneten Gang nur in den ihr von der Theologie gewiesenen Grenzen gehen.

Thomas von Aquin (1224/25–74), wie Albert und Bonaventura Pariser Theologe und Bettelmönch, hat selbstständige philosophische Abhandlungen und Kommentare zu zwölf Werken des Aristoteles geschrieben. Es fällt auf, dass die Aristoteleskommentare des Thomas in wenigen Jahren am Ende seiner akademischen Tätigkeit entstanden sind, und zwar zu einer Zeit, in der an der Pariser Artistenfakultät der Gedanke einer autonomen Philosophie entwickelt wurde. Die Intention des Aristoteleskommentators Thomas zielt deshalb in zwei Richtungen: (a) Es geht ihm einmal um die Wahrheit der aristotelischen Philosophie, nicht primär um die *intentio auctoris*. Und in dieser Perspektive agiert Thomas als Philosoph, der sich – auf philosophischer Ebene – mit der Legitimität konkurrierender Philosophiekonzepte in der Artistenfakultät auseinander setzt. (b) Man darf jedoch nicht übersehen, dass seine Kommentare auch eine theologische Absicht verfolgen; das gilt nachweisbar für seine Auslegungen zu ›De anima‹ und zur ›Nikomachischen Ethik‹, Kommentare, die im Zusammenhang mit der Arbeit in der ›Summa theologiae‹ entstanden sind.[8]

Das philosophische Werk des Kölner Meisters unterscheidet sich genau in dieser doppelten Hinsicht von dem des Thomas. Albert plant und realisiert sein Werk nicht in der Absicht, konkurrierenden zeitgenössischen Philosophiekonzepten ein anderes, besseres an die Seite oder gegenüberzustellen; ein solches Konzept liegt im lateinischen Westen noch gar nicht vor. Er muss deshalb die Philosophie auf der Grundlage der meist aristotelischen Texte „den Lateinern überhaupt erst verständlich machen"[9]. Und Alberts Werk steht weder als Ganzes noch in seinen Teilen im Dienst der

[8] Zur Bedeutung der Aristoteleskommentare des Thomas vgl. F. Cheneval/R. Imbach (Hrsg.), Thomas von Aquin, Prologe zu den Aristoteleskommentaren, Frankfurt 1993, Einleitung LVII–LXIV.

[9] Physica I 1,1: *nostra intentio est omnes dictas partes facere Latinis intelligibiles* (Ed. Colon. IV 1: 1,48 sq.).

Theologie, wenn es auch gelegentlich Aussagen gibt, die den Nutzen philosophischer Diskussionen für die Theologie betonen. Deshalb noch einmal die Frage: Wie kommt ein Ordensmann und Theologe dazu, einen großen Teil seiner wissenschaftlichen Tätigkeit der Philosophie, dem peripatetischen Denken zu widmen?

Albert gibt uns dazu eine gewissermaßen persönliche Auskunft, die nur zum Teil befriedigen kann: Er habe sein philosophisches Werk auf Bitten seiner Mitbrüder in Angriff genommen.[10] Warum aber suchen Mitglieder eines religiösen Ordens Kenntnisse, grundlegende Kenntnisse in der Naturphilosophie und Metaphysik? Als Albert sich an die Aristotelesparaphrase macht, schickt sich die Pariser Artistenfakultät an, fast das gesamte aristotelische Œuvre in ihren Vorlesungs- und Prüfungsplan aufzunehmen. Aristoteles, Inbegriff und Repräsentant einer umfassenden nicht-christlichen, nicht-religiösen Natur- und Weltauslegung, steht spätestens seit der Mitte des 13. Jh. so eindrucksvoll und so herausfordernd auf dem Programm der intellektuellen Kultur des Westens, dass kein Weg an ihm vorbeiführt. Albert, Bonaventura und Thomas stellen Typologien möglicher Reaktionen auf diese Herausforderung dar: Bonaventura den Typus eindeutiger und ausschließlich theologischer Kompetenz und Thomas den einer relativen Selbstständigkeit der Philosophie, die ihre Autonomie nicht ohne Bezug zur Theologie und deren Normativität behaupten kann; demgegenüber bildet Alberts Werk den Typus vollständiger philosophischer Autonomie, losgelöst von theologischen Vorgaben.

Diese deutliche Bereichstrennung von Philosophie und Theologie hat Albert in methodischen Reflexionen vorbereitet. Sie finden sich bereits in den theologischen Werken seiner Pariser Zeit und dann vor allem in seinen Kölner Dionysius-Kommentaren – Arbeiten, die der Aristotelesparaphrase unmittelbar vorausgehen. Es scheint so, als habe Albert gerade auf diesem Feld ein wachsendes Methodenbewusstsein entwickelt. In seiner frühesten Schrift, ›De natura boni‹, spielt der Topos von dem alten Mütterchen oder dem einfachen Mann „im Dienste Christi", die „durch Wort und Lebensführung" die größten Gelehrten zu widerlegen vermögen, eine bedeutsame Rolle[11]; dieser Topos bringt die umfassende Überlegenheit des Glaubens über das menschliche Wissen zum Ausdruck. Demgegenüber deutet sich im Pariser Sentenzenkommentar die Bereichstrennung schon deutlich an. Wenn Albert hier den hl. Augustinus zur Autorität in Glaubenssachen und Aristoteles oder andere Experten der Naturwissenschaft zu Gewährsleu-

[10] A. a. O. (Ed. Colon. IV 1: 1,9–14).

[11] De natura boni, tr. 2 p. 3 c. 2: … *ut vetula quandoque inspiciat, quod litteratus non capit, quia captivare intellectum et ad obsequium Dei inclinare mentem contemnit* (Ed. Colon. XXV 1: 57,89–92).

ten in Fragen der Natur erklärt[12], dann enthält diese Aussage die Konsequenz, dass der Glaube und die auf ihm beruhende Theologie im Bereich der Naturkunde keine Kompetenz beanspruchen können.

In den Dionysius-Kommentaren finden sich zahlreiche Aussagen über den formalen Unterschied von Theologie und Philosophie. „Die leitende Grundeinstellung im ganzen Bereich der Theologie ist der Glaube. Mit den Grundsätzen der Vernunft allein ist in der Theologie nichts auszurichten“[13], heißt es dort. Und an anderer Stelle: „Die Wahrheit der Hl. Schrift geht über die Grundsätze der Vernunft hinaus; sie lässt sich nicht durch schlussfolgerndes Vorgehen aus ihnen ableiten.“[14] Demgegenüber lässt sich philosophisches Wissen, das allein auf der Vernunft beruht, „durch Selbststudium und Unterricht zur Genüge erwerben“[15].

In seinen Aristoteleskommentaren verdeutlicht Albert die Möglichkeiten (und Grenzen) der Philosophie: „Philosophieren heißt, für eine bekannte Wirkung die richtige Ursache klar und sicher festzustellen, den Beweis für dieses ursächliche Verhältnis beizubringen, wie auch dafür, dass es gar nicht anders sein kann.“[16] Diese Aufgabenbeschreibung schließt selbstverständlich methodisch jede göttliche Einwirkung in die Welt aus der philosophischen Betrachtung aus. Der Philosoph kümmert sich nicht „um Wunder durch Gottes Eingreifen“[17], stattdessen sucht er zu erforschen, „was im Bereich der Natur durch natureigene Kräfte auf natürliche Weise alles möglich ist“[18]. Albert hat sich bei der Realisierung seines philosophischen Programms streng an diese methodischen Grundsätze gehal-

[12] II Sent. D 13 a. 2 (Ed. Borgnet XXVII, 217 a).

[13] Super Dionysium, De cael. hier. 1 § 1, dubium 4: *Dicimus quod universalis habitus regens in omnibus theologicis est fides, quoniam in ea non possumus per principia rationis* (Ed. Borgnet XIV, 8 b). Die hier und im Folgenden vorgelegte Übersetzung stützt sich z. T. auf: A. Fries, Albertus Magnus. Ausgewählte Texte, lateinisch-deutsch, Darmstadt 1981, hier: nr. 36.

[14] Super Dionysii epistolas, VII: *veritas sacrae Scripturae est supra principia rationis; unde non deducitur ex illis per aliquas conexiones argumentorum* (Ed. Colon. XXXVII 2: 502, 83–85).

[15] Super Dionysium, De divinis nominibus III: *Quaedam enim est de his quorum cognotio subiacet rationi, et ista scientia sufficienter potest accipi per studium et doctrinam* (Ed. Colon. XXXVII 1: 104, 80–82).

[16] De vegetabilibus et plantis II 2,1: *Philosophari enim est, effectus iam cogniti certam et manifestam et veram causam investigare, et ostendere, quomodo illius causa est, et quod impossibile est aliter se habere* (Ed. E. Meyer/C. Jessen, Berlin 1867, 139, n. 89).

[17] De generatione et corruptione I 1, 22: *nihil ad me de Dei miraculis, cum ego de naturalibus disseram* (Ed. Borgnet IV, 363b).

[18] De caelo et mundo I 4, 10: *Nec nos in naturalibus habemus inquirere, qualiter Deus opifex ... creatis ab ipso utatur ad miraculum ..., sed potius quid in rebus*

ten und alles zu vermeiden getrachtet, was nach philosophischer Grenzüberschreitung aussehen könnte. „Damit haben wir hier nichts zu schaffen. Denn wir sprechen jetzt nicht über die theologischen, sondern über die natürlichen Tugenden.“[19] Aussagen dieser Art finden wir häufig im ganzen philosophischen Werk Alberts.

Ein radikales philosophisches Autonomieprogramm hat allerdings einschneidende Folgen für die Theologie. Denn es bleibt nicht aus, dass sich theologische und philosophische Wahrheitsansprüche gegeneinander immunisieren, dies besonders auch dort, wo es um unvermeidlich gemeinsame Bereiche beider Disziplinen geht, wie etwa bei der Frage der Intelligenzen und der Engel, bei dem Thema menschlicher Vollendung und Glückseligkeit oder bei der damit zusammenhängenden Thematik der Gotteserkenntnis. Eine Theologie, die den philosophischen Vernunftanspruch ganz oder weitgehend außer sich hat, vermag die von ihr verwaltete Aufgabe einer Rechtfertigung des Glaubens kaum noch angemessen zu erfüllen. Über Alberts Theologiebegriff gibt es am Ende dieses Beitrages noch einige Erwägungen.

Albert verwirklicht sein Programm auf der Grundlage eines Philosophieverständnisses und einer Einteilung der philosophischen Disziplinen, die im Wesentlichen auf Aristoteles zurückgehen (Met. VI 1). Die Instanzen, die dieses Verständnis und diese Einteilung dem lateinischen Westen vermittelt haben, brauchen an dieser Stelle nicht näher benannt zu werden. Es genügt darauf hinzuweisen, dass Albert hier im Wesentlichen an das anknüpft, was die Einleitungen in die Philosophie, welche um die Mitte des 13. Jh. entstanden, als *opinio communis* präsentieren.[20] Doch seine Bestimmung der Philosophie ist zunächst stärker theologisch geprägt: Sie sei der Versuch des Menschen, „den letzten Ursachen nachzuspüren“ und sich dabei auf „die Grundsätze der menschlichen Vernunft“ zu stützen.[21] Die Betonung menschlicher Mühe und Selbstständigkeit erwächst natürlich aus der Perspektive des Theologen, der andere Formen der Weisheit und Einsicht kennt.

Ganz dem üblichen Verständnis der artistischen Einleitungsliteratur ent-

naturalibus secundum causas naturae insitas naturaliter fieri possit (Ed. Colon. V 1: 103, 7–12).

[19] Ethica I 7,5: *dicemus quod nihil ad nos, quia non de theologicis, sed de physicis disputamus* (Ed. Borgnet VII, 114b).

[20] Vgl. dazu Cl. Lafleur, Quatre introductions à la philosophie aux XIIIe siècle, Montréal/Paris 1988.

[21] I Sent. d. 1 a. 4: *Aliae autem scientiae, quae a philosophis sunt inventae, etsi sapientiae dicantur, quia sunt de altis, non tamen sunt altissimo modo, sed potius per principia quae sub ratione sunt* (Ed. Borgnet XXV, 19a).

spricht die Einteilung der Philosophie, die sich nach den Gegenstandsbereichen philosophischer Bemühung richtet.[22] Albert nimmt die aristotelische Grundunterscheidung von praktischer und theoretischer Philosophie auf. Danach gibt es Seiendes, das vom Menschen abhängt; damit befassen sich die praktischen Disziplinen Ethik, Ökonomik, Politik. Die theoretische Philosophie hat es zu tun mit dem Seienden, das von Natur aus ohne menschliches Zutun da ist. Auch hier gibt es drei Disziplinen, die sich nach dem Grad ihrer Loslösung von der Materie voneinander unterscheiden. Die Physik befasst sich mit dem Seienden, das dem Sein nach, also in Wirklichkeit, und dem Begriff nach „in das Materielle eingelassen" ist, dem ganzen Bereich der raumzeitlichen Realität. Die Mathematik betrachtet das Seiende, insofern es zwar dem Sein nach materiell (arithmetische und geometrische Größen existieren nicht getrennt von der materiellen Wirklichkeit), dem Begriff nach jedoch davon losgelöst ist. Die Metaphysik schließlich handelt vom Seienden, sofern es dem Sein und dem Begriff nach vom Materiellen gelöst ist.

Diese Auskunft bleibt – wie gesagt – konventionell und sagt nichts oder doch nur wenig über die Originalität des albertschen Denkens. Diese wird deutlicher, wenn man der Frage nachgeht, wie Albert den Zusammenhang der drei für die theoretische Philosophie bedeutsamen Realitätsbereiche denkt. Eine nahe liegende Interpretation des ontologischen Fundierungsverhältnisses schließt er von vornherein als „Irrtum Platons" aus[23]: Die Dinge der Natur, also die Gegenstände der Physik, haben ihren Ursprung nicht in der Wirklichkeit des Mathematischen. Dieses, nämlich die an der körperlichen Realität abgelesenen Dimensionen sind nicht Prinzipien des physischen Körpers; sie ergeben sich vielmehr aus dessen Wirklichkeit.

Physik und Mathematik müssen die Existenz, die Gegebenheit ihrer jeweiligen Gegenstände voraussetzen, weil diese philosophischen Disziplinen nur über die Kenntnis ihrer eingeschränkten Seinsbereiche verfügen. Aus dieser Kenntnis – Albert sagt: „aus ihren eigenen Prinzipien" – „lässt sich das Sein selbst nicht erweisen, dieses muss vielmehr aus den Prinzipien des Seins schlechthin erwiesen werden".[24] Damit ist die Aufgabe der Metaphysik umrissen. Sie betrachtet das Sein nicht, insofern es „auf dieses oder jenes eingeschränkt ist (etwa auf die raumzeitliche Wirklichkeit), sondern eher sofern es das erste Ausfließen Gottes und das erste Geschaffene

[22] Vgl. Metaphysica I 1,1 (Ed. Colon. XVI 1: 1–3, 26); Physica I 1,1 (Ed. Colon. IV 1: 1,43–3,21).

[23] Metaphysica I 1,1: *Cavendus autem hic est error Platonis, qui dixit naturalia fundari in mathematicis et mathematica in divinis* (Ed. Colon. XVI 1: 2,31–33).

[24] A. a. O.: *ex suis propriis principiis esse ipsum probare non potest, sed oportet, quod esse probetur ex principiis esse simpliciter* (a. a. O.: 2, 78–80).

ist, vor dem es nichts anderes Geschaffenes gibt".[25] Die Betrachtung des Verhältnisses der drei theoretischen Teildisziplinen der Philosophie leitet so wieder über zu dem ontologischen Fundierungszusammenhang der differenten Wirklichkeitsbereiche. Die Wirklichkeit der verschiedenen Weltdinge gründet in dem aller Differenz vorausliegenden einfachen Sein, das seinerseits als das „erste Geschaffene" bezeichnet wird.

Betrachtet man die bisher vorgetragenen Überlegungen zur Metaphysik, dann drängt sich der Eindruck auf, dass Albert diese philosophische Grundlegungsdisziplin im Wesentlichen als Ontologie begreift. Denn das Sein als Erstgeschaffenes „zeichnet sich ... durch seine von keiner Materie, Bewegung und Größe eingeschränkte, umfassende Allgemeinheit aus"[26]. Und dieses universale Sein ist der Gegenstand der Metaphysik. Man darf sich hier durch die Sprache Alberts nicht verwirren lassen. Aussagen wie „Gegenstand (der Metaphysik) ist das Seiende als Seiendes"[27] meinen genau die durch keine Kategorialität eingeschränkte Universalität des aller nicht-göttlichen Wirklichkeit zugrunde liegenden „Seins". – Im gleichen Sinne muss man die Begriffe der „Trennung" oder des „Getrennt-Seins" auslegen; diese Merkmale der Metaphysik sind nicht theologisch zu interpretieren, so als wolle Albert damit einen von der Weltwirklichkeit getrennten göttlichen Bereich bezeichnen. „Getrennt-Sein" meint vielmehr die dem einfachen Sein wesentlich zukommende Freiheit von allen einschränkenden Art- und Formbestimmungen, betont also ebenfalls den Gedanken der Universalität des Seins oder Seienden.

Trotz dieser Gedankenführung kann man Alberts Metaphysik nicht ausschließlich, ja nicht einmal primär als Ontologie auslegen, so als ginge es ihm bei der Betrachtung und Erklärung der Wirklichkeit vor allem um eine Analyse der maßgebenden ontologischen Begrifflichkeit wie Form, Materie, Potenz, Akt, Sein, Wesen usw. So wichtig diese Begriffe auch sein mögen, Alberts eigentliches Interesse zielt doch auf eine theologische Metaphysik.[28] Das zeichnet sich schon am Beginn seines Metaphysikkommentars dort ab, wo er über den Unterschied von Gegenstand *(subiectum)* einer Wissenschaft und dem in ihr Gefragten *(quaesitum)* handelt. „Gegenstand" im technischen Sinne ist der die Einheit einer Wissenschaft stiftende Gesichtspunkt, auf den „als auf ein gemeinsames Prädikat" alle differenten

[25] A. a. O.: *Esse enim, quod haec scientia considerat, non accipitur contractum ad hoc vel illud, sed potius prout est prima effluxio dei et creatum primum, ante quod non est creatum aliud* (a. a. O.: 3, 1–4).

[26] Wieland, Untersuchungen, 10. 63 f.

[27] Metaphysica I 1,2: *cum omnibus Peripateticis vera dicentibus dicendum videtur, quod ens est subiectum inquantum ens* (Ed. Colon. XVI 1: 4,51–53).

[28] Vgl. Craemer-Ruegenberg 61. 66.

Themenbereiche der jeweiligen Disziplin zurückgeführt werden.[29] In dieser strengen Bedeutung kann nur das transkategoriale Sein oder Seiende „Gegenstand“ der Metaphysik sein, nicht Gott oder das Göttliche. Daraus folgt jedoch nicht, dass davon in der ersten Philosophie keine Rede sein könne oder dürfe. „Vielmehr wird in dieser Wissenschaft nach Gott und dem getrennten Göttlichen gefragt.“[30] (Hier muss man „getrennt“ selbstverständlich theologisch interpretieren.) Die formale Gegenstandsbestimmung schließt also eine Deutung der Metaphysik als Theologik nicht aus.

Wie sehr Albert in seiner Metaphysik letztlich eine Theologik im Auge hat, zeigt sich vor allem an seinem Gottesbegriff und an der Integration des ›Liber de causis‹ (›Buch über die Ursachen‹) in sein metaphysisches Konzept. – Im elften Buch des albertschen Metaphysikkommentars handelt der zweite Traktat über die „unsinnliche und unbewegliche Substanz“, also über den unbewegten Beweger des Aristoteles. Craemer-Ruegenberg hat schon vor zwanzig Jahren auf die „Umdeutung des Aristotelischen Gottesbegriffs“[31] hingewiesen, die Albert hier vornimmt. Im sechsten Kapitel dieses Traktats heißt es von der ersten Substanz, dass sie „reiner Intellekt“ sei, eine universale, also eine sich auf die ganze Wirklichkeit erstreckende Wirkung entfalte, alle Vollkommenheiten austeile, wesenhaft tätig sei und sich selbst mitteile. Darüber hinaus sei die erste Substanz das am meisten Geliebte, welches durch das so erzeugte Begehren Ursache aller Bewegung ist. Der erste Beweger – so schreibt Albert, an das Bild vom Sonnenlicht und seiner Leben spendenden Wärme anknüpfend – gieße sein ihm wesenseigenes Licht über die Himmelssphären und das gesamte Sein aus. Diese Bestimmung macht aus dem rein selbstbezüglichen unbewegten Beweger des Aristoteles einen überreich schenkenden, mitteilsamen Schöpfergott.[32] Doch dieser Gott ist weit entfernt von dem der Bibel. Denn dort erscheint die Welt als Resultat göttlichen Ratschlusses, hier jedoch als Ausfluss göttlichen Wesens; dort als ein Werk freier Entscheidung, hier als Wirkung eines notwendigen Ursachenzusammenhangs.

Eine genauere Analyse der Wirkweise der ersten Substanz findet sich im Kommentar zum ›Liber de causis‹. Dort beschreibt Albert den Hervorgang des in sich gestuften Universums aus dem ersten Prinzip.[33] In seiner

[29] Metaphysica I 1,2: *subiectum est in scientia, ad quod sicut ad commune praedicatum reducuntur partes et differentiae* (Ed. Colon. XVI 1: 3,64–66).

[30] A. a. O.: *deus autem et divina separata quaeruntur in scientia ista* (a. a. O.: 4,40 sq.).

[31] Craemer-Ruegenberg 61–66.

[32] Metaphysica XI 2,6 (Ed. Colon. XVI 2: 489,63–490,94).

[33] De causis et processu universitatis I 4,8: *De ordine eorum quae fluunt a primo principio, secundum omnem gradum entium universorum* (Ed. Colon. XVII 2: 55, 62–58,30).

Textvorlage trifft er auf den Begriff der *causa universalis* und auf eine genaue Charakterisierung der Wirkungsbreite der hierarchisch aufeinander folgenden Ursachenstufen. Danach ist die Reichweite der ersten Ursache schlechthin unbegrenzt, also nicht auf einen bestimmten Seins- oder Wirklichkeitsbereich eingeschränkt. Dort trifft er auch auf die Verknüpfung der Lichtmetapher mit der ersten Ursache.[34] Betrachtet man also den von Albert entwickelten Begriff der ersten Substanz oder Ursache, dann zeigt sich schnell, wie sehr dieser Begriff von neuplatonischen, vor allem über den ›Liber de causis‹ vermittelten Vorstellungen geprägt ist.

Diese Feststellung ist allerdings noch kein zureichender Beleg für die These, dass Alberts Metaphysik wesentlich Theologik sei. Dazu bedarf es eines zweiten Schritts, nämlich des Nachweises, dass Albert den ›Liber de causis‹ nicht nur als integralen Bestandteil, sondern als Vollendung der ersten Philosophie betrachtet.[35] Dies tut Albert nun tatsächlich und ausdrücklich, und zwar gleich zu Beginn des zweiten Buches, wo er einen David Judaeus als Autor bzw. Kompilator der Textvorlage nennt und vier Gründe dafür anführt, weshalb der ›Liber de causis‹ mit Recht als ein Text der Metaphysik zu gelten habe. Denn dieser Text handle von Gegenständen, die weder materiell noch ausgedehnt noch bewegt seien; er handle zweitens von Prinzipien des Seienden schlechthin; drittens handle er nur von den göttlichen Substanzen, „nämlich von der ersten Ursache, der Intelligenz (= erste Stufe der Emanation) und von den edlen (Welt-) Seelen (= zweite Stufe der Emanation) – das ist Sache der Theologik", welche den letzten und vollkommensten Teil der Metaphysik darstellt; schließlich behandle der ›Liber de causis‹ diese Gegenstände „gemäß der vollen Wahrheit". „Deshalb muss man dieses Buch mit der ersten Philosophie verknüpfen, damit diese daraus ihre letzte Vollendung erfährt."[36]

Man kann also den folgenden Gedankengang festhalten: Albert betrachtet die Metaphysik als „erste Philosophie", weil sie „die Gegenstände und Prinzipien aller anderen Wissenschaften zu befestigen (und zu begründen) hat"[37].

[34] Ich beziehe mich auf den Text des ›Liber de causis‹ in der Edition von Alberts Kommentar: De causis II 1, 6 (Ed. Colon. XVII 2: 67, 73–78) = Ursachenstufung; II 1,25 (a. a. O.: 91, 53–56) = Lichtmetaphysik.

[35] Vgl. de Libera, 55 ff.

[36] De causis II 1,1: *non determinatur hic nisi de divinis substantiis, scilicet causa prima, intelligentia et nobilibus animabus, quod ad theologiam pertinet, quam in ultima parte sui et perfectissima considerat metaphysica. ... determinatur hic de separatis substantiis secundum plenam veritatem ... Propter quod et iste liber Philosophiae primae coniungendus est, ut finalem ex isto recipiat perfectionem* (Ed. Colon. XVII 2: 59,31–60,5).

[37] Metaphysica I 1,1: *ista scientia stabilire habet et subiecta et principia omnium aliarum scientiarum* (Ed. Colon. XVI 1: 2,80 sq.).

Der Begründungsprozess kommt dann zu einem Abschluss, wenn er ein Prinzip ausmachen kann, „dessen Sein nicht von einem anderen abhängt", sondern zu seiner eigenen Substanz und seinem eigenen Wesen gehört[38]. Diesen Begründungsprozess leistet allein die Philosophie. Albert weist deshalb Versuche zurück, den philosophischen Argumentationsgang mit theologischen Versatzstücken auszustatten, also z. B. die Intelligenzen, die erste Stufe der Emanation, mit den Engeln zu identifizieren. Die Engelordnungen beruhen aber auf der Offenbarung und dienen der Vollkommenheit des Himmelreiches. Darüber steht der Philosophie kein Urteil zu, sie hat ihre Aufgabe unabhängig von theologischen Annahmen zu betreiben[39].

Der Gedanke philosophischer Autonomie, den Albert methodisch von langer Hand vorbereitet hat und der in den Kommentaren zur Metaphysik und zum ›Liber de causis‹ seine sachliche Begründung erfährt, wird begleitet von einer geradezu emphatischen Betonung des Gedankens der menschlichen Vollendung. Die Parallelität dieser beiden Gedankenreihen gibt dem Begriff der philosophischen Autonomie überhaupt erst jene vollendete Gestalt, die wir mit ihm verbinden. Denn methodisch behauptete Selbstständigkeit und die metaphysische Figur einer Letztbegründung machen die Philosophie noch nicht autonom, wenn nicht auch der Philosoph als Subjekt an diesem Prozess teilhat.

Von Beginn seines philosophischen Unternehmens an lässt Albert seine Leser nicht im Zweifel darüber, dass der Philosoph – ohne theologische Hilfestellung – allein durch die Philosophie zur Vollendung gelangen kann[40]. Eine solche Vollendung ist – natürlich – eine philosophische, nämlich der der Vernunft angemessene Zustand der Betrachtung: „Der Intellekt des Menschen gelangt, indem er sich von sich aus unaufhörlich auf Höheres erstreckt, durch die Betrachtung der himmlischen Welt endlich zur Betrachtung des Göttlichen; wenn er darin auf vollkommene Weise verharrt, steht er unerschütterlich da wie die Sonne."[41] Dieser Satz enthält in kurzer Fassung das ganze Programm des philosophischen Lebens und der darin liegenden Vollendung. Zwar ist der menschliche Intellekt in seinem Erkennen von Natur aus auf Raum und Zeit verwiesen. Physik und Mathematik sind die diesen natürlichen Bedingungen angemessenen Wis-

[38] De causis I 1, 8: *Et ex hoc sequitur, quod esse non habeat nisi a seipso et quod esse eius non pendeat ex alio* (Ed. Colon. XVII 2: 16, 66 sq.).

[39] Vgl. Sturlese 350–62.

[40] Vgl. G. Wieland, Albertus Magnus und die Frage nach dem menschlichen Glück – zur ersten Kölner Ethikvorlesung, in: J. Aertsen (Hrsg.), Albert der Große in Köln, Köln 1999, 23–33.

[41] Metaphysica XI 1,9: *Et intellectus hominis continue extendendo se a seipso superius, tandem per contemplationem caelorum devenit in contemplationem divinorum et in illis perfecte contemplans stat sicut sol* (Ed. Colon. XVI 2: 473, 4–7).

senschaften. Doch für die „wahre Weisheit" bedeuten sie nur Stufen und Handreichungen. Denn im Menschen gibt es etwas Göttliches, durch das er über Raum und Zeit hinausragt. Und die Metaphysik „ist die Vollendung des göttlichen Intellekts in uns"[42].

Was Albert in seiner Metaphysikparaphrase vorträgt, findet seine Bestätigung bereits in dem frühen Kölner Ethikkommentar. Diese Feststellung ist in zweifacher Hinsicht bedeutsam: Sie zeigt erstens, dass Albert von Anfang an Philosophie als eine selbstständige, von theologischen Einmischungen und Vermengungen freie Angelegenheit begreift; sie zeigt zweitens insbesondere, dass Albert der Philosophie auch unter der ethischen Perspektive, unter dem Gesichtspunkt menschlichen Handelns und Lebens, eigentlich alles zutraut, dessen der Mensch zu seiner Vollendung bedarf.

Doch hier zeigt sich eine grundlegende Schwierigkeit jeder Ethik, die die menschliche Vollendung als ihr eigentliches Ziel im Auge hat. Einerseits ist der Mensch wegen seiner Geistigkeit auf ein unendliches Gut verwiesen, das allein ihn wirklich und endgültig zu erfüllen vermag; andererseits bewegt sich Ethik ausschließlich im Rahmen menschlichen Handelns, dessen Endlichkeit und Begrenztheit niemals ein Unendliches erwirken können. Darin liegt das entscheidende Problem: Kann Ethik überhaupt das leisten, wofür sie eigentlich da ist, nämlich die absolute Vollendung oder das unendliche Glück aufzuweisen, dessen der Mensch zu seiner Erfüllung bedarf und das er selbst durch seine eigene Tätigkeit hervorbringt? Unter dem Gesichtspunkt der Autonomie ergibt sich das folgende Dilemma: Entweder zeigt die Philosophie (insbesondere die Ethik) den Weg zum unendlichen Glück, aber dann muss sie den Menschen über die Endlichkeit seines Daseins erheben; oder die Philosophie trägt der menschlichen Endlichkeit Rechnung, dann muss sie jedoch auf das unendliche Glück verzichten; also: wenn Ethik die absolute Vollendung zeigt, dann ist sie zwar autonom, aber keine Ethik mehr; wenn sie dem menschlichen Handeln Rechnung trägt, dann ist sie zwar Ethik, aber nicht autonom, weil sie nämlich von sich aus keinen handlungsleitenden Begriff unendlichen Glücks entwickeln kann.

Vor diesem Hintergrund gewinnt Alberts Ethik ein eindeutiges Profil. Sie ist autonom und zielt auf Vergöttlichung und „Verunendlichung" des Menschen. Diese Deutung lässt sich gut an einer Frage exemplifizieren, die Albert im Anschluss an die aristotelische Aussage erörtert, dass das Glück „das Endziel allen Handelns" *(operatorum existens finis)* sei[43]. Die Frage

[42] A. a. O. I 1,1: *Et ipsa est intellectus divini in nobis perfectio, eo quod est de his speculationibus quae non concernunt continuum vel tempus* (Ed. Colon. XVI 1: 3,20–23).

[43] EN 1097b 21.

lautet, „ob das höchste Gut ein durch Handeln erwirktes Gut sei“[44]. Die Antwort unterscheidet zwischen einem absoluten und einem relativen Höchsten. Das absolut Höchste ist Gott; darum geht es in der ethischen Fragestellung aber nicht. Der Ethiker fragt vielmehr nach dem relativ Höchsten, dem Flucht- und Zielpunkt menschlichen Handelns, dem bürgerlichen Glück. Doch dieses bleibt hingeordnet auf das kontemplative Glück, in welchem der Mensch kraft seines Intellekts zur wahren Vollendung kommt. Diese Vollendung erlangt der Mensch – wie wir gesehen haben – durch die Philosophie, speziell durch die Metaphysik. Deshalb nehmen die Philosophen – schaut man auf die Ordnung der Natur – einen höheren Rang ein als die Herrscher, deren Vorrang nur für die politische Welt gilt. Der Mensch geht aber im Politischen nicht auf.[45] Er kann kraft seines Intellekts die Welt des Göttlichen erreichen, wo er seine wahre menschliche Bestimmung erfährt.

Dem Philosophen, und nur ihm, steht also der „Himmel“ offen. Und die Philosophie weist denen, die ihr zu folgen vermögen, den verlässlichen Weg dorthin – einen Weg, der den Emanationsprozess zu seinem Ursprung zurückverfolgt. Albert räumt der Philosophie nicht nur den hohen Rang ein, er gibt ihr das höchste Maß an Selbstständigkeit, welche das aristotelische Material und der neuplatonische Interpretationsansatz überhaupt zulassen. Und er hält an dieser Rangzuweisung vom Anfang bis zum Ende seiner Aristotelesparaphrase fest. Es ist nun einer eigenen Frage wert, ob sich aus der philosophischen Unabhängigkeit und Selbstständigkeit Konsequenzen für das Theologiekonzept des Theologen Albert ergeben. Diese Frage kann hier zwar nicht breit erörtert, soll aber wenigstens skizziert werden.

Dazu mag ein kurzer Blick auf die ›Summa theologiae‹ nützlich sein, die nach 1268 entstanden ist, also nach Abschluss der Aristotelesparaphrase.[46] Albert entwickelt hier ein Verständnis von Theologie, das die Differenz zur Philosophie in allen entscheidenden Hinsichten ausdrücklich hervorhebt[47]. Selbstverständlich ist Gott Gegenstand auch der Offenbarungstheologie, aber der Unterschied tritt sogleich hervor, wenn man diesen Gegenstand und die mit ihm wesentlich verbundenen Eigenschaften ins Auge fasst. Die erste Philosophie betrachtet dann das Seiende sowie Eines und Vieles, Potenz und Akt, Notwendigkeit und Möglichkeit; die Theologie

[44] Super Ethica I 7: *utrum summum bonum sit operatum bonum* (Ed. Colon. XIV 1: 32,17–33,53).

[45] A. a. O. X 13 (Ed. Colon XIV 2: 761, 68–82).

[46] Zum Problem dieser Schrift vgl. R. Wielockx: Zur „Summa theologiae“ des Albertus Magnus, in: Ephemerides Theologicae Lovanienses 66 (1990) 78–110.

[47] Summa theologiae I tr. 1 q. 3 c. 1: De subiecto theologiae (Ed. Colon. XXXIV 1: 9,68–11,87).

Christus und die Kirche „mit allen ihren Sakramenten“[48]. Eine besonders wichtige Differenz hebt Albert in der Quaestio hervor, die „von der der Theologie eigenen Methode“ handelt[49]. Er erinnert daran, dass diese Wissenschaft auf Frömmigkeit beruht, zum menschlichen Heil notwendig und deshalb praktisch ist. Darin liegt beschlossen: Theologie richtet sich – anders als Philosophie – an alle Menschen, mögen sie weise oder töricht sein[50], und deshalb muss sie auf eine Weise vermittelt werden, die auch allen zugänglich ist, also eher „historisch“ oder „gleichnishaft“ oder „metaphorisch“ als wissenschaftlich und gemäß den Regeln der Kunst.

Alberts eigene Theologie hält sich zwar nicht an diese Empfehlung, sie bleibt im Wesentlichen Schultheologie; aber es gibt doch Hinweise darauf, dass er den rationalen Anspruch dieser Disziplin zurücknimmt zugunsten einer Plausibilitätsstruktur, die der intellektuellen Fassungskraft einer größeren Menge gerecht wird. Als Beispiel für diese Annahme mag die Behandlung der Gottesbeweise durch Albert dienen[51]. Einen strengen Beweis auf diesem Felde hält er nicht für möglich, sondern nur einen Aufweis *(ostensio)* ohne den Anspruch logisch korrekter Form. Er führt dann sieben solcher Aufweise vor, die „aber sachlich nicht sonderlich überzeugend“ ausfallen[52]. Könnte es sein, dass Albert sich hier an seine theologische Methodenempfehlung hält? Ich will den schwierigen Text der ›Summa theologiae‹ nicht mit Vermutungen belasten, aber er passt in seinem rational zurückhaltenden Anspruch zu dem großen Programm, das Albert in seiner Aristotelesparaphrase verwirklicht hat.

Auswahlbibliographie

Quellentexte

Albertus Magnus, Opera omnia, ed. A. Borgnet, Paris 1890–99 (38 Bände).

Albertus Magnus, Opera omnia, Editio Coloniensis, Münster 1951 ff. (auf 40 Bände berechnet).

[48] A. a. O.: *Si vero dicatur subiectum secundo modo, de quo probantur passiones et quod per passiones determinatur, Christus et ecclesia est subiectum sive verbum incarnatum cum omnibus suis sacramentis quae perficit in ecclesia* (a. a. O.: 10, 94–11,4).

[49] A. a. O., q. 5: *De modo theologiae proprio* (a. a. O.: 15, 71–22,86).

[50] A. a. O.: *omnibus enim (sacra scriptura) necessaria est ad salutem et sapientibus et idiotis* (a. a. O.: 16,44 sq.).

[51] A. a. O., tr. 3, q. 17 und 18 (a. a. O.: 83,65–88,54).

[52] Craemer-Ruegenburg 55; dort (50–56) auch weitere Informationen zu den Gottesbeweisen der ›Summa theologiae‹.

Sekundärliteratur

Anzulewicz, H.: Neuere Forschung zu Albertus Magnus. Bestandsaufnahme und Problemstellungen, in: Recherches de Théologie et Philosophie médiévales 66 (1999) 163–206.

Anzulewicz, H.: De forma resultante in speculo. Die theologische Relevanz des Bildbegriffs und des Spiegelbildmodells in den Frühwerken des Albertus Magnus, Teil I, Münster 1999, 4–17 (zu Leben und Werk Alberts).

Craemer-Ruegenberg, I.: Albertus Magnus, München 1980.

Fauser, W.: Die Werke des Albertus Magnus in ihrer handschriftlichen Überlieferung, I: Die echten Werke, Münster 1982.

Libera, A. de: Albert le Grand et la philosophie, Paris 1990.

Lohrum, M.: Albert der Große. Forscher – Lehrer – Anwalt des Friedens, Mainz 1991.

Sturlese, L.: Der philosophische und naturwissenschaftliche Rationalismus Alberts des Großen, in: ders.: Die deutsche Philosophie im Mittelalter, München 1993, 324–388.

Weisheipl, J. A.: Albert der Große – Leben und Werke, in: Entrich, M. (Hrsg.): Albertus Magnus. Sein Leben und seine Bedeutung, Graz 1982, 9–60.

Wieland, G.: Untersuchungen zum Seinsbegriff im Metaphysikkommentar Alberts des Großen, Münster ^{2}1992.

Wieland, G.: Zwischen Natur und Vernunft. Alberts des Großen Begriff vom Menschen, Münster 1999.

ROGER BACON

Scientia experimentalis

Von Klaus Hedwig

Es dürfte kaum einen anderen mittelalterlichen Philosophen geben, den man derart leicht missverstehen kann wie Roger Bacon, nicht weil er uns zu fremd wäre, sondern weil er die Moderne in vielen Hinsichten vorwegzunehmen scheint und doch einer vergangenen Welt angehört. Die Probleme des Verstehens, die sich hier ergeben, scheinen die üblichen Strategien der Hermeneutik geradezu umzukehren. Eine Interpretation, die Bacon problemgeschichtlich angemessen zu erschließen sucht, wird daher die Differenz zwischen der Gegenwart und dem Vergangenen offen halten müssen, die Diskontinuität, die es erlaubt, einen historischen Denkstil in seiner kontingenten, aber doch eigenen Gestalt zu rekonstruieren.

1. Zum Diskussionsstand

Die neuere Rezeption der *scientia experimentalis* beginnt mit W. Whewells[1] ›Geschichte der induktiven Wissenschaften‹, einem Werk, das in seiner deutschen Übersetzung (1840) einen nicht geringen Einfluss auf die beginnende Diskussion über den „empirischen Standpunkt" in der Philosophie hatte. In Bacon hat Whewell eine Vorstufe der modernen Naturwissenschaft gesehen. Diese Einschätzung wurde in England, Frankreich und Deutschland gleichermaßen geteilt.

Einen ersten, philologisch kritischen Zugang zu Roger Bacon finden wir bei V. Cousin (1848), dann später in der Edition von J. S. Brewer (›Opus tertium‹, ›Opus minus‹, ›Compendium studii philosophiae‹, 1859) und in den Studien zur Geschichte der Optik (F. Wiedemann). Die Ausgaben des ›Opus maius‹ (J. H. Bridges, 1897/1900) und der ›Opera hactenus inedita‹ (R. Steele, 1905–1940) haben die thematische Breite des Werkes sukzessiv erschlossen. In dieser frühen Forschungsphase bereits hat P. Duhem[2] auf

[1] W. Whewell, History of the Inductive Sciences from the Earliest to the Present Time, 3 vols., London 1837 (ND London ³1857, II, 275).

[2] P. Duhem, Le système du monde III, Paris 1915, 442.

die Grenzen Bacons hingewiesen: „Il n'a jamais compris ce que c'est que la méthode expérimentale." Der Durchbruch zur Wissenschaftsgeschichte geschieht mit L. Thorndike[3], der wie A. G. Little (1914), R. Steele (1924) und G. Sarton (1931) erstmals das historische Umfeld der *scientia experimentalis* untersucht hat. Seitdem ist die Naturphilosophie Bacons, von einigen Ausnahmen (S. Vogl, L. Baur) abgesehen, eine Domäne der angelsächsisch-amerikanischen Forschung geblieben. Auch die Interpretationen der „expérience" durch R. Carton[4] haben daran nichts geändert.

Einen neuen, auf die Werkgeschichte zentrierten Ansatz vertritt – neben Th. Crowley (1949) – St. C. Easton[5], der die Suche nach einer „Universalwissenschaft" als Leitthema Bacons annimmt. In diese Zeit fällt die bekannte, auch für das Verständnis Bacons wichtige Arbeit von A. C. Crombie[6] über die „Anfänge der Experimentalwissenschaft". Die Kontroversen, die mit A. Koyré[7] beginnen, dauern bis heute an. Es ist das Verdienst der Beiträge und Texteditionen von D. C. Lindberg[8], die Diskussion versachlicht zu haben. Die frühen, überzogenen Einschätzungen Bacons lassen sich heute nicht mehr halten.

Der gegenwärtige Forschungsstand wird durch die sorgfältigen Arbeiten von J. Hackett markiert, der die „Ambiguität" der Erfahrungswissenschaft betont: „The expression *scientia experimentalis* is ambiguous ... It has to be taken to mean both an experimental science und a science of experience."[9] Dieser doppelte Aspekt, dass die *scientia experimentalis* beides, Erfahrung und Experiment unterstellt, ist für die Wissenschaftskonzeption Bacons entscheidend. Allerdings lässt dieses Verhältnis noch weitere, vor allem philosophische Klärungen zu.

[3] L. Thorndike, Roger Bacon and Experimental Method in the Middle Ages, in: Philos. Review 23 (1914) 271–298; A History of Magic and Experimental Science II, New York 1929, 616–720.

[4] R. Carton, L'expérience physique chez R. Bacon. L'expérience mystique de l'illumination intérieure. La synthèse doctrinale de R. Bacon, Paris 1924.

[5] St. C. Easton, Roger Bacon and the Search for a Universal Science, New York 1952, 75.

[6] A. C. Crombie, Robert Grosseteste and the Origins of Experimental Science, 1100–1700, Oxford 1953, ND 1962.

[7] A. Koyré, Die Ursprünge der modernen Wissenschaft, in: Diogenes 4 (1957) 421–448.

[8] Roger Bacon's Philosophy of Nature. A Critical Edition, with English Translation, of De multiplicatione specierum and De speculis comburentibus, hrsg. v. D. C. Lindberg, Oxford 1983, 408f.

[9] J. Hackett, The Meaning of Experimental Science (scientia experimentalis) in the Philosophy of R. Bacon, Diss. Toronto 1983; Scientia experimentalis, in: J. Mc Evoy (Hrsg.), R. Grosseteste, Turnhout 1995, 89ff.; Experientia, Experimentum, in:

2. Chronologische Fragen

Wir wissen über Roger Bacon wenig – weder den Geburtsort noch das Geburtsjahr, noch das Jahr seines Todes. Eine unscheinbare, leider auch unklare Notiz im ›Opus tertium‹ dient seit Jahrzehnten dazu, die Biographie zu rekonstruieren: „Viel habe ich in den Wissenschaften und Sprachen gearbeitet, schon vierzig Jahre sind vergangen, da ich zurerst das ‘alphabetum’ lernte, und ich habe immer studiert; mit Ausnahme von zwei Jahren dieser vierzig Jahre bin ich immer ‘in studio’ gewesen“ (Brewer 65). Nicht die Datierung dieses Textes – 1267– ist das Problem, sondern die Bedeutung von *alphabetum* und *in studio;* damit kann die Schule oder die Universität gemeint sein. Die Bestimmung des Geburtsjahres hängt von der Lesart ab.

Es konkurrieren mehrere chronologische Modelle: Ch. Jourdain nimmt 1210 als Geburtsjahr an, A. G. Little dagegen 1214, ebenso Th. Maloney und J. Hackett, während Th. Crowley und D. C. Lindberg 1220 vorziehen, wobei als Geburtsort Ilchester in Somerset oder Bisley in Gloucestershire möglich, aber nicht sicher ist. Es besteht ein gewisser Konsens[10] darüber, dass Bacon zunächst (nach 1233) in Oxford studierte, dass er um 1240 den Magister erwarb, aber vor 1245 in Paris war. Hier, während dieser Zeit, sind die Vorlesungen (oder *reportationes*) über Aristoteles anzusetzen, vermutlich auch ›De causis‹ und ›De plantis‹. Die Jahre nach 1247 markieren einen Einschnitt: Bacon verlässt die Fakultät, geht in seinen Studien über Aristoteles hinaus und befasst sich mit neuen Richtungen: Das ›Secretum Secretorum‹, Seneca, arabische Quellen, auch die Philosophie Grossetestes werden wichtig. Er widmet sich in den nächsten zwei Jahrzehnten, wie er sagt, der „Weisheit“ *(sapientia)* und gibt dafür sein Vermögen (von 2000 Pfund) aus – *propter libros secretos, et experientias varias et linguas, et instrumenta, et tabulas, et alia* (Brewer 59). Hier sind die „biographischen“ Anfänge der *scientia experimentalis* anzusetzen. Um 1257 tritt Bacon, ohne dass wir die Motive kennen, in den Franziskanerorden ein. Um diese Zeit – um 1260 – lässt sich ›De multiplicatione specierum‹ und ›De speculis comburentibus‹ datieren. Sicher ist, dass er 1267 an Clemens IV. (den er aus Paris kannte) das ›Opus maius‹ und ›Opus minus‹ schickt. Auch das ›Opus tertium‹ fällt in diese Jahre. Die Reaktion des Papstes ist nicht bekannt. In den folgenden, historisch dunklen Jahren werden die ›Communia mathematica‹, die ›Communia naturalium‹, das ›Compendium studii philosophiae‹ (1272) geschrieben und das ›Secretum Secretorum‹[11] ediert. Die

J. Aertsen/A. Speer (Hrsg.), Raum und Raumvorstellungen im MA, Berlin 1998, 101 ff.; vgl. Bibliographie.

[10] Vgl. Crowley (1949), Lindberg (1983) und Hackett (1997).

[11] Vgl. St. J. Williams, Roger Bacon and the Secret of Secrets, in: Hackett 365–391.

Frage der Gefangenschaft ist schwer zu beantworten. Nach 1292, während er das ›Compendium studii theologiae‹ verfasst, ist Roger Bacon gestorben. Über die letzten Tage seines Lebens wissen wir, anders als bei Grosseteste, nichts.

3. Die historischen Vorlagen

Es gibt keine Arbeit, die für das Mittelalter die Terminologien von *experientia, experimentum, experimentatio, experimentator* oder *expertus* hinreichend untersucht hätte. Die begriffsgeschichtlichen Zusammenhänge sind weitgehend unerforscht.

Die philosophischen Vorausetzungen, auf die Bacon seine Konzeption der *experientia* stützt, gehen, wie häufig, zunächst auf Aristoteles zurück (Met. 980b 21 ff. u. Anal. Post. 100a 5 f., 88a 3 f.). Die „Erfahrung" *(empeiria),* die der „Kunst" *(technē)* und „Wissenschaft" *(epistēmē)* voraufgeht, ist bei Aristoteles retrospektiv angelegt. Aus den vielen, wiederholten und im Gedächtnis aufbewahrten Erinnerungen an dasselbe Geschehen ergibt sich die *empeiria* als ein elementares, lebensweltlich vertrautes Wissen über den Einzelfall *(kat hekaston),* darüber, „dass" *(hoti)* etwas ist. Aber dieses Erfahrungswissen ist für Aristoteles letztlich nur ein Umschlagsplatz *(dia),* durch den Kunst und Wissenschaft hindurchgehen, da sie das Allgemeine *(katholou)* und die „Ursache" *(aitia)* suchen, „warum" *(dioti)* etwas ist. Dagegen gewinnt die *empeiria* in den praktischen Wissenschaften (NE, 1142a 23) durchaus an Gewicht, weil sie die „Klugheit" *(phronēsis)* leitet, die auf das Einzelne blickt, das im Handeln zu realisieren ist.

Es ist interessant, dass Bacon diese Vorlagen des Aristoteles kommentiert und korrigiert hat (Steele X, 8 ff.; XI, 16 ff.; XVI, 121 ff.). Dabei wird zunächst die retrospektive, auf das Gedächtnis sich stützende Genese der *experientia* relativiert. Die exklusive Bindung der Erfahrung an das Vergangene tritt zurück. Aber noch wichtiger dürfte es sein, dass für Bacon die *experientia* oder das *experimentum* (Steele XI, 16) als Grundlage der Ursachenforschung und abstraktiven Begriffsbildung, der *acceptatio universalis singularium*, nicht nur induktiv am Anfang der Wissensschaft steht, sondern auch deduktiv am Ende: nämlich als die letzte, operative, weil prüfend verifizierende Applikation der theoretischen Bestimmungen *ad opus* (Steele XI, 18). Das heißt, dass die „Erfahrung" der einzige Ort ist, an dem Allgemeinbegriffe und Ursachen gefunden, aber auch verifiziert werden können.

Wenn man diese frühe Weichenstellung berücksichtigt, dann wird verständlich, warum Bacon die historischen Quellen der *scientia experimentalis* von einem wissenschaftstheoretisch geänderten, operativen Standpunkt rezipiert: Aristoteles (›Meteorologie‹), Euklid (›Elementa‹), Ptolemaeus

(›Almagest‹), Ps.-Ptolemaeus (›Centiloquium‹, ›De dispositione sphaerae‹), Seneca (›Quaestiones naturales‹), Alhazen (›De aspectibus‹), Al-Betrugi, Galen, Haly Abbas, Plinius, Abu Ma'shar, Avicenna und das ›Secretum secretorum‹ werden nicht nur zitiert, sondern uminterpretiert. Die Forderung etwa, dass eine Ursache wie bei Grosseteste (Comm. Post Anal. I, 14, ed. Rossi) aus der Erfahrung als *universale experimentale* zu erheben sei, wird von Bacon durch die empirische Prüfung dieser Annahme ergänzt. Dabei ist es aufschlussreich, dass Bacon in der Optik Alhazens auf eine Fassung der *experientia (i'tibar)*[12] trifft, die mit Testverfahren arbeitet. Die *scientia experimentalis* wird dann konsequent theoretische und praktisch-verifikative Implikate aufweisen.

Es scheint, obgleich hier weitere Untersuchungen nötig wären, dass sich im Spätmittelalter diese, bei Bacon noch unproblematische Bindung löst und die Begriffe *experientia* und *experimentum* auseinander treten[13]. Der Terminus *experimentum* geht in die Naturwissenschaften, aber auch in Astrologie und den Okkultismus ein, wie die Einschätzung Roger Bacons als *magus* am Beginn der Neuzeit zeigt. In der Renaissance kehrt offensichtlich die antike Grundbedeutung der Erfahrung *(experientia)* als „Gefahr" *(periculum)*[14] wieder.

4. *Wissenschaftstheoretische Entwicklungen*

Die methodologischen Überlegungen, die bei Bacon in einer fast modernen Pluralität die historischen, kulturellen, pädagogischen, politischen und ethischen Implikate des Wissens – auch die „Ursachen der Irrtümer" – berücksichtigen, dürfen nicht darüber hinwegtäuschen, dass die Wissenschaftslehre traditionelle, patristische, aber in Oxford übliche Züge trägt: Die Weisheit ist in der Hl. Schrift „enthalten" (Brewer 81), Philosophie und Theologie sind „konvenient" verfasst (424), das Wissen, das dem „Gut der Seele" dient, muss auch der Gesellschaft, dem Staat, letztlich der Kirche „nützlich" sein (19ff. 395ff.) und *in sacro usu* gebraucht werden (83). Andere Autoren – etwa Thomas von Aquin (Scg. II, 4) – waren hier weitaus kritischer.

In den ›Communia naturalium‹ (Steele II, 1ff.) gibt Bacon eine „Klassifikation der Wissenschaften" (Hackett, 1997, 49ff.), in der die Mathematik, Naturphilosophie, Metaphysik und Moralphilosophie als Leitdiszipli-

[12] I. Sabra, The Optics of Ibn al-Haytham, London 1989, 18f.

[13] J. Murdoch/E. Sylla (Hrsg.), The Cultural Context of Medieval Leaning, Dordrecht/Boston 1973, 265ff. (Thesen von H. Oberman und C. Schmitt).

[14] Thes. Lat. V, 2, 1654f.

nen, als *scientiae magnae* auftreten. Es sind zwei Korrekturen, die Bacon gegenüber der Tradition vornimmt und die für das eigene Reformprogramm der Wissenschaften typisch sind: Die Naturphilosophie oder Physik, die zu den neuen, an den Universitäten gelehrten Wissenschaften gehört, nimmt die handwerklichen, in der Wertschätzung niedrigen *artes mechanicae* in sich auf: *perspectiva, astronomia, scientia ponderum, alkemia, agricultura, medicina* und *scientia experimentalis.* Ferner wird die Position der Metaphysik (Steele II, 3 ff., XVI, 1 f.) im Verhältnis zu den Einzeldisziplinen neu bestimmt. In der Kommentierung einer „Aporie" des Aristoteles (Met. 995b 5 ff.), die genau dieses Problem betrifft, weist Bacon der Metaphysik die Untersuchung des *ens universale* zu, während die Sachwissenschaften in die Kausalanalyse des Seienden eingehen: *sic quelibet scientia IV causas habet considerare, naturalis specialiter materiam et alias per reductionem ad istam, metaphysicus efficientem, mathematicus formam, moralis finem, et quilibet istorum omnes alias per reductionem ad istas* (Steele XI, 105). Das heißt, dass die metaphysischen Ursachen am Leitfaden sachwissenschaftlicher Kriterien ausgelegt werden: die Materie durch die Physik, die Form durch die Mathematik, das Ziel durch die Ethik, während die Metaphysik die Wirkursache untersucht, die das „Sein den seienden Dingen" (*esse rebus entibus,* Steele XII, 90) verleiht.

Die Integration der Naturwissenschaften – vor allem der Mathematik und der Physik – in die metaphysische Kausalanalyse erlaubt es, den Gegenstandsbereich der Metaphysik empirisch zu erschließen und zu quantifizieren. In diesem Interferenzgebiet von Metaphysik, Naturwissenschaften und *artes mechanicae* wird sich die *scientia experimentalis* bewegen.

5. *Die ontologischen Implikate*

Aber auch die strukturellen Voraussetzungen des Naturgeschehens werden neu bestimmt. Bacon öffnet das ältere, eidetisch feste und teleologisch geschlossene Weltbild des Aristoteles durch zwei Lehrstücke, die ihre konzeptuelle Sprengkraft dadurch gewinnen, dass sie ineinander übergreifen: die Lehre der *rationes seminales* und die Theorie der *multiplicatio specierum,* die auf die immanente, ontologische Kraft der Dinge, auf die *species* übertragen wird. Die Verschränkung beider Thesen ist folgenreich.

Der Begriff *species* – ursprünglich *eidos,* „Anblick", „Erkenntnisbild" (P. Engelhardt) – erfährt bei Bacon, der auf Grosseteste, Avicebron und Alkindi zurückgreift, eine Uminterpretation: Die *species* bezeichnet die „erste Wirkung" (De mult. spec. I, 1; 2, 28), die von einem Ding hervorgebracht wird. Auch hier geht Bacon zunächst auf Aristoteles zurück (De gen. et corr. 323b 30 ff.). Im Verhältnis von „Hervorbringen und Erleiden" *(poiein kai paschein)* ist das *agens* von „Genus“ her dem *patiens* „gleich“, der „Species“ *(eidos)* nach „ungleich“, während im Akt des Wirkens die beiden Prinzipien „angeglichen“ werden. Diese *assimilatio* (I, 1; 6, 83f.) geschieht nun aber für Bacon nicht – wie bei Aristoteles – dadurch, dass das *patiens* die „Form“ *(eidos, species)* des *agens* empfängt, sondern umgekehrt: Die *species* wird, wenn eine Ursache gegenwärtig ist, aus der „aktiven Potenz“ der Materie „hervorgeführt“ (*eductio … de potentia activa materie patientis,* I, 3; 46, 52). Das Feuer zum Beispiel bewirkt, dass aus dem Holz als aktiver Potenz die *species* des Feuers hervorgeht, die dann als Wirkung der Ursache gleicht. In diesem Zusammenhang arbeitet Bacon zahlreiche kategoriale und funktionale Differenzierungen aus, die die Genese der *species* präzisieren: Dann, wenn eine Ursache direkt oder indirekt präsent ist, wird im Ding oder auch im Medium die *species* „generiert“ und univok „multipliziert“: *Et hec multiplicatio est actio univoca agentis et speciei, ut lux generat lucem et lux generata generat aliam, et sic ulterius* (II, 1; 90, 6ff.). Die „Multiplikation“ der Kausaleffekte, die Bacon am „Modell“ *(exemplum)* des Lichtes demonstriert, unterläuft die eidetisch teleologische Naturordnung, die nunmehr am Leitfaden einer „Strahlengeometrie“ (D. C. Lindberg) interpretierbar ist, auch wenn man die Leistungsfähigkeit der Mathematik bei Bacon zurückhaltend beurteilen muss.

Es ist nun entscheidend, dass Bacon diese Konzeption, nach der die *species* aus der „aktiven Potenz“ der Dinge generiert wird, mit der Ontologie der *rationes seminales* verbindet (*racio seminalis et potencia idem est penitus,* Steele II, 84). Das, was ein Ding „keimhaft“ enthält, was in ihm als *essentia materiae incompleta* angelegt ist, wird durch die Gegenwart einer äußeren Ursache aus der Potentialität in den Akt überführt, *sicut semen in arborem* – ein Gedanke, den später auch die ersten Theoretiker der Deszendenztheorie (Th. Huxley) vertreten haben. Wie G. Mensching[15] zu Recht betont, finden wir bei Bacon eine Ontologie der „produktiven Natur“, die in einem fast modernen Vorgriff die „Invariabilität der Substanzen“ aufzulösen beginnt, sie „öffnet“ und die es auch erlaubt, die Artefakte als Perfektionen in den Naturprozess selbst einzubinden.

Wenn für Bacon das Wissen vorrangig „operativ“ ist, wenn es dem Menschen „nützen“ muss, dann auch deswegen, weil der Wissenschaftler in die kategorial geöffneten, dynamischen Strukturen der Dinge eingreifen kann. Die Erfahrungswissenschaft (die *scientia experimentalis*) wird diesen Eingriff theoretisch reflektieren und praktisch vollziehen.

[15] G. Mensching, Metaphysik und Naturbeherrschung im Denken R. Bacons, in: A. Zimmermann/A. Speer (Hrsg.), Mensch und Natur im MA, I, Berlin 1991, 129–142.

6. *Scientia Experimentalis*

Es ist bekannt, dass Bacon im ›Opus maius‹, VI (Bridges II, 167–222) den Aufbau und die Ziele der *scientia experimentalis* dargelegt hat. Dabei fällt auf, dass die Analysen und die methodologischen Überlegungen über die angeschnittenen Themen weit hinausführen und in andere Disziplinen übergehen – Optik, Medizin, Alchemie, Mathematik, Theologie, Politik. Anfänglich scheint die *scientia experimentalis* sogar ein Kriterium der Astrologie gewesen zu sein (Bridges I, 246 ff.). Und doch sind Bacons Ausführungen wissenschaftstheoretisch zumindest verwunderlich.

Wenn man nämlich nach dem „Gegenstandsgebiet" *(subiectum)* der *scientia experimentalis* fragt, dann wird man keine Antwort finden. Es scheint, dass die *scientia experimentalis* keine eigenständige Wissenschaft ist, dass sie nicht neben, vor oder über den anderen Disziplinen anzusetzen ist, sondern eher die Stilform, gleichsam die *proprietas* des spezifisch operativen Wissens bezeichnet. Man könnte sagen, dass das Forschungsgebiet einerseits in den bereits bestehenden Wissenschaften vorgegeben ist, dass aber andererseits – und dies ist das Neue – die *scientia experimentalis* als eine verifikativ, aber auch inventiv arbeitende Wissenschaft sozusagen aufgegeben ist. Die *scientia experimentalis*, die zwar auch beschreibende Verfahren *(descriptiones)* einsetzt, dient letztlich der Praxis, einem operativen Wissen, das die Konklusionen auf die Erfahrung zurückbezieht, sie dort prüft und erweitert. Die Behauptung zum Beispiel, dass das Feuer zerstörend wirkt, kann nur dann „gesichert" werden *(certificatur)* und dem Menschen „nützlich" *(utilis)* sein, wenn sie „durch die Erfahrung" bestätigt wird. In dieser praktischen Verifikation gelangt der Intellekt in sein Ziel, die „Schau der Wahrheit" *(veritas),* in der er „ruht".

Die Konsequenzen reichen weit. Die „Wahrheit" lässt sich nicht mehr als Adäquation des Urteils an eine vorliegende, ontologisch stabil verfasste Wirklichkeit definieren. Die *scientia experimentalis*, die vielmehr darauf abzielt, die Wahrheit hervorzubringen *(produxit in lucem),* ist in ihrer Logik und Methode „produktiv" ausgelegt *(novit producere):* etwa im Arrangement der Versuchsbedingungen (Bridges II, 173), der Instrumente (II, 174) und Experimente (II, 175 ff., 201), die der Wissenschaftler durchführt, der nunmehr selbst ein *experimentator* ist (II, 173, 201) und die „Herstellung" von Geräten beherrscht (Steele XVI, 44 ff.). Das theoretische, zweckfreie Paradigma der Wissenschaft tritt zurück.

Es fällt auf, dass bereits bei Bacon der „Erfahrene", also der *expertus*[16] – anders als bei Aristoteles (Met. 981a 1 ff.) – die Wahrheit des nur Faktischen *(nudam veritatem sine causa)* überschreitet und den Begriff, ebenso wie die

[16] Th. Kobusch, Der Experte und der Künstler, in: PhJ 90 (1983) 57–82.

Ursache eines Geschehens, *per experientiam* kennt (*loquor de experto, qui rationem et causam novit per experientiam,* Bridges II, 168). Nicht mehr das theoretische Wissen der Metaphysik, sondern die Erfahrungswissenschaft ist die *domina scientiarum speculativarum* (II, 202), ihr ist die „Macht" *(potestas)* über die Weisheit gegeben (II, 221), ihr dienen die anderen Wissenschaften als *ancillae* (II, 221; Brewer 44). Die epistemische Stilform der Erfahrungswissenschaft trägt daher Züge, die typisch „präskriptiv" sind: Sie „befiehlt" (*imperat,* Bridges II, 221), „beurteilt" (*iudicat,* II, 221) und bezieht eine operative Position, von der her sie „vorschreibt" (*praecipit,* II, 221; Brewer 44), was die anderen Wissenschaften ausführen (Steele II, 9). *Nam haec se habet ad alias, sicut navigatoria ad carpentariam, et sicut ars militaris ad fabrilem* (Bridges II, 221; Brewer 44). Dieser präskriptive Stil, den Bacon – wie die Beispiele zeigen – von Aristoteles übernimmt (NE, 1094a 5 ff.), hat seine Fortsetzung in der Ethik gefunden. In einem interessanten Motivationsverlauf muss der theoretische Intellekt, der selbst „nichts bewegt", durch den Willen auf das Gute hin „gebeugt" werden (*ut flectatur animus,* Massa 251), letztlich auf das „Glück" *(felicitas),* das Bacon darin sieht, dass der Mensch in einem geordneten Verhältnis mit sich, dem Nächsten und mit Gott lebt (Massa, 4 ff.).

Das Programm der *scientia experimentalis* weist drei *praerogativa* auf, *dignitates* (Bridges II, 172 ff., 215), die gleichsam axiomatische Vorgaben oder Vorzeichnungen der Leistungsfähigkeit der Erfahrungwissenschaft sind. Es geht dabei erstens um theoretische Erkenntnisse, die im Rekurs auf die Erfahrung getestet, konkretisiert und erweitert werden. Dann zweitens betont Bacon, dass die *scientia experimentalis* zwar „innerhalb" der einzelnen Wissenschaften, aber doch „außerhalb" *(extra)* der üblichen Ursachen nach Erkenntnissen sucht, die den Menschen „nützlich" sind: Astrolabien, Längen- und Breitengrade, neue Substanzen, Retardierung des Alterns, Verlängerung des Lebens. Hier sprechen sich sehr konkrete, auch zeitgeschichtlich aufschlussreiche Bedürfnisse aus (Steele IX, 1 ff.). Und schließlich wird die *scientia experimentalis* sozusagen ihre „eigene Macht" ausspielen, um die „Geheimnisse" *(secreta)* der Natur zu entschlüsseln, um Vergangenheit, Gegenwart und Zukunft zu durchschauen und neue Gegenstände, Instrumente und Artefakte zu erfinden – Bäder, Lampen, Kriegsgeräte, Gase, Öle, Klangmaschinen, Magnete, Explosive. Diese Forderungen sind berühmt geworden, weil sie nahe legen, dass Bacon in ihnen die Erfindungen der Moderne vorweggenommen habe. Und doch muss man mit dieser Einschätzung vorsichtig sein.

7. Der problemgeschichtliche Kontext

Es ist bekannt, dass die mittelalterlichen Theorien der Erfahrung und des Experimentes nicht von Experten, nicht von Praktikern entworfen worden sind. Die Analysen der Erfahrung – auch der *scientia experimentalis* – weisen neben empirischen und experimentellen Daten immer auch philosophische und theologische Implikate auf. Der ältere Begriff der *experientia* ist daher nicht eindeutig.

Es dürften drei verschiedene, aufeinander nicht reduzierbare Problemstränge gewesen sein, die in die mittelalterliche Konzeption der *experientia* eingehen und ihr eine überraschende Breite, aber auch eine verwirrende Vieldeutigkeit verliehen haben. Im Schnittpunkt dieser Richtungen, die Bacon rezipiert, aber auch korrigiert und überschreitet, steht die *scientia experimentalis,* die man daher nicht auf eine einzige, traditionelle oder moderne Tendenz festlegen kann. Die historische und systematische Hermeneutik muss die Vielschichtigkeit dieser Konzeption berücksichtigen.

Es ist zunächst die auf Aristoteles zurückgehende *empeiria,* die Bacon rezipiert, aber durch die Annahme einer operativen und inventiven Zielsetzung des Wissens entscheidend ändert. Das, was „ohne Zweifel" feststeht, ist nicht mehr der „Satz" der theoretischen Wissenschaften, sondern die „Erfahrung", die das entscheidende Kriterium der Verifikation liefert: *ut quiescat animus in intuitu veritatis* (Bridges II, 167). Ferner finden wir im Mittelalter die *experientia* in der unmittelbaren Selbstwahrnehmung der Seele, der *cognitio experimentalis*, die etwa Bonaventura (Sent. III, d. 23, q. 5; III, 505) subtil beschreibt und die eine lange Geschichte in der Spiritualität hat. Sogar noch später, in den Gedankenexperimenten bei Descartes besitzt das *Cogito ergo sum* eine Selbstevidenz, die „erfahren" wird (*quod apud se experiatur,* AT VII, 140). Auch Bacon kennt neben der „äußeren" diese „innere Erfahrung" (Bridges II, 169 f.), die „sicher" ist und verschiedene „Grade des Wissens" erreicht. Aber es handelt sich hier – anders als in der Neuzeit – um eine „innere Erleuchtung", die theologisch zu interpretieren ist. Und schließlich gehören zum mittelalterlichen Verständnis der *experientia* noch die ganz anderen, auch durch arabische Vorbilder angeregten Erfahrungen, Versuche und Proben, in denen überraschenderweise der Begriff *experimentum* gerade nicht verwendet wird. Die Terminologien, die hier auftauchen, leiten sich aus handwerklichen Tätigkeiten, aus Arbeitsprozessen oder einfachen Versuchen her: *per artificium demonstrare, per instrumentum attingere, tali modo invenire, si applicarem modum, si sinerem cadere* und Ähnliches mehr. Die Philosophie hat sich leider nie sonderlich für die handwerklichen Versuche interessiert, nicht für die Vorrichtungen und Tests, die abseits der Theoriebildung angestellt wurden: Petrus Peregrinus (Magnetismus), Jordanus (Statik), Gerhard von Brüssel (Kinematik) haben vielfältig experimentiert, ohne eine Theorie vorauszuschicken. Und doch verdanken wir den *artes mechanicae* die Erfindung des Pfluges, die Gewichträderuhr, Metalltechniken, die Windmühle, das Heckruder, den Spitzbogen – nicht einmal die Brille, die um 1300 in Norditalien erfunden wurde, lässt sich direkt aus der optischen Theoriebildung herleiten. Noch Galilei hat seine Linsen selbst geschliffen. Im einfachen Ausprobieren von Gläsern, Linsen und Tautropfen hat Dietrich von Freiberg – durchaus im „Affront gegen die Optik“ (L. Sturlese) – die Strahlenverläufe des Haupt- und Nebenregenbogens gefunden. Hier, in diesen Versuchen und Vorrichtungen abseits der Theorie, liegt ein neuer, eigenständiger Erkenntnisweg, der von außen zur Wissenschaft führt, ein Faktor, der sich auch gegenüber philosophischen und theologischen Forderungen als resistent erweist.

Es ist anzunehmen, dass Bacon, der Petrus Peregrinus als *dominus experimentatorum* preist (Brewer 46), selbst Experimente ausgeführt hat. Aber die Grenzen sind zu beachten: „His application of an experimental methodology to perspectival problems was, at best, spotty“ (Lindberg, in: Hackett 1997, 272). Man wird daher sagen können, dass Bacon mit der *scientia experimentalis* die Weichen der mittelalterlichen Wissenschaft in eine neue, operative und inventive Richtung gestellt, aber ihre philosophischen und theologischen Voraussetzungen nicht verlassen hat.

8. Zwischen Tradition und Moderne

Die Kriterien der modernen Experimentalwissenschaft werden nicht von Roger Bacon formuliert, sondern später von Francis Bacon, der zwischen *experientia* und *experimentum* methodisch streng unterscheidet: Eine „Erfahrung“ *(experientia),* die nur beliebig oder „vagabundierend“ aufgegriffen wird, ist zufällig, wird sie aber in einer explizit vorausgeplanten Versuchsanordnung „gesucht“, geht sie in das „Experiment“ über: *si quaesita sit, experimentum est* (Nov. Org. I, 82). Die Wissenschaft – wie F. Bacon postuliert – arbeitet daher nicht mit gesammelten Erfahrungsberichten, sondern mit Ergebnissen, die methodisch kontrolliert gewonnen, in Tabellen festgehalten, quantifiziert und in Versuchsreihen erweitert werden *(ab experimentis ad experimenta).* Aus diesen gesicherten Daten lassen sich die Naturgesetze („Axiome“) abheben, die selbst wiederum durch weitere Experimente geprüft und ergänzt werden *(ex axiomatibus constitutis rursus experimenta nova).* Das Neue dieser systematisch geplanten Erfahrung liegt darin, dass in ihr die komplexen lebensweltlichen Situationen künstlich isoliert und als Sektoren abgetrennt werden, um sie dann beliebig zu wiederholen und an festliegenden Parametern zu messen. Nur auf diese gesicherten Erkenntnisse – auf keine anderen Voraussetzungen – stützen sich die modernen Wissenschaften, die in der Theoriebildung mit kontrollierten Daten und mit Methoden der Mathematik, der Quantifikation, arbeiten.

Allerdings ist dies nicht gänzlich neu. Man meint am Beginn der modernen Wissenschaften die Sprache Roger Bacons – auch Grossetestes – zu hören, wenn Galilei sagt, das Buch der Natur sei in „mathematischer Schrift" geschrieben, die Buchstaben seien Dreiecke, Kreise und andere Figuren. Diese Sprache wird nun eingesetzt, um theoretisch über Hypothesen und operativ über Experimente die Natur zu befragen. Es sind Fragen, die der sinnlichen Wahrnehmung – etwa der lebensweltlichen Erfahrung, dass die Erde ruht – „Gewalt" antun: *tanta violenza al senso* (Galilei, Opere VII, 355). Und durch genau die epistemische Gewalttätigkeit installiert sich die moderne Naturwissenschaft, der es gelingt, die Gesetze der Natur freizulegen, zu quantifizieren und – wie wir heute wissen – technologisch fortzuschreiben: Eine Wissenschaft, die auf Spezialgebieten überaus erfolgreich war und ist, weil sie die vorgegebene, vertraute „Lebenswelt" als Horizont des Verstehens ausgeblendet hat. Aber gerade diese Vertrautheit des Menschen im Umgang mit den Dingen der Welt, auch mit sich selbst, ist die philosophische Stärke der mittelalterlichen Theorien der *experientia* gewesen.

Auswahlbibliographie

Quellentexte

Opera quaedam hactenus inedita, hrsg. v. J. S. Brewer, London 1859. ND 1965.

The Opus Majus of Roger Bacon, hrsg. v. J. H. Bridges, 3 Bde., London 1900, ND 1964 (engl. Übers. R. B. Burke, Philadelphia 1928, ND 1962).

Opera hactenus inedita, hrsg. v. R. Steele/F. M. Delorme, Oxford 1905–1940.

Moralis philosophia, hrsg. v. E. Massa, Zürich 1953.

Compendium of the Study of Theology, hrsg. u. übers. v. Th. S. Maloney, Leiden 1988.

Roger Bacon's Philosophy of Nature. A critical Edition, with English Translation, of De multiplicatione specierum and De speculis comburentibus, hrsg. v. D. C. Lindberg, Oxford 1983.

La scienza sperimentale, hrsg. u. übers. v. F. Bottin, in: I Classici dei pensiero, Sez. II: Medioevo e Renascimento, Mailand 1990.

Roger Bacon and the Origins of Perspectiva in the Middle Ages: A Critical Edition and English translation of Bacon's Perspectiva with Introduction and Notes, hrsg. v. D. C. Lindberg, Oxford 1996.

Roger Bacon's Opus tertium, hrsg. v. G. Molland (in Vorbereitung).

Sekundärliteratur

J. Hackett (Hrsg.): Roger Bacon and the Sciences. Commemorative Essays, Leiden 1997 (mit ausführlichen bibliographischen Angaben).

THOMAS VON AQUIN

Alle Menschen verlangen von Natur nach Wissen

Von Jan A. Aertsen

Einleitung

In seinem relativ kurzen Leben (1224/5–1274) hat Thomas von Aquin ein umfangreiches Œuvre geschaffen. Es wird in der noch immer nicht vollendeten Neuausgabe seiner ›Opera omnia‹, der so genannten ›Leonina‹, mehr als 50 Bände umfassen. Wie gewinnen wir einen Zugang zu diesem scholastischen Monument?[1] Lässt sich bei Thomas *ein* Gedanke auffinden, der seine Schriften durchzieht und das Grundlegende seines Denkens darstellt?

In der Forschung hat man mehrfach versucht, „das Wesen des Thomismus" zu bestimmen. In der ersten Hälfte unseres Jahrhunderts wurde dieses Wesen vor allem im Aristotelismus gesucht, in der Weiterführung der Lehre von Akt und Potenz. Das thomasische Denken wurde als der Höhepunkt des „christlichen Aristotelismus" gedeutet.[2] Nun ist es wahr, dass die wichtigste geistesgeschichtliche Entwicklung des 13. Jh., die Aristoteles-Rezeption, das Denken des Thomas nachhaltig geprägt hat. Er selbst hat sich intensiv mit „dem Philosophen" beschäftigt und – höchst bemerkenswert für einen Theologen – zwölf Kommentare verfasst, unter anderem zu den ›Zweiten Analytiken‹, der ›Physik‹, ›Metaphysik‹ und ›Ethik‹. Dennoch wäre es verfehlt, den Thomismus einfach als eine Weiterführung des Aristotelismus zu betrachten. Zu dieser Einsicht hat eine Wende in der Thomasforschung seit den Fünfzigerjahren beigetragen. Sie stellt nach dem Aristoteliker Thomas den Platoniker in den Vordergrund.

Mehrere Studien haben darauf hingewiesen, dass die charakteristischsten Thesen des Thomas durch den platonischen Grundbegriff der „Teil-

[1] Eine ausgezeichnete Einführung in das Leben und Werk des Thomas bietet J.-P. Torrell, Magister Thomas. Leben und Werk des Thomas von Aquin, aus dem Franz. übers. von K. Weibel in Zusammenarbeit mit D. Fischli und R. Imbach, Freiburg im Breisgau 1995. Das Buch enthält (345–373) ein Verzeichnis aller Schriften des Thomas (mit Angabe der Editionen und vorhandener Übersetzungen).

[2] G. Manser, Das Wesen des Thomismus, Freiburg ³1949.

habe“ *(participatio)* dominiert werden, also jenen Begriff, den Aristoteles einer scharfen Kritik unterzogen hatte.[3] Der Neuplatonismus war Thomas durch zwei Kommentare gut bekannt, durch seinen Kommentar zu der stark von Proklos abhängigen Schrift ›Über die göttlichen Namen‹ (›De divinis nominibus‹) des Ps.-Dionysius Areopagita und durch seinen Kommentar zu dem anonymen ›Buch der Ursachen‹ (›Liber de causis‹). Thomas war der erste im Mittelalter, der entdeckte, dass diese Schrift, welche Albert der Große noch Aristoteles zugeschrieben hatte, in Wahrheit einen Auszug aus der ›Elementatio theologica‹ des Proklos darstellt.

Die Auseinandersetzungen über das „Wesen des Thomismus“ sind unbefriedigend, insofern sie versuchen, Thomas auf eine bestimmte Denktradition festzulegen. Deshalb folgen wir in unserer Analyse einer anderen Annäherung. Sie nimmt nicht eine inhaltliche Lehre zum Ausgangspunkt, sondern vielmehr die Dynamik des Denkens selbst. Der „Grundgedanke“ des „natürlichen Wissensverlangens“ ermöglicht es, den Denkweg des Thomas – in seinem Anfang, Fortschreiten und Ende – zu verfolgen.

I. Das Verlangen nach Wissen und die Legitimität der Philosophie

An mehreren Stellen in seinen Werken und in unterschiedlichen Begründungszusammenhängen verweist Thomas auf den berühmten Eröffnungssatz der ›Metaphysik‹ des Aristoteles (980a 21): „Alle Menschen verlangen von Natur nach Wissen.“ Offensichtlich zeigt sich nach Thomas in der Aussage „des Philosophen“ eine grundlegende Dimension des Menschseins. Betrachten wir die Elemente des aristotelischen Satzes etwas näher.

„Verlangen“ besagt ein Streben nach dem, was man noch nicht besitzt. Es drückt mithin eine Dynamik aus, die eine Nicht-Identität zu überwinden sucht. Diese Dynamik ist zielorientiert: Ziel des Verlangens ist „Wissen“. Der Mensch nimmt Phänomene, z. B. eine Sonnenfinsternis, wahr und wundert sich über das, was er sieht. Das Staunen ist der Anfang der Wissbegierde: Es ruft das Verlangen hervor, die Ursachen des Gesehenen zu wissen. Dieses Verlangen ist „natürlich“, d. h. in der Natur des Menschen verwurzelt. Gerade weil der Mensch, ein vernunftbegabtes Sinnenwesen ist, strebt er nach Erkenntnis als seinem Ziel. Darum kann Aristoteles auch sagen, dass „alle“ Menschen nach Wissen verlangen.

Im Unterschied zu Aristoteles führt Thomas in seinem Kommentar zur

[3] C. Fabro, La nozione metafisica di partizipazione secondo S. Tommaso d’Aquino, Turin ³1963; ders., Participation et causalité selon S. Thomas d’Aquin, Louvain/Paris 1961; L. B. Geiger, La participation dans la philosophie de S. Thomas d’Aquin, Paris ²1953.

›Metaphysik‹ mehrere Argumente für das Verlangen nach Wissen an (In I Metaph., lect. 1, 1–4). Das erste gründet sich auf die Überlegung, dass jedes Ding von Natur nach seiner Vollkommenheit *(perfectio)* strebt. Etwas ist vollendet, wenn seine natürlichen Möglichkeiten verwirklicht sind. Was heißt das für den Menschen? Das ihm eigentümliche Vermögen, durch welches er sich von den Tieren unterscheidet, ist die Vernunft. Durch seine geistigen Vermögen besitzt der Mensch Weltoffenheit, allerdings nur der Möglichkeit nach. Er besitzt keine angeborene Erkenntnis, sondern hat sich die Welt geistig anzueignen. Erkenntnis ist die Verwirklichung der natürlichen menschlichen Potentialitäten, die Vollendung seiner Natur. Deshalb verlangt der Mensch von Natur nach Wissen.

Aus diesem Argument ergibt sich – und Thomas zieht den Schluss explizit (In I De anima, lect. 1, 3) –, dass „jedes Wissen gut ist“ *(omnis scientia bona est),* da Erkenntnis die Vervollkommnung des Menschen als Menschen sei, die Erfüllung seines natürlichen Verlangens.

Mit diesem Wissenskonzept stellt sich Thomas einer in monastischen Kreisen vorherrschenden Tradition gegenüber, die im Menschen eine lasterhafte Wissbegierde beklagt, die „Neugierde“ *(curiositas).* Ein Vertreter jenes Wissenskonzeptes ist Bernhard von Clairvaux (12. Jh.), der in einer Predigt bemerkt: „Du sollst wissen, zu welchem Ziel man die Dinge erkennen muss: nicht zur Neugierde, sondern zur Erbauung. Denn es gibt Leute, die wissen wollen, nur um zu wissen, und das ist ekelhafte Neugierde.“[4] *Curiositas* ist die Versuchung, Erkenntnis nur um der Erkenntnis willen zu suchen.

Diese Ansicht geht auf Augustin zurück, der im X. Buch seiner ›Bekenntnisse‹ (›Confessiones‹) vom Laster der Neugierde handelt. Er bezeichnet (c. 35) die *curiositas* als „eine eitle Begierde, die mit dem großen Namen ‘Wissenschaft’ bemäntelt wird *(palliata)*“. Wissen ist nach Augustin kein Ziel in sich, sondern soll dem menschlichen Heil und dem Glauben dienstbar sein. Von dieser Perspektive her kritisiert er die Philosophen, welche die Natur der Dinge untersuchen. „Wegen einer morbiden Neugierde (...) bemüht man sich, Naturerscheinungen, die außerhalb unseres Bereiches liegen und deren Kenntnis keinerlei Nutzen bringt, zu erforschen. Von nichts anderem als bloßer Wissbegierde lässt man sich treiben.“

Für Thomas jedoch ist die menschliche Wissbegierde kein Laster. Aristoteles folgend, sieht er das Verlangen nach Wissen als „natürlich“ und als den Weg zur menschlichen Vervollkommnung an. Das augustinisch-monastische Wissenskonzept spielt deshalb in seinem durch die „Scholastik“ geprägten Werk keine Rolle. In dem Teil der ›Summa theologiae‹, der vom

[4] S. Bernardi Opera II, Sermo 36, ed. J. Leclercq/C. H. Talbo/H. M. Rochais, Rom 1958, 5.

Thema der *curiositas* handelt, behauptet Thomas, „das Studium der Philosophie sei an sich legitim und lobenswert“ (S. th. II–II, 167, 1 ad 3).

II. Der Anfang des Wissens: die Lehre von den Transzendentalien

Wissbegierde drückt eine Unvollkommenheit aus: Wer nach Wissen verlangt, weiß noch nicht. Deshalb, so lehrte bereits Platon (Symposion 204a), „philosophiert von den Göttern niemand“; sie sind ja wissend und weise. Philosophieren ist dem Menschen eigentümlich; er ist auf dem Wege zum Wissen. Thomas widmet dem Anfang des Denkweges große Aufmerksamkeit. Er stellt die Frage nach einem Ersten in kognitiver Hinsicht, das die Bedingung für jede weitere Vernunfterkenntnis ist.

Dieses Erste lässt sich nur durch eine reflexive Analyse des Gewussten, durch eine *resolutio* oder *reductio,* gewinnen. Was heißt *scientia*? Wir übersetzen das Wort gemeinhin mit „Wissenschaft“, aber der Terminus hat in der aristotelischen Tradition eine präzisere Bedeutung. *Scientia* bezeichnet eine begründete Erkenntnis, ein Wissen aufgrund eines Beweises. Wissenschaftlich erkennbar im eigentlichen Sinne ist deshalb nur der Schluss eines Beweises. Diese Struktur impliziert, dass *scientia* abgeleitete Erkenntnis ist: Der Schluss des Beweises wird durch Prämissen, die vorher bekannt sein müssen, begründet. Wissenschaft setzt Vorkenntnisse voraus.

Die Erkenntnis der Prämissen kann das Ergebnis eines vorangehenden Syllogismus sein, aber dieser Rückgang auf früher Gewusstes kann nicht bis ins Unendliche weitergehen. Das Unendliche ist ja nicht zu durchlaufen. *Scientia* erfordert die Endlichkeit der Begründungsreihe, sie muss letztlich auf ein Erstes zurückgeführt werden, das nicht mehr durch etwas Anderes, sondern unmittelbar einsichtig ist. Das erste Prinzip des Wissens ist nach Aristoteles der Satz vom Widerspruch: „Es ist unmöglich, dass etwas zugleich und in derselben Hinsicht ist und nicht ist.“ Er nennt (Metaph. IV, 1005 b14) dieses Prinzip, das jedem menschlichen Reden zugrunde liegt, das „Voraussetzungslose“ (anhypotheton) des Denkens, eine Bezeichnung, die Platon für die Idee des Guten verwendete.

Ein im Vergleich zu Aristoteles neues Element bei Thomas ist der Gedanke einer Analogie zwischen der Ordnung des demonstrativen Wissens und der Ordnung der Begriffserkenntnis. In einem klassischen Text in De veritate (q. 1, art. 1) legt er dar, dass auch in diesem Bereich die Rückführung auf ein Erstes notwendig sei.

Die Erkenntnis der Wesenheit eines Dinges (z. B. „Mensch“) erfordert Vorkenntnisse, denn eine Definition wird aus den Begriffen der Gattung und der Differenz gebildet. „Mensch“ wird auf etwas Allgemeineres („Sinnenwesen") zurückgeführt, das bekannter als der zu definierende Begriff sein muss, damit die Definition ihre Erklärungsfunktion erfüllen kann. Die Rückführung auf allgemeinere Begriffe kann jedoch nicht bis ins Unendliche weitergehen. Ein unendlicher Regress würde die Bildung von Definitionen unmöglich machen. Die *resolutio* führt zu einem ersten Begriff, der durch sich selbst evident ist. Dieses Ersterkannte, das in jedem Begriff miterfasst wird, ist „Seiendes" *(ens)*.

Die Analogie zwischen der Ordnung des Beweises und der Ordnung der Begriffe ist allerdings nicht eine Originalidee des Thomas. Sie ist dem arabischen Denker Avicenna entnommen, der in seiner ›Metaphysik‹ (I, c.5) die Lehre von den Erstbegriffen einführt. Im Vergleich zu Avicenna und seiner eigenen Darstellung in ›De veritate‹ geht Thomas im Kommentar zur ›Metaphysik‹ des Aristoteles (IV, lect. 6, 605) einen Schritt weiter. Es gibt nicht nur eine Analogie zwischen der Beweisordnung und der Begriffsordnung, sondern ein Begründungsverhältnis. Der oberste Grundsatz des Wissens, das Nicht-Widerspruchsprinzip, gründet sich auf das, was der Verstand als Erstes erfasst und ohne welches nichts verstanden werden kann, nämlich „Seiendes". Thomas gibt dem anhypotheton des Aristoteles eine philosophische Fundierung.

„Seiendes" ist das Ersterkannte; etwas ist nur erkennbar, insofern es Sein besitzt. Daraus zieht Thomas (De veritate 1,1) sofort den Schluss: „Deshalb müssen sich alle anderen Begriffe des Verstandes aus einer Hinzufügung zu dem des 'Seienden' auffassen lassen." Aber wie ist solch eine Addition möglich? Zu „Seiendes" kann nicht etwas hinzugefügt werden wie ein außerhalb seiner liegender Gehalt; außerhalb des Seienden gibt es nichts. Eine Differenzierung des „Seienden" ist nur durch eine innere Auslegung möglich, d. h. durch eine Explikation desjenigen, was implizit im Seinsbegriff enthalten ist. Andere Begriffe können in dem Sinne etwas zu „Seiendes" hinzufügen, dass sie eine Seinsweise *(modus essendi)* ausdrücken, die durch das Wort „Seiendes" selbst noch nicht zum Ausdruck gebracht wird.

Diese modale Explizierung kann auf zwei Weisen stattfinden. Was ausgedrückt wird, kann erstens eine *besondere* Seinsweise sein. Jene „Besonderung" geschieht durch die höchsten Genera, welche Aristoteles die „Kategorien" nannte. Nach Aristoteles lassen sich die Naturdinge in zehn Kategorien einteilen, die Substanz und die neun Akzidentien (wie Quantität und Qualität). Die zweite Explizierung betrifft eine *allgemeine* Seinsweise, die jedwedem Seienden zukommt. Sie geschieht durch die sog. transzendentalen Begriffe *(transcendentia)*.

"Transzendental" im mittelalterlichen Sinne steht – anders als bei Kant – „kategorial" gegenüber. Die im 13. Jh. herausgebildete Lehre von den Transzendentalien ist eine Lehre von den ersten und umfassendsten Begriffen, die wegen ihrer Allgemeinheit die Kategorien übersteigen.[5] In ›De veritate‹ q. 1, a. 1 gibt Thomas eine systematische Ableitung der *transcendentia,* die den Sinn des Seienden explizieren; die wichtigsten sind „das Eine“ *(unum),* „das Wahre“ *(verum)* und „das Gute“ *(bonum).*

Das „Eine“ drückt etwas aus, das jedes Seiende in sich betrifft; es besagt, dass jedes Seiende, insofern es ist, ungeteilt ist. Das „Wahre“ und das „Gute“ sind dagegen Bestimmungen, die das Seiende in dessen Hinordnung auf ein anderes betreffen. Die Bedingung für diese relationale Seinsweise ist etwas, das von Natur geeignet ist, mit jedem Seienden übereinzustimmen. Von dieser Art ist nach Thomas die menschliche Seele. In seiner Ableitung der Transzendentalien kommt die Sonderstellung des Menschen im Kosmos zum Ausdruck. Der Mensch verhält sich in seinem Erkennen und Streben zum Seienden im Ganzen; er ist das Wesen, das durch eine transzendentale Offenheit gekennzeichnet ist. Das Übereinstimmen eines Seienden mit dem Verstand, seine Intelligibilität, drückt das Wort „Wahres“ aus, das Übereinstimmen mit dem Streben das Wort „Gutes“.

III. Der Fortschritt des Wissens: die Geschichte der Seinsfrage

Die Erstbegriffe sind der Anfang des Wissens, sie bilden „die Keime *(semina)* der Wissenschaft“ (De verit. 11, 1). Jedes weitere Wissen hat der Mensch durch Fragen und Forschen zu erwerben. Erst allmählich, nach manchmal mühsamen Untersuchungen, gelangt er zur Einsicht. Die menschliche Erkenntnisweise ist nicht die des *intellectus,* der unmittelbar, in einer Wesensschau, die Wahrheit der Dinge fasst. Die „intellektuelle“ Erkenntnisweise ist den rein geistigen Wesen eigen; der Mensch steht jedoch auf der Grenzscheide *(horizont)* des Geistigen und Körperlichen. Für ihn als *animal rationale* ist die eigentümliche Erkenntnisweise die der *ratio.* Diese hat zwei Merkmale: die Abhängigkeit von der sinnlichen Erfahrung und die Diskursivität, das Fortschreiten vom einen zum anderen, vom Bekannten zum noch Unbekannten.[6]

Der diskursive Prozess gilt nicht nur für den einzelnen Menschen, sondern auch für die Menschheit als ganze. Wir bauen auf demjenigen auf, was von unseren Vorgängern geleistet worden ist (S. th. I–II,97,1). Die Geschichte der Philosophie ist selbst ein „Diskurs“. In einem Text in der

[5] Zur Transzendentalienlehre J. A. Aertsen, Medieval Philosophy and the Transcendentals. The Case of Thomas Aquinas, Leiden/New York/Köln 1996.

[6] Zum Unterschied zwischen *ratio* und *intellectus* siehe die materialreiche Studie von J. Peghaire, Intellectus et Ratio selon St. Thomas d’Aquin, Paris/Ottawa 1936.

›Summa theologiae‹ (I, q. 44, a. 2) stellt Thomas seine Sicht des Fortschritts der Philosophie dar, den er auf die Geschichte der Seinsfrage zuspitzt.

Der Aquinate erhebt die Frage: „Ist die erste Materie von Gott erschaffen?“ In der Fragestellung werden Begriffe aus zwei verschiedenen Traditionen aufeinander bezogen. „Erste Materie“ ist in der Physik und in der Metaphysik des Aristoteles ein Schlüsselbegriff, der eine gemeinsame Überzeugung des griechischen Denkens, nämlich „aus Nichts wird Nichts“ *(ex nihilo nihil fit),* auf philosophische Weise fasst. Jedes Werden setzt etwas voraus; dieses Zugrundeliegende ist letztendlich „die erste Materie“, die selber ungeworden ist. Die Annahme eines Werdens der ersten Materie würde, so legt Aristoteles dar, zu der Ungereimtheit führen, dass sie bereits da sein müsste, bevor sie werden würde, da jedes Entstehen ein Zugrundeliegendes erfordert. „Schöpfung“ dagegen ist ein Grundbegriff aus der christlichen Tradition. Schon früh im christlichen Denken wurde das Einzigartige dieser Hervorbringung mit der Formel *creatio ex nihilo* ausgedrückt. Schöpfung ist ein Hervorgang, der nichts im Hervorgebrachten voraussetzt. Gerade die Möglichkeit des Schöpfungsgedankens hatte der arabische Philosoph Averroes mit aristotelischen Argumenten verneint.[7] Wo nichts da ist, kann auch nichts werden.

In seiner Beantwortung der Frage skizziert Thomas den Fortschritt der Philosophie. Er unterscheidet in der Reflexion über den Ursprung der Dinge drei Phasen, mit denen jeweils verschiedene Auffassungen über die Struktur und das Werden der Dinge verbunden sind.

Einen ersten Versuch zur Seinserhellung finden wir bei den Vorsokratikern. Sie waren dem Sinnlichen noch so sehr verhaftet, dass sie meinten, nur das, was stofflich sei, existiere. Dies sei aus „Substanz“ und „Akzidens“ zusammengesetzt. Die ersten Philosophen waren der Ansicht, dass die „Substanz“ der Dinge ein Urstoff sei, z. B. Wasser (Thales) oder Luft (Anaximenes), den sie als ungeworden und unvergänglich betrachteten. Die Differenzierung zwischen den Dingen sei auf akzidentelle Formen zurückzuführen. Die Konsequenz dieser Betrachtungsweise ist, dass das Werden der Dinge nichts anders als eine akzidentelle Veränderung *(alteratio)* eines immerwährenden Urstoffs ist. Werden bezieht sich nur auf die akzidentellen Formen einer Ursubstanz.

Die zweite Stufe in der Geschichte der Seinsfrage beginnt, als sich die philosophische Analyse auf das Seiende im eigentlichen Sinne, die Substanz, richtet und sie in Materie und (Wesens-)Form auflöst, die sich wie Potenz (Möglichkeit) und Akt (Wirklichkeit) zueinander verhalten. Die Materie ist das unbestimmte Moment in der Seinsstruktur, das erst durch

[7] Thomas weist darauf in seinem Kommentar zur ›Physik‹ (VIII, lect. 2, 973) hin. Cf. Averroes, In Physic. VIII, c. 4, Venedig 1562 (ND Frankfurt 1962) fol. 341 ra–b.

die Form zur Wirklichkeit geführt wird. Die Unterscheidung zwischen Materie und Form ermöglicht es, ein Werden der Substanzen *(generatio)* anzuerkennen. Während für die Vorsokratiker der Urstoff ein bereits verwirklichtes, geformtes Seiendes ist und Werden nur die Akzidentien betrifft, wird in der zweiten Stufe der Seinsfrage die Materie als ein rein Potentielles betrachtet und eine grundlegendere Weise des Werdens, welche die Substanz betrifft, aufgedeckt. Thomas sieht es als das Verdienst des Aristoteles, durch seine Lehre von der Potentialität der ersten Materie das Problem der Genese der Substanzen gelöst zu haben.

Thomas betont jedoch, dass auch die aristotelische Betrachtungsweise nicht die letzte Phase in der Seinsanalyse sein kann. Sie bedeutet sicher einen Fortschritt im Vergleich zur „materialistischen" Betrachtungsweise der Vorsokratiker. Aber auch in der zweiten Stufe wird die Seinsfrage nicht radikal genug gestellt, weil das Werden der Substanzen immer ein Zugrundeliegendes voraussetzt. Die Philosophen der ersten Stufe sowie die der zweiten haben das Seiende von einem partikularen Gesichtspunkt aus betrachtet, nämlich entweder als ein so-beschaffenes Seiendes *(tale ens)* aufgrund der Akzidentien oder als ein bestimmtes Seiendes *(hoc ens)* aufgrund der Wesensformen, nicht aber insofern es Seiendes *(ens)* ist. Ihre Analysen beschränken sich jeweils auf eine Kategorie des Seienden, das Akzidens (1. Phase) oder die Substanz (2. Phase). Eine umfassendere Betrachtungsweise ist deshalb notwendig, eine, die nach dem Ursprung des Seienden *als Seienden* fragt.

Diese Frage ist nach Thomas charakteristisch für die dritte Stufe in der Geschichte der Philosophie, als „einige *(aliqui)* sich zu der Betrachtung des Seienden als Seienden erhoben".[8] Die Formulierung „Betrachtung des Seienden als Seienden" greift eine der Bestimmungen auf, die Aristoteles in seiner ›Metaphysik‹ (IV, c. 1) vom Gegenstand der Ersten Philosophie gegeben hatte. Der Fortschritt in der dritten Phase besteht in der metaphysischen Betrachtung der Dinge. Man könnte sie auch „transzendental" nennen, da sie sich nicht auf eine Kategorie des Seienden beschränkt, sondern das, was der Mensch zuerst erkennt, Seiendes, reflexiv erfasst.

Diese Philosophen betrachteten den Ursprung der Dinge nicht nur, insofern sie „so-beschaffen" oder „dieses Bestimmte" sind, sondern auch insofern sie „seiend" sind. Jener universale Ursprung kann deshalb kein Werden sein, da er nicht etwas Präexistierendes voraussetzt. Die Hervorbringung des Seins in einem absoluten Sinne heißt „Schöpfung" *(creatio)*.

[8] Wen meint Thomas mit den *aliqui*? Wahrscheinlich hat er an Avicenna gedacht, denn in einem anderen Text behauptet Thomas, dass „einige Philosophen" wie Avicenna durch Beweisführung erkannt haben, Gott sei der Schöpfer der Dinge (In III Sent. 33, 1, 2, obj. 2).

In der Sicht des Thomas ist für die Geschichte der Philosophie der Fortschritt von einer partikularen zu einer universalen Seinsbetrachtung bezeichnend. Der entscheidende Schritt ist der Übergang von der zweiten zur dritten Stufe. Die aristotelische Lehre von der Ungewordenheit der ersten Materie bezieht sich auf das natürliche Werden der Dinge. Auf dieser Ebene gilt „aus Nichts wird Nichts". Dieser Satz ist wahr, so bemerkt Thomas, *secundum naturam.* Die metaphysische Betrachtungsweise der dritten Stufe bezieht sich auf die Schöpfung („aus dem Nichts"), die universale Ursächlichkeit des Seins. Wegen des grundsätzlichen Unterschieds zwischen Natur und Schöpfung kann Thomas zugleich behaupten, die erste Materie sei ungeworden, jedoch nicht ungeschaffen. „Wir reden jetzt vom Hervorgang der Dinge aus dem universalen Prinzip des Seins. Von diesem Hervorgang ist auch die erste Materie nicht ausgeschlossen" (S. th. I, 44, 2 ad 1).

Auf der Ebene der metaphysischen Betrachtungsweise arbeitet Thomas seine originellsten Lehren aus. Der Fortschritt der Reflexion über den Ursprung der Dinge führt zu einer vertieften Analyse ihrer Seinsstruktur. Bereits in seiner Frühschrift ›De ente et essentia‹ vertritt Thomas die These, dass in jedem geschaffenen Seienden eine Differenz zwischen zwei Prinzipien anzunehmen sei: der Wesenheit *(essentia),* wodurch etwas ist, *was* es ist, und dem Sein *(esse),* wodurch etwas *ist.* Was ein Ding ist, schließt nicht sein Sein ein. Die Dinge sind kontingent, sie haben das Sein nicht aus sich.

Der Unterschied zwischen Wesenheit und Sein war bereits in der arabischen Philosophie eingeführt worden; neu ist jedoch die Art und Weise, wie Thomas das Verhältnis zwischen beiden Komponenten deutet. Das Sein ist nicht ein Akzidens der Wesenheit, eine hinzutretende Eigenschaft, wie Avicenna meinte, sondern vielmehr die Verwirklichtheit *(actualitas)* der Essenz. Wesen und Sein verhalten sich zueinander wie die Potenz zu dem sie verwirklichenden Akt. Thomas überträgt das Begriffspaar Möglichkeit/Wirklichkeit, das Aristoteles auf das Verhältnis der Materie zur Form anwandte, auf das Verhältnis zwischen Wesenheit und Sein. Er versteht „Sein" nicht als „dasjenige, was der Fall ist" (Wittgenstein), sondern als die Verwirklichung der jeweiligen Form oder Natur, als die Bedingung jeder wesenhaften Vollkommenheit. Mit persönlichem Nachdruck bekundet Thomas sein Seinsverständnis: „Was ich 'Sein' nenne, ist der Akt aller Akte und deshalb die Vollkommenheit aller Vollkommenheiten" (De potentia 7, 2 ad 9).

Auffallend in Thomas' Darstellung der Geschichte der Seinsfrage ist es, dass der Schöpfungsgedanke als die Vollendung des *inneren* Entwicklungsgangs der Philosophie erscheint. Die Schöpfungsidee, welche dem griechischen Denken unbekannt war, ist danach nicht nur eine Grundgegebenheit des christlichen Glaubens, sondern auch ein philosophischer Begriff. Thomas deutet das Seinsverhältnis zwischen Gott und den Geschöpfen durch den platonischen Begriff der „Teilhabe“ (cf. Quodl. II, 2, 1). In Gott sind Wesen und Sein identisch; er ist Sein durch seine Wesenheit *(per essentiam)*, das subsistierende Sein selbst *(ipsum esse subsistens)*. Die Geschöpfe dagegen werden durch eine Nichtidentität zwischen Wesen und Sein gekennzeichnet; Sein gehört nicht zu ihrer Wesenheit. Sie haben das Sein durch Teilhabe *(per participationem)*.

IV. Das Endziel des Wissens: die Frage nach der menschlichen Glückseligkeit

In seinem Kommentar zur ›Metaphysik‹ führt Thomas noch weitere Argumente für den Satz „Alle Menschen verlangen von Natur nach Wissen“ an. Das dritte Argument (In I Metaph., lect. 1, 4) ist von besonderem Interesse, weil es den aristotelischen Satz mit einer Grundlehre des Neuplatonismus verknüpft. Thomas legt dar, dass es für jedes Ding verlangenswert ist, mit seinem Prinzip oder Ursprung vereinigt zu werden, denn darin besteht die Vollkommenheit jedes Dinges. Aus diesem Grund ist, wie Aristoteles im VIII. Buch der ›Physik‹ nachweist, die Kreisbewegung *(circulatio)* die vollkommenste Bewegung, weil sie das Ende mit dem Anfang verbindet. Nun kann der Mensch durch seinen Verstand mit dem Anfang verbunden werden – im Erkennen gleicht sich ja der Verstand dem Erkannten an. Das letzte Ziel des Menschen besteht mithin in dieser Einigung. Daher ist im Menschen ein Verlangen nach Wissen.

In diesem Argument führt Thomas das Kreismotiv ein. Aristotelisch ist der Gedanke, die Kreisbewegung sei die vollkommenste Bewegung – im Gegensatz zu einer geradlinigen Bewegung ist sie voll-endet; es lässt sich nichts hinzufügen. Die Idee, dass die Dynamik der Gesamtwirklichkeit kreisförmig ist, hat Thomas jedoch dem Neuplatonismus entnommen. Die ganze Welt durchzieht ein „Eros“ zu dem Einen oder Guten, aus dem die Dinge hervorgegangen sind. Aller Ziel ist die Rückkehr zum Ersten, die in der Einigung mit dem Ursprung vollendet wird. Ursprung und Ende, Prinzip und Ziel sind identisch.

Das Kreismotiv ist für das Weltverständnis des Thomas grundlegend. Er hat die neuplatonische Lehre von dem Ausgang *(exitus)* und der Rückkehr *(reditus)* der Dinge in sein Denken integriert, allerdings nicht ohne gewisse Umformungen. Die Dinge kommen zum Dasein, nicht durch eine stufenweise Emanation aus dem ersten Prinzip, sondern, wie er in seiner Geschichte der Seinsfrage dargestellt hatte, durch „Schöpfung“. Der „Autorität“ des ›Liber de causis‹, bemerkt Thomas (De potentia 3, 4 ad 10), ist nicht zu folgen in der Idee, dass die niederen Geschöpfe durch die Vermittlung der höheren Substanzen zum Dasein gelangt seien. Alle Dinge sind unmittelbar von der universalen Seinsursache, Gott, erschaffen worden.

Im Prozess der Rückkehr der Dinge zu Gott nimmt der Mensch eine Sonderstellung ein. Allein das vernunftbegabte Geschöpf ist fähig, sich „ausdrücklich“ Gott zuzuwenden. Allein der Mensch kann sich durch seine Tätigkeit Gott angleichen. Diese Rückkehr vollzieht sich im menschlichen Verlangen nach Wissen.

Diesen Gedanken arbeitet Thomas im III. Buch der ›Summa contra Gentiles‹ (c. 25) aus. „Von Natur aus wohnt allen Menschen das Verlangen inne, die Ursachen dessen, was sie sehen, zu erkennen: Daher begannen die Menschen aus Verwunderung über das, was man sah, dessen Ursachen aber verborgen waren, erstmals zu philosophieren; wenn sie aber die Ursache fanden, gaben sie Ruhe.“ Wissen ist eine begründete Erkenntnis, eine Erkenntnis der Ursachen von etwas. Was deshalb am meisten zu wissen verlangt wird, ist die erste Ursache, der Ursprung aller Dinge. „Die Untersuchung steht nicht still, bis man zur ersten Ursache vorgedrungen ist (...) Der Mensch verlangt also von Natur aus als letztes Ziel, die erste Ursache zu erkennen.“ Da die erste Ursache von allem Gott ist, „besteht das letzte Ziel des Menschen darin, Gott zu erkennen“. Wir sehen hier, wie Thomas vor dem Hintergrund des Kreismotivs das natürliche Verlangen nach Wissen als ein Verlangen nach Gotteserkenntnis deutet.

Dadurch ist er zugleich in der Lage, das Wissensverlangen mit einem Hauptthema der klassischen Philosophie zu verbinden, der Frage nach der menschlichen Glückseligkeit. „Das letzte Ziel des Menschen, das nur um seiner selbst willen verlangt wird, heißt 'Glückseligkeit'.“ Das natürliche Verlangen nach Wissen erweist sich letztendlich als das menschliche Verlangen nach Glück, das in der Gotteserkenntnis besteht.

Hinsichtlich dieses Ergebnisses seiner Analyse sieht Thomas eine Konkordanz zwischen Evangelium und Philosophie. Er verweist auf die Seligsprechungen in Matthaeus 5,8, wo es heißt: „Selig, die reinen Herzens sind, denn sie werden Gott schauen.“ Ziemlich problemlos fügt er hinzu: „Mit dieser Lehre stimmt auch Aristoteles im letzten Buch der *Ethik* überein, wo er sagt, die letzte Glückseligkeit des Menschen sei betrachtend, insofern sie sich auf die Betrachtung des höchsten Verstehbaren richte“ (S. c. G. III, 25). Das höchste Gut des Menschen bestehe in der Betrachtung des höchsten Gegenstandes, d. h. des Göttlichen.

Die entscheidenden Fragen sind jetzt: In welcher Art von Gotteserkenntnis besteht die Glückseligkeit? Und: Ist der Mensch fähig, zu jener Gotteserkenntnis zu gelangen? Kann das natürliche Wissensverlangen erfüllt werden, der Mensch sein Ziel erreichen? In Thomas' Beantwortung dieser Fragen zeigen sich die Grenzen der Philosophie.

V. Grenzen der Philosophie

Eine Lehre vom Göttlichen, eine „Theologie" oder „Erste Philosophie", und eine Reihe von Gottesbeweisen hatten bereits die antike und die arabische Philosophie überliefert. Am Anfang der ›Summa theologiae‹ (I, q. 2, art. 3) sammelt Thomas aus dieser Tradition fünf „Wege" *(quinque viae),* die das Dasein Gottes beweisen. Diese Gottesbeweise haben alle eine gleiche Struktur. Sie gehen von Grundphänomenen unserer Welt (z. B. im ersten „Weg" von der Bewegung) aus und zeigen, dass diese nicht aus sich selbst erklärt werden können, sondern auf ein Erstes als Ursache (z. B. ein Erstbewegendes) zurückzuführen sind, das „alle" mit dem Namen „Gott" bezeichnen.

Besteht nun die menschliche Glückseligkeit in der Gotteserkenntnis, welche die Philosophen durch Beweisführung gewonnen haben? Ein Zeitgenosse des Thomas und Magister in der Pariser Artes-Fakultät, Boethius von Dacien, hatte in seiner Schrift ›De summo bono‹ (›Über das höchste Gut‹) diese Frage bejaht. Nur „sehr wenige Männer", die Philosophen, erreichen das höchste menschliche Gut. Das Leben des Philosophen sei das einzig richtige Leben.

Thomas kritisiert diese Auffassung. Aus mehreren Gründen kann die Glückseligkeit nicht in der philosophischen Gotteserkenntnis bestehen (S. c. G. III, 39). Erstens, „nur wenige" gelangen zu jener Erkenntnis. Das Glück ist jedoch ein allgemeines Gut *(bonum commune),* das nicht den „happy few" vorbehalten ist, sondern allen Menschen erwachsen kann. Alle Menschen verlangen von Natur nach der Glückseligkeit; sie ist das Ziel der menschlichen Art *(species).* Zweitens, die philosophische Gotteserkenntnis ist mit einer großen Ungewissheit verbunden: Das beweist die große Verschiedenheit der Lehren über das Göttliche. Die Glückseligkeit muss jedoch eine vollkommene Erkenntnis sein. Drittens, die philosophische Gotteserkenntnis ist sehr beschränkt und kann deshalb nicht das Ende des Wissensverlangens bilden. Dieses letzte Argument ist für Thomas schwerwiegend. Seine Philosophiekritik ist mit einer Vernunftkritik verbunden.

Das Verlangen nach Wissen wirkt sich in einem Fragen aus. Jede Fragestellung lässt sich nach Aristoteles (Anal. Post. II, 1) letztlich auf zwei Fragen zurückführen, nämlich die Frage „ob etwas ist" *(an est)* und die Frage „was es ist" *(quid est),* und zwar in dieser Ordnung. Nun geben die Gottesbeweise eine Antwort auf die erste Frage, aber nicht auf die Frage, was Gott ist; die Wesenheit der unstofflichen Substanzen bleibt der menschlichen *ratio* verborgen. Thomas' Begründung dafür ist immer die Abhängigkeit der rationalen Erkenntnis von der sinnlichen Erfahrung. Durch Argumente, die von den sichtbaren Wirkungen ausgehen, kann der

Mensch auf das Dasein der ersten Ursache schließen. So betrachtet er in der Metaphysik Gott, insofern dieser die Ursache des Seienden als Seienden ist; die Wesenheit Gottes ist jedoch dem Philosophen nicht zugänglich. Jene beschränkte Gotteserkenntnis kann das natürliche Wissensverlangen aber nicht zur Ruhe bringen. Das Glück des Menschen, so folgert Thomas, kann deshalb nicht „in der Betrachtung der theoretischen Wissenschaften bestehen" (S. th. I–II, q. 3, a. 6).

Der Mensch ist nicht vollkommen glücklich, solange ihm etwas zu verlangen und zu suchen bleibt. Wenn also der menschliche Verstand von Gott nur erkennt, dass er ist *(an est),* dann verbleibt ihm noch das Verlangen, von Gott zu wissen, was er ist *(quid est).* Die vollkommene Glückseligkeit des Menschen, die Erfüllung seines natürlichen Verlangens nach Wissen, kann nur in der Betrachtung der göttlichen Wesenheit, in der Anschauung Gottes *(visio Dei)* bestehen (S. th. I–II, q. 3, a. 8).

Es zeigt sich eine Diskrepanz zwischen dem Endziel des Wissensverlangens und dem natürlichen Erkenntnisvermögen des Menschen. Im III. Buch der ›Summa contra Gentiles‹ (Kap. 40–45) setzt Thomas sich ausführlich mit den griechischen Aristoteleskommentatoren und den arabischen Philosophen auseinander, die behaupteten, es gebe noch einen anderen Weg zur Gotteserkenntnis als den durch Beweisführung. Die letzte Glückseligkeit bestehe in der menschlichen Erkenntnis, welche auf einer unmittelbaren Verbindung *(continuatio)* mit den rein geistigen Substanzen beruht. Nach Thomas bietet diese Alternative überhaupt keine Lösung. Der Mensch besitzt keine intuitive Erkenntnis des rein Geistigen; er verfügt in diesem Leben nicht über einen anderen Erkenntnisweg als den der betrachtenden Wissenschaften. Auch Aristoteles, so Thomas, hatte dies eingesehen. Darum meinte „der Philosoph", dass der Mensch die Glückseligkeit nicht vollkommen erlange, sondern nur „auf menschliche Weise", das heißt, unvollständig und unvollkommen.

In aller Klarheit werden hier die Grenzen der Philosophie ersichtlich. „Bedrängnis" *(angustia)* ist das Wort, mit dem Thomas die Lage charakterisiert: „Es ist hierbei genügend deutlich, in welche große Bedrängnis diese hervorragenden Geister gerieten" (S. c. G. III, 48). Die Philosophen bieten keine Aussicht auf Erfüllung des natürlichen Verlangens nach Wissen. Die Schau der göttlichen Wesenheit übersteigt die Möglichkeiten der natürlichen Vernunft.

Diese philosophische Unmöglichkeit heißt jedoch nicht, dass der Mensch nie zu seiner Glückseligkeit gelangen kann.[9] Das wäre wider die Vernunft *(contra rationem).* Zur Begründung dieses Gedankens beruft Thomas sich auf den aristotelischen Grundsatz, ein natürliches Verlangen

[9] Cf. den Kommentar des Thomas zu Matth. 5, 8.

könne nicht vergeblich sein, denn die Natur tue nichts umsonst. Es wäre aber ein vergebliches Verlangen der Natur, wenn es niemals erfüllt werden kann. Das natürliche Wissensverlangen des Menschen ist also im Prinzip erfüllbar.

Außerdem ist die Unmöglichkeit der Gottesschau wider den Glauben *(contra fidem).* Die Schau wird dem Menschen in der Hl. Schrift versprochen, wenn auch nicht in diesem Leben. „Jetzt schauen wir durch einen Spiegel rätselhaft, dann aber schauen wir von Angesicht zu Angesicht" (1 Kor. 13,12). Nicht aus seiner natürlichen Kraft, sondern durch Gottes Gnade kann der Mensch sein Endziel erreichen. Der Glaube befreit den Menschen von der Verzweiflung der Philosophie. Eigentümlich für den Denkweg des Thomas ist es, dass das Endziel des *natürlichen* Wissensverlangens mit der Eschatologie des *christlichen* Glaubens zusammenfällt.

Schlussbetrachtung

Unverkennbar hat sich das Philosophieverständnis bei Thomas gewandelt. Sein Denkweg zeigt die Grenzen der Philosophie. Das antik-arabische Ideal erweist sich als unmöglich. Die philosophische Betrachtungsweise führt nicht zum Endziel des Wissensverlangens und ist deshalb nicht der exklusive Weg zur menschlichen Glückseligkeit.

Diese Begrenzung der Philosophie ist in erster Linie eine Selbstbegrenzung, das Ergebnis einer kritischen Untersuchung der Möglichkeiten der menschlichen Vernunft. Das Erste in der Erkenntnisordnung sind (wie wir im II. Teil gesehen haben) die allgemeinsten Begriffe wie „Seiendes". Thomas verneint die Auffassung seines Zeitgenossen Bonaventura, das göttliche Seiende sei das Ersterkannte (In Boethii De trinitate q. 1, art. 3). Das Erste in der kognitiven Ordnung ist nicht transzendent, das Göttliche, sondern dasjenige, was allen Dingen gemeinsam, d. h. transzendental, ist.

Noch eine weitere Entwicklung ist für das Philosophieverständnis im 13. Jh. wichtig: Die Entstehung der christlichen Theologie als einer von der Philosophie verschiedenen Wissenschaft. Aufschlussreich für diese Grenzziehung ist Thomas' Kommentar zu der Schrift ›De trinitate‹ des Boethius, in der jener versucht, die Lehre von der Dreieinheit Gottes rational zu begründen. Thomas führt in seinem Kommentar (q. 2, art. 2) einen der Abhandlung des Boethius fremden Unterschied zwischen zwei Arten von Theologie ein. Die eine ist die Theologie, welche von den Philosophen überliefert worden ist und auch „Metaphysik" heißt, die andere ist die Wissenschaft derjenigen, die durch Glauben am göttlichen Wissen teilhaben und „Theologie der Hl. Schrift" genannt wird. Diese Distinktion enthält eine implizite Kritik an Boethius. Dessen Voraussetzung, die philosophisch-theologische Betrachtungsweise sei dem Gegenstand seiner Untersuchung angemessen, ist nach Thomas unhaltbar. Die göttliche Trinität ist der philosophischen Vernunft nicht zugänglich, sondern nur durch Offenbarung bekannt.

Thomas beginnt seine ›Summa theologiae‹ (q. 1, a. 1) mit einer Erörterung der Notwendigkeit der Theologie. Ist diese Wissenschaft nicht überflüssig angesichts der Tatsache, dass die philosophischen Disziplinen von allen Bereichen des Seienden, auch von Gott, handeln? In seiner Antwort betont Thomas, dass außer den philosophischen Wissenschaften eine auf göttliche Offenbarung beruhende Lehre für das menschliche Heil notwendig sei. Der Mensch ist auf ein Ziel ausgerichtet, das die Fassungskraft der Vernunft übersteigt. Damit er seine Handlungen auf das Endziel einstellen kann, mussten ihm darum durch Offenbarung Wahrheiten bekanntgemacht werden.

Philosophie und Theologie, obwohl verschiedene Wissenschaften, bleiben dennoch bei Thomas eng miteinander verbunden. Was beide zusammenbindet, ist die Kontinuität des natürlichen Wissensverlangens des Menschen. Das Verhältnis zwischen Philosophie und Theologie wird durch eine Komplementarität gekennzeichnet, für die zwei allgemeine Prinzipien bestimmend sind.

Das erste lautet: „Der Glaube setzt die natürliche Erkenntnis voraus, wie die Gnade die Natur" (S. th. I, 2, 2 ad 1). Die natürliche Erkenntnis ist grundlegend, und das heißt auch, dass die Eigenständigkeit und Legitimität der Philosophie völlig anerkannt wird. Von Natur aus verlangt der Mensch die Ursachen der Dinge zu wissen und stellt die Seinsfrage (s. Teil III). Das Werk des Thomas bezeugt, dass er, Theologe von Beruf, den Anspruch der Philosophie ernst genommen hat. Das zweite Prinzip heißt: „Die Gnade vernichtet die Natur nicht, sondern vervollkommnet sie" (S. th. I, 1, 8 ad 2). Der Glaube hebt die menschliche Rationalität nicht auf; er ist vielmehr die Vollendung der natürlichen Erkenntnis. Die Offenbarung zeigt dem Menschen die Erfüllung seines natürlichen Wissensverlangens. Das Modell des Thomas ist eine der bemerkenswertesten Synthesen in der Geschichte des abendländischen Denkens.

Auswahlbibliographie

Quellentexte

Thomas von Aquin: Opera omnia, iussu Leonis XIII P. M. edita (Ed. Leonina), Rom 1882 ff.

Thomas von Aquin: Opera omnia, ed. S. E. Fretté/P. Maré (Ed. Vivès), Paris 1871–1882, ^{2}1889 f.

Thomas von Aquin: Summa theologiae. Die sogenannte Deutsche Thomas-Ausgabe plante eine Ausgabe in 37 Bänden; davon sind bis heute 29 erschienen (Graz/Köln/Wien, seit 1933).

Sekundärliteratur

Aertsen, J. A.: Medieval Philosophy and the Transcendentals. The Case of Thomas Aquinas, Leiden/New York/Köln 1996.

Bernath, K. (Hrsg.): Thomas von Aquin Bd. I: Chronologie und Werkanalyse, Darmstadt 1978.

Chenu, M.-D.: Das Werk des Thomas von Aquin, Heidelberg/Köln 1960.

Heinzmann, R.: Thomas von Aquin. Eine Einführung in sein Denken mit ausgewählten lateinisch-deutschen Texten, Stuttgart 1994.

Kluxen, W.: Philosophische Ethik bei Thomas von Aquin, Hamburg ^{2}1980.

Kretzmann, N./Stump, E. (Hrsg.).: The Cambridge Companion to Aquinas, Cambridge 1993.

Mensching, G.: Thomas von Aquin, Frankfurt/New York 1995.

Metz, W.: Die Architektonik der Summa Theologiae des Thomas von Aquin. Zur Gesamtsicht des thomasischen Gedankens, Hamburg 1998.

Oeing-Hanhoff, L. (Hrsg.): Thomas von Aquin 1274/1974, München 1974.

Torrell, J.-P.: Magister Thomas. Leben und Werk des Thomas von Aquin, aus dem Franz. übers. von K. Weibel in Zusammenarbeit mit D. Fischli und R. Imbach, Freiburg im Breisgau 1995.

Zimmermann, A.: Thomas von Aquin lesen. Eine Einführung in sein philosophisches Denken, Stuttgart-Bad Cannstatt 1999.

MEISTER ECKHART

Denken und Innewerden des Einen

Von Rolf Schönberger

1. Zugänge zu Eckhart

Bei keinem Denker des Mittelalters war die Wirkungsgeschichte ähnlich wechselvoll wie im Falle Meister Eckharts. In der universitären Philosophie trifft man fast nirgends auf Spuren seines Denkens. Dass die Rezeption seines Denkens derartig kärglich war – und zwar ebenso vor wie nach der Verurteilung von 1329 –, ist umso auffälliger, als Eckhart, wie zuvor nur Thomas von Aquin, zweimal als Magister der Theologie in Paris tätig war. Im außeruniversitären Bereich hingegen lassen sich in den Generationen nach ihm durchaus Spuren seines Einflusses auffinden. Eckhart wird dort – meist in eher moderater Form – rezipiert, vor allem aber im Hinblick auf seine persönliche Integrität gerühmt, manchmal aber auch vehement kritisiert. Nicht selten bleiben seine positiven Einflüsse anonym. Nicolaus Cusanus war es dann, für den Eckharts Schriften – auch seine lateinischen – große Bedeutung gewonnen haben. Als, wiederum einige Jahrhunderte später, Franz von Baader Predigten von Eckhart gefunden hatte und davon Hegel mitteilte, bemerkte dieser: „Da haben wir es ja, was wir wollen."[1] Eckhart hat keine Denkschulen inspiriert, aber umso nachhaltiger einzelne Köpfe. Wie kaum ein anderer der großen Gestalten des mittelalterlichen Denkens, dessen Texte Opfer kirchlicher Verurteilung geworden sind, ist er, nach der allmählichen Erschließung der Texte, Opfer vielfältiger gegensätzlicher Inanspruchnahmen geworden.[2]

Eckharts Werke haben auch außerhalb der einschlägigen Fächer nicht bloß Aufmerksamkeit, sondern vielfach sogar Enthusiasmus erweckt. Dieser lässt indes leicht verkennen, dass ein unmittelbares Verständnis eines

[1] Cf. F. v. Baader, Aus Gesprächen, ed. F. Hoffmann, Sämtliche Werke XV, Leipzig 1857, ND Aalen 1963, 159.

[2] Längst sind zwar die rassistischen und marxistischen Vereinnahmungen Vergangenheit, doch zielt immer noch ein ansehnlicher Teil der Eckhart-Literatur zwar auf weit weniger absurde, jedoch unverkennbar vereinseitigende Inanspruchnahmen: etwa auf die Überzeugung, das eigentlich Belangvolle am Glauben sei die religiöse Erfahrung – oder was man dafür hält.

historischen Textes unmöglich ist. Religionspädagogische und andere mystisch-enthusiasmierte Literatur tun ein Übriges, um die Leser darin zu bestärken. Man sagt: Da Eckhart von einer ganz einzigartigen Erfahrung rede, müsse man, um ihn zu verstehen, dieselbe Erfahrung gemacht haben. Kritische Analyse und historische Forschung griffen demgegenüber zu kurz. Für die Behauptung, dass ein historischer Text von oder aus einer Erfahrung redet, kann eine entsprechende Erfahrung jedoch nicht hinreichend sein. Wollte Eckhart nur zu spiritueller Erfahrung anleiten, blieben sein Aufwand an Spekulation und die Überfülle an Gelehrsamkeit gänzlich unverständlich.

Da es sich um überlieferte Texte handelt, kann man sich der Mühe nicht entledigen, Meister Eckhart in seinen geschichtlichen Kontext und seine Gedanken in einen kohärenten Zusammenhang zu stellen. Doch geben Traditionen und geschichtliche Umstände naturgemäß nur einen Rahmen. Die Eigenart eines Gedankens ist dann dadurch zu gewinnen, dass man zeigt, wie ein Denker – wenn Denken ein freier Akt ist – sich zu diesem Rahmen verhält. Jener Kontext kann also nicht seine zureichende Bedingung sein.

2. Leben und Werk

Eckhart ist wohl in den 60er-Jahren des 13. Jh. in Tambach in Thüringen geboren.[3] Von adeliger Herkunft tritt er in den damals intellektuell führenden Orden der Predigerbrüder, und zwar in Erfurt, ein. Er studiert die Artes und Theologie, sogar an der erst wenige Jahrzehnte zuvor in Köln von Albertus Magnus gegründeten Ordenshochschule *(studium generale)*. Ob er in dieser Zeit auch schon einmal in Paris studiert hat, ist nicht sicher, für 1286 jedoch wahrscheinlich. Gesichert hingegen ist seine dortige Funktion als *lector sententiarum* im Jahre 1293/94. Einige der erhaltenen Texte stammen aus dieser Zeit, doch hat sich die Begeisterung, auch seinen Sentenzenkommentar aufgefunden zu haben, leider als verfrüht herausgestellt.

Anschließend übernimmt Eckhart das Amt des Priors des Erfurter Klosters und des Vikars von Thüringen – wird also Stellvertreter des damaligen Provinzials Dietrich von Freiberg. In den in dieser Zeit, also in der zweiten Hälfte der 1290er-Jahre entstandenen ›Reden der Unterweisung‹ (abends vor den Brüdern) zeigt sich bereits einiges, was man für Eckhart als typisch ansehen kann. 1302/3 amtiert Eckhart als Magister der Theologie in Paris. Aus dieser Zeit stammt ein Teil der sog. Pariser Quästionen, in denen er

[3] W. Trusen, Eckhart vor seinen Richtern und Zensoren, in: Meister Eckhart: Lebensstationen – Redesituationen, hrsg. v. K. Jacobi, Berlin 1997, 335–352, hier 336f.

mit allem Nachdruck den geistigen und nichtpartikulären Charakter des göttlichen Seins vertritt. Auf zeitgenössische Autoren geht er hier und auch später nur äußerst spärlich ein. Wieder in Deutschland wird er Provinzial der norddeutschen Ordensprovinz. Wohl bereits in dieser Zeit[4] nimmt Eckhart ein Projekt in Angriff, das wie viele andere der mittelalterlichen Geisteswelt überdimensionale Ausmaße angenommen hätte, wenn es denn realisiert worden wäre. Das Werk von triadischer Architektonik *(Opus tripartitum)* sollte Folgendes enthalten:

1. *Opus propositionum*: eine metaphysische Grundlegung in axiomatischer Form, aufgeteilt in 14 Traktate, in denen Grundbegriffe des Denkens im Verhältnis zu ihren Gegenbegriffen bestimmt werden sollten;

2. *Opus quaestionum:* ein zweiter Teil mit Problemerörterungen nach dem Vorbild der ›Summa theologiae‹ des Thomas von Aquin (Eckhart ist aber trotz vieler Verweise kein Thomist, wenngleich auch nicht wie Dietrich von Freiberg ein Antithomist);

3. ein dritter Teil *(Opus sermonum)* ist selbst wieder untergliedert in eine Sammlung von Bibelkommentaren und einen Teil mit Predigten. Trotz häufiger Querverweise geht die Forschung heute davon aus, dass Eckhart nicht wesentlich mehr realisiert hat, als heute noch vorliegt.[5] Diese Verfahrensweise hat zum Ziel, dem Prediger Gedanken zu vermitteln; sie hat zur Voraussetzung, dass erstens die göttliche Offenbarung (wie später bei Hegel) eine Totaloffenbarung ist und nicht unter einem spezifizierenden Zweck, etwa der Heilsbedeutsamkeit, steht[6] und zweitens eine Wahrheit zuletzt auf alle anderen Wahrheiten verweist, da sie diese implizit enthält[7]. Damit gewinnt die Exegese einen Freiraum, dessen Inanspruchnahme den buchstäblichen Sinn nicht nur hinter sich lässt, sondern weitgehend relativiert; die Umkehrung der Bevorzugung der zuhörenden („kontemplati-

[4] So jedenfalls nach den Forschungen von L. Sturlese, Meister Eckhart in der Bibliotheca Amploiiana. Neues zur Datierung des „Opus tripartitum", in: Misc. Med. 23 (1995) 434–446.

[5] L. Sturlese, a. a. O. [4] 444 f. Die beabsichtige Gesamtkommentierung der Bibel sollte ganz restriktiv jeweils einige Stellen herausgreifen. Von den etwa 440 Versen im ›Buch der Weisheit‹ behandelt Eckhart etwa 80 (Meister Eckhart, Kommentar zum Buch der Weisheit, eingel., übers. und erl. v. K. Albert, Sankt Augustin 1988, 147), von den 1530 Versen des Buches Genesis 92, von den 880 Versen des Johannes-Evangeliums 130 (H. Fischer, Meister Eckhart. Einführung in sein philosophisches Denken, Freiburg/München 1974, 27). Im Fall des einzigen Kommentars zu einem Evangelium wird etwa die Passionsgeschichte fast gänzlich ausgeblendet.

[6] Pred. 29 (DW II, 83 f.).

[7] Proc. col., art. 9. Édition critique des pièces relatives au Procès d'Eckhart contenues dans le manuscrit 33b de la bibliothèque de Soest, hrsg. v. G. Théry, AHDLMA 1 (1926) 215: *nihil est verum quod non includat omnem veritatem.*

ven") Maria vor der tätigen Magdalena (Pred. 86) ist hierfür nur das bekannteste Beispiel. Eckharts Werk zeigt eine ganz einmalige Verknüpfung einer (Programm gebliebenen) axiomatischen Metaphysik mit einer zugleich inständigen und auf ein Thema hin finalisierten Aneignung und Inanspruchnahme biblischer Texte.

Die lateinischen Predigten, die heute vorliegen, sind bis auf wenige Ausnahmen Predigtskizzen. Das umfangreiche deutschsprachige Œuvre von ca. 150 Predigten[8] und einigen Traktaten[9] gehört sicherlich nicht zum geplanten Projekt.

Zurück zum Lebensgang. Mit seiner Wahl zum Provinzial der durch Aufgliederung der zu groß gewordenen Provinz Teutonia entstandenen Saxonia (1303) wird er zu einem der führenden Köpfe in dem damals viele tausend Fratres umfassenden Orden; 1307 übernimmt er noch zusätzlich die Aufgabe des Generalvikars der böhmischen Provinz. Entgegen der Gepflogenheit der Dominikaner und der Bettelorden überhaupt, möglichst vielen begabten Brüdern die Feuertaufe einer Pariser Promotion zu ermöglichen – was eine relativ rasche Rotation erforderlich macht – entsendet ihn der Orden ein zweites Mal als Magister nach Paris. Anders als im einzigen Parallelfall Thomas von Aquin lassen sich die hierfür entscheidenden Motive nur vermuten.

Nach dieser zweiten Professur 1311–1313 ist Eckhart ungefähr ein Jahrzehnt in Straßburg. Aus dieser Zeit stammt ›Das Buch der göttlichen Tröstung‹ (1318) und die selbst redigierte Lesepredigt ›Vom edlen Menschen‹. Während Eckhart in Paris das Buch der Begine Margarete von Porete, deren Verbrennung bei lebendigem Leib ein Jahr zurücklag, kennen lernte, wird er in Straßburg unmittelbar konfrontiert mit der Bewegung der Beginen und Begarden, mit Menschen also, die, ohne in einen der Orden eingetreten zu sein, doch einen ordensähnlichen Lebensstil praktizieren: soziologisch eher der Oberschicht entstammend, mit beachtlicher Bildung und von enormem religiösem Eifer beseelt.

1322/23 geht er dann wieder nach Köln, wobei nicht klar ist, welche Funktion er an der dortigen Ordenshochschule ausgeübt hat.[10] Auch hier hat es Eckhart in der Seelsorge mit der Bewegung der „freien Geister" zu tun. Innerhalb des Ordens scheint er von den Reaktionen auf die Bestrebungen betroffen zu sein, die Observanz im Orden wieder zu stärken. In

[8] K. Ruh, Meister Eckhart. Theologe, Prediger, Mystiker, München ²1989, 61. Die kritische Ausgabe wird 113 Predigten aufnehmen.

[9] Die Echtheit des Traktates ›Von abegescheidenheit‹ hat sehr plausibel gemacht: M. Enders, Abgeschiedenheit des Geistes – höchste „Tugend" des Menschen und fundamentale Seinsweise Gottes, in: Theol. u. Philos. 71 (1996) 63–87.

[10] W. Senner, Eckhart in Köln, in: Jacobi, a. a. O. [3] 207–210.

diesem Zusammenhang wird Eckhart, nicht von konkurrierenden Franziskanern, sondern von eigenen Mitbrüdern der Irrlehre bezichtigt. Der Kölner Erzbischof eröffnet – dies weiß man erst seit wenigen Jahren mit rechtshistorischer Gewissheit – einen regelrechten Ketzerprozess. Das heißt: es geht um Leben und Tod. Eckhart werden Listen mit Sätzen aus seinen Schriften vorgelegt, zu denen er Stellung zu nehmen hat. Er beteuert, dass er auf seinen Thesen, sofern deren Verdächtigung nicht auf Ignoranz beruhe, nicht „hartnäckig" bestehen will (was zusammen mit der festzustellenden Abweichung in der Lehre erst den Tatbestand der Häresie erfüllt) und appelliert wegen der Unzuständigkeit des Kölner Erzbischofs an den Papst. Ein aus dieser Zeit stammender Text wird missverständlich als „Rechtfertigungsschrift" bezeichnet. Es ist keine Apologie, sondern die prozessual erforderliche Stellungnahme zu den erhobenen Vorwürfen.[11]

Der Prozess wird tatsächlich nach Avignon, wo die päpstliche Kurie seit 1309 residierte, verlegt. Dort wird aber nicht nur die Liste der problematischen Sätze drastisch gekürzt und theologisch begutachtet, vielmehr der Häresieprozess insgesamt in ein Lehrzuchtverfahren umgewandelt. Während dieses Verfahrens stirbt Eckhart – nach einem erst vor kurzem gemachten plausiblen Vorschlag am 31. 1. 1328.[12] Im folgenden Jahr, am 27. 3. 1329, erlässt Papst Johannes XXII, die Bulle ›In agro dominico‹, in der 28 Sätze Eckharts aus unterschiedlichen Schriften verurteilt werden, 17 als dem Inhalt nach häretisch, 11 als „übel klingend", d. h. von der Art, dass ihr Sinn nur mit zusätzlichen Ergänzungen als christlich anerkannt werden kann. Außerdem stellt die Bulle fest, dass Eckhart einerseits eingeräumt hat, diese Sätze tatsächlich vertreten zu haben, andererseits sie jetzt „verworfen und widerrufen" hat.

3. Formale Charaktere seines Werkes

Eckharts ausgeführtes Werk – ohne ›Quaestiones disputatae‹, Traktate (von Dietrich von Freiberg bevorzugt), Kommentare zu Aristoteles oder auch zu Boethius oder Dionysius – ist nahezu vollständig auf die Bibel zentriert. Es sind im wesentlichen Texte, welche die biblischen interpretieren, und solche, die diese in der Predigt in Anspruch nehmen.[13]

[11] L. Sturlese hat diesen Text doch mit seiner apologetischen Absicht erklären wollen, schreibt ihn jedoch seinem Anhängerkreis zu: Die Kölner Eckhartisten. Das Studium generale der deutschen Dominikaner und die Verurteilung der Thesen Meister Eckharts, in: Misc. Med. 20 (1989) 192–211.

[12] W. Senner, a. a. O. [10] 233 f.

[13] Unklar ist, ob Eckharts zweite Genesis-Auslegung (›Liber parabolarum Ge-

Der Torsocharakter seines Werkes hat der Intensität seiner Gedanken und der Faszinationskraft ihrer Vermittlung keinen Abbruch getan. Zum einen macht Eckhart letzte Grundverhältnisse menschlicher Welterfahrung wieder zum Gegenstand seines Denkens und Redens. Was bestimmt zuletzt die Wirklichkeit? Was ist die Bestimmung des Menschen, und wie kann er sich dazu verhalten? Die Besonderheit Eckharts liegt nun genau darin, dass er diese beiden Fragen in ein produktives Verhältnis bringt.

Von besonderem Interesse ist die Zweisprachigkeit Eckharts.[14] Innerhalb des Mittelalters ist das Lateinische *ein* Medium für den Universalismus des Denkens. Gleichwohl findet sich an mancher Stelle eine Klage über die Beengung durch die lateinische Sprache. Bei Eckhart nicht; in keinem der ihm zugeschriebenen Texte gibt es auch nur eine Nebenbemerkung dazu, was diese Zweisprachigkeit des Werkes besagt. Nicht einmal an den lateinischen Übersetzungen aus seinen Predigten in den Anklageschriften hat er etwas auszusetzen. Wer also eine Dominanz der mittelhochdeutschen Texte behauptet, kann sich nicht auf das berufen, was Eckhart sagt, sondern allenfalls auf das, was er tut. Warum aber fehlt bei ihm dazu jede Reflexion?

Bei keiner der bedeutenden Gestalten des mittelalterlichen Denkens spielt die Gattung Predigt eine annähernd so große Rolle wie bei Eckhart. Sein Denken artikuliert sich in beträchtlichem Maße in der Form der Rhetorik. Darin aber wird die Sprache nicht primär in ihrer semantischen, sondern in ihrer Wirkfunktion verwendet. Wie sehr es Eckhart auf diese ankommt, zeigt nicht nur, was er tut, sondern auch, was er sagt: „Wort hânt ouch grôze kraft; man möhte wunder tuon mit worten."[15]

Dies hat wichtige Konsequenzen für die Interpretation. Auch wenn der

nesi‹) ebenfalls Teil seines Gesamtwerkes sein sollte. Nebenbei kann man an einer solchen Methode auch erkennen, warum die Wirkungschancen Eckharts innerhalb des akademischen Kontextes gering waren. In Hinblick auf die innovativen Entwürfe in der Naturphilosophie der ersten beiden Jahrzehnte in Paris und Oxford ist Eckharts allegorisierende Naturphilosophie eher ein retardierendes Moment. Dasselbe gilt mit Bezug auf seinen Versuch, die Einheit von philosophischem Wissen und Offenbarung über die thomasische Analogie- bzw. Konvenienzkonzeption hinaus unter Beweis zu stellen, was sich zugleich gegen die von neoaugustinistischer wie von nominalistischer Seite vertretene grundsätzlichere Trennung wie auch gegen die Aristoteles-Lehrer der Artes-Fakultät richtete.

[14] Darin Ramon Lull oder Dante vergleichbar. Auch Thomas von Aquin hat übrigens in seiner späten Zeit in Neapel mit beträchtlicher Wirkung in der Volkssprache gepredigt: J. A. Weisheipl, Thomas von Aquin. Sein Leben und seine Theologie, Graz 1980, 291 f.

[15] Pred. 18 (DW I, 306); Sermo XXXVI, 1, n. 369 (LW IV, 316): *verbis miranda fiunt.*

doktrinelle Gehalt in Eckharts Predigten höher als bei anderen Predigern ist, so muss doch anerkannt werden, dass es Eckhart nicht bloß um die Vermittlung seiner Lehre und Theologie zu tun ist. In der sog. Rechtfertigungsschrift hat er mehrfach darauf hingewiesen, dass die Predigten primär einen sittlichen Sinn haben; immer wieder bemerkt er zu einzelnen Sätzen, sie seien „modo emphatico" gesagt und also entsprechend zu verstehen.[16] Was folgt daraus? Handelt es sich lediglich um eine Schutzbehauptung? Muss man so weit gehen wie Bernhard Welte, der mit Wittgenstein'schen Mitteln eine Heidegger'sche Konsequenz daraus zieht? Sie besteht darin, dass Eckhart sich in zwei verschiedenen Sprachspielen bewege, dabei aber das lateinische Werk in der Metaphysik verbleibe, wohingegen das deutsche Werk diese zugunsten der Mystik überwinde.[17] Ähnlich wie die prinzipielle Unterscheidung von Esoterik und Exoterik bei demselben Denker verkennt auch die Aufspaltung in verschiedene sprachliche Medien die innere Einheit eines Gedankens. Zu dieser Einheit gehört sogar die Entsprechung und wechselseitige Voraussetzung seiner Theorie des Verstehens und seines Denkens.[18]

4. Eckharts metaphysischer Grundgedanke

Nicht etwa dem (von Bergson übernommenen) Satz Heideggers folgend, jeder Denker denke nur einen Gedanken, sondern vielmehr um der axiomatischen Verfassung seines Denkens zu entsprechen, gehen wir von Eckharts Grundgedanken im ›Opus tripartitum‹ aus. Eckhart sagt selbst: „Aus der ersten vorausgesetzten These lassen sich, wenn sie richtig abgeleitet werden, doch fast alle Gott betreffenden Fragen leicht lösen und das, was von ihm geschrieben steht, meistens auch das Dunkle und Schwierige, mit Hilfe der natürlichen Vernunft auslegen."[19] Neben dem Programmentwurf für das Gesamtwerk hat Eckhart jeweils ein Beispiel für jeden der Teile ausgeführt – und zwar den jeweiligen Anfang. Ferner steht im Prolog der Satz, der für das Verständnis des Denkens Meister Eckharts elementar ist.

[16] Proc. col., hrsg. v. G. Théry, a. a. O. [7] 199 f.

[17] B. Welte: Meister Eckhart. Gedanken zu seinen Gedanken, Freiburg 1979, 252 ff.

[18] Einiges dazu: R. Schönberger, Wer sind 'grobe liute'? Eckharts Reflexion des Verstehens, in: Jacobi, a. a. O. [3] 239–259.

[19] Prol. gen. in Op. trip., n. 22 (LW I, 165); das *exponere* kehrt auch in dem programmatischen Satz in In Ioh., n. 2 (LW III, 4) wieder; vielfach wird dies so interpretiert, als wäre von philosophischer Begründung die Rede; Eckhart verwendet jedoch das Wort *exponere,* auslegen, d. h. verständlich machen.

Der Satz lautet: *esse est deus* („Das Sein ist Gott")[20]. Der Begriff ›Sein‹ ist einerseits Beispiel für alle Transzendentalbegriffe, die nicht Eigenschaftsbegriffe sind, sondern umgekehrt von ihren Instanziierungen vorausgesetzt werden.[21] Andererseits gilt er hier – nicht durchgängig! – als der alle anderen Begriffe fundierende. Eckhart unternimmt es nun, für den genannten Satz eine Begründung zu geben. Die mittelalterliche Metaphysik ist weithin auf diesen Begriff des Seienden gegründet. Nach einem in der Scholastik viel zitierten Satz Avicennas ist „seiend" dasjenige, was zuerst in unser Denken fällt; auch Eckhart verweist auf ihn.[22] Damit ist gemeint, dass wir von allem, von dem wir reden, sagen können, dass es ein Seiendes sei. Da wir es von allem sagen können, muss dieser Begriff vielfältig ausgesagt werden. Aristoteles hat dies an einer auch im Mittelalter berühmten Stelle seiner Metaphysik behauptet. Eckhart, der Aristoteles unübersehbar häufig zitiert, greift auffälligerweise gerade diesen Satz an keiner Stelle auf.[23] Sollte er das Wort „seiend" als univok angesehen haben? Hier wird es jedenfalls nur mit einer Instanz identifiziert: mit Gott. Dies heißt jedoch keineswegs, dass das Sein etwas ist. Eckhart hat mit aller Radikalität darauf bestanden, von Gott alle Bestimmtheit fernzuhalten.

Aber kann man denn vom Sein selbst etwas aussagen? Ist dies überhaupt ein mögliches Subjekt sinnvoller Prädikate? Thomas hat dies immer wieder bestritten. Seiend nennen wir etwas, insofern wir den Vollzug der Wirklichkeit im Blick haben. Nur an einer frühen Stelle, in den ›Quaestiones disputatae de veritate‹, wo Thomas – wie zuvor schon Albertus Magnus – die Möglichkeit solcher Selbstprädikationen diskutiert, macht er es an der universellen Allgemeinheit der Bedeutung fest.[24] So könne man zwar sagen, dass ein Wesen ist, nicht aber, dass die Wärme warm ist. Später jedoch bestreitet er dies mehrfach: *esse* diene nämlich wie andere Abstraktbildungen *(albedo)* der Bezeichnung einer Form, nicht eines Konkreten. Daher könne nur gesagt werden, dass durch es etwas ist, nicht aber, dass es selbst etwas wäre. Thomas wendet sich damit gegen die neuplatonische Tradition, die ziemlich einschränkungslos solche Selbstprädikationen verwendet hatte. Was Thomas kritisiert hatte, greift Eckhart wieder auf: Auch das Sein ist „etwas", nämlich Gott. Erörterungen wie die eben genannten stellt Eckhart kaum an. Er fragt nicht, woher der Begriff des Seins eigentlich komme, welche sprachliche Struktur er habe, welches seine Bedeutung

20 Prol. gen. op. trip., n. 12 (LW I, 156–158).

21 Prol. gen. op. trip., n. 17 (LW I, 161); In Gen. I, n. 7 (LW I, 190); In Ioh., n. 214 (LW III, 180); n. 216 (p.181); etc.

22 Prol. gen. op. trip., n. 9 (LW I, 154).

23 Vgl. H. Fischer, a. a. O. [5] 50.

24 Thomas, De ver. 21, 4, ad 4 (ed. Leon. XXII, 603).

sei. Mit anderen Worten: Es gibt bei Eckhart keine systematisch entfaltete Ontologie. Es gibt eine Metaphysik des Seins, sie besteht in der Begründung für die Identität von Sein und Gott. Doch erschließt Eckhart keinen Weg, auf dem das hier zu Identifizierende jeweils für sich und noch unabhängig von dieser Identifikation erschlossen würde.

Von Belang ist jedoch die überraschende Wendung, die Eckhart diesem Gedanken gibt. Die Tradition, die mit einem Ausdruck des bedeutendsten Historikers der mittelalterlichen Philosophie, Étienne Gilson, „Exodus-Metaphysik“ genannt wurde, nach der das eigentliche oder das höchste Seiende Gott ist, führt er nicht fort. Eckhart sagt nicht, für das, was wir mit dem Wort „Gott“ meinen, sei der Begriff des Seins der angemessenste Ausdruck, sondern eben gerade umgekehrt: Das Sein ist Gott. Auch wenn bei Eckhart die klassische Bestimmung vielfach begegnet – liegt in dieser Umkehrung eine bestimmte Pointe? Der Unterschied zwischen dem Satz „Gott ist die Liebe“ (1 Joh. 4, 7) und dem Satz „Die Liebe ist Gott“ ist unverkennbar. In diesem Vergleich mag das leidige Pantheismusproblem anklingen. Aber abgesehen davon, dass solche Positionen kaum so zu beschreiben sind, dass sie nicht schon eine bestimmte Ontologie voraussetzen, sei hier festgehalten, dass der Satz in der Verurteilungsbulle nicht zitiert wird. Im Kölner Verfahren hat er zwar eine Rolle gespielt, doch hat sich Eckhart offensichtlich erfolgreich verteidigt.

Die Umkehrung ist nun gewiss keine bloße Vertauschung, bei der statt B von A nunmehr A von B ausgesagt wird. Heidegger hat einmal diesen Satz herangezogen, um die Eigenart eines spekulativen Satzes herauszustellen.[25] Die Identifikation des Seins mit Gott scheint zudem in einem seltsamen Gegensatz zu dem zu stehen, was er in der berühmten Pariser Quaestio behauptet hatte: Gott ist nicht im aristotelischen Sinne als seiend, sondern als reines Denken zu bezeichnen.[26] Aber selbst wenn man sich kontradiktorisch zueinander verhaltende „Lehrmeinungen“ mithilfe von Entwicklungshypothesen glaubt entschärfen zu können, so wäre dies nicht mehr als eine Ad-hoc-Hypothese, wenn man nicht zugleich die Gründe dafür anzugeben vermöchte, die eine solche Lehrentwicklung in Gang gebracht haben. Für eine solche würde es, falls Sturleses Neudatierung des ›Opus tripartitum‹ zutrifft, ohnehin zu eng.

Dadurch gewinnt folgende Interpretationsthese zusätzliche Plausibilität: In dem, worauf es Eckhart zuletzt ankommt, gibt es keine Differenz.

[25] M. Heidegger, Seminare (1951–1973), hrsg. v. C. Ochwadt, GA XV, Frankfurt 1986, 325. Eine ausführliche Interpretation dieses Satzes im Anschluss an Eckharts Auslegung von Exod. 3, 14 bei W. Beierwaltes, Platonismus und Idealismus, Frankfurt a. M. 1972, 45 ff.

[26] Qu. Par. 2, n. 9 (LW V, 53).

Die Weise, wie sich der Begriff „seiend“ in der Pariser Quaestio von dem im Generalprolog unterscheidet, ist keine beliebige Äquivokation; die Bedeutungen von „seiend“ sind vielmehr genau entgegengesetzt. Und zwar in der Gestalt, dass der axiomatische Sinn genau den enthält, den Eckhart durch die Primatstellung des *intelligere* gerettet wissen wollte. Wenn er dort sagt, *ens* sei kategorial verstanden und daher auf Gott nicht anwendbar, so sagt er hier, *esse* sei von schlechthinniger Allgemeinheit. Wenn es keine Entwicklung sein kann, da für sie der Zeitrahmen zu schmal wäre, sie aber in Wahrheit eben eine Umkehrung und gerade keine sog. „Entwicklung“ darstellt, dann bleibt nur, den Blick vom doktrinellen Gehalt auf das zu richten, was für Eckhart selbst offenbar das Wesentliche dabei ist.

Wenn Eckhart das Verständnis von „seiend“ nicht entwickelt, sondern jeweils voraussetzt, heißt das nicht, dass er nicht gleichzeitig ein historisch bereits vorliegendes Konzept in Anspruch nimmt. Im Gegenteil: Eckharts Denken ist selbst in den lateinischen, aber noch mehr in den deutschen Schriften in einer eminenten Weise adressatenorientiert. Eckhart greift ein bestimmtes und bei seinen Lesern bekanntes Verständnis auf, um von da aus das zu sagen, worauf es ihm ankommt. Dies kann bis zu einer weit abliegenden Neuinterpretation, aber auch zu einer Destruktion führen. Dies gibt seinem Denken – was Begründungsmethoden und Berufungsinstanzen, nicht was die Intention angeht – einen funktionalistischen Zug.

Eckhart muss, wie es auch Anselm und Thomas in ihren Gottesbeweisen tun, ein bestimmtes Verständnis dessen, was mit dem Wort „Gott“ gemeint ist, voraussetzen. Aber während Anselm zu Beginn seines ontologischen Argumentes eine bestimmte Bedeutung dieses Wortes explizit einführt, unterstellt Thomas eine solche, um die jeweiligen Beweisresulate seiner *quinque viae* interpretieren zu könne. Aber mit der Frage der Existenz Gottes setzt bei Eckhart erst der zweite Teil der Fragen ein. Wie aber lässt sich jene Identität von Sein und Gott unter Beweis stellen?

Nicht zufällig beginnt Eckharts erstes Argument *e contrario:* Wenn das Sein nicht Gott wäre, dann würde, so Eckhart, folgen, dass Gott gar nicht existierte, denn das Sein käme gemäß Voraussetzung ihm gar nicht zu. Dieser Schluss ist nicht für sich zwingend; er ist es nur dann, wenn die andere Alternative, dass das Sein Gott zwar zukommt, dies aber nicht in der Weise der Identität, vielleicht auf den ersten Blick logisch möglich, aber nicht ernsthaft zu erwägen ist. Warum nicht, ergibt die zweite Folgerung, die für Eckhart ebenso eine absurde Konsequenz ist: Dann wäre Gott nicht Gott. Die Identität Gottes mit sich selbst ist der Grund für die Identität des Seins mit Gott. Der Grund ist nachvollziehbar, wenn man einbezieht, dass Sein hier nicht bloß wie ein formales Prädikat, sondern wie ein Bestimmungsgrund verstanden wird. Wäre nämlich, so möchte Eckhart sagen,

Sein nicht mit Gott identisch, so wäre dieser bloß ein Fall – und sei es ein ausgezeichneter Fall – von Sein, zudem wäre er durch das Sein. Im Fall seiner Nichtidentität mit dem Sein wäre er allererst durch das Sein, also durch etwas anderes als durch sich selbst. Diese Konsequenz nicht zulassen zu können, setzt offensichtlich bereits einen bestimmten Begriff von Gott voraus. Denn Eckharts Konklusion folgt nur, wenn man Gott bereits als das Erste überhaupt ansieht. Als Erstes ist es dann zugleich als Ursache des Seins anzusehen, d. h. als dasjenige, das allem anderen das Sein verleiht.

Eckhart übernimmt hier dasjenige Konzept, durch das im 13. Jh. die naturphilosophische Kategorie der Bewegung, auf die sich Aristoteles gestützt hatte, durch eine explizit metaphysische ersetzt wurde. Voraussetzung des Arguments ist also, dass Gott als Schöpfer zu denken ist, und dies Schöpfersein wiederum heißt, für alles, was er nicht selbst ist, Grund seiner Wirklichkeit zu scin. Dic Vcrschiedenheit von Gott und Sein hätte zudem zur Folge, dass die wirklichen Dinge ihre Wirklichkeit dem Sein, aber nicht Gott verdankten. Auch mit diesem Gedanken könnte nicht zusammengedacht werden, dass Gott Schöpfer ist. Eckhart kann einerseits das Sein der Form als dessen Akt gegenüberstellen, andererseits es gerade als die Wesensbestimmtheit auffassen. Sein aufschlussreicher Vergleich ist: *omne habens esse est [...] sicut habens albedinem album est.* Dieser Vergleich begegnet häufig. Sein wird wie überhaupt im Neuplatonismus als eine Form verstanden. Eckhart sagt denn auch ganz konsequent, dass mit der Aufhebung der Form auch das Geformte negiert ist. Er erläutert es mehrfach mit der Analogie von *album* und *albedo,* von einem konkreten weißen Ding und der Form des Weiß-Seins. Ebenso aber stellt er Sein, als Existenz verstanden, der Wesensbestimmung gegenüber. Dieses Theorem gebraucht er in mehrfacher Hinsicht, etwa wenn er sagt, dass etwas seine Existenz nur durch den kreativen, d. h. (!) seinsverleihenden Akt Gottes hat, die Wesensbestimmung jedoch grundlos ist. Diese Konsequenz ergibt sich deshalb, weil der Begriff des Wesens die Einheit notwendiger Bestimmungen meint. Deren Geltung hat kein Moment der Kontingenz an sich und hängt deshalb von keiner externen Ursache ab. Als dies im Prozess als Beschneidung des göttlichen Schöpfungsuniversalismus kritisiert wurde, hat Eckhart sich auf Avicenna, den ›Liber de causis‹ und Albertus Magnus berufen. Zugleich aber ist die spezifische Bestimmung von dem Sein als solchen dadurch unterschieden, dass jene durch endliche Ursachen vermittelt ist, während das Sein aller Wirklichkeit unmittelbar (!) verliehen wird.

Dies kann also nur einer einzigen Instanz entstammen. Die Einzigkeit des Seins unterstreicht Eckhart noch damit, dass er sich hierfür – wie er auch sonst immer wieder einmal die Vorsokratiker zur Geltung kommen lässt – auf Parmenides beruft.[27] Wenn dem aber so ist, dann wird die Frage unausweichlich, welchen ontologischen Status das Endliche hat. Eckhart sagt mit aller Konsequenz: „Die Kreaturen sind ein reines Nichts."[28] Die Bestimmung des Endlichen als Nichtigkeit hat die mittelalterliche Spiritualität aus seiner Vorläufigkeit, seiner Fragilität und Hinfälligkeit genommen. Die Metaphysik und Theologie hingegen haben die Nichtigkeit des Endlichen in einem relativen Sinne verstanden: Im Vergleich zur reinen, weil unvergänglichen bzw. zeitlosen Wirklichkeit sind die Dinge nichts. Eckhart wehrt ausdrücklich jede Abschwächung ab. Für ihn besteht die Nichtigkeit der endlichen Dinge gerade darin, dass sie selbst nichts anderes als reine Relationalität zu ihrem Ursprung sind. Die traditionelle Fassung der Relation als *non-ens* bleibt dabei intakt, sie wird jetzt nur angewendet auf die Relationalität des Endlichen als solcher.[29] Wenn also Eckhart ausdrücklich darauf insistiert, dass damit das Sein der Kreatur nicht negiert wird,[30] so ist dies ganz folgerichtig.

Eckhart kennt jedoch genauso die Umkehrung dieses Verhältnisses: Das Seiendsein wird den Dingen zugeschrieben; der Intellekt oder auch Gott sind im Verhältnis dazu reines Nichts. „Paulus erhob sich von der Erde, und mit offenen Augen sah er nichts" (Act. 9, 8) – soll jetzt heißen: das Nichts.[31]

Beide Konzeptionen des Seins sind im theoretischen Kontext Eckharts vertretbar und möglich. Offensichtlich hat Eckhart kein Motiv, sich für eines dieser Konzepte zu entscheiden bzw. eines als das allein angemessene zu zeigen. Elementar ist für ihn vielmehr, einerseits die radikale Differenz zwischen dem Ursprung der endlichen Welt und dieser selbst und andererseits die Allgegenwart endlicher, aber aufzuhebender Vorstellungen aufzuzeigen.

5. *Das Innewerden der Einheit*

Das Christentum versteht die Bestimmung des Menschen als die Überwindung seiner Entzweiung von seinem Ursprung. Diese Entzweiung hat nach Eckhart die Besonderheit, dass einerseits Gott als Schöpfer der Welt in allem anwesend ist, im Menschen jedoch diese Anwesenheit auf vielfältige Weise verdeckt ist. Dies ist dadurch möglich, dass Gott kein weiteres

[27] Prol. op. prop., n. 5 (LW I, 168).

[28] Pred. 4 (DW I, 69); 68 (DW III, 149).

[29] In Exod., n. 64 (LW II, 68).

[30] Prol. op. prop., n. 15 (LW I, 176); In Sap., n. 260 (LW II, 591).

[31] Pred. 71; vgl. B. Hasebrink, Pred. 71 'Surrexit autem Paulus', in: Lectura Eckhardi, hrsg. v. L. Sturlese/G. Steer, Stuttgart 1998, 219–245.

Etwas ist, das zu anderem hinzukäme. Auch die Welt ist keine Hinzufügung zum göttlichen Sein.[32] Er ist da als das eine Prinzip aller Vielfältigkeit. Die unübersehbare Vielfalt endlicher Wirklichkeit ist für Eckhart nicht hinsichtlich ihrer Einzelheit von Interesse, sondern hinsichtlich dieses formalen Prinzips selbst und des Verhältnisses des Menschen zu ihm: Die Welt ist Vielheit; was eine Differenz enthält, ist nicht Gott.

Wenn aber zugleich diese Vielheit die theoretische und praktische Aufmerksamkeit des Menschen auf sich zieht, dann kann ihre Relativierung keine Sache theoretischer Einsicht sein. Denn: Anwesend ist Gott im „Mistwürmlein“ und der „Raupe“ ebenso wie auch im Menschen. Aber in einer Hinsicht ist diese Rede von der Allgegenwart unspezifisch und sogar verfälschend: Der Geist des Menschen ist selbst ein Prinzip der Vergegenwärtigung. Wenn es also darum geht, die Gegenwart von etwas zu vergegenwärtigen, das „an sich“ bereits da ist, dann kann es sich nicht um eine Einsicht handeln, die durch ein Argument zureichend herbeigeführt werden kann. Es handelt sich nämlich um eine andere Form der Identifikation. Es wird nicht etwas als etwas gegenständlich identifiziert, sondern von der Seele des Menschen selbst. Dies lässt sich aber nicht so verstehen, als ob die Seele nun zu diesem Kreis der Objekte hinzuträte. Da sie selbst die Vergegenwärtigung zu erbringen hat, lässt sich diese eigentümliche Weise der Erfassung kategorial als „Innewerden“ begreifen.

Man kann begründen, dass und warum es Eckhart in seinen Predigten um dieses Innewerden geht. Das gesamte deutsche Predigtwerk Eckharts ist charakterisiert durch die ungeheuere thematische Konzentration auf die eben rekonstruierte Einsicht mithilfe einer unerschöpflichen Fülle von Zitaten aus biblischen, philosophischen und anderen Texten, von Gleichnissen und Beispielen. Gerade diese Variationsbreite zeigt, dass es mit einer ausschließlich argumentativen Einsicht nicht getan ist. Für diese bedürfte es prinzipiell eben nur eines einzigen Argumentes. Eckharts Einsatz an Rhetorik, an Sprachkunst überhaupt und auch an Phantasie, sein Thema als eines von universeller Anschlussfähigkeit vorzuführen, ist ein zusätzliches Argument für die hier vorgeschlagene Statusbestimmung.

Es empfiehlt sich, dies an einem Predigttext zu konkretisieren. Wenn die Interpretationsthese richtig ist, dann darf es keine Predigt geben, die ihr widerspricht. Greifen wir also beliebig die relativ kurze Pred. 22 (›Ave, gratia plena‹) heraus, die in der Kölner Zeit entstanden ist.

Die Predigt hat den englischen Gruß zum Thema. Der Engel verkündet Maria, dass sie in der Gnade Gottes stehe und den Sohn des Allerhöchsten gebären werde. Eckhart verweist zunächst auf die Niedrigkeit der Engels-

[32] Pred. 4 (DW I, 70); Pred. 25 (DW II, 16); Pred. 30 (DW II, 101); Pred. 41 (DW II, 292).

natur. Zwar verkündet der Engel, da er ja Bote ist, doch seine Natur ist nicht über der des Menschen. Der von Eckhart genannte Grund ist: Der Engel nennt Maria nicht beim Namen. Dies ist zum einen Zeichen dafür, dass er seine Niedrigkeit anerkennt, es zeigt aber auch, dass nicht nur Maria, sondern vielmehr jegliche gute Seele gemeint ist.

Dies überrascht, da die Ausnahmestellung Mariens durch viele Lehrstücke des Christentums, von den frommen Legenden zu schweigen, festgelegt ist. Der Engel kündet eine Geburt im wörtlichen Sinne an. Eckharts Gedanke ist nun aber, dass einer leiblichen Geburt des Gottessohnes die geistige vorherzugehen habe. Er beruft sich hierfür auf die barsche Zurückweisung eines Marienlobs durch Jesus, das sich scheinbar ausschließlich auf Schwangerschaft und Mutterschaft Mariens bezieht. Das Hören des Wortes Gottes, d. h. das Vernehmen im Sinne der Zustimmung, muss dem vorangegangen sein. Der Wert der leiblichen Gottesgeburt hängt an der geistigen, die sich in jeder „guten Seele" ereignen kann.

Der Mensch bringt aber nicht nur zeugend und gebärend hervor, er ist selbst ein hervorgebrachtes Wesen: Er ist Geschöpf. Dies setzt aber voraus, dass die Dinge Gedanken Gottes „gewesen" sind. Eckhart gewinnt daraus auch hier einen besonderen Gedanken: Gott gebiert die Kreaturen, weil sie im ewigen Logos, durch den sie geschaffen worden sind, enthalten sind. Eckhart steigert diesen Gedanken noch weiter: Zum einen benutzt er, um dies verständlich zu machen, traditionsverpflichtet die Analogie der menschlichen Sprache: Das Wort wird ausgesprochen, muss aber zuvor im Geist geboren worden sein. Es wird zum Ausdruck gebracht und bleibt doch innen. Zum anderen wendet Eckhart diesen Gedanken (wie etwa in der Armutspredigt) auf den Menschen selbst an. Der Mensch gewinnt aus dieser spekulativen Verschränkung von Trinitäts- und Schöpfungslehre ein anderes Bewusstsein. Zugleich aber lässt sich damit die Möglichkeit der Einheit mit Gott einsehen.

Dies ist kein gleichgültiges Faktum oder ein psychologisches Sonderphänomen. Gott will diese Einheit. Gott gibt seine göttliche Vollkommenheit auf, um Mensch zu werden. Die Menschwerdung Gottes soll den Menschen von der göttlichen Liebe überzeugen.

Aber das Hervorbringen kennzeichnet alle Kreaturen; in ihrer Wirkkraft liegt eine Ähnlichkeit mit Gott. Ihr Wesensprinzip ermöglicht dieses Wirken, wirkt aber nicht selbst. Nicht das Feuer, sondern das dürre Holz brennt. Die Anwesenheit des Feuers im Holz vergleicht Eckhart mit der Anwesenheit Gottes im Menschen. Eckhart wählt offensichtlich kein beliebiges Beispiel: Auch im Menschen ist ein göttlicher Funke anwesend – eben das, was der Mensch als göttliche Idee – und daher ungeschaffen! – ist.

Die Mystik Eckharts ist keine Stufenmystik nach dem Vorbild des Dionysius, kümmert sich auch nicht um außerordentliche Ereignisse der Seele. Im Gegenteil, Eckhart ist ein harscher Kritiker schon der entsprechenden Sehnsüchte.[33] Er hat dafür zwei Gründe: Zum einen hält er es nicht für gesichert, dass eine solche Erfahrung wirklich gnadenhaft statt bloß natürlich ist.[34] Zum anderen aber unterstellt dies, man könne nur auf eine bestimmte Weise mit Gott eins werden. Angesichts der Disproportionalität des unendlichen Gottes und des endlichen Geschöpfes kann aber kein bestimmter Weg als exklusiv angesehen werden. Darin liegt derselbe Gedanke wie in der insistierenden Kritik Eckharts an der Überschätzung äußerer Handlungen. In ihnen liegt über die Sittlichkeit des Willens hinaus weder eine zusätzliche ethische Qualität noch – was man Fasten, Beten und ähnlichem zugeschrieben hatte – eine spezifische Eignung zur Selbsttranszendenz. Diese Handlungen sind immer noch indifferent gegenüber einem angemessenen Selbstverhältnis. Darin *kann* sich eine Eliminierung des Egoismus anbahnen oder manifestieren, muss es aber nicht. Man kann diese Auffassung in die Nähe der nominalistischen und – was als Quelle sicherlich einschlägig ist – der stoischen Lehre von der sittlichen Indifferenz äußerer Handlungen rücken. Eckharts Gesichtspunkt ist jedoch kein moralphilosophischer bzw. -theologischer, sondern ein spiritueller: die Aufspreizung des Endlichen als verborgenes und sich selbst verbergendes Motiv in den Versuchen der Selbstüberschreitung.

Zu der Indifferenz der Handlung gehört ebenso die der religiösen (institutionalisierten) Orte und Zeiten, insbesondere aber die Indifferenz des Willens. Das entscheidende Hindernis für die Einheit des Menschen mit Gott ist erstens ein praktisches: Das Verhältnis des Willens zur Wirklichkeit ist Streben, schließt also die Struktur der Präferenz ein. Der Mensch strebt nach dem einen, flieht das andere. Hierin werden die Dinge aber noch in ihrer Differenz genommen. Der präferierende, weil natürliche Wille muss also überführt werden in universale und vorbehaltlose Zustimmung. Erst dann, wenn die Anerkennung des göttlichen Willens auch bei solchen Widerfahrnissen gelingt, die der Mensch natürlicherweise zu meiden sucht, ist er in eine Haltung gelangt, die der göttlichen Einheit entspricht.

Diese Überführung in die Indifferenz hat ihre Analogie in den kognitiven Vermögen, woraus das zweite Hindernis für die Einheit des Menschen mit Gott entspringt. Alle Vorstellungen von Gott sind ihm schon als Vorstellungen unangemessen. Sie können also nicht als Sprungbrett der Analogie dienen, sondern müssen Gegenstand einer rigorosen Vergleichgültigung werden. Wenn es gelingt, diese Vorstellungen („Bilder“) aufzuheben („entbilden“), dann gelangt der Mensch dazu, selbst – wie der Logos – Bild

[33] Reden der Unterweisung, 21 (DW V, 281).
[34] Reden der Unterweisung, 10 (DW V, 220).

zu sein, also Gott ganz zu entsprechen. Dies nennt Eckhart die Gottesgeburt in der Seele – was allerdings kein direkt anstrebbares Ziel ist. Die Einheit mit Gott ist vielmehr gar nicht ausschließlich Ziel, sondern eine immer schon bestehende Voraussetzung. Was Eckhart beschreibend vergegenwärtigt, ist nur möglich, weil der Grund bzw. die Spitze der Seele aus dieser Einheit gar nicht herausgefallen ist. Schöpfung ist Fall. Ihre, wenn man so sagen kann, Revision ist möglich, wenn der Mensch sich dieser Einheit bewusst wird. In immer neuen Anläufen unternimmt es Eckhart, die Einheit des Menschen zu veranschaulichen: Das vielleicht Wichtigste ist der Bildbegriff. Darin kehrt genau das wieder, was bei der relationstheoretischen Bestimmung der Kreatur bereits hervorgehoben wurde. (Ab-)Bild und (Ur-)Bild sind zwar nicht numerisch dasselbe, aber doch „völlig eins": Ohne jegliche inhaltliche Differenz bleibt nur die der Relation.[35]

Die Einheit mit Gott, zu der Eckhart anleiten will, ist eine, die immer schon besteht. Sie ist durch das vorstellende und praktische Gerichtetsein auf die Kreaturen nur verstellt. Daher ist sie Inhalt eines Innewerdens, nicht ein psychisches Ereignis. Einem solchen gegenüber bleibt Eckhart, wie gesagt, schon wegen der darin liegenden Zweideutigkeit, da es sich vielleicht nur um einen natürlichen Vorgang handelt, stets distanziert, weitaus distanzierter als vermutlich sein Adressatenkreis. Die Möglichkeitsbedingung für die Einheit mit Gott ist die schon bestehende Einheit. Da die angezielte Einheit jedoch kein dem Wissen gegenüber unabhängiger Vorgang sein kann, bedarf sie eines Innewerdens. Das Innewerden muss zwar mit allem Aufwand vorbereitet werden, kann aber auch nur vorbereitet werden. Es kann nicht der Schluss eines Argumentes sein. Denn zu diesem Gedanken gehört wesentlich eine Leistung der Identifikation. Da das, was Eckhart unter stärksten Anleihen aus der traditionellen Spekulation ausführt, den Adressaten seiner Rede wesentlich bestimmt, muss in diesem noch etwas anderes erweckt werden als nur die Bereitschaft, einen Gedanken zu denken oder ein Argument einzusehen. Es gilt eine Grenze wieder zu überschreiten, die durch den Menschen selbst verläuft: „Dâ, diu crêatûre endet, dâ beginnet got ze sînne."[36]

[35] Pred. 9 (DW I, 154); Pred. 69 (DW III, 176f.); In Ioh., n. 23 (LW III, 19); etc.

[36] Pred. 5b (DW I, 95).

Auswahlbibliographie

Quellentexte

Meister Eckhart: Die deutschen und lateinischen Werke, hrsg. i. A. der Deutschen Forschungsgemeinschaft, Stuttgart 1936 ff.

Meister Eckhart: Predigten und Traktate, hrsg. v. W. F. Pfeiffer, in: Deutsche Mystiker des 14. Jahrhunderts II, Leipzig 1857, ND Aalen 1962.

Meister Eckhart: Werke. Text und Übersetzung v. J. Quint u. a., hrsg. und komm. v. N. Largier, Frankfurt a. M. 1993.

Meister Eckhart: Deutsche Predigten und Traktate, hrsg. und übers. v. J. Quint, München 5 1978.

Sekundärliteratur

Albert, K.: Meister Eckharts These vom Sein, Ratingen 1976.

Jacobi, K. (Hrsg.): Meister Eckhart: Lebensstationen – Redesituationen, Berlin 1999.

Libera, A. de: Introduction à la Mystique Rhénane. D'Albert le Grand à Maître Eckhart, Paris 1984.

Lossky, V.: Théologie négative et connaissance de Dieu chez Maître Eckhart, Paris 1960.

Ruh, K.: Meister Eckhart. Theologe, Prediger, Mystiker, München 2 1989.

Ruh, K.: Geschichte der abendländischen Mystik III, München 1996, 218–353.

Stirnimann, H./Imbach, R. (Hrsg.): Eckardus Theotonicus, homo doctus et sanctus. Nachweise und Berichte zum Prozeß gegen Meister Eckhart, Freiburg (Schweiz) 1992.

Sturlese, L./Steer, G. (Hrsg.): Lectura Eckardi, Predigten Meister Eckharts von Fachgelehrten gelesen und gedeutet, Stuttgart 1998.

Trusen, W.: Der Prozeß gegen Meister Eckhart. Vorgeschichte, Verlauf und Folgen, Paderborn 1988.

Waldschütz, E.: Denken und Erfahren des Grundes. Zur philosophischen Deutung Meister Eckharts, Wien u. a. 1989.

JOHANNES DUNS SCOTUS

Transzendentale Metaphysik und normative Ethik

Von Olivier Boulnois

Während das Mittelalter in seine späte Blütezeit eintritt, fasst Johannes Duns Scotus (1265?–1308) die Errungenschaften der Scholastik bereits in einer kritischen Synthese zusammen. Er steht mit den großen Autoritäten der Vergangenheit – mit Aristoteles und Augustinus – im Gespräch; zugleich ist er ein Vorbereiter der Barockmetaphysik (mit Vázquez und Suárez), der deutschen Schulmetaphysik und der Philosophie Kants. Damit markiert Scotus einen Wendepunkt zwischen zwei Epochen der Ethik und der Metaphysik.

I. Die Konfrontation von Philosophie und Theologie

Scotus beginnt um 1290 zu unterrichten, nicht lange nach der Krise der Verurteilungen von 1277. In diesem Jahr verbietet der Bischof von Paris 219 Thesen, wie sie insbesondere von Magistern der Artistenfakultät vorgetragen wurden und in seinen Augen die Grenzen ihres Faches überstiegen. Mit dieser Zensur untersagt er ihnen, theologische Fragen zu erörtern, wenn sie dabei nicht zu denselben Schlussfolgerungen gelangen wie der Theologe. Eben dadurch nun, dass er dem Philosophen verbietet, sich in die Theologie einzumischen, *erfindet* der Bischof von Paris allererst seine Gestalt und denkt ihn als deren Widersacher.

Als Franziskaner, Priester und Theologe stellt sich Scotus mit seinem Denken bewusst auf die Seite des Zensoren und der Orthodoxie. So schreibt er im Prolog seiner ›Ordinatio‹, des großen Kommentars zum Sentenzenwerk des Petrus Lombardus: „Die Philosophen behaupten die Vollkommenheit der Natur und leugnen die übernatürliche Vervollkommnung" (§ 5). Aus der Pflicht zur Zurückhaltung der Lehrer der *Freien Künste* macht er die Glaubensverneinung der Philosophen.

Aus der Außenperspektive des Theologen – der Scotus ist – betrachtet, bilden die verschiedenen den „Philosophen" zugeschriebenen Argumente ein System: das der *philosophischen Glückseligkeit*, die der Mensch auf dem höchsten Punkt einer metaphysischen Theologie erlangt. In gewisser

Weise erkennt Scotus durchaus den Kern der von den Magistern der Artistenfakultät vertretenen Position: Der Weise ist „der glücklichste" der Menschen (Aristoteles, Nikomachische Ethik X, 9). Doch ist dies eben der Blickwinkel des Theologen, der unzusammenhängende Argumente zusammenfasst und dadurch einen Zusammenhang herstellt, den diese vor der Zensur überhaupt nicht besaßen. Indem Scotus die einfache Bejahung der Natur zur Verneinung des Übernatürlichen stilisiert, *wiederholt er auf gelehrte Weise die disziplinierende Geste des Zensoren. Aus bloßem Schweigen macht er eine Häresie.* Den Protesten der Magister der Artistenfakultät schenkt Scotus kein Gehör: Dort, wo Aristoteles von einem Mangel und einer Negativität redet, liest er bei den Artisten etwas Positives, eine Bejahung der Abgeschlossenheit der Philosophie heraus, die er wiederum als Verneinung einer höheren Vollkommenheit deutet. Welch eigenartiger Stellentausch: Der Theologe *erfindet* die Gestalt des Philosophen, indem er seine eigene Heilslehre verdoppelt und verendlicht, und *zerstört* diese sogleich wieder durch eine scharfsinnige Aristoteleslektüre, wobei er die Negativität und das Verlangen der Natur hervorhebt. *Erst die Kritik des Theologen macht die Magister der Artistenfakultät zu Philosophen,* als nämlich diese (Siger von Brabant, Boetius von Dacien) sich ausdrücklich gegen den Vorwurf verteidigen, sie leugneten die übernatürliche Vervollkommnung.[1]

Für Scotus reicht die Philosophie nicht aus, um den Wunsch nach Glück zu erfüllen, den der Philosoph erforscht. Das Glück des tugendhaften Menschen ist nichts im Vergleich zur Glückseligkeit des Gläubigen; denn es ist unmöglich, durch bloße Vernunft diejenige Handlung zu erkennen, die allein das Glück vervollständigen kann, die Schau des göttlichen Wesens von Angesicht zu Angesicht. Hierin liegt ein Paradox: Das wahre Ziel des Menschen wird vom Menschen nicht gewusst; einzig die Gnade gibt es ihm zu erkennen. Der Übergang zum Glauben ist mithin ein Sprung, der den Menschen in die Lage versetzt, seine wahre Vervollkommnung zu erlangen. Der Glaube löscht nicht die Würde der menschlichen Natur aus, sondern adelt, erhebt sie. Was das betrifft, verdient der Optimismus des Scotus hinsichtlich der menschlichen Natur besonders hervorgehoben zu werden: Die Theologie geht über das von den Philosophen ausgemachte Glück hinaus – aber so, dass sie jenes, ohne es in Abrede zu stellen, vollendet.

[1] Vgl. L. Bianchi, Il vescovo e i filosofi, Bergamo 1990; A. de Libera, Penser au Moyen-Age, Paris 1991; F.-X. Putallaz/R. Imbach, Profession: Philosophe. Siger de Brabant, Paris 1997.

II. Die Geburt der transzendentalen Metaphysik

Der Begriff der Theologie ist zunächst ein aristotelischer Begriff: Im Buch Λ der ›Metaphysik‹ bezeichnet dieser Terminus das Wissen, welches Gott von sich selber hat. Allerdings ist dieses Wissen die „Theologie an sich", ein göttliches Wissen vom Göttlichen, welches uns gar nicht zugänglich ist. Nach christlicher Lehre empfängt der Gläubige dagegen eine Offenbarung Gottes von Gott selbst, wodurch er an jenem göttlichen Wissen in gewisser Weise teilhat. Die Offenbarung jedoch ist einfach ein Gegenstand des Glaubens; sie ist noch keine Wissenschaft. Für Scotus ist sie dem göttlichen Wissen nicht untergeordnet wie bei Thomas von Aquin; denn sie ist von einer anderen Art. Damit es *für uns* eine Theologie als Wissenschaft geben kann, ist es nötig, dass wir die Begriffe bilden können, die sie konstituieren. Hierzu ist es wiederum nötig, dass wir der Abstraktionsleistungen der Metaphysik fähig sind. „*Unsere* Theologie" handelt von Gott als von dem ersten Subjekt all der Aussagen, die sich aus seiner Natur und seiner Freiheit ableiten lassen. Sie setzt somit voraus, dass wir eine Kenntnis Gottes in seinem Wesen haben – eben durch die Metaphysik. Doch gelangt man zu ihr nicht durch Teilhabe an der göttlichen Theologie vermittels des Wissens der Seligen wie bei Thomas, sondern sie wird ausgehend von unserer sinnlichen Erfahrung durch Abstraktion gewonnen.

Scotus ist der große Erneuerer der Metaphysik – nicht etwa, *obwohl* er ein Theologe ist, sondern *weil* er ein Theologe ist. In dem Maße, in dem er sich bemüht, die Glaubenslehre als Wissenschaft zu begründen, benötigt er diese Metaphysik. Ja, die besondere Gestalt, die er der Metaphysik verleiht – die Gestalt nämlich einer transzendentalen Wissenschaft –, ist von dieser theologischen Entscheidung abhängig: Damit unser Wissen von Gott ein Wissen im strengen Sinne ist, müssen die philosophischen Begriffe sich im selben Sinne auf Gott und auf das Geschöpf anwenden lassen. Es gibt daher ein theologisches Bedürfnis nach Metaphysik, und dies ist der Grund, weshalb Scotus die Aporie der aristotelischen Metaphysik überwindet und diese als Wissenschaft begründet.

Die Hauptschwierigkeit der ›Metaphysik‹ des Aristoteles liegt in der Unvereinbarkeit der gesuchten Wissenschaft mit der aristotelischen Einteilung der Einzelwissenschaften begründet. Erstere wird in Γ, 1, beschrieben: Aristoteles erklärt, es gebe eine Wissenschaft vom Seienden als Seienden (on hē on). Sie unterscheidet sich von den anderen Wissenschaften, weil diese immer einen Ausschnitt des Seienden betrachten, jene hingegen in allumfassender Weise das Seiende als solches (katholou peri tou ontos hē on, 1003a 21–26). In E, 1, untersucht Aristoteles den Unterschied zwischen den theoretischen Wissenschaften gemäß der verschiedenen von ihnen betrachteten Gegenstände. Die Untersuchung der Physik und der Mathematik macht die Annahme erforderlich, dass es eine ihnen vorgeordnete Wissenschaft gibt, welche solche Dinge betrachtet, die von der Materie abgetrennt und unbeweglich sind (chorista kai akinēta). Dies ist die Erste Wissenschaft, da sie von der höchsten Klasse des Seienden handelt (to timiōtaton genos). Sie wird auch Theologie oder göttliche Wissenschaft (theologikē) genannt werden, weil die unbeweglichen und nicht-materiellen Wirklichkeiten ewige Ursachen sind. Aus der aristotelischen Einteilung der Wissenschaften wird die Existenz einer Ersten Philosophie oder Theologie gefolgert, welche die allerhöchste Art von Seiendem betrachtet (E, 1, 1025b 1–1026a 22).

Das wirft aber unmittelbar das folgende Problem auf: Ist die (gesuchte) Metaphysik eine Theologie? Ist die Theologie – oder Erste Philosophie – mit nur einem Teil des Seienden befasst, oder ist sie allumfassend? Wie kann eine solche Erste Philosophie eine allumfassende Wissenschaft des Seienden als Seienden sein? Die Antwort des Aristoteles, eine Crux für den Interpreten, ist seinen Kommentatoren ein Rätsel gewesen: Die Theologie ist allumfassend, weil sie die Erste Wissenschaft ist; sie betrachtet das Seiende als solches, gerade insofern sie ihren vorzüglichsten Gegenstand betrachtet, nämlich den göttlichen (E, 1, 1026a 23–32). Nirgendwo erklärt Aristoteles diesen Zusammenfall der Theologie mit der Wissenschaft des Seienden als Seienden. Jüngst ist es einem Kommentator des Aristoteles gelungen zu zeigen, dass es sich bei dieser rätselhaften Unentschiedenheit um eine wiederkehrende Denkform bei Aristoteles handelt: Seine Metaphysik, aber auch seine Kosmologie und seine Psychologie haben eine „katholou-protologische" Struktur (das Allumfassende ist dort allumfassend, weil es das Erste ist).[2]

Die andere Schwierigkeit der aristotelischen Metaphysik gründet in der Äquivozität des Seins. Wenn, wie Aristoteles bemerkt (Γ, 2, 1003a 33), „das Seiende in verschiedenen Bedeutungen gesagt wird", wie kann es dann eine Wissenschaft von einem einheitlichen Seienden geben? Für Aristoteles ist eine Wissenschaft nur von dem möglich, was eingegrenzt, was definiert ist, nur von einer Gattung: „Keine Einheit zu bedeuten, heißt, überhaupt nichts zu bedeuten" (Γ, 4, 1006b 7). Die Vielfalt der Bedeutungen des Seienden sprengt aber die generische Einheit; sie zwingt uns dazu, den es bezeichnenden Namen als leer anzusehen und das Unternehmen der Metaphysik als in sich widersprüchlich. Wie Scotus bemerkt, „ist die Metaphysik keine Wissenschaft für unseren Verstand", wenn der Verstand nicht „etwas Gemeinsames unter dem Begriff des Seienden" erkennt; es wäre dann „die Metaphysik ebensowenig wie die Physik eine transzendentale Wissenschaft" (Ordinatio = Ord. I, d.3, § 117, 118; III, 72–73).

Die grundlegende Aporie der Metaphysik, und für diese geradezu kon-

[2] R. Brague, Aristote et la question du monde, Paris 1988.

stitutiv, setzt sich aus drei Aussagen zusammen, von denen sich je zwei miteinander vereinbaren lassen, aber nicht alle drei zusammen:[3] 1. Jede Wissenschaft handelt von einem wohlbestimmten und eindeutigen (univoken) Genus; dies ergibt sich aus der aristotelischen Definition der Wissenschaft in den ›Zweiten Analytiken‹. 2. Das Seiende ist kein Genus; denn es wird in mehreren Bedeutungen (äquivok) gesagt. 3. Die Metaphysik versteht sich als die Wissenschaft des Seienden als Seienden.

Diese Aporie lässt sich jedoch lösen, indem man eine transzendente Einheit der Metaphysik vertritt, die auf der analogischen Vereinigung des Seins im Allgemeinen mit dem göttlichen Sein als dem Sein par excellence *(ipsum esse)* beruht.

Diese Position findet sich bei Thomas von Aquin wieder. Sie stößt sich allerdings an einer Schwierigkeit: Der, dessen Existenz man innerhalb der Metaphysik nachweist, Gott, gehört nicht zum Gegenstandsbereich dieser Wissenschaft. Tatsächlich definiert Thomas im Gefolge Avicennas das Seiende als den Gegenstand der Metaphysik. Dabei ist er darauf bedacht klarzustellen, dass dieses Seiende das geschaffene Seiende ist, die sinnfällige Washeit. Folglich gelangt man zu Gott als zu der Ursache des Gegenstandsbereichs der Metaphysik, ohne dass Gott doch in diesem Gegenstandsbereich – dem *ens commune* – enthalten wäre. Wenn nun aber das höchste Ziel der Metaphysik die Erkenntnis Gottes ist, muss diese problematisch werden; denn die Metaphysik hat die Existenz eines Seins zu beweisen, welches nicht in ihren Gegenstandsbereich fällt. So bleibt die Metaphysik eine unabgeschlossene Wissenschaft, die zur Andersartigkeit Gottes hin geöffnet, aber nicht in der Lage ist, sich als eine in sich geschlossene, demonstrative Wissenschaft zu konstituieren.

Die zweite Deutungsmöglichkeit besteht nun darin, den Gegenstand der Metaphysik so auszulegen, dass er auch Gott umfasst. Dies ist die Lösung des Heinrich von Gent. Heinrich erweitert den Gegenstandsbereich der Metaphysik: Dieser umfasst nicht mehr bloß das geschaffene Seiende (das an seiner Ursache teilhat), sondern ist ein unterschiedslos verstandener Begriff des Seienden, der auch Gott als sein Prinzip einschließt. Gegenstand der Metaphysik ist nach Heinrich das „Gott und dem Geschöpf gemeinsame und analoge" Seiende *(ens [...] commune analogum ad creatorem et creaturam*, Summa a.21, q.3; f° 126 r E). Die Analogie ist mithin nicht länger eine solche *zwischen dem* (geschaffenen) *Sein* und Gott, zwi-

[3] Vgl. O. Boulnois, La destruction de l'analogie et l'instauration de la métaphysique, Einleitung zu: Duns Scot, Sur la connaissance divine et l'univocité de l'étant, Paris 1988, 11–81; ders., Analogie et univocité selon Scot, in: Les Etudes philosophiques 3/4 (1989) 347–370; S. Dumont, L'univocité selon Scot et la tradition médiévale de la métaphysique, in: Philosophie (1999) 27–49.

schen dem Gegenstand der Metaphysik und seinem transzendentalen Grund, sondern eine Analogie *im Sein*. Das gemeinsame Seiende wird zum allgemeinsten, alle Dinge umfassenden Begriff, weil in ihm Geschöpf wie Schöpfer enthalten sind. Er enthält weder eine Bestimmung auf die Substanz oder auf das Akzidens hin, noch auf den Schöpfer oder das Geschöpf (Summa a.24, q.3, f° 138 P). Allein, dieser Begriff enthält eigentlich zwei Begriffe, den Gott eigentümlichen Begriff des Seienden und den der Kreatur eigentümlichen Begriff des Seienden; diese sind nur miteinander vermengt worden. Das Problem wird dadurch zu einem epistemologischen: Wie unterscheiden wir den unbestimmten Begriff des Seienden im Allgemeinen von dem unbestimmten Begriff Gottes? Heinrich verweist hier darauf, dass der erste privativ unbestimmt ist (das heißt, er ist seiner Bestimmungen entblößt), wohingegen der zweite negativ unbestimmt ist (das heißt, er ist überhaupt nicht bestimmbar). Es bleibt die Schwierigkeit, dass sie beide in einem einzigen Begriff erfasst werden, wodurch sie ununterscheidbar werden. Beide Begriffe werden in ihrer Unbestimmtheit vermengt, im selben „Irrtum" *(error)* – der Ausdruck stammt von Heinrich von Gent – durcheinander gebracht. Es gibt nichts mehr, was uns erlaubte, das abstrakte universale Sein vom göttlichen Prinzip zu unterscheiden – ein schwerwiegendes Problem für die Metaphysik.

Scotus hat viel Platz darauf verwendet, die epistemologischen Schwächen dieser Theorie hervorzukehren. In letzter Konsequenz, so glaubt er, würde sie jedes Wissen unmöglich machen. Es wäre nicht länger möglich, den Begriff des Menschen von dem Begriff des Tieres zu unterscheiden; denn es wäre derselbe Begriff, nur zu unterschiedlichen Graden bestimmt. Daher müsste es richtig heißen, dass es einen einzigen Begriff des Seins gibt, allumfassend, transzendental und von dem Begriff Gottes unterschieden; und dass man zur Erkenntnis Gottes durch eine zusätzliche Begriffsbestimmung gelangt. Anstatt Gott als das *ipsum esse* (das in seiner transzendentalen Unbestimmtheit bestehende Sein) zu denken, müsste man vielmehr den gemeinsamen Begriff des Seienden mit einer Differenz kombinieren: Gott ist *ens + infinitum*. Die Verknüpfung der beiden Bestimmungen impliziert, dass Gott bestimmter ist als der allumfassende Begriff des Seins, dass er quasi definiert ist.

So hält Scotus im Hinblick auf die aristotelische Aporie an der dritten These fest: an der Metaphysik als einer strengen Wissenschaft. Er löst also die Schwierigkeit, indem er die erste und die zweite These modifiziert: Die Wissenschaft wird zu einem formalen System, das univok bleibt, wiewohl es nicht länger von einer bestimmten Gattung handelt; das Seiende wird von nun an in einem einheitlichen Begriff gedacht, der die Mannigfaltigkeit der Gattungen übersteigt. Diese Lösung beruht indessen auf der These von der Univozität des Seienden.

III. Die Univozität des Begriffs des Seienden

Wenn Heinrich von Gent den Begriff des Seins einführt, so ist dieser durch Vermengung zweier Begriffe gewonnen: des Begriffs des göttlichen Seins, der negativ unbestimmt ist, weil ihm überhaupt keine Bestimmung zukommen kann; und des Begriffs des geschöpflichen Seins, der privativ unbestimmt ist und durch Abstraktion von allen Bestimmungen gewonnen wird. Der Sache nach aber gibt es nichts Gott und dem Geschöpf Gemeinsames: „Das Sein ist nicht etwas *Wirkliches,* etwas Gemeinsames, das Gott mit den Geschöpfen teilte. Wenn folglich das Seiende oder das Sein von Gott und dem Geschöpf ausgesagt wird, dann nur aufgrund einer Gemeinsamkeit des *Namens,* keineswegs aber aufgrund einer Gemeinsamkeit der *Sache*. Und daher wird es weder univok ausgesagt, noch gemäß der Definition der Äquivoka *per accidens*, sondern auf eine mittlere Weise – analog“ (Summa I, f° 124 F). Man muss mit Thomas sagen, dass eine Analogie zwischen dem geschaffenen Sein und dem ungeschaffenen Sein besteht, und zugleich mit Avicenna, dass es nur einen einzigen Begriff des Seins gibt.

Solcherart ist die Konstellation des Problems der Analogie, da Scotus sich seiner annimmt. Soll man den Zugang zum göttlichen Sein auszeichnen, wodurch allerdings fraglich würde, ob sich die Metaphysik als einheitliche Wissenschaft entwerfen lässt? Oder soll man die Einheit des Seinsbegriffs auszeichnen, wodurch die Transzendenz Gottes zu verschwinden droht? – Die Argumente zugunsten der Univozität sind zugleich ontologischer und logischer Natur. Das ontologische geht auf die ›Metaphysik‹ Avicennas zurück und kreist um die Vorgängigkeit des Begriffs des Seienden: Der erste Gegenstand des Verstandes, weil der einfachste, ist das Seiende in seiner Allumfassendheit. Die Einfachheit des Begriffs des Seienden macht diesen zu einem radikal verschiedenen Begriff, der allen anderen Begriffen gegenüber vorgängig ist. Somit fällt das erste Objekt des Verstandes mit dem Subjekt der Metaphysik in eins. Man darf nicht länger den ersten apriorischen Begriff des Seins in seiner Transzendentalität mit dem letzten und transzendenten Begriff Gottes vermengen; sonst würde allerdings die theologische Erkenntnis Gottes unmöglich werden. Wie Scotus lapidar bemerkt: „Wir lieben die Negationen nicht über alles“ (Ord. I, d.3, § 10; I, 5). Es reicht nicht aus, Gott auf negative Weise zu benennen, um zum Gegenstand unseres Glaubens und unserer Liebe vorzudringen. So geschieht es also im Namen eines theologischen Erfordernisses – der Erkenntnis Gottes –, wenn Scotus ein philosophisches Argument ins Feld führt, die Apriorizität des Begriffs des Seienden. Wie E. Gilson bemerkt hat, setzt unsere Theologie eine Metaphysik voraus; die Metaphysik des Seins aber ist wiederum auf den Gegenstand der

Theologie hingeordnet.[4] Metaphysik und Theologie ergänzen sich gegenseitig.

Die Univozität des Seienden beruht auch auf einer logischen Argumentation. Scotus spricht von Univozität, wenn das Bezeichnete eine logische Einheit bildet, die dem Prinzip vom ausgeschlossenen Widerspruch genügt; und er nennt äquivok, was einen logischen Widerspruch verbergen (etwas ist in einem Sinne wahr, aber nicht in einem anderen) und daher zu Trugschlüssen führen kann.[5] Die mittelalterliche Theorie der Analogie ist eine abgeschwächte Theorie der Äquivozität. Aber gibt es überhaupt den Fall einer abgeschwächten Äquivozität, die in der Natur der Dinge begründet liegt? *Bezeichnen* heißt für ein Zeichen, das von ihm Bezeichnete zu repräsentieren, es zu vertreten. Der Verstand assoziiert zur *vox* ein Bezeichnetes; das Verstehen eines Lautzeichens ist eine Handlung, und zwar immer eine unterscheidende. Folglich „wird alles, was bezeichnet wird, unter einem deutlichen und bestimmten Begriff bezeichnet". Was sich begrifflich gut fassen lässt, wird auf deutliche Weise, durch eine einzige Handlung bezeichnet. Im – theoretischen – Augenblick der Einsetzung sind das Zeichen und der Begriff klar und deutlich. Wird mithin ein Lautzeichen verschiedenen Bezeichneten zugeteilt, so muss es vom Verstande dessen, der es zuteilt, auf deutliche und bestimmte Weise begrifflich gefasst sein und ihnen ebenso zugeteilt werden. Jedes Zeichen repräsentiert auch das von ihm Bezeichnete. Infolgedessen ist ein äquivoker Name unmittelbar und definitiv ein solcher: Ein Name kann nicht zunächst ein erstes Ding bezeichnen und erst daraufhin ein zweites. „Was das Lautzeichen betrifft, so ist es nicht möglich, dass ein Lautzeichen zuerst die eine Sache bezeichnet und danach die anderen" (In Elench., q. 15, § [6]; Vivès I, 22 a). Ein Zeichen kann nur entweder eine Einheit oder eine Mehrzahl von Dingen bezeichnen; ebenso wenig wie es zwischen dem Einen und dem Vielen ein Mittleres gibt, gibt es eine Analogie in der Logik. Was von ihr übrig bleibt, ist eine Metapher, d. h. eine Verschiebung des Sinnes aufgrund des Wort*gebrauchs*; die ursprüngliche Einsetzung bleibt dabei bestehen.

Dank der Einheit des Begriffs des Seienden und der sich daraus ergebenden neuen Struktur der Gotteserkenntnis löst Scotus das Rätsel der aristotelischen ›Metaphysik‹. Deren theologische Dimension (Metaphysik E) führt er auf ihre ontologische Dimension (Metaphysik) zurück. Das Projekt einer Wissenschaft vom Seienden als Seienden, wie es Aristoteles

[4] E. Gilson, Jean Duns Scot, Paris 1952, 90–91.

[5] Simplicius, In Praedicamenta Aristotelis, trad. G. de Moerbeke (1266), ed. A. Pattin, Louvain-Paris 1971, 45, l. 51–52, 55–57: *adhuc tamen aequivocum quidem contradictiones suscipit [...] univocum autem non suscipit contradictionem. Non enim contingit hominem qui est animal dicere non animal.*

entwarf, kann endlich durchgeführt werden. Scotus geht sogar so weit zu sagen, es gebe zwei metaphysische Wissenschaften: Die eine betrachtet die transzendentalen Gegenstände *(communissima)* wie das Seiende an sich, die andere betrachtet besondere Gegenstände *(particularia);* dabei ist jene Wissenschaft die *conditio sine qua non* von dieser.[6] So entsteht die onto-theologische Denkachse, die es in dieser Weise bei Thomas nicht gab. Für Thomas wird die Gesamtheit der wirklichen Gegenstände im Hinblick auf einen ersten Terminus gesagt, auf Gott, der mit dem Sein selbst identisch ist – dies ist die Attributionsanalogie. Es handelt sich dabei einfach um eine katholou-protologische Struktur: Das Seiende wird nicht unabhängig von seiner Teilhabe am Sein betrachtet. Für Scotus dagegen muss das Seiende in seiner Allgemeinheit betrachtet werden, im Rahmen einer alles umfassenden Wissenschaft (die man Ontologie nennen wird). Innerhalb dieses allumfassenden Gegenstandsbereichs denkt man daraufhin – im Rahmen einer rationalen Theologie – einen besonderen Gegenstand.[7] Scotus konzipiert damit die neue Gliederung zwischen *metaphysica generalis* und *metaphysica specialis,* wie sie bei Suárez und bei Kant wiederbegegnen wird.

IV. Die Struktur der Metaphysik und die Struktur der Ethik: notwendig-kontingent

Die Ethik des Thomas fügte sich ein in die aristotelische Kosmologie, wo ein jedes Sein nach seinem letzten Ziel strebt; das Streben des Menschen war dabei nur ein besonderer Fall dieses universellen Strebens: Der Mensch erreicht das Glück vermittels seines artspezifischen Merkmals – der Vernunft. Ganz im Gegensatz dazu löst sich die scotische Ethik gerade vom Streben und vom Kosmos, um ihren Platz zu nehmen innerhalb der Betrachtung des transzendentalen und objektiven Guten.

Bei Thomas fallen der Gegenstand unserer Liebe und das Ziel unserer Natur, fallen der Gott der Theologie und unser höchstes Gut in eins. Gott ist zugleich der Brennpunkt all unseres Strebens und das Prinzip dessen, was für uns gut ist (Summa theologiae II–II, q. 26, a. 3; vgl. q. 23, a. 4). – Bei Scotus dagegen wird die Ontologie von der Theologie getrennt; es ist

[6] Quaestiones sup. Libros Metaphysicorum I, q. 1, § [22] 72; Saint Bonaventure, New York 1997, 39.

[7] In meiner Studie ›Etre et représentation. Une généalogie de la métaphysique moderne à l'époque de Scot‹, Paris 1999, habe ich diese Gliederung „katholou-tinologisch" genannt. Vgl. auch vom Verf. ›Quand commence l'ontothéolgie? Aristote, Thomas d'Aquin et Scot‹, in: Revue thomiste 95 (1995) 85–108.

nunmehr möglich, die Transzendentalien – das Seiende als Seiendes und das Gute als Gutes – unabhängig von ihrem Verhältnis zu Gott zu betrachten. Auch wenn es somit einen metaphysischen Nachweis der Existenz Gottes gibt, ist es doch möglich, den ersten Teil der Metaphysik so zu betrachten, als existiere Gott nicht: Scotus bedient sich dieses Argumentes, um die Objektivität der Wahrheit aufzuzeigen. In der Ethik hat dies eine unmittelbare Konsequenz: Gesetzt den unmöglichen Fall, es gäbe ein anderes Gut als Gott, den Schöpfer und Vollender, „so wäre dies für uns allerdings zuhöchst liebenswert, weil es das höchste Gut wäre und weil das, was das Höchste ist, unbedingt im allerhöchsten Maße geliebt werden soll"[8]. Mithin kann man nicht sagen, dass das Gute deshalb gut ist, weil es gut ist für uns – müsste man in diesem Fall doch zwei höchste Güter lieben, das an sich Gute und das für uns Gute. Auch wenn Gott nicht Gott wäre oder nicht existierte, bliebe das höchste Gut das an sich Gute. Das objektiv Gute ist also nicht unmittelbar und notwendigerweise mit dem Gott der Theologie identisch.

In diesem Punkt haben Metaphysik und Ethik dieselbe Struktur. Die Betrachtung des transzendentalen Guten geht jeder Betrachtung der göttlichen Güte voraus. Wir wollen das höchste Gut nicht deswegen, weil es die Natur Gottes ist, sondern weil es ein Gut im allgemeinen Sinne ist: „Der erste Grund dafür, dass dem eigenen Willen etwas als liebenswert anbefohlen wird, ist nicht, dass es gut ist für mich oder für dich, noch für ihn; denn dies gehört zum interessierten Begehren *(affectus commodi)*, das vom Begehren des moralisch Guten *(affectus iustitiae)* [...] unterschieden werden kann" (Rep. Par. III, d. 28, § [8]; XI/1, 523 b). Im Anschluss an Anselm unterscheidet Scotus radikal zwischen einer interessegeleiteten Liebe, die nach dem für sie Guten, und einer interesselosen Liebe, welche die Rechtheit *(rectitudo)* um ihrer selbst willen anstrebt. Diese Rechtheit aber hat eine ontologische Fundierung: Nur weil es ein transzendentales Gut gibt, können wir es um seiner selbst willen wollen.

Denn dieses transzendentale Gut drängt sich Gott selbst auf. Auf die Frage: „Gehören alle Gebote des Dekalogs zum Gesetz der Natur *(lex naturae)*?", antwortet Scotus: „Diejenigen Aussagen, die aufgrund ihrer Termini wahr sind – seien sie notwendig aufgrund ihrer Termini selbst oder seien sie aus diesen Termini abgeleitet –, haben ihren Wahrheitswert vorgängig *(praecedunt veritate)* zu jedem Willensakt [...] Würden folglich die Vorschriften des Dekalogs [...] eine Notwendigkeit dieser Art besitzen [...], so ergäbe sich hieraus, dass sie ohne Rücksicht auf jedes Wollen in einem Verstand, der diese komplexen Aussagen erfasst, notwendig wären.

[8] Reportata Parisiensia (= Rep. Par.) III, d. 27, q. un., § [6] (Lyon 1639, XI/1, 532 a).

Selbst der göttliche Verstand würde sie notwendig als durch sich selbst wahre Aussagen erfassen, wenn er sie erfasst. Und in diesem Falle würde sich das göttliche Wollen notwendig nach diesen Aussagen richten“ (Rep. Par. III, d. 37).[9] Das natürliche Gesetz ist eine allgemeingültige, notwendige Aussage. Alle übrigen Aussagen sind kontingent. Sie leiten sich nicht aus dem natürlichen Gesetz ab. Alle anderen Gesetze haben nämlich aus sich heraus für den Verstand keine Einsichtigkeit, sondern müssen von einem Willen positiv verordnet werden; hier ist zuerst an den göttlichen Willen zu denken. „All die anderen in der Schrift enthaltenen Gesetze, welche nicht aufgrund ihrer Termini erkannt werden und nicht mit solcherart wahren Gesetzen offensichtlich übereinstimmen, gehören, solange sie eingehalten werden sollen, ganz und gar dem positiven göttlichen Recht an *(de iure positivo divino)*. Von dieser Art sind – für den Zeitraum ihres Gesetzes – die zeremoniellen Vorschriften der Juden, und die der Christen für den Zeitraum des unsrigen“ (Ord. IV, d. 17; Wolter, 262–264). Der ontologische Grund für die Einteilung in natürliches Gesetz und positives göttliches Gesetz liegt in dem Umstand, dass die notwendigen Handlungen des göttlichen Willens sich lediglich auf die unendliche Güte seines Wesens beziehen. Hinsichtlich der endlichen Güter ist jede seiner Willenshandlungen kontingent. Somit führt die Trennung zwischen Schöpfer und Geschöpf zu einer Trennung der Moral in zwei Teile. Die erste Tafel des Dekalogs – nämlich die drei ersten, Gott betreffenden Gebote – gehören zum Gesetz der Natur: dass Gott geliebt werden soll und dass man ihm die Ehrerbietung nicht verweigern soll. Das dritte Gebot bereits ist seinem Inhalt nach zwar natürlich: dass Gott verehrt werden soll, seiner Form nach jedoch willkürlich. Man kann ihn am Freitag, am Samstag oder am Sonntag verehren, je nachdem, ob man Moslem, Jude oder Christ ist. Die zweite Tafel des Dekalogs schließlich, welche die geschichtlichen Gebote betrifft, ist ebenso kontingent wie die Existenz des Menschen. Sie gehört nicht zum Naturrecht, weil es sich nicht um ein Gesetz der Natur und notwendiges Gesetz handelt, sondern um ein positives Gesetz des göttlichen Willens. Dieses ist kontingent und zielt auf veränderliche Wirkungen. Vor der Verfügung des Willens Gottes eignet ihm noch keine Wahrheit; es wird vielmehr wahr, wenn es mit dem göttlichen Beschluss übereinstimmt.

Wird man also sagen müssen, dass Scotus ein „Voluntarist“ ist und dass bei ihm die Moral zu etwas bloß Willkürlichem wird? Nein; dies ist nicht der Geist, in dem jene Zweiteilung der Moral vorgenommen wird. In einem strengen Sinne ist das „Naturrecht“ *(ius naturale)* mit dem „Gesetz der Natur“ *(lex naturae)* identisch. Doch gehören für Scotus die beiden Tafeln des Dekalogs nur in einem weiteren Sinne zum Naturrecht *(ius naturale)*.

[9] Ed. A. B. Wolter, Scotus on the Will and Morality, Washington DC 1986, 274.

In diesem Sinne ist das Naturrecht „eine praktische Wahrheit, die von allen unmittelbar als mit einem Gesetz dieser Art übereinstimmend erkannt wird“. Auch die positiven göttlichen Gesetze werden „von allen“ als in Einklang mit dem Gesetz der Natur stehend „erkannt“ – es handelt sich um Schlussfolgerungen, die jeder vernünftige Verstand ableiten kann. Die zweite Tafel des Gesetzes ist *natürlich* in dem Sinne, dass sie auf vernünftige Weise hergeleitet werden kann. Ihre Gültigkeit rührt vom ersten allgemeinen und notwendigen Prinzip der *praxis* her, dass nämlich das höchste Gut, Gott, geliebt werden soll: „Alle Vorschriften der zweiten Tafel gehören auch zum Gesetz der Natur, weil ihre Rechtheit *(rectitudo)* mit den ersten praktischen Prinzipien, die notwendig erkannt werden, sehr übereinstimmt *(valde consonat)*“ (Ord. IV, d. 17; Wolter, 278). Ein Gesetz ist also recht, wenn es nicht den Grundsätzen des Gesetzes der Natur *(lex naturae)* widerspricht, und gehört aus diesem Grunde zum Naturrecht *(ius naturale)*.

Insofern kennt Scotus zwei Arten von „Naturgesetz“: Das eine wird analytisch und notwendig aus den ersten Prinzipien des Guten an sich hergeleitet und vom göttlichen Verstand entgegengenommen; das andere ist aus dem ersten nicht streng ableitbar, es wird synthetisch hinzugefügt und vom göttlichen Willen gesetzt, doch richtet es sich so weit wie möglich nach jenem. Beide Gesetze sind vernünftig und natürlich; doch nur das erste ist notwendig gut, während das zweite auf kontingente Weise gut ist, aber eben im Einklang mit jenem. Das Naturrecht umfasst nicht nur das Gesetz der Natur, es schließt auch die geschichtlichen Gesetze ein. Die Gutheit kommt von den Gesetzen des göttlichen Willens, eines absoluten, von Gerechtigkeit und Großzügigkeit bestimmten Willens. Die Gerechtigkeit des Gesetzes leitet sich nicht unmittelbar aus den ersten Prinzipien her, steht aber mit ihnen in Einklang gemäß einer flexiblen Regel, die Wandelbarkeit zulässt und mit bestimmten Ausnahmen vereinbar ist.

Die Kontingenz besagt also nicht Willkür. Durch das Hervorheben der Rolle der Kontingenz fügt Scotus in das Naturrecht die Geschichtlichkeit ein: Abgesehen von einem unantastbaren und analytischen Kerngehalt, fügt die Geschichte in das Naturrecht Vorschriften ein, die kontingent, dabei aber gut sind. Auch wenn man zugesteht, dass nach dem Naturrecht jeder gehalten ist, seinen Nächsten zu lieben (wenigstens in dem negativen Sinne, dass er ihm nicht schaden soll), so können wir nicht zeigen, dass der besondere Inhalt der zweiten Tafel des Gesetzes aus diesem allgemeinen Gesetz folgt. Durch die Offenbarung „hat Gott jetzt *de facto* eine Nächstenliebe dargelegt, die über jene hinausgeht [...], welche aus den Prinzipien des Gesetzes der Natur herrührt. Zwar enthält [dieses Gesetz] nur, dass man seinen Nächsten um seiner selbst willen lieben wollen soll. So wie es dargelegt wurde, schließt es jedoch ein, dass man für ihn diese anderen

Güter wollen soll“ (Ord. III, d. 37; Wolter, 284). Die zweite Tafel beschränkt sich nicht darauf, die Gutheit des natürlichen Gesetzes auszulegen, sie fügt ihr vielmehr andere Güter hinzu. Es ist in den beiden Tafeln zusammen genommen mehr an Gutheit enthalten als im natürlichen Gesetz alleine, weil das kontingente natürliche Gesetz der Gutheit des notwendigen natürlichen Gesetzes etwas hinzugefügt hat. Das positive Gesetz ist natürlich und gut, insofern es durch einen kontingenten Beschluss des göttlichen Willens vorgeschrieben wird. Es gehört zum vernünftigen natürlichen Gesetz, das vom göttlichen Willen so behutsam wie möglich in einer kontingenten Welt erlassen wurde. Zwar handelt es sich um kontingente Normen, doch auf rationaler Grundlage. Sie sind nicht willkürlich; denn es gibt innerhalb des Guten eine graduelle Abstufung.

Mit dem Primat des freien Willens und – in der endlichen Welt – der Kontingenz des moralischen Gesetzes geht eine Objektivität des Guten einher. In der endlichen Welt, dort, wo sich das Gute nicht mehr mit absoluter Notwendigkeit aufdrängt, bietet die göttliche Freiheit für diesen Mangel Ersatz, indem sie die Objektivität der ethischen Norm positiv begründet.

V. Normative Ethik

Das Kontingente ist nicht bloß Zufälligkeit, sondern durch Freiheit verursacht. Es stellt einen autonomen Bereich dar. Scotus will zeigen, dass die Autonomie der Praxis von der Autonomie des Willens – und nicht bloß vom Verstand – abhängig ist. Die Praxis erfüllt drei Bedingungen: Sie impliziert einen Willensakt und setzt einen Erkenntnisakt voraus, dem jener angemessen sein muss, um moralisch gut zu sein (Ord. Prol. § 228; I, 155).[10] – 1. Praxis ist alles, was von einer Willenshandlung abhängt. Eine Wissenschaft ist nicht deswegen praktisch, weil sie einen Zweck verfolgt, sondern weil sie dem Willen etwas zur Entscheidung oder zum Befehlen *(actus imperatus)* vorsetzt (§ 230, 253; I, 156, 170–171). – 2. Diejenige Handlung ist praktisch, die in der Macht dessen steht, der sie erkennt. Wenn der Wille sich auf kontingente Weise auf das Objekt bezieht, wandelt er das Streben gemäß der Vernunft ab; dieses wird moralisch und gehört zur Praxis. – 3. Die rechte Entscheidung kommt durch Übereinstimmung mit der rechten Vernunft zustande. Und schon bevor es zur äußeren Handlung kommt, ist die Willenshandlung – ob sie mit der rechten Vernunft übereinstimmt oder nicht – immer schon eine Praxis. Es gibt notwendige Wahrheiten, welche die Rechtheit einer kontingenten Handlung definieren (§ 350; I, 226–227).

[10] Zum Folgenden vgl. O. Boulnois, Scot, la rigueur de la charité, Paris 1998.

Wenn der *Philosoph* den Willen auf ein Streben reduziert (De anima III, 10, 433a 17–18), so hält Scotus dagegen, dass der Wille die erste Ursache der Bewegung ist; dabei wirkt er mit dem Verstand oder der Vernunft als einer Teilursache zusammen (Prol. § 235; I, 159–160). Ein Willensakt ist wirklich eine Praxis, auch wenn er allein ist, wenn er keine Handlung befiehlt oder wenn er sich einer entgegengesetzten Handlung gegenübersieht, die durch das sinnliche Streben hervorgerufen ist (denn in eben diesem Gegensatz liegt seine praktische Natur begründet). *Die praktische Vernunft ist nichts anderes als der Wille. Jeder Habitus ist praktisch, wenn er sich bis zum Wollen erstreckt* - vorausgesetzt, er stimmt mit der rechten Vernunft überein. Die praktische Wissenschaft handelt von den Objekten, denen gegenüber der Wille sich frei bestimmen kann. Bei Thomas war die praktische Vernunft die Vernunft von Handlungen, die dem richtigen Streben gemäß sind; bei Scotus dagegen gestaltet die Erkenntnis die ihr nachgeordnete Praxis mit. Die Erkenntnis formt die Praxis, und nicht umgekehrt (Prol. § 237; vgl. III, d. 36, § 19, Wolter, 408–410). Praktisch ist, was sich nach einem Gesetz richtet. Das Praktische und das Normative sind folglich eines. Nicht im natürlichen Streben, sondern in der rechten Vernunft als dem Maß des Willensaktes besteht der Mittelpunkt der Ethik.

Ein neues Freiheitsverständnis führt Scotus zur Neubegründung der Ethik. Der Wille ist nicht mehr wie bei Aristoteles ein natürliches Begehren, das seine Freiheit erlangt, wenn die Vernunft ihm das wahre Gut präsentiert. Denn das natürliche Begehren ist immer interessiert *(affectus commodi),* während der Wille das Gute um seiner selbst willen zu wollen vermag *(affectus iustitiae).* Gewiss, der Wille wird von den vom Verstand erkannten Gegenständen im Einzelnen bestimmt, sodass jegliche Willkür ausgeschlossen bleibt. Doch ist es der Wille, der die Handlungen festlegt, und nicht der dem Willen vom Verstand vorgelegte Gegenstand. So ergibt sich eine neue Konzeption der Ethik, deren Mitte nicht länger das natürliche Streben nach dem Ziel (für Scotus eine bloße Metapher), sondern die ursächliche Selbstbestimmung des freien Willens ist. Das Gute muss in der Form einer moralischen Norm erscheinen, die Gesetzmäßigkeit als Geltungskriterium aufweisen und einem frei wählbaren Gegenstand entsprechen.[11] Der Gegenstand der praktischen Wissenschaft ist für Aristoteles das Handeln, das Einzelne, das Kontingente. Scotus gibt ihr im Verhältnis zur Norm einen universalen Stellenwert und ermöglicht ihr, dass sie sich auch auf das Notwendige erstreckt. Das Moralische besteht nicht

[11] Siehe H. Möhle, Ethik als scientia practica nach Johannes Duns Scotus. Eine philosophische Grundlegung, Münster 1995; ders., Wille und Moral, in: M. Dreyer/L. Honnefelder/R. Wood (Hrsg.), John Scotus, Metaphysics and Ethics, Köln/Leiden/New York 1996, 573–594.

in dem vernünftigen Ausführen der natürlichen Neigungen, sondern in der Übereinstimmung der Handlung mit der rechten Vernunft (Ord. II, d. 7, § [11]; Wolter, 220).

Das moralische Handeln, die gerechte Praxis, hängt von einem Willensakt ab und stimmt mit der rechten Vernunft überein. Scotus gelangt zu einer normativen Definition der Moral: Das Gute ist eine vernünftige Norm, die frei gewählt wird und mit einem moralischen Gesetz übereinstimmt. Wenn unsere Handlung diesen Kriterien genügt, dann ist sie der Zustimmung Gottes würdig, der sie in seiner Gnade annimmt und uns die rechtfertigende Liebe verleiht. Die Ethik lehrt uns nicht (wie bei Aristoteles), glücklich zu sein, sondern macht uns (wie bei Kant) würdig, glücklich zu sein.

Danach hätten wir zwischen zwei Bereichen zu unterscheiden:

1. Innerhalb der *notwendigen Theologie* ergeben sich die ersten Prinzipien des rechten Willens aus der Natur Gottes. Die unendliche Güte soll mit einem gerechten Willen geliebt werden. Die notwendigen Wahrheiten drängen sich dem Verstande noch vor jedem Willensakt auf, und Gott ist auf virtuelle Weise der Gegenstand eines jeden rechten Willens. „Die ganze für einen geschaffenen Verstand notwendige Theologie", so Scotus, „ist folglich der Handlung eines geschaffenen Willens angemessen und diesem vorgängig" (Ord. Prol. § 314 f.; I, 207 f.). – Die Theologie des Notwendigen ist daher für unseren Verstand praktisch, nicht aber für den göttlichen Verstand. Das Gute liegt nicht außerhalb seiner. Insofern hat er es nicht nötig, dass die Rechtheit des Gegenstandes vorgängig festgestellt wird, um diesen zu wollen (§ 330; I, 215–216).

2. Die *kontingente Theologie* ist *für den göttlichen Verstand* ebenso wenig praktisch: Keine der Handlung entsprechende Erkenntnis geht dem göttlichen Wollen oder Handeln voraus, weil es sein Wollen ist, das die Rechtheit der Handlung bestimmt. Wenn die Theologie des Kontingenten auch *an sich* spekulativ ist, so ist sie doch praktisch *für uns*. Denn der endliche Verstand legt die Gerechtigkeit einer Praxis nicht fest, sondern erkennt sie (§ 332; I, 217). Die Wissenschaft des Kontingenten ist für uns in eben dem Maße praktisch, in dem unser Wille mit der Objektivität der Norm und dem Gesetz übereinstimmt (§ 341; I, 222–223).

Die Theologie bleibt ihrem Wesen nach theoretisch, ist jedoch praktisch aufgrund ihres Zieles, insoweit ihr das Sich-Erfreuen an Gott als letzter Zweck einer jeden Praxis gilt (§ 237; I, 161–162). Im Gegensatz zur Auffassung des Aristoteles ist die praktische Wissenschaft der spekulativen überlegen. Der erste Gegenstand der Theologie ist das höchste und letzte Ziel; die Prinzipien, welche dorthin führen, sind die praktischen Prinzipien; also sind die Prinzipien der Theologie praktische Prinzipien, ebenso wie die Schlüsse, die sich aus ihnen ziehen lassen (§ 312; I, 207–208). Der durch einen theologischen *habitus* erleuchtete Verstand begreift Gott gemäß der das praktische Leben regelnden Normen als Objekt der Liebe. In diesem Sinne ist die Theologie eine praktische Wissenschaft (Lectura, Prol. § 164; XVI, 54).

Zweck der Sätze der Theologie ist nicht das Wissen um des Wissens willen, auch nicht das Handeln, sondern das Wollen, nämlich das auf die Seligkeit ausgerichtete und auf übernatürliche Weise durch die Liebe getröstete Wollen. Dieses Wollen wird von der Erkenntnis der Wahrheit normiert. Das Leben mit der Wahrheit in Übereinstimmung zu bringen, ist für Scotus das höchste Ideal. Die ganze Theologie gehört zur praktischen Wissenschaft; die ganze Kontemplation ist an den rechten Willen, an die Liebe gebunden. Die Theologie ist eine Willensethik, deren Subjekt der Wille und deren Gegenstand die Norm ist. Diese Ethik nimmt einc transzendentale Dimension an.

Das Ziel des menschlichen Handelns ist also die Liebe Gottes und des Nächsten; die ganze Praxis insgesamt besteht im Akt des Wollens oder Liebens. Auf diese Weise werden die theologischsten und die abstraktesten Wahrheiten (jene, die sich auf Gott in seiner Natur beziehen) tatsächlich die im höchsten Maße praktischen: Sie lehren den Menschen, was er lieben soll. Die Theologie ist somit auf die Liebe hin ausgelegt: Alles, was an ihr nicht metaphysisch ist, strebt nach der Liebe. Ausdrücklich sagt Scotus: „Diese Wahrheiten, die am wahrhaftesten theologisch und nicht metaphysisch zu sein scheinen […], sind praktisch" (Ord. Prol. § 322).

Damit hat Scotus zwei Schlüsselbegriffe gefunden, die wegweisend werden sollten: die Metaphysik als transzendentale Wissenschaft und die Ethik als normative Moral der Freiheit. Er denkt die Begründung der Metaphysik als Wissenschaft und das Überschreiten der Metaphysik in einem. Er bezeugt, dass selbst die größte und abstrakteste Genauigkeit der Methode ihn nicht von seiner franziskanischen Berufung abbringt, den Menschen die Wege der Gottes- und Nächstenliebe aufzuzeigen. Die Schärfe des Denkens ohne Liebe ist leer; aber die Liebe muss ohne die Schärfe des Denkens blind bleiben.

In der Geschichte der Metaphysik und Ethik nimmt Scotus demnach einen entscheidenden Platz ein. In der Auseinandersetzung mit Aristoteles löst er die Aporie der Einheit der Metaphysik als Wissenschaft und verwirft eine auf Interesse gegründete Ethik. Im Hinblick auf seine Nachfolger entplatonisiert er die Metaphysik und erneuert sie als transzendentale Wissenschaft; er verleiht ihr eine onto-theologische Struktur und eröffnet einen Denkweg, auf dessen Fortsetzung wir die normative Ethik Kants finden können. Dass es ihm zudem gelingt, diese beiden Dimensionen miteinander zu vereinigen, macht Johannes Duns Scotus zum Schöpfer einer echten Metaphysik der Ethik.

Aus dem Französischen übersetzt von Bernd Goebel

Auswahlbibliographie

Quellentexte

Opera omnia, ed. L. Wadding, Lyon 1639, Ed. Vivès, Paris, 1891 f., ND Hildesheim 1968: in I und II librum Peri hermeneias; Quaestiones in librum Praedicamentorum; Quaestiones de anima; Quaestiones super universalia Porphyrii; Quaestiones in libros Elenchorum; Quaestiones Collationes; Theoremata; Reportata Parisiensia.

Opera omnia, cura et studio commissionis scotisticae, ed. C. Balic, Vatican 1950 ff.: - Ordinatio I–II, d. 3 (t. I–VII parus); - Lectura I–II (t. XVI–XIX parus).

Opera philosophica, t. III–IV: Quaestiones subtilissimae super libros Metaphysicorum Aristotelis, ed. G. Etzkorn et al., Saint Bonaventure, N.Y. 1997.

Quaestio de cognitione Dei, ed. C. R. S. Harris, Duns Scotus, vol. 2, The philosophical doctrines of Duns Scotus, Appendix, Oxford 1927.

Tractatus de primo principio, ed. E. Roche, St. Bonaventure, N.Y. etc. 1949.

Cuestiones cuodlibetales, éd. Alluntis, Madrid 1968.

Reportatio I A, d. 2, éd. A. B. Wolter/M. McCord Adams, Duns Scotus Parisian Proof for the existence of God, FrSt. 42 (1982) 249–321.

Sekundärliteratur

Bérubé, C.: De l'homme à Dieu selon Duns Scot, Henri de Gand et Olivi, Rom 1983.

Boulnois, O.: Etre et représentation, Une généalogie de la métaphysique moderne à l'époque de Duns Scot, XIII°–XIV° siècle, Paris 1999.

Gilson, E.: Jean Duns Scot, Introduction à ses positions fondamentales, Paris 1952.

Honnefelder, L.: Ens inquantum ens, Münster 1979.

Honnefelder, L.: Scientia transcendens, Die formale Bestimmung der Seiendheit in der Metaphysik des Mittelalters und der Neuzeit (Duns Scotus, Suarez, Kant, Peirce), Hamburg 1990.

Muralt, A. de: L'enjeu de la philosophie médiévale, Etudes thomistes, scotistes, occamiennes et grégoriennes, Leiden/New York/Kopenhagen/Köln 1991.

Werner, H. J.: Die Ermöglichung des endlichen Seins nach Johannes Duns Scotus, Bern/Frankfurt 1974.

Wolter, A. B.: The philosophical theology of John Duns Scotus, Ithaca/Londres 1990.

Wolter, A. B.: Duns Scotus on the will and morality, Washington D.C. 1986.

Wolter, A. B.: The Transcendentals and their Function in the Metaphysics of Duns Scotus, St. Bonaventure, N.Y. 1946.

WILHELM VON OCKHAM

Die Möglichkeit der Metaphysik

Von Ludger Honnefelder

Das Werk eines Autors zu behandeln, das dieser nie geschrieben hat, ist ein missliches Unterfangen. Vor einer solchen Aufgabe steht, wer die Metaphysik Wilhelms von Ockham zum Thema der Untersuchung machen möchte. Denn wie Ockham selbst vermerkt, war es seine Absicht, außer dem Kommentar zur aristotelischen Physik auch einen solchen zur Metaphysik zu schreiben.[1] Doch hat er diese Absicht aus Gründen, über die wir nur Vermutungen anstellen können, nie verwirklicht.

Die Realisierung dieser Absicht hätte nicht nur eine Lücke im Werk Ockhams geschlossen; sie hätte auch auf eine systematische Frage genauere Auskunft gegeben, die weit über das Interesse an Ockham hinausgeht, wie nämlich Metaphysik unter den Bedingungen einer 'nominalistischen', d. h. kritisch restringierten Epistemologie und Logik möglich ist.[2] Nichts scheint ja nach landläufiger philosophiehistorischer Meinung einander so sehr zu widersprechen wie eine affirmativ betriebene Metaphysik und eine nominalistisch eingeschränkte Epistemologie und Logik. Konsequenterweise gelten daher Ockham und Kant aufgrund ihrer kritisch gewendeten Epistemologie und der daraus folgenden Kritik metaphysischer Subreptionen als die Rädelsführer in der Geschichte der Zertrümmerung der Metaphysik.[3] In der Ockham-Forschung selbst überlebt die Behauptung, mit

[1] Vgl. etwa Expositio in libros Physicorum Aristotelis, prol., § 4. Opera Philosophica (OPh), St Bonaventure, N.Y., 1974–88, IV, 14.

[2] Zum Begriff des Nominalismus in Anwendung auf Ockham vgl. F. Hoffmann, Art. "Nominalismus", in: Historisches Wörterbuch der Philosophie 6, hrsg. v. J. Ritter/K. Gründer, Basel 1984, 874–884; M. J. Loux, Art. „Nominalism", in: Routledge Encyclopedia of Philosophy 7, hrsg. v. E. Craig, London/New York 1998, 17a–23a, bes. 19b–20b; C. Panaccio, Art. „William Ockham", a. a. O. 9, 732a–748a.

[3] So schon G. Ritter, Studien zur Spätscholastik, 1. Marsilius von Inghen und die ockhamistische Schule in Deutschland, Sitzungsberichte der Heidelberger Akademie der Wissenschaften, Philos.-hist. Klasse, 4. Abh., Heidelberg 1921, 112. – Zur neuscholastischen Wertung Ockhams und ihrer Auswirkung bis in die Philosophiegeschichte der Gegenwart vgl. Th. Kobusch, Ens inquantum ens und ens rationis. Ein aristotelisches Problem in der Philosophie des Duns Scotus und Wilhelms von

Ockham sei das Ende der Metaphysik gekommen, in Form der These, von Metaphysik sei zwar noch verbal die Rede, ihre Aufgabe werde aber durch die neue Kombination von Logik und Einzelwissenschaften übernommen.[4]

Ansatz und Leistungsfähigkeit der Metaphysik zu rekonstruieren, die Ockham nie geschrieben hat, ist daher nicht nur von historischer Bedeutung; es ist zugleich ein Beitrag zu der die Geschichte der Metaphysik von Anfang an begleitenden und ihr Schicksal bestimmenden Frage, nämlich *wie Metaphysik möglich ist*. Eine solche Rekonstruktion ist durchführbar, weil Ockham nicht nur in Zusammenhängen seiner Logik, seiner Physik und seiner theologischen Überlegungen Lehrstücke vorgelegt hat, die metaphysischen Charakter haben und mutmaßliche Stücke seiner Metaphysik gewesen wären. Ockham hat auch im Rahmen der wissenschaftstheoretischen Überlegungen, die er im Prolog seiner Physik und in den Sentenzenkommentierungen anstellt, ausdrücklich die Bedingungen genannt, unter denen Metaphysik als Wissenschaft möglich ist. Nimmt man die Erörterungen hinzu, die er im theologischen Kontext zu der Frage anstellt, was das erste Objekt des Verstandes ist und unter welchen Bedingungen eine begriffliche Rede von Gott möglich ist, dann können die entscheidenden Prämissen eruiert werden, nach denen sich die Möglichkeit der Metaphysik für Ockham bestimmt. Die genannten einzelnen Lehrstücke wie der Gottesbeweis, die Lehre von der Substanz und anderes mehr lassen sich dann als Probe auf die Frage betrachten, welche materiale Leistungsfähigkeit der von Ockham formal bestimmten Möglichkeit der Metaphysik entspricht.

Im Folgenden sollen daher zunächst die Möglichkeit der Metaphysik im Rahmen von Ockhams Wissenschaftstheorie (I) behandelt und die Erörterungen zur Frage nach dem ersten Objekt des Verstandes und zur univoken Prädizierbarkeit des Begriffs „Seiendes" einschließlich der zugrunde liegenden erkenntnistheoretischen und sprachlogischen Annahmen ausgewertet werden (II), bevor dann die Bedeutung von „Seiend" als grundlegendem transkategorialem Begriff (III) untersucht, mithilfe eines kurzen Blicks auf den Gottesbeweis die Leistungsfähigkeit der behandelten metaphysischen Lehrstücke geprüft (IV) und eine abschließende Ant-

Ockham, in: J. Marenbon (Hrsg.), Aristotle in Britain during the Middle Ages. Proceedings of the international conference at Cambridge 8–11 April 1994 organized by the Société Internationale pour l'Étude de la Philosophie Médiévale, Turnhout 1996, 157–175, hier 173f.

[4] Vgl. G. Leff, William of Ockham. The metamorphosis of scholastic discourse, Manchester 1975, 334; so auch Th. Kobusch, Art. „Metaphysik", in: Historisches Wörterbuch der Philosophie 5, hrsg. v. J. Ritter/K. Gründer, Basel 1980, 1226–1238, hier 1229.

wort auf die genannte historisch-systematische Frage nach der Möglichkeit von Metaphysik und dem Zusammenhang von Metaphysik und Nominalismus, von Metaphysik und Metaphysikkritik (V) versucht werden kann.

I.

Vor allem zwei Anlässe sind es, die nach Wiederentdeckung und -aneignung des Corpus der aristotelischen Schriften die mittelalterlichen Autoren zur Frage nach der Möglichkeit von Metaphysik veranlassen: Der eine entspringt der Notwendigkeit einer Zuordnung der Metaphysik zur tradierten Theologie und führt zur Frage nach dem Wissenschaftsstatus beider Disziplinen. Der zweite Anlass ist die damit eng verbundene Frage, unter welchen Voraussetzungen denn überhaupt die geglaubte Offenbarungsrede zum Gegenstand menschlichen Redens und menschlicher Wissenschaft werden kann.

Dass beide Kontexte dazu nötigen, *vor* aller Metaphysik nach ihrer *Möglichkeit* zu fragen, hängt wiederum damit zusammen, dass Aristoteles in seinen wissenschaftstheoretischen Überlegungen, vor allem in den ›Zweiten Analytiken‹, die formalen Kriterien angegeben hat, nach denen sich bestimmt, wann ein epistemischer Zustand Wissen bzw. Wissenschaft genannt werden kann, was seine innere Einheit und seine Verschiedenheit bzw. seinen Zusammenhang mit anderen Wissenschaften begründet. Und schon Avicenna hatte diese Wissenschaftstheorie des Aristoteles benutzt, um die Frage nach dem Gegenstand der Metaphysik angesichts der Verschiedenartigkeit der Bestimmungen zu beantworten, die in den unter dem Titel der Metaphysik versammelten Schriften des Aristoteles enthalten sind.[5]

Da Aristoteles davon ausgeht, Wissenschaft *(episteme)* als einen bestimmten Habitus des Erkenntnisvermögens zu verstehen,[6] liegt es nahe, als dessen Inhalt bzw. Gegenstand nicht ein Ding oder eine Eigenschaft, sondern einen als wahr erkannten Satz zu verstehen und folglich so viele Wissenschaften anzunehmen, als es als wahr wissbare Sätze gibt. Dementsprechend heißt es in den ›Zweiten Analytiken‹, dass die Gattung, um deren Eigenschaften es in einer beweisenden Wissenschaft geht, als das Subjekt *(hypokeimenon)* im Sinn des Satzgegenstands zu verstehen ist, von

[5] Vgl. Avicenna, Liber de philosophia prima tr. 1, c. 1–2, ed. S. van Riet (Avicenna Latinus), Löwen/Leiden 1977, 2–13. Vgl. dazu insgesamt A. Zimmermann, Ontologie oder Metaphysik? Die Diskussion über den Gegenstand der Metaphysik im 13. und 14. Jahrhundert, Löwen ²1998, 144–152.

[6] Vgl. Aristoteles, Eth. Nic. VI 3, 1139b 31–35.

dem diese Eigenschaften als Prädikate ausgesagt werden.[7] Gibt es in einer Wissenschaft ein Subjekt, auf das sich alle Sätze dieser Wissenschaft zurückführen lassen, dann ist es dieses erste Subjekt, das die Einheit der betreffenden Wissenschaft konstituiert. Geht es darüber hinaus um das erste Subjekt einer Wissenschaft, die – wie die Metaphysik – „erste Wissenschaft“[8] ist, weil sie vom Ersten und Allgemeinsten handelt, dann ist mit der Frage nach dem ersten Subjekt auch die Frage nach der Reichweite und der Einheit unseres Wissens überhaupt gestellt, also nach dem, was als das erste adäquate Objekt des Verstandes bezeichnet werden könnte.

Ockhams „Propositionalisierung“ des Wissenschaftsverständnisses in Form der These, dass „wir nichts wissen als das, was ein Verbundenes (d. h. einen Satz) darstellt“[9], ist also zunächst – und dies entspricht Ockhams durchgehender Intention in seinen philosophischen Überlegungen[10] – nichts anderes als konsequenter Aristotelismus, in dem er Duns Scotus folgt, der das Subjekt einer Wissenschaft nicht – wie Thomas von Aquin[11] – in einem bestimmten Gegenstand bzw. einer gemeinsamen Hinsicht sieht, unter der eine Vielheit von Gegenständen betrachtet wird, sondern in einem Begriff, von dem die in dieser Wissenschaft zu behandelnden Prädikate ausgesagt werden[12]. Was dem Wissenschaftsverständnis Ockhams sein spezifisches Gepräge gibt, ist die noch zu behandelnde Verbindung dieser Lehre mit seiner Begriffs- und Prädikationstheorie.

Mit Duns Scotus versteht Ockham daher als Wissenschaft im strikten Sinn „die evidente Erkenntnis eines Notwendigen und Wahren, die durch die evidente Erkenntnis gemäß dem syllogistischen Diskurs angeordneter, notwendiger Prämissen verursacht werden kann“[13]. Bezieht man Wissenschaft in diesem Sinn nicht nur auf einen einzelnen Habitus, d. h. auf das habituelle Wissen von einer einzigen als wahr erkannten *conclusio,* sondern auf eine geordnete Vielheit von *conclusiones,* und bezieht man auch

[7] Vgl. Aristoteles, An. Post. I 2, 71b 17–22; I 7, 75a 43; vgl. auch Met. III 2, 997a 20; XI 4, 1061b 31.

[8] Vgl. Aristoteles, Met. VI 1, 1026a 15–16; 23–32; vgl. auch IV 2, 1004a 2–9.

[9] Ordinatio I, d. 2, q. 4. Opera Theologica (OTh), St Bonaventure, New York 1967–86, II, 137; vgl. dazu J. P. Beckmann, Wilhelm von Ockham, München 1995, 56–63.

[10] Vgl. Expositio in libros Physicorum Aristotelis, prol., § 1. OPh IV, 3.

[11] Vgl. A. Zimmermann, Ontologie oder Metaphysik?, 204.

[12] Vgl. näher L. Honnefelder, Ens inquantum ens. Der Begriff des Seienden als solchen als Gegenstand der Metaphysik nach der Lehre des Johannes Duns Scotus, Münster [2]1989, 5–9.

[13] Expositio in libros Physicorum Aristotelis, prol., § 2. OPh IV, 6. Vgl. dazu Johannes Duns Scotus, Reportatio I A prol., q. 1, a. 1. Wien, Nationalbibliothek bib. nat. lat. 1453, fol. 1r.

den zu den *conclusiones* führenden Beweisgang ein, dann können auch die Physik und die Metaphysik als Wissenschaft *(scientia)* verstanden werden.[14]

Die Frage ist freilich – und an ihrer Beantwortung hängt die Möglichkeit der Metaphysik als Wissenschaft –, wie die Einheit zu denken ist, die die Vielheit der als wahr erkannten Schlusssätze der Metaphysik zu einer Einheit werden lässt. Da bezüglich der Schlusssätze der Metaphysik oder der Physik widerspruchslos eine Gleichzeitigkeit von Irrtum bezüglich des einen Schlusssatzes und wahres Wissen bezüglich eines anderen denkbar ist und damit eine Zurückführung auf einen einzigen Schlusssatz ausscheidet, kann die Einheit nicht numerischer Art sein, sondern nur eine Einheit der Ansammlung *(unitas collectionis),* wie sie für eine Stadt, ein Volk, ein Heer, ein Reich oder eine Welt kennzeichnend ist.[15] Im Sinn einer solchen Einheit haben dann die Metaphysik wie die Physik eine Mehrheit von Subjekten, wobei unter Subjekt dasjenige zu verstehen ist, „von dem etwas gewusst wird" *(de quo scitur aliquid).* Das aber – so Ockham – ist nach dem Verständnis der ›Zweiten Analytiken‹ das Subjekt des Schlusssatzes, sodass das Subjekt des gewussten Satzes und das des Wissens identisch sind.[16]

Ausdrücklich lehnt er es ab, das Subjekt einer Wissenschaft wie der Metaphysik als ein solches zu verstehen, das virtuell die gesamte Erkenntnis der Schlusssätze in sich enthält oder auf das als ein Erstes alles andere bezogen ist.[17] Auch damit folgt er Scotus, der die Möglichkeit einer Metaphysik, für die alles wahre Wissen *propter quid,* d. h. deduktiv aus dem ersten Subjekt – sei es ein ausgezeichnet Erstes oder ein ersterkannter Begriff – abgeleitet werden kann, nur für einen unbegrenzten Verstand zulässt, d. h. als eine Metaphysik des *god's eye view,* für den Verstand des Menschen *in statu isto* aber ablehnt.[18] So wenig wie die Welt einen König hat, folgert daher Ockham, so wenig haben Wissenschaften wie die Metaphysik, die Physik und die Logik *ein* Subjekt im Sinn eines solchen alles andere in sich umfassenden *subiectum totius.*

Doch schließt dies für Ockham gerade nicht aus, der Meinung zu folgen,

[14] Vgl. Expositio in libros Physicorum Aristotelis, prol., § 3. OPh IV, 6–7.

[15] Vgl. ebd. OPh IV, 7. – Zum Wissenschaftscharakter der Metaphysik bei Ockham vgl. auch G. Leibold, Zum Problem der Metaphysik als Wissenschaft bei Wilhelm von Ockham, in: W. Vossenkuhl/R. Schönberger (Hrsg.), Die Gegenwart Ockhams, Weinheim 1990, 123–127.

[16] Ebd. OPh IV, 9.

[17] Vgl. ebd.

[18] Vgl. Johannes Duns Scotus, Ordinatio prol., p. 3, q. 1–3, n. 142–149, ed. Vat. I, 96–101. Zur Wissenschaftslehre des Duns Scotus vgl. L. Honnefelder, Ens inquantum ens, 3–22; 133–143.

die sich für Scotus aus diesem Befund ergibt, dass nämlich von „einem“ Subjekt der Metaphysik unter den Bedingungen *unserer* Erkenntnis nur gesprochen werden kann im Sinn eines „ersten Subjekts“, wobei auch für Ockham als mögliche Ordnungen, in denen es solche Erstheit geben kann, nur die Ordnung der Prädikation gemeinsamer Begriffe oder die Ordnung der Vollkommenheit infrage kommen kann, sodass als erstes Subjekt der Metaphysik nur der Begriff „Seiend“ *(ens)* oder das ausgezeichnet Seiende, Gott, infrage kommen kann.[19] Die Frage nach der Möglichkeit von Metaphysik – so kann als erstes Resultat festgehalten werden – wird also von Ockham im Prolog zum Physikkommentar im Anschluss an Scotus nur für die Maximalform einer Metaphysik vom Gottesgesichtspunkt verneint, nicht dagegen für die Metaphysik, deren erstes Subjekt der von allem aussagbare Begriff „Seiend“ und die ihm zukommenden Prädikate darstellen.

Dies hindert keineswegs, die Metaphysik als *scientia realis* aufzufassen. Denn wie Ockham am Beispiel der Physik deutlich macht, hat eine Wissenschaft, die von Allgemeinbegriffen handelt, die in erster Intention für einzelne Dinge stehen, mittelbar die Dinge selbst zum Gegenstand – im Unterschied zur Logik, die von Begriffen zweiter Intention handelt.[20] Der Ortsanweisung der Metaphysik als Wissenschaft im Prolog zum Physikkommentar entspricht die Auffassung im Prolog der ›Ordinatio‹, wenn es dort heißt, dass „die Metaphysik, die das Seiende betrachtet, alle Eigentümlichkeiten des Seienden *(passiones entis)* von jedwedem Gehalt aufzuzeigen vermag und deshalb im Hinblick auf diese gemeinsamen Eigentümlichkeiten von jeder Washeit im Besonderen handelt, weil diese Eigentümlichkeiten in keiner besonderen Wissenschaft betrachtet werden“[21].

II.

So eindeutig diese Feststellungen über die Möglichkeit der Metaphysik sind, so wenig wird in diesem Zusammenhang bereits deutlich, in welcher Weise denn „Seiend“ als genereller Terminus für die einzelnen Dinge steht, wie seine Erstheit der gemeinsamen Prädikation gedacht werden kann und mit welchem Recht Metaphysik deshalb *erste* Wissenschaft bzw. *Real*wissenschaft genannt werden kann. Die nötigen Auskünfte finden sich bei Ockham an ähnlichen Stellen wie bei Scotus, nämlich im Zusammenhang der Frage nach dem ersten adäquaten Objekt des Verstandes und nach der – für die Frage der Gotteserkenntnis entscheidenden – Möglichkeit einer

[19] Expositio in libros Physicorum Aristotelis, prol., § 3. OPh IV, 10.
[20] Vgl. ebd. § 4. OPh IV, 11–12.
[21] Ord. I, prol., q. 9. OTh I, 274.

univoken Prädizierbarkeit des Begriffs „Seiendes“ von Gott und Geschöpf, Substanz oder Akzidens.

Mit Scotus unterscheidet Ockham zwischen der Ordnung der Entstehung von Erkenntnis, der Ordnung der Prädikation und der Ordnung der Vollkommenheit, gemäß denen etwas erstes Objekt unseres Verstandes sein kann. Da eine unmittelbare Erkenntnis Gottes als des schlechthin vollkommenen Seienden, durch dessen Erkenntnis alles andere erkannt werden könnte, für den menschlichen Verstand nicht gegeben ist und weil nach Ockham alle Erkenntnis mit der intuitiven Erkenntnis des sinnlich wahrnehmbaren einzelnen Seienden beginnt, kann das gesuchte erste Objekt weder in der ersten noch in der letzten Ordnung gesucht werden, sondern nur in der Ordnung der Prädikation.[22]

Ein erstes Objekt der Angemessenheit nach wäre in dieser Ordnung ein solches, das von allem Erkennbaren ausgesagt werden kann. Und auch hier muss noch einmal unterschieden werden: So kann die Annahme als erstes Objekt besagen, dass alles, was unter dieses Objekt fällt, auch natürlicherweise „im Besonderen und in seiner ihm eigentümlichen Bestimmtheit“ *(in particulari et sub propria ratione)* erkannt wird. Oder aber beim ersten Objekt handelt es sich um „das Gemeinsamste“ *(communissimum),* das von allen Gegenständen des betreffenden Erkenntnisvermögens ausgesagt werden kann, ohne dass dies eine distinkte Erkenntnis dieser Gegenstände im Besonderen voraussetzt oder impliziert. Im ersten Sinn kann „Seiendes“ nach Ockham nicht natürlicherweise als ein erstes Objekt betrachtet werden, weil wir nicht natürlicherweise über die distinkte Erkenntnis jedwedes Intelligiblen im Besonderen verfügen, wohl aber im zweiten Sinn eines gemeinsamsten Begriffs.[23]

Mit dieser Unterscheidung bleibt Ockham in der Linie des Scotus, der es im Blick auf den menschlichen Verstand nicht für möglich hält, „Seiendes“ im ersten Sinn als ein die Erkenntnis von allem Erkennbaren positiv umfassendes Objekt anzunehmen, sondern nur „Seiendes“ als einen von allem Erkennbaren aussagbaren gemeinsamen Begriff. Und dieser gemeinsame Begriff kann auch nur die Stelle eines ersten Objekts einnehmen, weil er – wie Ockham die scotische Position referiert – in einem sich ergänzenden Primat der quiditativen und der denominativen Aussageweise von allem ausgesagt werden kann.[24]

Eben diese Annahme hält aber nach Ockham der Kritik nicht stand.

[22] Vgl. Ord. I, d. 1, q. 4. OTh I, 436f.; Ord. I, d. 2, q. 4. OTh II, 140f.; Ord. I, d. 3, q. 1. OTh II, 388f.; Ord. I, d. 3, q. 8. OTh II, 524–542; Quodl. I, q. 1. OTh IX, 1–11; vgl. dazu G. Leff, William of Ockham, 167ff.

[23] Ord. I, d. 1, q. 4. OTh I, 436f. Vgl. auch Ord. I, d. 2, q. 4. OTh II, 140f.

[24] Vgl. dazu ausführlich L. Honnefelder, Ens inquantum ens, 55–98.

Denn sie beruht auf der Annahme eines noetisch-noematischen Parallelismus, der besagt, dass den Begriffsgehalten etwas in der Sache selbst entspricht und die distinkten Begriffe aus verschiedenen Begriffsgehalten, die den Sachgehalten entsprechen, zusammengesetzt sind und demgemäß einer „Auflösung" *(resolutio)* unterzogen werden können, die beim Begriff des „Seienden" als des ersten distinkt erkennbaren und seinem Gehalt nach schlechthin einfachen Begriffs zum Stehen kommt.[25] Um die Aporie zu vermeiden, die mit der Annahme verbunden wäre, „Seiendes" sei ein conceptus proprius nach Art eines Gattungsbegriffs, gibt allerdings Scotus selbst den noetisch-noematischen Parallelismus für den *conceptus entis* auf und bezeichnet ihn mithilfe der Unterscheidung von *realitas* und innerem Modus als einen Begriff, der nur die Seiendheit unter Absehung von ihrem Modus umfasst und deshalb als ein Begriff verstanden werden muss, „der von der unvollkommenen Sache verursacht werden kann *(potest causari a re imperfecta)*".[26]

Eben diese Schwierigkeit entsteht für Ockham nicht, wenn man den Begriffen nichts in den Dingen selbst zuordnet, sondern sie als mentale Zeichen versteht, die von den Dingen verursacht werden und dementsprechend in personaler Supposition für die Dinge stehen können, wobei aus der intuitiven Erkenntnis der Einzeldinge gemeinsame Begriffe „abstrahiert" werden können im Sinn mentaler Zeichen, die nach vollzogener intuitiver Erkenntnis zurückbleiben und die dann als gemeinsame Begriffe von vielen Einzelseienden ausgesagt werden können. Versteht man „Seiendes" als einen solchen – und zwar schlechthin gemeinsamen – Begriff, ergibt sich die Gattungsaporie nicht, sodass auf das von Scotus angenommene Zusammenlaufen zweier Erstheiten verzichtet und umso einfacher an dem von Scotus erarbeiteten Ergebnis festgehalten werden kann, „Seiendes" als erstes adäquates Objekt des menschlichen Verstandes sei nur als abstrakter gemeinsamer Begriff zu betrachten. Die erkenntniskritische Reduktion schwächt also die scotische Annahme nicht, sondern setzt sie nach Ockham allererst in ihr Recht.

Allerdings bleibt nach Ockham der Einwand, dass ein solcher gemeinsamer Begriff wie „Seiendes" zwar von allen realen Seienden, und dies bedeutet für Ockham von allen einzelnen Substanzen und Qualitäten, ausgesagt werden kann, nicht aber von allem Intelligiblen. Denn wenn man den zweiten Intentionen kein reales Sein zubilligt, sondern nur ein Gedachtsein im Sinn eines *esse obiectivum,* dann erfüllt „Seiendes" nicht den

[25] Vgl. die Kritik an Scotus in Ord. I, d. 3, q. 8. OTh II, 529–533; Ord. I, d. 2, q. 9. OTh II, 293–306.

[26] Duns Scotus, Lect. I, d. 8, p. 1, q. 3, n. 129, ed. Vat. XVII, 46 f.; vgl. dazu L. Honnefelder, Ens inquantum ens, 375 ff.

Anspruch eines ersten adäquaten Objekts des Verstandes, nämlich von allem Intelligiblen ausgesagt werden zu können. Dieser Einwand fällt, so vermerkt Ockham in einer unmittelbar folgenden Additio, wenn man den zweiten Intentionen den ontologischen Status von echten Qualitäten zuordnet, die in der Seele *(subiective)* existieren – eine Auffassung, die wohl Ockhams späterer definitiver Lehre entspricht.

Wie immer man sich im Blick auf diese beiden Möglichkeiten in Sachen des ersten adäquaten Objekts des menschlichen Verstandes verhält, unberührt bleibt davon die Auffassung, dass „Seiendes" als ein gemeinsamer Begriff von Gott und Geschöpf, Substanz und Akzidens ausgesagt werden kann, und zwar gemäß einem univoken Gehalt.

Auch für die Frage nach der univoken Prädizierbarkeit von „Seiend" vertritt Ockham die Meinung, dass das Resultat der scotischen Lehre zutrifft, und zwar gerade dann, wenn man die von ihm vertretenen erkenntnistheoretischen und sprachlogischen Annahmen zugrunde legt. Denn geht man davon aus, dass der Begriff ein mentales Zeichen ist, das als natürliches Zeichen durch die intuitiv erkennbare *res* hervorgerufen wird, dann kann es nur jeweils *einen* Begriff geben, der als *dieser* Begriff von denjenigen Dingen gemeinsam ausgesagt werden kann, die aufgrund ihrer Ähnlichkeit geeignet sind, ihn kausal hervorzurufen. Deshalb kann es Äquivokation und Univokation im eigentlichen Sinn nur beim sprachlichen Zeichen *(vox)* in Bezug auf den Begriff *(conceptus)* geben. Ein univoker Begriff *(conceptus univocus)* ist nichts anderes als ein gemeinsam von einer Vielheit von Dingen prädizierbarer Begriff im Unterschied zu einem besonderen Begriff *(conceptus proprius),* der nur von einer *res* ausgesagt werden kann. Darüber hinaus kann er vom denominativ ausgesagten Begriff unterschieden werden, insofern er in seiner gemeinsamen Prädikation von den vielen Dingen nichts anderes mitbezeichnet.[27] Wird der Begriff darüber hinaus, wie dies bei Ockham geschieht, als mentales Zeichen verstanden, das in personaler Supposition für die singuläre *res* selbst und nicht für etwas abgrenzbar Reales *(aliquid reale) in* dieser *res* steht, dann besagt der univoke Begriff, und zwar schon im Fall eines Art- oder Gattungsbegriffs, keinerlei Zusammengesetztheit in der *res* selbst.[28]

Unter diesen Voraussetzungen kann Ockham feststellen, dass „Seiendes in Bezug auf jedwedes außerhalb der Seele Existierendes ein univok Gemeinsames darstellt, das von diesem washeitlich und auf die erste Weise durch sich ausgesagt werden kann" *(quod quibuscumque existentibus extra animam ens est univocum, praedicabile de eis in quid et per se primo*

[27] Vgl. Ord. I, d. 2, q. 9. OTh II, 306 ff.

[28] Vgl. ebd., 312, 316; vgl. auch Rep. III, q. 10. OTh VI, 341.

modo)[29]. Da alle denominativen Aussageweisen eine quiditative voraussetzen und der Begriff nicht für etwas Reales in der *res,* sondern für die singuläre *res* steht, ergeben sich für Ockham nicht die Schwierigkeiten, die Scotus bei der univoken Prädikation von „Seiend" in Bezug auf die letzten Differenzen *(differentiae ultimae)* und die transkategorialen Eigentümlichkeiten *(passiones entis)* durch Annahme des schon erwähnten doppelten, sich ergänzenden Primats der gemeinsamen Aussagbarkeit von „Seiend" überwinden muss.[30]

Auch dem Problem, wie „Seiend" von Gott und Geschöpf, Substanz und Akzidens ausgesagt werden kann, ohne die Einfachheit und Transzendenz Gottes in Mitleidenschaft zu ziehen und die Differenz zwischen Substanz und Akzidens einzuebnen, kann aufgrund der genannten Voraussetzungen leichter begegnet werden als unter den von Scotus getroffenen Annahmen. Zwar ist es richtig, dass die *vox „ens"* mittels *eines* Begriffs hauptsächlich die Substanz und nachgeordnet mittels einer *Vielheit* von Begriffen die Akzidentien bezeichnet; doch meint „Seiendes" als der in Rede stehende univok aussagbare Begriff nicht primär die Substanz und denominativ das Akzidens, sondern „bezeichnet jede positive substantielle oder akzidentelle Natur in ursprünglicher und gleicher Weise" *(omnem naturam positivam substantialem et accidentalem significat aeque primo)*[31].

Wird nämlich „Seiend" von den zehn Kategorien ausgesagt, die für Ockham Klassen von Prädikaten und nicht Seinsbestimmungen darstellen und von denen nur die Kategorie der Substanz und die der Qualität „ein Seiendes möglicher Selbstständigkeit"[32] bezeichnen, dann wird „Seiendes" äquivok ausgesagt. Daraus folgt aber für Ockham keineswegs, dass von Seienden verschiedener Kategorien nicht „Seiendes" im Sinn eines univok gemeinsamen Begriffs ausgesagt werden kann.[33]

Welche Gründe sprechen aber für diese Annahme, „Seiend" sei ungeachtet seiner äquivoken Aussagbarkeit in Bezug auf die verschiedenen Kategorien ein univok von allen *res* prädizierbarer Begriff? Auch hier folgt Ockham den scotischen Argumenten, und zwar wiederum unter charakteristischen Abänderungen. Da Gott für den menschlichen Verstand unter seinen gegenwärtigen Bedingungen weder ein zu intuitiver Erkenntnis bewegendes Objekt darstellt, noch durch einen ihm eigentümlichen Begriff

[29] Ord. I, d. 2, q. 9. OTh II, 317; vgl. auch Quodl. IV, q. 12. OTh IX, 356–357.

[30] Vgl. Ord. I, d. 2, q. 9. OTh II, 317 ff.; vgl. auch Quodl. IV, q. 12. OTh IX, 358–359.

[31] Rep. III, d. 10. OTh VI, 340.

[32] G. Martin, Wilhelm von Ockham, Berlin 1949, 99 ff.

[33] Vgl. Expositio in librum Porphyrii de Praedicabilibus c. 2, § 10. OPh II, 41 f.; vgl. dazu A. Ghisalberti, Guiglelmo di Ockham, Mailand 1972, 106–111.

(conceptus proprius) erfasst werden kann, setzt eine natürliche Erkenntnis Gottes, soll sie überhaupt möglich sein, einen Gott und Geschöpf gemeinsamen Begriff voraus, wie er im Ausgang von der intuitiven Erkenntnis eines Gegenstandes unserer Welterfahrung erfasst werden kann.[34]

Aber auch ohne Rekurs auf die Gotteserkenntnis kann – im Anschluss an das scotische Hauptargument für die Univokation[35] – gezeigt werden, dass von einem Subjekt a, von dem das disjunktive Prädikat 'ist eine Substanz oder ein Akzidens' ausgesagt werden kann, nur dann das Prädikat „Seiend" ('a ist ein Seiendes') ohne Widerspruch ausgesagt werden kann, wenn „Seiendes" als ein vom Begriff „Substanz" oder „Akzidens" distinkt erfassbarer Begriff betrachtet werden kann.[36] Es ist also die sprachlogische Verwendung als Prädikat im Satz, die belegt, dass „Seiendes" von sich her – wie es an anderer Stelle heißt – weder Substanz noch Akzidens besagt, sondern gegenüber beiden Prädikaten „unbestimmt" *(indifferens)* ist.[37]

In eben diesem Sinn ist „Seiendes" der Gegenstand der Metaphysik, nicht – wie Ockham feststellt – sofern es für die Substanz oder das Akzidens steht, sondern sofern „es nur für sich steht, sprich für den Begriff des Seienden"[38]. „Seiendes", so heißt es an anderer Stelle, ähnelt dem von Aristoteles als Beispiel für eine Attributionseinheit der Bedeutung herangezogenen Terminus „gesund" darin, dass die durch den Terminus bezeichneten Dinge einen Bezug auf eines – nämlich im Fall des „Seienden" auf die Substanz – haben. Doch anders als „gesund" bezeichnet der Terminus „Seiendes" alles durch ihn Bezeichnete *uniformiter*. Und dies, so fährt Ockham fort, genügt für die von Aristoteles behauptete Einheit der Wissenschaft vom Seienden, ohne dass dies der Tatsache widerspricht, dass alle Bezeichneten durch eine Beziehung auf Eines gekennzeichnet sind.[39]

III.

Was aber besagt „Seiendes" und wovon handelt die Wissenschaft, die es zum Gegenstand hat? Als gemeinsam aussagbarer Begriff gehört „Seiendes", so heißt es in der ›Summa Logicae‹, zu den Begriffen, die wie „eines" *(unum)* von allen in die Kategorien fallenden Dingen ausgesagt werden,

[34] Vgl. Quodl. V, q. 14. OTh IX, 538. Vgl. dazu A. Ghisalberti, Guiglelmo di Ockham, 109–110.

[35] Vgl. Scotus, Ord. I, d. 3, p. 1, q. 1–2, n. 27–28, ed. Vat. III, 18.

[36] Ord. I, d. 2, q. 9. OTh II, 299.

[37] Rep. III, d. 10. OTh VI, 342.

[38] Rep. III, d. 10. OTh VI, 345.

[39] Ord. I, d. 2, q. 9. OTh II, 335.

also zu den in der Tradition als 'übersteigend' *(transcendentes)* bezeichneten Begriffen.[40]

Was in dieser gemeinsamen Prädizierbarkeit von *ens* ausgesagt wird, kann – ähnlich wie bei Scotus – nur mithilfe der Analyse der Struktur der Prädikation verdeutlicht werden. Da Ockham annimmt, dass Prädikate in personaler Supposition für einzelne Dinge in Form von Substanzen oder Qualitäten stehen, heißt für ihn, von Sokrates auszusagen, er sei weiß, nichts anderes als zu sagen, dass das mit Sokrates bezeichnete Mensch-Seiende das gleiche ist wie das Weiß-Seiende.[41] Geht man nun davon aus, dass etwas von etwas auf vierfache Weise ausgesagt werden kann, nämlich zum einen als Sein *(esse)* von dem, was ist *(quod est),* oder von dem, was nicht ist *(quod non est),* und zum andern als Nichtsein *(non esse)* von dem, was ist, oder von dem, was nicht ist, dann ist der Satz, der von Ockham als Beispiel für die erste Möglichkeit genannt wird, nämlich der Satz „Sokrates ist ein Mensch", so zu interpretieren, dass dasjenige, von dem gesagt wird, es sei ein Mensch-Seiendes, identisch ist mit dem Mensch-Seienden. Der Sinn von „Seiendes" ohne allen Zusatz, der von Ockham hier zugrunde gelegt wird, ist kein anderer als der landläufig von den mittelalterlichen Autoren verwendete: das, was ist *(id, quod est).* Im Anschluss an Aristoteles fährt Ockham deshalb zustimmend fort: „Das, was ist, nimmt er (sc. Aristoteles) nicht ausschließlich für das aktuell existierende Ding, sondern für das, von dem ein Prädikatsausdruck in wahrer Weise ausgesagt wird *(non accipit praecise pro re existente actualiter, sed accipit pro illo de quo vere praedicatum praedicatur).*"[42]

Dieser Bedeutung von *ens* als *id, quod est,* im Sinn eines durch Prädikate in wahren Sätzen Bestimmbaren entspricht es, wenn Ockham auf der einen Seite „Seiend" und „Sein" als synkategorematische, d. h. nur in Verbindung mit anderen Ausdrücken etwas prädizierende Ausdrücke versteht und gleichzeitig „Seiend" als einen „absoluten Begriff" bezeichnet. Versteht man nämlich „Seiend" von der Kopula „ist" her und versteht man Subjekt und Prädikat als Ausdrücke, die als solche noch keine Verbindung anzei-

[40] Summa Logicae I, c. 38. OPh I, 106. Vgl. auch Expositio in librum Porphyrii de Praedicabilibus c. 2, § 10. OPh II, 41 f.

[41] Vgl. Expositio in librum Porphyrii de Praedicabilibus c. 1, § 6. OPh II, 25.

[42] Expositio in librum Perihermeneias Aristotelis I, c. 5, § 1. OPh II, 397; vgl. dazu L. M. de Rijk, War Ockham ein Antimetaphysiker? Eine semantische Betrachtung, in: J. P. Beckmann u. a. (Hrsg.), Philosophie im Mittelalter. Entwicklungslinien und Paradigmen, Hamburg [2]1996, 313–328, hier 318 ff.; ders., Logic and Ontology in Ockham, in: E. P. Bos /H. A. Krop (Hrsg.): Ockham and Ockhamists. Acts of the Symposium Organized by the Dutch Society for Medieval Philosophy *Medium Aevum* on the Occasion of its 10th Anniversary (Leiden, 10–12 September 1986), Nimwegen 1987, 25–39, hier 34 f.

gen, dann bedarf es der Kopula als eines hinzukommenden absoluten Begriffs, um das Subjekt und das Prädikat zu verbinden und die Identität von beispielsweise *homo* und *albus* im Sinn von *homo-ens* und *album-ens* zu behaupten.[43] Mit dieser Verbindung kann reale Inhärenz verbunden sein. Doch ist dies nicht notwendigerweise der Fall; denn dann wäre ein Satz wie *Deus est ens* (in dem Sinn, dass *Deus-ens* identisch ist mit *ens-ens)* nicht sinnvoll bildbar.[44]

Im Sinn eines so verstandenen *conceptus absolutus* hat „Seiend" durchaus den fundamentalen Rang, den ihm Scotus zuordnet. Denn es ist in Ockhams Perspektive zwar falsch, wie Scotus meint, dass „Seiend" *als commune* stets miterkannt sein muss, wenn beispielsweise der Begriff „homo" distinkt erkannt sein soll. Wohl aber kann von einem Menschen, der wie Sokrates gerade läuft, nicht ausgesagt werden, dass er läuft, ohne dass (unausgesprochen, d. h. im Sinn der Deutung, gemäß der der Satz *Socrates currit* als *Socrates-ens est currens-ens* zu verstehen ist) miterkannt wird, dass er „seiend" ist.[45]

In diesem Sinn kann „Seiend" *(ens)* dann als derjenige *conceptus transcendens* verstanden werden, der von allen Seienden washeitlich und auf erste Weise durch sich ausgesagt werden kann[46] und von dem bestimmte Prädikate wie „eines", „wahr" oder „gut" als Eigentümlichkeiten *(passiones)* auf die zweite Weise durch sich ausgesagt werden können.[47] „Seiendes" und „Eines" verhalten sich dabei zueinander nicht wie etwas, das dem anderen etwas hinzufügt.[48] Dasjenige, von dem beide Termini in personaler Supposition ausgesagt werden, ist die gleiche *res*. Doch in einfacher Supposition verwendet – also in Bezug auf den Begriff, für den das Sprachzeichen steht – meint „Eines" zwar das „Seiende", aber indem es etwas anderes konnotiert.[49] Deshalb ist nur „Seiend" ein absoluter Begriff, alle anderen konvertiblen transzendentalen Attribute sind konnotative Begriffe.

Was bei Ockham in einer charakteristisch reduzierten Weise begegnet, ist die Explikation des Begriffs „Seiend" durch die ihm zukommenden disjunktiven Modi, insbesondere durch die Möglichkeit. Auch Ockham

[43] Rep. II, q. 1. OTh V, 19 (in der von de Rijk bevorzugten Lesart der Hs. Gießen, Univ. 732; vgl. L. M. de Rijk: War Ockham ein Antimetaphysiker?, 321, Anm. 16)

[44] Rep. II, q. 1. OTh V, 19f. – Vgl. L. M. de Rijk, ebd. 321 f.

[45] Ord. I, d. 2, q. 7. OTh II, 257f.

[46] Summa Logicae I, c. 38. OPh I, 106.

[47] Vgl. ebd. c. 37. OPh I, 104–106; Quaestiones in libros Physicorum Aristotelis, q. 63. OPh VI, 571.

[48] Vgl. Ord. I, d. 24, q. 1. OTh I, 73.

[49] Vgl. Ord. I, prol., q. 2. OTh I, 127. Vgl. dazu J. Aertsen, Ockham, ein Transzendentalphilosoph? Eine kritische Diskussion mit G. Martin, in: E. P. Bos/H. A. Krop (Hrsg.), Ockham and Ockhamists, 3–13.

greift im Rahmen der Frage nach der göttlichen Erkenntnis des Geschaffenen die auf Scotus zurückgehende Verdeutlichung von „Seiend" oder „Nichts" durch die Möglichkeit auf. So wird zwischen dem „Nichts" *(nihil)* als dem, „das in Wirklichkeit nicht ist noch irgendein wirkliches Sein besitzt" *(quod non est realiter nec habet aliquod esse reale)* und dem „Nichts" als dem unterschieden, „das nicht nur kein wirkliches Sein besitzt, sondern welchem es widerstreitet, wirklich zu sein" *(quod non tantum non habet esse reale, sed etiam sibi repugnat esse reale)*[50]. Und dementsprechend wird auch „Seiendes" dasjenige genannt, „dem das Sein in der Wirklichkeit nicht widerstreitet" *(cui non repugnat esse in rerum natura),* und vom „Sein" *(esse)* wird gesagt, dass es in Verbindung mit dem Genitiv *(esse hominis)* für das Sein im Sinn des Existierens *(esse-existere)* oder zumindest für das Sein dessen steht, dem das Sein in der Wirklichkeit nicht widerstreitet.[51] Doch verbindet sich diese modale Explikation nicht wie bei Scotus mit der Lehre, es sei die „formal aus sich" bestehende Nichtwidersprüchlichkeit der Gehalte, die etwas zu einem Seienden im Sinn des dem wirklichen Sein nicht Widerstreitenden macht und es ein *ens ratum* in einem weiten Sinn sein lässt.[52] Denn entweder muss, so argumentiert Ockham gegen Scotus, das Geschöpf ein Möglichsein *(possibile esse)* besitzen, das seinem Hervorgebrachtwerden in das Erkanntsein *(esse intelligibile)* voraufgeht, oder aber das Geschöpf besitzt ein solches Möglichsein nicht, dann widerstreitet ihm aber das Wirklichsein.[53] Eine vonseiten des zu Schaffenden bestehende Unmöglichkeit, geschaffen zu werden, ist aber nicht früher als die Tatsache, dass Gott ein Unmögliches nicht schaffen kann; vielmehr sind beide Unmöglichkeiten „der Natur nach gleichzeitig" *(simul natura)* so wie das *factivum* und das *factibile*.[54] Was immer das Geschöpf an Wirklichsein besitzt, das ihm inhäriert, besitzt es von Gott; nicht dagegen gilt dies für das, was vom Geschöpf ausgesagt wird. „Und daher kommt dem Geschöpf das Möglichsein aus sich zu, nicht aber in Wirklichkeit wie etwas ihm Inhärierendes, doch ist es in Wahrheit aus sich möglich, so wie der Mensch aus sich ein Nicht-Esel ist ... Deshalb ist es kein genuiner Sprachgebrauch, zu sagen, dass dem Geschöpf ein Möglichsein zukommt, vielmehr ist es genuiner Sprachgebrauch, zu sagen, das Geschöpf

[50] Ord. I, d. 36, q. un. OTh IV, 547.

[51] Ebd., 538.

[52] Zu der scotischen Lehre vgl. L. Honnefelder, Scientia transcendens. Die formale Bestimmung der Seiendheit und Realität in der Metaphysik des Mittelalters und der Neuzeit, Hamburg 1990, 45–56; ders., Art. "Possibilien I. Mittelalter", in: Historisches Wörterbuch der Philosophie 7, hrsg. v. J. Ritter/K. Gründer, Basel 1989, 1126–1135.

[53] Vgl. Ord. I, d. 43, q. 2. OTh IV, 647.

[54] Ebd., 649.

sei möglich, nicht weil ihm irgendetwas zukommt, sondern weil es in Wirklichkeit existieren kann."[55]

In Übereinstimmung mit seinem sprachlogischen Ansatz vertritt Ockham die Auffassung, dass Modalitäten wie die der Möglichkeit und Notwendigkeit nur als Modus der Aussage aufgefasst werden können.[56] So kann sich ein Sprachzeichen in einer wahren modalen Aussage durchaus auf Vergangenes oder Zukünftiges beziehen und nicht nur etwas bezeichnen, was jetzt ist, sondern auch solches, was sein kann.[57] Doch ist „Seiend" nur das aktuell existierende Seiende als *ens in actu,* nicht das *ens in potentia.*[58] Was in wahren Sätzen als ein mögliches Seiendes ausgesagt wird, bestimmt sich nach der Natur der aktuell existierenden individuellen Seienden. So wäre der Satz *homo est homo* falsch, wenn kein Mensch existierte.[59] Wenn wir von „Seiendem in Möglichkeit" *(ens in potentia)* reden, dann „ist dies nicht so zu verstehen, dass etwas, das nicht im Bereich der Dinge existiert, aber sein kann, ein wahres Seiendes wäre, und etwas anderes, das im Bereich der Dinge existiert, auch ein Seiendes wäre"[60].

Doch schließt diese Deutung des Möglichen nach Ockham keineswegs aus, dass es von kontingentem vergänglichem Seienden nicht notwendig wahres Wissen gibt und dass es die Notwendigkeit des Möglichseins ist, die die Notwendigkeit des Wissens von ihr begründet. So können von einem gemeinsamen Begriff, der wie *corpus corruptibile* in personaler Supposition von allen vergänglichen Dingen ausgesagt wird, (in einfacher Supposition verwendet) durchaus besondere Eigentümlichkeiten in notwendig wahren Sätzen ausgesagt werden, ähnlich wie auch vom „Unmöglichen" *(impossibile)* auf notwendig wahre Weise gesagt werden kann, dass „jedes Unmögliche dem Notwendigen widerstreitet".[61]

IV.

Unmissverständlich stellt Ockham im Prolog zu seinem Physikkommentar fest, dass Metaphysik nicht nur als Wissenschaft vom „Seienden" als einem transkategorial-univok aussagbaren gemeinsamen Begriff möglich

[55] Ebd., 649 f. Vgl. dazu M. McCord Adams, William Ockham, Notre Dame, Indiana 1987, 1065–1083.

[56] Vgl. Summa logicae II, c. 1. OPh I, 242.

[57] Vgl. ebd., I, c. 33. OPh I, 95 f.

[58] Expositio in libros Physicorum Aristotelis III, c. 2. OPh IV, 415 f.

[59] Vgl. ebd.

[60] Summa Logicae I, c. 38. OPh I, 108.

[61] Expositio in libros Physicorum Aristotelis, prol., § 4. OPh IV, 12 f.

ist, er hält auch ihr Ziel in Form der Erkenntnis eines ersten ausgezeichnet Seienden, nämlich Gottes, für erreichbar.[62] Voraussetzung ist freilich, dass Gott unter dem gemeinsamen Begriff „Seiendes" erkennbar ist und von ihm Aussagen in Form eines zusammengesetzten Begriffs gemacht werden können. Auch hier bleibt er innerhalb der Struktur des scotischen Metaphysikkonzepts: Die Theorie des Transzendenten ist nur möglich im Rahmen einer Theorie des Transzendentalen.

Gerade unter Voraussetzung der von Ockham zugrunde gelegten Suppositionstheorie ist freilich der Beweis, dass ein durch Zusammensetzung gebildeter Begriff Gottes nicht leer ist, von besonderer Bedeutung. Ockham führt diesen Beweis, doch sind die Mittel, die er für vertretbar hält, wiederum auf charakteristische Weise eingeschränkt. Unter den verschiedenen *ordines dependentiae,* auf die Scotus zurückgreift, hält Ockham nur den *ordo* der Kausalität für verwendbar, und innerhalb des mit seiner Hilfe verfahrenden Arguments kann nach seiner Meinung das Argument, das einen unendlichen Regress von Ursachen ausschließt, nicht überzeugen. Deshalb stützt Ockham den Beweis auf die Notwendigkeit, für die Erhaltung der Welt eine Ursache angeben zu müssen.[63]

V.

Welches Resultat ergibt sich aus den skizzierten Ansätzen für die historisch-systematische Eingangsfrage? Halten wir das Ergebnis in einigen Thesen fest:

1. Metaphysik ist nach Ockham möglich und notwendig, sofern sie verstanden wird als jene Disziplin der Philosophie, die nach dem Allgemeinen und nach dem Ersten fragt. Dies ist sie für Ockham, weil sie – wie bei Scotus – nach den *transcendentia* fragt im Sinn der die Kategorien übersteigenden, von allen wirklichen Seienden gemeinsam aussagbaren Begriffen erster Intention, unter denen dem *in quid* und *per se* ausgesagten *conceptus absolutus* „Seiend" *(ens)* die fundamentale Rolle zukommt, nämlich die der Erstheit in der Ordnung der Prädikation.

2. In dieser Gegenstandsbestimmung kann die Metaphysik durch keine der Einzelwissenschaften ersetzt werden, weil nur sie die von allen anderen Wissenschaften vorausgesetzten, aber nicht thematisierten transzendentalen Begriffe zum Gegenstand ihrer Untersuchung macht.

3. Nur als diese Wissenschaft von den *transcendentia* kann sie auch von

[62] Vgl. Anm. 19.

[63] Ord. I, d. 2, q. 10. OTh 354–357; Quaestiones in libros Physicorum Aristotelis, q. 136. OPh VI, 767–768. Vgl. dazu G. Leff, William of Ockham, 392–98.

dem göttlichen Seienden handeln, weil dieses Seiende nur unter den transkategorial gemeinsamen Begriffen erfasst werden kann. In diesem Sinn wird Metaphysik auch von der Theologie als Wissenschaft vorausgesetzt.

4. Metaphysik kann auch nicht durch Logik ersetzt werden, weil sie nicht wie die Logik von Begriffen zweiter Intention, sondern von solchen erster Intention handelt. Sie ist deshalb – wie bei Scotus – Wissenschaft von einem Begriff und Realwissenschaft *(scientia realis)* zugleich, weil sie diesen Begriff in seiner ersten Intention, d. h. in seiner Referenz auf Reales, zum Gegenstand hat.

5. Wie für Scotus kann auch für Ockham der gemeinsame Begriff „Seiend" aufgrund seiner schlechthinnigen Allgemeinheit nur indirekt verdeutlicht werden. Im Fall Ockhams geschieht dies nicht durch Begriffsresolution, sondern durch Prädikationsanalyse. In dieser Analyse zeigt sich „Seiend" als dasjenige, was durch Prädikate in wahren Sätzen bestimmt werden kann und was in personaler Supposition für „jede positive substantielle oder akzidentelle Natur" steht, d. h. für individuelle Seiende möglicher Selbstständigkeit, wie sie allein in Form von Substanz und Qualität begegnen.

6. Was Ockham und Scotus im vorliegenden Zusammenhang unterscheidet, sind vor allem zwei Annahmen: Ockham lässt nur individuelle *res* im Sinn der genannten Seienden möglicher Selbstständigkeit zu und setzt an die Stelle des noetisch-noematischen Parallelismus des Scotus die These vom Begriff als natürlichem Zeichen, das von der intuitiv erkannten individuellen *res* kausal hervorgerufen wird und in personaler Supposition für die individuelle *res* selbst, nicht für etwas Reales in der *res* steht. Beide Ansätze haben Folgeprobleme: Scotus muss den Parallelismus für den *conceptus entis* einschränken – und nähert sich einer Art ockhamscher Supposition dieses Begriffs; Ockham muss die Art der Ähnlichkeit der *res* erklären, die zum *conceptus entis* als natürlichem Zeichen führt – und nähert sich damit der scotischen Position.

7. Was der noetisch-noematische Parallelismus und die Begriffsresolution für die formale Bestimmung der *ratio entis* bei Scotus erbringen, leistet bei Ockham der kausale Zusammenhang zwischen den individuellen *res* und dem transkategorial gemeinsamen Begriff als natürlichem Zeichen. Insofern die Bestimmung der *ratio entis* durch Explikation der Zeichenfunktion des Begriffs, d. h. der realen Referenz geschieht, kann man Ockhams Ansatz der Metaphysik den einer Transzendentalwissenschaft in Form einer universalen formalen Semantik[64] nennen.

[64] Vgl. L. Honnefelder, Der zweite Anfang der Metaphysik. Voraussetzungen, Ansätze und Folgen der Wiederbegründung der Metaphyik im 13./14. Jahrhundert, in: J. P. Beckmann u. a. (Hrsg.), Metaphysik im Mittelalter, 165–186, 182 ff.; ders.,

8. Man kann deshalb bei Ockham von einer Verschärfung des sich bei Scotus zur Geltung bringenden kritischen Motivs sprechen. Im Unterschied zu einer Metaphysik vom Gottesgesichtspunkt ist die uns erreichbare Metaphysik nur möglich in der Rückwendung der Frage nach der Welt und ihrem ersten Grund in die Frage nach den Begriffen und Zeichen, unter denen wir allein diese Frage stellen und beantworten können.

9. Das scotische Konzept der Transzendentalwissenschaft erfährt durch Ockhams Transformation sowohl eine Stärkung als auch eine Schwächung. Durch die Restriktion der Begriffstheorie entfallen die für Scotus bestehenden und oben genannten Probleme, und die transkategoriale Univokation ist voraussetzungsärmer zu begründen. Zugleich aber führt diese Restriktion zu einer Einschränkung und Verarmung in der Theorie der Modalitäten. Metaphysik reduziert sich auf die Theorie der konvertiblen Transzendentalien in Verbindung mit Substanzanalyse und Gottesbeweis.

10. Die These, Metaphysik reduziere sich bei Ockham auf einen Konzessionsrest, der verzichtbar wäre, scheitert also nicht nur an den Texten, die das erklärte Gegenteil sagen, sondern auch an den von Ockham für unverzichtbar erklärten Leistungen: Nur der *conceptus entis*, wie er Gegenstand der Metaphysik ist, wahrt die Einheit der kategorial differenzierten Rede von den Dingen unserer Welterfahrung, nur er erlaubt die Erkenntnis und die Rede von einem ersten ausgezeichneten Seienden, und er ist es schließlich, der die reale Referenz der in wahren Sätzen ausgesagten Begriffe expliziert. Wer in dieser Explikation des *conceptus entis* keine Metaphysik sieht, geht nicht von der formalen Bestimmung der Metaphysik aus, wie sie Aristoteles unter dem Titel einer „ersten Philosophie" gibt, sondern legt ein bestimmtes Verständnis der Metaphysik zugrunde, wie etwa, wenn Metaphysik – in Missverständnis des scotischen Ansatzes – als eine Disziplin verstanden wird, die von „Seiend" als einer allgemeinen Natur in den Dingen handelt.[65]

11. Wenn man eine Epistemologie, die ohne Annahme einer Realität des Allgemeinen auskommt, als Nominalismus bezeichnet, dann ist – wie Ockhams Beispiel zeigt – Nominalismus durchaus mit Metaphysik kompatibel, solange er jedenfalls mit einer Zeichentheorie verbunden ist, die universale Zeichen von realer Referenz kennt.

12. Was sich im Vergleich zwischen Ockham und Scotus zeigt, sind Stär-

Metaphysik zwischen Onto-Theologik, Transzendentalwissenschaft und universaler formaler Semantik. Zur philosophischen Aktualität der mittelalterlichen Ansätze der Metaphysik, in: J. Aertsen (Hrsg.), Was ist Philosophie im Mittelalter?, Berlin/New York 1998, 48–59.

[65] So etwa G. Leff, William of Ockham, 164–177.

ken und Schwächen einer nicht-epistemischen Metaphysik, die eine intensionale Sprache zulässt – wie bei Scotus –, und einer solchen, die eine extensionale bevorzugt – wie bei Ockham.

Auswahlbibliographie

Quellentexte

Wilhelm von Ockham: Opera philosophica et theologica, ed. G. Gál, S. Brown, G. I. Etzkorn u. a., St. Bonaventure, New York 1967–88.

Sekundärliteratur

Beckmann, J.-P.: Wilhelm von Ockham, München 1996.

Ghisalberti, A.: Guiglelmo di Ockham, Mailand 1972.

Leff, G.: William of Ockham. The metamorphosis of scholastic discourse, Manchester 1975.

Martin, G.: Wilhelm von Ockham. Untersuchungen zur Ontologie der Ordnungen, Berlin 1949.

McCord-Adams, M.: William Ockham, Notre Dame, Indiana 1987.

Rijk, L. M. de: Logic and Ontology in Ockham, in: E. P. Bos/H. A. Krop (Hrsg.), Ockham and Ockhamists. Acts of the Symposium Organized by the Dutch Society for Medieval Philosophy Medium Aevum on the Occasion of its 10th Anniversary (Leiden, 10–12 September 1986), Nimwegen 1987, 25–39.

ders.: War Ockham ein Antimetaphysiker? Eine semantische Betrachtung, in: J. P. Beckmann u. a. (Hrsg.), Philosophie im Mittelalter. Entwicklungslinien und Paradigmen, Hamburg ²1996, 313–328.

NIKOLAUS CUSANUS
(1401–1464)

Quadratur des Kreises: Politik, Frömmigkeit und Rationalität

Von Detlef Thiel

Man kann wohl unterscheiden, was Cusanus *war* und was er *ist*: Was er damals, in der scheinbar so fern liegenden Epoche des 15. Jh., in Deutschland, Italien, den Niederlanden war – und was er für uns heute und für die Zukunft bedeutet. In beiden Fällen wird es sich um Mutmaßungen handeln, um mehr oder weniger spekulative Skizzen oder (Re-)Konstruktionen.

Was er war, lässt sich nicht in einem Wort sagen: Kirchenmann, Kurienkardinal, Politiker und Organisator im Dienst der römischen Kirche, Seelsorger und Reformator zwei Generationen vor Luther – Praktiker. Zugleich Theoretiker: Theologe und Philosoph, Stichwortgeber und Systematiker; eigenständiger Weiterführer platonischer Traditionen; Methodologe und Visionär mit einem über die Grenzen Europas hinausreichenden literarischen Verfügungsbereich; Bibliomane und Philolog; Mathematiker, Historiker, Jurist. (Dass er auch eine Symbolfigur ist, Signet einer ganzen Popularisierungsindustrie, Namensgeber zahlreicher Institutionen, Gymnasien, Vereine, Lesezirkel usw., sei am Rande vermerkt.)

Die folgende Übersicht über Leben und Werk, die solche Stichworte ein wenig entfalten will, muss sich auf die notwendigsten Angaben beschränken; aber sie darf darüber das Krisenhafte jener Zeit, die drängenden Probleme – Verhältnis von Kirche und Welt, Schisma, Türkengefahr, Reform – nicht ausblenden. Vorgestellt werden sollen also möglichst viele Facetten des Kusaners, und zwar ohne gewaltsam zwischen Disziplinen zu trennen.

Geboren 1401 in dem Moseldorf Kues als Sohn des Winzers und Schiffers Hennen Kryfftz (Krebs, das Wappentier des Cusanus), studiert Nikolaus 1416/17 in Heidelberg, danach in Padua, wo er 1423 Doktor des Kirchenrechts wird und erste Kontakte zu italienischen Humanisten knüpft, vor allem zu dem Geographen und Astronomen Paolo dal Pozzo Toscanelli. Als Jurist tritt er 1425 in den Dienst des Trierer Erzbischofs; als Rechtslehrer und -historiker an der Universität Köln wird er von dem Albertisten Heymerich von Kamp beeinflusst. In Paris exzerpiert er aus den Handschriften des Ramon Lull. 1427 Dekan von St. Florin in Koblenz, beginnt er eine intensive Tätigkeit als Prediger (die Priesterweihe erhält er aber nicht vor 1436); daneben erfüllt er bereits zahlreiche Aufträge zur Vermittlung und Untersuchung von Rechtssachen. Aus der Zeit von Weihnachten 1430 bis Mitte 1463 sind fast 300 Predigten überliefert. Sind manche von ihnen sehr abstrakt, so wird doch auch von zahlreichen Auditorien berichtet. 1444 erklärt er in Mainz, wie ein Bäcker, der aus demselben Weizen mal grobes, mal feines Brot bereitet, könne ein Prediger nicht immer die gleiche Qualität liefern. In seinem Bestreben, sich möglichst klar auszudrücken, muss man ein zentrales religionspädagogisches Engagement sehen.

Seit 1430 vertritt er als persönlicher Sekretär die Interessen Ulrichs von Manderscheid, der den Stuhl des Trierer Erzbischofs beansprucht und sich sogar gegen die Entscheidung des Papstes stellen will. Cusanus, seit Anfang 1432 in das Kollegium des Basler Konzils aufgenommen, sucht durchzusetzen, dass dem Konsens der Laien (als gottgewollter ständischer Gesellschaftsordnung) der Vorrang gebühre vor der aufgezwungenen Autorität des Papstes. Ulrichs Bemühen scheitern 1434; Cusanus arbeitet weiter im Auftrag des Konzils als Vermittler. Er verfasst mehrere Traktate: zur Rückkehr der böhmischen Hussiten in die katholische Kirche (›De communione sub utraque specie‹; 1433), zur Frage des Vorsitzes im Konzil (›De auctoritate praesidendi‹; 1434), zur Kalenderreform (›Reparatio kalendarii‹; 1434/35; darin vermischen sich Astronomie und Astrologie), und vor allem ›De concordantia catholica‹ (1433/34), eine umfangreiche Programmschrift, die in drei Büchern die mittelalterlichen Gesellschafts- und Konzilstheorien zusammenfasst, Mikro- und Makrokosmos verbindend, in einer Dreigliederung in Geist, Seele, Körper bzw. Sakrament, Priester, Kirchenvolk. Die Fragen nach Autorität, Legitimation, Kompetenz beantwortet Cusanus im Sinne einer Konkordanz: Die Ecclesia romana wird repräsentiert durch Papst *und* Konzil zusammen.

Diese kirchenrechtlichen und -geschichtlichen Arbeiten ernten Anerkennung. Im August 1437 gehört Nikolaus zu der Delegation, die von Venedig zum griechischen Kaiserhof nach Konstantinopel segelt, um die Einigung von West- und Ostkirche vorzubereiten (Unionskonzil Ferrara/Florenz 1438). Dabei lernt er die bedeutendsten Vertreter der griechischen Tradition kennen, vor allem Bessarion, Erzbischof von Nicaea, Platonkenner, Übersetzer der aristotelischen Metaphysik. Auf der Rückreise empfängt er die Einsicht, dass es jenseits der Gegensätze, jenseits des endlosen Hin und Her punktuellen rationalen Wissens, jenseits des aristotelischen Widerspruchsprinzips etwas ungleich Festeres gibt: das „gelehrte Nichtwissen“: Durch ein Geschenk des Himmels sei er dahin gelangt, das Unbegreifliche in unbegreiflicher Weise zu umfassen *(incomprehensibile incomprehensibiliter complectens).*

Diese Einsicht wird für Cusanus fortan fundamental bleiben; er wird sie immer neu umkreisen, entfalten, anwenden. Erstmals und ausführlich in ›De docta ignorantia‹, einem Text, den er nicht ohne Stolz signiert: Kues, am 12. Februar 1440. Wiederum in drei Büchern handelt er von Gott, Universum und Jesus Christus, bzw. in cusanischer Terminologie vom absolut Größten, vom eingeschränkt Größten und von dem beide verbindenden Größten. Die Themen sind nicht neu; neu ist aber die Art ihrer Auffassung. Das Werk lässt sich nicht einfachhin der Theologie zuordnen; es ist ebenso stark von philosophischen Traditionen geprägt (Platon, Aristoteles, Eckhart; das Motiv der *docta ignorantia* findet sich schon bei Augustinus und Bonaventura). Wohl am besten kann es als Methodologie gefasst werden: Reflexion auf Ziel und Weg, auf Absicht und Mittel menschlichen Erkennens. Der *regula doctae ignorantiae* zufolge kann man nicht zu einem schlechthin Größten oder Kleinsten gelangen, denn stets gibt es etwas noch Größeres oder Kleineres. Damit ist dreierlei gesagt: a) Das Absolute ist dem Menschen unzugänglich, Gott bleibt verborgen, der ganz Andere. b) Jede Annäherung ist unwiderruflich vorläufig, asymptotisch; die *adaequatio*, Angleichung des Intellekts an die Sache (so etwa die Wahrheitsdefinition des Thomas von Aquin) sieht sich vor einem unendlichen Feld von Möglichkeiten, vor einem offenen Forschungshorizont. c) Die Hilfsmittel der Erkenntnis erhalten eine unverzichtbare analogische Funktion. Immer wieder führt Cusanus 1 Korinther 13, 12 an: Wir sehen jetzt nur wie mittels eines Spiegels in rätselhafter Gestalt, dann aber von Angesicht; und immer wieder wird er einprägsame Beispiele bringen, die den Suchenden durch sich hindurch auf das Gesuchte leiten *(manuductio)*. Der eigentliche Vermittler zwischen Mensch und Gott aber ist für ihn Christus; die Christologie bildet die Grundlage der Anthropologie.

Zwei weitere Werke hängen mit ›De docta ignorantia‹ eng zusammen: ›De coniecturis‹ (zwischen 1440 und 1444 entstanden) und ›Apologia doctae ignorantiae‹ (1449). Ersteres entrollt eine detaillierte und oft schwierige komplementäre Schematik des Seins, gegliedert in vier Stufen: Gott, Intellekt, Seele, Körper. Im Zentrum, in der absoluten Einfaltung *(complicatio)* steht der unaussagbare Gott; von diesem unzugänglichen Ort faltet sich die ursprüngliche Einheit auf jeder Stufe anders aus *(explicatio)*, bis hin zu den fernsten und kleinsten Dingen. Anhand der „Figur P“, zweier ineinander geschobener Dreiecke (für *unitas* und *alteritas*, Licht und Schatten usw.), deren jedes mit seiner Spitze die Grundlinie des anderen berührt, veranschaulicht der Kusaner die Doppelbewegung des Aufstiegs-Abstiegs. Da die absoluten Positionen, die Spitzen gleichsam, unerreichbar sind, bleibt alles menschliche Wissen *coniectura*, Mutmaßung. Mit einer solchen radikalen Scheidung setzt Cusanus diesseits der Grenze das unendliche (kombinatorische, stoicheiologische) Spiel der Zeichen frei, einschließlich der Möglichkeit, paradoxe Zeichen, etwa kühne Redewendungen zu erfinden, die per Analogie auf ihren Ursprung und ihr Ziel hindeuten.

Die ›Apologia‹ antwortet in Form eines Gesprächs unter Schülern auf die durch den Heidelberger Professor Johannes Wenck 1442/43 vorgebrachten Einwände, vor allem auf den Vorwurf des Pantheismus. Ineins Rechtfertigungs- und Verteidigungsschrift, Wiederholung und Kommentar zu bestimmten Stücken von ›De docta ignorantia‹, kunstvolles Mosaik aus Zitaten und Literaturhinweisen, ist diese Apologie ein Beispiel für eine wahre *docta litteratura*, gegen Wencks *ignota litteratura*. Cusanus' literarische Meisterschaft soll darin bestehen, über die Literalität hinauszugehen, Wencks bloßes Bücherwissen hingegen beruhe auf mangelnder Lektüre: Er scheine wenig gelesen und noch weniger verstanden zu haben; er verwirre sich selbst, „indem er Nicht-Geschriebenes als Geschriebenes tadelt". Hier findet sich auch dic bekannte methodische Anweisung, es gehöre sich, „dass, wer den Geist eines Schriftstellers in irgendeiner Sache untersucht, alle Schriften aufmerksam liest und in einen zusammenstimmenden Satz auflöst".

In den 1440er-Jahren arbeitet Cusanus als päpstlicher Legat mit an den langwierigen Verhandlungen zur Brechung der Neutralität, welche die deutschen Fürsten in Frankfurt 1438 gegenüber der Kurie erklärt hatten. Auf den Reichstagen in Nürnberg und bei zahllosen anderen Versammlungen, Streitigkeiten, Entscheidungen bewährt er sich als Praktiker im „Alltag der Heilsverwaltung" (E. Meuthen), sowohl in lokalen Angelegenheiten wie in der großen Politik Europas. So schafft er zusammen mit dem aus Spanien gebürtigen Kardinal Juan de Carvajal die Voraussetzungen dafür, dass die Deutschen ihre Distanz aufgeben und sich dem Papst anschließen; das Wiener Konkordat von 1448, das die Sache regelte, hat bis 1806 Gültigkeit gehabt. Bereits 1447 kommt Cusanus als Kandidat in die Papstwahl; 1451 und 1455 ist er vorgesehen als Vermittler zwischen England und Frankreich.

Neben all diesen Verpflichtungen verfolgt er seine „theoretischen" Gedanken weiter. In den Jahren 1445–47 entstehen u.a. vier kleinere Schriften, kontemplativ und theologisch im wörtlichen Sinn: Sie kreisen um Gott als Ursprung und Ziel, um seine Verborgenheit, die Suche nach ihm, seine Schau und die Gotteskindschaft des Menschen (›De Deo abscondito‹, ›De quaerendo Deum‹, ›De filiatione Dei‹, ›De dato Patris luminum‹). Insbesondere vom Gedanken der *filiatio – deificatio, theosis* – lässt sich die Verbindung ziehen zur Aufwertung des Individuellen, des Individuums, wie sie auch etwa im italienischen Humanismus, in den Traktaten über die „Würde des Menschen" sowie in Form der Autobiographie stattfand, andererseits aber zurück bis zu Platons Wort von der *homoíosis theô* (Theaitetos 176 b).

Daneben befasst sich Cusanus mit mathematischen Studien (›De geometricis transmutationibus‹, ›De arithmeticis complementis‹). Er wird das noch lange Zeit fortsetzen; mehr als zehn Arbeiten sind überliefert. Der Wert dieser Studien darf nicht unterschätzt werden. Man hat gemeint, es handle sich um müßigen spekulativen Zeitvertreib eines ungeschulten Mathematikers. Das trifft nur insoweit zu, als *in mathematicis* der Geist allein mit sich selbst beschäftigt ist und Perfektion erreichen kann. Aber Cusanus sieht sich gezwungen, auch hier das Unmögliche zu versuchen: die Quadratur des Kreises als derjenigen Figur, die Gott symbolisiert – und freilich auch stets umgekehrt die Zirkulatur des Quadrats: Überstieg vom Anschaulichen zum Unendlichen, in einem hyperbolischen *modus tollens*.

Cusanus gelangt auf den Höhepunkt seiner Laufbahn. Im Dezember 1448 vom Papst zum Kardinal von San Pietro in Vincoli ernannt, im April 1450 zum Bischof von Brixen geweiht, weilt er in diesem Jubeljahr, in dem allen Pilgern Generalablass gewährt wird, in Rom. Zwischen Juli und September schreibt er die vier Bücher über den Laien: ›Idiota de sapientia‹ I und II, ›Idiota de mente‹ und ›Idiota de staticis experimentis‹. Damit prägt er ein weiteres jener Beispiele, die jeweils eine Vielfalt von Bedeutungs- und Assoziationssträngen in einer plastischen, alltäglichen Figur bündeln. Gerade wegen seiner Distanz zum Bücherwissen rührt der Laie eher als seine Gesprächspartner, Redner und Philosoph, an den Ursprung. Weil er – fast wie Sokrates – um sein Nichtwissen weiß, vermag er anderen die Augen zu öffnen: für die mystische Theologie (im Sinne des Pseudo-Dionysios Areopagita, den Cusanus noch für einen Zeitgenossen des Paulus hielt, aber auch im Sinne der *devotio moderna* und der Laientheologie), für die Mutmaßungsmethode und die notwendige Sprachskepsis (außerhalb des göttlichen Urwortes ist nichts jemals angemessen benennbar, die Namen und die Dinge verweisen in unendlichem Spiel nur aufeinander), für das Messende oder Maßhafte des schöpferischen Geistes, der nicht wie bei Aristoteles bloßes Urteilsvermögen ist, sondern eine eigene lebendige Substanz (darin liegt auch eine kopernikanische Wende *vor* Kant), weiter für das Experimentieren, das Messen, Wägen, Datensammeln im Bereich von Natur und Medizin (man hat den Kusaner zu den Begründern moderner Naturwissenschaft gezählt).

Zum Legaten mit allen Vollmachten ernannt, bricht er am letzten Tag des Jahres 1450 zu seiner großen, 15 Monate währenden Reise durch Deutschland, Österreich, Belgien und die Niederlande auf, um allen, die nicht selbst nach Rom kommen konnten, die Gnade des Jubiläumsablasses zu verkünden und insbesondere um eine gründliche Kirchen-, Klerus- und Klosterreform bei den Benediktinern, Augustiner-Chorherren und Mendikanten (Bettelorden) durchzuführen. Trotz aller Anstrengungen bleibt ein dauerhafter Erfolg aus, wie auch die Konzilsbewegung der Kirche wenig hilft. Am 29. Mai 1453 kommt es zu einem für das gesamte westliche Abendland einschneidenden Ereignis: Der türkische Sultan Mehmet II. erobert Konstantinopel. Unter dem Eindruck dieser Katastrophe verfasst Cusanus zwischen September und November 1453 mehrere Schriften. Die erste, ›De pace fidei‹, gibt sich als Bericht eines Ungenannten über seine in einer Entrückung *(raptus)* empfangene Schau *(visio):* Im Himmel versammeln sich 17 Vertreter der Völker mit Paulus, Petrus und dem göttlichen Wort, um in der Vielfalt der Riten die eine wahre, universale Religion zu ermitteln, an der alle irgendwie teilhaben *(una religio in rituum varietate).* Cusanus liefert hier, wie vor ihm Abälard und nach ihm etwa Lessing, ein Beispiel für ein Religionsgespräch.

Die zweite Schrift, ›De visione Dei‹, antwortet auf die Frage der befreundeten Benediktiner im oberbayerischen Kloster Tegernsee: ob die fromme Seele ohne Vernunfterkenntnis oder Denken, allein durch den Affekt oder den Seelengrund, durch die so genannte *synderesis* Gott erreichen könne. Der Kardinal berichtet am 14. Sept. 1453, er arbeite gerade an einem Büchlein für Papst Nikolaus V., ›De mathematicis complementis‹, worin er alles bisher Unbekannte anhand des Mathematischen verdeutliche; in einer anderen Schrift, ›De theologicis complementis‹, übertrage er mathematische Figuren auf die theologische Unendlichkeit; und er habe ein Kapitel darüber eingefügt, in welcher Weise wir aus einem bestimmten Bildtypus, aus dem Gemälde des zugleich alles und jedes einzelne Sehenden durch eine gewisse sinnliche Erfahrung *(sensibili experimento)* zur mystischen Theologie geführt werden mögen. ›De visione Dei‹ steht also zwischen Mathematik und Theologie, zwischen sinnlicher und übersinnlicher Erkenntnis, zwischen Konkretem und Allgemeinem. Initiiert durch eine *vera icona* (Rogier van der Weyden, Dürer, Raffael haben solche Bilder gemalt), greift er in Form eines Gebetes das Motiv der *coincidentia oppositorum* auf, umschrieben als die „Mauer des Paradieses“. Dahinter weilt Gott, erfahrbar nur im Dunkel, im Schweigen der Ratio. Man soll die Wahrheit dort suchen, wo Unmöglichkeit begegnet.

In der Zeit von Ende 1453 bis Sommer 1458 findet Cusanus keine Gelegenheit mehr zu schriftstellerischer Arbeit, mit Ausnahme weiterer Studien zur Kreisquadratur (›Dialogus de circuli quadratura‹, ›De Caesarea circuli quadratura‹). Er widmet alle Kräfte der Reform des Klosters und der Diözese Brixen, gegen den Widerstand des Adels, etwa der Äbtissin Verena, die einen Landfriedensbruch nicht scheut, vor allem aber in immer schärferer Auseinandersetzung mit dem weltlichen Landesherrn, dem Habsburger Herzog Sigismund von Tirol. Auch dieser Streit greift über den innerkirchlichen Rahmen hinaus, er ist Teil der alten, bereits in Basel verhandelten Kontroverse zwischen Kurie und deutschem Fürstentum.

Erst im August 1458 kann Cusanus ein zweites den Tegernseer Mönchen gegebenes Versprechen einlösen und ›De beryllo‹ abschließen. Wieder entfaltet er das semantische Potential des „Sehens“ zu einem Spiegel und Rätselbild *(speculum et aenigma)*. Ein teils konvex, teils konkav geschliffener Beryll wird zur „Brille“, die es ermöglicht, den „unteilbaren Ursprung von allem“ zu berühren. Gestützt auf Platon, Proklos, Pseudo-Dionysios, Albert, ebenso auf Aristoteles und Averroes leitet der Text zur Erkenntnis, dass und wie Gott jenseits des Zusammenfalls der Gegensätze ist.

Kurz danach begibt sich Cusanus nach Rom. Am 11. Jan. 1459 ernennt ihn der Papst zum Kurienkardinal und Generalvikar (Stellvertreter) und beauftragt ihn mit der Reform des römischen Klerus. Im Juli legt er den Plan einer *Reformatio generalis* vor, erneut die konziliaristische Idee empfehlend; die verschiedenen lokalen Zwiste in Italien und außerhalb sucht er zu schlichten, um ein geschlossenes Vorgehen von Papst und Kaiser gegen die Türken zu ermöglichen. Daneben verfasst er zwei kleinere Texte zum Gottesbegriff, ›De aequalitate‹ und ›De principio‹. Beide gehen von Bibelworten aus, Letzterer bezieht sich auf Johannes 8, 25 „Wer bist du?“ sowie auf Proklos' Kommentar zum platonischen ›Parmenides‹. Aus dieser Quelle schöpft auch der ›Trialogus de possest‹ vom Februar 1460. Der Neologismus, kontrahiert aus dem indefiniten *posse* (Kürzel für unendliche Schöpferkraft) und dem definiten *est* (das Geschaffene), bezeichnet Gott als reinen Akt, in dem der von Aristoteles herkommende Dualismus von Akt und Potenz zusammenfällt. Nach dem *maximum absolutum* und dem *idem absolutum* ist das Wort eine weitere Station in der Reihe der von Cusanus erarbeiteten Gottesnamen.

Wenig später spitzt sich der Brixener Konflikt gewaltsam zu. Am 16. April 1460 setzt Herzog Sigismund den Kardinal gefangen, zwingt ihn, die Herrschaft in seinem Bistum aufzugeben. Cusanus kehrt für immer nach Rom zurück und widmet sich in seinen letzten vier Lebensjahren den Reformaufgaben und einer ganzen Reihe von Schriften, in denen er Überblick und Abschluss zu gewinnen sucht. Im Winter 1460/61 geht er an die Ausführung seiner wohl schon in Konstantinopel begonnenen Koranstudien (›Cribratio Alkorani‹; drei Bücher). Der Koran soll gesichtet, d.h. von seinen Unvollkommenheiten gereinigt werden, damit zum Vorschein komme, worin er mit der christlichen Heilsbotschaft übereinstimmt. Auch dieses religionskomparatistische Werk ist eine *manuductio:* Cusanus will die Muslime von ihrem Monotheismus zur Trinität führen; dazu behandelt er soteriologische und eschatologische Themen.

Etwa ein Jahr später, 1461/62, entwickelt Cusanus in dem sehr abstrakten Vierergespräch ›De non aliud‹ aus einem substantivierten Prädikatsnomen einen Namen für einen „absoluten Begriff“, wie es etwa derjenige Gottes sein muss. Mit der Formel *non aliud est non aliud quam non aliud* wird gesagt, dass zur Bestimmung des Anderen stets noch das Nichtandere erforderlich ist. Aus einer verneinten Verneinung ergibt sich eine unendliche Bestimmung. Trinitarische Formeln, etwa Vater, Sohn, Heiliger Geist, werden als irritierend verabschiedet. Dennoch ist *non aliud* ein noch eher statischer Name. Er wird in ›De venatione sapientiae‹ (1463) dynamisch gefasst, als Machenkönnen *(posse facere),* welches allem Werdenkönnen *(posse fieri)* und allem Gewordenseinkönnen *(posse factum)* vorausgeht. In diesem Traktat, der sich ausdrücklich einer Lektüre des Diogenes Laertios verdankt, will Cusanus drei verschieden Ebenen und darin bestimmte Plätze beschreiben und so den Jäger der Weisheit auf bestimmte Felder führen. Es handelt sich um eine systematische, gleichsam mnemotechnisch strukturierte Zusammenschau aller von ihm bearbeiteten Themen. Wenn es im zehnten und letzten Feld heißt, wir erstrebten die Weisheit, um unsterblich zu sein, so wird die Notwendigkeit des Sterbens gleichsam umgewandelt in einen Willen zur Immortalität und in eine Tugend *(virtus).*

1463 beendet Cusanus auch die beiden Bücher ›De ludo globi‹. Abermals anhand eines anschaulichen Beispiels verdeutlicht er die Stellung des Menschen im Kosmos, im großen Spiel der Erd- und Himmelssphären. Jeder Wurf der einseitig ausgehöhlten Kugel – jedes Leben eines fragmentarischen Individuums – ist nur Annäherung an die ideale Spirale. Mittelpunkt der von konzentrischen Kreisen gebildeten Spielfläche ist Christus. Das Spiel gerät zum Strukturmodell für alles Denken und Handeln des „zweiten Gottes", wie Cusanus mit Hermes Trismegistos sagt, jenes *homo creator* oder *deus humanatus,* den jeder Mensch in sich freisetzen kann.

Auf diese umfangreichen Schriften folgen nur noch zwei kurze Zusammenfassungen. Das ›Compendium‹ (1463/64) gibt einen Überblick über die verschiedenen Erscheinungen des ersten Ursprungs *(primum principium).* Die affirmative Theologie reicht genausowenig hin wie die negative. Alle angemesseneren Aussagen müssen sich in der Schwebe zwischen Ja und Nein halten: Weder ist Gott noch ist er nicht, und er ist auch nicht beides, Sein und Nichts zusammen. So entwickelt Cusanus einen neuen Gottesnamen: *posse.* Und was er in ›De venatione sapientiae‹ zur Unsterblichkeit sagte, präzisiert er nun im ›Compendium‹ als eine ausdrückliche Zeichentheorie, zugleich vermächtnishaft, im Hinblick auf seine geistige Erbschaft. Von Gott gegeben ist die Vollkommenheit einer Wissenschaft solcher Zeichen *(perfectio scientiae signorum),* die den Menschen ermöglichen, ihre Gedanken untereinander auszutauschen und aufzubewahren. Im Hinblick auf die göttliche *ars* und *scientia* sind alle menschlichen Künste und Wissenschaften defizient. Die *ars scribendi* ist vom Verstand erfunden, wie die Zahlen, Begriffe, Spiele, Kunstwerke und andere Kunstprodukte. Aber es ist allein die Schrift, die den Bestand all dieser Produkte garantieren kann – Tradition der Lehre von der Tradition einer

Lehre überhaupt. Das 1458 vom Kardinal gestiftete Hospital in Kues etwa besteht heute noch.

Der späteste Text, ›De apice theoriae‹ (Ostern 1464), erläutert den letzten von Cusanus erreichten Gottesnamen: *posse ipsum,* Können-selbst, das Können jedes Könnens, Voraussetzung für alles Sein-, Leben-, Verstehenkönnen *(esse, vivere, intelligere).* Absoluter Superlativ, zugleich kürzester und einfachster sprachlicher Ausdruck, Gipfel des cusanischen Bemühens um eine *theologia brevis et facilis,* die allen offensteht – wie ja auch der Laie in den ›Idiota-Dialogen‹ betont, dass die Weisheit überall auf den Plätzen und Gassen rufe. Schon in ›De coniecturis‹ heißt es, die Theologie sei klar und kurz und in einer Rede nicht ausfaltbar *(sermone inexplicabilis);* denn da Gott, die absolute Einheit, weder ein Ja noch ein Nein zulässt, kann für den, der jenseits aller Rationalität zu schweigen und zu schauen vermag, die Kunst der Erforschung der Wahrheit „in der Einfaltung ihrer einfachen Einheit in drei Zeilen hingeschrieben werden". Diese Leichtigkeit und Offenheit ist die Inversion des Dunkels und Verstummens der mystischen Theologie, wie das Licht, das alle Farben und alles Sehen erst ermöglicht, selbst unsichtbar bleibt. In seiner Selbstreflexion sieht der Geist, dass er wie alles andere nur Bild jenes *posse ipsum* ist, Erscheinungsweise einer an sich unbegreifbaren Dynamik. Die äußerst knappe Schrift schließt einmal mehr mit einer Christologie.

Im Sommer 1464 bricht Cusanus von Rom auf, um in Ancona die verstreuten Teilnehmer am geplanten türkischen Kriegszug des Papstes zu sammeln und sie der venezianischen Flotte zu übergeben; auf dem Weg erliegt er einem Fieber und stirbt am 11. August in Todi.

Betrachtet man, wie hier versucht, seine Schriften in chronologischer Folge, so fallen die unruhigen Wechsel auf zwischen Phasen fruchtbarer Arbeit und mitunter langen Pausen. Die Unregelmäßigkeiten erklären sich biographisch-pragmatisch: Bei dem rastlosen Reiseleben, dem übervollen Terminkalender erstaunt die Konzentration und Intensität, die Cusanus schreibend immer wieder erreicht. Alle seine Texte – er nennt sie durchgehend *libelli,* Büchlein – sind in ganz bestimmten Situationen und für konkrete Adressaten entstanden, trotz ihrer nomadisierenden Asystematik und ihrer starken Dialogizität bewahren sie eine sachliche Kohärenz. Wie viele Zeitgenossen, besonders unter den italienischen Humanisten und Literaten, hat er seine Autorschaft, mithin seine Individualität thematisiert, in einem unausgesetzten Versuch, das Individuum, ineins damit das Allgemeine zu sagen. Von bürgerlicher Herkunft, geschäftstüchtig, zu keiner Schule oder Universität gehörend, doch in höchsten Kreisen des Adels, des Klerus, der Wissenschaft verkehrend (er war etwa befreundet mit den Päpsten Nikolaus V. und Pius II., sowie mit den Sforza und den Gonzaga), fehlte ihm nicht ein gewisser „Ehrgeiz nach Verantwortung“ (E. Meuthen).

Cusanus' Stellung im Geflecht so vieler zeitgenössischer Tendenzen, die Spannkraft seiner Hauptthesen, sein polyhistorisches Wissen, seine intensive Tätigkeit in Kirchenpolitik und wissenschaftlicher Organisation – all das hat schon früh dazu beigetragen, in ihm den Begründer oder maßgebenden Vorläufer zahlreicher späterer Errungenschaften zu sehen. Doch ist hier Vorsicht geboten. Seine Nachwirkungen lassen sich mit der treffenden Formel von S. Meier-Oeser als „Präsenz des Vergessenen“ fassen; es handelt sich um eine eher untergründige Rezeption einzelner Theoreme, insbesondere des Gedankens der *coincidentia oppositorum.* Deutlich ist sein Einfluss auf Bruno, Kircher, Descartes, Spinoza, Leibniz und andere bis hin zum deutschen spekulativen Idealismus. Erst seit einer Preisfrage der theologischen Fakultät Tübingen 1831 sind Leben und Wirken des Cusanus genauer untersucht worden, zunächst von katholischen Kirchenhistorikern wie J. A. Möhler, F. A. Scharpff, J. Uebinger, dann gegen Ende des 19. Jh. von einzelnen Neukantianern wie H. Cohen, E. Cassirer und H. Rickert, und seit den späten 1920er-Jahren auf Veranlassung der Heidelberger Akademie von E. Hoffmann, J. Ritter, R. Klibansky.

Lässt sich nach diesen Stichworten das Spektrum dessen, was Cusanus war, fassen? Schwerlich, denn zu viele Wissensgebiete, Quellen, Denkfiguren sind hier verknüpft. Genannt seien zwei Aspekte:

a) Trotz oder gerade in seinem Festhalten am Prinzip der *coincidentia oppositorum* verknüpft Cusanus – wie Ficino oder die beiden Mirandola – sein Philosophieren mit der durch den Neuplatonismus (Plotin, Proklos) vermittelten Tradition altakademischen Methodendenkens (den „Ungeschriebenen Lehren“): Ableitungssystem, hierarchischer Seinsaufbau, henologische Rückbindung an ein letztes Prinzip, das gleichwohl unzugänglich und unsagbar bleibt, sich bestenfalls in kürzesten sprachlichen Ausdrücken niederschlägt, sowie ontologischer Vorrang der Zahlen (das weist auf Galilei und Kepler). Den platonischen Gedanken der „Dialektik“ bringt Cusanus anders auf den Begriff als Hegel. Er fordert, was er selbst vorführt: Oppositionen konstruieren bis hin zu dem änigmatischen, „mystischen“ Punkt, an dem sie ineinander fallen – nicht als zerbrochene Scherben am Boden liegen bleibend, sondern gerade in der Summierung ihrer höchsten Kräfte zusammen weiterwirkend, um jenes Dritte anzuzeigen, das jenseits von beiden liegen muss. (In diesem Koinzidieren mag man auch den Effekt eines wechselseitigen Dekonstruierens sehen.) Ohne Blick und Anspruch auf ein Wesen, sei es das des jeweils verhandelten Dings oder Prozesses, sei es das des Wesens selbst (Gott), vermag sich keine Dialektik zu entfalten – als Abarbeitung der Widersprüche und Auseinandersetzungen in „Theorie“ und „Praxis“, in der Methodenlehre bzw.

der Benennung des Ursprungs wie in den (kirchen)politischen Bemühungen, im Kampf des Lebens.

b) Trotz seiner harten Arbeit im Dienst der römischen Kirche und seiner tiefen Sorge um die Einheit des Abendlandes ist Cusanus keineswegs uneingeschränkt Theologe. Von der Scholastik distanziert er sich unausdrücklich. Nirgends verweist er auf die Bibel als letzte fraglose Autorität, er hat keine Quaestionen oder Summen vorgelegt, keine kohärenten Kommentare, sondern immer nur punktuelle Exegesen (vor allem in den Predigten). Stattdessen ist sein gesamtes Werk geprägt von der Spannung zwischen einem historischen Bewusstsein, einem starken Interesse an empirischer Erforschung weltlicher *singularia* und einem unerschrocken aufs Ganze und Letzte gehenden Ursprungs- oder Einheitsdenken mitsamt mathematisierender Tendenzen. Man muss wohl unterscheiden zwischen seinem eigenen schlichten bzw. laienhaften Glauben, seiner strengen Analyse der Riten und äußeren Realität des Christentums und seinem philosophischen Interesse. Vielleicht liegt gerade in der Öffnung für andere Traditionen (griechisches Erbe, Islam, Kabbalistik) ein allgemeines Kennzeichen dessen, was meist ohne weiteres „Renaissance" genannt zu werden pflegt.

Das führt nun zu der eingangs aufgeworfenen Frage, was Cusanus heute ist und in Zukunft sein wird. Wieder seien zwei Aspekte genannt:

a) Cusanus als lehrreiches Beispiel für ein Aushalten der Spannungen, ob weltlich, sozial, ökonomisch, ob geistlich oder theologisch, ob philosophisch oder naturwissenschaftlich. Seine Verteidigung einer transparenten Ordnung konvergiert mit einem Infinitismus, der trotz aller ernüchterten Einsicht in menschliche Begrenztheiten optimistisch bleibt, mit dem Ansporn zur Kreativität – nicht als Spielerei, sondern als Reaktion auf die Not der Zeit.

b) Cusanus als Paradigma einer universalen Semiotik *sub specie infinitatis et immortalitatis.* Wenn alle Erkenntnis notwendigerweise durch Zeichen, Spiegel, Gleichnisse vermittelt ist, sich nur als *symbolice investigare* vollziehen kann, so liegt darin eine nominalistisch gefärbte Entzauberung falscher Machtansprüche. Da das *vocabulum praecisum* dem Menschen auf immer versagt ist – es wäre ja das Ding selbst –, bleibt nur übrig, dass die Zeichen, ob phonisch, graphisch oder sonst welcher Art, sich auf ihren Ursprung, den menschlichen Geist beziehen. Dieser aber soll Bild des Absoluten werden.

Abgesehen davon, dass trotz großer Anstrengungen immer noch viele Aspekte des cusanischen Werks – Quellen und Kontexte, Formen und Intentionen – unterbelichtet sind, dürfte es gerade die Zusammenbindung, ja Verschmelzung gegensätzlicher Tendenzen sein, welche die Schriften des Nikolaus von Kues heute und in Zukunft so studierenswert und fruchtbar macht.

Auswahlbibliographie

Werke

Opera, Straßburg 1488, Ndr. hrsg. v. Paul Wilpert, 2 Bde., Berlin 1967.

Opera, Paris 1514, hrsg. v. Jacques Lefèvre d'Étaples, 3 Bde., Ndr. Frankfurt a.M. 1962.

Opera Omnia, im Auftrag der Heidelberger Akademie der Wissenschaften, Leipzig 1932–44, Hamburg 1959ff. (bisher 14 Bde. und einzelne Faszikel dreier weiterer Bde.).

Schriften des NvK in deutscher Übersetzung, Leipzig 1936ff., Hamburg 1953ff. (Philosophische Bibliothek; bisher 19 Hefte).

Philosophisch-theologische Schriften, hrsg. v. Leo Gabriel, dt. Übers. Dietlind u. Wolfgang Dupré, 3 Bde., Wien 1964–67, Ndr. 1989.

Acta Cusana. Quellen zur Lebensgeschichte des NvK, Hamburg 1976ff. (bisher 2 Bde.)

Sekundärliteratur

Buchreihe der Cusanus-Gesellschaft, Münster 1964ff. (bisher 12 Bde., nebst Sonderbänden).

Gandillac, Maurice de: La philosophie de Nicolas de Cues, Paris 1942 (Aubier); dt. Übers. v. Fleischmann, Karl: NvC. Studien zu seiner Philosophie und philosophischen Weltanschauung, Düsseldorf 1953.

Haubst, Rudolf: Streifzüge in die cusanische Theologie, Münster 1991.

Kleine Schriften der Cusanus-Gesellschaft, Trier 1964ff. (bisher 14 Hefte).

Meier-Oeser, Stephan: Die Präsenz des Vergessenen. Zur Rezeption der Philosophie des NC vom 15. bis zum 18. Jh., Münster 1989.

Meuthen, Erich: NvK 1401–1464. Skizze einer Biographie, Münster 1964, ^{7}1992.

Mitteilungen und Forschungen der Cusanus-Gesellschaft (MFCG), Trier 1961ff. (bisher 23 Bde.).

NvK. Textauswahl in deutscher Übersetzung, Trier 1982ff. (bisher 4 Hefte).

Stallmach, Josef: Ineinsfall der Gegensätze. Weisheit des Nichtwissens. Grundzüge der Philosophie des NvK, Münster 1989.

Trierer Cusanus Lectures, Trier 1994ff. (bisher 4 Hefte).

Vansteenberghe, Edmond: Le cardinal NdC (1401–1464). L'action – la pensée, Paris 1920, Ndr. Frankfurt a.M. 1963, Genf 1974.

NICCOLÒ MACHIAVELLI
(1469–1527)

Guter Staat für schlechte Menschen

Von HEINRICH C. KUHN

Niccolò Machiavelli[1], jahrelang Verwaltungsangestellter des Gemeinwesens Florenz, später entlassen, Militärtheoretiker, politischer Reiseschriftsteller, Dramatiker, Literat, noch heute gerühmt wegen seines luziden Prosastils,[2] bietet in seinen Werken genug der Widersprüche, Sprunghaftigkeiten, Inkonsistenzen[3] und dunklen Stellen, um bis heute und auch noch in Zukunft schlüssiger Interpretation Widerstände entgegenzusetzen. Die Sekundärliteratur ist – gelinde gesagt – reichhaltig und vielfältig.

Trotz aller – teils perspektivisch bedingten, teils in der Sekundärliteratur einer Entwicklung der Thesen des Autors zugeschriebenen – Widersprüche und Inkonsistenzen: Einiges findet sich immer und immer wieder, zum einen die enge Verbindung zwischen politischer und militärischer Ordnung (wovon weiter unten mehr), zum anderen – und in Anbetracht des weit verbreiteten Rufs Machiavellis als eines zynischen Advokaten der Tyrannis[4] dem einen oder der anderen u.U. überraschend – der Impetus, einen idealen Staat einzurichten: Nichts, so Machiavelli, mache mehr Ehre als die gute Neuordnung eines Staates, sie mache, wenn sie wohl gelinge, den Neuordnenden verehrungswürdig und wunderbar.[5] Ja mehr noch:

[1] Zu Leben, Werk und Nachleben mit Literatur Buck 1985. Über Ausgaben des 16.–19.Jh. Bertelli 1979.

[2] De Grazia 1994.

[3] Für Inkonsistenzen zwischen einzelnen Werken siehe z.B. die abweichenden Aussagen zu Festungen ›De principatibus‹ cap.20, 287f. im Vergleich zu ›Discorsi‹ II cap. (OP 314); die unterschiedlichen Einschätzungen der Florentiner politischen Ordnung in den ›Provissioni della repubblica di Firenze per istituire il magistrato de' nove ufficiale dell' ordinanza e milizia fiorentina‹ (AG 101) im Vergleich zu parallelen Passagen im ›Discorso dell' ordinare lo stato di Firenze alle armi‹ (AG 95); die Aussagen zu Francesco Sforza in der ›Arte della guerra‹ I (AG 336) im Vergleich zu denen in ›De principatibus‹ cap.7 (P 208); für innere Widersprüche in den ›Discorsi‹ siehe Bausi 1985.

[4] Vgl. Buck 1985, 129ff.

[5] De principatibus cap.26 (P 309). Vgl. auch ›Discursus florentinarum rerum post mortem iunoris Laurentii Medices‹ (AG 276).

„Es wird kein Mensch für irgendeine Tätigkeit so gepriesen wie diejenigen, die durch Gesetze und Einrichtungen die Republiken und die Reiche reformiert haben: Es sind diese, die nach denen, die Götter gewesen sind, als Erste gelobt werden. Und weil es wenige gegeben hat, die Gelegenheit hatten, solches zu tun, und sehr wenige, die es zu tun gewusst haben, ist die Zahl derer, die es getan haben, gering. Und diese Ehre ist von den Menschen, die nie nach etwas anderem gestrebt haben als nach Ehre, so hoch geschätzt worden, dass sie, da sie in der Wirklichkeit keine Republik machen konnten, sie in Schriften gemacht haben, wie Aristoteles, Platon und viele andere …“[6]

Worum es aber Machiavelli geht, ist kein bloßer Idealstaat. Wovon er handeln will, ist nicht etwas Ausgedachtes, sondern etwas Reales:

„Aber nachdem es meine Absicht ist, etwas zu schreiben, was dem, der es versteht, nützlich ist, schien es mir angemessener, direkt zur wirklichen Wahrheit der Sache als zu ihrer Einbildung zu gehen. Und viele haben sich Republiken und Fürstentümer eingebildet, die man noch nie in wahrer Existenz gesehen noch gekannt hat. Denn es ist ein so großer Abstand zwischen dem, wie man lebt, zu dem, wie man leben müsste, dass der, der das, was man tut, für das, was man tun müsste, verlässt, schneller seinen Untergang als seine Erhaltung lernt …“ (P 253).

Nicht um Utopie also geht es, sondern um Politik in der wirklichen Welt.

Die Menschen dieser, Machiavellis, Welt sind nicht sehr gut: Sie tun Gutes nur, wenn sie müssen (Discorsi I 3 OP 115). Die Natur macht wenige von ihnen erfreulich (gagliardi, AG 511). Besitz gilt ihnen mehr als Ehre (Discorsi I 37 OP 192). Wer immer Gutes tut, geht zwischen all den Bösen unter (P 253f.). Eine an einem abstrakten „Gemeinwohl“ orientierte Theorie der Politik ist vor einem solchen Hintergrund nicht primär das, was Machiavelli liefert: Gemeinwohl bleibt inhaltsleer; an einer Stelle wird es von Machiavelli als ein Äquivalent für die eigene Auffassung eines Heerführers verstanden, von der dieser die ihm Untergebenen überzeugen muss (Dell' Arte della guerra VI AG 440). Auch sonst bleibt es diffus.[7]

Die Themen Machiavellis sind andere, am berühmtesten darunter das in ›De principatibus‹ – allgemein bekannt als ›Il principe‹[8] – vom Machterwerb des Neuen Fürsten, eines Herrschers, der weder durch Wahl[9] noch durch Erbfolge zur Herrschaft gelangt[10] ist, sondern entweder durch Tugend *(virtus)* oder durch Fortuna oder durch Schurkerei.[11] Von derlei „Ty-

[6] Discursus florentinarum rerum (AG 275).

[7] Vgl. Discorsi, II 2 (OP 249).

[8] Dazu Ingleses Einleitung P 26.

[9] De principatibus cap. 19 (P 282); Vgl. aber auch De principatibus cap. 9 (P 224ff.).

[10] Die Behandlung ererbter Herrschaft in De principatibus ist extrem kurz, und berichtet nur davon, wie leicht eine solche zu halten sei (cap. 2: P 184f.).

[11] Vgl. De principatibus cap. 8 (Machiaelli 1994, 217).

rannen“, ihrem Weg zur Herrschaft, und ihren für ihre Weise der Herrschaft spezifischen Mitteln, sich an der Herrschaft zu halten, hatte schon Aristoteles im Fünften Buche seiner Politikschrift (1313a 34ff.) gehandelt (und auch er z.T. in einer Sprache, die sich nicht als eine durchweg verdammende, sondern, zumindest z.T., auch als eine beratende verstehen lässt). Und auch Ægidius Romanus hatte in seinem immens einflussreichen[12] ›De regimine principum‹ das Thema des Neuen Fürsten explizit thematisiert und sein Verhalten als ein im Normalfalle eher tyrannisches bezeichnet.[13] Das meiste von dem, was sich bei Machiavelli an Ratschlägen für einen Neuen Fürsten findet, kann nur vor dem Hintergrund einer Unkenntnis der Tradition, in der es steht, oder in Anbetracht der Formulierungen, die Machiavelli wählt, es zu vermitteln, als außergewöhnlich erscheinen.

Doch es gibt auch in ›De principatibus‹ Erstaunliches: Das Buch insinuiert, es gebe dem Widmungsempfänger (Lorenzo de' Medici, Herzog von Urbino) Rezepte in die Hand, mit denen es ihm gelingen könne, sich zum Herren Italiens zu machen – was spätestens nach einem Blick auf eine politisch-historische Landkarte Italiens[14] als Projekt mit geringer Wahrscheinlichkeit der Realisierung erscheint und als durchaus undurchführbar in Anbetracht des Ratschlags, alle militärisch gewonnenen Territorien zu entwaffnen, statt sich auch ihrer Bewohner zur Stärkung des eigenen Militärs zu bedienen (cap.20 P 284). Ob es Machiavelli mit seinem Aufruf zur Vereinigung Italiens unter mediceischer Herrschaft wirklich ernst war, ist kaum zu sagen; gewiss aber war es ihm ernst mit der dringlichen Aufforderung, sich *vor allem anderen und zu allererst* mit eigenen Truppen, mit einem Militär, das aus den eigenen Untertanen des Herrschers besteht, zu versehen (cap.26 P 310).

Der Zusammenhang zwischen politischer und militärischer Ordnung, die Abhängigkeit der politischen von der militärischen, ist eines der Hauptthemen Machiavellis. Im 12. Kapitel von ›De principatibus‹ ist zu lesen:

„Die hauptsächlichen Fundamente aller Staaten, der neuen wie der alten oder der vermischten, sind die guten Gesetze und das gute Militär: Und weil es keine guten

[12] Vgl. Canning 1996, 133.

[13] Vgl. hierfür Ægidius Romanus: De regimine principum. Rom [Apud Bartholomæum Zanettum] 1607 (Reprint: Aalen 1967), lib. III, pars II, cap.5, S.462f.; vgl. auch lib. III, pars II, cap.15 (Regel 3, S.490f.) – mit speziellem Blick darauf, daß es hier um die Verhaltensweisenliste für gute Könige und nicht für böse Tyrannen handelt (für die „echt“ tyrannischen Maßnahmen zum Machterhalt siehe lib. III, pars II, cap.10, S.477ff.), man beachte aber auch in cap.11 desselben Teils die Aussage, daß alle Herrscher, die nicht mindestens halbgöttlich seien, auch von zumindest einigen der „spezifisch tyrannischen“ Maßnahmen Gebrauch machten (S.481).

[14] Eine vereinfachte Übersicht bietet z.B. Marino 1994, 332.

Gesetze geben kann, wo kein gutes Militär ist *(perché non può essere buone legge dove non sono buone arme),* und wo gutes Militär ist, notwendig auch gute Gesetze sind, werde ich auf die Diskussion der Gesetze verzichten und vom Militär reden."[15]

Gutes Militär: Das ist für Machiavelli nie solches, das unter der Befehlsgewalt anderer steht,[16] noch erst recht Söldnertruppen,[17] sondern stets „eigene" Truppen, Truppen, die aus Untertanen des Gemeinwesens oder des Herrschers bestehen, das oder der sie einsetzt.[18] Weitgehend unnütz ist die Artillerie,[19] von vergleichsweise geringer Bedeutung die Kavallerie,[20] am wichtigsten der Heeresteil mit den meisten Angehörigen, die Infanterie.[21] Aus allen Berufen sind die Soldaten zu ziehen.[22] Und die Soldaten sollen in ihren Berufen bleiben, die Einrichtung eines Berufsmilitärs wird als der Staatsordnung unzuträglich abgelehnt.[23]

Die Einrichtung eines solchen „Untertanenheers" hat politische Folgen: Dem Volk kann nicht etwas befohlen werden, es ist nicht mehr so leicht beherrschbar,[24] Folge des „eigenen" Heeres, der Bewaffnung der Bevölkerung als notwendiger Bedingung einer jeden ausgedehnten Herrschaft, ist,

[15] P 236. Dafür, diese Stelle mit mir diskutiert zu haben, danke ich John Sloan, John Leonard, Luc Borot, Ray Lurie und (last not least) Walter Stephens. – Vgl. auch den ›Discorso del ordinare lo stato di Firenze alle armi‹ (AG 95) und die entschärfte, „herrschaftsgängiger" gemachte Form davon: ›Provvissioni della repubblica di Firenze per istituire il magistrato de'nove ufficiali dell'Ordinanza e Milizia fiorentina, dettate da Niccolò Machiavelli‹. Provisione prima per le fanterie, del 6 dicembre 1506 (AG 101) sowie das Vorwort zu ›Dell'arte dell guerra‹ (AG 325), Discorsi I 4 (OP 116) und Discorsi III 31 (OP 28), wo auch gesagt wird, daß solches überall bei der Lektüre des in den ›Discorsi‹ abgehandelten zu sehen sei.

[16] Vgl. z.B. Discorsi II 20 (OP 303ff.), De principatibus cap. 13 (P 244ff.), Dell' arte della guerra III (AG 402).

[17] Gegen Söldnertruppen z.B. De principatibus cap. 12 & 13 (P 235ff.), Discorsi I 43 (OP 204), Dell'arte della guerra I (AG 344), Dell'arte della guerra VII (AG 516f.).

[18] Siehe z.B. Dell'arte della guerra I (AG 346ff.), De principatibus cap. 13 (P 244ff.), Discorsi I 21 (OP 162f.).

[19] Vgl. Dell'arte della guerra III (AG 409–416), Discorsi II 17 (OP 289ff.); s. auch Fachard 1996, 161f.

[20] Vgl. Discorsi II 17 (OP 293) und Discorsi II 18 (OP 294ff.).

[21] Siehe zum einen die in der vorigen Fußnote zur Kavallerie angeführten Stellen, zum anderen Dell'arte della guerra I (AG 339).

[22] Vgl. Dell'arte della guerra I (AG 350). (Solch allgemeines Bewaffnen aller Bevölkerungsgruppen entspricht nebenbei durchaus nicht dem, was sich in der antiken Politischen Theorie bei Aristoteles und Platon findet …)

[23] Vgl. Dell'arte della guerra I (AG 334–342).

[24] Vgl. Dell'arte della guerra I (AG 340; 346)

dass eben diese Bevölkerung durch den oder die Herrscher nicht mehr nach Belieben manipulierbar ist (Discorsi I 6 OP 122). Wer versucht, die einmal bewaffnete Bevölkerung zu entwaffnen, gefährdet jedoch seine Herrschaft.[25] Ohnehin rät Machiavelli dem Einzelherrscher, sich stets so zu verhalten, dass „das Volk“ *(populo),* d.i. die breite Masse der Bevölkerung, zu der sich auch Machiavelli zählt,[26] auf seiner Seite ist.[27] Machiavelli sieht den Wunsch des „populo“, nicht unterdrückt zu werden, als ehrenvoller (più onesto) als den der Großen zu unterdrücken.[28] Dieses Volk kleinzuhalten oder unbewaffnet zu halten, führt zu gefährlicher Schwäche, macht dauerhafte Herrschaft unmöglich (Discorsi I 6 OP 122f.). Mehr noch: Das Volk ist moralisch den Fürsten überlegen (ebd. I 29 OP 176); obwohl unwissend, ist es einsichtsfähig für die Wahrheit (I 4 OP 117), die Volksmasse ist weiser und verlässlicher als ein Fürst (I 58 OP 231ff.), das Volk ist geeignet als Wächter über die Verfassung (I 5 OP 118), macht weniger Fehler bei der Vergabe von Ämtern als ein Fürst,[29] sieht durch eine verborgene Kraft (per occulta virtù), was ihm übel und was ihm wohl bekömmlich ist (I 58 OP 234), ist mit wie ohne Gesetze einem Fürsten in gleicher Lage überlegen (I 58 OP 236).

Eine Republik, dies versucht Machiavelli den Florenz (mehr oder minder direkt) fürstlich beherrschenden Medici klarzumachen, ist die einzige Staatsform, die für Florenz geeignet ist.[30] Stabil kann eine Republik nur sein, wo sie der Gesamtheit der Bevölkerung Rechnung trägt.[31] Ein Einzelner mit sinistren Absichten kann in einer wohlgeordneten Republik kein Unheil anrichten (Discorsi III, cap. 8 OP 373). Gemeinwesen, in denen die „popoli“ regieren, machen in kurzer Zeit große Fortschritte, weil Volksherrschaften Fürstenherrschaften überlegen sind (I 58 OP 235). Groß werden Gemeinwesen dadurch, dass das gemeinsame Wohl über

[25] De principatibus cap. 20 (P 283f.): Solcher Versuch führt dazu, daß der Herrscher sich bei der Bevölkerung verhaßt macht, wobei verhaßt zu sein wiederum etwas ist, was der Herrscher unbedingt versuchen muß zu vermeiden (vgl. De principatibus cap. 17) (P 261ff.).

[26] Vgl. das Ende des vorletzten Absatzes des Widmungsbriefs zu ›De principatibus‹ (P 182).

[27] Vgl. z.B. De principatibus cap. 9 (P 225ff.), cap. 19 (P 270ff.), cap. 20 (P 288), Discorsi I, cap. 16 (OP 152), cap. 40 (OP 201), Discorsi III 6 (OP 368). Den Großen, den Nobili, den Magni gegenüber ist Machiavelli an einigen von diesen und einigen anderen Stellen (vgl. z.B. Ritratto di cose di Francia) (AG 164) deutlich weniger freundlich gesonnen.

[28] De principatibus cap. 9 (P 225). Siehe auch Discorsi I 4 (OP 117).

[29] Discorsi I 58 (OP 235); Discorsi III 34 (OP 435; 436).

[30] Discursus florentinarum rerum (AG 267).

[31] Discursus florentinarum rerum (AG 272).

Partikularinteressen gestellt wird – was nur in Republiken der Fall ist (II 2 OP 249). Groß ist nach Machiavelli die Macht und die Wechselhaftigkeit der Fortuna;[32] wichtig ist es, sich den sich ändernden Zeitläuften anpassen zu können.[33] Republiken sind vor solchem Hintergrunde langlebiger und von der Fortuna begünstigter als Fürstentümer, weil sich Republiken dank der reichen Unterschiedlichkeit ihrer Bürger besser den Zeitläuften anpassen können (III 9 OP 377). Die Völker sind darin, die Dinge in Ordnung zu halten, Fürsten so überlegen, dass Volksherrschaft zum Ruhm derer, die sie einrichten, beiträgt (I 58 OP 235).

Machiavelli hatte von höchsten Ehren jener gesprochen, die Gemeinwesen neu geordnet haben, und von jenen, die, ohne Gelegenheit dazu, immerhin Vorschläge unterbreitet hatten, wie derlei zu tun sei, und zugleich für sich in Anspruch genommen, über Politisches gemäß dem zu schreiben, wie Politisches wirklich sei. Er hatte von engster Verbindung der militärischen mit der politischen Ordnung geschrieben und dabei den bestimmenden Faktor primär in der militärischen Ordnung erblickt. Er hatte zu zeigen versucht, dass nur militärische Ordnungen, bei denen das Militär aus den eigenen Untertanen besteht, gute militärische Ordnungen sind. Die solcher guten militärischen Ordnung entsprechende Staatsordnung hatte er in der Republik gesehen.

Hätten die Mächtigen unter seinen Lesern seine Ratschläge befolgt und hätte die Befolgung dieser Ratschläge die Wirkungen gehabt, die Machiavelli sich davon erhoffte, so wäre Machiavellis Platz wohl zwischen denen, die Gemeinwesen neu ordnen, und denen, die über die Ordnung von Gemeinwesen nur schreiben. Nach Ansicht Machiavellis war Florenz jedoch in all der Zeit, von der brauchbare Überlieferungen existieren, nie eine echte Republik (Discorsi I 49 OP 214), und es wurde – bestenfalls abgesehen von der Episode 1527–1530 – in der ganzen Zeit seines Bestehens als mehr oder minder autonome politische Einheit nie eine echte Republik.[34] Dennoch unterscheidet sich Machiavellis zusammenführende Untersuchung über menschliche Natur, Umstände, Herrschaft, militärische und politische Ordnung und sein Bestreben, auf Letztere Einfluss zu nehmen, beträchtlich von den Idealstaatstheorien anderer Utopisten. Die Faszination, die von seinen Schriften ausgeht, ist eine besondere.

[32] Vgl. z.B. Dell'arte della guerra IV (AG 425), La vita di Castruccio Castracani da Lucca (OP 486), De principatibus cap. 25 (P 302–306).

[33] Vgl. z.B. Dell'arte della guerra I (AG 332), De principatibus cap. 24 (P 300), De principatibus cap. 25 (P 304ff.), Discorsi III 9 (OP 376–378).

[34] Kurzübersicht über nachmachiavellische Geschichte von Florenz z.B. in A. Capelli, Cronologia, cronografia e calendario perpetuo dal principio dell'èra cristiana ai nostri giorni, (6. aktualisierte Auflage) Mailand 1998, 410–412.

Auswahlbibliographie

Werke

Opere, hrsg. v. Sergio Bertelli, 11 Bde., Mailand/Verona 1968–1982.

De principatibus. Testo critico a cura di Giorgio Inglese, Rom 1994 (Sigel: P).

Il Principe e altre opere politiche. Einl. v. Delio Cantimori, hrsg. v. Stefano Andretta, Mailand 1981 (Sigel: OP).

Arte della guerra e scritti politici minori, hrsg. v. Sergio Bertelli (Niccolò Machiavelli: Opere 2), Mailand 1961 (Sigel: AG).

Il Principe/Der Fürst, ital./dt., übers. u. hrsg. v. Philipp Rippel, Stuttgart 1995.

Discorsi. Gedanken über Politik und Staatsführung, übers. v. Rudolf Zorn, Stuttgart 2. Aufl. 1977.

Geschichte von Florenz, übers. v. Alfred von Reumont, Zürich 1993.

Politische Schriften, hrsg. v. Herfried Münkler, Frankfurt am Main 1990.

Das Leben Castruccio Castracanis aus Lucca, übers. v. Dirk Hoeges, München 1998.

Sekundärliteratur

Bausi, Francesco: I 'Discorsi' di Niccolò Machiavelli. Genesi e strutture, Florenz 1985.

Bertelli, Sergio, und Innocenti, Piero: Bibliografia Machiavelliana, Verona 1979 (Opere Bd. 10).

Buck, August: Machiavelli, Darmstadt 1985.

Canning, Joseph: A history of medieval political thought. 300–1450, London 1996.

De Grazia, Sebastian: Machiavelli in hell, New York 1994.

Fachard, Denis: Implicazioni politiche nell'Arte della guerra, in: Jean-Jacques Marchand (Hrsg.), Niccolò Machiavelli. Politico storico letterato. Atti del Convegno di Losanna 27–30 settembre 1995, Rom 1996, 149–173.

Marino, John A.: The Italian states in the 'long sixteenth century', in: Thomas A. Brady, Heiko A. Oberman, James D. Tracey (edd.), Handbook of European History 1400–1600. Late Middle Ages, Renaissance and Reformation. Volume I: Structures and Assertions, Leiden 1994, 331–367.

Masters, Roger D.: Machiavelli, Leonardo, and the science of power, Notre Dame 1996.

GIORDANO BRUNO
(1548–1600)

Von den Schatten der Ideen zum unendlichen Universum

Von Eugenio Canone

Filippo Bruno (späterer Ordensname Giordano) wurde im Januar oder Februar 1548 in San Giovanni del Cesco bei Nola im Königreich Neapel geboren. Sein Vater, Giovanni Bruno, gehörte dem Militärstand an. Wahrscheinlich 1562 begann Filippo in Neapel zu studieren (Proc. 156). Dort besuchte er unter anderem am Studio pubblico die Logikvorlesungen Giovan Vincenzo Colles, genannt „Sarnese", und die Privatvorlesungen des Teofilo da Vairano, eines Augustiner-Paters, den Bruno als seinen „wichtigsten Lehrer in der Philosophie" würdigt (Doc. 40). Die averroistische, antihumanistische und antiphilologische Ausrichtung des Sarnese war prägend, auch für Brunos Aversion gegen die humanistischen Versuche, die aristotelische durch eine neue Logik zu ersetzen (z. B. Petrus Ramus). Der Unterricht Teofilos da Vairano wird ihm andererseits die Möglichkeit gegeben haben, sich der antiken und neueren platonischen Tradition anzunähern. Mitte der Sechzigerjahre des 16. Jahrhunderts lernte Bruno vermutlich die radikalen valdensischen Lehren (nach Juan de Valdés) kennen, die durch eine extreme Interpretation des Erasmus dem Antitrinitarismus zuneigten, denn er erklärte später, er habe „bezüglich des Namens der Person des Sohnes und des Hl. Geistes gezweifelt; ... und dieser Meinung war ich schon mit 18 Jahren" (Proc. 170). Damals studierte Bruno auch die *ars lulliana* und die *ars memoriae* (BOL II,2 130). Am 15. Juni 1565 trat Bruno in das Dominikanerkloster San Domenico Maggiore in Neapel ein und nahm den Namen Giordano an.

Außer mit den Schriften der Averroisten und Alexandristen wird sich Bruno während des intensiven Studiums im Kloster mit dem Werk Marsilio Ficinos beschäftigt haben, dem Konvergenzpunkt unterschiedlicher Komponenten der platonischen Tradition und Theoretiker eines (von Bruno nicht geteilten) Programms der Aussöhnung des Christentums mit dem antiken Denken. Auch wird Bruno schon in Neapel Gelegenheit gehabt haben, mit der Philosophie des Nikolaus Cusanus in Berührung zu kommen und von Nikolaus Kopernikus' ›De revolutionibus orbium coelestium‹ Kenntnis zu erhalten. Außerdem fand im kulturellen Milieu von

Neapel in den späten Sechziger- und Siebzigerjahren des 16. Jahrhunderts eine lebhafte Diskussion über die Werke Giambattista Della Portas und Bernardino Telesios, über die verschiedenen Anwendungsbereiche der natürlichen Magie und über eine neue Physik, die sich auf die Vorsokratiker berief, statt.

Im Juli 1575 „promovierte" Bruno zum Lektor. Die ca. elf Jahre im Kloster von Neapel waren von innerer Unruhe und von Spannungen mit den Prioren gekennzeichnet, wie aus zwei Disziplinarverfahren hervorgeht. Die zweite und gewichtigere Episode begann Ende 1575, als Bruno in einer Debatte mit Ordensbrüdern einige rein philosophische Einwände gegen das Trinitätsdogma hatte laut werden lassen, wobei er sich direkt auf die Positionen von Arius und Sabellius berief. Als Bruno sich zu Beginn des Jahres 1576 in Rom aufhielt, wo er sich beim Ordensprokurator gemeldet hatte, um sich zu verteidigen, erfuhr er, dass man in seinem Besitz die Werke von Hieronymus und Johannes Chrysostomus mit dem Kommentar des Erasmus gefunden hatte, der 1559 von der katholischen Kirche verurteilt worden war. Auch infolge eines ziemlich obskuren Vorfalls – er wurde wohl eines von einem Ordensbruder begangenen Verbrechens angeklagt – entschloss er sich, aus Rom zu fliehen (vgl. Proc. 144, 157, 170–71, 190–92; Doc. 39). Nachdem er dem Orden den Rücken gekehrt hatte, begann für den damals achtundzwanzigjährigen Bruno eine *peregrinatio* durch Italien und ganz Europa, die 15 Jahre dauern sollte.

Unzufrieden mit der aristotelischen Naturphilosophie hatte Bruno sich zunächst einem radikalen Materialismus zugewandt, wobei er auf die atomistischen Theorien Demokrits und der Epikureer sowie auf die Lehren Avicebrons (Materie als „göttliche Natur"), der Stoiker und anderer zurückgriff, denen zufolge die Formen allein als „gewisse akzidentielle Dispositionen der Materie" anzusehen seien (BDI 262). Bruno erklärt jedoch, solche Positionen durch die Annahme eines anderen Begriffs der (beseelten) Materie überwunden zu haben. Das Abweichen von Aristoteles implizierte jedoch insgesamt keine Loslösung vom Averroismus. Brunos Annäherung an den Platonismus sowie an eine poetische Welt, die sich darauf bezog, spielte eine grundlegende Rolle für die Eröffnung eines eigenen philosophischen Weges, wobei er die platonische Tradition auf ihre vorsokratischen Quellen zurückführte und auf diese Weise eine physische Konzeption „des Seienden und des Einen" hervortreten ließ. Nach diversen autobiographischen Stellen hat Bruno in den Jahren ab 1578 einen geistigen Reifeprozess durchgemacht, der ihn infolge der Krise seiner aristotelischen Bildung und auch durch die Anregung einiger Neuplatoniker zur Rückgewinnung einer vorplatonischen Auffassung des unendlichen

All-Einen führt (BDI 1100f., 1168). Von diesem Moment an hat Bruno, der behauptet hatte, dass „dem wahren Philosophen jedes Land eine Heimat ist“ und der später von einem durchtriebeneren *réfugié*, Pierre Bayle, als „Chevalier errant“ der Philosophie bezeichnet wurde, die Verbannung als Schicksal interpretiert.

Im Winter 1578 überquerte Bruno die Alpen. Die beiden voraufgegangenen Jahre, in denen er durch Italien streifte, waren von Unruhe und wachsenden Schwierigkeiten gekennzeichnet. Für seinen Lebensunterhalt gab er Lateinunterricht und Elementarkurse in Astronomie, wie allgemein üblich aufgrund der ›Sphaera‹ des Joannes de Sacrobosco. 1578 ließ Bruno während eines längeren Aufenthalts in Venedig ein Büchlein ›De'segni de'tempi‹ drucken. Bei dem Buch, das nicht mehr zu existieren scheint, wird es sich höchstwahrscheinlich um eine Bearbeitung oder sogar eine Übersetzung gehandelt haben. In den schwierigen Jahren 1576–1578 fühlte er sich vermutlich zur mathematisch-kabbalistischen Magie hingezogen; es ist dies wahrscheinlich eine Periode der Vertiefung in das Werk Agrippas von Nettesheim und anderer.

Im Frühjahr 1579 begab sich Bruno nach Genf, wo 1552 von dem Neapolitaner Galeazzo Caracciolo die italienische evangelische Gemeinde gegründet worden war. Der Genfer Aufenthalt war nur kurz, aber für die Haltung gegenüber der Reformation in ihrer konkreten Ausgestaltung entscheidend. Wenngleich er nämlich auf der theoretischen Ebene immer die theologischen Hauptpunkte der Reformation – die Gnadenwahl und die Erlösung durch den bloßen Glauben – bekämpft hat (wobei er die katholische Lehre von den „guten Werken“ für eine der wenigen erhaltenswürdigen Prinzipien des Christentums hielt), verabscheute er auf der Ebene des bürgerlichen Lebens von nun an zutiefst jene Verkettung von Religion und Politik, die in einer strengen sozialen und kulturellen Kontrolle zum Tragen kam. Am 20. Mai 1579 immatrikulierte sich Bruno an der Universität als „sacrae theologiae professor“; auch wenn in jenen Jahren in einem solchen Fall kein formelles Glaubensbekenntnis mehr erforderlich war, trat er dem Calvinismus bei, um sich voll in die italienische Gemeinde eingliedern zu können, um „dort zu bleiben, um in Freiheit zu leben und sicher zu sein“ (Proc. 160). Bald jedoch erfolgte ein Zusammenstoß mit den Behörden aufgrund der Forderung nach tatsächlicher philosophischer Freiheit gegenüber jeglicher Art von „auctoritas“. Wohl in Täuschung hinsichtlich der zu gewärtigenden Folgen kritisierte Bruno einen Philosophieprofessor der Universität. Er beförderte ein Blatt zum Druck, welches zwanzig „philosophische“ Irrtümer in einer der Vorlesungen Antoine de la Fayes aufzeigte, was zu einem sofortigen Prozess wegen Diffamierung vor dem Konsistorium führte. Infolge dieses Ereignisses wurde

Bruno exkommuniziert und erst, nachdem er Abbitte getan hatte, von dem Interdikt absolviert (Doc. 33–6).

Nach einer schleunigen Abreise aus der schweizerischen Stadt beschloss Bruno vielleicht nicht von ungefähr, sich nach Toulouse zu begeben, einer Hochburg der katholischen Orthodoxie, wo er bis zum Sommer 1581 als ordentlicher Lektor der Philosophie an der öffentlichen Universität verweilte und „zwei aufeinanderfolgende Jahre den Text ›De anima‹ des Aristoteles und andere Vorlesungen zur Philosophie" las (Proc. 161). In diese Jahre fällt mit aller Wahrscheinlichkeit die Abfassung der ersten Version eines verlorenen Werkes über die *ars lulliana*, das von Bruno später unter dem Titel ›Clavis magna‹ zitiert wird. Für Bruno besteht ein Unterschied und zugleich eine Verbindung zwischen Erfindungs- und Gedächtniskunst *(ars memoriae)*, so dass er das kombinatorische Element in die Mnemotechnik einführte, die er als „eine diskursive Architektur und Fertigkeit der vernunftbegabten Seele" bezeichnet, „die sich vom Lebensprinzip der Welt zum Lebensprinzip aller und der Individuen entfaltet" (BOL II, 1 56).

Nachdem Bruno Toulouse infolge der Gefahr von Bürgerkriegen (zwischen Katholiken und Hugenotten) verlassen hatte, begab er sich nach Paris, wo er sich bis März 1583 aufhielt. Um in den intellektuellen Kreisen der französischen Hauptstadt bekannt zu werden, bot Bruno – als Externer der Universität – einen Zyklus von dreißig Vorlesungen an, die insbesondere der Analyse gleich vieler göttlicher Attribute gewidmet waren, wobei er den ersten Traktat des ersten Teils der ›Summa theologiae‹ von Thomas von Aquin, *De Deo uno*, zum Ausgangspunkt nahm (Proc. 161). Die Vorlesungen waren ein Rückgriff auf die traditionelle Nomenklatur der aristotelisch-thomistischen Metaphysik – wie etwa zehn Jahre später in einer Zürcher Vorlesung Brunos, die postum unter dem Titel ›Summa terminorum metaphysicorum‹ mit einer beigefügten *Applicatio entis* erschien – und dienten dazu, das Problem des Seienden anzugehen: der *substantia* und der *praedicamenta*. Vor allem dank seines lullianisch-mnemotechnischen Unterrichts, den er auch privat hielt, trat er einer Gruppe von *lecteurs royaux* bei, die außerhalb der Sorbonne tätig war und sich gewöhnlich im Collège de Cambrai traf. So kam er mit höfischen Kreisen in Kontakt, die zum katholischen und zum protestantischen Rigorismus gleichermaßen Distanz zu wahren bestrebt waren.

1582 widmete Bruno Heinrich III. sein erstes überliefertes Buch ›De umbris idearum‹, dem eine ›Ars memoriae‹ beigefügt war. Im gleichen Jahr veröffentlichte er den ›Cantus circaeus‹ (der eine kürzere ›Ars memoriae‹ beinhaltete), die Komödie ›Candelaio‹ und ›De compendiosa architectura et complemento artis Lullii‹. Diese Schriften bieten eine erste

Systematisierung seines Denkens. Die lullianische Schrift ist ein Kompendium – Exposition und Kommentar – der ›Ars magna‹; gleichfalls in Bezug auf dieses Werk Lulls hat Bruno 1587 einen neuen, reichhaltigeren und geordneteren Kommentar unter dem Titel ›De lampade combinatoria Lulliana‹ herausgegeben. In beiden Fällen handelt es sich noch nicht um seine persönliche *ars inventiva*, an der Bruno wiederholt arbeitete und die ein spätes Ergebnis in der ›Lampas triginta statuarum‹ gezeitigt hat, die postum erst gegen Ende des vorigen Jahrhunderts erschien; in Weiterentwicklung von in der ›Ars memoriae‹ enthaltenen Ansätzen wird hier eine originelle und komplexe Theorie des allgemeinen Symbolismus vorgestellt (auch die 1591 in Frankfurt veröffentlichte Schrift ›De imaginum compositione‹ sei in diesem Zusammenhang erwähnt, die eine allgemeine Erfindungskunst aufgrund einer neuen Mnemotechnik darlegt). Was die lullianischen Kommentare betrifft, ist es Brunos Absicht, die Grundlegung der Kombinatorik aufzuzeigen, die von einem Begegnungspunkt zwischen Sein und Denken ausgeht, von der Einheit der Elemente des wirklichen und individuellen Universums. Bruno ist von der Möglichkeit einer *ars generalis* – Kunst der Künste, Wissenschaft der Wissenschaften – angezogen, die eine Konversion von noetischen und kosmologischen Prinzipien schafft und, wirkliches und ideelles Sein umfassend, zugleich eine Ontologie und eine Erkenntnistheorie ist. Der Methode dieser *ars* zufolge muss man von den elementaren Wissensbegriffen zu ihrer Kombination voranschreiten, die die Gegensätze berücksichtigt und unendlichen Variationen offensteht. Unter den 1582 erschienenen Werken ist ›De umbris idearum‹ sicherlich das spekulativ bedeutsamste. Hier trifft man bereits auf die cusanische Theorie der Koinzidenz der Gegensätze *(coincidentia oppositorum)*, die mit dem Prinzip des „alles in allem" *(omnia in omnibus)* des Anaxagoras in Verbindung gebracht wird, von da an in seinen infinitistischen Implikationen verstanden. Die „Ideen", von denen in ›De umbris‹ die Rede ist, sind keine logischen Universalien, und auch die Substanz ist keine logische Abstraktion, sondern eine konkrete Einheit, die Allheit ist. Von wesentlicher Bedeutung ist die Analogie zwischen Metaphysik, Physik und Logik, „d.h. zwischen den vor-natürlichen, natürlichen und rationalen Dingen" (BOL II,1 38), welche die Theorie der drei Welten einführt: *metaphysicus/archetypus*, *physicus/naturalis* und *rationalis/umbratilis*. Es handelt sich um ein platonisches und neuplatonisches sowie, unter einem anderen Blickwinkel, aristotelisches Motiv, das von Bruno in seinen Schriften weitläufig entwickelt wird; bezüglich dieser Lehre könnte man zahlreiche ihm näher stehende Autoren wie Ficino, Giovanni Pico oder Giulio Camillo nennen.

Was den Neuplatonismus von ›De umbris‹ betrifft (Plotin wird dort besonders berücksichtigt), ist zu betonen, dass es sich bei Bruno immer um eine metaphorische Sprache handelt; das heißt allerdings nicht, dass er die metaphysische, archetypische Welt der Ideen und die rationale Welt der Schatten als irreal auffasst. Es stellt sich das Problem, dass wir die erste nicht an sich kennen und darüber nur auf übertragene Weise sprechen können; die zweite ist eigentlich eine Welt der Symbole, der Zeichen, die auf die *phantasmata* verweisen: „Den Sinnen stellen sich nämlich nicht die Dinge vor, die wirklich sind, wenngleich die Dinge, die wir wahrnehmen, Zeichen genannt werden, insofern sie ein Spiegel und Änigma der Dinge sind" (BOL II,2 212; vgl. BOL II,1 22–3). Bruno entfaltet das Problem einer ursprünglichen und konstanten ideellen Struktur, die ewig bleibt und sich auch als allgemeiner und kontinuierlicher Wechsel auf der Ebene der Einzelwesen manifestiert; während nämlich, soweit es die Welt der Erscheinungen betrifft, ein „sehr schnelles Fließen der natürlichen Dinge" gegeben ist, gibt es aus ontologischer Sicht „nur einen Körper des universellen Seins, eine Ordnung, eine Regierung, ein Prinzip, ein Ziel"; so, bemerkt Bruno, „wie wir im allgemeinen in den Dingen, die sich verändern, sehen, dass die Bewegung in der Ruhe endet und die Ruhe in der Bewegung" (BOL II,1 24 u. 75). Die ideelle Welt stellt sich daher nicht als Überlappung der natürlichen Welt oder als von dieser getrennt dar, sondern ist die reale Welt selbst, die sich als konstante Struktur dessen zu erkennen gibt, was der Veränderung unterliegt.

Wenn Bruno es einerseits für vorrangig hält, die für die ›Ars memoriae‹ notwendige metaphysische Grundlage (vor allem nach Plotin, kommentiert von Ficino und Cusanus) aufzuzeigen und zu vertiefen, setzt er sich andererseits zum Ziel, die Konsequenzen auszuloten, die ein mnemonisch-kombinatorisches System in der Praxis und nicht nur auf erkenntnistheoretischer Ebene mit sich bringt: Die *ars* „ist so mächtig, dass sie über die Natur hinaus, oberhalb der Natur und, wenn das Unternehmen es erfordert, gegen die Natur zu handeln scheint" (BOL II,2 62). Die menschliche Erkenntnis, die sich jedenfalls im Ausgang von Bildern der Wahrnehmung realisiert, welche durch die Tätigkeit der *phantasia/ratio* weitergeleitet und umgestaltet werden, ist eine strukturell symbolische, „schattenhafte" Dynamik, die auf verschiedenen Ebenen mit der Natur interagiert. Bruno beruft sich mehrfach auf die aristotelische Annahme in ›De anima‹, dass „unser Verstehen (d.h. die Operationen unseres Verstandes) entweder Phantasie oder nicht ohne Phantasie gegeben ist" (BOL II,3 91).

Im ›Candelaio‹ weist Bruno auf die philosophischen Implikationen der Komödie hin, indem er erklärt, dass sie „gewisse *Schatten der Ideen* ein wenig klären kann". In dem mehrdeutigen Widmungsbrief der Komödie – „An Frau Morgana B." – bietet Bruno einige Elemente, die zum Verständnis dieser einzigartigen Behauptung beitragen. Der springende Punkt ist das Problem der Zeit hinsichtlich der Substanz, des Prinzips, dem zufolge sich alles wie in dem Bibelwort „Nihil sub sole novum“ verändert; ein Motto, das von Bruno Salomon wie auch Pythagoras zugeschrieben wird. Er schreibt: „Die Zeit nimmt alles und gibt alles; alles verändert sich, nichts vernichtet sich; es ist nur Eines, das sich nicht verändern kann, nur Eines ist ewig und kann in Ewigkeit als Eines und dasselbe bestehen“ (Cand. 13–15). Dass dieses identisch und konstant bleibende „Eine“ die Substanz als Materie ist, sagt Bruno ganz klar (vgl. z.B. BDI 156). Das Problem der Zeit bezieht auch dasjenige der Seele mit ein. Um mit den Worten von ›Sigillus sigillorum‹ zu sprechen, einer kleinen, 1583 erschienenen Schrift: Wenn in ›De umbris‹ das „Simonidis tempus“ (Simonides von Keos) vorherrscht – dank welchem es möglich ist, alles zu suchen und zu finden –, dann liegt dem ›Candelaio‹ das „tempus Pythagoricum indocilissimum omnium atque stultissimum“ zugrunde, aufgrund dessen alles der Vergessenheit anheimfällt (BOL II,2 162–63). Bruno möchte zu verstehen geben, dass die „kalten Wasser“ der Quelle Mnemosynes, der Mutter der Musen, und die strudelnden Wogen des Flusses Lethe auf ein und dasselbe Territorium verweisen. Die Erlebnisse der verschiedenen Personen der Komödie, die ständigen Rollenverwechslungen und Verkleidungen sind eine Metapher der Seelenwanderung und des Schicksals der Veränderung. Während die Philosophie, auf die im Text ausdrücklich eingegangen wird und in der sich der Autor wiedererkennt, diejenige Demokrits/Epikurs und Heraklits ist, sind die Personen der Komödie in Wahrheit eine Verkörperung des von Plotin herrührenden Schattenbegriffs. Das Handeln der Seele mit ihren Wechselfällen im großen Welttheater, in dem zahlreiche schlechte Schauspieler und nur selten bewusste Interpreten auftreten, wird von Bruno in Anlehnung an die ›Enneade‹ III dargestellt, die er schon in ›De umbris‹ verwandt hat.

In den Pariser Schriften gelangte Bruno zu diversen theoretischen Einsichten, die für sein weiteres Denken von entscheidender Bedeutung waren. Doch auch wenn er in der ›Ars memoriae‹ und im ›Candelaio‹ den Zusammenhang von Natur und *ars* thematisiert und eine präzise Auffassung der Einheit von Körperwelt und menschlichem Geist dargelegt hatte, war es notwendig, solche Überlegungen auf dem Gebiet einer bestimmten Erkenntnistheorie zu entwickeln. Es fehlten überdies einige grundlegende Bausteine zu einer neuen und vollendeten Naturphilosophie, was sein wahres Anliegen war – und zwar auf der Grundlage der platonischen und plotinischen Metaphysik, die sich ihrerseits an einer „Kosmologie“ orientierte, die von den Pythagoräern, von Heraklit, Demokrit und anderen Vorsokratikern herstammte. Besonders auf gnoseologischer Ebene hatte Bruno im ›Sigillus sigillorum‹ einen wichtigen, stark monistisch inspirierten Schritt getan. In diesem Text kommt eine Konzeption der Seelenvermögen (Sinn, Einbildungskraft, Vernunft und Verstand) als Grade einer und derselben Wirklichkeit zum Vorschein; in Auseinandersetzung mit dem Denken Plotins wird dieses in einen völlig immanentistischen Horizont eingefügt. Das wirkliche Problem war jedoch auf der Ebene einer Physik/Kosmologie gegeben, die in der Lage sein sollte, eine gültige Alternative zur aristotelischen Physik abzugeben, von der Bruno sich überdies durch seine Annäherung an den Atomismus entfernt hatte. Er erachtete einen Vergleich mit der zeitgenössischen Wissenschaft, vor allem mit der kopernikanischen Theorie, als unverzichtbar und unaufschiebbar. Aber, und hierin besteht der Wendepunkt, der Begriff des Unendlichen, der noch in ›De umbris‹ auf den Spuren Cusanus' in einem metaphysisch-gnoseologischen Zusammenhang zu stehen kam, sollte in die Naturphilosophie Einzug halten und die tatsächliche Struktur des Universums offenlegen. Wie Bruno selbst unterstreicht, wurde die kopernikanische Position für ihn erst hierdurch zu einer „ganz gewissen Sache". Dieser radikale Umschwung erfolgte 1583–1584 mit der programmatischen Ausarbeitung der „nolanischen Philosophie", die eben im Sinne einer neuen Naturphilosophie mit der Konzeption einer Phänomenologie der *anima mundi* zu verstehen ist. Dieser Philosophie blieb Bruno im wesentlichen bis zur letzten Phase seiner geistigen Produktion treu, die in der mehrere Jahre später in Frankfurt erschienenen lateinischen Gedicht-Trilogie ihren Ausdruck fand. Auch aus diesem Grund scheint es angeraten, die Momente seiner folgenden europäischen *peregrinatio* nachzuzeichnen, um dann einige der relevantesten Themen seines Denkens zu betrachten.

Infolge einer Verschärfung des politisch-religiösen Klimas (Proc. 162) verließ Bruno im April 1583 Paris und beschloss, nach London zu gehen, wo er dank eines Empfehlungsschreibens Heinrichs III. im Hause des französischen Botschafters Michel de Castelnau Wohnung nahm. Nachdem er in London einen Band veröffentlicht hatte, der unter anderem eine *Ars reminiscendi* enthielt, konnte er im Sommer in Oxford eine Vorlesungsreihe beginnen, die die Naturphilosophie, das Problem der Weltseele, die heliostatische Theorie (Cusanus, Ficino und Kopernikus verbindend) sowie die Seins- und Erkenntnistheorie behandelten, so wie sie im ›Sigillus sigillorum‹ entworfen worden war; dieser Text ist in dem Londoner Band enthalten, zusammen mit der ›Explicatio triginta sigillorum‹, der in einigen Exemplaren ein Schreiben an den Vizekanzler der Universität Oxford vorausgeht. In diesem Schreiben stellte sich Bruno vor als jemand, der „nirgendwo ein Fremder … die schlummernden Gemüter wieder aufweckt", wobei er präzisierte, nicht so sehr von der Einbildung der eigenen Wissenschaft als vielmehr von dem Wunsch beseelt zu sein, die „imbecillitas vulgatae philosophiae" zu beweisen (BOL II,2 76–8). Durch den Widerstand einiger Dozenten dazu gezwungen, die Vorlesungen abzubrechen, kehrte Bruno nach London zurück; hier trat er mit dem höfischen Milieu und intellektuellen Kreisen der Hauptstadt in Kontakt, die einer Auseinandersetzung mit der zeitgenössischen Wissenschaft aufgeschlossen gegenüberstanden und mit der aristotelischen und humanistischen Ausrichtung der Universität kontrastierten.

Explosionsartig erschienen innerhalb von nur zwei Jahren sechs wichtige, in Dialogform verfasste Werke: 1584 ›La cena de le Ceneri‹, ›De la causa, principio et uno‹, ›De l'infinito, universo et mondi‹, ›Spaccio de la bestia trionfante‹, 1585 ›Cabala del cavallo pegaseo. Con l'aggiunta dell' Asino cillenico‹ und ›De gl'heroici furori‹. Die Form des philosophischen Dialogs und die Abfassung in italienischer Sprache war antiakademisch motiviert. Die ersten drei Schriften entwickeln im Bruch mit dem herrschenden Aristotelismus eine auf eine streng monistische Ontologie gegründete infinitistische Kosmologie, die auf dem Gedanken der Einheit desjenigen Prinzips beruhte, das in Ewigkeit das ganze Universum in der Vielheit und Veränderlichkeit der partikulären Dinge belebt. Die anderen drei Werke führen die Konsequenzen dieser Kosmologie auf anthropologischer Ebene aus, wobei die Notwendigkeit einer Reform der Sozialethik und des bürgerlichen Lebens (und das folgerichtige Wiederauftauchen des Begriffs einer Zivilreligion) sowie einer Erkenntnistheorie und einer Individualethik heraustritt, in der sich der Gedanke einer Metamorphose und einer Überschreitung des Menschen in den meta-physischen Horizont des „Heroischen" abzeichnet.

Im Herbst 1585 kehrte Bruno im Gefolge des französischen Botschafters nach Paris zurück. Im darauf folgenden Jahr veröffentlichte er die ›Figuratio Aristotelici Physici auditus‹ und vier kurze Dialoge, welche die Tätigkeit des Mathematikers Fabrizio Mordente, Erfinder eines neuen Zirkels, betrafen. Im Frühjahr 1586 kam auch die Schrift ›Centum et viginti articuli de natura et mundo adversus Peripateticos‹ heraus, in der die Thesen eines von Bruno am 28. Mai im Collège de Cambrai gehaltenen Disputs vorgestellt werden. Bruno verließ Paris „aufgrund von Tumulten" (Proc. 162) und ging nach Deutschland; im Juli 1586 traf er in Marburg ein, wo er sich an der Universität als „Theologiae Doctor Romanensis" immatrikulierte (Pereg. 111) und sofort die Absicht bekundete, öffentliche Philosophievorlesungen zu halten. Nachdem ihn Konflikte mit dem Rektor zwangen, die hessische Stadt zu verlassen, begab er sich nach Wittenberg. An der dortigen Universität immatrikulierte er sich am 20. August als „Iordanus Brunus Nolanus doct. Italus" (Pereg. 113). Ohne seinen Unterricht der *ars memoriae* und der *ars inventiva* zu vernachlässigen, begann er als Privatdozent einen zweijährigen Kursus akademischer

Vorlesungen, die der Lektüre und dem Kommentar einiger Werke des Aristoteles (vor allem des ›Organon‹ und naturphilosophischer Texte) gewidmet waren und Grundlage einiger seiner Schriften bildeten. 1587 gab Bruno die Schrift ›De lampade combinatoria Lulliana‹ in Druck; während das im gleichen Jahr erschienene ›De progressu et lampade venatoria logicorum‹, wenn auch mit mnemonisch-lullianischer Methode, die aristotelische Logik behandelte. Auch das von Johann Heinrich Alsted 1612 herausgegebene ›Artificium perorandi‹, das sich auf die pseudo-aristotelische ›Rhetorica ad Alexandrum‹ bezieht, stammt aus dem Jahre 1587. Die ›Libri physicorum Aristotelis explanati‹, die erst Ende des 19. Jahrhunderts veröffentlicht wurden, nehmen ganz spezifischen Bezug auf Brunos aristotelische Vorlesungen. 1588 kam ebenfalls in Wittenberg der ›Camoeracensis acrotismus‹ heraus, der kommentierend die *Articuli* gegen die Peripatetiker des Pariser Disputs zwei Jahre zuvor wiederaufnahm. In die Wittenberger Zeit setzt man ebenfalls die Abfassung der ›Lampas triginta statuarum‹. Nach seinem Entschluss, Wittenberg zu verlassen, verabschiedete Bruno sich vom akademischen Senat mit einer ›Oratio valedictoria‹, die das Datum des 8. März 1588 trägt. Anschließend hielt er sich etwa sechs Monate in Prag auf, wo er ›De lampade combinatoria‹ unter Beifügung des kurzen ›De specierum scrutinio‹ (ein Text, der auf die ›Ars magna‹ Lulls Bezug nimmt) sowie die ›Articuli centum et sexaginta adversus … mathematicos‹ eröffentlichte, dem eine Widmung an Rudolf II. vorausgeht. Nach einem kurzen Aufenthalt in Tübingen Mitte November (Pereg. 127–29) begab sich Bruno nach Helmstedt, wo er sich am 13. Januar 1589 an der Academia Julia immatrikulierte, die von Herzog Julius von Braunschweig, der im Mai 1589 starb, gegründet worden war. Am 1. Juli verlas Bruno an der Universität in Erinnerung an den Herzog eine ›Oratio consolatoria‹, die im gleichen Jahr gedruckt wurde (Proc. 162–63). Trotz der wohlwollenden Haltung des neuen Herzogs Heinrich Julius verlief der Aufenthalt des Philosophen in Helmstedt nicht ganz unbeschwert, da er eine öffentliche Exkommunikation seitens des Superintendenten der örtlichen lutherischen Kirche über sich ergehen lassen musste. Er blieb bis April 1590 in Helmstedt und widmete sich der Abfassung einiger Werke, die der Untersuchung verschiedener erkenntnistheoretischer und physikalischer Fragen der natürlichen Magie gewidmet sind: ›De magia‹, ›Theses de magia‹, ›De rerum principiis et elementis et causis‹, zusammen mit der bedeutenden Schrift ›De vinculis in genere‹, der ›Medicina Lulliana‹ und ›De magia mathematica‹. Besonders dieser letzte, bis heute nur teilweise veröffentlichte Text machte es sich zum Ziel, einige Themen der mathematisch-kabbalistischen Magie zu untersuchen; sie enthält u. a. eine Sammlung von Auszügen aus Agrippas ›De occulta philosophia‹. Im Juni 1590 begab sich Bruno von Helmstedt nach Frankfurt, wo er vor allem die Drucklegung einiger seiner Werke voranzutreiben beabsichtigte; es scheint jedoch, dass er seinen Privatunterricht fortsetzte und laut einer Zeugenaussage als „universell gebildeter Mann, der aber überhaupt keine Religion besaß“, bekannt war (Proc. 152–3; Pereg. 134–37). Am 2. Juli reichte er beim Senat der Stadt ein Gesuch ein, um im Hause des Druckers Wohnung nehmen zu können, das noch am selben Tage abschlägig beschieden wurde. Daraufhin kam er im Karmeliterkloster unter, das kraft eines kaiserlichen Privilegs nicht der weltlichen Jurisdiktion unterworfen war. Wahrscheinlich infolge der Anwendung eines Auslieferungsbefehls reiste Bruno zwischen Januar und Anfang Februar 1591 nach Zürich, wo er den erwähnten Vorlesungszyklus ›Summa terminorum‹ über die terminologisch-konzeptuelle Nomenklatur der Metaphysik und die Trias *mens*, *intellectus* und *anima mundi* halten konnte. Im Laufe dieses Jahres kamen in Frankfurt seine drei lateinischen philosophischen Gedichte mit Prosakommentar heraus: ›De triplici minimo et mensura‹, ›De monade, numero et figura‹ zusammen mit ›De innumerabilibus, immenso et infigurabili‹.

Für Bruno bricht der aristotelisch-ptolemäische Kosmos im Lichte einer „geschulten Sinneswahrnehmung“ und „gewichtiger Gründe“ elendiglich zusammen, so wie viele andere Luftschlösser, die Frucht der Furcht, des Irrtums und des Betrugs sind. Die heliostatische Theorie wird zuerst verteidigt und dann ihrerseits durch eine Auffassung überwunden, die resolut sowohl die *physikalische Realität* des kopernikanischen Systems verficht (und somit die von Osiander und anderen vertretene fiktionale Interpretation gänzlich verwirft, die diese Theorie einfach als rechnerische Hypothese in einer astronomisch-mathematischen Perspektive ansahen) als auch, durch die Verneinung der Existenz einer Sphäre der Fixsterne, die Unendlichkeit des Universums: „unendliche Wirkung der unendlichen Ursache, die wahre und lebendige Spur der unendlichen Kraft“ (BDI 34). Ein ganz einheitliches Universum ohne jegliches Zentrum und homogen in seiner materiellen und räumlichen Konstitution – „vergebens sucht man das Zentrum oder den Umfang der universellen Welt“; „wir können behaupten, dass das Universum im ganzen Zentrum ist“ (BDI 12, 321) –, bevölkert von einer Vielheit der Welten, von unzähligen Planetensystemen. Das Werk ›Cena de le Ceneri‹, mit den notwendigen epistemologischen Voraussetzungen von ›Sigillus sigillorum‹, erscheint als Präludium und Manifest einer neuen Weltanschauung, welche die Bedeutung und die Implikationen erkennt, die aus der Verschmelzung einer Konzeption des Seins (eines, unendlich, unbeweglich) und des Werdens (Wechselhaftigkeit der Körper, der Dinge des Universums), die der „alten, wahren“, vorplatonischen Philosophie eignet, mit den Errungenschaften der zeitgenössischen Wissenschaft resultieren: Im homogenen Universum existieren weder „natürliche Örter“ der Elemente noch eine Quintessenz, aus der die Himmelskörper gemacht sind. Es gibt keine Andersheit der Essenz, die sich in der Verschiedenheit der natürlichen Bewegung (geradlinig/kreisförmig) ausdrückt, und auch keine Differenz zwischen irdischer und himmlischer Welt. Die Erde mit ihrer Rotationsbewegung um die eigene Achse und ihrer Umkreisung der Sonne besitzt dieselbe ontologische Wirklichkeit wie die anderen Himmelskörper: „Was sowohl Substanz und Materie als auch Art der Lage betrifft, kann [der Erdkörper] nicht als irgendeinem anderen Himmelskörper unähnlich bewiesen werden“ (BDI 162).

Die Annäherung an die atomistische Theorie kommt hier voll zum Tragen. Wie in einem der *Articuli* des 1586 von Bruno am Collège de Cambrai gehaltenen Disputs zu lesen ist: „Es ist also gegen die Natur, dass alle Teile der Erde zum Mittelpunkt streben und nicht manchmal zum Umkreis der Erdkugel abwandern. Was wir von der Erde sagen, beziehen wir auch auf die Sonne und auf die anderen Gestirne, in denen aufgrund derselben Prinzipien eben die gleiche Zusammensetzung zu beobachten ist“ (BOL I,1 186). Wie die Erde sind folglich auch die anderen Himmelskörper zusammengesetzte Körper, die Veränderungserscheinungen unterliegen. In der ›Cena de le Ceneri‹ und in ›De l’infinito, universo et mondi‹ erklärt Bruno im Rückgriff auf Platons ›Timaios‹, dass die Himmelskörper auflösbar sind, wenngleich sie „sich nicht auflösen werden“: „Denn die Weltkörper sind auflösbar; doch kann es sein, dass sie entweder durch innere oder äußere Kraft ewig als dieselben bestehen bleiben, da in dem Maße, wie Atome aus ihnen ausfließen, auch in sie einfließen“ (BDI 155, 477); auf diesen heiklen Punkt kommt Bruno wiederholt zurück. Im Ausgang von atomistischen Voraussetzungen wird auch der aristotelische Begriff des Entstehens und Vergehens entschieden zurückgewiesen; indem Bruno sich die pythagorisch-ovidische Annahme zu Eigen macht, der zufolge „alles wechselt, nichts vergeht“, erklärt er, dass man eher von Veränderung sprechen sollte. In ›De la causa, principio et uno‹ wird das Problem in ein ganz anderes Licht, und zwar in die Pespektive der einen, ewigen, unendlichen Substanz gerückt:

„Jede Erzeugung … ist Veränderung, wobei die Substanz immer ein und dieselbe bleibt; denn es gibt nur eine Substanz, ein göttliches Wesen … All das, was Verschiedenheit von Gattungen, Arten, was Unterschiede und Eigenschaften ausmacht; alles, was im Entstehen und Vergehen, in der Veränderung und im Wandel besteht, ist daher nicht Seiendes, ist nicht Sein, sondern Bedingung und Umstand des Seienden und des Seins“ (BDI 324 u. 327).

Die Tätigkeit des formalen Prinzips kommt in der unterschiedlichen Zusammensetzung der Materie zum Ausdruck: Allgemeine physische

Wirkursache ist der universale Intellekt – „der das erste und hauptsächliche Vermögen der Weltseele ist“ (BDI 231) –, der innere Urheber, der einer ist, so wie die Materie eine ist, auf die er oder innerhalb deren er sein gestaltendes Handeln ausübt. Die Frage der akzidentiellen Formen, die seit Brunos Jugend im Mittelpunkt seiner Überlegungen stand, wird auf diese Weise durch den Begriff der einzigen substantiellen Form gelöst, der *anima mundi,* der einzigen Quelle aller Formen. Einheit der Form und Einheit der Materie führen nicht zu einem substantiellen Dualismus, insofern sich durch das Prinzip der Koinzidenz der Gegensätze – der absoluten Einheit als Identität von Sein und Seinkönnen, die als unendliche Aktualität manifest wird – eine übergeordnete Einheit abzeichnet, die Einheit der göttlichen Substanz im unendlichen All: „Eines, sage ich, ist die absolute Möglichkeit, eines der Akt, eines die Form oder Seele, eines die Materie oder der Körper, eines das Ding, eines das Wesen, eines das Größte und Beste“ (BDI 318). In ›De l'infinito‹ werden die grundlegenden Annahmen der in der ›Cena‹ entworfenen (und in ihrer definitiven Form in ›De immenso‹ entwickelten) neuen Kosmologie in traktatähnlicher Form abgehandelt: Erdbewegung, Unendliches, homogener Raum, unendliche Welten sowie die Frage der Leere und der Atomstruktur der Materie. Hier zeigt Bruno auch die Unangemessenheit der scholastischen Distinktion zwischen Gottes *potentia absoluta* und *ordinata* (absolute und angewandte Macht) auf. Kurz und bündig wird behauptet: „Wer die unendliche Wirkung verneint, verneint die unendliche Potenz“ (BDI 385); die Frucht der prunkvollen Hochzeit zwischen christlicher Theologie und Aristotelismus sei nicht weniger töricht als blasphemisch. Der brunianische Vorstoß zur Unendlichkeit des Universums rührt nicht von einem stärkeren theologischen Argument her; dieses wird lediglich aufgegriffen, um die Absurdität und Gottlosigkeit von Positionen zu denunzieren, die als Bollwerk der „Wissenschaft“ vom Glauben angesehen werden. Generell ist der theologischen Thematik in der Entwicklung von Brunos Denken keine entscheidende Bedeutung beizulegen. Er verweist in vielen seiner Werke auf theologische Themen, um seine eigene Position zu stärken; doch ist die Theologie sicher nicht das Gebiet seiner „Entdeckungen“. Wenn man die kosmologischen Prinzipien und Deduktionen der Dialoge ›Cena de le Ceneri‹ und ›De l'infinito‹ berücksichtigt, kann man den ontologisch-physikalischen Diskurs in ›De la causa, principio et uno‹ mit seiner definitiven Annahme des fundamentalen Begriffs der Substanz-Prinzip/unendliche Wirkursache nicht übersehen, die zugleich eine Auseinandersetzung mit Averroes' Theorie der Materie als nicht determinierte Dimensionen und Albertus Magnus' Lehre der *inchoatio formae* implizierte. Philosophen wie Jacobi, Schelling und selbst Hegel, Schopenhauer, Feuerbach, Spaventa und viele andere haben Brunos ›De la causa‹ aufgrund der Ausarbeitung einer kohärenten und stark ausgebauten Henologie in der Perspektive einer „physischen Universitas" nicht von ungefähr als seine „Hauptschrift" erachtet. Im Horizont seiner Naturphilosophie, d.h. der „nolanischen Philosophie", ist ›De la causa‹ die wahre *clavis magna*; ein omnipräsenter Text, der im Hintergrund aller seiner weiteren Schriften steht.

Bruno hält jeden Gedanken eines „anderen Ortes" als das unendliche All, sowohl die platonische Ideenwelt als auch das Emyreum der christlichen Theologie, Reich und Ort Gottes als körperliche oder geistige Sphäre verstanden, für eine Ausgeburt der Phantasie. Das, was in ›De umbris‹ im Rückgriff auf Plotin und Proklos *superessentiale*, *unitas supersubstantialis* genannt wird und das Prinzip jeder Essenz und Subsistenz sowie die absolute und unendliche Form des Seins bezeichnet, weist in der Tat in keiner Weise auf einen Ort hin.Während Bruno sich hinsichtlich der Unerkennbarkeit und Unaussprechlichkeit des Einen einerseits auf die Tradition der negativen Theologie und auf eine bestimmte Auffassung des reinen „Nichts" berufen konnte, die über Proklos, Pseudo-Dionysios und Meister Eckhart auf die plotinischen ›Enneaden‹ verwies, musste andererseits gerade die Annäherung des ›De la causa‹ an den Begriff der Indifferenz der einen, unendlichen Substanz (das All-Eine) gegenüber den beiden Substanzen (Seele/Denken und Materie/Ausdehnung), die sich mitteilen oder die uns sozusagen zu erkennen gegeben ist, die Überlegung zur Frage der Denkbarkeit, Unerkennbarkeit und „Infigurabilität" eines Jenseits von jeglicher Differenzierung, welche die Mythen und Begriffe der antiken Theogonien und Kosmogonien berücksichtigte, auf einen besonderen Platz verweisen. Bruno leistet dies in der ›Lampas triginta statuarum‹ mit der Trias *chaos* („welches das Erste aller Dinge ist … unvermittelbar und gierig nach allem"), *orcus seu abyssus* (die Unterwelt/der Abgrund, die passive und aufnahmefähige Potenz, die Privation) und *nox* (die Nacht, Urmaterie). Dieser Trias steht die Trias *mens*, *intellectus* und *spiritus seu amor* (d.h. die *anima mundi*) gegenüber. Letztere stellt ein in seinem Werk immer wiederkehrendes Motiv dar, das mit der Theorie der drei Welten verschmilzt; Bruno widmet ihm in der *Praxis descensus seu applicatio entis* der ›Summa terminorum metaphysicorum‹ eine gesonderte Abhandlung. Er insistiert darauf, dass die wahre Heimat der Seele die Natur sei, verstanden als Ebenbild der göttlichen Essenz – das raumzeitlich unendliche All – sowie als Theater der Kultur, *domus sapientiae*. In der „nolanischen Philosophie" ist die geistige Substanz nicht minder beständig als die materielle; ja, „der Verstand, der Geist, die Seele, das Leben, das alles durchdringt, ist in allem und bewegt die ganz Materie; … da die geistige Substanz von der materiellen Substanz nicht übertroffen werden kann, sondern vielmehr diese enthält" (BDI 243–44). Die Lehre der *anima mundi* mit dem Gedanken der Kette des Seins und der Verbreitung der allgemeinen Wirkursache, des *spiritus* (im allgemeinen sind *anima* und *spiritus* bei Bruno identisch), bildet auch, wie schon bei Plotin und Ficino, den Grund des magischen Handelns, kraft der Kontinuität jeder Seele und jedes mit ihr verbundenen Körpers mit der Weltseele. Der Schöpfungsbegriff wird entschieden zurückgewiesen: im Horizont des All-Einen ist das Universum „unerzeugbar" und „unvergänglich" sowie „unbeweglich"; „erzeugt" werden die Himmelskörper, die Welten – d.h. die Gestirne und die unzähligen, unserem Sonnensystem analogen Systeme –, aber nicht das Universum, welches die unendliche Substanz ist (BOL I,1 173ff., 179–80, 183). Die traditionelle Definition der „nolanischen Philosophie" als pantheistisch zeigt sich hier in ihrer ganzen Unangemessenheit, wenn man die grundlegende „Differenz zwischen dem All und den Dingen des Alls" (BDI 322) bedenkt, die von Bruno stark herausgestellt wird: „Denn diese Einheit ist einzig und ständig und immer bleibend; dieses Eine ist ewig; jedes Antlitz, jedes Gesicht, jedes andere Ding ist Eitelkeit, ist als ein Nichts" (BDI 324). Während die „Ursachen und anfänglichen Beweggründe" tatsächlich innewohnend sind (BDI 937), besteht ein radikales Missverhältnis zwischen Unendlichem und, zwischen Sein und „Seinsmodi", „Seinsakzidentien": „Der Proportion, Ähnlichkeit, Einheit und Identität des Unendlichen näherst du dich nicht mehr als Mensch denn als Ameise, nicht mehr als Stern denn als Mensch"; „da die Substanz und das Sein von der Quantität unterschieden und losgelöst ist, ... müssen wir notwendigerweise sagen, dass die Substanz wesentlich ohne Zahl und ohne Maß sei" (BDI 320, 334).

Es ist klar, dass es in einer solchen Philosophie keinen Platz für den hebräisch-christlichen Begriff eines persönlichen Gottes und Schöpfers gibt. Wenn bereits im ›Spaccio de la bestia trionfante‹ – mit Überlegungen zum Begriff der natürlichen Religion und der Religion als *lex* – und in der ›Cabala del cavallo pegaseo‹ die anti-christliche Polemik ihren Höhepunkt erreicht, kehrt Bruno noch in der Gedicht-Trilogie von 1591 mehrfach auf diese Kritik und das Verhältnis von Vernunft und Glauben, Philosophie und Religion zurück.

In der Frankfurter Trilogie ›De minimo‹, ›De monade‹ und ›De immenso‹ greift Bruno einige zentrale Themen der „nolanischen Philosophie" in einer nachdrücklich atomistischen Perspektive auf. Während jedoch der Begriff des Atoms, als absolutes physisches „Minimum" und Substrat aller Körper, die Homogenität des unendlichen Alls auf materieller Ebene betont (und den Dualismus Materie/Form verneint), stellt schon die Unterscheidung von Atom, Minimum und Monas einen Bezug zur Theorie der drei Welten her, welche den speziellen Horizont der drei Gedichte bildet, die 1591 erschienen, doch zum Teil schon in den vorhergehenden Jahren nach langer Reflexion verfasst worden waren.

Nicht lange nach seiner Rückkehr nach Frankfurt, wo Bruno auch den Druck von ›De monade/De immenso‹ und ›De imaginum compositione‹ beaufsichtigte, lud ihn der venezianische Patrizier Giovanni Mocenigo nach Venedig ein, um ihn „die Gedächtnis- und Erfindungskunst zu lehren“ (Proc. 155). Entscheidend dürfte die Hoffnung auf eine Position an der Universität Padua gewesen zu sein. Ende August begab sich Bruno nach Padua, wo er „gewisse deutsche Schüler“ unterrichtete (Proc. 153). Gegen Dezember nahm er endgültig in Venedig seinen Aufenthalt, ab März 1592 im Hause Mocenigos. Dieser hatte bereits Kontakt mit dem venezianischen Inquisitor aufgenommen und reichte am 23. Mai eine Klage ein, in der er Bruno der Häresie bezichtigte; am gleichen Abend wurde Bruno verhaftet und in das Gefängnis San Domenico di Castello überführt (Proc. 143–45 u. 148). Die venezianische Phase des Prozesses dauerte wenige Monate. Schon vor der letzten Vernehmung Brunos am 30. Juli 1592 (Proc. 195 ff.), d. h. schon vor Beendigung des Prozesses, drang das zentrale Inquisitionsgericht in seinen höchsten Rängen auf eine Auslieferung des Gefangenen nach Rom (Proc. 200–01; Pereg. 181). Am 27. Februar wurde Bruno in das römische Gefängnis des Sant'Uffizio überführt. Nach einem langen und dramatischen Prozess, der weitere sieben Jahre dauerte, wurde dem Angeklagten am 8. Februar 1600 im Beisein der versammelten Kongregation der Inquisitions-Kardinäle und anderer Zeugen der Urteilsspruch als „unbußfertiger, hartnäckiger und halsstarriger Häretiker“ verlesen (Proc. 339 ff.), für den die persönliche Intervention Papst Clemens VIII. von entscheidender Bedeutung war. Am Morgen des 17. Februar wurde Bruno zum Campo di Fiori geführt, wo er, „nackt ausgezogen und an einen Pfahl gebunden, bei lebendigem Leibe verbrannt wurde“ (Proc. 348). Der Urteilsspruch ordnete überdies an, alle Bücher und Manuskripte des Philosophen, die sich im Besitz des Sant'Uffizio befanden, „öffentlich zu zerstören und auf dem Sankt-Peters-Platz vor der Treppe zu verbrennen“ (Proc. 343).

Aus dem Italienischen von Dagmar von Wille

Auswahlbibliographie

Werke

Dialoghi italiani: dialoghi metafisici e dialoghi morali, hrsg. v. G. Gentile, 3. Aufl., hrsg. v. G. Aquilecchia, Florenz 1958 (Repr.: 1985) (Sigel: BDI).

Opera latine conscripta, publicis sumptibus edita, recensebat F. Fiorentino [F. Tocco, G. Vitelli, V. Imbriani, C. M. Tallarigo], Neapoli–Florentiae 1879–1891, 3 Bde. in 8 Teilbdn. (Repr.: Stuttgart-Bad Cannstatt 1961–1962) (Sigel: BOL).

Œuvres complètes (franz.-ital.), kritischer Text, hrsg. v. G. Aquilecchia, Paris 1993 ff.

Candelaio, ed. G. Aquilecchia (franz.-ital.), Paris 1993 (Œuvres complètes 1) (Sigel: Cand.).
De umbris idearum, ed. R. Sturlese, Florenz 1991.
Das Aschermittwochsmahl, übers. v. F. Fellmann, Einl. v. H. Blumenberg, Frankfurt a.M. 1981 ([1]1969).
Von der Ursache, dem Prinzip und dem Einen, übers. v. A. Lasson, hrsg. v. P. R. Blum, Einl. v. W. Beierwaltes, Hamburg [7]1993.
Über die Ursache, das Prinzip und das Eine, übers. v. P. Rippel, Nachw. v. A. Schmidt, Stuttgart 1986.
Über das Unendliche, das Universum und die Welten, übers. u. hrsg. v. Chr. Schultz, Stuttgart 1994.
Von den heroischen Leidenschaften, übers. u. hrsg. v. Chr. Bacmeister, Einl. v. F. Fellmann, Hamburg 1989.
Candelaio, übers. v. Joh. Gerber, Basel 1995.
Über die Monas, die Zahl und die Figur, Einl. u. hrsg. v. E. von Samsonow, Kommentar v. M. Mulsow, Hamburg 1991.
Giordano Bruno, ausgewählt u. vorgestellt v. E. von Samsonow, München 1995.

Dokumente
Documenti della vita di Giordano Bruno, hrsg. v. V. Spampanato, Florenz 1933 (Sigel: Doc.).
Giordano Bruno. Gli anni napoletani e la 'peregrinatio' europea, hrsg. v. E. Canone, Cassino 1992 (Sigel: Pereg.).
L. Firpo, Il processo di Giordano Bruno, hrsg. v. D. Quaglioni, Rom 1993 (Sigel: Proc.).

Sekundärliteratur
Blum, P. R.: Aristoteles bei Giordano Bruno, München 1980.
Bönker-Vallon, A.: Metaphysik und Mathematik bei Giordano Bruno, Berlin 1995.
Bruniana & Campanelliana. Ricerche filosofiche e materiali storico-testuali, seit 1995 (seit 1998 auch eine Reihe von „Supplementi").
Canone, E. (Hrsg.): Brunus redivivus. Momenti della fortuna di Giordano Bruno nel XIX secolo, Pisa/Rom 1998.
Ciliberto, M.: Introduzione a Bruno, Rom/Bari 1996.
Ciliberto, M., u. Mann, N. (Hrsg.): Giordano Bruno 1583–1585. The English Experience/L'esperienza inglese, Florenz 1997.
De Léon-Jones, K. S.: Giordano Bruno and the Kabbalah. Prophets, Magicians, and Rabbis, New Haven/London 1997.
Granada, M. A.: El debate cosmologico en 1588, Neapel 1996.
Heipcke, K., Neuser, W., u. Wicke, E. (Hrsg.): Die Frankfurter Schriften Giordano Brunos und ihre Voraussetzungen, Weinheim 1991.
Ricci, S.: La fortuna del pensiero di Giordano Bruno (1600–1750), Florenz 1990.
Salvestrini, V.: Bibliografia di Giordano Bruno (1582–1950), 2. Aufl., hrsg. v. L. Firpo, Florenz 1958;
Spruit, L.: Il problema della conoscenza in Giordano Bruno, Neapel 1988.

Sturlese, R.: Bibliografia, censimento e storia delle antiche stampe di Giordano Bruno, Florenz 1987.
Wildgen, W.: Das kosmische Gedächtnis. Kosmologie, Semiotik und Gedächtnistheorie im Werke Giordano Brunos, Frankfurt a.M. 1998.
Yates, F. A.: Giordano Bruno in der englischen Renaissance, übers. v. P. Krumme, Berlin 1989.

FRANCISCO SUÁREZ
(1548–1617)

Scholastik nach dem Humanismus

Von Emmanuel J. Bauer

Die Iberische Halbinsel – von den Wirren der Reformation weitgehend verschont – wurde zum Ursprungsland der katholischen Erneuerung nach dem Tridentinum. Man griff gemäß der humanistischen Maxime „ad fontes" die großen Strömungen der mittelalterlichen Scholastik auf und versuchte mit deren Methoden und metaphysischen Ansätzen sich den neuen Fragen der Zeit zu stellen. Im Zuge einer allgemeinen Rückkehr zu Aristoteles erlebten auch die klassischen Schulrichtungen des Mittelalters in der Scholastik der Neuzeit eine Renaissance. Den Ausgang nahm diese ursprünglich stark konfessionell gebundene Schulphilosophie von der durch Francisco de Vitoria (1483/93–1546) gegründeten Schule der Dominikaner in Salamanca, die zu einem Zentrum eines konsequenten Thomismus wurde. Hier wird 1526 erstmals der ›Liber Sententiarum‹ des Petrus Lombardus durch die ›Summa theologiae‹ des Aquinaten als Grundlage des philosophisch-theologischen Unterrichts ersetzt. Neben einer Revitalisierung auch wirkgeschichtlich weniger bedeutsam gewordener scholastischer Ansätze (Aegidius Romanus, Johannes Baconthorp und Heinrich von Gent) zog dieser Aufschwung der Thomisten in fast ganz Europa entsprechend der alten Rivalität eine Wiederbelebung de Scotismus durch Mitglieder der franziskanischen Orden nach sich. Parallel dazu entstand im neu gegründeten Jesuitenorden eine Richtung scholastischer Lehre, die das mittelalterliche Erbe wohl aufgriff, sich aber weniger an einzelne Autoritäten band, die sog. Jesuitenphilosophie, in der nominalistische und scotistische Elemente mit einem grundsätzlich thomistischen Realismus unter Berücksichtigung humanistischer Forderungen zu einem neuen Ganzen verschmolzen wurden. Zwei bestimmende Autoritäten der Jesuitenschule waren Pedro da Fonseca (1528–1599), der „portugiesische Aristoteles", der bis 1573 in Coimbra lehrte, und Francisco de Suárez, der dort ab 1597 Professor war.

1. Leben und Wirken

Suárez wurde zum Ausdruck der Monopolstellung der Jesuiten auf dem kirchlichen Bildungssektor und Symbolfigur des großen Einflusses des neu gegründeten Ordens im Europa des 16./17. Jahrhunderts. 1548 in Granada geboren, trat er nach der humanistischen Grundbildung und dem Studium des kanonischen Rechts in Salamanca mit 16 Jahren in den Jesuitenorden ein. Nach dem Noviziat studierte er u.a. bei Juan Mancio de Corpore Christo, einem Schüler Francisco de Vitorias OP, und Henrique Henríquez SJ Theologie an der Universität Salamanca. Er lehrte 1571–74 Philosophie in Segovia und dann bis 1580 Theologie in Avila, Segovia und Valladolid. Schon früh erregte Suárez Aufsehen mit seiner ungewöhnlich freien, die mittelalterliche Methode erneuernden Lehrart. Daher wurde er als Professor der Theologie an die Jesuitenuniversität in Rom, das „Collegium Romanum", berufen. Aus gesundheitlichen Gründen kehrte er 1585 nach Spanien zurück und übernahm in Alcalá den Lehrstuhl von Gabriel Vázquez, der an seiner Stelle nach Rom ging. Ab 1593 widmete er sich in Salamanca primär seiner ›Metaphysik‹ und seinem Kommentar zur ›Summa theologica‹ des Aquinaten. 1597 ging er auf ausdrücklichen Wunsch Philipps II. als Professor der Theologie nach Coimbra. Zunehmend mehr avancierte Suárez zum Lehrmeister des Ordens, ohne dazu offiziell bestimmt oder empfohlen worden zu sein. In Coimbra plante er ein an Thomas orientiertes eigenständiges systematisches Theologiekompendium. Abgelenkt durch kanonische Werke, Schriften zum Gnadenstreit und andere Traktate sowie unterbrochen durch einen zweijährigen Aufenthalt in Rom zur eigenen Verteidigung in der Diskussion um die Möglichkeit der schriftlichen Beichte, publizierte er nun bloß seine Vorlesungen, ohne sie zu erweitern. Wegen seiner kanonistischen Kompetenz wurde er 1617 vom Papst zu einer Vermittlungsmission im Streit zwischen staatlicher und kirchlicher Autorität in Portugal nach Lissabon gesandt, wo er am 25. September verstarb.

Die 1597 erschienenen ›Disputationes metaphysicae‹ wurden für fast zwei Jahrhunderte zum Maß der philosophischen und theologischen Lehre nicht nur an den katholischen, sondern auch an den protestantischen Universitäten. Aufgrund der ›Disputationes metaphysicae‹, mit denen die Methode der systematischen Darstellung der Metaphysik in der scholastischen Philosophie zum endgültigen Durchbruch gelangte, und seiner rechts- und staatsphilosophischen Abhandlung ›De legibus ac Deo legislatore‹ gilt Suárez als einer der bedeutendsten und herausragenden Gelehrten der sog. Barockscholastik, der Spätscholastik der beginnenden Neuzeit. Daher wurde ihm schon bald der Ehrentitel „Doctor eximius" verliehen. Noch Arthur Schopenhauer und Martin Heidegger priesen seinen Scharfsinn und seine Selbstständigkeit.

Im Sog des Trienter Konzils und der von ihm ausgelösten Thomasrenaissance der spanischen Spätscholastik gibt Suarez sich selbst zwar als Interpret des Aquinaten, weicht aber in wesentlichen Punkten trotzdem von Thomas ab und schafft [neben vielen kleineren scholastischen Schulen] über den klassischen Thomismus und Scotismus hinaus eine dritte große Tradition scholastischen Denkens, die sowohl thomistische als auch scotistische und nominalistische Positionen rezipiert und zu einer neuen Synthese in sich vereinigt. Suárez folgt nicht nur in einzelnen Positionen, sondern in den tragenden Ansätzen überraschenderweise nicht dem thomanischen, sondern dem scotistischen Metaphysikentwurf.[1] Der „Suarezismus" wurde zur bestimmenden Lehre, und das nicht nur innerhalb des Jesuitenordens.[2] Selbst an zahlreichen protestantischen Universitäten des 17. und 18. Jahrhunderts wurden die ›Disputationes metaphysicae‹ als Studienhandbuch verwendet. Über die deutsche Schulphilosophie, namentlich über Christian Wolff, in dem das von Duns Scotus herkommende neue Konzept und der bei Suárez manifestierte Aufbau der Metaphysik zum formellen Abschluss gelangten, wirkte Suárez mit seinen Lehren weit hinein in die Philosophie der Neuzeit. An der Philosophie eines Descartes, der an der Jesuitenschule von La Fléche seine Ausbildung genoss, Spinoza oder Leibniz zeigen sich die Spuren der suarezischen Metaphysik genauso wie im Metaphysikverständnis eines Kant oder Pierce. Suárez ist wohl nicht das einzige Verbindungsglied zwischen mittelalterlichem und neuzeitlichem Metaphysikverständnis, erweist sich aber dennoch als derjenige, der wie kein anderer die aufgeklärte Rationalität und Metaphysik der Neuzeit von der Vernunfttradition des Mittelalters her entscheidend geprägt hat. Seine Wirkgeschichte reicht schließlich bis in unser Jahrhundert, wo im Zuge der Neuscholastik sich verschiedene Studienanstalten der Jesuiten (Gregoriana/Rom, Valkenburg, Innsbruck) als Zentren einer von der suarezischen Metaphysik geleiteten Philosophie herauskristallisierten.

2. Die Metaphysik des Suárez

2.1 Das Innovative in Methode und Aufbau

Der Einfluss des Suárez auf die zeitgenössische Schulphilosophie und die Philosophie der Neuzeit verdankt sich primär seinen ›Disputationes metaphysicae‹, die innerhalb kürzester Zeit zwanzig Auflagen erlebten. Das Werk stellt die Philosophie in systematischer Weise im Horizont

[1] Vgl. Specht 1976, XXXIX; Honnefelder 205; gegen Grabmann 550.

[2] Vgl. Bauer 1996 über die Benediktineruniversität Salzburg als Ausnahme.

christlicher Prinzipien dar und zeigt die metaphysischen Voraussetzungen und Grundlagen der Theologie. Denn die Metaphysik leiste die Reflexion auf die natürlichen wissbaren Inhalte, ohne die Theologie nicht mehr ist als die Forderung des bloßen Glaubens. Soll sie aber fähig sein, den Wahrheitsanspruch des christlichen Glaubens zu begründen, ist die metaphysische Erschließung der allgemeinsten und höchsten natürlichen Prinzipien, die alles Seiende umfassen und alles Wissen begründen und absichern, unverzichtbar. Suárez versteht sich primär als Philosoph, der auf der Basis der natürlichen Erkenntnis – *ratione naturali* – die Fragen inhaltlich-sachlich zu durchdringen versucht, aber immer im Bewusstsein, dass die Philosophie „ministra Theologiae divinae" ist, und immer bereit, das rein philosophische Argument auf die theologischen Implikationen hin zu prüfen. Daraus ergibt sich die zweifache Zielsetzung des als Propädeutikum für Theologiestudenten gedachten und als moderner Kommentar zur aristotelischen ›Metaphysik‹ angelegten Werkes, die bereits im Untertitel[3] zum Ausdruck kommt: die Ausarbeitung einer natürlichen, der übernatürlichen Offenbarung vorausgehenden Theologie und die systematische Erörterung der Grundfragen der zwölf Bücher der Metaphysik des Aristoteles. Dieses wissenschaftliche Programm, das die Eigenständigkeit des Menschen ebenso wie die humanistisch orientierte Hinkehr zu den aristotelischen Quellen unterstreicht, lässt erkennen, in welcher Weise in den ›Disputationes metaphysicae‹ auch der Geist der Renaissance am Werk ist.

Auslösendes Moment für das spezielle Konzept und die Intention der suárezischen Metaphysik war die Infragestellung der erkenntnistheoretischen Grundlagen der Theologie durch die Krise der innerchristlichen Glaubensspaltung und die Kritik am scholastischen Lehrgebäude seitens der Humanisten und des neu erstarkten unabhängigen Aristotelismus des 16. Jahrhunderts. Um aber der Theologie ein sicheres Fundament ihrer Wahrheit bieten zu können, musste die Metaphysik selber sich vom Verdacht der Beliebigkeit, der ihr aufgrund der Vielheit der rivalisierenden Traditionen anhing, dadurch befreien, dass sie spezifisch theologische Argumentation vermied, zur Klärung von strittigen Fragen den Rekurs auf ein unbestreitbares Erstes ermöglichte und ihre Erkenntnisse durch eine klare Methode und Systematik abzusichern verstand. Suárez versucht im Unterschied zu Descartes, der die Gewissheit der Erkenntnisse in der distinkten und klaren Vernunfteinsicht verankert, aus der Tradition und der metaphysischen Struktur der disputierten Sache die Wahrheit und Vernünftigkeit der Antwort abzuleiten. Zu diesem Zweck betreibt er

[3] Der Titel der Originalausgabe lautet: „Metaphysicarum disputationum in quibus et universa naturalis theologia ordinate traditur, et quaestiones omnes ad duodecim Aristotelis libros pertinentes accurate disputantur."

einerseits eine umfassende Rezeption der Tradition. Er referiert und diskutiert zu jeder Frage alle wichtigen Positionen von der griechischen Antike über das Mittelalter bis herauf zu den Renaissancephilosophen, zeigt – z.T. textkritisch – die historischen Ursprünge der Meinungsverschiedenheiten auf, stellt die Thesen dar, unterzieht ihre Begründungen einer ausgewogenen Prüfung und bewertet sie, um schließlich seine eigene Problemlösung vorzulegen und zu begründen. Nicht das Gewicht der Autorität entscheidet über die Wahrheit einer Meinung, sondern die Überzeugungskraft der Argumente. Es handelt sich also nicht um eine leere Kompilation verschiedener historischer Ansätze, auch nicht um einen billigen Eklektizismus, wie ihm bisweilen vorgeworfen wurde, sondern um eine eigenständige, konstruktive Arbeit, bei der das Problem umrissen und auf dessen eigentlichen Kern zurückgeführt wird. Andererseits orientiert Suárez Methode und Aufbau seiner Lehre ganz bewusst an der inneren Logik der Probleme selbst. Er bricht daher mit der herkömmlichen Darstellungsweise in Kommentarform mit ihrer Gebundenheit an den formellen Aufbau der aristotelischen Metaphysik, wo Kapitel um Kapitel kommentierend (Thomas) oder mittels Quästionen (Duns Scotus) abgehandelt wird, und ersetzt sie durch die Disputationsmethode, bei der die metaphysischen Hauptprobleme in ihrem inneren Zusammenhang erfasst und systematisch dargestellt werden. Suárez verbindet in seiner neuen revolutionären Methode also eine an den Sachen selbst orientierte systematische Darstellungsweise mit einer humanistisch inspirierten problemgeschichtlichen Erhellung der Wahrheit und erweist sich damit als Grenzgänger zwischen der Methode der mittelalterlichen Scholastik und jener der neuzeitlichen Philosophie.

Aber nicht nur durch seine innovative, vom mittelalterlichen Kanon emanzipierte Methode wird Suárez zum Wegbereiter des neuzeitlichen Metaphysikverständnisses, sondern auch in der Bestimmung von dessen Gegenstand und Aufbau, der er die erste Disputation widmete. Da es hier um Erste Philosophie im aristotelischen Sinn, d.h. um jene Wissenschaft geht, die das im höchsten Sinn Intelligible, das Erste (die ersten Prinzipien) und die Ursachen alles Seienden zu erkennen trachtet,[4] könnte man annehmen, der adäquate Gegenstand der Metaphysik sei das *ens abstractissime sumptum.* Doch diese Festlegung auf den alles umfassenden, abstraktesten Begriff des Seienden, auf alles mit dem Verstand Wissbare, erscheint Suárez zu weit gefasst. Da gehören auch die bloßen Verstandesbegriffe dazu, die jedoch keine eigene Realität besitzen. Wirklich angemessen als Gegenstand der Metaphysik erscheint daher Suárez ausdrücklich nur das Seiende, insofern es ein reales Seiendes ist (ens in quantum

[4] Vgl. Aristoteles, Met I (A), c. 2, 982a 32–982b 4

ens reale: DM 1, 1, 26) und insofern es dem Sein nach von der Materie abstrahierbar ist (ens, in quantum ens seu inquantum a materia abstrahit secundum esse). Suárez steht damit zwar im weiteren Horizont der aristotelisch-thomanischen Tradition, der maßgebliche Einfluss geht aber von Duns Scotus und seinem Realitätsbegriff aus. Während für Aristoteles das Seiende als Seiendes, allerdings direkt oder indirekt gebunden an die *ousía*, im Zentrum der metaphysischen Untersuchungen steht, erweitert Thomas den Begriffsumfang des *ens inquantum ens* auf das Seiende überhaupt *(ens commune)*,[5] wozu dann auch das objektive Sein *(esse objectivum),* mithin das thomanische Verstandesding gehört.[6] Suárez dagegen legt die Betonung auf das Formalobjekt des *ens reale,* mit dem nicht nur das faktisch aktuell existierende Ding gemeint ist, sondern alles Realmögliche. Als *ens reale* ist jedes Seiende zu begreifen, das eine wahre und reale Wesenheit hat (quod habet veram et realem essentiam: DM 2, 5, 8), das also von seinem Wesensbegriff her keine Fiktion oder Chimäre darstellt, sondern eine wahre und zur realen Existenz fähige Wesenheit (veram et aptam ad realiter existendum essentiam: DM 2, 4, 5, vgl. 1, 1, 6) besitzt. Das Reale des Seienden hängt an der Eignung des Wesens zur realen Existenz. Metaphysik muss daher bei der Freilegung der transzendentalen Bestimmungen des konkreten Seienden ansetzen, die als erste und allgemeinste allen Formen des zur Existenz geeigneten Seienden gemeinsam ist und die Unterschiede zwischen Substanz und Akzidens, materiell und immateriell oder endlich und unendlich übersteigt. Metaphysik ist für ihn (ähnlich wie für Scotus) als „allgemeinste Wissenschaft“ (DM 1, 5, 14) von den „rationes universales transcendentales“ (1, 2, 27), besonders von der „abstractissima ratio entis“ (1, 2, 23), als ganze Transzendentalwissenschaft.[7] An den besonderen Formen des Seienden sollen die ersten Prinzipien und Ursachen durch die Verdeutlichung der realen Essenz ergründet werden.

Im Horizont dieses transzendentalphilosophischen Begriffs der Metaphysik untersucht Suárez im ersten Teil seiner Disputationen die Eigenschaften *(proprietates)* und Ursachen *(causae)* des Seienden im Allgemeinen und im zweiten Teil die verschiedenen Gattungen des Seienden, nämlich das *ens absolutum,* das *ens finitum* und schließlich in der letzten Disputation auch noch das *ens rationis,* obwohl es als bloß objektiv Erkanntes und im Intellekt Seiendes seiner Auffassung nach eigentlich vom adäquaten Gegenstandsbereich der Metyphysik ausgeschlossen werden muss (DM 1, 1, 6–7). Die Lehre von der Seele, die als immaterielle Substanz streng genommen auch in das Gebiet der Metaphysik fiele, wird

[5] Vgl. Thomas v. Aquin, In Met., Prooem.; ebd., lb. 4, lc. 4.; ebd., lb. 6, lc. 1.
[6] Vgl. ders., STh I, q. 16, a. 3 ad 2; De ver., q. 1, a. 1 ad 7.
[7] Vgl. Honnefelder 209.

nach der allgemein üblichen Art auch von Suárez aus der Metaphysik ausgegliedert.

Suárez lehnt eine Aufteilung der Metaphysik in eine allgemeine Seinswissenschaft und eine spezielle Lehre von Gott und den Intelligenzen, wie sie sein Ordensbruder Benito Pereira (1535–1610) vorschlug, wohl explizit ab (DM 1, 3, 10–12), de facto aber hat der Aufbau seiner ›Disputationes‹ die Entwicklung hin zur Trennung der Metaphysik in eine allgemeine Ontologie *(metaphysica generalis)* und eine spezielle Lehre von den immateriellen Substanzen *(metaphysica specialis),* wie sie in der Deutschen Schulphilosophie gang und gäbe wurde und in der *Prima philosophia* Wolffs seine klassische Gestalt erhielt, eingeleitet. Suárez geht es im Anschluss an Duns Scotus, der in der Metaphysik die Transzendentalien- und Kategorienlehre abhandelt, an sich primär um die Transzendentalwissenschaft des Seienden als solchen, also um die Erforschung der allgemeinen, formalen, allen Seienden zukommenden Eigenschaften, was ihn nicht hindert, gleichzeitig Gott als das höchste Seiende als ersten Gegenstand der Metaphysik anzusetzen und das endliche Seiende gemäß der aristotelischen Kategorientafel in die Untersuchung mit einzubeziehen. Suárez vereinigt in seinem transzendentalen Verständnis also die beiden großen Strömungen der Auslegung des aristotelischen Metaphysikbegriffs, deren eine die Entontologisierung der Metaphysik durch deren primäre Bestimmung als Wissenschaft vom höchsten Seienden und deren andere die Ontologisierung der Metaphysik durch deren Verständnis als allgemeine Seinswissenschaft betrieb.

2.2 Das metaphysische Grundkonzept

Die Tendenz zur Selbstständigkeit und eigenen Systematik ist auch in den inhaltlichen Positionen zu spüren. An Thomas, der eigentlichen Autorität der Barockscholastik, gab es für Suárez kein Vorbeikommen. Die latent prägende Kraft bildete aber vielfach das scotistische Seinsverständnis. Zugleich war er auch nominalistischem Gedankengut nicht abgeneigt. Diese Tendenz äußert sich ganz allgemein in der Erweiterung des Begriffs des wirklichen Seienden auf das Realmögliche und der Fokussierung des metaphysischen Interesses auf das für uns am Seienden Erkennbare, den Wesensbegriff,[8] worin aber auch bereits wesentliche Paradigmen der neuzeitlichen Metaphysik in den Blick kommen. Ganz konkret äußert sich der scotistische und nominalistische Einfluss, angereichert mit dem Geist der Renaissance, darin, dass Suárez bei der konkreten Wirklichkeit des Einzeldings ansetzt, um daraus die Bedingungen und Prinzipien des realen, exis-

[8] Vgl. Leinsle 1988, 58.

tenzfähigen Seienden zu erschließen. Er geht also aus vom *ens ut participium*, vom aktuell existierenden Seienden, um die allgemeine metaphysische Struktur des *ens ut nomen* freizulegen. Zu diesem Zweck sieht er von der aktuellen Existenz ab und betrachtet das Seiende unter dem Aspekt der realen Wesenheit, d.h. als Ding, das Sein hat oder haben kann (DM 2, 4, 3ff.). Er versucht also den Begriff des Seienden als solchen gemäß jener Abstraktion zu entfalten, unter der er Gegenstand der Metaphysik ist, d.h. unter dem Gesichtspunkt der „propria et adaequata ratio entis" (2, 1, 1ff.). Insofern dieser entscheidend von unserer Art zu erkennen abhängt, muss eine derartige Untersuchung auch den *formalen* Begriff des Seienden, der sowohl den subjektiven Erkenntnisakt als auch seine intentionale Leistung, das die begriffene Sache repräsentierende Bild, umfasst, berücksichtigen. Soll eine Einheit der Erfahrung von Welt im Ganzen möglich sein, muss eine Einheit, Einfachheit und transzendentale Gemeinsamkeit des formalen Begriffs des Seienden angenommen werden. Ihr entspricht nach Suárez notwendig ein einziger und einheitlicher *objektiver* Begriff des Seienden und die Möglichkeit, einen schlechthin homogenen, vollkommen abgetrennten, reinen Begriff des Seienden als solchen *(conceptus obiectivus perfecte praecisus)* zu bilden (DM 2, 2, 8–20).

Zieht man in Erwägung, dass der *conceptus obiectivus* nichts anderes ist als der Gegenstand selbst, insofern er durch den betreffenden formalen Begriff erkannt oder erfasst ist, wirft sich die Frage auf, ob auf dem Hintergrund dieser Art des Erkenntnisrealismus die Forderung nach der Einheit des objektiven Begriffs des Seienden nicht auf die scotistische Vorstellung der Univozität des Seins hinausläuft. Suárez, der mit Thomas auf der *analogia entis* beharrt (DM 28, 3, 10–17), sieht diese Gefahr dann nicht gegeben, wenn der Begriff eine in allen Analogaten innerlich anzutreffende Form bzw. Wesensnatur bezeichnte (2, 1, 14). Die Grundlage des einheitlichen objektiven Begriffs des Seienden ist eine transzendentale *ratio entis,* die in ihrem allgemeinen Kern weder Substanz noch Akzidens, weder Gott noch Geschöpf, sondern diese alle in einheitlicher Weise bezeichnet, insofern sie im Seiendsein *(in essendo)* übereinstimmen (2, 2, 8). Dieses allgemeine formale Element des Begriffs des Seienden, in dem alle realen Seienden übereinkommen, ist der *actus essendi.* Dass alle realen Seienden an diesem Sein bzw. an dieser Entität innerlich teilhaben (und nicht nur ein Analogat *innerlich*, während die anderen bloß *äußerlich*), ist der eigentliche Sinn der „analogia entis" und zugleich der Grund für den transzendentalen Charakter des Seinsbegriffs.

Gewiss, die Tatsache, dass Suárez für das „Seiende" die Einheit eines den Beziehungsgliedern gemeinsamen Begriffs voraussetzt, rückt seine Analogielehre in eine gewisse Nähe zur scotistischen These der Univozität des Seins. Er kann Scotus allerdings darin nicht folgen, das „ens" als univokes Prädikat im eigentlichen Sinn zu verstehen, also auch eine Einheit der Aussageweise des Seiendseins aller Seienden zu behaupten. Diese Affinität zur scotistischen Lösung sowie die Voraussetzung eines einheitlichen *conceptus obiectivus entis* erklären auch, warum für Suárez die *analogia attributionis* die adäquate Beschreibung des Verhältnisses der verschiedenen Formen von Seienden darstellt und nicht die *analogia proportionalitatis.* Denn die Proportionalitätsanalogie besagt die Ähnlichkeit eines Verhältnisses (z.B. des endlichen Seienden zu seinem Sein und des göttlichen Wesens zu seinem Sein), die Attributionsanalogie aber ein Verhältnis der Abhängigkeit des einen vom anderen, der die je bestimmte Teilhabe an einer gemeinsamen Form vorausliegt. Da nun das Geschöpf primär etwas ist und nicht schlechthin nichts, ehe es eine Beziehung zu etwas haben kann, kommt zwischen Gott und Geschöpf wie auch zwischen Substanz und Akzidens nur eine *analogia attributionis* in Frage, wobei die Beziehungsglieder die betreffende *ratio entis* innerlich besitzen und gleichzeitig in einem Abhängigkeitsverhältnis, einer Beziehung „unius ad aliud", stehen (DM 28, 3, 10ff. u. 32, 2, 1ff.). Im Spannungsfeld zwischen rein univokem und rein äquivokem Seinsbegriff, die beide als solche als inadäquat abgelehnt werden, steht Suárez der Univozität inhaltlich-ontisch zweifelsohne näher als der Äquivozität.

Auf dem Hintergrund des einheitlichen objektiven Begriffs des Seienden und des analogen Seinsverständnisses lassen sich nun neben der *ratio entis* auch andere grundlegende Bestimmungen des Seienden ausmachen, die in allem, was Sein hat, anzutreffen sind. Jedes Seiende ist, insofern es ein *ens reale* ist, ein *unum, bonum* und *verum.* Unter diesen konvertiblen transzendentalen Attributen des Seienden schenkt Suárez dem Problem der Einheit besonderes Augenmerk. Er tritt im Unterschied zu Aristoteles und Thomas ganz auf der Linie von Duns Scotus und Wilhelm von Ockham für den Primat des Individuellen ein. Nicht das Allgemeine (das Universale bzw. das *ens ut commune omnibus*), sondern das konkrete Einzelding ist das *primum cognitum,* der ersterfasste Formalgegenstand des Intellekts. Während nach Thomas das Singuläre nur indirekt durch eine *conversio ad phantasmata,* also durch eine Reflexion auf die sinnlichen Wesensbilder und deren Entstehungsbedingungen erkannt werden kann,[9] lehrt Suárez die unmittelbare, direkte Erkennbarkeit des Einzelnen als Einzelnen (DM 6, 6, 1ff.). Demgegenüber ist der Allgemeinbegriff, der in sich keine reale Existenz hat, sondern mittels Abstraktion auf der Basis von Ähnlichkeiten in den Einzelbegriffen gebildet wird, ein bloß sekundäres Gebilde. Die differente Sicht resultiert aus der unterschiedlichen Bestimmung des Prinzips der Individuation. Thomas verankert das *princi-*

[9] Vgl. Thomas v. Aquin, STh I, q. 84, a. 7.

pium individuationis in der auf individuelle Quantität hin vorbezeichneten Materie *(materia quantiate signata).* Also kann der Intellekt, zu dessen Erkenntnisbedingungen es gehört, von der Materie zu abstrahieren, das individuelle Seiende nicht direkt erkennen.[10] Für Suárez, der sich von der scotistischen Theorie der „Diesheit" *(haecceitas)* inspirieren lässt, steht dagegen fest, „unamquemque entitatem per seipsam esse suae individuationis principium" (DM 5, 6, 1). Die individuelle Substanz benötigt für ihre Singularität kein anderes Prinzip der Vereinzelung als ihre eigene Entität und ihre genuinen Wesensprinzipien, nämlich *materia, forma* und *unio.*

Als ein schlechthin Erstes, Allgemeinstes und Einfaches kann die Bedeutung des „Seienden" nur durch die Entfaltung des Verhältnisses des Seiendseins zu seinen Modi, d.h. durch die Explikation der verschiedenen Formen des realen Seienden, weiter erhellt werden. Die erste, allen weiteren Differenzierungen vorausliegende, weil das Seiende als Seiendes, die *essentia* selbst, welche das Seiende als Seiendes konstituiert (DM 4, 1, 8), betreffende Einteilung des Seienden ist die in das *ens simpliciter infinitum* und *ens finitum.* Endlichkeit und Unendlichkeit sind Modi, die das Wesen an sich hinsichtlich ihrer Realität bestimmen und als solche ein gewisses Maß an „wesentlicher Vollkommenheit" *(perfectio essentialis)* zum Ausdruck bringen (4, 8, 10). Von der abstrakten ontologischen Struktur her wäre diese Unterteilung an sich die klarste, „quoad nos" aber nicht. Sie muss daher unserer Erkenntnis erst durch eine Reihe von anderen Differenzierungen, die sich direkt aus der ersten Einteilung ergeben, der menschlichen Erfahrung aber näher liegen, zugänglich gemacht werden. So ist zu unterscheiden zwischen einem Seienden, das das Sein von sich her kraft ihrer eigenen Vollkommenheit, und einem solchen, das das Sein von anderen empfangen hat *(ens a se – ens ab alio),* dem zufolge zwischen einem Seienden, das notwendig existiert, und einem solchen, das auch nicht sein kann *(ens necessarium – ens contingens),* zwischen einem Seienden, dessen Wesenheit seine Existenz einschließt, und einem solchen, das sein Sein aufgrund der Teilhabe am vollkommenen Sein eines anderen hat *(ens per essentiam – ens per participationem),* und schließlich zwischen dem ungeschaffenen und dem geschaffenen Seienden *(ens increatum – ens creatum).* Was durch sich, durch seine eigene vollkommene Wesenheit, notwendig existiert, befindet sich „in ordine ad esse actualis existentiae" als Ganze im Akt, alles übrige Seiende ist als reales Seiendes grundsätzlich ein mögliches Seiendes, fähig zur Existenz, aber nicht immer und als ganzes tatsächlich aktuell existierend *(actus purus – ens potentiale).*

Daraus wird deutlich, dass die Unendlichkeit in diesem Zusammenhang die in sich aktuelle „gänzlich unteilbare Unendlichkeit der Vollkommen-

[10] Vgl. Thomas v. Aquin, STh I, q. 86, a. 1.

heit" (infinitas perfectionis omnino indivisibilis: DM 30, 2, 25) meint, die in der Totalität der Vollkommenheit der Wesenheit, in der „tota essentiae perfectio" gründet (28, 2, 10). Gott als der absolut Unendliche ist daher nichts anderes als das Seiende schlechthin, das all die Vollkommenheit (summam perfectionem et totalitatem essendi: 39, 3, 19) besitzt, an der je ein Seiendes partizipieren kann (28, 1, 18). Ähnlich wie die Gleichsetzung von Realität und Vollkommenheit ohne Zweifel Spinoza in seinem Begriff der Wirklichkeit beeinflusst hat, kündigt sich in der suárezischen Definition der Unendlichkeit unverkennbar Spinozas Gottes- und Substanzbegriff als Summe aller Vollkommenheiten an. Umgekehrt besagt die Endlichkeit des Seienden nichts anderes als die Begrenztheit der inneren Intensität bzw. intensiven Quantität der Seiendheit. Die Endlichkeit wie die Thomisten durch die Annahme der Zusammensetzung des *ens finitum* aus einem in sich reinen Akt des Seins und einer ihn begrenzenden potentiellen Wesenheit zu erklären, erscheint Suárez nicht zielführend.

Diese Überlegung weist bereits in die ontologische Konstitution des geschaffenen Seienden. Gegenüber den Thomisten, die infolge der These von der Begrenzung des unbegrenzten *esse* durch die potentielle Wesenheit gezwungen sind, das geschaffene Seiende als *compositio realis* von *esse* und *essentia* als zwei real getrennten Dingen *(res distinctae)* anzusehen, und gegenüber den Scotisten, die eine bloß modale Differenz zwischen Sein und Wesen postulieren, vertritt Suárez den Mittelweg einer „distinctio rationis cum fundamento in re" zwischen der aktuell existierenden Wesenheit *(actualis essentia existens)* und der aktuellen Existenz (actualis existentia quam vocant esse in actu exercito: 31, 1, 13). Seiner Auffassung nach ist in der aktuellen Essenz bereits alles enthalten, was notwendig ist zum Sein und zur Aktualität eines Dinges. Die aktuelle Existenz vermag also nichts Neues an Entität oder Aktualität einzubringen, was nicht schon vorhanden wäre. Außerdem kann ein Ding nicht durch etwas real von ihm Verschiedenes innerlich und formal als reales und aktuelles Seiendes konstituiert werden. Das (reale und aktuelle) Sein, durch das die Wesenheit des Geschöpfs der Form nach in der Aktualität der Wesenheit konstituiert (d.h. aus der bloß objektiven Möglichkeit in Gott vor ihrer Erschaffung in den aktuellen Zustand übergeführt) wird, ist das wahre Sein der Existenz selbst.[11] Das *esse essentiae actualis* und das *esse existeniae actualis* bilden zwar keinen notwendigen Zusammenhang wie beim ungeschaffenen ens necessarium, wohl aber eine sachliche Identität. Sie können daher nur dem Verstand nach getrennt werden.

Als kontingente Seiende weisen die endlichen Dinge eine bestimmte

[11] DM 31, 4, 4: „Illud esse, quo essentia creaturae formaliter constituitur in actualitate essentiae, est verum esse existentiae."

allgemeine Konstellation an Ursachen auf, die konstitutiv sind für deren Substantialität. Suárez unterscheidet zwei innere (*causa formalis* und *materialis*) und zwei äußere Ursachen (*causa efficiens* und *finalis*). Erstursache *(causa prima)* und urbildliche Ursache *(causa exemplaris)* allen Seienden ist Gott. Dessen Existenz setzt er im Sinne des jüdisch-christlichen Schöpfungsglaubens als Wahrheit voraus, versucht sie aber auch philosophisch aufzuweisen. Dazu vertraut er einerseits dem anselmschen Argument, von dessen Realitätsträchtigkeit er überzeugt ist, und andererseits dem Gang des Gottesaufweises vom Geschöpf zum Schöpfer. Letzteren wandelt er insofern ab, dass er den Ansatz beim aristotelischen Kausalitätsprinzip (omne quod movetur ab alio movetur) ablehnt und durch das metaphysische Prinzip des Werdens ersetzt (omne quod fit ab alio fit), was die philosophische Erörterung der Gottesfrage in der Neuzeit – insbesondere im Denken Spinozas – nachhaltig beeinflusst hat. Wirklich neuzeitlich erscheint der suárezische Ansatz dort, wo er die Realität, die in der Nichtrepugnanz der Wesensbestimmungen der Dinge besteht und jenes letzte gemeinsame transzendentale Fundament, das schlechthin allen Seienden gemeinsam ist und sie in ihrem Seiendsein begründet, darstellt, als der Schöpfung vorausliegend und vom Bezug auf Gott als derart unabhängig seiend betrachtet, dass sie selbst von Gottes Allmacht nicht aufgehoben werden kann.[12]

3. Theologische und rechtsphilosophische Implikationen

Bedeutung und Anerkennung erlangte Suárez aber nicht allein durch seine Metaphysik, auch seine Lehre vom Kongruismus, sein Beitrag zur Klärung der damals virulenten Streitfrage zwischen den an Luis de Molina (1535–1600) orientierten Jesuiten und den vom Dominikaner Domingo Báñez (1528–1604) angeführten strengen Thomisten über das Zusammenwirken (Konkurs) von Gott und Geschöpf im freien Handeln des Menschen, und die rechtsphilosophischen Explikationen zum Natur- und Völkerrecht haben die geistesgeschichtliche Entwicklung des Abendlandes wesentlich beeinflusst. Grundlage seiner Lösungsansätze ist ein Personverständnis, das in der Personalität einerseits im traditionellen substanzmetaphysischen Sinn die höchste Aktualität einer vernunftbegabten substantiellen Natur sieht, andererseits aber im neuzeitlichen Sinn den Selbstbesitz des Geistes, kraft dessen der Mensch das freie und selbstständige Subjekt seiner Handlungen und Entscheidungen ist.

In der Konkursfrage wählt Suárez daher einen handlungs- und subjekt-

[12] Vgl. Suárez., De Sanct. Trin. mysterio 9, 6, 19f.; auch Honnefelder 294.

orientierten Standpunkt und konzentriert sich dementsprechend auf den moralisch-psychologischen Aspekt des Miteinander von unfehlbarer Wirkung der Gnade und Willensfreiheit des Menschen, während die metaphysische Bestimmung des Verhältnisses von Infallibilität des göttlichen und Freiheit des geschöpflichen Willens in den Hintergrund tritt. Um sowohl der absoluten Autorität Gottes als auch dem neuzeitlichen Freiheitsbewusstsein des Menschen gerecht zu werden, hält Suárez sich an die augustinische Variante des Kongruismus und deren Grundgedanken, dass die aktuelle Gnade dadurch wirksam wird, dass sie sich der metaphysischen Konstitution des menschlichen Willens und seinen Verhaltensweisen anpasst *(congruit)*. Die *gratia sufficiens* wird zur *gratia efficax* nicht durch ein neues Eingreifen Gottes, wie die Thomisten meinen, sondern durch die größere Kongruität mit der freien Zustimmung des Menschen. Was der menschlichen Freiheit angepasster ist, erkennt Gott kraft seiner *scientia media,* mittels der er die freien Eventualhandlungen *(futuribilia)* des Menschen, d.h. die freien Willensentscheidungen, die unter bestimmten Umständen und Bedingungen getroffen werden würden, voraussieht.

Der Mensch erhält in diesem Konzept die Rolle eines freien, lebendigen Werkzeugs Gottes. Um über die natürlichen Vermögen hinaus übernatürliche Wirkungen hervorbringen zu können, muss der Mensch nicht nur ein passives Gehorsamsvermögen besitzen (wie vernunftlose Geschöpfe), sondern auch ein aktives.[13] Diese Potenz erlaubt es ihm, alle möglichen übernatürlichen Wirkungen zu vollbringen, allerdings nicht im Sinn des Pelagianismus aus eigener Kraft, sondern nur als Werkzeug Gottes. Sie ist daher kein Vermögen *(potentia)* des unmittelbaren aktiven Handelns, vielmehr eine aktive Instrumentalität, eine *capacitas,* von Gott in das übernatürliche Wirken einbezogen zu werden. Als solche setzt sie als Fundament eine schöpfungsmäßige Ausstattung im Menschen voraus, die durch Gott zu Höherem aktiviert wird. Der Mensch ist dadurch aber nicht in die reine Passivität gedrängt. Im Gehorsamsvermögen besitzt er wirklich eine *vis activa et intrinseca,* die ihn befähigt, die ihn zum Werkzeug Gottes erhebende göttliche Kraft aufzunehmen oder abzulehnen oder in einen gegenteiligen Akt zu verkehren, und so die Freiheit und Eigenkausalität des Menschen wahrt.

Die Sorge um die Würde und Freiheit des Menschen kommt auch in seiner Rechtsphilosophie, vorgelegt v.a. in seinem ›Tractatus de legibus ac Deo legislatore‹ (1612), zum Ausdruck. Wie schon der Titel ankündigt, handelt es sich dabei im Letzten um eine in juristische Kategorien übersetzte Schöpfungstheologie. Suárez berücksichtigt explizit die subjektive Dimension des Rechtsbegriffs, indem er zwischen Recht *(ius)* als morali-

[13] Vgl. Suárez, De incarnatione 31, 5–6 (Opera omnia 18, 103–152).

schem Anspruch auf eine gerechte Sache oder Berechtigung in einer Angelegenheit und Gesetz *(lex)* als Grundlage der Gleichheit und als Regel des ehrenvollen Handelns unterscheidet[14]. Das Gesetz ist die eigentliche Bestimmung *(ratio)* des Rechts und als moralische Ordnung des Handelns bzw. als allgemeine, klare, verlässliche, ausreichend promulgierte gerechte Vorschrift ausschließlich vernunftbegabten Lebewesen vorbehalten.[15] Gott erscheint als der oberste Gesetzgeber, der das Recht auf alle Menschen, Völker und Nationen verteilt. An seiner *lex aeterna,* welche ein wirkliches Gesetz ist, haben die Geschöpfe in der Form des Naturrechts *(ius naturale)* Anteil. Dieses beruht weder nur auf einem Urteil des menschlichen Willens noch allein auf einen göttlichen Willensakt. Dessen eigentlicher Grund liegt einerseits in der vernünftigen Gesetzgebung und Schöpfungsordnung Gottes, zu der er sich selbst verpflichtete, indem er zum Guten und Bösen fähige Untertanen erschuf, und andererseits in der Erschaffung der *recta ratio,* in der er dem Menschen die formalen Prinzipien zur Unterscheidung von Gut und Böse in die Hand gegeben hat. Sehr neuzeitlich kommt hier dem Menschen die verantwortliche Rolle der Interpretation der ontischen Vorgaben und göttlichen Ansprüche in der Schöpfung zu.

Von da aus kann Suárez den demokratischen Anspruch der Volkssouveränität stellen. Der Mensch ist von Natur aus frei, bedarf aber zu seiner Verwirklichung der Gemeinschaft und gesellschaftlichen Strukturen, die ohne Autorität und gewisse Einschränkung der persönlichen Freiheit nicht möglich sind. Träger der Staatsgewalt ist das Volk, das daher auch das Recht hat, seine Herrschaftsform zu wählen und nötigenfalls gegen seinen Herrscher Widerstand zu leisten. Das positive Recht sollte eine Anwendung des mit dem Wesen des Menschen gegebenen Naturrechts auf konkrete menschliche Situationen und gesellschaftliche Konstellationen sein. Während in der Tradition des römischen Rechts das *ius gentium* als Mitte zwischen Naturrecht und bürgerlichem Recht gilt, versteht Suárez es im strengen Sinn nicht als *ius intra gentes,* d.h. nicht als die Summe der zum inneren Recht eines jeden Volkes gehörenden Gesetze, sondern als *ius inter gentes* im Sinne des Rechtes zwischen den Staaten. Insofern es nicht gesatzt ist und sich nicht aus dem Wesen der Natur, sondern aus gewachsenen Umgangsformen ableitet, ist das Völkerrecht ein Gewohnheitsrecht auf der Grundlage des Vertragsgedankens, d.h. ein abänderbares positives menschliches Recht.[16] Es geht aus von der politischen und moralischen Einheit der Menschheit und regelt die Beziehungen der Völker untereinan-

[14] Vgl. ders., De legibus ac Deo legislatore 2, 17, 2.
[15] Vgl. ebd. 1, 4, 2; 1, 12, 4.
[16] Vgl. ebd. 2, 19, 1–6.

der u.a. durch ein internationales Handels- und Gesandtschaftsrecht sowie ein Kriegs- und Friedensrecht. Über seinen Einfluss auf die protestantischen Naturrechtslehrer (v.a. H. Grotius) legt Suárez zusammen mit F. de Vitoria den Grundstein für die Weiterentwicklung des traditionellen Völkerrechts zum modernen Verständnis als internationales Recht.

Auswahlbibliographie

Werke

Opera omnia. Editio nova, a D. M. Andre et Carolo Berton juxta editionem Venetianam XXIII Tomos in f° continentem, accurate recognita, 27 Bde., Paris 1856–1878.

De incarnatione, in: Opera omnia 17–18.

Disputationes metaphysicae, in: Opera omnia 25–26, Reprint: Hildesheim 1965. (lat./span., hrsg. v. Rábade Romeo u.a., 7 Bde., Madrid 1960–1967) (Sigel: DM).

Tractatus de legibus ac Deo legislatore, in decem libros distributus, in: Opera omnia 5–6. (lat./span., mit kritischem Text von L. Pereña u.a., 6 Bde., Madrid 1971–1976).

Die Gerechtigkeitslehre des jungen Suarez; Edition und Untersuchung seiner römischen Vorlesungen De iustitia et iure, hrsg. v. Joachim Giers, Freiburg 1958.

Über die Individualität und das Individuationsprinzip (Fünfte metaphysische Disputation), hrsg. u. übers. v. R. Specht, 2 Bde., Hamburg 1976.

On efficient causality: metaphysical disputations 17, 18, and 19, übers. v. Alfred J. Freddoso, New Haven 1994.

Sekundärliteratur

Bauer, Emmanuel J.: Thomistische Metaphysik an der alten Benediktineruniversität Salzburg. Darstellung und Interpretation einer philosophischen Schule des 17./18. Jahrhunderts, Innsbruck–Wien 1996.

Cabada Castro, M.: Die Suárezische Verbegrifflichung des Thomasischen Seins, in: Theologie und Philosophie 49 (1974) 324–342.

Castellote Cubells, Salvador: Die Anthropologie des Suárez. Beiträge zur spanischen Anthropologie des XVI. und XVII. Jahrhunderts, Freiburg–München 1962 (²1982).

Courtine, Jean-François: Le principe d'individuation chez Suárez et chez Leibniz, in: Studia Leibnitiana, Suppl. 23 (1983) 174–190.

Courtine, Jean-François: Suárez et le système de la métaphysique, Paris 1990.

Craig, William Lane: The problem of divine foreknowledge and future contingents from Aristotle to Suárez, Leiden–New York–Kobenhavn 1988.

Gemmeke, Elisabeth: Die Metaphysik des sittlich Guten bei Franz Suárez, Freiburg i. Brsg. 1965.

Grabmann, Martin: Die Disputationes metaphysicae des Franz Suárez in ihrer methodischen Eigenart und Fortwirkung. in: Mittelalterliches Geistesleben. Abhandlungen zur Geschichte der Scholastik und Mystik. Bd. 1, München 1926, 525–560.

Honnefelder, Ludger: Scientia transcendens. Die formale Bestimmung der Seiendheit und Realität in der Metaphysik des Mittelalters und der Neuzeit (Duns Scotus – Suárez – Wolff – Kant – Peirce), Hamburg 1990.
Jansen, Bernhard: Der Konservativismus in den „Disputationes Metaphysicae" des Suárez, in: Gregorianum 21 (1940) 452–481.
Jansen, Bernhard: Die Wesensart der Metaphysik des Suarez, in: Scholastik 15 (1940) 161–185.
Leinsle, Ulrich G.: Die Scholastik der Neuzeit bis zur Aufklärung, in: Christliche Philosophie im katholischen Denken des 19. und 20. Jahrhunderts. Hrsg. von Emerich Coreth, Walter M. Neidl und Georg Pfligersdorffer. Bd. 2: Rückgriff auf scholastisches Erbe, Graz 1988, 54–69.
Neidl, Walter M.: Der Realitätsbegriff des Franz Suarez nach den Disputationes metaphysicae, München 1966.
Robinet, A.: Suárez im Werk von Leibniz, in: Studia Leibnitiana 13 (1981) 76–96.
Seigfried, Hans: Wahrheit und Metaphysik bei Suárez, Bonn 1967.
Soder, Josef: Franz Suárez und das Völkerrecht. Grundgedanken zu Staat, Recht und internationalen Beziehungen, Frankfurt 1973.
Specht, Rainer: Materialien zum Naturrechtsbegriff der Scholastik, in: Archiv für Begriffsgeschichte 21 (1977) 86–113.
Werner, Karl: Franz Suarez und die Scholastik der letzten Jahrhunderte. 2 Bde., Regensburg 1889 ([1]1861).

FRANCIS BACON

Philosophie der Forschung und des Fortschritts

Von Wolfgang Krohn

1. Bacon und der Entwurf der Moderne

Francis Bacon (1561–1626) kann man nicht lesen, ohne an einige der drängenden Probleme der gegenwärtigen Gesellschaft zu denken. Es geht um Fortschrittsorientierung und Traditionsverlust; es geht um die Verzahnung von Wissenschaft und Industrie; es geht um die fragwürdige Hoffnung, die materielle Not der Menschen durch den Einsatz immer neuer Techniken zu bewältigen; es geht um die Frage, wieweit der Mensch berechtigt ist, Herrschaft über die Natur auszuüben. Die ganze Entwicklung der modernen Gesellschaft ist in der Philosophie Bacons präsent. Jede Kontroverse der Gegenwart kann von den Aphorismen und Fragmenten seines Denkens stimuliert und verwirrt werden. Bacons Beitrag zur Inauguration der Neuzeit war – so scheint es – nicht die Formulierung eines neuen philosophischen Systems. Sein Beitrag ist eher als ein Set von Zeichen zu verstehen, deren Überzeugungskraft nicht auf Argumentation und Konsistenz beruht, sondern auf Metaphorik und Analogie. Man betrachte nur eine Formulierung aus dem 3. Aphorismus des ›Novum Organum‹: „Nur der Natur gehorchend können wir sie beherrschen.“[1] Sie ist ein Schnittpunkt für eine Vielfalt von Reflexionen von der frühen Industrialisierung bis zum ökologischen Diskurs der Gegenwart.

Oder wird diese Festlegung Bacons auf einen Stilisten der kleinen Form ihm nicht gerecht? Immerhin wurde er für ein Hauptwerk berühmt, die ›Instauratio Magna‹, die alle Züge eines grandiosen Systementwurfs trägt.

[1] Zur Zitierweise: Im allgemeinen wird nach der Gesamtausgabe von J. Spedding, R. L. Ellis, D. D. Heath (1857–1874, Reprint Stuttgart-Bad Cannstadt 1961–63) zitiert unter Voranstellung der Nummer des Bandes in römischen Ziffern. Das ›Novum Organum‹ wird nach der lat.-dt. Ausgabe von W. Krohn (1990) zitiert. Die Übersetzungen sind gelegentlich überarbeitet. Es wird die Abkürzung N. O. vorangestellt, dann folgt entweder eine abgekürzte Kennzeichnung des jeweiligen Textstückes mit anschließender Seitenzahl (z. B.: N. O. Vorbemerkung, S. 5), oder es wird Teil A bzw. B mit anschließender Nennung der Aphorismusnummer angeführt (z. B.: N. O. A, Aph. 5). Bei längeren Aphorismen wird zusätzlich die Seitenzahl genannt.

Es ist der Entwurf einer Verknüpfung von Erkenntnisfortschritt und menschlicher Wohlfahrt, die vom Sündenfall und der Vertreibung aus dem Paradies bis zur Befreiung der Menschheit durch Unterwerfung der Natur reicht.

In der folgenden Darstellung soll es um diese *Instauration der Moderne* gehen. Den Begriff der 'instauratio' gewinnt Bacon, wie viele andere seiner Begriffe, aus der Antike, um ihnen dann eine neue Bedeutung zu eröffnen. In der lateinischen Bibel werden die Instandsetzungen von Salomons Tempel so benannt.[2] Für Bacon geht es um die Erbauung (im religiös-architektonischen Doppelsinn des Wortes) der neuen Gesellschaft durch die Leistungen des „house of Salomon" genannten Technologietempels in Neu-Atlantis.[3] Wir können diese Themen heute nur noch durch die Brechungen der ökologischen Krise und der Drohungen der globalen Technisierung wahrnehmen. Stehen wir dadurch am „Ende des baconschen Zeitalters"[4] oder zwingt uns die Lage der Gegenwart zur Fortsetzung des „Bacon-Projektes"[5], weil wir letztlich nur technische Antworten auf technische Probleme finden? Unsere Verbindung zur baconischen Philosophie ist vielleicht so eng wie zu keiner anderen aus der frühen Neuzeit. Denn in gewissem Sinne sind wir immer noch damit befaßt, Bacons großen Plan zur Erneuerung der Gesellschaft durch Wissenschaft und Technik auszuprobieren, zu modifizieren, seinen kulturellen Sinn zu begreifen und seine Risiken zu kontrollieren.

Hätte Bacon diesen Entwurf der „großen Erneuerung" vollendet, wäre ihm ein Platz in der Architektenrunde der großen Systembauer der Philosophie sicher gewesen. Denn 'instauratio' heißt weit mehr als eine 'Erneuerung' im Sinne einer 'Renovierung' eines veralteten Bestandes. 'Instauratio' ist eine radikale Neuerrichtung „der Wissenschaften und Künste, überhaupt der ganzen menschlichen Gelehrsamkeit, auf gesicherten Grundlagen" (N. O. Vorbemerkung, S. 5). Aber hat Bacon diese „Neuerrichtung" in seinem eigenen Werk durchführen wollen? Wir haben hierüber keine verläßlichen Informationen aus seinen Briefen oder Werken. Sicherlich fehlte ihm als ranghöchstem Politiker Englands die Muße, alle notwendigen Vorarbeiten für das auf sechs Teile angelegte Gesamtwerk zu leisten, zumal sie ihn in weitläufige naturhistorische und experimentalwissenschaftliche Forschungen verstrickt hätten. Sicherlich wurde gegen Ende seines Lebens die Zeit knapp, auch nur diejenigen Teile auszuformulieren,

[2] ›Vulgata‹, 2. Könige 12 und 22.

[3] Ch. Whitney: Francis Bacon. Die Begründung der Moderne. Frankfurt/M. 1986, 38 ff.

[4] G. Böhme: Am Ende des baconschen Zeitalters. Frankfurt/M. 1993.

[5] L. Schäfer: Das Bacon-Projekt. Frankfurt/M. 1990.

für die einige Vorarbeiten aus eigener Hand vorlagen. Aber man kann auch die These begründen, daß es zum Inhalt und Plan seines Systementwurfs gehört, dieses System *nicht* auszuformulieren. Wenige Tage vor der Auslieferung des ›Novum Organum‹ 1620, das der zweite Teil der ›Instauratio‹ ist, schrieb Bacon an König James I.: „Der Grund, warum ich es jetzt veröffentlicht habe, besonders da es unvollendet ist, ist offen gesagt, weil ich meine Tage zähle und es gerettet haben möchte. Es gibt noch einen anderen Grund für mein Vorgehen, und der ist zu versuchen, Hilfe für den einen geplanten Teil meines Werkes zu erlangen, nämlich die Zusammenstellung einer Natur- und Experimentalgeschichte, die die hauptsächliche Grundlage einer wahren und aktiven Philosophie sein muß" (XIV, S. 120). Nach Bacon wäre es also Sache einer gemeinschaftlichen und staatlich unterstützten Anstrengung, den Systementwurf zu verwirklichen. Der Teil, für dessen Verwirklichung er die königliche Hilfe anruft, wäre der dritte Teil der ›Instauratio‹ gewesen. Mit anderen Worten: Aus Bacons Fragmenten geht hervor, warum ihr Autor allein und nur aus schriftstellerischer Kraft heraus sie nicht zu einem Systemganzen hätte formen können.

Wir wollen im folgenden zunächst einige Blicke auf das Leben Bacons werfen, dann die Grundgedanken dieser ›Instauratio Magna‹ vorstellen und daraufhin einige Aspekte diskutieren, die dieses *Fragment-System* als einen der dauerhaften, immer wieder aktualisierten philosophischen Entwürfe der neuzeitlichen Philosophie erklären. Es wäre allerdings ein Fehler, das Werk Bacons nur der Neuzeit zuzuschlagen. Bacons tiefe Verwurzelung in den geistigen Strömungen der Renaissance und der Reformation offenbart sich jedem Leser, der seine Blicke auf die heute weniger bekannten moralischen Essays, religiösen Traktate und seine Interpretationen der antiken Mythen und Fabeln richtet. Auch atmet das hohe Niveau seiner Stilistik und Rhetorik, das ihm im angelsächsischen Sprachraum einen festen Platz in der Literaturgeschichte verschafft hat, den Geist des literarischen Humanismus. Bacon hat zwar immer wieder den Vorrang des Werks und der Tätigkeit des Forschens vor dem Wort und den Kontroversen über Theorien gefordert. Aber er hat für diese Botschaft ganz im Geist der Renaissance ständig nach neuen Stilformen gesucht, die ihn zu einem bedeutenden Schriftsteller und nicht so sehr zu einem bedeutenden empirischen Forscher haben werden lassen.

2. *Bacons Leben: Politik für die Philosophie*

Bacons Leben war nicht das eines Schriftstellers oder Forschers, sondern eines politischen Menschen. Seine Beschäftigung mit Philosophie und Wissenschaft hatte kaum mit seinem beruflichen Alltag zu tun. Und dennoch können wir beides nicht trennen. Denn Bacon hat zeit seines Lebens im Staatsdienst versucht, mächtige Anhänger für seine Erneuerung der Wissenschaften zu finden, und hat immer gehofft, dieses Reformwerk auch forschungspolitisch organisieren zu können.[6] Schon von Geburt war Bacon in das Zentrum der Staatsmacht gerückt. Sein Vater, Nicholas Bacon, war Lordsiegel-Bewahrer und sein Onkel, Lord Burghley, Schatzkanzler des englischen Königreichs. Im Alter von 20 Jahren wurde er Mitglied des Parlaments und mit 21 als Anwalt zugelassen.[7] Vorher hatte er bereits politische Erfahrungen als Begleiter der Antrittsreise des Botschafters in Frankreich sammeln können und am Trinity College in Cambridge studiert. Nach der Bekundung seines späteren Beichtvaters, wissenschaftlichen Sekretärs und Nachlaßverwalters, William Rawleys, geht seine Abneigung gegen die scholastische Philosophie auf diese Zeit zurück. Mit ungefähr 16 Jahren, so schreibt Rawley, „empfand er das Mißbehagen an der Philosophie des Aristoteles …, die allein für das Disputieren und Argumentieren taugt, aber unfruchtbar ist für die Erzeugung von Werken, die der Wohlfahrt des menschlichen Lebens dienen; – in dieser Geisteshaltung verblieb er bis zum Tag seines Todes“ (I, S. 4). Wie authentisch diese Erinnerungen Rawleys aus dem Jahr 1657 sind, ist schwer zu beurteilen, aber sie passen gut zu anderen frühen Zeugnissen über Bacons geistigen Aufbruch. Er selbst erwähnt in einem Brief aus dem Jahre 1625 ein nicht erhaltenes Manuskript ›Temporis Partus Maximus‹ (die größte Geburt der Zeit), das er ca. 1585 verfaßt haben will. Diesen Titel nennt er „magnifico“, und es hat einen Oxforder Gelehrten zu dem Kommentar angeregt: „ein Verrückter könnte es nicht geschrieben haben, ein Weiser würde es nicht geschrieben haben“ (XIV, S. 532). Der geheimnisvolle Titel besagt: Eine neue Zeit gebiert eine große Erneuerung der Philosophie. 1592 versuchte er, seinen Zugang zu dem Schatzkanzler, seinem Onkel Lord Burghley, und zu Königin Elizabeth auszunutzen, um für sein Programm Unterstützung zu mobilisieren. Dem Onkel schrieb er: „Und ich sehe leicht, daß irgendeine begünstigte Stellung Verfügung über mehr verständige Köpfe als den eines Mannes geben wird; etwas, das ich mit Nachdruck anstrebe“ (VIII, S. 109) und bietet als Gegenleistung „gewinnbringende Erfindungen und Entdekkungen“ an.

Was war die Absicht? Es klingt ganz so, als wollte er mit 31 Jahren Direktor des weltweit ersten nationalen Forschungsinstituts werden. Der Königin hielt er zur Jahresfeier der Thronbesteigung eine Rede ›In Praise of Knowledge‹. In ihr greift er in gleichen Maßen die Leichtfertigkeit an, mit der der Wortkunst der Philosophen geglaubt wird, wie die, mit der den

[6] J. E. Leary: Francis Bacon and the Politics of Science. Ames, Iowa 1994.
[7] J. J. Epstein: Francis Bacon. A political biography. Athens, Ohio 1977, 25 ff.

Betrügereien der Alchemisten auf den Leim gegangen wird. Beide haben „das glückliche Zusammenpassen zwischen dem Geist des Menschen und der Natur der Dinge untersagt und ihn statt dessen mit leeren Begriffen und blinden Experimenten verheiratet" (VIII, S. 125). Die Heirat war nicht uneigennützig gedacht. Es ging darum, aus „nature's warehouse" (VIII, S. 123) möglichst viel „Reichtümer" und „wertvolle Effekte" abzuzweigen und „das menschliche Leben mit unbegrenzten Gebrauchsgütern auszustatten" (VIII, S. 109). Zum ersten Mal verweist er auf die Insignien des Fortschritts durch Technik: Buchdruck, Artillerie und Kompaß, die einem Land Wissen, Macht und Reichtum bringen können, und endet mit den Worten: „Jetzt beherrschen wir die Natur mit Meinungen, aber wir sind ihrer Notwendigkeit unterworfen; doch wenn wir uns von ihr im Erfinden leiten ließen, würden wir ihr mit Handlungen befehlen" (VIII, S. 126). Zwei Jahre später wurde er konkret und entwarf auf einer Weihnachtsfeier einen Komplex von Forschungseinrichtungen, zu dem eine Bibliothek mit weltweiten („European or of the other parts") Beständen gehörte, ein botanischer und zoologischer Garten, einen Süßwasser- und einen Salzwassersee eingeschlossen („in small compass a model of the universal nature made private"), dann ein riesiges Kabinett zur Sammlung aller Künste und Techniken und aller absonderlichen Kuriositäten der Natur wie etwa Mißbildungen; schließlich ein großes Laboratorium, ein „Palast gemacht für den Stein der Weisen" (VIII, S. 335), um die natürlichen Ursachen aller Wunder zu entdecken. Eine seiner letzten Schriften, die Gesellschaftsutopie ›Neu-Atlantis‹, greift die Idee einer solchen Forschungseinrichtung wieder auf. Zweifellos hat Bacon trotz der theaterhaften Einkleidung des Vortrags seinen Vorschlag ernst gemeint, aber er stieß auf wenig Resonanz. Aus den letzten zehn Jahren der Regierungszeit von Elizabeth sind keine weiteren Vorstöße Bacons zur Verwirklichung seiner Vision bekannt. Im Gegenteil, er war vollauf damit beschäftigt, in den Wirren der Zeit sein eigenes politisches Überleben in den Konflikten zwischen Parlament und Krone zu sichern.

Aber mit der Inthronisation von James I. im Jahre 1603 entfaltete Bacon geradezu ein literarisches Feuerwerk neuer Initiativen. Nicht alle waren zur Veröffentlichung bestimmt, einige waren für eine einflußreiche, aber diskrete Leserschaft vorgesehen, andere einfach auch Experimente mit Stilformen. Offenbar hat Bacon die Aufgabe überaus ernst genommen, die neuen Einflußmöglichkeiten nicht durch eine falsche Wahl der literarischen Präsentation und eines ungeeigneten Adressatenkreises zu gefährden. Auch war sein politischer Aufstieg in die höchsten Staatsämter (vom Zweiten Kronanwalt 1607 bis zum Lordkanzler 1618) keineswegs sicher. 1605 publizierte er sein erstes großes Werk ›The Proficience and Advancement of Learning Divine and Humane‹. Am einfachsten charakterisiert man das Werk, indem man es unter die Wissens-Enzyklopädien der Zeit einreiht.[8] Aber schwerlich erschöpft sich Bacons Absicht darin. Das Buch ist eher eine wissenschaftliche Expertise über die Defekte und Entwicklungsmöglichkeiten gegenwärtigen Wissens, verbunden mit einer dringlichen Empfehlung an den König, institutionelle Maßnahmen zu ergreifen. Es ist eine *Enzyklopädie des Unerforschten und eine Enquete der Forschung*, gerichtet an die Regierung in der Person des Königs. Im ersten Buch geht es um eine allgemeine Lobpreisung der Gelehrsamkeit und um die Figur des weisen Herrschers, die auf die hohe humanistische Bildung von James anspielt. Immer wieder jedoch streut Bacon Bemerkungen über Wissenschaft als Staatsziel ein. Er spricht von der „conjunction" von „contemplation and action" (III, S. 294) und bezieht den Wert dieser Vereinigung sowohl auf die Erkenntnisse über die Natur wie auf die über die „civil society". Er spricht weiter von der „forth of truth"(III, S. 317), die, wenn sie einem Herrscher zur Verfügung steht, ihm überlegene Mittel der Macht an die Hand gibt: „Die Verfügung über Erkenntnis (commandment of knowledge) steht noch höher als die Verfügung über den Willen ... Denn keine andere Macht der Erde errichtet einen herrschaftlichen Thron in den Geistern und Seelen der Menschen, in ihren Gedanken, Vorstellungen, Meinungen und Überzeugungen als Erkenntnis und Wissen" (III, S. 316). Damit gibt Bacon seinem Grundmotiv der Beziehung von Macht und Wissen, auf das wir noch zu sprechen kommen werden, eine herrschaftspolitische Konnotation, die nicht weniger ambivalent ist als die technologische Naturbeherrschung. Die Ambivalenz liegt in der offengehaltenen Frage, ob die „Macht der Wahrheit" ein Mittel oder eine Bindung der Herrschaft ist. Im zweiten Buch beginnt Bacon mit der Erwartung, daß ein Herrscher, der sich um die Zukunftsfähigkeit seines Landes sorgt – „careful for the good estate of future times" (III, S. 321) –, die institutionelle Förderung der Wissenschaft zum Staatsziel erheben muß. Es geht um finanzielle und rechtliche Absicherungen, Gebäude, Bibliotheksdienste und Gehälter (III, S. 323). Er kritisiert an den vielen Universitätsneugründungen, daß sie auf die Ausbildung für die alten akademischen Professionen zugeschnitten sind, „keine aber im großen Umfang für die Künste und Wissenschaften freigestellt ist" (III, S. 324). Zu den Fächern eines neuen „freien Kollegiats" rechnet Bacon „Geschichte, moderne Sprachen, Politikwissenschaft und Gesellschaftstheorie und andere Fächer, die zum Staatsdienst befähigen" (III, S. 324). Für die Naturwissenschaften fordert er eine großzügige finanzielle Absicherung von Experimentallabors, deren Tätigkeit er mit denen des staatlichen Geheimdienstes vergleicht. Auch die „Spitzel und

[8] W. Schmidt-Biggemann: Topica universalis: Eine Modellgeschichte humanistischer und barocker Wissenschaft. Hamburg 1983, 212 ff.

Geheimdienstler der Natur“ (III, S. 325) kosten Geld. In feierlichem Latein und in Anlehnung an Caesar schreibt Bacon: „Ich ersuche Sie, diese Dinge in Erwägung zu ziehen“, denn sie sind wahrlich „opera basilica“ – königliche Aufgaben (III, S. 327 f.). Im folgenden Hauptteil entwirft Bacon dann die große Landkarte der unentdeckten Länder des Wissens, zu deren Erkundung die königliche Forschungspolitik dienen sollte.

Die von Bacon gewählte literarische Form einer fachlichen Expertise schließt an eine Reihe von Adressen zur Lage der Nation und der Kirchen an, die er für Königin Elizabeth geschrieben hat, und die seiner Stellung als „learned council“ entsprachen. Zugleich experimentierte er mit anderen Stilformen und offenbar auch mit anderen Auditorien. In einigen dieser zu seinen Lebzeiten nicht veröffentlichten Versuchen spricht er „ad filios“, so als ob er schon als Präsident einer neuen Forschungseinrichtung eine Eröffnungsrede hielte, in anderen nimmt er die Rolle eines Fremden an, der aus einer anderen Welt berichtet. Einige sind konzipiert als Einleitungen für Kapitel des großen Reformwerkes, das um diese Zeit feste Konturen annahm. Der König reagierte nicht sonderlich enthusiastisch, und Bacon war enttäuscht. Im Laufe der Regierungsjahre wurde ihm klar, daß als letzter Weg zu seinem Reformwerk nur der über die Öffentlichkeit blieb. 1620 veröffentlichte er das Werk, das ihm zu Recht den Ruf eingebracht hat, einer der Begründer der modernen Wissenschaft zu sein, das ›Novum Organum‹. Ganz im Geist seiner bisherigen Initiativen beruht dieser Ruf nicht auf den wissenschaftlichen Erträgen dieses Werkes, sondern auf seinen perspektivischen und programmatischen Aussagen.

Diese Einblicke in Bacons Leben und wissenschaftspolitische Absichten sind nötig, um den historischen Kontext seiner ›Instauratio Magna‹ zu erfassen. Neuere Forschungen[9] haben herausgearbeitet, daß für Bacon die ›Große Erneuerung‹ ein gesamtgesellschaftliches Reformwerk ist, in dem die Wissenschaft zwar eine Schlüsselrolle spielt, aber doch eingeordnet bleibt. Zusammenfassender Ausdruck dieses Reformwerks ist seine Utopie ›Neu-Atlantis‹, geschrieben um 1623 und veröffentlicht von Rawley 1627, in der sich bürgerliche Liberalität, militärische Überlegenheit, wirtschaftlicher Wohlstand, wissenschaftlich-technische Forschung und politische Planung des Fortschritts begegnen. Um diesen Gesamtentwurf geht es also in der baconischen Philosophie. Vor seinem Hintergrund wird nun verständlich, warum die ›Instauratio Magna‹ ein Fragment ist. Ihre Verwirklichung ist ein gesellschaftliches Projekt, das durch die Publikation eines Autors allenfalls ihren Anfang nehmen kann. Dann aber muß diese irgendwo abbrechen und von der gesellschaftlichen Reformpraxis

[9] B. H. G. Wormald: Francis Bacon: History, Politics and Science, 1561–1626. Cambridge 1993.

fortgeschrieben werden. Für den Beginn setzte Bacon zunächst auf den privilegierten Zugang zur Macht und auf geheime Mission, am Ende seines Lebens auf Öffentlichkeit.

3. Eine fragmentarische Philosophie der Forschung

Die ›Instauratio‹ ist also als literarisches Werk ein Fragment. Ist sie es auch als Philosophie? Der Meinung, daß Bacon gar nicht in der Lage war, das umfangreiche Werk abzuschließen, kann man sich kaum entziehen. Aber man kann auch die Auffassung vertreten, daß Bacon mit seinem philosophischen Projekt eine neue Reflexionsstufe der Philosophie einleitete, durch die sie zwangsläufig fragmentarisch wird. Diese Interpretation eines systematisch begründeten Fragmentarismus kann man unter zwei Gesichtspunkten diskutieren: unter dem einer neuen *Logik der Forschung* und unter dem einer neuen *Soziologie des Wissens.*

3.1 Logik der Forschung

Bacons Philosophie ist vor allem anderen ein Versuch, nicht Erkenntnisse zu vermitteln, sondern eine neue Methode der Erkenntnisgewinnung zu entwerfen, die er seit 1608 *„inquisito legitima“*(berechtigte, begründete Forschung, III, S. 625) nennt. Sie besteht im Kern darin, eine „Kunst des Erfindens“ *(ars inveniendi)* zu entwickeln, die die Beziehungen zwischen empirischen Erkundungen und begrifflichen Konstruktionen erstens als ein interaktives Wechselspiel und zweitens als einen iterativen Prozeß aufbaut. Experimentelle Strategien ergeben Befunde, die zu neuen Vermutungen Anlaß geben, neue Vermutungen führen zum Aufbau neuer Strategien. Das ›Novum Organum‹ wird von Bacon als eine Logik zur Organisierung dieses Wechselspiels verstanden (N. O. B, Aph. 52). ‘Organum’ heißt ‘Werkzeug’, ‘Instrument’, gelegentlich auch ‘Maschine’ (Vorrede zum N. O., S. 71). Traditionell hat man die Logik als das Werkzeug des Denkens verstanden, und die zusammengefaßten logischen Schriften des Aristoteles wurden unter dem Namen ›Organon‹ tradiert. Das neue Werkzeug soll nicht die allgemeinen Bedingungen und Verfahren logischen Operierens erfassen, sondern die spezifischen Bedingungen des Forschungsprozesses. „Ehe wir aber zu dem Entlegenen und Verborgenen der Natur gelangen können, ist es erforderlich, eine bessere und vollkommenere Handhabe und Anwendung des menschlichen Geistes und Verstandes einzuführen“ (Vorrede zur ›Instauratio Magna‹, S. 27). Auf die Erkundung des Entlegenen und Verborgenen der Natur verweist Bacon gern mit der Metapher einer Fahrt des menschlichen Geistes „ins offene Meer" (N. O. Einteilung, S. 41), die der Seefahrer nur überstehen kann, wenn er über Instrumente, Sternkarten und Navigationstechniken verfügt. Eine andere Metapher Bacons ist die des Labyrinths. „Der Bau des Weltalls aber erscheint seiner Struktur nach dem Menschengeist, der es betrachtet, wie ein Labyrinth, wo überall unsichere Wege, täuschende Ähnlichkeiten zwischen Dingen und Merkmalen, krumme und verwickelte Windungen und Verschlingungen der Eigenschaften sich zeigen" (Vorrede zur ›Instauratio Magna‹, S. 25).[10] Auch die Orientierung im Labyrinth gelingt nicht durch den gesunden Menschenverstand oder durch logisches Schließen. Beiden Bildern gemeinsam ist, daß man ständig darauf angewiesen ist, seine Positionen zu überprüfen und die unvermeidlichen Fehler laufend zu korrigieren. Genau auf diese Methodologie der ständigen Selbstkorrektur zielt das ›Novum Organum‹. In seinem Mittelpunkt steht das experimentelle Verhalten.

Hier taucht für Bacon ein Problem auf: Ist es möglich, diese Forschungsmethodologie in dem Sinne zu erkunden, daß sie als ein vollständiges und abgeschlossenes Instrumentarium zur Verfügung gestellt werden kann? Bacon verneint dies. Auch die Methoden der Forschung können nur *erforscht* werden, und das heißt schrittweise, über die Verbesserung von Fehlern und das Lernen aus Irrtümern entwickelt werden. Die experimentelle Forschungspraxis bezieht sich immer zugleich auf die Natur der Dinge und auf die Natur der Erkenntnis. Lange hat man geglaubt, daß Bacon eine fertige Maschinerie der Forschung habe abliefern wollen. Aber davon kann nicht die Rede sein. Er war sich sicher, die richtigen Schritte in die richtige Richtung gefunden zu haben. Nicht weniger, aber auch nicht mehr. Wenn er dafür die Ausdrücke 'Werkzeug' und 'Maschine' gebraucht, so unterstellt er nicht deren Vollkommenheit, sondern Verbesserungsfähigkeit. Für die Weiterentwicklung der Methode müssen die Erfolge und Mißerfolge der Forschungspraxis herangezogen werden. Denn Forschung ist für Bacon eine Erkenntnistätigkeit, die in methodischer Weise zwischen dem geistigen Operieren mit der Wirklichkeit und dem Herstellen eines materiellen Opus (Werkes) hin- und herwandert. An sehr prominenter Stelle am Ende des ersten Buches des ›Novum Organum‹ heißt es: „Da ich ja den Geist nicht bloß in seiner eigenen Fähigkeit, sondern gerade in seiner Verknüpfung mit den Dingen berücksichtige, muß ich einräumen, daß die Kunst des Erfindens mit den Erfindungen erstarken kann" (N. O. A, Aph. 130). Wissenschaft kann geradezu als das Ergebnis der erfolgreichen Kombina-

[10] W. Krohn: Die Natur als Labyrinth, die Erkenntnis als Inquisition, das Handeln als Macht: Bacons Philosophie der Naturerkenntnis betrachtet in ihren Metaphern. In: L. Schäfer/E. Ströker (Hrsg.): Naturauffassungen in Philosophie, Wissenschaft und Technik. Bd. II: Renaissance und frühe Neuzeit. Freiburg, München 1994.

tion der „Natur des Geistes“ und der „Natur der Dinge“ (N. O. B, Aph. 52, S. 607) durch die Forschung bezeichnet werden. Wenn also die Logik der Forschung zwangsläufig sich auch auf die Erforschung der Logik erstreckt, dann ist ihre Erkenntnis nicht vorweg durch methodologische Reflexion zu erlangen, sondern gewinnt erst allmählich und in Verbindung mit den Erfolgen der Forschung ihre vollständige Form. Konsequenterweise bricht daher die Darstellung der Methodologie am Ende des ›Novum Organum‹ ab, nachdem erst ein kleiner Anfangsteil, genaugenommen der erste von neun Schritten (nach dem Aufriß in N. O. B, Aph. 21) dargestellt wurde. Alles übrige, und also fast alles, ist Sache von zukünftiger Forschungsarbeit, die auf vielen Schultern und Generationen ruht.

3.2 Soziologie des Wissens

Philosophisch betrachtet ist eine solche Erkenntnistheorie mit einer Paradoxie belastet. Wie kann man ihr zustimmen, wenn erst eine spätere Praxis ihre Legitimität herausstellen kann? Verlangt Bacon, einen ungedeckten Wechsel auf die Zukunft zu unterschreiben? Man kann vermuten, daß die erwähnten literarischen Experimente im ersten Jahrzehnt des 17. Jahrhunderts auch damit zu tun haben, daß er nach einem Weg suchte, angemessen mit dem Problem umzugehen, Bereitschaft für eine Sache zu mobilisieren, deren Wünschbarkeit eigentlich erst beurteilt werden kann, wenn sie durchgeführt ist. Immerhin geht es bei der neuen Forschungsmethode um Macht über die Natur, einschließlich der Macht über die menschliche Natur. Bacon versucht eine Rechtfertigung, die wiederum ganz vom Charakter seiner Methode geprägt ist: sich auf die experimentelle Methode der Naturbeherrschung einzulassen, ist selbst eine Art Experiment. Und man muß die Menschen einladen, sich darauf einzulassen, ohne ihnen den Erfolg vorweg beweisen zu können. Man müßte sich, so schreibt er, trotz mancher Einwände zu dem „Versuch entschließen (experiendum esse), wenn wir nicht ganz verzagten Sinnes dastehen wollen. Es ist nämlich beim Unterlassen und beim augenblicklichen Nichtglücken der Sache nicht gleich viel zu befürchten, denn beim Unterlassen steht ein unermeßliches Gut, beim Mißlingen ein geringer Aufwand menschlicher Arbeit auf dem Spiele. Aus dem, was ich gesagt ... habe, glänzt reichlich Hoffnung für jeden auf, der eifrig im Versuchen (ad experiendum) und klug und nüchtern im Glauben ist“ (N. O. A, Aph. 114). Die Industriegesellschaft hat dieses Experiment, die Zukunft experimentell zu meistern, angenommen – und ist sich unsicherer denn je, welchen Ausgang es nehmen wird. Bei allem unzweifelhaften Optimismus Bacons gegenüber der wechselseitigen Verstärkung von experimenteller Naturbeherrschung und Beförderung der menschlichen Wohlfahrt ist es doch eine bemerkenswerte Einsicht in das Risiko der Moderne, die er hier am Anfang der systematischen Zuordnung von Experiment und Gesellschaft formuliert hat. Sie ist später insbesondere durch die transzendentale Wende der Erkenntnisphilosophie – durch den kantischen Rationalismus, der sich seines Weges als einer „Heeresstraße" sicher glaubt –, durch eine trügerische Selbstsicherheit der Selbsterkenntnis verdrängt worden.

Für Zweifler an seinem Projekt einer zukunftsorientierten Philosophie der Forschung hält Bacon noch eine weitere Überzeugungsstrategie bereit, für die er als der Erfinder der „Soziologie des Wissens" berühmt geworden ist. In einer kleinen Schrift ›Redargutio philosophiarum‹ (Widerlegung der Philosophien) von 1608 vertritt er zum ersten Mal die Ansicht, daß man Philosophien nicht einfach direkt auf ihre Richtigkeit prüfen kann, sondern ihre Beurteilung von „Zeichen" abhängig machen muß. Solche Zeichen geben gleichsam extern Auskunft über eine Philosophie und sollen befähigen, nicht über ihre Wahrheit, sondern über ihre Angemessenheit oder Eignung für eine bestimmte Problemlage, Zielvorstellung und kulturelle Einbindung zu urteilen. Man muß einräumen, daß Bacon die Zeichen zur Einschätzung der tradierten Philosophien – Aristotelismus und Platonismus – nicht gerade wertfrei oder auch nur fair handhabt. Er stellt fest, daß die „Professorenweisheit" (sapientia professora) auf das Ziel gerichtet war, Schulen zu gründen und im Wettkampf der Disputationen zu bestehen – kein gutes Zeichen. Das zweite Zeichen ist die räumliche Enge der Erfahrungswelt der antiken Wissenschaft. Der größte Teil der Welt war nicht richtig bekannt. Die Mittelmeer-Reisen der antiken Philosophen waren im Vergleich zu den Weltreisen eher nur Ausflüge „in die Vorstadt". Auch dies kein gutes Zeichen, wenn Erfahrung für wichtig gehalten wird. Das dritte Zeichen ist die Anzahl und Bedeutung der durch die Philosophien „erfundenen Werke" (inventa opera). Zwar gibt es Beispiele dafür, daß Philosophen sich neuen Erkenntnissen zugewandt hatten und deren Ursachen erklärten. Aber der umgekehrte Fall, daß aus „der Erkenntnis der Ursachen die Experimente selbst erfunden oder entdeckt worden sind", ist nicht angezeigt (N. O. A, Aph. 73, S. 157). Auf solche Zeichen stützt Bacon sein kritisches Urteil. Die Zeichen, an denen nun die Alternative zur tradierten Philosophie sich zu erkennen gibt, benennt Bacon so: Im Unterschied zur Disputationskunst dient sie nicht dem Rechthaben, sondern der Wohlfahrt der Menschen. Dies tut sie nicht durch Argumente, sondern durch Werke. Für uns ist diese Zielsetzung zu einer griffigen, wenn auch umstrittenen Formel geworden. Wir können uns daher nicht ohne weiteres einen kulturellen Kontext vorstellen, in dem sie revolutionär und unverständlich war. Natürlich ging es auch zu Beginn des 17. Jahrhunderts vielen Philosophen darum, das Los der Menschen zu erleichtern. Aber das neue legitime Ziel der Philosophie darin zu sehen, hierzu durch Forschung beizutragen, war ein verwegener Gedanke. Das zentrale Mittel, ihm näherzukommen, war für Bacon, zwischen Prinzipienforschung und Einzelfallanalyse ein fruchtbares Wechselspiel zu organisieren: aus Experimenten Lehrsätze ableiten, aus denen sich neue Experimente nahelegen (N. O. A, Aph. 82, S. 177), um auf diese Weise allmählich das Labyrinth zu ordnen und zum eigenen Vorteil zu nutzen. Ein weiteres Zeichen der neuen Philosophie ist ihre Abkehr von der Verehrung der Tradition. Für Bacon ist das „Altertum" in Wahrheit die Knabenzeit der Erkenntnis und man „kann ... auch von unserer Zeit, wenn sie nur ihre Kräfte erkennen, anwenden und anstrengen wollte, weit mehr als von den alten Zeiten erwarten, ist sie doch für die Welt die ältere und um unzählige Experimente und Beobachtungen vermehrt und bereichert" (N. O. A, Aph. 84, S. 181). Ein weiteres Zeichen ist, daß die neue Wissenschaft die Grenzen ihres Wissens nicht länger der Natur anlastet, sondern ihrem Mangel an ausgefeilter Methode (N. O. A, Aph. 88, S. 193).

3.3 Die Zeichen der Zeit: *„veritas temporis filia"*

Die Zukunftsorientierung der baconischen Philosophie ist also nicht nur eine Konsequenz der Forschungsorientierung, sondern auch eine, die sich aus den 'Zeichen der Zeit' ergibt: neue Ziele der Gesellschaft und neue Erfahrungen der Menschen verlangen nach einer neuen Wissenschaft. Eine der prominenten Wendungen Bacons ist eben diese: „Die Wahrheit ist eine Tochter der Zeit" (veritas temporis filia; N. O. A, Aph. 84, S. 181). Diese Metapher enthält eine interessante Binnenstruktur. Zunächst will Bacon mit ihr ausdrücken, daß das durch Kolumbus eingeleitete neue Zeitalter nicht nur die Neue Welt erschlossen hat, sondern auch die neue Philosophie erzeugen wird. „Es wäre ja auch eine Schande, wenn die Verhältnisse der materiellen Welt, nämlich die der Länder, Meere, Gestirne zu unserer Zeit bis ins Äußerste eröffnet und beschrieben worden sind, die Grenzen der geistigen Welt indes auf die Enge der alten Entdeckungen beschränkt bleiben sollten" (N. O. A, Aph. 84, S. 181). Mit diesem Gedanken hat Bacon die Vorstellung formuliert, daß es in der Wissenschaft „Revolutionen" gibt, die mit weltgesellschaftlichen Revolutionen parallel verlaufen (›Advancement of Learning‹, III, S. 340). Daher hält er sein eigenes Werk „mehr für eine Geburt der Zeit als des Geistes" (N. O. Widmung, S. 9). Die Metapher der Geburt verweist auf zwei Arbeitstitel, die Bacon benutzt hatte: In jungen Jahren hat er das erwähnte Manuskript verfaßt: ›Temporis partus maximus‹ und 1603 die Schrift ›Temporis partus masculus sive Instauratio magna imperii humani in universum‹ (Die männliche Geburt der Zeit oder die große Errichtung der Herrschaft des Menschen in der Welt). Obwohl Bacon selbst nicht erläutert, worauf er mit der Männlichkeit der Geburt anspielt, kann man erschließen, daß er über die Assoziation von Männlichkeit mit Aktivität und Operativität hat ausdrücken wollen, daß die neue Zeit eine neue Philosophie hervorbringt, die aktiv auf die Erzeugung neuer Werke zielt. Damit schließt er sich an die Rhetorik der Renaissance, der 'Wiedergeburt der Antike', an und setzt sich zugleich von ihr ab, indem die Geburt auf eine neue, aktive Zeit bezogen ist. „Ad tempus futurum provoco", heißt es in ›Temporis partus masculus‹ (III, S. 529). Nehmen wir die beiden Metaphern der 'Wahrheit als Tochter der Zeit' und der 'Erneuerung als männliche Geburt der Zeit' zusammen, kann man interpretieren, daß man wohl eine neue, aktive Forschung mit dem Ziel der Erneuerung der Gesellschaft betreiben kann, aber die Wahrheit sich aus der Interpretation der Antworten der Natur auf die an sie gerichteten Fragen ergibt. In wie weiter Ferne das Ziel einer neuen umfassenden Naturerkenntnis anzusiedeln sei, darüber hat Bacon geschwankt. Einerseits hing dies an der wissenschaftspolitischen Förderung kooperativer Forschung, andererseits an der großen Unbekannten, dem „Inneren" der Natur. In jedem Fall ist die „Wahrheit als Tochter der Zeit" eine Sache der Zukunft. Wenn man nicht nur neue „abstrakte Meinungen ... über die Natur und die Prinzipien der Dinge" (N. O. A, Aph. 116, S. 241) äußern möchte, so schreibt Bacon im ›Novum Organum‹, dann kann man gegenwärtig keine „universelle Theorie" erwarten: „Die Zeit scheint mir dafür noch nicht reif zu sein. Ich habe nicht einmal die Hoffnung, noch in diesem Leben den sechsten Teil der ›Instauratio‹ zu vollenden, die für die in der rechten Erklärung der Natur gegründeten Philosophie bestimmt ist." Damit ist Bacon der erste Philosoph, dem die volle Zeitstruktur gesellschaftlicher Erkenntnis zwischen Herkunft und Zukunftsorientierung gegenwärtig gewesen ist. Das Fragmentarische seiner Philosophie ist in der systematischen Einsicht in diese Zeitstruktur begründet.

4. *Das Fragment-System ›Instauratio Magna‹*

Wenn man den Blick auf die inhaltliche Gestaltung der ›Instauratio Magna‹ richtet, so kann man die verschiedenen Fragmente in der folgenden Weise thematisch charakterisieren und damit einen Überblick über das 'Fragment als System' gewinnen:

Der erste Teil besteht aus einer „Einteilung der Wissenschaften". Dort, wo man ihn erwartet, steht lakonisch „deest" (fehlt). An seiner Stelle wird auf den zweiten Teil von ›The Advancement of Learning‹ verwiesen, den Bacon tatsächlich in der Folgezeit überarbeitet und in lateinischer Sprache

1623 unter dem Titel ›De Augmentis Scientiarum‹ veröffentlicht. Wie schon erwähnt, ist es die Hauptaufgabe dieses Teils, eine Landkarte des Unbekannten zu entwerfen, „denn man findet auf der Geisteskugel wie auf der Erdkugel sowohl bearbeitete als wüste Gebiete" (N. O. Einteilung, S. 39). Es geht nicht allein um die Entdeckung von weißen Flecken (terra incognita), sondern um die Möglichkeiten der menschlichen Kultivierung der Gebiete durch „industria" und „labor" (I, S. 837). Und am Ende von ›De Augmentis‹ heißt es, „zu Recht könnte man einwenden, daß meine Worte ein Jahrhundert erfordern. Ein Jahrhundert vielleicht, um sie insgesamt zu beweisen, und viele Jahrhunderte, um sie zu vollenden … es muß mir genügen, ein Samenkorn für die Nachwelt ausgesät zu haben …" (I, S. 837).

Der zweite Teil der ›Instauratio‹ ist das ›Novum Organum‹. Es wird von Bacon als die Lehre von dem „besseren Gebrauch der Vernunft bei der Untersuchung der Dinge und über die wahren Hilfsmittel des Verstandes" (N. O. Einteilung, S. 41) charakterisiert. Damit ist vor allem festgehalten, daß es sich nicht um eine allgemeine Erkenntnistheorie handelt, sondern um eine Verbesserung der Erkenntnisinstrumente und -methodik für eine spezifische Naturerkenntnis. Bacons Leitvorstellung ist, daß eine methodische Schulung und instrumentelle Ausstattung der Erkenntnis Voraussetzung für die neue „scientia operativa" ist. Das ›Novum Organum‹ zerfällt in zwei Bücher, von denen – grob betrachtet – das erste der Aufstellung neuer Forschungsziele und der Kritik der bisherigen Erkenntnisformen gilt, das zweite der Einführung in einen neuen Begriff der Natur und die neue Methodik der Forschung. Das erste Buch zählt wegen seiner geschliffenen Formulierungen und kraftvollen Bilder zu den herausragenden Textstücken der baconischen Philosophie. Wir wollen uns hier darauf beschränken, den grundlegenden Gedanken über die Beziehung von Wissen und Macht vorzustellen.

Der perspektivische Fluchtpunkt der Forschung ist für Bacon die Äquivalenz von Macht und Wissen. Alle Chancen der modernen Wissenschaft, aber auch alle Probleme der modernen Gesellschaft sind in dieser Perspektive gebündelt. Hier trifft sich der grenzenlose Optimismus für die technologische Instauration der Wohlfahrt der Menschheit mit der anthropozentrischen Überheblichkeit einer Gesellschaft, die die Natur ihren Zwecken unterwirft. Hier treffen sich die operativen Erfolge der Experimentalwissenschaft mit dem Verlust der Fähigkeit, die menschliche Kultur als Teil der Natur zu erfahren. Die Probleme der Ökologie sind die Folgen der Nutzung technologischer Chancen. Wir lernen allmählich, daß unser Wissen über die Welt uns immer auch Hinweise darauf gibt, wie wenig wir über die Komplexität und Subtilität der Natur wissen und daß die Steigerung unserer Eingriffstiefe auch unser Nichtwissen vermehrt. Der Glaube an die Äquivalenz von Macht und Wissen drückt sich schließlich darin aus, daß auch zur Überwindung der ökologischen Krise in erster Linie neue Technologien gebraucht werden.

Für Bacon ist nun allerdings die Äquivalenz weder axiomatische Gegebenheit noch ein oberflächlicher Utilitarismus. Sie beruht vielmehr begrifflich auf einer Reflexion über die (neuen) Prinzipien der Erkenntnis und ihrer Beziehung zur Natur und sachlich auf den erwarteten Erfolgen einer Forschungsstrategie. Gleich im ersten Aphorismus des 1. Buchs kommt er darauf zu sprechen: „Der Mensch, als Diener und Interpret der Natur, vermag und versteht (facit et intelligit) so viel, wie er von der Ordnung der Natur durch die Tat oder den Geist beobachtet hat; darüber hinaus weiß und kann er nichts" (N. O. A, Aph. 1).

Die Äquivalenz wird hier in der Verknüpfung von „Handeln" und „Begreifen" eingeführt. Ein Kernstück seiner Philosophie ist genau dieser Beziehung gewidmet. Eine der interessantesten Formulierungen ist diese: „Was in der Handlung (in operando) am nützlichsten ist, ist im Wissen am wahrsten" (N. O. B, Aph. 4). Während ein Utilitarist eher die Auffassung vertreten würde, man sollte nur derartige Erkenntnisse anstreben, vertritt Bacon die Ansicht, es gebe eine innere Beziehung von Nutzen und Wahrheit, die auf eine methodische Forderung hinausläuft: Wenn man Wahrheit durch Handeln, also experimentell, anstrebt, und wenn man Handeln durch Wahrheit verändert, also wissensbasiert handelt, dann steigern sich diese beiden Intentionen, so daß sie schließlich „in demselben zusammenkommen" (N. O. A, Aph. 3). Die Provokation seiner Philosophie liegt nicht so sehr in der utilitaristischen Konnotation, sondern in dieser prinzipienorientierten Auffassung der Wissen-Macht-Beziehung. In der antiken Tradition und noch im Humanismus der Renaissance galt, daß der Mensch sich irgendwann zwischen handlungsentlasteter Erkenntnis und tätiger Praxis entscheiden müsse. Häufig wurde diskutiert, ob dem kontemplativen oder dem tätigen Leben ein höherer Wert zukomme. Bacon aber sagt nun, daß das kontemplative Leben selbst ein tätiges sein müsse, weil anders an die Erkenntnis der Formen der Natur nicht heranzukommen sei. Entsprechend vertritt er die gegenläufige These, daß nur durch „Dienen und Interpretieren" der Natur aus ihr mehr als oberflächlicher Nutzen gezogen werden könne. Die Bereitschaft zu diesem Dienst fehlt den Gelehrten und den Praktikern, weil sie sich in ihrer Erkenntniskultur in eine problematische Alternative haben zwingen lassen, die man traditionell als die Trennung von Handarbeit und Kopfarbeit, von Theorie und Praxis bezeichnet. Nach Bacon führt diese Haltung zu einer unverhältnismäßigen Überschätzung der Möglichkeiten des Geistes, mit den Mitteln seiner Logik zu Naturerkenntnissen zu gelangen, und zu einer Unterschätzung der „Subtilität" der Natur (N. O. A, Aph. 10, 24). Zugleich führt sie zu einer Beschränkung des praktischen Wissens (in Mechanik, Medizin und Chemie) auf wenige, längst bekannte Grundsätze, die immer nur variiert werden (N. O. A, Aph. 7). Eine Voraussetzung für die Überwindung dieser Alternative besteht in einer doppelten Bescheidenheit: Mehrfach spricht Bacon in einem quasi-religiösen Sinn von der Erniedrigung (humilatio) des menschlichen Geistes und noch häufiger von der Anerkenntnis der Überlegenheit der Natur. Die „Idolenlehre" (N. O. A, Aph. 39–69) und die Analyse der Stagnation der Wissenschaften (N. O. A, Aph. 70–92) des ersten Buches dienen der Kritik der intellektuellen Arroganz. Bacon unterstützt diese Kritik, indem er die klassischen Bilder von der Ordnung des Kosmos und den Entsprechungen zwischen Mikrokosmos und Makrokosmos als fiktive Erfindungen des menschlichen Geistes bezeichnet (N. O. A, Aph. 45) und durch die des Labyrinths einer komplexen und sublimen Natur ersetzt, die der Mensch nur erkennen kann, wenn er sie schrittweise erkundet und dazu nicht nur seine Sinne und seine geistigen Fähigkeit schult, sondern auch seine Handlungsweisen.

Der innere Zusammenhang zwischen Handeln und Erkennen, Macht und Wissen, zeigt sich für Bacon darin, daß natürliche Veränderungen und künstliche oder technische Prozesse auf denselben Operationsregeln beruhen und letztlich von gleicher Art sind. Allein durch die Art, wie die Vorgänge in Gang gesetzt werden, unterscheiden sie sich voneinander. Die schönste Darstellung dieser Position finden wir in einer kleineren Schrift über den „globus intellectualis". Bacon betont hier, „daß es eine Mode ist, so zu reden, als ob das Künstliche etwas von dem Natürlichen Getrenntes sei ..., und ein noch feineres Übel hat sich im menschlichen Geist eingenistet, nämlich der Glaube, daß Technik nur irgend etwas zur Natur hinzufüge ... und keine Kraft hätte, radikale Veränderungen herbeizuführen und sie bis ins Tiefste zu erschüttern" (III, S. 730). Wir werden gleich sehen, welche innere Beziehung zwischen Technik und Natur es ist, über die Bacon der Technik diese Macht zuschreibt. Interessant ist jedoch, daß er die Machtentfaltung zugleich wieder bindet an eine Rücknahme tradierter kultureller Überheblichkeit gegenüber der Natur: „Tatsächlich hat der Mensch keinerlei Macht über die Natur als die der Bewegung: er kann natürlich Dinge zusammenfügen und trennen – alles andere vollbringt die Natur in ihrem Inneren ... Wenn z. B. der Mensch durch Springbrunnenwasser einen Regenbogen auf eine Wand wirft, dann arbeitet die Natur für ihn ganz in derselben Art wie wenn eine Wolke abregnet ... In anderen Fällen ist die Dienstleistung (ministerium) durch das Gesetz der Welt (ex lege universi) anderen Tieren zugeschrieben. Denn Honig, der durch die vermittelnde Tätigkeit (industria) der Bienen entsteht, ist nicht weniger artifiziell als Zucker, den der Mensch herstellt" (III, S. 730 = V, S. 506 f.). Eingefaßt in eine bilderreiche Sprache, enthält der Text eine weitreichende und ambivalente Aussage: Nur als bescheidener Diener (minister) der Natur wird der Mensch Macht ausüben können. Diese Macht wird zugleich die Natur aufs tiefste verändern können, ohne je etwas anderes als ein Ingangsetzen natürlicher Prozesse zu sein.

Das zweite Buch des ›Novum Organum‹ ist, bevor es sich den Regeln der Forschung zuwendet, der Aufgabe gewidmet, in diesen Zusammenhang von Technik und Natur Klarheit zu bringen. Bacon verfährt dabei so, daß er den klassischen aristotelischen Begriff der Form in eine Beziehung zu dem bis zu seiner Zeit wenig benutzten Begriff des Naturgesetzes bringt. Dieser Begriff übernimmt eine Reihe von Funktionen, unter anderem die, zwischen Naturprozessen und Handlungsregeln zu vermitteln.[11] Zunächst werden Formen als „die Gesetze der Tätigkeit" der Materie selbst (N. O. A, Aph. 51) definiert. Ihre „Erforschung, Auffindung und Erklärung ist sowohl die Grundlage des Wissens wie die des Handelns" (N. O. B, Aph. 2). Der Forscher hat ein Gesetz erkannt, wenn er aufweisen kann, durch welche Bedingungen eine Form entsteht, diese Bedingungen mögen durch eine Biene (Entstehung des Honigs) oder einen Menschen (Zucker) gesetzt sein. Bacon ist – historisch betrachtet – der erste Autor, der den Begriff des Naturgesetzes in so zentraler Position und mit der doppelten Funktion der Handlungsvorschrift und der Naturerklärung gebraucht. Vermutlich hat ihn dabei auch sein juristisch-politischer Hintergrund inspiriert. Im Unterschied zum technischen Begriff der Handlungsregel bietet der Gesetzesbegriff die Möglichkeit, von der Anordnung von Gesetzesregeln in Rechtsordnungen zu sprechen. In dieser Analogie kann als die Aufgabe der Wissenschaft die Erkenntnis der allgemeinen Grundgesetze und ihre Verknüpfung mit den Spezialgesetzen deklariert werden. Allgemeine Gesetze sind nichts wert, wenn ihre Durchführung nicht durch Regelungen im Einzelfall gewährleistet ist; einzelne Regelungen müssen sich zu einer Rechtsordnung zusammenfügen. Eine weitere Implikation des juristischen Gesetzesbegriffs ergibt sich für die Methodik des Forschungsprozesses, den Bacon meistens „inquisitio" nennt. Nicht zufällig erinnert die Kennzeichnung an die Inquisition als Institution besonders verschärfter Strafverfolgung. Denn Bacon vertritt die Ansicht, daß experimentelle Forschungsstrategien häufig den Verhör- und Foltermethoden staatsanwaltlicher Ermittlungen ähneln müssen, um die Geheimnisse der Natur aufzuspüren. Von der Rechtsanalogie aus bietet es sich an, die aus hellenistischer Tradition stammende Beziehung zwischen dem göttlichen Gesetz der Weltschöpfung und dem Naturgesetz ebenfalls zu berücksichtigen. In diesem Sinne spricht Bacon von dem „höchsten Gesetz der Natur" (summaria lex naturae). Die ideengeschicht-

[11] A. Pérez-Ramos: Francis Bacon's Idea of Science and the Maker's Knowledge Tradition. Oxford 1988.

liche Bedeutung dieser Leistung, den Gesetzesbegriff an dem Schnittpunkt der Ideen der (politischen) Macht durch Wissen, der (natürlichen) Beschreibung der Wirklichkeit, der (technischen) Herstellung von Artefakten und der (göttlichen) Ordnung der Welt anzuordnen, kann schwerlich unterschätzt werden.

Mit diesen Einblicken in das ›Novum Organum‹ als Kernstück einer neuen Methodenlehre der ›Instauratio Magna‹ lassen wir es bewenden. Zu erwähnen ist allerdings noch, daß auch dieses Kernstück als ein Fragment endet. Von den entworfenen dreizehn Stufen eines methodischen Aufstiegs bis zur Erkenntnis der Grundformen der Natur werden nur die ersten fünf durchgeführt, um dann – wir wissen es inzwischen – die weitere Bearbeitung der Forschungspraxis anderen zu übergeben (N. O. B, Aph. 52).

Der dritte Teil besteht in einer Natur- und Experimentalgeschichte als Grundlage der neuen Philosophie. Sie steht im Verhältnis zum ›Organum‹ wie Arbeitsmaterial zum Werkzeug (N. O. Einteilung, S. 55). Das beste Werkzeug nützt nichts, wenn der Werkstoff nichts taugt. Der Werkstoff besteht nach Bacon aus einer Sammlung allen empirischen Wissens über die Welt, einer Realenzyklopädie über die „Phänomene des Himmels, der Luftschichten, der Erde und der Meere, der Gesteine, Pflanzen und Tiere“. Eine solche Sammlung wäre nicht besonders originell. Ihr großes Vorbild wäre die ›Naturgeschichte‹ des Plinius aus dem 1. Jahrhundert gewesen, dessen Gegenstück aus der Renaissance die ›Magia Naturalis‹ des Giambattista della Porta von 1558 ist. Aber beide Autoren haben nicht im Sinne gehabt, mit dieser Sammlung Werkstoff für Forschung bereitzustellen. Diesem Ziel möchte Bacon auf zweierlei Weise dienen: Zum einen soll in die Sammlung als gleichgewichtig zur Naturgeschichte die „Experimentalgeschichte“ einbezogen werden, die alle „mechanischen Künste, den operativen Teil der freien Künste, die praktischen Tätigkeiten, die noch zu keiner eigenen Kunst geführt haben“ (N. O. Einteilung, S. 55/57), einschließen soll. Die Beschreibungen technischer Effekte und praktischer Fähigkeiten hält Bacon für bedeutsam, weil sie eine gewisse Nähe zur experimentellen Methode haben. Dieser dritte Teil der ›Instauratio‹ ist nicht geschrieben worden, aber wir besitzen einige Fragmente, die als Vorarbeiten und Beispiele gelten können. Besonders aufschlußreich ist eine Einleitung, die 1620 der Veröffentlichung des ›Novum Organum‹ beigegeben war, und der dann nur noch ein Katalog von 130 Untersuchungsfeldern folgt, die eine Natur- und Experimentalgeschichte zu berücksichtigen hätte. Gleich zu Beginn dieser „Parasceve“, eine Bezeichnung, die auf die Zurüstung zum Sabbat anspielt, verweist Bacon wieder darauf, daß hier „königliche Arbeit“ verlangt wird, „denn eine solche Geschichte … ist eine sehr umfangreiche Angelegenheit, die nicht ohne großen Arbeitseinsatz und Kosten durchgeführt werden kann, da sie die Arbeit vieler verlangt“ (IV,

S. 251). Dann drückt er die Hoffnung aus, daß aus freiem Entschluß sich andere Mitarbeiter finden werden.

Enttäuscht durch die Erfahrung, daß weder der König noch freie Forscher sich seinem Programm emphatisch anschlossen, hat Bacon nach seinem politischen Sturz 1621 begonnen, selbst die Naturgeschichten zusammenzustellen, schlecht und recht kompiliert aus anderen Schriften und durchsetzt mit Spekulationen. Er war sich ihrer Fragwürdigkeit immer bewußt. Aber er wollte unbedingt Zeichen dafür setzen, daß dieses Zusammenstellen von Forschungsmaterialien eine unersetzliche Pflicht derjenigen sei, die sich für seine neue Wissenschaft einsetzen wollten.

Aus unserem heutigen Wissen über die Wissenschaftsentwicklung heraus ist sowohl gegen Bacons zweiten Teil wie gegen den dritten Teil einiges einzuwenden. Vor allem stört der planerische Rigorismus, der vielleicht eher aus dem Geist der Manufaktur als dem des wissenschaftlichen Labors stammt. Aber zu Bacons Entschuldigung können wir immer wieder auf seine Feststellungen verweisen, daß das Wissen über die Methoden sich mit dem Wissenserwerb selbst verändert und daß alle Sammlungen von Tatsachen sich erweitern durch die viel wichtigeren Sammlungen von Effekten, die durch Forschungsprozesse noch erst gefunden werden.

Bis hierher enden alle Teile der ›Instauratio Magna‹ mit dem wiederholten Appell, das Werk zu beginnen, und sie rechtfertigen ihren Abbruch damit, daß nur durch kooperative Arbeit ihre Fortsetzung geschrieben werden kann. Die letzten drei Teile der ›Instauratio‹ hat Bacon nur noch in der „Distributio operis" erläutert, am Werkende aber nicht mehr aufgegriffen. Im vierten Buch geht es darum, wie auf der Basis von Naturgeschichte und Methodologie Beispiele für eine erfolgreiche Naturforschung vorgeführt werden (exempla inquirendi et inveniendi; N. O. Einteilung, S. 61), an denen „die gesamte Fabrikation und Ordnung des Erfindens" vor Augen gestellt werden kann. Der ebenfalls ungeschriebene fünfte Teil ist philosophischen Interpretationen gewidmet, die versuchsweisen Charakter haben und nur „gewisse Grade der Gewißheit" erreichen. Der sechste Teil wäre schließlich der neuen Philosophie der operativen Welterkenntnis gewidmet. Ihre Formulierung wird explizit der Zukunft überantwortet. Sie ist eine Sache des „Menschengeschlechts", und man kann nur schwerlich „erfassen und übersehen", wie sie diese Aufgabe angehen und zu Ende bringen würde (N. O. Einteilung, S. 63).

Wenn man das Gesamtwerk der ›Instauratio Magna‹ abschließend zusammenfassen möchte, ließen sich die drei folgenden Punkte machen: Erstens entwickelt es eine neue Philosophie der Erkenntnis als Forschung; Forschung ist im Kern ein ständiges Wechselspiel zwischen experimentellem Eingreifen und interpretierendem Begreifen der Wirklichkeit. Zweitens zeigt es, daß die Realisierung dieser Erkenntnis durch Forschung eine gesellschaftliche Zukunftsaufgabe ist; drittens stellt es Gründe für die Hoffnung bereit, daß diese Erkenntnis die Befreiung der Menschheit aus materieller Not bewirkt.

5. Die Utopie einer neuen Gesellschaft

Um für die Verknüpfung von Erkenntnisfortschritt und Gesellschaftsentwicklung wenigstens eine Vision bereitzustellen, hat Bacon 1623 die berühmte Utopie ›Neu-Atlantis‹ geschrieben, die 1627 ein Jahr nach seinem Tod veröffentlicht wurde. Das Kernstück der Darstellung ist eine große Forschungsanstalt. Nicht zufällig haben wir es bei ›Neu-Atlantis‹ wieder mit einem Fragment zu tun. Und wieder stellt sich die Frage, was Bacon damit andeuten wollte. Wir können zunächst einmal davon ausgehen, daß die Namensgebung in Anlehnung an Platons Darstellung von Atlantis im Dialog ›Kritias‹ erfolgte, so wie das ›Novum Organum‹ zur Ersetzung des alten ›Organon‹ des Aristoteles geschrieben ist. Der Unterschied ist dieser: Platons Atlantis ist ein Idealstaat, dessen Existenz Platon 9000 Jahre zurückdatiert, bevor es durch ein Beben im Meer versank. Bacons „Neu-Atlantis" ist ein Ideal der Zukunft, das im Verborgenen der Gegenwart existiert – man muß es nur entdecken. Bei Platon bricht die Darstellung ab, als Zeus zu einer Mahnrede anhebt, dem Verfall Einhalt zu gebieten. Bei Bacon werden die Reisenden von der Insel mit den Worten entlassen, ihre Erlebnisse und Erkenntnisse „zum Wohl der anderen Nationen zu veröffentlichen" (III, S. 166). Platon beklagt den Zerfall, Bacon entwirft eine Zukunft. Der Abbruch soll signalisieren, daß die Fortsetzung der Geschichte durch die tätige Realisierung der Strukturen von Neu-Atlantis in dem Heimatland der Seefahrer erfolgen muß.

Die herausragende Institution dieses Staates Bensalem ist „Salomons Haus", ein großer Verbund von Forschungsorganisationen. Ungefähr zwanzig Labors und Versuchsgelände werden aufgezählt, die sich der Erforschung praktisch aller natürlichen Phänomene, künstlicher Effekte, physiologischer und medizinischer Probleme widmen, die man sich im 17. Jahrhundert einfallen lassen konnte. Wichtig ist für Bacon, daß sämtliche Forschungsergebnisse durch Spezialisten immer einerseits mit Blick auf Verwendungen der täglichen Praxis und andererseits mit Blick auf theoretische Erkenntnisse ausgewertet werden. Theoretische Erkenntnisse führen zur Festlegung neuer Experimente, bis schließlich grundlegende Axiome der Natur erkannt werden. Die Vielfalt der Laboratorien und ihre organisatorische Vernetzung hatte wahrlich utopische Ausmaße für das 17. Jahrhundert. Eigentlich bietet erst die Forschungslandschaft des späten 19. Jahrhunderts eine ungefähre Entsprechung. Die Forschungsorganisation ist insgesamt an die frühkapitalistische Manufaktur angelehnt; die Verkettung vieler Arbeitsschritte von der Beobachtung von Phänomenen über Experimente bis hin zur Erkenntnis der Axiome schränkt den Forschungsspielraum stark ein. Aber es gibt auch Gesichtspunkte, die nicht gut zur Analogie mit der Manufaktur passen. So scheinen alle Einrichtungen parallel zu arbeiten und die Forschungsfragen überall dort aufzunehmen, wo sie sich zufällig stellen, also nicht, wie es ein durchgeplanter Produktionsprozeß verlangen würde. Außerdem betont Bacon, daß alle beteiligten Forscher ständig über die Bedeutung ihrer Ergebnisse und die Fortsetzung ihrer Arbeit beratschlagen (III, S. 164). Die Erkenntnis der Natur läßt sich eben nicht wie die Herstellung einer Kutsche betreiben. Damit relativiert ›Neu-Atlantis‹ den gegenüber dem ›Novum Organum‹ häufig gemachten Vorwurf des methodischen Rigorismus.

Was erfährt man über die Gesellschaft des Staates Bensalem, der so stark auf den Ergebnissen von Wissenschaft und Technik errichtet ist? Das wirklich Überraschende ist hier, daß die gesellschaftstheoretischen Züge Bensalems wenig radikal ausfallen. Man könnte Bacons Ideal als einen paternalistischen Liberalismus bezeichnen, seine Worte dafür sind „to join humanity and policy together" (III, S. 144). Im Gegensatz zu den vielen Utopien des 16. und 17. Jahrhunderts werden keine Gleichheitsideale verkündet, der religiöse Kultus beruht auf einer recht moderaten christlichen Dogmatik, die Politik trägt keinerlei Züge einer radikalen Reformprogrammatik. Das ganze Gemeinwesen strahlt eher Züge einer heiteren Gelassenheit aus, die durch die gesellschaftlichen Dienstleistungen von Wissenschaft und Technik getragen wird. Das wirklich Utopische an Bacons Utopie ist ihr nicht-utopischer gesellschaftstheoretischer Charakter.

Die moderne Gesellschaft ist in den 'Baconismus' vielleicht tiefer verstrickt als in jede andere Philosophie. Diese Verstrickung läßt sich in baconischer Manier metaphorisch ausdeuten. Sie bedeutet, daß unsere Gesellschaft in ihren Institutionen und Einstellungen mehr denn je auf wissenschaftlich-technischen Fortschritt setzt. Nichts ist dafür bezeichnender, als daß in fast allen Problemlagen, in die die Industrialisierung der Wirklichkeit geführt hat, wir Auswege entwerfen, die wiederum auf wissenschaftlicher und technologischer Forschung beruhen. Je problematischer die Verwirklichung der baconischen Utopie wird, desto mehr scheinen wir auf sie setzen zu müssen. Die Verstrickung bedeutet daher zugleich Anknüpfung und Fesselung. Die Fessel der baconischen Philosophie ist der rücksichtslose Anthropozentrismus, das Ziel der Naturbeherrschung. Aber es ist vielleicht klargeworden, daß Bacon nicht leichtfertig mit der Idee der Macht des Wissens umgegangen ist. Ihre erste Quelle ist die Anerkenntnis der Überlegenheit der Natur und die Bereitschaft, sich ihr dienend zu nähern; daran ist anzuknüpfen. Der Trick aber, über die Bereitschaft zu dienen die Herrschaft zu übernehmen, scheint insgesamt auf einem Denkmuster zu beruhen, das eine rechtspolitische Falle für die Erkenntnis ist. Darum geht der ökologische Diskurs der Gegenwart. Wie wir uns aus ihr befreien, ist uns weder praktisch noch theoretisch klar.

Auswahlbibliographie

Primärliteratur:

The Works of Francis Bacon. Collected and ed. by J. Spedding, R. L. Ellis, D. D. Heath. 14 Bde. London 1857–1874. Reprint Stuttgart-Bad Cannstadt 1961–63.

Novum organum [lat. Text]. Ed. with introduction, notes etc. by Th. Fowler. 2. verb. und revid. Ausg. Oxford 1889.

The New Organon and Related Writings. Ed. with an introduction by F. H. Anderson. Indianapolis ^{10}1978.

Deutsche Übersetzungen:

Neues Organum. Lateinisch-deutsch. Hrsg. und mit einer Einl. von W. Krohn. Hamburg 1990.

Über die Würde und den Fortgang der Wissenschaften. Übers. und hrsg. von J. H. Pfingsten. 1783. Nachdruck Darmstadt 1966.

Essays oder praktische und moralische Ratschläge. Übers. von E. Schücking, hrsg. von L. Schücking. Stuttgart 1980.

Der utopische Staat. Utopia – Sonnenstaat – Neu-Atlantis. Übers. und hrsg. von K. J. Heinisch. Reinbek 1960.

Sekundärliteratur:

Böhme, G.: Am Ende des baconschen Zeitalters. Frankfurt/M. 1993.

Briggs, J.: Francis Bacon and the Rhetorics of Nature. Cambridge, Mass. 1989.

Epstein, J. J.: Francis Bacon. A political biography. Athens, Ohio 1977.

Jardine, L.: Francis Bacon. Discovery and the art of discourse. London 1974.

Krohn, W.: Francis Bacon. München 1987.

Krohn, W.: Die Natur als Labyrinth, die Erkenntnis als Inquisition, das Handeln als Macht: Bacons Philosophie der Naturerkenntnis betrachtet in ihren Metaphern. In: L. Schäfer/E. Ströker (Hrsg.): Naturauffassungen in Philosophie, Wissenschaft und Technik. Bd. II: Renaissance und frühe Neuzeit. Freiburg, München 1994, 59–100

Leary, J. E.: Francis Bacon and the Politics of Science. Ames, Iowa 1994.

Peltonen, M. (Hrsg.): The Cambridge Companion to Bacon. Cambridge 1996.

Pérez-Ramos, A.: Francis Bacon's Idea of Science and the Maker's Knowledge Tradition. Oxford 1988.

Rossi, P.: Francis Bacon: From Magic to Science. London 1968.

Schäfer, L.: Das Bacon-Projekt. Frankfurt/M. 1990.

Schmidt-Biggemann, W.: Topica universalis: Eine Modellgeschichte humanistischer und barocker Wissenschaft. Hamburg 1983.

Sessions, W. (Hrsg.): Francis Bacon's Legacy of Texts: The Art of Discovery grows with Discovery. New York 1990.
Webster, Ch.: The Great Instauration. Science, medicine and reform 1626–1660. New York 1975.
Whitney, Ch.: Francis Bacon. Die Begründung der Moderne. Frankfurt/M. 1986.
Wormald, B. H. G.: Francis Bacon: History, Politics and Science, 1561–1626. Cambridge [3]1993.

THOMAS HOBBES

Wissenschaftliche Friedensphilosophie und vertragliche Staatsbegründung

Von Wolfgang Kersting

Im 17. Jahrhundert veränderten sich die philosophischen Grundlagen des politischen Denkens mit einem Schlag. Das radikal umgestellte Selbst- und Weltverständnis des neuzeitlichen Menschen verlangte nach neuen Formen der politischen Reflexion und Legitimation. Die Neubegründung der politischen Philosophie ist das Werk des englischen Philosophen Thomas Hobbes (1588–1679). Er hat in seinen ›Elements of Law Natural and Politic‹ von 1640, in der ›Elementorum Philosophiae Sectio Tertia De Cive‹ von 1642 und insbesondere im ingeniösen ›Leviathan‹ von 1651 eine strikt individualistische Philosophie entwickelt, die den politischen Aristotelismus aus Ethik und Politik vertreibt und dem christlichen Naturrechtsdenken den philosophischen Garaus macht. Der dadurch hervorgerufene Kulturbruch war so tiefgreifend, daß in der praktischen Philosophic dcr Moderne fortan sowohl auf das metaphysische Einverständnis mit einer teleologisch verfaßten Natur als auch auf eine theistische Fundierung von Legitimation und praktischer Wahrheit verzichtet wird. Indem sie die praktisch-politischen Konsequenzen der modernitätsspezifischen Entzauberung unserer tradierten Welt- und Menschensicht unerschrocken entfaltet, wird Thomas Hobbes' politische Philosophie zu einem der bedeutendsten Zeugnisse der neuzeittypischen menschlichen Selbstermächtigung, die nach der Entmachtung von Natur und Gott in die vakante Systemstelle drängt und den Menschen selbst zur Grundlage allen Denkens und Handelns, zum Maß alles Richtigen und Legitimen und zum Ziel allen individuellen und kollektiven Bestrebens macht.

Hobbes' revolutionäre Neubegründung der politischen Philosophie steht in enger Verbindung zu der Neuorientierung in der zeitgenössischen Metaphysik und Wissenschaft. Die methodologischen und erkenntnistheoretischen Grundlagen seiner politikphilosophischen Konzeption sind durchgehend von den methodischen Vorstellungen und den Genauigkeitsidealen der modernen mathematischen Naturwissenschaften bestimmt. In den Begriffsformen, Problemstellungen und Rationalitätsmustern seiner politischen Philosophie spiegeln sich bereits die Signaturen der ökonomischen, kulturellen und politischen Modernität, reflektiert sich die rapide

Verbürgerlichung des gesellschaftlichen Lebens. Ihr Beweisprogramm steht im Schatten des konfessionellen Bürgerkriegs und gipfelt in einer Konzeption staatlicher Politik, die zum ersten Mal in der Geschichte die durch den ideologischen, moralischen und konfessionellen Pluralismus erheblich erschwerte Ordnungsstiftung einer Politik der Neutralisierung und Wahrheitsabstinenz anvertraut: nur ein selbst auf Wahrheit verzichtender, die neutrale Äquidistanz zu allen moralischen, religiösen und ideologischen Positionen nicht verlassender Staat kann Anspruch auf allgemeine Zustimmung erheben. Und ihre zentrale Erfindung, der rechtfertigungstheoretische Prozeduralismus, der dem traditionellen Wertobjektivismus das legitimitätsstiftende Einigungsverfahren rationaler, selbstinteressiert handelnder Individuen entgegenstellt, bildet bis in die Gegenwart das begründungstheoretische Herzstück von Politik und Philosophie. Schauen wir heute auf den ›Leviathan‹ und die ihn umgebenden anderen Stücke der Hobbesschen Philosophie zurück, dann erscheint uns der im berühmten Titelkupfer von 1651[1] veranschaulichte Vertrag, das 'Fiat' des staatsschöpferischen neuzeitlichen Individuums, zugleich als Symbol und Mythos der gesamten politischen Moderne.

1. Politische Philosophie als philosophische Friedenswissenschaft

Hobbes war sich des revolutionären Charakters seines Denkens bewußt. Die Selbstinterpretation des Philosophen ist von Modernitätsstolz geprägt. Hobbes sieht sich mit seiner neubegründeten politischen Philosophie an der Spitze der wissenschaftlich-philosophischen Avantgarde seiner Zeit. Er versteht sich als der Galilei der Staatsphilosophie, als der Harvey der Lehre vom politischen Körper und seinen Bewegungen. Die mathematischen Naturwissenschaften seien, so heißt es im Widmungsbrief zu ›De Corpore‹ von 1655, eine „neue Sache“, im wesentlichen Galilei zu verdanken, der das Tor zum „physikalischen Zeitalter“ weit aufgestoßen habe, „jedoch ist die politische Philosophie dieses in einem weitaus größeren Maße; denn sie ist nicht älter als das Buch, das ich unter dem Titel ›De Cive‹ selbst geschrieben habe“ (CO, Widmungsbrief [fehlt in der deutschen Textausgabe]; OL, I, 3)[2]. Die zahllosen Werke der alten Ethiker seien allesamt keine

[1] Zum Titelbild des ›Leviathan‹ vgl. R. Brandt: Das Titelblatt des *Leviathan*. In: W. Kersting (Hrsg.): Thomas Hobbes: Leviathan. Berlin 1996, 29–53.

[2] Bei Zitatangaben werden Hobbes' Werke folgendermaßen abgekürzt (die vollständigen bibliographischen Angaben finden sich im Literaturverzeichnis): OL = ›Thomae Hobbes Malmesburiensis opera philosophica quae latine scripsit omnia‹; EW = ›The English Works of Thomas Hobbes of Malmesbury‹; HO = ›Vom Men-

„scripta scientifica“, nicht wahrhaft philosophisch und wissenschaftlich, sondern nur „scripta verbifica“, lediglich Geschwätz und leere Worte. Darum sei auch in der Geschichte der praktischen Philosophie bislang noch kein Fortschritt erzielt worden.

Als Beweis für diese These führt Hobbes die fortwährende Friedlosigkeit der Menschen an: Es fehle an einer Friedenswissenschaft, an einer Wissenschaft, die die Gesetze des menschlichen Verhaltens, die Ursachen von Krieg und Frieden und die Regeln des bürgerlichen Lebens studiere und auf dem Feld der menschlichen Angelegenheiten genauso verläßliches und nützliches Wissen produziere wie die mathematischen Wissenschaften auf ihrem Gebiet der Größenverhältnisse und der bewegten Körper. Niemand, so Hobbes, könne ernsthaft den Krieg wollen. Wenn es gleichwohl fortwährend Kriege gibt, dann könne das nur damit erklärt werden, daß es den Menschen an zuverlässigem Friedenswissen mangele. Kriege sind nur darum „möglich, weil man die Ursachen weder von Krieg noch von Frieden kennt; denn nur sehr wenige gibt es, die die Pflichten, durch welche der Friede Festigkeit gewinnt und erhalten wird, d. h. die wahren Gesetze des bürgerlichen Lebens, studiert haben. Die Erkenntnis dieser Gesetze ist die Moralphilosophie. Weshalb aber hat man diese nicht studiert, wenn nicht aus dem Grunde, weil es bisher hierfür keine klare und exakte Methode gab?“ (CO, 1, 7; 10). Die tödlichen Auseinandersetzungen zwischen den Menschen entspringen keinem bösen Willen, keiner Machtgier, keinem religiösen oder moralischen Fanatismus, auch nicht ungerechten Verhältnissen, sozialen Spannungen oder anderen materiellen Ursachen; sie sind allein Früchte moralphilosophischer und politikphilosophischer Inkompetenz, Konsequenzen einer ungenügenden Aufklärung über die maßgeblichen kausalen Zusammenhänge. Dieses Ausmaß an Wissenschaftsgläubigkeit und Methodenoptimismus weist Hobbes als Rationalisten reinsten Wassers und szientistischen Ethiker der ersten Stunde aus. Der Friede ist mit seiner Philosophie lehrbar, lernbar und machbar. Sie ist methodische Friedenswissenschaft, die die Bedingungen dauerhaften gewaltfreien Zusammenlebens freilegt und die Wege ihrer erfolgreichen Verwirklichung bestimmt. Angesichts der von der methodisch durchgeführten Friedenswissenschaft erwarteten kriegsbannenden Auswirkungen kann Hobbes seine politische Philosophie als segensreiches Unternehmen preisen, das den Nützlichkeitsvergleich mit jeder der zahlreichen neuen Erfindungen aushält. Denn welche Erfindung könnte nützlicher sein als die, die die Quelle

schen‹; CI = ›Vom Bürger‹; CO = ›Vom Körper‹; NR = ›Naturrecht und allgemeines Staatsrecht‹; L = ›Leviathan‹. Bei der Angabe der Textstellen wird die interne Zählung der Seitenangabe vorangestellt. Gelegentlich wird der Text der vorliegenden deutschen Übersetzungen leicht korrigiert.

allen vermeidbaren Übels gründlich verstopft und friedliche Lebensbedingungen für alle sichert? Und diese allernützlichste und allervorteilhafteste Erfindung ist der Staat, der nach dem Konstruktionsplan der wissenschaftlichen politischen Philosophie Hobbes' errichtete Leviathan.

Der Friedensphilosoph Hobbesschen Zuschnitts ist kein ohnmächtiger Prinzipienaufsteller und appellierender Moralist; er ist ein Zwillingsbruder des Naturwissenschaftlers und des Ingenieurs. Wie der Naturwissenschaftler die Natur erforscht, um ihre Gesetze zu entdecken, die der findige Ingenieur in Werkzeugswissen umsetzt, mit dem sich die Menschen die Natur dienstbar machen können, so bereitet der Hobbessche Moral- und Politikphilosoph mit seiner Wissenschaft der menschlichen Natur, seiner Erkenntnis der Gesetze des menschlichen Verhaltens und der Grundregeln eines stabilen bürgerlichen Lebens ein wissenschaftlich solides Fundament für eine politische Friedenstechnik, für die Herstellung des Friedensinstruments Leviathan. Die beiden Wissenschaften sind wissenschaftslogisch gleichartig, jedoch pragmatisch nicht gleichwertig. Dem Friedenswissenschaftler gebührt der Vorrang vor dem Naturwissenschaftler, der Friedenstechniker rangiert vor dem Erfinder annehmlichkeitssteigernder Sachen, denn nur wenn Frieden herrscht, gibt es zivilisatorischen Forschritt, können die Begierden luxurieren und sich verfeinern, können Wissenschaft und Kultur blühen. In Kriegszeiten jedoch ist das „menschliche Leben ... einsam, armselig, ekelhaft, tierisch und kurz" (L XIII, 96).

2. *Die theoretischen Grundlagen: Methode, Erkenntnis, Wissenschaft*

Wie sieht nun die Methode aus, die die praktische Philosophie auf ein solides Fundament stellen soll? Welcher Erkenntnisbegriff liegt der Hobbesschen Friedenswissenschaft zugrunde? Die methodischen und erkenntnistheoretischen Grundlagen seiner wissenschaftlichen Politik hat Hobbes weder im ›Leviathan‹ noch in ›De Cive‹ entwickelt. Sie finden sich in den ersten beiden Teilen von ›De Corpore‹, die mit „Computatio sive Logica" (Rechnung oder Logik) und „Philosophia Prima" (Erste Philosophie/Metaphysik) überschrieben sind. Diese beiden Grundlegungsabschnitte bilden die Präambel des triadischen Hobbesschen Systems; in ihnen gibt der Philosoph Rechenschaft über das methodische Vorgehen, die Grundbegriffe und das kategoriale Fundament seiner sich selbstbewußt an die Seite der Euklidischen ›Elemente der Geometrie‹ stellenden ›Elemente der Philosophie‹, deren erster Teil ›De Corpore‹ eine Theorie des physikalischen Körpers entwirft, deren zweiter Teil ›De Homine‹ diese Theorie auf die besondere Gegenstandsklasse Mensch anwendet und deren dritter, auf den ersten beiden Teilen systematisch aufbauender Teil ›De Cive‹ die Bürgerwerdung des Menschen im Staat verfolgt und die Regeln des bürgerlich-politischen Lebens ausbreitet.[3]

Wie seine Zeitgenossen hat Hobbes zwischen Philosophie und Wissenschaft keinerlei Unterschied gemacht. Philosophie ist wie Wissenschaft „das Werk der rechten Vernunft"; und dann geht die Vernunft recht zu Werke, wenn sie methodisch vorgeht, wenn sie sich sowohl in der Analyse des Gegenstandes als auch bei der systematischen Darlegung seines inneren Aufbaus von der Methode der kausal-genetischen Erklärung leiten läßt. Entsprechend sieht die Hobbessche Philosophiedefinition aus: „Philosophie ist die durch richtigen Vernunftgebrauch erworbene Erkenntnis der Wirkungen oder Erscheinungen aus ihren bekannten Ursachen oder erzeugenden Gründen und umgekehrt der möglichen erzeugenden Gründe aus den bekannten Wirkungen" (CO 1.2, 6; OL I, 2).

Dieser Wissenschaftsbegriff bindet die Möglichkeit von Erkenntnis offenkundig an die kognitive Verfügbarkeit der Erzeugungs- und Entstehungsbedingungen des Gegenstandes. Nur das läßt sich erkennen, was aus Ursachen entstanden ist und sich als aus einfachen Elementen zusammengesetzt darstellen läßt. Damit wird die Theologie aus dem Kanon der philosophischen Disziplinen verdrängt. Geometrie, Politik und Physik werden alle durch ein und denselben Erkenntnisbegriff regiert, lassen sich gleichermaßen unter die Kategorie der Erzeugung und Herstellung, der Konstruktion und des Machens bringen, nicht jedoch die Gotteslehre. Denn Gott ist per definitionem unerzeugt und ungeworden; Gott ist daher unverstehbar und aller menschlichen Erkenntnis entrückt. Hobbes' Philosophie ist das erste säkularisierte abendländische Erkenntnissystem; in seiner Wirklichkeitslehre findet die Erste Ursache der metaphysischen Tradition keinen Platz mehr.

Die Methode des generativen Erkenntnisbegriffs ist nach Hobbes eine

[3] Die Chronologie der Hobbesschen ›Elemente der Philosophie‹ entspricht keinesfalls der systematischen Abfolge ihrer Teile: zuerst wird ›De Cive‹ veröffentlicht (1642); dann ›De Corpore‹ (1655), dann ›De Homine‹ (1658). Das besagt aber nicht, daß Hobbes sowohl die Schrift über den Bürger als auch den ›Leviathan‹ von 1651 ohne methodologische und erkenntnistheoretische Vorklärung abgefaßt oder zwischen 1651 und dem Erscheinungsjahr von ›De Corpore‹ seine methodologische und erkenntnistheoretische Konzeption revidiert hätte. Seit den ›Elements of Law Natural and Politic‹ von 1640 hat Hobbes sich kontinuierlich der analytischen Methode und des generativen Erkenntnisbegriffs bedient; in der Schrift über den Körper hat er diese methodologischen und erkenntnistheoretischen Voraussetzungen seines Philosophierens nur zum ersten Mal umfassend dargestellt; der Plan, eine systematische Darstellung philosophischer Erkenntnis zu geben, verlangte eine explizite und systematisch eigenständige Behandlung der methodologischen und erkenntnistheoretischen Grundlagen.

Art Vernunftrechnen, das Begriffsanalyse und Kausalanalyse parallelisiert. Seine Grundoperationen sind Subtraktion und Addition. Allerdings werden keine Zahlen addiert und subtrahiert, sondern Begriffe. Methodische Erkenntnisgewinnung, richtiger Vernunftgebrauch basiert auf Begriffsanalyse und Begriffssynthese, auf der Analyse komplexer Begriffe durch Abstraktion und Isolation der begrifflichen Teilelemente einerseits und ihrer methodisch geleiteten, konstruktiven Verknüpfung zu komplexeren Begriffen andererseits. Und in dem Maße, in dem durch dieses Verfahren die komplexen Begriffe unserer wissenschaftlichen und alltäglichen Beschreibungssysteme in ihrer internen logischen Struktur transparent werden, in dem Maße erschließt sich uns auch die interne kausale Gesetzlichkeit der in ihnen beschriebenen Welt. Ein solches begriffliches Rechenverfahren benötigt natürlich kenntliche Rechensteine, daher ist mit der wissenschaftlichen Erkenntnisbegründung notwendig Sprachkritik verbunden. Immer wieder hat Hobbes die semantische Unordentlichkeit der tradierten Philosophiesprache beklagt und die Notwendigkeit von klaren Bedeutungsfestlegungen betont. „Klare Wörter sind das Licht des menschlichen Geistes, aber nur, wenn sie durch exakte Definitionen geputzt und von Zweideutigkeiten gereinigt sind. Die *Vernunft* ist der *Schritt*, die Mehrung der *Wissenschaft* der *Weg* und die Wohlfahrt der Menschheit das *Ziel*. Und im Gegensatz dazu sind Metaphern und sinnlose und zweideutige Wörter wie *Irrlichter*, und sie dem Denken zugrunde legen heißt durch eine Unzahl von Widersinnigkeiten wandern, und an ihrem Ende stehen Streit und Aufruhr oder Ungehorsam“ (L IV, 37).

Aufgrund des generativ-konstruktiven Erkenntnisbegriffs weist sich Erkenntnis dadurch als wissenschaftlich begründete aus, daß sie sich als Geschichte der Erzeugung oder Herstellung ihres Gegenstandes aus seinen erzeugenden Gründen und einfachen Ursachen vorzutragen weiß. Damit wird die epistemische Qualität des Wissens eines Gegenstandes abhängig von der epistemischen Qualität des Wissens seiner nicht weiter zerlegbaren, im wissenschaftlichen Diskurs als letzte identifizierbaren Ursachen und Gründe. Haben wir ein sicheres Wissen von den Grundelementen, dann haben wir auch ein sicheres Wissen von den aus ihnen zusammengesetzten komplexen Gegenständen; haben wir hingegen kein sicheres Wissen von den Grundelementen, beruht unser Wissen von den Grundelementen auf nicht in Wissen überführbare Annahmen, dann teilt sich diese Hypothetizität auch dem Wissen von den komplexen Gegenständen mit.

Sicheres Wissen haben wir notwendig von den Grundelementen, die wir selbst herstellen, die in unserer eigenen Tätigkeit gründen und ohne diese Tätigkeit nicht wären. Daher gibt es demonstrative, streng beweisbare Erkenntnis von den Gegenständen der Geometrie, die wir selbst durch unsere Zeichnungen und Konstruktionen hervorbringen. Aber auch die Naturgegenstände können mit Hilfe dieses methodischen Vorgehens einer wissenschaftlichen Erkenntnis zugeführt werden. Nur ist diese Erkenntnis immer mit dem Vorzeichen einer nicht abzuschüttelnden Hypothetizität versehen. Wir können zwar den Aufbau der natürlichen Dinge begrifflich rekonstruieren, ihnen ein aus nicht weiter analysierbaren Grundbegriffen geknüpftes Netz überwerfen, das den logisch-kategorialen Rahmen für die empirische Erforschung ihrer Wirkungszusammenhänge bildet, aber eine streng beweisbare Darstellung des Naturgeschehens ist uns aufgrund unserer Unkenntnis der wirklichen Weltentstehungsursachen nicht möglich. Wir liefern in der Physik nach Hobbes' Vorstellung eine wissenschaftliche Nachschöpfung der Welt, ohne jedoch deren Abweichungsgrad vom Original je bestimmen zu können.

Wenn sichere Erkenntnis an die Herstellbarkeit aus bekannten, nicht weiter analysierbaren Grundelementen gebunden ist, dann kann auch in der politischen Philosophie sicherere Erkenntnis erreicht werden, denn die Gegenstände der politischen Welt entstammen wie die Figuren der Geometrie ebenfalls allein der menschlichen Willkür. „Politik und Ethik ... können a priori demonstriert werden; und zwar darum, weil wir die Prinzipien, durch die wir das Gerechte und Billige und sein Gegenteil, das Ungerechte und Unbillige erkennen, also die Ursachen der Gerechtigkeit, nämlich Gesetze und Verträge selbst machen“ (HO 10.5, 20; OL II, 94). Allerdings gewinnt die politische Philosophie den Rang einer streng beweisenden Wissenschaft nicht als Beschreibung realgeschichtlicher Staatsentstehungen, sondern als methodische Rekonstruktion einer rationalen Staatsgründungshandlung, die mit dem Naturzustand und dem natürlichen Menschen beginnt. Zu Recht hat Kant den Naturzustand als „Ideal des Hobbes“[4] bezeichnet; er hat damit dem Philosophen seine Reverenz erwiesen, der den status naturalis zum ersten Mal mit der logisch-argumentativen Aufgabe betraut hat, die Notwendigkeit einer Staatserrichtung zu begründen. Eine Untersuchung der Natur des Menschen muß deutlich machen, daß der Naturzustand zu verlassen ist und es für die Menschen die besten Gründe gibt, sich zu einem Staat zusammenzuschließen. Sie muß aber auch zeigen, welche Beschaffenheit dieser Staat besitzen muß, denn der Hobbessche Staat ist wie die *Politeia* Platons einem großen Menschen vergleichbar, in dem sich die Natur und die Vernunft des kleinen Menschen spiegeln. Die politische Philosophie muß also als Anthropologie beginnen.

[4] Kant's gesammelte Schriften. Hrsg. von der Preußischen Akademie der Wissenschaften, Bd. XIX. Berlin, Leipzig 1934, Refl. 6593, S. 99.

3. Die anthropologischen Grundlagen: Natur, Vernunft, Macht

Während in der klassischen Philosophie die Methode dem Gegenstand angemessen wird, geht in der neuzeitlichen Philosophie die Methode dem Gegenstand voran. Das, was als Gegenstand gilt, wird durch die Methode konstituiert. Und da es nur eine wissenschaftlichkeitsverbürgende Methode gibt, gibt es auch nur einen Wirklichkeitsbegriff. Die Idee der Einheitsmethode hat reduktionistische Konsequenzen; sie führt zur Uniformierung des Gegenstandsgebietes und erzeugt ein ontologisch einsinniges Wirklichkeitsverständnis. Alles, was ist, ist von ein und derselben Art. Und bei Thomas Hobbes, wie auch bei seinen Zeitgenossen, ist alles von der Art eines Mechanismus: das Herstellungsparadigma der Erkenntnistheorie impliziert eine physikalistische Wirklichkeitsformel, verlangt nach einem dynamischen Materialismus. Alles, was ist, ist Körper in Bewegung.

Der Mensch macht da keine Ausnahme. Sicherlich stehen unsere Selbstbeschreibungen quer zur physikalistischen Ontologie. Wir weigern uns, unsere in ihrer Eigenwirklichkeit uns unmittelbar bewußte Subjektivität als Ding unter Dingen zu betrachten. Aber genau diese reduktionistische Revision unseres subjektivitätstheoretischen Selbstverständnisses fordert die wissenschaftliche Methode Hobbes'; und der Philosoph unternimmt große Anstrengungen, um die Bewußtseins- und Willensphänomene in Übereinstimmung mit der Formel des dynamischen Materialismus zu interpretieren. Die Konsequenz ist ein doppelter Reduktionismus: zum einen wird die Sprache des Bewußtseins und seiner Aktivitäten auf eine Sprache der Körper und ihrer Bewegungen reduziert; zum anderen wird die Sprache der Ethik und des Sozialen auf eine Sprache der Begierden und Interessen reduziert, die ihrerseits wieder auf die physikalistische Sprache des bewegten Körpers reduziert wird. Hobbes' Vorhaben, mit Hilfe der Kategorien und Modelle der zeitgenössischen Wissenschaften die traditionellen philosophischen Disziplinien der Ethik und Politik zu verwissenschaftlichen, führt ihn zu einer materialistischen Psychologie und zu einer psychologistischen Ethik: erstere eliminiert die Dimension mentaler Eigenwirklichkeit; letztere eliminiert die Dimension des Normativen. Die normative Sprache der Rechte und Pflichten, der Tugenden und Güter wird von Hobbes auf die deskriptive Sprache der Neigungen und Interessen reduziert, die ihrerseits in der deskriptiven Sprache der physikalischen Bewegungsgesetze des menschlichen Automaten verankert ist. Damit wird die Physik zur Begründungswissenschaft der Ethik: „Nach der Physik muß die Ethik behandelt werden, in der wir die Bewegungen des Geistes betrachten, nämlich Begierde, Abneigung, Liebe, Wohlwollen, Hoffnung, Furcht, Zorn, Eifersucht, Neid usf.; welches ihre Ursachen sind, und was sie selbst verursachen. Der Grund, warum diese Seelenregungen nach der Physik untersucht werden müssen, ist der, daß sie ihre Ursachen in den Wahrnehmungen und Vorstellungen haben, die beide Gegenstand physikalischer Untersuchung sind" (CO 6.6., 61f.; EW I, 72f.).

Als distinktes Merkmal des Menschlichen gilt traditionell die Vernunft. Auch der Hobbessche Mensch besitzt Vernunft. Nur gilt für sie, was auch für alle anderen Bewußtseinsbereiche und Bewußtseinstätigkeiten gilt: sie ist ein Segment des Bewegungssystems Mensch und nach Hobbes' Vorstellungen gänzlich in physikalistischen Begriffen rekonstruierbar. Wo Vernunft herrscht, kann es nicht mehr die Unmittelbarkeit eines außengesteuerten Trieb- und Neigungsmechanismus geben; wo Vernunft herrscht, gibt es reflexive Distanzierung, differenzierte Situationswahrnehmung und Vergleichung. Nicht daß die handlungsmotivierenden Neigungen und Interessen außer Kraft gesetzt würden, die Grundgesetze des Verlangens und Meidens bleiben nach wie vor in Geltung, die Vernunft bestimmt nur die Weise der Befriedigungs- und Vermeidungshandlungen. Ist der Mensch rational, dann dominiert die Kausalität der Gründe und Erfahrung die Kausalität der Triebe und Bedürfnisse und spannt sie für ihre Zwecke ein. Die Vernunft vermag zwar keine Herrschaft der Zwecke zu errichten, aber doch eine kluge Verwaltung einzurichten, die die Interessen berät und ihnen beisteht.

Vernunft ist nach Hobbes vor allem Planungskompetenz, die Fähigkeit, mit Zukünftigem und Möglichem zu rechnen; nur weil wir Vernunft haben, macht uns auch der zukünftige Hunger hungrig (vgl. HO 10.3., 17; OL II, 91). In der Welt der Dinge tritt Hobbes' Vernunft als technische Rationalität auf, in der Welt der Menschen nimmt sie die Gestalt der strategischen Rationalität an. Charakteristisch für strategisches Handeln ist die reflektierte Wechselseitigkeit der Instrumentalisierung. Jedes Handlungssubjekt weiß, daß der Interaktionspartner es genauso selbstverständlich als Mittel für die Realisierung seiner Ziele einspannen will, wie es selbst seinen Interaktionspartner zur Verwirklichung seiner Zwecke zu gebrauchen beabsichtigt. Beide betrachten einander ausschließlich im Horizont der je eigenen Interessen; der andere ist entweder nützlich oder schädlich für die eigenen Pläne; muß entweder zur Kooperation gewonnen oder im Wettbewerb ausgestochen werden. Tausch und kompetitive Konkurrenz sind die grundlegenden Interaktionsformen der strategischen Rationalität. Daher zielt das fundamentale Interesse jedes Menschen auf Machtsteigerung, denn der Mächtige entscheidet die Konkurrenz für sich und kann in Tauschsituationen die Kosten zu seinen Gunsten festlegen. Der Hobbessche Mensch ist qua Vernunftwesen notwendig Machtwesen, denn die Vernunft zeigt sich ja gerade in der Fähigkeit, zweckdienliche Mittel vorsorglich bereitzustellen und für alle möglichen Situationen gewappnet zu sein.

4. *Der Naturzustand: Knappheit, Konkurrenz, Krieg*

Hobbes' Geschichte von der Erfindung des Staates beginnt mit dem Naturzustand. Der Naturzustand ist eine Konstruktion der analytischen Methode, ein Gedankenexperiment der Philosophie. Die Versuchspersonen sind die Menschen *qua tales*, die natürlichen Menschen. Genau so, wie sie in der Anthropologie beschrieben worden sind, ohne alle geschichtlich-kulturelle Bestimmtheit, allein mit ihren natürlichen Interessen und ihrer nutzenmaximierenden Rationalität ausgestattet, werden sie in einen vorgesellschaftlichen und vorstaatlichen, aller Moral, aller Institutionen und zwangsbewehrter Gesetze entbehrenden Zustand versetzt. Und der Philosoph sieht zu, welche Art von Zusammenleben sich daraus ergibt und welche praktischen Erfahrungen sie miteinander machen. Sein Interesse gilt dabei insbesondere der Frage, ob die menschliche Natur ausreichende Vergesellschaftungsressourcen enthält, ob die Menschen allein auf der Grundlage ihrer natürlichen Ausstattung in der Lage sind, eine ihren Interessen dienliche, stabile und gewaltfreie zwischenmenschliche Ordnung zu entwickeln.

Anders als die Anarchisten des 19. und 20. Jahrhunderts beantwortet Hobbes – und mit ihm die gesamte neuzeitliche politische Philosophie – diese Frage negativ. Der Naturzustand ist ein Kriegszustand. Daher ist es ratsam, ihn zu verlassen. Daher ist es nicht minder ratsam, sich in vorliegenden staatlichen Ordnungen so zu verhalten, daß diese nie in einen Naturzustand umkippen. Das Interesse der Menschen an Selbsterhaltung und Glück verlangt, eine staatliche Ordnung zu errichten und zu schützen. Die staatliche Ordnung ist eine künstliche Ordnung, eine menschliche Erfindung, die – wie jedes andere Instrument auch – ersonnen ist, die Defizite der vorgefundenen Natur zu kompensieren. Sie ist eine menschengemachte, zweite Natur, die gegen die erste Natur gerichtet wird und die Aufgaben zufriedenstellend lösen soll, bei deren Lösung die erste Natur versagt.

Warum aber versagt die Natur bei der Verwirklichung der grundlegenden menschlichen Interessen? Daß unter natürlichen Bedingungen der Zustand menschlichen Zusammenlebens den Charakter eines Kriegszustandes annimmt, beruht auf folgenden Voraussetzungen: Da ist erstens das menschliche *Selbstinteresse*. Menschen stellen in der Regel und in Grenzsituationen nahezu ausschließlich ihr Überleben und Wohlergehen über die Interessen anderer; sie sind von Natur aus nicht altruistisch, sondern egoistisch und ungesellig. Da ist zweitens die *knappheitsbedingte Konkurrenz und konkurrenzbedingte Verfeindung*. Menschliches Leben findet unter der Bedingung einer doppelten unaufhebbaren Knappheit statt. Sowohl die begehrten Güter selbst als auch die zu ihrem gegenwärtigen und künftigem Erwerb erforderlichen Mittel sind knapp. Menschen sind daher in zweifacher Hinsicht Konkurrenten: Sie konkurrieren um die erstrebten Güter, und sie konkurrieren um die Macht. Im Naturzustand gibt es keine Hege der Konkurrenz und keine Zivilisierung des Konflikts. Im Naturzustand herrscht allseitige Gewaltbereitschaft, werden Konkurrenten notwendig zu Feinden. Und da ist drittens die *Rationalität des offensiven Mißtrauens und der vorbeugenden Gewaltanwendung.* Unter Naturzustandsbedingungen ist Gewaltbereitschaft vernünftig. Die vorausschauende Vernunft muß angemessene Präventivstrategien entwickeln. Es gilt, mit dem Schlimmsten zu rechnen und der Gewalt anderer zuvorzukommen, denn selbst zu attackieren erhöht die eigenen Überlebenschancen. Auf die Friedfertigkeit der anderen sich zu verlassen ist in höchstem Maße irrational; rational, weil dem Selbsterhaltungsinteresse dienlich, ist es hingegen, wie Kant sagt, „jederzeit in der Kriegsrüstung (zu) seyn“[5]. Der Naturzustand ist also ein Zustand, der rationalen Individuen die Strategie der Machtakkumulation und kompetitiven Aufrüstung verschreibt. Jeder muß unabläßlich bestrebt sein, seine Machtmittel zu vergrößern und Übermachtpositionen zu gewinnen.

„Homo homini lupus“ („man to man is an arrant wolf“, vgl. CI, Widmungsschreiben, 59; EW II, ii) – viele haben diese berühmte Hobbessche Formulierung mißverstanden und im Sinne eines tiefschwarzen anthropologischen Pessimismus gedeutet. Dadurch haben sie aber die argumentationslogische Funktion des Naturzustandskonzepts verdunkelt. Der Naturzustand ist kein Verhängnis. Die Unerträglichkeit des Naturzustandes ist rationalitätsverursacht und keine Folge der wölfischen Triebnatur des Menschen, kein Ausdruck unausrottbarer Machtobsessionen. Daß der Mensch dem Menschen zum Wolf wird, heißt nicht, daß der Mensch eine Wolfsnatur besitzt, sondern daß das rationale Individuum unter Naturzustandsbedingungen um seiner Selbsterhaltung willen eine wölfische Überlebensstrategie entwickeln muß, nämlich die Strategie des rationalen Mißtrauens und nie nachlassender, präventiver Gewaltbereitschaft. Selbst der Sanftmütigste, der das friedfertige Wesen eines Lammes hat, muß, sofern er überleben will, Mißtrauen einüben und in kompetitive Aufrüstung investieren, und sofern er Verstand besitzt, wird er sich dieses Verhaltensprogramm auch zu eigen machen. Die Unerträglichkeit des Naturzustandes verdankt sich einem grundlegenden rationalitätstheoretischen Widerspruch: ein Höchstmaß an subjektiver, individueller Rationalität erzeugt ein Höchstmaß an objektiver, kollektiver Irrationalität.[6] Je konsequenter

[5] Kant, a. a. O., Refl. 7646, S. 476.

[6] Daher läßt sich Hobbes’ Naturzustandstheorie auch mit den Mitteln der modernen Spieltheorie rekonstruieren; vgl. W. Kersting: Thomas Hobbes zur Einführung. Hamburg 1992, 115 ff.; J. Nida-Rümelin: Bellum omnium contra omnes. Kon-

die Individuen in dem Zustand vorstaatlicher Unsicherheit ihre zweckrationale Vernunft in den Dienst der Selbsterhaltung stellen, um so deutlicher tritt der kriegerische Charakter des Naturzustandes hervor, um so mehr verstärkt sich die Gefährdungssituation für jedermann, um so irrationaler werden somit die gemeinsamen Lebensbedingungen. Der Naturzustand ist eine Klugheitsfalle; und nur darum ist er nicht ohne jede Hoffnung. Denn die Klugheit, durch die die Menschen in diese Falle geraten sind, führt sie auch wieder heraus. Wäre nicht die Vernunftnatur des Menschen verantwortlich für den Konfliktcharakter des Naturzustandes, sondern eine wöflisch grundierte aggressive Triebnatur, dann müßte Hobbes' leviathanisches Befriedungsrezept notwendig scheitern.

5. Die Strategie der natürlichen Vernunft: Aufrüstung, Kooperation, Staat

Das Hobbessche Lehrstück vom Naturzustand läßt sich als dreiphasiger Lernprozeß der menschlichen Vernunft rekonstruieren. Am Anfang steht die Vernunft des offensiven Mißtrauens, die weiß, daß man im Naturzustand nur durch kompetitive Aufrüstung überleben kann. Die Individuen machen dann freilich die Erfahrung, daß genau diese rationale Strategie des Wettrüstens den Naturzustand in einen Kriegszustand verwandelt. Eine erste Ursachenanalyse führt die Vernunft zu der Erkenntnis, daß der Kriegszustand nur dann überwunden werden kann, wenn die Individuen ihr Verhalten freiheitseinschränkenden und handlungskoordinierenden Regeln unterwerfen, wenn sie die Politik individueller Selbsterhaltung durch eine kooperative Politik der gesellschaftlichen Friedenssicherung ersetzen. Daher entwirft die Vernunft in der zweiten Entwicklungsphase eine Kooperationsstrategie. In ihrem Mittelpunkt steht ein System der „natürlichen Gerechtigkeit“, das eine Reihe aufeinander abgestimmter Regeln der gesellschaftlichen Befriedung umfaßt.

Diese Regeln der gesellschaftlichen Zusammenarbeit und gewaltfreien Konfliktbereinigung präsentiert Hobbes im traditionellen Naturrechtsgewand. Er spricht von natürlichen Gesetzen, die „unveränderlich und ewig“ gelten (L XV, 121); jedes ist „eine von der Vernunft ermittelte Vorschrift oder allgemeine Regel, nach der es einem Menschen verboten ist, das zu tun, was sein Leben vernichten oder ihn der Mittel zu seiner Erhaltung berauben kann, und das zu unterlassen, wodurch es seiner Meinung nach am besten erhalten werden kann“ (L XIV, 99). Man darf sich jedoch von diesem Gebrauch der traditionellen naturrechtlichen Verpflichtungssprа-

flikttheorie und Naturzustandskonzeption im 13. Kapitel des *Leviathan*. In: W. Kersting (Hrsg.): Thomas Hobbes: Leviathan. Berlin 1996, 109–130.

che nicht beirren lassen. Hobbes gibt den überlieferten Begriffen eine gänzlich neue, dem überkommenen Naturrechtsverständnis widerstreitende Bedeutung. Während sich im klassischen Naturrecht eine ewige, objektiv gültige, den Menschen vorgeordnete Ordnung spiegelt, wird die Hobbessche Konzeption von den natürlichen Rechten und Gesetzen durch das Bild des rationalen Selbstinteresses bestimmt. Das, was bei Hobbes die Vernunft allgemein gebietet, nämlich alles Selbsterhaltungsdienliche zu tun und alles Selbsterhaltungsriskante zu unterlassen, tun die Menschen aufgrund des ihnen von Natur aus eingepflanzten Selbsterhaltungsbedürfnisses ohnehin. Und die dieses allgemeine Vernunftgebot konkretisierenden Verhaltensregeln benennen nur die Mittel, die für die Verwirklichung dieses Zwecks tauglich sind. Es sind Klugheitsregeln, auf die spezifische Konfliktsituation des Naturzustandes gemünzte hypothetische Imperative, deren Wahrheit empirisch überprüfbar ist und deren Beachtung nicht unbedingt gebietende Pflicht ist, sondern lediglich ratsam: jeder Mensch erkennt, daß ein Zustand, in dem diese Regeln gelten, für ihn vorteilhaft und daher dem Naturzustand vorzuziehen ist.

Die grundlegende Vorschrift des Regelwerks, das die die Erfahrungen des Naturzustandes verarbeitende Klugheit aufstellt, ist ein bedingtes Friedensgebot: „*Jedermann hat sich um Frieden zu bemühen, solange dazu Hoffnung besteht. Kann er ihn nicht herstellen, so darf er sich alle Hilfsmittel und Vorteile des Kriegs verschaffen und sie benützen*" (L XIV, 99f.). Diese Regel zieht nur die allgemeine Konsequenz aus der Unerträglichkeit des Kriegszustandes, enthält aber selbst noch kein Rezept, auf welche Weise der von allen gleichermaßen begehrte Frieden hergestellt werden kann. Diese Auskunft gibt das zweite natürliche Gesetz. „*Jedermann soll freiwillig, wenn andere ebenfalls dazu bereit sind, auf sein Recht auf alles verzichten, soweit er dies um des Friedens und der Selbstverteidigung willen für notwendig hält; und er soll sich mit soviel Freiheit gegenüber anderen zufrieden geben, wie er anderen gegen sich selbst einräumen würde*" (L XIV, 100). Diese Vernunftvorschrift hat aus der Kriegszustandanalyse gelernt: die Menschen haben erkannt, daß die unendliche Freiheit der Individuen, ihr natürliches Recht, alles zu tun und alles zu nehmen, für die Konfliktstruktur verantwortlich ist. Daher scheint es einleuchtend, durch Verzicht auf dieses *ius in omnia et ad omnes* eine Befriedung des Naturzustands zu erreichen. Freilich kann dieser Verzicht auf die natürliche unendliche Freiheit nur unter der Bedingung der Wechselseitigkeit jedermann zugemutet werden. Durch Vorleistung entsteht im Naturzustand kein Frieden. Wo wechselseitig geleistet und verzichtet wird, dort entstehen keine Ungleichgewichte und Asymmetrien, dort herrscht eine gerechte Belastung aller Beteiligten.

Man darf den friedensstiftenden Rechtsverzicht unter der Bedingung der Gegenseitigkeit, von dem das zweite natürliche Gesetz spricht, nicht mit dem Staatsgründungsvertrag verwechseln. Es handelt sich vielmehr um eine allgemeine Aufforderung an die Individuen, sich kooperationsrational zu verhalten und Verträge zu schließen und die natürliche Freiheit nach Maßgabe der vertraglichen, also wechselseitig vereinbarten Bestimmungen einzuschränken: hier ist an Nichtangriffspakte zu denken, an vertragliche Verpflichtungen, wechselseitig das Leben und das Gut des anderen zu respektieren, also an private Friedensinitiativen, die auf vertraglicher Basis im Kriegszustand Inseln friedlicher Kooperation schaffen. Hinter dem zweiten natürlichen Gesetz steht das Modell einer spontanen, sich unaufhörlich ausbreitenden Vergesellschaftung durch ein Netz von vertraglich erzeugten, also reziproken Berechtigungen und Verpflichtungen. Natürlich kann diese Vergesellschaftung nur gelingen, wenn die vertragliche Disziplinierung der unendlichen natürlichen Freiheit durch wechselseitige Rechtsverzichte und Rechtsübertragungen nicht durch Vertragsbruch zunichte gemacht wird und die selbstauferlegten vertraglichen Verpflichtungen als verbindlich betrachtet werden. Daher lautet das dritte natürliche Gesetz konsequenterweise: „*Abgeschlossene Verträge sind zu halten*“ (L XV, 110).

In der dritten Phase muß die Vernunft dann einsehen, daß es mit der Aufstellung des Friedensgebots und der Formulierung der Kooperationsvorschriften noch lange nicht getan ist. Sie erkennt, daß *niemandem* eine Befolgung der natürlichen Gesetze des Friedens und der gesellschaftlichen Kooperation zugemutet werden kann, wenn nicht sichergestellt ist, daß *alle* die mit der Kooperativität und Friedfertigkeit verbundende Selbstdisziplin aufbringen. Sie leitet aus dieser Erkenntnis die Aufgabe ab, die Umstände so zu verändern, daß eine allgemeine Befolgung der Vernunftregeln gewährleistet ist und somit auch der einzelne risikolos das tun kann, was ihm seine Vernunft im Interesse der Sicherung seines Lebens und der Beförderung seines Glücks vorschreibt; und dies kann er erst dann ungefährdet tun, wenn eine unwiderstehliche Zwangsgewalt den Vernunftvorschriften Wirksamkeit verschafft und die Einhaltung aller Absprachen garantiert. „Die bloße Übereinstimmung oder das Übereinkommen zu einer Verbindung ohne Begründung einer gemeinsamen *Macht*, welche die einzelnen durch Furcht vor Strafe leitet, genügt daher nicht für die Sicherheit, welche zur Übung der natürlichen Gerechtigkeit nötig ist“ (CI, 5, 5; 127); denn „Verträge ohne das Schwert sind bloße Worte und besitzen nicht die Kraft, einem Menschen auch nur die geringste Sicherheit zu bieten“ (L XVII, 131).

6. Der Vertrag: Autorisierung, Konstitution, politische Einheit

Häufig wird gegen die Hobbessche Theorie vom Staatsvertrag eingewendet, daß sie zirkulär sei und ihr eigenes Ergebnis voraussetzen müsse. Wenn Verträge im Naturzustand nicht wirksam sein können, weil keinerlei Sicherheit besteht hinsichtlich der Bereitschaft des Partners, seine versprochene Leistung zu erbringen, dann kann auch der Staatsvertrag nicht wirksam sein, weil die Macht, die für seine Einhaltung einsteht, ja erst durch ihn instituiert wird. Diese Kritik geht jedoch ins Leere und verkennt den konstruktiven Zuschnitt des Vertragsarguments. Denn anders als die erwähnten und aufgrund der Vertragsunsicherheit nicht zustande kommenden Privatverträge ist der Staatsvertrag ein Pakt, der eben diese Situation reflektiert, gleichsam ein am Schreibtisch des Philosophen ersonnener Kontrakt, der nur den Zweck hat, die Bedingungen kenntlich zu machen, die erfüllt sein müssen, damit sich friedliche gesellschaftliche Verhältnisse und zuverlässige vertragliche Kooperation dauerhaft entfalten können. Die Hobbessche Philosophie klärt keine Naturzustandsbewohner auf, wie sie den Naturzustand überwinden können; sie klärt Bürger darüber auf, was sie tun müssen, um ein Eintreten des Naturzustandes, der Anarchie, des Bürgerkriegs, kurz: des politischen *summum malum* zu verhindern.

Der Hobbessche Vertrag ist ein Vertrag eines jeden mit einem jeden. Seine Gestalt korrespondiert genau der individualistischen Konfliktstruktur des Naturzustandes. So wie der Naturzustand ein Zustand des Krieges eines jeden gegen einen jeden war, muß auch der ihn beendende Vertrag ein Vertrag eines jeden mit einem jeden sein.[7] Der Vertrag ist Gesellschaftsvertrag und Staatsvertrag in einem. Die durch ihn herbeigeführte Errichtung des bürgerlichen Zustandes ist in derselben logischen Sekunde Errichtung einer Herrschaftsordnung und Herstellung einer Gesellschaft. Im Lichte der radikalen individualistischen Prämissen des Hobbesschen Philosophierens sind Vergesellschaftung und Herrschaftsetablierung nicht unabhängig voneinander denkbar: der Vertrag ist Grund der Vergesellschaftung der Individuen nur, insofern er auch zugleich Grund der Herrschaftserrichtung ist, und er besitzt diese herrschaftsbegründende Funktion nur als eine die Individuen assoziierende und wechselseitig bindende Rechtsfigur. Der vertragliche Zusammenschluß enthält das Modell der Gesellschaft, deren Bestand durch den Leviathan garantiert wird.

„Der alleinige Weg zur Errichtung einer solchen allgemeinen Gewalt, die in der Lage ist, die Menschen vor dem Angriff Fremder und vor ge-

[7] Vgl. W. Kersting: Vertrag, Gesellschaftsvertrag, Herrschaftsvertrag. In: O. Brunner/W. Conze/R. Koselleck (Hrsg.): Geschichtliche Grundbegriffe. Lexikon zur politisch-sozialen Sprache in Deutschland. Bd. 6. Stuttgart 1990, 901–945.

genseitigen Übergriffen zu schützen und ihnen dadurch eine solche Sicherheit zu verschaffen, daß sie sich durch eigenen Fleiß und von den Früchten der Erde ernähren und zufrieden leben können, liegt in der Übertragung ihrer gesamten Macht und Stärke auf einen Menschen oder eine Versammlung von Menschen, die ihre Einzelwillen durch Stimmenmehrheit auf einen Willen reduzieren können. Das heißt soviel wie einen Menschen oder eine Versammlung von Menschen bestimmen, die deren Person verkörpern sollen, und bedeutet, daß jedermann alles als eigen anerkennt, was derjenige, der auf diese Weise seine Person verkörpert, in Dingen des allgemeinen Friedens und der allgemeinen Sicherheit tun oder veranlassen wird, und sich selbst als Autor alles dessen bekennt und dabei den eigenen Willen und das eigene Urteil seinem Willen und Urteil unterwirft. Dies ist mehr als Zustimmung oder Übereinstimmung: Es ist eine wirkliche Einheit aller in ein und derselben Person, die durch Vertrag eines jeden mit jedem zustande kam, als hätte jeder zu jedem gesagt: *Ich autorisiere diesen Menschen oder diese Versammlung von Menschen und übertrage ihnen mein Recht, mich zu regieren, unter der Bedingung, daß du ihnen ebenso dein Recht überträgst und alle ihre Handlungen autorisierst.* Ist dies geschehen, so nennt man diese zu einer Person vereinte Menge *Staat*, auf lateinisch *civitas*. ... Hierin liegt das Wesen des Staates, der, um eine Definition zu geben, *eine Person* ist, *bei der sich jeder einzelne einer großen Menge durch gegenseitigen Vertrag eines jeden mit jedem zum Autor ihrer Handlungen gemacht hat, zu dem Zweck, daß sie die Stärke und Hilfsmittel aller so, wie sie es für zweckmäßig hält, für den Frieden und die gemeinsame Verteidigung einsetzt*" (L XVII, 134f.).

Während Hobbes den Gedanken der Rechtsübertragung im Sinne eines Verzichts auf Widerstand gegenüber dem Rechtsgebrauch des Vertragsnutznießers bereits in seinen ersten staatsphilosophischen Traktaten ausgearbeitet hat, kommt im ›Leviathan‹ der Gedanke der Autorisierung neu hinzu.[8] Entsprechend wird dem Recht auf alles ein „Recht auf Selbstregierung" zur Seite gestellt, das im Vertrag ausdrücklich auf den Souverän übertragen wird. Das Geburtsereignis des Leviathan ist der wechselseitig versprochene Souveränitätsverzicht der Individuen. Die Selbstentmündigung der Menschen erzeugt den sterblichen Gott, der die größte Macht auf Erden besitzt und für die Menschen denkt und handelt. Durch die vertragliche Autorisierung wird die Menge zu einer politischen Einheit, die durch den Souverän verkörpert wird; oder genauer: durch diese Akte der Rechtsübertragung und Autorisierung wird die Menge zu einem politischen Körper, der durch den Souverän beseelt wird – Hobbes hat die Sou-

[8] Vgl. R. Brandt: Rechtsverzicht und Herrschaft in Hobbes' Staatsverträgen, Philosophisches Jahrbuch 87 (1980), 41–56.

veränität ja selbst in der berühmten Einleitungs-Passage des ›Leviathan‹ als „künstliche Seele“ bezeichnet, „die dem ganzen Körper Leben und Bewegung gibt“. Der Autorisierungsakt ist das ‘Fiat’ der politischen Welt, die Beseelung des politischen Körpers. Der Wille des Souveräns regiert und bewegt den politischen Körper so, wie die Menschen im Naturzustand unter Wahrnehmung ihres Rechts auf Selbstregierung ihren Körper regiert und zu Handlungen bestimmt haben. Und jeder aus der Menge der Vertragschließenden hat sich durch den Autorisierungsakt zum moralisch-rechtlichen Autor der Handlungen des Souveräns gemacht. Eine Menge kann nur zu einer politischen Einheit werden, wenn eine wirkliche Willensvereinigung stattfindet. Eine wirkliche Willensvereinigung kann aber nur stattfinden, wenn entweder alle Individuen dasselbe wollen oder wenn sie das, was einer will, als von ihnen selbst gewollt anerkennen. Hobbes’ Konzept der politischen Einheit beruht auf der zweiten Möglichkeit – Rousseau wird dann später bei seiner Konzeption der politischen Einheit auf die erste Möglichkeit zurückgreifen. Durch die Autorisierung macht sich jedes Element der Menge zum Autor der Handlung des Souveräns; sie schafft so die Grundlage für das absorptiv-identitäre Repräsentationsverhältnis, das das Titelblatt des ›Leviathan‹ zeigt: Rex est populus.

7. *Souveränitätsrechte und Bürgerpflichten*

Hobbes’ Vertrag ist ein Herrschaftsbegründungsvertrag, kein Herrschaftsbegrenzungsvertrag. Der Verzicht auf das Recht auf alles, die Aufgabe der natürlichen Freiheit und die Autorisierung und Übertragung des Rechts auf Selbstregierung sind allesamt vorbehaltlose Entäußerungen, die keinerlei Freiheit und keinerlei Recht auf seiten der Vertragsparteien zurückbehalten. Dieses Vertragskonzept steht in der Geschichte des Kontraktualismus einzig da.[9] Hobbes’ politische Philosophie bietet das merkwürdige Bild einer radikalindividualistischen Begründung absoluter Macht, einer Legitimierung des Staatsabsolutismus durch die vertragliche Selbstbindung der Individuen. Der Autorisierungsakt stiftet kein unmittelbares rechtliches Verhältnis zwischen den Individuen und dem Souverän; die den Souverän konstituierende Autorisierung ist allein Inhalt des wechselseitigen Vertragsversprechens der Naturzustandsbewohner. Obwohl nichts anderes als ein rechtliches Erzeugnis der Bürger, ist der Souverän doch zugleich frei von aller rechtlichen Bindung an den Bürger: genau diese freiheitstheoretische Paradoxie steht im Zentrum des kontraktualistischen

[9] Vgl. W. Kersting: Die politische Philosophie des Gesellschaftsvertrags. Darmstadt 1994.

Absolutismus Hobbes'. Obwohl nicht von Gottes Gnaden herrschend, sondern allein aus dem Willen und der Zustimmung der Menschen geboren, ist der Hobbessche Souverän doch mit absoluter Macht ausgestattet und aller rechtlichen Bindungen ledig.

Die Rechtspositionen, die nach Hobbes das „Wesen der Souveränität" (L XVIII, 142) ausmachen, sind durchgängig aus der inneren Logik des Vertrags ableitbar. Sie in ihrer Gesamtheit zu erhalten, nicht zu schmälern oder gar aufzugeben, ist der Souverän verpflichtet: der „Zweck, zu dem er mit der souveränen Gewalt betraut wurde, nämlich die Sorge für die *Sicherheit des Volkes*", gebietet es (L XXX, 255). Der Souverän ist also nicht ohne alle Pflichten: zwar ist er nicht durch vertragliche, selbstauferlegte Pflichten gebunden, aber doch durch den Zweck, dem er seine Entstehung verdankt. Man könnte hier von einer funktionalen Pflicht reden: der Staat ist ein Friedensinstrument, und der Souverän ist verpflichtet, dieses Instrument im Sinne der Erfinder zu pflegen und zu gebrauchen, also den Staat nicht zu beschädigen und seine Macht friedenspolitisch effektiv zu verwenden.

Der Vertrag ist seitens der Untertanen nicht kündbar; die Autorisierung kann nicht zurückgenommen werden; die bestehende Herrschaft ist rechtmäßig nicht antastbar, und die Gehorsamsverpflichtung der Bürger ist nicht minder absolut als die Macht, der sie gilt. Aus der Logik des Vertrags folgt auch, daß die Untertanen nicht gegenüber dem Souverän verpflichtet sind, sondern daß sie sich allein untereinander verpflichtet haben. Den aus Rechtsaufgabe und Autorisierung erwachsenden absoluten politischen Gehorsam schulden sie rechtlich nicht dem Souverän, sondern allein den Mitbürgern. Der Grund für die vertragsexterne Position des Souveräns hängt eng mit den allgemeinen Vorstellungen Hobbes' über die notwendigen und hinreichenden Bedingungen staatlicher Friedenssicherung und dem Letztinstanzlichkeitsargument zusammen: wenn ein Souverän Vertragspartei wäre, wer sollte dann im Fall eines Streites zwischen den Vertragsparteien über die Vertragsbestimmungen schlichten? Der Streit muß also im Rahmen einer gewaltsamen Auseinandersetzung entschieden werden, damit wäre der Naturzustand zurückgekehrt. Eine vertraglich übertragene Souveränität wäre also ein völlig ungeeignetes Mittel, den Naturzustand zu befrieden.

Wie der unsterbliche Gott ist der durch den Vertrag geborene „sterbliche Gott" im Besitz aller Macht und aller Pflichten ledig. Wie dieser ist er auch unfehlbar. Seine Erzeugungsbedingungen garantieren seine Unfehlbarkeit; er kann nicht Unrecht tun: „Da jeder Untertan ... Autor aller Handlungen und Urteile des eingesetzten Souveräns ist, so folgt daraus, daß dieser durch keine seiner Handlungen einem seiner Untertanen Unrecht zufügen kann, und daß er von keinem von ihnen eines Unrechts angeklagt werden darf. Denn wer auf Grund der Autorität eines anderen eine Handlung vornimmt, tut damit dem kein Unrecht, auf Grund von dessen Autorität er handelt. Bei dieser Einsetzung eines Staates ist aber jeder einzelne Autor alles dessen, was der Souverän tut, und folglich beklagt sich, wer sich über ein Unrecht seines Souveräns beklagt, über etwas, wovon er selbst Autor ist und darf deshalb niemanden anklagen als sich selbst“ (L XVIII, 139). Das ist das Motto aller Verträge: *volenti non fit iniuria* – dem, der eingewilligt hat, kann aus dem, worin er eingewilligt hat, kein Unrecht erwachsen.

Die Unfehlbarkeit des Souveräns läßt sich auch mit einem anderen Argument begründen: der Souverän agiert in einem gänzlich rechtsfreien Raum; sein Handeln ist durch keinerlei normative Vorgaben eingeengt. Seine Aufgabe ist es, durch Gesetzgebung allererst rechtliche Verhältnisse zu schaffen. Diese staatlichen Gesetze definieren folglich, was als ‘recht’ und ‘unrecht’ zu gelten hat. Da aber normierende Regeln nicht ihr eigener Anwendungsfall sein können, ist aus Gründen der Logik jeder Möglichkeit staatlichen Unrechts der Weg verlegt; zumindest kann es keine ungerechten Gesetze geben. Hobbes gibt zwar zu, daß es gute und schlechte Herrscher gibt, doch ist die Herrschaftsqualität nicht nach rechtlichen Kriterien zu messen, sondern nur nach politisch-instrumentalistischen. Die Herrschaftsausübung des Souveräns ist um so besser, je wirksamer er das sich in den Vernunftvorschriften oder in den Regeln der natürlichen Gerechtigkeit manifestierende Friedenssicherungsprogramm vorantreibt.

Die legitime Macht des Leviathan reicht so weit wie sich die Gehorsamserzwingungschance erstreckt: in allem äußerlichen Handeln, Reden und Schreiben haben die Bürger in jeder Hinsicht dem Souverän absoluten Gehorsam zu leisten. Moral und Religion haben sich in ihren öffentlichen Äußerungen strikt der Politik unterzuordnen. Was die Bürger jedoch im Innern denken, woran sie heimlich glauben, welche Überzeugungen sie haben, das alles geht den Souverän nichts an. Er ist für die definitorische Festlegung des Rechten und Unrechten zuständig, es ist jedoch nicht seine Aufgabe, zu bestimmen, nach welchem moralischen Muster die Menschen innerlich geformt werden sollen. Der Leviathan ist kein Erziehungsstaat – seine legitime Macht erstreckt sich nur auf den zwischenmenschlichen Ordnungsbereich. Er ist Verhaltensbildner, kein Seelenbildner. In Angelegenheiten des Gewissens kann politisch nicht interveniert werden; aber es wird erwartet, daß es still bleibt und die Öffentlichkeit meidet.

Obwohl Hobbes das traditionelle Naturrechtsdenken außer Kraft gesetzt hat und die christlich-theologische Herrschaftslegitimation durch interessen- und zustimmungsfundierte Legitimationskonzepte einer säkularisierten Maximierungsrationalität ersetzt hat, hat er sich doch darum bemüht, den damit verbundenen Kulturbruch zu verschleiern und den

Nachweis zu erbringen, daß das Ergebnis seiner philosophisch-wissenschaftlichen Argumentation sich mit der recht verstandenen und durch eine verständige Bibelinterpretation abgestützten christlichen Lehre in Übereinstimmung befindet. Er ist davon überzeugt, daß von seiten der Religion keinerlei Einwände gegen die These vorgebracht werden können, daß nur ein mit unbeschränkter Macht und ungeteilter Gewalt herrschender Staat die Grundlagen eines friedlichen menschlichen Zusammenlebens zu sichern vermag. Hobbes versucht diesen Nachweis im dritten Teil des ›Leviathan‹ zu führen, der ebenso wie der vierte heutzutage nur noch von historischem Interesse ist und in keiner systematisch belangvollen Beziehung zur der Problemgeschichte der neuzeitlichen politischen Philosophie steht.[10] Es geht Hobbes hier vor allem darum, die als notwendig ermittelte absolute Souveränität des Staates vor dem kirchlichen Suprematieanspruch zu schützen und den Primat der Politik zu sichern. Die Konsequenzen dieses Beweises der Verträglichkeit von politischer Vernunft und geoffenbarter, biblischer Wahrheit sind die Ausdehnung des Interpretationsmonopols des Staates auch auf die Kerngehalte der religiösen Lehre *einerseits* und die Entpolitisierung der Religion *andererseits*: die Wahrheitsüberzeugungen der Gläubigen werden ins Exil des subjektiven Gewissens geschickt.

Auch der vierte Teil des ›Leviathan‹ handelt von dem Verhältnis zwischen Politik und Religion. Hier schlägt Hobbes aber einen polemischen Ton an, denn hier berichtet er über das „Reich der Finsternis" und die große Verschwörung gegen die Vernunft, über die katholisch-päpstlichen Machinationen und die schädlichen Einflüsse der moralphilosophischen Schriften der Alten. Er warnt noch einmal ausdrücklich vor all den Irrlehren, Afterphilosophien und betrügerischen Doktrinen, die seine ordnungspolitischen und friedenswissenschaftlichen Anstrengungen zunichte machen wollen. Er brandmarkt die gefährliche Wirkung verzerrender Bibelinterpretationen, die mit Geisterglauben und heidnischem Hokuspokus die Sinne vernebeln, und ereifert sich über die aristotelische Philosophie und den klassischen Republikanismus, die mit ihrer Tyrannenfurcht und ihrem Lob des bürgerlichen Widerstandes zur Unvernunft verführen und den Staat zerstören, da sie die Menschen zum Ungehorsam anstiften und daran hindern, die Einsicht in die Notwendigkeit absoluter und ungeteilter staatlicher Macht zu gewinnen.

So groß auch immer der Abstand zwischen der Philosophie des absoluten Staates und den späteren Konzeptionen vernunft- und menschenrechtlicher Herrschaftslimitation sein mag, Thomas Hobbes hat der politischen

[10] Vgl. M. Großheim: Religion und Politik. Die Teile III und IV des *Leviathan*. In: W. Kersting (Hrsg.): Thomas Hobbes: Leviathan. Berlin 1996, 283–316.

Philosophie der Neuzeit die Sprache gegeben. Und diese Sprache spricht sie immer noch; sei sie Rechtsstaats- und Sozialstaatsphilosophie, sei sie Demokratietheorie oder Marktphilosophie. Ihre Selbstverständigungen stützen sich immer noch auf die Grammatik politischer Selbstreflexion, die Thomas Hobbes in Absetzung von politischem Aristotelismus und christlichem Naturrecht entwickelt hat. Hobbes selbst hat das Wegweisende seiner Philosophie in ihrer Methode erblickt und ihren zugleich politischen und philosophischen Wert in dem vermeintlich zwingenden Nachweis der friedenslogischen Notwendigkeit absoluter, uneingeschränkter und ungeteilter staatlicher Macht gesehen. Die bleibende, die politischen und philosophischen Besonderheiten des Jahrhunderts der Bürgerkriege und der wissenschaftlich-philosophischen Einheitsmethode überdauernde Modernität seiner politischen Philosophie gründet jedoch in der rechtfertigungstheoretischen Erfindung des Gesellschaftsvertrags. Dieses individualistische, egalitaristische und prozeduralistische Begründungsmodell gibt dem Selbstverständnis der politischen Moderne bis heute authentischen begrifflichen Ausdruck.

Auswahlbibliographie

Primärliteratur:

Thomae Hobbes Malmesburiensis opera philosophica quae latine scripsit omnia. In unum corpus nunc primum collecta studio et labore G. Molesworth. London 1839–45. 5 Bde. Nachdruck Aalen 1961.

The English Works of Thomas Hobbes of Malmesbury. Now first collected and ed. by Sir W. Molesworth. London 1839–45. 11 Bde. Nachdruck Aalen 1962; Nachdruck London 1992.

The Clarendon edition of the philosophical works of Thomas Hobbes. Oxford 1983 ff. Bisher liegen vor: De Cive. The Latin version entitled in the first edition „Elementorum philosophiae sectio tertia de cive“ and in later editions „Elementa philosophica de cive“. A critical edition by H. Warrender. Oxford 1983; De Cive. The English version entitled in the first edition „Philosophicall rudiments concerning government and society“. A critical edition by H. Warrender. Oxford 1983.

A Dialogue between a Philosopher and a Student of the Common Laws of England. Ed. and with an introduction by J. Cropsey. Chicago, London 1971.

The Elements of Law, Natural and Politic. Ed. with a preface and critical notes by F. Tönnies. ^{1}1889. 2nd ed. with a new introduction by M. M. Goldsmith. London 1966.

Leviathan, or The Matter, Forme and Power of a Commonwealth, Ecclesiasticall and Civil. Ed. with an introduction by M. Oakeshott. Oxford 1946 u. ö.

Leviathan. Ed. with an introduction by C. B. Macpherson. Harmondsworth 1968.

Leviathan. Ed. by R. Tuck. Cambridge 1991.

Man and Citizen. Thomas Hobbes's De Homine and De Cive. Ed. with an introduction by B. Gert. Harvester 1972.

Thomas White's De Mundo Examined. Transl. by H. W. Jones. London 1976.
Critique de De mundo de Thomas White. Introd., texte critique et notes par J. Jacquot. Paris 1973.

Deutsche Übersetzungen:

Vom Körper. Ausgewählt und übers. von. M. Frischeisen-Köhler. Hamburg, 2. Aufl. 1967.
Vom Menschen. Vom Bürger. Eingeleitet und hrsg. von G. Gawlick. Hamburg, 2., verbesserte Auflage 1966.
Naturrecht und allgemeines Staatsrecht in den Anfangsgründen. Mit einer Einführung von F. Tönnies [1]1926. Neudr. Darmstadt 1976.
Leviathan oder Stoff, Form und Gewalt eines bürgerlichen und kirchlichen Staates. Hrsg. und eingeleitet von I. Fetscher, übers. von W. Euchner. Neuwied, Berlin 1966; mit Nachträgen zur Einleitung und zur Bibliographie. Frankfurt/M. 1984.
Behemoth oder Das Lange Parlament. Hrsg. und mit einem Essay von H. Münkler. Frankfurt/M. 1991.

Sekundärliteratur:

Bermbach, U./Kodalle, K.-M. (Hrsg.): Furcht und Freiheit. LEVIATHAN – Diskussion 300 Jahre nach Thomas Hobbes. Opladen 1982.
Gauthier, D. P.: The Logic of Leviathan. The moral and political theory of Thomas Hobbes. Oxford 1969.
Goyard-Fabre, S.: Le droit et la loi dans la philosophie de Thomas Hobbes. Paris 1975.
Hampton, J.: Hobbes and the Social Contract Tradition. Cambridge 1986.
Hüning, D.: Freiheit und Herrschaft in der Rechtsphilosophie des Thomas Hobbes. Berlin 1998.
Kavka, G. S.: Hobbesian Moral and Political Theory. Princeton 1986.
Kersting, W.: Rechtsverbindlichkeit und Gerechtigkeit bei Thomas Hobbes. Archiv für Rechts- und Sozialphilosophie 84 (1998), 354–376.
Kersting, W. (Hrsg.): Thomas Hobbes: Leviathan. Berlin 1996.
Kersting, W.: Thomas Hobbes zur Einführung. Hamburg 1992.
Ludwig, B.: Die Wiederentdeckung des Epikureischen Naturrechts. Frankfurt/M. 1998.
Mintz, S. I.: The Hunting of Leviathan. Seventeenth-Century reactions to the materialism and moral philosophy of Hobbes. Cambridge 1962.
Rogers, G. A. J. (Hrsg.): Leviathan. Contemporary responses to the political theory of Thomas Hobbes. Bristol 1995.
Schelsky, H.: Thomas Hobbes. Eine politische Lehre. Berlin 1981.
Schmitt, C.: Der Leviathan in der Staatslehre des Thomas Hobbes. [[1]1938]. Nachdruck Köln 1982.
Skinner, Q.: Reason and Rhetoric in the Philosophy of Hobbes. Cambridge 1996.
Strauss, L.: Hobbes' politische Wissenschaft. Neuwied 1965.
Tönnies, F.: Thomas Hobbes, Leben und Lehre. [[1]1896]. Faks.-Neudr. der 3. verm. Aufl. (1925) Stuttgart-Bad Cannstatt 1971.

Warrender, H.: The Political Philosophy of Hobbes. His theory of obligation. Oxford 1957.
Watkins, J. W. N.: Hobbes's System of Ideas. London 1965.
Willms, B.: Die Antwort des Leviathan. Thomas Hobbes' politische Theorie. Neuwied 1970.
Willms, B: Thomas Hobbes. Das Reich des Leviathan. München 1987.

RENÉ DESCARTES

Das Projekt einer radikalen Neubegründung des Wissens

Von DOMINIK PERLER

1. Biographie

Wie kaum ein anderer Denker prägte der französische Philosoph, Naturwissenschaftler und Mathematiker René Descartes (1596–1650) die wissenschaftliche Revolution im 17. Jahrhundert, die zur Überwindung des aristotelisch-scholastischen Weltbildes führte. Durch bahnbrechende Arbeiten in zahlreichen Disziplinen – von der Geometrie und Arithmetik über die Physik und Physiologie bis zur Naturphilosophie, Erkenntnistheorie und Metaphysik – trug er zur Etablierung eines neuen Weltbildes bei, das die weitere Entwicklung der Naturwissenschaften und der Philosophie maßgeblich bestimmte. Daher wurde Descartes schon sehr früh als „Vater der modernen Philosophie"[1] gewürdigt. Bei der Ausarbeitung dieser neuen, anti-aristotelischen Philosophie orientierte er sich an einer grundlegenden Maxime: An die Stelle der scholastischen Disputationen, die sich meistens mit der Auslegung von Texten befaßten und zu keinen schlüssigen Ergebnissen führten, sollten streng methodisch geleitete und empirisch fundierte Untersuchungen treten. Solche Untersuchungen sollten sich stets durch Klarheit und Evidenz auszeichnen und nur das berücksichtigen, was für alle Menschen in gleicher Weise einsichtig und unbezweifelbar ist. Nur wenn diese Maxime befolgt werde, so meinte Descartes, lasse sich die Gesamtheit der Wissenschaften erneuern und von den entstellenden Masken der traditionellen Theorien befreien. Denn „jetzt sind die Wissenschaften maskiert. Würden die Masken jedoch entfernt, erschienen sie in ihrer ganzen Schönheit" (AT X, 215)[2].

[1] Dieser Titel wurde ihm bereits im 18. Jahrhundert von Thomas Reid (›Inquiry into the Human Mind‹, Dublin 1764) und Louis-Sébastien Mercier (›Eloge de René Descartes‹, Paris 1765) zugesprochen. Vgl. H.-P. Schütt: Die Adoption des „Vaters der modernen Philosophie". Studien zur Entstehung eines Gemeinplatzes der Ideengeschichte. Frankfurt/M. 1998, 87 ff.

[2] Sämtliche Verweise auf Descartes' Werke beziehen sich auf die von Ch. Adam und P. Tannery (= AT) herausgegebene Werkausgabe (vgl. Literaturverzeichnis). Die

Die Forderung nach einer radikalen wissenschaftlichen Erneuerung zieht sich wie ein roter Faden durch das gesamte Werk Descartes' – von den frühen ›Cogitationes privatae‹ bis zu den späten ›Passions de l'âme‹. Das scholastische Wissenssystem, von dem er sich immer wieder abgrenzte, hatte er während seiner Studienzeit im Jesuitenkollegium von La Flèche (1606–1614) kennengelernt. Nach Abschluß dieser traditionellen Ausbildung und einem Studium der Jurisprudenz in Poitiers (1615–1616) wollte er zunächst eine militärische Laufbahn einschlagen. Bereits nach kurzer Zeit kam er jedoch von diesem Plan ab (seinen eigenen Berichten zufolge aufgrund dreier wegweisender Träume)[3] und begann, sich mit mathematischen und physikalischen Problemen zu beschäftigen. Schon sehr früh arbeitete er aber nicht nur an wissenschaftlichen Einzelproblemen, sondern auch an einer umfassenden Methodologie, die er in den unvollendeten ›Regulae ad directionem ingenii‹ (1619–1620 und 1626–1628) zum ersten Mal darlegte.

Nach seiner Emigration in die Niederlande (1629) beabsichtigte Descartes, in einer großangelegten Schrift seine naturwissenschaftlichen Innovationen der Öffentlichkeit vorzustellen. Diese Schrift, ›Le monde‹ (1633 vollendet), blieb jedoch unveröffentlicht, wahrscheinlich weil Descartes befürchtete, er würde damit wie Galileo Galilei der kirchlichen Zensurbehörde zum Opfer fallen. Ebenso unveröffentlicht blieb der ›Traité de l'homme‹, in dem er sich Problemen der Physiologie und der Wahrnehmungstheorie widmete. Er nahm aber einige zentrale Gedanken von ›Le Monde‹ in drei Abhandlungen (›La Dioptrique‹, ›Les Météors‹, ›La Géométrie‹) wieder auf und publizierte diese 1637 zusammen mit einer methodologischen Einführung, dem ›Discours de la méthode‹. Durch den autobiographisch gefärbten ›Discours‹, in dem Descartes auch seine „provisorische Moral" vorstellte, erlangte er schlagartig internationale Berühmtheit, und seine wissenschaftlichen Leistungen (z. B. die Lösung des berühmten Pappus-Problems in ›La Géométrie‹) trugen ihm in der Fachwelt hohes Ansehen ein.

Noch während er sich mit mathematischen und physikalischen Problemen beschäftigte, widmete sich Descartes zwei Grundfragen der Metaphysik: der Frage nach der Existenz Gottes und dem Verhältnis von Geist und Körper. In den ›Meditationes de prima philosophia‹ (lat. 1641, frz. 1647) erarbeitete er schrittweise eine Antwort auf diese Fragen und entwickelte gleichzeitig ein umfassendes erkenntnistheoretisches Projekt, das von einer

römische Zahl gibt die Bandnummer an, die arabische die Seitenzahl. Die Übersetzungen aus dem Lateinischen und Französischen stammen vom Verfasser.

[3] Der Inhalt dieser Träume ist überliefert in A. Baillet: La Vie de M. Des-Cartes. Paris 1691 (Nachdruck Hildesheim 1972). Bd. 1, 81 ff.

skeptischen Fragestellung ausging. Zu den Einwänden namhafter Philosophen und Theologen (unter ihnen Antoine Arnauld, Thomas Hobbes, Pierre Gassendi) gegen die ›Meditationes‹ bezog Descartes in ausführlichen Erwiderungen Stellung. Wenig später (1644) folgte in den ›Principia philosophiae‹ eine lehrbuchartige Gesamtdarstellung des ganzen philosophischen und naturwissenschaftlichen Projekts.

Da im niederländischen Utrecht schon früh die Kritik an der neuen Philosophie einsetzte (1643 wurde der Cartesianismus unter dem damaligen Kanzler G. Voetius offiziell verboten), setzte sich Descartes in einem offenen Brief, der ›Epistola ad Voetium‹ (1643), zur Wehr und verteidigte sich gegenüber Atheismus-Vorwürfen.[4] Von seinem ehemaligen Schüler Regius, der in Utrecht lehrte und durch eine Vernachlässigung der Metaphysik den Cartesianismus in Verruf brachte, distanzierte er sich in den ›Notae in Programma‹ (1648). Als er 1648 Besuch von einem jungen Studenten erhielt, der ihn um Präzisierungen zu zentralen Stellen seiner Hauptwerke bat, gab Descartes bereitwillig Auskunft. Die Aufzeichnungen dieses Gesprächs sind unter dem Titel ›Gespräch mit Burman‹ überliefert.

Durch seine Korrespondenz mit der Prinzessin Elisabeth von Böhmen wurde Descartes immer mehr angeregt, sich mit dem Verhältnis von Geist und Körper – insbesondere mit dem Problem der Entstehung und Funktion von Emotionen – zu beschäftigen. Diese Beschäftigung fand ihren Niederschlag in den ›Passions de l'âme‹ (1649), seinem letzten Werk. 1649 verlegte er auf Einladung der Königin Christina von Schweden seinen Wohnsitz nach Stockholm, um die Königin in Philosophie zu unterrichten. Doch dieser Umzug hatte fatale Folgen. Schon bald erkrankte er schwer und starb am 11. Februar 1650 infolge einer Lungenentzündung.

2. Methodologie

Das Projekt einer wissenschaftlichen Erneuerung, das Descartes bereits in den ›Cogitationes privatae‹ (1619) ankündigt und in den späteren Werken ausarbeitet, kann seiner Ansicht nach nur gelingen, wenn es gleichzeitig an zwei Punkten ansetzt. Einerseits sind ausgedehnte *empirische* Studien erforderlich, denn ein Verständnis der Natur wird nicht einfach durch eine semantische Analyse naturphilosophischer Ausdrücke ('Zeit', 'Raum', 'Bewegung' usw.) erreicht, wie viele scholastische Autoren annahmen. Ein solches Verständnis läßt sich nur durch eine Untersuchung konkreter Naturphänomene erzielen. Daher widmet sich Descartes in zahlreichen

[4] Die Dokumente dieser Auseinandersetzung finden sich in Th. Verbeek (Hrsg.): René Descartes & Martin Schook. La querelle d'Utrecht. Paris 1988.

Schriften – quantitativ gesehen überwiegen sie bei weitem die philosophischen – naturwissenschaftlichen Fragestellungen. Er studiert Probleme der Anatomie, indem er Tierkadaver seziert; er widmet sich Fragen der Optik, indem er Regenbogen und Linsen untersucht; er beschäftigt sich mit Problemstellungen der Physiologie, indem er die menschlichen Wahrnehmungsorgane analysiert usw. Andererseits sind aber auch ausgedehnte *methodologische* Studien erforderlich, denen Descartes eine zentrale Bedeutung beimißt. Denn eine radikale Erneuerung wird erst dann möglich, wenn die irreführenden methodischen Annahmen und Begriffe der traditionellen Wissenschaft überwunden sind.

Descartes setzt sich vor allem von zwei methodischen Ansätzen ab. Erstens distanziert er sich vom Programm der okkulten Wissenschaft, die im 16. und frühen 17. Jahrhundert weit verbreitet war.[5] Die Vertreter dieses Programms (z. B. Paracelsus) vertraten die Ansicht, daß man die Natur erst dann versteht, wenn man die okkulten Eigenschaften und Kräfte berücksichtigt, die gleichsam hinter den offensichtlichen Eigenschaften der Dinge versteckt sind und die sich nicht empirisch untersuchen lassen. Dagegen wendet Descartes in den ›Regulae‹ ein, daß es unzulässig ist, Verborgenes, geheim Wirkendes zu postulieren, um sichtbare Naturvorgänge zu erklären. Die Wissenschaften „sind nicht von den erhabenen und obskuren Dingen abzuleiten, sondern nur von den ganz leichten und offensichtlichen" (AT X, 402). Wer etwa erklären will, warum ein sich bewegender Stein einen anderen Stein anstößt und ebenfalls in Bewegung versetzt, darf keine okkulte Kraft in den Steinen oder in den Gestirnen annehmen. Er muß vielmehr von offensichtlichen Tatsachen (Größe, Gewicht, Lageveränderung der Steine usw.) ausgehen, diese in Beziehung zueinandersetzen, Gesetze der Bewegung formulieren und schließlich nach allgemeinen Naturgesetzen suchen. Ausgangspunkt ist stets das Evidente, nicht das Okkulte.

Zweitens distanziert sich Descartes auch von der syllogistischen Methode der Scholastiker. Diese waren der Meinung, sicheres und evidentes Wissen müsse auf Beweisen beruhen, die eine syllogistische Form aufweisen. Daher widmeten sie sich eingehend dem Studium der verschiedenen syllogistischen Figuren. Descartes zufolge ist ein solches Studium gänzlich unfruchtbar. Durch einen Syllogismus wird nämlich nie neues Wissen gewonnen. Er dient höchstens dazu, bereits etabliertes Wissen formal zu gliedern und anderen zu vermitteln (AT X, 406; AT VI, 17). Ein Syllogismus

[5] Vgl. zu diesem Programm konzis B. P. Copenhaver: Astrology and Magic. In: C. B. Schmitt/Q. Skinner (Hrsg.): The Cambridge History of Renaissance Philosophy. Cambridge 1988, 264–300; B. P. Copenhaver: The Occultist Tradition and its Critics. In: D. Garber/M. Ayers (Hrsg.): The Cambridge History of Seventeenth-Century Philosophy. Cambridge 1998, 454–512.

setzt in seinen Prämissen nämlich immer jenes Wissen voraus, das im Schlußsatz angeblich gewonnen wird. Konkret heißt dies: Wenn behauptet wird, durch den Syllogismus „Jeder Mensch ist sterblich; Sokrates ist ein Mensch; also ist Sokrates sterblich" werde ein gesichertes Wissen von der Tatsache gewonnen, daß Sokrates sterblich ist, erweist sich diese Behauptung bei näherer Betrachtung als unbegründet. Denn ein Wissen von der allgemeinen Prämisse „Jeder Mensch ist sterblich" ist nur durch Induktion möglich, d. h. durch die verallgemeinernde Feststellung, daß dieser und jener individuelle Mensch sterblich ist. Wenn die Induktion aber vollständig sein soll, muß die verallgemeinernde Feststellung alle Menschen berücksichtigen, also auch Sokrates. Somit kann „Jeder Mensch ist sterblich" nur gewußt werden, wenn „Sokrates ist sterblich" – der angebliche Schlußsatz – bereits gewußt wird.[6] Descartes stellt daher fest, „daß die Dialektiker mit ihrer Kunst keinen Syllogismus mit einem wahren Schlußsatz bilden können, außer wenn sie ... die Wahrheit, die abgeleitet wird, schon vorher kannten" (AT X, 406).

Die Unzulänglichkeit der beiden traditionellen methodischen Verfahren bringt Descartes zur Überzeugung, daß eine neue Methodologie entwickelt werden muß. Im zweiten Teil des ›Discours‹ (AT VI, 18f.) faßt er deren Kern kurz zusammen, indem er vier methodische Grundprinzipien formuliert. (1) In einer wissenschaftlichen Untersuchung darf man nur von dem ausgehen, was wahr ist und mit Evidenz gewußt wird. (2) Alle Fragestellungen einer Untersuchung sind derart in kleinere Einheiten zu unterteilen, daß man zunächst bei jenen Problemen ansetzen kann, die sich lösen lassen. (3) Zunächst muß man bei den einfachen und leicht zu erkennenden Dingen ansetzen und darf erst danach zu den schwierigeren vordringen. (4) Alle Probleme sind in einer Untersuchung möglichst vollständig aufzuzählen.

Diese vier sehr allgemein formulierten Grundprinzipien werden von Descartes zu einer umfassenden Methodologie ausgebaut. Der zentrale Punkt dieser Methodologie besteht in der Grundthese, daß jede Untersuchung beim *Evidenten* ansetzen muß. Doch was ist das Evidente? Dieser Frage widmet sich Descartes bereits in den frühen ›Regulae‹. Das Evidente, so betont er dort (AT X, 368), ist stets das Unbezweifelbare, unmittelbar Gegebene, das mit Hilfe der Intuition – einer rein geistigen Tätigkeit – erfaßt wird. Es ist für Descartes von entscheidender Bedeutung, daß in diesem ersten Schritt alles ausgeschieden wird, was im Bereich der häu-

[6] Diese Kritik an der Syllogistik ist freilich nicht neu. Sie findet sich bereits bei Sextus Empiricus: Grundriß der pyrrhonischen Skepsis II, 196. Vgl. zu Descartes' Wiederbelebung dieser Kritik S. Gaukroger: Cartesian Logic. An essay on Descartes's conception of inference. Oxford 1989, 6ff.

fig unzuverlässigen Wahrnehmungssinne oder des Vorstellungsvermögens liegt. Als paradigmatische Fälle für Evidentes führt Descartes mathematische Propositionen an. Sobald derartige Propositionen (z. B. „Eine Kugel hat eine einzige Oberfläche") durch Intuition erfaßt sind, können in einem deduktiven Verfahren weitere Propositionen abgeleitet werden (AT X, 369). Nur so läßt sich ein sicheres Wissensfundament gewinnen, das nicht durch irgendwelche Disputationen wieder umgestürzt werden kann.

In diesem Ansatz, der sich ausschließlich auf Intuition und Deduktion beruft, werden zwei methodische Schritte deutlich, auf deren Wichtigkeit Descartes auch in seinen späteren Werken immer wieder hinweist: Zuerst muß man in einem *reduktiven* Schritt auf das Einfache und Evidente zurückgehen, und erst dann kann man in einem *konstruktiven* Schritt zum Komplexeren übergehen. Natürlich stellt sich dann sogleich die Frage, was das Einfache denn sein soll: nichts anderes als einfache mathematische Propositionen oder auch erste, grundlegende Prinzipien? Im ersten Teil der ›Regulae‹ beschränkt sich Descartes fast ausschließlich auf mathematische Propositionen, und er vertritt die These, daß eine Idealwissenschaft eine „mathesis universalis" sein muß, die sich auf die Ordnung mathematischer Propositionen beschränkt, sei dies nun eine Ordnung in der Geometrie, Arithmetik, Musiktheorie oder Astronomie (AT X, 377f.).

In den später entstandenen Teilen der ›Regulae‹ berücksichtigt Descartes aber auch andere Wissensgebiete, und er stellt fest, daß unter dem Einfachen ganz allgemein „einfache Naturen" zu verstehen sind (AT X, 419f.).[7] Diese einfachen Naturen unterteilt er in drei Klassen: erstens in Naturen, die nur dem Geist zukommen (z. B. daß er erkennt oder zweifelt), zweitens in Naturen, die nur dem Körper zukommen (z. B. daß er ausgedehnt ist und sich bewegt), und drittens in Naturen, die in gleicher Weise Geist und Körper zukommen (z. B. daß sie existieren, eine Einheit bilden und eine zeitliche Ausdehnung haben). Descartes betont, daß diese Klassifizierung immer vom Standpunkt des erkennenden Geistes aus zu verstehen ist: „Da wir uns hier mit den Dingen nur befassen, insofern sie vom Intellekt erkannt werden, nennen wir nur jene einfach, deren Erkenntnis so klar und distinkt ist, daß sie vom Geist nicht in weitere unterteilt werden können, die noch klarer erkannt werden" (AT X, 418). Eine einfache Natur ist also nicht etwas, was an sich betrachtet ein einfacher Bestandteil der Natur oder eine grundlegende Entität ist. Sie ist vielmehr etwas, was dem erkennenden Geist als etwas Einfaches, klar und deutlich Erfaßbares gegeben ist.

Damit setzt sich Descartes entschieden von der scholastischen Tradition

[7] Die ›Regulae‹ entstanden in zwei Etappen, 1619–1620 und 1626–1628. Vgl. zur Entstehungsgeschichte J.-P. Weber: La constitution du texte des Regulae. Paris 1964.

ab, die versuchte, eine ontologische Klassifizierung vorzunehmen und mittels einer Kategorienlehre die einfachsten Arten von Entitäten zu bestimmen. Descartes fordert eine erkenntnistheoretische Klassifizierung: Man muß zunächst das bestimmen und klassifizieren, was für den erkennenden Geist elementar und evident ist. Dies muß keineswegs mit dem übereinstimmen, was ontologisch betrachtet elementar ist, denn „die einzelnen Dinge sind in ihrer Ordnung hinsichtlich unserer Erkenntnis anders zu betrachten, als wenn wir über sie sprechen, wie sie tatsächlich existieren“ (AT X, 418). In dieser Aussage zeigt sich deutlich die erkenntnistheoretische Wende, die weit über das 17. Jahrhundert hinaus die philosophischen Debatten bestimmte: Ausgangspunkt einer Untersuchung ist das, was dem erkennenden Geist unmittelbar gegeben ist und somit vom Geist klassifiziert wird, nicht etwa das, was unabhängig vom Geist in bestimmte Kategorien (z. B. in die zehn aristotelischen Kategorien) eingeteilt werden kann.

Descartes weist in seinen methodologischen Schriften auch immer wieder darauf hin, daß eine wissenschaftliche Untersuchung analytisch und nicht etwa synthetisch verfahren muß: „Die Analysis weist den wahren Weg, auf dem eine Sache gleichsam a priori gefunden wurde ... Die Synthesis hingegen geht den entgegengesetzten Weg und beweist gleichsam a posteriori ... klar eine Schlußfolgerung, bedient sich dabei aber einer langen Reihe von Definitionen, Postulaten, Axiomen, Theoremen und Problemen ...“ (AT VII, 155 f.). Diese Unterscheidung zweier Verfahren geht im Kern auf die antike Mathematik zurück.[8] Das Ziel der analytischen Methode besteht darin, bei einem konkreten geometrischen oder arithmetischen Problem anzusetzen und zunächst auf das zurückzugehen, was mit Evidenz feststeht (z. B. eine bekannte Größe oder ein bekanntes Theorem). Im Gegensatz dazu bedient sich die synthetische Methode von vornherein einer Menge von Definitionen, Theoremen usw. – seien diese nun evident oder nicht – und wendet sie auf das gestellte Problem an. Descartes behauptet nun, daß in jeder Wissenschaft, nicht nur in der Mathematik, die analytische Methode anzuwenden ist. Denn wer sich dieser Methode bedient, geht von Anfang an („gleichsam a priori“) einzig und allein von dem aus, was für den erkennenden Geist evident ist, ohne irgendwelche unbegründete Annahmen zu machen. Wer hingegen die synthetische Methode anwendet, geht von einer Menge unbegründeter Voraussetzungen aus und beruft sich erst im nachhinein („gleichsam a posteriori“) auf etwas Eviden-

[8] Sie wurde von Pappus und Diophantus, zwei griechischen Mathematikern des 3. Jahrhunderts v. Chr., entwickelt. Vgl. zu Descartes' Rezeption dieser Methode J. Hintikka: A Discourse on Descartes's Method. In: M. Hooker (Hrsg.): Descartes. Critical and interpretative essays. Baltimore 1978, 74–88.

tes. Bei einem solchen Vorgehen ist es stets möglich, daß anfänglich etwas vorausgesetzt wird, was sich später als bezweifelbar oder gar als falsch erweist. Daher führt nur die analytische Methode zur Etablierung von sicherem Wissen, das auf einer unbezweifelbaren Grundlage beruht.

Angesichts eines solchen methodischen Ansatzes ist es nicht erstaunlich, daß Descartes immer wieder vorgeworfen wurde, er vertrete einen extremen Rationalismus, bei dem die Sinneserfahrung überhaupt keine Rolle spiele. In den ›Regulae‹ behauptet er ja, es sei der „reine Geist" (AT X, 368), der erste, evidente Propositionen erfasse. Und in den späteren ›Meditationes‹ betont er, es müsse ein Weg gefunden werden, „um den Geist von den Sinnen wegzuführen" (AT VII, 12). Erst dann lasse sich eine sichere Wissensgrundlage finden. Obwohl diese Äußerungen sicherlich eine rationalistische Grundhaltung erkennen lassen, dürfen sie nicht aus dem Kontext gerissen werden. Descartes behauptet nicht, man müsse bei jeder wissenschaftlichen Untersuchung mit dem reinen Geist vorgehen und von der Sinneserfahrung absehen. Er stellt nur die These auf, daß für die Etablierung eines sicheren Wissensfundaments auf etwas zurückgegriffen werden muß, was unbezweifelbar ist und rational erfaßt wird. Ist jedoch einmal eine solche Grundlage geschaffen, darf und muß sogar auf die Empirie rekurriert werden. Nur auf einer empirischen Basis lassen sich in zahlreichen Wissenschaften – etwa in der Physik oder in der Physiologie – konkrete Forschungsresultate erzielen. Das methodische Verfahren, das *vor* der Etablierung eines sicheren Wissensfundaments anzuwenden ist, darf nicht mit jenem gleichgesetzt werden, das *nach* einer solchen Etablierung in den Einzelwissenschaften zu befolgen ist. Als praktizierender Naturwissenschaftler ist sich Descartes durchaus bewußt, wie wichtig Naturbeobachtung und Experimente für den Erwerb von Wissen sind. Er räumt ihnen daher in zahlreichen Schriften (z. B. in ›Le monde‹) einen zentralen Platz ein.

3. Naturphilosophie

Die Maskierung und Entstellung der Wissenschaften, die Descartes immer wieder kritisiert, liegt nicht nur darin begründet, daß die Wissenschaften seiner Zeit über eine ungenügende empirische Basis verfügen und sich falscher Methoden bedienen. Der Grund liegt vor allem darin, daß sie von falschen naturphilosophischen Modellen ausgehen, die ihrerseits auf falschen metaphysischen Modellen beruhen. Descartes erläutert dieses Abhängigkeitsverhältnis anhand eines Vergleichs der Wissenschaften mit einem Baum: Die Wurzeln des Baumes entsprechen der Metaphysik, der Stamm der Physik und die Äste den übrigen Disziplinen, die sich in drei Hauptgruppen unterteilen lassen, nämlich in Medizin, Mechanik und Ethik

(AT IX–2, 14). Wenn nun in der Medizin oder in der Mechanik systematisch Fehler begangen werden, liegt dies daran, daß diese Disziplinen von falschen physikalischen (in einem weiten Sinn gefaßt: naturphilosophischen) Thesen ausgehen, die ihrerseits auf falschen metaphysischen Thesen beruhen. Ein Fortschritt in den einzelnen Disziplinen läßt sich nur dann erzielen, wenn ihre Fundamente erneuert werden.

Das erste traditionelle Fundament, das Descartes einer ausführlichen Kritik unterzieht, ist der aristotelisch-scholastische Hylemorphismus, der bis weit in das 17. Jahrhundert hinein die naturphilosophischen Debatten dominierte.[9] Gemäß dieser Theorie ist ein physikalischer Gegenstand stets als eine Verbindung aus Materie und Form zu erklären. Die Materie ist bloß potentiell ein Gegenstand und bedarf immer der Aktualisierung durch eine Form. So ist etwa Holz, die Materie eines Baumes, nur potentiell ein Baum. Erst durch die Hinzufügung der spezifischen Form eines Baumes entsteht aus dem Holz ein Baum. Die Form ist dafür verantwortlich, daß ein Gegenstand einer bestimmten Art entsteht und daß dieser Gegenstand über bestimmte wesentliche Merkmale verfügt. Die Form garantiert zudem, daß der Gegenstand bestimmte natürliche Dispositionen hat. So garantiert die Form des Baumes, nicht etwa die Materie, daß der Baum wachsen, blühen und unter bestimmten Umständen auch verbrennen kann.

Descartes hält die hylemorphistische Theorie für abwegig und vollkommen unbegründet. Die Vertreter dieser Theorie begehen seiner Ansicht nach einen grundlegenden Fehler. Anstatt das zu untersuchen und zu erklären, was einem Beobachter unmittelbar gegeben ist, nämlich die Materie, postulieren sie einfach eine obskure Form. Zudem schreiben sie dieser Form irgendwelche mysteriösen Fähigkeiten zu. Wenn etwa erklärt werden soll, weshalb ein Baum zu brennen beginnt, sobald er Feuer fängt, behaupten die Aristoteliker einfach, die besondere Form des Baumes sei dafür verantwortlich. Doch diese Behauptung beruht nur auf der Annahme einer nicht-beobachtbaren Form und läßt sich empirisch nicht überprüfen. Daher stellt Descartes fest: „Ein anderer möge sich, wenn er will, bei diesem Holz die Form des Feuers, die Qualität der Hitze und die Handlung des Verbrennens als unterschiedliche Dinge vorstellen. Ich hingegen befürchte mich zu täuschen, wenn ich hier etwas über das hinaus annehme, was notwendig ist. Daher begnüge ich mich hier damit, die Bewegung der Teile zu begreifen“ (AT XI, 7). Eine korrekte Erklärung muß Descartes zufolge

[9] Vgl. zum Aristotelismus im 17. Jahrhundert Ch. Mercer: The Vitality and Importance of Early Modern Aristotelianism. In: T. Sorell (Hrsg.): The Rise of Modern Philosophy. Oxford 1993, 33–67; R. Ariew/A. Gabbey: The Scholastic Background. In: D. Garber/M. Ayers (Hrsg.): The Cambridge History of Seventeenth-Century Philosophy, a. a. O., 425–453.

immer bei einem konkreten Stück Materie, z. B. bei einem Holzstück, ansetzen. Es muß erläutert werden, aus welchen Teilen sich dieses Stück zusammensetzt, wie sich die einzelnen Teile zueinander verhalten und wie aus der Bewegung der einzelnen Teile oder aus dem Kontakt mit anderen Materieteilen bestimmte Phänomene (z. B. Feuer) resultieren können. Wenn komplexe Naturphänomene mit Rekurs auf Formen erläutert werden, dann „wird das Obskure durch noch Obskureres erklärt“ (AT III, 507).

Descartes wirft den Aristotelikern auch vor, daß sie durch ihre Berufung auf Formen Entitäten einführen, die angeblich zur Aktualisierung der Materie erforderlich sind (AT III, 502). Derartige Entitäten sind seiner Meinung nach jedoch vollkommen überflüssig. Jeder materielle Gegenstand ist bereits an sich – ohne die Hinzufügung irgendeiner Entität – ein vollständiger, aktueller Gegenstand. Diese Kritik am Hylemorphismus beruht zwar teilweise auf einem Mißverständnis; denn Formen sind keine besonderen Entitäten, die der Materie beliebig hinzugefügt oder von ihr entfernt werden können. Formen sind vielmehr Ordnungs- und Strukturprinzipien für materielle Gegenstände.[10] Aber die Kritik zeigt sehr deutlich, daß Descartes von einem veränderten Materiebegriff ausgeht. Während für die aristotelische Tradition Materie nur etwas potentiell Existierendes sein kann, ist sie für ihn immer schon etwas aktuell Existierendes. Wenn wir einen materiellen Gegenstand beschreiben und erklären wollen, müssen wir seiner Ansicht nach nur die konkrete Beschaffenheit der Materie, d. h. ihre jeweilige Ausdehnung, erläutern.

Descartes weist noch eine weitere Theorie zurück, die im 17. Jahrhundert einflußreich war und teilweise das Fundament für die Naturwissenschaften bildete: den Atomismus.[11] Gemäß dieser Theorie bestehen materielle Gegenstände aus kleinsten materiellen Bausteinen, den Atomen, die unteilbar und unveränderlich sind. Jede Veränderung der materiellen Gegenstände kommt durch eine neue Konstellation der Atome zustande. Die verschiedenen Atomkonstellationen existieren in einem leeren Raum, einem sogenannten Vakuum. Nur ein solches Vakuum ermöglicht es, daß überhaupt verschiedene Atomkonstellationen nebeneinander bestehen können und daß sie voneinander abgegrenzt sind.

[10] Dieses Mißverständnis verdeutlichte bereits E. Gilson: Etudes sur le rôle de la pensée médiévale dans la formation du système cartésien. Paris [5]1984, 163. Vgl. auch D. Des Chene: Physiologia. Natural philosophy in late aristotelian and cartesian thought. Ithaca, London 1996, 122 ff.

[11] Vgl. zur Verbreitung des Atomismus Ch. Meinel: Early Seventeenth-Century Atomism. Theory, epistemology, and the insufficiency of experiment, Isis 79 (1988), 68–103.

Gegen diese Theorie wendet Descartes ein, daß die Annahme unteilbarer materieller Entitäten abwegig ist. Alles, was materiell ist, ist notwendigerweise auch unendlich teilbar, denn „in der Natur eines Körpers bzw. eines ausgedehnten Gegenstandes ist Teilbarkeit enthalten …“ (AT VII, 163). Genau wie in der Auseinandersetzung mit den Aristotelikern zeigt sich auch hier, daß Descartes von einem veränderten Materiebegriff ausgeht. Während für die Atomisten unteilbare materielle Entitäten durchaus vorstellbar sind, behauptet Descartes, daß bereits die Natur bzw. der Begriff der Materie Teilbarkeit impliziert. Daher läßt sich die Annahme von Atomen bereits aufgrund einer Begriffsanalyse ausschließen. Ebenso auszuschließen ist die Existenz eines Vakuums. „Ich glaube“, so stellt Descartes fest, „daß die Existenz eines Vakuums einen Widerspruch zur Folge hat. Wir haben nämlich dieselbe Idee von der Materie und vom Raum“ (AT IV, 329). Wer den Begriff von etwas Materiellem hat, hat immer auch den Begriff von etwas räumlich Ausgedehntem und umgckchrt. Es ist für Descartes daher vollkommen ausgeschlossen, daß man einen kohärenten Begriff von einem Vakuum hat, d. h. von etwas räumlich Ausgedehntem, das nichts Materielles ist oder enthält. Alles räumlich Ausgedehnte *muß* materiell sein.

Die Auseinandersetzung mit dem aristotelischen Hylemorphismus und dem Atomismus bringt Descartes zu dem Schluß, daß jede naturwissenschaftliche Untersuchung auf drei naturphilosophischen Thesen beruhen muß: (1) Materielle Gegenstände sind an sich – ohne Hinzufügung von Formen – bereits vollständige Gegenstände. (2) Sie sind notwendigerweise ausgedehnt. (3) Ihre Bestandteile sind unendlich teilbar. Wenn nun in einer naturwissenschaftlichen Untersuchung die genaue Beschaffenheit der materiellen Gegenstände bestimmt werden soll, muß ihre Ausdehnung analysiert werden. Diese manifestiert sich in den geometrischen Eigenschaften, d. h. in der jeweiligen Länge, Breite und Tiefe der Gegenstände. Zudem müssen auch die kinematischen Eigenschaften untersucht werden, d. h. die jeweilige Bewegung der ganzen Gegenstände und ihrer Teile. Descartes mißt daher der Formulierung von Gesetzen der Bewegung einen zentralen Stellenwert bei (AT XI, 38f.; AT VIII-1, 62ff.).[12] Entscheidend ist für ihn dabei, daß sich materielle Gegenstände *ausschließlich* durch geometrische und kinematische Eigenschaften auszeichnen (AT VIII-1, 42f.).

Diese Auffassung der materiellen Gegenstände, die Descartes mit anderen Vertretern der neuen Physik (Galilei, Boyle u. a.) teilt, hat eine wichtige Konsequenz: Sinneseigenschaften wie etwa Farbe, Geruch oder Geschmack, die in der aristotelischen Tradition den materiellen Gegen-

[12] Vgl. die ausführliche Analyse dieser Gesetze in D. Garber: Descartes' Metaphysical Physics. Chicago 1992, 156ff.

ständen zugeschrieben wurden, sind keine realen Eigenschaften der Gegenstände. Sie sind lediglich Eigenschaften oder Empfindungen, die in einer wahrnehmenden Person hervorgerufen werden. In den Gegenständen selbst gibt es nur Dispositionen, diese Eigenschaften oder Empfindungen zu erzeugen (AT VIII–1, 322 f.). So ist etwa die Aussage „Der Apfel ist rot" strenggenommen falsch. Da der Apfel nur über geometrische und kinematische Eigenschaften verfügt, kann lediglich eine Aussage wie „Der Apfel ist rund" oder „Der Apfel fällt vom Baum" wahr sein. Spricht man über Sinneseigenschaften, darf man höchstens „Der Apfel hat die Disposition, in einem Wahrnehmenden eine Rotempfindung hervorzurufen" behaupten. Wer dem Apfel auch eine Farbe zuschreibt, setzt einfach die Wirkung, die der Apfel aufgrund einer Disposition erzeugt, mit einer realen Eigenschaft desselben gleich.

Diese klare Abgrenzung der geometrischen und kinematischen Eigenschaften von den Sinneseigenschaften prägte nachhaltig die naturphilosophischen Debatten im 17. und 18. Jahrhundert. Sie führte dazu, daß zwischen zwei Beschreibungsweisen für materielle Gegenstände unterschieden wurde: Einerseits können derartige Gegenstände so beschrieben werden, wie sie *an sich* sind (aufgrund ihrer geometrischen und kinematischen Eigenschaften). Andererseits können sie aber auch so beschrieben werden, wie sie *für uns* sind (aufgrund der Sinneseigenschaften, die sie in uns hervorrufen). Nur wenn diese beiden Arten von Beschreibungen klar voneinander unterschieden werden, können Irrtümer in der Physik und in anderen naturwissenschaftlichen Disziplinen vermieden werden. Eine solche Unterscheidung zweier Beschreibungsweisen führte freilich dazu, daß das wissenschaftliche Verständnis und das Alltagsverständnis der materiellen Welt immer mehr auseinanderklafften. Visuelle, taktile und andere Sinneseigenschaften, die nach dem Alltagsverständnis wesentliche Eigenschaften der materiellen Gegenstände sind, sind gemäß dem wissenschaftlichen Verständnis zu eliminieren oder auf andere Eigenschaften bzw. auf Dispositionen zu reduzieren. Die materielle Welt wird gemäß dem wissenschaftlichen Verständnis zu einer „unsichtbaren Welt"[13], die genau jener Eigenschaften entbehrt, die wir normalerweise für die charakteristischen Eigenschaften halten.

4. *Metaphysik*

Bestünde die Welt nur aus materiellen Gegenständen, könnte sie mit Hilfe einer physikalischen Theorie vollständig als eine Welt ausgedehnter,

[13] Vgl. H. Pape: Die Unsichtbarkeit der Welt. Eine visuelle Kritik neuzeitlicher Ontologie. Frankfurt/M. 1997.

bewegter Körper beschrieben werden. Offensichtlich gibt es aber neben den rein materiellen Gegenständen auch Menschen, d. h. Lebewesen mit rationalen Fähigkeiten. Diese grundlegende Tatsache versucht Descartes zu erklären, indem er in seiner Metaphysik zwei Arten von Substanzen unterscheidet. Neben den *materiellen* Substanzen, d. h. den Körpern, die Ausdehnung als wesentliches Attribut haben, gibt es auch *immaterielle* Substanzen, die Denken als wesentliches Attribut haben. Diese beiden Arten von Substanzen sind real und nicht etwa nur begrifflich voneinander verschieden. Sie können aber miteinander verbunden werden, wie am Beispiel des Menschen deutlich wird. Denn ein Mensch ist nichts anderes als eine Verbindung aus einer materiellen und einer immateriellen Substanz: ein Kompositum aus Körper und Geist.

Diese dualistische Metaphysik, die Descartes bereits im ›Discours‹ vorstellt (AT VI, 32 f.), steht im Mittelpunkt der ›Meditationes‹ (AT VII, 28 ff., 78) und der ›Principia‹ (AT VIII–1, 7). Sie dient vor allem zwei Zwecken. Einerseits will Descartes mit dem Dualismus eine sichere Grundlage für die neue, anti-aristotelische Physik schaffen. Denn erst, wenn nachgewiesen ist, daß Körper und Geist real voneinander verschieden sind, läßt sich die These vertreten, daß die Körper nicht von einer Form wie von einer „inneren Seele" gelenkt werden (AT III, 648; AT VII, 442 f.); Körper sind *ausschließlich* ausgedehnte materielle Substanzen. Andererseits will Descartes mit dem Dualismus auch den Nachweis erbringen, daß die menschliche Seele unsterblich ist. Denn wenn feststeht, daß die Seele bzw. der Geist real vom Körper verschieden ist, steht auch fest, daß die Seele nicht notwendigerweise zugrunde geht, wenn der Körper stirbt. Die Seele hat als immaterielle Substanz eine unabhängige Existenz und kann deshalb auch nach dem Vergehen des Körpers weiterexistieren.

Die Dualismus-These ist allerdings nur so lange plausibel, als sie durch Argumente gestützt wird. In der Zweiten und in der Sechsten Meditation führt Descartes daher explizit Beweise an, die die reale Verschiedenheit von Körper und Geist beweisen sollen. Einer dieser Beweise stützt sich auf das berühmte Zweifelsargument in der Zweiten Meditation (AT VII, 26 ff.): Wenn ich radikal an allem zweifle, was sich irgendwie bezweifeln läßt, dann kann ich daran zweifeln, daß es um mich herum materielle Gegenstände gibt. Es könnte ja sein, daß ich bloß von derartigen Gegenständen träume, ohne daß sie wirklich existieren. Wenn ich radikal zweifle, kann ich zudem in Zweifel ziehen, daß ich einen Körper habe. Es könnte ja sein, daß ein böser Dämon mir bloß körperliche Empfindungen eingibt, ohne daß ich tatsächlich einen Körper habe. Ich kann aber nicht daran zweifeln, daß ich zweifle, d. h., daß ich eine geistige Tätigkeit ausführe. Und wenn ich eine geistige Tätigkeit ausführe, muß ich einen Geist haben. Also kann ich nicht daran zweifeln, daß ich einen Geist habe, ich kann aber sehr wohl daran zweifeln, daß ich einen Körper habe. Das, woran ich nicht zweifeln kann, muß real von dem verschieden sein, was ich bezweifeln kann. Also muß mein Geist real von meinem Körper (wenn er denn überhaupt existiert) verschieden sein.

Dieses Argument zeichnet sich dadurch aus, daß es ausgehend von einer rein epistemischen Feststellung (es gibt den Bereich des Bezweifelbaren und den Bereich des Nicht-Bezweifelbaren) zu einer metaphysischen Feststellung übergeht (der Bereich des Bezweifelbaren ist real vom Bereich des Nicht-Bezweifelbaren verschieden). Dieser Übergang ist freilich bereits von Descartes' Zeitgenossen kritisiert worden. So stellte schon A. Arnauld in seinen Einwänden das Cartesische Argument in Frage, indem er folgenden Vergleich anführte (AT VII, 201): Angenommen, eine Person zweifelt nicht daran, daß in einem Kreis ein rechtwinkliges Dreieck konstruiert werden kann, dessen Hypotenuse vom Kreisdurchmesser gebildet wird. Und angenommen, diese Person zweifelt daran, daß das Quadrat über der Hypotenuse dieses Dreiecks den beiden Quadraten über den anderen Dreiecksseiten entspricht. Folgt daraus, daß das, was bezweifelt wird, nicht auf das Dreieck zutrifft und real von dem verschieden ist, was nicht bezweifelt wird? Keineswegs, meinte Arnauld. Was jemand bezweifelt oder nicht bezweifelt, sagt nur etwas über das Wissen der jeweiligen Person aus, in diesem Fall über das Wissen bezüglich eines rechtwinkligen Dreiecks. Dies sagt aber nichts über die Beschaffenheit des rechtwinkligen Dreiecks aus. Ähnlich verhält es sich auch mit dem angeblichen Beweis für die reale Verschiedenheit von Körper und Geist. Die Tatsache, daß eine Person nicht daran zweifelt, daß sie einen Geist hat, aber sehr wohl daran zweifelt, daß sie einen Körper hat, sagt nur etwas über das Wissen dieser Person aus. Dies sagt aber nichts über die Beschaffenheit von Körper und Geist aus, schon gar nichts über deren vermeintliche reale Verschiedenheit. Denn es könnte sein, daß der Körper (oder zumindest ein bestimmter Aspekt des Körpers) trotz seiner Bezweifelbarkeit untrennbar mit dem Geist verbunden ist. Was in *epistemischer* Hinsicht voneinander getrennt werden kann (das Bezweifelbare und das Unbezweifelbare), ist nicht notwendigerweise auch das, was in *metaphysischer* Hinsicht voneinander getrennt werden kann (Körper und Geist).

Ähnliche Einwände sind auch von heutigen Kommentatoren erhoben worden,[14] und es ist deshalb nicht erstaunlich, daß die Dualismus-These meistens verworfen wird.[15] Die These ist zudem problematisch, weil sie

[14] Vgl. ausführlich A. Beckermann: Descartes' metaphysischer Beweis für den Dualismus. Freiburg 1986, 114 ff.

[15] Es gibt in der neueren Diskussion allerdings auch einige wenige Verteidiger dieser These. Vgl. J. Foster: The Immaterial Self. A defence of the cartesian dualist

gewisse Konsequenzen nach sich zieht. Wenn ein Mensch tatsächlich eine Verbindung aus zwei real verschiedenen Substanzen ist und trotzdem ein einheitliches Lebewesen darstellt, müssen die beiden Substanzen – Körper und Geist – miteinander interagieren können. Konkret heißt dies: Wenn ein Mensch aufgrund einer Fußverletzung eine Schmerzempfindung hat, muß der Körper die Verletzung irgendwie an den Geist weiterleiten und dort eine Schmerzempfindung hervorrufen können. Und wenn ein Mensch den Entschluß faßt, den verletzten Fuß zu schützen, muß der Geist den Entschluß irgendwie an den Körper weiterleiten und entsprechende Handlungen hervorrufen können. Aber wie ist eine derartige Interaktion möglich, wenn Körper und Geist doch real verschiedene Substanzen sind? Wie sollen zwei Substanzen, die ganz unterschiedliche Attribute (Ausdehnung und Denken) aufweisen, in einer kausalen Verbindung zueinander stehen? Mit den Gesetzen der Physik ist eine derartige Verbindung nicht zu erklären. Angesichts dieser Schwierigkeit, die Descartes nie vollständig erklärte, ist es nicht erstaunlich, daß bereits seine Nachfolger die Möglichkeit einer Interaktion verwarfen. Einige Philosophen, z. B. Leibniz, beriefen sich auf eine prästabilierte Harmonie und behaupteten, Gott habe die beiden Substanzen derart angeordnet, daß einem bestimmten Zustand des Körpers jeweils ein bestimmter Zustand des Geistes zugeordnet ist, ohne daß die beiden Substanzen aufeinander einwirken. Andere, z. B. Malebranche, wählten eine occasionalistische Lösung und vertraten die These, Gott allein habe eine kausale Macht; er benutze die jeweiligen Zustände des Körpers nur als eine Gelegenheit („occasio"), um entsprechende Zustände im Geist hervorzubringen.[16] Diese unterschiedlichen Versuche, das Verhältnis von Körper und Geist zu erklären, verdeutlichen, daß Descartes' dualistische Metaphysik neue, kaum lösbare Probleme aufwirft. Sobald die hylemorphistische These aufgegeben wird, daß ein Mensch eine Einheit aus Form und Materie bildet, und sobald die dualistische Gegenthese aufgestellt wird, daß ein Mensch ein Kompositum aus zwei Substanzen ist, muß die Relation zwischen den beiden Substanzen erläutert werden.

Die Dualismus-These hat noch eine weitere wichtige Konsequenz. Wenn Körper und Geist real verschieden sind, müssen sämtliche Eigenschaften und Zustände eines Menschen entweder dem Körper oder dem Geist zugeschrieben werden. Jene Zustände, die normalerweise als teils körperliche

conception of the mind. London, New York 1991; R. Swinburne: The Evolution of the Soul. Oxford ^{2}1996.

[16] Vgl. R. Specht: Commercium mentis et corporis. Über Kausalvorstellungen im Cartesianismus. Stuttgart-Bad Cannstatt 1966; S. Nadler (Hrsg.): Causation in Early Modern Philosophy. Cartesianism, occasionalism, and preestablished harmony. University Park 1993.

und teils geistige Zustände aufgefaßt werden (z. B. Empfindungen oder Emotionen), müssen offensichtlich einer der beiden Substanzen zugeordnet werden. Genau diese Konsequenz zieht Descartes in den ›Meditationes‹, wenn er feststellt: „Was bin ich also? Ein denkendes Ding. Was ist das? Ein Ding, das zweifelt, versteht, bejaht, verneint, will, nicht will, das auch Vorstellungen und Empfindungen hat" (AT VII, 28). Descartes scheint es für selbstverständlich zu halten, daß auch Vorstellungen und Empfindungen allein dem denkenden Ding, also dem Geist, zugeschrieben werden können. Die körperlichen Aspekte dieser Zustände scheint er völlig zu mißachten. In späteren Werken – vor allem in seinen Briefen an die Prinzessin Elisabeth – vertritt er allerdings eine differenziertere Position. Er stellt dort fest, daß für die vollständige Beschreibung eines Menschen drei Grundbegriffe erforderlich sind (AT III, 665): ein erster Grundbegriff für den Körper und dessen Zustände, ein zweiter für den Geist und dessen Zustände und ein dritter für die Einheit von Körper und Geist. Nur mit Hilfe des dritten Grundbegriffs, der nicht auf die beiden anderen reduziert werden kann, lassen sich Empfindungen und Emotionen verstehen. Denn diese komplexen Zustände kommen stets durch ein Zusammenwirken von Körper und Geist zustande, und sie weisen sowohl körperliche als auch geistige Aspekte auf. Freilich führt Descartes mit dem dritten Grundbegriff keineswegs eine dritte Art von Substanz ein; auch in den späteren Werken vertritt er konsequent einen metaphysischen Dualismus. Aber die besondere Berücksichtigung eines nicht-reduzierbaren dritten Grundbegriffs verdeutlicht doch, daß er sich der Komplexität der menschlichen Zustände bewußt wurde und sie nicht mehr ausschließlich dem Körper oder dem Geist zuordnete. Dies zeigt sich auch in seinem letzten Werk, den ›Passions de l'âme‹, in dem er sich zum Ziel setzte, verschiedene Arten von Emotionen zu beschreiben, indem er verschiedene Arten des Zusammenwirkens von Körper und Geist untersuchte.

Nicht nur die Dualismus-These nimmt in Descartes' Metaphysik einen zentralen Platz ein, sondern auch die These von der Existenz Gottes. Dies wird bereits im Titel der ›Meditationes‹ deutlich, der in der Erstauflage von 1641 lautet: ›Meditationen über die Erste Philosophie, in der die Existenz Gottes und die Unsterblichkeit der Seele bewiesen werden‹. Der Nachweis der Existenz Gottes ist für Descartes aus drei Gründen von entscheidender Bedeutung. Erstens ist Gott als Existenzgarant für die materielle Welt erforderlich. Denn nach dem radikalen Zweifel ist die Existenz sämtlicher materieller Gegenstände in Frage gestellt worden. Nur die Existenz des eigenen Geistes steht ja unbezweifelbar fest. Daher versucht Descartes zu beweisen, daß es einen allmächtigen Gott gibt, der die Existenz der materiellen Gegenstände garantiert. Er betont dabei, daß Gott die Gegenstände nicht einfach zu einem bestimmten Zeitpunkt erschaffen hat, sondern sie zu jedem Zeitpunkt in Existenz erhält (AT VII, 48 f.; AT VIII–1, 13). Zweitens ist Gott auch als Garant für die Zuverlässigkeit der menschlichen kognitiven Fähigkeiten erforderlich. Wenn wir Menschen nämlich radikal zweifeln, können wir auch daran zweifeln, daß wir über ein zuverlässiges Denkvermögen verfügen. Nur ein untrügerischer Gott, der uns im Denken nicht in die Irre führen will, garantiert ein zuverlässiges Denkvermögen, das bei korrektem Gebrauch korrekte Meinungen von der Welt ermöglicht (AT VII, 79 f.). Drittens schließlich ist Gott auch als Garant für die Existenz logischer und mathematischer Wahrheiten erforderlich. Denn diese Wahrheiten sind weder von den Menschen frei erfunden worden, noch sind sie Bestandteil der materiellen Welt. Sie existieren nur deshalb, weil Gott sie erschaffen hat. Descartes weist allerdings darauf hin, daß Gott absolut frei ist und diese Wahrheiten auch jederzeit ändern könnte, wenn er möchte (AT I, 145, 152 f.; AT V, 224).

Der letzte Punkt zeigt deutlich, daß der Kontingenzgedanke in Descartes' Metaphysik einen zentralen Platz einnimmt. Wenn es auch logische und mathematische Wahrheiten gibt, die notwendigerweise wahr sind (sie sind ja in keiner Weise von den veränderlichen und vergänglichen materiellen Gegenständen abhängig), so besteht für diese Wahrheiten doch keine absolute Notwendigkeit. Sie können kraft göttlicher Allmacht verändert werden, und sie sind deshalb nur so lange wahr, als Gott sich nicht zu einer Änderung entscheidet. Auch notwendigerweise Wahres kann falsch werden und ist somit letztendlich nur kontingenterweise wahr.[17] Diese These, die stark von spätmittelalterlichen Allmachtstheorien geprägt ist,[18] löste im 17. Jahrhundert eine rege Debatte über den Status der Logik und der Mathematik aus.

5. *Erkenntnistheorie*

Der dualistische Ansatz, den Descartes im ›Discours‹ und in den ›Meditationes‹ verfolgt, prägt nicht nur die Problemstellungen seiner Metaphysik, sondern auch jene seiner Erkenntnistheorie. Wenn der denkende Geist vom Körper ebenso wie von allen materiellen Gegenständen real verschie-

[17] Ob damit der Begriff der Notwendigkeit aufgehoben wird, ist eine umstrittene Frage. Vgl. die beiden kontrastierenden Interpretationen von H. Frankfurt: Descartes on the Creation of the Eternal Truths, Philosophical Review 86 (1977), 36–57, und E. M. Curley: Descartes on the Creation of the Eternal Truths, Philosophical Review 93 (1984), 569–597.

[18] Vgl. A. Funkenstein: Theology and the Scientific Imagination from the Middle Ages to the Seventeenth Century. Princeton 1986, 117 ff.; M. J. Osler: Divine Will and the Mechanical Philosophy. Cambridge 1994.

den ist und sich nur seiner eigenen Tätigkeiten und Zustände bewußt ist, stellt sich nämlich unweigerlich die Frage: Wie kann der Geist überhaupt noch in Kontakt zur materiellen Welt stehen und eine Erkenntnis von ihr haben? Descartes beantwortet diese grundlegende Frage – ganz in Übereinstimmung mit seinem allgemeinen methodischen Ansatz – in zwei Schritten. In einem *reduktiven* Schritt zeigt er zunächst, daß sich die traditionellen Erkenntnisgrundlagen als unsicher und zweifelhaft erwiesen haben, und er geht auf jene minimale Erkenntnis zurück, die absolut unbezweifelbar ist. In einem *konstruktiven* Schritt versucht er dann, eine neue Erkenntnisgrundlage zu schaffen und mit Hilfe der Ideentheorie eine neue Erklärung der Erkenntnisprozesse zu bieten.

Der reduktive Schritt wird in der Ersten Meditation ausführlich dargestellt. Descartes geht dort von der Feststellung aus, daß man „einmal im Leben von Grund auf alles umstürzen und von den ersten Grundlagen an ganz neu anfangen muß ..." (AT VII, 17). Die bisherigen Erkenntnistheorien gingen nämlich in naiver Weise von der Annahme aus, daß Erkenntnis einerseits auf dem Erlernen tradierter Meinungen und andererseits auf der unmittelbaren Sinneswahrnehmung beruht. Dies sind aber äußerst unsichere Erkenntnisgrundlagen. Denn tradierte Meinungen stellen sich häufig als falsch heraus, und die Sinneswahrnehmung erweist sich immer wieder als irreführend. So erscheint uns etwa ein Turm aus der Ferne rund, obwohl er in Wahrheit viereckig ist. Die Sinneswahrnehmung liefert keine absolut zuverlässigen Daten.

Der Zweifel an den traditionellen Erkenntnisgrundlagen kann noch weitergetrieben werden. Strenggenommen steht nicht einmal mit absoluter Sicherheit fest, daß wir überhaupt eine Sinneswahrnehmung von materiellen Gegenständen haben. Es könnte ja sein, daß wir nur von derartigen Gegenständen träumen. Ja, es könnte sogar sein, daß überhaupt keine materiellen Gegenstände existieren und daß uns bloß ein böser Dämon derartige Gegenstände vorgaukelt. Wenn wir derart radikal zweifeln, können wir jede empiristische Erkenntnisgrundlage in Zweifel ziehen. Alles, was nach dem radikalen Zweifel noch übrigbleibt, ist unser Denken und der Inhalt unseres Denkens.

Genau an diesem Punkt setzt Descartes mit dem konstruktiven Schritt in seiner Erkenntnistheorie an. Er behauptet, daß wir unser Denken – nicht etwa Wahrnehmungseindrücke – analysieren müssen, wenn wir von einer sicheren Grundlage ausgehen wollen. Und wenn wir denken, so stellt er fest, haben wir immer Ideen, die einen bestimmten repräsentativen Gehalt aufweisen – eine „objektive Realität" (AT VII, 40, 161 f.). Wenn wir etwa denken, daß die Sonne groß ist, haben wir eine Idee mit dem repräsentativen Gehalt „daß die Sonne groß ist". Descartes sieht nun die zentrale Aufgabe der Erkenntnistheorie darin, genau zu untersuchen, warum eine

Idee überhaupt einen bestimmten repräsentativen Gehalt haben kann und wodurch der repräsentative Gehalt festgelegt wird.

Dieser Untersuchung widmet sich Descartes in der Dritten Meditation. Er stellt fest, daß drei Arten von Ideen zu unterscheiden sind (AT VII, 37f.). Es gibt erstens Ideen, die uns *angeboren* sind (z. B. die Idee von einem mathematischen Gegenstand) und die wir bei Bedarf aktivieren können. Ihr repräsentativer Gehalt ist ein für allemal festgelegt worden; Gott hat uns diese Ideen in den Geist gelegt. Weiter gibt es Ideen, die wir durch Sinneswahrnehmung *erworben* haben (z. B. die Idee von der großen Sonne). Ihr repräsentativer Gehalt wird durch die wahrnehmbaren Gegenstände festgelegt. Auf diese Ideen dürfen wir uns allerdings erst verlassen, wenn wir einen Garanten für die Existenz der wahrnehmbaren Dinge und für die Korrektheit unserer Wahrnehmungssinne gefunden haben. Sie können daher erst dann in die Erkenntnistheorie einbezogen werden, wenn die Existenz Gottes – des gesuchten Garanten – nachgewiesen ist. Schließlich gibt es Ideen, die wir frei *erfunden* haben (z. B. die Idee von Pegasus). Ihr repräsentativer Gehalt wird durch die Vorstellungskraft festgelegt. Sie leisten keinen unmittelbaren Beitrag zur Erkenntnis der materiellen Welt.

Entscheidend ist bei diesem erkenntnistheoretischen Ansatz, daß wir stets von den Ideen in unserem Geist ausgehen und uns fragen müssen, warum diese Ideen überhaupt einen bestimmten repräsentativen Gehalt haben. Erst dieser Gehalt erlaubt es uns, auf die repräsentierten Gegenstände zu schließen. Descartes behauptet sogar, daß eine genaue Entsprechung zwischen dem repräsentativen Gehalt unserer Ideen und dem jeweiligen repräsentierten Gegenstand besteht: Der repräsentierte Gegenstand muß mindestens so viel „formale Realität“ haben, wie die Idee „objektive Realität“ aufweist (AT VII, 40f.). Konkret heißt dies: Wenn wir eine Idee von Gott haben, so haben wir eine Idee mit dem repräsentativen Gehalt (der „objektiven Realität“) einer vollkommen unabhängigen Substanz. Descartes behauptet nun, daß dieser Idee ein Gegenstand entsprechen muß, der ebenfalls eine vollkommen unabhängige Substanz ist. Nur dann hat der repräsentierte Gegenstand mindestens denselben Realitätsgrad (dieselbe „formale Realität“). Diese Behauptung, die den Kern für den ideentheoretischen Gottesbeweis bildet (AT VII, 45), stellt natürlich eine gewagte These dar und ist immer wieder kritisiert worden.[19] Descartes nimmt offensichtlich eine sehr eng gefaßte Entsprechung zwischen repräsentativem Gehalt und repräsentiertem Gegenstand an.

Angesichts dieses strittigen Punktes ist es nicht erstaunlich, daß die gesamte Ideentheorie immer wieder der Kritik unterworfen wurde und im

[19] Vgl. eine Auswertung der Kritik in G. Dicker: Descartes. An analytical and historical introduction. Oxford, New York 1993, 109ff.

17. und 18. Jahrhundert rege philosophische Debatten entfachte.[20] Umstritten war nicht nur die angebliche Entsprechung von „objektiver“ und „formaler Realität“, sondern auch die Annahme angeborener Ideen. Diese Annahme wurde von verschiedenen britischen Philosophen (z. B. Locke und Hume) energisch zurückgewiesen. Sie insistierten darauf, daß alle Ideen – auch die angeblich angeborenen – letztendlich auf Sinneserfahrung beruhen. Der Streit über den Status angeborener Ideen führte zur Herausbildung zweier philosophischer Lager: Rationalismus und Empirismus.[21] Bei der Klassifizierung Descartes’ als eines Rationalisten ist allerdings Vorsicht geboten. Erstens ist zu beachten, daß die angeborenen Ideen nur eine kleine Teilklasse aller Ideen darstellen. Auch Descartes teilt die Auffassung, daß die meisten Ideen erworben sind und auf Sinneserfahrung beruhen. Er schließt die Sinneserfahrung keineswegs als Erkenntnisquelle aus, sondern weist nur darauf hin, daß diese Quelle erst *nach* der Etablierung eines sicheren Erkenntnisfundaments berücksichtigt werden darf. Zweitens ist zu beachten, daß Descartes nicht die starke These vertritt, alle Menschen hätten von Geburt an ein vollständig entwickeltes Begriffssystem. Er betont immer wieder (AT III, 423 f.; AT VIII–2, 357 f.), daß die angeborenen Begriffe nur potentiell vorhanden sind und erst noch entwickelt werden müssen. Bei dieser Entwicklung können empirische Bedingungen eine wichtige Rolle spielen.

Wenn der Cartesische Ansatz in einzelnen Punkten auch kritisiert wurde, prägte er doch nachhaltig die Entwicklung der Erkenntnistheorie von der frühen Neuzeit bis in das 20. Jahrhundert.[22] Er leitete die Überwindung des aristotelisch-scholastischen Erkenntnismodells zugunsten eines repräsentationalistischen Modells ein. Erkenntnis wurde nun nicht mehr als das Angleichen des Erkennenden an den Erkenntnisgegenstand aufgefaßt, wie die Aristoteliker behaupteten,[23] sondern als das Bilden und Erfassen von repräsentierenden Ideen. Daher stand eine Analyse der repräsentierenden Ideen im Zentrum jeder Erkenntnistheorie.

[20] Vgl. J. W. Yolton: Perceptual Acquaintance from Descartes to Reid. Oxford 1984.

[21] Vgl. zu dieser Gegenüberstellung konzis J. Cottingham: The Rationalists. Oxford 1988, 1 ff. Sie ist in der neueren Forschung allerdings auch als einseitige historiographische Polarisierung kritisiert worden. Vgl. prägnant L. E. Loeb: From Descartes to Hume. Continental metaphysics and the development of modern philosophy. Ithaca, N. Y. 1981.

[22] Dies zeigt – freilich aus einer kritischen Perspektive – R. Rorty: Philosophy and the Mirror of Natur. Princeton 1979.

[23] Gemäß der aristotelischen Theorie nimmt der Wahrnehmende die wahrnehmbaren Formen des Erkenntnisgegenstandes ohne dessen Materie auf (vgl. ›De anima‹ II, 12) und gleicht sich dadurch dem Erkenntnisgegenstand an.

Einer solchen Analyse kam auch für die Urteils- und Wahrheitstheorie eine zentrale Funktion zu. Urteile beruhen nämlich auf Ideen, und sie können nur dann wahr sein, wenn sie auf *korrekt* repräsentierenden Ideen beruhen. Daher stellt sich unweigerlich die Frage, wie denn korrekt repräsentierende Ideen von unkorrekt repräsentierenden unterschieden werden können. Zur Beantwortung dieser Frage führt Descartes sowohl in den ›Meditationes‹ (AT VII, 35) als auch in den ›Principia‹ (AT VIII–1, 22) ein Unterscheidungskriterium ein: Ideen repräsentieren nur dann korrekt, wenn sie klar und deutlich sind. Urteile sind somit nur dann wahr, wenn sie auf klar und deutlich repräsentierenden Ideen beruhen.

In dieser Formulierung des Wahrheitskriteriums zeigt sich ein Grundmotiv, das die gesamte Cartesische Philosophie prägt. Wer Erkenntnis erwerben will, darf sich nicht einfach auf traditionelles Wissen verlassen. Er darf auch nicht bei dem ansetzen, was unklar und ungenau erfaßt wird und immer wieder einem Zweifel ausgesetzt werden kann. Erkenntnis im strengen Sinn ist nur dann möglich, wenn man auf das zurückgeht, was klar und deutlich erfaßt wird. Nur dann können klar und deutlich repräsentierende Ideen gebildet werden – genau jene Ideen, die das Fundament für sichere Erkenntnis darstellen. Und nur auf einem solchen Fundament läßt sich „etwas Festes und Bleibendes in den Wissenschaften errichten" (AT VII, 17). Ohne kritische Prüfung der Erkenntnisgrundlage ist keine Erneuerung der Wissenschaften möglich.

Auswahlbibliographie

Primärliteratur:

Œuvres de Descartes. Publiées par Ch. Adam et P. Tannery. 11 Bde. Paris 1982–91 („Nouvelle présentation").

Œuvres philosophiques. Textes etablis, présentés et annotés par F. Alquié. 3 Bde. Paris 1963–73.

Correspondance. Publiée avec une introd. et des notes par Ch. Adam & G. Milhaud. 8 Bde. Paris 1936–63.

Deutsche Übersetzungen:

Philosophische Schriften in einem Band. Übers. von L. Gäbe, H. Springmeyer und H. G. Zekl, eingel. von R. Specht. Hamburg 1996 (enthält: Regulae ad directionem ingenii, Discours de la méthode, Meditationes de prima philosophia).

Meditationen über die Erste Philosophie. Hrsg. und übers. von G. Schmidt (lat.-dt.). Stuttgart 1985.

Die Leidenschaften der Seele. Hrsg. und übers. von K. Hammacher (fr.-dt.). Hamburg ^{2}1996.

Die Prinzipien der Philosophie. Hrsg. und übers. von A. Buchenau. Hamburg ^{8}1992.

Die Welt oder Abhandlung über das Licht. Hrsg. und übers. von G. M. Tripp. Weinheim 1989.
Gespräch mit Burman. Hrsg. und übers. von H. W. Arndt (lat.-dt.). Hamburg 1982.
Briefe 1629–1650. Hrsg., eingel. und mit Anm. versehen von M. Bense. Übers. von F. Baumgart. Köln, Krefeld 1949.

Sekundärliteratur:

Beckermann, A.: Descartes' metaphysischer Beweis für den Dualismus. Analyse und Kritik. Freiburg 1986.
Cottingham, J.: Descartes. Oxford 1986.
Cottingham, J. (Hrsg.): The Cambridge Companion to Descartes. Cambridge, New York 1992.
Cottingham, J. (Hrsg.): Reason, Will and Sensation. Studies in Descartes's metaphysics. Oxford 1994.
Curley, E. M.: Descartes Against the Skeptics. Cambridge, Mass. 1978.
Garber, D.: Descartes' Metaphysical Physics. Chicago, London 1992.
Gaukroger, S.: Descartes. An intellectual biography. Oxford 1995.
Gilson, E.: Etudes sur le rôle de la pensée médiévale dans la formation du système cartésien. Paris ^{5}1984.
Kemmerling, A.: Ideen des Ichs. Studien zu Descartes' Philosophie. Frankfurt/M. 1996.
Kemmerling, A./Schütt, H.-P. (Hrsg.): Descartes nachgedacht. Frankfurt/M. 1996.
Perler, D.: Repräsentation bei Descartes. Frankfurt/M. 1996.
Perler, D.: René Descartes. München 1998.
Röd, W.: Descartes. Die Genese des Cartesianischen Rationalismus. München ^{2}1982.
Rodis-Lewis, G.: L'anthropologie cartésienne. Paris 1990.
Schütt, H.-P.: Substanzen, Subjekte und Personen. Eine Studie zum Cartesischen Dualismus. Heidelberg 1990.
Williams, B.: Descartes. The project of pure enquiry. Harmondsworth 1978. (Dt.: Descartes. Das Vorhaben der reinen philosophischen Untersuchung. Übers. von W. Dittel und A. Viviani. Königstein/Ts. 1981.)
Wilson, M. D.: Descartes. London, New York 1978.

JOHN LOCKE

Die Idee des Empirismus

Von ROLF W. PUSTER

1. Vorbemerkung

Mit John Locke (1632–1704)[1] betritt die Gründergestalt des britischen Empirismus und einer der wichtigsten Wegbereiter der europäischen Aufklärung die philosophische Bühne. Sein Œuvre zählt zu jenen klassischen Werken, mit denen die argumentative Auseinandersetzung immer aufs neue lohnt. Da das Urteil über Lockes Leistungen in den Folgejahrhunderten starken Schwankungen unterlag, steht er hierzulande – gerade auch infolge der deutschen Philosophie- und Philosophiegeschichtsschreibungstradition – selbst heute noch nicht überall in dem Ansehen, das seinem philosophischen Rang angemessen wäre. Die folgende, auf Lockes theoretische Philosophie konzentrierte Darstellung verfolgt daher die Nebenabsicht, die Attraktivität sichtbar werden zu lassen, die sein Denken ungeachtet dessen besitzt, daß wir ihm nicht in allen Punkten zuzustimmen vermögen. Wir können von Locke gerade dort besonders viel lernen, wo sich die Grenzen seiner Philosophie zeigen; denn zu sehen, an welchen Stellen die begrifflichen Anstrengungen unserer großen Vorläufer zu kurz greifen, ist für unser eigenes Philosophieren ungleich wertvoller als das Bestaunen der imposanten Schauseiten überlieferter Lehrgebäude.

Der nachstehende Versuch, in die Philosophie Lockes einzuführen, muß aus Raumgründen auf sein Hauptwerk, den 1690[2] erschienenen ›Essay Concerning Human Understanding‹[3], beschränkt werden. Aber auch dessen

[1] Als Standardbiographie gilt M. Cranston: John Locke. A biography. [1]1957. Repr. Oxford u. a. 1985; zuverlässig informiert auch U. Thiel: John Locke. Reinbek 1990.

[2] Es hat sich eingebürgert, 1690 als Erscheinungsjahr des ›Essay‹ zu nennen, weil das Titelblatt der Erstauflage dieses Jahr nennt. Tatsächlich ist er bereits Mitte Dezember 1689 erschienen.

[3] Alle meine Bezugnahmen auf den ›Essay‹ folgen der Ausgabe von P. H. Nidditch. Die Stellennachweise setzen sich aus einer großen römischen, einer kleinen römischen und einer arabischen Ziffer zusammen, die für die Angabe des Buches, des Kapitels und der Sektion stehen; zum Zwecke näherer Eingrenzung kann zu diesen Angaben noch die – in eckige Klammern gesetzte – Nennung der Seiten-

gewaltiger Umfang und inhaltliche Verzweigtheit zwingt die Darstellung zu Konzentration und Selektion. Da doxographische Vollständigkeit im vorliegenden Rahmen kein sinnvolles Ziel darstellt,[4] scheint es ratsam, sich einem thematischen Ariadnefaden durch das Problemlabyrinth des ›Essay‹ anzuvertrauen; das Verhältnis von Empirismus und Realismus soll im folgenden als ein solcher Ariadnefaden durch die Gedankenwelt der theoretischen Philosophie Lockes dienen.

2. *Empirismus und Realismus*

Auf den ersten Blick scheint der Empirismus Lockes eine recht schlichte Position zu sein, welche sich in dem Satz zusammenfassen läßt, daß all unser Wissen aus der Erfahrung stammt. Dieser Satz klingt in den Ohren vieler Leser gänzlich trivial – doch dieser Eindruck täuscht: Der Lockesche Empirismus ist eine überaus komplexe Position, die, zunächst auf die Beantwortung erkenntnistheoretischer Fragen zielend, eine Fülle von Problemen behandelt oder zumindest anschneidet, die jenseits des ursprünglich gewählten epistemologischen Rahmens liegen. Es lohnt, über die philosophischen Motive nachzudenken, die zu einer solchen Überschreitung eines rein erkenntnistheoretischen Problemhorizonts führen können.

Eine Theorie des Wissens hat immer auch eine Theorie des Irrtums zu sein; sie muß nämlich erklären können, wie es dazu kommt, daß manche unserer Überzeugungen wahr zu sein scheinen, ohne doch wahr zu sein. Dementsprechend muß sich – etwa angesichts der bekannten Sinnestäuschungen – ein Empirist wie Locke die Frage vorlegen, ob und unter welchen Umständen die Erfahrung überhaupt eine zuverlässige Basis für den Erwerb von wahren Überzeugungen abgibt. Diese grundsätzliche Frage nach *der epistemologischen Relevanz der Erfahrung selbst* kann nun offenbar nicht mehr unter Rekurs auf weitere Erfahrungen beantwortet werden, da ja gerade die Fundierungsleistung *der Erfahrung als solcher* für unser Wissen in Frage steht und mithin in diesem Zusammenhang nicht unbesehen in Anspruch genommen werden kann.

Scheidet aber eine *empirische* Antwort auf jene Grundsatzfrage aus, so

und Zeilenzählung der Nidditch-Ausgabe hinzutreten. Deutsche Übersetzungen stammen von mir.

[4] Zum Zwecke einer detaillierteren inhaltlichen Erschließung des ›Essay‹ sei summarisch auf die angegebene Literatur verwiesen. Insbesondere der Sammelband U. Thiel (Hrsg.): John Locke: Essay über den menschlichen Verstand. Berlin 1997 enthält zu vielen hier nur angeschnittenen Punkten wertvolle Beiträge, die aus Raumgründen nicht einzeln aufgeführt sind.

muß eine *nicht-empirische*, *metaphysische* Antwort in die Bresche springen. Die klassische, hier einschlägige metaphysische Antwort, welche auch von Locke favorisiert wird, ist die Position des *Realismus*; dieser läßt sich auf den Nenner der folgenden ontologisch-epistemologischen Doppelthese bringen: (i) Es gibt eine in ihrer Existenz und Beschaffenheit von ihrem Erkannt-Werden unabhängige Welt; (ii) diese Welt ist – hinsichtlich ihres Inventars und ihrer Beschaffenheit – im Prinzip (zumindest partiell) erkennbar. Der spezifisch *empiristische Ausbau* des Realismus, den Locke mehr oder minder deutlich anvisiert hat, besteht im Kern aus der folgenden erkenntnistheoretischen Zusatzthese: (iii) Alle Erkenntnis basiert ausschließlich auf Erfahrung.

Die vorstehenden Überlegungen zeigen, daß die gängige Rubrizierung des Empirismus als rein erkenntnistheoretische Position zumindest einseitig ist; denn der Empirismus pflegt als epistemologische Ausgestaltung der metaphysischen Position des Realismus[5] aufzutreten.[6] Die Befassung mit Locke ist für heutige Leser gerade auch deshalb so lehrreich, weil wir in der Regel vergessen haben, daß die erkenntnistheoretische Auszeichnung der Erfahrung einer philosophischen Legitimation durch eine metaphysische Grundlage bedarf; der Siegeszug neo-empiristischer Strömungen seit dem späten 19. Jahrhundert hat uns dafür blind gemacht, weil deren Erfolg nachgerade darin besteht, dem allfälligen Rekurs auf Erfahrung zu fragloser Selbstverständlichkeit verholfen zu haben. Eine solche Selbstverständlichkeit war am Ende des 17. Jahrhunderts noch nicht gegeben, und deshalb finden sich in Lockes ›Essay‹ philosophisch aufschlußreiche – wenngleich nicht immer erfolgreiche – Anstrengungen, den Empirismus durch eine metaphysische Fundierung zu etablieren; derartige Anstrengungen wird man in späteren sich als empiristisch verstehenden Texten häufig vergeblich suchen.

[5] Die Gegenposition zum Realismus, der Idealismus, ist wesentlich durch die Leugnung der These (i), der Behauptung einer bewußtseins- und erkenntnisunabhängigen ('an sich seienden') Welt, gekennzeichnet. Ein solcher Idealismus läßt sich ebenfalls mit der These (ii) von der prinzipiellen Erkennbarkeit der Welt verbinden, denn diese These fungiert lediglich als Ausdruck einer anti-skeptischen Grundeinstellung, welche sich mit Idealismus und Realismus gleichermaßen verträgt. Offensichtlich ist die empiristische These (iii) nur auf die vorausgesetzte Geltung von These (ii) zwingend angewiesen. Es bleibt daher eine inhaltlich interessante Frage, ob sich eine empiristische Position auch in einem Idealismus überzeugend fundieren läßt, der sich durch die Negation der These (i) definiert; die Beantwortung dieser Frage könnte auch für das Verständnis der theoretischen Philosophie von George Berkeley hilfreich sein.

[6] Alternative Ausgestaltungen sind etwa dadurch gekennzeichnet, daß sie unsere Erkenntnis nicht allein auf Erfahrung basieren lassen, sondern beispielsweise dadurch, daß sie der Vernunft eine konstitutive Rolle für unser Wissen zusprechen.

3. *Empirismus der Ideen und Empirismus der Aussagen*

Der Grundpfeiler der theoretischen Philosophie Lockes ist der Begriff der *Idee*. Mit seiner Hilfe lassen sich der Gesamtaufbau des ›Essay‹, die Spezifika des Lockeschen Empirismus und dessen wichtigste Einzeldoktrinen erläutern. Den Begriffsinhalt übernimmt Locke im wesentlichen von Descartes, der seinerseits von der herkömmlichen Bestimmung der Idee als Gedanke Gottes abgerückt war. Wegen der kaum zu überschätzenden Bedeutung des Ideenbegriffs für Philosophien des Cartesisch-Lockeschen Typs bezeichnet man diese auch als *ideistisch*.

Die Bedeutung des Ausdrucks 'Idee', des meistgebrauchten Substantivs im ›Essay‹, ist außerordentlich weit: Jeder Bewußtseinsinhalt ist in der Terminologie Lockes eine Idee; näherhin versteht er darunter jeden Gegenstand, mit dem sich der menschliche Geist, wenn er denkt, beschäftigt (I.i.8; II.i.1; II.viii.8). Die Eigentümlichkeit dieses Ideenbegriffs erschließt sich erst, wenn man berücksichtigt, was alles – grob gesagt: von Descartes bis Kant – unter den Begriff des Denkens subsumiert wird. Als Denkakte gelten nämlich nicht nur Verstandestätigkeiten, sondern auch Sinneswahrnehmungen, Betätigungen der Einbildungskraft und des Willens. In dieser terminologischen Perspektive erscheinen mithin alle bewußten Vollzüge seelischer Vermögen als Operationen mit oder an Ideen.

Bereits die vorstehende Begriffsexplikation offenbart einen auf moderne Leser fremdartig wirkenden und zugleich höchst charakteristischen Zug von Lockes theoretischer Philosophie: Wenn eine Person einen Tisch sieht, dann ist ihr Geist nach Locke nicht – zumindest nicht in erster Linie – mit jenem Tisch, also einem physischen Objekt der realen Außenwelt beschäftigt, sondern mit einem psychischen Objekt in seiner mentalen Innenwelt (II.ii.2 [120:3–5]). Der reale Tisch ist somit allenfalls in einem abgeleiteten Sinne Gegenstand der Wahrnehmung; er ist sozusagen ihr Sekundärobjekt, wohingegen ihr Primärobjekt die Tischidee ist. Zu den großen Problemen, welche durch den Ideismus aufgeworfen werden, gehört die Frage, wie das Verhältnis zwischen „inneren“ Primärobjekten und „äußeren“ Sekundärobjekten des näheren beschaffen ist.

Gibt es – so liegt an dieser Stelle zu fragen nahe – eine Verbindung zwischen dem Zentralbegriff der Idee und der empiristischen Grundthese von der ausnahmslosen Erfahrungsbasiertheit allen Wissens? Lockes positive Antwort besteht in der These, daß Ideen *das Material* des Wissens bilden (II.i.2 [104:19]; II.ii.2 [119:21]). Diese Antwort, gemäß welcher Ideen gewissermaßen als Bausteine der Erkenntnis figurieren, wirft jedoch sogleich ein Anschlußproblem auf: So wenig ein Haus aus einer bloßen Ansammlung von Bausteinen besteht, so wenig kann eine Erkenntnis aus einer bloßen Ansammlung von Ideen bestehen; Lockes Materialmetaphorik ruft also nach einer ergänzenden Auskunft darüber, wie die Ideenbausteine zu organisieren sind, damit sie sich zu einem Wissensganzen zusammenschließen. Eine solche Auskunft hält Locke in Gestalt der These parat, daß alles Wissen aus Sätzen besteht (II.xxxiii.19 [401:30–31]), und das besagt in unserem Zusammenhang nichts anderes, als daß Wissen so etwas wie ein propositional strukturiertes Ideengefüge ist. Offenbar benutzt Locke hier ein aus der klassischen kombinatorischen Logik geläufiges Modell, dem zufolge aus der Verknüpfung von Begriffen Urteile entstehen, und überträgt es auf das Verhältnis zwischen Ideen und satzartig sich entfaltendem Wissen: Eine Erkenntnis besteht so aus Ideen, wie ein Urteil aus Begriffen besteht.[7]

Daß Locke allem Wissen Satzartigkeit zuspricht, ist philosophisch deswegen höchst belangvoll, weil der ›Essay‹ sich dadurch in den *mainstream* einer traditionsreichen Lehre einreiht, die wenigstens bis auf Aristoteles zurückreicht. Nach dieser Lehre sind es einzig und allein propositional strukturierte Gebilde, denen *Wahrheit* zukommen kann.

Damit erwächst dem Wissen nach Lockes Auskünften eine zweifache Charakterisierung: (1) Formaliter ist es propositional strukturiert und allein dank dessen wahrheitsfähig; (2) materialiter besteht es aus Ideen. Ersichtlich ist mit Punkt (2) die Frage, wie sich die empiristische Grundthese im Rahmen von Lockes Ideismus entfalten läßt, in einem guten Sinne beantwortbar: Erfahrung ist die alleinige Quelle, aus der das Material allen Wissens stammt.

Doch auch Punkt (1) enthält einen – wenngleich weniger offensichtlichen – Fingerzeig auf den Begriff der Erfahrung: Ein Satz ist zwar aufgrund seiner propositionalen Struktur *wahrheitsfähig*, aber er ist nicht dank dieser Struktur bereits *wahr*. Ob er tatsächlich wahr ist oder nicht, darüber kann uns wiederum nur Erfahrung belehren. Diese Inanspruchnahme der Erfahrung fällt jedoch keineswegs mit jener aus Punkt (2) zusammen: Die Frage nach dem Ursprung unserer Ideen ist eine ganz andere Frage als die nach der Grundlage, auf der wir Sätzen Wahrheit oder Falschheit zusprechen. Beide Fragen sind voneinander logisch unabhängig, und das heißt auch, daß sie nicht notwendig derselben Antwort bedürfen; daß sie sich beide durch Rekurs auf Erfahrung sinnvoll beantworten lassen, ist demnach völlig kontingent.

In den vorstehend skizzierten Lockeschen Explikationen von 'Idee' und 'Wissen' ist es offenbar angelegt, der Erfahrung eine doppelte Rolle in der Fundierung des Wissens zuzuweisen. Damit wird jedoch auch der Locke-

[7] Weil hier keine ins Detail gehende Auseinandersetzung mit Buch IV des ›Essay‹ geführt werden kann, wo die Urteilslehre im Zusammenhang mit der Wahrheits- und Wissenslehre Gestalt gewinnt, muß die obenstehende, wenig Tiefenprofil aufweisende Skizze genügen.

sche Empirismus januskÃ¶pfig. Seine kompakte Hauptthese, daÃ alles Wissen aus der Erfahrung stammt bzw. eine empirische Basis hat, zerfÃ¤llt bei nÃ¤herem Zusehen in zwei verschiedene Thesen, welche jeweils den Grundstein eines spezifischeren Empirismus bilden: Zu unterscheiden sind einerseits der *Empirismus der Ideen* und andererseits der *Empirismus der Aussagen.*[8] Beide Positionen sind in dem Sinne empiristisch, daÃ sie in der Erfahrung das letzte Fundament des Wissens erblicken; wÃ¤hrend aber der Empirismus der Ideen darauf abhebt, daÃ wir unsere Ideen ausnahmslos aus dem Reservoir der Erfahrung schÃ¶pfen, erklÃ¤rt der Empirismus der Aussagen die Erfahrung zur ausschlieÃlichen Beurteilungsinstanz, nach der wir Ã¼ber die Wahrheit oder Falschheit unserer â propositional strukturierten â Ãberzeugungen befinden.

Locke selbst vertritt sowohl den Empirismus der Ideen als auch den der Aussagen. Dieser von der Forschung weithin akzeptierte Befund erscheint dem Leser des âºEssayâ¹ jedoch gelegentlich durch zwei Punkte getrÃ¼bt: Erstens steht Locke der Unterschied zwischen beiden Positionen nicht klar vor Augen, und zweitens (damit zusammenhÃ¤ngend) liegt in seinen AusfÃ¼hrungen â nicht nur in quantitativer Hinsicht â der Akzent eindeutig auf dem Empirismus der Ideen. Auf ihn wird sich die vorliegende Darstellung konzentrieren, weil er fÃ¼r das VerstÃ¤ndnis des âºEssayâ¹ gedanklich wie terminologisch grundlegend ist.

4. Plan, Methode und Aufbau des âºEssayâ¹

Nach Lockes eigenem Bekunden gab ihm eine Diskussionsrunde im Freundeskreis den AnstoÃ, erkenntnistheoretische Ãberlegungen zu Papier zu bringen; weil diese vermutlich Ã¼ber theologische oder moralische Probleme gefÃ¼hrte (ins Jahr 1671 zu datierende) Debatte sich ausweglos festgefahren hatte, verfiel er auf den Gedanken, der weiteren ErÃ¶rterung jener inhaltlichen Fragen eine Untersuchung darÃ¼ber vorzuschalten, ob und inwieweit unsere FÃ¤higkeiten Ã¼berhaupt zu solchen ErÃ¶rterungen taugen (Epistle to the reader [7:16â33]). Bei der Ausarbeitung des Projekts spezifiziert Locke seine Untersuchungsziele; er will nun âUrsprung, GewiÃheit und Umfang des menschlichen Wissens und daneben die Grundlagen und Grade des Glaubens, der Meinung und der Zustimmungâ (I.i.2 [43:14â16]) ermitteln (I.i.3).

[8] Die scharfe Trennung dieser beiden Empirismen und der Nachweis ihres Niederschlags im Lockeschen âºEssayâ¹ ist vor allem das Verdienst von L. KrÃ¼ger: Der Begriff des Empirismus. Erkenntnistheoretische Studien am Beispiel John Lockes. Berlin u. a. 1973.

Der Schlüssel, von welchem sich Locke die Aufhellung jenes epistemologischen Problemfeldes verspricht, ist der den beiden obengenannten Empirismen zugrundeliegende Begriff der Erfahrung. Doch nicht nur auf dieser Sachebene seiner Untersuchung räumt Locke der Erfahrung einen besonderen Rang ein, sondern auch auf der Methodenebene ihrer Durchführung. Er wendet nämlich ein Verfahren an, das er „historische, einfache Methode" (I.i.2 [44:4]) nennt. Darunter ist eine empirisch verfahrende, deskriptive Inventarisierung von Phänomenen (nach Art der Naturgeschichte) zu verstehen, die ohne Hypothesen auskommt und die keine umfassende theoretische Einbettung der beobachteten Phänomene anstrebt. Für den Kontext des ›Essay‹ heißt das des näheren zweierlei: Zum einen sollen die Operationen des menschlichen Geistes – insonderheit die kognitiven des Verstandes – erfaßt, beschrieben und klassifiziert werden; zum anderen sollen gleichsam die Wege nachgezeichnet werden, auf denen unser Verstand zu seinen Ideen gelangt.

Die oben zitierten Zielvorstellungen Lockes laufen darin zusammen, den Empirismus in seinen beiden Ausprägungen argumentativ zu untermauern und überzeugend auszugestalten. Jedes der vier Bücher des ›Essay‹ hat einen spezifischen Beitrag zur Erreichung dieses Zieles zu leisten.

Buch I, das zuletzt verfaßte und mit weitem Abstand kürzeste der vier Bücher, steht ganz im Zeichen einer destruktiven Aufgabe: der Zurückweisung der Gegenposition des sogenannten *Innatismus*. Diese besagt, daß nicht alle unsere Ideen durch Erfahrung erworben werden, sondern daß zumindest einige von ihnen angeboren sind. Locke läßt den Innatismus in unterschiedlich radikalen Spielarten auftreten, deren Zuordnung zu historischen Positionen bzw. Autoren in der Forschung umstritten ist.[9] Für unsere Zwecke können wir die Fragen auf sich beruhen lassen, wie Locke im einzelnen gegen den Innatismus argumentiert und ob seine in Buch I geübte Kritik durchschlagend ist oder nicht.

Buch II, das drei Siebtel des gesamten ›Essay‹-Textes umfaßt, ist das konstruktive Gegenstück zu Buch I. In ihm wird die Lockesche Ideenlehre detailliert entfaltet, und das Programm des Ideenempirismus muß sich auf breiter Basis bewähren.

Buch III hat eine gewisse inhaltliche Sonderstellung. Es ist zwar ebenfalls dem Empirismus der Ideen verpflichtet, doch stehen vor allem sprachphilosophische Erörterungen im Vordergrund, durch welche der Ideismus des ›Essay‹ eine ausgeprägt semantische Akzentuierung erhält.

Buch IV (der Ort, an welchem der Empirismus der Aussagen zu seinem Recht kommt[10]) kann es an sachlichem Gewicht und philosophischem Ge-

[9] Vgl. hierzu R. Specht: John Locke. München 1989, 43–49.

[10] Die Keimzelle von Lockes Empirismus der Aussagen bildet seine – korrespon-

halt ohne weiteres mit Buch II aufnehmen, obwohl es dessen Umfang nicht erreicht. In Buch IV behandelt Locke die verzweigten Problemzusammenhänge, die sich aus der Propositionalität von Überzeugungen ergeben. So erörtert er Fragen des Aufbaus von Urteilen aus Ideen, nimmt verschiedene Urteilsklassifikationen vor (beispielsweise nach Informativität und Gewißheitsgrad) und stellt grundlegende Überlegungen zur Reichweite der menschlichen Erkenntnis an.

5. *Ideen und Qualitäten*

Wenn eine Person nacheinander eine Stuhl-, eine Tisch- und nochmals eine Stuhlvorstellung hat, dann gibt es auf die Frage 'Wie viele Ideen hat jene Person gehabt?' zwei gleichermaßen zutreffende Antworten. Diese Tatsache weist uns auf eine Mehrdeutigkeit des Ideenbegriffs hin.

Wer die obige Frage mit 'drei' beantwortet, versteht unter 'Idee' offenbar ein episodisches Ereignis unseres Bewußtseinslebens. Er zählt somit drei mentale Akte, deren Vollzug nach Locke nichts anderes ist als das Gewahren einer Idee. Jeder der drei Akte stellt demnach so etwas wie ein Hybridgebilde aus einer geistigen Tätigkeit, dem *Akt im engeren Sinne*, und deren Produkt dar; es hat sich eingebürgert, von der *Aktseite der Idee* oder dem *Akt im weiteren Sinne* zu sprechen, wenn man ein solches Hybridgebilde bezeichnen möchte. Da jede der *drei* gezählten Entitäten ein solches Hybridgebilde ist, darf man auch davon sprechen, daß mit der Antwort 'drei' die Akte im weiteren Sinne gezählt werden.

Wer die obige Frage mit 'zwei' beantwortet, versteht unter 'Idee' offenbar weder (α) den mentalen Akt im engeren Sinne noch (β) dessen Produkt *als* ein bloßes Aktprodukt, noch auch (γ) den Akt im weiteren Sinne (also das Hybridgebilde aus α und β). Er hebt mit seiner Antwort auf das ab, was man als die *Inhaltsseite der Idee* oder kurz als den *(Akt-)Inhalt* anzusprechen pflegt.

Im eingangs genannten Beispiel kommt der Inhalt der Stuhlidee zweimal vor (nämlich im ersten und im dritten mentalen Akt), und deshalb zählt man mehr Akte als Inhalte. – Wir haben keinen Grund zu vermuten, daß Locke in diesem Punkt vollkommen anderer Meinung wäre als wir; wir müssen jedoch akzeptieren, daß er den besagten Unterschied nicht für so wichtig hält wie wir und daß er ihm infolgedessen nicht die unseres Erachtens angemessene Aufmerksamkeit widmet.

denztheoretische – Wahrheitsdefinition in IV.v.2 [574:6–8]; vgl. auch II.xxxii.19 [391:31–38].

Ausgangspunkt des Empirismus der Ideen ist die Annahme, der Geist sei bei der Geburt des Menschen eine *tabula rasa*; Locke vergleicht ihn mit einem weißen Blatt Papier, das keine Schriftzeichen trägt (II.i.2). Wie Buch I gezeigt hatte, besitzt ein Mensch zwar keine angeborenen Ideen, sehr wohl aber verfügt er über – zwei – angeborene Fähigkeiten, sich Ideen zu verschaffen; es handelt sich um die *Sensation*, die auf extramentale Gegebenheiten gerichtete Sinneswahrnehmung, und die *Reflexion*, das Gewahren intramentaler Gegebenheiten. Diese beiden Quellen der Erkenntnis (wie Locke sie auch nennt) werden ersichtlich danach unterschieden, von welcher Art die ihnen zugeordneten Ideeninhalte sind: Ideen von „äußeren, sinnlich erfaßbaren Gegenständen" (II.i.2 [104:22]) samt deren beobachtbaren Qualitäten sind Sache der Sensation (II.i.3), Ideen von „inneren Tätigkeiten des Geistes" (II.i.2 [104:23]) sind Sache der Reflexion (II.i.4).

Locke entfaltet damit einen Dualismus von Erkenntnisbereichen, der offenkundig an den Cartesischen Substanzdualismus von Körper und Geist angelehnt ist und der auch eine von dessen prominentesten epistemologischen Implikationen teilt: Die ausgedehnte Substanz (nebst ihren Eigenschaften) ist ein öffentliches und somit jedermann zugängliches Erkenntnisobjekt; die denkende Substanz hingegen ist ein privates und somit nur im je eigenen Fall zugängliches Erkenntnisobjekt. – Ungeachtet ihrer Gerichtetheit auf Privates ist die Reflexion bei Locke eine ebenso originäre Erkenntnisquelle wie die Sensation; dieser Punkt verdient unterstrichen zu werden, weil spätere Empirismen zu einer sensualistischen Verkürzung dieses dualistischen Ansatzes tendieren, also zu einer einseitigen Berücksichtigung der sinnlichen Wahrnehmung.

Mit Blick auf die Realismusfrage ist die Sphäre des Subjektiven – die Domäne der Reflexion – unproblematisch, weil diese Art der Erfahrung sich gar nicht auf eine extramentale Außenwelt bezieht. Demgegenüber wirft die Sensation einige Fragen auf, welche besonders nach Einführung des Begriffs der Qualität sichtbar werden.

Ein Schneeball hat (so führt Locke in II.viii.8 aus) das Vermögen, in uns (bei geeignetem sensorischen Kontakt) die Ideen Weiß, Kalt und Rund zu erzeugen. Jeder der drei Ideen – welche in unserem Geist zu lokalisieren sind – entspricht Locke zufolge auf seiten des Schneeballs eine Kraft, in unserer Sinneswahrnehmung die Entstehung jener Ideen zu bewirken; die unsere Ideen kausal hervorrufenden Kräfte – welche in dem extramentalen Gegenstand zu lokalisieren sind – nennt Locke 'Qualitäten' (der Schneeball hat demnach die jenen drei Ideen entsprechenden Qualitäten Weiß, Kalt und Rund).

Durch die vorstehenden Explikationen tritt ein Korrespondenzverhältnis zwischen namensgleichen Ideen und Qualitäten auf den Plan, das näherer Aufhellung bedarf. Lockes Auskunft, daß es sich bei Weiß, Kalt und Rund um Qualitäten handelt, *sofern* sie im Schneeball, und um Ideen, *sofern* sie Perzeptionen in unserem Verstand sind, verdunkelt die fragliche Sachlage noch zusätzlich, weil er damit nahelegt, eine Idee und eine Qualität seien nicht wirklich zwei numerisch verschiedene Entitäten, sondern nur eine Entität, die sich je nach Perspektive so oder so ausnimmt. Es leuchtet aber nicht ein, daß der ontologische Status von Entitäten von der Perspektive abhängen soll, unter denen sie betrachtet werden.

Der Verdacht drängt sich auf, daß die etwas undurchsichtigen Ausführung in II.viii.7–8 von der Unterlassungssünde herrühren, Akt- und Inhaltsseite der Idee auseinanderzuhalten. Hätte Locke dies nämlich getan, so stünde er nicht unter dem Druck, Ideen und Qualitäten ontologisch zu assimilieren: Problemlos könnte er Ideen als mentale Akte im weiteren Sinne auffassen, welche die Eigenschaften extramentaler Objekte (bzw. diese selbst) zum Inhalt haben. *Ohne* die Unterscheidung von Akt- und Inhaltsseite liegt es freilich näher, die Ideen in ihrer mentalen Natur in dem Sinne aufgehen zu lassen, daß ihnen ein die Sphäre des Bewußtseins transzendierender Weltbezug aberkannt wird. Und weil Erkenntnisakte sich nur an Ideen vollziehen, müssen die erkannten extramentalen Gegenstandsqualitäten ontologisch an die Ideen heranrücken; sie müssen sozusagen *ideisiert* werden – und eben das geschieht in jener ominösen Perspektivierung des obengenannten Passus. Abermals zeigt also Lockes theoretische Philosophie genau dort konzeptionelle Unebenheiten, wo Empirismus und Realismus ineinanderzugreifen hätten.

6. Primäre und sekundäre Qualitäten

Wie wir gesehen haben, hat Locke bei der Einführung des (allgemeinen) Qualitätsbegriffs eine Chance verpaßt, seine Überzeugung von der mentalen Natur der Ideen in einen sachlich durchsichtigen Zusammenhang mit seiner Überzeugung zu bringen, daß wir in der sinnlichen Wahrnehmung Kenntnis von der realen Außenwelt erlangen. Da jedoch beide Überzeugungen ihr Recht fordern und da Locke die oben skizzierte Brücke nicht schlägt, entsteht für ihn ein Problem. Dieses Problem läßt sich auch als Widerstreit zwischen zwei Intuitionen rekonstruieren, die bis zu einem gewissen Grade *beide* Lockes Billigung haben:

Intuition A: Aufgrund der wesentlich psychischen Geartetheit unserer Ideen können sie weder Gegenstände der Außenwelt noch deren ebenfalls extramentale Eigenschaften in sich aufnehmen. Allenfalls können Ideen als *mentale Zeichen* fungieren, die ihre realen Korrelate und deren wirkliche Beschaffenheiten in unserem Geist stellvertretend *repräsentieren*; es ist für die Erkenntnis der Welt nicht erforderlich, daß die Ideen jene Korrelate qualitativ *abbilden*, also gewissermaßen deren ikonische Verdoppelung für unseren Verstand leisten, sondern es genügt, wenn sich alle außenweltlichen Unterschiede mittels des Zeichensystems unserer Ideen entsprechend symbolisieren lassen. In dieser *repräsentationalistischen* Ideenkonzeption ist das Verhältnis von Ideen und Gegenstandsqualitäten prinzipiell *arbiträr*[11].

Intuition B: Sofern die bewußtseinsunabhängige Welt und die in ihr objektiv vorhandenen Eigenschaften und Strukturen überhaupt erkennbar sind, müssen diese Eigenschaften und Strukturen auch als solche erkannt werden; Erkennen ist ein *Erfassen*, und kein *Deuten* oder *Übersetzen*. Erfassen wir – zumindest partiell – die Welt im Erkennen nicht genau so, wie sie ist, dann können wir auch nicht sicher sein, sie überhaupt zu erkennen; wahre Erkenntnis ist nämlich alternativlos, wohingegen durchaus mehrere Alternativen denkbar sind, die Welt mittels zeichenhafter Ideen mental zu repräsentieren. Eine auf Ideen basierende Erkenntniskonzeption, die ihren Namen verdient, muß daher eine strukturelle und qualitative, auf *Abbildungs*leistungen beruhende *Ähnlichkeit* zwischen ihren Ideen und der extramentalen Wirklichkeit vorsehen – und nicht nur eine symbolische Entsprechung; für Arbitrarität ist in dieser Konzeption demnach kein Platz.

Zur Behebung seines Intuitionenkonflikts greift Locke (wohl auf Anregungen von Gassendi und Boyle hin) eine durch Galilei in die zeitgenössische Diskussion gebrachte Unterscheidung auf und gestaltet sie so aus, daß beide Intuitionen – auf bestimmte Bereiche eingeschränkt – gewahrt werden. Die Rede ist von der berühmten Unterscheidung zwischen *primären* und *sekundären* Qualitäten.

Locke spricht materiellen Körpern eine Reihe von Eigenschaften (wie Festigkeit, Größe, Gestalt, Zahl, Lage und Bewegung[12]) zu, die ihnen unabhängig davon zukommen, ob sie wahrgenommen werden oder nicht; solche – primären – Qualitäten sind den Körpern innewohnende Kräfte, in unserem Geist auf dem Wege der Sensation Eindrücke davon hervorzurufen, wie diese Körper tatsächlich („an sich selbst") beschaffen sind (II.viii.23). Als weiteres Charakteristikum primärer Qualitäten gilt ihre

[11] Arbitrarität ist in unserem Zusammenhang nicht so zu verstehen, als könnten Menschen willkürlich verabreden, welche Ideen-Zeichen für welche außenweltlichen Entitäten stehen sollen; das können sie nach Meinung Lockes deshalb nicht tun, weil Gott diese extra-/intramentalen Repräsentationsbeziehungen festgelegt hat. Die Rede von Arbitrarität besagt hier nur soviel, daß es für das Funktionieren der Repräsentationsleistung von Ideen keine Rolle spielt, ob diese sachgesetzlich („naturhaft") mit den von ihnen repräsentierten Entitäten verknüpft sind oder nicht.

[12] In II.viii.9, II.viii.10, II.viii.22 und II.viii.23 finden sich leicht differierende Kataloge primärer Qualitäten.

Unabtrennbarkeit, das heißt, daß sie Körpern auch dann erhalten bleiben, wenn diese sich verändern: Selbst bei fortschreitender Zerstückelung eines Weizenkorns weisen die dabei entstehenden Teilchen stets eine gewisse Größe und Gestalt auf (II.viii.9).

Die sekundären Qualitäten, welche wir materiellen Körpern ebenfalls zuzuschreiben pflegen, sind nach Locke von anderer Art: Sie sind weder wahrnehmungsunabhängig noch unabtrennbar. So ist Manna nicht wirklich süß, süß ist lediglich der Geschmackseindruck, den Manna aufgrund seiner primären Qualitäten auf unserem Gaumen hervorruft; und der Geschmack existiert nur insofern, als er gefühlt wird (II.viii.18). Wenn aber derartige Eigenschaften den Körpern selbst nicht wirklich zukommen, dann können sie von ihnen auch nicht unabtrennbar sein. Locke bezeichnet also diejenigen Qualitäten eines Körpers als sekundäre, die von dessen primären Qualitäten (als denjenigen, die unsere Sensorien affizieren) abhängen und deren Existenz in ihrem Wahrgenommen-Werden besteht.

Es sticht geradezu ins Auge, wie sehr sich Lockes Explikation von primären und sekundären Qualitäten dazu eignet, den Konflikt zwischen den Intuitionen A und B aufzulösen. Im Falle der primären Qualitäten (welche er nicht zufällig gelegentlich auch als „ursprüngliche" und „reale" tituliert [II.viii.12; II.viii.17]) kommt die Intuition B zu ihrem Recht, im Falle der sekundären Qualitäten Intuition A. Die Ideen von primären Qualitäten bilden reale Beschaffenheiten materieller Körper ab, und das heißt auch, daß zwischen der Idee und dem, was durch sie erkannt wird, eine nicht-arbiträre Beziehung, näherhin eine Ähnlichkeitsbeziehung, besteht. Im Falle der sekundären Qualitäten hingegen existieren nach Locke keine derartigen Ähnlichkeitsbeziehungen (II.viii.15; II.viii.22). Die Idee des Süßen bildet kein qualitatives Moment ab, das sich so oder ähnlich auch im Manna fände, sondern sie steht – arbiträrerweise – für eine gewisse Konstellation primärer Qualitäten, die den Geschmackssinn in einer bestimmten Weise affizieren. In der einer sekundären Qualität zugeordneten Idee wird demnach nicht eine Gegenstandsqualität *als diese Qualität* mentaliter *reproduziert*, sondern es wird (im einfachsten Falle:) eine Gegenstandsqualität *mittels einer Erlebnisqualität* mentaliter *repräsentiert.*

Es geht also ein konzeptioneller Riß mitten durch den elementaren Begriff der Qualität. Während primäre Qualitäten eines Körpers uns Einblick in dessen So-*Sein* geben, stellen sekundäre Qualitäten ein bloßes So-*Scheinen* dieses Körpers dar, weil er in Wirklichkeit gar keine anderen als die primären Qualitäten *hat.* Es hat daher etwas Künstliches an sich, die für den erkennenden Geist ontologisch transparenten primären und die ontologisch opaken sekundären Qualitäten in der Oberklasse der Qualitäten zusammenzufassen; denn der Sinn, in dem sekundäre Qualitäten Qualitäten eines Körpers sind, ist doch ein sehr anderer als der, in dem primäre

Qualitäten es sind. Dieser gewaltsam zusammengezimmerte Oberbegriff der Qualität ist aber nicht einfach das beklagenswerte Ergebnis einer unsauberen Gedankenführung; er ist vielmehr das Resultat eines ingeniösen Manövers von Locke, damit dieser an seiner realistischen Grundintuition auch da noch festhalten kann, wo sie durch die Überbetonung der mentalen Natur der Idee[13] und der damit verbundenen Einbuße des Weltbezugs in Frage gestellt zu werden droht.

Aus diesem Grunde trifft man auch nur die halbe Wahrheit, wenn man Locke vorwirft, er habe mit seiner Unterscheidung von primären und sekundären Qualitäten seine historische, einfache Methode verlassen und sich – die atomistische Physik seiner Zeit übernehmend – naturphilosophischen Spekulationen über das Wesen materieller Körper hingegeben. Diese Berufung Lockes auf die Atomistik ist nämlich nur in zweiter Linie eine methodische Entgleisung; in erster Linie ist sie das philosophisch respektable Bemühen, den Realismus – und damit das metaphysische Fundament seines Empirismus – davor zu bewahren, an der *Bewußtseinsimmanenz* der Idee zuschanden zu werden: Die atomistisch inspirierte physiologische Erklärung des Zustandekommens von Ideen der Sinneswahrnehmung unter Rekurs auf die *realistisch gedeuteten* primären Qualitäten stellt einen Versuch zur Rettung des Realismus unter philosophisch widrigen Umständen dar, einen Versuch, zu welchem im Horizont des frühneuzeitlichen Ideismus kaum eine überzeugendere Alternative zu finden sein dürfte.

7. *Ideen und Wörter*

Ein umfassendes Verständnis des Lockeschen Ideenbegriffs und seiner vielfältigen systematischen Funktionen stellt sich erst dann ein, wenn man ihn in seinem Zusammenhang mit der Sprachphilosophie des ›Essay‹ sieht. Daher sei wenigstens ein Minimalbestand sprachphilosophischer Doktrinen aus Buch III in rudimentärer Weise vorgestellt.

In der Semantik Lockes kehrt eine Gedankenfigur wieder, die wir bereits kennengelernt haben: So wie unser Geist im Falle einer Tischwahrnehmung in erster Linie mit der Tischidee befaßt ist und nur abgeleiteterweise mit dem in dieser Idee repräsentierten Tisch, so bezeichnet das Wort ‘Tisch’ in erster Linie die Tischidee und nur abgeleiteterweise den realen Tisch. In einer direkten Vertretungsrelation stehen nämlich Wörter nur zu

[13] Vgl. beispielsweise die Wendungen „having *Ideas*, and Perception being the same thing“ (II.i.9 [108:9–10], Hervorheb. im Orig.) und „our *Ideas*, being nothing but bare Appearances or Perceptions in our Minds“ (II.xxxii.1 [384:19–20], Hervorheb. im Orig.).

Ideen und Ideen nur zu Gegenständen; daher stehen Wörter auch nur abgeleiteterweise für Gegenstände. Als Wortbedeutungen sind somit Ideen anzusehen.

Dieser semantische Grundgedanke des ›Essay‹ wird weiter präzisiert: Ein Wort bezeichnet immer nur diejenige Idee, welche der jeweilige Sprecher mit diesem Wort verbindet (III.ii.2). Für eine funktionierende Kommunikation ist es deshalb nach Locke erforderlich, daß Sprecher und Hörer mit denselben Wörtern inhaltlich identische (oder sehr ähnliche) Ideen verbinden (III.ii.1–2; III.ii.6; III.ii.8). Die Lösbarkeit des Problems, ob eine solche inhaltliche Kongruenz angesichts der Privatheit der Ideen überhaupt möglich bzw. feststellbar ist, wird in der Forschung unterschiedlich beurteilt.

Die Qualifikation von Ideen als Wortbedeutungen darf jedoch nicht mißverstanden werden. Bedeutungen sind bei Locke nicht – wie in manchen moderneren Semantiken – lediglich theoretische Konstrukte zur Erklärung einer funktionierenden sprachlichen Verständigung; sie sind vielmehr als Ideen bzw. Bewußtseinsinhalte ontologisch selbständig, und das heißt vor allem: unabhängig davon, ob menschliche Kommunikation auf ihnen fußt oder nicht. Dieser prinzipielle Befund wird dadurch nicht berührt, daß es für jede Person aus mnemotechnischen Gründen unvermeidlich ist, Wörter als Zeichen für ihre eigenen Ideen zu verwenden (III.ii.2).[14]

8. *Einfache und komplexe Ideen*

Der Empirismus der Ideen ist einem naheliegenden Einwand ausgesetzt: Wenn eine Person sich einen goldenen Berg vorstellt, dann ist ihr Geist mit der Idee eines goldenen Berges befaßt. Da es aber keine goldenen Berge gibt, ist nicht zu sehen, wie jene Person diese Idee aus der Erfahrung gewonnen haben soll.

Der Sache nach tritt der ›Essay‹ diesem Einwand wie folgt entgegen: Die Idee des goldenen Berges ist kein monolithisches Ganzes, sondern sie läßt sich in eine Gold- und in eine Bergkomponente zerlegen. Sowohl die Gold- als auch die Bergidee werden jedoch aus der Erfahrung gewonnen, und mithin entstammt auch das Ideenkompositum des goldenen Berges mittelbar der Erfahrung; dem Empirismus der Ideen ist damit bereits Genüge getan. In verallgemeinerter und terminologisch präzisierter Form wird aus dem vorstehenden Gedanken die Lehre Lockes, daß im Gesamtbestand unserer Bewußtseinsinhalte zwei Arten von Ideen auseinander-

[14] Der wichtigste hier nicht behandelte Punkt aus Lockes Sprachphilosophie ist seine Abstraktions- bzw. Universalienlehre, vgl. hierzu R. Specht: a. a. O., 55–61.

zuhalten sind: *einfache* und *komplexe* Ideen. Die einfachen Ideen werden – via Sensation oder Reflexion – der Erfahrung entnommen, die komplexen Ideen werden vom Geist aus einfachen Ideen zusammengesetzt.

Ersichtlich lehnt sich Locke mit seiner Distinktion einfacher und komplexer Ideen an das Theoriemodell der atomistischen Physik an. So wie dort die unübersehbare Vielfalt makroskopischer Gegenstände unter Rekurs auf die vergleichsweise beschränkte Typenzahl ihrer mikroskopischen Bestandteile, der Atome, erklärt wird, so wird auf dem Felde des Mentalen die ungeheure Mannigfaltigkeit von Bewußtseinsinhalten auf ein vergleichsweise begrenztes Repertoire atomarer Ideen zurückgeführt.

Dieser Atomismus der Ideen ist verknüpft mit einem Atomismus der Bedeutungen. Es fällt nämlich auf, daß sich Locke bei der Zerlegung einer komplexen Idee in einfachere Teilideen an der Sprache orientiert, genauer: an der jeweiligen Benennung der fraglichen Idee. So kann man es kaum für Zufall halten, daß nach Locke die Idee des goldenen Berges analog dazu in Komponenten zu zerlegen wäre, wie man den Ausdruck 'goldener Berg' in einer semantischen Analyse zerlegen würde. Lockes Ideenatomismus ist also offenbar strukturell einem semantischen Atomismus nachgebildet, dem zufolge sich komplexe Bedeutungsgebilde aus elementaren semantischen Einheiten zusammensetzen.

Für beide atomistischen Konstruktionen ist die Frage grundlegend, welche Elemente des Bewußtseins bzw. der Sprache denn einfach sind; anders gewendet ist das die Frage, was der physischen Unteilbarkeit des materiellen Atoms auf der Seite der Ideen und Wortbedeutungen entspricht. Die Antwort Lockes lautet, daß einfache Ideen *unanalysierbar* sind (II.ii.1 [119:18–20]). Aufgrund der Semantizität der Ideen darf Locke das auch folgendermaßen ausdrücken: Der Name einer einfachen Idee kann nicht mit Hilfe einer verbalen Definition[15] erklärt werden, der Name einer komplexen Idee dagegen sehr wohl (III.iv.4). Positiv formuliert besagt das, daß einfache Ideen ausschließlich *ostensiv* definiert werden können, also mittels Hinweises auf eine sinnlich gegebene Instantiierung der fraglichen einfachen Idee.[16]

Auch das Lehrstück der einfachen und komplexen Ideen hat für das Realismusproblem Relevanz. Es gehört nämlich zu den zuverlässigen Indikatoren einer (wenigstens in Teilstücken) realistischen Position, die Erkenntnistätigkeit dadurch zu charakterisieren, daß in ihr passive bzw. der

[15] Die Definition eines Wortes *W* ist nach Locke die Erläuterung der Bedeutung von *W* unter Verwendung von zu *W* nicht synonymen Wörtern (III.iv.6 [422:4–5]).

[16] Die – einfache – Idee eines bestimmten Farbtons, Geschmacks oder Klangs läßt sich folglich einer anderen Person nur dann vermitteln, wenn deren einschlägige Sensorien funktionstüchtig sind.

Willkür entzogene Momente eine große Rolle spielen. Die dabei zugrunde liegende Intuition liegt auf der Hand: Soll die Welt so, wie sie tatsächlich ist, im Erkennen erfaßt werden, dann müssen deren Eigenschaften und Strukturen möglichst unverändert ins Bewußtsein des erkennenden Subjekts gelangen können, und das wiederum ist nur dann gewährleistet, wenn das Subjekt sich im Erkennen (zumindest auch) passiv und hinnehmend – Kant wird sagen: rezeptiv – gegenüber dem Gegebenen verhält.

Wie aktiv der Verstand beim Erkennen bzw. beim Umgang mit seinen Ideen in mancherlei Hinsicht auch immer sein mag – bezüglich der einfachen Ideen ist er ein rein empfangendes Organ.[17] Locke drückt das auch folgendermaßen aus: Selbst der umfassendste Verstand vermag es auf keine Weise, eine neue – das heißt: eine nicht bereits durch Sensation oder Reflexion gewonnene – einfache Idee zu erfinden bzw. zu bilden (II.ii.2). Ebenso unmöglich ist es dem Verstand, eine einfache Idee, die er einmal erlangt hat, wieder zu zerstören (II.ii.2; II.xxi.72 [286:17–18]). Mit anderen Worten: Auf der Ebene der einfachen Ideen verrät sich die *ontische Autarkie* der Welt in der *epistemischen Stabilität* derjenigen Eindrücke, die wir von ihr empfangen.[18]

Neben ihrer materialen Funktion für die Bildung komplexer Ideen (II.ii.2 [119:21]] erfüllen die einfachen Ideen also vor allem die Aufgabe, der *empirischen Basis unseres Wissens* einen Realitätsgehalt zu sichern. Zudem kann Locke auf diesem Wege zumindest partiell erklären, wie menschliche Verständigung trotz der Privatheit der Ideen funktionieren kann: Einfache Ideen sind genau diejenigen Perzeptionen, die nach göttlichem Willen die Gegenstände der Außenwelt in uns allen hervorrufen sollen (II.xxxii.14 [388:15–23]; 16 [390:2–12]); mit den einfachen Ideen verfügen wir somit über eine (die prinzipielle Privatheit der Ideen überbrükkende) gemeinsame *semantische Basis unserer Kommunikation*.

9. *Ideenklassifikationen*

In Buch II breitet Locke ein weitläufiges Ideentableau aus, das plausibel machen soll, daß und wie der menschliche Verstand aus atomaren

[17] Mein Verzicht auf die Behandlung der Abstraktionslehre Lockes (vgl. oben Anm. 14) schließt auch den Verzicht auf die Erörterung der (in der Forschung kontrovers eingeschätzten) Frage ein, ob einfache Ideen womöglich abstrakte – das heißt: durch abstrahierende Verstandestätigkeit erzeugte – Ideen sind; L. Krüger neigt zu einer positiven, R. Specht zu einer negativen Antwort.

[18] Unsere früheren Überlegungen zu den sekundären Qualitäten kollidieren übrigens keineswegs mit unseren jetzigen Ausführungen über die einfachen Ideen. Die sekundäre Qualität Scharlachrot (welcher die einfache Idee gleichen Namens

Erfahrungselementen die uns allen bekannte vielgestaltige Welt aufbauen kann, genauer: „diese kleine Welt seines eigenen Verstandes" (II.ii.2 [120:4]).

Zuerst wendet er sich den einfachen Ideen zu und klassifiziert sie genetisch nach ihrer Herkunft aus den beiden Erfahrungsquellen Sensation und Reflexion; im Falle ihrer Herkunft aus der Sinneswahrnehmung zieht er zudem die verschiedenen Sinne heran, um seine Ideenklassifikation zu verfeinern. Daraus ergibt sich die folgende Einteilung:

- Ideen (der Sensation), die aus nur einem Sinn stammen (II.iii); z. B. stammt die Idee der Festigkeit (oder Undurchdringlichkeit) allein aus dem Tastsinn (II.iv).
- Ideen (der Sensation), die aus mehreren Sinnen stammen (II.v); z. B. stammen die Ideen von Gestalt, Ruhe und Bewegung aus dem Gesichts- und aus dem Tastsinn (II.v).
- Ideen, die nur aus der Reflexion stammen (II.vi); z. B. stammen die Ideen von Wahrnehmen bzw. Denken und Wollen allein aus der Reflexion (II.vi.2).
- Ideen, die sowohl aus der Sensation als auch aus der Reflexion stammen (II.vii); z. B. stammen die Ideen von Lust, Schmerz und Kraft sowohl aus der Sensation als auch aus der Reflexion (II.vii.1).

Nahezu alle behandelten Beispiele sind von beträchtlicher philosophischer Brisanz und führen Locke, und damit auch den Leser, nicht selten in Diskussionszusammenhänge, die weitab von der Entfaltung seiner empiristischen Programmatik liegen[19] – daß sie den philosophischen Gehalt des ›Essay‹ fast durchweg erhöhen, steht gleichwohl außer Frage.

Die komplexen Ideen werden ebenfalls genetisch klassifiziert. Der hierbei vorrangig leitende Gesichtspunkt ergibt sich aus dem Typus derjenigen mentalen Operation, welche die komplexen Ideen jeweils hervorbringt. Von Belang sind hier vor allem die drei Verstandestätigkeiten Erweitern, Zusammensetzen und Vergleichen.[20] Sie erzeugen jedoch nicht nur drei, sondern vier Klassen (II.xi–xii), weil durch Zusammensetzen sowohl Ideen von – nach ihrer Seinsart: unselbständigen – *Eigenschaften* als auch solche

zugeordnet ist) ist zwar keine Qualität, die auf realistisch-abbildhafte Weise Aufschluß über die Eigenart eines scharlachroten Körpers gibt; sie hat aber (in Gestalt bestimmter primärer, Scharlachrot-Eindrücke hervorrufender Qualitäten) ein *fundamentum in re* – und hierin liegt die realistische Pointe der einfachen Ideen.

[19] Prominentestes Beispiel ist das über 50 Seiten umfassende Kraft-Kapitel II.xxi.

[20] Hinzu kommt noch die Tätigkeit des Trennens bzw. Abstrahierens, durch die nach Auskunft von II.xi.9 allgemeine Ideen erzeugt werden. Diese fügen sich jedoch nicht ohne weiteres in die Systematik von II.xii ein.

von – nach ihrer Seinsart: selbständigen – *Eigenschaftsträgern* entstehen können. Damit wird allerdings die ursprünglich rein genetisch konzipierte Klassifikation durch einen ontologischen Zusatzaspekt erweitert (II.xii.4 [165:2–4]), welcher deren systematische Stringenz deswegen beeinträchtigt, weil er für die Produkte der beiden anderen Verstandestätigkeiten keine Rolle spielt. Auf diese Weise gelangt Locke zu den folgenden Zuordnungen:

Verstandestätigkeit	Ideenklasse	ontologischer Status
Erweitern	→ (a) einfache Modi	[nicht berücksichtigt]
Zusammensetzen	→ (b) gemischte Modi	unselbständig
	→ (c) Substanzideen	selbständig
Vergleichen	→ (d) Relationsideen	[nicht berücksichtigt]

(a) Einfache Modi: Sie sind durch Erweiterung entstandene Modifikationen einer einzigen einfachen Idee. Beispielsweise läßt sich die Ausgangsidee des Raumes durch erweiternde Verstandestätigkeiten zu den Ideen von Abstand oder Volumen modifizieren (II.xiii.3). Auch die Begriffe unserer zeitlichen Orientierung (aus der Modifikation der einfachen Idee der Dauer hervorgegangen) sowie die für viele psychische Befindlichkeiten (aus der Modifikation der einfachen Ideen von Lust und Schmerz hervorgegangen) bilden die Domäne der einfachen Modi, wenngleich Locke deren Einfachheit nicht immer plausibel macht.

(b) Gemischte Modi: Sie entstehen durch das Zusammensetzen verschiedener einfacher Ideen zu einem Komplex, von welchem nicht unterstellt wird, daß er ein ontologisch selbständiges Korrelat in der extramentalen Wirklichkeit besitzt (II.xxii.1). Der Geist bildet gemischte Modi gemäß seinen Bedürfnissen ganz nach eigenem Ermessen (die Freiheit der Zusammenstellung ist lediglich durch das Verbot widersprüchlicher Ideenkombinationen eingeschränkt), und deshalb kennt er ihre Bestandteile vollständig und genau. Gemischte Modi wie Blutschande oder Kirchenraub sind Ideen von Eigenschaften oder Tätigkeiten, die an realen Dingen und Personen vorkommen können, aber nicht vorkommen müssen – Archetyp und Ektyp fallen bei ihnen zusammen (II.xxx.4 [373:26–30]; II.xxxi.3; II.xxxi.14). Durch gemischte Modi kategorisieren wir zum Zweck der Orientierung und praktischen Lebensbewältigung die Mehrzahl der kulturellen Phänomene in Wissenschaft, Kunst, Religion, Recht, Moral und Politik.

(c) Substanzideen: Auch sie entstehen durch das Zusammensetzen verschiedener einfacher Ideen zu einem Komplex. Anders als im Falle der gemischten Modi stellt der Verstand diesen Ideenkomplex ausdrücklich zu dem Zweck her, eine selbständig existierende Entität, die außerhalb seiner selbst liegt, zu repräsentieren (II.xii.6 [165:24–26]). Hier gabelt sich der Weg gemäß dem Cartesischen Substanzdualismus: Der fragliche Ideenkomplex repräsentiert eine geistige Substanz, wenn seine Teilideen der Reflexion entstammen, und eine körperliche Substanz, wenn sie der Sensation entstammen. Im zweiten und systematisch belangvolleren Falle bildet der Verstand die komplexe Idee mit der Absicht, ein körperliches Ding der Außenwelt so nachzubilden, wie es wirklich ist (II.xxx.5 [374:15–17]).[21] Da Locke die ontologische Ebene des An-sich-Seins mit der empirisch unzugänglichen Ebene der Atomstruktur der Materie zu kontaminieren pflegt, beurteilt er die Erreichung jenes Zweckes mit großer Skepsis: Die *reale Wesenheit* körperlicher Dinge, ihre atomare Textur, bleibt unserer Erkenntnis verschlossen; unsere Ideenbildung kann bezüglich materieller Substanzen immer nur unseren stets defizitären Wissensstand widerspiegeln, welcher sich in der Konstruktion einer *nominalen Wesenheit* niederschlägt (also in der Bedeutung des Substanzgattungsnamens). Es bleibt somit nach Locke ein erstrebenswertes, doch unerreichbares Erkenntnisziel, durch Eruierung immer neuer Qualitäten einer Substanz deren nominale Wesenheit ihrer realen Wesenheit anzunähern (III.vi.9 [444:7–14]; IV.vi.10).

Beim Begriff der Substanz verzeichnen wir also das theoretische Bedürfnis Lockes, seine realistische Grundposition noch auf einer anderen Ebene als auf der des Erkenntnis*materials* zum Tragen zu bringen; denn obwohl der Realitätsgehalt unseres Wissens bereits durch die einfachen Ideen als gesichert gelten darf, versucht Locke auf der höheren Ebene der *Komposition* des Ideenmaterials noch einmal, ein ontisch-epistemisches Korrespondenzverhältnis aufzubauen: Im Falle der Idee einer körperlichen Substanz sollen sich – dem erkennbaren Ansatz Lockes zufolge – nicht bloß in deren einfachen Teilideen einzelne Momente der realen Welt wiederholen; in der Substanzidee soll vielmehr *die strukturelle Verknüpfung der sie zusammensetzenden Einzelideen selbst* ein reales Korrelat in den Körpern der Außenwelt haben. Daß Locke die Möglichkeiten, die nominale der realen Wesenheit vollkommen anzugleichen, letztlich

[21] Der Substanzbegriff hat bei Locke mehr als eine Verwendung. So gelten nicht nur individuelle Einzeldinge als Substanzen, sondern auch Stoffe wie Gold oder Blei; daneben unterscheidet Locke auch noch kollektive Substanzen (wie Armee oder Universum), in denen Einzeldinge (einfache Substanzen) zusammengefaßt werden (II.xxiv). – In einem engeren Sinne ist die Substanz dasjenige an Körpern, das ihre Eigenschaften trägt. Derartige Träger unterlegt unser Geist unwillkürlich solchen Qualitätenbündeln, die nach seiner Erfahrung in stets gleichbleibenden Konstellationen auftreten (II.xxiii.1). Diese – nicht besonders empiristisch klingende – These ist philosophisch besonders aufregend, wenn man sie mit Blick auf Hume und Kant liest.

skeptisch einschätzt, ändert nichts daran, daß er mit seiner Empfehlung, eine solche Angleichung zu versuchen, einem unverkennbar realistischen Impuls folgt.

(d) Relationsideen: Sie entstehen durch ein Vergleichen von wenigstens zwei Ideen (II.xii.7; II.xxv.5), wobei man mit jeder Idee unzählige Vergleiche anstellen kann (II.xxv.7). Locke unterscheidet nicht immer deutlich zwischen bloßen Relationsbegriffen ohne Einschluß der Relata und Relationen, die ihre Relata einschließen. Jedenfalls betrachtet er Relationen – wie gemischte Modi – als Ideen, bei denen Archetyp und Ektyp zusammenfallen (II.xxx.4 [373:26–30]). Den Realitätsbezug von Relationen erblickt Locke ausschließlich in ihren Relata; deren Verknüpfung ist von schlechthin geistiger Natur und somit keine, die in der extramentalen Wirklichkeit ein Korrelat hätte (II.xxv.8 [322:13–14].[22] Die wichtigsten Relationsideen, die Locke behandelt, sind die der Kausalität (II.xxvi) und die der Identität bzw. Verschiedenheit (II.xxvii); die in diesem Rahmen erfolgende Erörterung des Problems der personalen Identität gehört zu den Partien des ›Essay‹, die die philosophische Diskussion bis in unsere Gegenwart hinein beeinflußt und befruchtet haben.

10. Schlußbemerkung

Wie wir gesehen haben, spielen bei Locke Empirismus und Realismus – zwei Positionen, die er beide vertritt – nicht reibungslos zusammen. Das hat verschiedene Gründe.

Zunächst bedarf es ja der Einsicht in die Grenzen des Empirismus und damit in seine Metaphysikbedürftigkeit dort, wo es um die Sicherstellung der epistemologischen Relevanz der Erfahrung als solcher geht. Vieles spricht dafür, daß Locke diese Einsicht zumindest ansatzweise vollzogen und dem Realismus die Rolle zugedacht hat, seinen Empirismus zu fundieren. Zweifellos hätte der ›Essay‹ an systematischer Stringenz und kompositorischer Transparenz gewonnen, wenn Locke das Verhältnis beider Positionen deutlicher gesehen und artikuliert hätte. Doch schon die wenigen Schritte, die er gleichsam mit halbem Bewußtsein in jene Richtung getan hat, stellen ihn philosophisch turmhoch über viele Neo-Empiristen, welche für die metaphysische Dimension ihrer Position überhaupt kein

[22] Mit dieser – überaus fragwürdigen – Position steht Locke ganz im Banne einer langen, bis auf Aristoteles zurückreichenden Tradition: Weil sich Relationen nicht glatt in das herrschende Substanz-Akzidens-Paradigma einfügen ließen, blieben sie durchweg ontologisch unterprivilegiert; ihr geringer Seinsgehalt reichte meist gerade eben hin, um ihnen in der Sphäre des Mentalen Asyl zu gewähren.

Organ haben. Das erste Hindernis für die systematische Verknüpfung von Empirismus und Realismus liegt demnach in der Verkennung von deren spezifischer Komplementarität. Dieses Hindernis war für Locke allem Anschein nach nicht unüberwindbar. Er kämpfte vor allem mit den Hindernissen, die ihm der epochentypische Ideismus in den Weg legte.

Dem Ideismus ist es eigentümlich, zwischen das erkennende Subjekt und die erkannte Wirklichkeit eine mentale Welt aus Ideen zu schieben. Das Kardinalproblem einer solchen Konstruktion liegt in der Frage, ob jene Bewußtseinsgebilde, die selbst von psychischer Natur sind, das Bewußtsein befähigen oder daran hindern, sich der extramentalen Wirklichkeit kognitiv zu bemächtigen. Jedenfalls kann der Ideismus offensichtlich unschwer Züge annehmen, durch welche der Geist zum Gefangenen seiner eigenen Ideenwelt wird. Ebenso offensichtlich war Locke jedoch der Meinung, daß der Ideismus die Selbsttranszendierung des Bewußtseins auf eine reale Welt hin nicht unterbinden dürfe. Deshalb sorgte er dafür, daß der Realismus – zur Not auch *gegen* den Ideismus – das Feld behauptet; er zahlte dafür sogar den Preis, daß seine zu diesem Zweck ersonnenen philosophischen Maßnahmen gelegentlich mit der Programmatik seines Empirismus kollidierten.

Aus dieser theoretischen Konstellation wird ersichtlich, daß Locke in einer gewissen Dialektik stand: Um den Empirismus auf der tieferen Ebene seiner metaphysischen Fundierung vor dem Abgleiten in einen Idealismus zu retten, mußte er ihn auf der Oberflächenebene seiner Durchführung mitunter verletzen. Nicht wenige der oft kritisierten Inkonsistenzen des ›Essay‹ gehen auf das Konto dieser dialektischen Situation. Es spricht für den Rang des Philosophen Locke, daß er um seiner grundlegenderen Intuitionen willen jene Inkonsistenzen in Kauf genommen hat.

Auswahlbibliographie

Primärliteratur:

The Works. A new edition, corrected. 10 Bde. London 1823. Reprint Aalen 1963.

The Clarendon Edition of the Works of John Locke. Oxford 1975 ff.

An Essay Concerning Human Understanding. Ed. with an introduction, critical apparatus and glossary by P. H. Nidditch. Oxford 1975 u. ö.

Drafts for the Essay Concerning Human Understanding. Ed. by P. H. Nidditch. Oxford 1990.

The Correspondence of John Locke. 9 Bde. Ed. by E. S. de Beer. Oxford 1976 ff.

Deutsche Übersetzung:

Versuch über den menschlichen Verstand. Bd. 1: Buch I und II. Bd. 2: Buch III und IV. Übers. von C. Winckler. 4., durchges. Aufl. Hamburg 1981 [basiert auf der (überholten) ›Essay‹-Edition von A. C. Fraser (Oxford 1894)].

Sekundärliteratur:

The Locke newsletter. 1970 ff. [erscheint jährlich mit laufender Bibliographie].
Aaron, R. I.: John Locke. 3rd ed. 1971. Repr. with corr. Oxford 1973.
Alexander, P.: Ideas, Qualities and Corpuscles. Locke and Boyle on the external world. Cambridge 1985.
Ayers, M.: Locke. Vol. 1: Epistemology. Vol. 2: Ontology. London u. a. 1991.
Brandt, R.: John Locke. In: Grundriss der Geschichte der Philosophie. Begründet von Fr. Ueberweg. Völlig neubearb. Ausgabe. Die Philosophie des 17. Jahrhunderts. Bd. 3/2. England. Hrsg. von J.-P. Schobinger. Basel 1988, 607–713.
Chappell, V. (Hrsg.): The Cambridge Companion to Locke. Cambridge 1994.
Cranston, M.: John Locke. A biography. 1st ed. 1957. Repr. Oxford u. a. 1985.
Euchner, W.: John Locke zur Einführung. Hamburg 1996.
Hall, R./Woolhouse, R.: 80 Years of Locke Scholarship. A bibliographical guide. Edinburgh 1983.
Krüger, L.: Der Begriff des Empirismus. Erkenntnistheoretische Studien am Beispiel John Lockes. Berlin u. a. 1973.
Mackie, J. L.: Problems from Locke. Oxford 1976.
Puster, R. W.: Britische Gassendi-Rezeption am Beispiel John Lockes. Stuttgart-Bad Cannstatt 1991.
Rogers, G. A. J. (Hrsg.): Locke's Philosophy. Content and context. Oxford 1994.
Specht, R.: John Locke. München 1989.
Thiel, U.: John Locke. Reinbek 1990.
Thiel, U. (Hrsg.): John Locke: Essay über den menschlichen Verstand. Berlin 1997.
Tipton, I. C. (Hrsg.): Locke on Human Understanding. Selected essays. Oxford 1977.
Yolton, J. S./Yolton, J. W.: John Locke. A reference guide. Boston, Mass. 1985.
Yolton, J. W.: A Locke Dictionary. Oxford 1993.

BARUCH DE SPINOZA

Die eine Substanz als Grund von Subjektivität und menschlicher Freiheit

Von Robert Schnepf

Wenige Autoren der Philosophiegeschichte haben vergleichbar extreme Reaktionen hervorgerufen wie Baruch de Spinoza (1632–1677). Vor allem seine Identifikation Gottes mit der Natur, verbunden mit der Behauptung, alle Ereignisse seien kausal notwendig, bildet den Kernpunkt der Auseinandersetzungen. Seit seiner anonym und unter falschen Verlagsangaben erschienenen religionsphilosophischen Schrift, dem ›Theologisch-politischen Traktat‹ (1670), galt Spinoza als einer der berüchtigtsten, wenn auch scharfsinnigsten Atheisten. Sein Hauptwerk, die ›Ethica ordine geometrico demonstrata‹, hat er aus Furcht vor feindseligen Reaktionen selbst nicht veröffentlicht.[1] Sie erschien unmittelbar nach seinem Tod in einer von Freunden besorgten Ausgabe nachgelassener Schriften (1677). Die ablehnenden Reaktionen kamen nicht unerwartet. Spinoza schien mit seiner atheistischen Philosophie die Fundamente der tradierten Moral sowie der Rechts- und Staatslehre zu untergraben. Denn wer einen transzendenten Gott leugnete, leugnete auch das fein ausdifferenzierte System himmlischer Strafen und Belohnungen. Damit fällt auch die Vorstellung eines Gottes, der die staatliche Gewalt einsetzt und legitimiert; mehr noch: die mit der Schöpfungslehre verbundene Lehre von der Gottesebenbildlichkeit ist dahin, wonach ein frei handelnder Gott einen Menschen mit freiem Willen geschaffen hat. Die Willensfreiheit aber gilt als eine der Voraussetzungen dafür, Handlungen zurechnen und nach moralischen Normen be-

[1] Spinoza war 1656 wegen seiner religionskritischen Ansichten aus der jüdischen Gemeinde Amsterdams ausgestoßen worden. 1668 war einer seiner ersten Anhänger, Adriaan Koerbagh, nach seiner Verhaftung im Gefängnis gestorben; 1672 wurden die Gebrüder de Witt gestürzt und umgebracht. Selbst die Niederlande boten seither keine Möglichkeit mehr, relativ frei und öffentlich zu philosophieren. Die nicht publizierten Schriften, wie die ›Ethik‹, kursierten lediglich in einem engen Freundeskreis. Bereits diese verborgene Wirkungsgeschichte ist ein Indiz für die Brisanz auch der theoretischen Philosophie Spinozas. Vgl. zur Lebensgeschichte W. Bartuschat, 1996, 11 ff. – Die Literaturangaben beziehen sich auf die in der Bibliographie angeführten Titel.

urteilen zu können.[2] Mit seinem Monismus und dem damit verbundenen Determinismus hat Spinoza die theoretischen Grundlagen der tradierten Moral geleugnet und daraus Konsequenzen für die praktische Philosophie gezogen. Deshalb war seine Philosophie anstößig.[3]

Der Streit um Spinoza ist heftig gewesen: Zwischen Stimmen radikaler Ablehnung auf der einen und emphatischer Zustimmung auf der anderen Seite lassen sich bis heute nur selten vorsichtig abwägende Stellungnahmen finden. Die einen sehen sein Werk als die Vollendung einer bestimmten Weise zu philosophieren – nämlich als die konsequente Ausführung rationalistischer Systematik –, die anderen als eine Ansammlung absurder Lehren mit hybriden Ansprüchen. Das Gewicht der Kombattanten könnte jedoch ein Indiz dafür sein, daß eine nüchterne Untersuchung seiner Thesen und Argumente Einsichten in auch heute noch verhandelte Sachprobleme gestattet.

Im folgenden möchte ich einführend Grundzüge der Philosophie Spinozas anhand eines zentralen Problems darstellen: der menschlichen Subjektivität und ihrer Freiheit. Für sich genommen ist das (auch heute noch) ein Problem der theoretischen Philosophie. Doch ist Spinozas Antwort zugleich die Grundlegung weiterer Teile seiner Philosophie[4]: Denn für ihn war es selbstverständlich, daß die praktische Philosophie auf der Metaphysik gründet, wie auch umgekehrt die Metaphysik in praktischer Absicht anzulegen ist.[5] Um sowohl die Begründung seiner Position in dieser Frage

[2] Solche Einschätzungen finden sich bereits in Lambertus van Velthuysens Brief an Jacob Ostens (Ep. 42, G IV, 207ff.) in gemäßigter Form vorgetragen, im Brief des zum Katholizismus bekehrtern Albert Burgh (Ep. 67, G IV, 280ff.) in heftiger und feindlicher Weise. Das Problem der Willensfreiheit als Grundlage der Moral ist zudem ausführlich im Briefwechsel zwischen Spinoza und Willem van Blyenbergh diskutiert (Ep. 18 bis Ep. 23, sowie Ep. 27, G IV, 79ff. bzw. G IV, 160ff.). – Bei den Zitaten verwende ich die folgenden Abkürzungen: E = ›Ethik‹; TIE = ›Tractatus de intellectus emendatione‹; TP = ›Tractatus politicus‹; TTP = ›Tractatus theologico-politicus‹; PPC = ›Renati Des Cartes Principiorum Philosophiae‹. Zitate mit Ausnahme solcher aus der ›Ethik‹ werden unter Angabe von Band und Seitenzahl nach der Ausgabe von C. Gebhardt (= G) nachgewiesen. Die deutschen Zitate aus der ›Ethik‹ sind der Übersetzung von B. Auerbach entnommen, die im zweiten Band der von K. Blumenstock herausgegebenen Werkausgabe wiederabgedruckt ist (vgl. Literaturverzeichnis). Die Orthographie wurde gelegentlich modernisiert. Ich verwende die folgenden Abkürzungen: E1 = 1. Teil; D = Definitio; A = Axioma; P = Propositio; Dem. = Demonstratio; S = Scholium; C = Corrolarium.

[3] Vgl. Moreau, 1994.

[4] Das gilt beispielsweise für die in Spinozas letztem Werk, dem unvollendeten TP, entworfene Rechts- und Staatsphilosophie. Daß auch die Religionsphilosophie des TTP auf Argumente der ›Ethik‹ angewiesen ist, wäre im einzelnen zu zeigen.

[5] Ersteres zeigt Ep. 27, G IV, 160f.; letzteres zeigt der Titel und der Aufbau des

als auch die Konsequenzen für die praktische Philosophie in den Blick zu bekommen, soll im folgenden ein Überblick über die fünf Bücher seiner ›Ethik‹ skizziert werden. Die Überschriften der einzelnen Teile – „Von Gott“, „Von der Natur und dem Ursprung des Geistes“, „Von dem Ursprung und der Natur der Affekte“, „Von der menschlichen Knechtschaft oder von der Macht der Affekte“ und „Von der Macht des Verstandes oder von der menschlichen Freiheit“ – verdeutlichen dieses Ineinandergreifen von theoretischer und praktischer Philosophie. Der Titel des letzten Teils signalisiert darüber hinaus, daß Spinoza nicht behauptet hat, der Mensch sei schlichtweg unfrei, vielmehr hat er ganz im Gegenteil eine ganz bestimmte Theorie menschlicher Freiheit entwickelt. Um die argumentative Qualität seiner Position abwägen zu können, soll zunächst das Sachproblem in philosophiegeschichtlichem Kontext vergegenwärtigt werden. Dabei ist vor allem Descartes in den Blick zu nehmen.[6]

1. Substanz, Subjekt und menschliche Freiheit

Die Behauptung, der Mensch sei frei, hat eine gewisse Evidenz für sich. Sowohl die Handlungs- als auch die Wahlfreiheit scheinen durch die Phänomene der Selbstwahrnehmung gedeckt. So dokumentiert sich beispielsweise für Descartes in der Möglichkeit, einem Urteil zuzustimmen, es abzulehnen oder sich des Urteils zu enthalten, eine ursprüngliche Freiheit des Willens.[7] Spinoza hat gegen alle derartigen Erwägungen eingewandt, daß die Selbsterfahrung trügerisch ist. Diese Skepsis pointiert er anhand eines Vergleichs zwischen dem menschlichen Freiheitsbewußtsein und einem angestoßenen Stein, der sich auf wunderbare Weise seines Bewe-

Hauptwerks, der ›Ethik‹. Spinoza steht damit in der Tradition des Aufbaus philosophischer Disziplinen, wie ihn Descartes am Bild eines Baums skizziert hat: Die Wurzeln sind die Metaphysik und dessen Zweige erst die Disziplinen der praktischen Philosophie (Brief an Picot; AT IX, 2; 14. Ich zitiere Descartes nach der Ausgabe R. Descartes: Œuvres. Hrsg. von Ch. Adam und P. Tannery. Nachdruck Paris 1996). Spinoza hat sich allerdings im Unterschied zu Descartes nicht darum bemüht, seine Physik ausführlich zu entwickeln, sondern nur mit einer Skizze dessen begnügt, was ihm zur Entwicklung seines Interessenschwerpunkts, der Ethik, nötig schien (vgl. E II, P 13 ff.).

[6] Wie intensiv sich Spinoza mit Descartes auseinandergesetzt hat, bezeugt seine erste Schrift, die PPC von 1663, in der er seine Descartesinterpretation vorträgt – wobei er freilich so deutlich eigene Akzente setzt, daß sie einem aufmerksamen Leser wie Blyenbergh die Philosophie Spinozas in nuce präsentierte (vgl. Ep. 24, G IV, 153 ff.).

[7] Vgl. z. B. Descartes, Meditation IV, AT VII, 56 ff.

gungsstrebens bewußt ist: Auch dieser würde sich bei seiner Bewegung für frei halten, solange er die Ursachen seiner Bewegung nicht kennt. Wir aber, die wir die Bewegungsgesetze kennen, wissen um die Notwendigkeit seiner Bewegung (vgl. Ep. 58, G IV, 266). Bei voller Einsicht in den Verursachungszusammenhang erweist sich das Freiheitsbewußtsein als Schein. Für die Selbstwahrnehmung trifft damit zu, was nach Spinoza für alle Wahrnehmung zutrifft, daß sie nämlich als „experientia vaga" nicht ausreicht, zwischen theoretischen Behauptungen zu entscheiden.[8] Vielmehr bedarf es einer zugrundeliegenden Theorie, um die jeweils richtige Auslegung der Wahrnehmung zu sichern. Diese Theorie kann aber nicht einfach der Wahrnehmung entnommen werden, sondern muß möglichst unabhängig von der Erfahrung begrifflich begründet werden. Die Metaphysik enthält und fundiert diese Theorie.

Doch auch Descartes beruft sich nicht einfach auf die Selbstwahrnehmung, um die menschliche Freiheit zu sichern. Die methodisch inszenierte Selbsterforschung des Ich bildet den Anfang seiner ›Meditationes de prima philosophia‹, also seiner Metaphysik. Entsprechend deutet auch er die Phänomene der Selbstwahrnehmung mit Hilfe des tradierten ontologischen Vokabulars: Das Ich, das sich selbst als denkendes erfaßt, gilt ihm als eine Substanz. Eine Substanz ist – im Unterschied zu Attributen, Akzidentien oder Modi – etwas, das in seinem Sein nicht von anderem abhängt. Die göttliche Substanz ist völlig selbständig, und die endlichen Substanzen sind allein von Gott abhängig. Die Deutung der Erfahrung einer Freiheit im Akt des Urteilens oder der Urteilsenthaltung hat nun insofern ein Fundament, als der Mensch, bzw. genauer: sein Geist, eine Substanz ist, der ein hohes Maß an Selbständigkeit zukommt. Dabei führt Descartes' Reflexion auf das *cogito* noch zu einem weiteren Resultat: Da sich das Ich, indem es reflektiert, mentale Prädikate mit Gewißheit zuschreiben kann, körperliche Eigenschaften hingegen nur mit Wahrscheinlichkeit, scheinen beide Arten von Eigenschaften je einem anderen Ding zuzukommen, nämlich einmal dem Geist und einmal dem Körper. Descartes entwickelt daraus ein Argument dafür, daß Geist und Körper zwei verschiedene Substanzen sind; die erste habe als hauptsächliches Attribut das Denken (cogitatio), die zweite das Ausgedehntsein (extensio). Insofern der Geist eine vom Körper real verschiedene Substanz ist, unterliegt er nicht der mechani-

[8] Vgl. TIE, § 75, G II, 28. Spinoza übernimmt den Begriff und das Problem der *experientia vaga* aus Francis Bacons ›Novum Organon‹ I, § 100. Die Behauptung, Erfahrung auch in der Form regelrechter Experimente reiche nicht hin, um zwischen Theorien zu entscheiden, hat er zudem ausführlich in seinem Briefwechsel mit Heinrich Oldenburg verteidigt, einem Sekretär der Royal Society, hinter dem Robert Boyle steht. Vgl. Ep. 6, Ep. 7, Ep. 11, Ep. 13 und Ep. 14.

schen Determination, geht nicht mit seinem Körper unter, kann Träger eines freien Willens und (als Adressat himmlischer Bestrafung und Belohnung) unsterblich sein. Die Substantialität des endlichen Geistes ist so eine Bedingung seiner Freiheit.

Spinoza formuliert nun seine Kernthese, daß Gott mit der Natur identisch sei, als eine Korrektur der cartesischen Substanzenlehre: Es gibt nur eine einzige Substanz, nämlich Gott, und „alles, was ist, ist in Gott, und nichts kann ohne Gott sein oder begriffen werden“ (E1 P15). Die cartesische Unterscheidung einer unendlichen Substanz von den endlichen Substanzen, die wiederum in zwei Klassen zerfallen, wird damit zugunsten einer einzigen, unendlichen Substanz revidiert, deren Modifikationen die endlichen denkenden und ausgedehnten Dinge sind. Der endliche menschliche Geist verliert so seine Substantialität und wird als bloßer Modus der einen Substanz aufgefaßt, die Gott oder die Natur ist. Denken und Ausdehnung sind die zwei Attribute Gottes, die wir erkennen. Gott kann dabei, weil er nicht als transzendente Ursache der Natur verstanden wird, auch nicht als freier Schöpfer angesehen werden: er ist vielmehr die „immanente … Ursache aller Dinge“ (E1 P18). Sein Handeln ist notwendig. Entsprechend ist auch der endliche Geist des Menschen nicht Träger eines freien Willens. Er ist vielmehr in seinem Wollen und Handeln determiniert. Wenn diese Behauptungen Spinozas stimmen, dann wäre das Freiheitsbewußtsein, das Menschen gelegentlich haben, tatsächlich trügerisch – und die praktische Philosophie hätte dem Rechnung zu tragen.

Die Reflexion des Ich auf die Phänomene der Wahrnehmung und Selbstwahrnehmung spielt bei Descartes aber eine ganz eigentümliche methodische Rolle, die sein Argument stärker als bisher skizziert erscheinen läßt. Er bedient sich eines methodischen Zweifels, dessen Ziel es sein soll, ein unbezweifelbares Wissen als Fundament der gesamten Wissenschaften aufzufinden. In der Selbstgewißheit des *cogito ergo sum* findet die Suche ihr Ende und Descartes' Philosophie ihr „unerschütterliches“ Fundament. Damit gewinnt die Selbstgewißheit des Ich eine für alles Weitere entscheidende Bedeutung: Der Hinweis auf mögliche unbekannte Ursachen kann deshalb nicht gegen das ursprüngliche Freiheitsbewußtsein angeführt werden, weil solches Wissen von Ursachen immer bezweifelbar zu sein scheint, Geist und Körper entsprechend getrennt sind und nur der Körper mechanischer Kausalität unterworfen ist. Wegen des methodischen Vorrangs des reflexiven Selbstbewußtseins im *cogito* kann die Selbsterfahrung als argumentatives Fundament für ein Wissen von der Substantialität und Freiheit des Ich verwendet werden. Der Subjektivität kommt so die Rolle eines begründenden, Begriffsrevisionen legitimierenden Prinzips der Philosophie zu.

Gegenüber diesem Argumentationspotential der cartesischen Substanzmetaphysik muß sich Spinozas Entwurf bewähren. Gerade die methodische Funktion des Ich als Anfang der Metaphysik ist mit allen ihren Konsequenzen von seinen Zeitgenossen deutlich gesehen worden. Spinoza selbst hat zu erkennen gegeben, daß er seine Philosophie auch in diesem Punkt als einen Gegenentwurf zu Descartes versteht. Um seinen Ansatz – sicher überpointiert – von dem seiner Vorgänger abzugrenzen, soll Spinoza gesagt haben, daß die Tradition von den endlichen Dingen ausgegangen sei, Descartes mit dem Geist angefangen habe, er aber mit Gott beginne.[9] Soll seine Korrektur der cartesischen Substanzmetaphysik argumentativ tragfähig sein, muß Spinoza also eine Theorie entwickeln, die zu Recht nicht mit der reflexiven Selbsterfahrung des Ich anfängt; zugleich muß sie aber die Erfahrungen, die das cartesische Ich mit sich macht, erklären können, ohne die Konsequenzen von Descartes daraus ziehen zu müssen. Weil Descartes Subjektivität als Grund der Freiheit ausgezeichnet hat, muß Spinoza zeigen, daß und wie die von ihm behauptete einzige Substanz der Grund sowohl der recht verstandenen Subjektivität wie der recht verstandenen Freiheit ist – und was dies für unser Verständnis von Freiheit heißt.

2. *Spinozas Substanzmetaphysik*

Spinozas ›Ethik‹ erhebt den Anspruch, Lehrsätze in geometrischer Ordnung aus vorangestellten Definitionen und Axiomen zu beweisen. Anscheinend – so eine verbreitete Lesart – beginnt Spinoza mit der Vorstellung Gottes, um aus ihr alles abzuleiten. Die Vorstellung Gottes sei dabei, recht erfaßt, unbezweifelbar; sie zu bezweifeln heiße, sie nicht recht erfaßt zu haben. Schon früh ist gegen dieses Verfahren eingewendet worden, alles hänge von den Definitionen ab, die alles andere als selbstevident seien. Ebenso ist vom ersten Erscheinen dieser Schrift an auf zahlreiche Lücken und Mängel der Beweisführung hingewiesen worden, nicht zuletzt darauf, daß Spinoza zahlreiche Begriffe gar nicht definiere und sein grundlegendes Vokabular unkontrolliert mehrdeutig gebrauche. Prinzipiell ist nicht zu sehen, wie aus *einer* Vorstellung *alles* abgeleitet werden kann. Für einen Entwurf, der mit der methodischen Raffinesse eines Descartes konkurrieren will, wäre das ein desaströses Fazit.

Doch läßt sich Spinozas methodisches Vorgehen auch in einer Weise interpretieren, die diesen Einwänden nicht ausgesetzt ist: Geometrische Be-

[9] Vgl. z. B. Leibniz: Sämtliche Schriften und Briefe. Hrsg. von der Leibniz-Forschungsstelle der Univ. Münster. VI. Reihe, 3. Bd., Berlin 1980, 385: „Vulgus philosophiam incipere a creaturis, Cartesium incepisse a mente, se incipere a Deo“. Inwiefern diese Faustformel überpointiert ist, wird in der Folge deutlich werden.

weise haben die Funktion, mit Zwingkraft aus gemeinsamen Voraussetzungen Folgerungen zu ziehen, über die zunächst keine Einigkeit besteht. An den Anfang der ›Ethik‹ stellt Spinoza also Definitionen und Lehrsätze, von denen er erwartet, daß seine Leser ihnen zustimmen werden. Die geometrische Ordnung trägt sich damit nicht selbst, sondern ist auf einen vorausgesetzten Konsens bezogen. Ihre Funktion ist es, im Ausgang von diesem Konsens Begriffe zu korrigieren und dadurch neue Behauptungen zu begründen. So gesehen kann die Methode Spinozas nur funktionieren, wenn sie Begriffe undefiniert aufnimmt und damit an das Vorverständnis der Leser anknüpft, um im weiteren Verlauf der Argumentation diese Begriffe zu verbessern, womit sie zwangsläufig ihren Sinn – methodisch kontrolliert – verändern. Das bedeutet, daß die geometrische Ordnung für sich genommen die Begründung der Philosophie Spinozas nur zum Teil zu leisten vermag. Um ihre argumentative Tragfähigkeit abzuwägen, muß sie auf den Kontext bezogen werden. Dazu ist es hilfreich, drei Ebenen der Begründung zu unterscheiden, nämlich erstens die Ebene der Plausibilisierung eines programmatischen Ansatzes, zweitens die Entwicklung und Begründung eines formalen begrifflichen Rahmens sowie drittens die Korrektur vorgefundener Begriffe durch ihre Einpassung in diesen Rahmen. In der Durchführung sind diese drei Ebenen freilich ineinander verschränkt.[10]

(1) Die allgemeine Substanzenlehre ist zur Zeit Spinozas Gegenstand der Metaphysik, genauer der Ontologie. Der Terminus 'Ontologie' ist in der Zeit kurz vor Spinoza geprägt worden, bringt aber eine ältere Tradition auf den Begriff.[11] Er bezeichnet eine ganz bestimmte philosophische Disziplin, nämlich die *metaphysica generalis*, die allgemeine Metaphysik, im Unterschied zur speziellen Metaphysik, der *metaphysica specialis*. Während die allgemeine Metaphysik das Seiende, insofern es Seiendes ist, zum Gegenstand hatte, behandelte die spezielle Metaphysik besondere Gegenstandsbereiche: Das unendliche Seiende (Gott), das endliche ausgedehnte Seiende (die Natur) und das endliche denkende Seiende (die menschliche Seele, den Geist). Der Ontologie folgten so als spezielle Metaphysiken die rationale Theologie, Kosmologie und Psychologie. Die genaue Anzahl und das Verhältnis dieser verschiedenen Metaphysiken war dabei auch zur Zeit Spinozas Gegenstand intensiver programmatischer und systematischer Kontroversen. Traditionelle scholastische Konzeptionen vermengten sich mit der originär cartesischen Unterscheidung von ausgedehnten und den-

[10] Vgl. zu diesem Abschnitt ausführlicher R. Schnepf: Metaphysik im ersten Teil der ›Ethik‹ Spinozas. Würzburg 1996.

[11] Vgl. zum Hintergrund E. Vollrath: Die Gliederung der Metaphysik in eine Metaphysica generalis und eine Metaphysica specialis, Zeitschrift für philosophische Forschung 16 (1962), 258–284.

kenden Dingen. Spinozas Hauptthese, es gebe nur eine Substanz, nämlich Gott, bedeutet vor diesem Hintergrund auch, daß die allgemeine Metaphysik mit einer bestimmten speziellen Metaphysik zusammenfällt, daß nämlich Ontologie in gewissem Sinn als rationale Theologie aufzufassen ist (und umgekehrt). Weil alles in Gott ist und nur durch ihn begriffen werden kann, muß jede Erkenntnis des Seienden als Seiendes eine Erkenntnis Gottes sein. Dieser Satz selbst ist ein Satz über das Seiende im ganzen und deshalb ein Satz der Ontologie – verstanden als allgemeine Metaphysik. Da Ausdehnung und Denken die beiden Attribute der einen Substanz sind, ist eine Wissenschaft von Gott unter dem Attribut der Ausdehnung die Nachfolgedisziplin der rationalen Kosmologie und die Wissenschaft von Gott unter dem Attribut des Denkens die Nachfolgedisziplin der rationalen Psychologie. Beide handelt Spinoza im zweiten Teil der ›Ethik‹ ab.[12] Sie bilden die Grundlage der im engeren Sinn ethischen Teile der ›Ethik‹.

(2) Spinozas Beweis für die Einzigkeit der Substanz geht nicht von der einen selbstevidenten Idee Gottes aus, um aus ihr alles abzuleiten. Am Beginn der ›Ethik‹ stehen vielmehr mehrere Definitionen und Axiome, darunter auch eine erste Definition des Ausdrucks 'Gott'. Es handelt sich um Formulierungen und Begriffe, die sehr eng mit der systematischen Konzeption einer allgemeinen Metaphysik verknüpft sind: Etwas kann beispielsweise dadurch formal bestimmter gedacht werden, daß es entweder betrachtet wird, insofern es in sich ist, oder insofern es in Beziehung zu etwas anderem steht. Die Ausdrücke, die solche formalen Hinsichten fixieren, also Ausdrücke wie 'in sich', 'in Bezug zu anderem', 'durch sich', 'durch anderes', aber auch 'insofern es der Verstand erkennt' oder 'insofern es wahrgenommen wird' usf., sind Gemeingut der traditionellen wie der cartesianischen Philosophen zur Zeit Spinozas. Spinoza definiert seine elementaren Grundbegriffe 'Substanz', 'Attribut' und 'Modus', indem er solche formalen Hinsichten kombiniert. So definiert er 'Substanz' als dasjenige, „was in sich ist und aus sich begriffen wird" (E1 D3), 'Attribut' als dasjenige, „was der Verstand von der Substanz als ihr Wesen ausmachend erkennt" (E1 D4), und 'Modus' als dasjenige, „was in einem andern ist, wodurch man es auch begreift" (E1 D5). Der hinreichende Begriff von Gott, der seiner Hauptthese gerecht wird, wird erst im Laufe der weiteren Argumentation entwickelt.

Für die Beweise bis Lehrsatz 15 spielen diese formalen Hinsichten die entscheidende Rolle: In einem ersten Schritt wird formal gezeigt, daß es

[12] Grundzüge der Naturlehre, soweit sie Teil der Metaphysik sind, finden sich in E2 P13 ff. – Spinoza interessiert sich für diese Themen in der ›Ethik‹ nur insoweit, wie es für den Hauptzweck der Schrift, die Grundlegung der Ethik nämlich, nötig ist.

nicht zwei Substanzen desselben Attributs geben kann. Betrachtet man zwei beliebige Dinge und fragt sich, wodurch sie sich unterscheiden, so läßt sich allgemein sagen, daß sie sich entweder durch etwas unterscheiden, das ihnen zukommt, sofern sie *in sich* betrachtet werden (etwas Substantielles), oder durch etwas, das ihnen zukommt, sofern sie *in bezug auf anderes* betrachtet werden (ihre Modi). Letzteres ist kein substantieller Unterschied, sondern nur ein modaler (E1 P4 Dem.). Das wird dann auf Substanzen angewendet: Wenn sich zwei Substanzen überhaupt unterscheiden, dann entweder durch ihre Modi oder aber durch etwas, das ihre Wesen ausdrückt, also durch ihr wesentliches Attribut. Doch durch Modales können sich zwei Substanzen – sofern sie in Beziehung zu anderem stehen – nicht unterscheiden, denn Modi werden abgeblendet, wenn Dinge *in sich* (d. h. insofern sie Substanzen sind) betrachtet werden. Also müssen sie sich durch unterschiedliche Attribute unterscheiden, die das zum Ausdruck bringen, was sie *in sich* betrachtet sind. Es kann daher nur eine Substanz pro Attribut geben (E1 P5 Dem.). Weil es nicht mehrere Substanzen desselben Attributs gibt, sind Attribute grenzenlos, unendlich und können untereinander nicht in kausaler Wechselwirkung stehen. Dabei ist es durchaus möglich, daß mehrere Attribute nur einer Substanz zukommen (E1 P9). In einem zweiten Schritt zeigt Spinoza dann, daß verschiedene Attribute gar nicht verschiedene Substanzen konstituieren können, sondern alle einer einzigen Substanz zukommen müssen. Deshalb kann es nur eine einzige Substanz geben (E1 P14). Daraus folgt unmittelbar die Hauptthese, daß alles, was ist, in der einen Substanz ist. Mit dieser knappen Argumentation hat Spinoza einen formalen Rahmen begründet, der allgemeine Metaphysik und rationale Theologie ineinanderfügt und Ausgangspunkt aller folgenden Überlegungen ist.

(3) Spinozas weiteres Verfahren besteht darin, die Philosophie seiner Zeit aufzugreifen und dadurch umzugestalten, daß er sie in diesen formalen Rahmen einpaßt. Wenn beispielsweise Descartes annahm, daß es zwei wesentliche Attribute gebe, die zwei unterschiedliche Klassen von Substanzen konstituierten – nämlich die ausgedehnte und die denkende Substanz –, dann kann Spinoza zugestehen, daß Descartes Denken und Ausdehnung zu Recht als Attribute angesehen hat; er kann aber zugleich im Rückgriff auf seinen eingeführten ontologischen Rahmen kritisch einwenden, daß Descartes daraus die falschen Konsequenzen gezogen habe. Beide sind nämlich in Wahrheit Attribute der einen Substanz, so daß eine einzelne Seele (Geist) nicht als selbständige Substanz, sondern eben als Modus im Attribut des Denkens aufzufassen ist (E2 P10 S und P11 Dem.). Auch der tradierte Begriff der Macht Gottes (potentia Dei) wird derart aufgenommen und transformiert. Weil es sich um eine Substanz handelt, ist es *eine* Macht, die sich in beiden ausdrückt, und sind es Gesetze *einer* substantiel-

len Natur, denen die Ereignisse unter den jeweiligen Attributen unterliegen. Es sind diese Kraft und diese Gesetze, die alles bloß Modale in seinem Dasein und Wirken unter beiden Attributen vollständig bestimmen. Zwar ist Gott selbst in höchstem Sinne frei zu nennen, da er nach seinen Gesetzen aus eigener Notwendigkeit handelt (E1 P17; vgl. E1 D7). Ihm aber deswegen einen freien Willen zuzuschreiben wäre falsch (E1 P32): Gott konnte die Dinge in keiner anderen Ordnung schaffen (E1 P33).[13] Dabei kommt Gott doppelte Kausalität zu: Aus seinem Wesen folgen die Attribute und deren unendliche Modi mit Notwendigkeit. Endliche Modi, wie beispielsweise ein einzelner Mensch, folgen daraus nicht. Diese ergeben sich jedoch mit Notwendigkeit aus dem Kausalzusammenhang, der dadurch entsteht, daß Gott sich in unendlich vielen endlichen Modi ausdrückt (E1 P28 Dem.).

Auf den ersten Blick ist in diesen Argumentationen ein cartesisches reflektierendes Ich nicht zu entdecken, und daß die einzelnen Lehrsätze Beispiele für unbezweifelbares Wissen sind, mag seinerseits zweifelhaft sein. Spinozas Entwurf scheint damit im Vergleich mit dem methodisch ausgefeilten des Descartes weniger tragfähig zu sein. Doch ist das bisher gezeichnete Bild in entscheidender Hinsicht unvollständig. In Spinozas Argumentation für seine Kernthese ist ein erkennendes Subjekt nämlich von Anfang an präsent, weil die Technik der Begriffsbildung und Begriffsanwendung ein Subjekt voraussetzt, das die Dinge, die ihm in zunächst vagen Vorstellungen immer schon gegeben sind, in der einen oder anderen Hinsicht betrachtet und so vernünftige Erkenntnis *selbst hervorbringt*. Die gesamte Begriffsbildung, aber auch der Fortgang der Argumentation setzen nicht nur das erkennende Subjekt, sondern in gewissem Maß auch die Geschichtlichkeit der Begriffsbildungen und Überzeugungen voraus.

Diese unscheinbare Präsenz eines Subjekts ist dem Argumentationsgang nicht völlig äußerlich. Der auf Spinozas Hauptthese unmittelbar folgende Ausgangspunkt der gesamten weiteren Argumentation (E1 P16) macht dies deutlich: „Aus der Notwendigkeit der göttlichen Natur muß Unendliches auf unendliche Weise (d. h. alles, was Gegenstand des unendlichen Verstandes sein kann) folgen“.[14] Der Ausdruck 'Unendliches auf unendli-

[13] Daß Spinoza mit einem Vorverständnis des Begriffs der Macht Gottes beim Leser rechnet und darauf setzt, daß der Leser sein Verständnis dadurch ändert, daß er die gebotenen Beweise immer wieder durchläuft, so daß nicht von Mehrdeutigkeit, sondern von kontrollierter Bedeutungsveränderung gesprochen werden kann, zeigt exemplarisch E2 P3 S.

[14] Vgl. zur Interpretation dieses Lehrsatzes Gueroult I, 258 ff., M. D. Wilson: Infinite Understanding, *Scientia Intuitiva*, and *Ethics* I,16, Midwest Studies in Philosophy 8 (1983), 181–191. Der Beweis dieses Lehrsatzes ist einer der dunkelsten, obwohl entscheidend für den ersten Teil der ›Ethik‹. Vgl. auch E1 P30 und P31.

che Weise', der völlig ohne den Verweis auf ein erkennendes Subjekt verständlich zu sein scheint, wird durch den Klammersatz im Rückgriff auf ein besonderes Subjekt expliziert, nämlich den göttlichen Verstand. Die Einführung eines göttlichen Subjekts erscheint zunächst nicht plausibel, ist aber im Kontext des skizzierten Verfahrens konsequent: Wenn mit der Hauptthese Spinozas allgemeine Metaphysik und rationale Theologie zusammenfallen, dann können weitere Bestimmungen des Seienden nur *begründet aufgefunden* werden, indem tradierte Bestimmungen Gottes nach dem geschilderten Verfahren dem eigenen ontologischen Entwurf anverwandelt werden. Der Ausdruck 'unendlicher Verstand' wird von Spinoza nicht definitorisch eingeführt, sondern der traditionellen Schöpfungslehre entnommen. Schöpfung wurde hier als eine Realisierung der Vorstellungen begriffen, die im unendlichen Verstand des transzendenten Gottes existieren. Indem Spinoza diesen überlieferten Zusammenhang zwischen göttlichem Wirken und Erkennen in seinen Deduktionsgang aufnimmt, modifiziert er ihn: Die Tradition hatte angenommen, Gott könne mehr denken, als er tatsächlich geschaffen habe, so daß ein Bereich des nichtverwirklichten Möglichen vom Bereich des aktual Realisierten zu unterscheiden sei. Gott wähle aus dem, was er denke, frei dasjenige aus, das er erschaffen wolle. Da Spinoza den Bereich des von Gott Gedachten und den Bereich des von ihm Produzierten identifiziert, schließt er aus, daß es einen Bereich des nur Möglichen gebe. Weil Gott keine Wahl trifft, göttlicher Wille und Verstand also gar nicht auseinanderfallen, ist Spinoza auch jede Teleologie fremd (vgl. E1, Appendix, G II, 77 ff.).

So ist im Argumentationsgang des ersten Teils der ›Ethik‹ nicht nur das endliche Ich implizit präsent, sondern auch ein unendlicher Verstand explizit eingeführt. Von Descartes aus gesehen vergrößert das nur die Schwierigkeiten, denn es fragt sich nun, mit welchem Recht Spinoza diese beiden Erkenntnissubjekte in sein System einführt, ohne Subjektivität selbst zum Prinzip zu machen. Methodisch gesehen ist der erste Teil der ›Ethik‹ in diesem Punkt systematisch auf die späteren Teile angewiesen – aber so, daß die folgenden Teile gleichwohl zu Recht auf den Resultaten des ersten Teils aufbauen können.

3. Spinozas Metaphysik des Geistes

Im zweiten Teil der ›Ethik‹ „Von der Natur und dem Ursprung des Geistes" behandelt Spinoza nicht den menschlichen Geist für sich genommen. Im Titel ist vielmehr schlicht von „Geist" die Rede. Das ist nach den Ergebnissen des ersten Teils auch nicht verwunderlich. Der menschliche wie der göttliche Geist müssen beide als *modi* im göttlichen Attribut *cogitatio* rekonstruiert werden, und beide werden *in bestimmter Hinsicht* identisch sein müssen, ist doch alles, was ist, in Gott. Wenn im Titel dieses Teils von „Ursprung“ die Rede ist, so signalisiert das, daß der Geist von etwas her verstanden werden soll, das zunächst kein Geist ist. Der menschliche Geist kann also nach dem bisher Entwickelten nur aus seinem Bezug zum unendlichen Geist, und beide zusammen können nur vor dem Hintergrund eines Unbedingten, das für sich genommen kein Geist ist, verstanden werden. Dabei will Spinoza nicht alles, was unter den beiden bekannten Attributen aus der Natur Gottes folgt, entwickeln, sondern nur dasjenige, „was uns zur Erkenntnis des menschlichen Geistes und seiner höchsten Glückseligkeit gleichsam an der Hand leiten kann“ (E2, Vorwort).

Spinoza gibt keine Definition des Begriffs ‘Geist’ (mens), weder für den Fall des menschlichen noch für den des göttlichen Geistes, schlicht weil Natur und Ursprung des Geistes erst zu erklären und zu entwickeln sind. Am Anfang stehen vielmehr Definitionen der Begriffe, aus denen der Begriff des Geistes erklärt werden soll, vor allem eine Definition von ‘Körper’ (corpus; E2 D1) und von ‘Vorstellung’ (idea; E2 D3). Indem Spinoza ‘Körper’ als einen Modus definiert, „der die Wesenheit Gottes, insofern er als ausgedehntes Ding betrachtet wird, auf gewisse und bestimmte Weise ausdrückt“ (E2 D1), nennt er keine wesentlichen Merkmale – etwa die Dreidimensionalität oder dynamische Eigenschaften. Er bestimmt lediglich den ontologischen Status eines einzelnen Körpers im bereits entwickelten formalen Begriffsrahmen. Welche materialen Merkmale ein Körper hat, muß der Leser der ›Ethik‹ aus seiner Erfahrung immer schon wissen. Wie diese Merkmale vor dem Hintergrund des ontologischen Rahmens zu interpretieren sind, kann im Fortgang der Argumentation entwickelt werden (E2 P13 ff.). Ähnliches gilt für die Definition von ‘Idee’ bzw. ‘Vorstellung’. Allerdings wird hier nicht der ontologische Status von Ideen angegeben – das ist vielmehr ein Thema der ersten Lehrsätze dieses Teils –, sondern ein erstes Begriffsraster für ein minimales mentales Vokabular entworfen: „Unter *Vorstellung* verstehe ich einen Begriff des Geistes, welchen der Geist bildet, weil er ein denkendes Ding ist“ (E2 D3). Deutlich ist, daß Vorstellungen Produkte der Tätigkeit eines Geistes sind. Der Geist wird formal bestimmt als denkendes Ding, das Vorstellungen bildet. Unklar bleibt, was inhaltlich unter ‘Geist’ zu verstehen ist, doch bringt jeder Leser eine vage Auffassung davon mit, insofern er selbst immer schon Vorstellungen hat. Auch werden keine materialen Merkmale von Vorstellungen genannt, obwohl Spinoza solche in der Folge seiner Argumentation wie selbstverständlich voraussetzt. Allerdings bezeugt die Selbstwahrnehmung, daß Vorstellungen keine dreidimensionalen Gebilde in Raum und Zeit sind. Die vage Selbsterfahrung wird bestätigen, daß Vorstellungen einen Inhalt haben, so daß es inhaltslose Vorstellungen nicht gibt; daß Vorstellungen etwas sind, dessen wir uns bewußt sein können (aber vielleicht nicht unbedingt müssen); und daß sie Gegenstand anderer Vorstellungen werden können. Diese Merkmale werden von Spinoza nie definitorisch eingeführt, obwohl sie für seinen Vorstellungsbegriff und für spätere Beweise konstitutiv sind. Darüber hinaus werden einige Gebrauchsregeln des Vorstellungsvokabulars eine Rolle spielen, die schon in der Philosophie von Descartes zu beobachten sind. Die beiden Definitionen von 'Körper' und 'Vorstellung' sind so ein weiteres Beispiel für Spinozas allgemeine Methode, Begriffe aus der trügerischen Erfahrung und der Philosophie seiner Zeit aufzunehmen und umzuformen.

Spinoza bestimmt in den ersten Lehrsätzen den ontologischen Status von Vorstellungen und entwickelt auf dieser Grundlage seine Begriffe des endlichen und unendlichen Geistes. Einzelne Vorstellungen sind gleichsam die Elemente des endlichen und des unendlichen Geistes. In der rationalen Psychologie geht es deshalb darum, diese einzelnen Gedanken in das ontologische System einzuordnen und damit den Begriff des Geistes genauer zu fassen: Der erste Lehrsatz besagt, daß das Denken ein Attribut Gottes ist und Gott deshalb ein denkendes Ding ist. Einzelne Vorstellungen sind also als Modi Gottes zu interpretieren (E2 P1 Dem.). Analysiert man nämlich einen einzelnen Gedanken, dann lassen sich verschiedene Abstraktionsschritte vollziehen: Man kann von seinem besonderen Inhalt absehen und behält als allgemeine Eigenschaft nur übrig, *daß* er einen Inhalt hat. Weiterhin kann man davon absehen, daß er von diesem besonderen Geist geformt wurde, und behält als allgemeine Eigenschaft nur zurück, daß es eines Geistes bedarf, um ihn zu formen. Schließlich kann man sogar von der besonderen Form absehen, die dieser Gedanke hat – etwa, daß es sich um einen hypothetischen Satz handelt –, und behält nur den Begriff eines formbaren Inhalts zurück. Diese kurze Überlegung zeigt, daß im Begriff eines bestimmten Gedankens der Begriff des Gedachten überhaupt, also der unbestimmten und damit unbegrenzten *cogitatio*, enthalten ist. Der Begriff der *cogitatio* ist damit analog dem Begriff der unbegrenzten Ausdehnung gebildet, als deren besondere Modifikationen einzelne Körper erscheinen. Die *cogitatio* erfüllt damit – weil sie unbestimmt, irreduzibel und unbegrenzt ist – sämtliche Kriterien, um ein Attribut Gottes zu sein.[15] Daß der einzelne Gedanke, also eine Vorstellung, ein Modus im Attribut des Denkens ist, besagt im formalen Schema des ersten Teils, daß es sich

[15] Ich interpretiere den Beweis von E2 P1 vor dem Hintergrund des Wachsbeispiels der 2. Meditation von Descartes (AT VII, 30 f.). Descartes analysiert dort anhand des Beispiels eines schmelzenden Stücks Wachs, wie im Begriff eines bestimmten Körpers der unbestimmte Begriff des Ausgedehnten als *attributum praecipuum* enthalten ist. Spinoza behandelt Denken völlig analog als Attribut, weshalb es legitim ist, strukturell verwandte Überlegungen auch im Fall des Denkens anzu-

um einen bestimmten, geformten Gedanken handelt, der seine Form dadurch empfängt, daß Gott sich selbst in ihm ausdrückt. Denn es ist Gott, der als denkendes Wesen dadurch denkt, daß er sich in seinem Attribut des Denkens zu bestimmten Gedanken modifiziert.

Daraus folgt unmittelbar, daß alle Vorstellungen in der einen oder anderen Weise von Gott hervorgebracht werden. Die Pointe dieser Revision alltäglicher Auffassungen zu Beginn des zweiten Teils der ›Ethik‹ liegt also darin, daß nicht unser Ich, sondern das unendliche denkende Wesen das erste und letzte Subjekt all unserer Gedanken ist, selbst unserer privatesten. Der unendliche und der endliche menschliche Geist sind als komplexe Vorstellungen zu konstruieren, die Gott hervorbringt, insofern er sich selbst modifiziert. Der unendliche Verstand Gottes wird konstituiert durch genau die Vorstellungen, die Gott produziert, insofern sie aus seinem Wesen folgen.[16] Diese Vorstellungen bilden den unendlichen Verstand Gottes, weil sie untereinander in der vollständigen und notwendigen Ordnung desjenigen Folgerungszusammenhangs stehen, dem das Hervorgehen aller Dinge aus Gott entspricht, und sie so nur eine einzige, wenn auch komplexe Vorstellung bilden (E2 P3, P4). Diese Vorstellung Gottes enthält alles, was wirklich ist. Spinoza nimmt hier explizit E1 P16 wieder auf. Diejenigen Vorstellungen hingegen, die auf einen bestimmten menschlichen Körper bezogen sind bzw. ihn zum Gegenstand haben, machen den endlichen Geist dieses Menschen aus (E2 P11, P13). Insofern haben diese Vorstellungen Gott nicht in dem Sinn zur Ursache, daß sie unmittelbar aus seinem Wesen folgen, sondern sofern er selbst bereits zu endlichen Dingen modifiziert ist (E2 P9). Ein Geist wird ausschließlich durch bestimmte Vorstellungen konstituiert, in denen sich eine bestimmte Kraft ausdrückt, Ideen in einer Ordnung zu formen. Die Doppeldeutigkeit, daß der Geist einmal als eine besondere Vorstellung betrachtet wird, ein anderes Mal als Vorstellungsproduzent, läßt sich auflösen: So wie im Attribut der Ausdehnung einzelne Körper ein gewisses kausales Vermögen zu Bewegungen haben, so drückt

stellen. Wie nahe Spinoza mit seiner Terminologie Descartes noch ist, zeigt ein Vergleich mit den Definitionen von ‘cogitatio’ und ‘idea’ in den „Zweiten Antworten“ Descartes’, die Spinoza in den PPC wörtlich übernimmt: Auch dort ist ‘cogitatio’ das noch Ungeformte, ‘idea’ dagegen die geformte einzelne Vorstellung (vgl. G I, 149).

[16] Der unendliche Verstand ist also ein Modus Gottes: Zwar ist *cogitatio* ein Attribut Gottes, doch hat die völlig unbestimmte und formlose *cogitatio* noch gar keinen Inhalt, ist also für sich genommen keine Vorstellung; erst wenn sie Form hat, sich in ihr also ein Ordnungszusammenhang ausbildet, kann von einer Vorstellung gesprochen werden – der *intellectus infinitus* ist daher kein Wesensmerkmal Gottes, sondern seine Modifikation im Attribut des Denkens.

sich auch in einer Vorstellung ein Vermögen aus, andere Vorstellungen hervorzubringen oder mit anderen Vorstellungen einen Ordnungszusammenhang zu entwickeln. Das ergibt sich aus E2 P6.[17] Werden Vorstellungen als bloße Repräsentationen aufgefaßt, sind sie Produkte des Geistes, werden sie als selbst aktive Entitäten aufgefaßt, sind sie der Geist selbst.

Eine Vorstellung kann nun in bestimmtem Sinn in mehreren Ordnungen stehen bzw. je nach Vermögen unterschiedliche Vorstellungsfolgen hervorbringen. Achtet man nämlich nur auf den Vorstellungsinhalt, können mehrere Subjekte ein und dieselbe Vorstellung haben. Achtet man hingegen auf das Vermögen, bestimmte Vorstellungsfolgen auszubilden, unterscheiden sich die Subjekte. Es sind also dieselben Vorstellungen (als Repräsentationen verstanden), die sowohl den menschlichen Geist als auch einen Teil des göttlichen Verstandes ausmachen. Nur erscheinen diese Vorstellungen, insofern sie den menschlichen Geist ausmachen, in einer anderen Ordnung miteinander verbunden, als wenn sie der Verstand Gottes sind. Dementsprechend drücken sie nur ein eingeschränktes, empfangendes Vermögen aus (E2 P11 C; vgl. E5 P40 S). Insofern der endliche Geist Vorstellungen *aktiv* in der Ordnung begreift, in der sie im unendlichen Verstand sind, ist er ein *Teil* des unendlichen Geistes (E2 P11 C). Sein aktives Vermögen *ist* in diesem Punkt das Vermögen des unendlichen Vermögens Gottes. Insofern er sie in der Ordnung begreift, in der er sie zunächst – in Wechselwirkung mit anderen stehend – *passiv* empfängt, sind sie perspektivisch und inadäquat. Soweit es ihm nicht gelingt, den allein adäquaten Ordnungszusammenhang herzustellen, bleibt er gleichsam *außerhalb* des göttlichen Geistes.

Die Tragfähigkeit dieses Ansatzes einer Metaphysik des endlichen Geistes läßt sich nur abschätzen, wenn man versucht, einige erkenntnistheoretische Fragen und Probleme der Theorie des Selbstbewußtseins, denen der cartesische Ansatz seine Plausibilität verdankt, mit Spinozas Mitteln zu verfolgen. Das bisher skizzierte Bild so zu vervollständigen ist auch für die späteren Teile der ›Ethik‹ entscheidend. Denn die Art und Weise, wie der endliche Geist aus dem Unbedingten hervorgeht, bestimmt den Rahmen der Freiheitsmöglichkeiten endlicher Subjekte und damit die praktisch-philosophische Zielperspektive der ›Ethik‹: gilt es doch, in möglichst großem Umfang Teil des göttlichen Intellekts zu werden und darin eigentliche Freiheit zu genießen (vgl. E5 P36 und das zugehörige S). Drei Punkte sind im einzelnen zu beachten[18]:

[17] Daraus folgt, daß es keinen freien Akt der Zustimmung zu einem Urteil geben kann, wie Descartes meinte (vgl. E2 P49; vgl. auch das zugehörige S). Vorstellungen erzwingen ihre Bejahung bzw. Verneinung.

[18] Diese Probleme werden aufgeworfen und kritisch analysiert von M. D. Wilson: Objects, Ideas, and „Minds“: Comments on Spinoza's theory of mind. In:

(1) Vorstellungen werden nicht von ihren Gegenständen kausal verursacht, denn zwischen den Attributen, die für sich unendlich und damit kausal abgeschlossen sind, ist keinerlei Kausalverhältnis möglich (E2 P5; vgl. E3 P2). Eine Vorstellung kann nur durch eine andere Vorstellung verursacht werden. Ebenso ist es nicht möglich, in einer zusätzlichen Vorstellung eine bestimmte Vorstellung mit einem Gegenstand zu vergleichen und so festzustellen, daß diese sich tatsächlich auf ihren Gegenstand bezieht. Trotzdem beziehen sich Vorstellungen für Spinoza in einem trivialen Sinn immer auf etwas, schlicht deswegen, weil sie einen Inhalt haben. Mit den Vorstellungen sind wir immer schon bei den Dingen, an Vorstellungen ist deshalb immer etwas Wahres, das es herauszupräparieren gilt (E2 P33). Fraglich ist allerdings, wie gesichert werden kann, daß sich eine Vorstellung tatsächlich auf den Gegenstand bezieht, auf den sie sich zu beziehen scheint, und wie gesichert werden kann, daß sie ein adäquates Bild von ihm bietet. Der Gegenstandsbezug von Vorstellungen kann nach dem bisher Gesagten einzig aus deren Ordnungszusammenhang verstanden werden: In der Ordnung der Vorstellungen, wie sie aus Gottes Wesen folgen und den unendlichen Verstand ausmachen, hat jede ihren genauen Ort im Folgerungszusammenhang. Die kausale Ordnung, in der die Modi der Ausdehnung aus Gottes Wesen folgen, ist aber genau dieselbe wie diejenige, in der die Modi des Denkens auseinander folgen (E2 P7 und das zugehörige S). Deshalb beziehen sich geordnete Vorstellungen nicht nur auf Gegenstände, sondern geben noch dazu ein wahres Bild. Auch hier greift Spinoza letztlich auf den Parallelismus zwischen dem Hervorbringen der Dinge durch Gott und den Ideen der Dinge in Gott gemäß E1 P16 zurück.

(2) Entscheidend sind nun die Möglichkeiten, über die der endliche Geist verfügt, seine Vorstellungen in den entsprechenden Ordnungszusammenhang zu bringen (vgl. zum Folgenden E2 P40f., insbes. P40 S2).[19] Erfahrungswissen und Wissen vom bloßen Hörensagen bilden als erste Erkenntnisweise den unhintergehbaren Ausgangspunkt aller Versuche, wahres Wissen zu erreichen. Da unser Geist durch die Vorstellungen konstituiert wird, die unseren Körper zum unmittelbaren Gegenstand haben, hat er Vorstellungen von anderen Gegenständen zunächst nur passiv, sofern diese anderen Gegenstände auf seinen Körper einwirken. Unser Geist hat Vorstellung von allem, was in unserem Körper geschieht, also auch von allen Affektionen, selbst wenn wir uns ihrer nicht unbedingt bewußt sind

R. Kennington (Hrsg.): The Philosophy of Baruch Spinoza. Washington 1980, 103–120. Eine klare Kontrastierung der Erkenntnistheorie Spinozas mit derjenigen Descartes' findet sich bei S. Hampshire, 1988, Kap. 3.

[19] Eine frühe, in einzelnen Punkten ausführlichere Fassung der Erkenntnistheorie bietet das Fragment des TIE. Vgl. dazu De Dijn 1996.

(E2 P12).[20] Solche Vorstellungen sind immer perspektivisch und unvollkommen (E2 P26). Sie repräsentieren den Gegenstand nämlich nie an sich, sondern nur, insoweit von seiner Wirkung im Körper auf denselben geschlossen wird. Deshalb sind auch die Eindeutigkeit des Objektbezugs und die Wahrheit einer Vorstellung zunächst fragwürdig. Ein Indiz dafür ist, daß wir in der Erfahrungswelt den Objektbezug durch deiktische Ausdrücke wie 'Dieses da' herzustellen versuchen – ein Versuch, der prinzipiell irrtumsanfällig bleibt. Doch sind es diese Vorstellungen, die Affektionen meines Körpers durch andere unscharf repräsentieren, aus denen sich der Geist entwickelt (E2 P22f.). Deshalb ist auch die Vorstellung, die ich zunächst von mir selbst *habe*, perspektivisch und nicht diejenige Vorstellung, die mein Geist im unendlichen Verstand immer schon *ist* (E2 P23ff.). Die aktive Bearbeitung der passiv erworbenen inadäquaten Vorstellungen mit dem Ziel der wahren Erkenntnis der Dinge ist daher zugleich ein Versuch, die Idee, die ich als Vorstellung Gottes immer schon *bin*, tatsächlich auch zu bilden und bewußt zu *haben*.

Demgegenüber kann in einer zweiten Erkenntnisweise vernünftiges Wissen erreicht werden, wenn die verworrenen Vorstellungen der Erfahrung in eine Ordnung gebracht und so die Ursachen der Dinge erkannt werden. Diese Ordnung bildet sich dadurch, daß wir Vorstellungen selbst zum Gegenstand von anderen Vorstellungen machen und sie zum Zweck vernünftiger Begriffsbildung miteinander vergleichen. Vernünftige Begriffsexplikationen haben die Form genetischer Definitionen, die Auskunft über die Ursachen und die Konstruktionsweise des begriffenen Gegenstands geben, d. h. idealiter über die Weise ihres Hervorgehens aus Gott. Sofern diese Ordnung diejenige ist, in der diese Vorstellungen auch im unendlichen Verstand auseinander folgen, ist diese Erkenntnis adäquat. Dabei ist das Wissen, daß die so hervorgebrachte Vorstellung wahr ist, Bestandteil der zugehörigen reflexiven Vorstellung der Vorstellung (E2 P43).

Die dritte, höchste Art von Wissen ist die intuitive, in der dieser vernünftige Ordnungszusammenhang nicht als Vorstellungsfolge in Allgemeinbegriffen, sondern auf einen Blick erfaßt wird. Bedingung dafür ist wiederum, daß wir nicht nur Vorstellungen von Gegenständen haben, sondern Vor-

[20] Dies folgt nicht etwa aus einer kausalen Einwirkung der körperlichen Affektionen auf den Geist. Eine solche kann es bei Spinoza nicht geben. Es folgt vielmehr daraus, daß es in Gottes Geist eine entsprechende Vorstellung geben muß, die, weil sie auf den Körper bezogen ist, zu den Vorstellungen gehört, die den besonderen menschlichen Geist konstituieren. Weil es sich zunächst um eine Vorstellung im unendlichen Verstand handelt (vgl. E2 P9 C), müssen wir uns ihrer nicht unbedingt bewußt sein.

stellungen selbst zum Gegenstand anderer Vorstellungen machen können. Erst mit ihrer Hilfe kann der Ordnungszusammenhang zwischen den Vorstellungen, die der Erfahrung entstammen, selbst zum Gegenstand des Wissens und damit in einer Vorstellung faßbar werden. Vorstellungen sind dann in den Ordnungszusammenhang – der letztlich in E1 P16 vorgezeichnet ist – eingeordnet, wenn es gelingt, die Dinge und Ereignisse als notwendig, und das heißt unter dem Gesichtspunkt der Ewigkeit aus Gott folgend, zu begreifen. Darin liegt das Wesen der Vernunft (E2 P44 und P46).

(3) Die Möglichkeit, Vorstellungen von Vorstellungen zu bilden, muß auch die Erklärung dafür bieten, wie sich die reflexiven Strukturen des Selbstbewußtseins, die für Menschen spezifisch sind, herausbilden können. Indem wir die Vorstellung einer ersten Vorstellung bilden, zu deren Form es gehört, daß wir sie haben, ist die Tatsache, daß wir diese erste Vorstellung haben, auch Inhalt der Vorstellung von der ersten Vorstellung. Das Wissen darum, daß ich eine Vorstellung denke, gehört zu der Vorstellung, die ich *bin* und die ich in reflexiven Akten auch *haben* kann (E2 P21 S). Beim Selbstbewußtsein handelt es sich für Spinoza um ein ausgezeichnetes Wissen, das von ihm nicht als elementare Grundgegebenheit des Denkens überhaupt angesehen wird, sondern als eine formale Bestimmung bestimmter Vorstellungen, die nicht jeder Geist hat. Die Möglichkeit, Vorstellungen von Vorstellungen zu bilden, sie zu vergleichen, im Erkennen voranzuschreiten und das reflexive Wissen im Selbstbewußtsein zu haben, bezeugt eine *ursprüngliche Aktivität des Subjekts*. Doch ist damit nur eine Bedingung gegeben, adäquates Wissen zu erlangen: Freiheit ist zwar an Selbstbewußtsein gebunden, doch verbürgt Selbstbewußtsein Freiheit gerade noch nicht.

4. Spinozas Metaphysik der Freiheit

Für Spinoza ist der Mensch im strikten Sinn nur *frei*, wenn er adäquate Vorstellungen hat, weil er so nämlich die alleinige Ursache seiner Vorstellungen ist (E3 P1; P3). Freiheit bedeutet danach, unter eigenem Recht dem eigenen Handlungsvermögen zu folgen (vgl. auch E1 D7). Sie ist für Spinoza an Erkenntnis gebunden. Dieser Ansatz einer Theorie menschlicher Freiheit hat zwei Aspekte: Jede adäquate Erkenntnis von Ursachenzusammenhängen erweitert die Handlungsmöglichkeiten, die ich unter vorgegebenen Umständen habe. Unter Bedingungen externer Bestimmung ist Erkenntnis freiheitsfördernd, weil sie mein Streben unterstützt. Darüber hinaus ist adäquate Erkenntnis Grund der Freiheit, weil der endliche Geist, insofern er adäquate Erkenntnis hat, Teil des unendlichen Geistes ist. Damit ist er unzerstörbar und höchster Glückseligkeit teilhaftig. Im vierten

Teil der ›Ethik‹ entfaltet Spinoza den ersten Aspekt seines Freiheitsbegriffs, im fünften den zweiten. Beide Teile bauen wiederum auf der reichen Affektenlehre des dritten Teils auf, einer Theorie der emotionalen Grundlagen unseres Handelns und unserer Selbsterfahrung.

(1) Ausgangspunkt der Affektenlehre ist die Behauptung des zweiten Teils, daß es von allem, was im Körper geschieht, eine entsprechende (in der Regel verzerrte) Vorstellung im Geist gibt. Affekte sind nichts anderes als solche körperliche Affektionen und ihre Vorstellungen im Geist (E3 D3). Spinoza kann deshalb auf die ontologische Bestimmung endlicher Körper zurückgreifen: Das Wesen eines Körpers ist durch sein Streben definiert, in seinem Sein zu beharren (conatus in suo esse perseverare; E3 P6, P7). Der Mensch ist eine Modifikation Gottes, in dem sich Gottes ursprüngliche *potentia* – begrenzt und modifiziert – manifestiert (E3 P7). Ein Körper kann sein Streben nur mit endlichem Vermögen in einer an Macht prinzipiell unendlich überlegenen Natur verfolgen, die ihn teils fördert, teils hemmt, teils zerstört. Affekte dokumentieren nun entweder eine Steigerung oder eine Minderung dieses *conatus* (E3 D3). Sie enthalten damit in jedem Fall eine Information über den Zustand des Körpers und die ihn unmittelbar umgebende Natur. Entsprechend werden Affekte zunächst danach unterteilt, ob sie (adäquate oder inadäquate) Vorstellungen einer Steigerung oder einer Minderung der *potentia agendi* sind. In Affekten der Lust und der Freude manifestiert sich eine Steigerung, in denen von Trauer, Schmerz und Unlust eine Minderung des Tätigkeitsvermögens (E3 P11 S). Weiterhin lassen sich Affekte unterscheiden, die sich adäquaten oder inadäquaten Vorstellungen verdanken. Je nachdem dokumentiert sich in ihnen Handeln oder passives Erfahren (vgl. die Erläuterung zu E3 D3). Unterschiedliche Wissensweisen und vor allem unterschiedliche Zeithorizonte bieten die Gesichtspunkte, mit deren Hilfe Spinoza eine große Zahl verschiedenartigster Affekte – von Hoffnung und Furcht, Liebe und Haß bis Demut oder Mitleid – erklärt.

Diese kausale Theorie der Affekte hat eine grundlegende Funktion für die eigentliche Ethik: Im Hinblick auf das zugrundeliegende Streben, den *conatus*, im eigenen Sein zu beharren, kommt es darauf an, Affekte der Freude zu fördern. Dafür ist entscheidend, daß sich diese Affekte nicht adäquaten, sondern inadäquaten Vorstellungen und eigengesetzlicher Affektfolge nach Assoziationsgesetzen verdanken (vgl. etwa E3 P14). Eine affektbesetzte Vorstellung hat die Tendenz, andere affektbesetzte Vorstellungen nach sich zu ziehen; so überträgt sich beispielsweise der Haß gegen etwas auch auf jemanden, der gerade jenes Gehaßte schätzt (E3 P24). Die kausale Affekttheorie gibt die Mittel an die Hand, die verzerrende Eigengesetzlichkeit der Affekte zu durchschauen. Bereits dieses elementare Wissen von den eigenen Affekten hat eine befreiende Funktion.

(2) Ein Mittel, größtmögliche Freiheit auch dann zu sichern, wenn das eigene Streben äußeren Einwirkungen ausgeliefert ist, besteht darin, die Eigengesetzlichkeit der Affekte dadurch zu durchbrechen, daß man sie zielgerichtet einsetzt. Man kann Affekte durch andere Affekte mildern (E4 P7). Der vierte Teil der ›Ethik‹ über die Freiheitsmöglichkeiten unter der Bedingung menschlicher Knechtschaft unter den Affekten gibt eine ganze Reihe von Regeln für solch konstruktiven Umgang mit den eigenen Affekten. Das Streben muß sich aber auch in Gemeinschaft mit anderen bewahren. Konflikte zwischen Menschen entspringen oftmals unkontrollierten Affekten (E4 P34). Es kommt daher nicht nur darauf an, die Eigengesetzlichkeit der Affekte zu durchbrechen, sondern sich in der Gesellschaft – mit der Affektivität der anderen rechnend – klug zu verhalten.

In diesem Zusammenhang spielt die Kritik der tradierten Moralvorstellungen eine zentrale Rolle. Spinoza zeigt, daß und wie sich tradierte Moralvorstellungen inadäquaten Affekten verdanken.[21] Soweit sie dem ursprünglichen Streben entgegenstehen – wie etwa das Mitleid –, kritisiert er diese (vgl. E4 P50). An die Stelle konventioneller Moralbegriffe setzt er eine Definition des Guten: Das, von dem gewiß ist, daß es dem eigenen ursprünglichen *conatus* nutzt, ist gut (vgl. E4 D1 und D2; auch E4 P27). Spinoza entwickelt entsprechende vernünftige Regeln (dictamina rationis). Sie beziehen ihre normative Kraft nicht daraus, daß sie ein göttlicher Gesetzgeber gesetzt hat, sondern allein daraus, daß derjenige, der sie verfolgt, Aussicht hat, seine Selbsterhaltung dauerhaft zu fördern.[22] In dieser Absicht entwirft Spinoza im vierten Teil ein 'Musterbild' des weisen und freien Menschen. Frei ist hier derjenige, der die verzerrende Logik der Affekte durchschaut und auch im Umgang mit anderen durchbrechen kann. Er wird aus eigener Selbstgewißheit „den Haß, den Zorn, die Verachtung usw. eines andern gegen ihn durch Liebe oder Edelmut ... vergelten“ (E4 P46). Vom freien Menschen ist letztlich sogar zu sagen, daß er – weil er in freiem Verhältnis zu seinen inadäquaten Begehrungen steht – gar keinen Grund hat, moralische Begriffe zu bilden (E4 P68). Auch die vernünftigen Normen, die der vierte Teil über weite Strecken begründet, sind also in dem Sinne noch vorläufig, als sie unter der Maßgabe entwickelt werden, daß der Mensch inadäquate Vorstellungen hat.

[21] Den Grund dazu legt wiederum der dritte Teil: „daß wir nichts erstreben, wollen, begehren noch wünschen, weil wir es für gut halten, sondern vielmehr, daß wir deshalb etwas für gut halten, weil wir es erstreben, wollen, begehren und wünschen“ (E3 P9 S).

[22] Aus dieser Perspektive erarbeitet Spinoza in E4 P37 S2 Grundlagen seiner Gesellschaftslehre. In einer eigenen Schrift, dem ›Tractatus politicus‹, begründet er eine korrespondierende Rechts- und Staatsphilosophie.

(3) Der fünfte Teil der ›Ethik‹ untersucht demgegenüber, wie der Mensch adäquate und intuitive Erkenntnis haben und somit ein Teil des unendlichen göttlichen Geistes werden kann. Durch die Reflexion auf die inadäquaten Vorstellungen, die er immer schon hat, also durch die Kraft seines eigenen Verstandes, soll sich der Mensch aus seinem falschen Selbstverständnis befreien. In der intuitiven Erkenntnis stellen sich vernünftige Affekte der Seelenruhe, aber auch der Liebe Gottes ein, die höchstes Glück für den Menschen sind. Die Liebe zu Gott ist der aktive Vernunftaffekt, der dieses Wissen (auch um sich selbst) begleitet. Dieses erkennende und affektive Verhältnis zu Gott und zu sich selbst interpretiert Spinoza vor dem Hintergrund seiner im zweiten Teil entwickelten Theorie des Geistes: „Die verstandesmäßige Liebe des Geistes zu Gott ist Gottes Liebe selbst, womit Gott sich selbst liebt, nicht sofern er unendlich ist, sondern sofern er durch die unter der Form der Ewigkeit betrachtete Wesenheit des menschlichen Geistes erklärt werden kann, d. h. die verstandesmäßige Liebe des Geistes zu Gott ist ein Teil der unendlichen Liebe, mit der Gott sich selbst liebt“ (E5 P36). Die Liebe zu Gott entspringt nämlich einem Wissen, in dem der endliche Geist sich selbst betrachtet, wobei er zugleich Gott als die Ursache seiner selbst denkt (E5 P36 Dem.). In dieser Liebe liebt sich Gott, weil der endliche Geist Teil des unendlichen ist, zugleich selbst. Adäquates reflexives Wissen von sich ist immer ein Wissen seiner selbst als Wirkung Gottes *und* als Teil des göttlichen Verstandes. In diesem Wissen liegt Glück.

Wie auch immer diese Behauptungen im einzelnen zu deuten sind – sie sind der konsequente Schlußstein der in den ersten beiden Teilen der ›Ethik‹ entwickelten Metaphysik in praktischer Absicht.

5. Substanz, Subjektivität und menschliche Freiheit bei Spinoza

Gegen eine Theorie, die, vom menschlichen Selbstbewußtsein ausgehend, den Menschen als Substanz deutet und ihm Willensfreiheit zuspricht, stellt Spinoza eine Metaphysik, die den endlichen Menschen konsequent aus dem ihm vorgegebenen Unbedingten deutet. Der methodische Ausgang vom endlichen Ich, wie ihn Descartes vorgenommen hatte, verführt nur dazu, perspektivische Vorstellungen als Grundlage anzunehmen: Endlichen Dingen werden Eigenschaften des Unbedingten und dem Unbedingten Eigenschaften des Endlichen zugesprochen. Statt dessen bietet der Anfang mit einer Theorie des Unbedingten die Möglichkeit, derartige perspektivische Verzerrungen zu vermeiden: Willensfreiheit kommt weder Gott noch dem einzelnen Menschen zu. Das Selbstbewußtsein des Einzelnen ist so weder Indiz noch Grund seiner Freiheit. Frei ist der Mensch vielmehr nur, sofern es ihm gelingt, adäquate Vorstellungen zu haben, d. h. sich im Bezug zum Unbedingten zu erkennen. Dazu muß er sich zuerst von den Vorstellungen, die er aus der vagen Erfahrung immer schon hat, in der Reflexion distanzieren; er muß sie in einem zweiten Schritt dadurch korrigieren, daß er sie in ein Ganzes vernünftiger Erkenntnis zu bringen sucht; wo es drittens gelingt, diese Erkenntnis in einem Akt der Intuition zu haben, stellt sich ein aktiver Affekt der Liebe zu Gott – und darin zu sich selbst und Gottes zu sich selbst – ein, der Manifestation wahrhafter Freiheit ist. Auf den ersten Blick ist diese Theorie der Freiheit völlig von Voraussetzungen abhängig, gegen welche die cartesische Skepsis methodisch geltend gemacht werden kann. Doch vermag es Spinoza zumindest, eine Theorie zu entfalten, die in der Lehre von den drei Erkenntnisweisen – der Erfahrung, der Vernunft und der Intuition – ihr eigenes methodisches Vorgehen selbst rekonstruieren und begründen kann. Auch in diesem Punkt sind Ethik und Metaphysik in Spinozas ›Ethik‹ ineinandergefügt. Begründet ist der gesamte Ansatz allerdings nur, wenn es tatsächlich zu zeigen gelingt, daß der formale ontologische Rahmen, der mit den ersten Lehrsätzen der ›Ethik‹ entworfen wird und der den Grund aller weiteren Argumentationen Spinozas bildet, tatsächlich der einzig vernünftige ist.

Auswahlbibliographie

Primärliteratur:

Opera. 5 Bde. Im Auftrag der Heidelberger Akademie der Wissenschaften hrsg. von C. Gebhardt. Heidelberg 1925. Nachdruck 1972. Bd. 5 [Supplementa]: 1987.

Deutsche Übersetzungen:

Opera/Werke. Hrsg. von K. Blumenstock. 2 Bde. Darmstadt 1979/1967. Nachdr. ^{2}1989/^{4}1989

Kurze Abhandlung von Gott, dem Menschen und dessen Glück. Auf der Grundlage der Übers. von C. Gebhardt neu bearb., eingel. und hrsg. von W. Bartuschat. Hamburg 1991.

Descartes' Prinzipien der Philosophie auf geometrische Weise begründet, mit dem „Anhang, enthaltend metaphysische Gedanken". Übers. von A. Buchenau. Einl. und Anm. von W. Bartuschat. Hamburg 1978.

Abhandlung über die Verbesserung des Verstandes. Tractatus de intellectus emendatione. Lat.-dt. Neu übers., eingel. und hrsg. von W. Bartuschat. Hamburg 1993.

Theologisch-politischer Traktat. Auf der Grundlage der Übers. von C. Gebhardt neu bearb., eingel. und hrsg. von G. Gawlick. Hamburg 1994.

Politischer Traktat. Lat.-dt. Neu übers., eingel. und hrsg. von W. Bartuschat. Hamburg 1994.

Die Ethik, nach geometrischer Methode dargestellt. Übers., Anm. und Register von

O. Baensch. Einl. von R. Schottlaender. Mit neuer Auswahlbibliographie von W. Bartuschat. Hamburg 1994.
Die Ethik. Lat.-dt. Revidierte Übers. von J. Stern. Nachwort von B. Lakebrink. Stuttgart 1990.
Briefwechsel. Übers. und Anm. von C. Gebhardt. Ergänzt, neu eingel. und mit einer Bibliographie versehen von M. Walther. Hamburg 1986.

Sekundärliteratur:

Alquié, F.: Le rationalisme de Spinoza. Paris 1981.
Bartuschat, W.: Spinozas Theorie des Menschen. Hamburg 1992.
Bartuschat, W.: Baruch de Spinoza. München 1996.
Bennett, J.: A Study of Spinoza's Ethics. Indianapolis 1984.
Curley, E.: Spinoza's Metaphysics. Cambridge, Mass. 1969.
De Dijn, H: Spinoza: The way to wisdom. West Lafayette, Ind. 1996.
Deleuze, G.: Spinoza und das Problem des Ausdrucks in der Philosophie. München 1993 (orig.: Spinoza et le problème de l'expression. Paris 1968).
Gueroult, M.: Spinoza, Bd. I: Dieu, Bd. II: L'Ame. Paris 1968, 1974.
Hampshire, S.: Spinoza. 1951. Reprint London 1988.
Hecker, K.: Gesellschaftliche Wirklichkeit und Vernunft in der Philosophie Spinozas. Regensburg 1975.
Joachim, H. H.: A Study of the Ethics of Spinoza. Oxford 1901.
Joachim, H. H.: Spinoza's Tractatus de Intellectus Emendatione. Oxford 1940.
Kammerer, A.: Die Frage nach dem (Selbst-)Bewußtsein Gottes im System Spinozas. Innsbruck 1992.
Matheron, A.: Individu et communauté chez Spinoza. Paris 1969.
Moreau, P.-F.: Spinoza. Versuch über die Anstößigkeit seines Denkens. Frankfurt/M. 1994 (orig.: Spinoza. Paris 1975).
Parkinson, G. H. R.: Spinoza's Theory of Knowledge. Oxford 1954.
Richter, G. T.: Spinozas philosophische Terminologie. Leipzig 1913.
Specht, R.: Baruch Spinoza (1632–1677), in: O. Höffe (Hrsg.): Klassiker der Philosophie, Bd. 1. München ^{2}1985, 338–359.
Walther, M.: Metaphysik als Anti-Theologie. Die Philosophie Spinozas im Zusammenhang der religionsphilosophischen Problematik. Hamburg 1971.
Yovel, Y.: Spinoza and Other Heretics. 2 Vols. Princeton 1989.

GOTTFRIED WILHELM LEIBNIZ

Systematische Transformation der Substanz: Einheit, Kraft, Geist

Von Thomas Leinkauf

1. Ursprung des Systems oder: die Grundintuitionen

Leibniz (1646–1716) hat schon früh, zwischen 1663 und 1670, drei zentrale, komplementäre Intuitionen auf der Ebene des Metaphysischen, die später alle von ihm systematisch entfaltet werden und in sein „System" eingehen, das er selbst als eine „pensée nouvelle" beschreibt (GP II 111; die Werke von Leibniz werden zitiert nach den in der Bibliographie notierten Siglen). Die drei Grundintuitionen besagen folgendes:

1. Alles, was wirklich *ist*, d. h. auch alles, was im Sinne von Leibniz ein wirklich Mögliches ist, ist ausschließlich als ein Individuiertes, d. h. durchgehend bestimmtes, unverwechselbares und durch einen vollständigen Begriff beschreibbares Sein zu denken, und es ist das Existieren dieses Seienden, der Substanz nämlich, das „jede Realität" fundiert (GP VI 226). In dem hierbei aufgegriffenen Grundsatz „omne individuum tota sua entitate individuatur" (AA VI 1, 11 [mit Belegen]) wird ein im Thomismus nur für die Engel geltendes Individuationsprinzip auf alle Substanzen übertragen.[1] Ich möchte diese Einsicht als *Individuations-Intuition* bezeichnen.

2. Alles, was ist, ist nicht nur individuelle Substanz, sondern zugleich vollständig integrierender Teil eines Ganzen. Die Welt, als der Inbegriff alles Seienden, ist die Totalität solcher vollständig bestimmter und sich daher gegenseitig „ausdrückender" individueller Existenzen. Diese zweite Grundintuition kann man als eine *enzyklopädisch-kombinatorische Einheitsintuition* bezeichnen. Sie ist sozusagen das Komplement des Individuationsgedankens: „tota *sua* entitate individuari" bedeutet für einzelne Substanzen zugleich – wenn diese Wendung einmal erlaubt ist – „tota entitate individuari", d. h. die durch das Possessivpronomen bezeichnete distinkte „Seiendheit" (entitas) *eines* Seienden ist jetzt durch die Faktoren des *Seins überhaupt* bestimmt. Die auf die Spitze getriebene Individualität, in der die wesentliche Bestimmtheit eines Seienden nicht mehr, wie in der Tradi-

[1] Mahnke (1925) 383 verweist zusätzlich auf Di § 9; GP II 54, GP III 176 f. und auf C 519.

tion, von den unwesentlichen, akzidentellen Bestimmungen ablösbar gedacht wird, sondern in der noch jede akzidentelle Bestimmung selbst zum Wesen mitgehört,[2] koinzidiert mit der Universalität, und dies geht – soll dennoch der zentrale Gedanke der „individuellen Substanz“ gewahrt werden – nur dadurch, daß Individualität nicht nur exklusiv – daß sie alle anderen Seienden *nicht* ist –, sondern vor allem *inklusiv* bestimmt wird. Dies bedeutet aber, daß jedes Individuum, das das Ganze des Seienden oder die Welt und d. h. alle *anderen* Individuen in sich darstellen und durch sich ausdrücken muß, seine Individualität nur und ausschließlich durch den Index *seiner* Position, Stellung oder *seines* Blickpunktes innerhalb des Ganzen erhält. Die Möglichkeiten einer formalisierten Beschreibung dieser Position waren vor allem in der Kombinatorik, der Topik, dem permutativen Verfahren und dem enzyklopädischen Kalkül gegeben. Leibniz greift hierbei kritisch zurück auf Ramon Llull, den Ramismus, Caramuel y Lobkowitz u. a.; die Möglichkeiten einer ontologischen und vor allem theologischen Beschreibung zog Leibniz aus Theoremen des christlichen Platonismus, in denen, etwa im Gedanken des mundus intelligibilis, Einheit und Vielheit (als Totalität der Einheiten selbst) in vollständiger Durchdringung gedacht wurden, so daß man mit Leibniz sagen kann: „es gibt keine Realität wenn nicht die der Einheiten“ (an de Volder, GP II 268 u. ö.).

3. Dies aus individuellen Substanzen bestehende Ganze ist ein in mikro- und makroskopischer Hinsicht unbegrenztes und zugleich ins Unendliche bestimmtes Seinskontinuum. Die diese Einsicht von früh an tragende Intuition kann man Leibniz' *Unendlichkeitsintuition* nennen. Unendlichkeit in diesem Sinne ist nicht als „schlechte Unendlichkeit“[3] zu verstehen, d. h. als bloße Negation der die Endlichkeit bestimmenden Faktoren Abgeschlossenheit, Begrenztheit oder Bestimmtheit, die sich etwa in der additiven Unabschließbarkeit der seriell-quantitativen Zahlen- oder Zeit(momenten)reihe zeigt, sondern als Position eines alles Endliche in einem jede additive Zusammenstellung vorgreifend umfassenden Ganzen. Die spezifischen physikalischen Seinsformen etwa der Kontinuität und Stetigkeit, die endliches, diskursives und additives Denken immer wieder in die dunklen Winkel ihres „Labyrinthes“ ziehen und allerhöchstens durch Grenzbestimmungen wie die des Aristoteles von der Teilbarkeit in immer wieder Teilbares eingeholt werden können (›Physik‹ III 7, 207a33 ff.), sind, ebenso wie die dem Geist attribuierten Vollkommenheitsformen (unendliche Steigerung von esse, agere, cognoscere), ein signifikanter Ausdruck dieser im göttlichen Geist wurzelnden und aus

[2] Vgl. Th I § 52. Zur Sache selbst und zum philosophiegeschichtlichen Hintergrund vgl. Leinkauf (1993) 268–274, 285–307.

[3] Hegel: Phänomenologie. GW IX 136; Wissenschaft der Logik. GW XXI 219.

seiner Schaffenskraft entspringenden Unendlichkeit (VE § 1208; AA VI 3, 578).

Alle diese Grundintuitionen erscheinen in noch unausgefalteter, aber doch schon hinreichend deutlicher Form in Leibniz' frühen theoretischen Schriften, die um die Probleme des Individuellen, der Kombinatorik und der Physik kreisen: Individuationsintuition in der Dissertation ›Disputatio metaphysica de principio individui‹ von 1663 (GP IV 15–26), die enzyklopädisch-kombinatorische Intuition in der Abhandlung ›Dissertatio de arte combinatoria‹ von 1666 (GP IV 27–102) und die Intuition der Unendlichkeit etwa in der ›Hypothesis physica nova‹ von 1670/71 – dort besonders in § 3, wo Leibniz von den „gleichsam unzählbaren kleinen Weltchen (mundulos), die wir nicht sehen (können)" (GP IV 181), von der unendlichen Teilbarkeit des Kontinuums (ebd. § 5, GP IV 182) spricht und wo sich in § 43, 201 die berühmte Wendung findet: „es werden ins Unendliche Welten in Welten gegeben". Im Fortgang seiner philosophischen Reflexionen erschloß sich Leibniz die tiefere Dimension und der unaufhebbare Zusammenhang der Intuitionen durch eine beharrliche Korrektur des gängigen Verständnisses von Substanz.

2. Der Kern des Systems: die Substanz

Die Transformierungen des traditionellen Substanz-Begriffes, die vor allem im Wiederaufgreifen der Begriffe 'forma substantialis' und 'Entelechie' im Sinne der „philosophia reformata" Aristoteles gegen Descartes, die Schulphilosophie gegen deren Kritiker stark machen will, führen zur Ausbildung der zentralen Theoreme dessen, was man nicht ohne Grund eine „Leibniz-Welt" genannt hat.[4] Denn der Typus von „System", der Leibniz in seinen anfänglichen Intuitionen wohl schon vorschwebte, ließ sich nur begründen in einem bis aufs äußerste konsequenten Zu-Ende-Denken der Implikationen von Einzelheit (Individualität) und Ganzheit (Welt, Totalität) in dem Zentralbegriff der traditionellen Philosophie: der Substanz (vgl. ›De primae philosophiae emendatione‹, GP IV 468). So heißt es etwa in einem Schreiben an Thomas Burnett vom Januar 1699 und mit explizitem Rückblick auf die Abhandlungen der Grundlegungsphase 1684–1686: „Ich betrachte wirklich den Begriff der Substanz als einen der Schlüssel(begriffe) der wahren Philosophie" (GP III 245). Leibniz versucht diese Schlüsselfunktion in einer Art asymptotischen, beharrlich verfolgten und bis ins (für die Zeitgenossen vermeintliche) Paradox hinein reichenden Durch-

[4] So Scholz (1969). Zur Rezeption von Aristoteles und Scholastik vgl. etwa GP IV 325, 509, 512, 572.

dringens dessen, was „Substanz“ heißt, deutlich zu machen, und zwar auf drei zentralen Gebieten: 1) dem der logischen Analyse, die die Substanz als Subjekt einer Satzstruktur, insbesondere der Prädikationsstruktur, bestimmt (vgl. hierzu die ›Generales inquisitiones de analysi notionum et veritatum‹, C 356–399), 2) dem der physikalischen Analyse, die die Substanz als Kraft, d. h. als dynamische, aus sich heraus aktive Einheit bestimmt (vgl. hierzu insbes. das ›Specimen dynamicum‹, GM VI 234–256 und ›De ipsa natura‹, GP IV 508), und 3) dem der metaphysischen Analyse, die die Substanz als Seele, als geistige Einheit und als „wahres Abbild“ Gottes, ja sogar, im Rückgriff auf einen Gedanken der Renaissance, als „kleinen Gott“ in der Schöpfung bestimmt (vgl. hierzu an Bayle, GP III 72, ›Système nouveau‹, GP IV 479 und die NE, AA VI 6, 389). Es ist aufschlußreich, daß Leibniz in der Phase seines entwickelten Denkens davon ausgeht, daß der experimentelle, durch (Selbst-)Erfahrung vermittelte Ursprung des Begriffs der Substanz ebenso wie der der „Monade“ das durch den inneren Sinn zugängliche und gewußte Ich (moy) ist (vgl. z. B. Di § 27).[5]

Die Vorstellung der Substanz ist, in ihrer durch die Entelechie-, Kraft-, und Monadentheorie modifizierten Form, für Leibniz deswegen von eminenter Bedeutung, weil er – gegen Spinoza – der Meinung war, daß ein System, das nur *eine* göttliche Substanz kennt, als Realität oder besser: als eine außerhalb dieser Substanz seiende Realität nur akzidentell-ephemere, in ständigem Fluß befindliche Zustände anzunehmen berechtigt sei (GP III 575). Hiergegen setzt Leibniz die Vorstellung einer aus unzähligen einzelnen, in vollkommener idealer Wechselwirkung stehenden Substanzen aufgebauten Welt (GP VII 502). Für alle diese Substanzen gilt, daß sie Inbegriffe oder Totalitäten sind (Mo § 60), die im Denken Gottes je durch eine „notio completa“ repräsentiert sind (C 520). Die höchste oder „ursprüngliche“ (primitiva) Substanz ist Gott, in ihr liegen die (Seins-)Gründe aller Dinge, sie ist allein vollkommen. Neben ihr gibt es nur „abkünftige“ oder „abgeleitete“ (derivativae) Substanzen, die „geschaffen“ (creatae) sind. Deren höchste Form ist die der seelisch-geistigen Substanz, in ihr verdichtet sich die Einheit, die alle Substanzen auszeichnet, zu derjenigen reflexiven Gestalt von durch Erinnerung vermittelter Selbstpräsenz, Selbsthabe und innerer Einsicht, die ausschließlich dem Geistigen eigen ist (GP I 382, 391–392; VII 314; C 438). Im Horizont des Seelischen setzen sich daher die mit Reflexion, Apperzeption und Bewußtsein begabten Geist-Substanzen von den unbewußten und nicht-intelligenten, jedoch mit Sinn und Empfindung begabten Tier-Substanzen ab.[6] Eins jedoch eint alle

[5] Vgl. Cramer (1959) Kap. 5; Martin (1967) 147–149; Liske (1993) 46–52.
[6] Leinkauf (1999).

„wirklich einfachen und unteilbaren Substanzen“ (les substances véritablement simples et indivisibles): sie sind für Leibniz „die einzigen wahren Atome“ in der Natur, und sie können nur durch Schöpfung entstehen und durch Vernichtung vergehen, d. h. durch extrinsische Akte (Th I §§ 89–90; zur Substanzenordnung Mo §§ 19–20, 26–28, 30). Daher sind alle Substanzen unmittelbarer Gegenstand göttlicher Schöpfung und als solche zugleich individuierte, singuläre Wesen, deren ursprüngliche Differenz durch keine noch so große Bemühung um Identität, Konkordanz und Harmonie negiert werden kann. Vielmehr ist es umgekehrt: Identität, Konkordanz und Harmonie sind ohne solche schlechthin individuierten Einheiten gar nicht möglich (Th I § 105; GP VI 160–161).[7] Die „Einheit“ der Substanz impliziert die Vollständigkeit ihrer sie ausmachenden Bestimmungen. Keine wahre Substanz kann, abgesehen von ihrer Existenz, extern bestimmt sein in der Weise, daß sie einem wesentlichen äußeren Einfluß unterläge; alle wahren Substanzen sind rein durch sich selbst bestimmt und bilden ein ihre vergangenen und zukünftigen Zustände einschließendes Insgesamt. Ihr reales Verhältnis zu anderem kann also nur in der Idealität ihres inneren Vollzuges liegen oder besser: was normalerweise als real bezeichnet wird, ist nach Leibniz das, was durch die inneren Prozesse der jeweiligen Substanz und die diesen a priori korrespondierende Phänomenalität bestimmt ist. Das Auf-die-Spitze-Treiben des universellen Zusammenhanges (an de Volder 1701, GP II 226) kann nur dadurch gelingen, daß er in den Selbstvollzug der je einzelnen Substanzen zurückgenommen wird. Der von Leibniz seit Mitte der 90er Jahre verwendete Begriff ‘Monade’ ist Resultat der hier nur grob skizzierten Transformation des traditionellen Substanzbegriffs. Monaden sind vollständig bestimmte und dynamisierte Substanzen, deren Äußeres sozusagen restlos ins Innere und in Funktionen dieses Inneren (Phänomenbereich) gewendet ist. Die durch den Anspruch auf Individualität und Unverwechselbarkeit (Nichtsubstituierbarkeit) bewirkte Radikalität der Distinktion von allem (möglichen und wirklichen) Anderen führt konsequent zu der schon angesprochenen Inklusion alles (möglichen und wirklichen) Anderen. Die Monaden sind – als Bild Gottes – wie dieser zugleich Alles (weil ihr Sein nichts anderes ist als das Bezogensein auf schlechterdings alles Andere) und nichts von Allem (weil sie je nur sie selbst sind). Sie weisen zumindest folgende Bestimmungen auf:

1. Die Bestimmungen *Entelechie*, *Seele* oder *vis/virtus activa*. Jede Substanz ist für Leibniz singuläres Zentrum einer nur ihr zugehörenden Kraft, einer vis activa, die, im Unterschied etwa zur aristotelisch-scholastischen

[7] „Une différence individuelle originaire“; wichtig ist der Zusammenhang mit dem, was Leibniz „limitation originale“ nennt. Vgl. ebd. Th I § 31, GP VI 121; Th III § 377, GP VI 339–340; Th III § 388, GP VI 346. Zu Harmonie vgl. Belaval (1964) 59–78.

Potenz oder dem „bloßen Vermögen“ (facultas nuda), eine innere und als „etwas Anderes“ und „Höheres“ aus dem metaphysischen in den physischen Bereich hinzutretende, von ihr, der Substanz, ausgehende, a priori aktive „Forderung“ (exigentia) zum Tätigsein bzw. zur göttlichen Unterstützung des Tätigseins aufweist (GP II 295, III 56, 66). Vis activa zu sein wird, neben den traditionellen Bestimmungen des „ultimum subjectum“ (an Des Bosses, GP II 457 f.) und des Sich-Durchhaltenden (GP II 43), für Leibniz zur Hauptbestimmung von Substanz (›De primae philosophiae emendatione‹, GP IV 469), er distanziert sich dabei vom aristotelisch-scholastischen Potenz-Begriff, der das „in actum transferre“ nicht aus dieser Potenz/diesem Vermögen selbst, sondern nur aus einem immer schon im Akt befindlichen Anderen (dem ersten unbewegten Beweger = Gott) erklären kann. Leibniz dagegen setzt einen Begriff von Potenz/Vermögen als „Kraft“ (force, vis activa) an, die selbst, unabhängig von einem äußeren Anstoß, immer schon aus sich heraus in Tätigkeit ist. Der „letzte Grund“ (ultima ratio) von Tätigsein (z. B. der Bewegung) liegt also in einer „vis in creatione impressa“ (GP IV 469–470). Es gibt kein „reines“ oder „bloßes“ Vermögen ohne irgendeinen zugehörigen Akt – es sei denn als (begriffliche) Fiktion –, denn in der Wirklichkeit muß jedes Potential oder jede Tendenz zum Austrag kommen und, dem Gesetz des Grundes folgend, eine bestimmte Realisierung aus dem Spektrum der in der Virtualität des reinen Potentiales liegenden Realisierungsmöglichkeiten darstellen (NE II c.1 § 2, AA VI 6, 109–111): „Die wahrhaften Vermögen sind niemals einfache Möglichkeiten, sondern es gibt in ihnen immer Streben und Tätigkeit“ (ebd. § 9, GP V 102). Das heißt aber auch, daß Leibniz, um systematisch konsistent argumentieren zu können, in die so bestimmten Substanzen/Monaden zumindest das primordiale passive Vermögen und Substrat, die „materia prima“ (= passiva potentia primitiva, GP II 250), mit hineinnehmen muß, denn die Substanz als vis activa kann keine unmittelbare Wirkung auf die körperliche, dreidimensionale Materie qua Masse ausüben.

2. Die Bestimmungen *Einheit* oder *forma substantialis*: Jede Substanz ist existierende Einheit und als solche das, was wirklich ist und nicht nur ein Produkt unseres Denkens oder ein Phänomen wie alle aggregativen Einheiten (vgl. an Des Bosses, GP II 457–459; an de Volder, GP II 224 Randnote). Diese Einheit der Substanz ist ihr metaphysischer Kern, der sich als lebendige, aus sich seiende Kraft (Entelechie, Spontaneität, Geist) beständig expliziert; er ist metaphysisch, da die Einheit der Substanz oder Monas keinen raum-zeitlichen, wohl aber einen perspektivischen, positionalen Bezug (von dem der erstere eine Funktion ist) zur Totalität des Seienden hat, d. h. dem phänomenal-physischen Bereich vorgeordnet und dem geistig intelligiblen Bereich gleichgeordnet ist. Der von Leibniz in transformierendem Rückgriff bewahrte traditionelle Begriff „forma substantialis“

(›Systéme nouveau‹, GP IV 478–479) zielt gerade auf diese Vorgeordnetheit: Die substantiellen Formen wurden von den qualitativen oder akzidentellen Formen unterschieden und betrafen den auf einem Grenzbereich zwischen Metaphysik und Physik sich vollziehenden Basisprozeß substantieller Formung und Aktuierung der Materie zur Substanz. Die substantiellen Formen stellen, vor dem Hintergrund des hier zu skizzierenden Substanzbegriffs, das metaphysische Prinzip der Einheit, Identität und vor allem das der Kraft im Körperlichen dar.

3. Die Bestimmung *Unzerstörbarkeit*: Jede Substanz ist an sich unteilbar und unzerstörbar, die Einheit ihrer substantiellen Form oder Entelechie hat kein Verhältnis zur Einheit der als Substrat dienenden, an sich teilbaren Materie. Das Entstehen oder Vergehen von solchen substantiellen Einheiten kann nur eine außernatürliche, d. h. göttliche Ursache haben (an Des Bosses, GP II 314).

4. Die Bestimmung *Spontaneität*: Jede Substanz, die die genannten Eigenschaften aufweist, ist zugleich irreduzibles und unbedingtes Prinzip ihrer Tätigkeiten und Handlungen. Spontan-sein-Können heißt: ein unbedingtes Inneres zu besitzen. Es kann keine äußere Instanz geben, die als Prinzip ihrer Handlungen fungiert (vgl. z. B. Di § 32, GP IV 458); die innere Strukturiertheit der Substanz ist Resultat eines kontinuierlichen, rationalen Kriterien gehorchenden Selbstentfaltungs- und -einfaltungsprozesses, der einer geordneten Reihe, dem, was Leibniz mit stoischem Hintergrund „series rerum“, „suites de choses“ oder sogar „lex seriei“ nennt, gleicht (GP II 41 f., 262 f.).

3. Der Kern der Substanz: Geist und Prinzipien des Denkens

1. *Geist*:[8] Leibniz setzt immer wieder die Geist-Substanz von allen anderen existierenden Substanzen ab (GP VII 316 f., 452, 542–543). Die „besondere Form von Gemeinschaft“ (peculiaris societas; GP VII 316), die die Geister mit Gott haben, weil dieser selbst in einem eminenten Sinn Geist ist, hebt sie innerhalb der Ordnung des geschaffenen Seins heraus und auf die wichtigste Stelle, so daß nur hier gesagt werden kann: „alles ist um Willen der Geister geschaffen worden“ (Th II § 118; GP IV 445, n. 37; ebd. 463). Die Hinordnung der Welt auf die Geister gehört systematisch in den Kontext dessen, was Leibniz die teleologisch-finale Ordnung des Seins oder auch das „Reich der Weisheit“ nennt: alles, was ist, hat seinen Seinsgrund in Gott und zugleich seinen Zielgrund in der Gott am nächsten kommenden Substanz, dem Geist. Dies bedeutet aber primär, daß in die-

[8] Vgl. Gurwitsch (1974) 166 ff.; Kaehler (1989) 38–77; Leinkauf (1999).

sem hingeordneten Sein das innerhalb der Bedingungen dieser Welt mögliche Maximum an Rationalität gesetzt ist, dem die theoretischen und praktischen Möglichkeiten der „Geister" (esprits, mentes) entsprechen. Der Einsicht entsprechend, daß seelische und intelligente Wesen aufgrund ihrer kompletierenden Natur nicht ohne ein Körpersubstrat existieren können, besteht eine mögliche Vollkommenheit der Geister, die vor allem eine moralisch fundierte Situierung bedeuten würde, ausschließlich in der gestaltend-umwandelnden Durchdringung der Welt selbst (GP VII 306–307, 327). In dieser Bearbeitung durch das Geistige wird die Welt in eine ihrer inneren Möglichkeiten überführt, die zugleich ihrer teleologischen Verfaßtheit entspricht: Sie wird zum durch Personen bestimmten „Reich der Weisheit" oder zur „Respublica" transformiert, und zwar als materialer Sockel, der, indem er nicht nur für sich steht und seinen eigenen Gesetzen folgt, sondern auf das Geistige, z. B. was die Nutzbarkeit oder Strukturierbarkeit betrifft, hingeordnet ist, die optimale physische Basis eines solchen Geisterreiches bildet (GP VII 306). Was ich hier Transformation der Welt durch die Geister nenne, hat seine Bedingung darin, daß ausschließlich diese zusätzlich zur allgemein-seelischen Perzeption das Vermögen der Reflexion und die Fähigkeit der Selbst-Gegenwart besitzen und daß auch nur durch diese auf ein Selbst konzentrierte Reflexivität der Spannungsbogen aufgebaut wird, der zwischen den mentalen Zuständen des Glücklich- und Unglücklichseins besteht. Durch die Perzeption wird die äußere Welt in das Innere hereingeholt, wird äußere Verschiedenheit durch innere repräsentiert und unter den Index metaphysisch begründeter Einheit gestellt: „Das Wahrnehmen ist nichts anderes als jene Vorstellung [Darstellung, repraesentatio] der äußeren Veränderung [variatio] in einer inneren (sc. Vorstellung)" (GP VII 329 f.; vgl. GP II 112; C 15). Durch die Reflexion wird sowohl das Innere selbst als ein solches gegenständlich als auch, im Unterschied hierzu, das „Selbst" oder „Ich" als das erfahrbar, was dieses Innere lebendig erzeugt, durch dieses aber auch gleichsam verdeckt wird.[9] Der Bestimmung seines neuen Substanzbegriffs folgend, daß jede Substanz permanent tätig ist, wird insbesondere die Geist-Substanz als *Einheit* eines permanenten vorbewußten und bewußten Tätigseins gedacht: „der Geist ist tätig" (mens agit; GP I 150). Dies durch Reflexion vermittelte Eins- oder Einheit-Sein ist das Bildhafte des Geistigen in bezug auf Gott. Leibniz konstatiert in ihr als zentrales Kriterium Selbstgegenwart oder unmittelbare innere Erfahrung und diese letztere gerade auch im Sinne der „vérités primitives de fait". Es heißt hierzu in den ›Nouveaux essais‹: „Ich denke, folglich bin ich, d. h., ich bin eine Sache, die denkt" (NE IV c.2,

[9] Wichtig ist die Begriffstrias 'conscientia – memoria – persona'. Zur fundamentalen Bedeutung des Gedächtnisses vgl. Moreau (1956) 54 ff. und Gurwitsch (1974) 124 ff.

§ 1; AA VI 6, 367). Unsere unmittelbare Selbstwahrnehmung im Denken ist ebenso unmittelbar mit einer sach- oder dinganalogen Gegenständlichkeit verbunden, die den Übergang zu dem Faktum erleichtert, daß wir, indem wir uns selbst als Denkende erfassen, zugleich ebenfalls eine Pluralität von anderen Denkakten und deren Gegenständen erfassen. Im Ich und durch das Ich ist der Horizont des Geistigen, des Idealen und universell Wahren dem Horizont des Sinnlich-Körperlichen zugeordnet. Die nicht auf den Sinnen gegründeten und nicht durch Induktion aus Erfahrungstatsachen gewonnenen „Ideen" und „ewigen Wahrheiten" sind das genuine „Mittel" (moyen) und Medium, dessen sich das Ich in seinen ihm wesentlichen Tätigkeiten, in den Denkakten, bedient (an Kurfürstin Sophie, GP VII 553).

2. *Die Grundsätze* oder *Prinzipien*[10]: Die Prinzipien, auf die sich nach Leibniz unser Denken stützt, sind ausschließlich fundiert in einem „inneren und göttlichen Licht" (GP VII 553). Dieses Licht ist unabhängig von jeglicher empirisch-sinnlich und methodisch-experimentell induzierenden Analyse der raumzeitlichen Wirklichkeit und stellt zugleich die apriorischen kategorialen Muster (GP VI 554) jeder sachhaltigen Wirklichkeitsanalyse in seinem unbedingten „Leuchten" zur Verfügung. Es ist aber nicht nur die implizite Anwendung dieser von Leibniz als „vérités universelles, necessaires et éternelles" oder auch „idées innées" bezeichneten kategorialen Muster, sondern der explizite Rekurs auf ihre innere Evidenz und die dadurch vermittelte Gestalt der Wahrheit, der, als Philosophie, dem menschlichen Denken die Möglichkeit verschafft, aus dem Horizont des Vermutungswissens und der Wahrscheinlichkeit – also des Baconschen und Lockeschen Induktionswissens – in den der Sicherheit und Gewißheit zu schreiten, dessen Paradigma das mathematisch-deduktive Beweiswissen ist (NE I c.1 § 21, AA VI 6, 447; an Kurfürstin Sophie, GP VII 553). Wahrheiten sind für Leibniz, im Unterschied etwa zu Thomas Hobbes oder John Locke, nicht-arbiträr oder in sich notwendig (›Meditationes de cognitione‹, GP IV 425). Die „notwendigen oder ewigen Wahrheiten" (vérités nécessaires, éternelles) sind, als Grundlage aller anderen Formen des Wahren, also der kontingenten oder Tatsachenwahrheiten, aktual im ewigen Denkvollzug Gottes gesetzt, d. h., sie sind „gegründet in der Existenz einer notwendigen Substanz" (NE IV c.11 § 13; GP V 429). Leibniz vertritt hier rigoros eine Position, die sich an Platon und vor allem auch an Augustinus anschließt: Wahrheiten sind Gedanken Gottes und machen in ihrer Gesamtheit einen mundus intelligibilis aus, an dem endliche Geister in für sie unvordenklicher Weise, d. h. in der Weise des Eingeboren- oder Eingeschriebenseins teilhaben. Ort der Präsenz der „eingeborenen Ideen" und „Wahrheiten"

[10] Couturat (1901); Martin (1967) 3–50; Liske (1993) 101–135.

wie auch des expliziten Rekurses auf sie ist das „Ich“ oder der „Geist“ in einer jeweiligen seelischen Monas; die ausdehnungslose, in sich durch Denken bewegte Einheit des Geistes spannt den Horizont absolut verbindlicher Gesetzlichkeit auf, dessen zentrale Richtmaße die sogenannten „grandes principes“ sind:

a) Das *Prinzip des zureichenden Grundes*: „Nichts geschieht ohne Grund, d. h. ohne daß es einen Grund gibt, warum es eher so als anders geschieht“ (z. B. GP II 228). Die Tatsache, daß schlechterdings alles, was ist oder geschieht, einen Grund seines Seins oder Geschehens hat, impliziert für Leibniz die universale Wahrheit, daß es für alles Existierende eine prinzipiell dem Denken zugängliche „ratio“ gibt, „warum etwas eher ist (existiert) als nicht ist (existiert)“, die auf die kardinale Frage antwortet: „warum sollte eher etwas als nichts sein (existieren)“ (cur aliquid potius existat quam nihil; C 533).[11] Dieses Prinzip hat eine entscheidende Konsequenz in Leibniz' Gedanken der Entschiedenheit oder dem „Prinzip der Identität des Ununterscheidbaren“ (in der Forschung meist durch die lateinische Wendung „principium identitatis indiscernibilium“ wiedergegeben, die sich bei Leibniz jedoch *so* vermutlich nicht findet,[12] GP VII 289–291, 394–395). Leibniz ordnet es an vielen Stellen insbesondere dem Bereich der Kontingenz und der kontingenten Wahrheiten zu, da Individualität und Kontingenz sich in ihren Vollständigkeitsbedingungen gegenseitig implizieren (*estre accompli*, vollständige Bestimmtheit oder *determination* NE II c.20 § 6, AA VI 6, 166; NE II c.27 § 9, AA VI 6, 235 f.); die Überforderung des menschlichen Denkens angesichts der Unmöglichkeit, die den kontingenten Wahrheiten entsprechende unendliche Proposition zu formulieren, in der allein transparent würde, daß alle Bedingungen des Ausschlusses von Anders-sein-Können (Kontingenzfaktoren) selbst in der Wesensbestimmung der jeweiligen Sache eingeschlossen sind, wird kompensiert durch den allgemeinen Nachweis durchgehender Rationalität, d. h. dadurch, daß der Unterschied von Erfahrungs- und Vernunftwahrheiten nur *für uns* besteht und *an sich* alles gemäß Bedingungen idealer, rein begrifflicher Strukturen geordnet ist.

b) Das *Prinzip des Widerspruchs oder der Identität*: Alles, was einen Widerspruch impliziert, ist falsch, oder: unter zwei sich widersprechenden Sätzen ist notwendig der eine wahr und der andere falsch (Th I § 44, GP VI 127), oder: eine Aussage kann nicht gleichzeitig wahr und falsch (A = A

[11] Diese Frage im Zusammenhang mit dem principium reddendae rationis wurde für Heidegger zu einem wesentlichen Anlaß seiner Beschäftigung mit Leibniz, vgl. etwa ›Nietzsche‹. Pfullingen 5. Aufl. 1989 ([1]1961), II 436–450, 448 und vor allem ›Der Satz vom Grund‹. Pfullingen 7. Aufl. 1992 ([1]1957), passim.

[12] Zur Sache vgl. etwa: AA VI 3, 491.

und A = non-A) sein (an Clarke, GP VII 355); für Leibniz basieren z. B. alle mathematischen Disziplinen unmittelbar auf diesem Prinzip. Es wird insbesondere hier deutlich, daß Leibniz von der universalen Gültigkeit der Äquivalenz von Identität und Wahrheit ausgeht.

Von diesen beiden „großen Prinzipien" abgesetzt, mit ihnen aber systematisch verbunden, lassen sich noch nachweisen:

c) Das *Prinzip der analytischen Wahrheit*: Dies Prinzip ist in b) impliziert, es besagt, daß alle komplexen oder zusammengesetzten Begriffe aus irreduziblen, einfachen Begriffen bestehen (Mo § 33, GP VI 612). Zu diesen gelangt man durch eine fortschreitende Analyse, deren vollständige Durchführung allein Wahrheit im strengen Sinne erschließt. Paradigmatische logische Form gewinnt diese Wahrheit in der Aussage: „quod praedicatum inest subjecto" (C 10, 16 ff., 51; C 388 [= ›Generales inquisitiones‹ §§ 132 f.]). Leibniz gilt die *inesse*-Relation als Ausdruck einer „connexio" zwischen den Begriffen, die selbst wiederum jedoch nur sprachlich-formaler Ausdruck eines in den Dingen, Substanzen oder „der Sache selbst" liegenden Zusammenhanges (zwischen der substantiellen Ursache = S und ihrem Effekt = P) ist, der das Fundament der Wahrheit ist (fundamentum a parte rei, C 401–402).[13]

d) Das *Prinzip des Besten*: Alles was ist – und zwar im Sinne von 'es ist möglich' und von 'es existiert' – hat nicht nur einen logischen Grund oder eine Ursache seines Seins, dem eine Proposition entspricht, die das *Warum* exakt ausdrückt, sondern es ist zusätzlich so, daß alles, was existiert, einen moralischen, im Willen der höchsten Intelligenz verankerten Grund seines kontingenten So-und-nicht-anders-Seins hat, dem eine nur dem göttlichen Intellekt zugängliche Proposition entspricht, die seine notio completa, einen Inbegriff seines *Daß* enthält (Mo § 55, GP VI 616). Die Korrespondenz zwischen Sein und Denken oder zwischen Substanz und Aussage, die im Rationalismus nie so auf die Spitze getrieben worden ist wie gerade im Denken von Leibniz, läßt es als nicht übertrieben erscheinen, die individuellen Substanzen gleichsam als lebendige, substantialisierte Definitionen zu bezeichnen, denen zu jedem Zeitpunkt eine sie vollständig erfassende, nur Gottes Intellekt zugängliche Proposition entspricht, in der enthalten ist, daß diese lebendige Bewegung dann „frei" ist, wenn sie im Horizont des Kontingenten aus vernünftigen Entscheidungen resultiert. Die „beste Welt" enthält dabei, und zwar auf die einfachste Weise, eine unendliche Menge von individuellen Substanzen, von denen jede wiederum eine unendliche Menge von Substanzen enthält, die sich alle gegenseitig implizie-

[13] Zum Problem vgl. Parkinson (1965). Zum Zusammenhang von inesse-Relation, raison suffisante und kontingenter Individualität vor dem Hintergund des Systems vgl. Robinet (1990) 108 ff.

ren; und die beste Welt ist genau die eine und einzige Welt, die, als Resultat einer Wahl, tatsächlich existiert.

Die Verbindlichkeit dieser Grundsätze entspricht nicht nur derjenigen, die die Dekrete eines Fürsten gegenüber seinen Untertanen darstellen, sondern vor allem derjenigen, an die der Fürst, d. h. in Leibniz' politisch-theologischer Metaphorik: Gott, selbst noch gebunden ist. Diese Verbindlichkeit der „großen Prinzipien“ für Gott selbst teilt diesen zugleich – neben der evidenten epistemologischen – eine ontologische Valenz zu: Das Sein selbst, die Struktur der physischen Welt und der Kosmos als ganzer sind durch diese Prinzipien, vor allem aber auch durch die aus ihnen abgeleiteten oder auf ihnen aufbauenden 'architektonischen' und metaphysischen Prinzipien bestimmt: das Gesetz der Kontinuität, das Prinzip der Gleichheit von Ursache und Wirkung (GP III 45), das Prinzip des durchgängigen Bestimmtseins durch Maxima und Minima, das Prinzip der Trägheit (GP II 170) und das Prinzip der einfachsten und zugleich wirkungsvollsten Tätigkeit. 'Architektonische' Funktion hat das Prinzip der Gleichheit zusätzlich im Bereich der Moralität, wo es die Form des „suum cuique tribuere“ annimmt (GP III 387–388). Von ihm gilt, daß es, während basalere Gesetze wie das des „neminem laedere“ nur auf die Bewahrung eines Zustandes ohne Kampf und Krieg zielen, allein auf Glückseligkeit ausgerichtet ist (ad felicitatem tendit, ebd. 388). Das Sprengen der strikten und rigiden Erhaltungsgesetze durch die Verhaltensgesetze, mittels deren vom Traktieren der Sache zum Ponderieren der Verdienste (merita ponderantur) fortgeschritten und eine Form innerweltlichen Glücks (in hanc mortalitatem) ermöglicht wird, öffnet nach Leibniz allein einen Horizont universaler Gerechtigkeit (iustitia universalis), durch dessen metaphysisch-theologische Prinzipien und durch dessen paradigmatische Inauguration in der Welt durch Christus alle anderen Tugenden und natürliches Recht überhaupt durch das Prinzip des Sich-in-den-Standpunkt-des-anderen-Versetzens fundiert werden (M 57–58).

4. *Das Sein der Substanz*

4.1 Möglichkeit, Notwendigkeit, Wirklichkeit[14]

Leibniz hat in dem Zusammenhang seiner grundsätzlichen Reform des Substanzbegriffs insbesondere den Begriff und den ontologischen Bereich des *Möglichen* (possibile) in einer vorher ungekannten Weise aufgewertet (z. B. GP I 370 f.).[15] Dabei jedoch wird nicht das Wirkliche oder die fakti-

[14] Vgl. Pape (1966) 109–173; Schepers (1988).

[15] Zu Aspekten der Wirkungsgeschichte vgl. Mates (1989) 173–190.

sche Welt in den Schatten dieses Möglichen gestellt, vielmehr wird allererst durch die kompromißlose Entfaltung der Implikationen des Möglichen dem Wirklichen in aller Radikalität sein absolutes Recht verschafft. Dies besteht in der Unausweichlichkeit einer durch Faktizität, Kontingenz und Singularität bestimmten Welt des Individuellen, deren Faszination zugleich Bedrohung ist, deren Konsistenz zugleich unerbittliche Hinfälligkeit einschließt und deren Bestimmtheit die je momentane Fixierung eines in sich, in seinen makro- und mikrokosmischen Tiefen durch Bewegung und Denken – den zentralen Explikationsformen des wahrhaft Möglichen – bestimmten Unendlichen ist (zur unendlichen Bestimmtheit GP II 162; GP III 57, 250; zu Möglichkeit, Bewegung, Denken vgl. NE II c.21, § 4, AA VI 6, 170 f.). Leibniz unterscheidet dabei zwischen einem abstrakt Möglichen, dem kein vollständiger Begriff entspricht und das daher etwas Vages, Unbestimmtes und Offenes an sich hat, obgleich es in dieser unvollständigen allgemeinen Bestimmtheit widerspruchsfrei ist, und einem konkret oder per se Möglichen, das eine notio completa repräsentiert und somit volle 'Existenzfähigkeit' besitzt.[16] Ein Mögliches, das existenzfähig ist, erfüllt alle (formalen) Bedingungen des Wirklichseins, ohne dadurch selbst schon (material-konkret) wirklich zu sein. Es hat, im Gegensatz zu den abstrakt möglichen Sachverhalten, diejenige Form von vollständiger, individuierender Bestimmtheit, die es als einen integrierenden Teil eines Ganzen, zu dem es sich hinsichtlich des Existieren-Könnens widerspruchsfrei und kompossibel verhält, auszeichnet. Es hat eine eigene, unverrückbare Wirklichkeit oder, wie Leibniz in der ›Théodicée‹ sagt, es „subsistiert" im Geist Gottes (Th II § 189; GP VI 440).

Gott findet in seinem Geist, als dessen inhaltliche, von seinem Wollen unabhängige Bestimmtheit, diesen in sich bis zur existenzfähigen Individualität gestaffelten Horizont des Möglichen vor (Th III § 335, GP VI 313 f.), und er hat ein vollkommenes Wissen oder einen vollkommenen Begriff von allem diesem einzelnen Möglichen (Th I §§ 37–38). Gott erschafft nicht die Wesensbestimmungen (essentiae) des je Möglichen, sondern er erschafft, durch Zulassung zum Existieren, deren konkrete Existenz oder die eine und einzige Wirklichkeit dieser Welt. Die ihm vorliegenden Möglichkeiten stellen selbst wiederum Konfigurationen von möglichen Welten dar. Die logischen oder begrifflichen Wesensformen sind zu ihren respektiven Ordnungen verknüpft, und die konkreten Individual-

[16] 'Existenzfähigkeit' ist ein Ausdruck von Gurwitsch (1974) 441 ff. F. Mondadori macht auf den Zusammenhang des *possibile per se* bei Leibniz und dem *possibile logicum* des Duns Scotus aufmerksam (I sent. dist.2, q.7, n.10; In XII libros metaphysicorum Aristotelis expositio lib. V c.11, n.97). Vgl. Mondadori (1989) 193; Robinet (1990) 114 f.

bestimmungen, also die existenzfähigen möglichen Substanzen, sind zu dem unendlichen Horizont kompossibler 'möglicher Welten' aufgespannt (Th I § 42). Jede in dieser Weise mögliche Welt ist durch eine „notion principale ou primitive" oder durch einen „Fundamentalbegriff" bestimmt,[17] der das Erfordert-Sein bestimmter möglicher existenzfähiger Substanzen als seinen Kompossibilitätshorizont mit sich bringt. Gott läßt genau *eine* dieser möglichen Welten und damit auch genau *eine* regierende Kompossibilitätsforderung zur Existenz zu. Alles, was dieser Forderung nicht genügt, bleibt als ein an sich zwar existenzfähiges, einer möglichen Welt zugeordnetes Mögliches an diesen Status des Möglich-Seins gebunden. Es gehört zu den faszinierenden Aspekten in Leibniz' Denken, daß er neben die bloße Widerspruchslosigkeit, die jedes „possibile" zwar fest im Bereich des Intelligiblen oder Essentiellen verankert, aber dadurch keinen „vernünftigen Grund" des Existierens oder Nicht-Existierens liefert, die Forderung der Kompatibilität und der Kompossibilität stellt. Im Gedanken der Kompossibilität ist nicht nur der den Bestimmtheiten der Einzelsubstanzen vorhergehende Fundamentalbegriff oder Inbegriff einer bestimmten Welt ausgedrückt, sondern auch die in der Existenzfähigkeit implizierte „Tendenz" zur Existenz, die jeder möglichen Substanz einwohnt. In einem ganz allgemeinen Sinne gilt, daß jede Wesensbestimmung oder jede substantielle Bestimmung eine ihr inhärente Neigung zum Existieren aufweist, eine innere Dynamik also, ihren rein idealen Zustand auf eine Realisation hin zu überschreiten (GP VII 303). Es ist allerdings das Elend des „nur Möglichen", von sich aus diesen Schritt in die Existenz nicht leisten zu können. Leibniz limitiert die Kompetenz des Existenz- oder Wirklichkeit-Setzens strikt und radikal theologisch: sie ist das ausgesprochene dominium Dei. Es ist allein Gott, der Wirklichkeit setzen kann, und in diesem Setzungsakt realisiert der göttliche Wille das Resultat einer absoluten, weil alle Möglichkeiten in Erwägung ziehenden, durch seinen 'Verstand' (entendement) bestimmten Wahl (Th II §§ 184, 189, 225). Gott wählt aus allen möglichen Welten gemäß seiner „Weisheit" (sagesse) die beste, und d. h. die vollkommenste Welt aus (Th II § 225). Die innere Forderung nach Existenz, die von den possibilia selbst ausgeht, hat keine Macht, die über das hinausgeht, was man die je systematische Stärke oder innere Vernünftigkeit des jeweiligen Weltinbegriffs nennen könnte. Denn es ist ausschließlich die darin zum Ausdruck kommende Rationalität und Vollkommenheit, und zwar gemäß den früh von Leibniz gefaßten, auf den Nominalismus zurückgehenden Gedanken der kleinsten Prinzipienzahl und der größten entspringenden Varietät sowie dem zentralen Gedanken der ab-

[17] Gurwitsch (1974) 213 ff., 447 f. Vgl. etwa ›Remarques sur la lettre de M. Arnauld‹, LeRoy 107.

soluten Unterschiedenheit alles Seienden, die den göttlichen Intellekt seine Wahl treffen lassen (Di § 13). Alles, was im „conflict des raisons dans l'entendement le plus parfait" an Horizonten des Möglichen sich Geltung verschaffen will, bleibt, bis auf die eine ausgewählte Welt, immer im Reiche des Möglichen gefangen. „Conflict des raisons" ist die Epexegese von „combat entre tous les possibles", d. h., die nachgestellte Verdeutlichung will die Idealität dieses ursprünglichen Vorgangs im Verstande Gottes betonen und darauf verweisen, daß dieser Vergleich verschiedener Sequenzen des Möglichen eher einem Abwägen verschiedener Optionen gemäß vernünftiger Prinzipien (Wahl des Besten) als einem faktischen Widerstreit realer Agentien entspricht. Andererseits soll natürlich die 'Spannung' deutlich werden, die im göttlichen Verstand vor dem letztgültigen Universaldekret liegt. Dies Reich der Möglichkeiten ist zwar von unserer Wirklichkeit durch die unüberwindbare Schranke der Tatsächlichkeit, die das Mögliche vom Wirklichen trennt, abgeschieden, andererseits aber begleitet es, durch die Fähigkeit des Geistes, sich auf es durch Einsicht in Allgemeines, Kombination des Möglichen und Spekulation zu beziehen, für immer unsere Wirklichkeit als anregender Options- und Fluchthorizont. Der Existenzquantor, den Gott vor eine der möglichen Welten setzen könnte und den er vor genau die eine, nämlich beste, tatsächlich setzt – Leibniz nennt an einer Stelle der ›Generales inquisitiones‹ das dadurch bewirkte Existieren ein „aliquid superadditum possibilitati sive essentiae" (VE § 73, C 376) –, ist das einzige, was der Wille Gottes zu dieser existenzfähigen Konfiguration hinzutut (Th I § 52, GP VI 131). Die Faszination des Wirklichen besteht jedoch nicht nur darin, daß es als Kontingentes, Faktisches und Freies seine eigene Notwendigkeit besitzt, sondern vor allem auch darin, daß es eine Positivität besitzt, die ihre Kraft aus der Negation alles dessen bezieht, was als Mögliches nicht zur Existenz kam.

4.2 Prästabilierte Harmonie

Leibniz entwickelt den Gedanken einer universalen Harmonie, von der gilt, 1) daß sie einen *tatsächlichen* Bezug aller die Welt ausmachenden Substanzen zueinander darstellt, 2) daß dieser Bezug in sich *unendlich komplex* ist, da in ihm jeweils die Totalität der Substanzen in einer einzigen Substanz repräsentiert (gespiegelt, reflektiert) wird, und 3) daß dieser faktische, unendlich komplexe Bezug in seiner Struktur „*zum voraus eingerichtet*" (prästabiliert) oder „*vor-bestimmt*" (prädeterminiert) ist, als Reaktion seiner kritischen Zurückweisung von Descartes' Geist-Materie-Trennung und seiner kritischen Reformulierung des aristotelischen Substanzbegriffs. Die Reduktion des ganzen Bereichs des Materiellen darauf, gleichsam nur die an sich substanzlose Innenseite der 'nach außen' gerichteten Tätigkeit des Geistes zu sein oder das, was man Phänomen nennt – ein Produkt vor allem der perzipierenden Tätigkeit der Monaden –, entspricht in diesem Zusammenhang der parallelen Universalisierung der Substanzen dazu, gleichsam eine inbegriffliche Totalrepräsentanz der Welt zu sein, der auf der sprachlich-theoretischen Ebene ein Satz entspricht, in dessen Subjekt-Term schlechterdings alle Prädikate enthalten sind. Der kategorische Unterschied substantieller und akzidenteller Bestimmungen wird dahingehend aufgelöst, daß alle Bestimmungen, die an einer Substanz vorkommen – und diese Bestimmungen stellen insgesamt die Welt als ganze dar –, in der Weise zu 'substantiellen' oder 'wesentlichen' Bestimmungen werden, daß sie einer strengen In-esse-Relation entsprechen (GP VII 314 f., 321 f.). Der strikte Vollständigkeitsanspruch führt konsequent zur Isolierung der einzelnen Substanz oder Monade (Fensterlosigkeit) und erzwingt die Konstruktion einer vorbestimmten, idealen oder metaphysischen Entsprechung der nach innen geworfenen, isolierten seelisch-geistigen Prozesse aller dieser Substanzen untereinander. Leibniz setzt daher eine strenge oder präzise a priori durch Gott bestimmte Entsprechung der Substanzen untereinander an, und d. h. vor allem eine Entsprechung der durch diese Substanzen hervorgebrachten phänomenalen Daten. Die „lex certa progressus phaenomenorum" muß für alle Substanzen in gleicher und entsprechender Weise gültig sein, so daß diese sich auf *eine* Welt zuverlässig und sinnvoll beziehen können (GP II 264, 275).

Der Gedanke der prästabilierten Harmonie soll vor allem zwei Dinge leisten: 1) Erst die *genaue* Entsprechung (concomitantia) aller Tätigkeiten aller Substanzen untereinander kann die Schnittmenge der sinnlichen Daten zu dem Grad suggestiver Konstanz und Homogenität erheben, der die einzelnen Substanzen dazu veranlaßt, Irritationen dessen, was sie als ihre gemeinsame „(Außen-)Welt" bezeichnen (und in einem ganz universalen Sinne meinen), zunächst bei sich selbst zu suchen und der Welt eine *an sich* seiende Substantialität zuzusprechen. 2) Allein die radikale Reduktion auf die einzelne Substanz als einzige seiende Einheit kann die jeder geistigen Substanz eigene Intuition rechtfertigen, daß diese sich als eine aus sich heraus, spontan und frei agierende, zu der Welt in einer durch Reflexion bestimmten Distanz stehende Einheit wahrnimmt. Um das Geist-Materie- bzw. Seele-Leib-Problem zu lösen, führt Leibniz auf der Basis seines neuen, in den Jahren nach 1680 entwickelten Substanzbegriffs eine „hypothesis concomitantiae" ein, die besagt, daß sowohl Seele als auch Körper in ihrem spezifischen substantiellen Sein von Gott „von Anfang an" (ab initio) so geschaffen worden seien, daß sie jeweils im Vollzug der Entfaltung des in ihrem *eigenen* Wesen Eingefalteten auf vollkommene Weise in Korrespondenz zueinander stehen (pulcherrime conspirent inter se; vgl. GP VII 313; C 521).

5. Das Sein der Geist-Substanz: Kontingenz und Freiheit

Der Horizont des Möglichen fundiert für Leibniz eine Wahrheit des Faktischen, die dieses nicht in die unauflösliche Klammer eines vollständig determinierten, fatalistischen Seinsbegriffs faßt, sondern unterhalb der Ebene der „verité necessaire“ und der ihr korrespondierenden ewigen Wahrheiten einen Spielraum nicht des Unentschiedenen oder Indifferenten, sondern des – durch rationale Kriterien bestimmten – Entscheidbaren zuläßt. Leibniz setzt, um diesem Spielraum einen begründeten Ort in seinem System verschaffen zu können, zwischen absoluter Notwendigkeit und reinem Zufall eine hypothetische Notwendigkeit an. Diese vermittelt zwischen der eisigen Klarheit des absolut Notwendigen, wie es etwa die reinen metaphysischen oder mathematischen Wahrheiten darstellen, und der bedrohlichen Opazität des rein Kontingenten, die aus der Nichtableitbarkeit der Existenz und der Unbegreiflichkeit der Individualität der Dinge aufsteigen kann. Sie geht davon aus, daß, *wenn* etwas gesetzt ist, und wenn diese Setzung selbst Resultat eines freien Aktes der Wahl und einer rationalen Entscheidung ist (es wird hier also der weltkonstituierende Akt Gottes angesetzt), daß dann das, was folgt – mit Blick auf diese Setzung als deren Konsequenz – zwar notwendig, aber nicht absolut notwendig ist, denn die ursprüngliche Setzung hätte ohne Widerspruch auch anders ausfallen können und dann andere faktische Konsequenzen gehabt (GP VII 278). Das ontologisch unter den Index der Kontingenz gestellte Notwendige hat den psychologischen Status der moralischen Gewißheit (GP III 419). Der Gedanke der hypothetischen Notwendigkeit gibt *dem* Raum, was Leibniz durchaus emphatisch aber auch durchaus problematisch „Freiheit“ nennt[18]: „Ich bin wirklich der Meinung, daß unsere Freiheit wie auch die Gottes und der glückseligen Geister nicht nur vom Zwang (coaction), sondern auch von der absoluten Notwendigkeit frei ist, wenn sie auch nicht von Bestimmtheit und Gewißheit losgelöst ist“ (GP III 401). Es ist vor allem die an den Willensbegriff geknüpfte Freiheit Gottes, die einerseits den Ursprung wirklicher Freiheit bildet und andererseits die Bindung derselben an Rationalität und an Intelligibilität bewahrt (an Bourguet 1710, GP III 550). Leibniz will einerseits im ganzen Bereich des Monadischen eine durchgängige Präsenz von Selbsttätigkeit und Spontaneität ansetzen, ohne die strikt systematische, in sich notwendige 'Architektur' der Welt aufzugeben, und andererseits bei den geistigen Monaden, trotz aller Einflüsse und Zwänge – die von notwendig zwingenden zu inklinierenden Momenten herabgestuft werden –, nicht nur eine metaphysisch begründete, vorreflexive Spontaneität der jeweiligen Monas (GP III 403), sondern

[18] Vgl. zur Sache Poser (1989) 235–256; Liske (1993).

eine uns selbst als Subjekte oder Ich-Individuen stabilisierende bewußte Freiheit der Wahl und der Handlung behaupten (GP II 18–19).[19] Man muß feststellen, daß der beeindruckende Rigorismus des Systems der prästabilierten Harmonie gegen das ebenso beeindruckende Pathos kreatürlicher Freiheit steht, und man kann die Schwierigkeit dieser Opposition nicht nur an den Schriften und Briefen von Leibniz selbst erfahren, sondern vor allem auch an den Reaktionen seiner Zeitgenossen.[20] Gerade sie sahen häufig, sofern sie der inneren Konsistenz seiner Metaphysik folgen konnten, nicht genau, wo dort Freiheit, vor allem im Sinne der Selbsterfahrung oder inneren Evidenz von Spontaneität, ihren Ort haben könnte (vgl. die Diskussion NE II c.21; Th I §§ 34–52). Tatsächlich hat Freiheit ihren 'Ort' in Leibniz' System ausschließlich in dem die Extreme von absoluter Notwendigkeit und reiner Willkür vermittelnden Raum der 'moralischen' oder 'hypothetischen Notwendigkeit': in ihm stehen 'Gesetze' nicht im Widerspruch zur Freiheit, sondern sind eine zu einer bestimmten, bedingten Gestalt eingeschränkte Konsequenz einer durch Rationalität gesicherten Freiheit. 'Durch Rationalität gesichert' meint hier: es ist eine 'moralische Notwendigkeit', gemäß welcher Gott das Beste ausgewählt hat, und auf der Basis eines solchen, durch die absolute Vernunft bestimmten absoluten Willensaktes gewinnt erst alles seine 'hypothetische Notwendigkeit', deren Besonderheit nach Leibniz darin liegt, Kontingenz und Freiheit nicht auszuschließen (vgl. Fünfter Brief an Clarke, GP VII 389). 'Ort' der Freiheit ist also näher gefaßt die Vernunft, nicht der rein auf sich selbst gestellte Wille (Di §§ 30–32). Denn Freiheit ist, wie später in Schellings „Freiheitsschrift" (1809), streng von der durch Indifferenz und einem bloßen Wollen des Wollens gekennzeichneten Wahlfreiheit abzusetzen (G 384) und basiert, wie Gottes Wahl des Besten, auf einem Akt vernünftiger Überlegung (NE II c.21, § 50), der die ontologische Asymmetrie oder Entschiedenheit (es gibt keine Linie, die die Welt an irgendeiner Stelle in zwei vollständig gleiche, symmetrische Hälften teilen könnte, [Th III § 307]) auf der noetischen Ebene reflektiert und zugleich, was das tatsächliche Tun und Handeln betrifft, von der modalen „Offenheit" einer aus der bloß „hypothetischen" Notwendigkeit gewonnenen prinzipiellen Kontingenz der Dinge quoad nos, d. h. was ihre Wählbarkeit betrifft, profitiert. „Die freie Handlung ist eine *kontingente* oder nicht notwendige Handlung der *vernünftigen* Kreatur" (G 382, meine Hervorhebung), d. h., sie ist spontan und vernünftig zugleich (daher die Bestimmung von Freiheit als „spontaneitas rationalis"

[19] Zum Zusammenhang von Freiheit und hypothetischer Notwendigkeit vgl. Schepers (1988) 207 f.

[20] Hierzu ist etwa der Briefwechsel mit Isaac Jaquelot einzusehen, GP III 462–481, VI 558–573.

[C 25]), sie ist nicht ohne die Alternative der Wahl und des Es-könnte-auch-anders-Seins, und sie ist ebenso nicht grundlos oder willkürlich. Sie setzt, wie bei Gott, den Intellekt vor den Willen, das Gut-Sein vor den Akt des Wollens, denn Gott will etwas, weil (er erkannt hat, daß) es gut ist. Sie vermittelt Geist, Willen und Kontingenz – das ist der Zielpunkt, der im labyrinthischen Prozeß der Bestimmung von „Freiheit" vom menschlichen Denken aufzufinden ist –, ohne durch die Opazität der Indifferenz (Suarez, Locke) aufgesogen und durch die Klarheit absoluter Notwendigkeit (Spinoza) abgestoßen zu werden. Die rationale, vernunftbestimmte Freiheit der Selbstbestimmung durch Wahl des Besten und somit Guten ist in einer dem Denken des Augustinus vergleichbaren Weise auch bei Leibniz christliche Umformung aristotelisch-stoischer Theoreme und bildet die philosophische Basis des Glücksbegriffs.

6. Das Prinzip der Substanzen oder Gott als die vollkommenste Substanz[21]

Leibniz' System, das ein System existierender individueller Substanzen und ein System der notwendigen und kontingenten Wahrheiten ist, die durch das in vollkommener Interrelation stehende Existieren dieser Substanzen ausgedrückt werden, kulminiert notwendig in einer höchsten, absolut vollkommenen, durch ewigen und unablässigen Seins- und Denkvollzug ausgezeichneten Substanz: Gott als die „monas monadum". Gott ist das existierende unendliche „ens necessarium", das den Grund seiner Existenz und seiner Wahrheit in sich trägt (›Confessio philosophi‹, AA VI 3, 128), er ist „Eines der Zahl nach und Alles der Kraft (oder Mächtigkeit) nach" (unum numero et omnia virtute). Als der eine, letzte und absolute Grund der Dinge (ultima ratio rerum) ist er der Zusammenfall aller Einzelgründe (rationes rerum) oder der „Wurzelgrund der Möglichkeit" (radix possibilitatis), d. h., alle primordialen Seinsbedingungen der Dinge lassen sich zurückführen auf Gottes Attribute (GP VII 310–311).

Gottes zentrale Bestimmung ist jedoch neben den klassischen Bestimmungen der Einheit, der Absolutheit und des absoluten Wesens vor allem die für das Denken der frühen Neuzeit signifikante der „Unermeßlichkeit" (immensité) oder der „Unendlichkeit" (Th II § 134, GP VI 187–188). Es gibt „drei Grade des Unendlichen", 1) den des untersten (infimum) oder kleinsten Unendlichen (z. B. die Asymptote einer Hyperbel), 2) den des größten Unendlichen, das das Größte in einer Gattung ist (z. B. das Größte des

[21] Vgl. hierzu Holze (1991); Kaehler (1989) 370–432. Zur Stellung von Leibniz in der Tradition der sogenannten „Gottesbeweise" vgl. Henrich (1960) 45–55.

Ausgedehnten insgesamt ist der ganze Raum, d. h. das Weltall), und 3) den des höchsten Grades (summus gradus), der das „All selbst“ (ipsum omnia) ist – dieses aber ist in Gott, der allein das Ein-Alle ist (unus omnia; ›Causa Dei asserta‹ § 121; GP VII 96f.). Dieser allein kann der Unendlichkeit dessen korrespondieren, was er zu seinem Gegenstand hat: der idealen Welt der unendlich vielen reinen Möglichkeiten und der realen Welt der einen Wirklichkeit, deren mikro- und makroskopische Komplexität ebenfalls, innerhalb der Klammer ihrer Einzigkeit, ins Unendliche geht (GP VII 309). Die klassischen Attribute Gottes – Güte, Weisheit, Mächtigkeit etc. – müssen somit, sollen sie in einem relevanten Bezug zu diesem allen stehen, selbst „unermeßlich“ oder unendlich sein (Th II §§ 116, 124, 225, GP VI 167, 178f., 252). Denn sie müssen jede denkbare Komplexität noch in der Weise umgreifen können, daß 1) aus der Totalität dessen, was möglich gewesen wäre, durch seine *Güte* alles nur mögliche Gute gewollt werden kann; daß 2) aus dieser Totalität des Guten durch seine *Weisheit* gemäß dem Prinzip des Besten eine Auswahl und Ordnung erstellt wird und daß 3) durch seine *Macht* diese geordnete Menge an Gutem realisiert werden kann. Alle durch diese Eigenschaften bestimmten Tätigkeiten Gottes sind je auf das Ganze gerichtet. Entscheidend ist zwar, daß die Auswahl des Optimum gemäß dem „loi du meilleur“ erfolgt, noch wichtiger jedoch ist, daß der Gegenstand des Wählens, die possibilia oder die an sich existenzfähigen Substanzen, Sachverhalte oder Welten, durch die „vérités éternelles“ bestimmt wird und selbst den Status ewiger Wahrheit besitzt und daß letzterer von Gottes Willen unabhängig ist (Th II § 184). Die Willensintention, die auf das Gute und, mehr noch, auf das Beste oder die größtmögliche Intensität an Gutem geht und dadurch den Hervorgang einer Welt zur Folge hat, folgt notwendigerweise unabänderlichen Bestimmungen. Gott ist so für Leibniz „radix possibilitatis“, der kausale Wurzelgrund allen Seins, und er ist selbst, als Geist (mens), der „Bereich der Ideen und der Wahrheiten“ (regio idearum sive veritatum). Es ist das Wesen Gottes selbst, der letzte Grund des Möglichen zu sein, so daß, sofern in dem Möglich-Sein das von Selbstwiderspruch freie Wesen der Dinge gegeben ist, das Wesen Gottes und das Wesen der Dinge nicht zu trennen sind (vgl. ›De rerum originatione radicali‹, GP VII 305). So, wie das aus seinem Wesen notwendig folgende Existieren Gottes nicht zur Disposition seines eigenen Willens steht – Gott kann sein Existieren nicht „wollen“, da er schon, um wollen zu *können*, existieren müßte –, so kann auch das in diesem notwendigen Existieren mitgesetzte wesentliche Bestehen der „regio idearum“ nicht von seinem Willen abhängen (GP VII 311). Aber Gott ist nicht nur „radix possibilitatis“, sondern er ist vor allem auch „ratio existentiae“, d. h., er ist die in sich notwendige Ursache dafür, daß das Mögliche zur Existenz kommt und somit, wie Leibniz sagt, das „existentificans“ (C 534 §§ 3–4; Th II § 189).

Gott ist „intelligentia supramundana“ (GP III 520), d. h., er ist kein immanenter Bestandteil der Welt, wie es, nach Leibniz, die Stoiker behauptet haben, sondern er steht strikt außerhalb (extra) oder über (supra) der Welt (GP VII 302). Die (geistige) Wahrnehmung Gottes unterscheidet sich daher von derjenigen endlicher Geister so, wie sich ein Grundriß (ichnographia) von einer perspektivischen Projektion (scenographia) unterscheidet: Letztere ist abhängig von der Position (situs), die der Wahrnehmende einnehmen muß, erstere ist in universaler Weise einheitlich, einzig und – jenseits aller perspektivisch-szenischen Einschränkung und Verzerrung – von geometrischer Wahrhaftigkeit (GP II 438). Als Intelligenz eignen ihm intellektuelle Operationen, die sich, gemäß scholastischer Vorgabe (vor allem steht hier Molina im Hintergrund) und in Analogie zu der dem Menschen eigenen „scientia propositionum“ (und dieser ihr absolutes Maß vorgebend), nach Leibniz wie folgt einteilen lassen: 1) ein Wissen *simplicis intelligentiae*, das die Wesensformen (essentiae) der Dinge betrifft; 2) ein Wissen *visionis*, das das Existieren (existentia) der Dinge in *einem* Zugriff nicht-diskursiv erfaßt – also die quoad nos unendliche Kette von Bestimmungen, die ein kontingent Seiendes in der ihm eigenen Notwendigkeit ausmacht; und 3) ein Wissen der *scientia media*, das das bedingte Existieren der Dinge betrifft, die Tatsache, daß Gottes Allwissen *auch* ein Vorherwissen des zukünftig kontingent oder frei Existierenden sowie vor allem auch des Kontingenten, das unter bestimmten, nicht real eintretenden Bedingungen zukünftig existieren würde, sein muß (C 3, 17; GP III 30).

Leibniz sieht zwischen Gott und einem endlichen, geschaffenen Geist/Intellekt eine nur *quantitative* Differenz des Potentiales, daher die Bedeutung der ‘Unermeßlichkeit’ und ‘Unendlichkeit’, die ein im Grunde Gleiches und Homologes in eine unerreichbare, aber nicht unvergleichbare Position rückt (GP II 125). Einen, wenn man so will, *qualitativen*, alles entscheidenden Unterschied jedoch gibt es hinsichtlich der Existenz Gottes. Denn es gilt 1) „So hat Gott (oder das notwendige Sein) allein dieses Vorrecht, daß er notwendig existiert, wenn er (d. h. seine Existenz) möglich ist“ (Mo § 45), und es gilt 2) „Allein Gott ist eine Substanz, die wahrhaft von der Materie getrennt ist“. Alle geschaffenen Substanzen, alle Geister, Seelen und subsistierenden Einheiten (Monaden) sind dem Köpersubstrat verbunden und haben demzufolge eine zentrale Bestimmung des Materiellen zu eigen, die Antitypie. Nur Gott ist faktisch „überall“ (ubicunque), da er nicht an einem ‘Ort’, nicht an einem Materiepunkt oder einer Koordinate des gegenseitigen Ausschlusses verortbar ist; alles andere dagegen ist je dem Gesetz der Verdrängung, des Außereinander, des Ausschlusses unterworfen (una [sc. substantia] sit extra alteram; GP VII 530). Es gibt für Leibniz also auch einen ‘Ort’ des Geistigen und der Personen. Nur Gott ist ein „centre universel“, da er als absolute Ursache alles auf unvordenkliche Weise in sich einfaltet und zugleich das aus diesem idealen All real Entfaltete immer aus der absoluten Perspektive, d. h. aus idealer Gleichabständigkeit (wie ein Kreiszentrum zur Peripherie) und durch keine Distanz trübbare Weise „sieht". „Wir" hingegen sind nur „centres particuliers", erfassen nicht alles und dies auch nicht immer distinkt und stehen zum „All" oder „Ganzen" im Verhältnis einer verzerrten, peripherisch-einseitigen Perspektive (GP VII 556). So ist nur Gott das sich selbst (durch einen absolut vollkommenen Begriff) Erfassende, denn er allein ist ein vollständiger „index sui", ist höchste Substanz und adäquater Begriff seiner selbst (C 513).

Auswahlbibliographie

Primärliteratur:

AA = Sämtliche Schriften und Briefe. Hrsg. von der Akademie der Wissenschaften zu Berlin. Berlin 1923 ff. Zit. nach Reihe, Band und Seite, z. B. VI 2, 324.

C = Opuscules et fragments inédits de Leibniz par L. Couturat. Paris 1903 (Nachdruck Hildesheim 1966).

Di = Discours de metaphysique. In: GP IV, 427–463.

G = G. W. Leibniz, Textes inédits d'après la bibliothèque provinciale de Hannover. Ed. G. Grua. 2 Bde. Paris 1948.

GM = Die mathematischen Schriften von Leibniz. Hrsg. von C. I. Gerhardt. 7 Bde. Berlin 1849–63 (Nachdruck Hildesheim 1971).

GP = Die philosophischen Schriften von Leibniz. Hrsg. von C. I. Gerhardt. 7 Bde. Berlin 1875–90 (Nachdruck Hildesheim 1965).

LeRoy = Discours de métaphysique et correspondance avec Arnauld. Introd., texte et comm. par G. LeRoy. Paris 1957.

M = Mittheilungen aus Leibnizens ungedruckten Schriften. Hrsg. von G. Mollat. Leipzig 1893.

Mo = Monadologie. In: GP VI, 607–623.

NE = Nouveaux essais sur l'entendement humain. In: AA VI/6; GP V.

SD = Specimen dynamicum. Ed. H. G. Dosch, G. W. Most, E. Rudolph. Hamburg 1982.

Th = Théodicée. In: GP VI.

VE = Vorausedition zur Reihe VI, Band 4. Philosophische Schriften. Bearbeitet von der Leibniz-Forschungsstelle Münster. Münster 1982.

Deutsche Übersetzung:

Philosophische Schriften. Lat./frz.-dt. 5 Bde. Darmstadt 1959 ff.

Sekundärliteratur:

Belaval, Y.: L'idée d'harmonie chez Leibniz. In: L'histoire de la philosophie. Ses problèmes, ses méthodes. Homage à Martial Gueroult. Paris 1964, 59–78.

Burgelin, P.: Commentaire du Discours de Métaphysique de Leibniz. Paris 1959.

Cassirer, E.: Leibniz' System in seinen wissenschaftlichen Grundlagen. Marburg 1902.

Couturat, L.: La logique de Leibniz. Paris 1901.
Cramer, W.: Das Absolute und das Kontingente. Untersuchungen zum Substanzbegriff. Frankfurt/M. 1959.
Gueroult, M.: Leibniz. Dynamique et métaphysique. Paris 1934, ^{2}1967.
Gurwitsch, A.: Leibniz. Philosophie des Panlogismus. Berlin, New York 1974.
Heinekamp, A./Schupp, F. (Hrsg.): Leibniz' Logik und Metaphysik. Darmstadt 1988.
Heinekamp, A./Lenzen, W./Schneider, M. (Hrsg.): Mathesis rationis. Festschrift für H. Schepers. Münster 1990.
Henrich, D.: Der ontologische Gottesbeweis. Sein Problem und seine Geschichte in der Neuzeit. Tübingen 1960.
Holze, E.: Gott als Grund der Welt im Denken des Gottfried Wilhelm Leibniz. Stuttgart 1991.
Janke, W.: Leibniz als Metaphysiker. In: Leibniz. Sein Leben – sein Wirken – seine Welt. Hrsg. von W. Totok/C. Haase. Hannover 1966.
Jolley, N. (Hrsg.): The Cambridge Companion to Leibniz. Cambridge UP 1995.
Kaehler, K. E.: Leibniz' Position der Rationalität. Die Logik im metaphysischen Wissen der „natürlichen Vernunft". Freiburg, München 1989.
Kronert, G./Müller, K.: Leben und Werk von G. W. Leibniz: eine Chronik. Frankfurt/M. 1969.
The Leibniz Renaissance. International workshop, Firenze 2–5 giugno 1986. Firenze 1989.
Leinkauf, T.: Mundus combinatus. Studien zur Struktur der barocken Universalwissenschaft am Beispiel Athanasius Kirchers SJ (1602–1680). Berlin 1993.
Leinkauf, T.: Diversitas identitate compensata. Bemerkungen zu frühneuzeitlichen Voraussetzungen einer kosmologischen und methodologisch-wissenschaftlichen Grundform im Denken von Leibniz, Studia leibnitiana 28 (1996), 58–83; 29 (1997), 81–102.
Leinkauf, T.: Substanz, Individuation und Person. Anthropologie und ihre metaphysischen und geisttheoretischen Voraussetzungen im Werk von Leibniz, Internationale Zeitschrift für Philosophie, Heft 1 (1999).
Liske, M.-T.: Leibniz' Freiheitslehre. Die logisch-metaphysischen Voraussetzungen von Leibniz' Freiheitstheorie. Hamburg 1993.
Mahnke, D.: Leibnizens Synthese von Universalmathematik und Individualmetaphysik, Jahrbuch für Philosophie und phänomenologische Forschung 7 (1925), 305–612.
Martin, G.: Leibniz. Berlin ^{2}1967.
Mates, B.: Leibnizian possible worlds and related modern concepts. In: The Leibniz Renaissance, a. a. O., 173–190.
Mondadori, F.: Necessity ex hypothesi. In: The Leibniz Renaissance, a. a. O., 191–222.
Moreau, J.: L'univers Leibnizien. Paris 1956.
Müller, K.: Leibniz-Bibliographie. Die Literatur über Leibniz. Frankfurt/M. 1967.
Pape, I.: Tradition und Transformation der Modalität. Bd. 1: Möglichkeit-Unmöglichkeit. Hamburg 1966.
Parkinson, G. H. R.: Logic and Reality in Leibniz' Metaphysics. Oxford 1965.
Poser, H.: Die Freiheit der Monade. In: The Leibniz Renaissance, a. a. O., 235–256.

Robinet, A.: De la notion individuelle complète et concrète: logique et métaphysique dans les textes de Leibniz. In: Mathesis rationis, a. a. O., 103–118.
Schepers, H.: Zum Problem der Kontingenz bei Leibniz. In: Leibniz' Logik und Metaphysik, a. a. O., 193–222.
Scholz, H.: Leibniz. In: Mathesis universalis. Abhandlungen zur Philosophie als strenger Wissenschaft. Hrsg. von H. Hermes/F. Kambartel/J. Ritter, Basel [2]1969 (Nachdruck in: Leibniz' Logik und Metaphysik, a. a. O., 118–151).

DAVID HUME

Eine neue Wissenschaft von der menschlichen Natur

Von Jens Kulenkampff

1. Person und Werk

Anfang 1739 erschienen in London die ersten beiden Bände eines Werkes mit dem Titel ›A Treatise of Human Nature‹.[1] Obwohl kein Verfasser angegeben war, war bekannt, dass es sich um das Werk des noch nicht achtundzwanzigjährigen David Hume handelte (geboren am 26. April 1711). Die großen Erwartungen, die der junge Schotte mit dieser Veröffentlichung verband, erfüllten sich nicht; weder wurde der ›Traktat‹ als ein Paukenschlag empfunden, mit dem eine wissenschaftliche Revolution ausgelöst worden wäre, noch eröffnete er Hume eine Universitätskarriere. Im Rückblick aus dem Abstand von mehr als drei Jahrzehnten und von der Warte eines Mannes, der es auf anderen als den geplanten Wegen zu Berühmtheit gebracht hatte, dramatisierte Hume den Fehlschlag mit folgenden Worten: „Never literary attempt was more unfortunate than my Treatise of Human Nature. It fell *dead-born from the press,* without reaching such distinction, as even to excite a murmur among the zealots“ (E XXXIV)[2]. Das war zwar eine Übertreibung, dennoch stimmt es, dass die Bedeutung dieses Werkes, das heute zu den Klassikern der philosophischen Literatur zählt, zunächst nicht erkannt worden ist.

Hume selbst hat sich erst 1776[3] öffentlich zur Autorschaft des ›Traktats‹ bekannt; er hat dabei den ›Traktat‹ – zu Unrecht, wie uns heute scheint – als unreifes Jugendwerk abgetan und seinen späteren Werken nachgeordnet. Zu diesen gehören drei Werke, die als Umarbeitungen oder Neufassungen

[1] Band I des ursprünglich wohl auf fünf Bände geplanten Werkes war überschrieben ›Of the Understanding‹, Band II ›Of the Passions‹; der dritte Band ›Of Morals‹ erschien 1740.

[2] Zitate aus Hume werden durch Siglen nachgewiesen: T = ›Treatise of Human Nature‹; EHU = ›Enquiry Concerning Human Understanding‹; E = ›Essays. Moral, Political, and Literary‹. (Seitenzahlen beziehen sich auf die englischen Ausgaben; vgl. Bibliographie.)

[3] Vgl. das ›Advertisement‹ (EHU 2) aus dem zweiten Band der Werkausgabe letzter Hand (1777), die den ›Treatise‹ nicht enthielt.

aus dem ›Traktat‹ hervorgegangen sind, nämlich die ›Enquiry Concerning Human Understanding‹ (1748)[4], die ›Enquiry Concerning the Principles of Morals‹ (1751) und die Abhandlung ›Of the Passions‹ (1757). Außerdem enthält der zweite Band von Humes Werkausgabe letzter Hand von 1777 noch die religionswissenschaftliche Schrift ›The Natural History of Religion‹ (1757 als eine der ›Four Dissertations‹ erschienen) und im ersten Band dieser Werkausgabe neununddreißig jener ›Essays, Moral, Political, and Literary‹, die Hume ab 1741 in verschiedenen Sammlungen und mehrfachen Auflagen publiziert hatte und die nicht wenig zu seinem Ruhm beigetragen haben. Zu diesen Essays gehören Abhandlungen zur Literatur und Kunstkritik, zur Politik, zur Ökonomie und zur Geschichte. Zu Humes Schriften zählen ferner einige posthum veröffentlichte Abhandlungen, z. B. die Essays ›Of Suicide‹ und ›Of the Immortality of the Soul‹ und insbesondere eines von Humes Meisterwerken und sicher einer der bedeutendsten Beiträge der Aufklärung zur Religionsphilosophie, die ›Dialogues Concerning Natural Religion‹ (1779). Schließlich wird oft übersehen, dass Hume mit seiner sechsbändigen ›History of England‹ (1754–1761) auch als Historiker hervorgetreten ist.

Von Hause aus nicht sehr begütert, musste Hume sein Brot zunächst als Hauslehrer und Sekretär und dann durch seine Publikationen verdienen. Eine Stellung als Bibliothekar in Edinburgh brachte zwar nicht viel ein, sie bot Hume aber die Gelegenheit, die ›Geschichte Englands‹ zu verfassen. Dieses Werk erwies sich bald als großer publizistischer Erfolg; an ihr hat Hume so gut verdient, dass er endlich die finanzielle Unabhängigkeit gewann, die er sich für ein Leben als *homme de lettres* immer gewünscht hatte. Die Zeit von 1763 bis 1765 verbrachte Hume als Sekretär und zeitweiliger Geschäftsträger an der englischen Botschaft in Paris, wo er mit den Enzyklopädisten um Diderot und d'Alembert in persönlichen Kontakt kam und zu einem Liebling der Pariser Gesellschaft wurde. Nach einer Tätigkeit als Unterstaatssekretär im Außenministerium in London (1767–1768) zog er sich 1769 nach Edinburgh zurück, wo er am 26. August 1776 gestorben ist. Die letzten Jahre seines Lebens verbrachte er in einem geselligen Kreis gleich gesinnter Freunde, beschäftigt mit der Fortführung seiner Arbeit und mit der Überarbeitung seiner Werke, aber auch dadurch belästigt, dass sich „le bon David" (wie ihn seine Freunde nannten) oder „the great infidel" (wie er von seinen Gegnern betitelt wurde) öffentlichen Anfeindungen ausgesetzt sah, und zwar wegen Skeptizismus, Atheismus, Materialismus und anderer angeblich schädlicher Lehren, die man besonders in seinem ›Traktat‹ zu finden glaubte.[5]

[4] In der ersten Ausgabe von 1748 unter dem Titel ›Philosophical Essays Concerning Human Understanding‹, ab 1758 unter der geläufigen Überschrift.

[5] Zu Humes Leben und seiner intellektuellen Biographie vgl. E. C. Mossner: The

2. Eine neue Wissenschaft von der menschlichen Natur

Der ›Treatise of Human Nature‹ trägt den Untertitel: „Being an Attempt to Introduce the Experimental Method of Reasoning Into Moral Subjects“. Damit wird das wissenschaftliche Programm angedeutet, das Hume verfolgt und an dem er trotz einiger Veränderungen in seinen Auffassungen stets festgehalten hat: Sein Vorbild war die Physik Newtons, und sein Ziel war die Übertragung dieses Modells der erfahrungswissenschaftlichen Methode auf das Gebiet der „moral subjects“. Als „moral subjects“ werden die Gegenstände jener Wissenschaften bezeichnet, die nicht Naturwissenschaften im engeren Sinne sind. Dazu zählt Hume die Logik, deren Aufgabe es sei, die Gesetze und die Mechanismen unseres Vorstellungs- und Denkvermögens zu eruieren, ferner die Moralwissenschaft und die Ästhetik, die unseren Geschmack und unsere Gefühle zum Gegenstand haben, und schließlich die Politik, die den Menschen betrachte, sofern er mit anderen Menschen zusammenlebe und von anderen Menschen abhängig sei. In den genannten vier Disziplinen sei eigentlich alles enthalten, was wesentlich mit der Geistigkeit des Menschen zusammenhänge (vgl. T XV f.) und was nun – das ist Humes Programm – so weit wie möglich erfahrungswissenschaftlich zu erforschen sei.

Tatsächlich geht Hume noch einen Schritt weiter, indem er behauptet, dass alle Wissenschaften, also nicht nur die „moral sciences“, sondern auch die Naturwissenschaft, die Mathematik und die natürliche Theologie, von einer Erforschung der menschlichen Natur profitieren müssten, weil auch sie in dem Sinne vom Menschen abhingen, dass unsere Verstandeskräfte darüber entscheiden, was wir überhaupt begreifen und erkennen können (vgl. T XV). Humes Untersuchung des menschlichen Verstandes erfüllt das Muster der neuzeitlichen Erkenntnistheorie: Eine Untersuchung der Erkenntniskräfte des Menschen soll den Bereich des uns möglichen Wissens umschreiben und damit ein Abgrenzungskriterium liefern, sei es gegen den Bereich des Unerforschlichen, sei es gegen wissenschaftlichen Unsinn, gegen Aberglauben und Vorurteile. Unter diesem Aspekt versteht man Humes philosophische Ambitionen: Mit einer Untersuchung des menschlichen Verstandesvermögens einerseits und der menschlichen Leidenschaften und Gefühle andererseits wollte er die wissenschaftliche Basis bereitstellen, auf der dann das ganze übrige Gebäude menschlichen Wissens zu errichten wäre.

Hume glaubte zeigen zu können, dass – ganz analog zur korpuskularen Verfassung der materiellen Natur – auch das menschliche Bewusstsein

Life of David Hume. Oxford [2]1980; G. Streminger: David Hume. Sein Leben und sein Werk. Paderborn 1994.

(„mind") eine atomare Struktur besitze, sodass sich unsere Vorstellungen und Gedanken sowie unsere Wünsche und Gefühle aus den Gesetzen, dem Zusammenhang, dem Verhalten und dem Zusammenwirken jener kleinsten mentalen Einheiten erklären lassen, aus denen die geistig-seelischen Erscheinungen alle bestehen sollen. Hume vertrat also einen *psychologischen Atomismus,* und er meinte, dass eine relativ kleine Zahl psychologischer Grundgesetze, die den Axiomen der newtonschen Physik entsprechen sollten, genügen müssten, um alle noch so komplexen Erscheinungen des menschlichen Bewusstseinslebens zu erklären. Er nannte die Einheiten des Bewusstseins Perzeptionen, unterteilte sie in ursprüngliche Perzeptionen („impressions", Eindrücke) und abgeleitete Perzeptionen („ideas", Ideen oder Vorstellungen) und ferner in einfache und komplexe Perzeptionen. Er behauptete, dass sich alle komplexen Perzeptionen so weit in ihre Bestandteile zerlegen ließen, bis man nur noch einfache Perzeptionen übrig behält; und er behauptete außerdem, dass in unserem Bewusstsein keine einfache Idee vorkommen könne, die nicht zuvor als Eindruck vorhanden gewesen wäre. Was den Inhalt angeht, soll zwischen beiden eine vollständige Kongruenz und nur der Unterschied bestehen, dass die Idee schwächer ist als der ihr zugehörige Eindruck.

Der Sinn dieser Newton nachempfundenen ‚Physik des menschlichen Bewusstseins' erklärt sich aus Humes radikalem *Empirismus,* der mit dem Gedanken Ernst machen will, es gebe im menschlichen Geiste nichts, was nicht (zumindest seinen Bestandteilen nach) zuerst als Wahrnehmung aufgetreten sei (sei es als äußere, sinnliche Wahrnehmung, sei es als innere Selbstwahrnehmung). Nun birgt die hier skizzierte abstrakte Theorie des menschlichen Bewusstseins eine so große Zahl interner Ungereimtheiten und Probleme, dass sie sicher nicht als gute Grundlage für Humes wissenschaftliche Leistungen angesehen werden kann, und Hume wäre auch gewiss kein bedeutender Philosoph geworden, wenn alle seine Ausführungen (wie er allerdings beansprucht) von seiner gleichsam newtonschen Psychologie abhängig wären. Was man dagegen durchaus ernst zu nehmen hat, ist Humes *Naturalismus:* Er wollte den Menschen und alle seine Hervorbringungen nicht nur nach dem Vorbild der Naturwissenschaft mit der „experimental method of reasoning" untersuchen, sondern auch als ein Stück Natur aufgefasst wissen. Der Mensch ist ein Tier unter anderen Tieren, eine Spezies, deren besondere Fähigkeiten erstens vielleicht nicht gar so besonders[6] und zweitens ganz und gar natürliche Vermögen sind. Von dieser Auffassung hat sich Hume bei allen seinen Untersuchungen

[6] Vgl. H.-P. Schütt: Der „wunderbare Instinkt" der Vernunft. In: J. Kulenkampff (Hrsg.): David Hume: Eine Untersuchung über den menschlichen Verstand. Berlin 1997, 153–176.

leiten lassen, und unter diesem Aspekt muss man alle seine Werke lesen und verstehen.

3. *Hume, ein Skeptiker?*

Zu den Stichworten, unter denen uns Hume in der Geistesgeschichte begegnet, gehört neben dem des *Empirismus* auch das des *Skeptizismus*. Die Frage, ob Hume ein Skeptiker gewesen ist, ist nicht leicht zu beantworten. Einerseits scheint er eine Reihe skeptischer Thesen zu vertreten, z. B. die, dass es keinen Beweis für die Realität der Außenwelt gebe, oder die, dass die Identität der eigenen Person, der wir uns doch unzweifelhaft gewiss zu sein meinen, eine bloße Fiktion unserer Phantasie sei.[7] Andererseits verwirft er einen übertriebenen oder pyrrhonischen Skeptizismus, bekennt sich zu einer Form gemäßigter Skepsis („mitigated scepticism" – EHU 161) und propagiert, dass wir uns im Leben wie in der Wissenschaft nach skeptischen Prinzipien richten sollten (vgl. T 270 ff.). Das Problem löst sich, wenn man verschiedene Bedeutungen von ‚Skepsis' und ‚Skeptizismus' unterscheidet: Was Hume ablehnt, ist jene Form von Skeptizismus, die man als *negativen Dogmatismus* bezeichnet und die vorliegt, wo jemand z. B. bestreitet, dass wir Wissen besitzen, und zu *beweisen* sucht, dass wir auch keines besitzen können. In dieser Form gehört der Skeptiker als Schreckfigur zu den dramatis personae der neuzeitlichen Erkenntnistheorie, sofern diese sich insgesamt als Widerlegung des epistemologischen Skeptikers stilisiert. Das epistemologische Unternehmen einer Widerlegung des Skeptikers hält Hume allerdings für genauso verfehlt wie die Position des Skeptikers selbst, und zwar aus demselben Grunde: Beide, der Skeptiker als negativer Dogmatiker und der Epistemologe als sein dogmatischer Gegenspieler, vertrauen nämlich der Kraft rationaler Argumentation bei einer Angelegenheit, bei der es nicht um das beweisende oder widerlegende Argument, sondern allein um die Feststellung von Tatsachen geht, die ans Licht kommen, wenn wir fragen: ‚Wissen wir wirklich, was wir jeweils zu wissen beanspruchen?', ‚Welche Gründe haben wir tatsächlich?' und ‚Wie weit reichen, was belegen unsere Gründe tatsächlich?'. Wer solche Fragen stellt und die entsprechenden Tatsachen zu eruieren versucht, ist ein Skeptiker in dem von Hume favorisierten Sinn: Er ist kein Zweifler um des Zweifels willen, sondern er will nur wissen, wie wir uns als erkennende Wesen natürlicherweise verhalten. Der von Hume gepriesene Skeptiker ist niemand anders als jener empirische Wissenschaftler, der Hume selbst hat sein wollen.

[7] Vgl. die Abschnitte „Of scepticism with regard to the senses", T 187–218, und „Of personal identity", T 251–263.

Dieser Empiriker und Naturalist wird allerdings, je weiter er seine Untersuchungen ausdehnt, desto mehr zum Kritiker der Vernunft werden, oder eher: zum Kritiker einer Selbstüberschätzung des Menschen. Denn es gehört zu den lieben Selbsttäuschungen des Menschen, seiner Vernünftigkeit eine besondere Funktion zuzumessen; in Wahrheit spielt die Vernunft bei der kognitiven wie bei der praktischen Auseinandersetzung mit unserer Umwelt eine weitaus geringere Rolle, als gemeinhin angenommen wird. Man hat Hume gelegentlich als einen Anti-Rationalisten gedeutet und in seiner skeptischen Haltung gegenüber der Vernunft eine Quelle für irrationalistische Strömungen des späten 18. Jahrhunderts gesehen.[8] Aber Hume ist kein Anti-Rationalist gewesen. Er hat nichts gegen die Vernunft, wo sie ihren Platz hat und ihre Funktion erfüllt; nur gegen die Selbstüberschätzung der Vernunft und gegen jede Form eines Dogmatismus, der sich als Rationalismus ausstaffiert, hat er leidenschaftlich gekämpft. Als einem Kritiker der Vernunft in diesem Sinne begegnet man Hume in allen seinen Schriften.

4. *Erfahrung gegen Vernunft*

Der berühmteste Fall einer solchen Vernunftkritik sind vielleicht Humes „Skeptische Zweifel hinsichtlich der Verfahrensweisen des Verstandes" und deren „Skeptische Lösung".[9] Worum handelt es sich? Folgt man Kant, dann ging es Hume hauptsächlich um die Frage, ob es eine *rationale* Rechtfertigung dafür gibt, dass wir (was wir ständig tun) Kausalbegriffe verwenden und damit implizit behaupten, es bestehe zwischen einer Ursache und ihrer Wirkung ein *notwendiger Zusammenhang*. Hume, so Kant, habe richtig gesehen, dass wir die Existenz solcher Zusammenhänge nicht rein rational, nämlich a priori aus Begriffen deduzieren, sondern nur empirisch erfassen können; daraus aber habe Hume fälschlicherweise geschlossen, dass auch der *Begriff der Kausalität* selbst nicht a priori zu denken sei, sondern nur empirisch durch die Erfahrung gewonnen werde. Kant selbst sieht sich daher aufgerufen, mit seiner Transzendentalphilosophie den humeschen Fehler zu korrigieren.[10] Diese Diagnose Kants gehört zu jenen produktiven Missverständnissen, an denen die Geistes- und Ideengeschich-

[8] Vgl. I. Berlin: Hume and the Sources of German Anti-Rationalism. In: ders., Against the Current. London ^{2}1980, 162–187.

[9] Vgl. EHU Abschnitt IV: „Sceptical doubts concerning the operations of the understanding" und Abschnitt V: „Sceptical solution of these doubts".

[10] Vgl. I. Kant: ›Prolegomena zu einer jeden künftigen Metaphysik, die als Wissenschaft wird auftreten können‹. In: Kant's gesammelte Schriften. Hrsg. von der Königlich Preußischen Akademie der Wissenschaften, Bd. IV. Berlin 1903, 257 f.

te nicht arm ist, denn Kant verzeichnet Humes Fragestellung und verfehlt dadurch die Pointe, auf die Hume hinauswollte.

Hume stellt zunächst einmal fest, dass das Zeugnis unserer Sinne und unserer spontanen Erinnerung für uns unmittelbare Gewissheit hat: Was wir sehen und hören und was wir erlebt zu haben erinnern, gilt uns unmittelbar als Realität.[11] Zur wirklichen Welt, in der wir leben und agieren, rechnen wir aber erheblich mehr als allein das, was uns durch die Sinne und das Gedächtnis unmittelbar verbürgt ist. Humes These lautet: Wir benutzen das Zeugnis der Sinne und des Gedächtnisses als Schlüssel und rechnen auch alles nicht Gegenwärtige zur Wirklichkeit, was zu unseren Wahrnehmungen und unserer Erinnerung derart in einem *kausalen Zusammenhang* steht, dass das, was wir sehen und hören, und das, was wir gesehen und gehört zu haben erinnern, die *Wirkung* des nicht Gegenwärtigen ist. Wir stützen uns also darauf, dass Ursache-Wirkung-Beziehungen den evidentiellen Zusammenhang zwischen dem unmittelbar und dem nur mittelbar Bekannten herstellen.

Man kann dieses von uns dauernd geübte Verfahren als ‚kausales Schließen' bezeichnen; allerdings birgt der Begriff des Schließens die Gefahr, die Art dieses Vorgehens grundsätzlich misszuverstehen. Es handelt sich nämlich, wo wir uns so verhalten, wie das eben beschrieben wurde, nicht nur *de facto nicht* um ein Schließen im Sinne jener Vernunftschlüsse, die die formale Logik studiert, sondern es *kann* sich auch gar nicht um einen solchen Vernunftschluss handeln. Der Vernunftschluss taugt nicht als theoretisches Modell, um verständlich zu machen, was es heißt, aufgrund von Erfahrung die Sinne und das Gedächtnis zur Erkenntnis der Welt und zu verständigem Verhalten in der Welt zu gebrauchen. Wenn diese These Humes stimmt, dann folgt aus ihr, dass wir als Verstandeswesen in einem gewissen Sinne gerade *keine* Vernunftwesen sind. – Wie untermauert Hume seine These?

Fragen wir, woher wir die kausalen Zusammenhänge kennen, die wir für unsere Auseinandersetzung mit unserer Umwelt nutzen, dann lautet die einzig mögliche Antwort: aus Erfahrung. Aber diese Antwort besagt nichts anderes, als dass es Prozesse der *Gewöhnung* oder der *Habitualisierung* sind, die uns leiten und die uns die für uns tauglichen kausalen Zusammenhänge herausfinden lassen. Hume beschreibt den Vorgang so: „Das Wesen der Erfahrung ist dieses: Wir erinnern uns, dass uns häufig Fälle von Dingen der einen Art real vorgekommen sind; wir erinnern uns weiter, dass einzelne Mitglieder einer zweiten Art von Dingen die der ersten stets begleitet haben, und zwar in einer regelhaften Ordnung von Nachbarschaft und Abfolge. So erinnern wir uns, der Art von Dingen begegnet zu sein, die wir ‚Feuer'

[11] Natürlich nicht als unbezweifelbare Gewissheit! Hume weiß selbstverständlich, dass wir uns irren können.

nennen, und die Art von Empfindungen gehabt zu haben, die wir ‚Hitze' nennen. Und uns wird außerdem bewusst, dass hier in allen vergangenen Fällen ein konstanter Zusammenhang bestanden hat. Ohne weitere Umstände nennen wir dann das eine ‚Ursache' und das andere ‚Wirkung' und erschließen die Existenz des einen aus dem andern" (T 87). – „Ohne weitere Umstände", das heißt: So und nicht anders verhalten wir uns, so gehen wir vor, wenn wir aus Erfahrung lernen und wenn wir uns bei unseren Kausalschlüssen auf gemachte Erfahrung stützen. Mit jedem solchen Kausalschluss folgen wir einer Gewohnheit und festigen wir sie zugleich, wenn sich unser Kausalschluss in der Erfahrung bestätigt findet. Unser situationsadäquates, intelligentes oder verständiges Verhalten ist ein fortwährender Adaptationsprozess, in dem nicht wir, sondern eigentlich die Welt oder die Natur leitend sind: „Custom ... is the great guide of human life" (EHU 44).

Wenn man nun dieses Verhalten (dass wir Erfahrungsschlüsse ziehen, indem wir das schon Bekannte auf unbekannte neue Fälle übertragen) als ein (wenn auch vielleicht nur implizites) *vernünftiges* Schließen zu interpretieren versucht, ergibt sich das Problem, dass Schlüsse aus der Erfahrung keine gültigen Schlüsse sind. Zwar übertragen wir eine regelhafte, konstante Vergangenheit auf die Zukunft, zwar leiten wir aus einer begrenzten Anzahl gleicher Fälle generelle kausale Gesetzmäßigkeiten ab, aber die *stets endliche* Zahl erfahrener gleicher Fälle rechtfertigt den Schluss, dass es sich künftig und in *jedem beliebigen* Fall genauso verhalten müsse, niemals als logisch gültigen Schluss. Dieses Problem, bekannt als das *Induktionsproblem,* unter Zuhilfenahme von so genannten *Induktionsprinzipien* beseitigen zu wollen, die den logischen Defekt der Erfahrungsschlüsse beheben sollen, hat Hume als einen verfehlten Versuch kritisiert, der die Schwierigkeit nur verschiebt. Denn Induktionsprinzipien könnten nicht anders gewonnen und gerechtfertigt werden als durch Rekurs auf Erfahrung, und das heißt: mit genau derjenigen Vorgehensweise, die im Lichte der logisch schließenden Vernunft als fehlerhaft gilt! Mithin bleibt es dabei: Die Verfahrensweisen („operations") des menschlichen Verstandes sind ein natürliches Verhalten, aber kein vernunftgesteuertes, logisches Handeln. Wir sind, könnte man sagen, von Natur aus Induktion treibende Tiere, aber ein Induktionsproblem gibt es in Wahrheit nicht. Ein solches Problem kann nur jemand gegeben sehen, der die *Verständigkeit* („understanding") des Menschen als *Vernunft* („reason") missversteht.[12]

[12] Vgl. M. Hampe: Unser Glaube an die Existenz abwesender Tatsachen. In: J. Kulenkampff: a. a. O., 73–94; zum Problem des Zusammenhangs von Kausalbegriff und Notwendigkeit bei Hume vgl. B. Kienzle: Von der Vorstellung der notwendigen Verknüpfung. In: J. Kulenkampff: a. a. O., 115–133; J. Kulenkampff: Kausalität, Freiheit, Handlung. In: J. Kulenkampff: a. a. O., 135–152.

Soweit das erste Hauptstück der humeschen Anthropologie, das den Verstand betrifft; das zweite Stück betrifft Wesen und Funktionsweise der Emotionen des Menschen. Hume beschreibt[13] verschiedene Typen positiver wie negativer Gefühle, seien es auf einen selbst bezogene Gefühle wie Stolz und das Gefühl der Minderwertigkeit oder seien es auf andere Wesen bezogene Gefühle wie Liebe und Hass. Der systematisch wichtigste Teil seiner Theorie der menschlichen Affekte betrifft das Wollen. Hume vertritt eine emotivistische Theorie des Wollens, der zufolge Lust und Schmerz sowie Hinneigung und Aversion (aus der Erwartung von Zufriedenheit oder Missbehagen) die bewegenden Kräfte sind, die den Willen ausmachen. Die wichtigste Folge dieser Theorie ist die These, dass einer Vernunftüberlegung bloß als solcher keine Motivationskraft für willentliches Handeln zukommt und dass sie nicht in der Lage ist, eine Willensregung hervorzubringen oder eine entgegenstehende Neigung zu unterdrücken. Zwar sei es üblich, so Hume, zu verlangen, die Vernunft solle die Leidenschaften beherrschen, und zu behaupten, dass sich ein vernünftiges Wesen wie der Mensch im Handeln nicht von seinen Gefühlen, sondern von der Vernunft leiten lassen solle. Aber dem liege ein Irrtum zugrunde, weil die Vernunft (gemeint ist Vernunft als ein rein theoretisches Vermögen) gar nicht könne, was von ihr gefordert werde. Vielmehr gelte: „Reason is, and ought only to be the slave of the passions, and can never pretend to any other office than to serve and obey them" (T 415). Vernunft, heißt das, kann zwar die zu erfolgreichem Handeln nötigen Informationen liefern, aber zum Handeln bewegen kann sie nicht. Diese Willenstheorie steht auch im Hintergrund von Humes Moralwissenschaft.

5. *Das moralische Gefühl*

Wer Humes Moralphilosophie richtig verstehen will, muss im Auge behalten, dass Hume keine normative Ethik, sondern eine rein deskriptive Moralwissenschaft vorlegen wollte. Seine Frage war nicht: Was soll ich tun? – sondern: Wie funktioniert das moralische Bewusstsein? Warum zeichnen wir gewisse Verhaltensweisen als Tugenden aus? Warum loben und tadeln wir? Welchen Sinn hat die Moral? Welche Funktion erfüllt sie? – Allerdings ergibt sich indirekt aus einer solchen deskriptiven Moralwissenschaft auch eine Rechtfertigung der Moral, dann nämlich, wenn die Erklärung des Sinns der Moral richtig ist und wenn wir daran interessiert sind und es für richtig halten, dass die Zwecke, denen die Moral dient, auch erfüllt werden.

[13] Und zwar im zweiten Buch des ›Treatise‹ (1739) und in der ›Dissertation of the Passions‹ (1757).

Hume gebührt das Verdienst, erkannt zu haben, dass die deduktive Begründung einer normativen Ethik aus der Feststellung von lauter Tatsachen, die keine versteckten normativen Implikationen haben, unmöglich ist: Aus lauter mit *‚ist‘* oder *‚ist nicht‘* formulierten Aussagen folgen keine Aussagen, die ein *‚soll‘* oder *‚soll nicht‘* ausdrücken (vgl. T 469 f.). Das ist das sog. *humesche Gesetz*.[14] Dieses Prinzip schließt es aber keineswegs aus, dass außermoralische und nicht normative Sachverhalte moralisch relevant sein können; und im Kontext von Humes Untersuchung der Moral besagt es, dass die Verbindlichkeit der Moral etwas anderes ist als der Zwang einer logisch gültigen Deduktion.

Die Verbindlichkeit einer Moral besteht in ihrer Motivationskraft oder ihrer Handlungswirksamkeit. Hume geht von der richtigen Beobachtung aus, dass das moralische Urteil etwas anderes ist als die Konstatierung des Vorliegens einer Tatsache; vielmehr ist es immer spontane Stellungnahme und als solche mit einem gewissen Handlungsimpuls verbunden. Diese motivationale Komponente des moralischen Bewusstseins ist *Gefühl* und *nicht Vernunft*. Unsere Rationalität besteht im Kontext des Handelns nur in der Erkenntnis objektiver Zweck-Mittel-Zusammenhänge; sie liefert damit unerlässliche, handlungsrelevante Information, stellt selbst aber nicht den Impuls dar, etwas Bestimmtes zu tun oder nicht zu tun. Was wir tun, hängt davon ab, was wir gutheißen, was wir billigen, wozu wir neigen und was wir verabscheuen. Moral, soll sie wirksam sein, muss in diese Motivationsstruktur eingebaut sein. Und daraus ergibt sich der Kern der humeschen Moraltheorie: „Moral Distinctions not deriv'd from Reason.“ – „Moral distinctions deriv'd from a moral sense“ (T 455 u. 470). Nur so nämlich besteht der für die Moral unerlässliche Zusammenhang zwischen Urteil und Handlung.

Würde dieser moralische Sinn („moral sense“) nicht existieren oder nicht funktionieren, könnte jemand die verrücktesten Ziele verfolgen und wäre nicht durch den Hinweis auf ihre Unvernünftigkeit davon abzubringen. Denn: „Es ist nicht gegen die Vernunft, die Zerstörung der ganzen Welt einem Ritz an meinem Finger vorzuziehen. Es ist nicht gegen die Vernunft, wenn ich meinen völligen Ruin wähle, um einem Inder oder sonst einer mir völlig unbekannten Person die kleinste Unannehmlichkeit zu ersparen. Es ist ebenso wenig gegen die Vernunft, dass ich das klarerweise für mich geringere Gut dem für mich größeren Gut vorziehe und dass mein Verlangen nach dem ersten brennender ist als nach dem zweiten“ (T 416). Man würde Hume missverstehen, wenn seine Behauptung, dass solche Verhaltensweisen nicht gegen die Vernunft seien, jede Bewer-

[14] Diese Bezeichnung stammt nicht von Hume, hat sich aber allgemein eingebürgert.

tung solcher Absichten und Handlungen ausschlösse. Das gerade nicht. Seine These ist vielmehr, dass die Missbilligung einer Handlungsweise, die wir alltagssprachlich ausdrücken, wenn wir sie als unvernünftig bezeichnen, in Wahrheit nicht vernünftiger Überlegung und keinem rationalen Kalkül entspringt, sondern eine spontane Emotion oder Reaktion des moralischen Gefühls ist.

Allerdings weist Humes Moraltheorie eine irritierende Doppelgesichtigkeit auf. Denn wenn er einerseits den Sinn moralischer Tugenden in ihrem sozialen Nutzen sieht,[15] scheint die Moral doch eine *rationale* Grundlage zu besitzen, die man folgendermaßen ausdrücken könnte: Wir *sollen* uns moralisch verhalten, weil dieses Verhalten für den Zusammenhalt der Gesellschaft nützlich ist. Andererseits wird Hume nicht müde zu unterstreichen, dass *nicht Vernunft, sondern* der moralische Sinn das Organ des moralischen Urteils und dass das *moralische Gefühl* der Antrieb moralischen Handelns seien. Diese scheinbare Ungereimtheit, dass Hume die Moral als zweckdienliches Instrument rationalisiert und ihr zugleich abspricht, vernunftgeleitetes Verhalten zu sein, löst sich vor dem Hintergrund der humeschen Sozialtheorie.

6. Die Kurzsichtigkeit der Menschen und die Weitsicht ihrer Institutionen

Man versteht die humesche Sozialtheorie am besten als eine implizite Auseinandersetzung mit Hobbes. Hume teilt die Auffassung, dass insbesondere die Institution des Rechts dem Zweck dient, eine dauerhafte Kooperation zwischen den Menschen möglich zu machen, auf der schließlich alle Kulturleistungen des Menschen beruhen und von der alle Beteiligten offensichtlich profitieren. Das Problem ist dann aber, wie man die Stabilität solcher Institutionen erklären kann, wenn man die menschliche Natur auf die allgemeinste und sparsamste Art bestimmt: Danach ist der Mensch *erstens* (als Naturwesen) auf seine Selbsterhaltung aus, und *zweitens* ist er vernünftig in dem Sinne, dass er durch den Einsatz der geringsten Mittel seinen größten Vorteil zu erreichen strebt und jeden Vorteil einstreicht, der seine Handlungsmöglichkeiten nicht beeinträchtigt. Ein solches Wesen wird sich an die Regeln der Kooperation, zum Beispiel an die Gesetze des Rechts, rationalerweise dann *nicht* halten, wenn die Mitnahme eines Vorteils das System als Ganzes nicht gefährdet: Da beispielsweise *ein* isoliertes Eigentumsdelikt die Rechtsordnung des Eigentums offensichtlich nicht gefährdet und gelegentliches Schwarzfahren das öffentliche Verkehrssystem nicht in die roten Zahlen bringt, ist es gerade für denjenigen, der an der

[15] Vgl. T 499 f. u. ›Enquiry Concerning the Principles of Morals‹, 183.

Existenz der Institution als solcher durchaus ein vernünftiges Interesse hat, rational, ja zwingend, die für ihn vorteilhaften Regelverstöße zu begehen. Da diese Überlegung aber für *alle* Menschen gilt, müssen die Menschen (und zwar aufgrund ihrer Rationalität) gerade das zerstören, an dessen Existenz sie (ebenfalls rationalerweise) alle interessiert sind. Hobbes suchte diesem, wie er es nannte, „perversen Verlangen der Menschen nach einem augenblicklichen Profit“,[16] in dem sich ausdrückt, was man die *Schwäche der Vernunft* nennen kann, durch den starken Staat und durch dessen Abschreckungsmacht gegenzusteuern; und er glaubte, dass alle Menschen (und zwar wiederum aus rationaler Einsicht in den Nutzen der Institutionen der Kooperation) einen solchen starken Abschreckungsmechanismus gutheißen und durch einen ursprünglichen Vertrag einrichten und legitimieren müssten.

Hume teilt nicht nur die hobbessche Staatsvertragstheorie nicht,[17] sondern er sieht vor allem eine andere Lösung für das Problem, wie man die Stabilität des Staates (und anderer Institutionen) erklären kann. Mit der Schwäche der Vernunft ist in der Tat zu rechnen, nur wird sie nicht durch einen Akt der Vernunft, nämlich die freiwillige Zustimmung zum starken Staat, zu konterkarieren sein. Denn der Staat hat zwar auch bei Hume die Funktion, die Rechtsordnung zu schützen, aber seine Stärke beruht, wie Hume sagt, immer auf „opinion, not on force“.[18] Das heißt: Der Staat könnte de facto niemals stark genug sein, um das fehlgeleitete Verlangen der Menschen nach einem vor Augen stehenden Profit, wenn es massenhaft aufträte, effektiv zu unterdrücken. Die Macht des Staates beruht vielmehr darauf, dass die Leute *glauben,* er erfülle seine Schutzfunktion. Dass er sie erfüllen kann, liegt aber vor allem daran, dass es neben dem Abschreckungspotential des Staates noch andere effektive Steuerungsmechanismen gibt: Weder vernünftige Einsicht in die Schwäche der Vernunft noch allein die Machtmittel eines starken Staates, sondern vor allem die im *Gefühl* verankerte Moral ist nach Hume einer jener Faktoren, die die Institutionen der Kooperation stabilisieren. Moral, z. B. die *Tugend* der Gerechtigkeit, verlangt unmittelbar und ohne Berechnung des eigenen Vorteils die Achtung der Rechte anderer; das moralische Gefühl, hier in

[16] Th. Hobbes: ›Philosophical Rudiments Concerning Government and Society‹ (= englische Version von ›De Cive‹). Oxford 1983, 72.

[17] Vgl. die Abschnitte „Of the origin of government“ und „Of the source of allegiance“, T 534–549; ferner die Essays „Of the Original Contract“ und „Of Passive Obedience“, E 465–492.

[18] Vgl. ›History of England‹, Bd. V, 544: „Government is instituted, in order to restrain the fury and injustice of the people; and being always founded on opinion, not on force, it is dangerous to weaken … the reverence, which the multitude owe to authority …“

der Form eines „sense of duty" (T 479), bewirkt also ein den Regeln der Institution entsprechendes Verhalten gerade dadurch, dass es die einzelne Handlungsentscheidung dem rationalen Nutzenkalkül entzieht. Das Doppelgesicht der Moral in Humes Betrachtung erklärt sich jetzt so: Für den *Moraltheoretiker* erschließt sich der rein rationale Sinn der Moral; er liegt in ihrer Nützlichkeit, d. h. in ihrer die Gesellschaft stabilisierenden Funktion. Für das *moralische Bewusstsein* liegt dieser Sinn aber gewissermaßen *im Rücken:* Es weiß von seiner Rationalität nichts. Und dies muss auch so sein, denn das moralische Gefühl erfüllt seine Funktion gerade nur dadurch, dass es ein spontan funktionierender Mechanismus ist und nicht rationale Nutzenkalkulation.

7. Wahre Religion gegen natürliche Religion

Seit es den Versuch gibt, die Kernaussagen der christlichen Religion nicht nur als Selbstoffenbarung Gottes hinzunehmen, sondern durch rationale Einsicht in einer philosophischen Theologie[19] nachzuvollziehen, spielen Beweise für die Existenz Gottes eine besondere Rolle. Von den klassischen Gottesbeweisen[20] erfreute sich der teleologische Beweis im 17. und 18. Jahrhundert besonderer Beliebtheit, schien er doch die Möglichkeit zu bieten, den gerade erst von der Theologie unabhängig gewordenen empirischen Naturwissenschaften eine auf Erfahrungstatsachen gegründete Wissenschaft von Gott an die Seite zu stellen. Das teleologische Argument beruft sich auf die angebliche Erfahrung einer durchgehenden funktionalen Geordnetheit der Welt und einer in der Welt herrschenden Zweckmäßigkeit, um daraus den Schluss zu ziehen, dass sich ein solches System nur einer planenden Intelligenz, also Gott, verdanken könne.

Während Hume den A-priori-Beweisen für das Dasein Gottes nur verhältnismäßig wenig Aufmerksamkeit geschenkt hat, hat er gegen diese *natürliche Religion* polemisiert und scharfsinnige Argumente entwickelt.[21] Von besonderer Bedeutung sind hierfür Humes ›Dialogues Concerning Natural Religion‹ (1779), in denen alle möglichen Varianten des teleologischen Argumentes als unhaltbar kritisiert werden, sodass das Projekt als

[19] Man bezeichnete diese Form der Theologie als natürliche oder rationale Theologie oder auch als natürliche Religion.

[20] Neben dem teleologischen Argument sind dies der ontologische und der kosmologische Gottesbeweis.

[21] Vgl. auch EHU Abschnitt XI „Of a particular providence and of a future state"; vgl. hierzu L. Kreimendahl: Humes frühe Kritik der Physikotheologie. In: J. Kulenkampff: a. a. O., 197–213.

gescheitert angesehen werden muss, einen rationalen Glauben an die Existenz Gottes in der Form des empirisch-wissenschaftlichen Beweises zu etablieren.

Umso überraschender ist die Schlusswendung der ›Dialoge‹, mit der der theologiekritische Skeptiker Philo (in dem man den Autor Hume inkarniert sehen kann) bekennt, dass nämlich niemand außer ihm selbst – trotz aller seiner Einwände gegen die Schlüssigkeit des teleologischen Argumentes – „dem göttlichen Wesen, wie es sich der Vernunft in dem unerklärlichen Plan und Kunstwerk der Natur offenbart, innigere Verehrung" entgegenbringe.[22] Freilich läuft dieser Gottesglaube des Skeptikers auf kaum mehr hinaus als auf das Bekenntnis des Seneca: Gott verehren heißt erkennen, dass es ihn gibt.[23] Der Gottesglaube des aufgeklärten wissenschaftlichen Geistes hat also nichts zu tun mit den mannigfaltigen christlichen und in anderen Religionen verbreiteten Vorstellungen von Wesen und Charakter eines personalen Gottes. Dennoch ist dieser spontane Glaube (und gerade nicht die so genannte ‚natürliche Religion') in dem Sinne ein natürlicher Glaube, dass er sich dem aufgeklärten Geist möglicherweise selbst dann noch *aufdrängt,* wenn die rationalen Beweise als nicht schlüssig und nicht kräftig verworfen worden sind. So finden wir also auch hier das Grundthema der humeschen Philosophie wieder: Religiöser Glaube ist nie vernunftgewirkt, sondern, wo er auftritt, stets eine Art Naturereignis, dem sich der Betroffene nicht entziehen kann. Religiöser Glaube ist dann allerdings auch etwas, das nicht auftreten muss und das bei verschiedenen Menschen, je nach den Umständen, auch ganz verschiedene Ausprägung haben kann.

Ist religiöser Glaube demnach ein natürliches Phänomen, dann ist es auch möglich, die Bedingungen zu untersuchen, unter denen er auftritt, und zu fragen, welche Form er jeweils annimmt. Dies hat Hume in seiner ›Natural History of Religion‹ (1757) unternommen, und er hat dabei der philosophischen Theologie seiner Zeit, die meinte, der Monotheismus als der angeblich vernünftigste Glaube müsse auch die ursprüngliche Form religiösen Glaubens gewesen sein, eine weitere Stütze entzogen, indem er nachwies, dass polytheistische Religionen ursprünglicher und in mancher Hinsicht durchaus vernünftiger (jedenfalls toleranter) sind als die monotheistischen Religionen.

Von grundsätzlicher und weit reichender Bedeutung ist Humes Versuch zu zeigen, dass wir bei einer objektiven Abwägung der Überzeugungskraft der Zeugnisse niemals hinreichenden Grund für einen Glauben an Wunder

[22] D. Hume: ›Dialoge über natürliche Religion‹. Nach der Übers. von F. Paulsen neu bearbeitet und hrsg. von G. Gawlick. Hamburg 1980, 105.

[23] Vgl. Seneca: ›Epistulae morales‹ 95, 47: „deum colit qui novit."

haben. Humes *Wunderkritik*[24] erfolgt indirekt und operiert nicht mit der These, dass Wunder als Verletzungen der Naturgesetze *unmöglich* seien. Zwar sind Wunder Verletzungen der Naturgesetze; hinzuzusetzen ist aber stets: *wie wir sie kennen*. Nun kennen wir die Naturgesetze jedoch *nur aus Erfahrung*. Diese Form der Kenntnis schließt es prinzipiell nicht aus, dass gegenläufige Evidenzen auftreten; und ein Wunder könnte ja eine solche Evidenz sein. Nichtsdestoweniger sind Wunder *außergewöhnliche* Ereignisse, denn wenn sie es nicht wären, würden sie zu unserer Alltäglichkeit gehören und gerade nicht wunderbar sein. Nun akzeptieren wir Berichte über historische Ereignisse dann am leichtesten, wenn diese Ereignisse in sich plausibel sind und sich in das Muster unserer Erfahrung leicht einfügen, und andernfalls nur dann, wenn die Bezeugung des Vorfalls besonders glaubwürdig ist. Als Zeugen historischer Ereignisse genießen Augenzeugen Vorrang vor anderen Zeugnissen, denn bessere Zeugen gibt es nicht, auch wenn ihr Zeugnis (wie wir alle wissen) nicht über jeden möglichen Zweifel erhaben ist. Jetzt sieht man, warum es um die christlichen Zentralwunder allerdings schlecht bestellt ist, denn sie sind zwar ganz außergewöhnliche Ereignisse, aber sie sind für uns Spätere allesamt schlecht bezeugt, nämlich über Mittelsmänner und schriftliche Quellen. Das schließt selbstverständlich nicht aus, dass die Leute an die Wunder der christlichen Religion glauben; nur um einen vernünftigen Glauben kann es sich dabei nicht handeln.

8. Hume, der Historiker

Zwar ist der Abschnitt ›Über Wunder‹ (EHU 109–131) ein religionskritischer Text, aber das Prinzip, das Hume gegen die Glaubwürdigkeit von Wunderberichten geltend macht, hat viel weiter reichende Bedeutung; handelt es sich doch um den generellen *quellenkritischen* Grundsatz, dass jede Einschätzung der Glaubwürdigkeit eines historischen Zeugnisses die innere Wahrscheinlichkeit des berichteten Ereignisses gegen die Menge und die Verlässlichkeit der Bezeugungen abwägen muss. An diese Maxime hat sich der Autor der ›History of England from the Invasion of Julius Caesar to the Revolution in 1688‹ gehalten und dadurch (wie er für sich beansprucht) ein nicht von Parteilichkeit getrübtes Bild insbesondere von den Wirren des 17. Jahrhunderts und der Auseinandersetzung zwischen Parlament und Krone sowie zwischen Protestanten und Katholiken gezeichnet.

[24] Vgl. EHU Abschnitt X „Of miracles“; diese in sich geschlossene Abhandlung stammt aus der Zeit der Abfassung des ›Treatise‹ und sollte ursprünglich diesem Werk eingefügt werden. Zu dieser Thematik vgl. J.-C. Wolf: Humes Wunderkritik. In: J. Kulenkampff: a. a. O., 177–195.

Hume schmeichelte sich, im Namen historischer Wahrheit der parteiischen Sicht der Ereignisse entgegengetreten und dafür öffentlich gescholten worden zu sein (vgl. E XXXVII).

Im Übrigen entspricht Humes Verständnis der Geschichtsschreibung aber durchaus noch der ciceronischen Auffassung von der Geschichte als Lehrmeisterin des Lebens, wenn er behauptet, dass das Studium der Geschichte drei Vorteile biete: „it amuses the fancy, ... it improves the understanding, and ... it strengthens virtue“ (E 565). Neben dem Umstand, dass es ein großes Vergnügen bereite, sich in der Phantasie in vergangene Zeiten und ferne Welten zu versetzen, sieht Hume den Nutzen der Geschichtsschreibung vor allem darin, dass sie uns den gesammelten Erfahrungsschatz der Menschheit erschließt: „Bedenken wir die Kürze des menschlichen Lebens ..., dann muss uns klar werden, dass wir in Hinsicht auf den Verstand ewig Kinder bleiben müssten“ (E 566), wenn wir die Geschichtsschreibung nicht erfunden hätten. „Wer die Geschichte kennt, von dem kann man in gewisser Weise sagen, er habe vom Beginn der Welt an gelebt und habe durch die Jahrhunderte hin die Menge seines Wissens kontinuierlich vergrößert“ (E 567). Außerdem diene die Geschichtsschreibung der Moral, weil der Historiker der wahre Freund der Tugend sei: Einerseits habe er zu den historischen Ereignissen und den handelnden Personen so viel Abstand, dass sein moralisches Urteil nicht durch persönliche Interessen gefärbt und verfälscht werde; andererseits betrachte er der Menschen Tun und Lassen nicht aus der moralisch neutralen Perspektive des Philosophen. Diese Mittelstellung verlange vom Historiker moralische Beurteilungen und sichere eben dadurch der Geschichtsschreibung das Interesse einer breiteren Leserschaft.[25]

9. *Humes Beitrag zur Ästhetik*

Humes Ausführungen zur Ästhetik (sein Terminus ist ‚criticism‘, da der Ausdruck ‚Ästhetik‘ noch nicht geläufig war) sind zerstreut.[26] Der Leitbegriff der Ästhetik des 18. Jahrhunderts war der Begriff des *Geschmacks,* und ihre Hauptfrage war, ob es definitive Geschmacksregeln gebe. Hume hält die Suche nach einer Regel, durch deren Anwendung sich ästhetische Urteile kritisieren lassen, einerseits für natürlich. Wenn man aber (was

[25] Vgl. R. Lüthe: David Hume. Historiker und Philosoph. Freiburg, München 1991.

[26] Die wichtigsten Texte sind der Abschnitt „Of beauty and deformity“ (T 298–303) und die Essays „Of Tragedy“ und „Of the Standard of Taste“ (E 216–249). Vgl. dazu A. v. d. Lühe: David Humes ästhetische Kritik. Hamburg 1996.

Hume für ebenfalls richtig hält) das Gefühl des Betrachters zur Grundlage der ästhetischen Urteile erklärt, scheint man dem Gemeinplatz zustimmen zu müssen, dass sich über den Geschmack nicht streiten lasse, und damit der Idee einer Geschmacksregel zu widersprechen. Dem stellt Hume die Beobachtung entgegen, dass unsere Liberalität Grenzen hat und wir besonders bei der Kunst nicht jedes Werturteil gleichermaßen gelten lassen. Demnach scheint es einschränkende Bedingungen für die Schönheit, also auch Qualitätskriterien in der Kunst und folglich Regeln für unsere Urteile zu geben. Welche sind das? Die gesuchten Regeln sollen keine anderen sein als die Prinzipien klassischer Komposition, für die die Kunstwerke des Altertums die maßgeblichen Beispiele sind. Den normativen Rang des klassischen Kanons in Literatur und bildender Kunst sucht Hume nun aber (und das ist typisch für sein Vorgehen) durch einen Rückgriff auf die *Natur des Menschen* zu erklären: So soll es natürliche Zusammenhänge geben zwischen bestimmten Formen und Qualitäten der Gegenstände einerseits und unserer Disposition andererseits, auf diese Gegebenheiten mit Lust oder Unlust, Billigung oder Missbilligung zu reagieren. Kunstwerke, die zu allen Zeiten und überall Zustimmung gefunden haben, sollen gleichsam einen empirischen Test bestanden haben, der die Vermutung stützt, dass solche Werke *objektiv* verkörpern, was vom Menschen (seiner Natur nach) geschätzt und gebilligt wird. Diese Zusammenhänge muss der geniale Künstler entweder intuitiv oder durch Studium und Beobachtung der klassischen Kunst erfassen, um sich nach ihnen als Norm zu richten.

Hume ist also der Meinung, dass sich aus der universellen Gleichheit der menschlichen Natur allgemeine Gesetze des Geschmacks und der Kunst ergeben. Seine Erklärung, wie es unter diesen Umständen zu *Nicht*übereinstimmungen in Geschmacksfragen kommen kann, fußt auf einer Analogie zwischen dem ästhetischen Geschmack und unseren Sinnen: Wie es feinere und gröbere Sinne gibt, so auch feinere und gröbere ästhetische Sensibilität, und wie die Sinne nur unter Normalbedingungen und in gesundem Zustand als verlässlich gelten, so liefert auch nur ein gut funktionierendes ästhetisches Vermögen richtige Urteile. Ferner sieht Hume, dass es einer Ausbildung und Verfeinerung des ästhetischen Urteilsvermögens bedarf, sodass man nicht jeden, sondern nur denjenigen als kompetenten Kunstrichter gelten lassen kann, der aufgrund von Übung, Vergleich und breiter Kenntnis sowie in ruhiger Gemütsverfassung und vorurteilsfrei urteilt. Das vereinigte Urteil solcher Kunstrichter sei dann der wahre Maßstab für Geschmack und Schönheit. Das Anschlussproblem, wie man die verlässlichen Kunstrichter von denen unterscheiden kann, die sich bloß ein Urteil anmaßen, löst Hume durch die nicht weiter belegte These, dass die herausgehobene gesellschaftliche Stellung jener, deren Meinung etwas gilt, ein sicheres Zeichen für ein gesundes Urteil, für überlegene geistige Fähigkeiten und für ästhetische Sensibilität sei.

Gerade in Humes Geschmackstheorie begegnen wir also noch einmal seinem Naturalismus: Angesichts der faktischen Divergenz im ästhetischen Geschmack schwingt sich Hume nicht dazu auf, eine Norm festzusetzen und irgendwie theoretisch zu legitimieren, sondern er beschreibt, wie wir uns verhalten. So findet er heraus, dass wir in Kunstdingen im Prinzip nicht anders urteilen als bei Geschmacksqualitäten im wörtlichen Sinne. Gewiss geht es in beiden Bereichen um ganz Verschiedenes, aber wie wir empirisch und durch die Bewährung seines Urteils herausfinden, wer (aufgrund seiner Erfahrung und sensorischen Ausstattung) ein kompetenter Beurteiler für Weine ist, ebenso eruieren wir und akzeptieren wir die kompetenten Kunstrichter.[27] Dass diese empirische oder empiristische Lösung des Geschmacksproblems nur in Zeiten eines ungebrochenen Klassizismus einleuchten konnte, hat Hume allerdings nicht erkannt.

Auswahlbibliographie

Primärliteratur:

The Philosophical Works. Ed. by Th. H. Green and Th. H. Grose. 4 Bde. London 1882–1886. Reprint: Aalen 1964.

A Treatise of Human Nature. Ed., with an analytical index, by L. A. Selby-Bigge. Second Edition with text revised and variant readings by P. H. Nidditch. Oxford 1978.

Enquiries Concerning Human Understanding and Concerning the Principles of Morals. Ed. with introd., comparative table of contents, and analytical index by L. A. Selby-Bigge. Third Edition with text revised and notes by P. H. Nidditch. Oxford 1975.

The Natural History of Religion. Ed. by A. W. Colver; Dialogues concerning Natural Religion. Ed. by J. V. Price. Oxford 1976.

Essays. Moral, Political, and Literary. Ed. by E. F. Miller. Indianapolis 1985.

The History of England. Ed. by W. B. Todd. 6 Bde. Indianapolis 1983.

Deutsche Übersetzungen:

Ein Traktat über die menschliche Natur. Buch I: Über den Verstand. Übers. von Th. Lipps, mit neuer Einführung von R. Brandt und Bibliographie von H. Klemme. Hamburg 1989.

Ein Traktat über die menschliche Natur. Buch II: Über die Affekte. Buch III: Über Moral. Übers. von Th. Lipps. Hamburg 1978.

Eine Untersuchung über den menschlichen Verstand. Übers. von R. Richter. Mit einer Einleitung hrsg. von J. Kulenkampff. Hamburg 1993.

[27] Für Humes Argumentation ist die Sancho-Pansa-Anekdote aus ›Don Quixote‹ (E 234 f.) von entscheidender Bedeutung.

Untersuchung über die Prinzipien der Moral. Übers. und hrsg. von C. Winckler. Hamburg 1972.
Die Naturgeschichte der Religion. Über Aberglaube und Schwärmerei. Über die Unsterblichkeit der Seele. Über Selbstmord. Übers. und hrsg. von L. Kreimendahl. Hamburg 1984.
Dialoge über natürliche Religion. Nach der Übers. von F. Paulsen neu bearbeitet und hrsg. von G. Gawlick. Hamburg 1980.
Politische und ökonomische Essays. 2 Teilbde. Übers. von S. Fischer und mit einer Einleitung hrsg. von U. Bermbach. Hamburg 1988.

Sekundärliteratur:

Craig, E.: David Hume. Eine Einführung. Frankfurt/M. 1979.
Flew, A.: Hume's Philosophy of Belief. A study of his first Inquiry. London 1961.
Flew, A.: David Hume. Philosopher of moral science. Oxford 1986.
Kemp-Smith, N.: The Philosophy of David Hume. A critical study of its origins and central doctrines. London 1941.
Kreimendahl, L.: Humes verborgener Rationalismus. Berlin, New York 1982.
Kulenkampff, J.: David Hume. München 1989.
Kulenkampff, J. (Hrsg.): David Hume: Eine Untersuchung über den menschlichen Verstand. Berlin 1997.
Mossner, E. C.: The Life of David Hume. Oxford ²1980.
Norton, D. F. (Hrsg.): The Cambridge Companion to Hume. Cambridge 1993.
Streminger, G.: David Hume. Sein Leben und sein Werk. Paderborn 1994.
Stroud, B.: Hume. London 1977.

JEAN-JACQUES ROUSSEAU

Ein Moderner mit antiker Seele

Von Karlfriedrich Herb

Die Philosophie der Aufklärung fand in Jean-Jacques Rousseau einen wirkungsvollen Vertreter und mehr noch einen ihrer schärfsten Kritiker zugleich. Mit seinem Werk hat er die Geistesgeschichte des achtzehnten Jahrhunderts stark beeinflusst: als Kritiker der modernen Zivilisation in seinen ›Diskursen‹, als Rechts- und Staatsphilosoph im ›Gesellschaftsvertrag‹, als Pädagoge im ›Emile‹, als Protokollant moderner Intimität im Briefroman ›Julie oder die neue Heloise‹. Dass sein vielschichtiges Oeuvre als Einheit zu lesen ist, darauf bestehen seine biographischen Schriften. Die ›Bekenntnisse‹ schildern nicht nur Entwicklung des Werkes und Leidensgeschichte des Autors mit oft peinlicher Genauigkeit, sie geben auch präzise den Beginn von Rousseaus *histoire intellectuelle* an. Ob Kunst und Wissenschaft zur Läuterung der Sitten beitrügen, hatte die Akademie von Dijon im Sommer 1749 gefragt und damit den Anlass zu Rousseaus *Erleuchtung von Vincennes* gegeben. Sie wird zum Wendepunkt seines Lebens, macht den Genfer Musiker zum Philosophen. Allerdings erweist sich jener glückliche Zufall, der Rousseau von den herrschenden Vorurteilen seines Jahrhunderts befreit und ihm den Königsweg der Wahrheit ebnet, als zutiefst zwiespältig. Der resignierte Rückblick offenbart den Beginn der Reflexion als Verhängnis. „Von diesem Augenblick an war ich verloren. Der ganze Rest meines Lebens und meines Unglücks war die unvermeidliche Wirkung dieses Augenblicks der Verwirrung." In der eigenen Lebensgeschichte wiederholt sich für Rousseau das Schicksal der Gattung. Die Geschichte des Subjekts muss als Gewinn und Verlust zugleich geschrieben werden.

Rousseau hat versucht, die gesellschaftlichen Widersprüche, die er auf dem Weg nach Vincennes in toto erkennt, in den folgenden Jahren fieberhaften literarischen Schaffens aufzudecken und zu versöhnen. Dass solche Versöhnung vor allem mit den Mitteln der politischen Philosophie versucht werden müsse, gehört zu seinen ursprünglichen Einsichten. „Ich erkannte, dass alles radikal von der Politik abhängt", lautet sein frühes Bekenntnis. Ihm steht allerdings die wachsende Skepsis an Sinn und Erfolg einer politischen Emanzipation des Menschen gegenüber. Die Kluft zwischen Ideal und Leben scheint am Ende unüberwindlich. Die Hypothek für die Neubegründung der modernen Wissenschaft von Recht und Staat hätte schwerer kaum wiegen können.

1. Das Unbehagen an der Kultur: der ›Erste Diskurs‹

Ihren unmittelbaren Ausdruck findet die *Illumination de Vincennes* im ersten ›Diskurs über Wissenschaft und Künste‹. Er verneint einen positiven Einfluss von Wissenschaft und Kunst auf die Sitten. Der Fortschritt der Zivilisation korrumpiert die Menschen. Er stellt sie in eine Welt des Scheins, der falschen Bedürfnisse und unheilvoller Konkurrenz. „Während die Regierungen und die Gesetze für die Sicherheit und das Wohlergehen der zusammenwohnenden Menschen sorgen, breiten die weniger despotischen und vielleicht mächtigeren Wissenschaften, Schriften und Künste Blumengirlanden über die Eisenketten, die sie beschweren“ (III, 7).[1]

Solche Kritik widerspricht den Selbstgewissheiten populärer Aufklärungsphilosophie, sie misstraut der Souveränität reiner Theorie und ihrem Vermögen zur Selbstgestaltung der Gesellschaft. Der Wert der Theorie bemisst sich an den Ansprüchen des Gemeinwesens. Der Müßiggang des Philosophen ist unvereinbar mit dem Engagement, das die Republik von allen verlangt. Die *res publica* duldet keinen Rückzug. „Jeder müßige Bürger darf als gefährlicher Mensch angesehen werden“ (III, 18). Im Kampf gegen die zeitgenössischen *philosophes* sieht sich Rousseau im Schulterschluss mit Sokrates, den er als Kritiker der Aufklärung begreift. Die modernen Sophisten brächten mit oberflächlicher Dialektik die Begriffe ‚Religion‘, ‚Tugend‘ und ‚Vaterland‘ in Verruf und schließlich in Vergessenheit. Wahre Philosophie findet für Rousseau nur abseits des Marktes der öffentlichen Meinung statt. Sie ist das Privileg weniger. Nur in Männern wie Bacon, Descartes und Newton trage die Beschäftigung mit Theorie zum Ruhme des menschlichen Geistes bei (III, 29). Nur wenn das Urteil solcher Lehrer des Menschengeschlechts Gehör bei den Machthabenden fände, ließe sich der Theorie eine positive Bedeutung für das Gemeinwesen abgewinnen. In ihrer derzeitigen Gestalt sind Wissenschaft und Kunst nur deshalb in Kauf zu nehmen, weil sie noch größeres Unglück verhindern. „Wenn das Übel unheilbar ist, verschreibt der Arzt Palliative“ (III, 56). Wissenschaft und Kunst sind solche Palliative, Maskerade der Ketten. Der Kraft grundlegender Reform misstraut schon der frühe Rousseau. „Niemals hat man ein einmal korrumpiertes Volk zur Tugend zurückkehren sehen“ (III, 56).

[1] Die Hinweise auf Rousseaus Schriften beziehen sich auf die *Oeuvres complètes* der Bibliothèque de la Pléiade, Paris 1959 ff. (Römische Ziffern bezeichnen den Band, arabische die Seite).

Rousseaus frühe Gesellschaftskritik ist über weite Strecken aus dem Geist des antiken Republikanismus verfasst. Sie stellt, wie Hegel es nannte, die schöne Totalität der Antike dem trüben Bild der Gegenwart gegenüber. Rousseaus Antike ist spartanisch und römisch. Statt auf ein bürgerliches Athen mit Handel, Rhetorik und Luxus setzt er auf patriotische Gesinnung, militärische Strenge und rigorose Bürgerpflicht, wie er sie in Sparta und Rom verwirklicht sieht. Hier hat die Tugend, die sublime Wissenschaft der einfachen Seelen, ihre Heimat. Im römischen Tempel der Tugend findet die Suche nach dem Bild der Einfachheit der ersten Zeiten (III, 22) eine vorläufige Ruhe. Diese Antike sollte für Rousseau als imaginären *Griechen oder Römer* (I, 9) auch künftig zum politischen Refugium werden. Schon die erste Streitschrift macht deutlich, dass die Moderne mit ihrem Prinzip der Arbeitsteilung nicht nur die Arbeit teilt, sondern auch den Menschen entzweit. Für den Fortschritt von Wissenschaft, Kunst und Technik ist mit dem Preis der geglückten Existenz des Menschen als Bürger zu zahlen. „Wir haben Physiker, Geometer, Chemiker, Astronomen, Poeten, Musiker, Maler. Wir haben keine Bürger mehr" (III, 26).

Die lebhaften Kontroversen um den ›Ersten Diskurs‹ lassen Rousseau bald erkennen, dass Kunst und Wissenschaft weniger Ursache als Ausdruck der Misere der Gegenwart sind und dass das polemische In-eins-Setzen von gesellschaftlichem Fortschritt und moralischem Verfall noch keine begründete Kausalität enthält. Mit einer erweiterten Beschreibung des Krankheitsbildes der bürgerlichen Gesellschaft folgt Rousseau dem Niedergang der Gesellschaft in seine wahren Ursprünge hinein. Ungleichheit wird als *erste Quelle des Übels* ausgemacht. Ihr entspringen Reichtum und Armut, Luxus und Müßiggang, die ihrerseits Kunst und Wissenschaft ermöglichen (III, 49 f.). Als treibende Kraft dieser Entwicklung entdeckt Rousseau schließlich das Privateigentum, dessen Erfindung unaufhörlich Ungleichheit unter den Menschen hervorbringt. Der Übergang zur Thematik des ›Zweiten Diskurses‹ ist damit gegeben. Der ›Diskurs über die Ungleichheit unter den Menschen‹ entwirft, angeregt durch die Preisfrage der Akademie von Dijon (1753), eine Naturgeschichte der bürgerlichen Gesellschaft, die hinter die Anfänge der Politik bei den Griechen zurückgehen und bis zu den Wurzeln vorstoßen will. Mit diesem archäologischen Interesse nimmt Rousseaus Kritik der Gesellschaft allerdings eine andere Gestalt an. Sie lässt an die Stelle der idealisierten Figur des antiken Bürgers das Bild der vorstaatlichen Existenz des Menschen treten. Mit dem *homme naturel* stehen nicht nur Kunst und Wissenschaft, sondern der Bestand der bürgerlichen Gesellschaft selbst auf dem Spiel.

2. *Naturgeschichte und Recht: der ›Zweite Diskurs‹*

Folgt man der programmatischen Ankündigung des ›Zweiten Diskurses‹, so macht sich Rousseau das Anliegen der modernen Vertragstheorie zu Eigen, im Modell des Naturzustands Aufklärung über die normativen Grundlagen von Recht und Staat zu suchen. Ebenso wie Hobbes, Grotius und Pufendorf fühlt auch Rousseau die „Notwendigkeit, bis zum Naturzustand zurückzugehen", um darin die „Grundlagen der Gesellschaft" offen zu legen (III, 132). Während die fiktive Aufhebung des bürgerlichen Zustands bei seinen Vorgängern bereits mit der Abstraktion von Recht und Staat zum Stillstand komme, will Rousseau hinter diese Institutionen auf die vorsoziale Existenz des Menschen zurückgehen. Die Rekonstruktion des *homme de la nature* soll die ursprüngliche *nature de l'homme* und damit die Deformationen des gesellschaftlichen Menschen aufzeigen. Diese Radikalisierung des Rückgangs erfordert nicht allein andere methodische Prinzipien – die Orientierung an empirischen Wissenschaften, ethnologischer Forschung und psychologischer Selbstbeobachtung –, sie verwandelt das rechtstheoretische Modell des Naturzustandes in ein geschichtsphilosophisches. Nicht die Begründung der Notwendigkeit und rechtlichen Möglichkeit staatlichen Zwangs steht im Vordergrund, sondern die zivilisationskritische Abrechnung mit der zeitgenössischen Gesellschaft im Zeichen des natürlichen Menschen. Dieser ist für Rousseau alles andere als ein *animal rationale et sociale,* wie ihn die klassische Definition des Menschen in Antike und Mittelalter verstanden hat. Im Gegenteil: Rousseau besteht so sehr auf einer ursprünglichen Vernunft- und Gesellschaftslosigkeit, dass ihm dieser Mangel gerade zur Bedingung einer geglückten Existenz wird. Der Archetypus der Gattung lebt allein und ohne Sprache, ganz dem selbstgenügsamen Gefühl seiner Existenz hingegeben, in Harmonie mit einer Natur, deren Kreislauf er nirgends durchbricht. Vom Glück dieses Ursprungs aus betrachtet, lassen sich Vernunft und Gesellschaft nur als Verlust von Identität verstehen. Sie führen in den Ruin der Unmittelbarkeit, setzen den Einzelnen außer sich, knüpfen sein Glück an die Willkür des anderen und schaffen auf Dauer ein System der Bedürfnisse, in dem jeder zum Sklaven des anderen wird. Was diese missglückende Vergesellschaftung in Gang setzt, ist keine in der Natur des Menschen gründende Notwendigkeit, wie Rousseau gegen jedwede Geschichtsteleologie behauptet. In der Geschichte erfüllt sich kein geheimer Plan der Natur. Es ist der Zufall, ein folgenschwerer allerdings, der das ursprüngliche Gleichgewicht von Bedürfnis, Vermögen und natürlicher Umwelt ins Wanken bringt und zu gemeinsamer Daseinserhaltung zwingt. Indem er aus dem Naturzustand heraustritt, gewinnt der Mensch im *homme civilisé* eine neue Gestalt. Nun erst gehören Bewusstsein, Freiheit und Moralität zu den Bedingungen seiner Existenz. Die Zivilisierung, die durch die Fähigkeit, sich zu vervollkommnen, ermöglicht wird, zeitigt indes schlimme Folgen; sie stürzt die Gattung in immer größeres Unglück: Sie endet im Chaos. Jeder Fortschritt – eine neue Herausforderung, jede Antwort – eine weitere Entfernung vom Glück des Ursprungs. Die Entstehung erster Gesellschaften, die Einführung von Ackerbau und Metallurgie, die Einrichtung des Privateigentums: Dies sind die Stationen eines Niedergangs, den am Ende auch die Gründung des politischen Gemeinwesens nicht aufhalten kann. „Alle liefen auf ihre Ketten zu, im Glauben, ihre Freiheit zu sichern" (III, 177). Als letzter Ausweg aus dem Krieg aller gegen alle geplant, nimmt der Staat auf fatale Weise die Übel, die seine Gründung erfordern, in sich auf: Seine Entartung erweist sich als zwangsläufige Folge seines Ursprungs.

In diese skeptische Naturgeschichte der Gattung lässt Rousseau eine Fülle normativ-naturrechtlicher Überlegungen einfließen. Die Passage zum „Ursprung der Gesellschaft und der Gesetze" (III, 178) liefert eine intensive Auseinandersetzung mit den Vertragskonzeptionen der Modernen. Wo er die Frage nach Recht und Staat unter rechtsphilosophischen Gesichtspunkten thematisiert, setzt Rousseau seinen genetischen Naturzustandsbegriff außer Kraft und argumentiert stattdessen mit Rückgriff auf die Idee des Rechts. Seine Kritik des modernen Vertragsrechts erfolgt im Zeichen eines – von Locke inspirierten – geschichtsunabhängigen Naturrechts des Menschen, das er zuvor mit entwicklungsgeschichtlichem Vorbehalt bedenkt und durch die vorrationalen Prinzipien der Selbstliebe und des Mitleids ersetzen will. Wie immer man den unbewältigten Wechsel zwischen Naturgeschichte und Rechtsphilosophie bewerten mag, er führt dazu, dass bereits im ›Zweiten Diskurs‹ die ersten kritischen Ansätze des zukünftigen Staatsrechts sichtbar werden. Politische Selbstbestimmung der Bürger zählt ebenso zu den Forderungen republikanischer Herrschaft wie ein absoluter demokratischer Souverän und eine möglichst homogene Gesellschaft von Eigentümern. Von diesem Ideal der Republik ist die dekadente bürgerliche Gesellschaft, die Rousseau am Ende des ›Diskurses‹ zeichnet, indes weit entfernt. Die Einheit von Freiheit und Ketten lässt sich nur unter Absehung solcher Tatsachen begreifen.

3. Republik als Legitimationsmuster: der ›Contrat social‹

Nach der Kritik des *bourgeois* im Zeichen des natürlichen Menschen will Rousseau mit dem ›Contrat social‹ den Begriff des *citoyen* rehabilitieren. Dessen wahre Bedeutung sei bei den Modernen nahezu vergessen (III, 361). Die Rettung des republikanischen Bürgerbegriffs mit den Mitteln der Vertragstheorie erweist sich allerdings als problematisch. Gegenüber der Schrift von 1755 fordert Rousseau für sein Staatsrecht nun einen grundlegenden Neuansatz. Nicht wie der Staat entstanden ist, sondern wie man der unzweifelhaften Tatsache seiner Existenz Rechtmäßigkeit verleihen kann, lautet nun das Problem. Den geschichtlichen Prozess der Verrechtlichung kann Rousseau mit der quaestio juris, der Frage nach Rechtsgeltung, getrost übergehen. Die ›Prinzipien des Staatsrechts‹, so der Untertitel, haben ihre eigenen Anfangsgründe. Der Titel ›Du Contrat social‹ lässt sich als Bekenntnis und Programm zugleich verstehen. Er reiht Rousseaus Staatsrecht ein in die Bemühungen der Tradition der Modernen, die politische Herrschaft aus der Idee der vertraglichen Vereinigung freier und gleicher Subjekte begründet. Vom Vertrag ausgehen heißt ausgehen vom Vorrang des Einzelnen gegenüber dem Gemeinwesen, des Teils gegenüber dem politischen Ganzen, des Rechts gegenüber der Pflicht, der Freiheit gegenüber dem Zwang. Wie schon der Geschichtsphilosoph, so verabschiedet der Rechtsphilosoph Rousseau die Vorstellung der *Anciens,* die staatliche Existenz zur Naturausstattung des Menschen zählt und den Staat als naturgegeben immer schon voraussetzt. Rousseau sucht und findet das Prinzip gerechter Herrschaft nicht in der naturwüchsigen Ordnung der Polis, sondern in der Idee eines Vertrages aller mit allen: Aus diesem ganz und gar künstlichen Ursprung erhält der Staat sein Existenzrecht. Die Forderung einer vernunftrechtlichen Vereinigung von Freiheit und Ketten, individueller Autonomie und staatlicher Herrschaft findet in folgendem ‚grundlegenden Problem' ihren vertragstheoretischen Ausdruck: „Wie findet man eine Form des Zusammenschlusses, die mit der ganzen gemeinsamen Kraft die Person und das Vermögen jedes einzelnen Mitgliedes verteidigt und schützt und durch die doch jeder, indem er sich mit allen vereinigt, nur sich selbst gehorcht und genauso frei bleibt wie zuvor?“ (III, 360). Die Lösung dieses Grundproblems sieht vor, dass die Freiheit des Individuums nicht allein im Moment der Staatsgründung, sondern innerhalb der vertraglichen Ordnung selbst zur Geltung zu bringen ist. Die politische Autonomie der Vertragspartner diktiert die Grundstruktur allen staatlichen Handelns. Mit der Herrschaft des Gemeinwillens, der *volonté générale,* soll die Selbstbestimmung des Einzelnen als Bürger auf Dauer gesichert werden. Jeder Einzelne, so die neue legitimationstheoretische Grundidee, kann nur den gesetzlichen Einschränkungen seiner Freiheit unterworfen werden, zu denen er seine Zustimmung gegeben hat. Der Zwang solcher Gesetze ist nicht allein mit der Freiheit vereinbar, es ist Zwang zur Freiheit. Rousseaus Formulierung verweist unmittelbar auf die Fortschreibung der Vertragstheorie in Kants Bürgerbund. „Man ist frei, obwohl man den Gesetzen unterworfen ist; man ist nicht frei, wenn man einem Menschen gehorcht, weil ich dann dem Willen eines anderen gehorche. Gehorche ich aber dem Gesetz, so gehorche ich nur dem öffentlichen Willen, der ebenso mein Wille ist wie der Wille von wem auch immer“ (III, 492).

Es ist nur verständlich, dass Kant den rousseauschen Gesellschaftsvertrag als *Ideal des Staatsrechts* (AA XIX, 99) gewürdigt und nach kritischer Reform ins Zentrum der eigenen Begründung des modernen Staatsrechts gestellt hat. Auch Hegel rühmt, bei allem Vorbehalt, das Verdienst Rousseaus, als Erster „den Willen als Prinzip des Staats“ aufgestellt zu haben (›Rechtsphilosophie‹ § 258). Wenn Rousseaus Staatsrecht aus der Ideengeschichte der philosophischen Grundlegung des demokratischen Staates nicht mehr wegzudenken ist, so erweist sich sein Beitrag zur modernen Idee des Rechts jedoch als zwiespältig. Verfolgt man den Begründungsverlauf des ›Contrat social‹ in seinen Einzelheiten, so wird deutlich, dass die lebensweltliche Verankerung, die Rousseau der Republik verschafft, den normativen Voraussetzungen des Vertrages zuwiderläuft. Am Begriff der *aliénation totale,* der vollständigen Entäußerung der Vertragspartner, wird der problematische Versuch, moderne Rechtsbegründung mit antikem Republikanismus zu vereinbaren, beispielhaft sichtbar. Rousseau gibt seine Vertragslogik preis, wenn er die existentielle Verwandlung der Vertragspartner in republikanische Bürger fordert und den Vertrag zum Ursprung wahren Menschseins macht (vgl. III, 364f.). Anders als vorgesehen, kann die Republik die Natur des Menschen nicht belassen, wie sie ist (III, 351): Der Bürger muss den Menschen ganz in sich zurücknehmen, um ein allgemeines Leben in der Republik zu führen: Hier fällt schließlich wieder zusammen, was der vertragstheoretische Anfang noch trennt, das Telos des Einzelnen und des Gemeinwesens. „Wir beginnen erst eigentlich Menschen zu werden, nachdem wir Bürger geworden sind“ (III, 287). Die politische Autonomie des Bürgers wird auf diese Weise zur Bedingung der moralischen Autonomie des Menschen.

In theoretische Engpässe begibt sich Rousseau auch bei der institutionellen Ausgestaltung der Republik. Hier ist es gerade die Treue zu seinem Grundprinzip des Staatsrechts, sein konsequentes Festhalten an der politischen Teilhabe, die ihn in Widerspruch mit den Forderungen des modernen Republikanismus bringen. Empfiehlt Rousseau in seinem Enzyklopädie-Artikel zur *Politischen Ökonomie* (1755) noch eine Regierung, die dem Gemeinwillen am Volk vorbei zur Herrschaft verhilft, so erklärt er das Repräsentativsystem im ›Contrat social‹ zum Tabu der Republik. Mit der Entlastung der Bürger durch Repräsentation ist das Schicksal der Republik besiegelt. „Von dem Augenblick an, wo ein Volk sich Repräsentanten gibt, ist es nicht mehr frei; es ist nicht mehr“ (III, 431). Dieser Rigorismus ergibt sich aus der Analogie, die Rousseau zwischen individueller Autonomie und kollektiver Souveränität herstellt. So wenig der Einzelne vertraglich auf seinen freien Willen verzichten kann, ohne seine Eigenschaft als Mensch zu verlieren, so wenig kann das Volk seinen Willen veräußern, ohne seine Eigenschaft als Volk einzubüßen und sich als Staatsrechtssubjekt aufzuheben. Damit erhält nicht nur der traditionelle Unterwerfungsvertrag eine doppelte Absage, jede Form der Vertretung wird zu einer Veräußerung der Volkssouveränität. Das moderne Vertragsrecht von Grotius bis Locke gehört zum Feindesland politischer Heteronomie. Während Hobbes den Grundsatz des *volenti non fit iniuria* bemüht, um die Repräsentationsbeziehung von Souverän und Bürgern als fiktive Identitätsbeziehung zu begreifen, besteht Rousseau auf dem wortwörtlichen Verständnis. Nur wenn die vollständige Wechselseitigkeit von Herrschen und Gehorchen institutionell gewährleistet ist und ein jeder tatsächlich *sujet* und *citoyen* in einer Person wird, lassen sich Freiheit und Ketten miteinander vereinbaren. Allein die kollektiv-allgemeine Selbstgesetzgebung schafft politische Legitimität.

Indem Rousseau die Realpräsenz des Gemeinwillens verlangt, schreibt er die Formen seiner politischen Inszenierung zwingend vor. Freiheit und Staatsform verhalten sich nicht mehr gleichgültig zueinander. Der demokratische Souverän in der Legislative ist das konkurrenzlose Muster der Republik. Allein in der Frage der Regierungsform sind unterschiedliche Optionen möglich. Demokratie, Aristokratie, Monarchie bilden die möglichen Varianten für die Gestaltung der Exekutivgewalt. Der Abstand zwischen legislativen und exekutiven Kompetenzen bestimmt das institutionelle Innenleben der Republik, unterscheidet republikanische von despotischer Herrschaft. ‚Republikanisch' kann sich nur derjenige Staat nennen, der Gesetzgebung und Gesetzesanwendung strikt trennt. In der Typologie der staatlichen Gewalten stellt die Legislative das Prinzip des allgemeinen Willens, die Exekutive das Prinzip der Macht dar. Die Legislative kennt nur Allgemeines. Entscheidungen über Einzelfälle liegen außerhalb ihrer Kompetenz. Sie bilden das Aktionsfeld der Exekutive, die ihre Autorität einer widerruflichen Amtsübertragung verdankt. Bei ihr ist, anders als bei der Legislative, Repräsentation durchaus möglich, mit Blick auf die Sachlogik exekutiven Handelns sogar notwendig. Auch deshalb begegnet Rousseau einer demokratischen Regierung mit Skepsis, sie bietet sich nur für ein Volk von Göttern an (III, 406). Als rein menschliche Angelegenheit ist sie letztlich nicht zu realisieren und unter den Prämissen der Gewaltendifferenzierung nicht zu wünschen. Rousseau empfiehlt eine Art Wahlaristokratie unter der Herrschaft des demokratischen Souveräns.

4. Das Innenleben der Republik

Es überrascht angesichts der radikal-demokratischen Gestalt der Republik, dass ein bloßes Wahlrecht die politische Selbstbestimmung der Bürger gewährleisten soll. Wenn Rousseau ihnen ein *simple droit de voter* (III, 438 f.) zuspricht, ist dies wörtlich zu nehmen: Die politische Freiheit reduziert sich auf bloße Bestätigung der Gesetzgebung. Was man demgegenüber als Implikation der politischen Freiheit verstehen könnte, nimmt Rousseau ausdrücklich aus dem Katalog der Bürgerrechte heraus: „Das Recht, seine Meinung zu äußern, Vorschläge zu machen, einzuteilen und zu diskutieren" (III, 439), ist nicht Sache des Bürgers, sondern bleibt der Regierung vorbehalten. Rousseaus Bürgergemeinde ist alles andere als eine ideale Kommunikationsgemeinschaft. Im Gegenteil, hier gilt der öffentliche Diskurs über Inhalte und Ziele der Gesetzgebung bereits als Verfallssymptom, er gehört zur Pathologie der Republik. Wo öffentlich diskutiert und gestritten wird, steht die Evidenz des politisch Richtigen und Gerechten in Frage, ist die selbstläufige Artikulation eines vernünftigen Gemeinwillens bedroht. Je weniger die Bürger untereinander kommunizieren, je spontaner und selbstbezogener sie ihre Stimme abgeben, desto größer sind die Chancen für ein gerechtes Gesetz. Das republikanische Gemeinwohl ist nicht diskursiv zu erschließen, sondern gilt Rousseau als selbstevident. Um in Gesetzen Gestalt anzunehmen, ist allein der gesunde Menschenverstand jedes einzelnen Bürgers vonnöten. Er genügt, um zu entscheiden, ob der Gesetzesvorschlag mit dem Gemeinwillen als dem vernünftigen Willen eines jeden verträglich ist. „Friede, Einigkeit und Gleichheit sind Feinde politischer Subtilitäten" (III, 437).

Die Forderung nach Realpräsenz des Gemeinwillens setzt der Verwirklichung des Ideals der Republik enge Grenzen, es lässt sich letztlich nur in kleinflächigen und übersichtlichen Staatengebilden verwirklichen. Wo solche Bedingungen fehlen, etwa im Falle Polens, gesteht Rousseau widerstrebend eine parlamentarische Vertretung des Volkes zu. Unzweifelhaft ist allerdings, dass die Nachteile des Repräsentationssystems seine Vorzüge weit überwiegen. So ist die Repräsentation vor allem der Gefahr der Korruption der Abgeordneten ausgesetzt. Dass Rousseau diesem „schrecklichen Übel" (III, 979) mit einem imperativen Mandat begegnen will, zeigt, wie unbeirrt er weiterhin an der Logik der direkten Demokratie festhält. Für einen so energischen Verfechter des Repräsentativsystems wie Emmanuel Joseph Sieyès ist er damit noch der Vorgeschichte des modernen Verfassungsstaates zuzurechnen.

Rousseau sieht allerdings, dass für das Gelingen republikanischer Herrschaft mehr nötig ist als die möglichst weitgehende Teilhabe der Bürger an der Gesetzgebung. Was ihm vorschwebt, ist die vollkommene Verschmelzung jedes einzelnen Bürgers mit dem Gemeinwesen. War diese ursprünglich nur ein Mittel, die Freiheit aller miteinander zu vereinbaren, soll sie nun zum Selbstzweck werden. Rousseau ist überzeugt, dass die Ziele der Republik letztendlich nur durch die Umwandlung der vertraglichen

Rechtsgemeinschaft in eine substantielle Lebensgemeinschaft zu erreichen sind. Die ursprüngliche Beschränkung des Staates auf Konfliktregelung und Rechtssicherung, wie sie im „problême fondamentale“ formuliert ist, wird dadurch aufgehoben. Das republikanische Gesetz dringt in das Herz des Bürgers, es macht die Privatangelegenheiten des Einzelnen zur Angelegenheit aller. Nachdem die Republik das Innenleben des Bürgers zur eigenen Zuständigkeit erklärt, lässt sich eine klare Trennung zwischen Öffentlichem und Privatem nicht mehr aufrechterhalten. Die Sache der Republik kennt keine Adiaphora. Schon früh zählt Rousseau die „süße Gewohnheit, sich zu sehen und zu kennen“ (III, 112), zu den Charakteristika der Republik. Was für die demokratische Regierung im Besonderen gilt, erfordert die Republik im Allgemeinen: „einen sehr kleinen Staat, in dem das Volk einfach zu versammeln ist und jeder Bürger alle anderen leicht kennen kann“ (III, 405). Die Möglichkeit des Kennenlernens wird allerdings schnell zum Anspruch. Rousseau will den Bürgern verwehren, was Madame de Staël und Benjamin Constant in ihrem Plädoyer für die Freiheit der Modernen zum Wesen modernen Bürgerseins erklären, die *obscurité*, die den Einzelnen in seiner Privatheit den Blicken der Mitbürger und des Staates entzieht. Rousseau wirbt für die Republik als offenes Haus, Transparenz lautet ihr Imperativ. Er lässt den Anspruch des Bürgers auf eine blickdichte Privatsphäre als Bedrohung erscheinen. Intimität wird – wie später für Hannah Arendt – zum Indiz für den Verlust der gemeinsamen öffentlichen Welt.

Indem Rousseau das Schicksal der Republik an den Gemeinsinn ihrer Bürger bindet, setzt er das Gewaltmonopol des Staates in ein anderes Licht. Von der Vertragsidee her Wesensmerkmal des Staates, wird es zunehmend zur Verfallserscheinung. Wo sich Staatlichkeit durch Zwang definiert, befindet sich das Gemeinwesen bereits in der Auflösung. Bürgertugend und staatliche Repression bilden Kontrapunkte. Um den Verlust an spontaner Bürgertugend auszugleichen, muss der Staat seine Zwangsmaßnahmen verschärfen. Dies allerdings widerspräche den Prämissen Rousseaus: Einer realen Entgegensetzung von Bürgergesellschaft und Staat hat er sich mit dem Verbot politischer Repräsentation schon im Ansatz entzogen.

5. Republikanismus als Kritik der Moderne

Rousseau wendet der Moderne nicht nur als Philosoph des Staatsrechts, sondern auch als Gesellschaftstheoretiker den Rücken zu. Ebenso wie Repräsentation und räsonnierende Öffentlichkeit sollen auch Arbeitsteilung und das System der Finanzen aus der Republik verbannt werden. Beide modernen Einrichtungen vereiteln die Chancen des Republikanismus.

„Das Wort ‚Finanzen' ist ein Sklavenwort; im Gemeinwesen ist es unbekannt" (III, 428f.). Der Fortschritt der Marktgesellschaft ist nur um den Preis der Republik zu haben. Die *douceur du commerce* widerspricht der Härte des republikanischen Gesetzes.

Angesichts des rückwärtsgewandten Charakters des ›Contrat social‹ musste sich für Rousseau die Erinnerung an die Antike mehrfach aufdrängen.[2] Sie liefert – zumindest zu einem bestimmten Augenblick – den geschichtlichen Beweis für die Möglichkeit der Republik. Der Blick zurück soll den Zweifel an einer republikanischen Zukunft zerstreuen, den Verdacht des Schimärischen abwenden: „Vom Wirklichen zum Möglichen!" lautet das Motto solcher Vergewisserung (III, 425f.). Die Erinnerung an den Bürger Spartas und Roms hält das Bewusstsein von den Möglichkeiten des Republikanismus wach. Bei näherem Hinsehen zeigt sich jedoch, dass die Rückbesinnung nur vordergründig dazu dient, die Zuversicht in das republikanische Unternehmen zu stärken. Tatsächlich führt sie zu einer Kritik der bürgerlichen Moderne, die weder für die Gegenwart noch für die Zukunft versöhnliche Aussichten eröffnet. Am Beispiel des antiken Bürgers wird das zeitgenössische Individuum als *bourgeois* entlarvt, das an den Ansprüchen republikanischen Bürgerseins versagt. Sein Beispiel weckt auch das Unbehagen Rousseaus an den Versprechungen der kommerziellen Gesellschaft mit ihrer Philosophie des Selbstinteresses.

Es gehört zu den stillschweigenden Gewissheiten des ›Contrat social‹, dass die antike Polis, die Rousseau in der Begrifflichkeit des modernen Vertragsrechts wieder aufleben lässt, nicht mehr zu verwirklichen ist. Gegen ihre Wiederherstellung sprechen die Tatsachen und das eigene Staatsrecht, das sich mit der antiken Allianz von Freiheit und Sklaverei nicht abfinden kann. Das Bild der Antike dient der Diagnose der Moderne, nicht ihrer Therapie. „Die alten Völker können für die modernen kein Modell mehr abgeben, sie sind ihnen in jeder Hinsicht zu fremd geworden" (III, 881). Rousseaus Modernitätskritik aus dem Geist der Antike ist sich der Vergeblichkeit ihrer Sehnsüchte durchaus bewusst. Eine Rückkehr in das goldene Zeitalter der antiken Polis ist für den Autor des ›Contrat social‹ ebenso verstellt wie die Rückkehr zur Natur für den Kritiker der ›Ungleichheit unter den Menschen‹. Die Geschichte lässt sich nicht wiederholen noch umkehren. Der Fortschritt ist unverlierbar. „Die menschliche Natur geht nicht rückwärts", heißt es beim späten Rousseau, „und nie kommt man in die Zeiten der Unschuld und Gleichheit zurück, wenn man sich einmal von ihnen entfernt hat" (›Rousseau juge de Jean Jacques‹ I, 935).

Wenn Rousseaus Politische Philosophie in der Folge immer wieder als Parteinahme für die Freiheit der Alten verstanden wurde, so ist die politi-

[2] D. Leduc-Fayette: Jean-Jacques Rousseau et le mythe de l'antiquité. Paris 1974.

sche *Querelle des anciens et des modernes* für Rousseau längst zugunsten der Moderne entschieden. Das resignierte Plädoyer, das er – kaum bemerkt von Freund und Feind – gegen die Imitation der Antike hält, besiegelt auch das Schicksal seines eigenen Modells. Es hat keine Zukunft. Rousseaus vermeintliche Schüler haben das Verbot der Nachahmung der Alten während der Revolution geflissentlich überhört. Denn sie hatten in ihm keinen Fürsprecher ihrer politischen Ziele, geschweige denn für die Mittel ihrer Realisation gefunden. Wo Rousseau positive Veränderung des Bestehenden überhaupt noch für möglich hält, kann diese nicht aus dem Widerspruch zum Bestehenden erfolgen.

6. *Ideal und Geschichte*

Wie schwierig die Ansprüche der Politischen Philosophie zu erfüllen sind, zeigt Rousseaus Vergleich republikanischer Gesetzesherrschaft mit der Quadratur des Kreises (vgl. III, 955). Erweist sich die Forderung, das Gesetz über den Menschen zu stellen, als illusorisch, steht für Rousseau ein Wechsel in das Paradigma des hobbesschen Staatsrechts an. Anstelle demokratischer Gesetzgebung soll nun der vollkommenste Hobbismus herrschen: Friede statt Freiheit. Mit der gängigen Formel „Es gibt kein Mittleres“ zerstört Rousseau die Hoffnung auf eine allmähliche Annäherung von Vernunftideal und Geschichte. Vollständige Verwirklichung oder gänzliches Scheitern des Republikideals lautet die krasse Alternative. Wo der Wille aller nicht mehr den allgemeinen Willen kundtut, findet der rechtsphilosophische Diskurs ein abruptes Ende: „Es gibt keine Freiheit mehr“ (III, 441). Dem Entwurf des Idealstaats fehlt die Tugend der Mäßigung, sie herrscht erst in Rousseaus politischen Betrachtungen (III, 467). Während das Staatsrecht die Errichtung der Republik als radikalen Neubeginn versteht, verlangt die politische Klugheit andere Tugenden. Sie setzt auf Kontinuität und schwört auf das Eigenrecht des Geschichtlichen. Statt die Tatsachen im Namen des Rechts zu kritisieren, nimmt Rousseau sie nun gegenüber dem Recht in Schutz. Wo das Normative sich als kraftlos erweist, gewinnt das Faktische normative Kraft. Der ›Verfassungsentwurf für Polen‹ will dem Ideal des Staatsrechts geschichtliche Realität verschaffen. Immerhin handelt es sich um eine der hoffnungsvollen Ausnahmen unter den europäischen Staaten. Aber selbst hier empfiehlt sich eine Politik, die neben dem republikanischen Ideal die geschichtlichen Vorgaben in den Blick nimmt. „Erschüttert die Maschine nicht zu plötzlich“ (III, 1040), mahnt Rousseau die polnischen Patrioten. „Vergesst bei dem Gedanken an das, was ihr erwerben wollt, nicht das, was ihr verlieren könnt! Beseitigt, wenn es möglich ist, die Missbräuche eurer Verfassung; doch verachtet jene nicht, die euch zu dem gemacht haben, was ihr seid“ (III, 954). Der revolutionäre Impetus der Rechtsidee wird mit den politischen Maximen für ihre geschichtliche Einschreibung stillgelegt. Indem die politische Klugheitslehre vor der Macht der Dinge und der Zeit kapituliert, gebietet sie Konservatismus statt Revolution. Sie führt zu einem Skeptizismus, der den Gegnern des Gesellschaftsvertrages das Wort redet. Der Vertrag wird zur bloßen Schimäre und kann zu den politischen ›Träumereien eines einsamen Spaziergängers‹ gerechnet werden.

Rousseaus Geschichtsphilosophie setzt die Wegmarken für die pessimistische Kehrtwendung. Hier finden sich die Gründe für die Preisgabe des Radikalismus und den konservativen Ausgang des ›Contrat social‹. Die hypothetische Geschichte der Regierung, die der ›Diskurs über die Ungleichheit‹ nacherzählt, verspricht dem Autor des Staatsrechts wenig Aussicht auf Erfolg. Sie erkennt im Ursprung der politischen Gesellschaft lediglich eine weitere Etappe des Niedergangs. Die Vergesellschaftung durch das Recht teilt das Schicksal der naturwüchsigen Sozialisation des Menschen. Zwar betont Rousseau die Ambivalenz des Fortschritts, das Ineins von individueller Vervollkommnung und allgemeiner Degeneration. Die angeführten Tatsachen sprechen eine andere Sprache: Die Geschichte des gesellschaftlichen Menschen endet in einem rechtlichen und moralischen Chaos. Der geschichtsphilosophische Skeptizismus wirkt selbst in Rousseaus Reformpläne hinein und lässt die republikanische Erneuerung zur Illusion werden. „Allen Dingen ist ihr Missbrauch oft notwendig zugesellt, und der Missbrauch politischer Einrichtungen ist ihrer Einführung so nahe, dass es kaum der Mühe wert ist, sie zu schaffen, um sie so schnell entarten zu sehen“ (III, 901). Wie schlecht die Zeichen für den Republikanismus stehen, zeigt die düstere Voraussage der nahen Zukunft Europas. Die Idee der Gesetzesherrschaft hat in den europäischen Staaten keine verlässlichen Protagonisten, der Ruin dieser Staaten steht unmittelbar bevor (III, 954). Rousseau hat das Kommen revolutionärer Veränderungen vorausgesagt, ohne darin irgendeine Hoffnung auf Rechtsfortschritt zu setzen. Obwohl der ›Contrat social‹ das bestehende Recht mit Blick auf die Rechtsidee als Gewaltverhältnis entlarvt, enthält er keinerlei Aufforderung zum Widerstand. Zu einer Programmschrift des Umsturzes haben ihn zunächst seine Feinde und schließlich seine revolutionären Schüler erklärt. Dass die zwiespältige Erfolgsgeschichte des ›Contrat social‹ 1789 beginnt, widerspricht den Intentionen des Werkes und dem Selbstverständnis des Autors. Von seinen Zeitgenossen als „Beförderer von Umsturz und Unruhen“ beschuldigt, hat Rousseau nach eigenem Bekunden stets den größten Respekt für Gesetze und nationale Verfassungen gezeigt (I, 935). Wo er die Chancen einer republikanischen Zukunft aus der nüchternen Perspektive vermisst, hält er allein eine fortschrittskritische Haltung für möglich. Verlangsamung des Fortschritts lautet der politische Imperativ, zu dem der an seinen eigenen Möglichkeiten verzweifelnde Republikanismus gelangt.[3] Der Imperativ stellt die Ansprüche der Rechtsphilosophie unter das Diktat der skeptischen Geschichtsphilosophie. Dabei will das Staatsrecht zunächst mit dem resignativen Ausgang des ›Zweiten Diskurs‹ brechen, es soll die Dynamik des Niedergangs aufheben. Die neue vervollkommnete Kunst des Politischen versteht sich als Korrektur der misslungenen Vergesellschaftung. Mit dem Gesellschaftsvertrag verspricht sie das Heilmittel gegen die bisherigen Übel (vgl. III, 288). Der staatsphilosophischen Rettung aus der Gefahr misstraut Rousseau allerdings selbst.

7. *Vom Bürger zum Menschen*

Bescheinigt Rousseau seinem staatsrechtlichen Ideal im ›Contrat social‹ nur zwischen den Zeilen seine geschichtliche Unwahrheit, so spricht er in seinem pädagogischen Hauptwerk eindeutige Worte. Die Figur des republikanischen Bürgers wird schlichtweg zum Fossil der politischen Ideengeschichte erklärt. Nichts veranschaulicht die Skepsis gegenüber dem eigenen staatsphilosophischen Anliegen deutlicher als der Vorschlag im ›Emile‹, die Begriffe ‚citoyen' und ‚patrie' aus dem Wortschatz der modernen Sprachen zu streichen. Da es in Rousseaus Europa weder Bürger noch Vaterländer gibt, die diese Bezeichnung verdienen, wird auch der Plan einer öffentlichen Erziehung hinfällig. Die Alternative zwischen natürlicher und öffentlicher Erziehung, zwischen Natur und Polis ist in Wahrheit keine echte mehr. Die Wahl zwischen Mensch und Bürger besitzt lediglich theoretischen Charakter. Unter den zeitgenössischen Bedingungen erweist sich die Erziehung zum *citoyen* als bloßer Anachronismus. Der *bourgeois* der Gegenwart markiert in seiner zwitterhaften Existenz ein doppeltes Scheitern: Zerrissen zwischen privater und öffentlicher Existenz, ist er zum autarken Leben des *homme naturel* ebenso unfähig wie zur Identität des *citoyen* als Bruchteil des substantiellen Ganzen der Polis. Mit ihm ist, was die Ansprüche der politischen Philosophie betrifft, kein Staat zu machen. Wie immer man die Chancen des Zöglings Emile einschätzen mag, innerhalb einer entfremdeten Welt zu sich selbst zu kommen, das Programm einer natürlichen Erziehung beinhaltet als solches die Absage an die Republik. Es entspringt der republikanischen Entzauberung der Welt.

[3] Die konservative Ausrichtung des rousseauschen Denkens unterstreichen I. Fetscher: Rousseaus politische Philosophie. Neuwied, Berlin 1968 und A. Philonenko: Jean-Jacques Rousseau et la pensée du malheur. Vol. 3: Apothéose du désespoir. Paris 1984, 47.

Der ›Emile‹ rühmt die platonische ›Politeia‹ als das schönste Buch, das je über die Erziehung geschrieben wurde. Solches Lob ließe sich mit guten Gründen auch auf Rousseaus eigene Lehre vom Staat münzen. Auch sie entwirft – allerdings verspätet – das ehrgeizige Projekt einer öffentlichen Erziehung. Rousseaus Staatsideal teilt das Schicksal des platonischen: Es muss sich den Vorwurf des Schimärischen gefallen lassen (IV, 250). Aus der Perspektive des Emile betrachtet, lassen sich die Ideale der Republik nur unter Verdrängung der vollendeten Tatsachen formulieren. Wie der ›Emile‹ dafür plädiert, die Worte ‚citoyen' und ‚patrie' aus dem Wortschatz der Moderne zu streichen, spricht sich der ›Contrat social‹ dafür aus, die modernen Systeme der *représentation* und *finances* dem Vergessen anheim zu stellen. Auf der Grundlage dieses republikanischen Verdrängungsprozesses entsteht eine Prinzipientheorie des Rechts, die sich der Anwendung auf die Bedingungen der Moderne bewusst entziehen will. Für Rousseau steht die Ähnlichkeit seiner Republik mit der antiken hier außer Frage. In beiden sind Repräsentation und die modernen Exzesse von Handel und Geld unbekannt. Die Prinzipien des Staatsrechts werden in der Sprache der anciens buchstabiert: „Die antiken politischen Theoretiker sprechen unablässig von Sitten und Tugend; die unseren nur noch von Handel und Geld" (III, 19).

Es ist kaum verwunderlich, dass die skeptische Sicht der Moderne am Ende auf das Selbstverständnis der politischen Philosophie selbst durchschlägt. Es ist der ›Emile‹, der das vernichtende Urteil von der „großen und unnützen Wissenschaft" des Politischen fällt (cette grande et inutile science; IV, 836). Sind die geschichtlichen Möglichkeiten für die Republik vereitelt, wird der Bürgerbund (Kant) buchstäblich zu einer Sache der Vergangenheit, er hat lediglich erinnernden Charakter. In der verhängnisvollen Dynamik der bürgerlichen Gesellschaft ergeben die unzeitgemäßen Betrachtungen des Gesellschaftsvertrages keinen Sinn. Schon der ›Zweite Diskurs‹ verspricht der Geschichte kein versöhnliches Ende, und der ›Emile‹ trägt vollends zur Entzauberung des republikanischen Unternehmens bei. Was die Republik zur Einheit bringen soll, entdeckt sich dem Zögling Emile als Widerspruch. „Ich habe herausgefunden, dass Herrschaft und Freiheit unvereinbare Wörter sind" (IV, 856). Dieser Widerspruch ist mit der späten Unterweisung Emiles in die Lehre des ›Contrat social‹ nicht zu lösen. Das Gesetz der Selbstfindung Emiles stellt die republikanische Logik auf den Kopf: „Je mehr ich aufhörte, Bürger zu sein, desto mehr wurde ich Mensch" (IV, 912). Gesellschaft und Staat kompromittieren den Einzelnen und seine Freiheit; sie machen zum „Bösewicht aus Notwendigkeit" (III, 162), wer nicht den Rückzug in die innere Zitadelle antritt. Die Freiheit Emiles ist unempfindlich gegenüber den Freiheiten der anderen, sie hat mit der politischen Freiheit des republikanischen Bürgers nicht das

Geringste gemein; ihre Heimat ist jenseits des Politischen. „Die Freiheit ruht in keiner Form der Herrschaft, sie ruht im Herzen des freien Menschen, er trägt sie überall mit sich“ (IV, 857). Entschiedener hätte Rousseaus Absage an das eigene republikanische Projekt kaum ausfallen können. Mit ihr ist der politischen Emanzipation des Menschen keine Zukunft beschieden. Nimmt man dies als Rousseaus letztes Wort, so hätten die gesellschaftlichen Widersprüche, die sich in der *Illumination de Vincennes* auftun, eine tragische Auflösung gefunden, eine Auflösung jedenfalls, die der Freiheit der Modernen ein trauriges Schicksal beschert.

Auswahlbibliographie

Primärliteratur:

Oeuvres complètes (Bibliothèque de la Pléiade). Hrsg. von B. Gagnebin und M. Raymond. Paris 1959 ff., bisher 5 Bände.

Deutsche Übersetzungen:

Sozialphilosophische und Politische Schriften. Hrsg. von E. Koch u. a. München 1981.

Schriften in zwei Bänden. Hrsg. von H. Ritter. München, Wien 1978.

Schriften zur Kulturkritik. Die zwei Diskurse von 1750 und 1755. Eingel., übers. und hrsg. von K. Weigand. Hamburg 1964.

Diskurs über die Ungleichheit – Discours sur l'inégalité. Eingel., übers. und komm. von H. Meier. Paderborn u. a. 1984.

Der Gesellschaftsvertrag. Übers. von H. Denhardt. Bonn 1988.

Sekundärliteratur:

Brandt, R.: Rousseaus Philosophie der Gesellschaft. Stuttgart 1973.

Derathé, R.: Jean-Jacques Rousseau et la science politique de son temps. Paris 1950.

Fetscher, I.: Rousseaus politische Philosophie. Neuwied, Berlin 1968.

Forschner, M.: Rousseau. Freiburg, München 1977.

Furet, F.: Jean-Jacques Rousseau und die Französische Revolution. Wien 1994.

Herb, K.: Rousseaus Theorie legitimer Herrschaft. Voraussetzungen und Begründungen. Würzburg 1989.

Leduc-Fayette, D.: Jean-Jacques Rousseau et le mythe de l'antiquité. Paris 1974.

Masters, R. D.: The Political Philosophy of Rousseau. Princeton 1968.

Philonenko, A.: Jean-Jacques Rousseau et la pensée du malheur. 3 Bde. Paris 1984.

Polin, R.: La politique de la solitude. Essai sur Jean-Jacques Rousseau. Paris 1971.

Spaemann, R.: Rousseau – Bürger ohne Vaterland. München 1980.

Starobinski, J.: La transparence et l'obstacle. Paris 1972.

Wokler, R. (Hrsg.): Rousseau and Liberty. Manchester 1995.

IMMANUEL KANT

Aufklärung und Kritik

Von KLAUS DÜSING

Die kritische Philosophie Kants bildet zweifellos den Scheitelpunkt der europäischen Aufklärung. Kant selbst betrachtet sie als Vereinigung der berechtigten Seiten des Rationalismus und des Empirismus auf höherem Niveau; eine solche Vereinigung aber ist nur in einer von den vorherigen Theorien nicht ableitbaren, völlig neuartigen Theorie möglich. Ohne genaue und gründliche Auseinandersetzung nehmen die nachfolgenden deutschen Idealisten diese kantische Theorie lediglich als ihre Ausgangsbasis, um darüber in eigenen Systementwürfen hinauszugehen. Erst im späteren 19. Jahrhundert findet eine Rückkehr zu Kant in detaillierter, hermeneutisch getreuer, aber auch verändernder Rezeption der kritischen Philosophie statt. Die Bewegung des Neukantianismus, die bis ins frühe und fortlaufende 20. Jahrhundert währt, bleibt allerdings philosophisch weitgehend epigonal. Ihre Interpretationsbemühungen werden in der ausgebreiteten historischen Kantforschung bis heute fortgesetzt. Produktive, auch kritische Aufnahme und Weiterführung findet Kants Theorie in der Phänomenologie Husserls und insbesondere des frühen Heidegger. Kritik und z. T. Polemik erfährt die kantische Philosophie mehrfach in der analytischen Philosophie; doch ist Kants Theorie damit immerhin als Gegenstand der Auseinandersetzung präsent, auch wenn sich zu dieser Behandlung vonseiten der inzwischen deutlich differenzierter gewordenen Kantinterpretation durchaus kritische Einwände erheben lassen. Als fruchtbarer erweist sich die kritische Philosophie Kants in den derzeitigen Bemühungen um eine neue Subjektivitätstheorie. So ist die Lehre Kants in verschiedenartigen Richtungen der jüngst vergangenen und der heutigen Philosophie durchaus gegenwärtig.

1. Die Entwicklung des frühen Kant bis zur kritischen Philosophie

Der kritischen Philosophie, die Kant in den drei Hauptwerken ›Kritik der reinen Vernunft‹, ›Kritik der praktischen Vernunft‹ und ›Kritik der Urteilskraft‹ begründet, geht die so genannte vorkritische Philosophie voraus, in der Kant die Metaphysik des 18. Jahrhunderts eigenständig weiterbildet. So legt er z. B. in der ›Allgemeinen Naturgeschichte und Theorie des Himmels‹ (1755) nicht nur die astronomische kant-laplacesche Theorie von der rein mechanischen Entstehung des Weltbaus dar, der ohne besondere göttliche Eingriffe zustande komme; er lehrt hier zugleich kosmologisch die Unendlichkeit des Weltganzen, ebenso aber physikotheologisch die große Harmonie und Zweckmäßigkeit dieses Weltganzen, die nur auf göttliche Planung zurückgehen könne. Kant vertritt also bestimmte metaphysische Auffassungen in der Kosmologie und in der Physikotheologie. Sie setzen prinzipiell voraus, dass Gott in seinem Wesen durch Denken angemessen erfasst und aus seinem Wesen als daseiend erkannt werden kann; so liefert Kant in seiner Schrift ›Der einzig mögliche Beweisgrund zu einer Demonstration des Daseins Gottes‹ (1763) einen neuen ontologischen Gottesbeweis. Leibniz hatte, darin über Descartes hinausgehend, die Sicherung der Widerspruchsfreiheit des Gottesbegriffs verlangt, der in der Synthesis aller reinen Vollkommenheiten im ens perfectissimum besteht; Kant begründet, über Leibniz hinausgehend, diesen Gottesbegriff mit einer eigenen Argumentation in unserem reinen Denken und dessen Inhalt und führt dann, ohne von dem traditionsreichen, aber bestreitbaren Satz, Dasein sei eine solche Vollkommenheit, Gebrauch zu machen, den Beweis eines notwendigen Wesens, das den Begriff Gottes erfüllt. Denn andernfalls, wenn Gott nicht existierte, würde auch alles Denken hinfällig werden. So führt Kant insbesondere die Ontotheologie als Teil der rationalen Theologie weiter.

Schon in dieser so genannten vorkritischen Philosophie entwickelt Kant aber einzelne Argumente, die später metaphysikkritisch verwendet werden. In den ›Träumen eines Geistersehers, erläutert durch Träume der Metaphysik‹ (1766), der Schrift gegen Swedenborg, ist bereits die Tendenz deutlich erkennbar, dass Metaphysik allenfalls auf praktisch-sittlicher Grundlage möglich ist. Aber diese Ansicht vertritt Kant damals noch keineswegs durchgängig. Obwohl er selbst das Jahr 1769 als das Jahr einer Wende in seiner Philosophie apostrophiert,[1] enthält die unmittelbar folgende Schrift ›De mundi sensibilis, atque intelligibilis forma et principiis‹ (1770) nur die Unterscheidung der Sinnenwelt als Welt bloßer Erscheinungen in Raum und Zeit von der intelligiblen Welt als Welt der Noumena,

[1] Vgl. Kant's gesammelte Schriften. Hrsg. von der Preußischen (Deutschen) Akademie der Wissenschaften. Berlin 1900ff. XVIII, 69 (Refl. 5037): „Das Jahr 69 gab mir großes Licht" (Die Bandzahl wird hier und im Folgenden in römischen, die Seitenzahl in arabischen Ziffern angegeben). Vgl. zu den Perspektiven dieser Wende L. Kreimendahl: Kant – Der Durchbruch von 1769. Köln 1990. Eine andere Auffassung vertritt R. Brandt in seiner ausführlichen Rezension dieses Buches in: Kant-Studien 83 (1992), 100–111. Die Diskussion ist noch im Gange.

der Dinge selbst und an sich, die allein der Verstand denkt. Diese Unterscheidung ist zwar für die spätere kritische Philosophie von besonderer Bedeutung; Metaphysik als reine Verstandeserkenntnis aber gilt Kant nach wie vor als möglich. Sie wird für ihn erst kurz darauf, etwa in dem berühmten Brief an seinen Freund Marcus Herz vom 21. 2. 1772, nachhaltiger zweifelhaft, nämlich mit der Frage, wie reine Begriffe, die doch nur unserem Verstand angehören, Dinge oder Seiendes selbst zu erkennen geben können. – So werden Kant, wie die Reflexionen dieser Jahre zeigen, die Positionen der Metaphysik als Wissenschaft in der Kosmologie und in der rationalen Theologie fraglich; am längsten hält er offenbar – nach früheren gewissen Zweifeln – an der rationalen Psychologie fest, und zwar in einer bestimmten Version, die er selbst in den Reflexionen der Siebzigerjahre des 18. Jahrhunderts und in der Metaphysik-Vorlesung, die Pölitz herausgab, als Metaphysik des reinen Ich entwickelt. Diese von Kant nicht veröffentlichte Lehre bildet einen Übergang von der traditionellen Metaphysik der Seelensubstanz zur Theorie reiner Subjektivität. Dem reinen Ich schreibt er in dieser Lehre eine intellektuelle Anschauung in der Vorstellung seiner selbst und in der Vorstellung seiner absoluten Freiheit oder Spontaneität zu; und dieses reine Ich ist sich nach Kant nicht nur der Selbstständigkeit seiner Existenz subjektiv bewusst, sondern es erkennt sich – offenbar in jener intellektuellen Anschauung – als selbstständig existierende Substanz, woraus man Unsterblichkeit folgern kann.[2] Auch diese Metaphysik des reinen Ich aber ist mit der ersten Auflage der ›Kritik der

[2] Vgl. z. B. Kants Äußerung, „daß sie (sc. die Seele) eine unmittelbare Anschauung seiner selbst durch die absolute Einheit *Ich* sei, welcher der Singularis der Handlungen des Denkens ist" (XVII, 470; Refl. 4234 aus den Siebzigerjahren), oder: Wir haben einen Begriff von unserer „Freiheit ... durch unser intellektuelles inneres Anschauen" (XVII, 509; Refl. 4336 wohl aus den Siebzigerjahren), oder: Das Ich „ist der einzige Fall, wo wir die Substanz unmittelbar anschauen können" (I. Kant: Vorlesungen über die Metaphysik. Hrsg. von K. H. L. Pölitz. Erfurt 1821, 133, aus den fortlaufenden Siebzigerjahren). Und noch in der ersten ›Kritik‹ heißt es z. B.: „der Mensch ... erkennt sich selbst auch durch bloße Apperzeption", was eigentlich eine metaphysische Aussage ist (›Kritik der reinen Vernunft‹, abgekürzt im Folgenden: Kr. d. r. V., 2. Aufl. Riga 1787, 574; im Folgenden als B bezeichnet). Solche und weitere Stellen führt an und interpretiert H. Heimsoeth: Persönlichkeitsbewußtsein und Ding an sich in der Kantischen Philosophie (zuerst: 1924). In: ders.: Studien zur Philosophie Immanuel Kants. Metaphysische Ursprünge und Ontologische Grundlagen. Kant-Studien Ergänzungsheft 71. Köln 1956, 227–257. Erlaubt sei auch der Verweis auf die Darlegung des Vfs.: Spontaneità e libertà nella filosofia pratica di Kant, Studi Kantiani VI (1993), 23–46, bes. 34 ff., wo diese und weitere Äußerungen Kants im Rahmen einer metaphysischen Theorie der Freiheit des Ich aus den Siebzigerjahren interpretiert werden, die derjenigen des frühen Fichte nahe kommt.

reinen Vernunft‹ aufgegeben, obwohl man deren Spuren noch an einigen Stellen der kritischen Philosophie wiederfindet. Der Grund dafür, den Kant nicht ausdrücklich nennt und den man daher rekonstruieren muss, dürfte eine neue Theorie des Denkens des reinen Ich sein, die in ihren Erkenntnisansprüchen bescheidener ist.

2. *Der transzendentale Idealismus*

Nachdem Kant über zehn Jahre lang „geschwiegen“, d. h. fast nichts veröffentlicht hat, erscheint von ihm ein Riesenwerk von epochaler Bedeutung, das mit einem Schlage das philosophische Klima zuerst im deutschen Sprachraum und später auch darüber hinaus verändert, die ›Kritik der reinen Vernunft‹ (in erster Auflage 1781, in zweiter, umgearbeiteter Auflage 1787). Kant stellt hier die grundlegende Frage, wie Metaphysik als Wissenschaft möglich sei, und er gibt eine partiell, aber keineswegs eine generell negative Antwort, wie es Mendelssohns Reaktion, Kant sei der „Alleszermalmer“, vermuten lässt. Kant überlegt vielmehr, ob die Metaphysik nicht in ähnlicher Weise wie die Mathematik, die Astronomie oder die terrestrische Physik auf den sicheren Gang einer Wissenschaft gebracht werden könne, nämlich durch einen grundlegenden und wegweisenden Einfall; dieser müsse in einer ‚Revolution‘ der Denkart bestehen. Bisher nahm man laut Kant immer an, dass sich unsere Erkenntnis in einer ihr natürlichen objektiven Ausrichtung nach den Gegenständen richten müsse; dies führte dazu, dass die Metaphysik ein Kampfplatz ständigen Streits wurde und blieb, wie insbesondere die kosmologischen Antinomien über Endlichkeit oder Unendlichkeit des Weltganzen zeigen. Daher ist eine gänzliche Umänderung der Vorstellungsart erforderlich, die Kant darin sieht, dass nicht unsere Erkenntnisvermögen sich nach den Gegenständen, sondern dass sich die Gegenstände wenigstens in ihren grundlegenden Bestimmungen nach unseren Erkenntnisvermögen richten; so schreibt der Verstand, besser: schreiben unsere Erkenntnisvermögen der Natur die Gesetze, nämlich die allgemeinen Gesetze und Bestimmungen vor. Teilt man die Metaphysik nun ein in ‚metaphysica generalis‘ oder allgemeine Ontologie einerseits und ‚metaphysica specialis‘ als Lehre vom nichtsinnlichen oder intelligiblen Seienden andererseits, wozu insbesondere die unsterbliche Seele, das Weltganze sowie Wesen und Dasein Gottes zählen, so ergibt sich nach Kant: Das Unternehmen der „metaphysica generalis“ oder der Ontologie kann nicht insgesamt, wohl aber in den Grenzen menschlichen Erkennens als Wissenschaft gesichert werden durch jene radikale Umänderung der Denkart; die „metaphysica specialis“ dagegen, sofern sie theoretische Wissenschaft zu sein beansprucht, verfällt der negativen Kritik.

Die grundlegenden Bestimmungen des Seienden als solchen, wie sie die frühere Ontologie lehrte, sind nach der von Kant geforderten intellektuellen ‚Revolution' a limine geprägt, ja konstituiert von den originären menschlichen Erkenntnisvermögen. Diese sind einerseits die sinnliche Anschauung mit ihren reinen Formen von Raum und Zeit, wie Kant gegen die rationalistische Metaphysik geltend macht, die sinnliche als bloß verworrene rationale Vorstellungen ansieht und nur den Intellekt als Erkenntnisvermögen betrachtet, und andererseits der Verstand als ursprüngliches Vermögen der Naturerkenntnis, wie Kant z. B. gegen Hume darlegt. Entgegen dem vielfach erhobenen Vorwurf, Kant mache hiermit die empirische Psychologie zur Grundlage einer reinen Erkenntnistheorie, werden diese Erkenntnisvermögen hier nicht in empirisch-psychologischem Sinne verstanden, sondern als subjektive Konstitutionsquellen reiner, Erkenntnis begründender Vorstellungsinhalte, nämlich von reinen sinnlichen Anschauungen und von Begriffen.

So gilt es zunächst zu zeigen, wie Grundbestimmungen von Gegenständen der Erkenntnis durch reine sinnliche Anschauung konstituiert werden. Solche Grundbestimmungen werden nicht erst durch bestimmte Erfahrungen und deren Vergleich gewonnen, sondern vom erkennenden Subjekt von vornherein, also a priori immer schon mitgebracht. Diese Anforderung wird nicht vom Materialen der empirischen Anschauung, von Empfindungsgehalten wie blau, leise, warm und dergleichen, sondern nur von den reinen, erfahrungsunabhängigen Formen der Anschauung erfüllt, die als Raum und Zeit eigens thematische Vorstellungsinhalte werden können. Kants grundlegende Bestimmungen von Raum und Zeit sind dabei ganz parallel; hier sei nun die Zeit näher betrachtet, die nach Kant die universale Form unserer Anschauung ist.

Die Zeit ist für Kant keine empirische Vorstellung, die wir etwa durch Beobachtung von Ereignissen oder von Bewegungen und durch den Vergleich solcher Beobachtungen erst gewönnen; sie ist vielmehr eine für Erkenntnisse notwendige Vorstellung a priori.[3] Entscheidend für diese Auffassung ist Kants Gedankenexperiment, dass die Zeit mit ihrem Nachein-

[3] Vgl. hier und im Folgenden den Kommentar von H. J. Paton: Kant's Metaphysic of Experience. 2 Bde. 5. Aufl. London, New York 1970 ([1]1936), bes. Bd. 1, 107–184. Der kantischen Aprioritätsthese widersprachen entschieden Mach sowie Einstein und dessen empiristische Anhänger in der Philosophie. Daraus entstand die Debatte, ob und wie durch eine zugegebenermaßen empirische Theorie wie die relativistische Physik eine apriorische Theorie wie diejenige Kants von der Zeit widerlegt werden könne; darauf sei hier nur verwiesen, vgl. z. B. die Darlegung (mit weiterer Literatur) vom Vf.: Objektive und subjektive Zeit. Untersuchungen zu Kants Zeittheorie und zu ihrer modernen kritischen Rezeption, Kant-Studien 71 (1980), 1–34, bes. 12–19.

ander und Zugleich als Relationensystem erhalten bleibt, auch wenn man sich alle realen Erfahrungsinhalte wie Erlebnisse, Bewegungen und dergleichen aus ihr wegdenkt. Die Zeit ist nach Kant ferner kein diskursiver oder abstrakter Begriff, sondern eine reine Anschauung. Denn die verschiedenen Teile des Zeitablaufs wie Minute, Stunde, Tag sind nur Abgrenzungen in einer und derselben Zeit als eines kontinuierlichen Ganzen und in ihrer inneren Beschaffenheit nicht von diesem Ganzen verschieden; was aber unmittelbar und als numerisch eines vorgestellt wird wie die Zeit als *ein* Ganzes, ist Anschauung. In einem diskursiven Begriff wie z. B. ‚Baum' sind dagegen die mannigfaltig untereinander verschiedenen einzelnen Bäume und Baumarten keineswegs als in einem Ganzen enthalten; von diesen Verschiedenheiten und Besonderheiten wird im diskursiven Begriff vielmehr gerade abstrahiert. Auf dieser Grundlage ergibt sich schließlich, dass die Zeit als unendliche, gegebene Größe vorgestellt wird; von einer begrenzten Zeitphase kann man durch sukzessive Synthesis in andere Zeitphasen gelangen bis ins Unendliche, wobei diese Synthesis immer wieder auf Zeitliches stößt, das sie als Zeitliches nicht erst erzeugt. – Die so bestimmte Zeit ist nun grundlegende Bedingung der Möglichkeit von Erkenntnis, z. B. schon in der Phoronomie, wie Kant sagt, oder in der Kinematik, wie es heute heißt; sie ist die zugrunde liegende formale Anschauung, die erst eine Lehre von Bewegungen reiner mathematischer Punkte in der Zeit ermöglicht.

Die auf diese Weise erfasste Zeit ist nach Kants Lehre Form des inneren Sinnes, d. h. Anordnungsstruktur des Bewusstwerdens von Vorstellungen in einem Subjekt. Dies gilt auch von Raumvorstellungen, insofern sie ins Bewusstsein treten, sodass die Zeit die universale Anschauungsform ist. Da man alle realen Inhalte oder Dinge aus der Zeit wegdenken kann und die Zeit bleibt, kann sie weder selbst ein absolut reales Ding noch inhärierende Eigenschaft solcher realen Dinge sein. Sie ist vielmehr als Form des inneren Sinnes Bestimmung des anschauenden Subjekts. Deshalb sind alle Gegenstände, denen grundlegend Zeitbestimmungen zukommen, nur unsere Erscheinungen; ihnen liegen Dinge selbst und an sich zugrunde, die wir auf diese Weise nicht erkennen können. Der berühmte Unterschied von Erscheinung und Ding an sich, der sich hier auftut, ist aber nur subjektiv; er betrifft nicht zwei getrennte Welten. Ein und derselbe Gegenstand ist, sinnlich angeschaut nach unseren Formen der Anschauung, Erscheinung, aber ebenso sehr – als bloß durch den Verstand gedachter – Noumenon oder Ding an sich selbst.

So kommt der Zeit – ebenso wie dem Raum – einerseits empirische Realität zu; Ereignisse oder Bewegungen in der Zeit sind als bloße Erscheinungen für unsere alltägliche oder wissenschaftliche Erfahrung empirisch real; ein Pulsschlag dauert tatsächlich etwa eine Sekunde, eine Bahnfahrt tatsächlich z. B. zwei Stunden. Andererseits ist für den Erkenntnistheoretiker die Zeit – und auch der Raum – transzendental ideal; sie gibt nichts über Dinge selbst und an sich zu erkennen, da sie nur anschauliche Vorstellung des Subjekts ist. Diese Idealität der Zeit heißt auch transzendental in dem von Kant neu bestimmten Sinne, dass sie in einer originären Erkenntnisart des Subjekts fundiert ist.[4] So sind Raum und Zeit wesentliche Bestimmungen nicht der Dinge, sondern der Erscheinungen innerhalb eines transzendentalen Idealismus, der sie in der reinen sinnlichen Anschauung des Subjekts begründet.

Angemerkt sei nur, dass diese Theorie der Zeit, wie sie sich in der „Transzendentalen Ästhetik" der ›Kritik der reinen Vernunft‹ findet, nicht vollständig ist; erörtert werden nur Nacheinander und Zugleich als Zeitmodi; später fügt Kant als den sie beide begründenden Zeitmodus die Beharrlichkeit hinzu, ferner die Dauer als quantitativ messbares Beharren im Zeitfluss. Bei der Gleichzeitigkeit ist die Raumvorstellung nicht eigens beachtet, da Gleichzeitigkeit dieselbe Zeitphase an in der Regel verschiedenen Raumpunkten bedeutet. Schließlich bleibt das Verhältnis dieser Zeitbestimmungen zu den Bestimmungen genuin subjektiver Zeit wie Gegenwart, Vergangenheit und Zukunft offen; und woher der objektive Sinn jener in der „Transzendentalen Ästhetik" erörterten Zeitbestimmungen kommt, kann auch nicht dort, sondern erst in der „Analytik" des Verstandes geklärt werden.

Der Verstand ist nach Kant die andere originäre Erkenntnisquelle, durch die Gegenstandsbestimmungen konstituiert werden. Der Verstand gründet in der Einheit der reinen Apperzeption, des Selbstbewusstseins a priori, das sich im „Ich denke" als Prinzip ausspricht. Diesem kommt aber nun nicht mehr wie in der Konzeption der Siebzigerjahre intellektuelle Anschauung seiner selbst in seiner Spontaneität und Freiheit und nicht mehr intellektuelle Erkenntnis seiner selbst als Substanz zu; die neue Theorie des Denkens ist vielmehr Grundlage einer metaphysikkritischen Restriktion des Verstandesgebrauchs. Das „Ich denke" kann Vorstellungen nur „begleiten"[5]; und dies erweist sich als notwendig, sofern das Selbst sich ihrer bewusst werden soll; denn sonst wären die Vorstellungen entweder undenkbar, weil widersprüchlich, oder sie gehörten als dunkle nicht zur Einheit des Selbst, sodass dieses darüber nicht sinnvoll reden könnte. Der ‚Vehikel'-Charakter des Denkens besagt, dass es gerade nicht anschaulich-

[4] Kant definiert: „Ich nenne alle Erkenntnis transzendental, die sich nicht sowohl mit Gegenständen, sondern mit unserer Erkenntnisart von Gegenständen, so fern diese a priori möglich sein soll, überhaupt beschäftigt" (Kr. d. r. V., B 25).

[5] Vgl. Kr. d. r. V., B 131: „Das: *Ich denke*, muß alle meine Vorstellungen begleiten *können*."

kreativ ist, wie es der intellektuellen Anschauung zukäme, die Kant nun rein gedanklich dem urbildlichen, göttlichen Verstand vorbehält. Das lediglich „begleitende“ Denken vollzieht den Actus spontaner, aber nicht kreativer Synthesis; diese wird an vorgegebenem Mannigfaltigen ausgeübt, das in der rezeptiven sinnlichen Anschauung schon vorliegt. Die Verstandessynthesis ist also von vornherein auf solches Gegebene bezogen. Dieses begleitende und synthetisierende „Ich denke“ ist nicht explizit selbstbezüglich; schon gar nicht folgt es dem zuerst von Karl Leonhard Reinhold universalisierten Modell der Selbstbeziehung als Subjekt-Objekt-Beziehung; es ist vielmehr intentional auf das gegebene Mannigfaltige gerichtet. Gleichwohl kann es auf sich zurückkommen und sich selbst denken, wie Kant mehrfach sagt. Solche Selbstbeziehung kann nicht intellektuell-intuitiv, sondern nur Denken sein, indem das reine Selbstbewusstsein oder Ich von sich rein gedankliche, kategoriale Prädikate aussagt, etwa es sei immer Subjekt seiner Gedanken, qualitativ einfach, numerisch Eines[6] usf.; die hierin vorausgesetzte Struktur der Selbstbeziehung wird von Kant freilich nicht näher untersucht, was dann die weiteren Bemühungen der Idealisten veranlasst.

Dieses „Ich denke“ ist nun nach Kant oberstes Prinzip allen Verstandesgebrauchs, damit also auch der formalen Logik. Die Synthesen des Verstandes und die in ihnen gedachten gesetzmäßigen Einheiten lassen sich deshalb des Näheren als die Funktionen der Einheit in Urteilen angeben. Kant stellt die ursprünglichen Urteilsfunktionen systematisch in einer Urteilstafel zusammen, ohne sie aus der Einheit der Apperzeption zu entwickeln oder abzuleiten, wie alle Idealisten kritisieren. Es sei hier nur hinzugefügt, dass Kant in Briefen und Reflexionen dazu wenigstens eine Konzeption skizziert. – Aus diesen Urteilsfunktionen ergeben sich nun die reinen Verstandesbegriffe oder Kategorien, die schon für Aristoteles ontologische Grundbegriffe in solcher urteilslogischen Orientierung waren; ja die Kategorien sind ebendiese Urteilsfunktionen, aber zusätzlich gedacht als Anschauungsbestimmungen; in ihnen wird gedacht, wie urteilslogische Einheitsfunktionen anschaulich Mannigfaltiges zu gesetzmäßiger Einheit bestimmen. Wenn z. B. das im hypothetischen Urteil gedachte Wenn-dann-Verhältnis als Verhältnis von Bedingung und Bedingtem die Anordnung von gegebenem Anschauungsmannigfaltigen bestimmt, so ergibt sich das kategoriale Kausalverhältnis.

Damit ist nun bereits die Vorbereitung für eine Antwort auf die grundlegende Frage getroffen, die die Möglichkeit der Metaphysik, und zwar

[6] Diese rein gedachten, kategorialen Prädikationen des „Ich denke“ von sich sind bei Kant das Ergebnis der Auflösung der metaphysischen Paralogismen in der rationalen Psychologie; vgl. Kr. d. r. V., B 407 ff.

zuerst der Ontologie, betrifft und die Kant schon in dem erwähnten Brief an Marcus Herz vom 21. 2. 1772 stellt, nämlich wie diese Kategorien, die doch nur reine Begriffe unseres Verstandes sind, als „termini ontologici" Grundbestimmungen des Seienden selbst sein können. Die Antwort liefert Kant in dem wohl schwierigsten Kapitel der ›Kritik der reinen Vernunft‹, das er in der zweiten Auflage ganz neu abfasst, nämlich in der „Deduktion der reinen Verstandesbegriffe"[7]. Deduktion bedeutet hier nicht Ableitung, sondern – in Aufnahme des juristischen Sprachgebrauchs – Rechtfertigung eines Anspruchs, hier des Geltungsanspruchs von Kategorien. Die beiden Beweisschritte dieser Deduktion, wie Kant sie in der zweiten Auflage darstellt, seien hier resümiert. Im ersten Beweisschritt zeigt er, dass jene Funktionen der Einheit in Urteilen als Kategorien gesetzmäßige Bestimmungen eines Mannigfaltigen sinnlicher Anschauung überhaupt sind; das gegebene Anschauungsmannigfaltige wird also so zusammengeordnet, wie es eine der logischen Funktionen zu urteilen vorschreibt. Darin aber liegt bereits der Gedanke eines Objekts überhaupt; denn ein Objekt ist nicht einfach ein Sinnengegenstand, wie er in der alltäglichen Welt vorkommt, etwa ein Bach oder ein Beet, sondern eine gesetzmäßige Einheit; so spricht Kant z. B. auch vom Sittengesetz als einem objektiven praktischen Gesetz.[8] Das allgemein durch Kategorien konstituierte Objekt bedeutet insofern allgemeines Naturgesetz. Doch ist dies nur der erste Beweisschritt, der die Bestimmung von sinnlichem Anschauungsmannigfaltigen überhaupt durch Kategorien aufweist. Der zweite Beweisschritt legt dar, dass jene Kategorien nicht nur solches Anschauungsmannigfaltige überhaupt, sondern unser in Raum und Zeit gegebenes Anschauungsmannigfaltige bestimmen. Dies geschieht durch eine kategorial geregelte spezielle Synthesis, die gerade räumliches und zeitliches Mannigfaltige zusammenfügt und dieses somit gemäß jenen kategorialen Regeln bestimmt, nämlich durch die Synthesis der Einbildungskraft. Diese ist in der ersten Auflage der ›Kritik‹

[7] Vgl. Kr. d. r. V., B 129–169, A (= erste Aufl.) 95–130. Vgl. zur transzendentalen Deduktion der Kategorien die kommentierenden Interpretationen besonders von H. J. Paton: Kant's Metaphysic of Experience (s. Anm. 3). Bd. 1, 313–585 sowie von M. Baum: Deduktion und Beweis in Kants Transzendentalphilosophie. Untersuchungen zur ›Kritik der reinen Vernunft‹. Königstein/Ts. 1986. Zu den Beweisen und zur Apperzeptionslehre aus der Sicht einer Subjektivitätstheorie vgl. D. Henrich: Die Beweisstruktur von Kants transzendentaler Deduktion (zuerst: 1969). In: G. Prauss (Hrsg.): Kant. Zur Deutung seiner Theorie von Erkennen und Handeln. Köln 1973, 90–104 sowie D. Henrich: Die Identität des Subjekts in der transzendentalen Deduktion. In: H. Oberer/G. Seel (Hrsg.): Kant. Analysen – Probleme – Kritik. Würzburg 1988, 39–70.

[8] Vgl. ›Kritik der praktischen Vernunft‹ (abgekürzt: Kr. d. pr. V.). Riga 1788, 55, 64 u. ö.

noch ein selbstständiges, vermittelndes Vermögen zwischen sinnlicher Anschauung und reiner Apperzeption.[9] In der Neufassung der zweiten Auflage beseitigt Kant die Selbstständigkeit der Einbildungskraft, da es lediglich zwei ursprüngliche Erkenntnisquellen gibt, sinnliche Anschauung und Verstand, und er bestimmt die Tätigkeit der Einbildungskraft nur als einen Vollzug der Einwirkung des Verstandes auf das im inneren Sinn gegebene Mannigfaltige; sie wird zu einer spezifischen Art der Ausübung der spontanen Synthesis im Felde des Zeit- und auch des Raummannigfaltigen. Durch ihre Synthesisleistung, die vom Verstand kategorial geregelt ist, kommt also im räumlich-zeitlichen Mannigfaltigen, wie wir es sinnlich anschauen, gesetzmäßige Anordnung und Einheit, d. h. Objektivität zustande.

So erhalten Kategorien als Begriffe unseres Verstandes, als noematische Gehalte des „Ich denke", objektive Gültigkeit, weil durch sie vermittels der Synthesis der Einbildungskraft im Raum-Zeit-Mannigfaltigen erst ein Objekt überhaupt, ein allgemeines Naturgesetz konstituiert wird. In diesem Sinne „schreibt" der Verstand der Natur die Gesetze „vor"; er bringt gemäß der „Revolution der Denkart" Grundbestimmungen, nämlich allgemeine Gesetzmäßigkeiten des Objekts erst hervor. Die besonderen Gesetze der Natur setzen sie voraus, bedürfen allerdings hinsichtlich ihrer besonderen Inhalte durchaus empirischer Forschung. – So erweist die Deduktion der Kategorien, dass diese für uns objektive Bedeutung in Bezug auf Erscheinungen in Raum und Zeit haben, nicht aber darüber hinaus. Darin liegt zugleich eine entschiedene Restriktion ihres Geltungsbereichs; für an sich Seiendes überhaupt und insbesondere für dasjenige intelligible Seiende, das die ‚metaphysica specialis' behandelt, haben sie keine objektiv-reale, Erkenntnis gewährende Bedeutung.

Die Verbindung der Kategorien des reinen Verstandes und des im inneren Sinn anschaulich gegebenen Zeitmannigfaltigen kommt, wie sich zeigte, durch die Tätigkeit der Einbildungskraft zustande. Diese bringt nun als ihre genuine Leistung Schemata hervor. Ein Schema ist hinsichtlich seines Anschauungsgehaltes eine in Grenzen variable, schwebende Zeichnung oder Skizze, die nicht auf einzelne Bilder festgelegt ist, und methodisch ein Verfahren der Einbildungskraft in der Produktion solcher schwebenden Skizzen. Ein transzendentales, allererst Erkenntnis ermöglichendes Schema, das eine Kategorie und das sinnliche Zeitmannigfaltige aufeinander bezieht, ist nach Kant „transzendentale Zeitbestimmung". So ist z. B. das

[9] Diese Bedeutung der Einbildungskraft hebt besonders Heidegger hervor, der sie in seiner Weiterführung als eigentliche Mitte des Selbst und als „Wurzel" der beiden Erkenntnisstämme ansieht, womit er de facto idealistische Umdeutungen aufnimmt; vgl. M. Heidegger: Kant und das Problem der Metaphysik. 2. Aufl. Frankfurt/M. 1951 ([1]1929), 117–184.

Schema der Kategorie der Substanz die „Beharrlichkeit des Realen in der Zeit“[10]. Beharrlichkeit ist der grundlegende Zeitmodus, der der Zeit als formaler Anschauung zukommt. Wird nun etwas innerzeitiges Reales als beharrlich gedacht, so erhält man das sinnliche Schema der Substanz; dadurch kann man also in den Erscheinungen dasjenige Reale identifizieren, das die Bestimmung der Substanz erfüllt. Solche Schematisierung lässt sich mit unterschiedlichen Zeitbestimmungen bei allen Kategorien durchführen.

Vermittels dieser transzendentalen Schemata lassen sich dann oberste, Erkenntnis ermöglichende Grundsätze des reinen Verstandes formulieren. Diese subsumieren Erscheinungen aufgrund der Schemata als transzendentaler Zeitbestimmungen unter die Kategorien des reinen Verstandes und stecken damit das gesamte Gebiet ab, in dem menschliche Erkenntnis möglich ist. Die Kategorien haben also, wie prinzipiell die Deduktion erwies, keinen weiteren Bereich objektiver Geltung als den der Erscheinungen in Raum und Zeit; sie gelten nicht universalontologisch; aber in diesem Bereich der Erscheinungen gelten sie konstitutiv als objektive, Erkenntnis begründende Bestimmungen.

3. *Die Metaphysikkritik*

Damit sind die Grundlagen für Kants Kritik der ‚metaphysica specialis‘ als Wissenschaft vom intelligiblen Seienden gelegt. Diese sucht die Unsterblichkeit der Seele, die Endlichkeit oder Unendlichkeit des Weltganzen sowie die notwendige Existenz Gottes aus reinen Begriffen zu erkennen. Kant zeigt nicht nur generell, dass dieses Unternehmen wegen der kritischen Erkenntnisbegrenzung nicht erfolgreich sein kann, sondern auch speziell, an welchen Stellen ihrer Beweise und Schlüsse diese Metaphysik fehlgeht. Dabei steht der transzendentale Idealismus immer im Hintergrund. – So deckt Kant in der rationalen Psychologie bestimmte Fehlschlüsse auf, was jedoch nur auf der Grundlage der Unterscheidung von Erscheinung und Ding an sich gelingt. Das Ergebnis lautet: Der rationalen Psychologie missglücken die Beweise für die Substantialität, die selbststän-

[10] Vgl. Kr. d. r. V., B 178 und 183. Dieser Schematismus vervollständigt die Theorie der Zeit. Vgl. zum transzendentalen Schematismus H. J. Paton: Kant's Metaphysic of Experience (s. Anm. 3). Bd. 2, 17–78, auch – mit weiteren Literaturverweisen – vom Vf.: Schema und Einbildungskraft in Kants ›Kritik der reinen Vernunft‹. In: L. Kreimendahl (Hrsg.): Aufklärung und Skepsis. Studien zur Philosophie und Geistesgeschichte des 17. und 18. Jahrhunderts. Günter Gawlick zum 65. Geburtstag. Stuttgart-Bad Cannstatt 1995, 47–71.

dige, einfache, unzerstörbare und unsterbliche Existenz der Seele, weil dies alles in keine uns mögliche Anschauung fällt. Diese Kritik ist auch Selbstkritik an einer Lehre, die Kant, wie gezeigt, noch in den Siebzigerjahren vertrat. Gemäß der neuen Theorie des Denkens des Ich kommen durch reine Begriffe nur logische Bestimmungen des „Ich denke" über sich selbst zustande, aber keinerlei Erkenntnis seiner Existenz und Existenzweise. – Ebenso ist die Kritik an den Beweisen des Daseins Gottes zugleich Selbstkritik an seinem eigenen früheren Gottesbeweis. Die Gottesidee gründet nunmehr in einem endlichen Denken, das durch seine reinen Begriffe keinerlei notwendige Existenz mehr erkennen und beweisen kann. Auch hier bildet diese kritische Restriktion bei allen subtilen Widerlegungskünsten, die Kant aufbietet, das entscheidende Argument.

Das eigentliche Skandalon der Metaphysik aber bildet der Widerstreit der kosmologischen Ideen.[11] Hier zerfällt die Metaphysik von sich aus in einander entgegengesetzte Positionen, die in Thesis und Antithesis formuliert und mit jeweils gleich guten Beweisen versehen werden können. Schon diese Antinomien beweisen für Kant, dass eine derartige Metaphysik keinen Bestand haben kann. Er belässt es jedoch nicht bei einem Skeptizismus gegenüber dieser Metaphysik, sondern gelangt zu neuen positiven Ergebnissen in der Auflösung der Antinomien. Dies sei hier anhand der dritten Antinomie umrissen, die für Kant die bedeutendste ist und auch die Verbindung zur praktischen Philosophie herstellt.

Die Thesis dieser Antinomie besagt, dass außer der Naturkausalität auch eine Kausalität aus Freiheit zur Erklärung der Erscheinungen angenommen werden müsse.[12] Kant führt den Beweis apagogisch, d. h. durch Widerlegung des Gegenteils. Die gegenteilige Annahme behauptet, es gebe keine Freiheit, sondern nur eine unendliche Reihe von Naturursachen. Dann benötigt jedes Wirkungsereignis, weil es irgendwann einmal eintritt, eine bestimmte Ursache, die ebenfalls irgendwann in Wirksamkeit tritt, wozu es einer weiteren Ursache in der Zeit bedarf usf. ins Unendliche. Auf diese Weise aber wären sowohl das Ausgangsereignis als auch dessen jeweils einander subordinierte Ursachen nicht hinreichend bestimmt, da es ja keinen ersten, nicht weiter bedingten Grund geben soll, der allein der zureichende wäre. Da dies nun nicht sein kann, gilt die Behauptung der Thesis, es gebe neben Naturkausalität ebenso Kausalität aus Freiheit, sei

[11] Vgl. hierzu H. Heimsoeth: Transzendentale Dialektik. Ein Kommentar zu Kants ›Kritik der reinen Vernunft‹. 4 Bde. Berlin 1966–1971, bes. Bd. 2, 199–406. Zu den Aufsätzen Heimsoeths über die historischen Hintergründe der Antinomien vgl. die Angaben Bd. 2, 407.

[12] Vgl. zur dritten Antinomie Kr. d. r. V., B 472–479, zu deren Auflösung B 560–586.

es als erste Ursache aller Weltbegebenheiten, sei es auch als Ursache innerhalb der Ereignisreihen wie bei der menschlichen Freiheit. – Die Antithesis dagegen leugnet Freiheit und behauptet, es gebe allein Naturkausalität. Auch dies beweist Kant apagogisch. Gäbe es nämlich eine erste, nicht von außen determinierte, also freie Ursache *in* der Welt, so würde für diesen und für viele vergleichbare Fälle der natürliche Kausalzusammenhang und damit Naturforschung aufgehoben. Eine freie Ursache aber *außer* der Welt wäre ein leeres Luftgebilde. Da beides unbegründet ist, gilt das Gegenteil, die Antithesis, dass es keine Freiheit gebe.

Doch bleibt es nicht bei solcher skeptischen Betrachtung der kosmologischen Antithetik; Kant fügt eine eigene Auflösung hinzu auf der Grundlage der Unterscheidung von Erscheinung und Ding an sich im transzendentalen Idealismus. Danach sind Thesis sowohl wie Antithesis in Grenzen berechtigt. Auf dem Gebiet der Erscheinungen in Raum und Zeit gilt lückenlose Naturkausalität, diese mag mechanisch, dynamisch, organisch oder psychisch spezifiziert sein; jedem zeitlichen Ereignis geht eine zeitlich eintretende, von ihm unterschiedene Ursache voraus; in der Natur gibt es daher keine Freiheit. In der Welt der Dinge an sich, der Noumena, die als Grund der Erscheinungen gedacht werden, lässt sich dagegen – auch bei der Annahme lückenloser Naturkausalität für Erscheinungen – durchaus Kausalität aus Freiheit denken. Diese wird als transzendentale, noch nicht spezifisch praktische Freiheit verstanden, d. h. als unzeitlicher, nicht durch andere zeitliche Ursachen bestimmter Selbstanfang. Beide Kausalarten lassen sich beim Menschen vereinigen. In seinem empirischen Charakter, wie wir ihn als seine konstante Weise zu handeln aus der Erfahrung kennen, ist er lückenlos durch Naturkausalität in jenem weiten Sinne bestimmt. Gleichwohl kann er auch angesichts dessen in seinem intelligiblen Charakter als frei gedacht werden. – Gezeigt wird hiermit freilich weder die innere Möglichkeit von Freiheit als intelligibler Kausalität noch deren Wirklichkeit für den Menschen; es wird in der Auflösung der dritten Antinomie nur erwiesen, dass Freiheit denkbar, also nicht unmöglich, sondern vereinbar ist mit lückenloser Naturkausalität.

4. Sittengesetz und Freiheit in der Ethik

Freiheit kann als wirklich für den Menschen nur aufgrund seines Bewusstseins des Sittengesetzes beansprucht werden. Dies lehrt Kant insbesondere in der ›Kritik der praktischen Vernunft‹ (1788). Das Sittengesetz ist für Kant fundamentales Prinzip der Pflichten; in dieser Bedeutung legt er es dezidiert schon in der ›Grundlegung zur Metaphysik der Sitten‹ (1785) dar, die aus einer Auseinandersetzung mit Garves Erläuterungen zu

Ciceros ›De officiis‹, einem prominenten Werk zur stoischen Ethik, hervorgeht. Die Ethik Kants erfüllt paradigmatisch den Typus einer Ethik als Pflichtenlehre, als Deontologie.[13] Kant wendet sich dabei entschieden gegen ethische Lehren vom Typus des Eudämonismus oder Hedonismus, wie sie von der Antike an bis heute vielfach favorisiert werden. Solche Theorien sind Lehren von den Zwecken und von deren Prinzip, dem höchsten Zweck als Glückseligkeit. Nun muss ein Zweck, wenn er erstrebt und realisiert werden soll, inhaltlich eindeutig bestimmt sein. Glückseligkeit aber ist inhaltlich weitgehend unbestimmt und nicht in einem klar umrissenen Begriff allgemein fassbar; sie ist vielmehr ein Ideal der Einbildungskraft.[14] Verschiedene Menschen haben ganz verschiedene Glücksideale; ja ein und derselbe Mensch will zu verschiedenen Zeiten, z. B. in verschiedenen Lebensaltern, ganz Verschiedenes als sein Glück. Daher kann Glückseligkeit kein allgemein menschliches und schon gar kein allgemein vernünftiges Prinzip der Sittlichkeit sein. – Kants Ethik folgt aber auch nicht dem Typus einer Ethik als Tugendlehre; sie enthält zwar in ihrer Ausführung u. a. eine Lehre von den Tugenden; aber zuvor muss im grundlegenden Teil der Ethik geklärt werden, worin das Sittengesetz, der gute Wille und das Prinzip der Verwirklichung des Sittlichen bestehen. Ebenso berücksichtigt Kant in der Ausführung seiner Ethik auch, dass alle sinnlich-vernünftigen Wesen nach Glückseligkeit streben, nämlich in der Idee des höchsten Gutes als proportionierter Harmonie von Sittlichkeit und Glückseligkeit; aber auch hier gehen die Grundlagen der Ethik voraus.

Vor allem ist für Kant das Prinzip der Sittlichkeit nicht empirisch; es ist vielmehr ein Prinzip der reinen, genuin praktischen Vernunft, das sich nicht auf Prinzipien der theoretischen Vernunft, des theoretischen Erkennens zurückführen lässt, das aber zugleich nicht von deren Gebiet ganz isoliert wird. Auch hier ist – wie Kant in der späten Religionsschrift (1793) hervorhebt[15] – eine Revolution der Denkungsart erforderlich, nämlich um sich dies Vernunftprinzip der Sittlichkeit vorsetzen zu können in Abwendung

[13] Das war in dieser profilierten Weise nicht immer so; Kants frühere Ethik-Entwürfe standen der Gefühlsethik der Engländer und Rousseau deutlich näher. Vgl. zur Entwicklungsgeschichte von Kants Ethik z. B. J. Schmucker: Die Ursprünge der Ethik Kants in seinen vorkritischen Schriften und Reflektionen. Meisenheim a. G. 1961.

[14] Vgl. Kant's gesammelte Schriften. IV, 418. Als Kommentar zur ›Grundlegung‹ sei genannt H. J. Paton: Der kategorische Imperativ. Eine Untersuchung über Kants Moralphilosophie (zuerst englisch 1947), übersetzt von K. Schenck, Berlin 1962; als Kommentar zur zweiten ›Kritik‹ L. W. Beck: Kants ›Kritik der praktischen Vernunft‹. Ein Kommentar (zuerst englisch 1960). Aus dem Englischen übers. von K.-H. Ilting, 3. Aufl. München 1974.

[15] Vgl. Kant's gesammelte Schriften. VI, 47 f.

etwa von lässigen alltäglichen, in der Regel empirischen Moralvorstellungen oder gar von der Tendenz zum Bösen. Dies Prinzip ist allerdings nichts kulturell Hochgezüchtetes, sondern, wie Kant mit Rousseau erklärt, jedem einfachen Menschen zugänglich. Als Prinzip der Pflichten ist es ein Gebot, das in einem Imperativ formuliert wird; da dieses Gebot nicht unter der Bedingung des Wollens eines Zweckes steht, ist der Imperativ der Sittlichkeit kategorisch; und er gilt ohne Ausnahme, d. h. apodiktisch. Die Grundformel des kategorischen Imperativs als des Ausdrucks des Sittengesetzes lautet: „Handle so, daß die Maxime deines Willens jederzeit zugleich als Prinzip einer allgemeinen Gesetzgebung gelten könne.“[16] Geboten wird also nicht das Verfolgen eines Zweckes, sondern eine bestimmte Art oder Form, seine Maximen, die subjektiven Leitlinien des Handelns, einzurichten. Deshalb vertritt Kant einen Formalismus in der Ethik, der vielfach kritisiert wurde. Aber Kant erklärt nur, beim Prinzip der Sittlichkeit komme es nicht auf einen bestimmten Zweck an, sondern allein auf die Maximen und die Gesinnung, in der sie gesetzt werden. Dies bildet dann die Voraussetzung dafür, dass auch Zwecke als Inhalte des sittlichen Wollens aufgrund des Sittengesetzes bestimmt und erstrebt werden, z. B. Hilfeleistung in der Not. Die vom Sittengesetz geforderte Form der Maximen, nämlich deren Allgemeingesetzlichkeit kann freilich konkreter gefasst werden. Sie bedeutet diejenige Allgemeinheit und Notwendigkeit von Maximen für Haltungen und Handlungen, der alle Wesen, sofern sie über Vernunft verfügen, zustimmen können; dahinter steht das Ideal eines sittlichen Gemeinwesens, eines ethischen ‚Staates‘ ohne Zwangsgewalt, in dem alle von sich aus vernünftig und sittlich handeln.

Das Sittengesetz als Prinzip der Gesinnung, der konstanten Weise, Maximen zu setzen, darf nun dem sittlichen Subjekt nicht bloß innerlich bleiben, was Kant vielfach vorgeworfen wurde; es muss ausgeführt und verwirklicht werden. Das Prinzip der Ausführung und Verwirklichung des als sittlich Eingesehenen aber ist die Freiheit. In der Auflösung der dritten Antinomie hatte sich gezeigt, dass sie wenigstens nicht unmöglich, also denkbar ist. Hier ist sie nun praktische Freiheit oder Freiheit des Willens. Sie gründet in der o. g. transzendentalen Freiheit als intelligibler, unzeitlicher Kausalität des Selbstanfangs. Die praktische Freiheit bedeutet in negativer Hinsicht Unabhängigkeit vom bestimmenden Einfluss sinnlicher Antriebe und Neigungen; in positiver Hinsicht bedeutet sie spontane Selbstbestimmung aufgrund des Bewusstseins des Sittengesetzes, und dies ist die entscheidende Bestimmung der praktischen Freiheit, die diejenige des Selbstanfangs impliziert. Der Wille einer Person kann sich in klarem Bewusstsein frei dazu entscheiden, sich das Sittengesetz zur Maxime seiner

[16] Kr. d. pr. V., 54.

Handlungen zu machen; dann ist er sittlich guter Wille; er kann sich aber auch in klarem Bewusstsein des Sittengesetzes dagegen entscheiden, und dann ist er unmoralischer, böser Wille. Gleichwohl besteht zwischen diesen beiden Möglichkeiten nicht eine Wahl; denn dies würde bedeuten, dass sie gleichwertig oder beliebig wären; der Wille soll sich aber für das Sittengesetz entscheiden. Geschieht dies, so hat solche sittliche und freie Selbstbestimmung Auswirkungen auf das ganze Gefühlsleben. Sie bringt in der entsprechenden Person das Gefühl der Achtung vor dem Sittengesetz hervor.[17] Die Achtung ist es, die die sittliche Person dann als Triebfeder zu wirklichen sittlichen Handlungen in der Sinnenwelt bestimmt. Hiermit bewahrt Kant in seiner Theorie der Sittlichkeit die Einsicht der englischen Gefühlsethik, dass uns Gefühle und Emotionen zu Handlungen, auch zu sittlichen Handlungen antreiben.

Da aber auch die praktische Freiheit intelligible Kausalität ist, stellt sich die Frage, was uns eigentlich zu deren Annahme für den Menschen berechtigt. Kant gibt – nach andersartigen Versuchen – in der ›Kritik der praktischen Vernunft‹ seine endgültige Antwort. Nur das Bewusstsein des Sittengesetzes als eines „Faktum[s] der Vernunft"[18], als einer ursprünglichen Evidenz des sittlichen Bewusstseins ist der Erkenntnisgrund (ratio cognoscendi) für die unumgängliche Annahme, die Person sei frei; es gibt keine andere Legitimation, Freiheit für den Menschen anzunehmen. Die Freiheit aber ist der Seinsgrund (ratio essendi) des im Bewusstsein vorgestellten Sittengesetzes; denn dieses kann nur als absolut verpflichtendes Gebot verstanden werden, wenn vorausgesetzt wird, dass die Person wirklich frei ist; sonst geböte das Sittengesetz etwas Absurdes; es könnte als sinnvoll verpflichtende Evidenz gar nicht im sittlichen Bewusstsein auftreten. Der Satz ‚Die Person *ist* frei' ist nun ein theoretischer Satz über eine intelligible Wirklichkeit. Auf ihn kann die Ethik, wie sich zeigte, nicht verzichten; und er setzt mit der Unterscheidung von Erscheinung und Ding an sich auch den transzendentalen Idealismus voraus. Aber er wird doch nur durch die praktische Vernunft „erkannt", d. h. als gültig eingesehen. Darin bleibt die kritische Erkenntnisrestriktion gewahrt, da die Wirklichkeit der Freiheit nur um des Bewusstseins des Sittengesetzes willen angenommen, nicht aber die innere Möglichkeit und etwa aus dieser die Wirk-

[17] Vgl. Kr. d. pr. V., 126 ff.

[18] Vgl. Kr. d. pr. V., 56, 72, 74, 96 u. ö. Zum Folgenden vgl. ebd. 5 Anm. Vgl. zur „Faktum"-Lehre D. Henrich: Der Begriff der sittlichen Einsicht und Kants Lehre vom Faktum der Vernunft. In: Die Gegenwart der Griechen im neueren Denken. Festschrift für H.-G. Gadamer zum 60. Geburtstag. Tübingen 1960, 77–115, bes. 110 ff. Zu Kants verschiedenen Entwürfen einer Freiheitstheorie sei der Verweis gestattet auf die Darlegung des Vfs.: Spontaneità e libertà nella filosofia pratica di Kant (s. oben Anm. 2).

lichkeit solcher intelligiblen Kausalität erkannt wird. Diese kantische Theorie des Verhältnisses von Sittengesetz und Freiheit erweist sich dann als wirkungsmächtiger Ausgangspunkt für die idealistischen Freiheitstheorien.

5. *Ästhetische und teleologische Urteilskraft*

Nachdem die Grundlagen der theoretischen Erkenntnis und der praktischen, sittlichen Vernunft eruiert sind, stellt sich die systematische Frage, wie diese Geistesvermögen, ihre Prinzipien und ihre Gebiete, nämlich Natur und Freiheit, verbunden werden können. Kant entdeckt erst spät, wie er an Reinhold am 28. und 31. 12. 1787 schreibt, ein neues, zwischen ihnen vermittelndes Prinzip a priori, das der „Teleologie" gilt, wie Kant noch allgemein sagt.[19] Aus der Ausführung dieses Gedankens geht dann die ›Kritik der Urteilskraft‹ (1790) hervor. In ihr stellt Kant ein allgemeines, transzendentales Prinzip der Zweckmäßigkeit der Natur für die reflektierende Urteilskraft auf. Die Urteilskraft bezieht anschaulich gegebene Einzelheiten oder Besonderheiten auf allgemeine Begriffe, wie der Verstand sie bildet. Ist dabei das Allgemeine bekannt und wird das Einzelne oder Besondere darunter nur subsumiert, so ist die Urteilskraft bestimmend; dies ist bei vielen Erkenntnissen der Fall. Ist das Allgemeine aber nicht bekannt, sondern wird zu dem gegebenen Einzelnen und Besonderen noch gesucht, so ist die Urteilskraft reflektierend; dies geschieht oft in Forschungs*prozessen*, und es geschieht in einer spezifischen Modifikation beim Geschmacksurteil, wie sich noch zeigen wird. Will die reflektierende Urteilskraft nun mit Aussicht auf Erfolg tätig sein, so darf für sie die Natur und Welt in ihrer übergroßen Mannigfaltigkeit nicht ein Chaos oder Labyrinth darstellen; sie muss vielmehr annehmen, dass die Welt wenigstens prinzipiell in der Vielfalt ihrer besonderen Gegebenheiten und Formen fassbare Strukturen und Anordnungen aufweist; dann nämlich kann sich die reflektierende Urteilskraft in ihr zurechtfinden und orientieren. Diese Sehweise bestimmt Kant begrifflich als das Prinzip a priori der Zweckmäßigkeit der Natur in ihrer Mannigfaltigkeit für die reflektierende Urteilskraft; es handelt sich freilich nur um eine notwendige Erwartung, kein objektives Naturgesetz. Es ist der Entwurf eines konkreten Weltbegriffs für die Orientierungssuche des Menschen.[20]

[19] Vgl. Kant's gesammelte Schriften. X, 514 f.

[20] Hierzu mag verwiesen werden auf die Darlegung des Vfs.: Die Teleologie in Kants Weltbegriff. Kant-Studien Ergänzungsheft 96. 2. erw. Aufl. Bonn 1986. Zur ›Kritik der Urteilskraft‹ als ganzer vgl. H. W. Cassirer: A Commentary on Kant's Critique of Judgment. London 1938.

Eine Spezifikation dieser allgemeinen Zweckmäßigkeit ist die ästhetisch-subjektive Zweckmäßigkeit. Sie tritt ein, wenn uns im Mannigfaltigen unserer Welt einzelne anschauliche Formen der Natur oder der Kunst begegnen, die in uns ein überraschendes und belebendes Spiel von Vorstellungskräften hervorrufen, sodass wir diese Formen als schön beurteilen. Es ist ein Glücksfall, dass es in unserer Welt schöne Formen gibt; und dies ist eine spezifische Ausprägung jener allgemeinen Zweckmäßigkeit. – In Kants Musterung der verschiedenen Momente des Geschmacksurteils über das Schöne erweist sich nun als entscheidend, dass ein solches Geschmacksurteil zwar kein Erkenntnisurteil ist und nicht in bestimmten Begriffen gründet, gleichwohl aber Allgemeingültigkeit beanspruchen kann. Denn es sind nur Erkenntnisvermögen, die in der ästhetischen Betrachtung schöner Formen zusammenwirken, und zwar diejenigen, die die reflektierende Urteilskraft ausmachen, nämlich Einbildungskraft als Vermögen in sich strukturierter sinnlicher Anschauungen und Verstand als Vermögen der Begriffe. Sie befinden sich bei der Betrachtung des Schönen in einem freien und harmonischen Spiel, ohne dass es zur begrifflichen Bestimmung kommt. Ihr Spiel ist prinzipiell allgemein und das ästhetische Urteil darüber allgemeingültig, weil das Zusammenwirken dieser Erkenntniskräfte subjektiv ebenso allgemein ist wie bestimmte Erkenntnisse. Jedermann also kann angesonnen werden, einem Urteil wie: ‚Dieser Anblick ist schön' zuzustimmen. – Solche ästhetische Betrachtung lässt das Subjekt nun Distanz gewinnen zum sinnlich-natürlichen Begehren; und sie ermöglicht damit einen empirischen „Übergang" zum moralischen Interesse und zur sittlichen Einstellung, der prinzipiell in einem „Übergang" von der Natur zur Freiheit gegründet ist.[21]

Die allgemeine Zweckmäßigkeit der Natur bildet nicht nur die Grundlage für die ästhetisch, sondern auch für die teleologisch reflektierende Urteilskraft. Wenn nun Naturwesen wie die Organismen vorkommen, die mechanisch ganz unerklärlich sind, so setzt die Urteilskraft nach jenem Prinzip der allgemeinen Zweckmäßigkeit gleichwohl voraus, dass sie doch irgendwie erfassbar sein müssen. Sie sucht daher reflektierend nach einem angemessenen Begriff, um sich organische Naturwesen, deren innere Wirkungsweise und Produktivität verständlich zu machen, und sie entwirft für

[21] Vgl. ›Kritik der Urteilskraft‹. 2. Aufl. Berlin 1793, 260, zum „Übergang" prinzipiell LV ff. – Hinzugefügt sei, dass Kants ‚Ästhetik' (im heutigen Sinne) grundlegend eine vom Beurteiler ausgehende Geschmacksästhetik ist im Gegensatz zum Grundtypus einer Genieästhetik, ferner dass sie Ästhetik der reinen Form ist im Gegensatz zu einer Gehaltsästhetik. Da der Sachgehalt also für Kant in der ästhetischen Betrachtung nicht wesentlich ist, lässt sich seine Lehre von ästhetischen Wertprädikaten zwanglos auch auf moderne gegenstandslose Kunst anwenden.

ein solches Verständnis eine bestimmte Modellvorstellung, nämlich den Begriff des Naturzwecks. Damit wird nicht objektiv erkannt, Organismen seien Naturzwecke, sondern nur deren Eigenart begrifflich näher gekennzeichnet. Es wird dabei vorgestellt, dass jeweils ein mögliches Ganzes vorausgeht als Grund für die Verbindung und Realisierung der Teile als Organe in deren wechselseitiger Funktionalität, sodass dadurch das wirkliche Ganze hervorgebracht wird. Jenes vorausgehende Ganze ist nicht ein äußerer Entwurf in einem anderen Wesen, nicht eine etwa vom Menschen gesetzte, dem Ding selbst äußere Zweckidee; vielmehr ist jenes Ganze als dem organischen Naturwesen immanent zu denken. In der Natur stellen wir uns auf diese Weise also *Natur*zwecke vor.

So bilden die Naturzweckmäßigkeit überhaupt und – als Bestärkung – die Existenz von Naturzwecken, wie wir sie uns vorstellen, die ermöglichende Grundlage für die Konzeption, dass menschliche Zwecke, auch sittliche Zwecke der Freiheit in der Natur und Welt in Übereinstimmung mit deren besonderen Beschaffenheiten und Gesetzen zu verwirklichen sind und Bestand haben können. Solche Zwecke, insbesondere diejenigen der Freiheit und ihre Wirkungen in der Sinnenwelt sind demnach durch den Naturlauf nicht von vornherein zum Scheitern verurteilt. Dies gilt auch für den sittlichen Endzweck: das höchste Gut in der Welt als harmonische Zusammenstimmung von Sittlichkeit und Glückseligkeit; auch er und seine sinnlichen Folgen können in der Natur in Übereinstimmung mit ihren besonderen Einrichtungen und Gesetzen dann existieren, wenn der Natur solche Zweckmäßigkeit zukommt; und so ermöglicht der Entwurf der Zweckmäßigkeit der Natur auch in der Sicht der teleologischen Urteilskraft einen ‚Übergang' von der Natur als Welt der Erscheinungen zum Endzweck, zu dem der Mensch nur durch Freiheit beitragen kann.[22]

Den Endzweck als das höchste Gut aber kann der Mensch aus eigener Kraft nicht herbeiführen, obwohl dies Auftrag des Sittengesetzes ist. Daher muss er zusätzliche Bedingungen aufstellen, unter denen er sich eine solche Realisierung denken kann; dies aber sind praktisch-sittlich modifizierte metaphysische Konzeptionen von Gott und Unsterblichkeit. So wird die Metaphysik von Kant nicht einfach abgetan, sondern vor dem Hintergrund einer notwendigen Verbindung von Natur und Freiheit in praktischer Bedeutung subjektiviert. Metaphysik ist also als Wissenschaft nicht möglich;

[22] Damit verbunden ist nach Kant, dass das übersinnliche Substrat der Natur für die theoretische Erkenntnis ganz unbestimmt bleibt, für die reflektierende Urteilskraft, auch für den Geschmack als eine Art Spontaneität bestimmbar und für die praktische Vernunft als Freiheit bestimmt ist. Vgl. Kr. d. U., LVI. Zu dieser Deutung mag der Verweis erlaubt sein auf die Interpretation des Vfs.: Die Teleologie in Kants Weltbegriff (s. Anm. 20), 102–115.

sie wird jedoch vom endlichen sittlichen Subjekt in der Welt als letzter Sinnhorizont seiner sittlichen Praxis entworfen.

Auswahlbibliographie

Primärliteratur:

Kant's gesammelte Schriften. Hrsg. von der Preußischen (Deutschen) Akademie der Wissenschaften. Berlin 1900 ff. Reprint der Abt. I (als Taschenbuch) Berlin 1968.

Werke in sechs Bänden. Studienausgabe. Hrsg. von W. Weischedel. Wiesbaden, Frankfurt/M. 1956–1964. Überprüfter Nachdruck: Darmstadt 1983.

Sekundärliteratur:

Baum, M.: Deduktion und Beweis in Kants Transzendentalphilosophie. Untersuchungen zur ›Kritik der reinen Vernunft‹. Königstein/T. 1986.

Beck, L. W.: Kants ›Kritik der praktischen Vernunft‹. Ein Kommentar. Aus dem Englischen übers. von K.-H. Ilting. 3. Aufl. München 1995.

Cassirer, H. W.: A Commentary on Kant's Critique of Judgment. London 1938.

Düsing, K.: Die Teleologie in Kants Weltbegriff. Kant-Studien Ergänzungsheft 96. 2. erw. Aufl. Bonn 1986.

Ebbinghaus, J.: Gesammelte Aufsätze, Vorträge und Reden. Darmstadt 1968.

Guyer, P.: Kant and the Claims of Taste. Cambridge, Mass. 1979.

Heimsoeth, H.: Studien zur Philosophie Immanuel Kants. Metaphysische Ursprünge und ontologische Grundlagen. Kant-Studien Ergänzungsheft 71. Köln 1956.

Heimsoeth, H.: Transzendentale Dialektik. Ein Kommentar zu Kants ›Kritik der reinen Vernunft‹. 4 Bde. Berlin 1966–1971.

Henrich, D.: Identität und Objektivität. Eine Untersuchung über Kants transzendentale Deduktion. Heidelberg 1976.

Höffe, O.: Immanuel Kant. München 1983.

Körner, S.: Kant. Aus dem Englischen übersetzt von E. Serelman-Küchler und M. Nocken. 2. Aufl. Göttingen 1980.

Kreimendahl, L.: Kant – Der Durchbruch von 1769. Köln 1990.

Marcuci, S.: Aspetti epistemologici della finalità in Kant. Florenz 1972.

Paton, H. J.: Der kategorische Imperativ. Eine Untersuchung über Kants Moralphilosophie. Aus dem Englischen übersetzt von K. Schenck. Berlin 1962.

Paton, H. J.: Kant's Metaphysic of Experience. 2 Bde. 5. Aufl. London, New York 1970.

Reich, K.: Die Vollständigkeit der kantischen Urteilstafel. 3. Aufl. Hamburg 1986.

Strawson, P. F.: The Bounds of Sense. An essay on Kant's Critique of Pure Reason. London 1966. Reprint London 1973.

JOHANN GOTTLIEB FICHTE

Die Bestimmung des Menschen nach Prinzipien der Vernunftwissenschaft

Von Wolfgang Janke

1. Jena (1794–1798). Tathandlung des Ich bin. Vervollkommnung ins Unendliche

Am 8. September 1794 schrieb Schiller an Johann Benjamin Erhard: „In einem Publicum, das Fichte […] liest, hat er sehr herrliche Ideen ausgestreut, die eine Anwendung seiner höchsten Grundsätze auf die Menschen in der Gesellschaft enthalten" (FiG I, 148).[1] Die Rede ist von einem öffentlichen Kolleg (von Mai 1794 bis Februar 1795) in Jena ›Von den Pflichten der Gelehrten‹. In ihm übertrug der Zweiunddreißigjährige – der einstige 'Hütejunge', Sohn eines Leinewebers aus Rammenau, der über Nacht durch eine Schrift im Kantischen Geiste ›Versuch einer Kritik aller Offenbarung‹ von einem unbekannten Kandidaten der Theologie und bedrückten Hauslehrer zur literarischen Berühmtheit aufgestiegen war – die in Zürich entworfenen und in der Jenaer 'Privatvorlesung' ausgearbeiteten Grundsätze der Tathandlung und Freiheit des Ich auf die Frage nach der Bestimmung des Menschen an sich und in der Gesellschaft. Darin finden der politische Freiheitswille und die Gleicheitsforderung der Französischen Revolution eine adäquate philosophische Theorie. Zuvor hatte Fichte schon mit zwei Flugschriften in den Meinungsstreit über jene Weltbegebenheit eingegriffen, in welcher nach Schiller das künftige Schicksal der

[1] Zitiert wird mit folgenden Siglen: SW I–XI = Fichtes sämtliche Werke, hrsg. v. I. H. Fichte, Ndr. Berlin 1971. – GA I–IV = J. G. Fichte – Gesamtausg. der Bayerischen Akad. d. Wissenschaften, hrsg. v. R. Lauth, H. Jacob u. H. Gliwitzky, Stuttgart-Bad Cannstatt 1964 ff. – FiG I–V = Fichte im Gespräch. Berichte der Zeitgenossen, hrsg. v. E. Fuchs, Stuttgart-Bad Cannstatt 1978–1991. – ThW I–XX = G. W. F. Hegel, Werke, hrsg. v. E. Moldenhauer u. K. M. Michel, Frankfurt a. M. 1969 ff. (Theorie-Werkausg.: Suhrkamp). – StA I–VI = Große Stuttgarter Hölderlin-Ausg., hrsg. v. F. Beissner u. A. Beck, Stuttgart 1943–1977. – SW I–XIV = Schelling, Sämtliche Werke, hrsg. v. K. F. A. Schelling, Stuttgart–Augsburg 1856–1861. – KSA I–XV = Friedrich Nietzsche, Sämtliche Werke. Kritische Studienausg., hrsg. v. G. Colli u. M. Montinari, Berlin–New York 1967–1977.

Menschheit entschieden würde. Vorzüglich im ›Beitrag zur Berichtigung der Urteile des Publikums über die französische Revolution‹ 1793 leitete Fichte – gegen August Wilhelm Rehbergs Verdammung der rechts- und vernunftwidrigen Revolution – das unveräußerliche Recht auf Widerstand und Revolution aus Rechtsprinzipien ab und stellte die Idee weltbürgerlicher Freiheit gegen Fürstenherrschaft und ständische Ungleichheit. Im Frühjahr 1795 konnte Fichte in einem Briefentwurf selbstbewußt notieren: „Mein System ist das erste System der Freiheit. Wie jene Nation die politischen Fesseln der Menschen zerbrochen hat, so reißt das meinige in der Theorie den Menschen los von den Ketten der Dinge an sich und ihres Einflusses" (GA III, 2, 300). Friedrich Schlegel hat im Athenäums-Fragment 1798 die Französische Revolution, Fichtes Wissenschaftslehre und Goethes ›Wilhelm Meister‹ die größten Tendenzen des Zeitalters genannt.

Die ersten beiden Jenaer Vorlesungen definieren die Bestimmung des Menschen an sich als Aufgabe, alles Vernunftlose in unendlicher Annäherung vollkommen unter die Gesetze der Vernunft und Freiheit zu stellen, und sie sehen die Bestimmung des Menschen in der Gesellschaft darin, Einigkeit und Gleichheit in einer vollständigen Wechselwirkung aus Freiheit ohne Staatsregierung herzustellen. Das sind in der Tat Anwendungen der obersten Grundsätze der Elementarphilosophie oder Wissenschaftslehre: „Ich bin" als Ausdruck der Tathandlung, „Ich soll = Ich sein" als Ausdruck unendlichen Strebens. Allein dieser Grundzug Fichteschen Denkens, die Bestimmung des Menschen aus Prinzipien der Vernunftwissenschaft herzuleiten, soll hier systematisch und historisch im Blick auf die Ausdehnung der Wissenschaftslehre „selbst in ihren Prinzipien" dargelegt werden.

Wirkungsgeschichtlich ist das Auftreten Fichtes in Jena kaum zu überschätzen. Seine zwingende Energie, sein unerhörtes Wahrheitspathos, sein Aufruf zum Handeln – ein Sturm von Feuer und Geist – ergriff und bewegte unmittelbar Denker, die das 19. Jahrhundert mitprägen sollten: Novalis, Hölderlin, Jean Paul, die Brüder Schlegel, Wilhelm von Humboldt und nicht zuletzt Schelling und Hegel. Spuren davon finden sich überall: in Schillers ästhetischem Humanismus (›Über die ästhetische Erziehung des Menschen‹), im magischen Idealismus des Novalis (›Fichte-Studien‹), in Friedrich Schlegels ›Philosophie der unvollendeten Welt‹, Jean Pauls ›Clavis Fichteana‹, Hölderlins ›Urtheil und Seyn‹ und nicht zuletzt in der Fülle der Schellingschen Frühschriften (von ›Über die Möglichkeit einer Form der Philosophie überhaupt‹ 1794 bis zum ›System des transzendentalen Idealismus‹ 1800). Hölderlin berichtet: „Fichte ist jetzt die Seele von Jena und gottlob! daß ers ist. Einen Mann von solcher Tiefe und Energie des Geistes kenn' ich sonst nicht" (an Neuffer, November 1794; StA VI, 139). Weitblickend aber hat Schiller in seiner Mitteilung an Erhard hinzugefügt: „Fichte ist noch in voller Arbeit, seine Elementarphilosophie zu vollenden. Ich bin überzeugt, daß es nur bey ihm stehen wird, in der Philosophie eine Gesetzgebende Rolle zu spielen, und sie um einen ziemlich großen Schritt vorwärts zu bringen. Aber der Weg geht an einem Abgrund hin [...]" (FiG I, 148).

Abgründig, dunkel, verstiegen, schwärmerisch – ein Labyrinth von Abstraktionen und Deduktionen –, so urteilte schon Friedrich Nicolai im Namen des gesunden Menschenverstandes über Fichtes „hypertranszendentale Philosophie"; deren Prinzip, „das reine Ich ohne Substrat", sei „die abstrakteste aller Abstraktionen" und evoziere lediglich ein Spiel mit Worten und Begriffen (›Philosophische Abhandlung‹ 1808; Nachdruck Hildesheim 1991, 149, 273 u. ö.). Und seit Schopenhauer wird Fichtes Wissenschaftslehre weltweit als Kunst philosophischer Mystifikation und als unter der Larve des Tiefsinns auftretender Unsinn verspottet. Es mag daher nicht überflüssig sein, Fichtes Neufassung des Vernunftsystems durchzugehen, und zwar in Konzentration auf die Aufstellung des Ersten, schlechthin unbedingten Grundsatzes.

Dabei lassen sich drei Thesen herausheben, welche den Weg zur Tathandlung mit dem Ausdruck Ich bin und zur höchsten Einheit in der Gleichung Ich = Ich markieren und die zum Ziele führen, einen Anfangsgrund darzulegen, der Descartes' Satz der Ich-Gewißheit und Kants Grundsatz des Ich-denke an Tragfähigkeit überbietet; denn Descartes' Grundlegung des Ich bin steckt in einem Dilemma: Entweder resultiert sie aus einem Schluß (cogito ergo sum), oder sie stellt ein unmittelbares Faktum (sum cogitans) dar; im ersten Falle handelt es sich um einen bewiesenen, mithin abgeleiteten Folgesatz, im zweiten Falle um die Behauptung einer Tatsache ohne Einsicht in das Ursprungsverhältnis von sum und cogitare (vgl. ›Grundlage‹ § 1; GA I, 2, 262). Kant dagegen hat zwar die ursprüngliche Einheit des Ich-denke in einem synthetischen Satz a priori ausgedrückt (Kritik der reinen Vernunft, A 117), aber er hat diesen Satz nicht als Grundsatz für ein System der gesamten, d. h. der theoretischen und praktischen Vernunftwissenschaft ausgearbeitet. Das aber gerade ist das Ziel der Fichteschen Grundsatzoperation.

Deren erste Phase markiert der Bescheid: „Dieser Satz: Ich bin, ist bis jetzt nur auf eine Thatsache gegründet, und hat keine andere Gültigkeit, als die einer Thatsache. Soll der Satz A = A (oder bestimmter, dasjenige, was in ihm schlechthin gesezt ist = X) gewiß seyn, so muß auch der Satz: Ich bin, gewiß seyn" (GA I, 2, 258). Der erste Anlauf (§ 1 Nr. 1–5) sucht eine zuhöchst gewisse Tatsache zu deduzieren. Dabei meint „Tatsache" alles, worauf man im Bewußtsein stößt, und nicht nur solches, was vermittelst von Empfindungen wahrnehmbar ist, mithin auch mathematische oder logische Sachverhalte. Nun gilt als zuhöchst gewisse Tatsache der Satz der Identität A = A. Er war im Leibnizschen Rationalismus zu einem unbedingten Grundsatz erhoben worden. Indessen, dieser Ausdruck des principium identitatis steht selber in einem Begründungsverhältnis (X): A ist A (mit sich gleich), wenn A ist, d. h. objektiv real existiert. Seinsmäßig genau zugesehen, baut die Gewißheit des Satzes A = A auf der Gewißheit eines Bedingungsverhältnisses von Mit-sich-identisch-sein und realem Wirklichsein. Das aber gründet alles im Ich; denn A ist objektiv real dadurch, daß es vom Ich gesetzt, d. h. als seiend vorgestellt ist. Und der Zusammenhang von Sein und Identischsein hat seine Basis im Ich bin; denn das Sein des Ich (das esse des sum) besteht in nichts anderem als in einer Tätigkeit, die in sich selbst zurückkehrt (cogito me cogitare). Freilich, soweit ist lediglich eine Grundtatsache gerechtfertigt. Das Ich findet sich tatsächlich als notwendige Bedingung für eine zuhöchst gewisse Tatsache nachgewiesen. Das beschränkt methodisch die Reichweite einer transzendentalen Deduktion und historisch die Eigenart der „Elementarphilosophie"; denn Reinholds Satz der Vorstellung, „daß die Vorstellung im Bewußtseyn durch das Subjekt vom Objekt und Subjekt unterschieden und auf beyde bezogen werde" (›Ueber das Fundament philosophischen Wissens‹ 1791 = Hamburg 1978, 78), baut auf einer Tatsache des Bewußtseins. Er leitet in den gesamten theoretischen Teil einer philosophischen Wissenschaft ein, aber er vermag das System nicht zu tragen. Dafür ist das Ich bin als Tathandlung zu entwickeln und adäquat auszudrücken.

„Der unmittelbare Ausdruck der jezt entwickelten Thathandlung wäre folgende Formel: *Ich bin schlechthin, d. i. ich bin schlechthin, weil ich bin; und ich bin schlechthin, was ich bin; beides für das Ich*" (GA I, 2, 260). Das drückt die allen Tatsachen des Bewußtseins zugrundeliegende „Tathandlung" aus. Heißt nämlich „Tat" das Produkt einer Handlung, so sind im Blick auf den spontanen Akt des reinen Selbstbewußtseins Tat und Handlung eins. Das Ich setzt sich schlechthin selbst, Setzen und Gesetztes sind beim absoluten Ich eins und dasselbe.

Genauer analysiert baut sich das Ganze der Tathandlung aus drei Strukturmomenten auf: Sich-Setzen ist Selbstzweck, Selbstbestimmung und Selbstanschauung, und das kommt bei der Bestimmung des Menschen im Doppelsinn von Definition (Wasbestimmtheit) und Destination (Aufgabe) zur Anwendung. Ausdrücklich liegt die Bestimmung der Menschheit seit Kant in der Aufgabe, die eigene Vernunft zu gebrauchen und Freiheit zu verwirklichen; denn die Würde des Menschen bestehe darin, jederzeit auch als Selbstzweck geachtet und nicht nur als Mittel benutzt zu werden. Diese Bescheide gründen im Grundsatz: Ich bin, *weil* ich bin. Das Ich ist zu nichts anderem gut, als sich selber zu setzen. Entsprechend steht es mit der definitiven Bestimmung des Wasseins. Der Mensch heißt das Wesen, welches Vernunft und Freiheit hat. Darum stimmt er mit seinem Wesen überein, wenn er frei ist, und er verliert sein Wesen, sofern und soweit er determiniert und von außen bedingt wird. Auch das gründet in der Verfassung der Tathandlung: Ich bin schlechthin, *was* ich bin. Das Ich ist, was es ist, aufgrund seiner Selbstbestimmung. Es wird zum Nicht-Ich, sofern und soweit es fremdbestimmt ist. Nun aber vollzieht der Mensch nicht nur die Tathandlung der Selbstsetzung und Selbstbestimmung, er ist sich dieses seines ursprünglichen Handelns bewußt: *„Das Ich ist für das Ich"* (GA I, 2, 260). Und dieses Fürsichsein ist nicht etwa zufällig oder kontingent. Die Tathandlung als Selbstzweck und Selbstbestimmung lebt immer und unabtrennlich im Stande intellektueller Selbstanschauung.

Dieses Schlüssel- und Problemwort des Deutschen Idealismus bewegt Fichtes Denken von Anfang an. Schon in den ›Eignen Meditationen über *Elementar-Philosophie*‹ November 1793 bedenkt Fichte vorsichtig den Status einer intellektuellen Anschauung, natürlich in Respekt auf Kants Entscheid, für uns gebe es keine intellektuelle Anschauung – unsere Anschauung sei unmittelbar intuitiv. Und wir hätten keinen intuitiven Verstand – unser Begreifen sei diskursiv. Fichtes Meditation erwägt die Auskunft: „Insofern *ich* im Vorstellen *thätig* ist, wenn es als solches angeschaut würde, so wäre eine solche Anschauung *intellectuell*" (GA II, 3, 144). In der Lavater-Nachschrift 1794 heißt es schon zuversichtlicher: „Es wird sich ferner zeigen, daß das *Ich* ursprünglich auch eine Anschauung, aber keine sinnliche, sondern intellektuelle ist" (›Züricher Vorlesungen über den Begriff der Wissenschaftslehre‹, hrsg. v. E. Fuchs, Neuried 1996, 125). Die ›Neue Darstellung‹ 1797/98 endlich unterscheidet klar und deutlich: „Die intellectuelle Anschauung, von welcher die Wissenschaftslehre redet, geht gar nicht auf ein Seyn, sondern auf ein Handeln" (GA I, 4, 225). Sie macht die Handlung der schlechthinnigen Selbstsetzung und freien Selbstbestimmung unter dem Anspruch des Sittengesetzes bewußt. In dieser Wendung kommt dem Fürsichsein, das auf die Tathandlung des Ich geht, der Status einer intellektuellen Anschauung zu.

Es ist Hegels ›Differenzschrift‹, welche Fichtes Identitätsprinzip in der Form Ich = Ich und dem Element der intellektuellen Anschauung so abschätzt: Es bilde nur die Regel, deren Erfüllung postuliert, aber im System nicht konstruiert werde; eine Identität aber, die eine absolute bloß sein soll, sei unvollständig, eben eine bloß subjektive Subjekt-Objekt-Einheit. Das hat Schule gemacht. Darum ist es lehrreich, Fichtes eigene Darstellung zu Wort kommen zu lassen. Das geschieht in Abgrenzung gegen Spinozas Einheitsgedanken des Hen kai Pan (Eins und Alles). „Seine höchste Einheit werden wir in der Wissenschaftslehre wieder finden; aber nicht als etwas, das *ist,* sondern als etwas, das durch uns hervorgebracht werden soll, aber nicht kann" (GA I, 2, 264). Spinozas Einheitslehre, die allen Dualismus aufhebt, ist wahr; aber sie kann nicht more geometrico aus Gründen der theoretischen Vernunft erschlossen werden – das ignoriert den Primat der praktischen Vernunft. Und sie darf nicht das Ideal mit einem substanzialen Seinsbestand verwechseln – das überspringt die Beschränktheit eines absoluten Ich-Subjekts. Dagegen ist die Wissenschaftslehre durch zwei Grundzüge gefeit. Ihre Grundlegung (§§ 1–3) nimmt die Thesis der Identität („Das Ich setzt sich schlechthin selbst") und die Antithesis der Nichtidentität („Das Ich setzt sich schlechthin ein Nicht-Ich entgegen") in einer Synthesis auf dem Boden der Endlichkeit vermittelst Teilbarkeit und Schranke zusammen („Das Ich setzt das teilbare Ich und teilbare Nicht-Ich im Ich zusammen"). Und die Systementfaltung führt über das Gebiet der theoretischen Vernunft unter dem Hauptsatz „Das Ich setzt sich selbst als bestimmt durch das Nicht-Ich" hinaus. Dessen methodische Explikation hat zwar die metaphysische und transzendentale Deduktion der Kategorien als Handlungsgesetze des Ich und den Zusammenhang mit der produktiven Einbildungskraft freigelegt, aber sie vermag nicht, die „Hauptantithesis" (›Grundlage‹ § 5; GA I, 2, 386) aufzulösen, den Widerspruch zwischen dem unendlichen und dem endlichen Ich, zwischen der sinnlich hingeschauten Wirklichkeit und der wahrhaft realen intelligiblen Überwirklichkeit. Darum ist die theoretische Vernunft auf die Vermittlungskraft der praktischen angewiesen. Deren Grundvermögen ist ein vom Sollen beanspruchtes, Schranken überwindendes endlich-unendliches Willensstreben. So kommt am Ende der verbindliche Sinn der Tathandlung in der Gleichung Ich = Ich heraus. Die Angleichung des Nicht-Ich an das Ich zur höchsten Einheit des Ich = Ich ist nicht gegeben, sondern aufgegeben.

Das sperrt den Königsweg einer Spekulation, welche vorgibt, die Schranken des Bewußtseins aufzuheben und das Absolute im Äther absoluten Wissens zu konstruieren. Es eröffnet dagegen die Möglichkeit, dieses Einheitsprinzip auf die endliche Bestimmung des Menschen anzuwenden. Diese besteht in der Aufgabe, die Unfreiheit und Unvernunft (das Nicht-Ichhafte) in Natur und Gesellschaft dem Ideal der Selbstbestimmung anzugleichen. Dabei kann der Mensch zwar eine vollständige Übereinstimmung von Vernunft und Wirklichkeit niemals vollbringen – so wäre er Gott und ein ens perfectissimum (ein zuhöchst vollkommenes Wesen), aber er soll und wird sich ihr in unendlicher Approximation annähern – als freies ens perfectibile (der Vervollkommnung fähiges Wesen). „So ist *Vollkommenheit* das höchste, unerreichbare Ziel des Menschen; *Vervollkommnung ins unendliche* aber ist seine Bestimmung" (GA I, 3, 22). Es ist die Ausfaltung der Tathandlung zum Leitsatz „Ich soll = Ich werden", welche dem Fortschrittsglauben und der Perfektibilitätshypothese des Jahrhunderts eine philosophische Basis gibt.

Fichte selbst war in seiner Jugend- und Studienzeit außer durch das Dreigestirn Lessing, Rousseau, Klopstock von dem protestantischen Theologen Johann Joachim Spalding aus dem Kreis um Semler bewegt worden, „dessen Bestimmung des Menschen es war, die den ersten Keim der höheren Spekulation in meine jugendliche Seele warf, und dessen Schriften alle, so wie die genannte, das Streben nach dem Uebersinnlichen, und Unvergänglichen so treflich characterisiren" (›Appellation an das Publikum‹; GA I, 5, 447). Spaldings verbreitete ›Betrachtung über die Bestimmung des Menschen‹ 1748 – bis 1794 erschienen 13 Auflagen – behauptete gegen die materialistische Anthropologie eines La Mettrie die unendliche Vervollkommnung und ein Streben nach Gottähnlichkeit als Aufgabe des Menschen, und zwar im Geiste der Leibnizschen Metaphysik und der Schottischen Moralphilosophie. Fichte hat diese Idee auf ihr transzendentales Fundament zurückgestellt.

2. Zwischen Jena und Berlin (1798–1800). Synthesis der Geisterwelt. Glauben an die göttliche Weltregierung

Am 27. Dezember 1800 nahm Fichte zu Hauptsätzen der Schellingschen Naturphilosophie (das objektiv produzierende Ich sei nichts als Natur, das zu sich gekommene Ich deren höchste Potenz und die Naturphilosophie der ausstehende materielle Erweis, daß alles = Ich ist) Stellung. Diese Sätze ließen sich nicht aus den bisherigen Prinzipien der Transzendentalphilosophie herleiten, sie könnten „nur durch eine *weitere Ausdehnung der Transzendentalphilosophie, selbst in ihren Principien,* begründet werden" (GA III, 4, 406). Und Fichte fährt fort: „Die deutlichsten Winke darüber finden sich im dritten Buche meiner *Bestimmung des Menschen* [...]. Mit einem Worte: es fehlt noch an einem transzendentalen *Systeme der intelligiblen Welt*" (ebd.). Das ist nicht so mißzuverstehen, als würde die Wissenschaftslehre ihre untragbar gewordenen Prinzipien verlassen. Es geht vielmehr darum, die Prinzipien der Ichheit zu vollenden, und zwar über die Synthesis von Ich und Nicht-Ich durch das Streben der praktischen Vernunft hinaus zur Synthesis eines interpersonalen Wir im Glauben an die unbegreifliche Lebensordnung der intelligiblen Welt. Das bestätigt die berühmte Mahnung an Schelling vom 31. Mai 1801: „Es fehlt der Wissenschaftslehre durchaus nicht in den Principien; wohl aber fehlt es ihr an Vollendung; die höchste Synthesis nämlich ist noch nicht gemacht, die Synthesis der Geisterwelt. Als ich Anstalt machte, diese Synthesis zu machen, schrie man Atheismus" (GA III, 5, 45). Mithin dreht sich der „Atheismusstreit" um eine Fortsetzung der Prinzipienfrage und damit um eine nötige Erweiterung der Bestimmung des Menschen.

Der Streit um Fichtes Atheismus wurde durch dessen Beitrag für das von ihm selbst und Immanuel Niethammer herausgegebene ›Philosophische Journal einer Gesellschaft Teutscher Gelehrter‹ (8. Bd., 1798, 1–20) ausgelöst: ›Über den Grund unseres Glaubens an eine göttliche Weltregierung‹. Darin wollte Fichte lediglich Karl Friedrich Forbergs These, Religion sei ohne Rest auf praktischen Glauben und sittliches Handeln zu reduzieren („Entwicklung des Begriffs der Religion“, in: ›Philosophisches Journal‹ Bd. 8, 21–46) durch folgenden Gedanken über die religiöse Bestimmung des Menschen korrigieren. Zur Bestimmung des Menschen gehört ein unmittelbarer Glaube. Dieser knüpft an drei Gewißheiten an: daß das vom Menschen Gesollte ausführbar ist („Ich kann; denn ich soll“; GA I, 5, 352), daß die sinnliche Natur den Sinn hat, Sphäre der Freiheit zu sein („Unsere Welt ist das versinnlichte Materiale unsrer Pflicht“; GA I, 5, 353), und daß sich an das Rechttun und sittliche Handeln notwendig im ‘Reiche der Zwecke’ Folgen knüpfen, die von unserem endlichen Willen nicht herbeigeführt werden können. „Ich glaube [...] an ein Princip, zufolge dessen aus jeder pflichtmässigen Willensbestimmung die Beförderung des Vernunftzwecks sicher erfolgt“ (›Rückerinnerungen‹ Nr. 32; GA II, 5, 162). Diese unfehlbar ‘regierende’ Weltordnung (ordo ordinans), das ist Gott und der Glaube daran der rechte Gottesglaube.

Verständlicherweise erklärte die betroffene Öffentlichkeit, die Fichte-Forbergsche Lehre mit ihren Verneinungen der Gottesbeweise, des Schöpfungsglaubens, eines persönlichen Gottes vertrage sich weder mit der christlichen Offenbarung noch mit der natürlichen Religion. Überraschenderweise aber erließ die Kursächsische Regierung aus Anlaß einer anonymen Denunziation ein Konfiskationsreskript und erhob bei dem Träger der Jenaer Universität Anklage. Die Verteidigungsschriften zeigen Fichte in seinem ganz und gar unerschrockenen und unbiegsamen Charakter. Er forderte nicht nur Freiheit des Geistes und des Forschungstriebes, wider die der Staat nicht zu vernünfteln habe und die an keine bestimmte Religion als Prüfstein der Wahrheit gebunden sei. Und er demonstrierte auch nicht bloß aus logischen Axiomen, daß, wer die Beweise für das Dasein Gottes widerlege, nicht das Dasein Gottes leugne, und daß, wer gewisse Bestimmungen Gottes (Substanz, Bewußtsein, Personhaftigkeit) in Abrede stelle, nur einen verendlichten, anthropomorphen Gott, nicht die wahre Gottheit negiere. Unerbittlich klagt Fichte die Ankläger an. Sie seien Eudämonisten und Dogmatisten; sie hielten sich an Gott als den Geber allen Genusses und Austeiler von Glück und Unglück, dessen Schöpfungsplan den Zweck habe, die höchstmögliche Summe des Genusses hervorzubringen. „Ein solcher Gott ist ganz eigentlich ‘der Fürst der Welt’. – Sie sind *ohne* Gott“ (›Appellation‹; GA I, 6, 437). – Der Weimarer Staatsrat erteilte auf Drängen Goethes Fichte am 29. März 1799 einen Verweis seiner „Unbedachtsamkeit“. Im Juli 1799 reiste Fichte aus Jena ins tolerante Berlin ab.

Er nahm die Aufgabe mit, den Ausbau des Systems zu erweitern und selbst in den Prinzipien auszudehnen. Das ergab sich aus dem noch nicht vollendeten Stand der Systementfaltung zu Beginn des Jahrhunderts. Aus Prinzipien der Jenaer „Grundlage“ war zuerst das Naturrecht, d. i. die Bestimmung des Menschen als Rechtssubjekt, danach die Sittenlehre, d. i. die Bestimmung des Menschen als persona moralis deduziert worden. (Deduzieren heißt hier, etwas als integrales Moment im Aufbau des Selbstbewußtseins und als notwendige Bedingung für das Handeln des seine Freiheit verwirklichenden Ich nachweisen.) Es fehlte die Bestimmung des Menschen als religiöses, gottgebundenes Wesen. Dabei sollte die Erörterung der religiösen Lebensform nicht bloß die Konstitution von Natur, Rechtswelt und Sittlichkeit ergänzen. Sie hat prinzipielle Fragen zu lösen, die in der Naturrechts- und Sittenlehre offengeblieben waren.

Voraussetzung für den Rechtsbegriff (das Beisammenbestehen der Freiheit mehrerer vernünftig-sinnlicher Wesen) wie für das Rechtsgesetz („ich muß meine Freiheit durch den Begriff der Freiheit der anderen beschränken“) ist die Aufklärung der Fremderfahrung. Fichte hat diese in der Cartesischen Tradition fast unberührte Frage bahnbrechend durch die Ich-Du-Dialektik der Aufforderung gelöst (›Grundlage des Naturrechts nach Principien der Wissenschaftslehre‹ 1796; §§ 1–4). Damit war die Individualität des Ich in einem monadischen Weltvorstellen und -streben zum Wechselbegriff einer Anerkennung ausgedehnt, wonach vernünftige freie Wesen einander als ihresgleichen behandeln. Die offene Frage ist, wie die Aufforderungen zwischen Freiheitswesen wirken können, wo doch die Kategorien der Kausalität und Wechselwirkung nur für die Sinnenwelt und Naturwesen gelten. Das Problem verschärft sich in der Sittenlehre. Diese geht von der Tatsache des sittlichen Bewußtseins, d. h. eines Handelns aus, dessen alleiniges Gesetz der Begriff der Selbsttätigkeit ist. Sie endet bei der im Gewissen fundierten Anwendung der Sittlichkeit (›Das System der Sittenlehre nach Principien der Wissenschaftslehre‹ 1798). Im Gewissen spricht das unbestechliche Gefühl der Billigung bzw. Mißbilligung im Falle der Übereinstimmung bzw. Nichtübereinstimmung meines Handelns mit dem Pflichtgebot. Das Gewissen sichert den Imperativ „Handle wie niemand!“ und leitet mich an, meinen unvertauschbaren und unwiederholbaren Lebensauftrag zu erfüllen. Die offene Frage ist, wie mein sittliches Wollen mit der Gesamtheit moralischer Vernunftwesen – dem Ich und Du vereinenden Wir – in einer intelligiblen Welt zusammenhängt, die eine von meinem Wollen unabhängige Realität hat und höher ist als die bloß hingeschaute Sinnenwelt, in welcher die Anstrengungen des gewissenhaften Willens zumeist an der Macht selbstsüchtiger Interessen scheitern.

Zur Problemlösung steht Fichte aus Leibnizscher Tradition die Lehre von der prästabilierten Harmonie vor Augen. Danach sei jede individuelle

Monade in ihrer vorstellend-strebenden Tätigkeit von Ewigkeit her mit allen anderen aufs beste abgestimmt. Aber Fichte gibt diese Vorgabe bald auf. Sie vertieft nicht das Prinzip der Selbstbestimmung, sie versetzt es in Widerspruch zur göttlichen Vorherbestimmung. Die höchste Synthesis betrifft sonach ausschließlich die „Geisterwelt" (Kants „Reich der Zwecke") oder die interpersonale moralische Weltordnung. Und diese ist nicht als ewig-überzeitliches Idealsystem und Vorbestimmungsordnung zu unterstellen. Das ordnende Leben, das jedes menschliche Freiheitswesen als Glied einer geistigen Gemeinschaft trägt und umfaßt, ist der Grund unseres Glaubens an eine göttliche Weltregierung. In diesem unbegreiflichen, niemals zu vergegenständlichenden Lebensgrund leben und weben wir. Das äußere, leibhafte Beisammensein menschlicher Individuen in der Sinnenwelt ist nur die Veräußerung dieses inneren Zusammenhangs. Und da bleibt jedermann die Wahl eingeräumt, sich in die intelligible Sittenordnung zu fügen oder der eigenen sinnlichen Triebbedingtheit zu folgen. Nun zeigt der Weltlauf, daß der Zweck unseres irdischen Lebens, das Weltbeste, oft genug ohne die moralische Absicht und unabhängig von der sittlichen Gesinnung zustande kommt, etwa durch den Antagonismus selbstsüchtiger Interessen. Die (pränihilistische) Konsequenz ist: Da der freie, praktisch-vernünftige Wille für die Erreichung der irdischen Zwecke entbehrlich ist, er aber unmöglich fruchtlos und leer sein kann, kann nicht die vorhandene irdische Welt, es muß eine überirdische intelligible Welt letzter Zweck unseres Lebens sein. In ihr lebt und wirkt der pflichtmäßige Wille unverlierbar in ewiger Ordnung. Der Glaube an jenen übersinnlichen Urzusammenhang aller Einzelwillen in einem unendlichen, göttlichen Willen ist die Quelle religiösen Lebens.

Gott ist nicht jenseitiger Schöpfer der irdischen Welt, sondern unendlicher Wille als unauflösliches Band der Geisterwelt. Endlich-menschlicher Wille kann sich nicht selbst zur Ursache von Wirkungen außerhalb der Sphäre seiner Sinnenwelt machen. Verbindliche Folgen kommen ihm in einem System der intelligiblen Welt allein dadurch zu, daß er von einem unendlichen Willen durchherrscht und geordnet ist. So ist göttliches Sein und Leben unmittelbar im Menschengeschlecht da: ursprünglich einigend, erleuchtend und mit ewigem, realem Leben erfüllend. „Es ist *sein* Licht, durch welches wir das Licht, und alles, was in seinem Lichte uns erscheint, erblicken […] Alles unser Leben ist Sein Leben […] Wir sind ewig, weil Er ewig ist" (›Bestimmung des Menschen‹, 3. Buch; GA I, 6, 296).

Von diesem ausgedehnten Prinzip der Wissenschaftslehre aus ändert sich dessen Anwendung auf die Bestimmung des Menschen. Für solche Kehre nimmt das Ende des 2. Buches der ›Bestimmung des Menschen‹ eine Schlüsselstellung ein. Es geht um die Autarkie des Wissens. Das Wissen erhebt sich über den Zweifel. Es rettet die Menschen davor, zwischen dem Wunsche nach Freiheit und der Verstandeseinsicht in die kausale Bedingtheit hin und her zu schwanken, und zwar durch die transzendentale Einsicht, daß die Dinge uns nicht bedingen, sondern durch uns bedingt sind. Aber das Wissen kann seine Unbedingtheit nicht wahren, vorzüglich aus zwei Gründen. Unbedingt zu sein bedeutet begreiflicherweise, nicht Ding und so an ihm selbst unbestimmt zu sein. Dann ist das Wissen an ihm selbst ohne Bestimmtheit, Halt und feststellende Grenze. Zudem erzeugt Wissen immer nur Wissen, und Wissen ist Abbilden. Der ontologische Zustand des Bildes aber ist Nichtsein. Und so verwundert es nicht, daß wir unseren „Bewußtseinsstrom" als halt- und endlose Abfolge von Bildern erfahren, deren Wissensgrund weder festzustellen noch festzuhalten ist. „*Ich selbst* weiß überhaupt nicht, und bin nicht, *Bilder* sind [...] Ich bin selbst dies nicht, sondern nur ein verworrenes Bild von den Bildern" (GA I, 6, 251). Was Fichtes ›Bestimmung des Menschen‹ hier vor Augen stellt, ist eine doppelte Gefahr neuzeitlichen Subjektivitätsdenkens: daß sich die Reflexion immer nur selber bespiegelt und daß sie sich in grenzenloser Unbestimmtheit verliert. Erst der Überstieg zur Glaubensgewißheit stellt die Bestimmung des Menschen auf den Boden einer Realität, die über die zweifelhafte massive Dinglichkeit und über die Bildhaftigkeit des Vorgestelltseins hinausliegt. Wahre Realität besteht im Verwirklichen des Handelns; und dieses hat sein Fundament nicht im Wissensvollzug des Ich, d. h. im Schema eines sich als Bild bildenden Bildes, sondern in einer Ordnung, in der sich das absolute Sein, Licht und Leben auswirkt.

3. Berlin (–1814). Absolutes Wissen = Existenz des Absoluten. In sich selber klar werden als Abdruck Gottes

Am 19. November 1800 schrieb Schelling aus Jena an Fichte: „Ich kann Ihnen nicht genug sagen, wie sehr es mich freut, Sie diesen Winter wieder in dem Wirkungskreis zu sehen, den Sie so herrlich erfüllt haben. Ich möchte sagen: das ist eine Epoche in der äußeren Geschichte der Philosophie, daß Fichte seine Philosophie in Berlin vorträgt" (GA III, 4, 368). Nun beschränkte sich der Berliner Wirkungskreis zunächst auf wenige Privatissima und Vorträge in der „Großen Loge Royale York" – Fichte war 1800 in der Berliner Loge „Pythagoras zum flammenden Stern" affiliert worden. Öffentlich trat Fichte erst 1804 mit drei Vortragsreihen über die Wissenschaftslehre auf, denen sich ein vierter Vortrag als Professor der Philosophie im Sommer 1805 an der damals noch preußischen Universität Erlangen anschloß.

Diese epochalen Vorträge haben das geistige Berlin angezogen. Schelling freilich wird sie alsbald (1806) so abqualifizieren: Fichte, der die Natur und Naturphilosophie hasse und das Göttliche über alle Wirklichkeit in ein reines Jenseits rücke, greife an im Dunkel einer Privatvorlesung „vor Berliner Weibern, Kabinettsräten und Kaufleuten" (›Darlegung des wahren Verhältnisses der Naturphilosophie zur verbesserten Fichteschen Lehre‹; SW VII, 125). Immerhin gehörten zum Berliner Auditorium Minister und Diplomaten wie K. F. Beyme, K. A. von Hardenberg, K. A. von Struensee, J. und K. von Metternich; Wissenschaftler, Künstler vom Range eines Ch. W. Hufeland, J. von Müller, K. F. Zelter, H. W. von Gerstenberg, A. W. Schlegel, K. A. Varnhagen von Ense, K. W. Solger und nicht zuletzt bedeutende Frauen wie Rahel Levin oder Henriette Herz. Freilich, Fichtes Hoffnung, durch mündliche Vorträge eine Schule zu stiften, hat sich nicht erfüllt. Die großen Berliner Umarbeitungen der Jenaer Grundlage, die Erlanger Fassung 1805 und die Wissenschaftslehre Königsberg 1807 – nach Königsberg war Fichte nach der preußischen Katastrophe mit der Regierung geflohen – blieben zu Lebzeiten unpubliziert. Fichtes „ungeschriebene Lehre" ist trotz eindrucksvoller Fortschritte in Edition und Interpretation immer noch nicht ganz durchdrungen und schon gar nicht allgemeines Bewußtsein geworden.[2] So, von ihrer Grundlage abgeschnitten, konnten Fichtes ›Die Bestimmung des Menschen‹ (1800) als Flucht in den Glauben gelesen, ›Die Anweisung zum seligen Leben‹ (1806) als Wende der „Johanneischen Periode" zur Mystik mißverstanden, die vierzehn im Akademiesaal zu Berlin 1807–1808 gehaltenen ›Reden an die deutsche Nation‹ 1914 zur deutschen Weltkriegsphilosophie und während des Nationalsozialismus zur Verkündung des deutschen Urvolkes und dessen Wiedergeburt in pangermanischem Ausmaße verunstaltet werden. Das Berliner Gedankenwerk insgesamt war lange vorher von Hegel als populäre Erbauung ohne spekulative Kraft bösartig abgeschätzt worden. „In seinen späteren populären Schriften hat Fichte Glauben, Liebe, Hoffnung, Religion aufgestellt ohne philosophisches Interesse, für ein allgemeines Publikum, eine Philosophie für aufgeklärte Juden und Jüdinnen, Staatsräte, Kotzebue" (›Vorlesung über die Geschichte der Philosophie‹; ThW XX, 413).

Fichte starb, 51 Jahre alt, am 29. Januar 1814 an Lazarettfieber. Im Ok-

[2] Den Stand der Fichte-Forschung dokumentieren die Sammelbände: Der transzendentale Gedanke. Die gegenwärtige Darstellung der Philosophie Fichtes. Vorträge der Internationalen Fichte-Tagung in Zwettl/Österreich 1977, hrsg. v. K. Hammacher, Hamburg 1981. – Transzendentalphilosophie als System. Die Auseinandersetzung zwischen 1794 und 1806. Vorträge der Internationalen Fichte-Tagung in Deutschlandsberg/Österreich 1987, hrsg. v. A. Mues, Hamburg 1989. – Zweihundert Jahre Wissenschaftslehre – Die Philosophie Johann Gottlieb Fichtes. Tagung der Internationalen Fichte-Gesellschaft 1994 in Jena = Fichte-Studien Bde. 9–13, hrsg. v. W. H. Schrader, Amsterdam–Atlanta 1997.

tober 1818 eröffnete Hegel seine Vorlesungstätigkeit in Berlin. Durch sie kam das philosophiegeschichtliche Dogma eines dialektischen Dreischrittes von der subjektiven Subjekt-Objekt-Einheit (Fichtes Jenaer Wissenschaftslehre) über die objektive Subjekt-Objekt-Einheit (Schellings Naturphilosophie) bis zum Gipfel einer vollendeten Subjekt-Objekt-Einheit (Hegels absoluter Idealismus) zur Herrschaft. Dieses Schema ist fragwürdig. Man braucht nur die Auseinandersetzung der Wissenschaftslehre selber mit der Antithese einer Naturphilosophie und der spekulativen Synthese des Absoluten zur Kenntnis zu nehmen. Darüber gibt ein einzigartiges Dokument Aufschluß, der Briefwechsel zwischen Fichte und Schelling vom November 1800, dem Beginn der Auseinandersetzung über den Gegensatz von Transzendentalphilosophie und Naturphilosophie, bis zum Januar 1802, der endgültigen Scheidung der Prinzipien des Absoluten und des absoluten Wissens.

Zuletzt bleibt für Fichte Natur das an ihm selber seins- und sinnlose Nicht-Ich, ein von der Intelligenz durch kategoriale Operationen erzeugtes, hingeschautes Phänomen. Darum bewegt sich eine Naturphilosophie, welche die Intelligenz ihrerseits von einem objektiv-subjektiven Naturwesen erzeugt sein läßt, im fehlerhaften Zirkel. Und ein absoluter Idealismus, der das Absolute selbst zum Anfangsgrund nimmt, kommt nicht einen einzigen Gedankenschritt weiter. Das ist Fichtes letztes Wort an Schelling: „Das absolute *selbst* aber ist kein Seyn, noch ist es ein Wissen, noch ist es Identität, oder Indifferenz beider: sondern es ist eben – *das* absolute – und jedes zweite Wort ist von Uebel“ (GA III, 5, 113). Dieser kritische Vorbehalt negiert nicht nur jede Gestalt und Stufe eines abstrakten Idealismus bzw. Realismus – da wird das Absolute einseitig auf die Seite des Wissens bzw. des Seins gestellt –, er verstellt vor allem den Weg einer Spekulation, die mit dem Absoluten als Indifferenz bzw. als Identität von Sein und Wissen anhebt. Das zielt auf Schellings obersten Grundsatz von der Vernunft als Indifferenz (Nichtverschiedenheit) des Idealen und Realen im „Identitätssystem“. Weil dieser Gedanke des Absoluten blind ist gegenüber unserem Sehen und Intelligieren des Absoluten, ist alles, was weiterhin über das „ist indifferent“ hinaus demonstriert wird („ist mit sich selbst gleich“ usw.), von Übel; denn dabei werden unvermerkt Gesetze unseres Denkens in das Absolute hineindemonstriert. Und das trifft auch Hegels Grundformel einer absoluten Identität von Identität und Nicht-Identität. Diese großmächtige Explikation des absoluten Seins im Äther des absoluten, sich als Einheit von Gegenstand und Bewußtsein wissenden Wissens überspringt die Kluft zwischen Absolutem und absolutem Wissen und ignoriert die Differenz zwischen absolutem Sein und absoluter Existenz. Und Hegels Selbstentfaltung des göttlichen Begriffs nimmt das Grundgesetz allen Wissens, die Sichvernichtung des Begriffs, nicht ernst.

Darauf achtet die Berliner Grundlegung der Vernunftwissenschaft. Fichtes These über Wissen und Sein lautet: „Soll es zu diesem (reinen Licht und Leben absoluten Wissens bzw. dem Wir – Vf.) wirklich kommen, so muß der Begriff gesetzt und vernichtet, und ein an sich unbegreifliches Sein gesetzt werden“ (GA II, 8, 60). Immer geht das Begreifen oder Intelligieren (das „Durch“) so vor sich, daß es etwas im Durchgang durch ein Entgegengesetztes als das faßt, was das Gegensätzliche nicht ist. Das gilt auch für das Intelligieren des Absoluten, d. h. des vom Relativen Losgelösten. Wir begreifen das Absolute und Ansichsein im Durchgang durch das, was es nicht ist, nämlich relativ auf das Bewußtsein im Stande des Fürsichseins. So aber, als Nicht-Relatives und Nicht-Fürunssein ist das Absolute als solches selber ein Relatives. Soll nun das einfach-eine, unzerteilte, singuläre Sein überhaupt einleuchten, dann muß sich das Intelligieren des Ich als Anfangsgrund absetzen und vom Unbegreiflichen mit der Evidenz des Glaubens ergreifen lassen. Gott oder das Absolute ist mehr als ein von uns notwendig zu denkender Gedanke, er ist das unser Dasein durchströmende lautere Licht und Leben.

Das prägt die Bestimmung und Aufgabe des religiösen Menschen, der sich ins göttliche Leben versenkt, indem er seine Selbsthaftigkeit vernichtet. „Der Mensch kann sich keinen Gott erzeugen, aber sich selbst als die eigentliche Negation, kann er vernichten, und sodann versinkt er in Gott“ (›Anweisung zum seligen Leben‹, 8. Vorlesung; GA I, 9, 148). Das hat die Wissenschaftslehre seit der Jahrhundertwende klargestellt. Die Tathandlung des Ich stellt sich nicht an die Stelle, an der bisher Gott stand. Besinnt sich das Ich auf seine Grenzen und den Ursprung des wahren, urrealen Seins, Lichts und Lebens, dann setzt es sich nicht schlechthin selbst, es setzt sich als obersten Anfangsgrund ab. Und das Gesetz der Sichvernichtung gilt über die „Johanneische Periode“ hinaus bis zum Schluß. „Gott ist nicht *durch* das Denken, sondern an ihm vernichtet sich das Denken [...] Wer also die Iche als Absolutes setzt, der hat eben nur Bilder“ (›Tatsache des Bewußtseins‹ 1813; SW IX, 563).

Das uns ergreifende Absolute kommt somit erst durch eine totale Abstraktion von allen Bewußtseinsrelationen unter dem Vorbehalte undurchdringlicher Geschlossenheit zur Sprache. Fichtes These vom Sein lautet daher: „Das Sein ist durchaus ein in sich geschlossenes Singulum des Lebens und Seins, das nie aus sich heraus kann“ (›Die Wissenschaftslehre. Zweiter Vortrag im Jahre 1804‹; GA II, 8, 242). Das in sich gegensatzlose Singulum schließt Dualität und Pluralität von sich aus, dergestalt, daß die zwei obersten Bedingungen von Sein, nämlich Vonsichsein (= aus sich lebendes Leben) und Durchsichbestehen (= ‘substanziales’ Sein) ununterscheidbar ineinander aufgehen. Deren Einheit ist weder spekulative Indifferenz noch absolute Identität, sondern ‘Inkludenz’: Geschlossensein in sich, das nie aus sich herauskann und sich nicht selbst begreift und vergegenwärtigt. Das zieht eine kritische Grenze. Eine Seinslehre vom Absoluten selbst kann es nicht geben. Vom Absoluten ist widerspruchsfrei nur zu sagen: Es ist schlechthin, d. h., es ist nicht mittelbar vorhanden und gegenständlich konstruiert, sondern es lebt (ein aus sich lebendes Leben und sich selbst effizierendes Licht).

Mithin setzt die Wissenschaftslehre nicht beim Absoluten selbst, sondern beim absoluten Wissen an, das sich als einzige unmittelbare Existenz des Absoluten versteht. Mit dieser Klarstellung endet der Fichte-Schelling-Streit. „Aber es scheint mir an sich klar, daß das Absolute nur eine absolute, d. h. in Beziehung auf Mannigfaltigkeit durchaus nur *Eine,* einfache, sich ewig gleiche Aeusserung haben kann; und dies ist eben das *absolute Wissen*" (GA III, 5, 112). Das mutet dem Menschen seine höchste Bestimmung an, nämlich Dasein des Absoluten zu sein. Dafür steht das Haupttheorem im erstmals 1984 aus dem Nachlaß edierten ›4. Vortrag der Wissenschaftslehre. Erlangen 1805‹ ein: „Das Wissen ist an sich die absolute oder was das gleiche bedeutet, wie sich zeigen wird, des Absoluten Existenz" (GA II, 9, 185). Unüberhörbar hat diese Fassung des obersten Grundsatzes gegenüber Jena einen neuen Ton: nicht mehr titanisch-faustisch „Am Anfang war die Tat", sondern meditativ-johanneisch „Im Anfang war immer schon der Logos".

„Wissen an sich" meint hier nicht einfach Erkenntnis in der Zweiheit von Anschauung und Denken, sondern „organische Einheit von Intelligieren und Intuieren": das durchnehmende Denken in der Reflexionsform des trennenden Als nicht ohne das Anschauen in der Evidenz geistigen Intuierens und umgekehrt. Entsprechend meint „absolute Existenz" nicht einfachhin gegenständliches Vorkommen der Dinge wie Stein, Baum, Wand oder Ofen im Bewußtsein, sondern Da- und Offenbarsein des Absoluten. Dabei ist Gott nicht, schöpfungstheologisch gedacht, in seinem Schöpfungswerk oder, pantheistisch gedacht, in Natur und Geschichte da. Unmittelbar existiert das Göttliche einzig im Licht und Leben menschlichen Wissens. „Es ist außer Gott, gar nichts wahrhaftig und in der eigentlichen Bedeutung des Worts da, denn das Wissen: und das Wissen ist das göttliche Daseyn selber, schlechthin und unmittelbar" (GA I, 9, 93). Das Sein ist da im Menschen, und der Mensch ist das Da des Seins.

Eine erste Durchklärung des beschriebenen Erlanger Haupttheorems führt zum Satz: „Die göttliche Existenz ist das Licht" (GA II, 9, 228). Licht ist der treffende Name der Wörtersprache für den Beziehungsgrund in der Relation von Sehen und Sein, nach Aristoteles: die Wirklichkeit (energeia) eines Durchlässigen (diaphanes) an ihm selbst (›De anima‹ 418b9). Licht läßt durch, nämlich das sehenkönnende Auge zu den sichtbaren Dingen und umgekehrt die sichtbaren Dinge zum Auge. Das Licht „lichtet". Im

Akt seines Scheinens macht es das mögliche Erscheinen der Dinge und das mögliche Wahrnehmen unseres Auges wirklich. Diese Verhältnisse sind übertragbar auf das „inwendige Licht“, in welchem das Ich sich selber als seiend zu Gesicht bekommt. Dabei sollte klar werden: Der Akt des Lichtes resultiert nicht aus den beiden Relaten des sehenden und gesehenen Ich. „Das Ich ist Resultat des Lichtes, keinesweges aber umgekehrt“ (GA II, 9, 216). Und es ist der Akt des bewußtseinserhellenden Lichtes, welcher das Wissen in seiner organischen Einheit belebt. „Das Licht aber ist *lebendig;* allgegenwärtig in allen seinen Theilen“ (GA II, 9, 218). Lebendig- und Beseeltsein bedeutet seit Aristoteles, seine Organe insgesamt wirklich gebrauchen zu können (›De anima‹ 412a16ff.). So nennen wir ein Einzelorgan wie das Auge „tot“, wenn es nicht mehr imstande ist, wirklich sehen zu können, und ein Organismus „stirbt ab“, wenn das organische Ganze nicht mehr um aller seiner Teile willen und jeder Teil nicht mehr um des Ganzen willen wirkt. Auch dieses metaphorische Wort für Sein ist übertragbar. Das inwendige, geistige Leben erzeugt die organische Einheit des Wissens im Durcheinandergehen seiner Ganzheit und Teilbarkeit.

Indessen, dieser Befund dringt noch nicht zum Ursprung vor. Dahin leitet das Gesetz der Sichvernichtung. „Nun aber vernichtet in dieser Erzeugung sogar das sich erzeugende Licht sich selbst“ (GA II, 9, 223). Auch diese „Vernichtung“ führt nicht dahin, das selbstbewußte Leben auszulöschen, um ganz mit dem göttlichen Lichte eins zu werden. Die Wissenschaftslehre lehrt keine unio mystica. Ihr Weg, der mit der Tathandlung begann, endet nicht mit einem passiven Versinken im Urgrunde der Gottheit. Das Sichvernichten bleibt Handlung und Akt, nämlich das Sichabsetzen in einem Setzen, das sich selbst übersteigt.

Und auch hier ist die Gleichniskraft des Lichtes sprechend, in transzendentaler Transformation des Platonischen Sonnengleichnisses, aber auch in philosophischer Deutung des Johannesprologs. Offenkundig ist das Scheinen der Helle in der Sinnenwelt nicht schon der Ursprung des Lichtes. Das ist die aufstrahlende Sonne, die, an ihr selber verborgen, nur im Vorscheinen ihrer eigenen Helle da ist. Entsprechend hält die inwendige Helle unseres Bewußtseins zwar die Relation organischen Wissens an sich rege, der Lichtgrund aber ist ein sich selbst effizierendes göttliches Licht und Leben, an dessen Unbegreiflichkeit sich der Begriff absetzt. Zugleich klingen die herausgegliederten Hauptglieder „Wissen = Logos“, „Licht = Phos“, „Leben = Zoe“ Johanneisch. Und die Erlanger ›Wissenschaftslehre‹ zitiert denn auch in diesem Zusammenhang den Johannesprolog (GA II, 9, 211). Aber sie beruft sich nicht etwa auf die Autorität dieser „lautersten Urkunde des Christentums“, sie erklärt diese philosophisch, indem sie methodisch die Grundgleichung der Transzendentalphilosophie „absolutes Wissen = absolute Existenz = Dasein des Absoluten“ entfaltet.

Aber bleibt bei diesem Stande der Analyse nicht eine Lücke? Sein ist nicht Dasein; denn es ist in sich geschlossen, Dasein dagegen ist Äußerung und Selbstobjektivierung. Leben ist nicht Wissen; denn es lebt ursprünglich von sich, das Wissen aber ist durch das lebendige Licht. Und der Mensch ist nicht Gott; denn Gott ist die lebendig ordnende Macht, der Mensch aber ist Ohnmacht, die sich als solche bekennt. Wo und unter welchem Gesetz also findet sich ein Punkt, in welchem die Gegensätze von Leben und Wissen einander berühren? Ein weiteres Erlanger Teiltheorem, das hierüber Klarheit verschafft, erklärt: Das im Wissen erscheinende Absolute ist „nicht unmittelbar *das* absolute, sondern es ist in seiner Repräsentation" (GA II, 9, 240). Die Verfassung der Repräsentation wahrt den Abstand zwischen absolutem Sein und absoluter Existenz, und sie bietet in eins den gesuchten Berührungspunkt im zugehörigen Repräsentanten. „Und so würde denn das *Ich,* und zwar das absolute des Glaubens, oder der W. L. zum unmittelbaren Repräsentanten des Absoluten werden" (GA II, 9, 242).

Auf dieser Stufe des „Aufstiegs" (ascensus transcendentalis) zum Mittelpunkte des absoluten Wissens gewinnt das Ich seine eigentliche Bedeutung. Es fungiert nicht mehr als fundamentum inconcussum, das den metaphysischen und methodischen Zweifel behebt; denn an ihm selbst ist das Ich nichts als ein haltlos verworrenes Bild von Bildern. Wohl aber gewinnt das Ich wahre Realität, wenn es durch den Glauben hindurchgegangen ist. Der negative Glaube läßt die absolute Reflektierbarkeit nicht gelten: Die Lebendigkeit der intelligiblen Welt ist nicht der objektivierenden Reflexion verhaftet. Der positive Glaube öffnet sich dem wahren göttlichen Sein und Leben in uns. Das konstituiert ein „absolutes Ich des Glaubens". Auf der Stufe der Wissenschaft rückt dieses Ich als unmittelbarer Repräsentant des Absoluten in den Mittelpunkt des Wissens an sich.

Dabei wird deutlich: Gott selber unmittelbar ist im Ich. „Nicht das Ich repräsentiert ihn, sondern er selbst repräsentiert sich *im Ich*" (GA II, 9, 249). Unstreitig bleibt das Ich, das sich vergegenwärtigt, bei sich selbst. Ihm eignet der Grundzug des „Gekehrtseins und Wohnens in sich". Vom geklärten Ursprungsverhältnis sollte einleuchten: Die Kraft ewigen Beisichbleibens verdankt das Ich sich nicht selbst, sondern göttlichem Licht und Leben. Dieses bleibt und wohnt in sich selber, freilich so, daß es sich im Medium des Ich vergegenwärtigend erhellt. So bleibt der Abstand gewahrt. Das absolute Wissen in der Form des absoluten Ich ist *nur* Repräsentation Gottes, keineswegs aber Gott selber. Und es ist der Berührungspunkt gefunden. Dank eines ursprünglichen Repräsentationsgeschehens bleibt das erscheinende Leben bei sich selbst – und fällt nicht in Schellingschem Neuplatonismus ins Viele ab. Dann also gewahrt das *Ich* der ›Wissenschaftslehre‹ sich als Existenz Gottes, wenn es einsieht, daß Gott sich selber in uns setzt. Und so hebt eine Wechselbestimmung den abgründigen Gegensatz auf. Durch die Repräsentation Gottes wohnt das Wissen ewig lebendig bei sich, durch die Repräsentation im Ich wird das undurchdringliche göttliche Leben hell.

Diese wenigen, rohen Darlegungen der Erlanger Prinzipienforschung mögen genügen, um eine neue Ansicht von der Philosophie des Idealismus im 19. Jahrhundert zu eröffnen. Fichtes Wissenschaftslehre endet nicht bei einem formellen Reflektiersystem, das auf den Trennungen des Verstandes beharrt und in Hegels Lehre vom absoluten Geiste aufgehoben ist. Sie ist – wie Schellings späte positive Philosophie – eine eigenständige Vollendungsgestalt des Deutschen Idealismus. Sonach stellt die in ihren Prinzipien ausgedehnte Wissenschaftslehre eine der drei großen Gestalten der Metaphysik im Stadium ihrer Vollendung dar – und die einzige, die bei transzendentaler Besinnung bleibt.

Das führt auf die Frage zurück, die das höchste Vernunftinteresse beansprucht: Was ist der Mensch? Diejenige Bestimmung nun, die den Menschen in der Klarheit einer Vernunftwissenschaft angeht, betrifft ihn in seiner ontologischen Sonderstellung als Da des Seins und Bild oder Repräsentanten Gottes. Auch das ontologische Wesen des Menschen, der sich in seinem Existieren auf das wahre Sein versteht, steht unter dem Anspruch eines Sollens. „Der wahrhafte und vollendete Mensch soll durchaus in sich selber klar seyn; denn die allseitige und durchgeführte Klarheit gehört zum Bilde und Abdrucke Gottes“ (GA I, 9, 112). Dieses „Du sollst“ fordert nicht zum Rechttun auf und nötigt auch nicht zum sittlichen Handeln, das „aletheuische“ (zur lauteren Wahrheit nötigende) Sollen fordert allseitige Klarheit über das, was in Wahrheit ist. Das „Erkenne dich selbst!“ ergeht an den Menschen als den Wissenden, der sich auf sein Existieren versteht. Er soll nicht in Verworrenheit und Selbstverblendung verfallen. Er soll sich selbst erkennen, nämlich in Differenz und Einheit von Leben und Wissen, Sein und Existenz, Gott und Ich. „*Klarheit soll seyn,* sie allein ist die Existenz des Seyns als solchen“ (GA II, 9, 197). Und diese Klarheit der Vernunftwissenschaft soll Licht in die Dunkelheit unseres geschichtlichen Erdenlebens werfen.

4. Das gegenwärtige Zeitalter. Alle menschlichen Verhältnisse mit Freiheit nach der Vernunft einrichten

Der oberste Grundsatz über die geschichtliche Bestimmung des Menschen lautet: „Der Zweck des Erdenlebens der Menschheit ist der, daß sie in demselben alle ihre Verhältnisse mit Freiheit nach der Vernunft einrichte“ (›Die Grundzüge des gegenwärtigen Zeitalters‹ 1804–1805; GA I, 8, 198). Zwar liegt der Zweck unseres Daseins über die irdische Welt hinaus, nämlich darin, Glied einer ewigen Ordnung zu sein, aber darum ist unser Erdenleben nicht sinnlos und ohne Aufgabe. Natürlich finden sich Ziel und Zweck menschlichen Erdenlebens nicht im Egoistisch-Privaten und in der Vervollkommnung unseres äußeren Glückszustandes, wohl aber in einem geschichtlichen Fortschrittszusammenhang einer zum Bewußtsein der Freiheit aller gelangenden Menschheit. Somit zielt die Bestimmung des Menschen im geschichtlichen Zeitwandel auf die Menschheit insgesamt ab, freilich so, daß die persönliche Geschichte jedes Einzelnen sich mit der Geschichte aller anderen zur Gemeinsamkeit einer Aufgabe verknüpft. Diese besteht darin, alle Institutionen (Kultur und Technik, Recht und Staat, Kirche und Schule) nach der Vernunft, d. h. im Lichte der Ideen wie Menschenrecht und Menschenpflicht einzurichten, und zwar aus Freiheit. Dabei ist Freiheit nicht mehr die absolute Selbstbestimmung des Ich und ein autonomes Handeln unter der Zielforderung Ich = Ich, sondern Bestimmungsgrund eines Handelns, das dem Gebote entspricht, die Menschheit solle Existenz, Bild, Abdruck göttlichen Vernunftlebens werden. Also tritt der Vernunftgehalt der Geschichte in die Form der Freiheit. „Diese Freiheit soll in dem Gesamtbewußtsein der Gattung erscheinen“ (GA I, 8, 198).

Aber ist solches Vertrauen auf den geschichtlichen Fortschritt im Bewußtsein der Freiheit nicht mit dem „Zusammenbruch“ des Deutschen Idealismus und durch die Heraufkunft des Europäischen Nihilismus hoffnungslos erstorben? Für den Klimawechsel im späteren 19. Jahrhundert mag es genügen, auf einen Satz des „pathologischen“, d. h. auf das Scheitern einer Vernunftwissenschaft von Endzweck und Ziel der Menschheit fixierten Nihilismus zu hören. „Wem es gelänge, das Gesamtbewusstsein der Menschheit in sich zu fassen und zu empfinden, er würde mit einem Fluche gegen das Dasein zusammenbrechen – denn die Menschheit im Ganzen hat *keine Ziele,* folglich kann der Mensch, in Betrachtung des ganzen Verlaufs, nicht darin seinen Trost und Halt finden, sondern seine Verzweiflung“ (Nietzsche, ›Menschliches, Allzumenschliches‹ 1876–78; KSA II, 53). Im gegenwärtigen Zeitalter des pathologischen Nihilismus herrschen die Qual des ewigen Umsonst, das Gefühl der Vergeudung an Kraft, die Trostlosigkeit des Absurden vor, weil Zweck- und Ziellosigkeit in der Geschichte, Sinnlosigkeit der metaphysischen Rede vom Übersinnlichen zum allgemeinen Vorurteil geworden sind.

Aber hat Fichte nicht gerade diese Epoche des gegenwärtigen Zeitalters diagnostiziert? Was den Bürger unserer Zeit („der vollendeten Sündhaftigkeit“) bewege, sei die Sorge des Einzelnen um das Eigene, die ausschließlich dem Naturtriebe des Selbstgenusses und der Selbsterhaltung vom Standpunkte einer kümmerlichen Weltansicht folge. Diese Weltanschauung tue alles Übersinnlich-Metaphysische als verstiegene Hinterwelt ab und bringe den Menschen eher dahin, „sich für ein Stück Lava im Mond, als für ein *Ich* zu halten" (GA I, 2, 226). Indessen, unser in Dogmatismus, Positivismus und Nihilismus befangenes Zeitalter ist der Fünffachheit des „Weltplanes" zufolge ein Interregnum. Es liegt zwischen den vergangenen Epochen von Vernunftinstinkt bzw. Vernunftautorität und den zukünftigen Zeiten von Vernunftwissenschaft und Vernunftkunst. Unsere halbe Aufklärung feiert eine hemmungslose Kritik, in welcher Vernunftinstinkt und -autorität nicht mehr, Vernunftwissenschaft und -kunst noch nicht Platz haben. So ist die Bestimmung des Menschen, Barbarei und Terror, Ideologie und Diktatur auszutilgen und alle Verhältnisse nach den Ideen der Menschenpflichten einzurichten, nicht vergangen und anachronistisch, sie steht unverrückbar als Aufgabe des Menschengeschlechtes bevor. Zuletzt hat solche Geschichtsphilosophie jenes Pathos begründet, mit dem Fichte in Jena die herrliche Idee einer Vervollkommnung der Gattung ausgestreut hatte. „Das Licht siegt endlich gewiß – die Zeit kann man freilich nicht bestimmen" (›Von den Pflichten der Gelehrten‹; GA I, 3, 38).

Kurzbibliographie Fichte

Von den Pflichten der Gelehrten. Jenaer Vorlesungen 1794/95, hrsg. v. R. Lauth, H. Jacob, P. K. Schneider, Hamburg 1971.

Grundlage der gesamten Wissenschaftslehre. Als Handschrift für seine Zuhörer (1794), hrsg. v. W. G. Jacobs, Hamburg 1988.

Die Bestimmung des Menschen (1800), hrsg. v. R. Lauth, Hamburg 1979.

Wissenschaftslehre 1805. Aus dem Nachlaß hrsg. v. H. Gliwitzky, Hamburg 1984.

Die Anweisung zum seligen Leben (1806), hrsg. v. H. Verweyen, Hamburg 1983.

FRIEDRICH WILHELM JOSEPH (VON) SCHELLING

Vernunft und Wirklichkeit[1]

Von Wilhelm G. Jacobs

Während Fichte die Aufmerksamkeit seiner Zeitgenossen vor allem im letzten Jahrzehnt des 18. Jahrhunderts auf sich zog, Hegel dagegen erst gegen Ende des ersten Jahrzehnts des 19. Jahrhunderts größere Beachtung fand, trat Schelling etwa gleichzeitig mit Fichte als philosophischer Autor hervor und blieb bis zu Beginn des zweiten Jahrzehnts des 19. Jahrhunderts als beachteter Autor präsent. Ebenso wie Fichte nach dem Atheismusstreit zog sich Schelling nach seinem Streit mit Jacobi über die göttlichen Dinge fast ganz aus der literarischen Öffentlichkeit zurück. Hegel gewann dieses Feld immer mehr, nicht zuletzt durch die von seinen Schülern nach seinem Tode veranstaltete Ausgabe seiner Schriften. Fichte und Schelling veröffentlichten das Tiefste ihres Denkens nicht mehr; dies vertrauten sie nur ihren Hörern oder gar nur dem Papier an. Erst die Söhne veröffentlichten einen Teil der Hinterlassenschaft. Es ist verwunderlich, daß Schelling – cum grano salis gesagt: seit Fichtes Tod – nicht mehr literarisch in die philosophische Diskussion eingriff, obgleich er bis in die Mitte des 19. Jahrhunderts hinein als hochgeachteter Philosoph lebte, Fichte somit um vierzig, Hegel um dreiundzwanzig Jahre überlebte.

Nicht nur durch die Lebenszeit und die Jahre literarischer Wirksamkeit unterscheidet sich Schelling von den beiden anderen großen Philosophen des Deutschen Idealismus, auch seine Themen grenzen ihn von diesen ab. Deutlich wendet sich Schelling am Ende des 18. Jahrhunderts dem Thema Natur zu und gewinnt dadurch neben Fichte ein eigenes Profil. Kunst war nicht Fichtes, wohl aber Schellings Thema. Hegel kennt diese beiden The-

[1] Dem Charakter einer Einführung entsprechend wurde nicht im einzelnen auf die wissenschaftliche Literatur verwiesen. Es sei aber im allgemeinen hingewiesen auf die neueste Literatur: Hans Michael Baumgartner und Wilhelm G. Jacobs (Hrsg.): Schellings Weg zur Freiheitsschrift. Legende und Wirklichkeit. Akten der Fachtagung der Internationalen Schelling-Gesellschaft 1992, Stuttgart 1996. Otfried Höffe und Annemarie Pieper (Hrsg.): F. W. J. Schelling. Über das Wesen der menschlichen Freiheit, Berlin 1996. Peter L. Oesterreich: „Positive Verkehrtheit“. Die Figur des Bösen bei Schelling und Machiavelli, in: Philosophisches Jahrbuch 102 (1995) 249–260.

men auch, sie bilden aber keine Zentren seines Philosophierens. Hegels Thema ist mit dem Schlagwort Dialektik zu benennen. Eine dialektisch entfaltete Logik, wie sie Hegel vorlegt, ist für Schelling nur der eine Teil der Philosophie. Sein Denken gilt der Mythologie, der Offenbarung, der Religion und, damit zusammenhängend, dem Bösen.

Die Hinwendung zu solchen Themen ist mit dem Pietismus und der Theosophie in Beziehung gebracht worden. Schelling selbst artikuliert sein Verhältnis zur Theosophie folgendermaßen: Es muß in der Philosophie, sagt er, „alles erst zur wirklichen Reflexion gebracht werden, damit es zur höchsten Darstellung gelangen könne. Hier geht die Grenze zwischen Theosophie und Philosophie."[2] Nur dasjenige will Schelling philosophisch behaupten, was reflektiert und argumentativ gesichert ist. Die Theosophie hat Schelling demnach das Entscheidende, die wirkliche Reflexion, gerade nicht vermittelt; diese leistet er unabhängig von jener. Es ist auch zu beachten, daß sich Schelling in seiner ersten wissenschaftlichen Veröffentlichung, seiner Dissertation ›de malorum origine‹ von 1792, schon dem angezeigten Themenkreis zuwendet, und zwar deutlich unter dem Einfluß Kants, besonders seines gerade erschienenen Aufsatzes ›Über das radikale Böse in der menschlichen Natur‹.[3] Schelling erbt seine Themen von der Aufklärung, und er behandelt sie auf rationale Weise. Diese Feststellung mag nur den befremden, der Aufklärung als stete Beschäftigung der Vernunft mit sich selbst ansieht. Geschieht dies, so wird übersehen, daß die Aufklärung gerade an denjenigen Phänomenen ein auffälliges Interesse hatte, die sich gegen vernünftige Durchdringung zu sperren scheinen, z. B. psychische Krankheiten, Mythen oder eben das Böse.

Die in diesem Zusammenhang wichtigste und Schellings Denken wohl am besten charakterisierende Schrift ist die Freiheitsschrift von 1809. Ihr genauer Titel lautet: ›Philosophische Untersuchungen über das Wesen der menschlichen Freiheit und die damit zusammenhängenden Gegenstände‹. Schelling drückt sich vorsichtig aus; er spricht nicht von Abhandlungen, sondern von Untersuchungen. Dieses Wort kann man wörtlich als Suche verstehen. Diese allerdings will Schelling als philosophische verstanden wissen. Er untersucht *menschliche* Freiheit, nicht etwa wie Kant Freiheit als Vernunftautonomie. Das Wesen menschlicher Freiheit soll erörtert werden; bedenkt man, daß diese nicht festgelegt, daß, anders gewendet, sie sich als Willkür zeigt, so scheint es unmöglich, die „damit zusammenhängenden Gegenstände" zu diskutieren. „Zusammenhang" darf man als Übertragung

[2] Schellings Werke werden zitiert nach Sämmtliche Werke (= SW), hrsg. v. K. F. A. Schelling, Stuttgart und Augsburg 1856 ff. Hier: Die Weltalter, SW VIII, 204.

[3] Dieser Aufsatz bildete ein Jahr später den ersten Teil des Buches ›Die Religion innerhalb der Grenzen der bloßen Vernunft‹.

des aus dem Griechischen stammenden Wortes „System“ verstehen. Wenn man auch Freiheit nicht als Willkür verstehen will, sondern nur berücksichtigt, daß zu ihrem Begriff gehört, daß ihr kein sie bestimmender Grund vorausgedacht werden kann, so zeigt sich die Spannweite des im Titel Schellings angesprochenen Problems. Es ist das Problem des Deutschen Idealismus schlechthin.

1. System und Freiheit

System bedeutet Zusammenhang. Nicht jeder Zusammenhang aber ist ein System. Was faktisch zusammenhängt und auch anders sein und zusammenhängen könnte, bezeichnen wir nicht als System. Dessen Zusammenhang wird als notwendig einleuchtender gedacht. Wird der Systembegriff so, wie skizziert, angesetzt, so sind die Glieder des Systems notwendig; Freiheit kann nur für das Prinzip des Systems angenommen werden. Bewegt sich das Denken im System, so kann es nichts außerhalb des Systems denken; das Denken eines Außerhalb würde ja gerade einen Zusammenhang herstellen und damit das Außerhalb zu einem Innerhalb machen. Das Prinzip des Systems begründet dasselbe und enthält daher in sich die Fülle dessen, was im System erscheint; es ist omnitudo realitatis (All der Realität). Durch diesen Begriff hatte Kant in der ›Kritik der reinen Vernunft‹ den Gottesbegriff erläutert. Wenn man also systematische Philosophie betreiben will, wird Gott als Prinzip des Systems gedacht. So hatte schon Spinoza philosophiert, und sein Denken war als Pantheismus gebrandmarkt worden.

Genau mit der Erörterung des Pantheismus setzt die Freiheitsschrift ein. Wenn überhaupt ein System gedacht wird, so ist alles in Gott, Systemphilosophie also eo ipso Pantheismus. Das ist selbstverständlich für Schelling, aber in dieser Allgemeinheit ebenso zutreffend wie unscharf. Der Pantheismus muß genauer bestimmt werden. Der Fehler des Pantheismus Spinozas, formuliert Schelling, „liegt keineswegs darin, daß er die Dinge *in Gott* setzt, sondern darin, daß es *Dinge* sind“.[4] Dinge sind nicht frei. Das Problem menschlicher Freiheit und der damit zusammenhängenden Gegenstände, das sich die Freiheitsschrift stellt, besteht aber gerade darin, daß in Gott nicht Dinge zu denken sind, sondern die menschliche Freiheit. Ein wahrer Pantheismus wäre ein solcher, der in Gott freie Wesen denken könnte; genau diesen versucht die Freiheitsschrift darzustellen.

[4] Philosophische Untersuchungen über das Wesen der menschlichen Freiheit und die damit zusammenhängenden Gegenstände (Sigel: Freiheit), SW VII, 331–416. Hier: 349.

2. *Formelle Freiheit*

Menschliche Freiheit scheint sich jedem System zu entziehen, jedenfalls solange man sie als Unbestimmtheit, die sich auf Grund dieser Unbestimmtheit nach Belieben entscheiden kann, betrachtet. Gegen diese Ansicht, so betont Schelling, hat der Idealismus – hier ist vornehmlich Kant gemeint – „den ersten vollkommenen Begriff der formellen Freiheit“[5] gefaßt. Mit diesem Begriff ist nicht die von Schelling nicht bestrittene Vernunftautonomie gemeint, sondern Kants Lehre, daß Freiheit nicht innerhalb der kausal bestimmten Welt der Erscheinungen zu suchen und zu finden sei. „Die freie Handlung folgt unmittelbar aus dem Intelligiblen des Menschen.“[6] Das Intelligible ist kein Phänomen in Raum und Zeit; es ist außerhalb dieser Anschauungsformen zu denken und damit nicht betroffen von Kants zweiter Analogie: „Alles, was geschieht [...] setzt etwas voraus, worauf es *nach einer Regel* folgt.“[7] Der Gedanke, daß das Intelligible, insofern es unserem Tun und Lassen zu Grunde liegt, nicht in die Zeit fällt, verliert seine Befremdlichkeit, wenn man sich vergegenwärtigt, daß unsere Freiheitsakte sich durch die Zeit durchhalten, bisweilen über Jahre und Jahrzehnte hinweg. Der Zeitpunkt, an dem ein solcher Akt in Erscheinung tritt, läßt sich vielleicht datieren, aber er ist nicht auf einen solchen Zeitpunkt festzulegen, sondern trägt das durch diesen Akt bestimmte Leben. So stellt es einen Freiheitsakt dar, ein Studium durchzuführen; diesen Akt kann man aber nicht auf einen Zeitpunkt, etwa den Beginn des Studiums oder die einzelnen Zeitpunkte des Studiums festlegen; auf diese Weise wäre dieser Akt als das ganze Studium tragend nicht zu fassen.

Bis zu dieser Überlegung hin bewegt sich Schelling im Rahmen von Theorien, die er vorfindet; die Lehre vom formellen Begriff der Freiheit hatte er vor allem in Kants Religionsschrift gefunden. Diese Schrift hatte aber auch reflektiert, daß menschliche Freiheit sich zwischen gut und böse entscheiden kann und muß, sowie darüber hinaus behauptet, der Mensch sei von Grund auf böse. Diese Lehren sind für Schelling der Rahmen, in dem er seine Frage entfaltet, die Frage nämlich nach dem „reale[n] und lebendige[n] Begriff“[8] der Freiheit; als solche betrachtet ist sie „ein Vermögen des Guten und Bösen“.[9] Mit dieser Bestimmung ist „der Punkt der tiefsten Schwierigkeit in der ganzen Lehre von der Freiheit“[10] erreicht.

[5] Freiheit, SW VII, 351.
[6] Freiheit, SW VII, 384.
[7] Kritik der reinen Vernunft, A 189.
[8] Freiheit, SW VII, 352.
[9] Freiheit, SW VII, 352.
[10] Freiheit, SW VII, 352.

3. Die Möglichkeit des Bösen

Diese tiefste Schwierigkeit liegt in der Erklärung des Bösen; die Freiheit zum Guten ist durch die Vernunft selbst gefordert. Daß dieser Forderung nicht entsprochen wird, stellt das Problem dar. Schelling weist denjenigen Lösungsversuch des Problems ab, der das Böse als privatio boni, als Mangel an Gutem ansehen möchte. Der vorkritische Kant hatte in seiner Abhandlung ›Versuch den Begriff der negativen Größen in die Weltweisheit einzuführen‹ klargestellt, daß Untugend nicht eine logische Negation von Tugend, sondern „eine reale Entgegensetzung und nicht bloß ein Mangel"[11] ist. Der Kant der Kritiken verstand das Gute als wirkliche Annahme der guten Maxime, das Böse als entsprechend wirkliche Annahme der bösen Maxime. Gut und böse sind erst als wirkliche, reale Entgegensetzungen, nicht als bloß logische Gegensätze zureichend begriffen. Dies alles war Schelling bekannt, es hatte ihn überzeugt, und so verstand er das Böse als Realität.

Wenn das Böse Realität, reale Annahme einer bösen Maxime ist, so bleibt die Erklärung bei einer rein logischen Entgegensetzung stehen, wenn sie die Möglichkeit des Bösen in eine Negation der Annahme der von der Vernunft geforderten guten Maxime setzt. Eine rein logische Negation ist problemlos. Um jedoch etwas wirklich zu negieren, braucht man eine Alternative. Kant hatte die Alternative zum Sittengesetz in der Selbstliebe gesehen. Diese ist dem Menschen natürlich und als natürliche auch gar nicht böse. Sie wird erst böse, wenn sie zur Maxime gegen das moralische Gesetz erhoben wird, wenn sich also der Mensch für sein eigenes, individuelles Selbst – Schelling spricht von Eigenwillen – und gegen das allgemeine Gesetz – Schelling sagt Allgemeinwille – entscheidet. Kant kennt somit die Möglichkeit einer Alternative, nämlich die menschliche Natur, die als Natur weder gut noch böse sein kann. Die Natur eines Lebewesens ist es, seine Selbsterhaltung zu betreiben, darauf ist seine ganze Triebstruktur, kraft deren es Lust und Unlust empfindet, ausgerichtet. Gewinn von Lust und Vermeiden von Unlust sind die kräftigen Triebfedern der Natur, die auch das vernünftige Lebewesen dazu bringen, seine Naturbestimmung zu erfüllen. Eben dieses Lebewesen weiß sich aber einer höheren Bestimmung als derjenigen durch die Natur, nämlich der Vernunftbestimmung verpflichtet. Nimmt der Mensch die Maxime der Selbstliebe,

[11] Kants gesammelte Schriften, hrsg. von der Königlich Preußischen Akademie der Wissenschaften, Bd. II, Berlin 1912, S. 183. Schelling kannte dieses Werk. Vgl. Historisch-kritische Schelling-Ausgabe, hrsg. v. H. M. Baumgartner, W. G. Jacobs und H. Krings, Stuttgart-Bad Cannstatt, Bd. I, 4, hrsg. v. W. G. Jacobs und W. Schieche, 1988. Allgemeine Übersicht S. 156 (= SW I, 430).

des Eigenwillens als die ihn letztendlich bestimmende an, so entscheidet er sich gegen das moralische Gesetz, den Allgemeinwillen, und damit zum Bösen.

Kant hatte die Alternative kritisch herausgearbeitet; Schelling fragt, wie sie im Zusammenhang des Ganzen möglich ist. Nun ist klar, daß nichts außerhalb des Systems sein kann. Daraus folgt, daß im Prinzip des Systems alles begründet sein muß, daß also, wenn das Prinzip Gott genannt wird, in Gott alles, also auch die Alternative zum Guten begründet sein muß. Diese Konsequenz zieht Schelling und nennt diese Alternative die Natur in Gott.[12] Diese These von der Natur in Gott ist stets als befremdlich angesehen worden. Sie verliert etwas von dieser Befremdlichkeit, wenn man auf Kant blickt, und zwar auf die Dialektikkapitel der beiden ersten Kritiken. Man muß sich dabei vor Augen halten, daß Kants Gottesbegriff ebenso wie der Schellings nicht durch tradierte christliche Vorstellungen, sondern durch die Notwendigkeit des Denkens bestimmt ist. Der Ort des Gottesbegriffes in der ersten Kritik ist die Einheit der Ideen Welt und Seele, in der zweiten die Einheit von Glück und Moralität, worin man mit Leichtigkeit die andere Seite des Verhältnisses von Welt und Seele wiedererkennt. Der Gottesbegriff Kants garantiert die Einheit der beiden Reiche, nämlich der Natur und der Freiheit.

Einheit kann nur durch das garantiert werden, was selbst Einheit ist. Wenn Gott Einheit von Natur und Freiheit ist, so ist die Natur in ihm. Wenn hier von Natur gesprochen wird, so ist nicht von der erscheinenden Natur die Rede; denn diese bedarf ja gerade der Einheit. Die als Objekt erscheinende Natur läßt sich für Schelling ebenso wie für Kant in Raum und Zeit beobachten und ist damit, wie oben gesagt, durch Kausalität bestimmt. Kausalität war für Kant eine apriorische Bestimmung der Gegenstände der Natur. Die transzendentale Dialektik zog die Konsequenz, daß alle mögliche Erscheinung kausal bestimmt gedacht werden müsse. Schelling folgerte daraus, das Wesen von Natur sei wirkende Tätigkeit, Produktivität. Diese ist dasjenige, was der Natur, die wir als Objekt sehen und erkennen, zu Grunde liegt; daher nennt Schelling sie Natur als Subjekt, die nicht in Erscheinung tretende, daruntergelegte (lateinisch: subiectum) Natur.

In der Ideenlehre der ersten Kritik denkt Kant die Natur, meist unter dem Titel Welt, als die Totalität aller Bedingungen, d. i. als Unbedingtes. Ihm folgend, denkt Schelling die zu Grunde liegende Produktivität als unbedingte. Somit ist sie nicht von etwas anderem her, sondern nur von sich selbst her zu verstehen. Sie ist Hervorbringen, und zwar bringt sie sich selbst hervor. Wenn man durch das Wort „Wille“ nicht nur geistige, sondern

[12] Vgl. Freiheit, SW VII, 358.

jegliche Kraft bezeichnet, dann kann man hier von Eigenwille sprechen. Produktivität der Natur heißt, die Natur „will" sich selbst. Natur in Gott heißt demnach, Gott „will" sich selbst. Nun ist man geneigt zu denken, Gott ist Geist und sein Wollen damit geistiges Wollen. Genau dies ist aber von Schelling hier nicht gemeint. Die Natur in Gott „ist [...] für sich betrachtet [...] Wille; aber Wille, in dem kein Verstand ist".[13] Schelling tut sich schwer, das Wesen dieses „Wollens" auszudrücken, und spricht analog: „Wollen wir uns dieses Wesen menschlich näher bringen, so können wir sagen: es sey die Sehnsucht, die das ewige Eine empfindet, sich selbst zu gebären."[14] Man beachte, daß Schelling hier „das ewige Eine" sagt, also das Neutrum wählt. Von einem personalen, geistigen Wesen kann hier noch gar nicht die Rede sein. Zudem ist darauf aufmerksam zu machen, daß mit dem „sich selbst zu gebären" das Wesen von Natur (etymologisch abstammend vom lateinischen Verb nasci = geboren werden) als Produktivität (Hervorbringen) ausgesprochen ist.

Es würde Schellings Gedanken nicht treffen, wenn man die Produktivität oder, wie er hier sagt, den „Willen" als eins dächte. Diesem „Willen" fehlt der Verstand; er kann nicht zur Einheit gebracht sein; denn nur der Verstand bringt zur Einheit. Daher bewegt sich der „Wille" ahndend „als ein wogend wallend Meer, der Materie des Platon gleich, nach dunkelm ungewissem Gesetz, unvermögend etwas Dauerndes für sich zu bilden".[15] Diesem „Willen" fehlt genau die Einheit, daher bringt er als solcher auch nichts zu Stande, und es ist fast unmöglich, über ihn zu sprechen. Die Natur in Gott ist vielleicht am besten als chaotisches Produktivitätsgemenge bezeichnet.

Die Weise, in der Schelling diese Natur in Gott denkt, erläutert er durch die Begriffe „Wesen, sofern es existirt" und „Wesen, sofern es bloß Grund von Existenz ist".[16] Die beiden Wesen sind nicht unterschiedene Dinge, sondern Begriffe. Das eine Wesen ist nicht ohne das andere und umgekehrt. Das Wesen, sofern es existiert, meint hier Gott als existierenden, das Wesen, sofern es bloß Grund von Existenz ist, meint die Natur in Gott, die Schelling, wie er an Windischmann am 17. Juni 1809 mit Bezug auf die Freiheitsschrift schreibt, als eine Potenz bezeichnet.[17] Mit diesem Begriff ist nicht eine pure logische Möglichkeit, sondern ermöglichende, begründende Kraft gemeint. Sie kann dies aber nur im Wesen, sofern es existiert,

[13] Freiheit, SW VII, 359.

[14] Freiheit, SW VII, 359.

[15] Freiheit, SW VII, 360. Vgl. F. W. J. Schelling, „Timaeus" (1794), hrsg. v. H. Buchner, Stuttgart-Bad Cannstatt 1994, S. 54 f.

[16] Freiheit, SW VII, 357.

[17] Vgl. Briefe und Dokumente, hrsg. v. Horst Fuhrmans, Bonn 1975, Bd. III, S. 616.

sein. So bilden die beiden Wesen einen „Cirkel", in dem „kein Erstes und kein Letztes" ist, weil alles sich gegenseitig voraussetzt, keins das andere und doch nicht ohne das andere ist."[18] Die Produktivität der Natur in Gott will zwar produzieren, kann aber ohne den Verstand nicht sie selbst sein. Zu Recht nennt Schelling sie Sehnsucht, sich selbst zu gebären. Ohne Verstand ist die Geburt nicht zu denken.

Die These von der Natur bzw. dem Grund in Gott löst für Schelling ein Problem, nämlich das der Schöpfung. In dem Pantheismus Spinozas sieht Schelling keine Möglichkeit, Gott und dasjenige, was nicht Gott ist, nämlich die Schöpfung, zu unterscheiden. Die körperliche und geistige Welt ist Modus der jeweiligen Attribute Gottes; ein Modus ist aber ohne jede Selbständigkeit. Genau diese letzte muß Schelling nachweisen, wenn er einen Pantheismus, der menschliche Freiheit zuläßt, denken will. Selbständigkeit der Schöpfung bedeutet Unabhängigkeit von Gott, Pantheismus besagt, alles sei in Gott. Beides scheint sich auszuschließen. Schellings Lösung ist eine Differenz in Gott, so daß die Schöpfung ihren Grund in einer Potenz Gottes, die nicht Gott selbst, wohl aber in Gott ist, hat, eben in der Natur in Gott.

Diese Natur ist nicht Einheit, sie wird erst Einheit durch den Verstand. Dies kann sie aber nicht werden, wenn sie, die ja als „Wille" gedacht ist, sich nicht *sehnt*, eins zu werden. In der Natur in Gott ist die Sehnsucht nach Einheit. Aus dieser Sehnsucht „erzeugt sich in Gott selbst eine innere reflexive Vorstellung, durch welche [...] Gott sich selbst in einem Ebenbilde erblickt".[19] Diese Vorstellung nennt Schelling auch Verstand und Wort, womit er nicht nur auf den Johanneischen Logos anspielt, sondern auch klarstellt, daß der Verstand, dessen Wesen das Allgemeine ist, über das Einzelne, also auch über den einen Gott, hinausgeht und sich ausspricht. Die Vereinigung von sehnender Natur und Verstand ist Liebe (gewissermaßen verständige Sehnsucht) und geschieht durch den ewigen Geist, der Liebe ist.

Diese Theogonie (Entstehung Gottes) ist nicht als zeitlicher Prozeß gemeint, wohl aber als ein Akt. Dies kann für einen Pantheismus, der menschliche Freiheit denken will, nicht anders sein. Das Prinzip des Systems muß freier Akt sein. Im Pantheismus Spinozas dagegen ist die Freiheit Gottes reduziert auf die Notwendigkeit seines Wesens. Aus dieser existiert und handelt er. Daher läßt sich ein freier Akt in ihm nicht denken; die Welt ist ewig in Gott. Jacobi hatte Spinozas Denken stringent gefunden und als Alternative dazu dem rationalen Denken die Möglichkeit abgesprochen, Gott und Freiheit zu begreifen; sie ließen sich nur glauben. Schelling schien

[18] Freiheit, SW VII, 358.

[19] Freiheit, SW VII, 360 f.

ein solcher Glaube die Bankrotterklärung der Vernunft. Daß sich Jacobi dabei auf Kant berief, war Schelling die Perversion der Kritik.

Indem Schelling Differenzen in Gott dachte, man kann auch sagen: die Trinität, dachte er einen Gott, der sich zu sich selbst entscheidet, der also nicht aus der puren Notwendigkeit seines Wesens war, sondern aus Freiheit ist. Diese denkt Schelling als Akt, als unzeitlichen, ewigen Vollzug. Der Akt der Freiheit ist Entscheidung; damit diese möglich ist, bedarf es der Alternative. Um der Freiheit willen denkt Schelling in Gott die Differenz zwischen dem sich entscheidenden und dem sich zu *sich* entscheidenden Gott. Gemäß Schellings Philosophie kann man nicht sagen: Gott ist, oder gar: es gibt Gott; die wahre Rede lautet: Gott will Gott sein.

Den Entschluß Gottes zu sich selbst denkt Schelling zugleich als den zur Schöpfung. Dies bedarf einiger Erläuterung. Wenn man den Entschluß Gottes zu sich selbst denkt, kann man die Natur in Gott nicht mehr so denken wie bisher. Vereint mit dem Verstand ist die Natur geordnet, das heißt in einer differenzierten Einheit. Damit wird sie aber nicht in Verstand aufgelöst, vielmehr bleibt „der nie [in Verstand] aufgehende Rest".[20] Dieser Rest kann jetzt im Gegensatz zum Verstand bestimmt werden als „Wille" zu sich selbst, während der Verstand, das Element des Allgemeinen, gerade das sich aussprechende Wort ist. Beide kann Schelling im Bilde der zentripetalen und -fugalen Kraft vorstellen. Die eine Kraft erhält sich selbst, die andere geht aus sich hinaus. So wie im Planetensystem beide Kräfte sich die Waage halten und dadurch das System konstituieren, so ist Gott durch das Verhältnis beider Kräfte zu denken. Die Natur in Gott ist zu denken als der unbedingte Wille, er selbst zu sein, der Verstand oder das Wort als der Wille sich auszusprechen, sich zu offenbaren. Indem also die Natur in Gott den Verstand gebiert, entscheidet sich Gott nicht nur zu sich selbst, sondern in eins damit zur Offenbarung oder Schöpfung.

In dieser Entscheidung wird die Natur in Gott auch erst, was sie sein soll, nämlich das Moment, das sein Sein will. Dies ist in Analogie zum Menschen zu verstehen; sich für andere öffnen kann nur, wer selbst für sich ist. Die Natur in Gott ist jetzt zu verstehen als sein sich auf sich selbst Beziehen, das aber nicht als Verschließen, sondern als Bedingung des sich Öffnens, der Offenbarung, zu verstehen ist. Die Entscheidung Gottes ist damit keine Wahl zwischen mancherlei verschiedenen Möglichkeiten, sondern nur die zwischen der Alternative von Selbstbejahung und Selbstverneinung, Offenbarung und Nichts, ein Nichts, das nicht einmal zu denken wäre, weil überhaupt kein Denkender, auch kein Gott, wäre.

Die von Schelling entwickelte Struktur, durch die er Gott denkt, läßt nicht zu, Gott als Prinzip eines Systems zu denken. Er erläutert das Ver-

[20] Freiheit, SW VII, 360.

hältnis von System und Gott so: „In dem göttlichen Verstande ist ein System, aber Gott selbst ist kein System, sondern ein Leben.“[21] Ein Prinzip lebt nicht. Leben kommt einem Lebewesen, wenn dieses geistig ist, einer Person zu. Schelling denkt Gott als Person, nicht als ginge die Person der Tat der Entscheidung voraus, sie ist – wie beim Menschen – nur durch diese Tat. Da diese Tat die Entscheidung Gottes zu sich selbst als dem sich Offenbarenden ist, ist sie die Person und die Person die Tat der Entscheidung. Gott ist Freiheit. Dieser Freiheit geht nichts voraus, kein Sein, keine Person etc. Die Freiheit Gottes ist ihr Vollzug und dieser ist die Person.

Von Schellings Einsicht aus, daß Gott kein System, sondern ein Leben sei, beantwortet sich auch die schwierigste Frage des Schellingschen Pantheismus, nämlich die nach der Freiheit des Menschen. Um dies genau zu verstehen, ist es nötig, Schellings Systembegriff zu erläutern. Er versteht ihn vom Kantischen Organismusbegriff her. Kant gewinnt diesen Begriff durch eine Kritik der Urteilskraft, nicht durch Beobachtung von Lebewesen. Vielmehr ist der Begriff der Urteilskraft die Bedingung der Möglichkeit, Lebewesen, alias Organismen als solche zu verstehen. Zu einem Organismus gehört nach Kant, „daß die Teile (ihrem Dasein und der Form nach) nur durch ihre Beziehung auf das Ganze möglich sind“ und daß sie „sich dadurch zur Einheit eines Ganzen verbinden, daß sie voneinander wechselseitig Ursache und Wirkung ihrer Form sind“.[22] Der Begriff des Organismus ist demnach der Begriff eines Zusammenhanges, eines Systems, aber von besonderer Art. Das System des organischen Wesens unterscheidet sich von der Maschine, und zwar dadurch, daß diese „lediglich bewegende Kraft“, jenes aber „bildende Kraft und zwar eine solche, die es den Materien mittheilt, welche sie nicht haben (sie organisirt): also eine sich fortpflanzende bildende Kraft“[23] hat. Ein Organismus ist somit kein abstrakt logisches System, auch kein System, das mechanisch, d. i. durch reine Wirkursächlichkeit begriffen werden könnte. Es kann nur so begriffen werden, daß der Teil um des Ganzen und dieses um der Teile willen da ist; nur so ist der Organismus als bildende, fortpflanzende Kraft zu begreifen.

Das System, welches nach Schelling im Verstande Gottes ist, kann nur als Organismus begriffen werden. Organismus aber ist gerade derjenige Begriff, durch den Leben begriffen werden kann. Wenn Gott nun kein System, sondern ein Leben ist, und das System im Verstande Gottes Organismus ist, so ist dieser Verstand in der Lage, das Leben Gottes zu begreifen. Wenn ferner alles, eben auch die Schöpfung, in Gott ist, dessen Ver-

[21] Freiheit, SW VII, 399.
[22] Kritik der Urteilskraft, 290 f.
[23] Ebd., 293 f.

stand sich aber nach der Weise des Organismus begreift, so ist die Schöpfung als in Gott lebend zu begreifen und in Schellings pantheistischem System nach der Weise des Organismus zu denken. Wenn drittens in diesem System menschliche, endliche Freiheit soll gedacht werden können, so ist folgerichtig die menschliche Freiheit aus der göttlichen durch einen Begriff des Lebens zu erklären. Schellings Begriff ist in diesem Zusammenhang der der Zeugung, und er erläutert: „Jedes organische Individuum ist als ein Gewordenes nur durch ein anderes, und insofern abhängig dem Werden, aber keineswegs dem Seyn nach."[24] Ein Kind ist durch Zeugung und Geburt abhängig von seinen Eltern; indem die Nabelschnur durchschnitten ist, beginnt mit dem ersten Atemzug sein selbständiges Sein. Dem Leben Gottes widerspräche „eine Folge, die nicht Zeugung, d. h. Setzen eines Selbständigen ist, völlig".[25]

Schelling denkt Gott als aktive Ermöglichung und Eröffnung menschlicher Freiheit, die gerade durch diese Eröffnung in Freiheit gesetzt ist. Wenn Schelling dies ausführt, greift er auf ein Wort des Evangeliums zurück, das in diesem Zusammenhang geradezu emphatisch klingt: „Gott ist nicht ein Gott der Todten, sondern der Lebendigen."[26] Aus Freiheit kann Freiheit nicht mechanisch oder rein logisch folgen. „Die Folge der Dinge aus Gott ist eine Selbstoffenbarung Gottes."[27] Gott aber ist Freiheit. Daher können Dinge nur insofern folgen, als sie auf Freiheit bezogen sind, und zwar letztendlich nicht nur auf die Freiheit Gottes, sondern auf endliche Freiheit, in der sich Gott offenbart. „So wenig widerspricht sich Immanenz in Gott und Freiheit, daß gerade nur das Freie, und soweit es frei ist, in Gott ist, das Unfreie, und soweit es unfrei ist, nothwendig außer Gott."[28]

Schellings Denken ist ein Denken der Freiheit. Diese begreift er nicht als Prinzip, sondern als Tat, damit als personale Tat. Wenn Gott sich offenbart, so als Freiheit. Freiheit ist für Schelling weder Begriff noch Anschauung, sondern Tat. Man kann zwar nur in Begriffen denken und philosophieren, aber das Höchste zu Denkende ist Tätigkeit, Freiheit. „Die Schöpfung ist keine Begebenheit, sondern eine That. Es gibt keine Erfolge aus allgemeinen Gesetzen, sondern Gott, d. h. die Person Gottes, ist das allgemeine Gesetz, und alles, was geschieht, geschieht vermöge der Persönlichkeit Gottes; nicht nach einer abstrakten Nothwendigkeit, die *wir* im Handeln nicht ertragen würden, geschweige Gott."[29]

[24] Freiheit, SW VII, 346.
[25] Freiheit, SW VII, 346.
[26] Freiheit, SW VII, 346. Vgl. Mk. 12, 27; Mt. 22, 32; Lk. 20, 38.
[27] Freiheit, SW VII, 347.
[28] Freiheit, SW VII, 347.
[29] Freiheit, SW VII, 396.

4. Die Wirklichkeit des Bösen

Die bisherigen Ausführungen sollten die Möglichkeit des Bösen darlegen. Da Schelling menschliche Freiheit im Zusammenhang erörtert, mußte auf den Grund des Zusammenhangs zurückgegangen und von der Freiheit Gottes gehandelt werden. Gott schafft in freier Tat, indem er sich zu seiner Natur entschließt. Die Tat erschließt Freiheit in der Natur. Diese Natur ist aber gedacht als „in Gott unabhängiger Grund von Realität".[30] Die Freiheit des Menschen ist analog zu der Gottes zu verstehen. Das Spannungsverhältnis von Natur und Verstand muß sich im Menschen wiederholen. Da beides Tätigkeit ist, muß im Menschen ein Eigenwille, der der Natur in Gott entspricht, ebenso gedacht werden wie ein Universalwille, der dem Verstand entspricht. Die Differenz zwischen göttlicher und menschlicher Freiheit besteht darin, daß die Tat Gottes, in der er sich zu sich selbst entschließt, schlechterdings einmalig und, menschlich gesprochen, unwiderruflich ist.

Im Menschen aber ist das Band zwischen Eigenwillen und Allgemeinwillen auflösbar. Die menschliche Entscheidung steht nicht wie die göttliche zwischen Freiheit und Nichts, bei Menschen ist vielmehr eine Stufung zu denken. Um überhaupt einen Allgemeinwillen akzeptieren zu können, muß der Mensch ein Eigenwille sein. Wer nicht „ich" sagen kann, kann auch nicht „du" sagen. Zum Wollen, zur Freiheit gehört das Zentrum des Ich. Darin liegt nichts Böses; im Gegenteil, die Selbständigkeit des Menschen gehört zum Sinn der Offenbarung respektive Schöpfung. In dieser Selbständigkeit liegt aber auch die Möglichkeit, daß der Mensch die Spannung zwischen Eigen- und Allgemeinwillen realisiert oder negiert. Die Negation aber ist das Böse.

Negation ist hier nicht logische Verneinung, sondern reale Verweigerung. Der Eigenwille verweigert sich dem Allgemeinwillen. Die Prinzipien werden umgekehrt. Der Eigenwille stellt sich über den Allgemeinwillen, er wird in letzter Instanz Herrschaftswille. Das Beispiel steht Schelling in Napoleon vor Augen; davon kann er natürlich nicht reden, wenn er nicht leichtsinnig sein Leben aufs Spiel setzen will. Eigen- und Allgemeinwille sind nur in der Spannung zueinander in einem heilen Verhältnis. Der Eigenwille hat seine Herkunft aus der Natur in Gott. Diese ist eben nur in der Spannung zum Verstand Einheit. Setzt sich also der Eigenwille im wahren Sinne des Wortes absolut, d. i. losgelöst, so verliert er die Einheit und fällt in das Chaos der Begierden zurück. Nicht die Begierden schilt Schelling böse, sondern aus der Erhebung des Eigenwillens über den Allgemeinwillen resultiert für ihn, daß die Begierden keine Einheit finden können. Je weniger die Einheit gefunden werden kann, desto intensiver ist

[30] Freiheit, SW VII, 395.

der Selbstbezug, in dem der böse Mensch sich verschließt. Schelling übersieht dabei keinesfalls die Kraft des Bösen, ja, er sieht durchaus dessen Glanz; denn „wie es einen Enthusiasmus zum Guten gibt, ebenso gibt es eine Begeisterung des Bösen".[31] Das Wort Begeisterung ist hier wörtlich zu nehmen. Das Böse stammt aus dem Geist des Menschen und ist seine freie Tat.

5. *Wirklichkeit und Freiheit*

Schelling begreift mit Kant das Böse als reale Entgegensetzung. Gäbe es kein Böses, so wäre zumindest der Eigenwille für die Reflexion weniger eindeutig, als er es durch das Böse ist. Eine Frage nach den mit der menschlichen Freiheit zusammenhängenden Gegenständen hätte sich weitgehend erübrigt; deren Verhältnis läge offen da und wäre kaum problematisch. Wie dem auch sei, da Böses nicht zu leugnen ist, stellt sich die Frage nach seiner Realität und damit die nach der Realität der Freiheit. Diese Frage ist nur durch eine Reflexion zu beantworten, die Freiheit nicht als Begriff, als Prinzip ansetzt, sondern als Wille, als Tat. „Wollen ist Urseyn",[32] lauten die vielzitierten Worte. Das Sein dieses Urseins ist keinesfalls theoretisch aufzufassen, überhaupt nicht als etwas, das dem Wollen vorhergehen könnte. Um Mißverständnisse abzuhalten, wäre zu formulieren: Ursein ist Freiheit.

6. *Freiheit und Offenbarung*

Schellings Fragen sind noch nicht ganz beantwortet. Da er mit Kant ein radikales Böses denkt, so fragt er, wie denn überhaupt dieses radikale Böse erkannt werde. Diese Frage ist bei Schelling keine rein erkenntnistheoretische. Zur Beantwortung einer solchen Frage genügt der Hinweis auf den Allgemeinwillen, der sich im Gewissen ausspricht. Dessen Gesetzescharakter oder Pflichtgebot ist nicht zu leugnen, bleibt damit aber abstrakt. Da der Allgemeinwille gerade nicht mit dem Eigenwillen in einer heilen Spannung verbunden ist, erscheint er als heteronom. Als autonom kann er nur erscheinen in einer Person, die Eigen- und Allgemeinwillen in sich vereinigt hat. Schelling nennt diese Vereinigung Liebe. Diese muß in einer Person lebendig sein. „Denn nur Persönliches kann Persönliches heilen", sagt Schelling und schließt weiter: „und Gott muß Mensch werden, damit der Mensch wieder zu Gott komme".[33]

[31] Freiheit, SW VII, 372.
[32] Freiheit, SW VII, 350.
[33] Freiheit, SW VII, 380.

Indem eine Person das offenbart, was sein soll, Freiheit nämlich, kommt das „Böse zu seinem Selbstbewußtseyn“.[34] Jetzt läßt sich nicht mehr leugnen, was freies Leben ist, es läßt sich nur noch töten. Daher kennen die Mysterien und geistigen Religionen der Vorzeit „den Begriff eines menschlich leidenden Gottes“.[35]

Es ist klar, daß Schelling von Jesus, der für ihn der Christus ist, spricht. Er weiß auch, wenn er sich auf Jesus beruft, Philosophie von Glauben zu unterscheiden; er beruft sich nämlich nicht auf die Auferstehung Jesu. Sein unausgesprochenes Beweisstück ist die Freiheitsschrift selbst. Wenn, so könnte man formulieren, es in diesem Werk gelungen ist, das Böse zu begreifen, so muß auch die Bedingung seines Selbstbewußtseins, der menschgewordene Gott, erfahren sein.

Philosophie ist damit für Schelling transzendentaler Rückgang auf die Bedingungen der Möglichkeit. Dabei gelangt er zum Ursein; das Sein ist seit alters her Gegenstand der Metaphysik und in diesem Sinne wird Schelling Metaphysiker. Da aber das Sein das der menschliche Person gewordenen göttlichen Freiheit ist, so wird seine Philosophie Auslegung der Geschichte, Hermeneutik.

Schelling scheut sich nicht, das Denken an eine Grenze zu führen, wo es vor die Anerkennung einer Wirklichkeit gestellt wird, der Wirklichkeit der Freiheit in der Person Jesu. Diese Anerkennung ist für ihn aber keine blinde. Schelling ist der Aufklärer, als der er angefangen hat; er beruft sich auf einen der Vorkämpfer derselben. Wir „halten mit Lessing selbst die Ausbildung geoffenbarter Wahrheiten in Vernunftwahrheiten für schlechterdings nothwendig, wenn dem menschlichen Geschlecht damit geholfen werden soll“, sagt Schelling mit Verweis auf den hier fast wörtlich zitierten Paragraphen 76 der ›Erziehung des Menschengeschlechts‹. Die Hilfe sieht der Philosoph der Freiheit darin, „daß eben von den höchsten Begriffen eine klare Vernunfteinsicht möglich seyn muß, indem sie nur dadurch uns wirklich eigen, in uns selbst aufgenommen und ewig gegründet werden können“.[36]

[34] Freiheit, SW VII, 388.
[35] Freiheit, SW VII, 403.
[36] Freiheit, SW VII, 412.

Kurzbibliographie Schelling

Erster Entwurf eines Systems der Naturphilosophie, Jena und Leipzig 1799.

Einleitung zu seinem Entwurf eines Systems der Naturphilosophie, Jena und Leipzig 1799.

System des transscendentalen Idealismus, Tübingen 1800.

Ueber das Verhältniß der bildenden Künste zu der Natur. Eine Rede zur Feier des 12ten Oktobers als des Allerhöchsten Namensfestes Seiner Königlichen Majestät von Baiern gehalten in der öffentlichen Versammlung der Königlichen Akademie der Wissenschaften zu München, München 1807.

Philosophische Untersuchungen über das Wesen der menschlichen Freiheit und die damit zusammenhängenden Gegenstände, in: F. W. J. Schelling's philosophische Schriften. Erster Band, Landshut 1809.

GEORG WILHELM FRIEDRICH HEGEL

Spekulativer Idealismus und Dialektik

Von Klaus Düsing

In der Entwicklung der idealistischen Philosophie bildet das System des späten Hegel einen entscheidenden, ja nach Auffassung vieler den eigentlichen Höhepunkt. Man muß nicht notwendig Hegelianer sein, um diese Einschätzung teilen zu können; man kann auch die Bedeutung und das Gewicht anderer idealistischer Theorien durchaus anerkennen und doch die Philosophie des späten Hegel für die an Phänomenen, Einsichten und Argumentationen reichste und differenzierteste idealistische Theorie halten. Deshalb wuchs ihr auch eine so bedeutende Wirkungsgeschichte im 19. und im 20. Jahrhundert zu; verhielt sich der orthodoxe Hegelianismus des 19. Jahrhunderts weitgehend apologetisch, so brachten der Neuhegelianismus im früheren 20. Jahrhundert, der dialektische Materialismus, das Wiedererwachen des Interesses an der Hegelschen Philosophie in Frankreich seit den dreißiger und erneut in Deutschland, Italien und anderen Ländern seit den sechziger Jahren die Philosophie Hegels in neue philosophische und weltanschauliche Zusammenhänge; und auch bei den Theoretikern, die Dialektik und Spekulation ablehnten, war der übermächtige Schatten Hegels immer mitgegenwärtig.

In Hegels System kann man nun offenbar kaum einführen. Auch seine eigene Einleitung, die ›Phänomenologie‹ von 1807, geriet ihm zu einem systematischen Werk. Hegels System ist allerdings nicht mit einem Schlage entstanden. So läßt sich ein Zugang zu seinen wesentlichen Theorien gewinnen, wenn man die entscheidenden Stationen in der Entwicklung von Hegels Denken betrachtet und in dieser Abfolge zugleich Wandlung und Differenzierung seiner Einsichten und Argumentationen erblickt.

1. Die Entwicklung zum System

Hegel begann seine Denkentwicklung als Anhänger der praktischen Philosophie und Religionsphilosophie Kants. Im Tübinger Stift wohnte er zeitweise mit Hölderlin und Schelling zusammen, die später seine intellektuelle Biographie maßgeblich mitbestimmen sollten. Hegel begegnete nach

Hauslehrerjahren in Bern, in denen er seinen Kantianismus weiterbildete, Hölderlin 1797 in Frankfurt wieder. Dadurch gelangte er zu einer *ersten* grundlegenden Wandlung seines Ansatzes. Als höchstes metaphysisches Prinzip nimmt Hegel nun – wie Hölderlin – eine ursprüngliche, über das einzelne Bewußtsein hinausgehende Einheit als Sein und Leben an. Dies metaphysische Prinzip wird ihm zum Fundament für das Begreifen des Gottesverständnisses in Religionen, speziell im Christentum; zugleich ist es für ihn immanent in der Welt gegenwärtig als ursprüngliche Einigkeit, die das Verhältnis der Menschen zueinander und eines Menschen zu sich im Gefühl der Liebe prägt; und diese gilt Hegel in seiner neuen Konzeption als Prinzip einer nicht mehr rigoristischen Ethik. Die Einheit als Sein und Leben ist ebenso präsent in einer ursprünglichen intellektuellen Anschauung. In Hegels Frankfurter Schriften (1797–1800) wird zunehmend deutlicher, daß dies Sein und Leben als positiv Unendliches das Endliche nicht außer sich hat, dem es dann als ein selbst Endliches gegenüberstünde, sondern in sich enthält, daß es prozeßhaft die Mannigfaltigkeiten, ja Entgegensetzungen des Endlichen erst aus sich hervor- und in die eigene Unendlichkeit des Lebens zurückbringt. So läßt sich auch das Schöne als das in sich Einige im Vielfältigen begreifen.

Diese Position wird für Hegel zum Ausgangspunkt einer ersten Kritik an der Fichteschen Theorie des endlichen Ich und der in ihm fundierten Kategorien der Endlichkeit, einer Kritik, die ihm mit Hölderlin gemeinsam ist; und sie wird ihm zum Ausgangspunkt einer eigenen Kritik an Kants Theorie der Entgegensetzungen des Endlichen, wie Hegel sie etwa in dessen Antinomienlehre oder in dessen Ethik sieht, deren Basis der Gegensatz von gesetzmäßig sittlich Gesolltem und individuell Wirklichem ist. Gleichwohl hat für Hegel auch das Endliche und das Denken des Endlichen seine begrenzte Berechtigung. So schält sich am Ende seiner Frankfurter Zeit heraus, daß die Grundlagen des Verhältnisses des Unendlichen zum Endlichen, des Einen Seins und Lebens zum Mannigfaltigen, der Liebe oder der intellektuellen Anschauung zur Reflexion in einer eigenen, neuen Metaphysik entwickelt werden müssen.

Zur Ausbildung dieser Metaphysik ist aber die Voraussetzung *notwendig*, das Eine Sein und Leben, das für Hegel auch „Geist" ist, oder das Absolute, wie es später bei Hegel immer heißt, sei vernünftig zu erkennen und systematisch zu entwickeln. Dies ist Hegels *zweite*, entscheidende Änderung seiner Position. Zuvor vertrat er die frühidealistische Auffassung, man müsse als letzten Grund zwar ein solches Absolutes annehmen; aber es werde allenfalls in einem Gefühl der Einigkeit oder in intellektueller, zugleich enthusiastischer oder mystischer Anschauung gegenwärtig, sei jedoch durch Denken und Vernunft nicht erfaßbar. Nun dagegen gilt es ihm als vollständig vernünftig erkennbar und metaphysisch explizierbar; er erhebt damit einen nicht mehr zu steigernden metaphysischen Erkenntnisanspruch. Dieser scheint ihm deshalb *möglich* zu sein, wie man wohl aus Hegels spätem Frankfurter Ansatz rekonstruieren kann, weil dem Denken des Endlichen oder der Reflexion eine zwar untergeordnete, aber doch mitkonstitutive Bedeutung bei der Erkenntnis der Wahrheit und ihrer Begriffe zukommt; und dies wiederum beruht metaphysisch darauf, daß wie alles Endliche im Unendlichen, so auch das Denken des Endlichen oder die Reflexion immanent im unendlichen Geist enthalten ist. Daraus ergibt sich der Gedanke, daß die Erkenntnis des Absoluten durch eine Synthesis von intellektueller Anschauung und Reflexion zustande kommen kann. Hegel scheut in der folgenden Zeit keine Mühe, diesen Ansatz auszuführen.

Mit den Grundlagen dieser Konzeption einer Metaphysik des Absoluten kam Hegel Anfang des Jahres 1801 zu Schelling nach Jena; er hat diese Grundlagen nicht erst durch Schellings Anregungen gewonnen, wie man früher oft gemeint hat. Schelling selbst ging nahezu synchron von seiner eigenen frühidealistischen Position, nach der das Absolute letzter für das Denken unerreichbarer Grund von Natur und Geist ist und sich nur den Visionen der ästhetischen Anschauung des Genies offenbart, zur Metaphysik des Absoluten im Identitätssystem über; auch er nahm nun eine vollständige, intellektuelle Erkenntnis des Absoluten in der Metaphysik an und gab dem Absoluten vielfach eine ähnliche Grundstruktur wie Hegel als Einheit der Einheit und der Vielheit. Was Schelling zu dieser einschneidenden Änderung seiner Konzeption bewog, braucht hier nicht untersucht zu werden.[1] Innerhalb der gesamten Entwicklung des Idealismus vollziehen Hegel und Schelling hiermit die entscheidende Wendung von Theorien des Frühidealismus, im wesentlichen auch des transzendentalen Idealismus in seinen verschiedenen Varianten, zur Metaphysik des Absoluten, die, da

[1] Die Forschungen dazu und generell zum Verhältnis Schellings zu Hegel sind seit vielen Jahren im Gang. Die Hypothese, Hegel habe Schelling zu diesem Positionswandel angeregt, ist m. E. die wahrscheinlichste; weniger wahrscheinlich ist, daß Schelling hierbei Spinoza oder den Neuplatonikern oder gar Reinhold und Bardili gefolgt sei, da diese Theorien systematisch solchen Wechsel keineswegs nahelegen; die Angabe, es sei hierfür Schellings Genialität – die ohnehin niemand bezweifelt – die Ursache, verzichtet dagegen auf ein Sachargument. Beachtung verdient ferner, daß Schelling im Brief an Fichte vom 19. 11. 1800 und im Eschenmayer-Aufsatz über Naturphilosophie, der im Januar 1801 erschien, ein neues System ankündigt, das schwerlich das Identitätssystem ist. Zu diesem Problem, zu den einschlägigen Texten, zur Forschung und insbesondere zu jener Hegel-These mag der Hinweis auf das Buch des Verfassers erlaubt sein: Schellings und Hegels erste absolute Metaphysik (1801/02). Zusammenfassende Vorlesungsnachschriften von I. P. V. Troxler, hrsg., eingeleitet und mit Interpretationen versehen von K. Düsing, Köln 1988 (zu jenen Forschungsthesen vgl. z. B. 123 ff.).

sie in ihrem Erkenntnisanspruch nicht mehr zu überbieten ist, als absolute Metaphysik bezeichnet werden kann.

Auch mit diesem seinem anderen, damals schon berühmt gewordenen Jugendfreund, mit Schelling, war der Austausch offensichtlich intensiv und anregungsreich. So greift Hegel sogleich in die ihm offensichtlich wohlbekannte briefliche Auseinandersetzung Fichtes und Schellings über Natur- und Transzendentalphilosophie öffentlich ein mit seiner Schrift über die ›Differenz des Fichteschen und Schellingschen Systems der Philosophie‹, die 1801 erschien. Während Schelling zunächst vor allem inhaltliche Argumente dafür vorbringt, daß eine Naturphilosophie der Transzendentalphilosophie als einer Theorie des Ich vorangehen müsse, womit diese, was Fichte ständig zurückweist, ihren Grundlegungscharakter verliert und zu einer Art Geistesphilosophie wird, kritisiert Hegel die Philosophie des frühen Fichte von seiner eigenen Konzeption einer metaphysischen Methode aus, was Schelling dann übernimmt. Diese Kritik ist grundsätzlicher, aber ebensowenig immanent; Hegel sucht hier vielmehr seinen eigenen neuen Ansatz insbesondere des Verhältnisses von Spekulation und Reflexion an Fichte zu bewähren. Er attestiert Fichte in der ›Differenz‹-Schrift durchaus, daß das reine Ich und dessen intellektuelle Anschauung echtes Prinzip der Spekulation sei; darin werde das Absolute und dessen absolute Identität gedacht, die eine Mannigfaltigkeitsstruktur in sich habe. Sowie aber diesem reinen Ich ein Nichtich entgegengesetzt und eine Teilbarkeitssynthesis zwischen beiden gesucht werde, wie Fichte in der ›Grundlage‹ von 1794/95 lehre, falle man aus der Spekulation heraus in die Entgegensetzungen der endlichen Reflexion. Schon die gegeneinander gesetzten Grundsätze bezeugen dies für Hegel; er wußte nicht, daß Fichte die Lehre von den verschiedenen Grundsätzen bereits in seinen Vorlesungen zur ›Wissenschaftslehre nova methodo‹ (1797–1799) aufgegeben hatte. Erst recht sieht Hegel in allen weiteren Synthesisversuchen jener ›Grundlage‹ nur das Iterieren der Teilbarkeitssynthesis, die jene Entgegengesetzten von Ich und Nichtich auch in diesem Fortgang nicht wieder zu versöhnen vermag; das System Fichtes bleibt nach Hegel der Reflexion verhaftet und führt nicht in das Prinzip der Spekulation zurück. Aus dieser nicht immanenten Fichtekritik kann man also detaillierter Hegels eigenes Programm ersehen.

Hegels Fichtekritik wird schon in ›Glauben und Wissen‹ (1802) deutlich schärfer. Hier ist für Hegel bereits das reine Ich als Prinzip ganz unspekulativ gedacht; es wird von Anfang an der Mannigfaltigkeit der Welt entgegengesetzt und gehört daher der bloß endlichen Reflexion an ebenso wie das System des Idealismus. Grund für diesen Sinneswandel dürfte zum einen die zuerst gehegte und dann enttäuschte Hoffnung sein, daß Fichtes Wendung zu seiner eigenen Spätphilosophie um 1800/1801, die insbesondere Schelling damals deutlich registrierte, nicht zu der von Hegel und

Schelling entworfenen absoluten Metaphysik führte. Zum anderen liegt der Grund, das Prinzip des Ich nunmehr lediglich als Produkt der Reflexion anzusehen, an Hegels bevorzugter Erörterung von Fichtes ›Bestimmung des Menschen‹ (1800); dort wird das Ich als höchstes Prinzip der Philosophie abgesetzt und als völlig realitätslose Vorstellung, ja in Internalisierung von Jacobis Vorwurf, der Fichtesche Idealismus sei im Grunde Nihilismus, als ein Nichts angesehen. Dies nimmt Hegel auf, ohne freilich das Präludium von Fichtes Spätphilosophie darin zu erkennen. Hegel kritisiert nicht, daß Fichtes Idealismus ein Nihilismus durch die Nichtigkeit des Prinzips des Ich werde, sondern nur, daß Fichte dies nicht konsequent genug durchgeführt habe, wie es nach Hegels Auffassung notwendig sei. Hegel beteiligt sich damit konstitutiv an den damaligen Anfängen der Nihilismus-Debatte.[2]

Auch durch die Fichtekritik in ›Glauben und Wissen‹ scheint Hegels eigene Konzeption durch. Für Hegel ist dieser Idealismus – ganz anders als für Fichte selbst – eigentlich eine systematische Explikation der logischen Formen und Kategorien des Verstandes oder der endlichen Reflexion, deren Prinzip das reine Ich ist. Ebendies entspricht Hegels frühem Entwurf einer Logik, die noch nicht spekulative Logik ist. Sie entfaltet in Antinomien die der Reflexion oder dem reinen Ich immanenten endlichen Bestimmungen. Da diese Bestimmungen in ihren jeweiligen Verhältnissen zueinander immer erneut Widersprüche bilden, wird die Reflexion oder das endliche Ich schließlich in seinem Erkenntnisanspruch vernichtet. Dies ist der dem Idealismus immanente Nihilismus. Ihn führt in der Explikation der logischen Formen und Kategorien eine frühe Form von Dialektik herbei, die als Methode der Entgegensetzung von Bestimmungen damals noch negativ bleibt. – Aber solche Vernichtung der Geltungsansprüche des endlichen Denkens des Ich bedeutet für Hegel keineswegs die Vernichtung von Erkenntnis überhaupt – im Gegenteil: sie macht wahre, spekulative Erkenntnis für ihn erst möglich. Denn Hegel sieht in der Entgegensetzung jener endlichen Bestimmungen und deren Nichtigkeit, d. h. in solcher Paradoxie des Endlichen bereits die negative Präsenz des Unendlichen. Die Logik der endlichen Reflexion bereitet somit die Erkenntnis des Unendlichen und Absoluten vor, ist systematische Einleitung in die Metaphysik, in der dann freilich grundlegend ein anderes, höheres Erkenntnisvermögen erforderlich ist, die intellektuelle Anschauung des Absoluten; diese kann

2 Von den zahlreichen Darlegungen zu Hegels Fichtekritik sei genannt L. Siep, Hegels Fichtekritik und die Wissenschaftslehre von 1804, Freiburg und München 1970, zum damaligen Nihilismus-Problem O. Pöggeler, Hegel und die Anfänge der Nihilismus-Diskussion, in: Man and World 3, 1970, 163–199 und D. Souche-Dagues, Nihilismes, Paris 1996, 67–76, 140–152.

nach Hegels neuem metaphysischen und methodischen Ansatz allerdings nur in einer Synthesis mit der Reflexion und deren logischen Bestimmungen das Absolute im Bewußtsein systematisch entfalten.

Anders als Fichte entwickelt Schelling für Hegel ein metaphysisches System, das ganz dem Prinzip der Spekulation angehört und daher in der ›Differenz‹-Schrift das ungeteilte Lob Hegels findet. Merkwürdig ist allerdings, daß Hegel sich dort nur sehr sporadisch und eher vage auf Schellings erste Veröffentlichung dieses metaphysischen Systems, nämlich des Identitätssystems in dessen ›Darstellung meines Systems der Philosophie‹ (Mai 1801) bezieht; vermutlich stützt er sich bei der Abfassung dieses Teils der ›Differenz‹-Schrift vor allem auf seinen persönlichen Austausch mit Schelling; im übrigen versucht er, diesen neuen Ansatz der absoluten Metaphysik, wie er selbst sie lehrt, in Schellings frühere Schriften hineinzuinterpretieren. Dies gilt auch von der Struktur des Absoluten, die er als „Identität der Identität und der Nichtidentität" bestimmt, womit er seinen eigenen Frankfurter Begriff des Lebens als „Verbindung der Verbindung und der Nichtverbindung", nämlich von Entgegensetzung und Beziehung fortführt,[3] aber nicht Schellings Konzeption des Absoluten als übergegensätzlicher, absoluter Indifferenz. Ferner vertrat Schelling in diesen von Hegel herangezogenen Schriften vor 1801 prinzipiell noch die frühidealistische Auffassung, das Absolute als Grundlage von Natur und Geist sei an sich selbst für das philosophische Denken unerkennbar, d. h. eine Position negativer Theologie; dies gilt für Schellings Identitätssystem und Hegels absolute Metaphysik dezidiert nicht mehr; in einer positiven philosophischen Theologie wird von ihnen nun das Absolute systematisch erkannt und entfaltet.

Hinsichtlich der inhaltlichen Ausführung des positiv bestimmbaren Absoluten orientieren sich Schelling und Hegel an Spinozas Theorie der Einen Substanz als natura sive deus (Natur oder Gott), hierfür dürfte eher Schelling schon von seinen früheren Spinoza-Aufnahmen her der Anregende gewesen sein. Beide integrieren diesen Ansatz Spinozas aber in ihre eigene Konzeption. So sieht Hegel im Begriff der causa sui (Ursache seiner selbst), der dann der Einen Substanz zukommt, ein signifikantes Beispiel dafür, wie Begriffe der Reflexion, wenn sie im Rahmen der spekulativen Erkenntnis verwendet werden, ihre Bedeutung verändern; Ursache und Wirkung sind dann nicht mehr in ihrem Gegensatz gegeneinander fixierte Bestimmungen; vielmehr hat jede die entgegengesetzte an ihr selbst. Diese Argumentationsfigur findet vielfältigen Eingang in Hegels spätere spekulative Logik. – Ebenso konzipieren sowohl Schelling als auch Hegel die

[3] Vgl. G. W. F. Hegel, Gesammelte Werke, Bd. 4, hrsg. von H. Buchner und O. Pöggeler, Hamburg 1968, 64; vgl. ferner: Hegels theologische Jugendschriften, hrsg. von H. Nohl, Nachdruck: Frankfurt a. M. 1966, 348.

Struktur der Einen Substanz nach dem Muster der absoluten Identität. Hegel bestimmt sie als ursprünglich synthetische Einheit von einander entgegengesetzten Bestimmungen, grundlegend als jene „Identität der Identität und der Nichtidentität", aber auch als Einheit von Einheit und Vielheit, von Besonderem und Allgemeinem usf. und – mit dem Versuch einer Integration von Schellings Begriff der absoluten Indifferenz – als Einheit der Indifferenz und des Verhältnisses von Einem und Vielem, das sich dann jeweils in Geist und Natur als verschieden darstellt. Das grundlegende, Hegel vor Augen stehende Modell des Absoluten ist hierbei offenbar das Eine als das Unendliche, das alles in sich faßt, das die endlichen Bestimmungen und deren Gegensätze in sich enthält. Schelling nähert sich in der Entwicklung seines Identitätssystems diesem Hegelschen Begriff des Absoluten, den er in dieser Weise früher nicht vertrat, deutlich an; es bleibt bei ihm im Identitätssystem jedoch auch seine frühere Bestimmung des Absoluten als absoluter Indifferenz erhalten. Eine Verbindung beider Konzeptionen des Absoluten wird von ihm insofern angedeutet, als die absolute, übergegensätzliche Indifferenz, in der alle Gegensätze ausgelöscht sind, das Absolute für sich kennzeichnet, während die Bestimmung der Einheit der Einheit und der Vielheit oder dgl. das Absolute im Verhältnis zu den Dingen oder pantheistisch als Universum charakterisiert. Dann dürfte für Schelling die grundlegende Kennzeichnung des Absoluten, die er auch früher vertrat und die in der Spätphilosophie wieder mehr hervortritt, die der absoluten, übergegensätzlichen, letztlich unvordenklichen Indifferenz sein. Schelling ebenso wie Hegel versuchen hiermit, ohne daß ihnen dies deutlich bewußt ist, unterschiedliche Grundmodelle des Absoluten, wie sie vielfach in der Geschichte der Metaphysik, besonders des Neuplatonismus vertreten wurden, jeweils zu vereinbaren.

Die Methode der Erkenntnis und systematischen Entwicklung des Absoluten ist nun für Hegel und Schelling innerhalb dieses Neuansatzes von 1801 die Spekulation. Hegel konzipiert sie, wie erwähnt, als Synthesis von intellektueller Anschauung, in der, für sich genommen, das Absolute nur unbewußt gegenwärtig ist, und Reflexion, durch die erst die systematische Entfaltung des Absoluten im Bewußtsein möglich wird. Schelling dagegen erklärt schon bald die intellektuelle Anschauung zum alleinigen Erkenntnisvermögen; die Reflexion bietet nur in einer Sphäre von Trennungen das in These, Antithese und Synthese „auseinandergezogene" Abbild der ursprünglichen Einheit, die intellektuell in eins und zumal angeschaut wird. Die Methode der Erkenntnis des Absoluten ist für ihn spekulative Konstruktion. Wie der Geometer in die reine Anschauung des Raumes als eines Ganzen seine besonderen Figuren hineinkonstruiert, so konstruiert der Philosoph in die intellektuelle Anschauung des Einen Absoluten seine besonderen Ideen hinein. Schelling bringt mit diesem metaphysischen Intuitionismus also zwar eine Explikation und Entfaltung des Absoluten zustande; aber ihm gelingt nicht – was Hegel dann moniert – der Aufweis der Notwendigkeit des Übergangs vom Absoluten als einfacher Indifferenz zu den besonderen Ideen und zur Mannigfaltigkeit der Welt.[4] Ferner ist bei Schelling die intellektuelle Anschauung des Absoluten etwas bloß Statuiertes, das offenbar nur bevorzugten Naturen vorbehalten bleibt;[5] dieser Einwand gilt allerdings auch Hegels eigener früherer Methodenlehre, die noch von der Dualität von intellektueller Anschauung und Reflexion ausgeht.

Diese Metaphysik des Absoluten als der Einen Substanz und diese Methodenkonzeption gestaltet Hegel in seiner späteren Jenaer Zeit (etwa von 1804 an) nun in einer *dritten* grundlegenden Wandlung seiner Konzeption um zu einer Metaphysik der absoluten oder unendlichen Subjektivität, deren systematische Entfaltung nur einer spekulativen Dialektik gelingt; diese Grundkonzeption behält er von da an bei und führt sie allenfalls mit Änderungen in Details aus. Bestimmt man das Absolute nämlich nur als die Eine Substanz, so läßt sich weder begreifen, wie es in intellektueller Selbstbezüglichkeit reines Denken seiner selbst zustande bringen kann, was dem Philosophen-Gott schon nach Aristotelischer, aber auch nach christlicher Tradition zukommt, noch läßt sich auf der Grundlage einer bloßen Substanzmetaphysik Selbstbewußtsein und Geist in endlichen Individuen begreifen. Daher konzipiert Hegel nun das Absolute, das in ontologischer Bedeutung Substanz bleibt, darüber hinaus als nicht einseitige und endliche, sondern als absolute und unendliche Subjektivität.

In seinen von ihm nicht veröffentlichten Jenaer Systementwürfen setzt sich diese neue Konzeption schrittweise durch; der ›Phänomenologie des Geistes‹ von 1807 liegt sie eindeutig zugrunde. Die ›Phänomenologie‹ bildet aber eigentlich nicht den Schlußpunkt dieser Jenaer Systementwürfe; sie setzt vielmehr wesentlich Unternehmungen aus Hegels früherer Jenaer Zeit wie die Auseinandersetzung mit der zeitgenössischen Philosophie und das Programm einer systematischen Einleitung in die Philosophie, das für ihn damals von der Logik der endlichen Reflexion erfüllt wurde, innerhalb seines gewandelten Ansatzes fort. Die Logik war nun für ihn spekulativ, d. h. selbst Metaphysik geworden, die die Grundbestimmungen des Absoluten zu entwickeln hat;[6] eine systematische Einleitung in die Metaphysik

[4] Hegel erkennt allerdings auch später die Grundrichtung etwa von Schellings spekulativer Naturphilosophie durchaus an (vgl. G. W. F. Hegel, Werke, Theorie-Werkausgabe, hrsg. von E. Moldenhauer und K. M. Michel, Frankfurt a. M. 1970 f., Bd. 20, 444).

[5] Deshalb ist Schellings Lehre, wie Hegel spottet, eine Art Philosophie für „Sonntagskinder“ (G. W. F. Hegel, Werke, a. a. O., 428).

[6] Zur Entwicklungsgeschichte der Logik und Dialektik Hegels und den systematischen Grundlagen dieser Entwicklung mag der Hinweis auf die Darlegung des

aber sieht Hegel nach wie vor als notwendig an; diese Aufgabe übernimmt die ›Phänomenologie‹.

Die Grundidee der ›Phänomenologie‹ knüpft an ein zentrales Programm des frühen Fichte und des jungen Schelling zur Subjektivitätstheorie an, nämlich an das idealistische Programm einer systematischen Geschichte des Selbstbewußtseins. Diese hat zum einen die Aufgabe, systematisch nach einem leitenden und bestimmenden Prinzip die verschiedenen Vermögen und Leistungen des menschlichen Geistes in idealgenetischer Abfolge zu entwickeln; damit werden die Zufälligkeiten einer Darlegung bloß empirisch-zeitlicher Entwicklung dieser Vermögen oder eines empirischen Rubrizierens und Klassifizierens, ebenso aber eine Statik apriorischer Vermögenssystematik, die die Vermögen nicht herleitet, schon im Ansatz vermieden. Nur diese systematische, ideale „Geschichte" kann den inneren Aufbau konkreten Selbstbewußtseins explizieren. Dazu gehört zum anderen die Aufgabe, die Schelling enger mit diesem Programm verknüpft als Fichte, die von jenen Vermögen und Leistungen auf verschiedenen Stufen jeweils konstituierten Objekt-Bedeutungen in ihrem systematischen Zusammenhang aufzuzeigen und die stufenartige Anreicherung jenes Ich-Objekts mit Bestimmungen der Subjektivität darzulegen. Dabei wird die Unterscheidung von betrachtendem und betrachtetem Ich zugrunde gelegt; der Fortgang soll demonstrieren, wie sich schrittweise das betrachtete Ich jeweils dem betrachtenden, schon seiner selbst gewissen und sich wissenden Ich annähert. Dies versucht z. B. Schelling durch die systematische und idealgenetische Entwicklung von Empfindung, Anschauung, Reflexion, Wille usf. einerseits und ihrer jeweiligen objektiven Korrelate andererseits zu bewerkstelligen.

Hegel greift dieses Programm auf, nimmt aber in der ›Phänomenologie‹ folgende grundlegenden Änderungen vor:

1. Die idealistische Geschichte des Selbstbewußtseins wird in einen ganz anderen systematischen Kontext, in den Kontext einer systematischen Einleitung in die spekulative Logik und überhaupt das System integriert. Diese Einleitung zeigt, daß alle in systematischer Abfolge zu entwickelnden vorangehenden Erkenntnisweisen oder Weisen des Fürwahrhaltens, es mag nun sinnliche Gewißheit, Wahrnehmung, Fürwahrhalten durch den Verstand oder die endliche Vernunft bzw. genuin künstlerisches oder spezifisch religiöses Fürwahrhalten sein, sich als einer Prüfung nicht standhaltend und insofern als unwahr erweisen; nur das absolute Wissen hält nach Hegel einer Prüfung stand und ist daher wahres Wissen. Sein Inhalt ist das

Verfassers erlaubt sein: Das Problem der Subjektivität in Hegels Logik, Hegel-Studien Beiheft 15, 3. erw. Aufl. Bonn 1995; dies Werk liegt auch der hier folgenden Darstellung der spekulativen Logik zugrunde.

Absolute als unendliche Subjektivität, die durch das reine begreifende Denken in den ihr immanenten Bestimmungen entfaltet wird; dies ist dann Aufgabe der spekulativen Logik. Die idealistische Geschichte des Selbstbewußtseins wird innerhalb dieses Ansatzes der ›Phänomenologie‹ damit zu einer „Geschichte der *Bildung* des Bewußtseins selbst zur Wissenschaft“,[7] nämlich zum wahren begreifenden Wissen des Absoluten.

2. In dieser grundlegenden Änderung gegenüber der idealistischen Geschichte des Selbstbewußtseins bei Fichte und Schelling ist die weitere entscheidende Änderung fundiert, daß in der ›Phänomenologie‹ Vermögen und Leistungen des menschlichen Geistes nicht als solche, sondern nur insofern erörtert werden, als sie verschiedene Weisen des Fürwahrhaltens charakterisieren; so wird z. B. nicht die sinnliche Empfindung selbst, sondern vielmehr die ihr entsprechende Weise des Fürwahrhaltens, die sinnliche Gewißheit untersucht; die Wahrnehmung oder der Verstand werden nicht als Vermögen und Leistungen des Geistes, sondern als Arten und Stufen des Fürwahrhaltens betrachtet usf.

3. Die Konzeption der ›Phänomenologie‹ als systematischer Einleitung in die spekulative Logik bringt schließlich auch die gravierende Änderung gegenüber jenem Programm Fichtes und Schellings mit sich, daß der Argumentationsfortgang ein „sich vollbringender Skeptizismus“ in *„dialektischen“* Erfahrungen des Bewußtseins wird.[8] In der Selbstprüfung des Bewußtseins, auf welcher Stufe auch immer sie geschieht, nämlich ob sein gewußter Gegenstand seinem Wissen und dessen Weise des Fürwahrhaltens entspricht, zeigt sich jeweils, daß es – außer im absoluten Wissen – immer etwas für wahr hält, von dem sich „dialektisch“ herausstellt, daß dieses das Gegenteil dessen ist, was sich in der Prüfung als das Wahre erweist; so hält die sinnliche Gewißheit das sinnliche Diese für das Wahre; in der Prüfung zeigt sich jedoch in mehrfachen Durchgängen, daß solches Diese vielmehr ein leeres Allgemeines ist. Derartige Erfahrungen stürzen das Bewußtsein jeweils in Skepsis und sogar in Verzweiflung; denn jede einzelne Bewußtseinsgestalt endet mit der Erfahrung der Unwahrheit ihres Fürwahrhaltens, d. h. in einer Aporie und geht zugrunde; so ist für das dialektisch erfahrende Bewußtsein der Weg zur Wissenschaft ein Weg der Verzweiflung. – Der Zusammenhang unter den Bewußtseinsgestalten bzw.

[7] G. W. F. Hegel, Gesammelte Werke, Bd. 9, hrsg. von W. Bonsiepen und R. Heede, Hamburg–Düsseldorf 1980, 56.

[8] Ebd., 56, 60. Zur Konzeption der ›Phänomenologie‹ seien in Auswahl genannt: J. Hyppolite, Genèse et structure de la phénoménologie de l'esprit de Hegel, Paris 1946; Werner Marx, Hegels Phänomenologie des Geistes. Die Bestimmung ihrer Idee in 'Vorrede' und 'Einleitung', 2. Aufl. Frankfurt a. M. 1981; O. Pöggeler, Hegels Idee einer Phänomenologie des Geistes, 2. erw. Aufl. Freiburg und München 1993.

Weisen des Fürwahrhaltens wird nur vom spekulativen Philosophen gestiftet; er verknüpft diese Fürwahrhaltensarten stufenweise und systematisch untereinander; dazu verwendet er Verknüpfungsmodi der spekulativen Dialektik. Hierfür muß man allerdings, was der Einleitungskonzeption kaum gemäß sein dürfte, die wesentliche Kenntnis und die Gültigkeit solcher Dialektik schon voraussetzen. Damit zeigt sich, daß auch das Einleitungsprogramm der ›Phänomenologie‹ nicht ohne methodische Schwierigkeiten ist.

2. *Das System*

Das System Hegels, das nie eine angemessene literarische Gestalt erhielt, sondern nur in der Kurzfassung der ›Enzyklopädie der philosophischen Wissenschaften‹ (1817, 1827, 1830) vorliegt und daher wesentlich aus Hegels Vorlesungen in Berlin (1818–1831) ergänzt werden muß, kann hier nur in einer Auswahl skizziert werden. Hervorgehoben seien als fundamental, wirkungsmächtig und auch heute noch bedeutsam die spekulative Logik und die Ästhetik.

Mit dem absoluten Wissen am Ende der ›Phänomenologie‹ ist das begreifende reine Denken als das Medium erreicht, innerhalb dessen sich die reinen Gedankenbestimmungen oder Kategorien der spekulativen *Logik* entfalten können. Der hochkomplexe noematische Inhalt am Ende der ›Phänomenologie‹, die sich denkende Subjektivität, sinkt aber am Anfang dieser Logik zu der ganz einfachen, voraussetzungslosen, keine weiteren Elemente in sich enthaltenden Bestimmung des reinen oder bloßen Seins als unbestimmter Unmittelbarkeit zusammen. So fragt sich, in welchem Verhältnis jener komplexe Gehalt des Endes der ›Phänomenologie‹, der freilich noch nicht entfaltet ist, zu dieser erneuten Unmittelbarkeit steht. Der Anfang der Logik mit dem voraussetzungslosen einfachen Sein ergibt sich nun aus Hegels Programm, die Kategorien systematisch zu entwickeln; wie Fichte und Schelling wirft er Kant – historisch wohl nicht zu Recht – vor, seine Kategorien anderwärts einfach hergenommen und nicht systematisch abgeleitet zu haben. Das Programm einer solchen systematischen Entwicklung aber verlangt, mit dem ganz Einfachen, Voraussetzungslosen, Unmittelbaren anzufangen. Die ›Phänomenologie‹ ermöglicht diese neue, eigene Sphäre des reinen Denkens in der Logik, damit aber auch deren Anfang mit der Unmittelbarkeit. Hegel entwickelt daraus die weiteren Kategorien unter Aufnahme der methodischen Bedeutung ihres Gedachtwerdens in ihren gegenständlichen Gehalt. Das Ziel dieser Kategorienentwicklung ist das in seinen Bestimmungen entfaltete reine Denken seiner selbst, wie es die „absolute Idee“ als die reine Gedankenbestimmung der absoluten Subjektivität auszeichnet. Da diese zu sich: „Ich bin“ sagen kann, wobei diesem Ich absolute, die Mannigfaltigkeit von Bestimmungen in sich enthaltende Identität zukommt, kann man von diesem Ende der Logik her auch jenes Sein als ein erstes, noch ganz einfaches und unbestimmtes Moment der sich bestimmenden reinen Idee oder Subjektivität ansehen.

Schon aus diesen Bestimmungen geht hervor, daß Hegels Logik zugleich Metaphysik ist.[9] Sie enthält zwar – mit einigen gravierenden Veränderungen – die Formbestimmungen der formalen Logik in sich; aber sie abstrahiert gerade nicht vom Inhalt. Ihr Inhalt ist freilich nicht wie in der Kantischen transzendentalen Logik das reine Mannigfaltige der sinnlichen Anschauung; denn nach Hegel ist das reine Denken hinsichtlich seines Inhalts keineswegs, wie Kant lehrt, auf sinnlich-mannigfaltige Vorgegebenheiten angewiesen und in seiner Erkenntnisfähigkeit darauf eingeschränkt; es bringt vielmehr aus sich selbst die Mannigfaltigkeit seiner inhaltlichen, von ihm gedachten Bestimmungen hervor, und es hat, indem es diese denkt, zugleich ontologische Bedeutung. Der Inhalt von Hegels Logik besteht also in den vom reinen Denken selbst spontan konstituierten Gedankenbestimmungen, in denen es letztlich sich selbst denkt; dadurch wird die Logik spekulativ. – Solches Denken, wie es eigentlich dem göttliches Nous oder Intellekt zukommt, kann das menschliche Denken nach Hegel selbst durchaus vollziehen; die Endlichkeit menschlichen Denkens wie seine Sprachgebundenheit oder seine Zeitabhängigkeit im Durchgehen der Kategorien hindern, wie Hegel glaubt, seine wesentlichen spekulativen Einsichten nicht.

Das Einfache, Unmittelbare und Unbestimmte, das reine Sein, mit dem die Logik beginnt, erweist sich nun in seinem Bedeutungsgehalt als das Nichts. Eigentlich gedacht aber wird in diesem Übergehen von Sein zu Nichts und umgekehrt, denkt man dies Vorgehen selbst im noematischen Inhalt mit, das Werden. Aus diesem Fingerhut von Bestimmungen entfaltet Hegel seine reiche Kategorienlehre, indem er immer wieder Momente der Methode in den Inhalt von Kategorien aufnimmt. So werden zunächst die in sich einfachen Seinsbestimmungen (der Qualität und Quantität) entwikkelt, deren Inhalt zunehmend reichhaltiger und komplexer wird. Dadurch ergibt sich schließlich eine Entzweiung des in sich einfachen Sinnes von Seinskategorien in eine Relation. Hegel entfaltet daraufhin seine Wesenslogik als Logik von Relationsbestimmungen wie z. B. Ganzes – Teile, Inne-

[9] Zu Hegels spekulativer Logik sei in Auswahl verwiesen auf G. R. G. Mure, A Study of Hegel's Logic, Oxford 1967; H.-G. Gadamer, Die Idee der Hegelschen Logik, in: Ders., Hegels Dialektik. Sechs hermeneutische Studien, 2. Aufl. Tübingen 1980, 65–85; D. Henrich, Hegel im Kontext, Frankfurt a. M. 1971; V. Verra, Letture hegeliane. Idea, natura e storia, Bologna 1992, bes. 113–219; vgl. auch den Hinweis in Anm. 6.

res – Äußeres oder Substanz – Akzidens u. a. In der weiteren Entwicklung dieser immer komplexer werdenden Relationsbestimmungen zeigt sich, daß solche Relation schließlich zur Selbstbeziehung, und zwar zur denkenden Selbstbeziehung wird. Sie wird dann von Hegel in spekulativer Anverwandlung der formalen Logik in Begriff, Urteil und Schluß expliziert, und sie erfährt ihre Vollendung in der sich denkenden absoluten Idee. Diese versammelt alle reinen Gedankenbestimmungen in sich und begreift sie als Momente ihrer selbst.

Dieses virtuose Hervorzaubern des Kategorienkosmos aus dem Nichts als dem Sein in der oben angegebenen Bedeutung ist nun kein selbstgenügsames Glasperlenspiel; ihm kommt Grundlegungsbedeutung zu als das begriffliche, essentielle Fundament der Realphilosophie, d. h. der Philosophie der Natur und des Geistes. Es ist auch deshalb kein intellektuelles Spiel, weil es, wie Hegel geltend macht, bedeutende geschichtliche Präfigurationen gibt. So ist das Sein Prinzip und Grund der Philosophie des Parmenides, das Werden der Philosophie Heraklits, mehrfache weitere ontologische Bestimmungen in ihrem internen Zusammenhang der Philosophie Platons usf. Nicht immer gelingt solche Identifizierung, und nicht immer entspricht die geschichtliche Abfolge der innovatorischen philosophischen Theorien der logischen Folge der Kategorien, was nach Hegel an der Zufälligkeit realgeschichtlich-zeitlicher Entwicklung liegt. Aber im ganzen gilt für Hegel sehr wohl, daß die bedeutenden, eine neue philosophische Sicht eröffnenden Systeme in der Geschichte der Philosophie als ihre Grundlage eine spekulative Kategorie oder Kategoriengruppe haben und daß ferner die geschichtliche Abfolge der Systeme zu ihrer Substruktur die dialektische Abfolge der Kategorien hat und dadurch erst begriffen werden kann. So erhält – in Hegels Deutung – die spekulative Logik eine geschichtliche Dimension.

Hierin ist das eigentliche Arcanum der Hegelschen Philosophie, die spekulative *Dialektik* vorausgesetzt, die in der spekulativen Logik begründet wird. Da sie nicht mit einem Schlage entstanden ist, erschließt sie sich am besten einer Betrachtung der Entwicklung von Hegels Denken. Die spekulative Dialektik enthält einen dreifachen, sich verschärfenden Bruch mit dem traditionellen Denken, der sich in den verschiedenen oben skizzierten Entwicklungsstadien Hegels abzeichnet. Der erste Bruch erfolgt schon in Hegels Frankfurter Zeit. Der Verstand denkt und erkennt nur die endlichen Bestimmungen; wendet er sich dem Unendlichen zu, das nach Hegels damaligem Ansatz nur im Vereinigungsgefühl oder in mystischer intellektueller Anschauung gegenwärtig ist, so gerät er in Widersprüche und wird „zerrüttet“. Der Satz vom zu vermeidenden Widerspruch gilt logisch und ontologisch für den Verstand und sein Feld des Endlichen; aber er gilt nach Hegel nicht vom metaphysisch konzipierten Unendlichen; auch wenn es als widersprüchlich vom Verstand gedacht wird, folgt daraus weder, daß es sinnlos sei, noch daß es nicht sein könne. Der zweite Bruch mit dem traditionellen Denken geschieht in der frühen Jenaer Logik der endlichen Reflexion. Hier gerät der Verstand nicht erst in Widersprüche, wenn er sich auf das Unendliche richtet, sondern schon im Durchgang durch seine eigenen endlichen Bestimmungen. Er stellt sie in negativ bleibender Dialektik in Gegensatzpaaren auf und erkennt darin seinen eigenen antinomischen, ja widersprüchlichen Charakter. Solche Widersprüchlichkeit des Endlichen aber ist für Hegel schon die Präsenz des Unendlichen in ihm. Hierbei gilt der Satz vom Widerspruch noch logisch von den endlichen Bestimmungen; sie werden dadurch ungültig. Aber er gilt nicht ontologisch bzw. metaphysisch, und zwar weder vom Unendlichen noch auch vom Endlichen, dessen Widersprüchlichkeit gerade die Macht des Unendlichen beweist. Der dritte Bruch mit dem traditionellen Denken gehört in Hegels spätere Jenaer Zeit. Da in seinem früheren Ansatz für die positive Vorstellung des Unendlichen an die intellektuelle Anschauung appelliert werden mußte, deren Annahme thetisch blieb, vereinigt Hegel nun intellektuelle Anschauung und endliche Reflexion in einer einheitlichen Vernunfterkenntnis, die über eine einheitliche Methode verfügt. Die Entgegensetzung endlicher Bestimmungen als erste Negation einer unmittelbaren Einheit, z. B. von Etwas und Anderem, wie Hegel später lehrt, als Entzweiung des Etwas oder des Daseienden überhaupt, führt in einem und demselben Durchgang zu einer methodischen Negation jener ersten entzweienden Negation und damit zu einer erneuten, höherstufigen Einheit als positivem Resultat, im genannten Beispiel zum Anderen an ihm selbst, das ein höherentwickeltes Etwas ist. Die Dialektik als Entgegensetzung von Bestimmungen appelliert nun nicht mehr an ein höheres Erkenntnisvermögen, etwa die intellektuelle Anschauung, sondern bringt selbst spekulativ die höhere Einheit hervor. Damit entfällt aber der letzte selbständige Bereich, in dem bei Hegel der Satz vom zu vermeidenden Widerspruch wenigstens logisch noch galt, der Bereich der endlichen Bestimmungen in der Logik der endlichen Reflexion. Er löst sich auf in einzelne lediglich transitorische Phasen der dialektischen Bewegung. Der Satz vom Widerspruch verliert für Hegel damit seine logische und ontologische Geltung.[10]

So wird die Dialektik spekulativ und damit zur beherrschenden Methode der Kategorienentwicklung und auch der Entwicklung realer natürli-

[10] Schon im Skeptizismus-Aufsatz (1802) erklärt Hegel eindeutig und anstößig: „Der sogenannte Satz des Widerspruchs ist daher sowenig auch nur von formeller Wahrheit für die Vernunft, daß im Gegenteil jeder Vernunftsatz in Rücksicht auf die Begriffe einen Verstoß gegen denselben enthalten muß" (G. W. F. Hegel, Gesammelte Werke, Bd. 4, 208).

cher und geschichtlicher Bestimmungen. Sie ist jedoch keine bloß methodische Form gegenüber einem Inhalt. Da in den noematischen Gehalt der Kategorien jeweils die Denkbewegung aufgenommen wird, erweisen sich die Kategorien und Kategorienfolgen wesentlich als Punkte und Phasen der dialektischen Bewegung, die schließlich zum reinen Denken seiner selbst in der Bewegung der ihm eigenen Momente führt, zur sich denkenden absoluten Idee oder Subjektivität. Dies betont Hegel mehrmals; „denn auf dieser Subjektivität allein ruht das Aufheben des Gegensatzes zwischen Begriff und Realität und die Einheit, welche die Wahrheit ist".[11] Dies ist der inhaltliche, metaphysische Sinn der Dialektik Hegels; man kann sie als Methode nicht davon abtrennen.

Hegel unterscheidet in späterer Zeit die verschiedenen Weisen des methodischen Fortgangs noch genauer. So ist die dialektische Bewegung der Seinskategorien nach Hegel ein „Übergehen", da eine Kategorie von in sich einfacher Bedeutung im Fortgang nicht aushält, sondern in den folgenden Kategorien aufgeht. Die dialektische Bewegung der Wesens- oder Relationskategorien ist ein „Scheinen im anderen"; jede der bezogenen Bestimmungen erhält ihre Bedeutung erst in der Beziehung und hat dabei die ihr entgegengesetzte Bestimmung zugleich an sich selbst. Die dialektische Bewegung der Gedankenbestimmungen der Begriffslogik ist eine „Entwicklung"; der Sinn von logischer Subjektivität oder reinem Denken seiner selbst liegt zugrunde, läßt die eigenen Unterschiede und Vermittlungen aus sich hervorgehen und treibt sich darin in Komplexitätssteigerungen fort.

Diese spekulative Logik ist also wesentlich Theorie der reinen, unendlichen Subjektivität. Sie ist systematisch der Kantischen Lehre insofern verwandt, als Kant – freilich auf dem Boden der Endlichkeit – die formale und transzendentale Logik in der Einheit des Selbstbewußtseins gründete und dessen interne Bestimmungen als rein gedachte kategorial angab. Kant versuchte nicht wie der frühe Fichte und der junge Schelling, die reine Logik aus einer ihr vorausgehenden Theorie des Ich abzuleiten; denn diese muß, will sie stringent und wissenschaftlich sein, den Bestand und die Gültigkeit der reinen logischen Bestimmungen schon voraussetzen, die sie doch ableiten will. Bei Hegel ist dies Problem grundsätzlich vermieden; Logik und Idealismus oder Subjektivitätstheorie treten in ihrer Grundlegungsbedeutung nicht in Konkurrenz; die spekulative Logik ist vielmehr selbst Theorie der reinen Subjektivität, die sich in den ihr immanenten logischen Bestimmungen entfaltet und schließlich darin selbst erfaßt.

[11] G. W. F. Hegel, Wissenschaft der Logik, in: Ders.: Gesammelte Werke, Bd. 12, hrsg. von F. Hogemann und W. Jaeschke, Hamburg–Düsseldorf 1981, 246.

Diese Logik und die in ihr begründete Dialektik bilden nun die allgemeine Grundlage der Realphilosophie, in der die Welt der Natur und des Geistes expliziert wird. Daraus sei hier nur die bis heute sehr wirkungsmächtige *Ästhetik* als exemplarischer Systemteil umrissen. Hegels Ästhetik ist grundlegend Metaphysik der Kunst. Darin liegt zum einen, daß sie Theorie der Kunst, der Kunstformen und der Einzelkünste ist; das Naturschöne spielt in ihr nur eine Nebenrolle. Darin liegt zum anderen, daß die Kunst metaphysisch als Selbstmanifestation des Geistes, und zwar sogar des göttlichen oder absoluten Geistes gefaßt wird. Hegels Ästhetik ist daher prinzipiell Gehaltsästhetik; die Kunst hat für Hegel wesentlich religiösen Inhalt; es ist das Göttliche, in höherer Bestimmung: die Geistigkeit des Göttlichen, die im Kunstwerk sinnlich-anschauliche Gestalt gewinnt. Die Kunst ist somit für ihre Darstellungsinhalte wesentlich auf eine Mythologie und deren Gottes- und Weltverständnis angewiesen. Das mythologisch inkarnierte Göttliche wird spekulativ-logisch nach Hegel in seinem eigentlichen Sinn begriffen als Idee; wenn die Idee individuelle, zugleich adäquate sinnliche Gestalt in einem Kunstwerk gewinnt, wird sie zum ästhetischen Ideal oder zum Idealschönen, das nach Hegel als ein „sinnliches *Scheinen* der Idee“[12] zu begreifen ist. Dies repräsentiert für Hegel den zeitlosen Maßstab dessen, was Kunst ist und sein kann.

Realisiert wird die Kunst jedoch nur geschichtlich, und zwar nach Hegels Ästhetik in drei grundlegenden Kunstformen, deren Abfolge an die Weltgeschichte der Religionen gebunden ist. Hegel geht über die damals weit verbreitete Dichotomie von antiker, klassischer und moderner, romantischer Kunstform hinaus, indem er beiden die symbolische Kunstform vorausschickt. Diese charakterisiert für ihn die archaische, im wesentlichen orientalische Kunst. In ihrer Gestaltung wird das endliche Sinnliche entweder in seiner natürlichen Form belassen oder ins Maßlose gesteigert bzw. verzerrt, um auf ein unendliches Göttliches, eine numinose Macht zu verweisen, die in ihrer inneren Unbestimmtheit keine adäquate Gestalt im Sinnlichen finden kann. Solche Kunst kann z. B. erhaben sein; sie ist noch nicht schöne Kunst; sie erstrebt nur das ästhetische Ideal, ohne es zu erreichen. Die für symbolische Kunstform charakteristische Einzelkunst ist nach Hegel die sakrale Architektur; ein Tempel schafft nur den Platz für die Anwesenheit einer Gottheit, die selbst keine bestimmte Gestalt gewinnt.

[12] G. W. F. Hegel, Ästhetik. Mit einer Einführung von G. Lukács, nach der zweiten Aufl. von G. Hotho redigiert von F. Bassenge, Berlin 1955, 2. Aufl. Frankfurt a. M. o. J. Bd. 1, 117. Immer noch lesenswert zu Hegels Ästhetik ist: H. Kuhn, Die Vollendung der klassischen deutschen Ästhetik durch Hegel, in: Ders., Schriften zur Ästhetik, München 1966, 15–144.

Erreicht wird das ästhetische Ideal jedoch in der antiken klassischen Kunstform. Hier wird das Göttliche, das nun als Geistiges, genauer als individuelles Selbstbewußtsein aufgefaßt wird, in adäquater sinnlicher Gestalt dargestellt, nämlich in idealisierter, von Zufälligkeiten gereinigter Menschengestalt als dem sinnlichen Ausdruck des Geistigen. Hegel hat hierbei vor allem die griechischen Götterplastiken vor Augen; er rühmt mit Winckelmann ihre Hoheit und Ruhe, aber auch ihre Wohlgestalt; er folgt im ganzen bei der ästhetischen Beschreibung und Beurteilung der antiken Plastiken dem Kunsturteil des Klassizismus. Solche Skulptur ist für Hegel die Einzelkunst, die die klassische Kunstform am reinsten erfüllt. – Doch nicht nur in Ruhe, auch in Bewegung und Handlung kann in der klassischen Kunst das individuelle Göttliche dargestellt werden. Dies geschieht vor allem in der griechischen Tragödie; ihr Geschehen wird von Hegel dialektisch bestimmt. Aus einem ursprünglich einfachen Zustand etwa in einer Polis geht eine Entzweiung in entgegengesetzte göttlich-sittliche Mächte hervor, die noch nicht institutionalisiert, sondern nur in bestimmten Heroen gegenwärtig sind. Exemplarisch sieht Hegel dies in Sophokles' ›Antigone‹ verwirklicht; hier stoßen Kreon als Vertreter der Staatsmacht sowie des öffentlichen Rechts und Antigone als Vertreterin der Familiensittlichkeit und der unteren Götter aufeinander. Als Vertreter jeweils einseitiger sittlicher Mächte müssen sie tragisch untergehen; ihr Untergang ist der Sieg der höheren Macht, des allmächtigen und gerechten Schicksals. Da auch die tragischen Helden menschlich-göttliche Gestalten sind, deutet die Tragödie für Hegel zugleich den Untergang des Polytheismus und einen Weg zum Monotheismus an.

Auch die klassische Kunstform, obwohl sie die Vollendung der Kunst für Hegel darstellt, wird wieder verlassen; es entsteht die romantische Kunstform, aber nicht durch eine immanent ästhetische Fortentwicklung, sondern durch das weltgeschichtliche Erscheinen der christlichen Religion; „denn der Geist ist die unendliche Subjektivität der Idee, die als absolute Innerlichkeit sich nicht frei für sich herauszugestalten vermag, wenn sie im Leiblichen als in ihrem gemäßen Dasein ergossen bleiben soll".[13] Hegel deutet dabei das Christentum als das weltgeschichtliche Auftreten unendlicher Subjektivität im Verständnis der Menschen. Deshalb muß auch die Kunst, die dieses Göttliche zum Inhalt hat, die Welt der innerlich bleibenden religiösen Gefühle und Vorstellungen gestalten, z. B. die sittlich-religiöse Liebe in den Darstellungen der heiligen Familie oder das gottergebene Leid und den Schmerz in der Darstellung der Märtyrer. Dies geschieht vor allem in den Einzelkünsten der Malerei, der Musik und der Poesie. Da sie klassische Schönheit nicht mehr formen, sondern über die

[13] G. W. F. Hegel, Ästhetik, I, 85 f.

äußerliche Gestalt auf die innere Welt des Geistes verweisen, sind sie die im wesentlichen nicht mehr schönen Künste, die nach Hegel das ästhetische Ideal überschreiten. – Die romantische Kunst ist zwar noch durch die christliche Religion geprägt, aber dieser – anders als die klassische Kunst in der griechischen Kunstreligion – nicht mehr notwendig. Im Fortgang der Neuzeit weicht aus der Kunst mehr und mehr die religiöse Bedeutung; rein menschliche und bürgerliche Gehalte drängen sich vor. Ist der religiöse Gehalt aber vollends geschwunden, dann ist „die Kunst nach der Seite ihrer höchsten Bestimmung für uns ein Vergangenes".[14] Diese prononcierte These vom Vergangenheitscharakter der modernen Kunst wird heute z. T. mit anderer Begründung wieder vielfach erwogen. –

So kann sich, wie das Beispiel der ›Ästhetik‹ zeigen kann, Hegels Philosophie, wenn sie den Phänomenreichtum hellsichtig durchdringt und ihre Grundbegriffe nicht schematisch verwendet, durchaus als fruchtbar auch für gegenwärtige Bemühungen erweisen. Der Anspruch der Spekulation auf Erkenntnis des Absoluten dürfte heute weitgehend auf Skepsis stoßen. Doch auch wenn man zu diesem Anspruch Distanz wahrt, kann insbesondere Hegels idealistische Theorie der Subjektivität in ihren verschiedenen Bereichen dem heute wiedererwachenden Interesse am Problem des Selbstbewußtseins entscheidende Einsichten vermitteln.

Kurzbibliographie Hegel

Differenz des Fichteschen und Schellingschen Systems der Philosophie (1801), in: Gesammelte Werke, Bd. 4, hrsg. von H. Buchner und O. Pöggeler, Hamburg 1968, 3–92.

Phänomenologie des Geistes (1807), in: Gesammelte Werke, Bd. 9, hrsg. von W. Bonsiepen und R. Heede, Hamburg–Düsseldorf 1980.

Wissenschaft der Logik (1812–1816), in: Gesammelte Werke, Bd. 11, 12, hrsg. von F. Hogemann und W. Jaeschke. Hamburg–Düsseldorf 1978, 1981.

Enzyklopädie der philosophischen Wissenschaften im Grundrisse (3. Aufl. 1830), in: Gesammelte Werke, Bd. 20, unter Mitarbeit von U. Rameil hrsg. von W. Bonsiepen und H.-Chr. Lucas, Hamburg–Düsseldorf 1992.

Ästhetik, mit einer Einführung von G. Lukács, nach der 2. Aufl. von G. Hotho redigiert von F. Bassenge, Berlin und Weimar 1955 (Vorlesungen über die Ästhetik 1820–1829).

[14] G. W. F. Hegel, Ästhetik, I, 22.

SÖREN KIERKEGAARD

Der subjektive Denker

Von Jochem Hennigfeld

Kierkegaard ist als Kritiker des Hegelschen Systems und als Begründer der Existenzphilosophie in die Philosophiegeschichtsbücher eingegangen. Heidegger hat ihn mit dem Kompliment, er sei der einzige dem Geschick seines Zeitalters gemäße religiöse Schriftsteller, philosophisch abgewertet.[1] Solche Kennzeichnungen treffen Richtiges, können aber den vielgestaltigen und perspektivenreichen Überlegungen des Philosophen, Theologen, Psychologen und Erzählers Kierkegaard nicht gerecht werden. Auch die folgende Darstellung muß sich auf einige wesentliche Aspekte beschränken; sie geht von dem gleichsam programmatischen Entwurf des subjektiven Denkens aus, wie Kierkegaard/Climacus[2] es im II. Teil der ›Unwissenschaftlichen Nachschrift‹[3] (2. Abschn., 3. Kap.) dargelegt hat. Im 2. Abschnitt meines Beitrags werde ich die Begriffsbestimmung der menschlichen Existenz aus ›Die Krankheit zum Tode‹ und ›Der Begriff

[1] M. Heidegger, Nietzsches Wort „Gott ist tot", in: ders., Holzwege, Frankfurt a. M. [5]1972, 230.

[2] Die philosophischen Hauptwerke Kierkegaards sind unter verschiedenen Pseudonymen erschienen. Zu Climacus und dessen Gegengestalt Anti-Climacus (›Die Krankheit zum Tode‹, ›Einübung im Christentum‹) bemerkt Kierkegaard in den Tagebüchern: „Mit Joh. Climacus hat Anticlimacus verschiedenes gemeinsam; aber der Unterschied ist folgender: wie Joh. Climacus sich selber so niedrig stellt, daß er sogar von sich selbst sagt, er sei kein Christ, so scheint man an Anticlimacus merken zu können, daß er glaubt, in außerordentlichem Maße Christ zu sein, zuweilen auch, daß das Christentum eigentlich nur für Dämonen ist, dies Wort jedoch nicht in Richtung auf Intellektualität genommen. [...] Ich habe mich höher bestimmt als Joh. Climacus, niedriger als Anticlimacus" (X^1 A 517; Ges. Werke. Die Tagebücher, III, 257). – Aufschlußreiche Hinweise zur Funktion der Pseudonyme gibt H. Deuser, Kierkegaard. Die Philosophie des religiösen Schriftstellers, Darmstadt 1985, 75–83 (mit Angaben zur einschlägigen Literatur).

[3] Sigel: UN. Kierkegaards Schriften werden zitiert nach der deutschen Ausgabe der ›Gesammelten Werke‹, übers. u. hrsg. von E. Hirsch, H. Gerdes, H. M. Junghans, Düsseldorf/Köln 1950 ff. (Nachdruck: Gütersloher Taschenbücher 1979 ff.). Den Seitenzahlen werden die in der deutschsprachigen Literatur üblichen Siglen der Werke vorangestellt.

Angst‹ thematisieren. Schließlich soll auf Kierkegaards Verständnis des christlichen Glaubens hingewiesen werden – ein Aspekt, der unabtrennbar mit seiner Philosophie verbunden ist.

1. Abstraktes und konkretes Denken

Kierkegaards provozierende These lautet: Dem abstrakten Denken der Philosophie entgeht der einzig wahrhafte Sinn von Wirklichkeit, nämlich die Wirklichkeit der je konkreten menschlichen Existenz. Die abstrakt bleibende Philosophie sagt zwar viel über den Menschen; aber die eigentlichen Probleme des Lebensvollzugs kommen nicht zur Sprache. „In der Sprache der Abstraktion kommt das, was die Schwierigkeit der Existenz und des Existierenden ausmacht, eigentlich nie zum Vorschein, geschweige denn, daß die Schwierigkeit erklärt wird“ (UN II, 1). Das beruht jedoch nicht auf einem bloßen Versäumnis; sondern das eigentliche Problem liegt darin, daß das Denken eo ipso abstrahiert. Das wirkliche Einzelne, das sich ständig ändert und so in Bewegung ist, kann nämlich nicht gedacht werden. Denken bzw. Erkennen setzt etwas Bleibendes voraus, das sich im Wandel durchhält. Dieses sich im Wandel Durchhaltende und ihm Zugrundeliegende heißt seit Platon und Aristoteles *Idee* (idea, eidos) oder *Wesen* (ousia, Substanz). Um Einsicht in Wesen und Wahrheit zu erlangen, ist deshalb vom Einzelnen abzusehen. In diesem Sinne verfährt die Philosophie (und alle von ihr begründete Wissenschaft) abstrahierend. Die philosophische Methode der Abstraktion erreicht ihren Höhepunkt in den Systementwürfen des Deutschen Idealismus. Fichte gewinnt das Prinzip seiner Wissenschaftslehre (›Grundlage der gesamten Wissenschaftslehre‹, 1794) so, daß er von den empirischen Bestimmungen des Bewußtseins so lange abstrahiert, bis das reine Ich ‘zurückbleibt’. Schelling geht noch einen Schritt weiter (›Darstellung meines Systems der Philosophie‹, 1801), indem er fordert, daß auch vom Denkenden abstrahiert werden müsse, um sich auf den Standpunkt der absoluten Vernunft zu erheben. Hegels ›Wissenschaft der Logik‹ (1812–1816)[4] schließlich, die nach ihrem Selbstverständnis Gott vor

[4] Sicherlich ist Hegel (mit den Hegelianern der zeitgenössischen Theologie) und dessen ›Logik‹ immer wieder der Hauptadressat der Kierkegaardschen Polemik. Man würde jedoch viel zu kurz greifen, wenn man die Kritik darauf beschränkt sähe. – Grundlegend für das Verhältnis zu Hegel sind die umfangreichen Studien von N. Thulstrup, vor allem: Kierkegaards Verhältnis zu Hegel und zum spekulativen Idealismus. Historisch-analytische Untersuchung, Stuttgart 1972. Informativ für diesen Zusammenhang ist auch der Aufsatz von D. Ritschl, Kierkegaards Kritik an Hegels Logik, in: H.-H. Schrey (Hrsg.), Sören Kierkegaard, Darmstadt 1971, 240–272.

der Schöpfung darstellt,[5] setzt ein mit dem reinen Sein, das als 'das unbestimmte Unmittelbare' das Leere und Nichts ist.

Daß das Denken abstrahierend verfährt, ist somit unumgänglich. Aber gegen die abstrakten Bestimmungen von Philosophie und Wissenschaft ist an die schlichte Tatsache zu erinnern, daß der Mensch nie als abstrakt-allgemeines Wesen existiert, sondern als ein konkretes Selbst, das sein Leben zu führen und so erst zu verwirklichen hat. Dieser Verwirklichungsprozeß ist durchstimmt von Unsicherheiten und Sorgen, von Angst und Verzweiflung (s. 2. Abschnitt). Solche Probleme entgehen der Wesens-Philosophie, weil sie die Kategorie des Einzelnen eliminiert hat. Die größte Schwierigkeit der Philosophie liegt folglich nicht darin, die Höhe abstrakter Spekulation zu gewinnen und sich in einem reinen Denkprozeß fortzubewegen; sondern der unaufhebbare Widerspruch, dem die Philosophie sich zu stellen hat, liegt darin, daß das Denken vom Einzelnen abstrahiert, das Einzelne aber als Einzelnes wirklich ist. Um die menschliche Existenz denkend zu erhellen, müßte man die Realität des Einzelnen mit der „Idealität" (UN II, 2) zusammenbringen.

Ist das aber nicht längst geleistet? Hat nicht gerade der Idealismus die höchste Einheit von Realität und Idealität zum Prinzip seines Denkens erhoben, sofern doch die Identität von Denken und Sein (im reinen Ich oder im Göttlich-Absoluten) Ausgangs- und Endpunkt des Systems ist? Indessen: Diese Ansätze beruhen nach Kierkegaard auf einem täuschenden Schein, der durchschaut wird, wenn man den einzig legitimen Ausgangspunkt der Philosophie ernst nimmt: den in der Zeit lebenden Menschen. Zuhöchst gewiß ist, daß der Einzelne existiert *und* denkt – aber nicht als die Identität von Denken und Sein, sondern als der daseiende Widerspruch, „weil sich das Existieren nicht denken läßt, und der Existierende doch denkend ist" (UN II, 31).

Da der Mensch denkend existiert, gibt es nur zwei Sphären, in denen er sich bewegen kann: zum einen in dem vom Konkreten absehenden Denken, zum anderen in der von keinem Denken vollkommen zu erreichenden Wirklichkeit. Das *reine* Denken des Idealismus jedoch ist der Illusion unterlegen, ein drittes Medium erfunden zu haben; es hat vergessen, daß es unauflöslich an das gebunden bleibt, wovon es abstrahiert: die eigene Existenz. „Das heißt, das reine Denken ist ein Phantom" (UN II, 15); und der reine Denker ist eine phantastische, tragikomische Figur.[6]

[5] „Man kann sich deswegen ausdrücken, daß dieser Inhalt [der ›Logik‹] *die Darstellung Gottes* ist, *wie er in seinem ewigen Wesen vor der Erschaffung der Natur und eines endlichen Geistes ist"* (Hegel, Theorie-Werkausgabe 5, 44).

[6] Das führt Kierkegaard in einem fiktiven Gespräch mit dem reinen Denker vor (UN II, 6 ff.). Diese ironische Argumentation, die distanzierenden Humor mit leiden-

Diese Hinweise sollen deutlich machen: Basis der philosophischen Reflexion kann nicht ein abstraktes Prinzip sein, das die Identität von Denken und Sein behauptet. Vielmehr lautet der oberste Grundsatz der Philosophie: „Für den Existierenden ist das Existieren sein höchstes Interesse, und die Interessiertheit am Existieren die Wirklichkeit“ (ebd.). Dieser Grundsatz erklärt das Interesse, in dem sich der ursprüngliche Sinn von Wirklichkeit bekundet, zum unableitbaren Wesensmerkmal des Menschen.[7] Dabei ist Interesse im doppelten Sinn des Wortes zu verstehen: Dem Einzelnen ist auf nicht zu überbietende Weise (‘leidenschaftlich’) an der eigenen Existenz gelegen. Und: Die Existenz ist ein Dazwischen-Sein (Inter-esse), nämlich ein Sein zwischen Gegensätzen (z. B. Leib – Seele; vgl. 2. Abschnitt), und zwar so, daß sie die Gegensätze auseinanderhält *und* zusammenfügt.

„Die Wirklichkeit ist ein inter-esse zwischen der Abstraktion hypothetischer Einheit von Denken und Sein“ (UN II, 15).

„Existieren (im Sinne von: dieser einzelne Mensch sein) ist wohl eine Unvollkommenheit im Vergleich mit dem ewigen Leben der Idee, jedoch eine Vollkommenheit dem gegenüber, gar nicht zu sein. Solch ein Zwischenzustand ist ungefähr das Existieren, etwas, was für ein Zwischenwesen, wie es der Mensch ist, paßt“ (UN II, 32).

Wird das Interesse zum Ausgangspunkt des Philosophierens, dann müssen die Modalkategorien „Möglichkeit“ und „Wirklichkeit“ anders gewichtet werden als in der Tradition der abstrakten Philosophie.[8] „In bezug auf die Wirklichkeit steht, vom poetischen und intellektuellen Standpunkt aus gesehen, die Möglichkeit höher [...]“ (UN II, 19). Daß in der Kunst – Kierkegaard beruft sich auf die ›Poetik‹ des Aristoteles (1451 a 36ff.) – das Möglichsein vorrangig ist, läßt sich leicht einsehen: Die Kunst ahmt nicht bloß das Wirkliche nach, sondern schildert, was geschehen *könnte*; sie macht uns mit Möglichkeiten vertraut, die der alltäglichen Erfahrung verschlossen bleiben. Aber auch für das reine Denken gilt der Vorrang der Möglichkeit; denn es richtet sich auf Wesensmöglichkeiten (Ideen), und das Wesen ist von höherem Rang als das unvollkommen existierende Endliche. Zwar thematisiert das abstrakte Denken (z. B. Hegels ›Logik‹) Wirklich-

schaftlichem Engagement paart, ist auch ein Beispiel für Kierkegaards schriftstellerischen Rang.

[7] Man vergleiche dazu die erhellende Analyse von W. Janke, Historische Dialektik. Destruktion dialektischer Grundformen von Kant bis Marx, Berlin–New York 1977, 379ff. Janke betont, daß von Kierkegaard „zum ersten Male das Interesse als Existenzial menschlichen Selbstbewußtseins hervorgeholt worden ist“ (380) und so das menschliche Existieren vom überlieferten Existenzbegriff getrennt wird.

[8] Immer wieder (›Der Begriff Angst‹, ›Die Krankheit zum Tode‹) hat Kierkegaard die Vielsinnigkeit dieser Kategorien für das Existieren ins Spiel gebracht. In dieser Hinsicht ist bereits das Denken Kierkegaards ‘Fundamentalontologie’.

keit und Möglichkeit; aber diese Überlegungen bleiben in der Sphäre des Abstrakt-Möglichen. Weil der Vollzug des reinen Denkens das Absehen von jeder konkreten Wirklichkeit zur Voraussetzung hat, deshalb kann dieses Denken gar nicht zur Sphäre der eigentlichen Wirklichkeit durchdringen. „Alles, was in der Sprache der Abstraktion über die Wirklichkeit gesagt wird, wird innerhalb der Möglichkeit gesagt“ (UN II, 16).

Die Sicht auf Wesen und Möglichsein ist nicht sogleich negativ zu bewerten; denn auch das freie und verantwortungsbewußte Handeln setzt mit dem Entwurf von Möglichkeiten ein. Der entscheidende Mangel von Kunst und Wissenschaft liegt darin, daß sie interesselos, d. h. gleichgültig gegenüber der konkreten Existenz sind. Deshalb ist es unsinnig, in diesen Bereichen zu fragen, ob es ‘wirklich’ so ist (vgl. UN II, 23 f.), etwa: Hat Mona Lisa wirklich gelebt? Gibt es das Newtonsche Gravitationsgesetz? Auf angemessene Weise hingegen fragt man nach der Wirklichkeit in bezug auf sein eigenes Selbst.

Das eigentlich Absolute ist somit nicht die absolute Einheit von Denken und Sein, sondern das absolute Interesse am eigenen Selbst. Das menschliche Selbst liegt nicht einfachhin vor, sondern es ist von jedem Einzelnen erst noch zu verwirklichen. Insofern ist menschliche Existenz ursprünglich durch ein Streben bestimmt. Das Interesse gebietet: Du sollst existieren. Das aber heißt: Das Selbstinteresse bewegt sich immer schon im Bereich der praktischen Vernunft; mit seinem ersten Schritt bringt das konkrete Denken die Ethik gegenüber dem abstrakten Denken zur Geltung. Der abstrakte Denker muß sich fragen lassen, ob es erlaubt ist, in der Spekulation eine Versöhnung der Gegensätze zu konstruieren, die für die konkrete Existenz unerreichbar bleibt.

„In demselben Augenblick, wo wir so zu fragen anfangen, fragen wir ethisch und machen die Forderung des Ethischen an den Existierenden geltend, die nicht darin bestehen kann, daß er von der Existenz abstrahieren soll, sondern daß er existieren soll, was auch das höchste Interesse des Existierenden ist“ (UN II, 16). Steht es so, dann ist – gegen Kunst und Wissenschaft – darauf zu beharren: „Vom ethischen Standpunkt aus gesehen steht die Wirklichkeit höher als die Möglichkeit“ (UN II, 21).

Wenn das Selbstinteresse den einzig unerschütterlichen Sinn von Wirklichkeit bekundet, dann ist auch von ‘ethischer Wirklichkeit’ nur im Blick auf das eigene Selbst zu sprechen. „Ethisch betrachten kann man nämlich nicht, denn es gibt nur *eine* ethische Betrachtung, das ist die Selbstbetrachtung“ (ebd.). Einen anderen Menschen kann und darf ich nicht ethisch beurteilen, weil ich dessen individuelles Selbst nicht ‘objektiv’ erfassen kann; das Ethische ist eine Bestimmung der Innerlichkeit (vgl. UN II, 4, 22). Das Sollen richtet sich eben nicht an eine Allgemeinheit, sondern an *jeden* Einzelnen; und nur von einem Einzelnen läßt sich die ethische Forderung realisieren. Allerdings kann ich versuchen, mich in einen anderen hineinzuversetzen, um ihn zu verstehen. Bei diesem Vorgang vollzieht sich ein eigentümlicher Umschlag von Wirklichkeit in Möglichkeit. Indem ich nämlich die Handlungsweise eines anderen zu verstehen versuche, verwandle ich – denkend – dessen Wirklichkeit in eine Möglichkeit. Kierkegaard drückt das so aus: Ich verwandle das 'esse' (sein) in ein 'posse' (können). Das bedeutet: Die gedachte Wirklichkeit eines anderen Menschen verhält sich zu mir als *eigene* Möglichkeit, nämlich als etwas, das ich selber verwirklichen *könnte.* Scheitert diese Umwandlung des 'esse' in ein 'posse', dann muß ich gestehen: Ich verstehe den anderen nicht. In diesem Sinne gibt es keine theoretische Betrachtung des Ethischen, sondern nur eine Betrachtung, die auf das eigene Selbst bezogen, d. h. interessiert ist.

Überhaupt ist im Blick auf die ethische Existenz das Verhältnis von Möglichkeit und Wirklichkeit verwickelter, als unsere natürliche Einstellung (und das abstrakte Denken) es wahrhaben will. Zwar gilt im Bereich des Handelns generell, daß das Wirkliche höher steht als das Mögliche und daß beides nicht miteinander verwechselt werden darf. Wer sich bloß eine Tat ausdenkt, hat sie eben noch nicht verwirklicht. Aber im Ethischen gibt es Fälle, in denen die Trennlinie so nicht gezogen werden darf (vgl. UN II, 42). Das wird durch folgende Überlegung deutlich: Wenn wir uns *vornehmen,* etwas zu verwirklichen, dann kommt bereits das Interesse ins Spiel. Das aufkeimende Interesse stört die Objektivität des Denkens und sein Verharren in bloßen Möglichkeiten. Handeln im 'eminenten', d. h. ethischen Sinne gründet nämlich in einem *inneren* Vorgang, in einer Entscheidung. Durch das erweckte Interesse wird gleichsam die Möglichkeit aufgehoben, weil Interesse immer auf Wirklichkeit gerichtet ist. Derjenige, der den Vorsatz zu einer bestimmten Handlung faßt, 'identifiziert' sich mit dem Gedachten, weil es zu *seiner* Wirklichkeit werden soll. Der so Überlegende will das Gedachte verwirklichen, und er hat – wenn eine echte Entscheidung getroffen wird – dafür die Verantwortung zu übernehmen.

Das hat folgende Konsequenz: Wenn die ethische Handlung in einer inneren Entscheidung gründet, dann kann das zu beobachtende Äußere kein zureichender Maßstab der Beurteilung sein. Wenn man sich z. B. etwas fest vorgenommen hat, die Durchführung der Tat jedoch aufgrund äußerer Umstände scheitert, dann wird man dennoch sagen müssen, daß der Entschluß bereits eine ethische Handlung war.[9] Das darf keineswegs so ver-

[9] Kierkegaard führt das im Anschluß an das Gleichnis vom barmherzigen Samariter aus: UN II, 43f. – Insgesamt gibt es zwischen Kierkegaards Analyse des Ethischen und Kants praktischer Philosophie zahlreiche Berührungspunkte. Der grundlegende Unterschied besteht darin, daß Kierkegaard sich nicht auf einen kategorischen Imperativ im Sinne Kants beruft.

standen werden, als habe man einen bloßen Vorsatz schon für eine gute Tat zu halten. Eine solch gängige Aufweichung des ethischen Rigorismus weist Kierkegaard scharf zurück. Der abstrakte Denker gibt sich den Anschein des Rigorismus, indem er das Denken für die eigentliche Wirklichkeit erklärt. In Wahrheit weicht er dadurch den Rigorismus auf, denn er verwischt den Bruch zwischen Denken und Handeln. Gegen solche Nivellierungstendenzen muß betont werden: Handeln im strikten ethischen Sinne (in 'eminenter' Bedeutung) ist eine Bestimmung der Innerlichkeit, ist ein Handeln „mit dem vollen Bewußtsein einer ewigen Verantwortung" (UN II, 4).

Der Imperativ „Du sollst existieren" richtet sich jedoch nicht nur an die moralisch-praktische Vernunft, sondern er betrifft die gesamte Existenz. Das erörtert Kierkegaard unter der Bestimmung *Gleichzeitigkeit* (UN II, 47 ff.). Die 'Spekulation' sieht das Wesen des Menschen im denkenden Geist; damit hat sie das Leiblich-Seelische (Wahrnehmen, Fühlen) als niedere Stufe hinter sich und vergessen. Wissenschaftlich betrachtet, mag solch ein Aufstieg erlaubt sein; aber das Ethische mahnt demgegenüber die Einheit der menschlichen Existenz an. Im konkreten Leben des Einzelnen nämlich sind Gefühl, Verstand und Phantasie gleichzeitig und gleichwertig. Deshalb besteht unsere Aufgabe nicht darin, durch einen spekulativen Prozeß das Niedere im Höheren aufzuheben. Vielmehr gilt es – soll das Leben nicht in eine bloße Schattenexistenz versinken –, alle menschlichen Vermögen auszubilden; nur so kann eine wahrhafte Einheit im zeitlichen Existenzvollzug erlangt werden.

Solche existentielle Gleichzeitigkeit bleibt freilich eine nie vollkommen zu verwirklichende Idealvorstellung. Aber als Aufgabe ist sie deshalb nicht weniger verpflichtend. Das gilt gerade auch für die verschiedenen Lebensalter eines Menschen. „Jung gewesen, dann älter geworden zu sein und dann schließlich zu sterben, ist eine recht mäßige Existenz [...]. Aber die Momente des Lebens in der Gleichzeitigkeit zu vereinen, das ist gerade die Aufgabe" (UN II, 52). Nur wenn die so verstandene ethische Wirklichkeit Maßstab der Lebensführung ist, wird die Weltlosigkeit (Akosmismus; UN II, 45) des abstrakten Denkens überwunden. Wer sich in bloßen Denkmöglichkeiten ergeht, verliert nicht nur sein Selbst, sondern auch die konkrete Welt.

Auf der Grundlage dieser Überlegungen wird einsichtig, was vom subjektiven Denker zu fordern ist: „Phantasie, Gefühl und Dialektik in Existenz-Innerlichkeit mit Leidenschaft [...]. Aber Leidenschaft zuerst und zuletzt [...]" (UN II, 54). Der subjektive Denker ist Dialektiker – jedoch nicht im Sinne des Hegelianers, der die Gegensätze methodisch einsetzt, um sie spekulativ zu versöhnen. Der subjektive Denker ist deshalb Dialektiker, weil er sich den nicht aufzuhebenden Widersprüchen der menschlichen Existenz wirklich stellt; er hat das Widersprüchliche, das dem Denken ein Ärgernis bleibt, gegen alle Nivellierungsversuche festzuhalten. Das ist nur in Leidenschaft möglich. Zur Leidenschaft gehört sowohl das Ästhetische (die Unmittelbarkeit des Gefühls und der sinnlichen Wahrnehmung) als auch das Ethische (das Streben nach Verwirklichung des Selbst in existentieller Gleichzeitigkeit). Beides gewährt *Konkretion.* Diese leidenschaftliche Konkretion ist vonnöten, weil auch der subjektive Denker nicht umhinkann, abstrakt-allgemein zu denken und sich mitzuteilen. Die Konkretion des Denkens kann aber nur erlangt werden, wenn das Abstrakte konkret, d. h. im Blick auf das individuelle Selbst verstanden wird: „In all seinem Denken hat er [der subjektive Denker] also das mitzudenken, daß er selbst ein Existierender ist" (UN II, 56). Auch der leidenschaftliche Dialektiker leugnet nicht, daß es ein allgemeines Wesen des Menschen gibt; er hat jedoch darauf zu dringen, daß das 'Allgemeinmenschliche' nur Bedeutung hat, wenn es verstanden wird als Möglichkeit des eigenen Selbst.

„Man muß annehmen, daß jeder Mensch wesentlich im Besitz dessen ist, was wesentlich dazu gehört, Mensch zu sein. Die Aufgabe des subjektiven Denkers ist, sich selbst in ein Instrument zu verwandeln, das deutlich und bestimmt das Menschliche in Existenz ausdrückt" (UN II, 60).

Was zum wesentlichen Menschsein gehört, hat Kierkegaard vornehmlich in ›Der Begriff Angst‹ (BA) und ›Die Krankheit zum Tode‹ (KT) ausgeführt. Die 'Wesensphilosophie' der Tradition hat nämlich nicht nur die Kategorie des Einzelnen nicht anerkannt; sie hat auch das Wesen des Menschen nicht zureichend erfaßt.

2. *Das Wesen der Existenz*

Die prägnanteste, in ihrer Abstraktheit kaum zu überbietende Form der Wesensbestimmung des Menschen[10] stellt Kierkegaard an den Anfang der ›Krankheit zum Tode‹:

„Der Mensch ist Geist. Was aber ist Geist? Geist ist das Selbst. Was aber ist das Selbst? Das Selbst ist ein Verhältnis, das sich zu sich selbst verhält, oder ist das an dem Verhältnisse, daß das Verhältnis sich zu sich selbst verhält; das Selbst ist nicht das Verhältnis, sondern daß das Verhältnis sich

[10] Der Einwand, daß Kierkegaard damit seinem leidenschaftlichen Plädoyer für ein subjektives Denken untreu werde, ist ebenso naheliegend wie übereilt. Denn zum einen wird die abstrakte Wesensbestimmung in vielfältigen Analysen (z. B. durch die Phänomenologie der Verzweiflung) konkretisiert; zum anderen ist zu beachten, daß die eigentliche Konkretisierung nur vom Einzelnen in bezug auf seine eigene individuelle Existenz vollzogen werden kann.

zu sich selbst verhält. Der Mensch ist eine Synthesis von Unendlichkeit und Endlichkeit, von dem Zeitlichen und dem Ewigen, von Freiheit und Notwendigkeit, kurz eine Synthesis. Eine Synthesis ist ein Verhältnis zwischen Zweien. Auf die Art betrachtet ist der Mensch noch kein Selbst.

In dem Verhältnis zwischen Zweien ist das Verhältnis das Dritte als negative Einheit, und die Zwei verhalten sich zu dem Verhältnis, und in dem Verhältnis zum Verhältnis; so ist z. B. unter der Bestimmung Seele das Verhältnis zwischen Seele und Leib ein Verhältnis. Verhält dagegen das Verhältnis sich zu sich selbst, so ist dies Verhältnis das positive Dritte, und dies ist das Selbst" (KT, 8).[11]

Das Selbst ist Kierkegaards Bezeichnung für das Wesen des Menschen; dieses wird zunächst als *Verhältnis* charakterisiert. „Verhältnis" ist eine Beziehung zwischen (mindestens) zwei Relata. Das menschliche Leben wird geprägt durch die Relation zwischen seiner körperlichen und seiner seelischen Natur. Kierkegaard nennt folgende Momente des Verhältnisses: Unendlichkeit – Endlichkeit, Zeitliches – Ewiges, Freiheit – Notwendigkeit. Ein bloßes Verhältnis ist aber noch kein Selbst. Selbsthaft wird das Verhältnis erst dadurch, daß es „sich zu sich selbst verhält", d. h. als Selbstbewußtsein, das zu sich selber Stellung nehmen kann. Nun sind die genannten Momente des menschlichen Selbstverhältnisses (z. B. Zeit – Ewigkeit) kontradiktorische Gegensätze; das eine gewinnt seine Bedeutung überhaupt erst durch die Negation des anderen. Obwohl gegensätzlicher Natur, kommen diese Momente im menschlichen Wesen zusammen. Eine solche Einheit von Gegensätzen heißt – im Anschluß an Hegelsche Diktion – *Synthesis*. „Synthesis" ist deshalb treffender als „Verhältnis". – Entsprechend heißt es in ›Der Begriff Angst‹: „Der Mensch ist eine Synthesis des Seelischen und des Leiblichen. Aber eine Synthesis ist nicht denkbar, wenn die Zwei nicht in einem Dritten vereinigt werden. Dies Dritte ist der Geist" (BA, 41). Dabei ist zu beachten: Der Geist ist nicht ein zusätzliches Drittes 'außer' oder 'neben' den antithetischen Momenten; vielmehr ist er die selbstbezügliche Tätigkeit, welche die Gegensätze einigt *und* – sie durchdringend – auseinanderhält. Als Wesen des Geistes ist der Mensch das 'Dazwischen-Sein'.

Aber – so betont Kierkegaard in der zitierten Passage aus ›Die Krankheit zum Tode‹: Nicht in jedem Fall wird durch die Synthesis schon ein Selbst konstituiert. Man muß nämlich zwischen einer negativen und einer

[11] Zum anthropologischen Ansatz Kierkegaards vergleiche man: M. Theunissen, Das Menschenbild in der *Krankheit zum Tode*, in: M. Theunissen/W. Greve (Hrsg.), Materialien zur Philosophie Sören Kierkegaards, Frankfurt a. M. 1979, 496–510; ders., Das Selbst auf dem Grund der Verzweiflung. Kierkegaards negativistische Methode, Frankfurt a. M. 1991.

positiven Einheit unterscheiden. Negativ ist die Einheit, wenn sie gleichsam nur vorhanden, d. h. als unmittelbare Einheit sich der widersprüchlichen Momente nicht bewußt ist. Wird die Synthesis als solche bewußt, dann wird die Einheit positiv. Dann ist sie ein Selbst, die interessierte Existenz des einzelnen Menschen.

Die negative Einheit hat Kierkegaard unter der Bestimmung „träumender Geist" in ›Der Begriff Angst‹ als Zustand der Unschuld beschrieben. 'Träumend' ist der Geist als unmittelbar-unbewußte Einheit der gegensätzlichen Wesensmomente. Dieser Zustand der Unschuld ist aber keineswegs das ungetrübte Glück einer paradiesischen Zeit. Die Unschuld ist nämlich ambivalent: Einerseits ist dieser Zustand friedlich und ruhig, weil die Gegensätze (Leib – Seele etc.) noch nicht als solche aufgebrochen sind und folglich auch noch nicht gegeneinander streiten. Andererseits jedoch ahnt der Geist seine Freiheit, nämlich das Vermögen, sich unabhängig von Gott verwirklichen zu können. Was der unschuldige Mensch derart träumt, ist nichts Bestimmtes und insofern ein Nichts. „Träumend spiegelt der Geist seine eigene Wirklichkeit hin, aber diese Wirklichkeit ist Nichts [...]" (BA, 40). „Aber welche Wirkung hat Nichts? Es gebiert Angst" (BA, 39). Die Angst ist in eins 'sympathetisch' und 'antipathetisch'. Sie ist anziehend, weil sie die Möglichkeit der Selbstbestimmung vorspiegelt; sie ist abstoßend, weil sie den Verlust der unmittelbaren Einheit von Leib und Seele erahnen läßt. Die Angst bedroht das unschuldige Nichtwissen über den Unterschied von Gut und Böse durch die schwindelerregende Ahnung, in der Verwirklichung eigenmächtiger Freiheit schuldig zu werden und so das Böse zu setzen. – Mit der Angst ist die entscheidende Voraussetzung für den Sündenfall gefunden; die zweideutige Angst ist der „Angelpunkt des Ganzen" (BA, 419). Weiter kann die 'psychologische Überlegung' nicht vordringen. *Daß* der Mensch diese Möglichkeit ergriffen hat (und immer wieder ergreift), kann nicht strittig sein: Er ist wirklich als Wesen des Geistes und der Freiheit. Vor allem aber: Sobald der Mensch bewußt über sich selbst und sein Leben nachdenkt, findet er sich immer vor als jemand, der Schuld (Sünde) auf sich geladen hat. Die Frage, *warum* dies geschieht, kann letztlich nicht beantwortet werden. Denn von der Unschuld zur Schuld gibt es keinen kontinuierlichen Übergang; der Wechsel von der Möglichkeit zur Wirklichkeit des Menschseins vollzieht sich durch einen qualitativen *Sprung*.

„In einem logischen System ist es recht bequem zu sagen, daß die Möglichkeit in Wirklichkeit übergeht. In der Wirklichkeit ist das nicht so sehr leicht, und es bedarf einer Zwischenbestimmung. Diese Zwischenbestimmung ist die Angst, welche den qualitativen Sprung ebensowenig erklärt, als sie ihn ethisch rechtfertigt" (BA, 48).

Mit dem Sprung in Freiheit und Schuld ist die Angst keineswegs überwunden. Angst ist nicht nur Voraussetzung, sondern auch Folge der Sünde. Vor allem die unbestimmte Zukunft ängstigt den Menschen. „Das Mögliche ist für die Freiheit das Zukünftige, und das Zukünftige ist für die Zeit das Mögliche. Beiden entspricht im individuellen Leben Angst“ (BA, 93). Somit erscheint bei Kierkegaard die Angst als Grundbefindlichkeit menschlicher Existenz. Das dokumentiert sich vor allem auch darin, daß der Mensch das Wesen der *Verzweiflung* ist.

Der erschütternde Bescheid Kierkegaards lautet: „Es ist nicht eine Seltenheit, daß einer verzweifelt ist; nein, es ist das Seltene, das gar Seltene, daß einer in Wahrheit es nicht ist“ (KT, 19). Um diese These verständlich zu machen, ist die bisher nachvollzogene Wesensbestimmung des Menschen um einen – für Kierkegaard entscheidenden – Schritt zu ergänzen: Als Selbst ist der Mensch das „Verhältnis, das sich zu sich selbst verhält“. Das Sich-zu-sich-selbst-Verhalten (Reflexion), das in dieser Tätigkeit erst das eigene Sein (des Geistes, des Ich, des Selbst) konstituiert, heißt in der Begriffssprache des deutschen Idealismus *Setzen.* Für dieses Setzen sind zwei Möglichkeiten denkbar: Entweder setzt das Selbst sich selbst, oder es wird durch ein Anderes gesetzt. Nach Kierkegaard (Anti-Climacus) muß die Antwort lauten: Der Mensch ist dasjenige Selbstverhältnis, das von einem Anderen (von Gott) gesetzt ist. Zwar konstituiert der Mensch in einem ursprünglichen Akt der Freiheit sein Selbst (›Der Begriff Angst‹). Aber diese Selbstsetzung geschieht nicht voraussetzungslos; der Mensch *ist* auch schon vor dem Sprung, nämlich als träumender Geist. Dieses Daß der Existenz, dieses Gesetztsein als Synthesis (von Leib und Seele etc.) entzieht sich menschlicher Verfügungsgewalt. Daraus folgt: Der Mensch verhält sich nicht nur zu sich selbst; sondern sein Selbstverhältnis ist zugleich ein Gottesverhältnis (auch dann, wenn der Mensch Gott leugnet).

Nach Kierkegaard gibt es einen untrüglichen Beleg dafür, daß der Mensch in seiner Existenz letztlich von Gott abhängt: die Möglichkeit, *verzweifelt* man selbst sein zu wollen. Hätte das menschliche Selbst schlechthin sich selbst gesetzt, dann könnte man nur darüber verzweifeln, „nicht man selbst sein zu wollen, sich selbst loswerden zu wollen“ (KT, 9). Damit sind die beiden Formen der eigentlichen (bewußten) Verzweiflung[12] genannt: „verzweifelt nicht man selbst sein wollen“ und „verzweifelt man selbst sein wollen“. Demnach ist Verzweiflung eine Verzweiflung des (und: am) Selbst. Dem scheint zu widersprechen, daß wir meinen, jemand verzweifelt *über etwas* (Krankheit, Tod der Geliebten, Verlust des Besitzes,

[12] Davon hebt Kierkegaard die uneigentliche Verzweiflung ab, die sich ihrer selbst nicht bewußt ist. Sie bekundet sich in der Herrschaft der Sinnlichkeit (‘ästhetische’ Existenz), als Zustand der Unmittelbarkeit, in der der Geist als bewußtes Selbst noch nicht wirksam ist.

begangene Fehler etc.). Diese Erklärung bleibt jedoch vordergründig, wie Kierkegaard an zwei Beispielen aufweist.

Jemand glaubt, sein Selbst nur verwirklichen zu können, wenn er die höchste Machtposition einnehmen kann („entweder Caesar oder gar nichts“ – aut Caesar aut nihil; KT, 15). Er scheitert und verzweifelt. Die Verzweiflung gründet jedoch nicht in äußeren Umständen, sondern darin, daß dieser Herrschsüchtige ‘es bei sich selbst nicht mehr aushalten kann’. Er will das Selbst, das nicht ‘Caesar’ geworden ist, loswerden („verzweifelt nicht man selbst sein wollen“). Aber dieser Mensch wäre auch verzweifelt, wenn er sein Ziel erreicht hätte. Denn er hätte das Selbst, das er ist, nicht in dieser (äußeren) Machtposition gewinnen können („verzweifelt man selbst sein wollen“).

Das andere Beispiel: Ein Mädchen verzweifelt, weil es den Geliebten – durch dessen Tod oder Untreue – verloren hat. Auch dies ist nur scheinbar eine Verzweiflung *über* den Verlust. In Wahrheit handelt es sich hier ebenfalls um Selbstverzweiflung. Denn: Dieses Mädchen will das Selbst, das seine Erfüllung nicht in der Liebe gefunden hat, loswerden; das Selbst ist ihm „eine widerwärtige Leerheit“ (KT, 16) geworden („verzweifelt nicht man selbst sein wollen“). Dasselbe Mädchen wäre jedoch auch ohne den Verlust des Geliebten verzweifelt. Es hätte nämlich sein Selbst („auf die liebenswürdigste Weise“; ebd.) verloren, weil es im Geliebten sich selbst vergessen wollte („verzweifelt man selbst sein wollen“). Liebe darf nicht mit Selbstaufgabe verwechselt werden.

An diesen Beispielen wird deutlich, daß die beiden Arten eigentlicher Verzweiflung wechselweise aufeinander zurückgeführt werden können. „Verzweifelt man selbst sein wollen“ heißt: Man will *nicht* das Selbst sein, als das man (von Gott) gesetzt ist. „Verzweifelt nicht man selbst sein wollen“ heißt: Man will ein Selbst, das sich nur sich selbst verdankt. Das jedoch ist unmöglich, weil das Selbst immer schon und unaufhebbar ein gesetztes ist. Also gilt generell: Es gäbe keine Verzweiflung, wenn der Mensch nicht von Gott gesetzt wäre und so als zeitliche Existenz einen Bezug zum Ewigen hätte.

Im Blick auf die gegensätzlichen Momente der Synthesis (Endlichkeit – Unendlichkeit, Möglichkeit – Notwendigkeit) lassen sich bestimmte Weisen der Verzweiflung ‘abstrakt’, d. h. abgesehen vom eigenen Bewußtsein der Verzweiflung, feststellen: Die Verzweiflung der Unendlichkeit verliert sich im Phantastischen – sei es in grenzenloser Gefühligkeit, sei es im endlosen Ansammeln von Wissen, sei es im rastlosen Entwerfen von Plänen. Die Verzweiflung der Endlichkeit hingegen dokumentiert sich als Borniertheit, die sich behaglich in durchschnittlichen Kleinigkeiten einrichtet und bequemen Klugheitsregeln folgt. – Ähnlich verhält es sich mit der Verzweiflung im Blick auf Möglichkeit und Notwendigkeit: Die Verzweiflung der Möglichkeit manifestiert sich in bloß wünschenden oder schwermütigen Existenzen. Verzweifelt gefangen in der Notwendigkeit ist dagegen der Fatalist, aber auch der in Wahrscheinlichkeiten rechnende Spießbürger.

Kierkegaards 'konkrete' Analyse weist eine Stufenfolge im Bewußtwerden der Verzweiflung auf, angefangen von der unbewußten Verzweiflung der ästhetischen Existenz über die Verzweiflung der Schwachheit bis hin zur Verzweiflung des Trotzes.[13] Der Trotz „ist das Maximum der Verzweiflung" (KT, 39), weil er von der größten Klarheit über das Wesen des Selbst und der Verzweiflung bestimmt wird.

Auch die Verzweiflung zeigt die Zweideutigkeit von Möglichkeit und Wirklichkeit für die menschliche Existenz. Einerseits ist Verzweiflung das größte Unglück, weil sie das Selbst bedroht und den Menschen zum Äußersten treiben kann. Andererseits ist die Verzweiflung „ein ungeheurer Vorzug" (KT, 10); denn sie bekundet den Geist als Wesensauszeichnung des Menschen. Sie eröffnet dem Menschen die Möglichkeit, sein Selbst zu gewinnen und das wahrhaft Absolute zu erlangen: durch den Sprung in den Glauben. Das Selbst kann nach Kierkegaard die Verzweiflung nur überwinden, „indem es sich selbst zu sich selbst verhält, und indem es es selbst sein will, gründet sich das Selbst durchsichtig in der Macht, welche es gesetzt hat. Eine Formel, die wiederum [...] die Definition ist für Glaube" (KT, 134).[14]

3. Das Paradox des Glaubens

Um das Besondere des Glaubens zu erfassen, muß die soeben zitierte Definition konkretisiert, d. h. im Blick auf den interessierten Einzelnen und seine Existenz in der Zeit dargelegt werden. Dies hat Kierkegaard exemplarisch an der Gestalt Abrahams in ›Furcht und Zittern‹ (FZ) durchgeführt.

Der Glaubende vollzieht eine eigentümliche Doppelbewegung, die sich am ehesten erklären läßt durch einen Vergleich mit der Bewegung der *Resignation.* Als Beispiel wählt Kierkegaard einen unglücklich Liebenden: „Ein Junggesell verliebt sich in eine Prinzeß, der Inhalt seines ganzen Lebens ist in dieser Liebe beschlossen, und doch ist das Verhältnis dergestalt, daß es unmöglich sich verwirklichen läßt [...]" (FZ, 41). Wird diesem Mann die Aussichtslosigkeit seiner Liebe bewußt, dann kann er zum 'Ritter der

[13] Eine einsichtige Interpretation dieses Weges gibt W. Janke, Verzweiflung. Kierkegaards Phänomenologie des subjektiven Geistes, in: W. Janke/I. Schüßler (Hrsg.), Sein und Geschichtlichkeit, Frankfurt a. M. 1974, 103–113.

[14] Allerdings bleibt der Mensch auch im Glauben von Verzweiflung (wie von Angst) bedroht; denn das Bewußtsein der Sünde potenziert noch einmal die Verzweiflung (vgl. KT, 75 ff.).

Unendlichkeit' werden, indem er die Bewegung der Resignation vollzieht. Dazu gehört eine große Kraft und Leidenschaft. Denn: Er muß sein Fühlen und Denken so auf den einen Wunsch und Gedanken konzentrieren, daß alles andere nur im Blick auf dieses eine für ihn Bedeutung hat; seine Wirklichkeit wird ganz und gar von der Liebe zu dieser bestimmten Person bestimmt. Weil unerfüllbar, wird der Wunsch ganz nach innen gewendet und so erinnernd bewahrt. Dieses schmerzliche Erinnern versöhnt den Ritter der Unendlichkeit mit dem Dasein; denn seine Liebe wird ihm zum Ausdruck der ewigen Liebe, die durch kein äußeres Ereignis gefährdet werden kann. Auf diese Weise resignierend, gewinnt er zugleich sein freies Selbst, das sich die Gesetze seines Handelns nicht von bestimmten Umständen oder anderen Menschen vorgeben läßt. Das Selbst, das dem Zeitlichen entsagt hat, wird sich klar in seiner „ewigen Gültigkeit" (FZ, 47).

Auch der Glaubensritter vollzieht diese Bewegung der unendlichen Resignation, aber er macht „noch eine Bewegung mehr, die verwunderlicher ist als sonst alles [...]" (ebd.). Diese verwunderliche Bewegung besteht darin, daß er an die Erfüllung seines Wunsches im *endlichen* Leben glaubt. Er setzt aber nicht deshalb darauf, weil bisweilen doch das Unwahrscheinliche und Unverhoffte eintreten kann; derartiges könnte der Verstand noch als Möglichkeit begreifen. Vielmehr gewinnt der Glaubensritter seine Überzeugung aus dem absurden, allen Verstandeskategorien widersprechenden Grundsatz, „daß bei Gott kein Ding unmöglich ist" (ebd.). Aus diesem Grund ist das Wunder des Glaubens „keine ästhetische Rührung [...], nicht des Herzens unmittelbarer Trieb, sondern des Daseins Paradox" (FZ, 48).

Solch ein Glaubensritter ist Abraham, der zu Recht als Urvater des Glaubens angesehen wird. In dem Augenblick, da Gott ihn auffordert, seinen Sohn Isaak zu opfern, scheint Abrahams Existenz verspielt; denn sie hat ihren Sinn einzig in der Verheißung Gottes, ihn zum Stammvater vieler Völker zu machen. Doch Abraham glaubt, d. h., er vollzieht die beschriebene Doppelbewegung. Er gibt resignierend das Zeitliche (Isaak und seine Verheißung) auf und glaubt zugleich, daß ihm sein Sohn nicht genommen wird. Kraft des Absurden kehrt er aus der unendlichen Resignation in die Endlichkeit zurück; „denn die Bewegung des Glaubens muß fort und fort in kraft des Absurden gemacht werden, doch wohlgemerkt so, daß man die Endlichkeit nicht verliert, sondern sie ganz und gar erwirbt" (FZ, 36).

Derart paradox ist der Glaube Abrahams. Der *christliche* Glaube überbietet dieses Absurde, indem er das *absolute* Paradox verkündet, nämlich die Menschwerdung Gottes. Die Einzigartigkeit dieser Bestimmung wird verdeckt, wenn wir „Glauben" nur im normalsprachlichen Sinne verstehen. Glauben bedeutet *nicht:* sich bloß vorstellen, daß Religion Friede und Sicherheit gewährt (vgl. UN II, 44); Glauben ist auch kein bloßes Wünschen, obwohl sich darin ein Interesse bekundet. Glaube darf auch nicht abstraktphilosophisch interpretiert werden als Einheit von Göttlichem und Menschlichem (im Sinne des Pantheismus) oder als Subjekt-Objekt-Identität (im Sinne des absoluten Idealismus). Vielmehr beruht der christliche Glaube nach Kierkegaard auf einer Entscheidung des Einzelnen angesichts des paradoxen Faktums, „daß der Gott dagewesen ist“ (UN II, 29). Dieses Faktum (‘esse’) kann man nicht in ein Denken auflösen (in ein ‘posse’ verwandeln); in dieser Hinsicht suspendiert der Glaubende das Denken und hält mit leidenschaftlichem Interesse an der Existenz des Gottmenschen fest (vgl. UN II, 23). Deshalb ist der eigentliche Gegenstand des christlichen Glaubens keine Lehre; dann nämlich wäre die Lehre wichtiger als der Lehrer. „Der Gegenstand des Glaubens ist also die Wirklichkeit Gottes in Existenz, d. h. als eines Einzelnen [...]“ (UN II, 29). Erst im Blick auf den christlichen Glauben gewinnt der Leitsatz, „daß der Einzelne höher ist denn das Allgemeine“ (FZ, 59), seine volle Bedeutung: Der Sinn *endlicher* Wirklichkeit erschließt sich nur im Ausgang von der konkreten Existenz des Einzelnen; aber auch die *unendliche* Wirklichkeit erschließt sich letztlich nur im Blick auf konkretes Einzelsein, nämlich im Blick auf den Gott-Menschen Jesus Christus.

Die Aufgabe des subjektiven Denkens ist „das in Wahrheit Existieren, also mit Bewußtsein seine Existenz durchdringen, zugleich ewig gleichsam über sie hinaus und doch in ihr gegenwärtig und doch im Werden [...]“ (UN II, 8). Diese Doppelbewegung vollzieht auch der Glaubende; diesem Prinzip haben auch die Christen zu folgen. „Der Glaubende ist ein subjektiver Denker und der Unterschied [...] nur der zwischen dem Einfältigen und dem einfältigen Weisen“ (UN II, 58).

Kurzbibliographie Kierkegaard

Enten – Eller, Kopenhagen 1843
Entweder/Oder, übers. v. E. Hirsch, in: Gesammelte Werke, 1.–3. Abt., Düsseldorf–Köln 1950 ff.
Frygt og Baeven, Kopenhagen 1843
Furcht und Zittern, übers. v. E. Hirsch, in: Gesammelte Werke, 4. Abt. (Sigel: FZ).
Begrebet Angest, Kopenhagen 1844
Der Begriff Angst, übers. v. E. Hirsch, in: Gesammelte Werke, 11. u. 12. Abt. (Sigel: BA).
Afsluttende uvidenskabelig Efterskrift til de Philosophiske Smuler, Kopenhagen 1846
Abschließende unwissenschaftliche Nachschrift zu den Philosophischen Brocken, übers. v. H. M. Junghans, in: Gesammelte Werke, 16. Abt. (Sigel: UN).
Sygdommen til Doden, Kopenhagen 1849
Die Krankheit zum Tode, übers. v. E. Hirsch, in: Gesammelte Werke, 24. und 25. Abt. (Sigel: KT).

KARL MARX

Dialektik im Primat der Praxis

Von Wolfdietrich Schmied-Kowarzik

Vorbemerkung

Die Philosophie von Karl Marx muß in ihrem dialektischen Kern erst wiederentdeckt werden. Zwar waren sich Anhänger wie Gegner immer sehr schnell über die Marxsche Theorie im klaren, ohne sie doch genauer zu kennen – kennen zu können, denn fast ein ganzes Jahrhundert waren nur Bruchstücke der philosophisch grundlegenden Schriften von Marx bekannt. Die ›Ökonomisch-philosophischen Manuskripte‹ von 1844 erschienen erstmals 1932, zusammen mit der vollständigen Ausgabe der ›Deutschen Ideologie‹ von 1846. Durch die nationalsozialistische Verfolgung und die Unterdrückung durch Stalin konnte jedoch die philosophische Rezeption der Marxschen Philosophie erst in den 50er Jahren unseres Jahrhunderts langsam in Gang kommen. Die wichtigsten theoretischen Manuskripte aus dem Umfeld des von Marx nie abgeschlossenen gigantischen Projekts einer ›Kritik der politischen Ökonomie‹ erschienen überhaupt erst in den letzten drei Jahrzehnten, so daß allererst unsere Generation so weit die Quellen verfügbar hat, daß mit einer kritisch-systematischen Interpretation der dialektischen Kernstruktur der Marxschen Philosophie begonnen werden kann.

Aber einem solchen Unternehmen einer grundlegenden Wiedergewinnung der Marxschen Philosophie stellen sich die überkommenen Marxismen entgegen, die so sehr mit den Kämpfen um die soziale Emanzipation der Arbeiter in den vergangenen 150 Jahren und mit politischen Umwälzungen in einigen Staaten in unserem Jahrhundert verwoben sind, daß sie zu dogmatischen Weltanschauungen, ja Glaubensbekenntnissen erstarrten. Gerade diese ideologisch versteinerten Marxismen blockierten und blokkieren eine kritische Aneigung der ursprünglichen Marxschen Philosophie wie auch ihre produktive Weiterentwicklung angesichts der veränderten gesellschaftlichen Weltprobleme.

Im Gegenschlag dazu entstanden und entstehen immer wieder neue Gesellschaftstheorien, die zwar die Marxsche Theorie als einen obsolet gewordenen Ansatz des 19. Jahrhunderts abtun, gleichwohl aber mit Bruchstücken aus ihr versuchen, unsere gesellschaftliche Gegenwart und ihre Krisenerscheinungen philosophisch zu erklären und zu bewältigen, dabei jedoch in Zielsetzung und Methode weit hinter der dialektischen Gesellschafts- und Geschichtsphilosophie von Marx zurückbleiben, die sie ebenso oberflächlich nur kennen wie ihre dogmatischen Gegenspieler.

Nur wenige Denker haben sich der Ideologisierung der Marxschen Philosophie entgegengestellt und versucht, sie in ihrem dialektischen Kern zu erneuern. Beginnend mit Antonio Labriola, Max Adler, Karl Korsch waren dies vor allem drei Interpretationslinien: die Kritische Theorie (Max Horkheimer, Herbert Marcuse, Theodor W. Adorno), die Philosophie der Praxis (Antonio Gramsci, Maurice Merleau-Ponty, Jean-Paul Sartre) und die wohl bedeutendsten Versuche der Fortführung der Marxschen Dialektik von Georg Lukács, Ernst Bloch und Henri Lefebvre.[1]

Die Marxsche Philosophie ist nicht nebenher, sondern grundlegend eine kritische Philosophie gesellschaftlicher Praxis, der es um die Aufklärung der handelnden Subjekte über ihre Praxis geht, um sie dadurch zur Bewältigung ihrer gesellschaftlichen und geschichtlichen Aufgaben zu befähigen. Daher kann sie auch nicht an irgendwelchen Teilaspekten oder an historischen Wandlungsprozessen als für überholt erklärt und abgetan werden, sondern sie wird nur dort adäquat aufgenommen und möglicherweise auch aufgehoben werden, wo ihr grundsätzlicher Anspruch, Dialektik im Primat der Praxis zu sein, ernst genommen wird.

Dies soll im folgenden in drei Anläufen in kritischer Abgrenzung von der Philosophie und Dialektik Hegels erfolgen.

[1] Antonio Labriola, Über den historischen Materialismus (1895–97), Frankfurt a. M. 1974; Max Adler, Marxistische Probleme. Beiträge zur Theorie der materialistischen Geschichtsauffassung und Dialektik, Stuttgart 1913; Georg Lukács, Geschichte und Klassenbewußtsein. Studien über marxistische Dialektik (1923), Neuwied 1970; Karl Korsch, Marxismus und Philosophie (1924), Frankfurt a. M. 1971; Antonio Gramsci, Philosophie der Praxis (1926–36), Frankfurt a. M. 1967; Max Horkheimer, Traditionelle und kritische Theorie (1937), Frankfurt a. M. 1970; Herbert Marcuse, Vernunft und Revolution. Hegel und die Entstehung der Gesellschaftstheorie (1942), Neuwied 1962; Maurice Merleau-Ponty, Die Abenteuer der Dialektik (1955), Frankfurt a. M. 1968; Jean-Paul Sartre, Kritik der dialektischen Vernunft. I: Theorie der gesellschaftlichen Praxis (1960), Reinbek 1967; Ernst Bloch, Das Prinzip Hoffnung, Frankfurt a. M. 1959; Henri Lefebvre, Metaphilosophie. Prolegomena (1965), Frankfurt a. M. 1975; Theodor W. Adorno, Negative Dialektik, Frankfurt a. M. 1966.

Vgl. Wolfdietrich Schmied-Kowarzik, Kritische Philosophie der gesellschaftlichen Praxis. Die Marxsche Theorie und ihre Weiterentwicklung bis in die Gegenwart, in: Herbert Stachowiak (Hrsg.), Pragmatik. Handbuch pragmatischen Denkens, Bd. III, Hamburg 1989, 144–184.

1. Die Dialektik als eingreifende Kritik

Nicht nur historisch, sondern auch systematisch geht die philosophische Dialektik von Marx aus einer kritischen Auseinandersetzung mit Hegels Philosophie und Dialektik hervor.

Als der junge Jurastudent Karl Marx 1836 von der Universität Bonn nach Berlin überwechselt, wird ihm bald schon klar, daß „ohne Philosophie [...] nicht durchzudringen“ sei (MEW 40, 7)[2]. Und wenig später schon schließt er sich dem „Doctorclub“ der Berliner Junghegelianer an und gerät vollends in den Bann der Philosophie Hegels, dessen philosophisches System gerade erst in jenen Jahren kurz nach Hegels Tod 1831 durch die Edition der Vorlesungen aus dem Nachlaß in seinem ganzen systematischen Umfange bekannt wird.[3]

In Hegels System der Philosophie vollendet sich das gesamte philosophische Wissen der abendländischen Tradition, hier kommt die von Aristoteles begonnene „erste Philosophie“ zu ihrem sich in sich selbst beschließenden Ende. Dies ist keineswegs lediglich Selbststilisierung Hegels, wie er sie in seiner ›Geschichte der Philosophie‹ als eine dialektische Bewegung des Geistes von den griechischen Anfängen bis zu seinem diese Bewegung vollendenden philosophischen System entwickelt, sondern genau so wurde der Anspruch seiner Philosophie von den älteren und jüngeren Hegelianern gewürdigt und von seinen philosophischen Gegnern bekämpft.

In seinem Systementwurf, der ›Enzyklopädie der philosophischen Wissenschaften‹, wird der Anspruch der abendländischen Philosophie, alle Gestalten der Wirklichkeit zu *begreifen*, eingelöst. In einem Kreis von Kreisen durchläuft die Dialektik den Prozeß des Sich-selbst-Begreifens der Vernunft: In der ›Logik‹ expliziert die Vernunft die Formen ihres Sich-selbst-Begreifens, in der ›Naturphilosophie‹ erkennt sie sich in ihrem Anderssein in der Natur und in der ›Philosophie des Geistes‹ erfaßt sie sich in den Gestalten ihres abschließenden Zu-sich-selber-Kommens.

Anders als den unmittelbaren Schülern von Hegel, die das absolute System im Sinne Hegels weiter auszubauen versuchten, geht es den Junghegelianern – hierzu gehören u. a. die Brüder Bruno und Edgar Bauer, Moses Hess, Arnold Ruge, Max Stirner[4] – vielmehr darum, die dialektische Me-

[2] Karl Marx wird im Text durchgängig abgekürzt mit Siglen (MEW Bd., S.) zitiert = Karl Marx/Friedrich Engels: Werke in 42 Bden., Berlin 1956 ff.

[3] Vgl. Maximilien Rubel, Marx Chronik. Daten zu Leben und Werk, München 1975.

[4] Bruno Bauer, Feldzüge der reinen Kritik (1841–1844), Frankfurt a. M. 1968; Moses Hess, Ausgewählte Schriften (1837–1863), Wiesbaden o. J.; Arnold Ruge/Karl Marx, Deutsch-Französische Jahrbücher (1844), Darmstadt 1973; Max Stirner, Der Einzige und sein Eigentum (1845), Stuttgart 1972.

thode kritisch gegen die geistlosen und bedrückenden Verhältnisse ihrer Gegenwart zu wenden.

Karl Marx entwickelt sich bald schon zum brillantesten Dialektiker im Kreise der Berliner Junghegelianer, wächst aber zugleich über diesen Kreis hinaus, indem er ihren philosophischen Anspruch, die absolute „Weltphilosophie" kritisch gegen die bestehende Welt zu wenden, in ihrer Selbstwidersprüchlichkeit aufdeckt. So schreibt er in seiner Dissertation ›Differenz der demokritischen und epikureischen Naturphilosophie‹ (1841), indem er dabei bewußt eine Parallele zwischen der nach-aristotelischen und der nach-hegelschen Philosophie zieht: „Es ist ein psychologisches Gesetz, daß der in sich frei gewordene theoretische Geist zur praktischen Energie wird [...]. Allein die *Praxis* der Philosophie ist selbst *theoretisch.* Es ist die *Kritik,* die einzelne Existenz am Wesen, die besondere Wirklichkeit an der Idee mißt. Allein diese *unmittelbare Realisierung* der Philosophie ist ihrem innersten Wesen nach mit Widersprüchen behaftet [...]. So ergibt sich die Konsequenz, daß das Philosophisch-Werden der Welt zugleich ein Weltlich-Werden der Philosophie, daß ihre Verwirklichung zugleich ihr Verlust, daß, was sie nach außen bekämpft, ihr eigener innerer Mangel ist [...]. Was ihr entgegentritt und was sie bekämpft, ist immer dasselbe, was sie ist, nur mit umgekehrten Faktoren" (MEW 40, 327 f.).

Kurz nach der Promotion holt Bruno Bauer, der inzwischen Dozent an der Universität Bonn geworden war, Karl Marx zu sich, um ihm eine Habilitation zu ermöglichen. Gemeinsam arbeiten sie an einer religionskritischen Studie und projektieren die Herausgabe einer Zeitschrift ›Archiv des Atheismus‹. All diese Pläne scheitern schon wenige Monate später, da Bruno Bauer nach heftigen theologischen und politischen Anfeindungen die Bonner Universität wieder verlassen muß.

Marx wird nun 1842 zunächst Mitarbeiter, bald darauf Chefredakteur der ›Rheinischen Zeitung‹, die jedoch aufgrund ihrer kritischen Haltung bereits im März 1843 verboten wird. Insgesamt hat jedoch die Arbeit in der Redaktion der ›Rheinischen Zeitung‹ Marx rasch politisiert. In diese Jahre fällt auch die kritische Auseinandersetzung mit der Rechts- und Staatsphilosophie Hegels, durch die sich Marx aus dem Bann Hegels befreit. Wesentliche Impulse hierzu erfährt er von Ludwig Feuerbachs Hegel-Kritik[5], die er jedoch dialektisch überhöht und so zu seiner eigenen kritischen Philosophie gesellschaftlicher Praxis weiterentwickelt (vgl. MEW 3, 5 ff.)[6].

[5] Ludwig Feuerbach, Werke in sechs Bänden, Frankfurt a. M. 1975 f.

[6] Vgl. Helmut Fleischer, Karl Marx – Die Wende der Philosophie zur Praxis, in: Josef Speck (Hrsg.), Grundprobleme der großen Philosophen. Philosophie der Neuzeit II, Göttingen 1976.

Um die grundlegende Differenz der kritischen Philosophie von Marx gegenüber Hegels Philosophie deutlich zu machen, gilt es zunächst, an die Vorrede der ›Grundlinien der Philosophie des Rechts‹ zu erinnern, in der Hegel das Verhältnis seiner Philosophie des Staates zur gesellschaftlichen Wirklichkeit expliziert: „So soll denn diese Abhandlung, insofern sie die Staatswissenschaft enthält, nichts anderes sein als der Versuch, *den Staat als ein in sich Vernünftiges zu begreifen und darzustellen.* Als philosophische Schrift muß sie am entferntesten davon sein, einen *Staat, wie er sein soll,* konstruieren zu wollen [...]. Das *was ist* zu begreifen, ist die Aufgabe der Philosophie, denn das was ist, ist die Vernunft" (Hegel VII, 26).[7]

Um Mißverständnissen vorzubeugen, gilt es ausdrücklich zu unterstreichen, daß Hegel mit dem „was ist" nicht etwa die jeweils gegebenen „besonderen Staaten" und deren unvollkommene politische Verhältnisse meint, sondern die Idee des modernen Staates, d. h. die mit den bürgerlichen „Revolutionen" ins Dasein getretene Konstitution des Staates, die auf der Freiheit und dem Selbstbestimmungsrecht aller Individuen beruht, die ihrerseits wiederum das geordnete Gesamtwohl des Gesellschaftlich-Allgemeinen als ihren gemeinsamen Zweck verfolgen. Die hier gestaltwerdende Einheit von individuellem und allgemeinem Willen ist nach Hegel die höchste Form der Sittlichkeit, die sich im Staat realisiert.

Marx übt nun zweifach Kritik an der Hegelschen Staats- und Rechtsphilosophie: zum einen an der inhaltlichen Ausfüllung des Prinzips des modernen Staates durch die „Konstitutionelle Monarchie" und zum anderen an der methodischen Begrenzung der Philosophie auf das bloße Nachbegreifen vorausgehender geschichtlicher Prozesse. Der erste Kritikpunkt kann hier nur angedeutet werden, obwohl die Marxsche ›Kritik des Hegelschen Staatsrechts‹ (1843) zu den großartigsten Verteidigungsschriften der Demokratie gehört, die wir überhaupt haben. Die radikale Demokratie, um die es Marx hier geht, steht noch aus, denn zu ihrer Fundierung reicht die „politische Emanzipation" der bürgerlichen Revolutionen nicht hin; sie muß erst durch die Aufhebung der sozialen Ungleichheit in der ökonomischen Basis der bürgerlichen Gesellschaft, auf die „menschliche Emanzipation" hin erkämpft werden – wie Marx in ›Zur Judenfrage‹ 1843 schreibt: „*Alle* Emanzipation ist Zurückführung der menschlichen Welt der Verhältnisse, auf den *Menschen selbst* [...]. Erst wenn der wirklich individuelle Mensch den abstrakten Staatsbürger in sich zurücknimmt und [...] in seiner individuellen Arbeit, in seinen individuellen Verhältnissen, *Gattungswesen* geworden ist, erst wenn der Mensch seine 'forces propres' [eigenen Kräfte] als *gesellschaftliche* Kräfte erkannt und organisiert hat und

[7] Hegel wird im folgenden im Text durchgängig mit Siglen (Hegel Bd., S.) zitiert = G. W. F. Hegel, Werke in 20 Bden., Frankfurt a. M. 1970.

daher die gesellschaftliche Kraft nicht mehr in der Gestalt der *politischen* Kraft von sich trennt, erst dann ist die menschliche Emanzipation vollbracht" (MEW 1,370).

Schon die wenigen Andeutungen lassen erkennen, daß Marx der Philosophie der geschichtlichen Praxis eine andere Aufgabe zuspricht, als sie ihr von Hegel zugestanden wird; und damit kommen wir zum zweiten, systematischen Kritikpunkt. Für Hegel hat die Philosophie ausdrücklich nur die Aufgabe, einen bereits abgeschlossenen geschichtlichen Bildungsprozeß zu erkennen; selbst dort, wo sie vom „Kreuz der Gegenwart" (Hegel VII,26) weiß, darf sie nicht versuchen, kritisch dagegen anzudenken, denn ihre Aufgabe ist allein das „Erkennen" des inneren Wesens der gewordenen Praxis, nicht ihr „Verjüngen", wie Hegel dies treffend in den ›Grundlinien der Philosophie des Rechts‹ ausgesprochen hat: „Um noch über das *Belehren,* wie die Welt sein soll, ein Wort zu sagen, so kommt dazu ohnehin die Philosophie immer zu spät. Als der *Gedanke* der Welt erscheint sie erst in der Zeit, nachdem die Wirklichkeit ihren Bildungsprozeß vollendet und fertig gemacht hat [...]. Wenn die Philosophie ihr Grau in Grau malt, dann ist eine Gestalt des Lebens alt geworden, und mit Grau in Grau läßt sie sich nicht verjüngen, sondern nur erkennen; die Eule der Minerva beginnt erst mit der einbrechenden Dämmerung ihren Flug" (Hegel VII, 27 f.).

Dieser Hegelschen Bestimmung der Aufgabe der Philosophie, die Welt, d. h. hier die menschliche Praxis, nur im nachhinein zu interpretieren, stellt Marx in der Einleitung von ›Zur Kritik der Hegelschen Rechtsphilosophie‹ (1844) ganz entschieden eine Bestimmung der „Aufgabe der Philosophie, die im Dienste der Geschichte steht" (MEW 1,379), entgegen. Bereits vorher hat er in einem Brief an Arnold Ruge diese Aufgabe der Philosophie als eingreifende Kritik näher umrissen, wobei er deutlich macht, daß sie sich sowohl von Hegels Nachbegreifen eines bereits vollendeten Bildungsprozesses als auch von dem von Hegel zu Recht distanzierten „Belehren, wie die Welt sein soll" abhebt: „Indessen ist das gerade wieder der Vorzug der neuen Richtung, daß wir nicht dogmatisch die Welt antizipieren, sondern erst aus der Kritik der alten Welt die neue finden wollen [...]. Ist die Konstruktion der Zukunft und das Fertigwerden für alle Zeiten nicht unsere Sache, so ist desto gewisser, was wir gegenwärtig zu vollbringen haben, ich meine *die rücksichtslose Kritik alles Bestehenden*" (MEW 1,344). Dabei richtet sich die „rücksichtslose Kritik alles Bestehenden" nicht gegen alles, weil es besteht, sondern weil es das drückende und unterdrückende „Kreuz der Gegenwart" ist. Die Kritik wird geleitet von dem *„kategorischen Imperativ, alle Verhältnisse umzuwerfen,* in denen der Mensch ein erniedrigtes, ein geknechtetes, ein verlassenes, ein verächtliches Wesen ist" (MEW 1,385).

Dieses neue Verständnis der Philosophie als eingreifender Kritik ermöglicht es Marx, die Philosophie der gesellschaftlichen Praxis, wie sie Hegel begonnen hat, allererst zu ihrem wahren und wirklichen Ende zu bringen, denn nicht in der „vernünftigen Einsicht“ vollendet sich „die Versöhnung mit der Wirklichkeit“, wie Hegel meinte, sondern das kritische Bewußtmachen der bestehenden gesellschaftlichen Wirklichkeit in ihren unterdrükkenden Widersprüchen ist selbst ein neuer Anfang für einen jetzt erst anhebenden „Bildungsprozeß“ bewußt umgestaltender geschichtlicher Praxis. Gerade weil sich das philosophische Denken selbst als Teil der politischen und gesellschaftlichen Praxis erfaßt, die es zu ihrem Bewußtsein zu bringen vermag, ist es nicht nur zur „rücksichtslosen Kritik alles Bestehenden“ in seiner Widervernünftigkeit und Unmenschlichkeit berechtigt und beauftragt, sondern es gründet in ihm auch die konkrete Hoffnung, daß sich gerade über die kritisch vorangetriebene Bewußtwerdung der handelnden Individuen die gesellschaftliche Praxis „verjüngen“ werde. So heißt es in der 11. These zu Feuerbach: „Die Philosophen haben die Welt nur verschieden *interpretiert*, es kömmt darauf an, sie zu *verändern*“ (MEW 3,7).

Dies meint auch die berühmte Forderung der Aufhebung und Verwirklichung der Philosophie, die Marx in der Einleitung von ›Zur Kritik der Hegelschen Rechtsphilosophie‹ (1844) formuliert. Im doppelten Sinne von „aufheben“ und „verwirklichen“ geht es Marx dabei darum, die Philosophie in ihrem bloß immanenten Für-sich-Bleiben als Philosophie aufzuheben; dies besagt aber gerade nicht die ersatzlose Beseitigung der Philosophie, um in einen blinden Aktionismus zu verfallen, sondern ihre Verwirklichung als eingreifende Kritik. So bedeutet die Dialektik eingreifender Kritik durch das Gesamtwerk von Marx hindurch etwas Doppeltes: sowohl die „kritische Analyse“ der gesellschaftlichen Wirklichkeit in ihrer konkreten Widersprüchlichkeit zwischen der in der menschlichen Praxis liegenden sittlichen Vernunft und ihren widervernünftigen, unmenschlichen Verhältnissen als auch die Anstrengung der philosophischen Theorie, durch Aufklärung der Betroffenen auf deren Bewußtwerdung zu ihrer eigenen revolutionären Befreiung hinzuarbeiten. „Schon als entschiedener Widerpart der bisherigen Weise des *deutschen* politischen Bewußtseins verläuft sich die Kritik der spekulativen Rechtsphilosophie nicht in sich selbst, sondern in *Aufgaben,* für deren Lösung es nur ein Mittel gibt: die *Praxis*“ (MEW 1,289).

2. *Die Dialektik der geschichtlichen Praxis*

Bisher haben wir die Differenz der Marxschen Dialektik gegenüber der Hegels nur an der Wende der Philosophie vom Nachbegreifen der menschlichen Praxis zur eingreifenden Kritik deutlich gemacht, nun gilt es auch das inhaltliche Neue des Begriffs der gesellschaftlichen und geschichtlichen Praxis herauszuarbeiten, der den dialektischen Kern der Marxschen Philosophie seit den ›Ökonomisch-philosophischen Manuskripen‹ von 1844 und der unter Mitwirkung von Friedrich Engels verfaßten ›Deutschen Ideologie‹ (1846) bildet.[8] Hierzu muß ganz knapp an Hegels Dialektik der Sittlichkeit erinnert werden, wie sie in den ›Grundlinien der Philosophie des Rechts‹ dargelegt wird.

Auch die Reihe der Gestalten der Sittlichkeit stellt – wie die Gedankenbewegung des Hegelschen Systems insgesamt – keinen geschichtlichen Prozeß dar, sondern die strukturelle Abfolge des *Begreifens* der Sittlichkeit in ihrer Vernünftigkeit (vgl. Hegel VII, 86). In der gelebten Wirklichkeit durchdringen sich alle drei Gestalten der Sittlichkeit: die Familie, die bürgerliche Gesellschaft, der Staat. Die begreifende Folge der Vernunft des Sittlichen beginnt mit der Familie als der natürlichen Basis aller mitmenschlichen Beziehungen. Die in der Liebe der Partner zueinander und in der Liebe zwischen Eltern und Kindern zum Ausdruck kommende ursprüngliche Sittlichkeit der Familie ist überhaupt die Grundlage alles Sittlichen. Sie ist keineswegs von Natur aus gegeben, sondern gründet in den Beziehungen und im Zusammenleben der Familie selbst. Diese ursprüngliche Sittlichkeit kann jedoch grundsätzlich nicht in sich verbleiben. Die Herangewachsenen lösen sich aus ihrer Herkunftsfamilie, suchen eigne Partner und gründen neue Familien. Gleichzeitig treten die Herangewachsenen in das Erwerbsleben der bürgerlichen Gesellschaft hinaus.

Die bürgerliche Gesellschaft ist für Hegel sodann die Gestalt der mit sich entzweiten Sittlichkeit. Hier verfolgt jeder zunächst nur seine je eigenen Erwerbsinteressen für sich und seine Familie. Aber er kann dies nur, weil er eingebunden ist in die allseitige Abhängigkeit des abstrakten Allgemeinen des ökonomischen Ganzen, das wir heute freie Marktwirtschaft nennen. Dieser immanente Widerspruch zwischen individuellem Interesse und abstrakter ökonomischer Allgemeinheit führt zu immer wieder neuen und gesteigerten Formen der Zerrissenheit der Gesellschaft – Anhäufung privaten Reichtums auf der einen Seite sowie Elend und Abhängigkeit der an die Arbeit gefesselten Klasse auf der anderen Seite (vgl. Hegel VII, 389). Aber gerade diese Formen der Zerrissenheit fordern auch das Hervortreiben immer wieder neuer und gesteigerter Formen bürgerlicher Sittlichkeit heraus. Diese können zwar die grundsätzliche Entzweiung der Sittlichkeit der bürgerlichen Gesellschaft niemals überwinden, wohl aber ihren krassesten Auswüchsen entgegenwirken und sie abmildern helfen (vgl. Hegel

[8] Diese beiden philosophisch grundlegenden Schriften erschienen erstmals 1932 vollständig hrsg. v. Siegfried Landshut. Vgl. zum Gesamtkontext der Interpretation Wolfdietrich Schmied-Kowarzik, Die Dialektik der gesellschaftlichen Praxis. Zur Genesis und Kernstruktur der Marxschen Theorie, Freiburg–München 1981.

VII, 385) – wir sprechen heute in diesem Zusammenhang von der sozialen Marktwirtschaft.

Trotzdem kann der grundlegende Widerspruch zwischen individuellem und allgemeinem Willen auf der Ebene der bürgerlichen Gesellschaft niemals überwunden werden, daher bedarf es notwendig der dritten versöhnenden Gestalt der Sittlichkeit: des Staates. Der Staat, das Gemeinwesen in seiner politischen Verfaßtheit, ist für Hegel die höchste Sphäre vollkommener Sittlichkeit, weil der moderne Staat – nach den bürgerlichen Revolutionen – auf der bewußten Versöhnung und Durchdringung von individuellem und allgemeinem Willen gründet. Die Verfassung der modernen Staaten erkennt die einzelnen Staatsbürger in ihrer individuellen Besonderheit als Träger des Staates an, und die Staatsbürger erkennen im Staat das Organ, durch das ihr Gesamtwohl organisiert, gesichert und vorangebracht wird (vgl. Hegel VII, 407).

Nun thematisiert Hegel aber als die letzte Gestalt des Zusichselberkommens des Geistes innerhalb seiner objektiven Verwirklichungsformen die Weltgeschichte als das noch über die Staaten hinausgehende Recht des Weltgerichts. Damit scheint sich doch noch der ganze strukturelle Begreifensprozeß in einen geschichtlichen Werdeprozeß des Weltgeistes zu verwandeln. Doch auch hier geht es Hegel keineswegs um den Prozeß der wirklichen Geschichte, sondern um das Zusichselberkommen des Geistes, der zwar nur durch die menschliche Geschichte hindurch sich zu begreifen vermag, jedoch nicht mit dieser zusammenfällt (vgl. Hegel VII, 503).

Wenn also Hegel in seinen ›Vorlesungen über die Philosophie der Geschichte‹ sagt: „Die Weltgeschichte ist der Fortschritt im Bewußtsein der Freiheit – ein Fortschritt, den wir in seiner Notwendigkeit zu erkennen haben“ (Hegel XII, 32), so ist damit nicht die politische Freiheit der Menschen gemeint, sondern die Freiheit des sich seiner selbst bewußt werdenden Weltgeistes. Das Bewußtwerden des Fortschritts der Freiheit kann sich natürlich nur in Menschen vollziehen, sowohl in der gelebten Sitte der Völker als auch im geschichtsphilosophischen Begreifen der sich hierin vollbringenden Freiheit des Weltgeistes, aber weder sind für Hegel dabei die Menschen die Subjekte des Emanzipationsprozesses, noch ereignet sich der Fortschritt in einer geschichtlichen Kontinuität. Es geht allein um die Freiheit des absoluten Geistes, der, gleich einem unterirdisch wühlenden Maulwurf, die Ergebnisse seiner nicht-geschichtlichen Arbeit in die Geschichte hinein auswirft (vgl. Hegel XX, 461 f.).

Aus dieser Einsicht in die Weltgeschichte als Weltgericht erwächst nach Hegel keine Aufforderung zum Handeln, denn seine Philosophie der Geschichte ist nicht auf die Praxis der Menschen gerichtet, sondern sie hat eine gottesdienstliche Funktion, sie hat die Funktion, dem Menschen das Vertrauen zu geben, daß der Geist in der Weltgeschichte, über die

„Schlachtbank“ hinweg, die sie für die Menschen und Völker bedeutet, mit Notwendigkeit die Freiheit des Geistes voranbringt. „Daß die Weltgeschichte dieser Entwicklungsgang und das wirkliche Werden des Geistes ist, unter dem wechselnden Schauspiele ihrer Geschichten – dies ist die wahrhafte Theodicee, die Rechtfertigung Gottes in der Geschichte. Nur *die* Einsicht kann den Geist mit der Weltgeschichte und der Wirklichkeit versöhnen, daß das, was geschehen ist und alle Tage geschieht, nicht nur nicht ohne Gott, sondern wesentlich das Werk seiner selbst ist“ (Hegel XII, 539).

Marx geht es gerade nicht um den Prozeß des Begreifens des zusichkommenden Geistes in der Geschichte, sondern um das Begreifen der Geschichte der Menschen. Substrat und Subjekt dieses Prozesses sind daher die Menschen – nicht die vereinzelt Einzelnen, sondern die Menschen, die in gemeinsamer Produktion ihr Leben erhalten und gestalten (vgl. MEW 42, 19 f.). In der gemeinsamen Produktion und Reproduktion ihres Lebens sind die Menschen unabdingbar an die Lebensprozesse der Natur rückvermittelt. Die Menschen sind als natürliche Lebewesen mit all ihren produktiven Fähigkeiten nicht nur durch die Naturproduktivität hervorgebracht, sondern müssen auch in einem ununterbrochenen Stoffwechselprozeß mit der Natur stehen, um sich am Leben zu erhalten. Daher sind die Menschen im letzten auch verantwortlich dafür, daß ihre Eingriffe in die Natur nicht die lebendige Grundlage ihres Stoffwechselprozesses ruinieren (vgl. MEW 25, 782 ff.).[9]

Das den Geschichtsprozeß Vorantreibende liegt jedoch in der gesellschaftlichen Produktion, Arbeit und Praxis, in der gesellschaftlichen Ausformung der produktiven geistigen und materiellen Kräfte der Menschen, der Umgestaltung der natürlichen und sozialen Welt durch sie und der fortschreitenden Bewußtwerdung dieses gesellschaftlichen Umwandlungsprozesses sowie der geschichtlichen Verantwortung der Menschen für diesen geschichtlichen Prozeß. Indem die Menschen in ihrer gesellschaftlichen Produktion verändernd in die Welt eingreifen, verändern sie auch ihre Lebensverhältnisse und damit sich selbst (vgl. MEW 23, 192).

Doch solange die in Gesellschaft produzierenden Menschen sich der Gesellschaftlichkeit ihrer Produktion nicht bewußt sind, erscheinen ihnen die geschichtlich hervorgebrachten Gesellschaftsverhältnisse mit all ihren sozialen Benachteiligungen der unmittelbaren Produzenten nicht als ihr Produkt, sondern als gottgewollte Naturgegebenheit und ihr Veränderungsprozeß als systemnotwendige Sachgesetzlichkeit, die ihren Lebensprozeß bestimmen und denen sie sich zu fügen haben: „Sosehr nun das

[9] Vgl. Wolfdietrich Schmied-Kowarzik, Das dialektische Verhältnis des Menschen zur Natur. Philosophiegeschichtliche Studien zur Naturproblematik bei Karl Marx, Freiburg–München 1984.

Ganze dieser Bewegung als gesellschaftlicher Prozeß erscheint, und sosehr die einzelnen Momente dieser Bewegung vom bewußten Willen und besonderen Zwecken der Individuen ausgehn, so sehr erscheint die Totalität des Prozesses als ein objektiver Zusammenhang, der naturwüchsig entsteht [...]. Ihr [der Individuen] eigenes Aufeinanderstoßen produziert ihnen eine über ihnen stehende, *fremde* gesellschaftliche Macht [...]. Die gesellschaftliche Beziehung der Individuen aufeinander als selbständige Macht über den Individuen, werde sie nun vorgestellt als Naturmacht, Zufall oder in sonst beliebiger Form, ist notwendiges Resultat dessen, daß der Ausgangspunkt nicht das Freie gesellschaftliche Individuum ist" (MEW 42, 127).

Es kommt also darauf an, daß die Menschen und insbesondere die sozial Benachteiligten sich dessen bewußt werden, daß die Gesellschaftsverhältnisse in ihrer sozialen Ungleichheit selber – wenn auch unbewußt – durch ihre gesellschaftliche Produktion hervorgebracht wurden und werden, um die Überwindung der sie benachteiligenden Verhältnisse in bewußter und solidarischer gesellschaftlicher Praxis betreiben zu können. „Es ist also jetzt so weit gekommen, daß die Individuen sich die vorhandene Totalität von Produktivkräften aneignen müssen, nicht nur um zu ihrer Selbstbetätigung zu kommen, sondern schon überhaupt um ihre Existenz sicherzustellen [...]. Mit der Aneignung der totalen Produktivkräfte durch die vereinigten Individuen hört das Privateigentum [das Kapital] auf" (MEW 3, 67 f.).

Die Marxsche Dialektik der geschichtlichen Praxis läßt sich am knappesten im Kontrast zu Hegels Dialektik der Sittlichkeit erläutern: Die Momente des dialektischen Fortschreitens sind hier nicht auf die Institutionen – Familie, bürgerliche Gesellschaft und Staat – verteilt, sondern als konstituierende Momente einer *geschichtlichen* Bewegung gefaßt. Das substantielle Subjekt dieser Bewegung sind die „in Gesellschaft produzierenden Individuen". Diese gesellschaftliche Produktion, auch Produktivkräfte genannt, liegt allen bisherigen und allen künftigen Gesellschaften substantiell zu Grunde und ist auch immer das Vorantreibende der Geschichte (vgl. MEW 3, 72). Da die in Gesellschaft produzierenden Individuen zwar immer das substantielle Subjekt ihres gesellschaftlichen Lebens sind, dies aber zunächst nicht wissen, geraten die gesellschaftlich Handelnden in eine Entzweiung und Entfremdung, so daß sie sich von den selbsterzeugten Gesellschaftsverhältnissen bestimmen lassen (vgl. MEW 40, 512).

Diese geschichtlich entstandene selbsterzeugte Entfremdung ist jedoch geschichtlich wieder aufhebbar, und zwar von den sich der Subjektivität ihrer gesellschaftlichen Praxis bewußtgewordenen Individuen, die die Gestaltung ihrer Lebensverhältnisse in freier Assoziation und geschichtlicher Verantwortung in ihre Hände nehmen. „In der gegenwärtigen Epoche hat die Herrschaft der sachlichen Verhältnisse über die Individuen, die Erdrükkung der Individualität durch die Zufälligkeit, ihre schärfste und universellste Form erhalten und damit den existierenden Individuen eine ganz bestimmte Aufgabe gestellt. Sie hat ihnen die Aufgabe gestellt, an die Stelle der Herrschaft der Verhältnisse und der Zufälligkeit über die Individuen die Herrschaft der Individuen über die Zufälligkeit und die Verhältnisse zu setzen“ (MEW 3, 424).

Dieser geschichtlichen Dialektik von Marx geht es um die bewußte Subjektwerdung der in Gesellschaft produzierenden Individuen als Träger und Gestalter des Geschichtsprozesses. Die dialektischen Momente dieser Subjektwerdung – die Entfremdung und deren Aufhebung – sind nicht einfach auf bestimmte Gesellschaftsformationen in der Geschichte zu übertragen. Die von Marx im Vorwort von ›Zur Kritik der politischen Ökonomie‹ (1859) genannten Gesellschaftsformationen: asiatische, antike, feudale und kapitalistische Produktionsweise sind bestimmte Gestalten der geschichtlich fortschreitenden Entfremdung, gehören also alle der entfremdeten Vorgeschichte an, die durch die in der Gegenwart einsetzende Bewußt- und Subjektwerdung der gesellschaftlich Handelnden überwunden werden können und müssen (vgl. MEW 13, 9).

Es ist völlig klar, daß die Marxsche Geschichtsphilosophie in der Gegenwart nicht das Ende der Geschichte sehen kann, denn da sie sich praxisphilosophisch an die Menschen als Subjekte des Geschichtsprozesses wendet, um sie durch kritische Aufklärung der gegenwärtigen gesellschaftlichen Lage zu befähigen, ihre zukünftige Praxis bewußt und solidarisch in die eigenen Hände zu nehmen, stellt sie sich selbst in den Dienst eines künftigen durch die frei assoziierten Individuen verantwortlich gestalteten Geschichtsprozesses (vgl. MEW 1, 379, 385).

Ausdrücklich hat Marx immer wieder davon gesprochen, daß mit der revolutionären Bewegung, in deren Dienst er seine Praxisphilosophie stellt, die *Vorgeschichte* endet und die eigentliche Geschichte allererst beginnt. Denn bisher haben die Menschen sich nicht als Subjekte ihrer gesellschaftlichen Produktion, Arbeit und Praxis gewußt und sich daher von den selbst hervorgebrachten Verhältnissen fremdbestimmen lassen. Indem sie nun sich ihrer gesellschaftlichen Produktion und deren sozialen Folgen bewußt werden, können sie allererst beginnen, zu verantwortlichen Subjekten der gesellschaftlichen Praxis und ihrer Geschichte zu werden.

Marx hat keine bestimmte Gesellschaftsformation als Ziel der Menschheitsgeschichte vorgezeichnet oder gar diese ausgemalt, sondern er hat nur in praxisphilosophischer Absicht die geschichtliche Dialektik herausgearbeitet, daß der Mensch, der in seiner gesellschaftlichen Produktion immer schon der Substanz nach Subjekt der Geschichte ist, sich aus der Fremdbestimmung der selbst hervorgebrachten Gesellschaftsverhältnisse befreien muß, um zum bewußten und verantwortlichen Subjekt seiner gesellschaftlichen Geschichte werden zu können. „Der Kommunismus unterscheidet sich von allen bisherigen Bewegungen dadurch, daß er die Grundlage aller bisherigen Produktions- und Verkehrverhältnisse umwälzt und alle naturwüchsigen Voraussetzungen zum ersten Mal mit Bewußtsein als Geschöpfe der bisherigen Menschen behandelt, ihrer Naturwüchsigkeit entkleidet und der Macht der vereinigten Individuen unterwirft" (MEW 3, 70).

3. Die negative Dialektik des Kapitals

Bereits die ›Ökonomisch-philosophischen Manuskripte‹ (1844) waren ein erster Versuch einer „Kritik der Politik und Nationalökonomie"; zusammen mit Marx' theoretischer Abgrenzung von Pierre Proudhons Kritik der Ökonomie in der Schrift ›Das Elend der Philosophie‹ (1847) markieren sie den großen Aufbruch der Marxschen Theorie. Aber erst nach etlichen Jahren bitterster Not im Londoner Exil, in denen Marx sich und seine Familie durch freie journalistische Tätigkeit zu erhalten versuchte, was nicht ohne fortlaufende finanzielle Hilfe von Friedrich Engels glückte, konnte sich Marx ab 1857 wieder an die weitere Ausarbeitung der von ihm geplanten Kritik des „Systems der bürgerlichen Ökonomie" machen.

Zu diesem umfassenden Projekt unter dem Titel ›Kritik der politischen Ökonomie‹ existieren Unmassen von Manuskripten aus fast zweieinhalb Jahrzehnten intensiver Studien, die bis heute noch nicht vollständig veröffentlicht sind, aber keine abschließende systematische Gesamtdarstellung. Marx hat nur zwei Teilstücke selber herausgegeben: die ersten Vor-Kapitel ›Zur Kritik der politischen Ökonomie‹ (1859), deren weitere Herausgabe er aber wieder abbrach, und ›Das Kapital. Kritik der politischen Ökonomie – Erster Band – Buch I‹ (1867). Auch die nach Marx' Tod (1883) von Engels aus den Manuskripten herausgegebenen Bücher II und III des ›Kapitals‹ geben nur ein Bruchstück des ursprünglich auf sechs Bände („1. Vom Kapital [...], 2. Vom Grundeigentum, 3. Von der Lohnarbeit, 4. Vom Staat, 5. Internationaler Handel, 6. Weltmarkt" – Marx an Lassalle, 22. 2. 1858) veranschlagten Gesamtprojekts wieder. Wir können uns hier nicht auf eine detaillierte Darstellung des Gesamtwerks einlassen, sondern nur versuchen, das Anliegen dieses Spätwerks der ›Kritik der politischen Ökonomie‹, in dessen Zentrum die Analyse des Kapitals steht, zu skizzieren.

Als eine der wichtigsten Studien zum Gesamtprojekt erweist sich dabei der erste „Rohentwurf", den Marx 1857/58 niederschrieb und der unter dem Titel ›Grundrisse der Kritik der politischen Ökonomie (Rohentwurf)‹ erstmals 1939/41 in Moskau veröffentlicht wurde.[10] Es zeigt sich nämlich,

[10] Allerdings wurde erst der nach dem Zweiten Weltkrieg erschienene Nachdruck (Berlin 1953) der öffentlichen Diskussion zugängig gemacht.

daß zwischen der 1857 geschriebenen „Einleitung", die noch erkennbar an die früheren Arbeiten anknüpft, und den Ausarbeitungen ab 1858 ein deutlicher Wandel in der Argumentations- und Darstellungsweise besteht. Daß dieser Wandel mit einer erneuten Rezeption von Hegels ›Wissenschaft der Logik‹ zusammenhängt, ist durch mannigfaltige biographische Zeugnisse von Marx selber bezeugt. Was aber dieser Wandel in der Argumentations- und Darstellungsweise besagt, und ob er auch einen grundlegenden Bruch in der Marxschen Theorie selbst beinhaltet, ist seither umstritten. Wir vertreten hier entschieden die Position, daß es keinen Bruch zwischen den philosophischen Frühschriften und dem Spätwerk von Marx gibt, da der durch die erneute Auseinandersetzung mit Hegels ›Logik‹ ausgelöste Wandel in der Argumentations- und Darstellungsweise bereits in der Hegel-Kritik der Frühschriften angelegt ist.

Während es Marx in seinen Frühschriften darum ging, philosophisch die geschichtlichen Bedingungen der Möglichkeit der Entfremdung und damit die politischen Bedingungen der Möglichkeit ihrer Aufhebung aufzuklären, versucht er nun, in der ›Kritik der politischen Ökonomie‹ die Logik des Kapitals als eine negative Logik der Entfremdung in ihrem strukturgesetzlichen Funktionieren kritisch aufzudecken. Die Dialektik der geschichtlichen Praxis, wie er sie seit Mitte der 40er Jahre entwickelt hat, setzt Marx nun als bekannt voraus, ohne sie nochmals ausdrücklich zu thematisieren; vielmehr beginnt er unmittelbar, die negative Logik des Kapitals aus ihrer eigenen Bewegungsgesetzlichkeit zu explizieren, um somit gleichsam immanent ihre grundsätzliche Widersprüchlichkeit und Verkehrtheit aufzuhellen.

Das erneute Anknüpfen an Hegels ›Logik‹ ist keine positive Aufnahme der Hegelschen Dialektik, durch die Marx seine frühere Hegel-Kritik zurücknimmt – ganz im Gegenteil: Marx nimmt Hegels ›Logik‹ als eine Logik der Entfremdung, um in Anlehnung an sie die negative Logik des Kapitals entwickeln zu können. In seiner Studie ›Kritik der Hegelschen Dialektik und Philosophie überhaupt‹ (1844) schrieb Marx: „Wie die *'Enzyklopädie'* Hegels mit der Logik beginnt, mit dem *reinen spekulativen Gedanken,* und mit dem *absoluten Wissen,* dem selbstbewußten, sich selbst erfassenden philosophischen oder absoluten, d. i. übermenschlichen abstrakten Geiste, aufhört, so ist die ganze 'Enzyklopädie' nichts als das *ausgebreitete Wesen* des philosophischen Geistes, seine Selbstvergegenständlichung; wie der philosophische Geist nichts ist als der innerhalb seiner Selbstentfremdung denkend, d. h. abstrakt sich erfassende entfremdete Geist der Welt. – Die *Logik* – das *Geld* des Geistes, der spekulative, der *Gedankenwert* des Menschen und der Natur – ihr gegen alle wirkliche Bestimmtheit vollständig gleichgültig gewordnes und darum unwirkliches Wesen – das *entäußerte,* daher von der Natur und dem wirklichen Menschen abstrahierende *Denken*, das *abstrakte* Denken" (MEW 40, 571 f.).

Mit dieser Kritik an der entfremdeten Dialektik der Hegelschen Philosophie in den ›Ökonomisch-philosophischen Manuskripten‹ ging es Marx darum, die verselbständigte Dialektik – sie von dem Kopf auf die Füße stellend – den Menschen als ihre geistige Tätigkeit zurückzugeben. Die Kritik zielte auf die „Aufhebung“ der Dialektik in ihrer entfremdeten Gestalt, um sie freizusetzen „als wirkliche *Aneignung* des *menschlichen* Wesens durch und für den Menschen; darum als vollständige, bewußt und innerhalb des ganzen Reichtums der bisherigen Entwicklung gewordene Rückkehr des Menschen für sich als eines *gesellschaftlichen,* d. h. menschlichen Menschen“ (MEW 40, 536).

All dies wird durch das Spätwerk von Marx keineswegs in Frage gestellt, sondern bildet vielmehr die vorausgesetzte positive Grundlage für die ›Kritik der politischen Ökonomie‹, denn ohne sie wäre eine radikale *Kritik* an der bestehenden gesellschaftlichen Wirklichkeit gar nicht möglich. Aber die Stoßrichtung des Spätwerks der ›Kritik der politischen Ökonomie‹ ist nun eine andere: sie benutzt „kokettierend“ die Hegelsche Dialektik, um mit ihr die Logik des Kapitals in ihrer Negation gegen die Menschen und gegen die Natur aufzudecken.

Wenn man diese Grundvoraussetzung nicht mitbedenkt und das ›Kapital‹ lediglich für sich als *die* Marxsche Lehre liest, so kann es leicht passieren – wie es vielen Nachfolgern und Gegnern der Marxschen Theorie passiert ist –, daß man die Pointe übersieht, hier die immanent in der Logik des Kapitals argumentierende kritische Aufdeckung ihrer prinzipiellen Negativität vor sich zu haben. Dann wird Marx zu einem klassischen Ökonomen, der sich kritisch zwar von seinen Vorgängern abhebt, aber doch positiv wissenschaftlich die Dynamik der ökonomischen Bewegungsgesetze analysiert, die von sich aus über die bestehende Gesellschaftsformation hinaus in eine andere, die sozialistische Gesellschaft treiben werden.

Ob man sich – wie der dogmatische Marxismus – zu dieser Auffassung als Weltanschauung bekennt oder ob man sie – wie der Antimarxismus – als falschen Geschichtsobjektivismus bekämpft, auf alle Fälle hat man die negative Dialektik der ›Kritik der politischen Ökonomie‹ und ihr praxisphilosophisches Anliegen mißverstanden und nimmt die in kritischer Absicht aufgedeckten Strukturgesetze der Entfremdung als objektive „Naturgesetze“ oder als subjektive Gesetzesannahmen von Marx. Die Geschichte der Rezeption der ›Kritik der politischen Ökonomie‹ ist bis in die Gegenwart hinein geprägt von solchen Mißverständnissen.

Im folgenden wollen wir kurz andeuten, inwiefern auch das ›Kapital‹ in der oben skizzierten Dialektik der geschichtlichen Praxis gründet: Vom ersten Satz des ›Kapitals‹ bis zur vorgezogenen Endperspektive der ›Kritik der politischen Ökonomie‹ gegen Schluß des ersten Bandes des ›Kapitals‹ bewegt sich die gesamte Kapitalanalyse ausschließlich in der immanenten

Rekonstruktion der wertökonomischen Logik des Kapitals, die eine negative Logik der Entfremdung und der Verkehrung ist. Der grundlegende Widerspruch der kapitalistischen Produktionsweise liegt darin, daß sich hier die gesellschaftlich handelnden Individuen von der wertökonomischen Logik des Kapitals bestimmen und beherrschen lassen; das Kapital aber ist nichts anderes als aufgehäufte vergegenständlichte Arbeit, die für sich tot ist und die ihre ganze Kraft und Beweglichkeit allein aus der Vereinnahmung und Beherrschung der lebendigen Arbeit der Produzenten bezieht. Dem Selbstverständnis ihrer wertökonomischen Bewegungs- und Entwicklungsgesetze nach – und so wird das Kapital von der bürgerlichen Theorie der Politischen Ökonomie allein wahrgenommen – verhält sich das Kapital jedoch so, als wäre es allein aus sich selbst begründet und aus sich selbst heraus produktiv; gerade dadurch betreibt das Kapital die fortgesetzte und fortschreitende Negation der lebendigen Arbeit sowie der lebendigen Natur – und beschränkt und bedroht die lebendige Daseinsgrundlage der Menschen.[11]

Gleichsam nur indirekt wird von Marx sichtbar gemacht, daß auch die kapitalistische Gesellschaftsformation – wie jede vorhergehende und nachfolgende – einzig und allein durch die gesellschaftliche Produktion der Individuen erhalten und erneuert wird, was aber durch die entfremdete Form der kapitalistischen Wertökonomie verdeckt wird. Die gesellschaftliche Arbeit ist – zusammen mit der Produktivität der Natur – auch in der kapitalistischen Produktionsweise die materielle Basis der gesamten Lebenserneuerung, während das Kapital nichts anderes ist als vergegenständlichte Arbeit, mag diese sich nun in Geld oder in Maschinen manifestieren. Vergegenständlichte Arbeit ist zwar konsumierbarer Reichtum, aber für sich genommen und im Hinblick auf die immer wieder neu gestellte Aufgabe der Produktion der gesellschaftlichen Lebensmittel ist sie nichts als „tote Arbeit“. Um den in der vergegenständlichten Arbeit angesammelten gesellschaftlichen Reichtum zu erhalten, bedarf es daher ständig erneuter und erneuernder lebendiger Arbeit: „Das Kapital ist verstorbene Arbeit, die sich nur vampyrmäßig belebt durch Einsaugung lebendiger Arbeit und um so mehr lebt, je mehr sie davon einsaugt“ (MEW 23, 247).

Dies alles aber bleibt dem Kapital selber – oder genauer gesagt: denen, die im Dienste des Kapitals denken und agieren – verborgen. Es erscheint vielmehr als jenes „eingebildete Wesen“, das sich als „automatisches Subjekt“ (MEW 23, 169) der gesellschaftlichen Entwicklung gebärdet und das als gesellschaftliche Macht des Wertgesetzes formbestimmend und gesetzgebend auf die gesellschaftliche Arbeit zurückwirkt, diese zur Lohnarbeit

[11] Vgl. Hans Immler/Wolfdietrich Schmied-Kowarzik, Marx und die Naturfrage. Ein Wissenschaftsstreit, Hamburg 1984.

entfremdend. Das Kapital verhält sich – wie die Logik bei Hegel – „als das übergreifende Subjekt eines [...] Prozesses“ (MEW 23,169) gesellschaftlicher Entwicklung, und es fungiert durch das Denken und Handeln der sich seiner Logik beugenden Individuen – und das sind wir alle in unserem alltäglichen Leben – tatsächlich als dieses Subjekt.

Damit aber kommt es zu einem unaufhörlichen Widerspruch, da das Kapital nur seiner Gesetzlichkeit folgend die wirklichen Subjekte der gesellschaftlichen Produktion beständig negiert und auf die „rein subjektive Existenz der Arbeit“ (MEW 42,217) reduziert und die lebendigen Menschen zum Anhängsel seines Systemzusammenhangs degenerieren läßt. „Innerhalb des Produktionsprozesses entwickelt sich das Kapital zum Kommando über die Arbeit, d. h. über die sich betätigende Arbeitskraft oder den Arbeiter selbst [...]. Es ist nicht mehr der Arbeiter, der die Produktionsmittel anwendet, sondern es sind die Produktionsmittel, die den Arbeiter anwenden. Statt von ihm als stoffliche Elemente seiner produktiven Tätigkeit verzehrt zu werden, verzehren sie ihn als Ferment ihres eigenen Lebensprozesses, und der Lebensprozeß des Kapitals besteht nur in seiner Bewegung als sich selbst verwertender Wert“ (MEW 23,328).

Aber das Kapital ist nicht nur die Negation der gesellschaftlichen Arbeit, der wirklich produzierenden Individuen, und auch der produktiven Natur, deren lebendige Kräfte es aussaugt und ausbeutet, sondern „diese der kapitalistischen Produktion eigentümliche und sie charakterisierende Verkehrung, ja Verrückung des Verhältnisses von toter und lebendiger Arbeit“ (MEW 23,329) impliziert einen Selbstwiderspruch, der zu einer Selbstzerstörung führen muß. „Das Kapital ist selbst der prozessierende Widerspruch“ (MEW 42,601); um sich selber als das „übergreifende Subjekt“, als die wahre „prozessierende, sich selbst bewegende Substanz“ (MEW 23,169) zu erweisen, negiert es das Übergreifende der gesellschaftlichen Praxis der lebendigen Individuen, untergräbt aber dadurch seine wirkliche substantielle Grundlage, ohne die es nicht sein kann – ein Selbstwiderspruch, der so oder so auf seine eigene Negation zusteuert (vgl. MEW 42,600f.).

Somit wird aber ebenfalls indirekt durch die kritische Kapitalanalyse sichtbar, worin allein die Möglichkeit einer Überwindung dieses nicht nur für das Kapital, sondern auch für uns tödlichen Widerspruchs liegt. Denn da sich die gesellschaftliche Produktion der Individuen als das der Substanz nach Übergreifende erweist, muß es den Subjekten der gesellschaftlichen Produktion auch prinzipiell möglich sein, in bewußter gemeinsamer Aktion die „Despotie des Kapitals“, dieses „Machwerk [der] eigenen Hand“ (MEW 23,669) zu überwinden und einer gemeinsamen Kontrolle zu unterwerfen.

Die materiellen Bedingungen der Möglichkeit, die kapitalistische Produktionsweise umzuwälzen, liegen allein in der „revolutionären Praxis" der Produzenten, in der gemeinsamen, bewußten Gestaltung ihrer gesellschaftlichen Beziehungen und in dem gemeinsam gestalteten Einsatz ihrer Produktivkräfte. Die Notwendigkeit zu einer solchen revolutionären Wiederaneignung der gesellschaftlichen Produktion durch die produzierenden Individuen rührt daher, daß der Kapitalismus sich grundsätzlich nicht selbst aufheben und humanisieren kann; er bleibt zwangsläufig – trotz aller Wandlungen, die er vollzieht – die Negation der lebendigen Individuen und der lebendigen Natur. Es bedarf also einer bewußten und tätigen Negation der kapitalistischen Produktionsweise, die selber wiederum in der gesellschaftlichen Praxis verankert sein muß. „Es ist die Negation der Negation" (MEW 23, 791), die gleichzeitig die bewußte und tätige Aneignung der gesellschaftlichen Produktion durch und für die „in Gesellschaft produzierenden Individuen" ist.[12]

Voraus- und Zielsetzung einer solchen revolutionären Umgestaltung der Gesellschaft ist daher die bewußte praktische Aneignung der gesellschaftlichen Praxis der Individuen, die als das der Substanz nach Übergreifende immer schon materiell aller Geschichte zugrunde liegt, die es aber als das wirklich bewußt übergreifende „Subjekt" gemeinsamer Praxis erst durch die vereinigten bewußtgewordenen Individuen gegen die Macht ihrer eigenen „Machwerke" zu erkämpfen gilt. Nicht direkt – denn das ›Kapital‹ ist ja nur Aufdeckung der immanent-widersprüchlichen Logik der kapitalistischen Produktionsweise –, aber indirekt endet die ›Kritik der politischen Ökonomie‹ in einer Revolutionstheorie, wie sie Marx in seinen politischen Schriften vom ›Manifest der Kommunistischen Partei‹ (1848) an bis zur ›Kritik des Gothaer-Programms‹ (1875) immer wieder umrissen hat, worauf hier jedoch nicht weiter eingegangen werden kann.

Schlußbemerkung

Karl Marx ist ein Philosoph des 19. Jh., aber was er in Ansätzen herausgearbeitet hat, bleibt – den Marxismen und Antimarxismen des 20. Jh. zum Trotz – Herausforderung ins 21. Jh. hinein.

Mit der Forderung der Aufhebung und Verwirklichung der Philosophie stellt Marx das Denken wieder – wie einst bei Platon – in den Primat der Praxis. Theodor W. Adorno charakterisiert diese Aufgabe treffend als die „letzte Philosophie", die an der Zeit sei, und Henri Lefebvre nennt dieses

[12] Vgl. Wolfdietrich Schmied-Kowarzik, Kritische Theorie und revolutionäre Praxis. Konzepte und Perspektiven marxistischer Erziehungs- und Bildungstheorie, Bochum 1988.

Projekt bewußten sittlichen Menschseins: „Metaphilosophie".[13] In ihr geht es – als Antwort auf die Priorität der „ersten Philosophie" rein theoretischen Begreifens von Aristoteles bis Hegel – um die prinzipiell letzte Philosophie, eine Philosophie, die sich als rein theoretische Philosophie aufhebt, um sich zugleich als Philosophie in den geschichtlich handelnden Menschen praktisch zu verwirklichen.

Bezogen auf die Philosophie gesellschaftlicher Praxis bedeutet dies ein Sich-Begreifen aus der Praxis als einer geschichtlichen Aufgabe und damit die Anerkenntnis der politischen Verpflichtung der Philosophie, in die gesellschaftliche Praxis einzugreifen. Wo die Philosophie diese Doppelfunktion bewußt erfüllt, wird sie zur *Kritik,* da sie nicht mehr nur rein theoretisch und daher affirmativ – wie bei Hegel – Wirkliches begreifend abbildet, sondern sich immer schon als Teilmoment einer praktischen Aufgabe und Parteinahme auf eine „menschliche Emanzipation" (MEW 1,356) hin versteht.

Eine Philosophie im Primat der Praxis, die sich dieser Zielperspektive „menschlicher Emanzipation" verpflichtet weiß, kann nicht mehr hinter Marx zurück, d. h., sie muß parteinehmend für die solidarische Subjektwerdung der Menschen in der Geschichte selber als Kritik gegen alle Verhältnisse denkend angehen, die jener im Wege stehen.

Nach wie vor, und zwar in global erweitertem Maßstab, steht und wirkt die kapitalistische Produktionsweise einer den Menschen gerechtwerdenden Gestaltung des gesellschaftlichen Zusammenlebens und der Lösung geschichtlicher Menschheitsaufgaben entgegen. Zwar ist es den kapitalistischen Industrienationen gelungen, die soziale Frage in ihren Zentren abzumildern und sie dadurch zu entschärfen, aber doch nur auf Kosten einer verstärkten Ausbeutung der Menschen der Dritten Welt und der hemmungslosen Ausplünderung der begrenzten Ressourcen der Erde.

So sind einerseits die politischen Herausforderungen unserer Tage nichts anderes als die global erweiterten und verschärft zugespitzten Probleme, die Marx bereits vor gut 150 Jahren in Umrissen kritisch aufgedeckt hat, andererseits haben sie aber in den letzten Jahrzehnten eine neue, nie zuvor gekannte negative Qualität bekommen, die zu *der* Herausforderung für die Menschheit schlechthin geworden ist. Diese radikal neue Realität, deren Herausforderung sich eine Philosophie im Primat der Praxis heute nicht mehr entziehen kann, ist – wie Henri Lefebvre 1965 schreibt – „die Hypothese eines kolossalen Abortus der menschlichen Geschichte [...]. Weder der totale Fehlschlag der Menschheitsgeschichte noch die nukleare Ver-

[13] Theodor W. Adorno, Zur Metakritik der Erkenntnistheorie, Frankfurt a. M. 1972; Henri Lefebvre, Metaphilosophie. Prolegomena (1965), Frankfurt a. M. 1975.

nichtung des Planeten lassen sich aus der Liste der Möglichkeiten streichen."[14]

Heute scheint ein sittliches und solidarisches Überleben der Menschheit bereits unglaublich viel unwahrscheinlicher geworden zu sein als unsere Selbstausrottung. Und doch bleibt uns keine andere Wahl, als an dem von Marx begonnenen Projekt radikaler Aufklärung der Menschen über ihre gesellschaftliche Praxis weiterzuarbeiten, um sie dadurch zu befähigen, die Geschichte verantwortlich in ihre Hände zu nehmen, denn anders als durch eine „menschliche Emanzipation" wird es kein menschliches Überleben der Menschen geben können.

Kurzbibliographie Marx

Zur Kritik der Hegelschen Rechtsphilosophie. Einleitung (Deutsch-Französische Jahrbücher, 1844), in: Karl Marx/Friedrich Engels, Werke in 42 Bden., Berlin 1956ff. (= MEW 1).

Ökonomisch-philosophische Manuskripte (1844) (= MEW 40)
(erstmals erschienen unter dem Titel ›Philosophie und Nationalökonomie‹ in: Karl Marx, Frühschriften, 2 Bde., hrsg. v. Siegfried Landshut, Stuttgart 1932).

Die Deutsche Ideologie (1846) (Unter Mitwirkung von Friedrich Engels) (= MEW 3)
(erstmals vollständig erschienen in: Karl Marx, Frühschriften, 2 Bde., hrsg. v. Siegfried Landshut, Stuttgart 1932).

Grundrisse der Kritik der politischen Ökonomie (Rohentwurf) (1857–1858) (= MEW 42)
(erstmals erschienen in 2 Bden., Moskau 1939/41; danach in einem Bd. Berlin 1953).

Das Kapital. Kritik der politischen Ökonomie. Erster Band. Buch I: Der Produktionsprozeß des Kapitals (1867) (= MEW 23).

[14] Henri Lefebvre, ebd., 345 f.

ARTHUR SCHOPENHAUER

Wille und Weltverneinung

Von Dieter Birnbacher

1. Charakter, Leben, Philosophie

Die Photographien, die wir von Arthur Schopenhauer aus seinem letzten Lebensjahrzehnt haben, zeigen einen elegant gekleideten kleinwüchsigen Mann mit funkelnden Augen und zusammengepreßtem Mund, aus denen eine ungeheure Willensintensität spricht. „Verhaltene Aggressivität" ist die Beschreibung, die einem als erste einfällt. Dieser Blick hat etwas Ungnädiges. Skeptisch, mißtrauisch, fast lauernd versucht er sein Gegenüber zu durchdringen. Aber bei aller Verhaltenheit haben Skepsis und Feindschaft nicht zu einem Rückzug in die Innenwelt geführt. Dazu ist dieser Blick zu stechend und zupackend, die Figur zu aktiv und gespannt. Dieser Geist ist viel zu unruhig, um sich in sich zu verschließen. Auch im Alter hat er nichts von seiner Lust an Rebellion und Provokation verloren.

Wenn Schopenhauer nicht bereit war, mit der Welt Kompromisse zu schließen, dann auch deshalb, weil er es nicht nötig hatte. Anders als die meisten Intellektuellen seiner Zeit war er wirtschaftlich unabhängig und brauchte sich keiner Macht und keinem Mächtigen dienstbar zu machen. Das von seinem Vater, dem Danziger Großkaufmann Heinrich Floris Schopenhauer, geerbte Vermögen erlaubte ihm lebenslang eine nicht nur auskömmliche, sondern bequeme Lebensführung. Aber nicht nur die Unabhängigkeit hatte Schopenhauer vom Vater geerbt, sondern auch den Drang und den Willen zur Unabhängigkeit. Schon Geburt und Kindheit Schopenhauers standen im Zeichen des väterlichen Freiheitsdrangs. Schopenhauer wurde nur deshalb 1788 in Danzig geboren, weil widrige Umstände den Plan des Vaters vereitelten, ihn in England und als Engländer zur Welt kommen zu lassen. Nach England unterhielt der Vater seine wichtigsten Handelsbeziehungen, und die Anglophilie hat der Sohn später übernommen. Wie sein Vater las er regelmäßig die *Times* und schätzte den Umgang mit durchreisenden Engländern. Auch der Vorname Arthur verrät weltmännische Vorlieben. Der Vater wählte ihn, weil dieser in ganz Europa verbreitet war. Als der freien Stadt Danzig das Schicksal drohte, durch

Preußen annektiert zu werden, verlegte der Republikaner sein Geschäft kurz entschlossen nach Hamburg.

Schopenhauer hat seinen eigenen unzähmbaren Freiheitswillen später immer wieder auf das väterliche Erbe zurückgeführt und daraus sogar die allgemeine These abgeleitet, daß der Mensch Art und Richtung seiner Intelligenz von der Mutter, seinen Charakter aber vom Vater erbe. In der Tat finden sich weitere auffällige Übereinstimmungen, zum Beispiel seine Geschäftstüchtigkeit. Als der Danziger Bankier, bei dem die Familie Schopenhauer ihr Vermögen angelegt hatte, 1819 bankrott zu gehen drohte, war Schopenhauer listig genug, seinen eigenen Anteil auf Kosten eines zwischen dem Bankier und seiner Mutter und Schwester ausgehandelten Vergleichs zu retten. Vom Vater ererbt war auch ein Gutteil von Schopenhauers Neigung zu Depressionen und Angstzuständen und sein von ihm selbst klarsichtig diagnostizierter Hang zu Argwohn und Mißtrauen. Die Angst, betrogen, überfallen oder ausgeraubt zu werden, ließen ihn teilweise kauzig wirkende Sicherheitsvorkehrungen treffen. Daß er seinen Wohnsitz 1831 von Berlin nach Frankfurt am Main (wo er 1860 starb) verlegte, hatte seinen Grund auch darin, daß Frankfurt als „cholerafest“ galt – im Gegensatz zu Berlin, wo Schopenhauers philosophischer Antipode Hegel im selben Jahr an der Cholera starb.

Schopenhauers ungemütliches Verhältnis zur Welt verrät nicht nur Argwohn und Angst, sondern auch ein aktives Prinzip des Nicht-in-Ruhe-lassen-Könnens. Das Verhältnis zur Mutter, der zu ihrer Zeit als Romanautorin geschätzten und durch ihre Lebensklugheit auch aus heutiger Sicht eindrucksvollen Johanna Schopenhauer, war nicht nur kühl und wenig vertrauensvoll, Schopenhauer hat sie auch durch Eifersucht und Moralisieren – er warf ihr vor, durch Lieblosigkeit den Suizid des Vaters 1805 verschuldet zu haben – im Innersten zu treffen und zu verwunden gesucht. Den Vater dagegen hat Schopenhauer nach dessen Tod idealisiert – trotz der Herzlosigkeit, mit der ihn der Vater im Alter von 15 Jahren vor die Wahl gestellt hatte, sich entweder der Philosophie zu verschreiben oder die Eltern auf eine mehrjährige Europareise zu begleiten und seine philosophischen Ambitionen zugunsten der verhaßten Kaufmannslaufbahn aufzugeben. Später hat Schopenhauer die Chance, die Welt zunächst in der Anschauung – durch Reisen – statt im Begriff – durch Lektüre – kennenzulernen, als einen Glücksfall gewertet, dem seine Philosophie ihre Anschauungsnähe und ihren Realismus verdanke, auch wenn Schopenhauer dadurch gezwungen war, in bereits vorgerücktem Alter die als Kaufmannslehrling versäumte Schulbildung nachzuholen.

Daß er das zu diesem Zweck besuchte Gymnasium in Gotha wegen der Abfassung eines Spottgedichts vorzeitig verlassen mußte, bezeugt seine ausgeprägte Lust an der Provokation ebenso wie sein Entschluß, als frischernannter Privatdozent der Berliner Universität seine Vorlesung auf dieselbe Zeit zu legen, zu der auch Hegel las – mit dem Ergebnis, daß er kaum Hörer hatte und seine Vorlesung in späteren Semestern nur noch ankündigte, aber nicht mehr abhielt. Lust, sich mit Großen zu messen, spricht auch aus seiner Wahl erfolglos umworbener Frauen. Zu Gast bei seiner Mutter in Weimar 1809 fiel seine Leidenschaft ausgerechnet auf die mit Herzog Karl August liierte Schauspielerin Caroline Jagemann, und auf seiner Italienreise 1818/19 verehrte er in Venedig Byrons Geliebte Gräfin Guiccioli. Den Frauen war Schopenhauer auch ansonsten zugetan und dachte von ihnen besser, als es seinem in diesem Punkte üblen Leumund entspricht. In Dresden hatte er von seiner Geliebten Caroline Medon einen – im Kindesalter gestorbenen – Sohn. Nicht nur in puncto sexueller Enthaltsamkeit lag es Schopenhauer fern, seine Philosophie der „Selbstverneinung des Willens“ in der Askese tatsächlich zu leben. Wie so viele Philosophen spielte auch er den Wegweiser, der den Weg, den er weist, nicht selber geht. Seine Mahlzeiten waren üppig, die Gesellschaft gepflegt, er gönnte sich ausgiebige Ruhepausen und war eifrig darum bemüht, sich familiäre Verpflichtungen vom Hals zu halten.

In anderen Hinsichten freilich ist Schopenhauers Philosophie ein getreues Abbild seines Charakters, und um so mehr, als es Teil Schopenhauers Auffassung von Philosophie ist, sich nicht in abstrakten Spekulationen über Gott und die Welt zu ergehen, sondern die konkrete und höchstpersönliche Erfahrung des Menschen mit der Welt, in die er hineingeboren wird, auf den Begriff zu bringen. Lust an der Unabhängigkeit und Respektlosigkeit gegenüber Autoritäten und überkommenen Wahrheiten spricht aus jeder Seite seiner Philosophie. Selbstdenken und intellektuelle Redlichkeit sind die Maßstäbe, an denen Schopenhauer sich und andere Philosophen mißt, und sein beißender Spott richtet sich weniger auf die Irrtümer als auf die opportunistischen Anpassungsmanöver der „Universitätsphilosophen“, die – anders als er selbst – *von* der Philosophie statt *für* die Philosophie leben. Schopenhauers Unabhängigkeit zeigt sich zuallererst in seinem unverhüllten Atheismus, aber auch in der Vorurteilslosigkeit, mit der er herkömmlich vermiedene (aber auch charakteristisch „romantische“) Themen aufgreift: das Böse, psychische Krankheit, Sexualität, Suizid. Mit Schopenhauer treten die irrationalen und abgründigen Seiten des Menschen aus dem Dunkel heraus ins helle Licht der Philosophie. Schopenhauers Respektlosigkeit gegenüber Autoritäten ist auch für den heutigen Leser erfrischend, vor allem wenn er sich als scharfzüngiger Kritiker orakelhafter Leerformeln erweist, die auch heute noch dazu dienen, unklares Denken in eine Wolke von Erhabenheit zu hüllen, etwa des von Kant mit hohem Pathos ausgestatteten Begriffs der „Würde des Menschen“ oder des Menschen als „Zweck an sich“.

Kierkegaard hat Schopenhauers Pessimismus psychologisch als eine Saure-Trauben-Reaktion, als einen Akt unbewußter Klugheit gedeutet: Der Philosoph mache die Welt schlecht, um die von ihr erfahrene Enttäuschung und Mißachtung besser ertragen zu können. Wahr daran ist, daß Schopenhauer die der Welt zugeschriebenen Übel und Frustrationen entweder am eigenen Leibe oder empathisch, durch mitfühlende Identifikation, (nach)empfunden hat. Schon in seiner Kindheit waren seine Sinne für das Leiden – und vor allem das unnütze und vermeidbare Leiden – geschärft, wurde seine Aufmerksamkeit von den Schattenseiten des Daseins – Elend, Krankheit, Tod – angezogen. Mit einem gleich übermächtigen Sexualtrieb und Stolz ausgestattet, mußte er die Zurückweisung durch angebetete Frauen in besonderem Maße als Kränkung empfinden. Das Quälende und Selbstquälerische, das er dem „Willen" zuschreibt, hat in dieser inneren Konflikthaftigkeit seine biographische Wurzel – ebenso wie das wenig schmeichelhafte Zeugnis, das er den moralischen Qualitäten des Menschen ausstellt und das ein getreues Abbild seiner eigenen Angriffslust, Mißgunst und Ruhmsucht ist. Während Schopenhauer, wie auch seine Gegner rühmen, als Schriftsteller immer interessant ist, ist er weitschweifig nur dann, wenn er diesen Lastern auch als Autor frönt – wenn er sich in Ausfälligkeiten gegen Hegel, Fichte und Schelling ergeht, wenn er die Dänische Societät der Wissenschaften dafür verhöhnt, daß sie seine Preisschrift über das Fundament der Moral – u. a. wegen der darin enthaltenen Beschimpfungen Hegels – *nicht* gekrönt hat, oder wenn er von der Anerkennung schwärmt, die nachfolgende Geschlechter, weniger schnöde als seine Zeitgenossen, ihm nicht länger würden vorenthalten können.

2. *Metaphysik als Daseinshermeneutik*

Schopenhauer hatte Grund zur Klage, denn als 1818 ›Die Welt als Wille und Vorstellung‹ erschien, blieb dieser geniale Wurf des gerade Dreißigjährigen nahezu völlig unbeachtet, vor allem in der philosophischen Fachwelt. Eine der ganz wenigen Besprechungen kam von einem Literaten, Jean Paul. Wenn Schopenhauer sich später auf dieses Buch als sein „Hauptwerk" bezog, dann mit gutem Recht, denn alles später Veröffentlichte verhält sich dazu „wie das Bild zur Skizze": der 1843 zusammen mit der Neuauflage des ursprünglichen Werks erschienene zweite Band, die 1841 unter dem Titel ›Die beiden Grundprobleme der Ethik‹ veröffentlichten Preisschriften ›Über die Freiheit des menschlichen Willens‹ (1839) und ›Über das Fundament der Moral‹ (1840) sowie die 1851 erschienenen (und Schopenhauers Popularität begründenden) ›Parerga und Paralipomena‹ (Nebenwerke und Zurückgebliebenes). Diese Werke führen das im

Hauptwerk keimhaft Angelegte aus, reichern es durch neues Material an und versuchen, die dort entwickelte Metaphysik des „Weltwillens“ durch Beispiele aus einer Vielzahl von Wissenschaften und Erfahrungsbereichen weiter zu bestätigen.

Befremdlich an Schopenhauers „Hauptwerk“ war für die philosophischen Zeitgenossen nicht nur das dort entwickelte metaphysische System, befremdlich war auch das diesem zugrundeliegende neuartige Philosophieverständnis. Schopenhauer wollte einen neuen Typus von Metaphysik an die Stelle des vorherrschenden setzen. Die bisherigen Systeme hatten die Welt aus letzten Prinzipien zu *erklären* versucht. Sie hatten die jenseits der Erfahrung liegenden Bedingungen anzugeben versucht, aus denen sich Existenz, Struktur und Erkennbarkeit der Erscheinungswelt herleiten. Schopenhauer setzt diesem Modell einer *transzendenten* Metaphysik das Modell einer *immanenten* Metaphysik entgegen. Aufgabe der Metaphysik ist es danach nicht, die Welt aus ihren Ursprüngen und Bedingungen zu *erklären,* sondern sie so, wie sie uns erscheint, zu *verstehen.* Die Metaphysik soll nichts anderes sein als eine Beschreibung der Welt in ihren für uns bedeutsamsten Grundzügen, *„eine vollständige Wiederholung, gleichsam Abspiegelung der Welt in abstrakten Begriffen“* (I,124).[1] Metaphysik wird – paradoxerweise – als „Erfahrungswissenschaft“ bestimmt, wobei es allerdings nicht um einzelne Erfahrungen, sondern um das „Ganze und Allgemeine aller Erfahrung“ (III,214) geht. Deren Sinn soll entziffert werden wie der Sinn eines verschlüsselten Textes.

Auf diese Weise wird die Philosophie zwischen Wissenschaft und Kunst angesiedelt. Von der Wissenschaft unterscheidet sie sich dadurch, daß sie nicht nach dem Warum (den Ursachen), sondern nach dem Was (dem Gehalt) der Erscheinungen fragt. Sie leitet Existenz und Beschaffenheit der Phänomene nicht aus tieferliegenden Prinzipien ab, zeigt nicht, was *sein muß,* sondern nur, was *ist.* Darüber hinaus bezieht sie anders als die Wissenschaft neben der äußeren auch die *innere* Erfahrung ein – die Erfahrung des eigenen Leibes und die subjektiv getönte Gefühlswelt. Von der Kunst andererseits unterscheidet sich die Philosophie durch ihre besondere Beschreibungsweise. Ihr Medium ist nicht die konkrete Abbildung, sondern die begriffliche Abstraktion. Verbunden ist sie mit der Kunst durch die Expressivität, die sie durch die Einbeziehung der gefühlshaften Seiten der Welterfahrung gewinnt. Philosophie ist für Schopenhauer auch *Ausdruck* des Leidens an den Widrigkeiten der Welt. Philosophie soll nicht nur erhellen und belehren, sondern auch ins Herz treffen, *erschüttern*: „auch darf es dabei, so sehr auch der Kopf oben zu bleiben hat,

[1] Die Verweise in Klammern beziehen sich auf den jeweiligen Band der zehnbändigen Zürcher Werkausgabe (s. Kurzbibliographie).

doch nicht so kaltblütig hergehn, daß nicht am Ende der ganze Mensch, mit Herz und Kopf, zur Aktion käme und durch und durch erschüttert würde" (IX,15).

Schopenhauers „hermeneutische" Programmatik ist die Antwort auf eine zweifache Herausforderung, vor die *Kant* die Metaphysik gestellt hatte. Die erste Herausforderung bestand darin, daß Kant aus Schopenhauers Sicht ein für allemal die Unmöglichkeit einer Metaphysik aus Quellen reiner Vernunft gezeigt hatte. Der Weg der Nachkantianer Fichte, Schelling und Hegel konnte für Schopenhauer deshalb nur eine Sackgasse sein. Von der Vernunft einen unmittelbaren Zugang zu den Geheimnissen der Welt zu erwarten, mußte zu willkürlicher und unverbindlicher Spekulation führen. Die andere Herausforderung bestand darin, daß Ursache-Wirkungs-Beziehungen nach Kant stets nur für Ereignisse in der Erscheinungswelt angenommen werden können, nicht aber für das Verhältnis der Erscheinungen zu dem, was ihnen möglicherweise zugrunde liegt (das „Ding an sich"). Genau dies hatte die herkömmliche Erklärungsmetaphysik – ob sie die transzendente Realität in Gott, Geist, Idee oder Materie sah – aber fast immer getan. Schon der *Begriff* „Erscheinung" legt ein Ursache-Wirkungs-Verhältnis nahe: Was in einem anderen „erscheint", tut dies dadurch, daß es in bestimmter Weise auf dieses *einwirkt.*

Gegenstand von Schopenhauers „Metaphysik" ist demnach die Erscheinungswelt selbst und nicht das, was ihr zugrunde liegt und in ihr allenfalls „erscheint". Sie ist „realistisch" in dem ganz und gar unmetaphysischen Sinn, daß sie die Dinge beschreibt, wie sie tatsächlich sind, und sich davor hütet, sie zu idealisieren. Vieles von dem, was Schopenhauers Philosophie den Namen „Pessimismus" eingetragen hat, ist nichts weiter als eine Folge dieses nüchternen und unverzerrten Blicks auf die Tatsachen. In diesem Sinne kritisiert Schopenhauer insbesondere Schelling (den ihm mit seiner dynamischen Sichtweise der Natur am nächsten stehenden unter den Deutschen Idealisten) dafür, daß er in seiner Philosophie nicht die tatsächliche Welt beschreibt, sondern eine Welt *konstruiert.* Keiner solle sich an die Metaphysik wagen, meint der ehemalige Göttinger Student der Medizin und Naturwissenschaften, „ohne zuvor eine, wenn auch nur allgemeine, doch gründliche, klare und zusammenhängende Kenntnis aller Zweige der Naturwissenschaft sich erworben zu haben" (III,209). Durchweg gilt Schopenhauer die Anschauung mehr als Theoretisieren. Sehr schön zeigt sich das an einem Detail, Schopenhauers Theorie des Wahnsinns. Während die damaligen Abhandlungen über Geisteskrankheiten zumeist nicht auf einer konkreten Bekanntschaft mit den Kranken beruhten, sondern rein spekulativ angelegt waren, hat Schopenhauer als einer der ersten einen empirischen Zugang zu den Phänomenen des Wahnsinns gesucht und sich in seiner Berliner Zeit (1811–1813) mit zwei psychiatrischen Patienten der

Charité näher beschäftigt.[2] Für Schopenhauer ist die Geisteskrankheit eine „Lethe übergroßer Schmerzen“: Der Geist tilgt, weil er sie andernfalls nicht ertragen könnte, die Spuren übergroßer seelischer Qualen und füllt die Erinnerungslücken mit Fiktionen auf.

Dem Geist der Naturwissenschaften ist insbesondere Schopenhauers Auffassung vom Verhältnis zwischen Körper und Seele und von der Erzeugung der Erscheinungswelt im Erkenntnisapparat des Gehirns verpflichtet. Beide Theoriestücke dienen gelegentlich als Beleg dafür, daß sich Schopenhauers Weltsicht in vielen Teilen im Sinne eines metaphysischen Materialismus verstehen läßt.[3] Aber auf dem Hintergrund von Schopenhauers unmetaphysischer Auffassung von Metaphysik als synthetischer Weltbeschreibung sind beide Theoriestücke zunächst nichts anderes als Beschreibungen grundlegender Tatsachen: Es ist eine Tatsache, daß Bewußtseinsereignisse mit körperlichen Prozessen einhergehen, daß Empfindungen, Gefühle, Gedanken und Willensregungen mit Gehirnprozessen korrelieren. Diese Korrelation ist so lückenlos, daß Schopenhauer seelische und körperliche Vorgänge als Aspekte *ein und desselben* Vorgangs faßt und z. B. über den Willensakt sagt: „Der Willensakt und die Aktion des Leibes sind [...] Eines und das Selbe, nur auf zwei gänzlich verschiedene Weisen gegeben“ (I, 143). Anders als im Materialismus wird die spezifische Seinsweise des Seelischen nicht geleugnet. Aber ähnlich wie sein Vorgänger Spinoza unterscheidet Schopenhauer zwischen Seelischem und Körperlichen nur, um den Unterschied gleich wieder zu relativieren. Seelische Vorgänge sind so systematisch an körperliche gekoppelt, daß sie als zwei Seiten derselben Medaille verstanden werden können.

„Materialistisch“ mutet vor allem Schopenhauers zweites Lehrstück an, seine Auffassung von der Erfahrungswelt als *Gehirnphänomen.* Während Schopenhauer, wenn er von der Identität von seelischen und körperlichen Vorgängen spricht, beide Aspekte als gleichberechtigt wertet und auch eine Kausalitätsbeziehung zwischen ihnen ausschließt, räumt er hier dem Körperlichen und speziell dem Gehirn kausalen Vorrang ein. In diesem Punkt ist Schopenhauers Denken auf den ersten Blick verwirrend. Wenn er die gesamte Erscheinungswelt als Konstrukt des Gehirns bezeichnet, scheint er zu vergessen, daß das Gehirn selbst ein Teil der Erscheinungswelt ist: „Alles Objektive, Ausgedehnte, Wirkende, also alles Materielle [...] ist ein nur höchst mittelbar und bedingterweise Gegebenes, demnach nur relativ

[2] Vgl. dazu M. Zentner, Die Flucht ins Vergessen. Die Anfänge der Psychoanalyse Freuds bei Schopenhauer, Darmstadt 1995.

[3] Vgl. z. B. A. Schmidt, Schopenhauer als Aufklärer, in: D. Birnbacher (Hrsg.), Schopenhauer in der Philosophie der Gegenwart, Beiträge zur Philosophie Schopenhauers, Bd. 1, Würzburg 1996, 18–44.

Vorhandenes: denn es ist durchgegangen durch die Maschinerie und Fabrikation des Gehirns und also eingegangen in deren Formen, Zeit, Raum und Kausalität, vermöge welcher allererst es sich darstellt als ausgedehnt im Raum und wirkend in der Zeit" (I, 58). Wie kann die „Maschinerie des Gehirns" dafür verantwortlich sein, daß uns die Erscheinungswelt in Raum, Zeit und von Kausalbeziehungen durchdrungen erscheint, wenn doch diese Maschinerie selbst zeitlich und räumlich bestimmt und kausal verfaßt ist? In der Tat wird dieses „Gehirnparadox" bei Schopenhauer nur unvollständig aufgelöst. Aber dennoch ist die Tatsache, daß Schopenhauer die „synthetischen" Leistungen, die allererst eine raum-zeitliche und kausal geordnete Erscheinungswelt ermöglichen, nicht mehr – wie Kant – einem mysteriösen „transzendentalen" Subjekt, sondern dem empirischen Gehirn zuschreibt, ein höchst bedeutsamer Schritt. Schopenhauer übernimmt die Kantische Theorie, nach der die Strukturen der Erfahrungswelt von bestimmten Leistungen des erkennenden und handelnden Subjekts abhängen. Aber während dieses „Subjekt" bei Kant ein nicht selbst erfahrungszugängliches, sondern allenfalls aus den Resultaten seiner Tätigkeiten erschließbares Subjekt außerhalb von Raum, Zeit und Kausalität ist, identifiziert Schopenhauer dieses Subjekt mit dem Gehirn, d. h. einem Teil des leibhaftigen Menschen. Indem Schopenhauer die Kantischen Begriffe anthropologisch umdeutet, wird aus der Kantischen Transzendentalphilosophie eine „naturalisierte" Erkenntnistheorie.

Symptomatisch dafür ist Schopenhauers Umdeutung des Kantischen Begriffs des Verstandes. „Verstand" ist bei Kant ein Vermögen der Begriffe, also der sprachlichen Ordnung und Strukturierung des in der unmittelbaren Erfahrung Gegebenen. Mit Hilfe von Urteilen, die Gegenstands-, Eigenschafts- und Relationsbegriffe zusprechen, konturiert sich das diffuse „Gewühl der Empfindungen" zu einer artikulierten und in ihrer raum-zeitlichen Struktur durch Kausalgesetze versteh- und berechenbaren Vielfalt. Auch bei Schopenhauer ist der Verstand das Vermögen, gegebene Empfindungen zu Anschauungen zu ordnen. Aber im Gegensatz zu Kant erklärt Schopenhauer die Operationsweise des Verstandes ganz und gar naturalistisch: „Verstand" im Sinne Schopenhauers ist nicht mehr an die Fähigkeit zu begrifflichem Denken gebunden, sondern kommt auch Lebewesen wie Tieren zu, soweit sie zu Wahrnehmungen fähig sind. Und dieser „Verstand" ist kein psychologisches, sondern ein physiologisches Vermögen. Nicht das *Bewußtsein* verarbeitet die gegebenen Daten zu artikulierter Anschauung, sondern das *Gehirn.* In unserem Bewußtsein finden wir das bereits fertige Produkt vor. Entsprechend sind nicht mehr die ungeordneten „Empfindungen" das Material der Analyse, Ordnung und Interpretation, sondern die physischen Reizungen der Sinnesorgane. Der Verstand „erschafft" die Welt der materiellen Gegenstände, indem er die empfangenen Sinnesreizungen kausal interpretiert und die verursachenden Gegenstände aus ihren Wirkungen erschließt.

Wie für Kant ist auch für Schopenhauer Kausalität eine Bedingung der Erfahrung, nunmehr aber in einer gänzlich neuen Bedeutung. Bei Kant ist Kausalität ein notwendiger *Bestandteil* der Struktur einer als objektiv vorgestellten Erscheinungswelt, bei Schopenhauer ein notwendiger Bestandteil ihrer *Entstehung*. Die Kantische Begründung des Kausalprinzips wird von Schopenhauer erfolgreich kritisiert: Eine zeitliche Aufeinanderfolge von Erfahrungsinhalten ist sehr wohl zu denken ohne eine kausale Verknüpfung. Jeder kennt Beispiele für zufällige Sukzessionen ohne gesetzmäßigen Zusammenhang. Dennoch bleibt auch für Schopenhauer Kausalität ein notwendiges Konstruktionsprinzip der erfahrbaren Welt.

3. Primat des Willens

Als Empiriker ist Schopenhauer darauf bedacht, dem Ich keine kognitiven oder praktischen Leistungen zuzuschreiben, die sich nicht durch den introspektiven Blick nach innen als tatsächlich gegeben ausweisen lassen. Was zeigt aber der Blick nach innen? Schopenhauers Bestandsaufnahme ist ähnlich skeptisch wie die Humes: „*Da draußen* […] liegt vor seinen [des Selbstbewußtseins] Blicken große helle Klarheit. Aber *innen* ist es finster, wie ein gut geschwärztes Fernrohr: kein Satz *a priori* erhellt die Nacht seines eigenen Innern; sondern diese Leuchtthürme strahlen nur nach außen“ (VI, 61). Dennoch birgt auch für Schopenhauer der Weg nach innen den Schlüssel des Weltverständnisses. Was wir in uns finden, ist keine Kantische Syntheseleistung und keine Fichtesche Tathandlung, sondern ein dunkles Drängen, die „unendlich vertraute“ Erfahrung einer uns vorwärtstreibenden, ihrem Ursprung nach undurchsichtigen und ihrem Ziel nach unspezifischen inneren Unruhe. Der Blick nach innen enthüllt uns keine Tiefendimension der Vernunft, sondern die Allgegenwart eines erkenntnislosen Lebenstriebs, des „Willens“. Schopenhauer wußte, wie riskant es war, diesen Trieb „Wille“ zu nennen, und in der Tat erfordert diese Benennung eine Reihe von Klarstellungen: Schopenhauers „Wille“ ist etwas *Unpersönliches*. Dieser „Wille“ ist nicht notwendig unser eigener Wille. Er ist etwas, was *in uns* wirkt, aber dabei nur in Grenzen steuerbar ist. So sind für Schopenhauer gerade auch Gefühle und spontane Reaktionen Erscheinungsformen des „Willens“. Zwar ist immer dann, wenn *wir* etwas wollen, auch der „Wille“ beteiligt, aber dieser „Wille“ zeigt sich auch in vielem, was uns schlicht widerfährt. Exemplarisch zeigt sich der „Wille“ nicht in der heroischen Entschlußkraft oder der moralischen Selbstüberwindung, sondern in der Sexualität: „Brennpunkt des Willens“ sind die Genitalien.

Zweitens ist der „Wille“ in Schopenhauers Sinn nicht intentional auf einen irgendwie gearteten Gegenstand bezogen. Dieser Wille *will nichts,* jedenfalls nichts Bestimmtes. Er ist ziellos und darf nicht mit dem Willensakt verwechselt werden, durch den der diffuse, ziellose Wille erst nachträglich auf einen bestimmten Gegenstand fixiert wird.

Dennoch: Auch wenn Schopenhauers „Wille“ von dem „Willen“ der Alltagssprache unterschieden werden muß, hat er mit diesem gemein, daß er als etwas unserem Bewußtsein Zugängliches, ja als etwas unmittelbar Gegebenes und Vertrautes bestimmt wird. Insoweit hat dieser Begriff eine direkte empirische Grundlage. Bezeichnend für Schopenhauers analogisierendes, metaphorisch-poetisches Denken ist aber, daß er diesen Begriff weit über seine direkte empirische Grundlage hinaus ausdehnt und zur Leitmetapher zunächst der gesamten belebten Natur, dann der gesamten Natur, einschließlich der unbelebten, macht.

Der erste Verallgemeinerungsschritt – die Erweiterung des Willensbegriffs zu dem eines alles Lebendige durchherrschenden Lebensdrangs – ist in seiner Identifikation von seelischen und leiblichen Prozessen angelegt: Wie alles Seelische steht auch das gefühlte Streben, der „Durst“ in uns, in Zusammenhang mit einem physischen Streben, einem körperlichen Spannungszustand. Die Erweiterung des Willensbegriffs besteht darin, daß Schopenhauer dieses Streben auch dann „Wille“ nennt, wenn es nicht nur gelegentlich, sondern immer unbewußt bleibt und sich unabhängig vom individuellen Willen betätigt, etwa bei der Wahl des Geschlechtspartners: „Was […] den Menschen hierbei leitet, ist wirklich ein Instinkt, der auf das Beste der Gattung gerichtet ist, während der Mensch selbst bloß den erhöhten eigenen Genuß zu suchen wähnt“ (IV, 631). An die Stelle von Hegels „List der Vernunft“ tritt bei Schopenhauer die „List der Unvernunft“, die die Motive des Individuums zu Zwecken instrumentalisiert, die mit ihm und seinem Wohl wenig, viel aber mit dem langfristigen Erhalt der Gattung zu tun haben. Während sie dem Individuum vorspiegelt, es gehe um die Schönheit des oder der Geliebten, geht es der Natur allein um die in der romantischen Liebe charakteristischerweise ausgeblendete physische Vereinigung. So erklärt Schopenhauer einerseits die häufige Widervernünftigkeit des Menschen in Liebesdingen, andererseits aber auch die überragende Bedeutung und den Ernst, die Liebe und Sexualität zugeschrieben werden. Wäre der erotische Rausch nicht so wahnhaft (und potentiell selbstzerstörerisch), gelänge es der Natur kaum, den dem Menschen eingepflanzten Egoismus zu ihren eigenen Zwecken zu überwinden. Auch die Erklärung, die Schopenhauer für die ausgeprägtere männliche Neigung zur Polygamie gibt – daß der Mann „bequem über hundert Kinder im Jahre zeugen [könnte], wenn ihm ebenso viele Weiber zu Gebote stehn“ (IV, 634) –, weist auf die soziobiologische Theorie des „egoistischen Gens“

voraus, wobei hier wie dort der Anthropomorphismus als Metapher gelesen werden muß: Schopenhauer meint nicht ernstlich, daß die Natur bewußte Zwecke verfolgt. Das schließt bereits seine Charakterisierung des „Willens" als wesentlich *ziellose* Dynamik aus.

In demselben metaphorischen Sinne ist auch der zweite Schritt der Verallgemeinerung des „Willens" zu verstehen, die Gleichsetzung des „Willens" mit jeder Form von Kraft, Energie und schaffendem Prinzip in der Natur. Warum aber gerade diese und keine andere Metapher? Schopenhauer geht es darum, dieselbe Urverwandtschaft zwischen dem Willen in uns und der Dynamik in der uns begegnenden Natur auszudrücken, von der sich auch der frühe Schelling leiten ließ: Die Natur bietet uns, ins Grandiose erweitert, das Schauspiel unseres eigenen inneren Lebens und Strebens – dramatisiert in der folgenden mimetischen sprachlichen Bewegung: „Wenn wir sie nun mit forschendem Blicke betrachten, wenn wir den gewaltigen, unaufhaltsamen Drang sehn, mit dem die Gewässer der Tiefe zueilen, die Beharrlichkeit, mit welcher der Magnet sich immer wieder zum Nordpol wendet, die Sehnsucht, mit der das Eisen zu ihm fliegt, die Heftigkeit, mit welcher die Pole der Elektricität zur Wiedervereinigung streben, und welche, gerade wie die der menschlichen Wünsche, durch Hindernisse gesteigert wird; wenn wir den Krystall schnell und plötzlich anschießen sehn, mit so viel Regelmäßigkeit der Bildung, die offenbar nur eine von Erstarrung ergriffene und festgehaltene ganz entschiedene und genau bestimmte Bestrebung nach verschiedenen Richtungen ist; wenn wir die Auswahl bemerken, mit der die Körper, durch den Zustand der Flüssigkeit in Freiheit gesetzt und den Banden der Starrheit entzogen, sich suchen und fliehn, vereinigen und trennen; wenn wir endlich ganz unmittelbar fühlen, wie eine Last, deren Streben zur Erdmasse unser Leib hemmt, auf diesen unablässig drückt und drängt, ihre einzige Bestrebung verfolgend; – so wird es uns keine große Anstrengung der Einbildungskraft kosten, selbst aus so großer Entfernung unser eigenes Wesen wiederzuerkennen, jenes Nämliche, das in uns beim Lichte der Erkenntniß seine Zwecke verfolgt, hier aber, in den schwächsten seiner Erscheinungen, nur blind, dumpf, einseitig und unveränderlich strebt, jedoch, weil es überall Eines und das Selbe ist, – so gut wie die erste Morgendämmerung mit den Strahlen des vollen Mittags den Namen des Sonnenlichts theilt, – auch hier wie dort den Namen *Wille* führen muß, welcher Das bezeichnet, was das Seyn an sich jedes Dinges in der Welt und der alleinige Kern jeder Erscheinung ist" (I, 163 f.).

Der Wille hat den Primat in der Natur, in den Lebewesen und im Menschen, und die wichtigste Konsequenz daraus ist, daß der Vernunft ein lediglich unselbständiger und abgeleiteter Status zukommt. Das gilt zuallererst für die *Entstehungsbedingungen* der Vernunft. Unter dem Einfluß der französischen Materialisten nähert sich Schopenhauer in diesem Punkt der darwinistischen Sichtweise von der Emergenz der Vernunft als Ergebnis der Rivalität um knappe Überlebensressourcen und Fortpflanzungschancen. (Auch die Abstammung des Menschen von den Affen war für Schopenhauer die naheliegendste Hypothese.) Weder innerhalb noch außerhalb der Natur gibt es für Schopenhauer einen auf Höherentwicklung gerichteten Willen. Nicht anders als die physischen Fähigkeiten ist auch die Vernunft lediglich ein Mittel der blinden Natur zur Gewährleistung der Erhaltung und Fortpflanzung ihrer Wesen. So kommt es nach Schopenhauer auch zum plötzlichen Auftauchen des Bewußtseins. Auf einer bestimmten Stufe der Komplexität ist das Bewußtsein unerläßlich zur Erhaltung des Individuums und der Gattung: „Der Wille, der bis hieher im Dunkeln, höchst sicher und unfehlbar, seinen Trieb verfolgte, hat sich auf dieser Stufe ein Licht angezündet“ (I,202). Nur mit Hilfe des Bewußtseins kann sich der Mensch gegen die Konkurrenz anderer Lebewesen behaupten. In Gestalt des menschlichen Gehirns „erfindet“ sich der Wille ein die Erscheinungswelt konstituierendes Organ, mit dem er sicherer als auf der Basis bloßer Instinkte überleben kann.

Sekundär ist die Vernunft für Schopenhauer aber auch hinsichtlich ihrer *Leistungsfähigkeit* als Erkenntnisorgan. Als evolutionäres Produkt des „Willens“ fungiert die Vernunft auch dann noch als Werkzeug unbewußter Willensstrebungen, wenn sie sich über die Anfechtungen des Bedürfnisses erhaben dünkt. Das Vom-Thron-Stoßen der Vernunft nimmt bei Schopenhauer auf diese Weise die Form der *Entlarvungspsychologie* und der *Ideologiekritik* an, womit er nicht nur die glanzvolle Tradition der französischen Moralisten fortsetzt, sondern auch zahlreiche Einzeldiagnosen Nietzsches und Freuds vorwegnimmt: „Was dem Herzen widerstrebt, läßt der Kopf nicht ein. Manche Irrthümer halten wir unser Leben hindurch fest, und hüten uns, jemals ihren Grund zu prüfen, bloß aus einer uns selber unbewußten Furcht, die Entdeckung machen zu können, daß wir so lange und so oft das Falsche geglaubt und behauptet haben. – So wird denn täglich unser Intellekt durch die Gaukeleien der Neigung bethört und bestochen“ (III,254). Abhängig bleibt die Vernunft aber auch dann, wenn sie störungsfrei funktioniert. Als Vermögen der Erfassung der logischen Beziehungen zwischen Begriffen und Urteilen ist sie zur Gewinnung ihres Materials auf die Anschauung angewiesen. Sie ist weiblicher Natur: Sie kann nur geben, nachdem sie empfangen hat. Damit geht Schopenhauers Vernunftkritik ein wesentliches Stück über die Kants hinaus. Aussagen über eine mögliche Welt jenseits der Erfahrung liegen ebenso jenseits des Horizonts der Vernunft wie die Kenntnis oder Konstitution eines „Sittengesetzes“. Da die Vernunft zu Erkenntnissen über Transzendentes nicht fähig ist, kann es sich bei den scheinbar aus der Vernunft abgeleiteten metaphysischen Systemen nur um – vom „Willen“ diktierte – Wunschprojektionen handeln. Nur so läßt sich erklären, daß die Philosophen in der Regel Vernunft statt Unvernunft, Geist statt Ungeist, Zweck statt Zufall in der Welt am Werke gesehen haben und ebenso wie die theistischen Religionen das Jenseits mit Wesen bevölkert haben, die vollkommener als der Mensch sind. Beide, Philosophie und Religion, erliegen demselben Irrtum. Sie verkennen die sekundäre Natur der Vernunft: „Nicht ein Intellekt hat die Natur hervorgebracht, sondern die Natur den Intellekt" (V,238). Wenn die Welt entstanden ist, dann nicht durch den bewußten Akt eines Weltschöpfers oder einer wie immer gearteten Intelligenz.

Das ist aus Schopenhauers Sicht nicht der einzige und nicht der stärkste Grund für den Atheismus – und nicht nur für den Atheismus, sondern für das bevorstehende Ende der Religion überhaupt („Die Menschheit wächst die Religion aus, wie ein Kinderkleid; und da ist kein Halten: es platzt" [X,432]). Das schlechthin schlagende Argument gegen die Existenz eines Schöpfergottes ist für Schopenhauer die prinzipielle Unlösbarkeit des Theodizee-Problems: Entweder ist Gott allmächtig und allgütig, dann wäre das Leiden in der Welt unerklärlich. Oder Gott ist entweder nicht allmächtig oder nicht allgütig, dann wäre dieser Gott nicht das, was man herkömmlich unter diesem Namen versteht. In Schopenhauers eigenen Worten, die fast wie eine Anklage des Nicht-Existierenden klingen: „Wenn ein Gott diese Welt gemacht hat, so möchte ich nicht der Gott seyn: ihr Jammer würde mir das Herz zerreißen."[4]

4. *Leiden als Grundphänomen*

Aus solchen Worten spricht keine abgeklärte theoretische Bilanzierung von Lust und Unlust, sondern existentielle Betroffenheit und innere Not. Schon früh hat bei Schopenhauer das Leiden der Welt (wie das der Galeerensklaven in Toulon, die er auf seiner Europareise sah) einen starken Eindruck hinterlassen, und nicht ohne eine gewisse Selbststilisierung schrieb er 1832: „In meinem 17ten Jahre, ohne alle gelehrte Schulbildung, wurde ich vom *Jammer des Lebens* so ergriffen, wie Buddha in seiner Jugend, als er Krankheit, Alter, Schmerz und Tod erblickte."[5] Das Leiden blieb für Schopenhauer zeitlebens ein *skandalon,* eine Herausforderung und ein Anstoß zur Philosophie. Nicht daß überhaupt etwas existiert – oder daß wir, die Menschen, existieren –, ist die Urfrage, die zum Denken treibt,

[4] A. Schopenhauer, Der handschriftliche Nachlaß, hrsg. von Arthur Hübscher, München 1985, Bd. III, 57.

[5] A. Schopenhauer, Der handschriftliche Nachlaß, hrsg. von Arthur Hübscher, München 1985, Bd, IV/1, 96.

sondern daß die Welt „eine so trübsälige sei" (III,201), voller Schmerz, Qual, Furcht und Todesangst.

Ist Schopenhauer einer Antwort auf die Frage nach dem Warum des Leidens nähergekommen? Die Unausweichlichkeit des Leidens ergibt sich für Schopenhauer vor allem aus zwei Tatsachen. Erstens findet sich der Wille in der belebten Natur in eine Vielzahl von Individuen aufgespalten, die für ihr je eigenes Überleben wortwörtlich „über Leichen gehen". Die Natur ist ein Schlachtfeld, in dem jeder Einzelwille mit jedem anderen um Lebens- und Fortpflanzungschancen im Kampf liegt. Zweitens ist der Wille in jedem einzelnen Individuum mit sich selbst entzweit. Lebenstrieb und Sexualität richten sich nicht nur nach außen, sondern auch gegeneinander. Der Lebenstrieb für sich genommen wäre mit einem ruhigen, leichten und heiteren Leben zufrieden, nicht aber der Sexualtrieb, der „in das Bewußtseyn Unruhe und Melancholie, in den Lebenslauf Unfälle, Sorge und Noth bringt" (IV,665). Drittens ist der Wille, soweit er bewußt als Drang und Verlangen empfunden wird, für Schopenhauer schon von seiner Struktur her auf eine Perpetuierung des Leidens angelegt: Solange der Wunsch unerfüllt, der Trieb unbefriedigt bleibt, leiden wir an seiner Unerfülltheit. Wird er erfüllt, tritt sofortige Sättigung ein, und statt des erwarteten Glückszustands erleben wir ein Gefühl bloßer Indifferenz – die Abwesenheit von Unlust –, bei längerdauernder Erfüllung auch Überdruß und Frustration – wenn auch nur so lange, bis sich der Wunsch erneuert und der Pendelschlag von Sehnsucht und Leere, Leidenschaft und Langeweile aufs neue beginnt.

Trifft Schopenhauers Beschreibung die psychologische Wirklichkeit? Darüber wird man streiten können. Richtig ist, daß sich Glückserlebnisse schneller als erhofft „abnutzen". Zumeist wird nicht die gesicherte Befriedigung, sondern lediglich der Übergang zu einem höheren Befriedigungsniveau als glückhaft empfunden. Das einmal gesicherte Glück rückt in die „Hintergrundserfüllung". Andererseits ist Schopenhauers Darstellung allzu holzschnittartig, um den Tatsachen gerecht zu werden. Wo bleiben in diesem Bild die Seligkeit des Genusses oder Goethes „Selige Sehnsucht"? Nicht jeder Zustand der Unbefriedigtheit kann schlechthin als Leiden gelten, insbesondere dann nicht, wenn eine Befriedigung in Aussicht steht und Verlangen und Vorfreude selbst als lustvoll erlebt werden.

Auch wenn man diesen aus der Willenskonzeption gezogenen Gründen nicht alle Erklärungskraft absprechen kann, reichen sie insgesamt doch kaum aus, den Pessimismus in seiner von Schopenhauer vertretenen Radikalversion zu begründen, nämlich daß „die Welt [...] so schlecht [ist], wie sie möglicherweise seyn kann, wenn sie überhaupt noch seyn soll" (IV,684), daß also diese Welt nicht nur *nicht die beste,* sondern die *schlechteste* aller möglichen Welten sei. Soweit sich Schopenhauer überhaupt bemüht, diese These plausibel zu machen, sind die dafür angeführten Belege dürftig. Dazu gehört etwa eine allgemeine Theorie der Energieökonomie, nach der die Natur ihre Wesen mit dem denkbar Knappsten an Organen und Kräften ausgestattet hat, nämlich „knapp so viel [...] wie zur Herbeischaffung ihres Lebensunterhalts und Auffütterung der Brut, unter äußerster Anstrengung, ausreicht [...]", so daß „das individuelle Leben in unaufhörlichem Kampfe um die Existenz selbst hin[geht]; während bei jedem Schritt ihm Untergang droht" (IV,684). Auch wenn dieses Prinzip auf die meisten Menschen, die jemals gelebt haben und leben werden, zutreffen mag, ist es fraglich, ob es auf alle zutrifft.

5. *Sublimierung als Erlösung*

Das wichtigste Indiz dafür, daß Schopenhauers pessimistische Radikalthese weniger als ernsthafte philosophische Diagnose denn als rhetorische Retourkutsche an die Adresse des Optimismus (theistischer oder pantheistischer Prägung) gelesen werden sollte, ist die Tatsache, daß er es bei der schlimmen Diagnose nicht bewenden läßt, sondern zugleich Therapieangebote macht: die Lehre von der „Selbstverneinung des Willens". Wenn, wie Schopenhauer annimmt, eine Selbsterlösung aus der Versklavung an den Willen in dieser Welt eine reale Möglichkeit ist, kann diese Welt nicht die schlechteste aller möglichen sein. Eine Welt ohne diese Möglichkeit wäre in jedem Fall schlechter.

Der Fluchtweg, den Schopenhauer aus dem Gefängnis des Willens weist, ist weniger der Weg einer gänzlichen Auslöschung des Triebs als vielmehr der Weg seiner Verwandlung in Formen, in denen er durch die Realität nicht mehr enttäuschbar ist: Ästhetik, Philosophie und die aus der Askese kommende mystische Entgrenzung, in der sich der Gegensatz von Ich und Welt, Subjekt und Objekt auflöst. Schopenhauers Formulierungen lassen es gelegentlich so erscheinen, als seien theoretische Kontemplation und asketische Mystik regelrechte Aufhebungen des ansonsten allgegenwärtigen Willensdrangs („wir feiern den Sabbath der Zuchthausarbeit des Wollens, das Rad des Ixion steht still" [I,253]). Aber andere Beschreibungen lassen keinen Zweifel daran, daß es sich bei diesen Befindlichkeiten eher nur um Trieb*sublimierungen* handelt. Denn einerseits sind diese Beschreibungen unübersehbar hedonistisch getönt: Friede, Ruhe, Heiterkeit (als Merkmale der willenlosen Kontemplation), Ekstase, Entrückung, Erleuchtung, Vereinigung mit Gott (als Merkmale der „Selbstverneinung des Willens") – diese Zustände müssen von einem getriebenen, von innerer Unruhe gequälten Geist als schlechthin lustvoll und befriedigend erlebt werden. Wenn aber Lust und Befriedigung – wovon Schopenhauer ausgeht –

ohne eine Beteiligung des „Willens“ schlechterdings nicht denkbar sind, können diese Zustände nicht zugleich durch vollständige Willenlosigkeit gekennzeichnet sein. Allenfalls handelt es sich um Willenszustände, in denen der Wille dem jeweiligen Subjekt ausnahmsweise nicht als Druck, Drang und Getriebensein *bewußt* wird. Mehr noch: Man muß die Frage stellen, ob nicht Ekstase, scheinbare Zeitlosigkeit und Gefühl der All-Einheit genau das ist, worauf der Wille der allermeisten ohnehin sehnsüchtig gerichtet ist. Woher sonst das in allen Kulturen verbreitete Bedürfnis nach Rausch? Ist unter diesem Gesichtspunkt die von Schopenhauer beschriebene Willenlosigkeit nicht gerade der letzte und höchste Triumph des Willens?

Man sollte denken, daß gerade beim Künstler und beim Philosophen von Willenlosigkeit am wenigsten die Rede sein kann. Beide haben in der Regel ein ungewöhnlich lebhaftes – aus dem „Willen“ kommendes – *Interesse* an ihrem jeweiligen Gegenstand. Aber freilich ist dieses Interesse von anderer Art als das Interesse des Kaufmanns oder des Technikers, und zwar in drei Hinsichten. Es zielt nicht auf die *Existenz* des Gegenstandes, sondern auf das allgemeine Muster, die Strukturen und Formen des Gegenstands. Objekt der ästhetischen Wahrnehmung ist für Schopenhauer nicht das Einzelne in seiner Einzigkeit, sondern allgemeine Muster, „platonische Ideen“. Es ist zweitens ein *unpersönliches* Interesse, bei dem die individuellen Vorlieben und Vormeinungen zugunsten einer allgemeinmenschlichen, im Prinzip für jeden nachvollziehbaren Perspektive zurücktreten. Und es ist drittens ein Interesse an *Objektivität* – einer nicht durch Wünsche, Hoffnungen, Ängste und andere Affekte verzerrten Sicht der Dinge. Entlastet vom Druck des Willens, tritt der Mensch in Kunst und Philosophie in ein rein *kognitives* Verhältnis zur Welt. Er wird zum „klaren Weltauge“, das die Dinge nur noch spiegelt, ohne sie wissenschaftlich zu erklären, affektiv zu deuten oder moralisch zu bewerten.

Damit erklärt sich aber auch die *selbstbefreiende* Wirkung von Kunst, Philosophie und mystischer Einswerdung. Indem sich das „Weltauge“ in die Dinge versenkt, verliert es sich selbst aus dem Blick. Indem es sich ganz der Anschauung hingibt, sich ganz von seinem Gegenstand einnehmen läßt, verliert es das Bewußtsein seiner selbst, von Zeit und Raum, vor allem aber das Bewußtsein seines eigenen Leidens. Sofern es dem Subjekt überhaupt gelingt, sich aus der Herrschaft des blinden Willens zu befreien, dann durch die Selbstvergessenheit der reinen Objektivität. Wie für Buddha und für Spinoza besteht die Erlösung auch für Schopenhauer in einem Zustand der *Erkenntnis*. Die höchsten Stufen der Erkenntnis sieht Schopenhauer da erreicht, wo die Dynamik des Willens und die Zerrissenheit der Welt am reinsten und unvermischtesten zum Ausdruck kommen: in der Tragödie, in der Musik – in der die Dissonanz das Streben, die Konsonanz die Befriedigung des Willens abbildet –, implizit aber nicht zuletzt auch in Schopenhauers Willensmetaphysik selbst.

Strenggenommen stellt Schopenhauers Heilslehre eine Befreiung aus der Willensdynamik ebensowenig in Aussicht wie eine Befreiung aus dem Kausalitätszusammenhang. Der menschliche Wille unterliegt der Kausalität ebenso wie alle anderen Weltereignisse, und Willensfreiheit im Sinne eines verursachenden, aber nicht wiederum verursachten Willens ist ein vielleicht notwendiger, aber deswegen um nichts weniger illusorischer Schein. Auch das Freiheitsgefühl, das wir empfinden, wenn wir uns für eine von mehreren möglichen Verhaltensalternativen entscheiden, ist kein hinreichender Gegenbeweis. Das heißt nicht, daß nicht auch Schopenhauer dem Menschen spezifische Freiheitsspielräume zugesteht. Bei aller Determiniertheit ist der Mensch im Gegensatz zu den Tieren *relativ frei,* indem er sich nicht nur von den unmittelbar und anschaulich gegebenen äußeren Reizen im Hier und Jetzt motivieren läßt, sondern auch von Erinnerungen, Gedanken, Maximen und Prinzipien. Damit eröffnet sich dem Menschen ein bei anderen Spezies unbekannter Spielraum an Flexibilität, Differenzierung und Individuation. Und noch einen anderen und weitergehenden Spielraum gesteht Schopenhauer dem Menschen zu: eine gewisse Offenheit in der Entwicklung und Ausgestaltung des ererbten individuellen Charakters. Der angeborene *empirische Charakter* – „empirisch" deswegen, weil wir ihn erst im Vollzug unseres jeweiligen Lebens (und auch dann nur selten vollständig) „entdecken" – wird eben dadurch, daß wir uns seiner bewußt werden, in den *erworbenen Charakter* überführt. Je besser wir unsere bewußten und unbewußten Präferenzen, Motive und Verhaltensbereitschaften kennen, desto eher vermögen wir unsere konkreten Zielsetzungen und Verhaltensweisen in eine Richtung zu lenken, die diese zur Entfaltung bringen, Konflikte zwischen ihnen vermeiden und uns, so wie wir sind, bekömmlich sind. Wie für den Willen in der Willensverneinung gilt auch für den Charakter, daß er, indem er sich selbst erkennt, sich ein Stück weit von sich selbst befreit. Auch der angeborene Charakter ist kein Gefängnis. Aber die Lücke im Gitter ist schmal, und um hinauszufinden, ist sowohl Klugheit nötig als auch ein günstiges Lebensschicksal.

6. *Mitleidsethik*

Das Grundmuster von prinzipieller Unfreiheit und punktueller, glückhafter Befreiung, das in Schopenhauers Erlösungs- und Charakterlehre sichtbar wird, kehrt in Schopenhauers Ethik wieder, nunmehr in Gestalt des Verhältnisses von Egoismus und Altruismus, Selbsterhaltungsstreben und Mitleid. Altruismus und Mitleid sind nicht schlechthin unmöglich, aber selten – viel seltener jedenfalls, als wir uns gemeinhin schmeicheln. Denn wenn Menschen das moralisch Gebotene tun, dann nur selten aus moralischen Motiven. Häufigere und verläßlichere Motive sind der Wunsch, den Sanktionen der gesetzlichen Ordnung zu entgehen, den guten Ruf zu wahren und sich die fürs eigene Fortkommen nützliche Achtung und Fürsprache anderer zu sichern. Dennoch ist es für Schopenhauer unzweifelhaft, „daß es Handlungen uneigennütziger Menschenliebe und ganz freiwilliger Gerechtigkeit giebt, [...] allein die Ueberraschung, die Rührung, die Hochachtung, womit wir sie entgegennehmen, bezeugen deutlich, daß sie zu den unerwarteten Dingen, den seltenen Ausnahmen gehören" (VI, 231).

Schopenhauer folgt Kant darin, daß als moralisch im eigentlichen Sinne nur ein Handeln gelten kann, das aus moralischen Motiven kommt. Aber in nahezu allem anderem setzt sich diese Ethik von der Kantischen Moralphilosophie bewußt ab, sowohl in ihrem Verständnis von Wesen und Aufgabe der Ethik als auch in ihren konkreten Inhalten. Eine Ethik kann nach Schopenhauer nicht normativ, sondern immer nur deskriptiv verfahren. Statt Sollensforderungen oder Imperative aufzustellen, kann sie stets nur – im Sinne der empirischen Ethik des 18. Jahrhunderts (Smith, Hutcheson, Hume) – das tatsächliche moralische Bewußtsein erhellen und rekonstruieren. Schopenhauer hat dafür mehrere Gründe. Erstens würden sich Imperative, wie sie Kant aufstellen zu können meinte, nicht hinreichend sicher begründen lassen. Reine Vernunfteinsichten sind dazu jedenfalls nicht geeignet. Man kann niemandem, der ihn noch nicht hat, den „moralischen Standpunkt" andemonstrieren. Auch das „Gewissen", auf das sich Fichte in seiner Moralphilosophie berufen hatte, ist nach Schopenhauer zu variabel und instabil, um allgemeingültige moralische Normen zu begründen. Zweitens appellieren (wie er fälschlicherweise meint) Imperative notwendig an das Eigeninteresse, also an nicht-moralische Motive. Drittens würden Imperative für die Moralität gar nichts ausrichten können. Für die Moralität eines Handelns kommt es lediglich auf die Motive, nicht auf die Absichten oder auf die tatsächlich ausgeführten Handlungen an. Motive lassen sich aber durch Imperative nicht beeinflussen. Um einen Menschen zur Moral zu bringen, müßte man nicht seine Einsicht, sondern seine Gefühle verändern, die „unausgesprochenen Maximen, deren Ausdruck [...] der ganze Mensch selbst ist" (I, 95). Genau dies ist nach Schopenhauers Charakterlehre aber ein Ding der Unmöglichkeit. Eine „deskriptive Ethik" – das Pendant zu Schopenhauers „deskriptiver Metaphysik" – ist jedoch keineswegs darauf festgelegt, die faktisch geltenden Moralnormen bloß zu akzeptieren. Zumindest die Möglichkeit einer *immanenten* Kritik bleibt für sie offen – so wie sie Schopenhauer tatsächlich hinsichtlich des menschlichen Umgangs mit den leidensfähigen Tieren übt, indem er die konsequente Umsetzung allseits anerkannter Überzeugungen anmahnt: Wenn, wie Zoologie und Anatomie zeigen, das „Wesentliche und Hauptsächliche im Thiere und im Menschen das Selbe ist“ (VI, 280), dann müssen die Normen, die für Menschen gelten, zwangsläufig auch für Tiere gelten, dann dürfen Tiere nicht als „bloße 'Sachen', bloße *Mittel* zu beliebigen Zwecken“ (VI, 202) behandelt werden.

Schopenhauers Ethik wird üblicherweise mit dem Schlagwort „Mitleidsethik“ belegt. Dagegen ist nichts zu sagen, aber es sollte bedacht werden, daß Schopenhauers Mitleidsbegriff über den umgangssprachlichen Begriff weit hinausgeht. Mitleid in Schopenhauers Sinn ist ein komplexes Phänomen mit einer kognitiven (Erkenntnis fremden Leidens), einer affektiven (Betroffenheit und Wunsch nach Linderung des Leidens) und einer volitiven Dimension (das Motiv nach aktiver Leidenslinderung). Es ist nicht daran gebunden, daß ein Leiden anschaulich gegeben ist. Mitleid zeigt sich auch darin, daß ein mögliches Leiden vermieden oder verhindert wird. Außerdem ist Mitleid in Schopenhauers Sinn unparteiisch zwischen gegenwärtigem und zukünftigem, aktuell gegebenem und bloß vorgestelltem Leiden. Auf diese Weise läßt Schopenhauer Raum für Regeln, Maximen und Prinzipien. Nicht jedes moralische Handeln ist durch ein akutes Gefühl von Mitleid motiviert. Mitleid äußert sich vielmehr in der Art der Regeln, von denen sich der Akteur in einer gegebenen Situation leiten läßt – dem Prinzip der *Gerechtigkeit,* keinem anderen Leiden zuzufügen bzw. Leiden von ihm abzuwehren, und dem Prinzip der *Menschenliebe,* jedem anderen, soweit möglich, das Leiden zu lindern bzw. im Leiden beizustehen.

7. Die Verselbständigung einer Metapher: Der Wille als „Ding an sich“

Schopenhauers Philosophie ist weniger eindeutig, als es die bisherige Darstellung nahelegen könnte. Ihr beherrschendes Merkmal ist vielmehr eine gewisse Doppelgesichtigkeit. Diese kommt daher, daß Schopenhauer sein hermeneutisches Philosophieverständnis nicht konsequent durchhält, sondern gleichzeitig an dem herkömmlichen Modell einer kausal erklärenden Metaphysik festhält und seine eigenen hermeneutischen Deutungskategorien – Welt, Wille, Willensverneinung, Mitleid – im Sinne einer Erklärungsmetaphysik, nämlich des Kantischen transzendentalen Idealismus, interpretiert. Danach ist das, was uns als äußere und innere Welt erscheint, nicht letztlich real, sondern bloße *Vorstellung*; ist der die Welt durchherrschende Wille das der Welt als Bedingung zugrundeliegende, außerhalb von Raum und Zeit angesiedelte *Ding an sich*; ist die Selbstverneinung des Willens die *Aufhebung von Raum und Zeit*; ist die Identifikation mit dem anderen im Mitleid die Einsicht in die bloße *Idealität der Getrenntheit der Individuen,* die nur *für uns,* nicht aber *an sich* getrennt, sondern Teil eines einzigen umfassenden Weltwillens sind.

Auch die Kontemplation wird von Schopenhauer im Sinn einer metaphysischen All-Einheitslehre als *Entindividualisierung* aufgefaßt: Nicht mehr dieser konkrete Mensch steht diesem konkreten Objekt gegenüber, sondern ein verallgemeinertes Subjekt einem verallgemeinerten Objekt. Das Subjekt „als reines Subjekt der Erkenntniß, frei von Individualität und Dienstbarkeit dem Willen" (I, 234), begegnet einem reinen Objekt, der platonischen Idee. Damit, so Schopenhauer, löst sich für dieses Subjekt auch der Zusammenhang von Raum und Zeit auf. Das empirische *Gefühl* der Zeitlosigkeit wird in dieser metaphysischen Deutung zur *realen* Zeitlosigkeit, das *Gefühl* der Überindividualität zur *realen* Aufhebung der Grenzen zwischen den Wesen in Zeit und Raum.

Man kann in dieser kühnen – von Platon, Kant und den ›Upanishaden‹, den philosophischen Geheimlehren der altindischen ›Vedanta‹ beeinflußten – Konstruktion eine „metaphysische Metapher", eine alternative Beschreibung derselben Grundphänomene sehen, auf die Schopenhauers empirische Beschreibungen zielen. Nimmt man sie allerdings beim Wort und liest sie als ein metaphysisches System, das mit den großen Systemen der Tradition der Philosophie konkurriert, ergibt sich eine Vielzahl von Widersprüchen: Wenn der Wille das Kantische Ding an sich ist, das in einer kausalen Verursachungsbeziehung zur Erscheinungswelt steht, kann Kausalität nicht allein für die Erscheinungswelt gelten. Wenn der Wille erfahrungstranszendent ist, können wir uns dieses Willens nicht im Selbstbewußtsein bewußt werden. Der Geist kann nicht einerseits Produkt der Materie (des Gehirns), andererseits (im Sinne des metaphysischen Idealismus) ihre Voraussetzung sein. Der Weltwille kann nicht einerseits als Ding an sich unzeitlich sein und zugleich zu bestimmten Zeitpunkten in die Erscheinungswelt eingreifen. Läßt sich überhaupt ein überzeitlicher Wille denken? Ist es nicht für jede Gestalt des Willens wesentlich, zeitlich gerichtet zu sein?

8. Wirkung

Die Widersprüche seines wörtlich – allzu wörtlich – verstandenen Systems waren nicht unbeteiligt an der Tatsache, daß die Fachphilosophie Schopenhauer bis heute weitgehend ignoriert hat. Schopenhauer war und ist ein „Publikumsphilosoph". Er war sogar der einzige bedeutende Philosoph, der jemals populär gewesen ist. Der lang ersehnte Ruhm begann in seinem letzten Lebensjahrzehnt und wuchs kontinuierlich bis zur Jahrhundertwende, wobei seine Philosophie insbesondere Künstler, Musiker und

Literaten in ihren Bann zog, nicht zuletzt, weil sie die Kunst in denselben Rang erhebt wie die Philosophie. Das Verlangen nach der Vernichtung der raumzeitlichen Existenz als Höhepunkt erotischer Liebe in Isoldes Liebestod in Wagners ›Tristan‹ ist ohne den Einfluß von Schopenhauers Philosophie ebensowenig denkbar wie Nietzsches Philosophie des „Willens zur Macht", die Schopenhauers dämonisch-unheilvollen „Willen" ins Positive umdeutet.

Auf das allgemeine Publikum hat Schopenhauer weniger durch sein metaphysisches System gewirkt als durch seine populärphilosophische Weisheitslehre in den ›Aphorismen zur Lebensweisheit‹, noch mehr aber durch seine sich in allen seinen Schriften aussprechende Mentalität: den widerspenstigen Individualismus, den respektlosen Umgang mit alten Wahrheiten, die Unerschrockenheit des Selbstdenkens und die unverwechselbare Gleichzeitigkeit von kritisch-aufklärerischem Geist und romantischer Phantasie, analytischem Scharfsinn und Gefühlsinnigkeit. Beeindruckend auch für seine erklärten Gegner war und ist Schopenhauers souveräne Sprachbeherrschung, der bei aller Bildung ihres Autors schnörkellos-klare unakademische Stil und die Lebendigkeit, Anschaulichkeit und Kraft seiner Schreibweise. Gegen sie müssen alle Versuche, etwas *über* statt *mit* Schopenhauer zu sagen, notwendig verblassen.

Kurzbibliographie Schopenhauer

Die Welt als Wille und Vorstellung. Erster Band (1818), in: Arthur Schopenhauer, Werke in zehn Bänden (Zürcher Ausgabe), Zürich 1977, Bde. I/II.

Die Welt als Wille und Vorstellung. Zweiter Band (1844), in: Arthur Schopenhauer, Werke in zehn Bänden (Zürcher Ausgabe), Zürich 1977, Bde. III/IV.

Die beiden Grundprobleme der Ethik (1841) [Über die Freiheit des menschlichen Willens. Über die Grundlage der Moral], in: Arthur Schopenhauer, Werke in zehn Bänden (Zürcher Ausgabe), Zürich 1977, Bd. VI, 41–317.

Aphorismen zur Lebensweisheit (1851), in: Parerga und Paralipomena I, in: Arthur Schopenhauer, Werke in zehn Bänden (Zürcher Ausgabe), Zürich 1977, Bd. VIII.

AUGUSTE COMTE

Die Positivität des philosophischen Geistes

Von Lothar Eley

Es war *Auguste Comte,* der in seinem Werk ›Cours de philosophie positive‹ nicht nur das *Programm* einer positiven Philosophie in Breite vorgestellt, sondern auch und vor allem deren *Grundlage,* die in der Mitte des 19. Jahrhunderts aufkommende *positive* – theoretische wie praktische – *Welteinstellung* und *Weltanschauung* zur Sprache gebracht und weltweit zu verbreiten versucht hat. Seine spezifische Leistung hat man auch „Comtismus“ genannt, wollte er doch „seine Lehre zur Grundlage eines Volksunterrichts der ganzen Menschheit machen“.[1] Zweifelsohne liegt die Bedeutung seiner Bemühungen nicht so sehr in der Ausarbeitung einer *positiven* Wissenschaftslehre – von ihm „positive Philosophie“ genannt –, sondern in dem Versuch, sie *als Resultat* einer *Weltanschauungsgeschichte,* nämlich als das der Entwicklung der *theologischen* und *philosophischen* Welteinstellung, darzustellen. Der „Persönlichen Vorbemerkung“ zum dritten Band der ›Soziologie‹[2] kann man entnehmen, daß dieser Werdegang auch seinen eigenen Bildungsweg geprägt hat.

Den Weltanschauungscharakter der Comteschen Fragestellung zeigt die Form des Ausdrucks „-ismus“ an. Der Ausdruck „Positivismus“ gewinnt erst seine Bedeutung aus seiner *Gegen*bedeutung, dem *Nicht-Positiven.* Das Nicht-Positive ist das Ideelle, das Ideal. Der Positivismus ist demgemäß die Gegenbewegung zum *Idealismus,* und zwar nicht nur zum neuzeitlichen, der sich ausdrücklich als Idealismus begreift, sondern zu *dem* Idealismus, der der *Metaphysik* schlechthin eigen ist. Es läßt sich allerdings nicht leugnen, daß die Gegenwende gegen die Metaphysik selber noch eine metaphysische Position ist, wie vor allem W. Bröcker gezeigt hat.[3]

Als Leistung Comtes gilt vor allem die Herausbildung einer neuen Wissenschaft, der *Soziologie* – dargestellt in drei Bänden, mit denen der ›Cours

[1] F. Blaschke, Vorwort zu: Soziologie (Auszug), VII (vgl. Kurzbibliographie).

[2] Soziologie, Bd. III, I–XXXIV (vgl. Kurzbibliographie).

[3] W. Bröcker, Dialektik – Positivismus – Mythologie, Frankfurt a. M. 1958. Siehe auch L. Eley, Positivismus/Neopositivismus, in: Theologische Realenzyklopädie, Bd. 27, 1996 (im Druck).

de philosophie positive‹ seinen Abschluß findet. F. Blaschke bemerkt im Vorwort zu seiner Ausgabe der Comteschen ›Soziologie‹: „Durch dieses Werk konstituiert sich die Soziologie als Wissenschaft. Jeder, der das Problem der modernen Gesellschaft im Zusammenhang mit ihrer Vorgeschichte wissenschaftlich erfassen will, muß darauf zurückgreifen. Auch der Gegner der allgemeinen philosophischen Einstellung Comtes muß um der gesellschaftlichen Fragestellung willen sich wenigstens mit dem soziologischen Teil der 'Positiven Philosophie' auseinandersetzen."[4]

1. Leben und Werk

Auguste Comte (der vollständige Vorname ist wohl: Isidore Auguste Marie François-Xavier[5]) wurde am 19. Januar 1798 in Montpellier als Sohn streng katholisch und monarchisch gesinnter Eltern geboren. 1814 qualifizierte er sich für die Aufnahme in die „École Polytechnique", an der vor allem bekannte und bedeutende Mathematiker und Physiker wie Fourier, Legendre, Arago Lehrer waren. Comte befaßte sich mit mathematischen wie auch philosophischen und politischen Studien. Als mathematischer Denker hat er sich später zwar nicht hervorgetan, wohl galt ihm die Mathematik als „leuchtendes Beispiel in Klarheit und Präzision", als „Vorbild eines den forschenden Geist aufs höchste befriedigenden Gedankensystems".[6]

Im April 1816 wurde Comte mit vierzehn anderen Schülern aus der „École Polytechnique" entlassen. Seinen Lebensunterhalt verdiente er sich fortan durch mathematische Privatstunden. Seine Bekanntschaft mit dem Sozialreformer Saint-Simon (1760–1825) brachte ihn auf eine neue Bahn. Im August 1817 wurde er sein Sekretär, seit 1820 auch Mitarbeiter am *Organisateur* und seit 1822 an dem neugegründeten Blatt *Le Producteur.* Er bemüht sich um die Verbreitung der Ideen seines Meisters; doch schon um 1824 kam es zwischen ihnen zum Bruch, wohl auch deswegen, weil Comte eigene Wege einer wissenschaftlichen, insbesondere sozialwissenschaftlichen Aufklärung zu gehen versuchte.

Am 1. April 1826 begann Comte vor einem ausgewählten Kreis, zu dem auch Alexander von Humboldt gehörte, eine Reihe von Vorträgen zu halten, die er ab 1830 in den sechs Bänden seines ersten Hauptwerkes, des ›Cours de la philosophie positive‹, veröffentlicht hat – der letzte Band erschien 1842. Die Soziologie bildet das letzte Glied in der Kette der Wis-

[4] A. a. O.,VII.

[5] Siehe J. v. Kempski, Einleitung in: Soziologie (Auszug), X.

[6] H. Waentig, Vorwort zu: Soziologie, Bd. I, III.

senschaften, die von der Mathematik und Astronomie über Physik, Chemie und Biologie zur Soziologie aufsteigend den Inbegriff der „positiven Philosophie" ausmachen. Wegen einer schweren Nervenkrise mußte er für viele Monate seine Arbeit unterbrechen, und nur der aufopfernden Pflege seiner Ehefrau hat er wohl seine Genesung zu verdanken. Seine Vermögenslage verbesserte sich, als er 1832 zum Repetenten und 1835 zum Examinator für Aufnahmezöglinge an der „École Polytechnique" ernannt wurde.

Im Unterschied zum wissenschaftstheoretisch ausgerichteten ›Cours‹ befaßt sich Comtes zweites Hauptwerk ›Système de politique positive ou Traité de sociologie instituant la religion de l'humanité‹ (4 Bde. 1851–1854) mit dem Aufbau einer positiven Politik, deren Resultat eine neue Religion ist. Schon Saint-Simon hatte von einer solchen gesprochen, Comte beanspruchte hingegen die Offenbarung, daß die Menschheit „das höchste Wesen" sei.

Der Entwicklungsang der Comteschen „positiven Philosophie" findet in den Einleitungen der deutschen Übersetzungen der ›Soziologie‹ eine sehr verschiedene Wertung. So bemerkt J. v. Kempski: „Es ist wichtig zu sehen, daß der Schritt von der positiven Philosophie zur positiven Politik und weiterhin zur Religion der ursprünglichen Konzeption inhärent ist, daß das System des 'Cours de la philosophie positive' und das 'Système de la politique positive' eine Einheit bilden."[7] Hingegen schreibt H. Waentig in seiner Einleitung zur deutschen Übersetzung der ›Soziologie‹: „So sind denn von jetzt ab alle seine Schriften: der *Discours sur l'ensemble du positivisme* von 1848, der *Calendrier positiviste* von 1849, das *Système de politique positive ou Traité de sociologie instituant la religion de l'humanité* von 1851–54, der *Catéchisme positiviste* von 1852, der *Appel au conservateurs* von 1855 und endlich die unvollendet gebliebene *Synthèse subjective ou système universel des conceptions propres à l'état normal de l'humanité* von 1856 nur bedingungsweise oder wohl überhaupt nicht mehr als wissenschaftliche Werke zu betrachten. Sie sind eher die poetischen Phantasien eines in erotischer Psychose Befangenen und insofern ein *'document humain'* von besonderer Art."[8] Wenn Waentig schreibt „von jetzt ab", so bezieht er sich auf ein Ereignis, das schon Comtes Freund John Stuart Mill verwirrt und veranlaßt hat, „die späteren Forschungen Herrn Comte's nachdrücklich gegen die im 'Cours de la philosophie positive' niedergelegten" abzusetzen.[9] Was ist indes – auch nach J. v. Kempski – verwirrend? Die Art und Weise seiner Verehrung von Clotilde de Vaux – nach der Scheidung von seiner ersten Frau. Sie verstarb ein Jahr nach der entscheidenden Begegnung (April 1845). Comte hat sie in seinem Testament für

[7] J. v. Kempski, a. a. O., XVI.
[8] Soziologie, Bd. I, VI f.
[9] Siehe dazu: J. v. Kempski, a. a. O., XVI.

seine „Kirche“ zum Gegenstand eines Kultus gemacht, als die „engelhafte Priesterin der Menschheit“, als die „heilige Gefährtin“, die „Mutter seines zweiten Lebens“, als die „positivistische Jungfrau“.[10] „Comte war zwar Atheist, aber er trug den Katholizismus im Blute. Sein Höchstes Wesen, die Menschheit, bedurfte des anschaulichen Symbols, er fand es in Clotilde.“[11] Der Ritus der positivistischen Religion umfaßte drei Teile: ein „Gedächtnis“, einen „Herzenserguß“ und einen „Schluß“. Jeder Teil endete mit der Anrufung Clotildens als „Personifikation der Menschheit“.

Comte wollte noch, in einem mehrbändigen Werk, der ›Synthèse subjective‹ eine letzte Gestalt geben. Erschienen ist lediglich der erste Band, die ›Logique positive‹, in der er sich um eine Logik oder Philosophie der Mathematik bemüht.

Am 5. September 1857 verstarb Comte in Paris. Von seinen in der Société positiviste vereinigten Jüngern wurde er als ein Heiliger verehrt.

2. *Positivismus als Weltanschauung*

Der Ausdruck „positiv“ charakterisiert zunächst eine *Weltanschauung*: Die *positivistische* Weltanschauung ist nach Comte *die* Welteinstellung, in der *die Menschheit sich als Menschheit anbetet,* die also als solche eine Religion ohne Götter und ohne Gott ist. Das Ideal dieser Einstellung ist damit einerseits als dieses nicht-positiv – es ist eben die Menschheit als solche –, aber zugleich die Transformation in eine *positive Ordnungs*bestimmung, der Sicherung des Daseins der Menschheit, bei Beachtung der Notwendigkeit des *Fortschritts.* Insofern verbleibt ein Moment des Negativen. Ordnung ist nämlich nicht bloßes Beharren, sondern auf *Fortschritt* angelegt. So schreibt Comte im ersten Kapitel des ersten Bandes der ›Soziologie‹: „Die Ordnung und der Fortschritt, welche man im Altertum als durchaus unvereinbar miteinander betrachtete, bilden infolge der Natur der modernen Zivilisation immer mehr zwei gleich gebieterische Prinzipien, deren innige und unlösliche Verbindung hinfort die Grundschwierigkeit und das Haupthilfsmittel jedes wahren politischen Systems kennzeichnet. Es kann sich keinerlei gesellschaftliche Ordnung mehr aufbauen oder namentlich dauern, wenn sie sich nicht vollkommen mit dem Fortschritt verträgt; kein großer Fortschritt kann sich tatsächlich vollziehen, wenn er nicht schließlich auf die offenbare Befestigung der Ordnung abzielt. Alles was auf eine ausschließliche Voreingenommenheit für eines dieser beiden Grundbedürfnisse zum Nachteil des anderen hindeutet, flößt schließlich

[10] Siehe ebd.
[11] Ebd., XVII.

den heutigen Gesellschaften einen instinktiven Widerwillen ein, weil es tief die wahre Natur des politischen Systems verkennt. Auch wird namentlich die positive Politik in der Praxis so sehr durch ihre spontane Fähigkeit, diese doppelte Richtung zu verfolgen, charakterisiert werden, daß die Ordnung und der Fortschritt dann geradezu als die beiden notwendig untrennbaren Gesichtspunkte ein und desselben Prinzips erscheinen werden, der wesentlichen Eigenschaft gemäß, wie sie in gewisser Hinsicht für die verschiedenen Klassen der jetzt *positiv gewordenen* Ideen bereits stufenweise verwirklicht worden ist."[12]

Dieser Text macht deutlich, daß und inwiefern der *Positivismus* eine Weltanschauung ist, die der Krise der „modernen Zivilisation" entspringt, die er zu bewältigen versucht. Interessant ist, daß Comte bei der Analyse der Vorgeschichte der Moderne durchaus sieht, daß ohne *negative* Philosophie eine positive nicht möglich ist, andernfalls würde sie zu einer Ordnung ohne Fortschritt führen. „Alle Ordnungsideen sind bis jetzt noch ausschließlich der alten Lehre des theologischen [...] Systems entlehnt, namentlich im Hinblick auf seine katholische und feudale Verfassung; eine Lehre, die vom philosophischen Standpunkte dieser Abhandlung aus unbestreitbar den *theologischen Zustand* der Sozialwissenschaft darstellt. Ebenso werden alle Fortschrittsideen fortwährend ausschließlich von der rein negativen Philosophie abgeleitet, welche aus dem *Protestantismus* hervorgegangen, im vorigen Jahrhundert ihre Endform und ihre volle Entwicklung erreicht hat, und deren verschiedene soziale Anwendungen, in ihrem Zusammenhang betrachtet, tatsächlich den *metaphysischen Zustand* der Politik ausmachen. Die verschiedenen Gesellschaftsklassen schließen sich spontan der einen oder der anderen dieser beiden entgegengesetzten Richtungen an, je nach ihrer natürlichen Anlage, mehr das Bedürfnis der Erhaltung oder dasjenige der Verbesserung des Bestehenden zu empfinden. Das ist die unmittelbare Ursache, die heute die beiden Hauptseiten der sozialen Frage so von Grund aus tief trennt, und die in der Praxis so häufig die gegenseitige Vernichtung der divergenten Versuche bewirkt, deren Gegenstand sie abwechselnd werden."[13]

Nach Comte läßt „sich nicht verhehlen, daß ein wesentlich rückschrittlicher Geist alle großen Versuche zugunsten der Ordnung beherrscht hat, und daß die hauptsächlichsten, für den Fortschritt gemachten Anstrengungen stets von durchaus *anarchischen* Lehren geleitet worden sind".[14] Der wahrhaft fortschrittliche Geist wäre dann der, der die Gegensätze von Ord-

[12] Soziologie, Bd. I, 7 f.

[13] Soziologie, Bd. I, 10 f.; Hervorh. L. E. Verkürzt findet sich dieser Text in der Ausgabe der ›Soziologie‹ von E. Blaschke, a. a. O., 38 f.

[14] Soziologie, Bd. I, 8; Hervorh. L. E.

nung und Fortschritt, von Herkunft und Zukunft aus ihrer Fixierung nach positiv und nicht-positiv befreit und sie aussöhnt. Eine solche Aussöhnung wäre dann zwar die Wirklichkeit des Geistes, aber nicht dessen Positivität. Nach Comte hingegen tendiert die Zeit dahin, daß der Geist sich *positiviert* – das besagt: daß sich der Positivismus als positive *Weltanschauung* etabliert, der seinerseits eine „positive Philosophie" erzwingt.

In seinem letzten Buch, der ›Logique positive‹, weist Comte ausdrücklich darauf hin, daß die *theoretischen* Begriffe einer *positiven* Philosophie rückbezogen sein müssen auf die *positive Welteinstellung* und insofern sich in *praktische* umformulieren lassen müssen. Nur auf solche Weise läßt sich die Einheit von Weltbild und Weltanschauung, von positiver Wissenschaftslehre und positivem Glauben wahren. Die praktische Dimension muß sozusagen in die Begriffe selber eingehen.

Von dem angezeigten praktischen Begriff einer *positiven Weltanschauung* her läßt sich allererst zureichend bestimmen, was unter einer positiven philosophischen Wissenschaft zu begreifen ist. Er deckt sich keineswegs mit *dem* positivistischen Begriff, den die neopositivistische Philosophie des Wiener Kreises zu präzisieren beabsichtigte.[15]

Auf zwei Grundzüge einer „positiven Philosophie" weist Comtes Begriff einer positiven Weltanschauung hin; einmal auf die *entwicklungsgeschichtliche* Leitlinie des positiven Wissens *als Resultat* einer Genesis aus der nicht-positiven Weltanschauung, des Weges vom Mythos zur positiv-wissenschaftlichen Einstellung, und sodann auf den *enzyklopädischen* Aufbau des Wissens selber.

3. Das Drei-Stadien-Gesetz

Im ›Cours de philosophie positive‹ schreibt Comte: „Bei dem Studium der Entwicklung des menschlichen Geistes von seinem einfachsten Ansatz bis auf unsere Zeit glaube ich ein großes Gesetz entdeckt zu haben, dem diese Entwicklung unterworfen ist."[16] Comte meldet hier ein Erstgeburtsrecht an. Freilich haben schon Turgot und Condorcet auf drei Stadien des Fortgangs des Geistes hingewiesen. Comtes *methodischer Gebrauch* seiner Unterscheidungen ist jedoch beiden fremd, insbesondere ist das, was bei Turgot wie auch bei Condorcet zu fehlen scheint, die Erfassung der *biologischen* Grundlage, die der Entwicklung der Menschen Schranken setzt und damit auch den möglichen sozialen Fortschritt begrenzt, das Neue.[17]

[15] Siehe dazu V. Kraft, Der Wiener Kreis. Der Ursprung des Neopositivismus, Wien 1950, Berlin–Heidelberg–New York [2]1968 (erw. und verb. Aufl.). L. Eley, a. a. O.

[16] Zitiert nach Soziologie (Auszug), 1.

[17] Siehe J. v. Kempski, a. a. O., XXV.

Ausdrücklich weist Comte im ersten Kapitel der ›Soziologie‹ darauf hin, daß die beiden Triebkräfte einer positiven Welt- und Wissenschaftsorientierung – eben Ordnung und Fortschritt – „ebenso streng untrennbar sein müssen, wie in der Biologie die Begriffe Organisation und Leben, von wo sie, in den Augen der Wissenschaft, offenbar herrühren".[18]

Ein Gesetz über die Entwicklung des menschlichen Geistes läßt sich nun nach Comte *auf zweifache Weise* aufstellen, „indem man es entweder auf die Beweise stützt, die sich aus der Erkenntnis unserer Organisation ergeben, oder auf die Bestätigungen der Geschichte, die sich aus der Prüfung der Vergangenheit ergeben".[19] Für die Soziologie ist vor allem – auch nach Comte – die „*historische* Analyse" unumgänglich;[20] das ist weiter unten noch zu erläutern.

Es läßt sich aber doch wohl ein Zusammenhang beider Methoden aufzeigen. Die Positivität der „gesellschaftlichen Organisation" gründet in der *biologischen*; *als gesellschaftliche* läßt sie sich jedoch nur *als Genese* aus dem Nicht-Positiven erklären; und zwar weist der gesellschaftliche Stand (Comte spricht vom Zustand, Stadium), der als dieser der der Organisation ist, zurück auf die zwei Stadien des Nicht-Positiven: auf den Zustand des Metaphysischen und des Theologischen. In Frage steht also eine *Reduktion* des gegenwärtigen positiven Zustandes der Moderne auf vormoderne Stadien oder, wie wir auch sagen können, eine *Abstraktion* im Ausgang vom gegenwärtigen Zustand der Moderne. Diese ist selber die *Abstraktionsgrundlage.* „In der Tat bestanden alle Wissenschaften, die zu dem positiven Zustand gelangt sind, vorher aus metaphysischen Abstraktionen und waren ursprünglich von theologischen Begriffen beherrscht."[21] Die drei Stadien sind zunächst *geistige* Wissensformen, denen aber soziale *Organisationsformen* entsprechen sollen, dem theologischen die *militärische,* dem metaphysischen die *feudale* und dem positiven die *industrielle.* Der reduktive Weg muß freilich sich auch umkehren lassen. Nur aufgrund dieser Umkehr läßt sich ja allererst von einer *Genese* und dem Gesetz der Genese sprechen, dem Drei-Stadien-Gesetz. Dieses Gesetz lautet: „Jeder Zweig unserer Kenntnisse durchläuft der Reihe nach drei verschiedene theoretische Zustände (Stadien), nämlich den theologischen oder fiktiven Zustand, den metaphysischen oder abstrakten Zustand und den wissenschaftlichen oder positiven Zustand. Mit anderen Worten: der menschliche Geist wendet in allen seinen Untersuchungen der Reihe nach verschiedene und sogar entgegengesetzte Methoden bei seinem Philosophieren an; zuerst die

[18] Soziologie, Bd. I, 8.
[19] Zit. nach Soziologie (Auszug), 1 f.
[20] Siehe Soziologie, Bd. I, 329.
[21] Ebd., 3.

theologische Methode, dann die metaphysische und zuletzt die positive. Die erste ist der Punkt, an dem die Erkenntnis beginnt; die dritte der feste und endgültige Zustand, die zweite dient nur als Übergang von der ersten zur dritten."[22] Bemerkenswert ist auch noch, daß nach Comte diese Aufeinanderfolge auch in der Entwicklung des individuellen Geistes ihre Bestätigung findet. „Wer erinnert sich nicht, Theologe in seiner Kindheit, Metaphysiker in seiner Jugend und Physiker in seinem Mannesalter gewesen zu sein?"[23]

Im „positiven Zustand" fragen wir *nicht* mehr nach *ersten Ursachen* und *letzten Zielen.* Vielmehr ist die Fragestellung in eine *positiv-gesetzliche transformiert;* d. h., wir fragen nicht nach bloßen Tatsachen, sondern nach „allgemeinen Tatsachen" – nämlich nach *Gesetzen.* Es geht nämlich nur noch darum, „durch gemeinsamen Gebrauch der Vernunft und der Beobachtungen" *Gesetze* zu entdecken.[24] Die metaphysische Grundlegung der Wissenschaften wird durch deren *Methodologie* abgelöst. Kurz und bündig schreibt Comte im ›Cours de la philosophie positive‹: „Die Erklärung der Tatsachen besteht nur noch darin, daß man die einzelnen Erscheinungen in Beziehung setzt zu allgemeinen Tatsachen, deren Zahl der Fortschritt der Wissenschaft stetig zu vermindern strebt."[25] Das Gewicht liegt hier auf dem Begriff „allgemeine Tatsachen". Paradox müße man sagen: In Frage steht die *Positivierung des Allgemeinen.* Im Gegenzug zum *metaphysischen* Allgemeinen (= nicht-positiven Allgemeinen) gilt es, das positive Allgemeine und entsprechend, im Gegenzug zum „höchsten Vollkommenheitsgrad" des Metaphysisch-Allgemeinen, den des Positiv-Allgemeinen zu gewinnen. „Das theologische System erreichte seine höchste Vollkommenheit, als es die tätige Vorsehung eines einzigen Wesens an die Stelle des wechselnden Spieles zahlreicher und voneinander unabhängiger Götter setzte. Ebenso liegt der Abschluß des metaphysischen Systems in der Zusammenfassung der verschiedenen Wesenheiten (Entitäten) zu einer allgemeinen Entität, d. h. zur Natur, die man als Quelle aller Erscheinungen auffaßt. In gleicher Weise soll die Vollkommenheit des positiven Systems darin bestehen, daß es alle Erscheinungen als die besonderen Fälle einer allgemeinen Tatsache darlegt, wie z. B. der Tatsache der Gravitation."[26]

Der Positivist Comte fragt nach dem „fortschreitenden Gang des *menschlichen Geistes*"[27], wobei dieser gar nicht *positiv* sich fassen läßt; er

[22] Ebd., 2.
[23] Ebd., 3.
[24] Ebd., 2.
[25] Ebd.
[26] Ebd., 3.
[27] Ebd., 1.

wird zu einem *Restbegriff,* der als dieser dem *Idealismus* verpflichtet bleibt, wie im nächsten Abschnitt sich zeigen wird.

4. Zum Begriff der positiven Philosophie

Die Wissenschaften erkennen ihre *Gesetze* „durch gemeinsamen Gebrauch der Vernunft und der Beobachtungen“; sie sind somit nicht insofern positiv, als sie es mit der Beobachtung von Tatsachen zu tun haben; es geht ihnen vielmehr um den *gemeinsamen Gebrauch von Vernunft (von Theorie) und Beobachtung*; „denn auf der einen Seite muß jede positive Theorie sich auf *Beobachtungen* stützen, und auf der anderen Seite bedarf unser Geist *einer Theorie,* um sich der Beobachtung hingeben zu können“.[28] Comte erkennt durchaus, daß das Erkennen sich damit in *einem Zirkel* findet, der als dieser insofern ein produktiver ist, als er das Erkennen auf den Anfang eines Weges weist: „So fand sich das Erkennen in seinem Beginn in einem [...] Zirkel eingeschlossen.“[29] Er schreibt allerdings: „in einem fehlerhaften Zirkel eingeschlossen, aus dem es nur durch die *Entwicklung* theologischer Begriffe herauskommen konnte“.[30] Inwiefern ist aber der Zirkel *fehlerhaft*? Comtes Antwort: „Der Mensch hält am Beginn die lösbaren Aufgaben für seiner unwürdig; er wendet sich vielmehr zu den allerschwierigsten, zur Frage über die wesentliche Natur der Dinge und über den Ursprung und das Ziel der Erscheinungen.“[31] Hier wäre aber eine Unterscheidung angebracht: Der Zirkel ist am Beginn des Erkenntnisweges notwendig, nur über ihn wird der Weg des Fortgangs angewiesen. Der Zirkel ist *aufgabenbezogen.* Er wird aber *fehlerhaft,* wenn man ihn *dogmatisch* überspringt, z. B. durch das Fragen „nach den ersten Ursachen oder den letzten Zielen“.[32] Comte selber bemerkt, daß es für die „positive Philosophie“ „ein vergebliches Unternehmen [ist], nach den ersten *Ursachen* oder den letzten *Zwecken* zu forschen“.[33] Der Zusatz „vergebliches Unternehmen“ verkennt indes den eigentümlichen Witz des Zirkels, nämlich seine *Aufgabenbestimmtheit,* das Nichtpositive als „positive Allgemeinheit“ freizugeben, denn er besteht darin, daß ohne Objektorientierung (Beobachtung) keine Theorie, aber ohne Theorie auch keine Objektorientierung möglich ist. Und die Aufgabe, die sich ihm anzeigt, hat Comte

[28] Zit. nach Soziologie (Auszug), 3 f.
[29] Ebd., 4.
[30] Ebd., 4; Hervorh. L. E.
[31] Ebd.
[32] Ebd., 2.
[33] Ebd., 5.

durchaus angegeben; sie ist die der „Vollkommenheit" eines Systems, wobei diese darin sich zeigt, „daß es alle Erscheinungen als die besonderen Fälle einer allgemeinen Tatsache darlegt, wie z. B. die Tatsache der Gravitation".[34] Und inwiefern die Gravitation eine „allgemeine Tatsache" ist, erläutert er auf folgende Weise: „[...] diese Theorie zeigt, wie die ungeheure Mannigfaltigkeit der astronomischen Tatsachen nur ein und dieselbe Tatsache ist, nur von verschiedenen Gesichtspunkten aus betrachtet. Andrerseits wird uns diese allgemeine Tatsache nur als die einfache Ausdehnung eines uns vertrauten Vorganges dargestellt, den wir deshalb für erkannt halten, nämlich als die Schwere der Körper auf die Oberfläche der Erde. Sooft man auch hat bestimmen wollen, was diese Anziehung und diese Schwere an sich selbst seien, so haben doch selbst die bedeutendsten Männer diese beiden Prinzipien immer nur erklären können, indem sie das eine aus dem andern erklärten; entweder sagten sie, die Anziehung sei nur eine allgemeine Schwere, oder: die Schwere sei nur die Anziehung der Erde. Alles, was wir erreichen können, sind solche Erwägungen; sie zeigen nur, daß zwei Arten von Vorgängen identisch sind, von denen man lange angenommen hatte, daß sie keine Beziehung zueinander hätten. Niemand verlangt noch weiterzugehen."[35] Festzuhalten ist jedoch, daß nicht der Zirkel der wissenschaftlichen Anfangsfrage das Problem ist, sondern der fehlerhafte, d. h. seine onto-theologische Form. Das hat schon Hegel erkannt – allerdings bei anderer Interpretation des Zirkels –, nämlich unter Berücksichtigung seiner *negativen* Bestimmtheit.[36] Es gibt also keinen Anlaß, im Namen der Positivität positivistische und dialektische Anfangsfragen *der Philosophie* gegeneinander auszuspielen. Comtes Ansatz macht auch deutlich, daß aus philosophischen Gründen – und nicht aus Gründen menschlicher Unzulänglichkeiten – die Anfangsbedingung der *Wissenschaften* nur eine *lemmatische* und so eine positive sein kann; das hat auch *Hegel* herausgestellt. Nicht die Philosophie ist damit aber eine positive – wie Comte meint –, denn die Rechtfertigung der Positivität ist selber eine *nicht-positive*; sie setzt allerdings positiv-wissenschaftliche Fragestellungen frei, deren Erforschungen *bedingte* sind.

Nach Comte stehen am Anfang nicht – wie z. B. im späteren Neopositivismus des „Wiener Kreises" – Beobachtungssätze als Protokollsätze, sondern *Gesetze,* und diese sind *relational* bestimmt, somit nur durch ein „beziehliches Denken" faßbar. Nur durch Rückkopplung der Beobachtungen an vorgängig relational bestimmte Sätze (Theorien) sind wissenschaftliches

[34] Ebd., 3.
[35] Ebd., 5.
[36] Siehe dazu G. W. F. Hegel, Phänomenologie des Geistes (1807), Gesammelte Werke, Bd. 9, Hamburg 1980, 93.

Erkennen und auf solche Weise Prognosen möglich. „Savoir pour prévoir, prévoir pour prévenir" (Wissen, um vorauszusehen, vorauszusehen, um vorzubeugen) ist das Motto positiver Forschung.

Im Unterschied zu John Stuart Mill, nach dem die positiven Wissenschaften von Partikularem zu Partikularem fortschreiten, gilt Comtes Interesse dem *Allgemeinen.* Den allgemeinen Fakten der Erscheinungswelt entsprechen die allgemeinen Begriffe unseres Geistes. So wird auch verständlich, daß Comte sich vornehmlich mit den Wissenschaften befaßt, die wir heute die *theoretischen* nennen.

Gerade Comte hat großes Gewicht auf die Bedeutung des *theoretischen* Wissens gelegt. So schreibt er: „Welche Dienste auch die Wissenschaften der Industrie geleistet haben, so sollen sie doch vor allem dem Bedürfnis des menschlichen Geistes dienen, der nach der Erkenntnis der den Tatsachen zugrundeliegenden Gesetze verlangt. [...] Wenn der Geist sich nur mit Untersuchungen von unmittelbar praktischer Nützlichkeit beschäftigte, würde er, wie Condorcet bemerkt hat, schon dadurch allein in all seinen Fortschritten sich gehemmt fühlen, selbst hinsichtlich der praktischen Anwendungen, denen man die rein theoretischen Arbeiten zum Opfer gebracht hätte. Denn die wichtigsten praktischen Anwendungen leiten sich von Theorien her, die lediglich aus wissenschaftlichen Zwecken hervorgegangen und oft Jahrhunderte lang weitergeführt worden sind, ohne daß sich ein praktisches Resultat dabei ergeben hätte. Deshalb konnte *Condorcet* mit Recht sagen: 'Der Matrose, den die genaue Beobachtung des Längengrades vor dem Schiffbruch schützt, verdankt sein Leben einer Lehre, die 2000 Jahre früher von geistreichen Männern aufgestellt worden ist, denen es dabei um bloße geometrische Erwägungen zu tun war.' Der menschliche Geist hat sich daher theoretischen Untersuchungen zuzuwenden und dabei von allen praktischen Rücksichten abzusehen; denn unsere Mittel zur Entdeckung der Wahrheit sind so schwach, daß, wenn man sie nicht ausschließlich für dieses Ziel verwendete, man es beinahe niemals erreichen würde."[37]

5. Das enzyklopädische Gesetz

Die zentrale Orientierung der Wissenschaften am Allgemeinen erzwingt einen Aufbau der verschiedenen Wissenschaften in einer *enzyklopädischen Rangordnung.* „Diese Ordnung entspricht dem Wesen der Erscheinungen; sie wird nach dem Grad der Allgemeinheit, der Einfachheit und Selbständigkeit dieser Vorgänge bestimmt. In dieser Weise hat die positive Lehre zunächst die astronomischen Vorgänge zusammengefaßt, dann die physi-

[37] Soziologie (Auszug), 18f.

kalischen, die chemischen und zuletzt die biologischen Erscheinungen.“[38] Das Prinzip der theoretischen Wissenschaften ordnet sich also nach abnehmender Allgemeinheit bzw. zunehmender Komplexität. Die komplexere Wissenschaft setzt jeweils die vorangehende allgemeinere voraus und hat, um der zunehmenden Komplexität Herr zu werden, jeweils zusätzliche Methoden zu entwickeln. Die einzelnen Wissengebiete nun näher im Sinne Comtes zu beschreiben, würde den Rahmen dieses Aufsatzes überschreiten. Wohl ist es angeraten, *drei* Anmerkungen bezüglich des Aufbaus der Wissenschaft noch hinzuzufügen.

1. In der obigen Aufzählung der positiven Wissenschaften fehlt die *Mathematik.* Die Mathematik ist zwar die allgemeinste; sie ist aber diejenige, die den anderen Wissenschaften *gegenübersteht* – als Organon der anderen. Der eigentliche *abstrakte* Teil der Mathematik ist die *Algebra,* Geometrie wie Mechanik sind *die* konkreten Teildisziplinen, die eigentlich auf Beobachtungen beruhen. Wenn man nun bedenkt, daß Comte nur die *theoretischen* Wissenschaften behandelt, und wenn man den hier geforderten Begriff der Theorie schon als *Strukturtheorie* faßt, so könnte man mit J. v. Kempski die Mathematik als Wissenschaft von den möglichen Strukturen auffassen und damit zureichend erklären, inwiefern die Mathematik den empirischen Disziplinen als Organon *gegenübersteht.* Comte selber schreibt: „Die konkrete ist auf die abstrakte Mathematik gegründet und wird ihrerseits die Grundlage der ganzen Philosophie, insofern man die Vorgänge im Weltall als geometrische oder mechanische auffaßt. Der abstrakte Teil dient allein als Werkzeug“ – „mehr als Methode denn als Theorie“.[39] Die *enzyklopädische* Formel ist somit gegenüber der oben angegebenen zu erweitern, nämlich: Mathematik, Astronomie, Physik, Chemie, Biologie – es ist aber auch noch hinzuzufügen: *Soziologie.*

2. Das *Neue* des Comteschen Aufbaus der Wissenschaften ist, daß er den Naturwissenschaften die „soziale Physik“, von Comte *Soziologie* genannt, hinzufügt. Ausdrücklich weist er darauf hin, daß die „soziale Physik“ nicht als bloße Statistik mißverstanden werden darf.[40] Deren Gegenstand ist vielmehr die *Menschheit,* die von Comte als ein Gesellschaftskörper aufgefaßt wird, in dem gesetzmäßige Prozesse ablaufen, die nach einem Zustand des Gleichgewichts und der Harmonie tendieren.

3. Es fällt auf, daß Comte in der Anordnung der positiven Wissenschaften der Psychologie keinen Spielraum zuweist. Psychologische Fragen sind nur dann wissenschaftlich, wenn sie sich *nicht* auf Introspektion, sondern auf die Beobachtung berufen. „Die Fortführung der phrenologischen Phy-

[38] Ebd., 6.

[39] Zitiert nach Soziologie (Auszug), 30.

[40] Siehe Soziologie, Bd. I, 5.

siologie verspricht allein positive Erkenntnis psychologischer Vorgänge", bemerkt Comte.[41]

6. Die Soziologie

Comte hat die „Soziologie" allererst geschaffen. Sie steht nicht nur am Ende der Entwicklung der Stufen menschlichen Geistes, sondern sie ist vielmehr die positive Standortbestimmung des sozialen (politischen) *Ortes* dieser Genese. Ihr Gegenstand ist die *Menschheit,* und es gilt, die Strukturen dieses ihres Gegenstandes zu analysieren. Deren Bezugsmomente sind *Ordnung* und *Fortschritt.* Deren *positive* Einheit in einem Sozialkörper aufzuzeigen ist die vornehmliche Aufgabe der Soziologie.

Den beiden Begriffen der Ordnung und des Fortschritts entsprechen die der sozialen *Statik* und der sozialen *Dynamik*; „beide unterscheiden sich ebenso, wie die Anatomie von der Physiologie. [...] Das statische Studium des sozialen Organismus muß mit der Lehre der Ordnung zusammentreffen, die nur in einer richtigen Harmonie zwischen den Bedingungen der sozialen Existenz bestehen kann. Dagegen bildet das dynamische Studium des Gemeinschaftslebens die Lehre vom Fortschritt." „Das Prinzip für die statischen Gesetze des sozialen Organismus besteht in dem Consensus [= Übereinstimmung; L. E.], der bei allen Vorgängen der lebenden Körper besteht und der das soziale Leben im höchsten Grade offenbart."[42] „Die soziale Dynamik studiert die Gesetze der zeitlichen Folge, während die statische die Gesetze des gleichzeitigen Bestehens ermittelt."[43]

Schon dieser Hinweis zeigt, daß Comte zur Klärung der grundlegenden Methode einer positiven Sozialtheorie vor allem auf die Biologie zurückgreift. Grundsätzlich gilt zwar: „Die Soziologie setzt die Methoden aller anderen Wissenschaften voraus: die mathematischen Methoden, *Beobachtung und Hypothese,* wie die *Astronomie,* das *Experiment* wie die *Physik,* die *Vergleichung* wie die *Biologie.* Die Methode, die in der Soziologie noch hinzukommt, ist die historische Methode [...]."[44]

Zur historischen Methode in der Soziologie ist noch dieses zu vermerken, daß „der vorwiegende Gebrauch der historischen Methode der Soziologie ihren philosophischen Hauptcharakter" gibt.[45] Die „historische Arbeit" darf dabei nicht „in eine bloße Anhäufung vorläufiger Materialien

[41] Zitiert nach Soziologie (Auszug), 33.

[42] Soziologie (Auszug), 83, die verkürzte Darstellung von Soziologie, Bd. I, 232 f.

[43] Soziologie (Auszug), 91, dazu Soziologie, Bd. I, 266.

[44] Siehe J. v. Kempski, a. a. O., S. XXX.

[45] Soziologie, Bd. I, 329.

ausarten".[46] Sie hat vom „Ganzen zum Einzelnen vorzuschreiten". „Was will z. B. die ausschließliche und namentlich partielle Geschichte einer einzelnen Wissenschaft oder Kunst besagen, wenn sie nicht vorher mit einem solchen Studium des Gesamtfortschrittes der Menschheit verbunden wird?"[47] Die historische Darstellung muß ,,auf einer allgemeinen und gleichzeitigen Erfassung der Hauptevolution beruhen".[48] Von einer Unterordnung der historischen Darstellung unter eine pure Registrierung von Fakten kann also in keiner Weise die Rede sein. Comte wäre auch hier genötigt, sich auf ein Positiv-Allgemeines zu berufen, wenn er den Begriff einer positiven Soziologie nicht preisgeben will, was immer denn auch im Bereich des Sozialen und der Geschichte des Sozialen unter einem Positiv-Allgemeinen zu verstehen wäre.

Dem zweiten Kapitel des ersten Bandes der Soziologie unter dem Titel „Summarische Würdigung der hauptsächlichen philosophischen Versuche, welche bis jetzt zur Begründung der Sozialwissenschaft gemacht worden sind" kann man entnehmen, welche Autoren Comte als Wegbereiter seiner eigenen historischen Sozialanalyse ansieht: er erwähnt „den wesentlichen Fortschritt" „von Montesquieu bis Condorcet".[49] Nicht unwichtig ist Comtes Kritik der Bemühungen um eine „politische Ökonomie". Er erkennt zwar die Bedeutung der Arbeiten des „berühmten und scharfsinnigen Philosophen Adam Smith"[50] ausdrücklich an; aber auch gegen ihn erhebt er den Vorwurf, daß der „ganze dogmatische" Teil bloß „einen metaphysischen Charakter" zeige, so daß es an der Zeit sei, die sozialen Studien der *positiven* Methode zu unterwerfen, und dieses schließt ein, die dogmatischen Methoden der Ökonomie an das soziale Leben und seine *historischen* Entwicklungslinien zurückzubinden.[51] Ansätze dazu sieht er durchaus in der „politischen Ökonomie" seiner Zeit. Die Wirtschaftswissenschaften können nach ihm aber nur *historische* Sozialwissenschaften sein, weswegen er ihren theoretischen Ansätzen keine große Bedeutung beimißt.

7. Rück- und Ausblick

Wesentlich ist, daß „Positivismus" primär der Name für die *Weltanschauung* des beginnenden wissenschaftlich-technisch-industriellen Zeitalters ist.

[46] Ebd., 330.
[47] Ebd.
[48] Ebd.
[49] Soziologie, Bd. I, 186, eine Kurzfassung Soziologie (Auszug), 77.
[50] Soziologie, Bd. II, 195.
[51] Siehe Soziologie, Bd. II, 192.

Es war Comte, der sie unter dem Begriff „positive Philosophie" zur Sprache gebracht hat. Sie ist keineswegs eine materialistische, sondern sie ist nach ihm durch die *Entwicklung des Geistes* geboten, so daß es für ihn eine zentrale Aufgabe war, das *Gesetz seines Entwicklungsgangs* herauszufinden.

Demgemäß schreibt er: „Bei dem Studium der Entwicklung des menschlichen Geistes von seinem einfachsten Ansatz bis in unsere Zeit glaube ich ein großes Gesetz entdeckt zu haben, dem diese Entwicklung unterworfen ist."[52] Das Grundthema Comtes ist das *Positiv-Werden* des Geistes – und insofern *der Geist,* dessen Lebenselement die *positiven* Wissenschaften sind. „In der Tat bestanden alle Wissenschaften, die zu dem positiven Zustande gelangt sind, vorher aus metaphysischen Abstraktionen und waren ursprünglich von theologischen Begriffen beherrscht."[53] Der Begriff *positive* Philosophie – positive Wissenschaft – erklärt sich nur aus seiner Herkunft aus der nicht-positiven Weltdeutung. So kann Comte schreiben: „Es wird mir nun leicht sein, das Wesen der positiven Philosophie darzulegen. Für diese Philosophie sind alle Vorgänge unveränderlichen *Gesetzen* unterworfen; für sie ist es ein vergebliches Unternehmen, nach den ersten *Ursachen* oder den letzten *Zwecken* zu forschen. Die positiven Erklärungen bieten keine Ursachen, welche die Erscheinungen erzeugen; man untersucht nur die Umstände, unter denen sie entstanden sind, und verknüpft sie durch die Beziehungen im Nacheinander und durch Ähnlichkeit untereinander."[54]

Empiristisch ist Comtes Erkenntnislehre insofern, als es nach ihm keine anderen wirklichen Kenntnisse gibt als die, welche sich auf beobachtbare Tatsachen stützen. Insofern er sich an diesen *Grundsatz* hielt, hat er sich an der Verbreitung des empiristischen Erkenntnispostulats beteiligt, und insofern wurde seine Fragestellung als *anschlußfähig* aufgenommen. Letztendlich hat auch der sog. „Wiener Kreis" im Rückgriff auf Comte und den an ihn sich anschließenden Positivismus seinen Frageansatz einen positivistischen, allerdings einen *neopositivistischen* genannt. Andererseits darf man nicht übersehen, daß Comtes Begriff von „Beobachtung" nicht besagt: Bestätigung durch singuläre empirische Daten, aufgeschrieben in Protokollsätzen – wie es in den Anfängen des Wiener Kreises gefordert wurde, „denn auf der einen Seite muß jede positive These sich auf Beobachtungen stützen, auf der anderen Seite bedarf unser Geist einer Theorie, um sich der Beobachtung hingeben zu können. Wenn wir die Erscheinungen nicht an ein Prinzip heften können, so können wir unsere Beobachtungen nicht

[52] Soziologie (Auszug), 2.
[53] Ebd., 3.
[54] Ebd., 5.

miteinander verbinden, ja nicht einmal festhalten.“[55] Es geht ihm demgemäß *nicht* um Tatsachen, sondern um *allgemeine* Tatsachen. Merkwürdigerweise findet diese Bestimmung erst ihre Bedeutung durch die Denkbewegung des sog. Wiener Kreises. Singuläre Daten beobachten zu wollen gelingt nur über eine Theorie und die Rückbindung über eine Theorie, so daß der Versuch, Protokollsätze als *einzige* Stützungsfunktion für eine Theorie anzuerkennen, ein Fehlweg ist.

Der Begriff „positive Philosophie“ erweist sich als *zweideutig*: Die Positivierung der Philosophie bedeutet, daß das Verfahren ein *positiv-wissenschaftliches* ist – im Anschluß an den empiristischen Denkansatz, der seinerseits die Verbindungslinie zum englischen Positivismus, vor allem zu J. St. Mill, ist. Es ist aber der *Geist,* der nach Comte sich positiviert. Positivismus ist ursprünglich eine Weltanschauung, bei Comte sogar *positive Religion.*

Kurzbibliographie Comte

Cours de philosophie positive, 6 Bde., Paris 1830–1842, 5 1892–1894
Daraus deutsch die letzten drei Bände: Soziologie, hrsg. von H. Waentig, Jena 1907, 2 1923 (Sigel: Soziologie, mit Bandangabe). – Auszüge daraus: Die Soziologie. Die positive Philosophie im Auszug, hrsg. von F. Blaschke, mit einem Vorwort von J. von Kempski, Stuttgart 1974 (Sigel: Soziologie (Auszug)).
Discours sur l'esprit positif, Paris 1844
Rede über den Geist des Positivismus, übersetzt, eingeleitet und hrsg. von Iring Fetscher, Hamburg 1956. Phil. Bibliothek Bd. 244.
Système de politique positive ou Traité de sociologie instituant la religion de l'humanité, 4 Bde., Paris 1851–1854, 4 1912
Daraus deutsch: Der Positivismus in seinem Wesen und seiner Bedeutung, übersetzt von E. Roschlau, Leipzig 1894.
Catéchisme positiviste ou sommaire exposition de la religion universelle, Paris 1852, Neuaufl. 1909
Katechismus der positiven Religion, übersetzt von E. Roschlau, Leipzig 1891.

[55] Ebd., 3 f.

FRIEDRICH NIETZSCHE

Dionysische Bejahung der Welt

Von Margot Fleischer

1. Leben, Werk, Wirkung

Nietzsche wurde 1844 in Röcken bei Lützen geboren. Sein Vater, ein Pfarrer, starb 1849. Nietzsches Kindheit blieb weiterhin durch Pfarrhaustradition bestimmt. Aber schon als Siebzehnjähriger (er war inzwischen Schüler der königlichen Landesschule Pforta) entwickelte er philosophische Gedanken, die auf seine Abkehr vom Christentum und überhaupt auf sein späteres Denken vorausdeuten. Er studierte Altphilologie und wurde bereits 1869 außerordentlicher Professor der klassischen Philologie in Basel. 1879 bat er aus gesundheitlichen Gründen um seine Entlassung. Ein Ruhegehalt sicherte seine Existenz. Immer kränklich, führte er von nun an ein Wanderdasein. In einfachen Fremdenzimmern wohnend, lebte er allein an wechselnden, primär nach gesundheitlichen Rücksichten ausgewählten Orten in den Alpen und südlich derselben. Zu Beginn des Jahres 1889 trat seine geistige Umnachtung ein. Er lebte noch bis 1900.

Nietzsche, der als Philosoph Autodidakt blieb, verdankt seine entschiedene Hinwendung zur Philosophie dem Studium von Schopenhauers Hauptwerk ›Die Welt als Wille und Vorstellung‹, auf das er 1865 zufällig gestoßen war und das ihn begeisterte. Seine philosophische Erstlingsschrift ›Die Geburt der Tragödie aus dem Geiste der Musik‹ (1872) zeigt ihn unter dem Einfluß Schopenhauers. Sie läßt aber sehr wohl eine eigene Position erkennen, in die auch Anregungen eingegangen sind, die Nietzsche von Richard Wagner (in persönlichem Umgang mit ihm und durch sein Werk, soweit es bis dahin vorlag) empfing. Es handelt sich bei ihr um eine (ästhetische) *Metaphysik,* die Nietzsche bald schon hinter sich zurückließ. Wichtig aber blieb fortan für seine Auffassung des Dionysischen, daß dionysische Seelenzustände charakterisiert sind durch eine „wundersame Mischung und Doppelheit in den Affecten" (1,33[1]), nämlich eine Mischung von Lust und Schmerz.

[1] Bei Zitatangaben und in der Kurzbibliographie verweist die Zahl vor dem Komma auf den Band, die Zahl nach dem Komma auf die Seite der Ausgabe: Fried-

Auf diese frühe Schrift folgten vier ›Unzeitgemässe Betrachtungen‹. Die wichtigste (›Vom Nutzen und Nachtheil der Historie für das Leben‹), 1874 erschienen, enthält eine bedeutsame Analyse menschlicher Zeitlichkeit und Geschichtlichkeit, und sie zeigt Nietzsche als Kritiker zeitgenössischer Bildung und moderner historischer Wissenschaft.

Mit ›Menschliches, Allzumenschliches‹ (1878/79) beginnen seine Hauptwerke. In ihnen vollzieht sich die Mitteilung überwiegend in der Form des Aphorismus, die Nietzsche meisterlich zu handhaben wußte, durch die er sich freilich auch davon entbinden konnte, jeweils ein Thema in strenger Gedankenlinie durchzuführen. Das soll nicht heißen, daß jede Ordnung fehlt, aber sie ist vergleichsweise locker. Und einer Themenvielfalt im einzelnen Werk ist dank dieser Form Tür und Tor geöffnet, so daß man für das *umfassende* Studium bestimmter Grundthemen Nietzsches von vielen Orten her seine Äußerungen zusammentragen muß. Allerdings wird man rasch herausfinden, wie eng der innere Zusammenhang der Grundthemen in Nietzsches reifem Werk ist.

Auf dem Weg über die ›Morgenröthe‹ (1881) und ›Die fröhliche Wissenschaft‹, 1. bis 4. Buch (1882; das 5. Buch folgte erst 1887) führte Nietzsches Weg zu ›Also sprach Zarathustra‹,[2] einem dem Charakter nach exzeptionellen Buch in Nietzsches Gesamtwerk. Hauptwerke der Folgezeit sind ›Jenseits von Gut und Böse‹ (1886), ›Zur Genealogie der Moral‹ (1887) und ›Götzen-Dämmerung oder Wie man mit dem Hammer philosophirt‹ (1889).[3] Wichtig ist auch eine Sammlung von neun Gedichten, die Nietzsche 1888/89, kurz vor seinem geistigen Zusammenbruch, unter dem Namen ›Dionysos-Dithyramben‹ für den Druck zusammenstellte (vgl. unten, Abschnitt 3).

Das Buch ›Der Wille zur Macht‹ hat es als ein Werk Nietzsches nicht gegeben. Es wurde als angebliches Hauptwerk Nietzsches von seiner Schwester Elisabeth Förster-Nietzsche und Peter Gast in die Welt gesetzt

rich Nietzsche, Sämtliche Werke. Kritische Studienausgabe in 15 Bänden, hrsg. v. Giorgio Colli und Mazzino Montinari, München–Berlin–New York 1980.

[2] Kurztitel im folgenden: ›Zarathustra‹.

[3] Auf drei mit einem gewissen Recht als klassisch zu bezeichnende Aphorismen aus den genannten Werken sei hier hingewiesen: Im Aphorismus „Die Gefangenen" (2,590 f.) in ›Menschliches, Allzumenschliches‹ wird die Erlösung durch den Glauben an die Gottessohnschaft Jesu problematisiert sowie der Tod Gottes verkündet. Der Tod Gottes ist das Thema von „Der tolle Mensch" (3,480 ff.) in ›Die fröhliche Wissenschaft‹. (Tod Gottes ist bei Nietzsche der Ausdruck dafür, daß die christliche und abendländisch-philosophische Vorstellung von Gott keine Wirkmächtigkeit mehr hat.) In der ›Götzen-Dämmerung‹ berichtet der Aphorismus „Wie die 'wahre' Welt endlich zur Fabel wurde. Geschichte eines Irrthums." (6,80 f.) von mehreren Stadien dieser Geschichte; vgl. die Einleitung zu diesem Band, Abschnitt 7.

und kam wirkungsgeschichtlich zu erheblicher Bedeutung. Tatsächlich handelt es sich um eine Kompilation ausgewählter Fragmente aus Nietzsches spätem Nachlaß. Dieser ist thematisch wichtig und steht seit einiger Zeit textkritisch ediert und in chronologischer Ordnung zur Verfügung (so in den Bänden 12 und 13 der Kritischen Studienausgabe).

Nietzsche blieb auch als Denker einsam. Ihm war zu seinen Lebzeiten kaum ein nennenswerter Erfolg beschert. In Gegensatz dazu steht die große Beachtung, die seinem Werk im 20. Jahrhundert zuteil wurde. Sein Einfluß auf bedeutende Philosophen ist hier allerdings ein relativ kleiner Posten. Aber selten dürfte ein Philosoph im Geistesleben der Nachwelt auf so vielen Feldern präsent gewesen sein, wie es bei Nietzsche der Fall ist.[4]

2. Nietzsches Grundgedanken in seinem ›Zarathustra‹

Die Einführung in Nietzsches Gedankenwelt soll erfolgen auf dem Weg durch ein Werk Nietzsches, das in seiner Eigenart viele fasziniert hat und in dem die Grundgedanken Nietzsches versammelt sind. ›Also sprach Zarathustra. Ein Buch für Alle und Keinen‹ war zunächst auf drei Teile geplant; sie erschienen 1883/84. 1885 erfolgte ein Privatdruck des vierten Teils, den Nietzsche, vorerst jedenfalls, nur wenigen Personen zugänglich machen wollte.

Der Zarathustra dieses Buches ist eine von Nietzsche gedichtete Gestalt.[5] Seine spärliche äußere und viel reichere innere Biographie gibt den Rahmen ab für Zarathustras Mitteilungen.

Das Werk beginnt mit der „Vorrede" Zarathustras. An ihrem Anfang wird berichtet: „Als Zarathustra dreissig Jahre alt war, verliess er seine Heimat und den See seiner Heimat und gieng ins Gebirge. Hier genoss er seines Geistes und seiner Einsamkeit und wurde dessen zehn Jahre nicht müde. Endlich aber verwandelte sich sein Herz" (4,11). Die Verwandlung seines Herzens besteht darin, daß er beschließt, zu den Menschen zurückzukehren, um ihnen seine in den Jahren der Einsamkeit erworbene Weisheit zu schenken. Er steigt also zu ihnen in die Ebene hinab. Auf diesem Weg begegnet er einem anderen Einsiedler, der die Aussicht, daß die Men-

[4] Vgl. von der Verfasserin: Das Spektrum der Nietzsche-Rezeption im geistigen Leben seit der Jahrhundertwende. Übersicht und Materialien, Nietzsche-Studien 20 (1991) 1–47.

[5] Zwar hat Nietzsche dieser Gestalt den Namen eines historischen Religionsstifters gegeben. Als Religionsstifter soll sein Zarathustra dennoch nicht angesehen werden, wohl aber durchaus als Gegenfigur zu Jesus, und das insofern, als er nach Nietzsches Verständnis den Menschen eine neue, antichristliche Frohbotschaft bringt.

schen Zarathustras Weisheitsgeschenk annehmen werden, sehr skeptisch beurteilt. Er ist übrigens ein Heiliger und hat in seiner Einsiedelei noch nichts vom Tod Gottes[6] gehört. Zarathustra läßt ihm seinen Gottesglauben; er übt diesem abseits der Menschen und der Geschichte lebenden, dem Tod nahen Greis gegenüber Mitmenschlichkeit. Nietzsche aber hat nicht von ungefähr als erstes destruktives Thema den Tod Gottes anklingen lassen.

Zarathustra gelangt in eine Stadt und spricht zu dem Volk, das in Erwartung eines Seiltänzers auf dem Marktplatz zusammengeströmt ist. Schon mit seinem ersten Satz geht er aufs Ganze und gibt er sich als der zu erkennen, als den man ihn nach Nietzsches Intention allem zuvor zu sehen hat, als Lehrer des Übermenschen: *„Ich lehre euch den Übermenschen“* (4,14).[7] Zarathustra entfaltet vor dem Volk, was er damit meint. Der Übermensch ist die Überwindung des Menschen – und der Mensch '*soll* überwunden werden' (vgl. ebd.). Mit einer Aufforderung also tritt Zarathustra an das Volk heran. Es ist die Aufforderung, das höchste nur denkbare (und durch den Tod Gottes denkbar gewordene) Ziel zu ergreifen, nämlich erstmals den Sinn der Erde zu verwirklichen. Die Erde, die diesseitige Welt, ist die einzige Welt, die es gibt. Der Übermensch ist zu verstehen als ihr immanenter Sinn und ihre Vollendung. „Der Übermensch ist der Sinn der Erde. Euer Wille sage: der Übermensch *sei* der Sinn der Erde!“ (ebd.) – so läßt Zarathustra sich vor dem Volk vernehmen.

Die Aufgabe fordert ein neues Ethos und eine entschiedene Blickumwendung: „Ich beschwöre euch, meine Brüder, *bleibt der Erde treu* und glaubt Denen nicht, welche euch von überirdischen Hoffnungen reden! Giftmischer sind es [...]. Verächter des Lebens sind es [...]. Einst war der Frevel an Gott der grösste Frevel, aber Gott starb [...]. An der Erde zu freveln ist jetzt das Furchtbarste“ (4,15). In der langen europäischen Denktradition und zumal im Christentum hat der Mensch hoffend die irdische Welt auf eine jenseitige Welt hin überstiegen – mit dem Ergebnis, so sieht es Zarathustra, daß die irdische Welt treulos abgewertet, das Leben verachtet und vergiftet wurde. Mit dieser Abwertung ging ein Verächtlichmachen des Leibes einher: „Einst blickte die Seele verächtlich auf den Leib: und damals war diese Verachtung das Höchste: – sie wollte ihn mager, grässlich, verhungert. So dachte sie ihm und der Erde zu entschlüpfen“ (ebd.). Die Seele wurde aber dadurch nicht reicher. An Leib *und* Seele war

[6] Vgl. Anm. 3.

[7] Zarathustras Aufgabe, Lehrer des Übermenschen zu sein, vollendet sich darin, daß er den Gedanken der ewigen Wiederkunft des Gleichen verkündet. Mit diesem Gedanken hat er selbst aber lange Zeit Schwierigkeiten, wie sich zeigen wird.

der der Erde abgekehrte Mensch arm. Zarathustra konstatiert gegenüber seinen Zuhörern, daß diesbezüglich seit dem 'Einst', von dem er gesprochen hat, keine wesentliche Änderung zum Besseren stattgefunden hat: Auch ihr Glück, ihre Vernunft, ihre Tugend sind ärmlich. Er fordert sie auf, sich als die, die sie gegenwärtig sind, zu verachten, um so ihren Übergang in den Übermenschen vorzubereiten. Jetzt freilich reicht es ihnen – „alles Volk lachte über Zarathustra" (4,16).

Zarathustra läßt sich davon nicht beirren. Er erläutert dem Volk das Verhältnis von Mensch und Übermensch. Anknüpfend an den Seiltänzer, dessen Auftritt erwartet wird, sagt er: „Der Mensch ist ein Seil, geknüpft zwischen Thier und Übermensch, – ein Seil über einem Abgrunde. / Ein gefährliches Hinüber, ein gefährliches Auf-dem-Wege, ein gefährliches Zurückblicken, ein gefährliches Schaudern und Stehenbleiben" (ebd.). In diesen Worten begegnet der Mensch als Seil und als Seiltänzer zugleich. Er ist ein Übergang vom Tier zum Übermenschen, und ein gefährlicher. Hinübergehend über das Seil, könnte er in den Abgrund stürzen. Er muß nämlich alles hinter sich zurücklassen, was er zuhöchst geschätzt hat. Wenn er nicht begreift, daß es mit allem seit langer Zeit Verehrten nichts mehr ist, kann er den Weg zum Übermenschen nicht beschreiten. Begreift er das aber, dann gähnt unter ihm der Abgrund des Nihilismus,[8] in den hinabzustürzen ihn vernichten müßte. Gelingt es ihm, unversehrt ans andere Ende des Seils zu gelangen, dann ist er in den Übermenschen, in die höchste Art alles Lebendigen, übergegangen (und untergegangen). Zarathustra zögert nicht, dem Menschen unter diesem Aspekt Größe zuzusprechen. Gemeint ist eine relative Größe (eine Größe im Dienst einer sie übertreffenden Steigerungsmöglichkeit), und nicht die absolute Größe, die sich der Mensch im Denken der Tradition zuschrieb, wenn er sich als Endzweck der Schöpfung verstand (vgl. 4,16f.). Unmittelbar anschließend bekennt Zarathustra in unzähligen Wiederholungen seine Liebe zu den bewußt und willentlich Hinübergehenden, zu ihrer neuen 'Vernunft', ihren neuen 'Tugenden'.

Zarathustra bemerkt, daß er auch mit seinem neuen Anlauf, dem Volk den Gedanken und das Ziel des Übermenschen nahezubringen, nichts Positives erreicht hat. „'Da stehen sie', sprach er zu seinem Herzen, 'da lachen sie: sie verstehen mich nicht, ich bin nicht der Mund für diese Ohren' [...]"

[8] Vgl. zum Nihilismus Nietzsches Notizen: „*Nihilism:* es fehlt das Ziel; es fehlt die Antwort auf das 'Warum?' was bedeutet Nihilism? – *daß die obersten Werthe sich* ent*werthen*" (Nachgelassene Fragmente Herbst 1887, 9[35]; 12,350). „Ein Nihilist ist der Mensch, welcher von der Welt, wie sie ist, urtheilt, sie sollte *nicht* sein und von der Welt, wie sie sein sollte, urtheilt, sie existirt nicht. Demnach hat dasein (handeln, leiden, wollen, fühlen) keinen Sinn" (ebd., 9[60]; 12,366).

(4,18). Nun greift er zu einem letzten Mittel. Um ihren Stolz auf den Plan zu rufen, will er ihnen „vom Verächtlichsten sprechen“ (4,19) als von ihrer Möglichkeit und ihrer Gefahr. Ihr Stolz soll bewirken, daß sie sich in die Gegenrichtung zum Verächtlichsten wenden. Das Verächtlichste wäre der letzte Mensch, eine Unter-art und der äußerste Gegensatz zum Übermenschen als der Über-art. Zarathustra stellt heraus: Wenn die Menschen nicht bald den Weg zum Übermenschen antreten, dann wird die Décadence auf verheerende Weise um sich greifen und in irreversibler Entwicklung den letzten Menschen herbeiführen. Der letzte Mensch, das ist der Mensch, „der Alles klein macht“ (ebd.). „‘Was ist Liebe? Was ist Schöpfung? Was ist Sehnsucht? Was ist Stern?’ – so fragt der letzte Mensch und blinzelt“ (ebd.). Er fühlt sich glücklich in seiner Trägheit und seiner alles Schaffen unterbindenden Gleichmacherei. Während Zarathustra noch die Beschreibung des letzten Menschen als des seiner Meinung nach Verächtlichsten fortsetzt, um bei seinen Zuhörern den von ihrem Stolz getragenen Entschluß herbeizuführen, *so* nicht werden zu wollen, unterbricht ihn „das Geschrei und die Lust der Menge“, die ihm zuruft: „‘Gieb uns diesen letzten Menschen! So schenken wir dir den Übermenschen’“ (4,20). Zarathustra ist mit seinem Bemühen, das Volk für sein Ziel zu gewinnen, endgültig gescheitert.

Noch ehe er sich entfernen kann, tritt der Seiltänzer auf. Seine Vorstellung ist rasch beendet. Er stürzt vom Seil,[9] und die Menge stiebt voll Entsetzen auseinander. Zarathustra aber verweilt bei dem Sterbenden. Er versucht, ihm die Furcht vor der Hölle zu nehmen, die nach Zarathustras Überzeugung schon deshalb ganz unbegründet ist, weil die Seele nicht unsterblich ist: „es giebt keinen Teufel und keine Hölle. Deine Seele wird noch schneller todt sein als dein Leib: fürchte nun Nichts mehr!“ (4,22). Mit der Unsterblichkeit der Seele ist ein Gedanke verabschiedet, der in Metaphysik und Christentum einen festen Ort hatte und an den sich nicht nur Furcht vor Gericht und Strafe, sondern auch große Hoffnung knüpfte. Seine Verabschiedung begegnet in Zarathustras Worten freilich nur als Befreiung, nicht auch als Beraubung. Das ist konsequent. Geht es Zarathustra doch darum, alle Hoffnung auf das ganz und gar diesseitige höchste Ziel, den Übermenschen, zu richten.

[9] Sein Sturz wird dadurch verursacht, daß hinter ihm auf dem Seil völlig überraschend ein Mann auftaucht, der ihn auf bedrohliche Weise vorantreibt und schließlich über ihn hinwegspringt, was den Seiltänzer kopflos macht und ihn veranlaßt, sich selbst aufzugeben (vgl. 4,21). Der Gegner des Seiltänzers steht an dieser Stelle meines Erachtens für Fortschritt, Leistungsdenken, Konkurrenzdruck. Diese Züge sind vom Entwurf des Übermenschen fernzuhalten und gehören in Nietzsches Zeitkritik hinein.

Zarathustras „Vorrede" berührt zentrale Themen Nietzsches und fungiert als Präludium für das folgende. Die Erfahrung Zarathustras, daß das „Volk" für seine Gedanken und Intentionen nicht offen ist, ist auch Nietzsches Erfahrung. Für Zarathustra erbringt sie die Einsicht: „Gefährten brauche ich", und zwar „Gefährten [...], die mir folgen, weil sie sich selber folgen wollen – und dorthin, wo ich will" (4,25). Zarathustra braucht Geistesverwandte, die sein Ziel, den Übermenschen, zu ihrem Ziel machen. Selbständig und auf Eigenes aus, sollen sie Zarathustra folgen. Und Mitschaffende sollen sie sein: „Die Mitschaffenden sucht der Schaffende, Die, welche neue Werthe auf neue Tafeln schreiben" (4,26). Für Zarathustra und seinesgleichen ist eine Umwertung der Werte angesagt – ohne sie kann es den Übermenschen nicht geben. Umwertung der Werte aber bedeutet: Schaffen und Zerstören von Werten. Die Schöpfer neuer und Zerstörer alter Werte rufen den Widerstand derer hervor, die von den alten Werten nicht lassen mögen. „Vernichter wird man sie heissen und Verächter des Guten und Bösen" (ebd.) – Verächter also der Moral. „Aber die Erntenden sind es und die Feiernden" (ebd.). Altes zerstören sie um der Früchte des Schaffens willen, und sie sind in höchstem Maße Bejahende.

Für Zarathustra steht es nun fest: „Den Schaffenden, den Erntenden, den Feiernden will ich mich zugesellen: den Regenbogen will ich ihnen zeigen und alle die Treppen des Übermenschen" (ebd.). Lehrer der Mitschaffenden also will er sein; die Brücke und die Stufen zum Übermenschen will er ihnen weisen. Die „Vorrede" Zarathustras hat damit ein Ende,[10] seine „Reden" können beginnen.

„Von den drei Verwandlungen", so ist deren erstes Kapitel überschrieben. Im Gleichnis stellt es drei für das Ziel, den Übermenschen, unerläßliche Verwandlungen des Geistes vor Augen: die zum Kamel, die des Kamels zum Löwen und die des Löwen zum Kind. Um drei Stufen des Geistes handelt es sich dabei. Das Kamel versinnbildlicht: „Vieles Schwere giebt es dem Geiste, dem starken, tragsamen Geiste, dem Ehrfurcht innewohnt: nach dem Schweren und Schwersten verlangt seine Stärke" (4,29). Ein Geist ist erfordert, der Ehrfurcht hat vor den überkommenen Werten. Das ihm zugemutete Schwere ist: zu entsagen, wo er verehrt. Das Kamel, „das lastbare Thier, das entsagt und ehrfürchtig ist" (ebd.), verwandelt sich zum

[10] In Ziffer 10 der „Vorrede" gibt Nietzsche allerdings dem Leser noch einige Symbole mit auf den Weg, die wichtigsten mit den Worten: „Ein Adler zog in weiten Kreisen durch die Luft, und an ihm hieng eine Schlange, nicht einer Beute gleich, sondern einer Freundin: denn sie hielt sich um seinen Hals geringelt" (4,27). Adler und Schlange, die Tiere Zarathustras, symbolisieren seinen Stolz und seine Klugheit (vgl. ebd.). Das Kreisen und das Sich-ringeln deuten auf den Kreis bzw. Ring der ewigen Wiederkunft des Gleichen, in deren Bejahung Zarathustra sich vollenden wird.

Löwen, wenn der Übergang vollzogen wird von der Entsagung zum machtvollen Ergreifen von Freiheit. Als Löwe widersetzt sich der Geist seinem früheren Herrn – einem großen Drachen, der für die absolute Moral[11] steht, zumal für den kategorischen Imperativ im Sinne Kants (den Kant freilich mit der Vorstellung von Freiheit glaubte bestens verbinden zu können) und für Gebote der christlichen Ethik. „'Du-sollst' heisst der grosse Drache. [...] 'Du-sollst' liegt am Wege, goldfunkelnd, ein Schuppenthier [...] Tausendjährige Werte glänzen an diesen Schuppen", und der Drache spricht: „'aller Werth der Dinge – der glänzt an mir.'" (4,30). Der Drache erklärt allen Wert für schon geschaffen und untersagt jedes Werte erst setzende 'Ich will'. „Aber der Geist des Löwen sagt 'ich will'" (ebd.). Er erobert sich sein Herr-sein in der aktiven Zurückweisung alles Sollens. Freilich: „Neue Werthe schaffen – das vermag auch der Löwe noch nicht: aber Freiheit sich schaffen zu neuem Schaffen – das vermag die Macht des Löwen" (ebd.). Um neue Werte schaffen zu können, muß der Geist vom Löwen zum Kind werden. „Unschuld ist das Kind und Vergessen, ein Neubeginnen, [...] ein heiliges Ja-sagen" (ebd.).

Im Umkreis des Gleichnisses von den drei Verwandlungen ist angesiedelt, was Zarathustra an Grundsätzlichem in den folgenden Kapiteln nun zunächst lehrt.

Im Kapitel „Von den Hinterweltlern" nimmt er die Metaphysiker aufs Korn.[12] Sie schaffen eine Wahn-Welt hinter unserer Welt, eine übersinnliche Welt des Bleibenden jenseits der Welt des Werdenden, und auf die von ihnen erdichtete Welt legen sie alles Gewicht. Warum tun sie das? Weil sie leiden am Wechsel und an der Vergänglichkeit; weil sie zu kraftlos sind, um die vom Werden dargebotene Chance zu ergreifen, selbst Neues zu schaffen; weil sie 'verzweifeln' am Leib, an der Sinnlichkeit, an ihren Trieben. Zarathustra setzt dieser von ihm diagnostizierten Décadence als positive Haltung entgegen die Bejahung des (je einzelnen) Ich in seiner inneren Widersprüchlichkeit – eines Ich, das dem Leib und der Erde verhaftet ist, das mit größter Selbstbezüglichkeit schafft, will, wertet und das auf diese Weise „das Maass und der Werth der Dinge ist" (4,36). Damit etabliert Zarathustra – gegen die Metaphysiker – die Relativität der Werte. Und er lehrt den „neuen Stolz [...]: nicht mehr den Kopf in den Sand der himmlischen Dinge zu stecken, sondern frei ihn zu tragen, einen Erden-Kopf, der der Erde Sinn schafft!" (4,36f.).

[11] Mit absoluter Moral ist eine Auffassung gemeint, die *an sich Gutes* annimmt, d. h. Gutes, das unabhängig von menschlicher Setzung und streng allgemeingültig ist.

[12] Das Kapitel beginnt mit einer Selbstkritik Nietzsches, bezogen auf die ästhetische Metaphysik seiner frühen Schrift ›Die Geburt der Tragödie aus dem Geiste der Musik‹.

Im Kapitel „Von den Verächtern des Leibes“ vollzieht Zarathustra eine Umwertung und Umdeutung von Leib und Seele bzw. Vernunft. Die Seele, oder jedenfalls ihr vernünftiger Teil, war für das metaphysische Denken der übersinnlichen Welt verwandt (worauf die Aussicht auf Unsterblichkeit gegründet werden konnte), und sie war dem Leib bei weitem überlegen. Jetzt, im Gegendenken gegen die Verächter des Leibes, soll gelten: „Leib bin ich ganz und gar, und Nichts ausserdem; und Seele ist nur ein Wort für ein Etwas am Leibe“ (4,39). Die Seele wird zu einem Akzidens des Leibes herabgestuft. Und die Vernunft, die sich als Geist verstand, erscheint nun als kleine Vernunft im Gegensatz zum Leib als einer großen Vernunft. Sie geht darin auf, instrumentelle Vernunft im Dienst des Leibes zu sein. Der aber kann „grosse Vernunft“ genannt werden, weil er „eine Vielheit mit Einem Sinne“ und „eine Heerde und ein Hirt“ ist (ebd.) – er ist ‘vernünftig’ als zielgerichtete (auf Lebenssteigerung ausgehende) Ganzheit und als ein Mannigfaltiges, das einer Leitung und Ordnung nicht entbehrt. Der so aufgefaßte Leib wird auch als Selbst angesprochen.[13] Selbstbezüglich bedient er sich des Geistes (der kleinen Vernunft) wie auch der Sinne (vgl. 4,40). Mächtig gebietend, aber unbekannt und undurchschaubar, macht das Selbst alles Denken und Fühlen interessiert, relativ, perspektivisch. Dies gilt auch und sogar bezüglich der Verächter des Leibes. In diesen ist andererseits aber das Selbst heruntergekommen: „Nicht mehr vermag es das, was es am liebsten will: – über sich hinaus zu schaffen“ (ebd.). Andere müssen kommen, in denen das Selbst dies wieder vermag.

In den Kapiteln „Von den Freuden- und Leidenschaften“ (4,42 ff.) und „Von tausend und Einem Ziele“ (4,74 ff.) läßt Zarathustra sich vernehmen über die Relativität des Guten und Bösen, und zwar im ersten dieser beiden Kapitel mit Bezug auf das Individuum, im zweiten mit Bezug auf Völker.

Jedes Individuum, dem Tugend zukommt, hat seine nur ihm allein eigene Tugend, und eine gänzlich „irdische Tugend“ (4,42). Es soll sich sagen: „‘Das ist *mein* Gutes, das liebe ich [...]. Nicht will ich es als eines Gottes Gesetz, nicht will ich es als Menschen-Satzung und -Nothdurft: kein Wegweiser sei es mir für Über-Erden und Paradiese [...]’“ (ebd.). Eine Tugend jenseits von Gut und Böse (nimmt man Gut und Böse im tradierten Sinn) steht hier im Blick, und man befindet sich weiterhin auf dem Feld der Umwertung. Zarathustra sagt zu einem „Bruder“ (ebd.), der wie er ein Hinübergehender ist auf der Brücke zum Übermenschen: „Einst hattest du Leidenschaften und nanntest sie böse. Aber jetzt hast du nur noch deine Tugenden: die wuchsen aus deinen Leidenschaften“ (4,43). Leidenschaften als böse verurteilen, das geht für die Hinübergehenden nicht mehr an. Leidenschaften sind der Nährboden für Tugenden neuer Art, ja sie selbst

[13] Hier wird aufgegriffen und weitergedacht, was zuvor als Ich ins Blickfeld kam.

sind Tugenden, wenn das Individuum sie auf dem Weg zum Übermenschen in den Dienst seines Zieles stellt.

Das Gute und Böse der Völker hat sich Zarathustra gezeigt als relativ auf das jeweilige Volk. Aus „eines Volkes Noth und Land und Himmel und Nachbar" (4,74) lassen sich seine ihm eigenen Sitten und Gesetze verstehen. Die Abgrenzung gegen Sitten und Gesetze der benachbarten Völker erscheint von besonderer Wichtigkeit dafür, daß ein Volk sich in seiner Identität behauptet (vgl. ebd.).

Das vielfältige Wertsetzen durch die Völker wird von Zarathustra für die Vergangenheit sehr positiv beurteilt. Aber: „es fehlt das Eine Ziel. Noch hat die Menschheit kein Ziel" (4,76). Die 'tausend Ziele' der Völker sind jetzt auf das *eine* Ziel der Menschheit hin zu überschreiten, das 'Übermensch' heißt.

Man würde Zarathustra allerdings mißverstehen, wollte man annehmen, er rede hier einer Uniformität des Wertens das Wort. Auf das eine Ziel der Menschheit zugehen bedeutet im einzelnen gerade ein höchst mannigfaltiges schöpferisches Wertsetzen, das allen Dingen und menschlichen Möglichkeiten zuteil werden soll. So ist Zarathustra denn bemüht, seine Gefährten in Aufbruchstimmung zu versetzen: „Euer Geist und eure Tugend diene dem Sinn der Erde, meine Brüder: und aller Dinge Werth werde neu von euch gesetzt! [...] Tausend Pfade giebt es, die nie noch gegangen sind [...]. Unerschöpft und unentdeckt ist immer noch Mensch und Menschen-Erde" (4,100 – Kapitel „Von der schenkenden Tugend").

Die Metaphysiker und alle Verfechter einer absoluten Moral haben mit ihrem Denken und Werten nach Zarathustras Auffassung den Weg blokkiert, auf dem der Sinn der Erde verwirklicht werden kann. Aber wie können sie von Zarathustra gegründet ins Unrecht gesetzt werden? Was ist das gedankliche Fundament des neuen Wertens? Welche Grundgedanken hat der Übermensch und haben die zu ihm 'Hinübergehenden' verbindlich nachzuvollziehen? Es sind zwei Grundgedanken: Alles, was ist, ist Leben, Wille zur Macht. Und: Alles kehrt als Gleiches ewig wieder.

Den ersten dieser beiden Gedanken lehrt Zarathustra im Kapitel „Von der Selbst-Ueberwindung". Er geht aus vom Lebendigen, das aber stellvertretend für alles, was ist, in den Blick kommt. „Alles Lebendige ist ein Gehorchendes" (4,147). Und da gibt es zwei Möglichkeiten: anderem gehorchen oder sich selbst gehorchen. Anderem muß gehorchen, was zu schwach ist, sich selbst zu befehlen (nämlich sich selbst die eigene Steigerung und die Unterwerfung des Schwächeren zu befehlen). Unter dem Lebendigen stellen sich Machtverhältnisse her – aufgrund der Willensvollzüge des Befehlens und Gehorchens. Auf den Punkt gebracht, heißt das: „Wo ich Lebendiges fand, da fand ich Willen zur Macht; und noch im Dienenden fand ich den Willen, Herr zu sein" (4,147 f.). Der Wille zur

Macht ist also der Wille, Herr zu sein. Aber wieso waltet dieser auch im Dienenden? Antwort: „Dass dem Stärkeren diene das Schwächere, dazu überredet es sein Wille, der über noch Schwächeres Herr sein will: dieser Lust allein mag es nicht entrathen" (4,148). Der Vollzug des Willens zur Macht gewährt ein als lustvoll empfundenes Machtgefühl, und das auch noch auf niedrigen Stufen eines Machtgefüges. Das Aussein auf diese Lust ist das Treibende in allem Geschehen. Es treibt das „Grösste" und Stärkste sogar an, wagend sich selbst aufs Spiel zu setzen: „Und wie das Kleinere sich dem Grösseren hingiebt, dass es Lust und Macht am Kleinsten habe: also giebt sich auch das Grösste noch hin und setzt um der Macht willen – das Leben dran" (ebd.). Auf die Gefahr hin, dabei zugrunde zu gehen, befiehlt sich das starke Lebendige seine eigene Steigerung, seine 'Selbstüberwindung', sein Übergehen (und Untergehen) in eine machtvollere Gestalt seiner selbst.

Zarathustra lenkt nun den Blick vom mannigfaltigen einzelnen Lebendigen aufs Ganze, auf *das* Leben (*den* Willen zur Macht). Das Leben selbst hat Zarathustra anvertraut: „ich bin das, *was sich immer selber überwinden muss*" – und dabei, so sagt es, müsse es „Kampf sein [...] und Werden und Zweck und der Zwecke Widerspruch" (ebd.), ja allem Geschaffenen müsse es bald schon Gegner sein (vgl. ebd.) – um des neuen Zuschaffenden willen. In diesem Sinne ist der Wille zur Macht „der unerschöpfte zeugende Lebens-Wille" (4,147).[14]

Alles, was ist, als Werden, als Willen zur Macht denken, das ist eine Weltsicht, in der der Kampf, das Übermächtigen und Unterliegen, das Schaffen von Neuem in eins mit dem Zerstören des Bestehenden das Beherrschende sind. Diese Weltsicht bejahend sich zu eigen zu machen, das ist vom Übermenschen verlangt.

Wenn alles Wille zur Macht ist, dann auch das Erkennen, ja sogar das fingierende Denken der Metaphysiker und Verfechter der absoluten Moral. Zarathustra bekennt: „Auch im Erkennen fühle ich nur meines Willens Zeuge- und Werde-Lust" (4,111 – Kapitel „Auf den glückseligen Inseln"). Er wirft damit für Mitdenkende durchaus ein gravierendes Wahrheitsproblem auf. Was die Philosophen der Tradition betrifft, so sieht Zarathustra in ihrem metaphysischen und ethischen Denken ihren Willen zur Macht am Werk. Sie wollen das Seiende (das Werdende) denkbar machen, indem sie ihm – es übermächtigend – feste Formen aufprägen, die ihrem Geist

[14] Nietzsche versäumt nicht, in diesem Kontext Schopenhauers Grundposition anzugreifen: „wo Leben ist, da ist auch Wille: aber nicht Wille zum Leben, sondern [...] Wille zur Macht!" (4,148) Daß Schopenhauer irrt, wenn er den Willen zum Leben allem zugrunde legt, dafür steht nach Nietzsche auch ein, daß Lebendes bereit ist, sich zu opfern „um Macht!" (ebd.).

entsprungen sind, dem Seienden (Werdenden, Veränderlichen) aber unangemessen sind. Und auch, was sie als Gutes und Böses setzen, entstammt ihrem Willen zur Macht. Sie wollen damit Herr werden über die Werde-Welt, in der 'jenseits von Gut und Böse' im moralischen Sinn (oder diesseits davon) der Kampf das Bestimmende ist; und sie wollen mit Hilfe ihres Guten und Bösen eine zweite, andersartige Welt etablieren, die *sie* verehren können.[15]

Alles, was ist, ist Wille zur Macht – *und*: es kehrt ewig als Gleiches wieder. Beides verbindet sich in Zarathustras Denken. Aber während er mit dem ersten dieser zwei Grundgedanken keine existentiellen Probleme hat, versagt er sich lange Zeit dem zweiten, dessen furchtbare Dimension erahnend.

Im Kapitel „Von der Erlösung" findet man Zarathustra am Anfang seines Weges zum Gedanken der ewigen Wiederkunft des Gleichen. Es gilt, die Vergangenen zu erlösen von ihrem (endgültigen) Nicht-mehr-sein und den Willen von seiner Ohnmacht gegenüber dem „Es war". Was wäre ein Wille zur Macht, der über diese Ohnmacht nicht hinauskäme, der nicht mehr wollen und schaffen könnte, was er schon einmal gewollt und geschaffen hat?!

Der Wille erscheint als ein Gefangener der Zeit, wird diese aufgefaßt als lineare, unumkehrbare Jetztfolge. „Dass die Zeit nicht zurückläuft, das ist sein Ingrimm" (4,180). Und: „Nicht zurück kann der Wille wollen; dass er die Zeit nicht brechen kann und der Zeit Begierde – das ist des Willens einsamste Trübsal" (ebd.). Die Zeit begehrt immerfort, Künftiges in die Gegenwart ankommen zu lassen. Damit solche Ankunft möglich bleibt, wird ständig Gegenwärtiges in die Vergangenheit abgedrängt und – so scheint es – zum ein für allemal Gewesenen gemacht. Hier nun aber gerade setzt der Wille bei seinem Befreiungsakt an: „alles 'Es war' umzuschaffen in ein 'So wollte ich es!'" (4,179), darauf kommt es für ihn an. Indessen: Ist das mehr als ein Selbstbetrug? Was ändert ein 'So wollte ich es' an der Unwiederholbarkeit des Gewesenen für den Willen? Man sieht: Das 'So wollte ich es' drängt für den seine Selbstbefreiung erstrebenden Willen über sich hinaus. Als schaffender Wille muß er sich sagen: „'[...] so will ich es! So werde ich's wollen!'" (4,181). Erlöst ist der Wille von seiner Ohnmacht gegenüber dem Vergangenen, wenn dieses für ihn ein Zukünftiges und Zuschaffendes ist. Aber wie soll das möglich sein? Als Zarathustra an dieser Stelle seines Gedankengangs und seiner Rede angekommen war, „geschah es", daß er „plötzlich innehielt und ganz einem Solchen gleich sah, der auf das Äusserste erschrickt" (ebd.). Ein winziger Schritt trennt

[15] Das Kapitel „Von der Selbst-Ueberwindung" wird mit dieser Thematik eingeleitet.

ihn noch vom Gedanken der ewigen Wiederkunft des Gleichen. Vor diesem Schritt scheut er zurück.

Das wird eindrucksvoll gestaltet im Kapitel „Die stillste Stunde“. Die stillste Stunde, das ist Zarathustras ‘furchtbare Herrin’ (vgl. 4,187), seine geschickhafte Bestimmung, die unausweichlich ist und die er sich gleichwohl selbst befehlen muß: der Lehrer der ewigen Wiederkunft des Gleichen zu sein. Die stillste Stunde spricht mit Zarathustra auf einer Bewußtseinsebene zwischen Wachen und Schlafen (vgl. ebd.). Es handelt sich um ein inneres Geschehen in Zarathustra. Auf der bezeichneten Bewußtseinsebene weiß Zarathustra etwas und will er es doch nicht wissen. Das wirft die ‘stillste Stunde’ ihm zu seinem Schrecken vor. Er soll, was er beharrlich niederhält, nun deutlich denken und anderen mitteilen. Zarathustra bringt allerlei Ausflüchte vor. Aber die ‘stillste Stunde’ hat schließlich für ihn nur noch ein Lachen, weiß sie doch, daß niemand sich seiner Bestimmung auf Dauer verweigern kann.

Zarathustra begibt sich in die Einsamkeit und auf den Weg zu seiner letzten und äußersten Selbstfindung.[16] Er schifft sich ein. Da er bemerkt, daß er auf dem Schiff unter seinesgleichen ist, unter „kühnen Suchern, Versuchern“ (4,197), teilt er den Mitreisenden ein Gesicht mit, das er gehabt hat. Man befindet sich in dem wichtigen Kapitel „Vom Gesicht und Räthsel“. In der Erzählung eines Gesichtes, eines rätselhaften Wahrtraumes, und nicht als Mitteilung einer in wachem Bewußtsein vollzogenen und angeeigneten Erkenntnis begegnet hier nun der Gedanke der ewigen Wiederkunft des Gleichen. Zarathustra ist noch immer zu diesem Gedanken erst unterwegs.

Zarathustra erzählt den Beginn seines Gesichts: „Düster gieng ich jüngst durch leichenfarbne Dämmerung [...]. Nicht nur Eine Sonne war mir untergegangen“ (4,198). Untergegangen sind ihm die Sonne der Metaphysik, die Sonne der absoluten Moral, die Sonne der Religion. Er findet sich dem lichtlosen Nihilismus ausgesetzt und leidet daran. Der ‘Geist der Schwere’ hat ihn heimgesucht. Das geschah auch früher schon gelegentlich.[17] Jetzt stellt er Zarathustra in Aussicht, er werde an sich selbst, an den Konsequenzen seines eigenen Denkens zugrunde gehen: „Oh Zarathustra, [...] du Schleuderstein, du Stern-Zertrümmerer! [...] Verurtheilt zu dir selber und zur eignen Steinigung“ (4,198). Zarathustra ist in Gefahr, durch seine eigene sternzertrümmernde Weisheit erschlagen zu werden. Er wird zu-

[16] Man vergleiche hierzu auch das Kapitel „Der Wanderer“ (4,193ff.).

[17] Am Ende des heiteren Kapitels „Das Tanzlied“ läßt der Abend (die Zeit der Ermüdung der Kräfte) in Zarathustra Traurigkeit und nihilistische Fragen aufkommen – alles scheint umsonst, ohne Sinn (vgl. 4,141). Hierher gehört auch das ganze Kapitel „Der Wahrsager“ (4,172ff.).

grunde gehen, wenn er nichts an die Stelle der von ihm zertrümmerten Sterne zu setzen vermag. Aber er *hat* – in diesem seinem Gesicht – etwas an ihre Stelle zu setzen: den Gedanken der ewigen Wiederkunft des Gleichen. Dieser ist doppelgesichtig. Er ist für Zarathustra sehr wohl noch immer ein abgründlicher, gefährlicher Gedanke. Aber der Gedanke hat auch eine Dimension, durch die er für den Geist der Schwere vernichtend sein kann – er ermöglicht nämlich die höchste Bejahung der Welt und damit die entschiedenste Überwindung des Nihilismus.

Zarathustra gebietet dem Geist der Schwere Einhalt: „'Halt! [...] Ich! Oder du! Ich aber bin der Stärkere von uns Beiden –: du kennst meinen abgründlichen Gedanken nicht! *Den* – könntest du nicht tragen!'" (4,199). Und nun entwickelt er vor dem Geist der Schwere diesen Gedanken, ausgehend von einem Torweg, an dem sie beide sich befinden: „'Siehe diesen Thorweg! [...] der hat zwei Gesichter. Zwei Wege kommen hier zusammen: die gieng noch Niemand zu Ende. / Diese lange Gasse zurück: die währt eine Ewigkeit. Und jene lange Gasse hinaus – das ist eine andre Ewigkeit. / Sie widersprechen sich, diese Wege; sie stossen sich gerade vor den Kopf: – und hier, an diesem Thorwege, ist es, wo sie zusammen kommen. Der Name des Thorwegs steht oben geschrieben: 'Augenblick'. / Aber wer Einen von ihnen weiter gienge – und immer weiter und immer ferner: glaubst du, [...] dass diese Wege sich ewig widersprechen?'" (4,199f.). Von der Zeit ist die Rede. Sie kommt im Bild der beiden Gassen als linear und als anfangs- und endlos in die Sicht. In die Vergangenheit blicken wir zurück; in die Zukunft blicken wir hinaus. Insofern widersprechen die Gasse der Vergangenheit und die Gasse der Zukunft einander. Am Torweg 'Augenblick', im gegenwärtigen Jetzt, stoßen sie zusammen. Geht man die Gasse der Vergangenheit zurück, so kommt man nie an ein Ende (an einen Anfang der Zeit); geht man die Gasse der Zukunft hinaus, so kommt man ebenfalls an kein Ende (niemals wird die Zeit enden). Die Frage aber wird nun aufgeworfen, ob die beiden Wege, endlos wie sie sind, einander 'ewig widersprechen'; d. h., das lineare Zeitverständnis wird in Frage gestellt. Könnte es nicht sein, daß, wer nur weit genug in die Vergangenheit zurückgeht, auf *ebendiesem* Weg aus der Zukunft auf die Gegenwart zuginge? Und entsprechend: Könnte es nicht sein, daß, wer nur weit genug in die Zukunft hinausgeht, auf *ebendiesem* Weg zu Vergangenem gelangte? Wäre es so, dann käme aus ferner Zukunft Vergangenes auf die Gegenwart zu; Vergangenes kehrte wieder. Die Zeit wäre ein Kreis. Was spricht in Zarathustras Gesicht für diese zyklische Zeitvorstellung? Die Gasse der Vergangenheit ist 'ewig'. Und da fragt es sich: „Muss nicht, was laufen *kann* von allen Dingen, schon einmal diese Gasse gelaufen sein? Muss nicht, was geschehn *kann* von allen Dingen, schon einmal geschehn, gethan, vorübergelaufen sein?" (4,200). Das fragt sich nicht nur, sondern es muß (in Zarathustras Wahrtraum) angenommen werden. Die Zeit wird hier nicht als leere Form, sondern als von 'Dingen' erfüllte Zeit vorgestellt. Und der Bestand der Dinge begegnet als endlich. Unter den Voraussetzungen der 'Ewigkeit' der erfüllten Zeit und der endlichen Anzahl der Dinge, der Begebenheiten, ihrer Kombinationsmöglichkeiten[18] *muß* „was geschehn *kann* von allen Dingen, schon einmal geschehn, gethan, vorübergelaufen sein". Auch dieser Augenblick muß „schon dagewesen sein" (4,200). „Und sind nicht solchermaassen fest alle Dinge verknotet, dass dieser Augenblick *alle* kommenden Dinge nach sich zieht? *Also* – – sich selber noch?" (ebd.). Die Verknotung aller Dinge miteinander (ihr determinierter Zusammenhang in Gleichzeitigkeit und Zeitfolge) sorgt dafür, daß dieser Augenblick mit seiner gesamten Weltkonstellation nicht nur ein wiedergekehrter ist, sondern daß er auch – als gleicher – wiederkehren wird. Und ehe das eintritt, wird *alles,* das ihm voranging in der früheren 'Verknotung', wieder auf ihn folgen. Auch wir selber müssen alle schon dagewesen sein und wiederkommen, ja „ewig wiederkommen" (ebd.). Alles und alle müssen nicht nur einmal, sondern ewig wiederkehren (denn jeder Augenblick wird – als gleicher – *immer wieder* 'alle kommenden Dinge nach sich ziehen').[19] Ist das nicht – als ein Sieg über Vergänglichkeit und Tod – von Herzen zu begrüßen? Für Zarathustra ist es das zur Zeit keineswegs. Er bekennt: „Also redete ich, und immer leiser: denn ich fürchtete mich vor meinen eignen Gedanken und Hintergedanken" (4,200f.). Der Gedanke der ewigen Wiederkunft des Gleichen hat einen niederwerfenden Aspekt, und er *wird* Zarathustra niederwerfen.

Davon, aber auch von einer möglichen Genesung handelt der zweite Teil von Zarathustras Gedicht; der Hirt, den Zarathustra da geschaut hat, steht

[18] Nietzsche hat anderwärts die Anfangslosigkeit der Zeit aus dem Willen zur Macht zu begründen versucht: Der Wille zur Macht ist Prinzip alles Werdens und kann deshalb nicht selbst geworden sein; wenn er aber nicht geworden sein kann, dann auch nicht die Welt (immer war Werdendes), und dann auch nicht die Zeit (vgl. Nachgelassene Fragmente November 1887–März 1888, 11[29]; 13,17). Ein Argument Zarathustras für die endliche Anzahl der Dinge findet man – übrigens als einen Gedanken seiner „wache[n] Tags-Weisheit" – im Kapitel „Von den drei Bösen": Die Welt ist endlich, denn, so sagt es diese Weisheit, „'wo Kraft ist, wird auch die *Zahl* Meisterin: die hat mehr Kraft'" (4,235). Wie überzeugend dies Argument und jene Begründung sind, mag hier dahingestellt bleiben.

[19] Dafür, daß der Prozeß des Wiederkehrens in alle Zukunft kein Ende haben wird, steht nach Nietzsche ein, daß er, wenn er enden könnte, in der zurückliegenden Ewigkeit schon geendet haben müßte. Das Werden müßte schon ins Nichts oder ins bewegungslose Sein (in einen Gleichgewichtszustand aller Kräfte) übergegangen sein. Das ist aber nicht der Fall. Vgl. etwa Nachgelassene Fragmente Frühjahr 1888, 14[188]; 13,375.

allem zuvor für ihn selbst. Die Umgebung ist verändert: „Zwischen wilden Klippen stand ich mit Einem Male, allein, öde, im ödesten Mondscheine" (4,201). In dieser nihilistischen Szenerie entdeckt Zarathustra einen „jungen Hirten [...], sich windend, würgend, zuckend, verzerrten Antlitzes, dem eine schwarze Schlange aus dem Munde hieng. / Sah ich je so viel Ekel und bleiches Grauen auf Einem Antlitze?" (ebd.). Zarathustras 'eigene Gedanken und Hintergedanken' über die ewige Wiederkunft des Gleichen würgen den Hirten und bereiten ihm Ekel und Grauen. Ewige Wiederkehr von *allem* als Gleichem – das bedeutet: Auch alles Niedrige, Erbärmliche, Furchtbare kommt ewig wieder. Man mag es verneinen, so sehr man nur will, die Zukunft bringt es unverändert wieder heran. Hier liegt die Gefahr des radikalsten Nihilismus beschlossen, die Gefahr, ein totales Nein zur Welt zu sprechen aus Ekel vor der ewigen Wiederkunft des Nichtigen. Zarathustra versucht vergeblich, den Hirten von der Schlange zu befreien. Da begreift er: Der Hirt kann sich nur selbst befreien. Nur wenn er selbst der Schlange den Kopf abbeißt, wird er vom Ekel und vom Grauen erlöst. Auf Zarathustras Rat hin tut er das. Und da geschieht etwas Wunderbares: „Weit weg spie er den Kopf der Schlange –: und sprang empor. – / Nicht mehr Hirt, nicht mehr Mensch, – ein Verwandelter, ein Umleuchteter, welcher *lachte!* Niemals noch auf Erden lachte je ein Mensch wie *er* lachte!" (4,202). In einem Gesicht, das er seinen Zuhörern als Rätsel aufgibt (vgl. ebd.), schaut Zarathustra die Geburt des Übermenschen aus der Überwindung jenes Ekels – die Geburt des Übermenschen (die sich zunächst nur an Zarathustra selbst vollziehen wird) durch das Ja zur ewigen Wiederkunft des Gleichen. Wodurch dieses Ja möglich sein könnte, wird in diesem Gesicht nicht angedeutet.

In dem bedeutsamen Kapitel „Der Genesende" hebt Zarathustra, in seine Höhle zurückgekehrt und nur von seinem Adler und seiner Schlange umgeben, den Gedanken der ewigen Wiederkunft des Gleichen ins deutliche Bewußtsein (vgl. 4,270). Er sagt auch, als wer er den Gedanken ruft: als „der Gottlose" und als „der Fürsprecher des Lebens, der Fürsprecher des Leidens, der Fürsprecher des Kreises" (4,271). Der Gedanke der ewigen Wiederkunft des Gleichen besiegelt Zarathustras Gottlosigkeit, weil er impliziert, daß die Welt eines Gottes, der anderes wäre als das vom Willen zur Macht geprägte Werden selbst, gänzlich unbedürftig ist. In ewigem Kreisen existiert und währt sie selbstgenügsam aus sich selbst – vollendet und 'göttlich'. Und wer den Gedanken bejaht, der ist Fürsprecher des Kreises und Lebens nicht nur, sondern auch des Leidens – des Leidens, das das Schaffen begleitet, weil dieses immer auch Zerstören ist, sowie alles übrigen Leidens, das ja ewig wiederkehren wird. Man kann das Leben und Schaffen nicht ohne das Leiden bejahen; man kann den Kreis nur als ganzen bejahen.

Zarathustra ruft den Gedanken herauf und wird sofort vom Ekel niedergeworfen. Es erfüllt sich an ihm, was er in seinem Gesicht im Bild des würgenden Hirten vorausgesehen hat. Todkrank ist er sieben Tage lang auf sein Lager gebannt. Dann weicht der Ekel. Zarathustra hat sich selbst erlöst wie jener Hirt, aber noch vermag er nicht dessen Lachen, noch liegt er „krank […] von der eigenen Erlösung“ (4,273). Die Erinnerung an das Durchlittene macht ihm zu schaffen. Die Selbsterlösung vom Ekel aber ist ihm gelungen über die Selbstbejahung, über die Bejahung seiner eigenen ewigen Wiederkunft. Seine beiden Tiere, die sich schon vorher bemüht hatten, Zarathustra aufzurichten, indem sie ihm die Welt und die ewige Wiederkunft des Gleichen in den heitersten Farben malten (vgl. 4,271 ff. und hier, unten), wissen von seiner Selbstbefreiung, sprechen sie aus und fordern ihn auf zu dionysischem Jubelgesang: „Singe und brause über, oh Zarathustra, heile mit neuen Liedern deine Seele: dass du dein grosses Schicksal tragest, das noch keines Menschen Schicksal war! / Denn deine Thiere wissen es wohl, oh Zarathustra, wer du bist und werden musst: siehe, *du bist der Lehrer der ewigen Wiederkunft* –, das ist nun *dein* Schicksal! […] Und wenn du jetzt sterben wolltest, oh Zarathustra: […] Du würdest sprechen und ohne Zittern, vielmehr aufathmend vor Seligkeit: […] ‘Nun sterbe und schwinde ich, würdest du sprechen, und im Nu bin ich ein Nichts. Die Seelen sind so sterblich wie die Leiber. / Aber der Knoten der Ursachen kehrt wieder, in den ich verschlungen bin, – der wird mich wieder schaffen! […] – ich komme ewig wieder zu diesem gleichen und selbigen Leben, im Grössten und auch im Kleinsten, dass ich wieder aller Dinge ewige Wiederkunft lehre, – […] dass ich wieder den Menschen den Übermenschen künde […]“ (4,275 und 276). Nicht nur für Zarathustra, sondern allgemein dürfte gelten, daß die ewige Wiederkunft des Gleichen von einem Individuum nur bejaht werden kann unter der Bedingung seiner uneingeschränkten Selbstbejahung.

Der Gedanke der ewigen Wiederkunft des Gleichen, deutlich und redlich gedacht, führt in die Krise. Mit ihm kann der Nihilismus sich vollenden, kann er aber auch besiegt werden. Umfassender nämlich ist die Welt nicht zu bejahen, als indem alles in seiner ewigen und ewig gleichen Wiederkehr bejaht wird. Ob jemand zu diesem Ja bereit ist, daran bemißt sich die Aufrichtigkeit seiner Weltbejahung. Und nur wer es vollzieht und zur Grundlage neuer Wertsetzungen nimmt, geht als Übermensch hervor und läßt das Menschsein hinter sich zurück.

Sein Ja ist dionysisch. Und die Welt erscheint ihm als göttlich – als ein noch namenloser Gott, für den vorerst Dionysos steht, der Gott des Weines nicht nur, sondern vor allem des Vergehens und Wiederauflebens, des Zerstörens und Schaffens. Zarathustra geht auch darin voran. Seine Tiere haben den Genesenden aufgefordert: „Singe und brause über, […] heile mit neuen Liedern deine Seele" (vgl. oben). Und sie selbst hatten sich (ebenfalls im Kapitel „Der Genesende") an einem solchen neuen Lied schon versucht, um Zarathustra aufzumuntern. Es war ein fröhliches Lied, das die heitere Seite des Dionysos betonte: „'Oh Zarathustra, [...] Solchen, die denken wie wir, tanzen alle Dinge selber: das kommt und reicht sich die Hand und lacht und flieht – und kommt zurück. / Alles geht, Alles kommt zurück; ewig rollt das Rad des Seins. Alles stirbt, Alles blüht wieder auf, ewig läuft das Jahr des Seins. / Alles bricht, Alles wird neu gefügt; ewig baut sich das gleiche Haus des Seins [...]'" (4,272 f.). Auch Zarathustra vermag so zu singen. Im Kapitel „Von der grossen Sehnsucht" leidet er am Überreichtum seiner nun vollendeten Weisheit, die mitzuteilen noch nicht an der Zeit ist. Er sagt zu sich: Willst du nicht „in stürzende Thränen ausschütten all dein Leid über deine Fülle und über all die Drängniss des Weinstocks nach Winzer und Winzermesser [...], so wirst du *singen* müssen, [...] singen, mit brausendem Gesange, bis alle Meere still werden, [...] bis über stille sehnsüchtige Meere der Nachen schwebt, das güldene Wunder, um dessen Gold alle guten schlimmen wunderlichen Dinge hüpfen: [...] hin zu dem güldenen Wunder, dem freiwilligen Nachen und zu seinem Herrn: das aber ist der Winzer, [...] dein grosser Löser, oh meine Seele, der Namenlose – – dem zukünftige Gesänge erst Namen finden!" (4,280). Enthusiastischer Gesang und Stille, das sind die Extreme dionysischer Stimmung, die hier vorgeführt werden. Aber um den Nachen des Dionysos, golden und vollkommen wie er ist, bewegen sich doch eben auch 'schlimme Dinge'. Und so ist die vorherrschende Stimmung eines dionysisch die Welt Bejahenden eine Mischung von Lust und Weh, in der die Lust das Weh überwiegt. Im Kapitel „Das andere Tanzlied" (Ziffer 3) läßt sich die Mitternacht zwischen zwölf Glockenschlägen u. a. so vernehmen: 'Die Welt ist tief, / Und tiefer als der Tag gedacht. / Tief ist ihr Weh –, / Lust – tiefer noch als Herzeleid: / Weh spricht: Vergeh! / Doch alle Lust will Ewigkeit –, / – will tiefe, tiefe Ewigkeit!' (4,285 f.). Vor *diesem* Hintergrund ist Zarathustras siebenmaliges Bekenntnis 'Denn ich liebe dich, oh Ewigkeit!' im folgenden Kapitel zu sehen. Es handelt sich dabei um den siebenmal vorkommenden Refrain im Schlußkapitel des dritten Teils des Werkes („Die sieben Siegel. (Oder: das Ja- und Amen-Lied.)", 4,287 ff.) und damit ursprünglich um den Schluß des Ganzen. Mit der Versicherung, die ewige Wiederkunft des Gleichen liebend zu bejahen, gibt Zarathustra auch seinem amor fati Ausdruck, seiner Liebe zum eigenen ewig gleichen, ewig wiederkehrenden Geschick im niemals endenden Werden.

Am Beginn des vierten Teils des Werkes sind Jahre vergangen, und Zarathustra ist gealtert. Noch wurde ihm kein Zeichen zuteil, daß es Zeit sei, zu den Menschen zurückzukehren, um ihnen den Gedanken der ewigen Wiederkunft des Gleichen zu bringen. Am Ende des vierten Teils ist es dann soweit (Kapitel „Das Zeichen") – auf ein Zeichen hin verläßt Zarathustra „seine Höhle, glühend und stark, wie eine Morgensonne, die aus dunklen Bergen kommt" (4,408). Mehr erfährt man nun nicht mehr.

3. Nietzsche an den Grenzen seiner Philosophie

Zwischen Anfang und Ende des vierten Teils hat Zarathustra in seiner Einöde Besuch von einigen höheren Menschen. Das sind Menschen, die Zarathustras Lehren zwar aufgeschlossen entgegengekommen sind, diese Lehren aber keineswegs so angeeignet haben, daß sie für den Übergang in den Übermenschen in Betracht kämen. Unter ihnen befinden sich ein Zauberer und ein „Wanderer, welcher sich den Schatten Zarathustra's nannte" (4,379). Diese beiden tragen drei äußerst brisante Lieder vor, der Zauberer sein erstes im Kapitel „Der Zauberer" (4,313 ff.), sein zweites im Kapitel „Das Lied der Schwermuth" (4,369 ff.); der Wanderer läßt sich hören im Kapitel „Unter Töchtern der Wüste" (4,379 ff.). Mit diesen Liedern setzt Nietzsche Fragezeichen hinter Grundgedanken Zarathustras. Er baut aber zugleich Zurücknahmen ein, so daß das Fragliche in der Schwebe bleibt und als Aufgabenstellung für Nietzsches Weiterdenken, nicht als Unterminierung wesentlicher Bestandstücke seines ›Zarathustra‹ einzuschätzen ist. Auch für positive Gegengewichte im vierten Teil des Werkes hat Nietzsche gesorgt, so mit dem Kapitel „Mittags" (4,342 ff.) und durch die Wiederaufnahme des Gesangs der Mitternacht in den Ziffern 3 bis 12 des Kapitels „Das Nachtwandler-Lied" (4,397 ff.). Fraglich gemacht werden in den genannten Liedern: der Übermensch in seinem Rang als Sinn der Erde; die Wahrheit von Zarathustras Lehren; die Möglichkeit, schöpferisch Neues hervorgehen zu lassen im ewig gleichen Kreisen aller Dinge.

Nietzsche hat seinen ›Zarathustra‹ als (philosophische) Dichtung verstanden. Um die Probleme zu lösen, die dieses Werk für ihn hinterlassen hat, kehrt er zur Prosa zurück. Er bemüht sich um Absicherung seiner Seinsthese, daß alles Wille zur Macht ist; u. a. *verkoppelt* er sie mit *Beweisen* der ewigen Wiederkunft des Gleichen. Sein herausforderndes Denken nimmt an Radikalität noch zu. Der Übermensch erfährt dabei eine Entzauberung.

Ob Nietzsche selbst in den auf die Beendigung des ›Zarathustra‹ folgenden Jahren vorübergehend zu dem ernsthaften Bewußtsein gekommen ist, daß ihm die Lösung seiner Grundprobleme befriedigend gelungen ist, läßt sich schwer abschätzen. Sicher ist aber, daß er sich ganz zuletzt, mit einigen der ›Dionysos-Dithyramben‹, redlich zu ihrer Ungelöstheit bekannt hat. In diese Gedichtsammlung (6,375 ff.) hat er die drei Lieder aus dem vierten Teil des ›Zarathustra‹ aufgenommen, die nun, aus ihrem alten Kontext herausgenommen, noch schärfer als zuvor Fragwürdiges artikulieren. Dem Lied des Schattens hat er sogar einen radikalen neuen Schluß hinzugefügt. Das hinzugekommene, 1888 entstandene Gedicht „Zwischen Raubvögeln" treibt das Wahrheitsproblem noch mehr hervor. Jedoch fehlen die Gegengewichte auch jetzt nicht. Da wäre auf den neuen Schluß des früheren ersten Liedes des Zauberers (jetzt: „Klage der Ariadne") und auf die beiden letzten Teile des neu entstandenen Gedichtes „Ruhm und Ewigkeit" zu verweisen.

Mir scheint, Nietzsche gibt hier Winke zur Überwindung seiner Probleme, denen zu folgen allerdings eine wesentliche Umbildung seiner Philosophie bedeuten müßte. Jedenfalls aber formuliert er in „Ruhm und Ewigkeit" noch einmal ein Ja zur Welt: „ewiges Ja des Sein's, / ewig bin ich dein Ja: / *denn ich liebe dich, oh Ewigkeit!* – –" (6,405).[20]

Kurzbibliographie Nietzsche

Die Geburt der Tragödie aus dem Geiste der Musik, 1872 (1,9 ff.).
Die fröhliche Wissenschaft. („la gaya scienza"), Buch 1–4 1882, Buch 5 1887 (3,343 ff.).
Also sprach Zarathustra. Ein Buch für Alle und Keinen, Teil 1–3 1883/84, Teil 4 1885 (4,9 ff.).
Jenseits von Gut und Böse. Vorspiel einer Philosophie der Zukunft, 1886 (5,9 ff.).
Dionysos-Dithyramben, Druckmanuskript 1888/89 (6,375 ff.).

[20] Im Rahmen einer Einführung und bei der gebotenen Kürze dieses Beitrags konnte eine Auseinandersetzung mit Nietzsches Denken nicht stattfinden und waren im Schlußteil nur Andeutungen möglich. Dieses Ungenügen veranlaßt mich, speziell für das Wahrheitsproblem auf das Nietzsche-Kapitel in meinem Wahrheitsbuch (Wahrheit und Wahrheitsgrund. Zum Wahrheitsproblem und zu seiner Geschichte, Berlin–New York 1984, 133–190) hinzuweisen sowie generell auf mein Nietzsche-Buch (Der „Sinn der Erde" und die Entzauberung des Übermenschen. Eine Auseinandersetzung mit Nietzsche, Darmstadt 1993). Hier sowie in meinem Artikel „Nietzsche" in der Theologischen Realenzyklopädie (Bd. 24, Berlin–New York 1994, 506–524) finden sich auch ausgiebige Angaben zur Literatur über Nietzsche.

LUDWIG WITTGENSTEIN

Sprachanalyse und Therapie

Von Kurt Wuchterl

Schon 1912 prophezeite Bertrand Russell, der gerade den jungen Wittgenstein kennengelernt hatte, der „nächste große Schritt in der Philosophie" werde von ihm unternommen.[1] Wenige Jahre später war Wittgenstein in der Tat einer engeren Fachwelt bestens bekannt. Aber in das allgemeine Bewußtsein konnten seine ungewöhnlichen Gedanken bis heute den Weg nicht finden. Man kennt zwar seinen *Namen,* doch seine *Philosophie* ist nach wie vor nur wenigen geläufig, so daß man ihn den großen unbekannten Klassiker der modernen Philosophie nennen kann. Weil sich in seiner Philosophie eine innere Entwicklung vollzogen hat, müssen wir in unserer Einführung eine Früh- und eine Spätphilosophie unterscheiden. Nur wenn man die Grundideen seines Jugendwerkes kennt, kann man die späteren Gedanken verstehen, durch die er seinen Rang in der Philosophiegeschichte erhalten hat.

1. Die Frühphilosophie Wittgensteins

Wittgenstein, der wie Martin Heidegger und Gabriel Marcel im Jahre 1889 geboren wurde, setzt mit seinem Denken in der Zeit unmittelbar vor dem Ersten Weltkrieg ein. Damals bestimmten der Neukantianismus um Cohen, Natorp und Windelband, ferner die Lebensphilosophie um Dilthey sowie die Phänomenologie um Husserl die philosophische Landschaft. Aber es wäre übertrieben zu behaupten, daß diese Strömungen die allgemeinen geistigen Kräfte jener Jahre repräsentiert hätten. Die Masse der Gebildeten hatte damals bereits die Verbindung zur eigentlichen Philosophie verloren, was bis heute nicht anders geworden ist. Die Gründe für die Entfremdung von der Philosophie waren vielfältig. Vor allem die Unzufriedenheit mit der philosophischen Spekulation in der Hegel-Nachfolge und der revolutionäre Bruch innerhalb der bürgerlichen Gesellschaft, der durch Marx, Kierkegaard und Nietzsche vollzogen worden war, trugen zu dieser Situation bei. Zu diesen beiden eher internen Philosophie-Kritiken

[1] Nach Hermine Wittgenstein, Familienchronik (unveröffentlicht).

kam die Entfremdung von unserem geistigen Erbe durch die Verwissenschaftlichung des Lebens und durch die Vorherrschaft naturwissenschaftlicher Denkmethoden hinzu.

Für die Philosophie stellte sich daher in bezug auf dieses zuletzt genannte Faktum eine *neue Aufgabe.* Sie mußte die durch die modernen Wissenschaften aufgeworfenen Probleme aus Relativitätstheorie, Quantentheorie, mathematischer Logik u. ä. zur Kenntnis nehmen und in ihre reflexive Wirklichkeitsbewältigung einbeziehen. Genau diese Notwendigkeit einer Integration der wissenschaftlichen Wirklichkeit mit dem allgemeinen philosophischen Anliegen einer Sinngebung und einer Humanisierung der Welt führte zur *Entstehung der analytischen Philosophie,* als deren Hauptvertreter Wittgenstein heute gilt.

Will man den Beitrag würdigen, den Wittgenstein zur Verwirklichung des analytischen Programms geleistet hat, indem man seine *Veröffentlichungen* zur Hand nimmt, so wird man schnell enttäuscht. Das einzige von ihm selbst publizierte philosophische Buch ist der 1921 erschienene ›Tractatus logico-philosophicus. Logisch-philosophische Abhandlung‹. Alle anderen philosophischen Veröffentlichungen stammen aus dem umfangreichen Nachlaß, der an die dreißigtausend Seiten umfaßt und bis heute nicht vollständig veröffentlicht ist. Das Buch enthält eine systematische Komposition von losen Gedanken, die Wittgenstein im Laufe von sieben Jahren niedergeschrieben hatte. Es umfaßt wenig mehr als 100 Seiten. Das Vorwort wirkt verständlich und vielversprechend. Da heißt es: „Das Buch behandelt die philosophischen Probleme und zeigt – wie ich glaube –, daß die Fragestellung dieser Probleme auf dem Mißverständnis der Logik unserer Sprache beruht. Man könnte den ganzen Sinn des Buches etwa in die Worte fassen: Was sich überhaupt sagen läßt, läßt sich klar sagen; und wovon man nicht reden kann, darüber muß man schweigen. Das Buch will also dem Denken eine Grenze ziehen, oder vielmehr – nicht dem Denken, sondern dem Ausdruck der Gedanken." Besonders auffällig ist der vorletzte Satz des Vorwortes: Es „scheint mir die *Wahrheit* der hier mitgeteilten Gedanken unantastbar und definitiv. Ich bin also der Meinung, die Probleme im Wesentlichen endgültig gelöst zu haben."

Wenn man dann weiterliest, fällt die strenge Numerierung auf, die eine strenge Systematik vortäuscht. Wittgenstein schreibt in einem asketischen Stil lapidare Sätze, verwendet keinerlei Fußnoten und beruft sich kaum auf klassische Vorgänger. Zum ersten Überblick seien die *Kernsätze* aufgezählt, die wegen ihrer Gewichtigkeit mit einstelligen Zahlen versehen sind:

„1. Die Welt ist alles, was der Fall ist.
2. Was der Fall ist, die Tatsache, ist das Bestehen von Sachverhalten.
3. Das logische Bild der Tatsachen ist der Gedanke.
4. Der Gedanke ist der sinnvolle Satz.

5. Der Satz ist eine Wahrheitsfunktion der Elementarsätze.
6. Die allgemeine Form der Wahrheitsfunktion ist ...“ (hier folgt eine Rekursionsformel, die alle logischen Prozesse auf Verneinungen und Konjunktionen zurückführt).
7. Wovon man nicht sprechen kann, darüber muß man schweigen.“

Offensichtlich ist ein großer Teil des Buches dazu bestimmt, die Arbeiten über *Logik* und *Grundlagenmathematik* weiterzuführen, die die beiden bedeutenden Logiker Gottlob Frege und Bertrand Russell um die Jahrhundertwende entwickelt hatten. Frege ging es darum, die Grundlagen der Mathematik so zu festigen, daß kein Mensch mehr an deren Fundamenten rütteln konnte. Bekanntlich gilt die Mathematik seit eh und je als Inbegriff der Sicherheit. Um diese Evidenz zu erklären, versuchte Frege, ihre Inhalte auf die Logik zurückzuführen. Man spricht deshalb in der Grundlagentheorie von Logizismus. Seine Lehre lebt heute in der These weiter, alle Mathematik sei Mengenlehre. Ähnliche Überlegungen führten Russell zur Ausarbeitung des Standardwerkes ›Principia Mathematica‹. Bei der Durcharbeitung von Freges Ansatz stieß er auf Antinomien, das heißt auf innere Widersprüche, die das gesamte Gebäude der Mathematik gefährdeten. Dieser Umstand bedeutete eine Katastrophe für die Selbstsicherheit aller exakten Wissenschaften und löste die sogenannte *Grundlagenkrise* aus.

Als Gegenmittel gegen die Antinomien hatte Russell in den ›Principia Mathematica‹ eine originelle Typentheorie geschaffen – und gegen diese Typentheorie kämpft Wittgenstein im ›Traktat‹ an. Dabei versucht er eine eigene Lösung des Grundlagenproblems und macht in diesem Zusammenhang eine Reihe interessanter logischer und erkenntnistheoretischer Entdeckungen. Entscheidend und folgenreich aber war vor allem, daß er die Sprache in den Mittelpunkt seiner Untersuchungen stellt. Genau dies ist ein Hauptmerkmal der sogenannten analytischen Philosophie. Die beiden anderen entscheidenden Merkmale dieser philosophischen Strömung sind die Berufung auf die Logik und die Ablehnung des Systems als Erfassung der Totalität, also eine Ablehnung des spekulativen Denkens.

Wittgenstein fragt im ›Traktat‹: *Welche Bedingungen müssen erfüllt sein, damit eine sinnvolle Sprache möglich ist?* Diese Fragestellung ist ganz allgemein gemeint, das heißt es handelt sich nicht nur um mathematische, logische oder wissenschaftliche Sprachen wie bei Frege oder Russell. Es ist vielmehr eine Art *transzendentale Fragestellung*: die Frage nach den Bedingungen der Möglichkeit von Sprache. Dazu entwickelt Wittgenstein eine interessante *Abbildtheorie.* Er geht davon aus, daß alle Aussagen entweder logische Verknüpfungen von Elementarsätzen sind (sogenannte Wahrheitsfunktionen) oder aber als Elementarsätze Verbindungen von Namen darstellen, die über hinweisende Erklärungen auf Elemente der

Wirklichkeit hindeuten. Wenn Elementarsätze nur Namen enthalten, fragt es sich, wie man damit etwas *aussagen* kann. Denn eine bloße Aufzählung von Namen sagt nichts aus, wie beispielsweise „Sokrates, Philosophie, Weisheit". Nun heißt es gleich zu Beginn des ›Traktats‹, die Welt ist nicht die Gesamtheit der *Dinge*, sondern alles, was der Fall ist, das heißt die *Gesamtheit der Tatsachen.* Damit ist die Frage „Wie kommt die Prädikation in die Sprache?" leichter zu beantworten. Wittgensteins Antwort lautet: In den sprachlichen Gebilden steckt eine *logische Struktur,* die mit der übereinstimmt, die in den Tatsachen steckt. Zwischen den Elementen, welche die Aussage aufbauen, und den Elementen, welche die Tatsache bedingen, existiert eine analoge (isomorphe) Struktur. Die Welt der Tatsachen, die Welt der Gedanken über Tatsachen und die Welt der Sprache stehen in einem Abbildungsverhältnis, das allerdings nicht im Sinne *photographischer* Abbildungen gedacht werden darf, sondern im Sinne *mathematischer* Abbildungen von Strukturen. Zum Beispiel ist in diesem Sinne eine Schallplatte die Abbildung einer Partitur. Weil dieses Abbildungsverhältnis auch im *sprachlichen* Bereich besteht, ist es möglich, die Tatsachen in einer Sprache zu erfassen. Allerdings kann dies nicht mittels der *Alltagssprache* geschehen, sondern nur innerhalb einer gereinigten *logischen Kunstsprache,* die angeblich als eine Art Tiefengrammatik allen Alltagssprachen zugrunde liegt. Man spricht in diesem Zusammenhang von *Idealsprachphilosophie.*

Sprechen ist also dann sinnvoll, wenn es Tatsachen abbildet. Nun kommt diese Tatsachenbeschreibung aber den *Naturwissenschaften* zu; und so fragt man sich, was uns dann die Philosophie noch zu sagen hat. Kann Philosophie überhaupt *sinnvolle* Aussagen machen, wenn sinnvolles Sprechen Abbildung von *Tatsachen* ist?

Sobald man diese Gedanken weiterverfolgt, entdeckt man im ›Traktat‹ neben den logischen, sprachphilosophischen und erkenntnistheoretischen Übrlegungen Reflexionen über die Möglichkeit sinnvollen philosophischen Sprechens und über die *Grenzen der Philosophie.* Und wegen dieser Gedanken wird der ›Traktat‹ auch heute noch diskutiert. Am Ende des Buches häufen sich diese Überlegungen zur Philosophie im allgemeinen und gipfeln schließlich in einer widerspruchsvollen Selbstaufhebung. Der Schluß des ›Traktats‹ lautet:

Die richtige Methode der Philosophie wäre eigentlich die: Nichts zu sagen, als was sich sagen läßt, also Sätze der Naturwissenschaft – also etwas, was mit Philosophie nichts zu tun hat –, und dann immer, wenn ein anderer etwas Metaphysisches sagen wollte, ihm nachzuweisen, daß er gewissen Zeichen in seinen Sätzen keine Bedeutung gegeben hat. Diese Methode wäre für den anderen unbefriedigend – er hätte nicht das Gefühl, daß wir ihn Philosophie lehrten –, aber *sie* wäre die einzig streng richtige.

Meine Sätze erläutern dadurch, daß sie der, welcher mich versteht, am Ende als

unsinnig erkennt, wenn er durch sie – auf ihnen – über sie hinausgestiegen ist. (Er muß sozusagen die Leiter wegwerfen, nachdem er auf ihr hinaufgestiegen ist.) Er muß diese Sätze überwinden, dann sieht er die Welt richtig.
Wovon man nicht sprechen kann, darüber muß man schweigen.[2]

Zum besseren Verständnis dieses Ausgangs dienen noch folgende Stellen:

Die meisten Sätze und Fragen, welche über philosophische Dinge geschrieben worden sind, sind nicht falsch, sondern unsinnig. Wir können daher Fragen dieser Art überhaupt nicht beantworten, sondern nur ihre Unsinnigkeit feststellen. Die meisten Fragen und Sätze der Philosophen beruhen darauf, daß wir unsere Sprachlogik nicht verstehen.
Alle Philosophie ist 'Sprachkritik'.
Der Zweck der Philosophie ist die logische Klärung der Gedanken.
Die Philosophie ist keine Lehre, sondern eine Tätigkeit.
Ein philosophisches Werk besteht wesentlich aus Erläuterungen.
Das Resultat der Philosophie sind nicht 'philosophische Sätze', sondern das Klarwerden von Sätzen.[3]

Nach der ersten Lektüre des ›Traktats‹ ist sicherlich jeder Leser verunsichert, weil er das meiste nicht versteht. Es hilft auch nicht viel, wenn man weiß, daß selbst Wittgensteins engster Freund, Bertrand Russell, den ›Traktat‹ nicht ganz durchschaut hat. Die Abhandlung ist in der Tat undurchsichtig und widerspruchsvoll und entspricht so keineswegs den Standards, die man in der analytischen Philosophie heute im allgemeinen fordert. Nachdem das Werk aber andererseits bei Fachleuten schnell höchste Beachtung gefunden hatte und man die angeschnittenen Fragen äußerst interessant empfinden kann, wird man sich vielleicht die Mühe machen, andere Quellen zum besseren Verständnis der Gedanken Wittgensteins heranzuziehen. Man kann entweder den historischen und kulturellen Hintergrund von Wittgensteins Lebenswelt betrachten oder sich der Biographie zuwenden, also Briefe, Tagebücher, Äußerungen von Freunden und ähnliches berücksichtigen. Beide Möglichkeiten lassen sich hier nur andeuten.

Zum *kulturhistorischen Hintergrund* folgende Bemerkungen: Man kann beobachten, daß sich Wittgenstein innerlich und äußerlich von seiner damaligen Welt distanziert hat. Seine Vorbilder waren Karl Kraus und andere geistige Rebellen. Wittgenstein ist übrigens in Wien aufgewachsen, als Kind reicher Eltern, bei denen zahlreiche Größen jener Zeit verkehrten.[4] Man

[2] T 6.53, 6.54, 7 (vgl. Kurzbibliographie).

[3] T 4.003, 4.0031, 4.112.

[4] So z. B. Johannes Brahms und Sigmund Freud, der mit Wittgensteins Schwester Margarete befreundet war. Vor allem avantgardistische Künstler zählten zu den

hat wegen der erwähnten Distanzierung des jungen Wittgenstein seine Frühphilosophie als einen Versuch interpretiert, aus der ekelhaften Lügenhaftigkeit und Sinnlosigkeit der k. u. k. Monarchie herauszufinden. Danach hätte er das gleiche in der Philosophie geleistet, was Freud in der Psychoanalyse getan hat, was Karl Kraus' ›Fackel‹ vollbrachte und was Arnold Schönberg in der Musik bzw. Adolf Loos in der Architektur erreicht hatten, nämlich die Entlarvung der Sinnlosigkeit jener Denk- und Lebensform im damaligen Wien.

Dies ist sicher eine sehr einseitige Interpretation.[5] Aber auch die *Biographie* beantwortet nicht alle Fragen und enthält Widersprüche. Hier wird häufig aus einem Brief an Russell zitiert: „Der Angelpunkt ist die Theorie dessen, was durch Aussagen ... ausgedrückt werden kann ... und dessen, was durch Aussagen nicht ausgedrückt, sondern nur gezeigt werden kann; das, glaube ich, ist das Kardinalproblem der Philosophie."[6]

Im sogenannten Neopositivismus des „Wiener Kreises" wurde dazu eine recht plausible Interpretation angeboten.[7] Danach läßt sich alles Klarsagbare als Tatsache innerhalb der Naturwissenschaften ausdrücken. Die Naturwissenschaften führen die Elemente der Aussagen auf Sinneseindrücke zurück, die durch Beobachtungen abgesichert sind. Aus den Kombinationen dieser Urgegebenheiten, den atomaren Tatsachen, wird dann mittels der modernen Logik der Gegenstand der wissenschaftlichen Theorie gebildet.

Auch über das Unsagbare ist bei den Positivisten alles gesagt: Das Unsagbare betrifft die metaphysische Spekulation, die hinter die Welt der Tatsachen blicken will, ferner all das Gerede über Ästhetik, Moral und Religion. Diese Bereiche betreffen nur subjektive Gefühle und haben nichts mit Erkenntnis zu tun. Man muß gegenüber solchen Aussagen skeptisch bleiben, weil sie eigentlich inhaltslos sind. So sind in den Augen Carnaps Metaphysiker verhinderte Musiker, „Musiker ohne musikalische Fähigkeit"[8].

Gästen wie Gustav Mahler, Gustav Klimt, Bruno Walter und Pablo Casals. 1914 stiftete Wittgenstein Künstlern wie Georg Trakl, Rainer Maria Rilke, Else Lasker-Schüler, Oskar Kokoschka und Adolf Loos größere Geldsummen.

[5] Vor allem in: A. Janik u. St. Toulmin, Wittgensteins Wien, München–Wien ^{2}1985.

[6] Brief 37 an Russell, in: Georg H. von Wright, Letters to Russell, Keynes and Moore (vgl. Kurzbibliographie).

[7] Der „Wiener Kreis" bestand aus einer Gruppe von einflußreichen Philosophen, Mathematikern und Naturwissenschaftlern (wie M. Schlick, R. Carnap, O. Neurath, K. Gödel), welche die Idee des ›Traktats‹ aufgriffen und in ihre neopositivistischen Theorien einbauten.

[8] R. Carnap, Überwindung der Metaphysik durch logische Analyse der Sprache, in: H. Schleichert, Logischer Empirismus. Der Wiener Kreis, München 1975, 170.

Von dieser Interpretation des Positivismus hat sich Wittgenstein ausdrücklich distanziert. Er wehrte sich stets gegen den Positivismusvorwurf, wenn auch meistens vergebens. Aus diesem Grunde sollte man eine dritte Deutung des ›Traktats‹, nämlich die *ethische Deutung,* nicht geringschätzen. Der Forderung nach analytischer Klarheit und den Grenzziehungen im ›Traktat‹ liegt nach dieser Deutung ein moralisches Motiv zugrunde. In der Biographie Wittgensteins fällt die Askese und sein inneres Ringen um Reinheit auf. Diese Bemühungen dürften den Grund darstellen, weshalb Wittgenstein sich immer wieder auf Augustinus, Kierkegaard und Dostojewskij bezog, mit denen er sich wesensverwandt fühlte. Das Ringen dieser Denker steht symbolisch für die Dialektik zwischen geschöpflichem und sündhaftem Sein auf der einen Seite und dem Vollkommenen – sei es im Leben, in der Sprache, in der Wissenschaft, im Denken – auf der anderen Seite.

Wichtig sind in diesem Zusammenhang einige Tagebuch-Eintragungen zum Unaussprechlichen in der Religion. Während des Krieges an der Ostfront schreibt er im Juli 1916:

„An einen Gott glauben, heißt sehen, daß es mit den Tatsachen der Welt noch nicht abgetan ist."

„An Gott glauben, heißt sehen, daß das Leben einen Sinn hat."

„Den Sinn des Lebens, d. i. den Sinn der Welt, können wir Gott nennen. Und das Gleichnis von Gott als einem Vater daran knüpfen. Das Gebet ist der Gedanke an den Sinn des Lebens."[9]

Man kann daraus entnehmen, daß es Wittgenstein vor allem um drei Kontingenzerfahrungen geht, die jenseits aller naturwissenschaftlichen Aussagemöglichkeit liegen:

- Das Staunen über die Existenz der Welt;
- Die Erfahrung eines persönlichen Schuldgefühls und
- Die Erfahrung einer absoluten Geborgenheit, die sich nur aus einer tiefen Religiosität Wittgensteins erklären läßt.

Zusammenfassend läßt sich feststellen, daß es Wittgenstein in seiner Frühphilosophie darum geht, eine Grenzlinie zu ziehen zwischen dem Sagbaren und dem Unsinn überhaupt. Dieses Anliegen steht aber im Zusammenhang mit einer größeren Problemstellung, nämlich mit der Integration von Wissenschaft und Leben. Er hat sich bemüht, die menschlichen Probleme auf der Basis unserer modernen Welterfahrung zu lösen, die durch Logik, Naturwissenschaft, Technik, Aufklärung und Weltimmanenz charakterisiert sind. Dabei führte er diesen Ansatz in strenger logischer Konsequenz durch und zeigte – wahrscheinlich zu seiner eigenen Überraschung –, daß man damit scheitern muß. Er *ist* nicht einfach gescheitert – das wider-

[9] Tagebücher 1914–1916, Werkausgabe Bd. 1, 168, 167.

fuhr schon vielen Denkern –, sondern hat durch Einbeziehung aller wissenschaftlichen Ergebnisse demonstriert, daß man scheitern *muß*.

Die Denkfigur Wittgensteins beweist die Widersprüchlichkeit eines Denkens, das ästhetische, ethische und religiöse Phänomene allein mit den strengen Methoden der Wissenschaften korrekt erklären will. Wittgensteins Ergebnis lautet: Was gut, schön und religiös ist, zeigt sich von selbst und braucht nicht gelehrt zu werden; keine Philosophie und keine wissenschaftliche Analyse führen hier in den eigentlichen Lebensfragen weiter. „Wir fühlen, daß, selbst wenn alle möglichen wissenschaftlichen Fragen beantwortet sind, unsere Lebensprobleme noch gar nicht berührt sind. Freilich bleibt dann eben keine Frage mehr; und ebendies ist die Antwort.“[10]

Wittgenstein hat daraus radikale Folgerungen für sein Leben gezogen. Er verstummte in der Philosophie, gab sein Vermögen auf und änderte seinen Lebensstil radikal; er setzte sich als Dreißigjähriger nochmals auf die Schulbank und wurde Volksschullehrer. Man kann sich leicht vorstellen, daß eine solch unruhige und geistig aufgeschlossene Natur wie Wittgenstein die Existenzweise eines einfachen Volksschullehrers nicht lange durchhalten konnte. Er kehrte nach wenigen Jahren wieder zur Philosophie zurück. Und nun geschah etwas ganz Eigenartiges. Es wiederholte sich gewissermaßen das Drama seiner bisherigen geistigen Entwicklung: Es ist wieder nur *ein* Buch, das in die Öffentlichkeit kam und von ihm selbst (wenigstens zum größten Teil) für die Publikation vorbereitet wurde: die ›Philosophischen Untersuchungen‹, die 1953 postum erschienen sind und als sein Hauptwerk gelten. Wiederum stürzten sich die Philosophen auf das Buch und vereinnahmten es für eine philosophische Doktrin, für die sogenannte *sprachanalytische Schule* oder „ordinary language philosophy“. Aber – wieder das gleiche Schauspiel! – er hat sich auch von diesen Tendenzen, die sich aufgrund seiner Vorlesungen und kursierenden ungedruckten Manuskripte verbreitet hatten, immer wieder distanziert. Über die bekannte Zeitschrift ›Mind‹ schreibt er: „Wenn Philosophie mit Weisheit irgendetwas zu tun hat, ist sicher nie ein Körnchen davon in Mind, aber sehr oft in Detektivgeschichten.“[11]

Wittgenstein brachte es demnach fertig, durch zwei nicht sehr umfangreiche Bücher zwei grundlegende Strömungen des 20. Jahrhunderts zu begründen, ohne daß er es wollte, nämlich den *Neopositivismus* auf der einen und die *sprachanalytische Philosophie* auf der anderen Seite. Erst durch den großen Einfluß der sprachanalytischen Philosophie auf die Philosophie der letzten dreißig Jahre wurde Wittgenstein berühmt, und zwar diesmal über die Fachkreise hinaus.

[10] T 6.52.

[11] N. Malcolm, Ludwig Wittgenstein. Ein Erinnerungsbuch, Wien o. J., 50.

2. Die Spätphilosophie Wittgensteins

Nach seiner Rückkehr zur Philosophie vollzieht sich ein entscheidender Wandel. Wittgenstein anerkennt nun viele Funktionen der Sprache und kritisiert die Einseitigkeit der Sprachauffassung im ›Traktat‹. Seine ursprüngliche Frage nach sprachlichem Sinn, also danach, wie und warum Sprache funktioniert, bleibt allerdings von diesem Wandel der Sprachauffassung unberührt. In den Mittelpunkt der neuen Philosophie tritt an die Stelle des Abbildungsbegriffs der Begriff des *Sprachspiels*. Dieser Begriff soll nun im folgenden erläutert werden.

Die einfachste Vorstellung, wie Sprache funktioniert, ist die, daß jedes Wort seine feste Bedeutung hat und – weil alle Sprachpartner diese Bedeutung kennen – daß damit eine geistige Kommunikation möglich ist. Wittgenstein glaubt, diesen Standpunkt am reinsten bei Augustinus gefunden zu haben. Teil I der ›Philosophischen Untersuchungen‹ beginnt daher mit einem Zitat aus den ›Bekenntnissen‹ des Augustinus:

> 'Nannten die Erwachsenen irgend einen Gegenstand und wandten sie sich dabei ihm zu, so nahm ich das wahr und ich begriff, daß der Gegenstand durch die Laute, die sie aussprachen, bezeichnet wurde, da sie auf *ihn* hinweisen wollten. Dies aber entnahm ich aus ihren Gebärden, der natürlichen Sprache aller Völker, der Sprache, die durch Mienen- und Augenspiel, durch die Bewegungen der Glieder und den Klang der Stimme die Empfindungen der Seele anzeigt, wenn diese irgend etwas begehrt, oder festhält, oder zurückweist, oder flieht. So lernte ich nach und nach verstehen, welche Dinge die Wörter bezeichneten, die ich wieder und wieder, an ihren bestimmten Stellen in verschiedenen Sätzen, aussprechen hörte. Und ich brachte, als nun mein Mund sich an diese Zeichen gewöhnt hatte, durch sie meine Wünsche zum Ausdruck.' In diesen Worten erhalten wir, so scheint es mir, ein bestimmtes Bild von dem Wesen der menschlichen Sprache. Nämlich dieses: Die Wörter der Sprache benennen Gegenstände – Sätze sind Verbindungen von solchen Benennungen. – In diesem Bild von der Sprache finden wir die Wurzeln der Idee: Jedes Wort hat eine Bedeutung. Diese Bedeutung ist dem Wort zugeordnet. Sie ist der Gegenstand, für welchen das Wort steht.

Aber – um das Problem an einem *Beispiel* zu erläutern –, was ist dann die Bedeutung des Wortes „Schmerz“? Was wird im Einzelfall mit dem Wort bezeichnet? Worauf verweist man, wenn man das Wort ausspricht? Wittgenstein schlägt vor, hier einen Blick auf das *Erlernen* der Sprache zu werfen. Wenn ein Kind das Wort „Ball“ erlernt, kann man ohne Schwierigkeiten auf einen Ball zeigen. Man spricht in diesem Zusammenhang von einer hinweisenden Definition, wie sie auch im Text von Augustinus angesprochen wird. Aber wenn das Kind das Wort „Schmerz“ lernt, dann kann die Mutter doch nicht auf ihren Schmerz zeigen oder auf den Schmerz eines anderen Menschen. Vielmehr muß ein Bezug zur Gesamtsituation bestehen, in der das

Kind und die Mutter stehen. Auch ein anderer Vorschlag, sein eigenes Inneres zu beobachten, schlägt fehl; denn ein Kind, das Schmerzen hat, kann zugleich in seinem Inneren ganz andere Vorstellungen mit sich herumtragen, so daß es nicht weiß, welche Vorstellung es dem Wort zuordnen soll.

Dieses einfache Sprachmodell mit der hinweisenden Definition funktioniert also gar nicht. Wir müssen schon etwas mehr wissen, wenn wir das verstehen wollen, was Augustinus mit seinen Ausführungen über die ersten Schritte des Spracherlernens gemeint haben mag.

Übrigens besteht nach Wittgenstein eine ähnliche Problematik auch in allen anderen Fällen von Sprachverwendung, auch in so einfachen Beispielen wie der *Namensgebung.* Wie erlernt man z. B., was „Stuttgart" oder „Karajan" bedeuten? Man denkt hier natürlich an das Aufstellen eines Ortsschildes bzw. an das Anheften eines Namensetiketts an die Person. Aber diese sogenannte Etiketten-Theorie funktioniert gar nicht, weil zahlreiche Verwechslungen möglich sind. Denn der Akt der Zuordnung setzt voraus, daß man weiß, daß das Etikett der Stadt bzw. dem Menschen zugeordnet werden soll, nicht der Stelle, wo das Schild steht, oder dem Jakkett, das Karajan trägt. Man erkennt, daß auch schon so einfache Fälle wie Namensgebungen und Beschreibungen auf die Notwendigkeit verweisen, einen *ganzen Kontext mitzudenken.* Zum Erlernen und zur sinnvollen Verwendung von Sprachbedeutungen muß demnach eine Gesamtsituation vorgegeben sein, eine Art *sprachliche Lebensform,* ein Kontext, aus dem heraus die Bedeutungen, die erlernt und dann vermittelt werden, allein verstehbar sind. „Man könnte also sagen: Die hinweisende Definition erklärt den Gebrauch – die Bedeutung – des Wortes, wenn es schon klar ist, welche Rolle das Wort in der Sprache überhaupt spielen soll. Wenn ich also weiß, daß einer mir ein Farbwort erklären will, so wird mir die hinweisende Erklärung 'Das heißt ›Sepia‹' zum Verständnis des Wortes verhelfen. – ... Man muß schon etwas wissen (oder können), um nach der Benennung fragen zu können."[12]

Bezüglich des Schmerzbeispiels heißt das, daß das Wort „Schmerz" nur dann verständlich ist, wenn Schmerzäußerungen und Schmerzverhalten mit betrachtet werden; der Schmerz muß also vor allem *öffentlich* sein, er muß einen Bestandteil des Lebenszusammenhangs darstellen. Dagegen ist es unwesentlich, was man dabei innerlich fühlt. Entsprechend muß man im Karajan-Beispiel wissen, daß es sich um einen Menschen handelt, d. h., man muß schon über Artausdrücke (Menschen) Bescheid wissen, um dann ein Exemplar unter vielen daraus auszuwählen.

Solche Funktionseinheiten, in welche die Einzelbedeutungen eingebaut sind und die immer wieder mitgedacht werden müssen, nennt Wittgenstein

[12] PU [Ziffer] 30 (vgl. Kurzbibliographie).

Sprachspiele. In PU 23 zählt er eine Reihe solcher Sprachspiele auf: Befehlen, und nach Befehlen handeln – Berichten eines Hergangs – Eine Hypothese aufstellen und prüfen – Eine Geschichte erfinden; und lesen – Theater spielen – Aus einer Sprache in die andere übersetzen – Bitten, Danken, Fluchen, Grüßen, Beten.

Wir können als *Ergebnis* dieser Überlegungen festhalten: Für Wittgenstein ist die Bedeutung eines Wortes nicht ein bestimmter geistiger oder materieller Gegenstand oder ein bestimmter Erlebnisinhalt, sondern die Bedeutung eines Wortes ist sein Gebrauch in einem Funktionszusammenhang, eben in einem Sprachspiel. Dazu zwei Zitate von Wittgenstein:

Die Bedeutung eines Worts ist sein Gebrauch in der Sprache.
Jedes Zeichen scheint *allein* tot ... Im Gebrauch *lebt* es.[13]

Man spricht in diesem Zusammenhang von der *„Gebrauchsthese der Bedeutungen"*. Was in dieser These alles angesprochen wird, ist in der folgenden Gegenüberstellung angedeutet.

Gegenstandstheorie der Bedeutung	*Sprachspieltheorie der Bedeutung*
1. Die Sprache dient dazu, über die Welt zu sprechen (Information).	Sprache hat viele Funktionen, mit der Welt zu kommunizieren.
2. Wörter bezeichnen Gegenstände. Jedes Wort ist ein Name („Namentheorie").	Benennen ist keine Taufe eines Gegenstandes, sondern eine Sprachhandlung, die bereits ein Geflecht von Sprachelementen voraussetzt („Sprachspiel").
3. Die Bedeutungen der Wörter sind die bezeichneten Gegenstände.	Hier werden „Bedeutung" und „Träger des Namens" verwechselt.
4. Die Bedeutung des Wortes ist das Wesen, das allen durch das gleiche Wort bezeichneten Gegenständen gemeinsam ist (der „Begriff").	Es gibt keine solchen gemeinsamen Merkmale, die allen Gegenständen zukämen. Es gibt nur Familienähnlichkeiten und Bündel von Beschreibungen.
5. Sprachbeherrschung ist etwas Geistiges (vgl. den Unterschied: Tonband – Mensch).	Die sog. geistige Komponente spielt in der Beherrschung von Sprache keine Rolle.
6. Intentionale Akte können ihre Gegenstände erschaffen (Erin-	Es gibt keine intentionalen Gegenstände. Wörter und Sätze ha-

[13] PU 43, PU 432.

nerungen, Vorstellungen, Erwartungen).	ben ihren Sinn unabhängig von solchen Gegenständen.
7. Empfindungen und Eindrücke sind privat. Nur von sich selbst kann man wissen, welche Empfindungen man hat; von anderen kann man es nur vermuten.	Es gibt keine privaten Erfahrungen, über die man sprechen könnte. Es gibt keine Privatsprache.

So bringt Wittgenstein in den ›Philosophischen Untersuchungen‹ die verschiedenartigsten psychologischen, sprachtheoretischen, erkenntnistheoretischen und pädagogischen Probleme zur Sprache, die seit jeher die Philosophen beschäftigt haben. Besonders ausführlich werden Seelenzustände und geistige Prozesse unter die Lupe genommen, also Themen wie Denken, Verstehen, Wollen, Sprachbedeutung usw. Aber – und das ist das Entscheidende – für Wittgenstein sind diese Untersuchungen nicht Selbstzweck. Sie bilden gewissermaßen nur Nebenergebnisse in seinem eigentlichen Anliegen. Dies besteht nach wie vor darin, mit den sprachlichen Verwirrungen und Verstrickungen fertig zu werden, in die wir durch Sprachverführungen und vor allem durch die Philosophie immer wieder geraten.

So sind wir wieder bei der alten Wittgensteinschen These von der *Philosophie als Sprachkritik* angelangt. Die Sprachanalyse heilt von der Krankheit der Philosophie, z. B. von den Geist-Theorien des deutschen Idealismus, indem sie zeigt, daß alle philosophischen Probleme auf sprachlichen Mißverständnissen beruhen. Man nennt diese Auffassung die *therapeutische Interpretation*: Philosophie gilt nicht mehr als Lehre von den letzten Einsichten, sondern als Therapie.

Aber mit dieser Deutung stehen wir wieder vor einem ähnlichen Dilemma wie in der ›Traktat‹-Interpretation: Auf der einen Seite vermittelt Wittgenstein zahlreiche neue Anregungen und Lösungsvorschläge zu philosophischen Problemen; auf der anderen Seite spricht er von der Selbstaufhebung der Philosophie, im Bewußtsein, daß es noch eine andere Welt gibt, die Welt *sub specie aeterni.*

Je nachdem, welche der beiden Tendenzen man für wichtiger hält, fällt die *Beurteilung Wittgensteins* aus. Die eine Deutung führt zum therapeutischen Standpunkt, die andere zum sprachanalytischen Konzept, d. h. zu einer speziellen philosophischen Auffassung, die von der zentralen Bedeutung der Sprache für alle Problemstellungen geprägt ist.

Aus therapeutischer Sicht bedeutet Wittgensteins Philosophieren zugleich die Aufhebung der Philosophie. Er steht dann in einer Reihe mit Marx, Nietzsche und Heidegger, die jeweils auf ihre Weise eine völlig neue Denkweise propagierten, welche die alte Philosophie unmöglich machen sollte. In dieser Deutung stellt Wittgensteins Werk ein Plädoyer für die

Unhaltbarkeit jeder inhaltlichen philosophischen Lehre dar. Seine Kritik vollzieht die Destruktion des abendländischen Denkens schlechthin. Was bleibt, ist das Gespräch, das von philosophischen Krankheiten heilt, denen wir wegen des unstillbaren metaphysischen Bedürfnisses immer wieder ausgesetzt sind.[14]

Ganz anders der *sprachanalytische Standpunkt.* Hier wird darauf hingewiesen, daß Wittgensteins Gedanken selbst auf eine bestimmte Philosophie im klassischen Sinne aufbauen und deshalb nicht nur therapeutisch interpretiert werden dürfen. Wittgenstein ist demnach der Begründer einer neuen Denkweise *innerhalb* der Philosophie. Die Analytiker sprechen von einer Revolution im Denken und distanzieren sich von der Sprachvergessenheit früherer philosophischer Denkformen. Weil in der Alltagssprache die geistigen Erfahrungen von Generationen und Jahrhunderten verborgen sind und die Sprache nicht hintergehbar ist, muß in allen philosophischen Fragen zuerst das sprachliche Fundament betrachtet werden. Begriffe und Urteile sind zu analysieren und auf die Reichweite ihres Gebrauchs hin zu klären. Erst nach der Sprachanalyse, d. h. der Einsicht in Struktur und Wirkungsweise der Sprache, können die alten philosophischen Fragestellungen mit ihren Bewertungen und Deutungen weiterverfolgt werden. Einige Streitfragen werden dann als Mißverständnisse der Sprache von selbst verschwinden, andere werden in neuerer Form in das Bewußtsein treten. Die uralten Rätsel der Menschheit tauchen in sprachlicher Vermittlung wieder auf; es sind die quälenden Verführungen der Sprache, die zugleich auf die Komplexität unseres Daseins verweisen und in jeder neuen Generation, ja in jedem nachdenklichen Menschen, wieder wirksam werden. So ist die Philosophie in der Deutung der sprachanalytischen Philosophie eine unter den vielen Möglichkeiten, Philosophie zu betreiben.[15]

Die *Auswirkungen* dieser sprachanalytischen Grundidee auf die Sprachwissenschaften und verwandten Disziplinen sind enorm. Der Name Wittgenstein begegnet uns im Zusammenhang mit der Sprechakttheorie; die Unterscheidung von Oberflächen- und Tiefengrammatik ist ein Wittgensteinscher Gedanke; kommunikationstheoretische Überlegungen berufen sich auf die Begriffe des Sprachspiels und der Lebensform; die umfangreiche Diskussion über den Paradigmenbegriff hat ihren Ausgangspunkt bei Wittgenstein (deshalb knüpfen neuere Konzepte metaphysischer und reli-

[14] Zwei Beispiele zur therapeutischen Auffassung: R. Rorty, Der Spiegel der Natur: Eine Kritik der Philosophie, Frankfurt a. M. 1981; W. Schweidler, Wittgensteins Philosophiebegriff, Freiburg–München 1983.

[15] Auch hierzu zwei Beispiele: R. F. Beerling, Sprachspiele und Weltbilder. Reflexionen zu Wittgenstein, Freiburg–München 1980; E. von Savigny, Wittgensteins Philosophische Untersuchungen. Ein Kommentar für Leser, Bd. 1, Stuttgart 1988.

gionsphilosophischer Art häufig an Wittgenstein an). Sozialisierungstheorien und Lehren der Psychoanalyse beziehen sich bei der Untersuchung privatsprachlicher Deformationen auf Wittgenstein. Bei Pädagogen ist die Rede von Sprachspielen für Kinder usw.[16]

Wenn Wittgenstein zu Beginn der Untersuchung als der unbekannte Klassiker der modernen Philosophie bezeichnet wurde, so bezieht sich diese Charakterisierung vor allem auf den sprachanalytischen Aspekt. Aber nicht nur auf diesen. Auch der therapeutische Aspekt hinterließ seine Spuren, besonders in der gegenwärtigen Postmoderne-Diskussion. Die Wirkungen der Therapie müssen allerdings im Zusammenhang mit der Person Wittgenstein gesehen werden. Es ist interessant, daß Wittgensteins Leben schon sehr früh als Vorlage für moderne Dichtungen diente. So finden wir in Thomas Bernhards Roman ›Korrektur‹ biographische Eigenheiten Wittgensteins verarbeitet; in neuerer Zeit folgte der Roman ›Wittgensteins Neffe‹. Bei Somerset Maugham trägt Larry Darrell Charakterzüge Wittgensteins[17], und H. Heißenbüttels ›Tautologismen‹ stammen zweifellos aus Anregungen, die der Dichter durch die Unverständlichkeit des ›Traktats‹ erfahren hat. Kein Wunder, wenn Wittgenstein heute auch als Kronzeuge für Tendenzen zitiert wird, die in der Postmoderne wirksam werden.[18]

Unabhängig von der Entscheidung, ob man den sprachanalytischen oder den therapeutischen Standpunkt als den zentralen betrachtet, läßt sich feststellen, daß Wittgenstein in jedem Falle neue Akzente in der Gegenwartsphilosophie gesetzt hat. Vieles von dem, was die heutigen Diskussionen charakterisiert, kann man in Wittgensteins Lehren entdecken:

Die Philosophie denkt heute nicht mehr in Systemen und großen Synthesen; es ist die Rede vom „Zerfall der großen Erzählungen"[19] und vom Denken in Sprachspielen und Paradigmen. Der Philosoph bezieht sich dabei auf Einzelfragen, die er durchaus ernst nimmt: er ist analytisch geworden. Auf diese Weise versucht er, durch partielle Antworten dem Beliebig-

[16] Die Nachweise hierzu könnten mehrere Seiten füllen. Deshalb nur je ein ausgewähltes Beispiel: J. L. Austin, Zur Theorie der Sprechakte, Stuttgart 1972; N. Chomsky, Sprache und Geist, Frankfurt a. M. 1973; P. Winch, Die Idee der Sozialwissenschaft und ihr Verhältnis zur Philosophie, Frankfurt a. M. 1966; T. S. Kuhn, Die Struktur wissenschaftlicher Revolutionen, Frankfurt a. M. 1967; S. A. Kripke, Wittgenstein über Regeln und Privatsprache. Eine elementare Darstellung, Frankfurt a. M. 1987; K. Wuchterl, Philosophie und Religion, Bern 1982; K. Brose, Sprachspiele und Kindersprache. Studien zu Wittgensteins ›Philosophischen Untersuchungen‹, Frankfurt a. M. 1985.

[17] In: S. Maugham, Auf Messers Schneide, Frankfurt a. M. 1953.

[18] Vgl. Jean F. Lyotard, Das postmoderne Wissen. Ein Bericht. Graz–Wien 1986, § 3.

[19] A. a. O., 54.

keitsdenken zu entgehen. Die analytische Philosophie anerkennt in der Betonung von Sprechakten und Kommunikationsprozessen den Primat der Praxis, der das alte Ideal der bloßen Theorie verdrängt hat. Aber – und hier steht sie zum Teil gegen den Zeitgeist – sie respektiert auch die Wissenschaften und übernimmt deren logische und kritische Strenge. Der Analytiker sieht allerdings zugleich die Grenzen der wissenschaftlichen Betrachtung und hat längst seine aufklärerische Überheblichkeit überwunden.

Wittgensteins Einfluß ist aus unserem gegenwärtigen Bewußtsein nicht mehr wegzudenken. In allen gewichtigen Diskussionen taucht sein Name auf, und seine Ideen haben nichts von ihrer Faszination verloren. So gilt er mit Recht als ein Klassiker der modernen Philosophie, obwohl er so viel von der Aufhebung und Beseitigung eben dieser Philosophie gesprochen hat.

Kurzbibliographie Wittgenstein

Werkausgabe in acht Bänden. Suhrkamp Verlag, Frankfurt a. M. 1984.
Texte neu durchgesehen v. J. Schulte.

Tractatus logico-philosophicus (Logisch-philosophische Abhandlung) (1912–1918), erstmals veröffentlicht in: Annalen der Naturphilosophie 14/1921, hrsg. v. M. Ostwald
Werkausgabe Bd. 1 (Sigel: T).

Philosophische Untersuchungen (1936–1949), erstmals veröffentlicht durch G. E. M. Anscombe u. R. Rhees, Oxford 1953
Werkausgabe Bd. 1 (Sigel: PU).

Über Gewißheit (1949–1951), erstmals veröffentlicht durch G. E. M. Anscombe u. G. H. von Wright, Oxford 1969
Werkausgabe Bd. 8.

Vermischte Bemerkungen (1914–1951). Eine Auswahl aus dem Nachlaß von G. H. von Wright, Frankfurt a. M. 1977
Werkausgabe Bd. 8.

Letters to Russell, Keynes and Moore, hrsg. u. eingel. v. G. H. von Wright, Oxford 1974, 2. Aufl. 1977.

EDMUND HUSSERL

Transzendentale Phänomenologie: Evidenz und Verantwortung

Von Klaus Held

Im Jahre 1936 hat Husserl die ersten beiden Teile seines letzten großen Werks veröffentlicht. Es trägt den Titel ›Die Krisis der europäischen Wissenschaften und die transzendentale Phänomenologie‹. Husserl unternimmt hier nach den ›Ideen zu einer reinen Phänomenologie und phänomenologischen Philosophie (I)‹ von 1913 und den ›Cartesianischen Meditationen‹ von 1931 zum drittenmal den Versuch, auf eine programmatisch umfassende Weise in die Phänomenologie einzuführen, die er 1900/1901 mit seinen ›Logischen Untersuchungen‹ begründet hatte. Das Neue an diesem letzten Versuch liegt darin, daß die Einführung von einer geschichtlichen Ortsbestimmung der Gegenwart ausgeht. Husserl diagnostiziert eine tiefe Krise des gegenwärtigen Zeitalters, die er auf die im Titel des Werks genannte „Krisis" des wissenschaftlichen Denkens zurückführt, eine Krisis, die die Philosophie mitumschließt.

Um eine Krise zuverlässig feststellen zu können, bedarf der Mediziner der möglichst weit zurückreichenden Anamnese. Und so beruft sich auch Husserl für seine Zeitdiagnose auf die geschichtliche Herkunft des philosophisch-wissenschaftlichen Denkens überhaupt. Dieses Vorgehen ist für Husserl keineswegs selbstverständlich. Ursprünglich glaubte er – ähnlich wie Descartes – als Philosoph ganz von vorne anfangen zu können. Deshalb interessierte er sich zunächst wenig für die Herkunft der Philosophie. Als radikaler Anfänger wollte er um der strengen Wissenschaft willen von allen Vormeinungen unabhängig sein. Aber in seiner Spätzeit wurde ihm klar, daß er mit eben dieser Unterscheidung der strengen Wissenschaft von allen Meinungen selbst bereits ein geschichtliches Erbe übernahm. Einstmals, bei Platon und seinen Vorgängern, hatte die Philosophie dadurch zu sich selbst gefunden, daß sie sich als *episteme,* als Wissen im ausgezeichneten Sinne, von der *doxa,* dem bloßen Meinen, unterschied. Diese Selbstunterscheidung der Episteme von der Doxa erschien Husserl in seinem Spätwerk als der Gründungsakt der Philosophie, als ihre Urstiftung, wie er sich ausdrückte. Nunmehr erhob er für seine transzendentale Phänomenologie den Anspruch, die zukunftsweisende Erneuerung des ursprünglichen Sinnes jener Urstiftung zu sein.

Nach meiner Auffassung hat Husserl damit sein eigenes Lebenswerk im Rückblick treffend interpretiert; denn zwei Begriffe darf man als die Leitworte dieses Lebenswerks ansehen: Evidenz und Verantwortung. Eben dieses Begriffspaar ist aber auch schon geeignet, die beiden wesentlichen Implikationen dessen zu bezeichnen, was mit der griechischen Selbstunterscheidung der Episteme von der Doxa gemeint war.

Ich möchte diesen Zusammenhang einleitend kurz skizzieren (I), um von ihm her im Hauptteil (II) die eigentlich phänomenologische Bedeutung der beiden Leitideen Evidenz und Verantwortung zu entwickeln. Daraus wiederum werde ich im letzten Teil (III) ableiten, welche Aufgabe Husserl der gegenwärtigen Philosophie mit der phänomenologischen Erneuerung der griechischen Urstiftung gestellt hat.

I

Das grundlegende Merkmal der Doxa, der bloßen Meinung, ist aus der Sicht der Episteme, der Wissenschaft, ihre Befangenheit in einseitigen Standpunkten. Diese Befangenheit rührt daher, daß die Menschen, so wie sie vor aller Philosophie und Wissenschaft durchschnittlich leben, jeweils auf das fixiert sind, woran ihnen gerade gelegen ist. Die Beschränktheit auf ihr jeweiliges Interesse verengt ihren Horizont, d. h. den Gesichtskreis für die Möglichkeiten des Urteilens und Handelns. Solcher Möglichkeiten gibt es an sich unabsehbar viele. Aber die Menschen bewegen sich immer nur in gewissen Ausschnitten aus dem Universalhorizont der Möglichkeiten. Sie leben, wie wir sagen, jeweils in ihrer Welt, der Welt des Studenten, der Welt des Arbeiters, der Welt des Kindes usw. Alle solchen interessenbedingten Horizonte bilden Einschränkungen eines umfassenden Universalhorizonts, den wir als die eine Welt bezeichnen können. Sie sind, wie Husserl formulieren wird, Sonderwelten der einen Welt. Die Befangenheit der Doxa besteht in der Beschränkung auf jeweilige Sonderwelten, d. h. in ihrer Verschlossenheit gegenüber dem Ganzen schlechthin, der einen Welt.

Philosophie und Wissenschaft bilden in ihrem Beginn und von dann an für lange Zeit eine Einheit. Das philosophisch-wissenschaftliche Denken beginnt damit, daß es im Gegenzug gegen die Befangenheit der Doxa die eine Welt entdeckt. Das Ganze schlechthin wird erstmals ausdrücklich zum Thema, und es bekommt mit dem Begriff *kosmos* auch erstmals eine Bezeichnung.

Als Spielraum von Möglichkeiten des Urteilens und Handelns gibt auch ein beschränkter Horizont die Sicht auf die in ihm gelegenen Möglichkeiten frei. Jede Sonderwelt läßt den Menschen das sehen, was ihm an Vorkommnissen innerhalb dieser Sonderwelt begegnet. Was gesehen werden kann, nennen wir das Erscheinende, griechisch ausgedrückt: die Phänomene. Was ein Mensch in seiner Sonderwelt sieht, erscheint ihm im Licht seiner jeweils leitenden Interessen. Deshalb verweilt sein Blick nicht bei dem, was das Erscheinende als es selbst ist, sondern schweift sogleich über das Erscheinende hinaus, um sich auf das zu richten, wofür es brauchbar ist.

Die Aufgeschlossenheit des beginnenden philosophisch-wissenschaftlichen Denkens für die eine Welt beruht auf der Freiheit von den sonderweltlichen Interessen. Deshalb ist dieses Denken offen für alles Erscheinende, und zwar für das Erscheinende als es selbst. „Etwas erscheint" heißt: „es tritt in seiner Bestimmtheit hervor". Von seiner griechischen Urstiftung her besitzt das philosophisch-wissenschaftliche Denken die Bereitschaft, alles Erscheinende in seiner Bestimmtheit zum Vorschein kommen zu lassen. So verstanden hat es den Charakter des Sehens im betonten Sinne, d. h. der interessefreien Anschauung, griechisch: der *theoria.*

Der spätere, lateinische Titel für das Ans-Licht-Treten des Erscheinenden in seiner Bestimmtheit lautet *Evidenz.* Man kann sagen: Zur doxakritischen Thematisierung der einen Welt gehört untrennbar die interessefreie Suche nach Evidenz. Dieser Zusammenhang ist die erste Implikation der urstiftenden Selbstunterscheidung der Episteme von der Doxa, die Husserl übernimmt.

An die ursprüngliche Sinnstiftung von Philosophie und Wissenschaft läßt sich eine kritische Frage richten: Warum sollen die Menschen überhaupt Evidenz in bezug auf die eine Welt suchen, anstatt sich mit dem zufriedenzugeben, was ihnen in den interessebeschränkten Gesichtskreisen ihrer jeweiligen Sonderwelten erscheint? Wenn die theoretische Zuwendung zur einen Welt sinnvoll sein soll, muß es ein Interesse geben, das höher steht als die Interessen, die die Menschen an ihre Sonderwelten binden. Dieses übergeordnete Interesse kann nur das Interesse daran sein, daß dem Menschen sein Leben überhaupt, sein Dasein im ganzen gelingt. Ein solches Interesse könnte aber ins Leere gehen, weil es sein könnte, daß das Gelingen des Lebens im ganzen gar nicht vom Menschen abhängt.

Ob das Gelingen unseres Lebens überhaupt in unserer Hand liegt oder nicht, läßt sich nicht in unbeteiligter Abwägung entscheiden. Der einzelne, ich selbst muß mich dazu entschließen, es in meine Hand zu nehmen. Aufgrund dieses Entschlusses kann ich sagen: Für das Gelingen, das Wohlgeraten meiner Existenz kommt es grundlegend nicht auf irgendwelche Schicksalsmächte an, sondern auf die Haltung, in der ich selbst mein Leben führe. Für diese Haltung bin ich selbst verantwortlich. Deshalb muß ich über sie Rechenschaft geben, griechisch: *logon didonai.*

Die Zuwendung zur einen Welt setzt also die Bereitschaft zum logon didonai voraus. Rechenschaftgeben heißt Gründe vorlegen. Der in der Interessiertheit seiner Doxa befangene Mensch wird diese Gründe in den Sonderwelten suchen, innerhalb deren er sein Leben führt. Aber eine solche Rechenschaft kann immer nur vorletzte Gründe angeben. Sie bleibt auf halber Strecke hängen, da die sonderweltlichen Möglichkeiten des Urteilens beschränkt sind. Um mit der Entscheidung zur Selbstverantwortung voll Ernst zu machen, muß der Mensch letzte Gründe suchen, und das kann er nur, indem er sich durch die universale auf Evidenz ausgerichtete Weltsicht von der sonderweltlichen Beschränktheit der Doxa befreit. Mit der Rechenschaft über die letzten Gründe übernimmt der Mensch für das Gelingen seines Daseins die Letztverantwortung, wie Husserl sagen wird. Eben dies ist die zweite Implikation, die Husserl aus der griechischen Urstiftung von Philosophie und Wissenschaft aufgreift.

II

Wie entfaltet sich nun die Selbstunterscheidung der Episteme von der Doxa mit den darin liegenden Leitideen Evidenz und Letztverantwortung zur transzendentalen Phänomenologie?

Die letztverantwortliche Rechenschaft steht unter dem Anspruch, die Doxa, die bloße Meinung, endgültig zu überwinden. Vom „bloßen" Meinen spricht man deshalb, weil jedes Meinen nur einen vorläufigen Standpunkt darstellt. Ein Standpunkt eröffnet eine Sicht, aber die Sicht ist möglicherweise revisionsbedürftig. Das Bewußtsein von dieser Vorläufigkeit gehört zum Meinen selbst; es selbst empfindet die eigene Sicht als überholungsbedürftig. Jede Sicht richtet sich auf etwas Erscheinendes. Das Erscheinen des Erscheinenden ist beim bloßen Meinen von solcher Art, daß es über sich selbst hinaus verweist, nämlich auf ein Erscheinen, bei dem mir das Erscheinende auf eine nicht mehr überholungsbedürftige Weise zu Gesicht käme.

Ich meine etwa, daß es in Alaska kalt ist; aber erst das wirkliche Erlebnis des Aufenthalts in Alaska kann diese Erwartung bewahrheiten. Oder ich meine, daß die Winkelsumme im Dreieck gleich zwei rechten Winkeln ist; aber erst der aktuell geführte Beweis verschafft mir davon die volle Überzeugung. So liegt in jeglichem Meinen ein Vorgriff auf mögliche Situationen, in denen das Erscheinen des jeweils gemeinten Erscheinenden auf eine die Erwartungen voll befriedigende Weise stattfinden würde.

Im Umgang mit jeglichem, was uns im Alltag – auf welche Weise auch immer – erscheint, operieren wir gleichsam mit Schecks, von denen wir nicht mit letzter Sicherheit wissen, ob sie gedeckt sind. Nur die Situationen, in denen das Erscheinen nicht mehr über sich hinaus verweist, bringen die Schecks zur Deckung. Diese Situationen befriedigen die Erwartungen, weil in ihnen das Erscheinende dem Menschen in unverstellter Nähe gegenwärtig ist. Husserl bezeichnet diese Art des Erscheinens als originär. Weil dabei das Erscheinende unverstellt in seiner Bestimmtheit ans Licht kommt, kann man das originäre Erscheinen auch – in passender Erweiterung des alten Begriffs – als Evidenz bezeichnen.

In diesem Sinne gibt es Evidenz nicht nur in Philosophie und Wissenschaft, sondern schon im vorwissenschaftlichen Alltag. Die Evidenz spielt dort sogar eine beherrschende Rolle: Wir können überhaupt nur existieren, weil uns alles, womit wir zu tun haben, entweder bereits durch Situationen seines originären Erscheinens bekannt ist oder weil wir – in Fällen von Unsicherheit – Situationen der Evidenz erwarten dürfen, in denen uns das Erscheinende in seiner Bestimmtheit gleichsam von nahem zugänglich wird. Unser Bewußtsein von dem, was uns in der Welt erscheint, ist also vor aller Philosophie gekennzeichnet durch eine durchgängige Bezogenheit auf Evidenz, die jeweilige Evidenz nämlich, auf die sich das Bewußtsein rückverwiesen oder vorverwiesen weiß. Diese Bezogenheit auf Evidenz bringt in unser Bewußtsein einen dynamischen Zug, den Husserl als Intentionalität bezeichnet.

Philosophie aus dem Geist radikaler Selbstverantwortung darf sich als theoretische Weltsicht nicht mit dem doxahaften Anblick des Erscheinenden zufriedengeben. Sie muß deshalb das Erscheinende so sehen lernen, wie es sich dem intentionalen Bewußtsein in den Situationen der Evidenz zeigt. Dies ist der grundlegende Schritt der Phänomenologie. Um das Erscheinende voll und unverstellt vor den Blick der theoretischen Anschauung zu bringen, sucht sie die Evidenzsituationen auf, in denen sich das Erscheinende alltäglich, vor aller Philosophie, originär dem Bewußtsein darbietet. Die Phänomeno-logie, die philosophische Wissenschaft vom Phänomen, von der Erscheinung, beschreibt, wie Erscheinendes jeweils in Evidenz erscheint. Sie analysiert das Erscheinende in seinem originären Erscheinen.

Dabei macht der Phänomenologe aber unvermeidlich eine merkwürdige Erfahrung. Alles, was uns alltäglich in der Welt erscheint, begegnet uns als etwas Identisches, d. h. als etwas, was sich im Wechsel und in der Vielfalt der Möglichkeiten seines Erscheinens als dasselbe durchhält. Husserls Musterbeispiel hierfür ist der Gegenstand, den wir optisch wahrnehmen. Er bietet sich uns in einer Vielfalt von Aspekten oder Perspektiven dar – ein Haus etwa zeigt sich den Passanten auf der Straße anders als jemandem im Garten –, aber gerade in der fließenden Mannigfaltigkeit dieser Erscheinungsweisen verharrt es als dasselbe. So begegnet uns jegliches Erscheinende, jedwedes Vorkommnis in der Welt als ein identischer Pol im Spektrum seiner Erscheinungsweisen. In diesem Sinne – und nur in diesem Sinne – bezeichnet Husserl jedes Erscheinende als einen Gegenstand.

Wir können mit Gegenständen nur zu tun haben, indem sie uns jeweils in irgendeiner Erscheinungsweise gegeben sind. Aber jede Erscheinungsweise ist nur eine aus einer Mannigfaltigkeit von vielen Erscheinungsmöglichkeiten. Der identische Gegenstand ist mehr als das, was sich jeweils in einer Erscheinungsweise zeigt. Er braucht zwar irgendeine Erscheinungsweise als Gelegenheit, um sich dem intentionalen Bewußtsein darzubieten, aber er ist nicht an eine bestimmte Gelegenheit gebunden. Gelegenheit heißt lateinisch *occasio.* Die Gegenstände müssen uns okkasionell in Erscheinungsweisen begegnen, um überhaupt in einem Bezug zu uns, den erlebenden Subjekten, zu stehen. Nur so besitzen sie ein Sein-für-uns, ein subjekt-relatives Sein, wie Husserl sagt. Aber sie sind mehr als das, was sich von ihnen jeweils okkasionell zeigt. Sie transzendieren also die Okkasionalität, und eben diese Transzendenz verschafft ihnen ihre Identität. Nur wegen ihrer Identität besitzen sie eine gegenständliche Existenz, d. h. ein Sein, von dem wir annehmen, daß es unabhängig davon stattfindet, ob oder wie sie uns jeweils erscheinen. Die Transzendenz gegenüber dem okkasionellen Für-uns-sein der Gegenstände verbürgt ihr so verstandenes An-sichsein, ihre Objektivität.

Zu den Möglichkeiten des okkasionellen Erscheinens der Gegenstände gehört unter anderem das originäre Erscheinen, die Evidenz. Nur weil das intentionale Bewußtsein von den Evidenzen zehrt, in denen ihm die Bestimmtheit der Gegenstände allererst zugänglich wird, hat es überhaupt Inhalte und ist nicht leer. Andererseits muß das Bewußtsein das okkasionelle Erscheinen und damit auch die Evidenz transzendieren, um mit identischen, an sich bestehenden Gegenständen zu tun zu haben.

Das aber hat eine Konsequenz für die Analyse des Phänomenologen: Es genügt nicht, daß er die originären Erscheinungssituationen des alltäglichen Lebens aufsucht und das Erscheinende so beschreibt, wie es sich jeweils in Evidenz darbietet. Er muß außerdem erklären, wie es das intentionale Bewußtsein bewerkstelligt, das okkasionelle originäre Erscheinen auf gegenständliche Identität hin zu transzendieren. Diese Erklärung kann aber nur vom originären Erscheinen ausgehen; denn nur aus ihm gewinnen die Gegenstände für uns Menschen ihre Bestimmtheit. Also muß der Phänomenologe annehmen, daß es das originäre Erscheinen selbst ist, welches das Bewußtsein motiviert, auf gegenständliche Identitäten auszugreifen. Die originäre Motivation für die Überschreitung der Okkasionalität auf gegenständliche Identität hin nennt Husserl Konstitution. Die phänomenologische Beschreibung der Evidenzen muß sich zur Konstitutionsanalyse erweitern, d. h., sie muß erklären, wie das Bewußtsein, motiviert durch Evidenz, die Okkasionalität überschreitet.

Erst mit diesem Schritt geht die Phänomenologie wesentlich über die griechische Urstiftung universaler theoretischer Weltsicht hinaus. Diese griechische Weltsicht war auf das Erscheinende gerichtet. Die Phänomenologie behält diese Blickrichtung bei, solange sie das Erscheinende in seinem originären Erscheinen beschreibt. Mit der Konstitutionsanalyse wendet sie sich dem Bewußtsein zu; denn die Motivationen zur Okkasionalitätsüberschreitung sind Vollzüge des intentionalen Bewußtseins. Das ist Husserls Schritt zur neuzeitlichen Transzendentalphilosophie; denn die Transzendentalphilosophie hat es nach Kants einschlägiger Definition in der ›Kritik der reinen Vernunft‹ nicht mehr nur mit den Gegenständen, sondern in erster Linie mit „unserer Erkenntnisart von Gegenständen", also mit ihrem Erscheinen für unser Bewußtsein, zu tun. Die transzendentale Blickwendung vom Erscheinenden in seinem Erscheinen zum Erscheinen des Erscheinenden hat den Grundcharakter der Reflexion, der Zurückbeugung der Aufmerksamkeit auf das Bewußtsein als Stätte des Erscheinens.

Das intentionale Bewußtsein kann die Identität der Gegenstände nur konstituieren, indem es sich von okkasionellen Erscheinungsweisen motivieren läßt. Aber wieso können überhaupt Erscheinungsweisen das Bewußtsein motivieren? Husserls Antwort lautet: weil sie aufeinander verweisen. Wenn ich ein Haus von der Straße her sehe, ist mir dabei bewußt, daß ich es auch von einer anderen Seite her, z. B. vom Garten aus, betrachten könnte. So ist die Wahrnehmung des Hauses eingebettet in einen Verweisungszusammenhang von Erscheinungsweisen. Jeder solche Verweisungszusammenhang aber ist ein Spielraum, der dem intentionalen Bewußtsein einen Gesichtskreis für seine Erlebnisse eröffnet. Das führt uns zurück zu den Horizonten, den Sonderwelten, von denen ich bei der griechischen Urstiftung sprach: Nun hat sich herausgestellt, daß sie nichts anderes sind als Verweisungszusammenhänge von Erscheinungsweisen.

Die griechische Urstiftung hatte ich mit der Feststellung eingeführt: Die Horizonte sind interessenbedingt. Diese Feststellung läßt sich nun vertiefen. Das intentionale Bewußtsein ist nämlich von Grund auf von einem Interesse beherrscht. Ihm ist daran gelegen, über identisch verharrende Gegenstände zu verfügen. Um dieses Interesse zu befriedigen, muß das Bewußtsein Verweisungszusammenhänge von Erscheinungsweisen, also Horizonte bilden. Denn nur durch das Bewußtsein, sich in einem Spielraum von aufeinander verweisenden Erscheinungsmöglichkeiten frei zu bewegen, tritt gegenständliche Identität als das Bleibende in der fließenden Mannigfaltigkeit der Erscheinungsmöglichkeiten hervor. Die grundlegende Leistung des Bewußtseins bei der Konstitution von gegenständlicher Identität ist deshalb die Ausbildung von Horizonten.

Jeder Horizont, jede Sonderwelt verschafft dem Menschen die Möglichkeit, sich mit einer Fülle von Gegenständen zu beschäftigen, denen im Rahmen des betreffenden Horizonts sein Interesse gilt. Husserls bevorzugtes Beispiel hierfür ist der Horizont, den jemand im Rahmen seines Berufs hat. Die Ausübung eines Berufs setzt voraus, daß man sich bei den Gegenständen auskennt, die im Rahmen der Sonderwelt des jeweiligen Berufs auftreten. Durch dieses Sich-Auskennen ist man in der Lage, beruflich etwas zustande zu bringen. Das Sich-Auskennen, das jemanden befähigt, etwas zustande zu bringen, nannten die Griechen *techne.* In diesem alten Sinne sind alle Berufskenntnisse ein technisches Wissen. Die *techne,* das berufliche Sich-Auskennen beruht auf der Vertrautheit mit den Verweisungszusammenhängen der jeweiligen beruflichen Sonderwelt. Das Motivationsfundament dieser Vertrautheit aber ist das Interesse an den Gegenständen, die innerhalb der betreffenden Sonderwelt auftreten können.

Wegen des leitenden Interesses bildet jede Sonderwelt gleichsam die Umgebung für bestimmte Gruppen oder Arten von Gegenständen. Sie ermöglicht zwar das Sich-Auskennen im Bereich dieser Gegenstände, sie gibt in diesem Sinne die Sicht auf sie frei, aber sie schränkt den Gesichtskreis zugleich ein; denn das sonderweltliche Interesse blendet diejenigen Verweisungszusammenhänge aus, durch die die Erscheinungsweisen der Gegenstände einer bestimmten Sonderwelt auf andere Sonderwelten verweisen. Der Ökonom etwa muß im Rahmen seines Berufsinteresses davon abstrahieren, daß die Gegenstände nicht nur als Waren mit einem Wert in dem Verweisungszusammenhang von Angebot und Nachfrage auftauchen, sondern auch Qualitäten aufweisen, durch die sie in andere Verweisungszusammenhänge hineingehören.

Die Phänomenologie als strenge Wissenschaft, als radikal doxakritische Episteme kann nur dann die wahrhaft vorurteilslose und unvoreingenommene Forschung sein, die sie nach Husserl sein soll, wenn sie sich von jeder solchen Beschränkung auf Sonderwelten befreit. Um unbefangen für das Erscheinende überhaupt aufgeschlossen zu sein, muß sie alle sonderweltlichen Partialhorizonte auf den Verweisungszusammenhang hin transzendieren, worin sie alle zusammengehören: die eine Welt als Universalhorizont.

Die eine Welt aber bildet nicht mehr bloß die Umgebung für irgendeinen Gegenstandsbereich, der durch ein bestimmtes Interesse eingeschränkt ist; der Universalhorizont entsteht nicht durch irgendein Interesse; er steht dem intentionalen Bewußtsein vorab zu jeglichem Interesse offen. Als radikal doxakritische Episteme muß die phänomenologische Reflexion interessefrei sein, nämlich hinter das sonderweltlich interessierte intentionale Bewußtsein zurückgreifen. Das bedeutet aber: Sie muß das aller Interessiertheit zugrundeliegende Verhältnis zur einen Welt einnehmen, eine Haltung der nicht interessebestimmten Offenheit.

Das vorphilosophische, alltägliche intentionale Bewußtsein bewegt sich zwar immer schon in diesem interessevorgängigen Weltverhältnis, aber es hat dieses Verhältnis von vornherein dadurch überlagert, daß es sich durch seine gegenständlichen Interessen auf bestimmte Sonderwelten beschränkt. Deshalb ist die Welt als Universalhorizont dem vorphilosophischen Bewußtsein zwar ganz fraglos vertraut, aber es nimmt die eine Welt nie als solche in den Blick; es macht sie nicht eigens zum Thema. Dieses eigentümlich unthematisch selbstverständliche Verhältnis zur einen Welt nennt Husserl die natürliche Einstellung.

Das Bewußtsein in natürlicher Einstellung, das natürliche Bewußtsein, wie wir kürzer formulieren können, ist intentional, d. h. durchgängig auf Evidenz verwiesen. Es braucht die Evidenz, weil es auf gegenständliche Identität aus ist; denn nur die Verweisungszusammenhänge originären Erscheinens können die Konstitution von Identitäten motivieren. So wird das natürliche Bewußtsein von einem Willen beherrscht, dem Willen, vermittels der Evidenz gegenständliche Identität zu besitzen. Es ist dieser Wille, der sich in allen sonderweltlichen Interessen manifestiert.

Die phänomenologische Einkehr in die ursprüngliche Interessefreiheit des Verhältnisses zur einen Welt bedeutet, daß jener Wille stillgelegt wird. Diese Stillegung nennt Husserl Epoché, „Innehalten“, nämlich Innehalten mit dem Aussein auf Identität. Das Ganze schlechthin, der Universalhorizont Welt kann nur in einer Gelassenheit des Identitätswillens zum Thema werden.

Als letztverantwortliche Rechenschaft ist die phänomenologische Philosophie durchaus von einem Interesse motiviert, dem zu Beginn erwähnten Grundinteresse am gelungenen Leben. Dieses Interesse ist konkret ein Interesse des einzelnen daran, daß sich bestimmte Hoffnungen, Wünsche, Erwartungen, Bedürfnisse, also Intentionen verschiedenster Art erfüllen. Als Evidenzphilosophie läßt die Phänomenologie alle Arten von Lebenserfüllung im originären Erscheinen des jeweils Intendierten gründen. Der Wille, der das natürliche Bewußtsein im intentionalen Streben nach Lebenserfüllung durch Evidenz beherrscht, löst auch noch die letztverantwortliche Rechenschaft der Phänomenologie aus. Als Wissenschaft vom originären Erscheinen entspringt sie dem Willen, das natürliche Evidenzstreben zur eigentlichen Erfüllung zu bringen. Insofern ist sie die äußerste Konsequenz des natürlichen Bewußtseins.

Zugleich aber ist die Phänomenologie auch die entschiedenste Kritik daran. Denn um das Grundinteresse an Lebenserfüllung in Evidenz auf vollkommene Weise zu befriedigen, muß sie die Evidenz gleichsam aus ihrer natürlichen Knechtschaft befreien: Das natürliche Bewußtsein nimmt die Evidenz in Dienst für die interessengeleitete Ausbildung von Sonderwelten, in denen es gegenständliche Identität findet. Gerade um dem Willen, der im Grundinteresse an Lebenserfüllung wirksam ist, im tiefsten gerecht zu werden, muß sich die Phänomenologie in der Gelassenheit der

Epoché von aller Willentlichkeit und Interessiertheit des Weltverhältnisses frei machen. Die Willentlichkeit der Übernahme von Letztverantwortung erfordert die Wiederherstellung des nichtwillentlichen Urverhältnisses zur einen Welt und in diesem Sinne den Bruch mit der natürlichen Einstellung.

Die griechische Urstiftung von Philosophie und Wissenschaft war als erstmalige Thematisierung der für die natürliche Einstellung unthematisch bleibenden einen Welt unter dem Titel Kosmos der erste Bruch mit der natürlichen Einstellung. Die phänomenologische Reflexion auf den universalen Verweisungszusammenhang der Erscheinungsweisen ist die transzendentalphilosophische Wiederaufnahme dieser Urstiftung. Freilich besteht zwischen der griechischen Urstiftung und ihrer modernen Weiterführung keine ungebrochene Kontinuität. Dazwischen liegt nach Husserl eine verhängnisvolle Entwicklung, die sich schon in der Antike anbahnte und in der Moderne ins Extrem steigerte. Bei der Thematisierung der einen Welt widerfuhr dem philosophisch-wissenschaftlichen Denken nämlich eine Verkehrung seiner eigenen Absicht. Die eigentliche Aufgabe der transzendentalen Phänomenologie hat Husserl in seiner Spätzeit darin gesehen, auf diese Verkehrung mit einer radikalen Erneuerung der Urstiftung zu antworten. Ich komme damit zur gegenwärtigen Aufgabe der Philosophie, wie sie sich aus der phänomenologischen Wiederaufnahme der Urstiftung ergibt.

III

Die eine Welt ist in der natürlichen Einstellung kein Gegenstand, kein Thema des Interesses. Das Interesse gilt den Gegenständen *in* der Welt. Die Welt ist der Verweisungszusammenhang, in den die Gegenstände für das intentionale Bewußtsein eingebettet sind. Das Bewußtsein läßt sich durch diesen Zusammenhang von Gegenstand zu Gegenstand verweisen. Es macht von dieser Möglichkeit, die ihm durch die Welt eröffnet wird, Gebrauch, aber der Gebrauch selbst, das Sichverweisenlassen ist eine solch fraglose Selbstverständlichkeit, daß das natürliche Bewußtsein darauf kaum einmal seine Aufmerksamkeit richtet. Allenfalls haben wir gelegentlich ein Bewußtsein davon, daß es die Verweisungszusammenhänge einer Sonderwelt gibt, in der wir uns gerade bewegen. Normalerweise aber absorbieren die Gegenstände unsere Aufmerksamkeit. Deshalb kann vor der philosophischen Thematisierung der einen Welt niemals das universale Verweisen selbst zum Thema werden.

Demnach kann man sagen: Was in der natürlichen Einstellung an der Welt eigentlich unthematisch bleibt, ist das universale Verweisen, d. h. die Eigenschaft der Welt, daß sie der Horizont für alle Horizonte ist. Kurz: das wesenhaft Unthematische ist der Horizontcharakter. Indem nun die eine

Welt zum Thema des beginnenden philosophisch-wissenschaftlichen Denkens wird, wird sie zum Gegenstand dieses Denkens. Aber als Gegenstand verliert sie ihren Horizontcharakter; denn jeder Gegenstand belegt die Aufmerksamkeit des Bewußtseins so mit Beschlag, daß gerade dadurch das Sichverweisenlassen zur Selbstverständlichkeit wird.

Als letztverantwortliche Rechenschaft entspringt das beginnende philosophisch-wissenschaftliche Denken dem Streben nach Erfüllung durch Evidenz, das seinerseits in der natürlichen Einstellung im Dienst des Interesses an Identität steht. Das Identische, worin das beginnende Denken seine Aufmerksamkeit fokussiert, ist die eine Welt als Gegenstand. Aber eben damit wird die eine Welt nicht als das zum Thema, wodurch sie eigentlich Welt ist, nämlich als universaler Verweisungszusammenhang, sondern sie erscheint als so etwas wie ein einziger riesiger Gegenstand, in den alle Einzelgegenstände verpackt sind, ein Sammelbehälter für alle Vorkommnisse in der Welt. Die eine Welt wird vergegenständlicht, objektiviert zum Gesamtbereich aller Gegenstände. Der Horizontcharakter, um dessentwillen die Welt eigentlich thematisiert wurde, gerät so von vornherein in Vergessenheit. Diese Horizontvergessenheit bei der Thematisierung der einen Welt nennt Husserl Objektivismus.

Zum Objektivismus gehört ein bestimmtes Selbstverständnis des philosophisch-wissenschaftlichen Denkens. Weil es interessehaft ist, nämlich am Universalgegenstand Welt interessiert, sieht es seine Aufgabe darin, sich in diesem Gesamtbereich aller Gegenstände umfassend auszukennen. Das aber bedeutet: Der Philosoph und Wissenschaftler nimmt zu diesem Gesamtbereich eine Haltung ein, wie wir sie als das Verhältnis der Angehörigen eines bestimmten Berufs, der Meister in einer *techne,* zu ihrer beruflichen Sonderwelt kennengelernt hatten. Von solchen Sonderwelten, den Horizonten seines Interesses, kann der Mensch ja im Unterschied zur einen Welt bereits vor der Philosophie ein gewisses ausdrückliches Bewußtsein haben. An diese Möglichkeit knüpft das philosophisch-wissenschaftliche Denken an. Anstatt zur einen Welt die Haltung interessefreier Gelassenheit einzunehmen, verfährt es mit ihr so, als sei sie eine berufliche Sonderwelt. So geht der Objektivismus der Philosophie mit ihrer Verberuflichung Hand in Hand.

Jede berufliche *techne* hat zwei Aspekte: Das Sich-Auskennen beruht einerseits darauf, daß man von den Hauptgegenständen der betreffenden Sonderwelt Kenntnisse besitzt, die man im originären Umgang damit gewonnen hat. Das ist die Anschauungsbasis, die Evidenzgrundlage des Berufs. Zu einer *techne* gehört aber anderseits auch eine gewisse Findigkeit; denn in jeder *techne* geht es darum, etwas zustande zu bringen. Dafür aber muß man fähig sein, sich Wege, Bedingungen einfallen zu lassen, durch die die Zustandebringung von etwas, die Verwirklichung unterschiedlichster

Projekte möglich wird. Dies ist die eigentlich technische Seite des Berufs, die Findigkeit im Ausdenken solcher Verwirklichungsbedingungen.

Die originäre Anschauung, auf der jede *techne* beruht, ist an Okkasionalität gebunden; sie findet im jeweiligen subjektrelativen Erscheinen statt. In der Okkasionalität dieses Erscheinens melden sich die Verweisungen des Horizonts. Deshalb schwindet mit der Vergessenheit des Horizontcharakters der Welt das Bewußtsein vom jeweiligen subjektrelativen Erscheinen. Dieser Schwund kennzeichnet die extreme Entwicklung des Objektivismus in der Moderne. Er zeigt sich im Selbstverständnis der modernen Forschung: Jegliche Subjektrelativität wissenschaftlicher Aussagen muß fortschreitend methodisch zugunsten einer strengen Objektivität eliminiert werden. Wie etwas dir oder mir jeweils erscheint, ist für die Forschung irrelevant, ja hinderlich. Was interessiert, ist allein die Sache an sich, d. h. ihre von jeder okkasionellen Subjektivität unabhängige Beschaffenheit.

Damit aber geht der Forschung die Evidenzgrundlage verloren; denn die originäre Anschauung kann nur als subjektrelatives Erscheinen stattfinden. Das wiederum bedeutet: Es bleibt nur die andere Seite vom Beruf des Wissenschaftlers übrig, das im beschriebenen Sinne technische Operieren. Der Urstiftungszweck der Wissenschaft, eine Sicht vom ganzen der Welt zu gewinnen, bleibt zwar bestehen. Aber eben diese Aufgabe wird nun zu einem Problem technischer Findigkeit. Es geht jetzt darum, planmäßig die Beobachtungsbedingungen zu finden und herzustellen, unter denen die Welt, nunmehr verstanden als der Inbegriff der Gegenstände, gezwungen werden kann, sich der Sicht des Forschers zu offenbaren. Das heißt: die Forschung bekommt die methodische Gestalt des Zusammenspiels von Hypothese und Experiment. Der Erfolg der Forschung bemißt sich allein an der Effizienz dieses methodisch geregelten technischen Operierens. Die Forschung nimmt die Evidenz im subjektrelativen Erscheinen wieder in Dienst, wie das schon das natürliche Bewußtsein tat; aber nach der Evidenzgrundlage selbst wird nicht mehr gefragt. Wegen dieser Einseitigkeit bezeichnet Husserl in seiner Spätzeit die objektivistische Wissenschaft als eine „bloße techne“.

Aus der eigentlich interessefreien theoretischen Weltschau wird ein an der Effizienz von Herstellungsaufgaben interessiertes beruflich-technisches Operieren, d. h. aber produktive Arbeit im Sinne der modernen Gesellschaft. Die Produktivität solcher Arbeit läßt sich durch Arbeitsteilung verbessern. Die Welt wird deshalb arbeitsteilig erforscht. Die Arbeitsteiligkeit wiederum wird durch den Objektivismus möglich. Wegen der Vergessenheit der Verweisungszusammenhänge erscheint die Welt nämlich als eine Ansammlung von Gegenständen, die man beliebig in Teilbereiche zerschneiden und partikularisieren kann. Die berufsmäßige Forschung des Einzelwissenschaftlers zerfällt in die Bearbeitung solcher Teilgebiete. Dabei ist wegen der Ausblendung der Verweisungszusammenhänge einer endlos fortschreitenden Spezialisierung prinzipiell keine Grenze gesetzt. Im immer lauter werdenden Ruf nach interdisziplinärer Forschung meldet sich heute das Ungenügen an dieser Situation.

Mit all dem geht eine Entwicklung einher, in der das eigentlich Bedenkliche der objektivistischen Verberuflichung zum Vorschein kommt. Nur als Verweisungszusammenhang hält die Welt Möglichkeitsspielräume für das Handeln bereit; denn Handeln bekommt nur dadurch Sinn, daß es sich in Verweisungszusammenhänge einfügt. Mit der spezialistisch entfesselten Partikularisierung des Verweisungszusammenhangs der einen Welt wird das Rechenschaftgeben für das Handeln selbst arbeitsteilig. Damit aber wird der Letztverantwortung des Menschen für sein Handeln der Boden entzogen; denn mit dieser Letztverantwortung kann nur Ernst machen, wer bei der Rechenschaft nicht kurzatmig bei vorläufigen, aus atomisierten Sonderwelten entnommenen Rechenschaftsgründen stehenbleibt. Die in ihre unbeschränkte Arbeitsteiligkeit freigegebene moderne Forschung ist weithin zu einem Betrieb geworden, der sich geradezu automatisch und autonom fortsetzt, ohne daß noch ein lebendiges Bedürfnis bestünde, danach zu fragen, in welchen umgreifenden Sinnzusammenhang sich die Weiterverfolgung der jeweils anstehenden partikularen Forschungsprojekte eigentlich einfügt. Das Rechenschaftgeben aus letzten Gründen, aus dem alle Forschung in ihrer Urstiftung hervorging, erscheint als eine Sache der Weltanschauung, aber nicht mehr der Wissenschaft.

So darf man sagen: Mit der Umwandlung der Erforschung des Weltganzen in ein arbeitsteilig verberuflichtes technisches Operieren geht nicht nur die Evidenzgrundlage des philosophisch-wissenschaftlichen Denkens verloren. Sondern zugleich entgleitet damit dem Menschen die Letztverantwortung für sein Handeln, für die er sich mit der griechischen Urstiftung von Philosophie und Wissenschaft entschieden hatte. Die Verantwortung, die der Mensch damit übernommen hatte, war – wie jede Verantwortung – die für ein Verhalten. In diesem Falle handelt es sich um ein menschheitsgeschichtlich neuartiges Verhalten, nämlich das theoretische, auf Evidenz ausgerichtete Verhalten zur einen Welt, zur Welt *als* Welt.

Indem die modernen Einzelwissenschaften alles in der Welt Erscheinende erforschen, scheinen sie der Philosophie jedes mögliche Thema und damit die Existenzberechtigung zu rauben. Aber *eine* Aufgabe kann keine als *techne* operierende Einzelwissenschaft der Philosophie abnehmen: die transzendentale Reflexion des Menschen auf sich selbst als Stätte des Erscheinens der einen Welt. Diese Reflexion verlangt heute eine innere Gegenbewegung gegen den arbeitsteiligen, an unendlich vielen Gegenständen interessierten Betrieb der modernen Forschung. Es gilt, sich in einer Haltung interessefreier Gelassenheit auf die Frage zu besinnen, was eigentlich

Welt als Universalhorizont bedeutet. Das scheint mir die zentrale Aufgabe, die Husserl der gegenwärtigen Philosophie gestellt hat.

Kurzbibliographie Husserl

Husserliana – Edmund Husserl. Gesammelte Werke. Auf Grund des Nachlasses veröffentlicht vom Husserl-Archiv (Leuven) in Verbindung mit R. Boehm unter Leitung v. S. IJsserling, Den Haag 1950 ff.; daraus:

Bd. XVIII: Logische Untersuchungen (1900/1), 1. Bd.: Prolegomena zur reinen Logik, hrsg. v. E. Holenstein, 1975.

Bd. XIX, 1: Logische Untersuchungen (1900/1), 2. Bd.: Untersuchungen zur Phänomenologie und Theorie der Erkenntnis. 1. Teil, hrsg. v. U. Panzer, 1984.

Bd. XIX, 2: Logische Untersuchungen (1900/1), 2. Bd.: Untersuchungen zur Phänomenologie und Theorie der Erkenntnis. 2. Teil, hrsg. v. U. Panzer, 1984.

Bd. III: Ideen zu einer reinen Phänomenologie und phänomenologischen Philosophie. Erstes Buch. Allgemeine Einführung in die reine Phänomenologie (1913), Text der 1.–3. Auflage, neu hrsg. v. K. Schuhmann, 1976.

Bd. I: Cartesianische Meditationen (1929/1931), hrsg. u. eingeleitet v. S. Strasser, 2. Aufl. 1963. (Erschienen auch als Bd. 29_1 der Philosophischen Bibliothek, hrsg. v. E. Ströker, Hamburg 1977.)

Bd. VI: Die Krisis der europäischen Wissenschaften und die transzendentale Phänomenologie. Eine Einleitung in die phänomenologische Philosophie, hrsg. v. W. Biemel, 1954.

Die phänomenologische Methode. Ausgewählte Texte I. (Mit einer Einführung in Husserls Phänomenologie) hrsg. v. K. Held, Reclams Universal-Bibliothek 8084, Stuttgart 1985.

Phänomenologie der Lebenswelt. Ausgewählte Texte II. (Mit einer Einführung in Husserls Phänomenologie) hrsg. v. K. Held, Reclams Universal-Bibliothek 8085, Stuttgart 1986 (in den Reclambänden weitere Angaben zur Primär- und Sekundärliteratur).

MARTIN HEIDEGGER

Die Philosophie und die Problematik der Interpretation

Von Otto Pöggeler

Im Jahre 1927 erschien im ›Jahrbuch für Philosophie und phänomenologische Forschung‹ Martin Heideggers Abhandlung ›Sein und Zeit‹, Edmund Husserl, dem Begründer der Phänomenologie, gewidmet. Heideggers hermeneutische Phänomenologie versuchte den Brückenschlag zur Arbeit von Wilhelm Dilthey, der das Philosophieren an die Auslegung der Geschichte gebunden hatte. Als Georg Misch, der Hauptherausgeber von Diltheys ›Gesammelten Schriften‹, vom Standpunkt Diltheys aus eine Auseinandersetzung mit der phänomenologischen Philosophie führte, schrieb er, Heideggers Abhandlung habe „eingeschlagen wie der Blitz"; das Steuer des Husserlschen Jahrbuchs sei wie mit einem Ruck in eine neue Richtung gerissen.[1] Die Abhandlung ›Sein und Zeit‹, die fragmentarisch vorgelegt worden war und Fragment blieb, faßte das Philosophieren selbst als ein Interpretieren. Mit einem Wortindex kann man leicht feststellen, daß dreihundert Male das Wort „Interpretation" vorkommt und sechzig weitere Male Worte wie „interpretieren" und „interpretatorisch". Die Philosophie, die als Ontologie nach dem Sein fragt, kann dieses Sein nicht mehr dem traditionellen Ansatz gemäß als „Ousia" oder als ständiges Anwesen nehmen; sie stellt das Sein in unterschiedliche Weisen der Zeitigung von Zeit zurück und begründet sich somit selbst als eine „temporale Interpretation". Sie ringt diese Selbstbegründung der Tradition ab, die mit ihren maßgeblichen Texten auf vergessene Fragestellungen hin interpretiert wird. Es war vor allem die Theologie, die in diesem Ansatz eine Hilfe fand. So hat Heideggers Freund Rudolf Bultmann zwei Generationen von Theologen dadurch geprägt, daß er den existentiellen Glauben mit den Begriffen von ›Sein und Zeit‹ existential (von den natürlichen Fragen der Existenz aus) zu interpretieren versuchte.

[1] G. Misch, Lebensphilosophie und Phänomenologie, in: Philosophischer Anzeiger 3 u. 4, 1928–1930. Über Heideggers Verhältnis zu Dilthey vgl. die verschiedenen Aufsätze im Dilthey-Jahrbuch 4, 1987; vgl. auch meine Einleitung zu Wilhelm Dilthey, Das Wesen der Philosophie, Hamburg 1984. Zum folgenden vgl. R. A. Bast/H. P. Delfosse, Handbuch zum Textstudium von Martin Heideggers 'Sein und Zeit'. Bd. 1, Stuttgart-Bad Cannstatt 1979.

Heidegger entnahm in den Jahren der Abfassung von ›Sein und Zeit‹ leitende Begriffe wie „temporale Interpretation“ oder „präsenzialer“ Sinn von Sein der lateinischen Sprache. Bald nach der Publikation von ›Sein und Zeit‹ aber wurde ihm deutlich, daß man das, was die Griechen als Sein verstanden, nicht von der mittelalterlichen Aristoteles-Interpretation her fassen kann, wie noch Franz Brentano, der Lehrer Husserls, vorausgesetzt hatte. Ist der leitende Sinn von Sein überhaupt die „Ousia“ als ständige Anwesenheit einer Substanz oder nicht vielmehr die „Energeia“, die ein Am-Werke-sein und somit ein Ereignis ist? In den Jahren 1936 bis 1938 schrieb Martin Heidegger, nach vielen Wirrungen in tiefe Einsamkeit gestürzt, sein zweites Hauptwerk. Diese ›Beiträge zur Philosophie‹ haben als eigentlichen, verschwiegenen Titel „Vom Ereignis“.

Die ›Beiträge‹, die wiederum unvollendet blieben und erst zum hundertsten Geburtstag Heideggers postum ediert wurden, sind im Sils-Maria-Wind Nietzsches geschrieben und gleichen dessen Aphorismen-Büchern. Die immer noch unpublizierte Schrift ›Das Ereignis‹ von 1941 spricht in einer viel verhalteneren und zurückgenommeneren Weise. In den düsteren Jahren 1944/45 schrieb Heidegger ein Gespräch über Gelassenheit, 1946/47 versuchte er mit einem chinesischen Bekannten eine Übersetzung der Sprüche des Laotse. Heidegger gab nicht nur die aus dem Lateinischen kommenden Worte wie „Interpretation“ auf; er verzichtete auch auf griechische Worte wie „Philosophie“ oder neuzeitliche Kunstworte wie „Ontologie“, „Phänomenologie“ und „Hermeneutik“ zur Kennzeichnung seines eigenen Anliegens. Doch immer noch brachte er das Denken mit dem Bringen und Auslegen einer Botschaft in Zusammenhang, wenn er es zu altchinesischen oder japanischen Worten wie „Tao“ und „Iki“ in Bezug setzte.

Was soll uns das heute, wo die Problematik des Interpretierens längst zur Sache der Geisteswissenschaften, Kommunikationswissenschaften, Medienwissenschaften geworden ist? Einerseits ist Heidegger nicht wegzudenken, wenn gefragt wird nach der Bedeutung der Vorsokratiker oder Nietzsches und Hölderlins im zwanzigsten Jahrhundert. Andererseits muß man gegen Heideggers Interpretationen die schwersten Einwände vorbringen. Ist nicht selbst jene Zerstörung der Interpretation, die man heute in Amerika beklagt, mit seinem Einfluß verknüpft? Heidegger wollte aber nicht nur Texte, er wollte das Leben selbst philosophisch interpretieren. Doch spricht nicht das Engagement für Hitler im Jahre 1933, das ihn in der Umsturzzeit das Rektorat seiner Freiburger Universität annehmen ließ, gegen ihn? Heidegger hat damals dem Kanzler der nationalen Koalition angesonnen, sich über seine Partei zu erheben und verhängnisvolle Programmpunkte (wie die Rassenlehre, die falsch geplante Universitätsreform) zu ändern. Ein Blick in Hitlers ›Mein Kampf‹ hätte ihn darüber belehren können, wie sehr dieser Führer gerade hinter den von Heidegger abgelehnten Programmpunkten stand. Kann man jemanden, der so interpretiert hat, noch ernst nehmen?

Zum mindesten kann dieser Philosoph durch seine Übrlegungen und direkt auch durch sein Tun uns die Problematik der Interpretation bewußtmachen. Daß hier eine Problematik in vielfachem Sinn vorliegt, mag ein letztes Beispiel zeigen. Der Lyriker Paul Celan besuchte 1970, kurz vor seinem Tode, ein zweites Mal Heidegger in Freiburg; man verabredete, daß Heidegger ihn bei einem weiteren Besuch zu den naheliegenden Hölderlin-Stätten führen werde. Eine Verabredung mit dem großen Romanisten Hugo Friedrich hat Celan damals plötzlich doch nicht eingehalten. Er war immer der Auffassung, daß Friedrichs populäres Buch über moderne Lyrik dem Dichten, so wie er es verstand, keine Luft zum Atmen ließ. Von dem Rektor des Jahres 1933, dem er das Schuldbekenntnis in keiner Weise erlassen wollte, hat Celan sich ein Verständnis erhofft, von dem großen Philologen, dem Verfasser glänzender Interpretationen, kaum. Warum das so sein konnte, müssen unsere Überlegungen deutlich machen.

I. Formal anzeigende Hermeneutik: der Augenblick

Es ist bekannt, daß Heidegger sein Universitätsstudium als katholischer Theologe begann. Jene philosophische Theologie, wie sie von Aristoteles über Thomas bis Hegel ausgebildet wurde, war auch für ihn Gipfel und Fundament der Philosophie. Doch mitten im Ersten Weltkrieg, am 1. August 1917, hielt der junge Privatdozent und Landsturmmann im privaten Kreis einen beeindruckenden Vortrag über Schleiermachers ›Reden über die Religion‹. Der Akzent fiel auf die zweite dieser Reden, die die religiöse Dimension als Tiefe der Welt vorsichtig aufdecken will, gerade deshalb aber die philosophische Theologie der Tradition zurückweisen muß, wenn diese uns vorweg Begriffe von Gott und Unsterblichkeit an die Hand gibt.[2] Eine intensive Auseinandersetzung führte der junge Heidegger mit Wilhelm Dilthey, der die Tradition Schleiermachers in einer verwandelten Zeit fortgeführt hatte. Bekannt ist auch, daß Heidegger damals seinen neuen Lehrer, den Begründer der phänomenologischen Philosophie Edmund Husserl, auf Rudolf Ottos Phänomenologie des Heiligen aufmerksam machte, in der Schleiermachers Anliegen fortgesetzt wurde. Husserl schrieb am 5. März 1919 dem einstigen Kollegen Rudolf Otto nach Marburg, Heidegger und dessen Freund hätten ihm Ottos Buch ›Das Heilige‹ gebracht;

[2] Das Maß des Verborgenen. Heinrich Ochsner zum Gedächtnis, hrsg. v. L. Ochwadt u. E. Tecklenborg, Hannover 1981, 92; zum folgenden 159.

dieses Buch enthalte in der Tat den Anfang einer Religionsphänomenologie, doch werde dieser Anfang auch wieder durch eine vorschnelle „philosophische Theoretisierung" verdeckt: „Der Metaphysiker (Theologe) in Herrn Otto hat, scheint es mir, den Phänomenologen Otto auf seinen Schwingen davon getragen, und ich denke dabei als Gleichnis an die Engel, die mit ihren Schwingen die *Augen verdecken.*" Mit Erstaunen beobachtete Husserl, daß seine Tätigkeit in dieser Umbruchszeit etwas Revolutionierendes hatte: Jüdische Schüler wie Edith Stein wurden katholisch, katholische wie Heidegger evangelisch. Er selbst aber, so sagte Husserl, wolle auf alle wahrhaftigen Menschen wirken. Heidegger blieb jedoch von Schleiermacher, Dilthey und Rudolf Otto dadurch getrennt, daß er mit einigen Außenseitern der damaligen Theologie (Albert Schweitzer, Friedrich Overbeck und Johannes Weiß etwa) die urchristliche Eschatologie wieder ernst nahm – jene Lehre also, daß die letzten Dinge in einem unverfügbaren Augenblick geschehen. Konnte die phänomenologische Philosophie Edmund Husserls so gefaßt werden, daß sie diesen Dimensionen des Lebens gerecht wurde?

Es verwundert nicht, daß Heidegger auf die ›Psychologie der Weltanschauungen‹ von Karl Jaspers ansprach, die 1919 erschien. In einer Besprechung, die damals freilich ungedruckt blieb, stellte Heidegger heraus, daß er die Lehre von den Grenzsituationen für die Mitte des Buches halte. Wir leben in vielen Situationen, verfolgen dort z. B. unsere Ziele. Werden wir mit dem Tode konfrontiert, dann kommen wir an eine Grenze; unsere Ziele werden zuerst einmal nichtig. Eine andere Grenzsituation ist die der Schuld: Wenn wir handeln, können wir die Situation, in der wir stehen, nie voll überblicken; vielmehr werden wir durch einseitige Perspektiven unserer Herkunft geleitet, bleiben dem Augenblick des Handelns also etwas schuldig. Jaspers zitiert Goethes Wort: „Der Handelnde ist immer gewissenlos." Heidegger wiederholt das Wort in der Vorlesung vom Sommer 1925, die These noch in ›Sein und Zeit‹.[3] Die Situationen, in denen wir stehen, werden zu Grenzsituationen, wenn sie an den Augenblick herangeführt werden, in dem es um die letzten Dinge geht. Das Referat, das Jaspers von Kierkegaard gibt, bleibt aber gerade in bezug auf Kierkegaards Lehre vom Augenblick blaß. Auch Heidegger stellt erst Jahre später, nämlich in ›Sein und Zeit‹, diese Kierkegaardsche Lehre in die Mitte seines Philosophierens. Heidegger faßt in ›Sein und Zeit‹ Philosophie in einem

[3] K. Jaspers, Psychologie der Weltanschauungen, Berlin–Göttingen–Heidelberg ^{4}1954, 55 u. 274; M. Heidegger, Prolegomena zur Geschichte des Zeitbegriffs, Frankfurt a. M. 1979, 441; Sein und Zeit, 288. Vgl. ferner Anmerkungen zu Karl Jaspers' ›Psychologie der Weltanschauungen‹, in: M. Heidegger, Wegmarken, Frankfurt a. M. 1976, 1 ff.

weiten Sinne als Ontologie: Die Fülle des Seienden, zu der auch der Mensch gehört, soll in seinem unterschiedlichen Sein bestimmt werden. In einer Fundamentalontologie muß die Philosophie sich selber begründen, nämlich aufweisen, wie dieses Bestimmen des Seienden in seinem Sein eigentlich in unserem Dasein aufbricht. Man kann in ›Sein und Zeit‹ den Versuch sehen, den Hinweis von Jaspers auf die Grenzsituationen so für die Philosophie fruchtbar zu machen, daß diese aus ihrem überlieferten Wesen heraus in eine neue Gestalt geführt wird. Doch führt ›Sein und Zeit‹ erst spät Grundbegriffe wie „Situation“ und „Augenblick“ ein. Das liegt daran, daß die Lehre von der Situation unterbaut wird durch eine Umweltanalyse: Längst bevor die Radikalität theoretischen Fragens in uns aufbricht, bewegen wir uns in einer Umwelt; das Umgehen mit Zuhandenem in der Umwelt gehört bleibend zum Beispiel zum selbstvergessenen Werken des Handwerkers. Das Philosophieren kann nicht in dieser Weise selbstvergessen bleiben. So grenzt Heidegger die Redeweise der Philosophie, die neu zu bestimmen ist, ab von alltäglichen Phänomenen wie dem „Gerede“, der „Neugier“, dem „Man“. Von dem Gerede wird gerade deshalb gesprochen, weil es die philosophische Rede verstellt. Die Neugier muß thematisiert werden, weil das Denken in der Philosophie gemäß einer einseitigen Ausrichtung an der Theorie seit je als Sehen gefaßt wurde. Das Man verbirgt die Selbstverantwortlichkeit, die zur Philosophie gehören soll.

Der erste Abschnitt von ›Sein und Zeit‹ hebt jedoch auch heraus, was als Grundstruktur des seinsverstehenden Daseins für alle weiteren Analysen verbindlich bleibt. Im Menschen bricht das Dasein auf, in dem das Seiende in seinem Sein offen wird und so „verstanden“ werden kann. Dieses Dasein ist In-der-Welt-sein, wobei „Welt“ nicht das All des Vorhandenen ist, sondern das Ganze der Weisen, wie überhaupt etwas gegeben ist. Das Dasein befindet sich immer schon in dieser Welt, doch kann es diese seine Befindlichkeit verstehend übernehmen. Die Befindlichkeit und das Sich-Verstehen-auf artikulieren das Ganze der Welt; diese Artikulation wird, da es um die Redeweise der Philosophie geht, als Rede genommen. Das vielgliedrige Ganze der Grundstruktur der Befindlichkeit, Verstehen und Rede wird einheitlich als Sorge aufgefaßt, in der es dem Dasein um sein In-der-Welt-sein geht. In der verstehenden Gestimmtheit der Angst, die wesentlich Todesangst ist, bricht auf, daß es dem Dasein immer neu um sein In-der-Welt-sein gehen muß.

Der zweite Abschnitt von ›Sein und Zeit‹ führt zu den Grenzsituationen des Todes und der Schuld. So kann dieser Abschnitt deutlich machen, daß die vielgliedrige Grundstruktur des Daseins und damit das Seinsverstehen von der Zeit her verdeutlicht werden können. Die Befindlichkeit, nach der wir „immer schon“ in der Welt sind, verweist auf die Vergangenheit, die von Heidegger als Gewesenheit gefaßt wird. Das Verstehen dieser Befindlichkeit benötigt die offene Zukunft. Gewesenheit und Zukunft gehören zur Gegenwart, die zum Augenblick werden soll. Die Innerzeitigkeit, die das Immer-schon-in-der-Zeit-sein ausarbeitet, ist gleichursprünglich mit der Geschichtlichkeit, die das In-der-Zeit-sein eigens übernimmt und der Selbstvergessenheit entreißt. Wie Innerzeitigkeit und Geschichtlichkeit ineinanderspielen, soll aufgewiesen werden.

Heidegger konnte nur diese ersten beiden Abschnitte von ›Sein und Zeit‹ publizieren, das doch sechs Abschnitte enthalten sollte. So fehlt die ganze zweite Hälfte, welche zeigen sollte, daß die Frage nach Sein und Zeit die vergessene Frage in der philosophischen Tradition seit Aristoteles ist. Es fehlt aber auch der dritte Abschnitt der ersten Hälfte, der nachweisen sollte, wie ein Verständnis der Seinsweisen des Daseins schon eine Bestimmung des vielgliedrigen Sinnes von Sein voraussetzt. Erst in diesem Abschnitt wäre auseinandergelegt worden, welcher „Methode" die Abhandlung eigentlich folgt. Damit wäre auch neu Problem geworden, was in Kierkegaards Auseinandersetzung mit der philosophischen Tradition in einem philosophischen Sinn nicht neu aufgearbeitet worden war. In einer langen Anmerkung zu seiner Schrift über den Begriff „Angst"[4] beruft Kierkegaard sich seinerseits auf Platon. Wie läßt sich eigentlich das Eine des Seins, von dem Parmenides gesprochen hatte, fassen, wenn es doch nicht das Eine unter vielen Etwas sein soll? Plötzlich, so sagt Platon, geschieht der Umschlag der Grundbegriffe; in diesem Plötzlichen (exaiphnes) berühren wir die Ewigkeit, es liegt außer der Zeit. Kierkegaard ist aber der Auffassung, die Griechen hätten zwar die Täuschung im Erkennen kritisiert, nicht jedoch die Sünde ernst genommen, die in einem Existieren aufbricht, das von der Schöpfung der Welt aus Nichts ausgeht und so in die Angst getrieben wird. Das Plötzliche, von dem Platon gesprochen habe, sei in Wahrheit der Augenblick dieses Existierens, zu dem die Zeit gehöre. In dieser Weise habe der Apostel Paulus von dem Augenblick gesprochen, auf den wir nur in Furcht und Zittern gerichtet sein können. Die Dialektik, in der nach Platon die Philosophie gründet, wird so zur experimentierenden Dialektik des Existierens, die aus der Philosophie hinausführt – zum Beispiel zum Glauben. Hat Kierkegaard nicht recht? Wie kann die Philosophie, die auf das Allgemeine verpflichtet ist, vom Augenblick handeln, der je und jäh aufbricht und immer auf dem Sprunge bleibt – offen, nicht greifbar? Nach Heidegger wird der Augenblick jedoch begriffsfähig, wenn die Philosophie Interpretation wird, nämlich Phänomenologie als formal anzeigende Hermeneutik.

[4] S. Kierkegaard, Der Begriff Angst, Gesammelte Werke, 11. und 12. Abt., Düsseldorf 1965, 83 ff.

Heidegger hat den dritten Abschnitt von ›Sein und Zeit‹ nie publiziert, offenbar nicht einmal fertiggestellt; die vorliegenden Ausarbeitungen hat er nach eigenem Zeugnis verbrannt. Was eine formale Anzeige ist, hat er jedoch in seinen Vorlesungen dargelegt, vor allem in der ›Einleitung in die Phänomenologie der Religion‹ vom Wintersemester 1920/21. In der ersten Hälfte dieser Vorlesung greift Heidegger jenen Philosophen und Theologen frontal an, der damals als Philosoph der religionsgeschichtlichen Schule auf der Höhe seines Ruhms stand und das „freie Christentum" vertrat, zu dem auch Heidegger sich hingezogen fühlte: Ernst Troeltsch. Troeltsch hat sich mit der Religionspsychologie beschäftigt, mit der erkenntnistheoretischen Ausgrenzung des Bereiches der Religion, auch mit der Religionsgeschichte. Doch alle diese Disziplinen werden bei ihm durch eine Metaphysik überwölbt, die den Religionen noch einmal einen philosophischen Gottesbegriff vorgibt. Wenn die Theologie dann weiter nachweist, daß zum Beispiel Jesus als Christus für die neue Gemeinde eine gemeinschaftsbildende Funktion hatte, fügt sie die Religion in das geschichtliche und soziale Feld ein. Heidegger muß jedoch von dieser Religionsphilosophie sagen, daß sie die urchristliche Eschatologie nicht ernst zu nehmen vermag, die z. B. von Luther wieder geltend gemacht worden sei. In der zweiten Hälfte seiner Vorlesung interpretiert Heidegger den Abschnitt über die Wiederkunft Christi aus dem ersten Thessalonicher-Brief des Apostels Paulus, dem ältesten Text im Neuen Testament. Jesus hatte die Menschen seiner Zeit darauf verwiesen, daß es in ihrem Leben um die letzten Dinge, die Gottesherrschaft, gehe. Zwar war er verurteilt worden (auch durch den Tempel); aber nach dem Glauben der Gemeinde hatte Gott ihn erhöht und der Geschichte als Maß gesetzt. Diese seine Ankunft ist der Kairos, der bei Paulus im Rahmen der mythologischen Vorstellungen seiner Zeit ausgestaltet wird. Für alle Menschen aber ist in diesem Glauben entdeckt, daß unser Leben als ein faktisches und historisches auf den Augenblick ausgerichtet ist, der unverfügbar bleibt und chronologisch nicht berechnet werden kann. Die Philosophie kann nicht als philosophische Theologie das, was in diesem Augenblick zur Entscheidung steht, etwa als „Idee" christlichen Lebens auf den Begriff bringen. Sie kann aber einweisen in diesen Augenblick als in die entscheidende Situation unseres Lebens.

Bezieht die Philosophie als Phänomenologie sich in dieser Weise auf das Leben, dann wird sie zur formal anzeigenden Hermeneutik. Husserl hatte im § 13 seiner ›Ideen‹ (I) zwischen der Generalisierung und der Formalisierung unterschieden. Die Generalisierung steigt zu immer höheren Allgemeinheiten auf – vom Grau dieses Anzuges zur Farbe Grau, von der einen Farbe zu den Farben überhaupt, von diesen zu den Qualitäten usf. Die Formalisierung dagegen geht zurück zu den logischen und kategorialen Formen, die im Erkennen immer schon vorausgesetzt sind. Mit der formalen Anzeige macht Heidegger darauf aufmerksam, daß das Zusammenwirken von Generalisierung und Formalisierung in unterschiedlichen Bereichen verschieden sein muß. Wenn ich das Pult als ein verfügbares Möbel nehme und mich auf es stütze, glaube ich es als Fall eines allgemeinen und bekannten Was zu kennen. So aber kann man den Menschen nicht auffassen, der sich als geschichtliche Existenz versteht und nicht als bloße Realisierung eines allgemeinen Was. Der Handwerker mag sich in sein Werken selbstvergessen verlieren; für den religiösen Menschen ist der Vollzug des Existierens in den unterschiedlichen Situationen des Lebens maßgeblich. In diesem Bereich bekommt die formale Anzeige einen weiteren Sinn: sie weist in die Situation ein, kann aber die dort nötige Entscheidung nicht vorwegnehmen. Sie muß die Glaubensentscheidung in der Schwebe lassen, da sie – die Phänomenologie ist und nicht mehr Metaphysik im alten Sinn sein will – von Gott nichts weiß.[5]

Von 1921 an hat Heidegger jahrelang seine phänomenologische Philosophie in einem Buch über Aristoteles darstellen wollen. Dabei ging Heidegger aus vom sechsten Buch der ›Nikomachischen Ethik‹, das eine Orientierung in den unterschiedlichen Situationen hier unter dem wechselnden Mond sucht. Dieser Ansatz wird freilich durch eine bestimmte ontologische Option überspielt, die „Sein" nur als ständige Anwesenheit verstehen kann. So konnte Aristoteles auch die Erfahrung von Zeit, die er in seiner ›Physik‹ analysierte, nicht angemessen zur Sprache bringen. Die Pointe des geplanten Buches über Aristoteles, das niemals fertig wurde, rückte dann in den letzten Abschnitt von ›Sein und Zeit‹, der die Zeitabhandlung der Aristotelischen ›Physik‹ als Diskrimen der ontologischen Tradition destruieren sollte. Aristoteles wies jedoch auch einen Weg vorwärts, wenn er in seiner Hermeneutik die spezifische Leistung der Aussage, wahr oder falsch sein zu können, von anderen Sprechformen abhob. Unter diesen Formen hat etwa die Frage für Heidegger eine überragende Bedeutung; sie hat ihren Wahrheitsbezug, ohne einfach der Alternative „wahr oder falsch" unterworfen werden zu können. Im Anschluß an die Hermeneutik des Aristoteles unterschied Heidegger das apophantische Als, das in einer Aussage etwas als etwas (z. B. als Hammer) sehen läßt, vom her-

[5] Heideggers Vorlesung vom Winter 1920/21 ist nur aus Nachschriften bekannt; vgl. den Bericht auf Grund der Mitteilungen O. Beckers in O. Pöggeler, Der Denkweg Martin Heideggers, Pfullingen 1963 u. 1983, 36ff. Für die vorliegende Darstellung konnte ich dank der Vermittlung von S. IJsseling auch eine Nachschrift aus dem Husserl-Archiv Löwen benutzen. Einen ersten Hinweis auf die formale Anzeige (wenn auch noch nicht mit diesem Titel) gab Heidegger in der ersten Nachkriegsvorlesung 1919, vgl. Martin Heidegger, Zur Bestimmung der Philosophie, Frankfurt a. M. 1987, 114.

meneutischen Als, in dem uns zum Beispiel ein Hammer auch im theorielosen Umgang als Hammer zuhanden ist. Im Wintersemester 1925/26 hat Heidegger die geplante Aristoteles-Vorlesung abgebrochen und ihre Thematik in Ausführungen über Kants Lehre von der Schematisierung der Vernunft weitergeführt. Neben Schemata wie das genannte doppelte Als traten andere Schemata, und das Zusammenspiel aller ergab ein Prinzipiengefüge, von dem her unterschiedliche Weisen von Sein und Sphären von Welt unterschieden werden können. So eröffnet die Vorherrschaft des Schemas der eigentlichen Zukunft (des „Umwillens") die religiöse Dimension. Schlägt dieses Schema um in das „Wozu" der uneigentlichen Zukünftigkeit, so kann der Handwerker selbstvergessen in seinem Werken seine Zwecke verfolgen. Wird auch noch diese Ausrichtung auf Zukunft eliminiert und schlägt das hermeneutische Als um in das apophantische, so wird eine neutrale theoretische Untersuchung möglich. Heidegger hat selber gesagt, es sei ihm (im Zusammenhang mit der Vorlesung vom Winter 1925/26) wie Schuppen von den Augen gefallen, als er Kants Lehre von der Schematisierung auf dem Hintergrund von Husserls Phänomenologie der Zeit gelesen habe.[6] Als Heidegger jedoch 1928 Husserls erste Phänomenologie des Zeitbewußtseins edieren mußte, deutete er in einem kurzen Vorwort an, daß Husserl in traditionellen Ansätzen verbleibt: Er stellt die Zeiterfahrung zu den unteren intellektiven Akten, von denen die eigentliche Erkenntnis abgehoben wird. Eine Hilfe fand Heidegger dagegen bei Max Scheler, der in der mathematischen Physik der Neuzeit eine bestimmte Schematisierung unserer Welteinstellung gefunden hatte.

Der § 69 von ›Sein und Zeit‹ zeigt die temporale Interpretation als Schematisierung kurz an und verweist so voraus auf die Problematik des ausgebliebenen dritten Abschnittes. Wenn die Phänomenologie nicht nur formal anzeigende Hermeneutik ist, sondern temporale Interpretation, dann kann sie die Ontologie als Lehre vom Sein der unterschiedlichen Regionen des Seienden grundlegen. Ein Philosophieren, das sich als Interpretieren versteht und in seiner Selbstbegründung exemplarische Texte der Tradition interpretiert, muß sich in einen Bezug setzen zu den Wissenschaften, die in besonderer Weise auf das Interpretieren angewiesen sind. So verwundert es nicht, daß es zu einem Kontakt kam zwischen Heidegger und jenen, die 1922 die ›Deutsche Vierteljahrsschrift für Literaturwissenschaft und Geistesgeschichte‹ begründeten, um in freier Weise die Dilthey-Tradition fort-

[6] Martin Heidegger, Phänomenologische Interpretation von Kants Kritik der reinen Vernunft, Frankfurt a. M. 1977, 431. Vgl. dazu meinen Beitrag Zeit und Sein bei Heidegger, in: Phänomenologische Forschungen 14, 1983, 152 ff. – Zum folgenden vgl. E. Husserls Vorlesungen zur Phänomenologie des inneren Zeitbewußtseins, hrsg. v. M. Heidegger, Halle 1928.

zuführen. Fast hätte diese Zeitschrift den ersten Entwurf von ›Sein und Zeit‹ publiziert, wenn nur der eine der beiden Herausgeber (Erich Rothacker) den anderen hätte überreden können, einen zu langen Aufsatz wegen seiner überragenden Bedeutung doch zu akzeptieren. Was Heidegger an der neuen Zeitschrift überzeugte, war die programmatische Absicht, dem Muster von Savignys ›Zeitschrift für geschichtliche Rechtswissenschaft‹ zu folgen; da Heidegger ein Seminar über Droysen gab, konnte er die Neuedition von Droysens Grundriß der Historik, wie Rothacker sie besorgte, sogleich nutzen. Selbst germanistische Beiträge der ›Deutschen Vierteljahrsschrift‹ fanden bei Heidegger ein Echo, wenn sie nur genial waren oder einen neuen Bezug zur Philosophie von der Interpretationsproblematik her suchten. So haben Konrad Burdachs Arbeit über Faust und die Sorge, aber auch Rudolf Ungers „Problemgeschichte“ ihre Spuren in ›Sein und Zeit‹ hinterlassen.[7]

Eine produktive Zusammenarbeit mußte Heidegger aber vor allem mit jener Wissenschaft suchen, die seit bald zweitausend Jahren mit großer Relevanz interpretiert – mit der Theologie. Als Heidegger im Herbst 1923 an die Universität Marburg ging, kam es zu der Zusammenarbeit mit dem Theologen Rudolf Bultmann. Über diese Zusammenarbeit sind viele Legenden entstanden; wie es in Wirklichkeit zum Zusammentreffen kam, hat jedoch Rudolf Bultmann in seinen Briefen genau festgehalten. So schreibt er über sein Seminar über die Ethik des Paulus am 23. Dezember 1923 an Hans von Soden: „Das Seminar ist diesmal besonders lehrreich, weil unser neuer Philosoph Heidegger, ein Schüler Husserls, daran teilnimmt. Er kommt aus dem Katholizismus, ist aber ganz Protestant, was er neulich in der Debatte nach einem Vortrag Hermelinks über Luther und das Mittelalter bewies. Er hat nicht nur eine vortreffliche Kenntnis der Scholastik, sondern auch Luthers und brachte Hermelink einigermaßen in Verlegenheit; er hatte offenbar die Frage tiefer erfaßt als dieser. – Es war mir interessant, daß Heidegger auch sonst mit der modernen Theologie vertraut und besonders ein Verehrer Herrmanns ist – auch Gogarten und Barth kennt und besonders den ersteren ähnlich einschätzt wie ich. Sie können sich denken, wie wesentlich es mir ist, daß Sie hierherkommen und an dieser Auseinandersetzung teilnehmen. Die ältere Generation ist dazu unfähig, da sie die Problematik garnicht mehr versteht, um die wir uns bemühen . . .“[8]

[7] Vgl. dazu Th. Kisiel, Why the First Draft of Being and Time was never published, in: Journal of the British Society for Phenomenology 20 (1989), 3–22.

[8] Vgl. Antje Bultmann-Lemke, Der unveröffentlichte Nachlaß von Rudolf Bultmann, in: Rudolf Bultmanns Werk und Wirkung. Hrsg. v. B. Jaspert, Darmstadt 1984, 202. – Zur Begegnung zwischen Bultmann und Heidegger vgl. meinen Düsseldorfer Akademievortrag Philosophie und hermeneutische Theologie, Opladen 1990.

Rudolf Bultmann und Martin Heidegger hatten längst ihren jeweiligen Weg gefunden, als sie zusammentrafen. Für beide hatte Schleiermacher eine entscheidende Bedeutung bekommen, doch war Bultmann diesem großen Theologen über eine ungebrochene Tradition verbunden. Mit der Hermeneutik Schleiermachers und Diltheys hat Bultmann sich freilich erst sehr spät auseinandergesetzt, da er als Exeget mit der Ausbildung neuer Methoden beschäftigt war (vor allem mit der sog. formgeschichtlichen Auflösung der Evangelien in kleinste Texteinheiten). Heidegger dagegen hatte nicht nur die Geschichte der Hermeneutik verfolgt, sondern als Student in einer katholisch-theologischen Fakultät auch noch eine Hermeneutik-Vorlesung (bei Hoberg) hören können. Es verwundert nicht, daß Bultmann die Interpretation, durch die Philosophie und Theologie verbunden sind, weder als formal anzeigende Hermeneutik noch als temporale Interpretation faßt. Gestützt auf Kierkegaard und auf ›Sein und Zeit‹ spricht er von einer existentialen Interpretation, die etwas Existenzielles (den christlichen Glauben) mit neutralen Begriffen (Existentialien) faßt. So kann die Frage beantwortet werden, wie die Theologie, die in einem Glauben wurzelt, sich an der Universität im Kreis der Wissenschaften halten kann. Nach dem Untergang der philosophischen Theologie der metaphysischen Tradition kann die Philosophie der Theologie keine inhaltlich erfüllten Begriffe (von Gott und Unsterblichkeit) vorgeben; sie muß den Glauben der Offenbarung überlassen, welche wissenschaftlich-philosophisch nicht vorwegzunehmen ist. Die Theologie kann jedoch die philosophische Arbeit dadurch nutzen, daß sie die Antwort des Glaubens auf jene „natürlichen" Fragen bezieht, die jeder Mensch hat, die philosophisch in formal anzeigenden Begriffen herausgestellt werden. Die Philosophie kann ihrerseits die Theologie nicht dirigieren, weil die Theologie dem unverfügbaren Glauben entspringt; doch kann die Philosophie in der „mitanleitenden Korrektur" einer formal anzeigenden Hermeneutik die Theologie im Kreis der wissenschaftlich-philosophischen Fragen halten. Auf diese Weise verweist die Philosophie die Theologie auf die Fragen, die den Glaubensantworten wirklich zugrunde liegen; so wird die Theologie auch zu Korrekturen gezwungen, zum Beispiel zu einem nicht vorschnell mythologisierenden, konkretistischen Verständnis von Auferstehung. (Bekanntlich hat Bultmann später in mißverständlicher Weise von „Entmythologisierung" gesprochen.) Heidegger hat dieses Verhältnis von Philosophie und Theologie in einem Vortrag ›Phänomenologie und Theologie‹ entfaltet, der eigentlich zusammen mit einem entsprechenden Aufsatz Bultmanns in einer gemeinsamen Publikation vorgelegt werden sollte. Dieser Plan wurde aufgegeben, und so erschien Heideggers Vortrag erst mehr als vierzig Jahre später. Ein Blick in Bultmanns Vorlesungsreihe ›Theologische Enzyklopädie‹ zeigt aber, wie eng die Zusammenarbeit war: Bei Bultmann kommen die gleichen Formulierungen wie in Heideggers Vortrag vor, und es ist oft nicht klar, wer eine bestimmte Formulierung zuerst gefunden hat.[9]

Es ist Rudolf Butlmanns Verdienst, daß er den Geistbegriff, der einmal der idealistischen Theologie zugrunde lag, durch einen philosophisch ausgearbeiteten Begriff von der endlichen und geschichtlichen Existenz zu ersetzen suchte. Indem er jedoch von einer existentialen Interpretation sprach, geriet er in die Gefahr, die Theologie und schon die philosophische Interpretation anthropologistisch zu verengen. Die Weiterbildung der formal anzeigenden Hermeneutik zur temporalen Interpretation wird nicht mitvollzogen. So können Bultmann und Heidegger gelegentlich dieselben Worte in einem ganz verschiedenen Sinn gebrauchen. Bultmann spricht von „Entweltlichung", wenn er das eschatologische „Haben, als hätte man nicht" meint. Heidegger bezeichnet mit diesem Begriff die Abstraktion, in der die mathematische Physik absieht von einem qualitativen und geschichtlichen In-der-Welt-sein. Die entscheidende Frage ist, ob die formal angezeigten Existentialien in jedem Fall überzeitlich faßbare Strukturen sind oder nicht. Davon geht Bultmann aus, und er meint, Philosophie könne sich um nichts anderes bemühen. Heidegger dagegen wollte diese Frage erst im dritten, nicht mehr publizierten Abschnitt von ›Sein und Zeit‹ klären. Gleich nach der Publikation von ›Sein und Zeit‹ wurde heftig die Frage diskutiert, ob nicht dieses Buch überhaupt eine Säkularisierung Kierkegaards darstelle, die Theologie der Philosophie also nur entnehme, was sie an sie abgegeben habe. Liegt nicht auch in ›Sein und Zeit‹ gegen die erklärte Absicht ein Existenzideal zugrunde? Hans Jonas, der als Schüler Bultmanns und Heideggers eine existentiale Interpretation der Religionsgeschichte der Gnosis gab, ging später davon aus, dieser Versuch sei möglich geworden, weil ›Sein und Zeit‹ selber Züge einer gnostischen Welteinstellung zeige. Mußte die Theologie nicht (etwa im Ausgang vom Alten Testament) nach einem konkreteren Begriff von Geschichte suchen, diesen Begriff der Geschichte dann mit der ursprünglich griechischen Geschichtserfahrung (etwa in den großen Tragödien) konfrontieren? Hans-Georg Gadamer hat 1960 in seinem Buch ›Wahrheit und Methode‹ nicht nur von einem auszuarbeitenden Vorverständnis in jeder Interpretation gesprochen, sondern von wechselnden Vorurteilen, die geschichtlich ins Spiel kommen. Damit hat diese philosophische Hermeneutik aber die Aufgabe einer philosophisch verbindlichen Auslegung von Strukturen aufgegeben, mögen diese nun überzeitlich zum In-der-Welt-sein überhaupt oder zu ei-

[9] Vgl. M. Heidegger, Phänomenologie und Theologie (vgl. Kurzbibliographie); R. Bultmann, Theologische Enzyklopädie, Tübingen 1984. Vgl. ferner A. Gethmann-Siefert, Das Verhältnis von Philosophie und Theologie im Denken M. Heideggers, Freiburg/München 1974.

ner geschichtlichen „Konstellation“ gehören. Gerade diese allgemeine Verbindlichkeit einer hermeneutischen Philosophie suchte Heidegger jedoch in seiner temporalen Interpretation festzuhalten.[10]

II. Sigetik: Lichtung für das Sichverbergen

Man spricht immer wieder davon, Heidegger habe in den dreißiger Jahren eine „Kehre“ vollzogen; ja, man unterscheidet den Heidegger von ›Sein und Zeit‹ als Heidegger I von einem Heidegger II (ähnlich wie bei Wittgenstein das Frühwerk vom Spätwerk abgehoben wird). Solche Etikettierungen sind sicherlich allzu summarisch. Doch weisen sie darauf hin, daß sich Heideggers Denken in den dreißiger Jahren grundlegend wandelte. ›Sein und Zeit‹ hatte das Dasein auf jene Zeitlichkeit hin ausgelegt, die es im Wechselspiel von Situation und Augenblick erreicht. Nicht mehr publiziert wurden die Abschnitte, die zeigen sollten, daß das Dasein Seiendes in seinem Sein (also den Hammer als Zuhandenes, den Menschen als Existenz) nur verstehen kann, wenn der Sinn oder die Offenheit von Sein geschieht (also das Zuhandene und die Existenz in wechselnden Konstellationen ihr jeweiliges Sein gewinnen). Der Zirkel, in dem das Seinsverständnis des Daseins und diese Geschichte des Seins verbunden sind, wurde in ›Sein und Zeit‹ noch nicht konkret ausgeschritten. Dagegen machte Heideggers Denken in den dreißiger Jahren damit ernst, daß es selbst in einer Situation oder epochalen Konstellation steht und dabei immer schon durch ein bestimmtes Verständnis von Sein geleitet ist.

In ›Sein und Zeit‹ war Heidegger noch mit Franz Brentano, dem Lehrer Husserls, davon ausgegangen, daß Aristoteles alle Bedeutungen von Sein ausrichtet auf eine leitende Bedeutung, die Ousia als ein ständiges Anwesen. Die Vorlesung ›Grundprobleme der Phänomenologie‹ vom Sommersemester 1927 suchte noch griechische Leitworte wie Eidos, Ousia, Morphe von der mittelalterlichen Bestimmung der Essentia (im Unterschied zur Existentia) her zu begreifen. In den folgenden Jahren ging Heidegger davon aus, daß die leitende Bestimmung von Sein bei Aristoteles die Energeia sei, die eine offene Möglichkeit in sich enthalte. So konnte die Energeia aufgefaßt werden als das Ereignis, durch das Seiendes in sein Eigenes findet. Dieses Eigene darf nicht in jedem Fall aufgefaßt werden als ein ständiges Wesen. Heidegger suchte das Am-Werke-sein der Energeia nun-

[10] Vgl. H.-G. Gadamers Bultmannkritik in: ders., Wahrheit und Methode, Tübingen 1960, 314. Zum Begriff und den Formen einer hermeneutischen Philosophie vgl. meine Darstellung Heidegger und die hermeneutische Philosophie, Freiburg/München 1983.

mehr auch in Mythos und Kunst sowie auf dem politischen Feld in der Staatsbildung und den sozialen Fragen auf. Als die Weltwirtschaftskrise von Amerika nach Europa herüberdrängte, forderte Heidegger in der Vorlesung vom Wintersemester 1929/30 auf, die Not zu sehen, die schon mit dem Ersten Weltkrieg in Europa unübersehbar aufgebrochen sei. Er sah im Nietzscheanismus von Autoren wie Spengler, Klages und Scheler die maßgebliche Diagnose der Zeit. Mit Nietzsche suchte er die apollinischen Formen aus dem dionysischen Werden zu gewinnen. Bald aber glaubte Heidegger zu sehen, daß Hölderlin diesen Ansatz reiner herausgehoben habe, wenn er in einem seiner Gedichte sage: „Lang ist/die Zeit, es ereignet sich aber/das Wahre." Auch der Deutsche Idealismus wurde wichtig; doch ging Heidegger davon aus, daß Hegel die Energeia zu Unrecht wieder als Entelecheia gefaßt habe, nämlich als einen geschichtlichen, aber teleologischen Prozeß. So wurde der Versuch vorsokratischer Denker wie Heraklit bestimmend, die Wahrheit auf ein unverfügbares Aufbrechen (physis) zu beziehen schienen.

Indem Heidegger nach dem Wesen der Wahrheit fragte und diese als ein Geschehen deutete, mußte er Abschied nehmen von seinem Lehrer Husserl und seinem Freunde Bultmann. Sicherlich hatte auch Husserl – etwa in seinen ›Cartesianischen Meditationen‹ – Wahrheit nicht nur in eine Entsprechung zur Wirklichkeit und Nichtwirklichkeit gesetzt, sondern auch mit der Wahrscheinlichkeit verbunden; letztlich glaubte Husserl aber für den maßgeblichen theoretischen Bereich eine volle Durchsichtigkeit als Maßstab fordern zu müssen. Rudolf Bultmann hatte in bedeutenden Aufsätzen eine Klärung der Geschichte jenes Wortes zu erreichen versucht, das auch für Heidegger die größte Bedeutung bekam: des Wortes „Aletheia" als des griechischen Wortes für Wahrheit. Bultmann ging dabei nicht so vor, wie es mancher Artikel des Kittelschen Wörterbuches zum Neuen Testament tut: Einem hellenistischen Text, der das Griechische repräsentieren soll, wird das jüdisch-christliche Verständnis von Zeit und Geschichte entgegengestellt. Bultmann glaubte aber als Theologe das Verständnis von Aletheia im Neuen Testament erfüllt zu sehen und verdeckte sich von diesem Vorgriff aus Züge der Wahrheit, die Heidegger für das früheste griechische Denken glaubte beanspruchen zu müssen. Bei Heidegger fiel dagegen aus, was vom Alten Testament her die griechischen Begriffe umformte. Die Weise, wie Heidegger und Bultmann Mitte der dreißiger Jahre die ›Antigone‹ des Sophokles interpretierten, mag die Unterschiede und die Einseitigkeit der beiden Ansätze genauer belegen.

Heidegger hat in der Vorlesung ›Einführung in die Metaphysik‹ vom Sommer 1935 das erste Standlied aus der ›Antigone‹ interpretiert, um den Hintergrund des Denkens im tragischen Zeitalter der Griechen aufzuweisen. Dabei geht Heidegger davon aus, daß dieses Standlied tiefste Dichtung und der Kern der ganzen Tragödie sei, nicht nur die Sprichworte und Trivialitäten des Volkes vortrage. Sophokles läßt den Chor sagen, der Mensch, der die Gesetze halte, rage hoch auf in der Polis (sei somit hypsipolis); wer dagegen die Gesetze breche, sei verbannt (apolis). Sicherlich folgt Heidegger der Übersetzung Hölderlins, wenn er „hypsipolis" und „apolis" zu einem Oxymoron zusammenfaßt: Der tragische Mensch ragt zugleich hoch auf in der Polis und stürzt in seiner Hybris ins Nichts. Kreon kommt in dieser Interpretation nicht vor; Antigone vollzieht eine reine Gegenbewegung, in der sie als die Ausgesetzte und Einmalige für eine ganze Zeit eine Wende bringt. In diesem anderen Anfang wird auch neu bestimmt, was künftig als „heilig" gelten soll.[11] Rudolf Bultmanns Aufsatz ›Polis und Hades in der Antigone des Sophokles‹ erschien 1936 in der Festgabe für Karl Barth. (Noch die umstrittene Sophokles-Auslegung des Studienrats in der Tetralogie ›November 1918‹ von Alfred Döblin ist offenbar durch Bultmanns Aufsatz bestimmt.) Bultmann hört in den schaurigen Worten der Chorlieder offenbar die Akklamationen mit, wie sie damals Hitler entgegengebracht wurden. Die Tragödie im ganzen zeigt für ihn die Grenzen der Staatsmacht: Antigone und Haimon sehen, daß die Menschen in ihrer Sterblichkeit und ihrer Liebe auf ein „Jenseits" für alles Verfügen treffen; dieses Jenseits darf vom Staat nicht angetastet werden, wenn die Staatsmacht nicht zur Tyrannei werden soll. Nach Bultmann zeigt die griechische Geschichte exemplarisch, daß diese Mahnung der Tragödie nicht gehört wurde. So mußte der christliche Glaube zeigen, wie der einzelne den Sinn des Lebens im unverfügbaren Augenblick gewinnt – gegebenenfalls auch in der Abwendung von den herrschenden Auffassungen. Es ist die theologisch-konkretisierte Sprache von ›Sein und Zeit‹, die Rudolf Bultmann hier spricht.

Nach den Irrungen und Wirrungen, in die Heidegger durch sein verhängnisvolles politisches Engagement gestürzt wurde, hat er sich wieder auf seine Aufgabe konzentriert, die Philosophie in ein neues, unserer Situation entsprechendes Wesen finden zu lassen. Die ›Beiträge zur Philosophie‹ entfalten jene Fragen im Zusammenhang, wie Heidegger sie zum Beispiel in seinen Nietzsche-Vorlesungen am Schluß kurz andeutet. Der zurückhal-

[11] Vgl. M. Heidegger, Einführung in die Metaphysik, Tübingen 1953, 112 f. Die abgedruckte Übersetzung ist nicht die von 1935, sondern eine spätere Überarbeitung. Vgl. M. Heidegger, Aus der Erfahrung des Denkens, Frankfurt a. M. 1983, 35 f. und 246. Beide Abdrucke sind in der Strophenabgrenzung fehlerhaft; vgl. dagegen den richtigen Abdruck in M. Heidegger, Hölderlins Hymne 'Der Ister', Frankfurt a. M. 1984, 71 f. – R. Bultmanns Antigone-Interpretation ist wiederabgedruckt in: ders., Glauben und Verstehen, Bd. 2, Tübingen ^{3}1961, 20 ff. – Zur Frage, wie Hölderlins späte Dichtung und seine Sophokles-Übersetzung angemessen aufzufassen sind, vgl. Jenseits des Idealismus. Hölderlins letzte Homburger Jahre (1804–1806), hrsg. v. Ch. Jamme u. O. Pöggeler, Bonn 1988.

tende Titel ›Beiträge‹ deutet hin auf den Versuchscharakter des Ganzen. Heidegger spricht nicht mehr von Interpretation; sein Denken aber ist der Sache nach insofern in einem radikalen Sinn Interpretation, als es nicht mehr Systematik und Geschichte auf verschiedene Ausarbeitungen verteilt, sondern von Anfang an das Denken zu sich selbst finden läßt aus der Erfahrung der Wahrheit des Seins selbst als Ereignis. Seiendes – ein Ding oder Mensch – findet in sein Sein in jener Geschichte der Wahrheit des Seins, die als Ereignis am Werke ist, in unterschiedliche Konstellationen führt und auch immer verschlossen und verdeckt bleibende Tiefen behält. Diese sich verschließenden Tiefen muß das Denken „erschweigen" als Voraussetzung für alles jeweilige Sagen von Seiendem und dessen Sein. So kann Heidegger die „Logik" der Philosophie in der „Sigetik" finden (von griechisch „sigan", schweigen).

Auf sechs unterschiedlichen Wegen versuchen die ›Beiträge‹ dasselbe jeweils anders zu fassen. „Was gesagt wird, ist gefragt und gedacht im 'Zuspiel' des ersten und des anderen Anfangs zueinander aus dem 'Anklang' des Seyns in der Not der Seinsverlassenheit für den 'Sprung' in das Seyn zur 'Gründung' seiner Wahrheit als Vorbereitung der 'Zukünftigen' des 'letzten Gottes'."[12] Der „Anklang" läßt die Verlassenheit von jener Wahrheit des Seins anklingen, die zum Beispiel über das Sein des Göttlichen oder des Naturhaften neu entscheiden müßte; der Zugriff auf das Seiende, wie ihn die Wissenschaften pflegen, verschärft nur diese Verlassenheit. Im „Zuspiel" spielt der erste Anfang des Denkens, aber auch der Deutsche Idealismus uns einen anderen Anfang des Denkens zu. Dieser andere Anfang kann jedoch nur in einem „Sprung" erreicht werden, der auch den ersten Anfang als solchen erst sichtbar macht. Nach Kierkegaards Überlegungen hält die Erfahrung der Angst den Augenblick immer auf dem Sprung; dieser Sprung wird nun geltend gemacht als ein Sprung in eine neue Situation des Denkens selbst. In der „Gründung" geht es um jene Wahrheit, die als ein Geschehen erfahren werden soll, in dem die gewährte Entbergung mit der Verbergung streitet. Diese Wahrheit ist abgründig, weil die Frage keine Antwort enthält, warum sie überhaupt aufbricht; sie ist ungründig, weil die gewährte Offenheit immer andere auch mögliche Offenheiten verdeckt. So ist sie die Lichtung für das Sichverbergen, die im Da des Daseins ihre Augenblicks-Stätte sucht.

Die letzten beiden Abschnitte der ›Beiträge‹ („Die Zukünftigen", „Der letzte Gott") sind skizzenhaft und kurz geblieben. Die Zukünftigen sind

[12] Vgl. meine Zusammenfassung der Beiträge in der Festschrift für Gerhard Ebeling: Verifikationen, hrsg. v. E. Jüngel u. a., Tübingen 1982, 475 ff. Über Heideggers politische Verstrickung vgl. Heidegger und die praktische Philosophie, hrsg. v. A. Gethmann-Siefert u. O. Pöggeler, Frankfurt a. M. 1988.

jene, in denen das Dasein erwacht als Augenblicks-Stätte der Wahrheit des Seins. So stehen sie in der Entscheidung, ob die Natur bloßes Ausbeutungsgebiet und zusätzliche Erholungslandschaft oder die Kunst eine bloße Erlebnis-Veranstaltung bleiben soll. Die Philosophie muß auch fragen, ob denn die Wahrheit des Seins wieder eine Wegspur zum Heiligen hin werden kann, welches dem Dasein die Mitte gibt. Der „letzte Gott", von dem Heidegger spricht, ist nicht der letzte in einer Reihe, sondern jener, der das Heilige und Göttliche in sein letztes und höchstes Wesen hebt. Wenn die Zeit sich im Augenblick sammelt, kehrt sie zurück zu ihrem Ursprung, der „Ewigkeit" genannt wurde. Der Mensch mit seinem Warumfragen kann Göttliches berühren, so daß sein Fragen gestillt wird. Das Zeitliche und Endliche gewinnt dann die Freiheit, wieder abtreten zu können. Das Göttliche mit seiner Ewigkeit ist aber nur da im Vorbeigang und bleibt unverfügbar für den philosophischen Zugriff. Der Nihilismus, der uns von dem Staunen der Griechen vor der Fülle des Seins trennt, vermag zu der Erfahrung zu führen, daß alles Göttliche jeweils seine Stunde hat. So können wir nicht auf die Rückkehr etwa der griechischen Götter hoffen, doch geht es der Philosophie auch nicht darum, nach zwei Jahrtausenden endlich wieder (wie Nietzsche sagte) einen neuen Gott zu verkünden. Vielmehr versucht die Philosophie, das Sein oder Wesen des Heiligen und Göttlichen neu vorauszudenken, ohne die konkrete Erfahrung vorwegzunehmen.

Die ›Beiträge‹ sind nicht fragmentarisch geblieben wie ›Sein und Zeit‹, aber sie sind unfertig liegengeblieben. Der Philosoph sah den eigentlichen Gegner seines Fragens in den totalen Weltanschauungen, die sich gegeneinander zu behaupten suchten und sich so nicht in Frage stellen lassen wollten. Immer wieder beschäftigte Heidegger sich kritisch mit jener „völkischen" Weltanschauung, die das, was nur Bedingung sein kann, vergötzt zu einem Unbedingten: das Volk, das dazu auch noch in der obsoletesten Weise als Rasse verstanden wurde. Man kann nicht zweifeln, daß Heidegger seine Stellung und seine Freiheit gefährdet hätte, wenn er seine Ausarbeitungen unmittelbar der Öffentlichkeit bekanntgemacht hätte. Heidegger stellt den Nationalsozialismus als völkische Weltanschauung jedoch neben die maßgeblichen Weltanschauungen der Zeit, die miteinander kämpfen, aber auch die verschiedensten Vermischungen eingehen: zur christlichen Apologetik, zum liberalen Wert- und Kulturbewußtsein, zum Bolschewismus als der Endform des Marxismus. Heidegger zeigt sich aber unfähig, eine konkrete Orientierung gegenüber den Formen des Politischen und Religiösen zu geben, und so kann er dem politischen Irrweg seines Landes und seiner Zeit auch keine andere Position, keinen konkreten Widerstand entgegensetzen. Vielmehr versucht er, im Rückzug auf die einfachsten Fragen mit Hölderlin den anderen Anfang einer Erfahrung der Wahrheit des Seins und des Heiligen zu gewinnen.

Die Zukünftigen, die sich auf den Vorbeigang des „letzten Gottes“ vorbereiten, sammeln sich hinter dem Dichter, für dessen Wort die Philosophie erst noch das Gehör finden muß. Hölderlin hat in einem Brief an seinen Förderer und Freund Ebel geklagt, die Zeit verstehe nicht mehr, was der Apostel Paulus (im Thessalonicher-Brief) die Zukunft des Herrn nenne. Diese Zukunft, der eschatologische Augenblick, wird bei Hölderlin zu der Augenblicks-Stätte, in der eine Polis oder eine Epoche durch ausgesetzte und tragische einzelne wie Antigone Göttliches berührt. In diesem Sinn spricht die Hymne ›Friedensfeier‹ vom Augenblick. In Entwürfen zu dieser Hymne sagt Hölderlin, alles Himmlische sei „schnellvergänglich“. Damit sagt Hölderlin nur, was die Religionsphänomenologie auf ihre Weise als Charakter des Numinosen herausgehoben hat: daß es sich nur plötzlich, im schnell vergehenden Augenblick, zeige. In der Hölderlin-Vorlesung vom Wintersemester 1934/35 nimmt Heidegger diese Bestimmung auf, um den Charakter des Ewigen neu zu fassen: Ewigkeit meint nicht Sempiternitas (das stete Fortgehen der Zeit), aber auch nicht Aeternitas (die Einholung des zeitlich Verstreuten in eine bleibende Wesensordnung), sondern den Vorbeigang in der Zeit. Dieser Vorbeigang ist allein gegeben in dem „Wink“, in dem ein Abschiednehmender sich noch einmal zuwinkt, oder in der „Spur“, die er hinterläßt. Immer wieder weist Heidegger hin auf Hölderlins Elegie ›Brot und Wein‹, die den Dichtern die Aufgabe zuweist, auf der Spur der entflohenen Götter zu bleiben. Für Heidegger verweist Hölderlins Dichten auf die Frage, ob es auch künftig eine Spur zum Heiligen und Göttlichen gäbe. So konnte er seiner Vorlesung einen Zettel beilegen, in dem er gegen Paul Böckmanns Buch ›Hölderlin und seine Götter‹ polemisiert: In Büchern wie diesen nehme man Hölderlin „historisch“ und verkenne das Wesentliche, die Gründung des Anfangs einer anderen Geschichte! Paul Böckmann mußte diese pauschale Polemik zurückweisen und konnte seinerseits dem Philosophen schwerste Fehler in der Auffassung der Details nachweisen. In solchem Streit zeigen sich zwei Weisen der Interpretation: Der Philologe und Historiker zeigt geistes- und bildungsgeschichtlich die Wege auf, auf denen Hölderlin zu seiner Rede von Göttern kommen konnte. Dabei gerät er in die Gefahr, schon mit seiner Sprache den Vorurteilen von gestern zu folgen. Der Philosoph läßt sich durch den Dichter zu der Frage führen, wie vielleicht in Zukunft wieder vom Göttlichen gesprochen werden könne. Dabei gerät er in die Gefahr, daß Hölderlins Sprechen ihm zum bloßen Anlaß eigener Sprechversuche wird.[13]

[13] Vgl. M. Heidegger, Hölderlins Hymnen ‘Germanien’ und ‘Der Rhein’, 1 (vgl. Kurzbibliographie); dazu P. Böckmann im Jahrbuch der deutschen Schiller-Gesellschaft 24, 1980, 202. Über die verschiedenen Stadien von Heideggers Begegnung mit

Blieben die ›Beiträge‹ nicht in sich selbst widersprüchlich, wenn sie das Wesen des Göttlichen in den Vorbeigang setzten, dieses Geschehen dann aber doch als ein letztes und höchstes Wesen nehmen wollten? Heidegger hat die Rede von einem „letzten Gott" denn auch bald aufgegeben und das „Anfängliche" ohne solche Festlegungen gesucht. Doch noch die Hölderlin-Vorlesung vom Sommer 1942 hofft, die Deutschen könnten den Göttern ein „Gast-Haus" bauen und stiften, dem die Tempel der Griechen nicht mehr nachkämen. Der Lyriker Paul Celan hat dagegen in seinem großen Gedicht ›Engführung‹ die furchtbaren Vernichtungslager als eine „untrügliche Spur" genommen und als den Ort, der allein noch auf Tempel verweisen kann. Trotzdem konnte Celan über Abgründe hinweg das Gespräch mit dem Philosophen suchen, weil es ihm um ein Gedicht ging, das nicht irgendeine Tradition fortsetzt, sondern ganz aus den Erfahrungen unserer Zeit und für eine zukünftige Zeit spricht.[14]

Kurzbibliographie Heidegger

Sein und Zeit, Halle 1927 u. ö.
Nietzsche, 2 Bde., Pfullingen 1961.
Phänomenologie und Theologie, Frankfurt a. M. 1970.
Hölderlins Hymnen ›Germanien‹ und ›Der Rhein‹ (Wintersemester 1934/35), Gesamtausgabe Bd. 39, hrsg. v. S. Ziegler, Frankfurt a. M. 1980.
Beiträge zur Philosophie, Frankfurt a. M. 1989.

Hölderlin vgl. O. Pöggeler, Die Frage nach der Kunst, Freiburg/München 1984, 20 ff., 220 ff.

[14] Vgl. das Kapitel 'Todtnauberg' in O. Pöggeler, Spur des Worts. Zur Lyrik Paul Celans, Freiburg/München 1986, 259 ff.

ALBERT CAMUS

Die Frage nach dem Sinn in einer absurden Zeit

Von Annemarie Pieper

Albert Camus wäre im November 1988 75 Jahre alt geworden. Er starb 1960 im Alter von 46 Jahren bei einem Autounfall. Das Œuvre, das er hinterlassen hat, ist verhältnismäßig schmal. Die zweibändige französische Pléiade-Ausgabe seiner Werke[1] bietet in dem ›Essais‹-Band auf 1166 Seiten die zeitkritischen und philosophischen Abhandlungen – darunter ›Der Mythos von Sisyphos‹ und ›Der Mensch in der Revolte‹ als die beiden wohl bekanntesten Schriften; der andere Band, der die Theaterstücke, Erzählungen und Romane enthält – darunter ›Der Fremde‹ und ›Die Pest‹ –, umfaßt 1686 Seiten. Dennoch zählt Camus längst zu den Klassikern des 20. Jahrhunderts – nicht nur, weil er den Nobelpreis erhalten hat –, und einige seiner Werke sind geradezu zu Kultbüchern geworden. Dies hat seinen Grund wohl vor allem darin, daß er es verstanden hat, das Lebensgefühl des modernen Menschen zu beschreiben, der die Erfahrung macht, daß alles absurd ist, weil seine berechtigten Sinnansprüche ins Leere gehen und dadurch er selbst als Mensch in seiner Identität zutiefst fragwürdig wird. Was gegen Ende des Zweiten Weltkriegs Camus' Zeitgenossen aufrüttelte, bewegt auch uns heute. Angesichts der Zerstörung der Natur, des Elends in der dritten Welt, in der Camus seine Heimat hatte, der Bedrohung durch die atomare Endlösung – um nur einige der uns bedrängenden Probleme anzusprechen – erweist sich Camus' Ausgangspunkt beim Absurden als von ungebrochener Aktualität. Wohin man auch blickt: Überall dominiert Unvernunft, breitet sich Sinnlosigkeit aus.

Ich möchte mich im folgenden Camus' Denkansatz dadurch annähern, daß ich sein Anliegen zunächst im weiteren Rahmen der philosophischen Tradition erörtere, um dann auf die Sinnfrage, wie sie in den beiden philosophischen Hauptschriften ›Der Mythos von Sisyphos‹ und ›Der Mensch in der Revolte‹ entwickelt wird, einzugehen.

Die gesamte abendländische Philosophie hat seit jeher Sinnfragen gestellt. Solche Fragen wie die nach dem Sinn von Sein, dem Sinn der Welt oder dem Sinn des Lebens zielen auf eine ungeteilte Ganzheit, eine alles

[1] A. Camus, Théâtre, Récits, Nouvelles, Paris 1962; Essais, Paris 1965.

umfassende Einheit. Wem Sinn zuteil wurde, der hat keine Fragen mehr; er hat etwas gefunden, das sein Bedürfnis nach Wissen und Klarheit voll und ganz befriedigt. Aber Sinn liegt nicht offen zutage wie die Dinge, mit denen man umgeht, und die Menschen, mit denen man zu tun hat. Sinn ist überhaupt nicht gegenständlich antreffbar. Er haftet auch nicht an den Dingen; selbst wenn wir sagen, etwas habe Sinn, meinen wir nicht, es habe den Sinn so, wie z. B. ein Ball eine rote Farbe oder ein Kind eine fröhliche Natur hat. Was aber meinen wir dann letztlich mit Sinn, und was ist der Ursprung von Sinn? Sinn ist offensichtlich etwas, das *wir* einer Sache hinzufügen. Wir sprechen ihr Sinn dann zu, wenn die Sache einer vollkommenen Vorstellung entspricht, die wir von ihr im Bewußtsein haben. Aber wie kommt die Vorstellung von Vollkommenheit in unser Bewußtsein? Woher nehmen wir das Vorbild, die Norm, an der wir die Dinge messen, um bei Übereinstimmung Sinn zu konstatieren? Diese Frage haben die Philosophen abendländischer Überlieferung höchst unterschiedlich beantwortet. Man könnte die Antworten vielleicht grob vereinfachend in zwei Klassen einteilen. Während die einen, die in einer vorchristlichen oder nichtchristlichen Tradition stehen, davon ausgehen, daß der Mensch von Natur aus im Besitz eines Sinnvermögens ist und dieses Sinnvermögen mit der Vernunft oder der menschlichen Kreativität identifizieren, bestreiten die anderen, die sich der christlichen Tradition verpflichtet wissen, daß der Mensch von sich aus Sinn erkennen oder begründen kann. Zwar konnte er dies einst, im Garten Eden, als er in der Gemeinschaft mit Gott noch einer unüberbietbaren Sinnfülle teilhaftig war. Aber dadurch, daß er an die Stelle des göttlichen Sinns seinen eigenen Menschensinn zu setzen versuchte, ging er im Sündenfall jeglichen Sinns verlustig, wie es die Vertreibung aus dem Paradies veranschaulicht. Sein Sinnverlangen geht nunmehr ins Leere, denn der Menschensinn vermochte nicht das zu leisten, was allein der göttlichen Schöpferkraft vorbehalten war: die vollständige Integration des Weltalls, inklusive die Lebenswelt des Menschen, in eine alles umfassende Sinneinheit. Entsprechend nimmt jede christlich fundierte Philosophie ihren Ausgang bei der Erfahrung der Sinnlosigkeit eines Daseins ohne Gott und erkennt dem menschlichen Tun nur dann eine sinnstiftende Funktion zu, wenn dieses Tun sich auf die Voraussetzung gründet, daß es einen Gott gibt, der den Gesamtsinn dieser Welt verbürgt.[2] Wer die Welt

[2] Diese Position wird z. B. von S. Kierkegaard vertreten. In seiner Schrift ›Die Krankheit zum Tode‹ (1849) charakterisiert er den menschlichen Existenzvollzug als Sichverhalten – zu sich selbst, zur Welt, zu den Mitmenschen. Dieses Sichverhalten wird ermöglicht durch ein ursprünglicheres Verhältnis – zu Gott. Der Mensch wird dadurch zu einem „Selbst“, daß er in allen seinen Tätigkeiten sich auf sich selbst bezieht und in dieser Selbstbezüglichkeit zugleich Gott als deren Ermöglichungs-

gewissermaßen mit den Augen Gottes betrachtet, der sieht Sinn; aber er sieht Sinn nicht als etwas bereits Verwirklichtes, in das er sich kontemplativ versenken kann, sondern als eine Aufgabe: Er soll in einer sinnentleerten Welt Sinn herstellen. Es gilt in jedem Augenblick von neuem Sinn zu stiften und eben damit Gott als Inbegriff von Sinnhaftigkeit zu bestätigen.

Weitaus schwerer mit der Sinnfrage haben es diejenigen Philosophen, die nicht auf einen Gott als Sinngaranten rekurrieren wollen oder können. Auch sie konstatieren, daß die Welt, insbesondere die Lebenswelt des Menschen, alles andere als ein Sinnganzes darstellt. Ohne einen Sündenfall einzuräumen, geben sie dennoch zu, daß die Menschen selber in einem hohen Ausmaß für den Mangel an Sinn in unserer Lebenswelt verantwortlich sind. Wenn aber die Menschen selber Urheber von Sinnlosigkeit sind, dann vermögen sie auch das Gegenteil von Sinnlosigkeit zu bewirken, d. h. Sinn ursprünglich hervorzubringen. In einer Welt ohne Gott kommt alles darauf an, die Menschen dazu zu bewegen, so zu handeln, daß sie durch ihre Handlungen dazu beitragen, der Welt einen Sinn zu verleihen, den sie von sich aus nicht hat. So läßt Nietzsche Zarathustra gleich in der Vorrede zu ›Also sprach Zarathustra‹ verkünden, „dass Gott todt ist“[3]. Mit ihm starb am Kreuz aller Sinn, und Zarathustra ist derjenige, der zu einem neuen Sinn aufruft: „Seht, ich lehre euch den Übermenschen! Der Übermensch ist der Sinn der Erde. Euer Wille sage: der Übermensch *sei* der Sinn der Erde!“[4] Um diesen neuen Sinn hervorbringen zu können, müssen zuerst die alten Sinnvorstellungen überwunden und als Sinnverfehlungen entlarvt werden. Nach Nietzsche hat die christliche Moral dem Menschen, als er an der Sinnlosigkeit der Welt schier verzweifelte, zum Trost eine jenseitige Welt geschaffen, ein übersinnliches Reich, in dem aller Sinn, den wir hier auf Erden vermissen, unverlierbar präsent ist. Zarathustras Denkbemühungen gelten daher zunächst der Destruktion dieser Fiktion eines Jenseits, das er als eine gigantische Lebenslüge zu erweisen trachtet. Nur wem es gelingt, den alten Menschen hinter sich zu lassen und mit diesem die tradierten abendländischen Werte und Normen, der wird frei und begreift, daß es keine anderen für ihn verbindlichen Werte und Normen geben kann als die, die er selbst aus eigener Kraft, aus der Selbstmächtigkeit

grund anerkennt: „indem es sich zu sich selbst verhält, und indem es es selbst sein will, gründet sich das Selbst durchsichtig in der Macht, welche es gesetzt hat“ (Die Krankheit zum Tode, Düsseldorf 1957, 10). Dies ist Kierkegaards Formel für existentielle Sinnstiftung. Der Terminus für den Sinnverlust ist „Verzweiflung“: Verzweiflung ist die „Krankheit zum Tode“, in der das Selbst nicht mehr existieren kann, da es sich seines Sinnfundaments beraubt hat, mithin selbst-los geworden ist.

[3] F. Nietzsche, Sämtliche Werke. Kritische Studienausgabe, hrsg. v. G. Colli u. M. Montinari, München–Berlin–New York 1980, Bd. 4, 14.

[4] Ebd.

seines Willens, aus seinem „Willen zur Macht" heraus schafft. „Einen neuen Stolz lehrte mich mein Ich, den lehre ich die Menschen: nicht mehr den Kopf in den Sand der himmlischen Dinge zu stecken, sondern frei ihn zu tragen, einen Erden-Kopf, der der Erde Sinn schafft!"[5]

Von Nietzsche führt ein Weg zu Albert Camus, der Nietzsches Ansatz bei der prekären Situation des Menschen in einer gottlosen Welt ohne Sinn noch weiter radikalisiert hat. Für Camus spitzt sich das Sinnproblem auf die Frage zu, ob nicht angesichts der Absurdität unserer Existenzsituation jegliches Auslangen nach Sinn bereits von vornherein unmöglich, ein sinnloses Unterfangen ist. Wenn es dem Menschen versagt ist, aus der – wie Nietzsche noch meinte – unerschöpflichen Potenz des Willens zur Macht Sinn hervorzubringen, wenn er statt dessen ohnmächtig, ja zur Ohnmacht geradezu verurteilt ist, müßte er dann nicht eigentlich auf Sinn verzichten, d. h. resignieren oder verzweifeln? Oder bestünde nicht vielleicht sogar der einzige Sinn seines Lebens darin, sich umzubringen? Camus hat alle diese Formen des Neinsagens, der Absage an einen Sinn, abgelehnt und ihnen entgegengehalten: „Der absurde Mensch sagt Ja, und seine Mühsal hat kein Ende mehr."[6] Dieses Zitat aus dem ›Mythos von Sisyphos‹ legt die Frage nahe, wie es denn um den Menschen steht, wenn er Nein sagt. Hat seine Mühsal dann ein Ende? Ja, würde Camus darauf antworten, sie hätte ein Ende – aber um den Preis des Glücks. Mit dieser paradoxen Auskunft befinden wir uns bereits mitten in der Problematik der menschlichen Existenz, in der sich das manifestiert, was Camus das Absurde nennt. Das Absurde ist untrennbar mit der Existenz als Mensch verbunden; dort hat es seinen Ort und überzieht alles, was ist und gilt, mit dem Attribut „absurd". Das Absurde ist für Camus jener archimedische Punkt, von dem aus sich dem modernen Menschen der Kosmos erschließt – aber eben nicht als ein im ganzen geglücktes Sinngebilde, sondern als das schlechthin Verschlossene, Fremde, Feindliche, Sinnwidrige. In diesem Ausgangspunkt beim Absurden zeigt sich der ganze Abstand Camus' von der traditionellen Metaphysik einerseits und der neuzeitlichen Existenzphilosophie andererseits; obwohl sein Anliegen ein ebensosehr metaphysisches wie existenzphilosophisches ist. Dies möchte ich ein wenig erläutern, um Camus' Position und die Besonderheit seines Denkens genauer charakterisieren zu können.

Die traditionelle griechische Metaphysik, so wie sie vor allem von Platon betrieben wurde, den Camus sehr geschätzt hat, machte es sich zur Aufgabe, die Einheit alles Seienden im Rückgang auf ein erstes Prinzip zu begründen. Die Leistung dieses Prinzips bestand darin, daß es nicht nur die

[5] Ebd., 36 f.
[6] S 101.

heterogene Vielfalt dieser unserer empirischen Wirklichkeit zu einem Sinnganzen zusammenfügt, sondern auch jene überempirischen Orte miteinbezieht, an denen sich die Seelen nach dem Tode des Leibes und auch die Götter aufhalten. So hat Platon versucht, das gesamte Weltall, eingefangen im Modell des Höhlengleichnisses[7], der Idee des Guten als seinem höchsten Struktur- und Ordnungsprinzip zu unterstellen. Was den Menschen aus der Höhle heraus ans Licht treibt, ist der philosophische Eros, das Verlangen der Vernunft nach einer alles umfassenden Befriedigung, die sie im bedrückenden Schattenreich der Höhle nicht zu finden vermag. Die Seele als Sitz der Vernunft drängt es aus der Enge des Höhleninneren in die kosmische Weite als ihre eigentliche Heimat, und genau dieser Drang ist es, von dem zu reden auch Camus nicht müde wird. Ja, er charakterisiert den Menschen geradezu als das nach Einheit, Ganzheit, schlechthinniger Erfülltheit strebende Wesen. Zwei Zitate aus dem ›Mythos von Sisyphos‹ sollen dies belegen. „Das tiefe Verlangen des Geistes stößt selbst bei seinen verwegensten Schritten noch auf das unbewußte Gefühl des Menschen vor seinem Universum: das Bedürfnis nach Vertrautsein, das Verlangen nach Klarheit.“[8] „Dieses Heimweh nach der Einheit, dieses Verlangen nach dem Absoluten enthüllt das wesentliche Agens des menschlichen Dramas.“[9] Der menschliche Geist ist ständig unterwegs, auf der Suche nach einem Zuhause, in dem er er selbst sein kann.

Was Platon durch das Bild der Höhle zum Ausdruck brachte, das hat bei Camus seine Entsprechung im Bild der Mauern[10], die das Eingeschlossensein des Geistes signalisieren, die Tatsache, „daß er in Fesseln liegt“[11]. Was den Menschen zum Menschen macht, sein Geist, seine Vernunft, seine Seele, ist gezwungen, sich an einem Ort aufzuhalten, den er nicht als den seinen, als Heimat anerkennen kann. Denn Heimat bedeutet Vertrautheit, Verwurzeltsein, Einssein mit sich und der Welt. Eingekerkert hinter Mauern und festgehalten unter Bedingungen, die alles Geistige negieren, bleibt dem Menschen nur seine Sehnsucht, sein Heimweh nach einem wahrhaft menschlichen Ort, das ihn dazu treibt, sich von den Fesseln zu befreien und auf die Suche nach diesem Ort zu machen. Platon schildert die Suche des Menschen nach dem wahren Aufenthaltsort und damit nach sich selbst als einen mühseligen Aufstieg aus der Höhle, außerhalb deren er schließlich an sein Ziel gelangt: Er vereinigt sich in der Schau der Ideen mit seinem geistigen Ursprung. Ein Analogon zu dieser transzendierenden Be-

[7] Vgl. Platon, Politeia, 514a–517a.
[8] S 20.
[9] Ebd.
[10] Vgl. S 14ff.
[11] S 23.

wegung, die in jene Ursprungsdimension führt, in der sich der Mensch unterschiedslos eins fühlt mit allem, was ist, findet sich in den frühen Schriften Camus', in denen er die Hingabe an die Natur und die Liebe als zwei ausgezeichnete Formen der Identitätsfindung nahezu hymnisch beschreibt. So wie im Medium von Wind, Sand und Meer der Mensch sich über seine Sinne die Natur erschließt und dabei zugleich selber zu einem Teil der Natur wird, so geschieht auch in der Vereinigung mit einem geliebten Menschen eine Aufhebung der Grenzen des eigenen Seins, das in der Verschmelzung mit dem anderen als entgrenztes, zu sich selbst befreites wahres Leben erfahren wird.[12]

Der Mensch vermag also in der Natur und in der Liebe unmittelbare Vorformen zu jenem „Glück des Geistes“[13] zu finden, das für Camus die unüberbietbare Erfüllung alles menschlichen Verlangens bedeutet. Aber das Glück, das der Geist begehrt, nachdem er „glühend“ verlangt, dieses Glück bleibt aus. Es gelingt dem Menschen nicht, einen ununterbrochenen Zustand dauerhaften Glücks herbeizuführen, in dem die Trennung zwischen Begehren und Erfüllung ein für allemal aufgehoben ist. Die Suche des Geistes nach seiner Heimat scheint nur für kurze Augenblicke an ihr Ziel gelangt zu sein, wenn ein Mensch seine Identität findet, indem er ein Stück Natur, ein anderes menschliches Wesen in den Horizont seiner Ichhaftigkeit integriert bei gleichzeitigem Eintauchen in den Horizont des anderen. Die Schranken zwischen Ich und Welt sowie zwischen Ich und Du verschwinden: Alles ist Ich, und es ist nichts anderes als Ich. Alles Getrennte ist in der Einheit des Geistes aufgehoben. Um so schmerzhafter werden dem Menschen nach diesem Aufschwung die Fesseln bewußt, die ihn wieder an sein Gefängnis erinnern. Die Welt, die zuvor für einen Moment als ein durchsichtiges und klares Sinngebilde erschien, verschließt sich wieder im horizontlosen Dunkel der undurchdringlichen Mauern, die das Auslangen des Geistes nach einem unverlierbaren Glück als ein vergebliches Bemühen erweisen und die Erfahrungen von Einheit – in der Natur und in der Liebe – als Phantasieprodukte entlarven: „in einem Universum, das plötzlich der Illusionen und des Lichts beraubt ist, fühlt der Mensch sich fremd. Aus diesem Verstoßensein gibt es für ihn kein Entrinnen, weil er der Erinnerungen an eine verlorene Heimat oder der Hoffnung auf ein gelobtes Land beraubt ist.“[14]

Dieses Gefühl der Fremdheit und Verlorenheit, des Verstoßenseins, das

[12] Dieses Erlebnis der Selbstentgrenzung und -auflösung beschreibt Camus vor allem in ›Licht und Schatten‹, ›Hochzeit des Lichts‹, ›Heimkehr nach Tipasa‹ (vgl. Kurzbibliographie).

[13] S 20.

[14] S 11.

den Menschen angesichts seiner hoffnungslosen Situation im Lager des ihn gleichgültig negierenden Feindes überfällt, ist ein Indiz für das, was Camus das Absurde nennt. Mit diesem Begriff des Absurden verläßt Camus den Boden der antiken Metaphysik und knüpft an die neuzeitliche Existenzphilosophie an. Im Unterschied zu Platon nämlich, der in der Idee des Guten den bleibenden, unerschütterlichen und unverlierbaren Sinngaranten sah, der das zersplitterte Universum in einer Einheit zusammenhält, deren auch der Mensch teilhaftig werden kann – wenn nicht in diesem, dann in einem zukünftigen Leben –, im Unterschied zu Platon also betrachtet Camus die Gebrochenheit der menschlichen Existenz als einen heillosen Zustand. Es gibt keinen Sinngaranten – weder in Gestalt einer Idee des Guten noch eines Gottes –, der allen menschlichen Erfahrungen von Uneinheit, Zerrissenheit, Sinnlosigkeit zum Trotz einen übergreifenden Sinnzusammenhang verbürgt und dem Menschen Erlösung von der Qual der Fesseln verspricht. Für Camus hat sich aus einer Analyse der conditio humana der unumstößliche Befund ergeben, daß es dem Menschen nicht möglich ist, an einer alles umfassenden Einheit zu partizipieren, geschweige denn eine solche hervorzubringen oder herzustellen. Er ist ein bedürftiges Wesen, das zur Erfüllung seiner naturalen und geistigen Bedürfnisse auf etwas anderes angewiesen ist, mit dem es sich zur Einheit zusammenschließen will. Ohne dieses andere als das Erfüllende ist Einheit nicht möglich. Gleichwohl kann der Mensch diesen Anspruch auf Einheit nicht aufgeben, ohne sich selbst zu verlieren, denn nur in einer durch und durch menschlichen, ichhaft gemachten Welt vermag er sich heimisch zu fühlen. Diesen in der menschlichen Existenz verwurzelten Widerspruch zwischen dem Streben des Geistes nach einer absoluten Einheit und dem gleichzeitigen Wissen um das Scheitern dieses Strebens bezeichnet Camus als absurd. „Absurd ... ist die Gegenüberstellung des Irrationalen und des glühenden Verlangens nach Klarheit, das im tiefsten Innern des Menschen laut wird.“[15] Der Mensch „fühlt in sich sein Verlangen nach Glück und Vernunft. Das Absurde entsteht aus dieser Gegenüberstellung des Menschen, der fragt, und der Welt, die vernunftwidrig schweigt.“[16] Es ist absurd, daß der Mensch, um sich eine Heimat zu schaffen, Einheit, Sinn will, dasjenige aber, was zur Einheit bzw. in einen Sinnzusammenhang gebracht werden soll, nicht nur das genaue Gegenteil von Einheit und Sinn ist, sondern sich in seinem gleichgültigen Verharren in der Zerrissenheit und im Widersinnigen dem menschlichen Streben geradezu widersetzt. Man könnte diese Absurdität vielleicht durch die folgende Analogie erläutern. Der Mensch hat Augen, um zu sehen. Aber das Sehen realisiert sich nur dann

[15] S 23.
[16] S 29.

als wirkliches Sehen, wenn es *etwas* sieht. Nehmen wir nun an, daß es zwar ein Etwas gibt, dieses Etwas aber kein Etwas für das Sehen ist. Obwohl das Sehen sich auf dieses Etwas richtet, gelangt der Sehvorgang nicht an sein Ziel, sondern schlägt leer in sich zurück, weil das Etwas sich entzieht. Das Auge, zum Sehen fähig, sieht dennoch nichts, da das Objekt sich ihm verweigert: Der Mensch wird so verstanden dazu degradiert, „ein Blinder (zu sein), der sehen möchte und weiß, daß die Nacht kein Ende hat“[17]. Diese Form der Blindheit als unerfülltes Sehen wäre absurd. Analog ist es für die menschliche Vernunft absurd, daß sie ihrem Wesen nach auf Einheit hin tendiert und nicht anders kann, als ihren Sinn im Streben nach Einheit zu sehen, obwohl sie ständig die Erfahrung macht, daß ihr Streben ins Leere geht. Dieser als absurd konstatierte Widerspruch zeigt sich als solcher nur auf der Ebene der Vernunft, denn anders als das Auge, das um seine Sehfähigkeit und damit um sein Sein als Auge gar nicht weiß, wenn ihm nie ein Objekt in den Blick gekommen ist, ist die Vernunft ein reflexives Vermögen, das nicht bloß geradlinig auf etwas gerichtet ist, sondern sich stets zugleich auf sich selbst zurückbezieht und insofern um seine Fähigkeit weiß. Daher weiß die Vernunft um ihren Sinnanspruch und um die Vergeblichkeit ihres Auslangens nach Sinn. Dieses Wissen läßt sie an sich selber irre werden und schier verzweifeln. Ihre Verzweiflung erfaßt den ganzen Menschen, der sich durch den absurden Befund seiner ausweglosen Lage in seiner Existenz bedroht sieht, denn existieren heißt nichts anderes als Ziele zu verwirklichen, durch die man dem Leben einen Sinn gibt. Sofern jedoch mit der Sinndimension alles Gültige, Normative, Unbedingte dem Absurden zum Opfer gefallen ist, wird auch der Anspruch der Vernunft auf Einheit selber zu etwas Sinnlosem. Damit aber ist die menschliche Existenz als ganze radikal in Frage gestellt. Was gilt dann noch das Leben? Lohnt es sich trotzdem, oder wäre nicht der Selbstmord die einzig angemessene Lösung für das Problem des Absurden? Diese Frage ist das zentrale Thema des ›Mythos von Sisyphos‹. Oder folgt aus dem Absurden ein Freibrief für Mord und Totschlag, wenn nichts allgemein gilt und deshalb alles erlaubt ist? Dies ist das zentrale Thema des ›Homme révolté‹. In beiden Schriften versucht Camus den Nachweis zu erbringen, daß das Faktum des Absurden nichts gelten läßt und damit jedweden Sinnanspruch des Menschen außer Kraft setzt – bis auf einen: und das ist der Wert menschlichen Lebens. Camus begründet diese These, indem er vom Standpunkt des Absurden aus folgendermaßen argumentiert: Das Absurde hat seinen Ort im menschlichen Bewußtsein, in welchem sich die wiederholte Erfahrung der Vergeblichkeit des Auslangens nach einem unverlierbaren Sinn zu der Gewißheit verdichtet hat, daß alles sinnlos ist. Das Absurde

[17] S 101.

existiert somit nicht anders als in der Konfrontation von Anspruch und verweigerter Erfüllung bzw. im Wissen um die Unaufhebbarkeit dieses Widerspruchs. Dieser Widerspruch ist demnach die Bedingung des Absurden, die durch das Absurde nicht in gleicher Weise negiert werden kann wie das Streben des Menschen nach Einheit und Versöhnung aller Gegensätze. Der Widerspruch als solcher ist nur im menschlichen Bewußtsein antreffbar, das ihn als die Mauern konstatiert, in die es unentrinnbar eingeschlossen ist. Aber diese Mauern existieren nur im und für das Bewußtsein, weil in ihm das Verlangen nach einer alles in sich begreifenden Einheit und die als in sich zerrissen erfahrene Welt zusammenstoßen. In diesem Zusammenstoß konstituiert sich das Absurde, und von ihm lebt es gewissermaßen. Jedesmal wenn das Sinnverlangen des Menschen an der sich diesem Verlangen verschließenden Feindseligkeit der Welt abprallt und leer in sich zurückschlägt, findet das Absurde seine Bestätigung. Es bedarf also des Bewußtseins, und dies ist genau der Punkt, an dem der Mensch dem Absurden, dessen Diktat er sonst durchgängig hinzunehmen gezwungen ist, überlegen ist. Das Bewußtsein ist das einzige, was vom Absurden nicht negiert werden kann, ohne daß es dabei sich selbst aufheben würde. Menschliches Bewußtsein wiederum setzt Leben voraus, denn Bewußtsein hat nur ein lebendiger Mensch. Auf diese Weise erweist sich der Anspruch auf Leben als der einzige Sinnanspruch, der dem Absurden nicht zum Opfer fällt, weil Leben die Bedingung auch des Absurden selber ist. Leben ist ursprünglicher als das Absurde. Der Geltungsanspruch, der mit dem Wert des Lebens verbunden wird, kann daher auch nicht nachträglich dem Verdikt des Absurden verfallen, weil das Absurde damit seine eigene Prämisse aufheben würde.[18]

Man könnte also sagen: Nach Camus ist das Absurde die erste Evidenz,

[18] Die Rede vom Absurden erweckt bei Camus manchmal den Eindruck einer Personifikation, als handle es sich um das verkörperte Böse. Dies trifft jedoch nicht zu, denn die Vorstellung des Absurden entsteht ausschließlich im menschlichen Bewußtsein durch die wiederholte Erfahrung, daß es für unbedingte Sinnansprüche kein erfüllendes Korrelat gibt. Die eigentliche Absurdität dieses Sachverhalts hat ihre Spitze darin, daß sich nach Camus kein Verantwortlicher für eine derartige Sinnwidrigkeit ausfindig machen läßt, weder ein Gott – den leugnet Camus – noch der Mensch – der findet sich nach Camus unschuldig mit dem Faktum des Absurden konfrontiert.

Camus hat Descartes sehr geschätzt, und ein wenig erinnert seine Suche nach einem Sinn, der vom Standpunkt des Absurden her nicht negiert werden kann, ohne daß er im Akt der Negation wieder bestätigt wird, an Descartes' methodischen Rückgang auf ein unbezweifelbares Prinzip, dessen Gültigkeit nicht einmal unter der fiktiven Annahme eines den Menschen boshaft täuschenden genius malignus bestritten werden könnte.

auf die das Bewußtsein stößt, sobald es sich selbst im Hinblick auf seine Bedingungen analysiert. Die zweite Evidenz besteht in der Einsicht, daß – obwohl das Diktat des Absurden den Menschen durchgängig determiniert – er es gleichwohl an einer Stelle durchbrechen kann, nämlich an jener Bedingung, die sowohl den Menschen als auch das Absurde ermöglicht. Das Leben ist der einzige Wert, der vom Menschen unangefochten geltend gemacht werden kann, d. h., ohne daß dieser Wert im gleichen Atemzug vom Absurden negiert würde. Diese Evidenz, daß die Forderung, Leben solle sein, unbestritten bleibt, genügt nach Camus, um inmitten von Sinnlosigkeit durch das Leben einen Sinn zu realisieren. Sisyphos und Prometheus sind die beiden mythologischen Zeugen, die dies exemplarisch vorführen. Sisyphos muß einen schweren Felsbrocken einen Berg hinaufwälzen; kaum oben angelangt, rollt der Stein wieder hinab – eine sinnlosere Tätigkeit ist kaum vorstellbar. Trotzdem begeht Sisyphos nicht Selbstmord,[19] sondern trotzt seinem Leben einen Sinn ab, und zwar einen ihn vollauf befriedigenden Sinn, denn Camus läßt den ›Mythos von Sisyphos‹ mit dem Satz enden: „Wir müssen uns Sisyphos als einen glücklichen Menschen vorstellen“[20], und das heißt doch wohl soviel wie: Er hat dem Absurden zum Trotz seine Identität gefunden. Wie ist dies zu verstehen? Sisyphos hat ja gesagt, und seine Mühsal hat kein Ende mehr. Dieses Ja ist jedoch nicht als Ausdruck der Resignation zu deuten, so als hätte Sisyphos sich in sein Schicksal ergeben. Sisyphos, wie Camus ihn interpretiert, hat im Gegenteil seine aussichtslose Lage genau erkannt; hellsichtig hat er jedoch den schwachen Punkt entdeckt, an dem er das Absurde zwar nicht aus den Angeln heben, wohl aber seinen Herrschaftsbereich einschränken kann. Der einzige Punkt, auf den sich die Herrschaft des Absurden nicht zu erstrecken vermag, ist das lebendige menschliche Bewußtsein, von dem das Absurde abhängig ist, weil es sich nur darin erzeugt. Dieser Punkt erweist sich daher als der Ort, an dem das Absurde dem Ja des Menschen kein Nein entgegensetzen kann. Damit ist alles verändert. Wenn Sisyphos ja sagt, setzt er sein Leben als einen unbedingten und unzerstörbaren Wert, und in diesem Akt der Setzung, der zugleich ein Akt der Selbstbestätigung ist, dokumentiert sich seine Freiheit. Diese

[19] Strenggenommen kann im Kontext des antiken Mythos von „Leben“ resp. „Selbstmord“ im physiologischen Sinn nicht die Rede sein, da Sisyphos seine Strafe nicht in der empirischen Welt, sondern nach seinem Tod in der Unterwelt verbüßen muß. Insofern Camus den Mythos jedoch als Analogie heranzieht, um die absurden Lebensbedingungen des modernen Menschen zu veranschaulichen, steht die Seinsweise des Sisyphos exemplarisch für die menschliche Existenz als solche. Die Pointe der Analogie liegt im Festhalten an einem unbedingten Sinnanspruch, dessen Berechtigung weder empirisch noch metaphysisch bestritten werden kann.

[20] S 101.

eine Stelle, an der er den Herrschaftsbereich des Absurden durchbrochen hat, ist der Ort seiner Freiheit: Dort gilt *sein* Ja, *sein* Geltungsanspruch, *seine* Forderung nach Sinn für *sein* Leben. Aber, so ist nun zu fragen, was bewirkt diese Freiheit denn eigentlich? Worin zeigt sie sich? „Der absurde Mensch sagt Ja, und seine Mühsal hat kein Ende mehr." Der zweite Teil dieses Satzes läßt erkennen, daß sich für das Selbstverständnis des Sisyphos alles geändert hat, während die Faktizität als solche unverändert geblieben ist: Die absurden Mauern bestehen nach wie vor; der Stein des Sisyphos bleibt nicht oben liegen, sondern rollt wie eh und je den Berg wieder hinab. Aber ist dies nicht gerade ein Indiz für die Ohnmacht der menschlichen Freiheit, wenn sie an der grundsätzlichen Absurdität des menschlichen Daseins nichts zu ändern vermag?

Camus faßt die Freiheit und das Glück des Sisyphos in drei kurzen Sätzen zusammen: „Darin besteht die ganze verschwiegene Freude des *Sisyphos.* Sein Schicksal gehört ihm. Sein Fels ist seine Sache."[21] Die entscheidende Veränderung des absurden Helden Sisyphos drückt sich in dem Possessivpronomen aus. *Sein* Fels ist *seine* Sache. Was zuvor im Sinne der von den Göttern verhängten Strafe als ein unerträglicher, den Menschen entwürdigender Zwang erschien, das macht Sisyphos nun zu seiner ureigensten Angelegenheit. Er akzeptiert den Stein: nicht weil er sich mit ihm als Erfüllung eines drastisch reduzierten Sinnanspruchs zufriedengibt, sondern um genau im Gegenteil seinen Anspruch auf unverbrüchliche Identität zu demonstrieren. Sisyphos hat ja gesagt, ja zu seinem Leben und damit verbunden zu seinem Recht auf Menschenwürde. Diese Bejahung seiner selbst als eines Wesens, das seine Ziele frei zu bestimmen und zu realisieren verlangt, drückt sich darin aus, daß Sisyphos das Auf und Ab seiner Tätigkeit nicht mehr als zwei disparate Momente einer fruchtlosen Bemühung begreift, sondern Aufstieg und Abstieg zu einer in sich zusammenhängenden Kreisbewegung zusammenschließt. Er erwartet nicht mehr, daß der Stein eines Tages doch einmal oben liegenbleibt und die Mühsal ein Ende hat. Solange er diese Erwartung hegt, empfindet er das Herabrollen des Steins als ein Unglück, das sein Streben nach Einheit immer wieder von neuem zunichte macht. Erst wenn er das Herabrollen des Steins als ein Faktum annimmt, an dem er nichts ändern kann, gewinnt der Stein für sein Leben eine neue Bedeutung. Auch wenn er das Herabrollen nicht verhindern kann, so kann Sisyphos gleichwohl beim Weg hinauf den Stein als Mittel benutzen, als Mittel zur Demonstration *seines* Zwecks und damit jenes Zwecks, den selbst zu setzen der Mensch aufgrund seiner Vernünftigkeit imstande und berechtigt ist. Sisyphos bedient sich des Steins als Mittel des Protestes und seiner Verachtung der Götter, die ihn in seiner

[21] S 100.

Würde vernichten wollten und doch seine Autonomie, vermöge deren er sich selbst ein Ziel zu setzen vermag, sein Selbstverständnis als eines nach Einheit und Sinn verlangenden geistigen Wesens nicht zerstören konnten. Indem Sisyphos den Stein wälzt, sagt er nicht nur ja, sondern auch nein, wobei das Nein sich in der Haltung des Protestes manifestiert. Sisyphos wälzt den Stein nämlich nicht unter Zurschaustellung einer Demutsgebärde, sondern unter Protest. Aber wie bewerkstelligt er diesen Protest, wenn doch die Anstrengung des Wälzens seine ganze Kraft in Anspruch nimmt, so daß für eine Demonstration gar keine Gelegenheit bleibt? Die Demonstration erfolgt in der Bewegung des Abstiegs. Sisyphos geht nicht verzweifelt und als gebrochener Mann den Berg hinunter, sondern glücklich als einer, der unter absurden Bedingungen, gegen die sich sein Protest richtet, gleichwohl den Sinn seines Lebens gefunden hat. Sein Glück besteht darin, daß er seine Identität gefunden hat und sein Leben sich eben dadurch als ein ge-glücktes erweist. Für ihn schließt sich das Hinauf und Hinab seines Tuns zum Kreis, der das Sinnbild für Einheit und Identität schlechthin ist. Solange er sein Streben sozusagen linear versteht als das Zugehen auf ein Ziel am Ende eines Weges, verfehlt er seine Identität und sein Glück, da er dann die Bewegung des Abstiegs nicht freiwillig vollzieht, sondern als erzwungenen Abbruch seines geradlinigen Strebens nach Sinn empfindet. Solange Sisyphos den Abstieg als etwas betrachtet, das nur uneigentlich zu seinem Leben gehört und das er deshalb möglichst schnell hinter sich zu bringen trachtet, um sich wieder seinem eigentlichen Tun zuzuwenden, dem Wälzen des Steins in der Hoffnung, daß der Gipfel sich vielleicht doch eines Tages als Endziel erweisen wird, an dem die Mühsal ein Ende hat, so lange fällt das Leben des Sisyphos in zwei disparate Stücke auseinander, da Aufstieg und Abstieg keine Einheit bilden. Jedesmal, wenn er glaubt, sein Ziel ergreifen zu können, wird er aus der Bahn gerissen und muß seinem Ziel den Rücken kehren. Diese die menschliche Identität zerstörende innere Zerrissenheit war die unmenschliche, von den Göttern vorgesehene Strafe. Aber Sisyphos hat eine Möglichkeit der Selbstfindung entdeckt, die auch die Götter nicht verhindern konnten. Anstatt sein Glück am Ende eines Weges in einem Ziel zu suchen, das sich dem Zugriff des Menschen immer wieder entzieht, verlegt Sisyphos das Ziel seines Lebens in das Gehen des Weges selber. Es geht nun nicht mehr darum, endgültig und für immer anzukommen, sondern zu leben, jeden Augenblick des Daseins bewußt zu er-leben und darin das Leben zu bejahen als das einzige Gut, das dem Menschen in dieser absurden Lage verblieben ist. Auch den Abstieg betrachtet Sisyphos von nun an als sein eigenes Tun, in dem er er selbst ist, da er sich das Gehen des Weges selbst zum Ziel gesetzt hat. Jeder Punkt dieses nun nicht mehr linearen, sondern kreisförmigen Weges ist zugleich Anfang und Ziel: Mit jedem Schritt, den er tut, geht Sisyphos von sich selbst aus und kommt zugleich bei sich selbst an. Darin besteht seine „verschwiegene Freude", daß es ihm den Göttern zum Trotz gelungen ist, die auseinanderklaffenden Teile seines Seins zu einer Einheit zusammenzufügen, die sein Verlangen nach Sinn befriedigt. Dieser Sinn ist, solange er in jedem Augenblick eines Lebens gelebt wird, unverlierbar. Er existiert nicht in einem transzendenten Jenseits oder in einer fernen Zukunft, sondern nur je jetzt in der Anstrengung desjenigen, der sein Leben stets von neuem bejaht in allem, was er denkt, fühlt, will und tut.

Leben ist, wie Camus sich in ›Der Mensch in der Revolte‹ ausdrückt, „an sich schon ein Werturteil"[22], das jedoch der ständigen Bestätigung bedarf. Von daher verbieten sich Selbstmord und Mord von selber, insofern die Destruktion des Lebens den endgültigen Sieg des Absurden zur Folge haben würde. Jede Art von Tötung bedeutet den Verzicht auf Sinn und Menschlichkeit und Glück; damit beraubt sich ein Mensch der einzigen Möglichkeit, sein berechtigtes Sinnverlangen zum Ausdruck zu bringen. Der andere Held des Absurden, Prometheus, lebt exemplarisch das Nein des Menschen in der Revolte vor. Während Camus in der Gestalt des Sisyphos den Schwerpunkt auf das Ja legt, das Ja zum Leben als einem lebenswerten, geglückten, sinnvollen Dasein, betont er in der Gestalt des Prometheus stärker das Nein, das Sich-nicht-einverstanden-Erklären mit der Absurdität der conditio humana. „Was ist ein Mensch in der Revolte? Ein Mensch, der nein sagt. Aber wenn er ablehnt, verzichtet er doch nicht, er ist auch ein Mensch, der ja sagt."[23] Gegenstand der Bejahung ist die „menschliche Natur" und damit verbunden das Verlangen nach Einheit, Sinn, Glück. Gegenstand der Verneinung ist die Blockierung dieses Verlangens durch das unbegreifliche Sichverschließen der Welt, das Herabrollen des Steins. In der Konfrontation mit dem Absurden wird Identität als das Seinsollende affirmiert und die Gespaltenheit durch das Absurde als das Nichtseinsollende deklariert. Das Medium der Negation des Absurden ist der Protest, die Revolte. Schon Sisyphos nahm, wie wir gesehen haben, seine Mühsal unter Protest auf sich. Obwohl es ihm gelungen ist, seine durch das Absurde zerrissene Existenz vermöge eines neuen Verständnisses von Einheit und eines nahezu übermenschlichen Bemühens um diese Einheit wieder als einen in sich geschlossenen, geglückten Lebensvollzug zu behaupten, protestiert er gegen die absurde Unmöglichkeit, sein Recht auf vollständige, endgültige Selbstverwirklichung ungeteilt und ungehindert wahrnehmen zu können. Um dieses Recht, das Camus an keiner Stelle in Frage stellt, zu unterstreichen, läßt er es idealtypisch von Gestalten der griechischen Mythologie einklagen, da diese sich gewissermaßen im Sta-

[22] R 11.
[23] R 14.

tus vorchristlicher Unschuld befinden, so daß bei ihnen nicht unterstellt werden kann, das Absurde sei die Folge eines Sündenfalls, einer Erhebung des Menschen gegen Gott und somit selbstverschuldet – der Mensch habe mit seinem Abfall von Gott nicht nur das Paradies, sondern auch das unverrückbare absolute Ziel verloren, das seiner Existenz einst Einheit und Sinn gab. Camus hat die Lehre des Christentums zeit seines Lebens abgelehnt und daran festgehalten, daß die absurde Nichtübereinstimmung zwischen Glücksverlangen und Glückserfüllung nicht einem schuldhaften Vergehen des Menschen gegenüber Gott anzulasten sei. In diesem Sinn verkörpert auch Prometheus den absurden Menschen, der zugleich ja und nein sagt, indem er dem Absurden nur Faktizität, aber keine Normativität zugesteht. Es *ist,* aber es soll nicht sein. Das Recht, normative Setzungen vorzunehmen, kommt allein dem Menschen zu als einem vernunftbegabten Lebewesen, und obwohl dieses Recht durch die Faktizität des Absurden aufs äußerste eingeschränkt ist, kann es unangefochten durch die unaufhebbare Voraussetzung des Absurden dort in Anspruch genommen werden, wo das Leben auf dem Spiel steht. Das Leben als Mensch wird durch das Faktum des Absurden zu einer unmenschlichen Angelegenheit, da das angestrengte Bemühen der Vernunft um einen bleibenden Sinn, ein dauerhaftes Glück ständig sabotiert wird und letztlich daran scheitert, daß sich im gesamten Universum nichts zeigt, das als erfüllendes Korrelat der Suche nach Sinn und Glück in Frage käme. Im Gegenteil: Die Welt begegnet als das vernunftwidrig Schweigende, als dichte Mauer, an der die Sinnfragen des Menschen abprallen. Dagegen richtet sich der Protest sowohl des Sisyphos wie auch des Prometheus. Während jedoch Sisyphos seinen Protest im Kampf mit dem Stein *allein* laut werden läßt und in der Bejahung seiner selbst als eines freien und vernünftigen Lebewesens eben jene Erfüllung findet, die die Welt ihm versagt, macht Prometheus die Revolte zu einem allen Menschen gemeinsamen Anliegen. Zwar ändert sich auch dann nichts an der conditio absurda der menschlichen Existenz, wenn möglichst viele oder gar alle Menschen sich zum Protest zusammenschließen. Aber es ändert sich sehr wohl etwas für den Einzelnen, der begreift, daß er nicht allein ist, sondern als Glied einer menschlichen Gemeinschaft noch darin bestärkt wird, daß er ein Recht auf alles das hat, was ihm absurderweise verweigert wird: ein Recht auf Sinn, Glück, Identität, kurz: ein Recht auf ein seine Vernunft befriedigendes, menschenwürdiges Leben. Die Lösung des Problems des Absurden, die Camus im Rekurs auf die Gestalt des Prometheus vorschlägt, läuft über den Begriff der Solidarität. Wenn die Sinnfragen des Menschen an der Welt abprallen, so deshalb, weil in der Welt nichts ist, das der Vernunft korrespondiert. Verbünden sich die Menschen jedoch und begründen, wie Camus dies durch ein Bild sehr schön ausdrückt, eine

„Solidarität der Kette“[24], so treffen die Sinnansprüche der Individuen nicht mehr auf die absurden Mauern, sondern auf andere Individuen, die vor diesen Mauern eine Kette gebildet haben. Und von dieser aus menschlichen Individuen gebildeten Kette prallen die Sinnansprüche nicht mehr ab; sie stoßen vielmehr auf etwas, das selber vernünftig ist und Antwort gibt, damit nicht nur Verstehen signalisiert, sondern die Rechtmäßigkeit dieser Ansprüche bestätigt, indem es sie selbst geltend macht. Im solidarischen Miteinander der gegen das Absurde Verbündeten stellt sich ein neuer Sinn her, eine neue Identität, die dadurch gewonnen wird, daß einer im anderen und über den anderen sich selbst findet. In der Anerkennung der Sinnansprüche der anderen bejaht der Einzelne sich selbst und wird durch die Anerkennung seiner Sinnansprüche von seiten der anderen als der bejaht, der er ist. Stellt man sich die Kette, die durch den Zusammenschluß der solidarisch miteinander verbundenen Individuen gebildet wird, ringförmig als einen in sich geschlossenen Kreis vor, so wiederholt sich darin das Bild für den subjektiven Menschensinn, das wir schon aus dem ›Mythos von Sisyphos‹ kennen: die Kreisgestalt als Indiz für die gelungene Erfüllung, deren Name Glück ist. Auch das Glück der Kette ist ein prekäres, stets gefährdetes Glück. Jedes einzelne Glied muß an seiner Stelle in höchster Angespanntheit für den Zusammenhalt kämpfen. Wo die Kette bricht, weil der Mensch selber zum Feind des Menschen wird und an die Stelle der Vernunft die Maske der Unvernunft in Form von Haß, Grausamkeit, Intoleranz tritt, bricht das Absurde auch in jenen Freiraum im Inneren der geschlossenen Kette ein, den die Menschen unter großen Anstrengungen dem Absurden abgetrotzt haben, und zerstört mit der Solidarität der Kette den einzigen Sinn menschlichen Lebens.[25]

[24] R 227.

[25] Ausgewählte Sekundärliteratur zum philosophischen Werk Camus’: M. Lebesque, Albert Camus in Selbstzeugnissen und Bilddokumenten, Reinbek 1960; A. Pieper, Albert Camus – Leben, Werk, Wirkung, München 1984; M. Rath, Albert Camus – Absurdität und Revolte, Frankfurt a. M. 1984; H. R. Schlette (Hrsg.), Wege der deutschen Camus-Rezeption, Darmstadt 1975; ders., Welt und Revolte, Freiburg/München 1980; W. Wernicke, Albert Camus. Aufklärer – Skeptiker – Sozialist, Hildesheim 1984; H. R. Schlette/F. J. Klehr (Hrsg.): „Helenas Exil“. Albert Camus als Anwalt des Griechischen in der Moderne, Rottenburg-Stuttgart 1991; A. Pieper (Hrsg.): Die Gegenwart des Absurden. Studien zu Albert Camus, Tübingen/Basel 1994.

Kurzbibliographie Camus

Noces (1938), Paris 1950
Hochzeit des Lichts, übers. v. P. Gan, ebd.
Le mythe de Sisyphe. Essai sur l'absurde, Paris 1942
Der Mythos von Sisyphos. Ein Versuch über das Absurde, übers. v. H. G. Brenner u. W. Rasch, Hamburg 1959 (Sigel: S).
L'homme révolté, Paris 1951
Der Mensch in der Revolte, übers. v. J. Streller, Hamburg 1953 (Sigel: R).
Le premier homme, Paris 1994.
Carnets, mai 1935–mars 1951.
Carnets, mars 1951–décembre 1959, Paris 1962, 1964, 1989
Tagebücher 1935–1951, Reinbek 1972
Tagebuch 1951–1959, Reinbek 1991.

JEAN-PAUL SARTRE

Zwischen Absurdität und Freiheit

Von Peter Kampits

Philosophen, die in vielfältiger Hinsicht über die Grenzen ihres Faches hinweg Aufmerksamkeit erregten, gelten in der Tradition des deutschen Sprachraumes immer noch als suspekt. Dies trifft in besonderem Maß auf das Werk Jean-Paul Sartres zu. Neben seiner eigentlichen und im engeren Sinn als philosophisch zu bezeichnenden, überaus reichhaltigen Produktion ist Sartre bekanntlich auf dem Gebiet der Literatur mit mehreren Novellen und Romanen, auf dem des Theaters und des Filmes sowie des politischen Essays und der Polemik hervorgetreten. Er selbst sorgte auch durchaus nicht ungern immer wieder für neue Provokationen: War es zunächst der mit dem Odium des Nihilistischen, Negativen beladene Existentialismus, der es auf Grund seines ausdrücklichen Atheismus sogar dazu brachte, auf den vatikanischen Index gesetzt zu werden, so verlief das darauffolgende politische Engagement Sartres nicht weniger wechselvoll. Von der Gründung einer eigenen Partei in der Nachkriegszeit bis zur Übernahme der Patenschaft über maoistische Blätter in Paris nach der Mai-Revolte 1968, von Äußerungen der Verklärung revolutionärer Gewalt bis zum spektakulären Besuch in Stammheim bei der Baader-Meinhof-Gruppe sorgte Sartre für Schlagzeilen. Der Linksintellektuelle Sartre, der dem Marxismus zunächst eine nahezu gläubige Reverenz erwies und in ständiger Bereitschaft, gegen Bürgerlichkeit zu protestieren, schließlich dem Zeitgeist des 68er Jahres Ausdruck verlieh, um schließlich in seinem letzten großen Werk, der vielbändigen Flaubert-Untersuchung, in einer Synthese von Hermeneutik, Psychoanalyse und sozioökonomischen Untersuchungsmethoden nahezu der Postmoderne Tribut zu zollen – dieser Sartre scheint immer auf der Höhe, zumindest des Sartreschen Zeitgeistes, einmal mit diesem, dann wieder gegen ihn. Der bereits zu seinen Lebzeiten zu einem Monument gemachte Sartre ist nicht zuletzt auf Grund der Editionslage seiner nachgelassenen Schriften auf bestem Weg, zu einem Klassiker des 20. Jahrhunderts zu werden. Der Philosoph Sartre, der Ärgerniserreger Sartre, der blendende Dramatiker Sartre – wie auch immer es sich mit den vielfachen Ausdrucksformen seines Denkens verhalten mag: daß Sartre in vielfacher Hinsicht die Gegenwartsphilosophie geprägt und bereichert hat, steht außer Frage, wobei dies sowohl für den frühen „Existentialisten“ wie auch den Sartre der „individuellen Praxis“ gilt.

Sartres Weg von einer ontologischen, durch die Phänomenologie charakterisierten Freiheitsphilosophie zum Entwurf einer Philosophie der individuellen Praxis in und gegenüber der geschichtlichen Totalität ist ein äußerst vielschichtiger und komplexer. Gleichwohl läßt sich gerade die Frage nach der Freiheit als eine Art Leitmotiv des Sartreschen Denkens ebenso ausmachen wie das Festhalten an einer grundlegenden Absurdität, Kontingenz und Zufälligkeit des menschlichen Daseins. Die vielfachen Verschlingungen dieses wahrhaft monumentalen Werkes eines Philosophen, der im Schreiben, im literarischen Medium der ›Wörter‹, wie seine schonungslos offene Autobiographie betitelt ist, seine Hauptaufgabe erblickte, machen den Nachvollzug seines Weges nicht eben einfach.

Sartre hat zunächst in einer eigenwilligen und durchaus originären Weise zentrale Momente und Motive der Phänomenologie Husserls ebenso aufgegriffen und transformiert, wie er Grundgedanken der Philosophie Heideggers, aber auch Hegels aufnahm und verwandelte. Ähnliches gilt auch für die auf diese Phase existential-ontologischen Denkens folgende Überleitung in eine Philosophie der Praxis, die in Aufnahme wesentlicher Grundthesen des Marxismus schließlich in eine Theorie der „individuellen Besonderung des Allgemeinen“ mündete. Sartres Schriften der späteren Periode, wie sie in einem Versuch des Entwurfes einer strukturellen und historisch angelegten Anthropologie kulminieren, kreisen in ständiger Auseinandersetzung mit dem philosophischen Theoriebestand der Zeit um die Stellung des Individuums gegenüber der Gesellschaft, gegenüber der Geschichte, gegenüber dem, was Sartre in marxistischer Terminologie die Totalität nennt.

Dieser Weg soll nun in groben Zügen nachgezeichnet werden, wobei das Hauptgewicht auf die Entfaltung der Freiheitsproblematik beim frühen Sartre gelegt werden soll, nicht nur um zu zeigen, woraus und woher das nahezu emphatische Plädoyer für die Freiheit seinen Ursprung hat, sondern in der Überzeugung, daß Sartre selbst in seiner am meisten dem Marxismus angenäherten Schaffensperiode seinen frühen phänomenologischen Standpunkt zwar entscheidend modifiziert, nicht aber aufgegeben hat. Schließlich ließe sich auch zeigen, daß der späte Sartre zumindest ansatzweise vornehmlich in Hinblick auf die Frage nach einer Moral in sozialer und individueller Hinsicht wieder zu den Motiven seiner Anfangsphilosophie zurückkehrt.[1] Sartres gleichzeitige Produktion auf dem Gebiet

[1] Vgl. dazu: J.-P. Sartre, Cahiers pour une morale, Paris 1983 (Entstehungszeit 1947/1948), sowie B. Waldenfels, Phänomenologie in Frankreich, Frankfurt a. M. [2]1987, bes. 120ff. – Sartre hat in zahlreichen Interviews (etwa in Merkur 33, 1979)

der philosophischen Analyse, die durchaus zunächst in der akademischen Tradition des Frankreichs der Zwischenkriegsjahre steht, und auf literarischem Gebiet hat nicht selten dazu geführt, daß manche seiner Thesen in äußerst plakativen Sätzen zusammengefaßt werden. So ist etwa die Formel vom Menschen als einer «passion inutile», also einer „nutzlosen Leidenschaft", ebenso provokant wie etwa die Kennzeichnung der zwischenmenschlichen Beziehungen durch die Formel: „Die Hölle, das sind die anderen."[2] Ähnliches gilt aber auch etwa von der Kennzeichnung des Revolutionärs, die nahezu mythisch anmutet: „Ein zufälliges, nicht zu rechtfertigendes, aber freies Wesen, vollständig untergetaucht in eine Gesellschaft, die es unterdrückt, jedoch fähig, über diese Gesellschaft hinauszugehen durch seine Anstrengungen, sie zu verändern."[3]

Vor allem die durch den frühen Roman ›Der Ekel‹ ausgedrückte gewissermaßen „existentialistische" Grundstimmung hat dazu geführt, im Werk Sartres in erster Linie eine den negativen Tatsachen des Lebens zugewandte Literatur zu sehen. Tatsächlich aber liegt der philosophisch-literarische Ausgangsort Sartres in der Aufnahme von Thesen der Phänomenologie Husserls, und jenes Werk, das ihn sozusagen mit einem Schlag berühmt machte, nämlich ›Das Sein und das Nichts‹ verweist in seinem Untertitel 'Versuch einer phänomenologischen Ontologie' bereits auf diese Intention. Sartre hatte Husserls Philosophie relativ früh, nämlich bereits 1933 anläßlich eines Stipendienaufenthaltes in Berlin, entdeckt und in der Phänomenologie eine entscheidende Möglichkeit gesehen, Bewußtsein und Welt nicht als zwei isolierte und voneinander getrennte Größen aufzufassen, sondern durch die fundamentale Struktur der Intentionalität gleichzeitig die Souveränität des Bewußtseins und das realistische Gewicht der Welt zu erhalten. Diese Sicht auf Husserls Phänomenologie als einer Position jenseits von Realismus und Idealismus, und damit jenseits erkenntnistheoretischer Streitigkeiten, ist auch in der Parole der Phänomenologie „zu den Sachen selbst" vorgezeichnet. Außen und innen, die Welt der Innerlichkeit, der Psyche, und die Welt der gewissermaßen positivistischen Gegebenheiten sind für Sartre durch Husserl in der grundlegenden Bezogenheit des Bewußtseins auf die Welt übergestiegen.

In den frühen Arbeiten Sartres ›Die Transzendenz des Ego‹, ›Die Imagination‹ oder ›Entwurf einer Theorie der Gefühle‹ wird aber bereits eine

darauf hingewiesen, daß eine ontologisch fundierte Moral, die er auch als Moral des Wir bezeichnet, ihn zur Zeit beschäftige. (Vgl. dazu auch Obliques 1979.)

[2] J.-P. Sartre, Bei geschlossenen Türen, übers. v. H. Kahn, in: Drei Dramen, Reinbek 1965, 42.

[3] J.-P. Sartre, Materialismus und Revolution, in: Drei Essays, Frankfurt a. M. 1968, 89.

kritische und selbständige Transformation des Ansatzes Husserls sichtbar. Die Thesen von der Transzendenz des Ich, was in diesem Zusammenhang vornehmlich seine Weltzugehörigkeit bedeutet, und auch die vom „präreflexiven cogito“, das dann in der Ontologie eine entscheidende Bedeutung bekommen wird, sind in diesen Frühwerken bereits skizziert und umrissen. Sartre wendet sich in diesem Zusammenhang strikt gegen jede Auffassung vom Ich als eine Art substantiellen Bewohners des Bewußtseins und verweist zugleich auf eine grundsätzliche Differenz im Bewußtsein selbst, die nicht erst mit der Reflexion offenbar wird, sondern das Bewußtsein von Anfang an prägt. Gerade diese Auffassung wird für die spätere Ontologie grundlegend. Es gibt kein Bewußtsein, das nicht völlig von sich selbst erhellt und durchdrungen wäre, ohne daß dies aber den vergegenständlichenden Abstand der Reflexion in sich einschlösse. Dieses „präreflexive cogito“ wird von Sartre zugleich auch in seiner Existenzstruktur aufgewiesen, etwa nach dem Schema, daß gemäß der intentionalen Struktur des Bewußtseins jedes Bewußtsein Bewußtsein von etwas, aber zugleich eben auch Bewußtsein von sich selbst (als eben ein solches Bewußtsein von etwas) darstellen müßte. Diese Bewußtseinsbestimmung, die bereits die spätere ontologische Struktur des Für-sich-seins (être-pour-soi) enthält, verweist aber auch bereits auf jenes Nichts, das dann in Sartres Ontologie eine gewaltige Bedeutung annehmen wird. Von der intentionalen Struktur des Bewußtseins ausgehend, läßt sich nach Sartre bereits anläßlich der Imagination die Bezogenheit des Bewußtseins auf ein Nichtexistierendes ausmachen, das nur in Distanz und Negation des Realen erscheinen kann. Die Spontaneität des Bewußtseins, die Gerichtetheit des Bewußtseins auf etwas bleibt dabei für Sartre ebenso gewahrt, wie andererseits das Nichts als entscheidende Struktur des Bewußtseins in den Blick genommen wird.

Diese vielleicht abstrakt und theoretisch anmutenden Überlegungen hat Sartre in seinem Roman ›Der Ekel‹ bereits in mehrfacher Hinsicht zu konkretisieren versucht. Die im genannten Roman beschriebene Existenzerfahrung bedeutet ebenso eine Beschreibung der Bewußtseinsstruktur wie eine solche der Existenz, die sich außerhalb des Bewußtseins enthüllt. Wenn Sartre in sehr eindringlichen Wendungen diese Existenzerfahrung nachzeichnet und ihre Uneinholbarkeit ebenso darstellt wie die Grundlosigkeit und Überflüssigkeit all dessen, was ist, so bedeutet dies für Sein und Bewußtsein zugleich eine fundamentale Strukturerfahrung. Im Roman ›Der Ekel‹ macht die Hauptfigur schrittweise die Erfahrung einer solchen nackten Existenz, die zugleich aber auch eine Erfahrung des Bewußtseins darstellt. Sie ist eine Daseinserfahrung, die sich vor jedweder Begrifflichkeit zuträgt und deren Unabwendbarkeit zugleich auch eine Inhaltslosigkeit des Ich nach sich zieht. Ebenso wie die Gegenstände der natürlichen Erfahrung auf ihre Existenz hin verändert begriffen werden, wird auch die geläufige Erfahrung des Ich transformiert: „Wenn ich jetzt 'ich' sage, so erscheint mir das inhaltslos. Es gelingt mir nicht mehr völlig, mich zu empfinden ... Alles, was an Wirklichem in mir verbleibt, ist Existenz, die fühlt, daß sie existiert."[4]

Die hierin beschriebene Existenzerfahrung bildet das Gerüst von ›Das Sein und das Nichts‹. Der tragende und den gesamten ontologischen Entwurf prägende Unterschied von An-sich-sein (être-en-soi) und Für-sich-sein (être-pour-soi) wird von Sartre in einer Fülle von verschiedenen Argumentationsverfahren in seinem ganzen Reichtum aufgewiesen. Auch wenn hier zweifellos an Heideggers Fundamentalontologie gemahnende Elemente, wie beispielsweise die Frage nach dem Sinn von Sein und der prinzipiellen Verstehensstruktur des Bewußtseins und Momente der Hegelschen Seins- und Wesensdialektik sich ausmachen lassen, kann der Grundzug dieser Ontologie durchaus als ein eigenständiger und originärer Entwurf gelten. Sartre geht davon aus, daß ontologisch gesehen das Bewußtsein und das dem Bewußtsein begegnende Phänomen letztlich zwei heterogene, wenn auch aufeinander bezogene Seinsformen darstellen, und hebt damit zugleich das Bewußtsein über jede substantielle Bestimmung traditioneller Art hinaus. Aus der phänomenologischen Perspektive ergibt sich damit jene Bestimmung des Für-sich-seins, die gewissermaßen eine existentialistische Variante der Fundamentalontologie Heideggers darstellt: Während Seiendes von der Seinsweise des An-sich-seins (um es möglichst korrekt zu formulieren) in sich selbst als reine Positivität und Identität, an sich und ohne jede Andersheit aufzufassen ist, muß das Für-sich-sein von Anfang an als etwas bestimmt werden, das nie mit sich selbst identisch sein kann, das immer auch schon Bezogenheit, Andersheit in sich einschließt. Sartre, der das Für-sich-sein auch als «réalité humaine» bezeichnet, hat dies in einer sehr griffigen Formel auf den Punkt gebracht: Er bestimmt das Für-sich-sein als ein Sein, das „nicht ist, was es ist, und das ist, was es nicht ist"[5].

Wie kommt Sartre aber nun dazu, dem Bewußtsein und das heißt in seiner Sprache immer auch schon dem Menschen diese eigenartige und paradox anmutende Grundbestimmung zuzuschreiben? Sartre hat ausgehend von der intentionalen Struktur des Bewußtseins dessen prinzipielle Bezogenheit gewissermaßen ontologisiert. Sie wird zu einer Beziehung zum Sein, innerhalb deren das Bewußtsein überhaupt erst als ein solches konstituiert werden kann. Als Bewußtsein von etwas ist es auf etwas gerichtet, das eben gerade nicht es selbst ist. Es muß ein anderes in sich einbeziehen, als es selbst ist, und als solches ist es sozusagen immer au-

[4] J.-P. Sartre, Der Ekel, übers. v. H. Wallfisch, Reinbek 1968, 178.
[5] SN 132 (vgl. Kurzbibliographie).

ßerhalb seiner, ist es immer „draußen". Daraus folgt nicht nur, daß das Sein überhaupt erst durch die spezifische Seinsweise des Bewußtseins, die Sartre hier einfach phänomenologisch zu beschreiben meint, aufbricht, sondern zugleich auch, daß dieses Nichts in einer konstitutiven Weise das Für-sich-sein durchzieht. Das bedeutet aber, um es in Begriffen herkömmlicher Ontologie zu formulieren, daß das Wesen des Bewußtseins nur in seiner Existenz selbst liegen kann, oder wie Sartre unmißverständlich formuliert: „Das Bewußtsein ist ein Sein, dessen Dasein das Sosein setzt."[6] Dies bedeutet aber nichts anderes, als daß der Mensch nicht durch ein vorausgehendes Wesen, eine wie auch immer geartete menschliche Natur oder dergleichen bestimmt ist, sondern zunächst und überhaupt nur durch seine Existenz bestimmt werden kann. Dieser ontologische Charakter muß mitbedacht werden, will man nicht die gelegentlich von Sartre in verkürzter Form geäußerte These, daß der Mensch sich in seinen Entwürfen und Handlungen überhaupt erst ein Wesen schaffe, mißverstehen.[7] Sartres Versuch, das Nichts in die menschliche Seinsweise mit einzubeziehen, muß so von Anfang an in einem sachlichen Horizont angesiedelt werden. Dies gilt auch für eher umständliche Formulierungen wie die folgende: „Das Sein, durch das das Nichts in die Welt kommt, ist ein Sein, dem es in seinem Sein um das Nichts des Seins geht: *das Sein, durch das das Nichts in die Welt gelangt, muß sein eigenes Nichts sein.*"[8] Dies bildet sozusagen die Kernbestimmung des Menschen in ontologischer Hinsicht. Der Mensch, die menschliche Realität, um die Sartresche Formulierung beizubehalten, ist konstitutiv dadurch ausgezeichnet, daß in seinem Sein ein Sein einbezogen sein muß, daß er eben nicht ist. Der Mensch ist nie Identität mit sich selbst, er ist immer durch dieses Nichts von sich selbst getrennt oder, wie Sartre durchaus konsequent weiterformuliert, er hat vielmehr zu sein und ist nicht bloß, gerade weil er nicht ist, was er ist. Darum kann es kein Wesen des Menschen geben, sondern nur eine von dieser Struktur der Existenz bestimmte und durchdrungene Seinsweise.

[6] SN 29.

[7] So hat Sartre etwa in der popularisierenden Schrift ›Ist der Existentialismus ein Humanismus?‹ (vgl. Kurzbibliographie) die Formel aufgestellt, der Mensch sei nichts anderes als das, wozu er sich macht. Sartre weist in diesem Zusammenhang darauf hin, daß der Mensch zunächst existiere und erst auf dem Boden dieser Existenz sich entwerfe, und er spricht in diesem Zusammenhang diesem Entwurf eine extreme Subjektivität zu. Freilich bedeutet der Hinweis auf eine ontologische Argumentation noch keineswegs eine Anerkennung von deren Gültigkeit. Es gilt nur, darauf aufmerksam zu machen, daß ähnliche, von Sartre gewissermaßen leichtfertig hingeworfene Thesen erst im Horizont einer längeren Argumentationskette und Analyse verständlich werden können.

[8] SN 63.

Dies alles mag gerade für unsere heutigen Ohren reichlich konstruiert und abstrakt erscheinen, erfreut sich doch auch die Ontologie zur Zeit nicht eben einer besonderen Hochkonjunktur. Aber die gewissermaßen „existentiellen" oder praktischen Konsequenzen dieser Theorie sind äußerst schwerwiegend. Denn nur ein solchermaßen bestimmtes Wesen kann nach Sartre überhaupt frei sein. Mehr noch: ein durch eine derartige Grundverfassung oder Grundstruktur bestimmtes Existierendes kann nicht nur frei sein, sondern muß es sein, es hat gar keine andere Möglichkeit, als eben diese Freiheit existierend zu vollziehen.

Vereinfachen wir die ontologische Position Sartres noch einmal zusammenfassend: Es gibt zwei Weisen von Sein, von denen sich die eine (in groben Zügen) mit dem nichtmenschlichen, dinglichen Sein in eins setzen läßt: Sie ist an sich, ist das, was sie ist, und sie ist. Die andere, menschliche, zeichnet sich gerade dadurch aus, daß sie nie mit sich zusammenfällt, daß sie „für sich" ist, was auch bedeutet, daß sie durch ein Nichts für immer von sich getrennt und distanziert sein muß und damit zugleich auch über sich hinaus ist. Alle näheren Grundbestimmungen, die Sartre in der Folge gibt, lassen sich als Erläuterung dieser fundamentalen Struktur verstehen: ob es sich nun um das Zusammenspiel von Faktizität und Transzendenz im menschlichen Dasein handelt, um die in der Reflexion aufbrechende gespaltene Einheit und nichtende Kraft des Bewußtseins in seiner Selbstbezüglichkeit oder um die Ekstasen der Zeitlichkeit in ihren Dimensionen von Vergangenheit, Gegenwart und Zukunft, ob es um den Überstieg zur Welt oder um das geht, was Sartre mit dem Titel der „mauvaise foi" (Unaufrichtigkeit) bezeichnet und was an die Unterscheidung Heideggers von Eigentlichkeit und Uneigentlichkeit gemahnt. Eben dieses Nichts in der Bewußtseinsstruktur, das das Für-sich-sein in seiner Selbstbezogenheit auszeichnet und von allem anderen, was ist, abhebt, steht am Ursprung der Freiheit.

Sartre hat diese Freiheit der menschlichen Existenz bekanntlich in einer Radikalität, ja Absolutheit, angesetzt, für die sich in der Geschichte der Philosophie kaum ein Beispiel finden läßt. (Nicht einmal Fichte, der Freiheitsphilosoph des Deutschen Idealismus par excellence, hat das Problem der Freiheit in dieser Radikalität gedacht.) Freiheit kann für Sartre zunächst nur auf ontologischer Ebene angemessen dargestellt und vollzogen werden. Nicht allein im philosophischen Hauptwerk dieser Periode ›Das Sein und das Nichts‹, sondern auch in Theaterstücken wie ›Die Fliegen‹ oder der Roman-Tetralogie ›Die Wege zur Freiheit‹ hat Sartre unentwegt die Notwendigkeit dieser radikalen Freiheit umkreist und ihr Ausdruck verliehen. Der Weg zur Einsicht in diese Freiheit mag vielleicht auf dem Gebiet des Theaters und des Literarischen leichter zugänglich sein, er ist aber nur dann angemessen zu erfassen, wenn man wieder auf diese ontologische Grundlage zurückgreift. So wird etwa Sartres Versuch in ›Die Fliegen‹, Wege zur Befreiung von der selbstgewählten Unfreiheit zu zeigen, nur auf dem Hintergrund der ontologischen Konzeption angemessen interpretierbar. Die dort von Orest vollzogene Befreiungstat zielt wohl auf die Befreiung der anderen, sie ist aber zugleich auch Selbstbefreiung, ein Weg zur Einsicht in die ursprüngliche Freiheit.[9] Eine ontologisch verstandene Freiheit kann daher für Sartre keine Bestimmung am Menschen, keine Eigenschaft, keine Sache eines menschlichen Vermögens, etwa des Willens, sondern nur eine Seinsweise selbst darstellen. Sartre hat dies an mehreren Stellen unmißverständlich formuliert: „Die menschliche Freiheit geht dem Wesen des Menschen voraus und ermöglicht es, das Wesen des menschlichen Seins ist hineingehalten in dessen Freiheit . . . Der Mensch ist keineswegs *zunächst,* um *dann* frei zu sein, sondern es gibt keinen Unterschied zwischen dem Sein des Menschen und seinem ‘Freisein’.“[10] Freiheit und menschliche Existenz sind für Sartre identisch, denn ein Wesen, das sich angesichts der Fülle und Identität des An-sich-seins als Mangel, als Nichtung, als Differenz erfährt, kann nicht anders als frei sein. Eine der Folgen dieser Gleichsetzung von Sein und Freiheit besteht dann darin, daß diese Freiheit so radikal gefaßt werden muß, daß ihr selbst gegenüber kein Freiheitsakt mehr möglich sein kann oder mit anderen Worten: „Der Mensch ist verurteilt, frei zu sein.“[11]

Sartre hat in ›Das Sein und das Nichts‹ diese Freiheit gegen alle nur möglichen Angriffe zu verteidigen versucht, Gegenargumente, wie sie teilweise aus der philosophischen Tradition, teilweise aber auch aus der „Common-Sense“-Überzeugung stammen, zurückgewiesen. Er wehrt sich sowohl gegen eine deterministische Interpretation, die den Menschen in eine wie immer geartete Kausalreihe spannt, wie auch gegen eine Reduzierung der Freiheit zu einer bloßen Wahlfreiheit, wodurch sie erneut eine Eigenschaft wäre, während die ontologisch verstandene Freiheit jedwedem Willensakt vorausliegt. Das ständige Transzendieren des Für-sich-seins läßt auf dem Grund des auch in meinen Entwürfen, Handlungszielen und Absichten auftauchenden Nichts die freie Handlung als einen ständigen Bruch mit dem Gegebenen erscheinen. Dies geschieht nach Sartre bereits in jedem Akt der Wahl. Er sagt, „daß für die menschliche Realität Sein soviel wie *sich wählen* ist: nichts kommt zu ihr von außen, aber auch von innen

[9] Vgl. dazu: M. Fleischer, Die Verantwortlichkeit für den Anderen im Handeln. Zum Verhältnis von Existentialismus und Marxismus in Sartres früher Philosophie, in: Philosophisches Jahrbuch 93, 1986, 165 ff.

[10] SN 66.

[11] J.-P. Sartre, Ist der Existentialismus ein Humanismus?, 16 (vgl. Kurzbibliographie).

nicht, was sie *empfangen* oder *annehmen* könnte"[12]. Auf dem Grund einer sogenannten Urwahl, der «choix fondamentale», vollziehen sich alle jene Entwürfe und Realisierungen, die schließlich das Insgesamt eines menschlichen Lebensweges ausmachen. Dabei kommt immer die grundsätzliche Unbegründetheit und Absurdität der Existenz mit ins Spiel, die gewissermaßen auch die Kehrseite dieser total angesetzten Freiheit darstellt. Denn diese Urwahl, die ontologisch gesehen Welt als Ganzes überhaupt erst auftauchen läßt, indem sie sie transzendiert, offenbart sich als kontingent, als zufällig und damit letztlich als absurd. Die Wahl des eigenen Seins bedeutet wohl die Schaffung einer Art von Wesen, von Sosein aus den Akten der Existenz selber, sie ist aber gerade auf Grund ihrer Uneinholbarkeit in sich selbst grundlos. Sartre scheut sich nicht, sie auch als absurd zu bezeichnen: „Sie ist absurd, weil sie jenseits aller Gründe ist."[13] Diese Grundlosigkeit, die nach Sartre vornehmlich in der Angst erfahren wird, macht erst diese Rückseite der Freiheit deutlich. Alles, was diese Freiheit zu begrenzen scheint, kann nur auf dem Entwurfshorizont eben dieser Freiheit selbst auftauchen und damit als eine ohnedies nur mögliche Grenze der Freiheit erscheinen. Das bedeutet aber auch, daß auch in Hinblick auf die Kontingenz der Urwahl die Freiheit unbegrenzt bleibt.

Sartre hat die Bezogenheit der Freiheit im Zusammenspiel von Faktizität und Transzendenz als äußerst wesentlich erachtet. Ohne Bezug auf das, was er die Faktizität nennt, auf das Gegebensein von Situationen, von Dingen und Welt, würde die Freiheit zu einer Abstraktion verkümmern. Sartre betont immer wieder, daß Freiheit nur als „eingesetzt" in eine Widerstand leistende Welt denkbar sein kann, daß Freiheit eben nicht ohne Situation bestehen kann. Für ihn stehen Freiheit und Situation der jeweiligen Wahl und Entscheidung in einer Art wechselseitigem Bedingungsverhältnis: „es gibt Freiheit nur in *Situation,* und es gibt Situation nur durch Freiheit."[14]

Alles das, was auf den ersten Blick als Beschränkung der Freiheit erscheinen könnte, erweist sich als bloße Faktizität und damit als deren Bedingung. Weder meine historische Situation noch meine Leiblichkeit, weder meine Vergangenheit oder Umwelt, noch auch die Mitmenschen, ja nicht einmal mein Tod kann eine Beschränkung der Freiheit darstellen. Denn alle als faktisch scheinenden Beschränkungen meiner Freiheit können überhaupt erst im Licht dieser meiner Freiheit als solche erscheinen. Jede Grenze ist sozusagen eine freie, zumindest frei gewählte, im Horizont meines Daseinsentwurfes auftauchende Grenze.

[12] SN 561.
[13] SN 608.
[14] SN 619.

Dies mag vornehmlich am Problem des Todes oder in der Beziehung zu anderen problematisch erscheinen. Aber auch hier weist Sartre jedwede Beschränkung meiner Freiheit zurück. Die grundlegende Absurdität und Kontingenz des Daseins etwa macht aus dem Tod für Sartre ein Ereignis, das das Für-sich-sein gewissermaßen nur von außen betrifft und in keiner Weise in eine Endlichkeitsstruktur des Daseins eingehen kann. Wohl hängen Endlichkeit und Freiheit eng zusammen, aber der Tod ändert, wie Sartre meint, nicht das geringste an dieser Endlichkeit. Sartre versucht – im Gegensatz zu Heidegger –, dem Tod jede wesenhafte Beziehung zur Existenz abzusprechen und ihn in ein von draußen kommendes, zufälliges, absurdes Ereignis zu verwandeln. Ähnliches gilt aber auch für meine Beziehung zum anderen, die im übrigen einen erheblichen Stellenwert innerhalb des Gesamtentwurfes von ›Das Sein und das Nichts‹ ausmacht. Auch hier will Sartre zeigen, daß selbst die durch die Existenz des anderen vorgegebenen Situationen und vermeintlichen Beschränkungen keinerlei Einschränkung meiner Freiheit darstellen können, weil ich auch hier gezwungen bin, die mir durch den anderen vorgegebene Situation oder Faktizität im Lichte meines eigenen Freiheitsentwurfes zu übernehmen.

Gerade am Tod und am Problem der Beziehung zum anderen tauchen freilich viele unaufgelöste Spannungen auf. Bekanntlich zählt Sartres Analyse der Beziehungen zum anderen zu einer der originellsten Partien seines ontologischen Gesamtentwurfes und stellt das Scheitern, die Vergeblichkeit der auf Freiheit zentrierten menschlichen Existenz in besonderem Maße heraus. Sartres Einsatz bei einer Analyse des Blickes hebt bei einem Vorrang des mich anblickenden anderen an und setzt so bei einer Entfremdungsstruktur ein, deren ontologischer Charakter sie als nahezu unaufhebbar erscheinen läßt. Die verschiedenen Strukturmomente dieser Beziehung zum anderen (unmittelbare Evidenz, Vergegenständlichung, Entfremdung, Objektivation meiner Transzendenz) geben eine grundsätzlich unauflösbare Situation wieder: Die Objektivierung, Erstarrung und Entfremdung meiner Freiheit unter dem Blick des anderen kann nur auf zwei verschiedene Weisen von mir aufgefangen werden: durch eine Objektivierung des anderen meinerseits oder eine Art Angleichung meiner Freiheit an die des anderen, um auf diese Weise der vom anderen ausgehenden Bedrohung zu entgehen. Dies sind die beiden einzig möglichen Grundhaltungen, die sich für Sartre abzeichnen. Es ist nahezu überflüssig zu erwähnen, daß beide zum Scheitern verurteilt sind, da es unmöglich ist, sich einer fremden Freiheit anzugleichen, auf sie einzuwirken und sie zugleich auch als Freiheit anzuerkennen – oder um es kürzer auszudrücken: sie als Freiheit in Besitz zu nehmen. Dies ist für Sartre exemplarisch im Anspruch der Liebe der Fall. Der mich liebende andere, der von mir als reine Subjektivität gefordert werden muß, verwandelt sich indes seinerseits in ein Objekt, das auf mich wirken will, und läßt dadurch das Unternehmen Liebe ebenso scheitern, wie dies dann geschieht, wenn ich meinerseits den anderen liebend auf ihn einzuwirken versuche. Ähnliches geschieht aber auch dort, wo etwa in der Begierde oder im Haß der andere auf seine bloße Gegenständlichkeit reduziert werden soll, um gerade durch diese hindurch seiner Freiheit habhaft zu werden.[15]

Aus diesen Grundhaltungen gibt es keinen Ausweg, wie in einem infernalischen Zirkel taumelt das Für-sich-sein von einer Haltung in die andere, um überall sein eigenes Scheitern zu erfahren. Dies ist der ontologische Hintergrund des berühmt gewordenen, schon zitierten Satzes: „Die Hölle, das sind die anderen."

Daraus wird deutlich, daß es nach Sartre keine gelingende Sozietät, keine glückende zwischenmenschliche Beziehung geben kann. Der Konflikt bleibt nach Sartre das Wesen der zwischenmenschlichen Beziehung. Der mich mit seinem Blick fixierende andere bleibt jener, der, wie Sartre pathetisch formuliert, „mir die Welt gestohlen hat"[16].

Andererseits vermag aber auch der in dieser wesenhaften Konfliktsituation zu mir stehende andere keine ernsthafte Begrenzung meiner Freiheit darzustellen. Er bleibt eine Dimension meines eigenen Seins, die ich nicht zu realisieren vermag, die ich nur als Grenze im ständigen Transzendieren meiner Freiheit in Faktizität verwandle. Auch hier wird deutlich, daß die unaufhebbare Kontingenz und Absurdität dieser meiner Seinsdimension, des Für-andere-seins, nicht zu überspringen ist.

Alle diese Erwägungen zur Freiheitsproblematik stehen in einem engen Zusammenhang zu Sartres atheistischer Position. Sartres Atheismus muß als wesenhafter Bestandteil seiner Ontologie gesehen werden. Die grundsätzliche Kontingenz der menschlichen Existenz, des Seins überhaupt und damit aber auch die Kontingenz der Freiheit implizierten den ständigen Versuch, die eigene Nichtsstruktur des Für-sich-seins aufzuheben, oder, um es hegelianisch zu formulieren, von einem Für-sich-sein zu einem An-und-für-sich zu werden. Gerade dies aber erweist sich nach Sartre als grundsätzlich scheiterndes und vergebliches Unterfangen. Der grundlegende Entwurf der menschlichen Realität wäre der Versuch der Aufhebung der eigenen Nichtigkeit, der Differenz, des Über-sich-hinaus-seins: „Jede menschliche Wirklichkeit ist eine Leidenschaft, insofern sie entwirft, sich selbst zu vernichten, um das Sein zu gründen und um zugleich das An-sich zu konstituieren, das als sein eigener Grund der Kontingenz entgeht, das *Ens causa sui,* das die Religionen Gott nennen ... Aber die Idee Gottes

[15] Vgl. zur Problematik des anderen besonders P. Kampits, Sartre und die Frage nach dem Anderen. Eine sozialontologische Untersuchung, München–Wien 1975.

[16] SN 341.

ist widerspruchsvoll, und wir richten uns umsonst zugrunde; der Mensch ist eine nutzlose Leidenschaft."[17]

Hatte diese Konzeption der Freiheit mit ihrem Appell an die durch nichts zu stützende und zu rechtfertigende freie Wahl und Erfindung des eigenen Wesens für Sartre auch die volle Verantwortlichkeit für das Handeln nach sich gezogen, so ergänzt Sartre diese nicht zufällig in Nähe einer grundsätzlich anarchistischen Position stehende Perspektive auch noch durch Überlegungen, die Freiheit nur als verwirklichte Freiheit möglich erscheinen lassen. Dies geschieht im wesentlichen im Begriff des Engagements, das für Sartres Literaturtheorie ebenso bedeutsam ist wie für sein politisches Denken. Daß Sartre genötigt ist, aus dieser radikalen Freiheitstheorie eine ebenso radikale Verantwortungstheorie abzuleiten, liegt auf der Hand. Sartre geht in diesem Zusammenhang so weit, den Menschen wörtlich „das ganze Gewicht der Welt"[18] zuzusprechen. Er läßt keinerlei Entschuldigungen, keine Faktizitäten, keine Ausreden gelten, die diese Verantwortlichkeit aufheben könnten. Das Zusprechen der totalen Verantwortlichkeit, obwohl ich, wie Sartre ausdrücklich betont, nicht die Grundlage meines Seins sein kann, schließt neuerlich an die Problematik der totalen und radikal gedachten Freiheit an. Daß Sartre in diesem Zusammenhang immer wieder Angst und Verlassenheit als ontologische Bestimmtheiten erwähnt, hat nicht unerheblich dazu beigetragen, die existentialistische Grundstimmung zu verstärken, die von diesen ontologischen Analysen ausgeht. Darin enthüllt sich aber auch zugleich die einzig mögliche Weise, aus der Ontologie moralische Leitvorstellungen abzuleiten. Nur die Freiheit allein, ohne Entschuldigung, ohne Ausflüchte kann eine solche Handlungsorientierung abgeben. Darum ist auch als einzig mögliches Beurteilungskriterium für die Handlung selbst ihr befreiender Charakter anzusehen.

Sartre hat das in allen seinen Dramen, besonders in ›Die Fliegen‹ oder in ›Der Teufel und der liebe Gott‹ zu illustrieren versucht. Zugleich bedeutet dies aber auch, daß es keinerlei vorausliegenden, vorgegebenen Werthorizont für meine Entscheidung geben kann. Damit entsteht aber auch die Gefahr, daß jede konkretere Bestimmung der Tat sich selbst wieder aufhebt. Sartre verkündet völlig folgerichtig in ›Das Sein und das Nichts‹, „... daß alle menschlichen Tätigkeiten gleich viel wert sind – denn sie zielen alle darauf ab, den Menschen zu opfern, um die Ursache ihrer selbst auftauchen zu lassen – und daß grundsätzlich alle zum Scheitern verurteilt sind. Demnach läuft es auf das gleiche hinaus, ob man sich im stillen betrinkt, oder ob man die Geschicke der Völker lenkt."[19]

[17] SN 770.

[18] SN 696.

[19] SN 784 f.

Diese grundsätzliche Bejahung der Befreiung, die ja nicht in Abstinenz von jedweder Handlung stehen kann, weil Freiheit eben nur als Freiheit in Situation gedacht zu werden vermag, bildet eine der Entwicklungslinien über ›Das Sein und das Nichts‹ hinaus. Innerhalb der von Sartre in den 50er Jahren entwickelten Literaturtheorie, die hier nur ganz am Rande gestreift werden kann, hat Sartre den Begriff der «littérature engagée» geprägt, der sowohl in Hinblick auf das politische Handeln wie auch in Hinblick auf die Konkretisierung der Freiheit einige wesentliche Konzeptionen enthält. Sartre hat in seinem Aufsatz ›Was ist Literatur?‹ aus dem Jahr 1948 diese als Appell an die Freiheit verstanden und in Auseinandersetzung mit politisch-gesellschaftlichen Problemstellungen immer mehr den Akzent auf die Befreiungstat verlegt. Damit stehen wir am Ursprung seines gewundenen und vielschichtigen Weges zu einer „individuellen Praxis" im Umfeld von Geschichte und Gesellschaft. Sie ließe sich unter den zugegebenermaßen ebenfalls sehr plakativen Titel „Von der Freiheit zur Befreiung" stellen.

Die ebenso wie Sartres Freiheitskonzeption auf ontologischer Basis von vielen Spannungen und Unausgeglichenheiten gekennzeichnete Entdekkung des Feldes des Sozialen und der Geschichte hebt zwar Freiheit für Sartre in ihrer Radikalität keineswegs auf. Sie transformiert sie aber, indem sie nunmehr die Dimension der Geschichte und der Gesellschaft erschließt. Damit markiert sich in besonders augenfälliger Weise der Weg Sartres von der Philosophie zur politischen Aktion.

Hatte schon die Schrift ›Materialismus und Revolution‹ die Grundzüge einer Marx mit Sorel und einer Art revolutionären Syndikalismus verbundenen Stoßrichtung offenbar gemacht, so zeigt die ›Kritik der dialektischen Vernunft‹ von 1960 deutlich auf, daß die nunmehr entdeckte individuelle Praxis in ihrer Spannung zur geschichtlichen Totalität gesehen werden muß. Nicht bloß, daß Sartre programmatisch eine Art Integration des Existentialismus in den Marxismus vornimmt, den er nun die „unüberholbare Philosophie der Zeit" nennt,[20] – er versucht auch umgekehrt die Singularität des Universellen gegenüber der Universalität des Singulären festzuhalten. In diesem Zusammenhang kann nur herausgearbeitet werden, welche Konsequenzen sich dadurch für die Problematik der Freiheit ergeben.

In der ›Kritik der dialektischen Vernunft‹ wandelt sich die Kategorie der Existenz zunehmend zur Kategorie der Praxis. Die nunmehr nicht bloß auf die Veränderung im Sinne der Eigenveränderung der Individualität angelegte Handlung, sondern auf eine Veränderung der Welt zielende menschliche Tätigkeit, in der der Revolutionär nunmehr an die Stelle des um sich selbst und seine individuellen Entwürfe kreisenden Bewußtseins

[20] J.-P. Sartre, Marxismus und Existentialismus, 27 (vgl. Kurzbibliographie).

tritt, muß sich damit dem Insgesamt der sozioökonomischen Bedingungen stellen. Sartres grundsätzliche Bejahung des Marxismus entdeckt freilich auch eine Reihe von Defiziten innerhalb des marxistischen Konzeptes, wobei in erster Linie das Problem der Individualität, nun als individuelle Praxis, als zentral erachtet wird. Das im orthodoxen Marxismus gewissermaßen versteinerte Verhältnis von Theorie und Praxis soll durch Aufnahme einiger existentialistischer Momente aufgebrochen und verändert werden. Dazu entwickelt Sartre eine „regressiv-progressive Methode", die den Weg von der Individualität der jeweiligen Einzelpraxis zur Totalität der Geschichte nachzukonstruieren versucht. Dabei werden die Bedingungen der menschlichen Existenz und ihrer Freiheit zu einer Art Logik der „schöpferischen Aktion" verschmolzen. Zusammengefaßt könnte man den von Sartre im übrigen gutgeheißenen Satz von Marx „... daß die Umstände den Menschen ebenso machen, wie der Mensch die Umstände" durch die Formel Sartres ergänzen, „... daß der Mensch immer aus dem etwas machen kann, was man aus ihm gemacht hat"[21].

Der Versuch, Freiheit unter Bedachtnahme auf die Bedingungen, die die individuelle Praxis vorfindet, nunmehr als konkrete Freiheit zu erweisen, führt auch zu einer veränderten Form der Rolle der Beziehung zum anderen: Auch hier bleibt wohl die Entfremdung, nunmehr in den Strukturen von Serialität, Gruppe, Klasse und ähnlichem entscheidend. Es ist aber typisch für Sartre, daß letztlich die einzige Form gelingender Gemeinsamkeit in der sich spontan konstituierenden Gruppe zu suchen ist, die auf unvorhergesehene, kontingente, uninstitutionalisierte Weise die Freiheit der Praxis des Einzelnen zugleich auch als allgemeine Freiheit ausweist. Die dabei von Sartre beschriebene «groupe en fusion», die sich sozusagen von Situation zu Situation zu einer Einheit verschmilzt, gerät sofort wieder zur Entfremdung, wenn sie nach Stabilisation dieser Spontaneität verlangt. Das von Sartre dabei beschriebene Kollektiv, in dem die Leitungsfunktion an eine herrschende Person oder Gruppe vergeben werden muß, bedeutet neuerlich eine objektivierende Entfremdung der sich spontan konstituiert habenden praktischen Freiheit.

Um die Freiheit zu bewahren, gilt daher eigentlich das Gesetz einer spontanen und permanenten Revolte, die, sobald sie institutionalisiert wird, sich wieder in entfremdete Freiheiten einzelner Praxen auflöst. Das Ideal, das der Gruppenbildung innewohnen sollte, wäre eine organische Einheit der Praxis, die allerdings immer wieder in die Unüberwindlichkeit des Konfliktes des Individuellen mit dem Gemeinsamen führt. Die unaufgelöste Spannung zwischen einzelnem und Gemeinschaft, zwischen individueller Freiheit und deren Zusammenspiel mit der Freiheit des anderen ist letzt-

[21] J.-P. Sartre, Kritik der dialektischen Vernunft (vgl. Kurzbibliographie).

lich nicht nur Grund der Begeisterung Sartres für die 68er Bewegung, die ihn im übrigen herzlich wenig ernst nahm, sondern auch Zeichen dafür, daß der von Sartre nahezu als notwendig in den Marxismus hineingeführte Denkweg sich als problematisch herausstellte.

Sartres Versuch in seiner nahezu monströsen Flaubert-Studie ›Der Idiot der Familie‹, die regressiv-progressive Methode an einem Fallbeispiel sichtbar zu machen und damit die individuelle Praxis neuerlich dialektisch mit dem Horizont des Allgemeinen zu verbinden oder, um es präziser mit ihm selbst auszudrücken, „das einzelne Allgemeine: Mensch" im Insgesamt seiner Bezüge darzustellen, ist im Grunde genommen nur eine Fortsetzung des bisherigen Planes, Freiheit im Horizont individueller Praxis aufscheinen zu lassen. Sartres detaillierte und erstaunliche Methodenvielfalt, die er in dieser Studie zur Anwendung bringt, muß freilich im gegebenen Zusammenhang beiseite gelassen werden.

Wie auch immer – Sartre schien, will man vornehmlich den letzten autobiographischen Äußerungen folgen,[22] seine Frühposition dabei wieder wenn auch modifiziert und differenziert aufzugreifen. Sartres Bemühen um ein ontologisches Auslegen der menschlichen Freiheit mit allen existentiellen Folgen und Ansprüchen bedeutet das Affirmieren einer Position, der es wie selten sonst im 20. Jahrhundert philosophisch und literarisch um den Menschen, seine Möglichkeiten und seine Grenzen zu tun ist.

Es wäre darum zu gering angesetzt, wollte man Sartres Freiheitsphilosophie einfach als antibürgerlichen, in gewisser Nähe zu anarchistischen Positionen liegenden Individualismus bestimmen, der sich dann, sich selbst durchschauend, in der Folge auf eine Konkretisierung eines abstrakt-theoretischen Prozesses verlegt hat. Sartres Denken ist über alle zeitgebundenen Entwicklungen und Ansätze hinaus zweifellos ein Versuch, die Strukturen, Möglichkeiten und Grenzen der menschlichen Freiheit philosophisch auszudrücken. Die Tatsache, daß Sartre die Freiheit in den Mittelpunkt seines Denkens rückt, stellt sein Philosophieren sicherlich auch in eine Tradition des neuzeitlichen Denkens, deren Stationen über Descartes und die Aufklärung zum Idealismus des 19. Jahrhunderts und dessen Überwindung führten.

Damit ist die Frage, ob das Denken Sartres noch zeitgemäß sei angesichts einer Situation, in der Metaphysik und Ontologie im Denken der Postmoderne eine freilich verwandelte Auferstehung feiern, sicher nicht beantwortet. Es ist auch nicht einfach, über Aktualität oder Überholtheit einer derartigen Denkposition entscheiden zu wollen. Denn Sartres Denken ist in seiner Kompromißlosigkeit auch dann schwer einzuordnen, wenn

[22] Vgl. dazu vor allem: Sartre über Sartre. Autobiographische Schriften, hrsg. v. T. König, Bd. 2, Reinbek 1977.

man Kategorien wie Existentialismus, individueller Marxismus oder dergleichen in Anschlag bringt. Der Ontologe Sartre, der Dialektiker Sartre oder auch der sich einer allgemein humanwissenschaftlich-integrativen Analyse verschreibende Sartre lassen sich aber sehr wohl in einem philosophischen Anspruch zusammenfassen, der auch dem Intellektuellen Sartre und seiner ständigen, manchmal zu Kopfschütteln Anlaß gebenden Bereitschaft zum politischen Engagement entspricht. Sartre hat nicht nur versucht, einer Grundstimmung des 20. Jahrhunderts und der trotz fortschreitender wissenschaftlicher Weltbeherrschung und sich ausbreitender Beförderung menschlicher Ansprüche und Bedürfnisse entstehenden Krisensituation zu antworten, indem er den Menschen auf seine ureigenen Möglichkeiten in einer Welt, die den Halt im Transzendenten verloren hat, aufmerksam machte. Darüber hinaus will er einem philosophischen Nachdenken in jener Dimension Wege weisen, die sich allen historischen Wandlungen zum Trotz als wesentlich herausstellte: ob dies nun sein Appell an den Humanismus, an die Freiheit, seine Ermunterung zum Wert des Individuellen oder seine Konsequenz aus dem bei ihm nicht bloße Phrase bleibenden Tod Gottes gewesen ist. Vielleicht läßt sich Einheit und Wandlung im Werk Sartres am besten durch zwei Stellen aus seinen Werken verdeutlichen, die eine Schaffensperiode von beinahe 40 Jahren umfassen. In seinem 1942 geschriebenen Theaterstück ›Die Fliegen‹ läßt Sartre Jupiter zu Ägist sagen: „Das ist das schmerzliche Geheimnis der Götter und der Könige, daß nämlich die Menschen frei sind. Wenn erst einmal die Freiheit in einer Menschenseele aufgebrochen ist, vermögen die Götter nichts mehr gegen diesen Menschen. Denn das ist eine Sache der Menschen ...“[23] Und in einem Interview aus dem Jahr 1975 formulierte Sartre: „Entweder geht der Mensch unter – dann wird man nur sagen können: in den zwanzigtausend Jahren, seit es Menschen gibt, haben einige vergeblich versucht, den Menschen zu erschaffen –, oder die Revolution gelingt und erschafft den Menschen, indem sie die Freiheit verwirklicht.“[24]

Diese Selbstschöpfung des Menschen bleibt jene Utopie, zu der Sartre aufgebrochen war und deren Scheitern nicht allein die Widersprüche und Spannungen seines Werkes aufdeckt, sondern auch zeigt, bis zu welchen Grenzen ein Werk vorangetrieben werden kann.

[23] J.-P. Sartre, Die Fliegen, übers. v. B. Baerlocher, Reinbek 1961, 47f.

[24] Sartre über Sartre, ebd. 241.

Kurzbibliographie Sartre

La transcendance de l'Ego (1936/37), Paris 1965
Die Transzendenz des Ego. Philosophische Essays 1931–1939, hrsg. v. B. Schuppener, übers. v. U. Aumüller u. a., Reinbek 1982.
L'être et le néant. Essai d'ontologie phénoménologique, Paris 1943
Das Sein und das Nichts. Versuch einer phänomenologischen Ontologie, übers. v. J. Streller, Reinbek 1962 (Sigel: SN).
L'existentialisme est un humanisme, Paris 1946
Ist der Existentialismus ein Humanismus? Übers. v. H. Schmitt, in: Drei Essays, Frankfurt a. M. 1981.
Critique de la raison dialectique (précédé de Question de méthode), Bd. I, Paris 1966
Marxismus und Existentialismus. Versuch einer Methodik, übers. v. H. Schmitt, Reinbek 1964 (rde 196)
Kritik der dialektischen Vernunft, Bd. I, übers. v. T. König, Reinbek 1967.
L'idiot de la famille. Gustave Flaubert de 1821 à 1857, 3 Bde., Paris 1971/72
Der Idiot der Familie. Gustave Flaubert 1821–1857, 5 Bde., übers. v. T. König, Reinbek 1977–1980.

ERNST BLOCH

Suche nach uns selbst ins Utopische

Von Wolfdietrich Schmied-Kowarzik

1. Vorklärung

In meinem Versuch, Ernst Bloch vorzustellen, möchte ich mich auf Blochs Erstlingswerk ›Geist der Utopie‹ (1918) konzentrieren, da hierin die Motive seines Philosophierens, die er in seinen späteren Werken gesondert verfolgt hat, im Keime versammelt sind. Lediglich in einem Ausblick werde ich danach die Linienführung seiner späteren systematischen Werke der Philosophie zu skizzieren versuchen.

Wer es unternimmt, die Philosophie Ernst Blochs und dies sogar noch am Frühwerk ›Geist der Utopie‹ einführend darzustellen, sieht sich zunächst der Vorfrage konfrontiert, ob Ernst Bloch überhaupt ein Philosoph sei – gar ein großer; und wenn ja, mit welcher Art von Philosophie wir es hier zu tun haben. Nun müssen wir natürlich immer gleich zurückfragen, wer uns denn zur Klärung solch einer Vorfrage zwingt.

Kommt sie aus dem Lager der „Analytischen Philosophie", so sollten wir sie getrost ignorieren, denn nach den Kriterien der „Analytischen Philosophie" verfällt alle große deutsche Philosophie – von Hegel bis Heidegger – dem *Sinnlosigkeitsverdacht* – und ganz sicher ist Bloch ein *erzdeutscher* Denker und Autor. Aber auch innerhalb unserer Tradition gibt es Randgestalten, um deren Noch-Zugehörigkeit zur Philosophie immer wieder gestritten wird. Das berühmteste Beispiel ist wohl *Friedrich Nietzsche.* Ist Nietzsche ein Philosoph oder ist er ein genialer, kulturkritischer Schriftsteller? Ähnliche Zuordnungsfragen wurden auch Bloch gegenüber gestellt. Sie kommen nicht von irgendwoher, sondern u. a. von zwei Vertrauten, gar Freunden von Ernst Bloch: Georg Lukács und Theodor W. Adorno.

Danach gefragt, ob er Ernst Bloch, seinen Jugendfreund, für einen marxistischen Philosophen halte, antwortet Georg Lukács: Ernst Bloch sei überhaupt kein Marxist, aber ein aufrechter linker Sozialist, für den er daher große Achtung habe, und er sei auch kein Philosoph, sondern – nun wörtlich –: „Die andere Seite ist, daß ich Bloch für einen der geistvollsten Schriftsteller halte, die ich überhaupt kenne. Wenn ich sagen dürfte: es ist ein merkwürdiger Stil, eine Mischung aus Hebels ›Schatzkästlein‹ und Hegels ›Phänomenologie‹. Und das ist in der Geschichte der deutschen Prosa etwas ganz Einmaliges ...“[1]

Ganz ähnlich schätzt der Duzfreund Teddy (Theodor W. Adorno) Bloch als einen großen und gedankentiefen expressionistischen Schriftsteller ein. Adornos wenige schriftliche Bemerkungen zu Bloch finden sich daher auch in den ›Noten zur Literatur‹.[2] Als philosophischen Denker hat er seinen Duzfreund Ernst nie ernst genommen.

Doch gehen wir noch einen Schritt weiter in eine andere Richtung: In der heute von Frankreich her inzwischen auch bei uns stark sich ausbreitenden neuen Denkbewegung der *Postmoderne* wird bekanntlich alle argumentierende Philosophie, als der unheilvollen abendländischen Rationalität verpflichtet, literarisch dekonstruiert und verworfen. Bezeichnenderweise werden davon die Romantik (Novalis), Friedrich Nietzsche und Ernst Bloch ausgenommen und als Ahnväter des postmodernen Denkens gefeiert.

Ich führe dies alles an, um zu zeigen, daß wir in Ernst Bloch den für den deutschen Sprachraum ganz seltenen Fall eines Denkers vor uns haben, der *auch* Schriftsteller ist.

Die literarische Gattung, in der es Ernst Bloch zu schriftstellerischer Meisterschaft bringt, ist – ebenfalls selten in Deutschland – der Essay (man denke an Michel de Montaigne, Thomas De Quincey, Jorge Luis Borges als Meister des denkerischen Essays). Bei Bloch ist es sowohl der fast auf einen Aphorismus verdichtete Essay – so beispielsweise in seinem wohl bedeutendsten literarischen Werk ›Spuren‹ – als auch der systematisch breit entfaltete Essay – so beispielsweise in seinem philosophischen Hauptwerk ›Das Prinzip Hoffnung‹, dessen drei Bände man einen gigantischen Essay, zusammengefügt aus Essays zum Thema „Träume von einem besseren Leben“, nennen könnte.

Aber solche Würdigung Blochs als Schriftsteller darf nicht übersehen, daß es Bloch in seinen Werken um die philosophische Aussage geht, d. h. um das Erfassen des Allgemeinen unseres Menschseins und nicht, wie in Prosa und Poesie, um die Darstellung des je Konkreteinzelnen. Und doch muß hier genauer unterschieden werden: Es gibt auch andere Philosophen, die sich um eine literarisch verdichtete Sprache bemüht haben, wie Heidegger und Adorno, aber ihnen geht es – wie unterschiedlich auch immer – darum, für den philosophischen Gedanken das rechte Wort, die angemessene Satzbewegung zu finden. Ganz anders in Blochs Essays: Hier diktiert nicht der Gedanke die sprachliche Gestaltung, vielmehr steht die sprachli-

[1] Zitiert nach E. Bloch, Tendenz – Latenz – Utopie, Ergänzungsband der Werkausgabe, Frankfurt a. M. 1978, 374.

[2] Th. W. Adorno, Noten zur Literatur, 3 Bde., Frankfurt a. M. 1957 ff.

che Gestaltung eines Bildes, eines Erlebnisses, einer Geschichte im Vordergrund, und nur durch sie hindurch kommt der philosophische Gedanke zum Vorschein. Zwei Beispiele aus den ›Spuren‹ mögen dies verdeutlichen, zum einen die aphoristische Geschichte „Die Arme“ und zum zweiten die von Bloch selbst vorgestellte Methode essayistischen Denkens in „Das Merke“:

Was tun Sie? fragte ich. Ich spare Licht, sagte die arme Frau. Sie saß in der dunklen Küche, schon lange. Das war immerhin leichter als Essen zu sparen. Da es nicht für alle reicht, springen die Armen ein. Sie sind für die Herren tätig, auch wenn sie ruhen und verlassen sind.[3]

Immer mehr kommt unter uns daneben auf. Man achte gerade auf kleine Dinge, gehe ihnen nach.
Was leicht und seltsam ist, führt oft am weitesten. Man hört etwa eine Geschichte, wie die [Arme] ...
Kurz, es ist gut, auch fabelnd zu denken. Denn so vieles eben wird nicht mit sich fertig, wenn es vorfällt, auch wo es schön berichtet wird. Sondern ganz seltsam geht mehr darin um ... Geschichten dieser Art werden nicht nur erzählt, sondern man zählt auch, was es darin geschlagen hat oder horcht auf: was ging da. Aus Begebenheiten kommt da ein Merke ... nimmt kleine Vorfälle als Spuren und Beispiele ... Manches läßt sich nur in solchen Geschichten fassen, nicht im breiteren, höheren Stil, oder dann nicht so. Wie einige dieser Dinge auffielen, wird hier nun weiter zu erzählen und zu merken versucht; liebhaberhaft, im Erzählen merkend, im Merken das Erzählte meinend. Es sind kleine Züge und andre aus dem Leben, die man nicht vergessen hat ... Es ist ein Spurenlesen kreuz und quer, in Abschnitten, die nur den Rahmen aufteilen. Denn schließlich ist alles, was einem begegnet und auffällt, dasselbe.[4]

Diese Art, sich erzählend über das Konkreteinzelne dem Allgemeinen von Problemen anzunähern, durchherrscht das gesamte Werk von Bloch, nicht nur seine dominant literarischen Texte, sondern auch seine systematischen Arbeiten, bis hin zu seiner großen Auseinandersetzung mit Hegel in ›Subjekt – Objekt‹. Immer sind es daher problemerschließende Fragen, um die sein Denken ringt, und nicht erkenntnissichernde Antworten.

Hierin liegt sicherlich Blochs Stärke als philosophischer Denker, denn in der Philosophie kommt es – wie ich meine – überhaupt mehr auf das Erschließen von Problemhorizonten und das Aufbrechen neuer Fragedimensionen an als auf die rationalen Begriffsfixierungen und Gedankenabteilungen, die eher Probleme verstellen und Fragen abtöten, anstatt sie in uns lebendig werden zu lassen.

Und doch liegt hierin auch die Grenze der Blochschen Philosophie, denn so wie sie es versteht, in die Tiefen metaphysischen Fragens einzudringen,

[3] E. Bloch, Spuren (1930), Frankfurt a. M. 1969, 23.
[4] Ebd., 16f.

so sehr versagt und entzieht sie sich doch streng philosophischem Argumentieren. Wenig Beachtung schenkt Bloch der philosophischen Problembegründung und Beweisführung; grübelnd und erzählend versucht er, tiefer als diese vorzudringen, Fragen aufzuspüren und zum Vorschein zu bringen. Daher bleibt sein Denken Aufweis und Behauptung.

All das macht nun aber auch die Schwierigkeit aus, die Philosophie Blochs in knappem Umriß vorzustellen. Ich möchte es hier dadurch versuchen, daß ich das Leitmotiv seines Denkens aus seiner frühesten Schrift ins Zentrum rücke, dabei möglichst viel Bloch selbst zu Wort kommen lasse und gleichsam nur erläuternd und kommentierend den Rahmen abstecke sowie ausblickhaft das Fortwirken dieses Leitgedankens im weiteren Gesamtwerk andeute und mit einigen kritischen Anmerkungen abschließe.

2. Gestalten der Selbstbegegnung

Man hat ›Geist der Utopie‹ ein expressionistisches Werk genannt und Blochs Denken überhaupt dem Expressionismus zugeordnet. Dies ist auf den Stil von ›Geist der Utopie‹ und einige spätere Schriften bezogen sicherlich richtig, aber philosophiegeschichtlich ist dies keine sehr sinnvolle Zuordnung. Vielmehr gehört Ernst Bloch zu dem bis heute noch sehr unzureichend erforschten Umfeld frühexistentialistischen Denkens, das aus der Betroffenheit über den Wahnsinn des Ersten Weltkriegs erwächst – ähnlich wie der spätere Existentialismus von Sartre und Camus aus der Erschütterung über die zweite europäische Katastrophe hervorgeht. Der entschiedene Pazifist Ernst Bloch schreibt ›Geist der Utopie‹ während der Kriegsjahre 1915 bis 1917. Aber es ist kein Buch, das mit dem Grauen der ersten europäischen Katastrophe in unserem Jahrhundert abrechnet, ja, es ist erstaunlich abgehoben und ferngerückt vom Gemetzel auf den Schlachtfeldern, vom Getöse der Artillerieduelle und dem würgenden Gastod. ›Geist der Utopie‹ ist allein auf eine Frage gerichtet: die existentielle Selbstfindung, die Findung des Standortes, von dem wieder erneut begonnen werden kann, zu den großen Hoffnungen der Menschheit aufzubrechen, wenn der herrschende Wahnsinn erst einmal vorbei ist. So stellt Bloch seinem Buch 1918 nach dem Ausbluten des Krieges die „Absicht“ voran:

Wie nun?
Es ist genug. Nun haben wir zu beginnen. In unsere Hände ist das Leben gegeben. Für sich selber ist es längst schon leer geworden. Es taumelt sinnlos hin und her, aber wir stehen fest, und so wollen wir ihm seine Faust und seine Ziele werden.
Was jetzt war, wird wahrscheinlich bald vergessen sein. Nur eine leere, grausige Erinnerung bleibt in der Luft stehen. Wer wurde verteidigt? Die Faulen, die Elen-

den, die Wucherer wurden verteidigt. Was jung war, mußte fallen, aber die Erbärmlichen sind gerettet und sitzen in der warmen Stube...
Und dieses allein ist wichtig... Wir haben Sehnsucht und kurzes Wissen, aber wenig Tat und was deren Fehlen mit erklärt, keine Weite, keine Aussicht, keine Enden, keine innere Schwelle, geahnt überschritten, keinen utopisch prinzipiellen Begriff. Diesen zu finden, das Rechte zu finden, um dessentwillen es sich ziemt, zu leben, organisiert zu sein, Zeit zu haben, dazu gehen wir, hauen wir die phantastisch konstitutiven Wege, rufen was nicht ist, bauen ins Blaue hinein, bauen uns ins Blaue hinein und suchen dort das Wahre, Wirkliche, wo das bloß Tatsächliche verschwindet – incipit vita nova.[5]

Im Buch selbst steht die existentiell gefaßte „Selbstbegegnung" – wie der Hauptteil betitelt ist – im Zentrum der Überlegungen: die Selbstbegegnung des Menschen durch die bildende Kunst („Erzeugung des Ornaments"), die Selbstbegegnung des Menschen in der Musik („Philosophie der Musik") und schließlich die philosophische Selbstbegegnung im Kapitel „Die Gestalt der unkonstruierbaren Frage". Daran knüpft sich dann das Abschlußkapitel „Karl Marx, der Tod und die Apokalypse" an, auf das ich noch ausführlich eingehen werde. Zunächst aber sei mit einigen Erläuterungen und Textauszügen knapp die Grundproblematik des existentiellen Ausgangspunktes philosophischer Selbstbegegnung umrissen.

Um auf die Thematik der unkonstruierbaren absoluten Frage, die wir uns selbst sind, einzustimmen, möchte ich ein Schelling-Zitat vorausschikken, auf das sich Bloch – ähnlich wie Heidegger – immer wieder berufen hat; Schelling schreibt:

Weit entfernt also, daß der Mensch und sein Tun die Welt begreiflich mache, ist er selbst das Unbegreiflichste ... Gerade Er, der Mensch, treibt mich zur letzten verzweiflungsvollen Frage: warum ist überhaupt etwas? Warum ist nicht nichts?[6]

Genau um diese erste und letzte aller Fragen geht es, sie bricht an uns selber auf, umgreift aber in unserer Selbstsuche den Sinnhorizont des gesamten Kosmos, und sie ist letztlich nie abschließend beantwortbar. In der zweiten Auflage von ›Geist der Utopie‹ (1923) fügt Bloch, seinen Grundgedanken unterstreichend. noch ein Unterkapitel ein: „Zur Metaphysik unseres Dunkels, Nicht-mehr-Bewußten, Noch-nicht-Bewußten, unkonstruierbaren Wirproblems" – ich zitiere hier aus der zweiten Auflage:

Ich bin an mir.
Damit ist auch zuletzt zu beginnen... Das ist wenig genug und fast alles fliegt dabei mit. Selbst das, was gut ist, weil der Mensch gleich unentschieden im Matten liegt und nichts zur Farbe kommt. Nur das Letzte ist klar: daß wir wenig zueinander sind, ahnungslos am Anderen vorübergehen können...

[5] E. Bloch, Geist der Utopie (1918), Frankfurt a. M. 1971, 9.
[6] F. W. J. Schelling, Sämtliche Werke, Stuttgart/Augsburg 1856, Bd. XIII, 7.

Damit jedoch sieht sich noch tiefer das Matte aufgescheucht. Denn wer bin ich, daß ich schaffen kann? Bin ich so viel wert oder bin ich so sehr geliebt? Es ist nicht überall zu verspüren, tief sinkt die innere Kälte unter das Maß. Woher sonst mag das stammen, was ich kann, nachdem man in sich nichts entdeckt, das dem genugtut? ...
Die Menschen sinken dieser Art in sich zusammen, ohne Weg, ohne Ziel über die Tage hinaus. Sie verlieren ihr eigentlich menschliches Wachsein, Gehaltsein, Dasein, werden ihres Pols, ihres übergreifenden Zielbewußtseins verlustig ... [Aber] regte sich mithin unter dem verschleierten Leben unter dem Nihilismus dieser Neuzeit nicht zugleich eine sittlich und phantastisch ungekannte Kraft, der gerade deshalb Schreck und Hindernis ohne Zahl über den Weg fallen ... Nur dieser denkende Wunschtraum schafft Wirkliches, tief in sich hineinhörend, bis der Blick gelungen ist ... Das Leben geht um uns und weiß nicht, wohin es geht, nur wir selbst sind noch Hebel und Motor, es stockt der äußere und erst recht der offenbarte Sinn: aber der neue Gedanke bricht endlich hinaus, in die vollen Abenteuer, in die offene, unfertige, träumende Welt, in die Verschüttungen und Finsternisse Satans, der Abriegelung selber.[7]

In diesen Sätzen (Textfragmenten) ist das gesamte Werk Blochs im Grundgedanken versammelt. Alles, was Bloch geschrieben hat, ist der Versuch, diesen einen Grundgedanken tiefer zu fassen und breiter auszulegen. Aphoristisch noch mehr verdichtet hat Bloch diesen Grundgedanken in den bekannten und viel zitierten drei Sätzen ausgesprochen: „Ich bin. Aber ich habe mich nicht. Darum werden wir erst." Den drei Sätzen gemäß liegen hier drei Gedankenkomplexe vor:

1. Es gibt keinen anderen Anfang für unser Philosophieren, unsere Sinnsuche nach uns und für uns selbst, als bei dieser unmittelbarsten Selbstbegegnung: „Ich bin an mir." Staunend finden wir uns immer schon in dieser Selbst- und Existenzgewißheit vor. In ihr setzt alles Philosophieren an – *aber* –

2. „Aber ich habe mich nicht" – ja mehr noch: Ich vermag mich in jenem „Ich an mir" niemals ganz zu erfassen. Ich bleibe mir unkonstruierbare Frage: „Wer bin ich? Woher komme ich? Wohin gehe ich?"

Bloch hat die Unkonstruierbarkeit der absoluten Frage, die wir uns selbst sind, auch in der berühmt gewordenen Formel des „Dunkel des gerade gelebten Augenblicks" umschrieben. Wir leben, ich bin, aber gerade diese Unmittelbarkeit des Lebens, des Bin, das uns trägt, aus dem alles hervorquillt, ist weder erfahrend noch begreifend einholbar.

Nun ist von diesem bedrängenden Erleben des Nicht-Habens her eine zweifache Bewegung der Selbstsuche möglich: Die erste richtet sich reflexiv auf uns zurück: Wo immer wir uns *er*leben, sind wir schon nicht mehr der gerade *ge*lebte Augenblick, sondern halten erinnernd eine Erfahrung

[7] GdU 209–216 (vgl. Kurzbibliographie).

oder noch abgeleiteter einen Begriff von uns fest, der wir doch nicht sind und der schon gar nicht das Bin, den dunkel gelebten Augenblick zu fassen vermag, der mit uns schon längst weiterpulsiert. Wir sind niemals die erlebbare oder begriffene Einheit von Subjekt und Objekt. Und doch sind wir aus der Einheit des gelebten Bin, von dem wir sagen können, *daß* wir es sind, aber dessen „*was*" wir niemals abschließend konstruieren können. Wir sind uns im Dunkel des gelebten Augenblicks unseres Bin verborgen.

Alle begreifen-wollende Philosophie ist der zwangsläufig vergebliche Versuch, reflexiv das Dunkel des gelebten Augenblicks gedanklich einzufangen, das Bin, das wir lebendig pulsierend sind, in einem Begriff festhalten zu wollen. Aber diese Versuche, uns begrifflich konstruieren zu wollen, müssen mißlingen, da ihnen gerade das entgleitet, was sie zu fassen versuchen: das lebendig pulsierende Bin unseres Existierens.

Aber auf eine ganz andere Weise ist es dann plötzlich doch und ganz da: Ein Augenblick, ein Ruf, beglückende Freude, tiefster Schmerz dringen blitzhaft bis in unser Innerstes des gelebten Augenblicks vor. In sehr poetischen Worten – die stark an Marcel Prousts zur selben Zeit entstandene ›Suche nach der verlorenen Zeit‹ erinnern – beschreibt Bloch dieses Ereignis in uns:

Ein Tropfen fällt und es ist da; eine Hütte, das Kind weint, eine alte Frau in der Hütte, draußen Wind, Heide, Herbstabende, und es ist wieder da, genau so, dasselbe; oder wir lesen, wie sich Dimitri Karamasow im Traum verwundert, daß der Bauer immer 'Kindichen' sagt, und wir ahnen, hier wäre es zu finden; 'die Ratte, die raschle, so lange sie mag! Ja wenn sie ein Bröselein hätte!', und wir fühlen, bei diesem kleinen, schnöden sonderbaren Vers aus Goethes Hochzeitslied, in dieser Richtung liegt das Unsagbare, das, was der Knabe liegen ließ als er aus dem Berg herauskam, 'vergiß das Beste nicht!' hatte der Alte zu ihm gesagt, aber noch keiner konnte dieses Unscheinbare, tief Versteckte, Ungeheure jemals im Begriff entdecken.[8]

Bisher haben wir nur die eine Bewegung verfolgt, den erinnernden, den reflexiven Versuch in der Rückwendung auf uns selbst, uns zu finden. Und wir haben gesehen, daß gerade die rationale, begreifenwollende Philosophie, die diese reflexive Rückwärtsbewegung zu vollziehen versucht, von grundsätzlicher Vergeblichkeit gezeichnet ist, falls sie nicht selbst zur Einsicht in die Unkonstruierbarkeit der Frage vordringt – die großen Philosophen von Platon bis Schelling wußten davon. Wo Platon zu seinen letzten und höchsten Gedanken vordringt, spricht er in Bildern, Gleichnissen und Mythen, da hier die Rationalität versagt. Doch auch Bilder, auch Melodien, auch Poesie können nicht die absolute Frage, die wir uns sind, konstruieren, wohl aber vermögen sie dichter heranzuführen an das, was wir suchen.

3. Aber all dies ist – wie gesagt – nur die eine Bewegung der Selbstfin-

[8] GdU 243.

dung, reflexiv zurück ins Nicht-mehr-Bewußte. Das eigentliche Interesse Blochs gilt der zweiten Bewegung auf das Noch-nicht-Bewußte: „Darum werden wir erst." Hier liegt die ureigenste Entdeckung Blochs: die utopisch und hoffend ausgreifende Wendung auf das Noch-Nicht des Künftigen voraus.

So öffnet sich überall dort, wo neues Leben beginnt, jenes offene Fragen, Schäumen, verhüllte Enthüllen als der Erwartungszustand des Heraufkommens überhaupt ... Vor allem in Tagen der Erwartung, wo das Kommende selber ins Jetzt einrückt, in der Gewalt des Glücks, am stärksten in der Musik, die von Anfang bis Ende unsere seelische Existenz zum Ziel hat und ihr das Wort gebären will ... Vor allem aber in der schöpferischen Arbeit selber wird jene eindrucksvolle Grenze zum noch nicht Bewußten deutlich überschritten. Ein Dämmern, ein inneres Hellwerden, Mühe, Dunkel, krachendes Eis, ein Aufwachen, sich annäherndes Vernehmen, ein Zustand und Begriff, bereit, dem Dunkel des gelebten Augenblicks, dem namenlosen apriorischen Brauen in uns, an uns, vor uns her, im gesamten in Existenz-Sein an sich selbst, endlich das scharfe identische Licht zu entzünden, die Pforte des sich selbst Entgegenblickens zu eröffnen.[9]

In dieser „proflexiven" Wendung – wie Franz Fischer[10] dies später genannt hat –, die sich ausgreifend in die noch unbekannte Zukunft vorauswagt, haben wir neue, ganz andere Chancen, uns selbst zu begegnen. Denn wir dürfen nicht vergessen, es geht hier immer noch um die Frage der Selbstfindung, der Sinnfindung unserer selbst. Das ganze erste Unternehmen der Rückwärtsbesinnung hatte ja etwas Abgestandenes, Beengendes an sich, war es doch der Versuch, das zu fassen, aus dem wir immer schon sind, wobei wir allenfalls das erreichen, was wir immer schon gewesen waren. Ganz anders nun die proflexive Bewegung, sie öffnet sich den vielen Horizonten des noch Möglichen, sie atmet die frische Luft des Neuen, des Novum, sie greift aus ins Utopische.

Aber auch hier erweist sich die absolute Frage, die wir uns sind, als letztlich unkonstruierbar. Man versteht Bloch völlig falsch, wenn man meint, er wolle mit seinen Hoffnungsbildern, mit seinen Träumen von einem besseren Leben in ›Das Prinzip Hoffnung‹ uns unsere Zukunft vorschreiben, ja nicht einmal ausmalen – wie Adorno fälschlich meinte – möchte er uns die zukünftige Welt. Die Zukunft ist unkonstruierbar, sie ist prinzipiell offen. Worum es Bloch geht, ist: anzuregen, uns selbst aus den Horizonten des uns Möglichen, der uns aufgegebenen Zukunft zu finden, das Hoffen zu klären, mit dem wir immer schon nach vorne unterwegs sind. Wo wir es versäumen, unser Hoffen, die Horizonte unserer Zukunft einer gedanklichen Klärung zuzuführen, da werden wir ins Immer-Schon zurück-

[9] GdU 242 f.
[10] F. Fischer, Proflexion – Logik der Menschlichkeit, Wien 1985.

geworfen, bleiben in den bestehenden Verhältnissen, die uns fesseln und die uns auch für die Zukunft an das ewig Gleichbleibende ketten.

Zur Sinnfindung unserer selbst – so könnten wir den Grundgedanken Blochs umschreiben – gelangen wir nur, wenn wir uns den Horizonten der uns möglichen, von uns selbst mitzugestaltenden Zukunft stellen. Natürlich kann dies jeder nur für sich selbst, niemand kann dem anderen Lebens- und Handlungshorizonte vorschreiben wollen. Auch hierin bleibt die absolute Frage, die wir uns sind, unkonstruierbar. Wohl aber ist es sinnvoll, ja notwendig, daß sich die Philosophie klärend dieser Sinnhorizonte menschlichen Lebens und Strebens annimmt.

Ein letztes sei hier noch angemerkt: Im Dreisatz „Ich bin. Aber ich habe mich nicht. Darum werden wir erst" wechselt Bloch anscheinend unbegründet das Subjekt von „ich" auf „wir". Ich habe keine Stelle gefunden, wo er dies ausdrücklich erläutern würde, aber er hält diesen Wechsel sehr konsequent durch. Dabei kommt – wie mir scheint – etwas sehr Wichtiges zum Vorschein, dem man noch näher nachgehen sollte: Dort wo wir Zukunft antizipieren, und zwar nicht nur wo es um Praxis, gar sittliche Praxis geht, sondern wo grundsätzlich das Noch-Nicht zum Problem wird, drängt sich uns ein Wir-Horizont geradezu auf. Die Reflexion wirft uns auf unser je eigenes Ich zurück, die Proflexion (Franz Fischer) öffnet sich dem Wir als Horizont unseres Handelns:

> Nur wir also treiben uns auch nach oben hin allein hindurch.
> Was wir sind, wissen wir nicht, wir sind noch unruhig und leer und wie uns selber versteckt gehalten. Derart auch sind nur wir selbst, das Viele, und nicht etwa die Welt oder Gott von Anfang an gegeben. Aber erst gegen das Kommende hin wird zu erkennen sein, was wir suchten oder 'waren', bevor wir in die zeitlichen Bewegungen eingingen . . ., denn der Anfang wird tatsächlich erst mit dem Ende fertig geschehen sein, und es ist nicht bedenklich zu sagen, daß er rätselhaft ist; denn da wir es sind, deren Beginn rätselhaft bleibt, da mithin das uns so nahe Dunkel des gelebten Augenblicks immer noch das Anfangsrätsel, das Weltdaseinsrätsel in größter Stärke enthält, so erklärt ja gerade dieses den ganzen suchenden, das Rätsel lösenwollenden Weltprozeß der Wir-, der Dunkelverdeutlichung, des sich als Antwort gewinnenden Urproblems.[11]

3. *„Karl Marx, der Tod und die Apokalypse"*

Karl Marx steht bei Bloch seit 1918 für die praktische Umsetzung des erhofften Wir-Horizonts in der Geschichte, für die konkrete Realisierung des „Sozialistischen Gedankens". Marx hat – so betont Bloch – die schlech-

[11] GdU 285.

te Utopie des bloßen Ausmalens einer besseren Welt überwunden und den konkret-praktisch beschreitbaren Weg gewiesen, den wir zur Verwirklichung einer sozial-politischen Gesellschaftserneuerung zu gehen haben. So schreibt Bloch in der präzisierten und erweiterten zweiten Auflage von ›Geist der Utopie‹ von 1923:

Gründlich hat Marx das bloße anschlußlos abstrakte Schwärmen, das bloße Jakobinertum aus dem sozialistischen Plandenken ausgeschieden ... Derart praktisch zu sein, derart auf dem Bauhorizont des alltäglichen Lebens zu helfen und zurecht zu richten, derart gerade politisch-sozial zu sein, ist dem Gewissen kräftig nahe und eine der Utopie durchaus eingeschriebene, revolutionäre Sendung ...
Folglich also bohre sich zunächst das rechte Tun von unten her so nüchtern wie möglich in diese Dinge ein, sie zu bewegen. Daher lehrte Marx, wie nie mehr gesucht, erprobt werden dürfe als das gerade Mögliche, es handle sich jederzeit nur um den nächsten Schritt. Dem entspricht im revolutionären Akt das Kundige, daß sich hier der gedrückte Lohnarbeiter, die seinerseits berechtigte Selbstsucht vor allem benutzt und zu wichtigem Amt berufen sah ... Und gerade dieser Klasse, ihrem a priori wirtschaftsrevolutionärem Klassenkampf, übergibt Marx, in großartig paradoxer Verbindung, das Erbe aller Freiheit, den Beginn der Weltgeschichte nach der Vorgeschichte, die allererst echte Gesamtrevolution, das Ende aller Klassenkämpfe, die Befreiung vom Materialismus der Klasseninteressen überhaupt.[12]

Hier wie auch in seinen späteren Schriften geht Bloch nicht auf Marx' Lebenswerk einer „Kritik der politischen Ökonomie" mitstreitend ein, sondern behauptet es bereits für theoretisch erfüllt, dem nur noch die revolutionäre Umsetzung fehle bzw. das nur noch der weiteren schrittweisen Verwirklichung bedürfe. Ich komme darauf später noch zurück.

Was jedoch Bloch in ›Geist der Utopie‹ wesentlich klarer ausspricht als in seinen späteren Schriften, ist die kritische Eingrenzung des Marxschen Werks, das er für ergänzungsbedürftig hält. Auch wenn er später solche offenen Eingrenzungen – aus welchen Gründen auch immer – eher unterdrückt, so hat er doch seine ganze spätere Arbeit dieser Ergänzung von Marx gewidmet.

Was wirtschaftlich kommen soll, die notwendig ökonomisch-institutionelle Änderung, ist bei Marx bestimmt, aber dem neuen Menschen, dem Sprung der Kraft der Liebe und des Lichts, dem Sittlichen selber ist hier noch nicht die wünschenswerte Selbständigkeit in der endgültigen sozialen Ordnung zugewiesen ... Man kann darum sagen, daß gerade die scharfe Betonung aller (ökonomisch) determinierenden und die vorhandene, aber noch im Geheimnis bleibende Latenz aller transzendierenden Momente den Marxismus in die Nähe einer Kritik der reinen Vernunft rückt, zu der noch keine Kritik der praktischen Vernunft geschrieben worden ist ... Erst wer nicht nur von der Erde, sondern auch vom fälschlich preisgegebenen Himmel

[12] GdU 295–300.

dagegen spricht, wird das Lügenspiel der bourgeoisfeudalen Staatsideologie wirklich entzaubern können ...; – desto dringender also erhebt sich die Pflicht, Marx in den oberen Raum, in die neuen, eigentlichsten Abenteuer des freigelegten Lebens, in das Wozu seiner Sozietät einzustellen. Das ist: die allzu kupiert angehaltene Sozialkonstruktion wieder in die utopisch überlegene Liebeswelt Weitlings, Baaders, Tolstois, in die neue Mächtigkeit Dostojewskischer Menschenbegegnungen, in den Adventismus der Ketzergeschichte einzubringen ...
So nur ist das neue, das so radikal wie orthodox gewordene Leben zu verstehen, so nur mag sich die genaueste wirtschaftstheoretische Ordnung und Nüchternheit mit der politischen Mystik verbinden und von ihr aus legitimieren.[13]

Dies ist nicht nur Vorankündigung des nächsten Kapitels „Die echte Ideologie des Reichs", sondern Programmentwurf für Blochs gesamtes späteres Werk.

Das Schwellenproblem zu dieser den sozialistischen Gedanken überhöhenden metaphysischen, ja religiösen Perspektive ist das Problem des Todes, die Gewißheit des Sterbenmüssens.

Ich aber will sein. Doch was bleibt gar zuletzt für uns zurück? ... Denn wir müssen *sterben* ...
Das macht, wir haben keinen echten sozialistischen Gedanken ... Noch immer stehen wir wartend da, haben Sehnsucht und kurzes Wissen, aber wenig Tat und, was deren Fehlen mit erklärt, keine Weite, keine Aussicht, keine Enden, keine innere Schwelle, geahnt überschritten ...
Zuletzt aber freilich ... breite sich aus der vollere Strom, die Weite, die Welt der Seele, der auseinanderschlagende, hindurchschwingende Diapason des Wirproblems, die externe, kosmische Funktion der Utopie, gehalten gegen Elend, Tod und das Schalenreich der physischen Natur. In uns allein brennt noch dieses Feuer, der letzte Traum ... – in uns allein leuchtet noch das absolute Licht, ... und der phantastische Zug zu ihm beginnt ... zur kosmischen Handhabung des utopisch prinzipiellen Begriffs.[14]

Gewiß, es gibt gerade eine sozialistische Überwindung der individuellen Todesfurcht, ein Versprechen auf ein irdisches Fortleben unseres sozialpolitischen Einsatzes und Kampfes. Alle Märtyrer der Emanzipationsbewegung gaben ihr Leben hin für die Hoffnung, daß ihr Einsatz dem Sieg der Befreiungsbewegung diene, daß ihre Taten fortleben in der Freiheit der kommenden Generationen.

Aber all diese Hoffnungen auf ein irdisches Fortleben unserer Wirksamkeit sind selbst nur von kurzer Reichweite, sind selbst – wie alles Irdische – von der Vergänglichkeit bedroht.

[13] GdU 303–306.
[14] GdU 307 ff.

Lohnt es sich überhaupt, bei der erbärmlichen Kürze unseres Daseins, die Arbeit nicht nur für die Kinder und die Familie und das schon gegenwärtig überindividuell bestehende Staatsgebilde, sondern auch für all das Breitere mit zu übernehmen, das von keiner einzigen Seele jemals als Ganzes aktuell zu erfassen ist, und das nur begriffsrealistisch als Geschichte oder Menschheit oder als welche Objektivität immer besteht?[15]

Angesichts des Todes relativiert sich selbst der sozialistische Gedanke, sofern er nur auf irdische Interessen gebaut ist. Oder anders gesagt: Damit sich der sozialistische Gedanke nicht angesichts des Todes verflüchtige, müssen wir ihn in einem weiteren Sinnhorizont verankern, der auch noch der Todesproblematik standhalten kann.

Der Tod ist für Bloch die Gegenutopie schlechthin. Die Gegenmacht aller Hoffnungen, aller Sinnstiftungen. Er ist die „allerböseste, grausigste Macht ... [der] satanisch gemeinte Blitzschlag gegen alles Menschliche“[16]. Durch ihn wird alle Sinngebung menschlichen Lebens in Frage gestellt; vor allem wenn wir nicht nur den individuellen Tod, sondern die Zerstörung von Kulturen oder gar den Tod der ganzen Menschengattung mitbedenken.

Bloch hat hier den Mut, gegen alle Tabus aufklärerischer Rationalität und marxistischer Religions- und Metaphysikfeindlichkeit sich grübelnd auch den Fragen der Unsterblichkeit der Seele, d. h. dem Fortbestand der Seele nach dem Tode, und vor allem dem Wiedergeburtsgedanken zu stellen, mit dem er in ›Geist der Utopie‹ deutlich sympathisiert.

Dabei müssen wir aber aufpassen, daß wir, weil wir selber solchen Gedankengängen entwöhnt sind, nicht in Blochs Worte etwas hineinlesen, was er so nicht meint. Keineswegs behauptet er, ein Wissen von der Wiedergeburt der Seele zu haben. Vielmehr sagt er eindeutig, daß wir faktisch nur ein Wissen vom Ende im Tode haben. Schon gar nicht darf man Bloch vorwerfen, daß er hier religiöse Glaubensvorstellungen aus irgendwelchen Glaubenslehren übernehmen wolle, obwohl er natürlich verschiedene Bilder und Aussagen aus der indischen, griechischen, jüdischen und christlichen Tradition aufgreift und bespricht.

Es geht ihm hier nach wie vor um unsere Selbstbegegnung, um unsere Selbstfindung im Sinnhorizont unseres Lebens im welt-, ja kosmosgeschichtlichen Maßstab. Und gerade für diese Selbstfindung im Letzthorizont stellt der Tod die größte aller Herausforderungen dar, der wir mit dem Verweis auf unser faktisches Wissen vom Ende im Tod nicht Herr zu werden vermögen. Ist mit dem Tod alles vorbei? Endet alle Sinngebung im Tod? Oder bleibt nicht doch etwas von unserer Wirksamkeit, unserem sittlichen Einsatz über den Tod hinaus erhalten?[17]

[15] Siehe GdU 329.

[16] GdU 320.

[17] Siehe GdU 326f.

Es geht hier ausdrücklich nicht mehr um das irdische Fortwirken, die Erinnerungen an einen Menschen eine kurze Weile in den nachfolgenden Generationen, auch nicht um die langzeitlichen kulturellen Wirkungen in der Menschheitsgeschichte, sondern es geht Bloch um die Frage nach dem Fortwirken des Seelisch/Geistigen über das irdische Dasein hinaus.

Dies ist keine spiritualistische Frage, sondern – wie Bloch später gerne sagt – eine erzmaterialistische. Gerade wenn wir das Seelisch/Geistige nicht als etwas von außen uns Eingegebenes, sondern als Hervorbringung und Moment des Weltprozesses selbst begreifen, so stellt sich die Frage nach dem Verbleib des Seelisch/Geistigen nach dem Tode, nach dem Tode jedes einzelnen Individuums und nach dem Tode der ganzen Menschengattung materialistisch unausweichlich.

Ohne ein solches über den Tod ausgreifendes Fragen nach dem Sinn des kosmischen Weltprozesses behält der Tod mit seiner Sinnloserklärung das letzte Wort. Er wäre Auslöschung alles Menschlichen in einen grundsätzlich für sinnlos erklärten kosmischen Weltprozeß. Solche Infragestellung eines über den Tod hinausragenden Sinnes würde jedoch auch alle menschlich zukunftsbezogenen Sinnsetzungen prinzipiell haltlos und ziellos werden lassen, denn angesichts des letzten Umsonst des Todes verlören alle Zielhorizonte der Gerechtigkeit, Sittlichkeit und Menschlichkeit ihren Sinn und ihre Dignität.

Über das Problem des Todes und die sich ihm entgegenstellenden Hoffnungen der Unsterblichkeit der Seele und der Wiedergeburt, die Bloch in ›Geist der Utopie‹ ausführlich bespricht, ohne sie doch in bestimmter Weise zu einer Glaubenslehre zu fixieren, finden wir nun auch ein Tor zur allerletzten Frage unserer Selbstsuche im Hoffnungs- und Sinnhorizont der Zukunft. Es ist dies die Frage nach der Apokalypse, dem Endzweck des Weltendes.

In ›Geist der Utopie‹ von 1918 und 1923 stellt sich diese Frage noch nicht angesichts einer möglichen Vernichtung der irdischen Welt durch die Menschen selbst, sondern angesichts des physikalisch errechenbaren Tods der irdischen Welt und im Hoffen auf einen diesen Welttod überwältigenden Sinnhorizont des Weltgerichts, vor dem alles irdische Tun der Menschen gerichtet wird.

„Apokalypse" bedeutet in diesem Problemzusammenhang zweierlei: zum einen das Weltende in einer Naturkatastrophe, durch die die Menschheit und die irdische Welt vorzeitig im Erdentod versinken, zum anderen meint Apokalypse bei Bloch auch sehr jüdisch-christlich das Weltende in seiner Sinnerfüllung.

Leise nun beginnt hier der Boden zu wanken, der nicht mehr zu uns zu reichen schien ... Hier läßt sich bereits ein warnendes Läuten des Endes vernehmen, ein leises, fernes Zittern; ... und so bricht hinter uns irgendwo, in den unterirdischen

Vorgängen der Radioaktivität und nicht mehr nur der Entropie ... die physische Natur zusammen ... Man weiß, man kann definitorisch wissen, die Welt hat als Prozeß wie einen Anfang, so ein Ende in der Zeit; das Nichtwissen, das sie hält, ist in seiner gärenden Relationshaftigkeit kein dauernder Zustand und muß entweder in einem absoluten Umsonst oder einem absoluten Überhaupt seinen metakosmischen Grenzpunkt finden ... Der Hauptschlag steht noch aus und ... macht offenbar, welch furchtbare Einbruchstelle in dem möglichen Sterben des Stoffs, in der Krankheit der Materie, in der menschenleeren, unheimlichen, zu sich noch unberufenen, ungeblühten Natur noch offen geblieben ist für alle Vergiftung und Sprengung, für den eigentlichen unteren, mit dem Reifetag prinzipiell diskonformen Explosionsakt, Naturakt der Apokalypse ... Daß wir und ein Gott vereitelt werden, ist das einzige Gericht, über uns und ihn, und dieses ist grauenvoll genug.[18]

Noch ist völlig unentschieden, ob unsere Welt in einem „absoluten Umsonst" der Sinnauslösung oder im „absoluten Überhaupt" der Sinnerfüllung enden wird. Und grundsätzlich bleibt auch hier die absolute Frage unkonstruierbar, wir können das Weltende im Sinne der Offenbarung theoretisch nicht vorweg festlegen. Aber die Orientierung unseres Hoffens, unserer proflexiven Selbstsuche und Sinnfindung muß auf die Möglichkeit einer positiv-apokalyptischen Sinnerfüllung bezogen bleiben, da von ihr her alle anderen Sinnhorizonte der Menschlichkeit ihre letzte Legitimation erhalten.

Bloch scheut sich nicht, die den Erdentod überbietende, apokalyptische Hoffnung in betont christlichen Metaphern zu umschreiben, aber was er anstrebt, ist nicht christlich – jedenfalls nicht im dogmatisch konfessionellen Sinne –, sondern es ist eine erzketzerische, eine atheistische Religion, denn Christus, das sind wir selber – wie Meister Eckhart bereits sagte –, wir sind „Wandernde und Kompaß zugleich". Und allein in uns reift der Gott, der stärker sein wird als dieser letzte Tod:

Wir leben und wissen nicht, wozu. Wir sterben und wissen nicht, wohin ... Und doch, es bleibt uns hier, die wir leiden und dunkel sind, weit hinaus zu hoffen. Wenn sie stark genug bleibt, rein wird, sich selbst unabgelenkt inne hat, läßt sie nicht zuschanden werden, – die Hoffnung läßt uns nicht zuschanden werden. Denn die menschliche Seele umspannt alles, auch das Drüben, das noch nicht ist. Sie allein wollen wir und das Denken dient ihr ... Wie seine Philosophie durch die Welt nochmals hindurchschwingt, die Pforten Christi, das ist, der Adäquation der Menschen-Sehnsucht an sich selber, allenthalben eröffnet, den geheimen Menschen, dies stets Gemeinte, stets utopisch Präsente, diese identische Substanz zugleich aller moralisch-mystischen Symbolintention korrespondierend enthüllt ...
In solcher Funktionsbeziehung zwischen Entlastung und Geist, Marxismus und Religion, geeint im Willen zum Reich, fließt sämtlichen Nebenströmen ihr letzthinniges Hauptsystem: die Seele, der Messias, die Apokalypse, als welche den Akt des Erwa-

[18] GdU 337 f.

chens in Totalität darstellt, geben die letzten Tat- und Erkenntnisimpulse, bilden das Apriori aller Politik und Kultur ... Denn wir sind mächtig; nur die Bösen bestehen durch ihren Gott, aber die Gerechten – da besteht Gott durch sie, und in ihre Hände ist die Heiligung des Namens, ist Gottes Ernennung selber gegeben, der in uns rührt und treibt, geahntes Tor, dunkelste Frage, überschwängliches Innen, der kein Faktum ist, sondern ein Problem, in die Hände unserer gottbeschwörenden Philosophie und der Wahrheit als Gebet.[19]

4. Umriß des Blochschen Gesamtwerks

Halten wir nochmals das Leitmotiv des Blochschen Denkens fest: Unsere Selbstsuche vermag sich nicht in der reflexiven Wendung auf das, was wir immer schon sind bzw. waren, zu erfüllen, sondern wir finden uns nur dort, wo wir uns 'proflexiv' auf das voraus beziehen, was wir noch nicht sind, worauf wir uns aber als das uns Mögliche antizipierend entwerfen.

Die Sinnfindung unserer Existenz greift so hoffend ins Utopische aus. Sie ist daher grundsätzlich unabschließbar, wird durch uns selber zu immer weiteren Horizonten der Menschlichkeit herausgetrieben. Doch auch diese Horizonte erfüllter Menschlichkeit, die Bloch im Werk von Marx angezeigt sieht, können noch nicht unsere letzten Fragen der Sinnsuche befriedigen, da sie durch den Tod, insbesondere den Menschheitstod zunichte werden würden. Unser Hoffen muß daher notwendig zwangsläufig ins Transzendente ausgreifen, wobei hier Bloch nicht auf den Glauben an einen Schöpfergott zurückgreift, sondern sein Hoffen auf das unabgeschlossene Werden richtet, dem wir selbst mit angehören und das durch uns hindurch zu sich selber kommen muß.

Es gälte jetzt das Fortwirken dieses Leitmotivs durch das Gesamtwerk von Bloch zu verfolgen. Dies ist natürlich in einem einführenden Aufsatz nicht zu leisten. Daher habe ich mich entschlossen, eine schematisierende Skizze der systematischen Schriften von Bloch vorzulegen und anhand dieser einige Erläuterungen anzufügen, um so anzuregen, in den Werken Blochs selber die hier nur angetippten Fragehorizonte und ihre Verflechtungen näher zu verfolgen.

Vom Erstlingswerk ›Geist der Utopie‹ gehen fünf Entwicklungslinien aus, deren mittlere über ›Das Prinzip Hoffnung‹ bis zu ›Experimentum Mundi‹ die Entfaltung der philosophischen Grundlegung verfolgt, um sie herum sollte man sich dreidimensional die vier realphilosophischen The-

[19] GdU 343–346. Zur weiteren Diskussion siehe W. Schmied-Kowarzik, Der aufrechte Gang wider Barbarei und die Apokalypse, in: Synesis Philosophica 4, 1987, 495.

menschwerpunkte polar aufeinander bezogen vorstellen – in der Skizze auf die Ebene nach unten und oben gestreckt –: die Philosophie des Naturprozesses, die Philosophie der menschlichen Emanzipation, die Ästhetik und die Eschatologie.

a) In ›Das Prinzip Hoffnung‹ bündeln sich nochmals alle realphilosophischen Themenschwerpunkte. „Wille und Natur", „Freiheit und Ordnung", „Ästhetik des Vorscheins" und „Atheismus und die Utopie des Reichs" sind als Teilstücke in dieses philosophische Hauptwerk von Bloch eingebaut. Uns interessiert aber zunächst nur die Grundlegung, in der Bloch in Fortführung des Kapitels „Die Gestalt der unkonstruierbaren Frage" aus ›Geist und Utopie‹ die Konturen des „antizipierenden Bewußtseins" darlegt.

Wieder ist der Ausgangspunkt das „Bin", jenes unvordenkliche Existieren, das wir immer schon sind und dessen wir nie habhaft werden können, weil es als Existierendes dem Denken unergründlich vorausbleibt, jedoch selber das uns Drängende und Treibende ist. Es – und damit uns – gerade nicht fixieren zu wollen, sondern mit ihm unser Denken und Handeln nach vorwärts zu richten, macht den Grundcharakter des antizipierenden Bewußtseins aus. In ihm liegt das „Prinzip Hoffnung", das nichts von außen Hinzukommendes ist und auch nicht etwas, dem wir uns entziehen können, sondern die Grundgerichtetheit unseres menschlichen Lebens auf ein erfülltes menschliches Dasein hin ausmacht.

Hoffnung, dieser Erwartungs-Gegenaffekt gegen Angst und Furcht, ist *deshalb die menschlichste aller Gemütsbewegungen und nur Menschen zugänglich, sie ist zugleich auf den weitesten und den hellsten Horizont bezogen.*[20]

Dies aber ist nur deshalb möglich, weil unser lebendiges Existieren selber der existierenden Wirklichkeit angehört, die ein noch ganz und gar unabgeschlossener Prozeß ist, in den wir in unserer Weise des Existierens und hervorbringenden Eingreifens selbst als Moment des noch offenen Prozesses hineingestellt sind. Auch der Gesamtprozeß der Welt hat eine Zukunft vor sich, die noch nicht festgestellt ist, in ihm liegen noch Latenzen und wirken Tendenzen, zu denen die Menschheitsgeschichte als eine gehört, die aber insgesamt noch nicht entschieden sind.[21]

Von diesem, in den Weltprozeß gestellten antizipierenden Bewußtsein gilt es noch einen Blick auf die weiteren Entfaltungen der Grundlegung zu werfen. Hier sind vor allem Blochs ›Tübinger Einleitung zur Philosophie›[22], die wohl dichteste Selbstdarstellung seiner Position des Denkens,

[20] PH 83 f. (vgl. Kurzbibliographie).
[21] PH 225.
[22] Vgl. Kurzbibliographie.

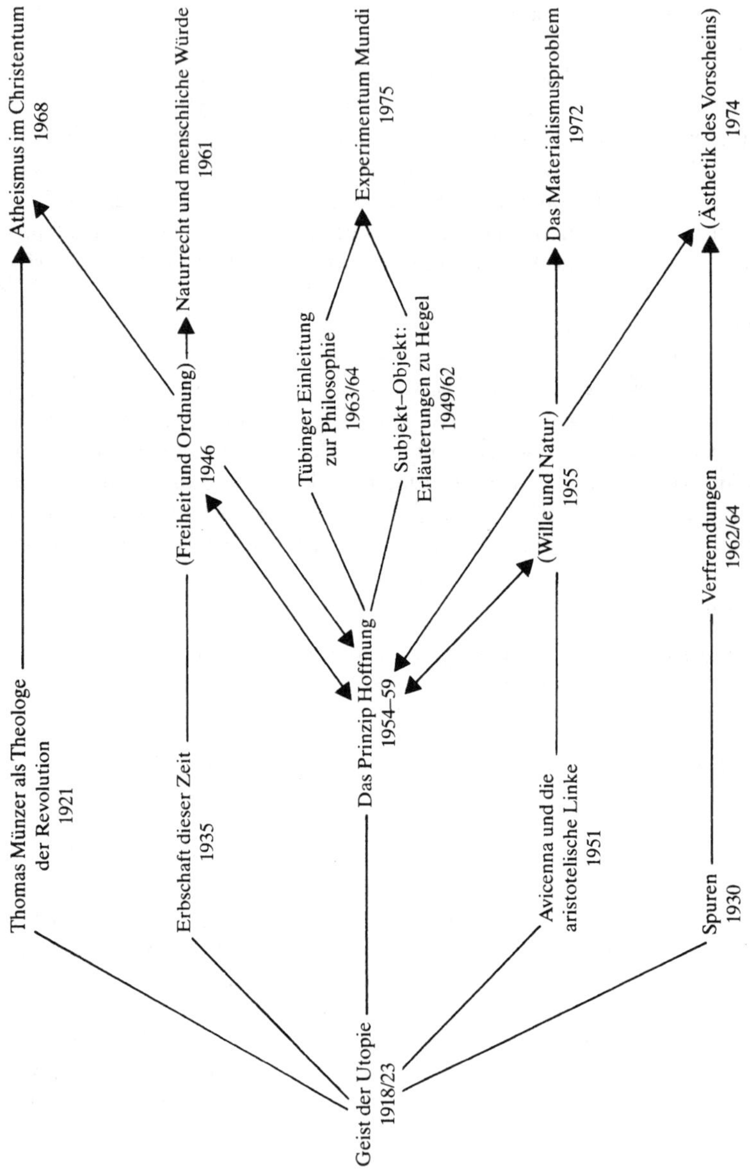

Skizze zu Ernst-Blochs grundlegend-systematischen Schriften

sowie seine Auseinandersetzung mit Hegel in ›Subjekt – Objekt‹ zu nennen. Gerade in Abhebung zu Hegels Dialektik des Geistes, die ihm immer die stärkste Herausforderung war, dringt Bloch schließlich in ›Experimentum Mundi‹ zur sein Denken fundierenden Kategorienlehre vor, die gerade nicht wie die Logik Hegels sich aus sich selbst zu begründen vermag, sondern sich als bewußtwerdende Vermittlung des Werdens des Weltprozesses versteht, dem sie selber solcherart zugehört und den sie mit voranbringt.

Dies also ist Experimentum Mundi, nicht nur als eines an der Welt, sondern in ihr, eben *das Realexperiment der Welt selber* ... Dem entspricht eine endlich betonte Ontologie des Noch-nicht-Seins im noch nicht Bewußten, noch nicht Gewordenen, beide wesend in den Perspektiven der Tendenz und Latenz, im Realexperiment der Kategorien (Daseinsweisen, Daseinsformen) wie ihrer Materie nach vorwärts.[23]

b) Von hier her können wir uns nun der Philosophie des Naturprozesses zuwenden, dem wohl herausforderndsten Teilstück seines philosophischen Werkes, denn Bloch ist wohl der einzige Denker des 20. Jahrhunderts, der gegen den Trend der neuzeitlichen Philosophie, die Natur allein den Erkenntnisbemühungen der Naturwissenschaften zu überlassen, das Projekt einer Naturphilosophie von Aristoteles über die „aristotelische Linke" und die Renaissance bis zu den gigantischen naturphilosophischen Entwürfen Schellings und Friedrich Engels' ›Dialektik der Natur‹ positiv aufgreift und als eine unabdingbare Problemstellung für unsere Selbstfindung fortführt – wie Bloch dies vor allem in ›Das Materialismusproblem‹[24] darlegt. Wollen wir uns in unserem in die Zukunft noch offenen Werden begreifen, so müssen wir bereits die Natur als einen Prozeß verstehen, der nicht nur uns als Naturwesen hervorgebracht hat, sondern durch uns selbst weiterhin wirksam ist. Mit Schelling sieht Bloch die Aufgabe der Naturphilosophie darin, die Natur so aus den ihr eigenen dynamischen Potenzen zu begreifen, daß daraus einsichtig wird, wie sie sich aus sich selbst heraus von der „prozeßhaften Materie" über die lebendigen Organismen zum menschlichen Bewußtsein zu organisieren vermag. Dabei ist dieser Gesamtprozeß der Natur als hervorbringendes Existieren und Werden noch keineswegs abgeschlossen, sondern birgt – letztlich auch in uns – noch Möglichkeiten, die ihr einen offenen Zukunftshorizont verleihen.

Es gibt deshalb solche Real-Chiffren, *weil der Weltprozeß selber eine utopische Funktion ist, mit der Materie des objektiv Möglichen als Substanz.* Die utopische

[23] E. Bloch, Experimentum Mundi, 263 f. (vgl. Kurzbibliographie).

[24] E. Bloch, Das Materialismusproblem, seine Geschichte und Substanz, Frankfurt a. M. 1972; siehe auch W. Schmied-Kowarzik, Das dialektische Verhältnis des Menschen zur Natur, Freiburg–München 1984.

Funktion der menschlich bewußten Planung und Veränderung stellt hierbei nur den vorgeschobensten, aktivsten Posten der in der Welt umgehenden Aurora-Funktion dar: des nächtlichen Tags, worin alle Real-Chiffren, das heißt Prozeßgestalten noch geschehen und sich befinden.[25]

Von hierher wird einsichtig – ebenfalls gegen den Trend des herrschenden Technikverständnisses –, weshalb Bloch, vor allem im Kapitel „Wille und Natur", sein konkret utopisches Hoffen und Antizipieren auf eine Allianztechnik[26] mit der Natur richtet, denn die Technik darf nicht als willkürlicher Eingriff in die Natur mißverstanden und mißbraucht werden, denn sie bezieht ihre Kraft aus der bewußten Beherrschung der Kräfte der Natur, daher müssen wir die Technik aus den Potenzen der Natur begreifen und mit ihnen voranschreiten lernen.

In Wirklichkeit aber hat sie [die Natur] weder ausgeblüht, noch ist die menschliche Geschichte, in ihrer Leiblichkeit, Umgebung und vor allem in ihrer Technik, der Natur nur als einer vergangenen verbunden. Konträr: *Die endgültig manifestierte Natur liegt nicht anders wie die endgültig manifestierte Geschichte im Horizont der Zukunft,* und nur auf diesen Horizont laufen auch die künftig wohl erwartbaren Vermittlungskategorien konkreter Technik zu. Je mehr gerade statt der äußerlichen eine Allianztechnik möglich werden sollte, eine mit der Mitproduktivität der Natur vermittelte, desto sicherer werden die Bildekräfte einer gefrorenen Natur erneut freigesetzt.[27]

c) Von der Philosophie der Natur als Prozeß gilt es nun zur Philosophie der Emanzipationsgeschichte überzuwechseln. Ohne Zweifel ist es diese realphilosophische Gedankenlinie, in der sich Bloch entschieden bekennt, aus der Nachfolge von Karl Marx zu denken, ja in der sich Bloch selbst ohne Zaudern als Marxist bezeichnet. Trotzdem verwundert, wie wenig sich Bloch in seinen geschichtsphilosophischen Arbeiten auf den Marxschen Ansatz einläßt, die Menschheitsgeschichte von der gesellschaftlichen Produktion und ihren Entfremdungsformen her zu begreifen, was um so mehr erstaunt, als die Geschichte menschlicher Produktivität, nicht linear zwar, aber doch das dialektisch notwendige Anschlußstück zu Blochs Philosophie der Naturproduktivität darstellen würde. Natürlich beruft sich Bloch auf die Leistung von Marx, „in der durchsetzenden Macht des Produktionsprozesses ... den wirklichen Drahtzieher der bisherigen Geschichte"

[25] PH 203.

[26] W. Schmied-Kowarzik, Ernst Bloch – Hoffnung auf eine Allianz von Geschichte und Natur, in: G. Flego/W. Schmied-Kowarzik (Hrsg.), Ernst Bloch – Utopische Ontologie, Bd. II des Bloch-Lukács-Symposions 1985 in Dubrovnik, Bochum 1986.

[27] PH 807.

aufgewiesen zu haben, aber er selber hält sich mit dieser, von Marx bereits getanen Arbeit nicht weiter auf und wendet sich – Hegel politisch wendend – der Geschichte als bewußter Verwirklichung von Freiheit zu. Hier sind es vor allem die beiden Arbeiten ›Freiheit und Ordnung‹[28] und ›Naturrecht und menschliche Würde‹, in denen er die politische Grundlagendiskussion um die Sozialutopien und die Menschenrechte durch die europäische Tradition hindurch verfolgt, immer einen freiheitlichen Sozialismus als konkret utopisches Hoffnungsziel vor Augen:

> Daher als eigenes Erbe am revolutionär gewesenen Naturrecht: Aufhebung aller Verhältnisse, in denen der Mensch mit den Dingen zur Ware entfremdet ist und nicht nur zur Ware, sondern zur Nullität an Eigenwert. Keine Demokratie ohne Sozialismus, kein Sozialismus ohne Demokratie, das ist die Formel einer Wechselwirkung, die über die Zukunft entscheidet.[29]

Politisch am konkretesten wird Bloch in der Zeitanalyse der Weimarer Jahre und des aufkommenden Nationalsozialismus in ›Erbschaft dieser Zeit‹. Auch seine darin entwickelte Dialektik der Ungleichzeitigkeit gleichzeitiger Ereignisse und geschichtlicher Bewegungen gehören zu den grundlegenden Bereicherungen innerhalb der marxistischen Diskussion. Insgesamt aber bleibt Blochs Berufung auf Marx und den Marxismus bekenntnishaft und appellativ – wie beispielsweise im großen Schlußakkord „Karl Marx und die Menschlichkeit“ in ›Das Prinzip Hoffnung‹:

> Eben die Menschlichkeit selber ist der Entmenschlichung ihr geborener Feind, ja indem der Marxismus überhaupt nichts anderes ist als der Kampf gegen die kapitalistisch kulminierende Entmenschlichung bis zu ihrer völligen Aufhebung, ergibt sich auch e contrario, daß echter Marxismus seinem Antrieb wie Klassenkampf, wie Zielinhalt nach nichts anderes ist, sein kann, sein wird als Beförderung der Menschlichkeit.[30]

d) Der dritte Themenschwerpunkt, die Ästhetik, nimmt seit ›Geist der Utopie‹ den größten Raum in Ernst Blochs Werk ein. Schon in ›Geist der Utopie‹ stehen neben der philosophischen Frage die Selbstbegegnung in der bildenden Kunst und in der Musik im Vordergrund und ebenso im Hauptwerk ›Das Prinzip Hoffnung‹. Zusammen mit verstreuten kunsttheoretischen Abhandlungen wurden diese kunstphilosophischen Studien in den beiden Bänden ›Ästhetik des Vorscheins‹[31] gesammelt. Hinzu kommen Blochs eigene literarischen Texte wie die Bücher ›Spuren‹ und ›Verfrem-

[28] E. Bloch, Freiheit und Ordnung. Abriß der Sozialutopien (1949) – später aufgenommen in ›Das Prinzip Hoffnung‹.

[29] E. Bloch, Naturrecht und menschliche Würde (1961), Frankfurt a. M. 1972, 232.

[30] PH 1607.

[31] E. Bloch, Ästhetik des Vorscheins, 2 Bde., Frankfurt a. M. 1974.

dungen‹[32]; in ihnen verschmelzen Kunst und Literatur als Medium und Gegenstand in schöpferischer Produktivität und bringen zugleich das Vorwärtsweisende des Blochschen Denkens unmittelbar zum Vorschein.

e) Da ich darauf bereits in der Vorklärung eingegangen bin, möchte ich mich in dieser zusammenfassenden Skizze gleich dem vierten und letzten Problemstrang der Eschatologie zuwenden. Für Bloch ist – wie bereits an ›Geist der Utopie‹ gezeigt – die Eschatologie oder die positiv gefaßte Apokalypse der letzte Zielhorizont, der das Drängende und Treibende in uns und der Welt positiv auf das Kommen des Reichs zu richten vermag. Dieser Zielhorizont ist es auch, der den revolutionären Aufbrüchen den kräftigen Mut und die wärmende Hoffnung verleiht, wie Bloch insbesondere in ›Thomas Münzer als Theologe der Revolution‹[33] an den Bauernkriegen und ihren untergründigen Wurzeln und Fortwirkungen herausgearbeitet hat.

Neben dem, was Bloch in seiner Philosophie des Naturprozesses vorgelegt hat, gehört seine Ausarbeitung des eschatologischen Themas, wie es im Buch ›Atheismus im Christentum‹ gipfelt, zum aufregendsten Novum, das er in die philosophische Diskussion eingebracht hat und das ihn – wie immer man zu seinen Ausführungen stehen mag – zu einem der großen Denker des 20. Jahrhunderts werden läßt. ›Atheismus im Christentum‹ ist der Versuch, die jüdisch-christliche Glaubenstradition gegen den Strich der kirchlichen Verfestigungen auf rebellische Hoffnungsaufbrüche ins Reich hin auszuloten, die Bibel nicht als von einem Gott offenbartes Buch, sondern atheistisch als ein Buch menschlicher Offenbarwerdung seines eschatologischen Zielhorizonts zu verstehen. Aller bisheriger Atheismus beruht auf Reduktionismus und Denkverboten, weshalb das Verdrängte an anderer Stelle in Form von pseudoreligiösen Weltanschauungen in grotesken und oft krankhaften Gestalten zum Ausbruch kommt, der Nationalsozialismus und der Stalinismus tragen solche Züge; indem Bloch, über das bei Feuerbach Begonnene hinaus, die religiösen Traditionen in ihren Sinngehalten beerbt, vermag sein „religiöser Atheismus" in einen freien Dialog und produktiven Wettstreit mit allen humanistischen Kräften jüdischer und christlicher Religionsgemeinschaften einzutreten – zur fruchtbaren Herausforderung unserer Selbst- und Sinnsuche im eschatologischen Zielhorizont.

Es gäbe keinen austragbaren Humanismus, wenn er außer seiner Moral nicht auch diese glücklichsten Grenzbilder des Wohin, Wozu, Überhaupt implizierte. Auch de-

[32] E. Bloch, Verfremdungen, 2 Bde., Frankfurt a. M. 1962/1965; vgl. ders., Literarische Aufsätze, Frankfurt a. M. 1965.

[33] E. Bloch, Thomas Münzer als Theologe der Revolution (1921), Frankfurt a. M. 1972.

ren Freiheit liegt in der Elongatur des noch nicht herausgebrachten homo absconditus in der Welt, im Experiment der Welt. Vernichtbarkeit des Menschlichen ist genug da ... Und doch ist die ganze bisherige Welt bloßer Tatsachen nicht wahr, und wahr ist einzig der in ihr anhängige Prozeß, samt der Stimme des Rebells, der zu Pilatus mit so ganz anderer, mit Novum-Parteizugehörigkeit sagen konnte: 'Wer aus der Wahrheit ist, hört meine Stimme.' Deren Platz ist der Kampf, die Unterscheidung, der Wärmestrom, folglich der menschliche Ruf und sein Eingedenken an der Front des Weltprozesses ... Wenn christlich die Emanzipation der Mühseligen und Beladenen wirklich noch gemeint ist, wenn marxistisch die Tiefe des Reichs der Freiheit wirklich substantiierender Inhalt des revolutionären Bewußtseins bleibt und wird, dann wird die Allianz zwischen Revolution und Christentum in den Bauernkriegen nicht die letzte gewesen sein – diesmal mit Erfolg ... Vivat sequentes; es vereinigen sich dann Marxismus und Traum des Unbedingten im gleichen Gang und Feldzugsplan. Das nicht mehr entfremdete Humanum, das Ahnbare, noch Ungefundene seiner möglichen Welt, beides steht unabdingbar im Experiment Zukunft, Experiment Welt.[34]

5. Kritische Anmerkungen

Bloch ist ein visionärer Denker, ein Apologet der positiven Hoffnungsbilder und Sinnstiftungen.

Da er aber nicht begrifflich, begründend und beweisend argumentiert, verfällt alles von ihm Ausgeführte leicht der ätzenden Schärfe der Kritik. Es gibt fast nichts bei Bloch, was sich dieser Kritik entziehen könnte.

Dies besagt jedoch nicht, daß die destruierende Kritik recht hätte, aber es macht auf die Schutzlosigkeit dieses Philosophierens aufmerksam – eines Philosophierens, das vom Denk-Einfall lebt, diesen lediglich umschreibt, umbildert, umspielt und dort, wo es apologetisch oder polemisch wird, in wortgewaltigen Bekenntnissen und Behauptungen gipfelt.

Was dieser Philosophie fehlt, ist das, was Hegel die Arbeit des Begriffs und Adorno mit Berufung auf Benjamin den Gang durch die Eiswüste der Abstraktion genannt hat.

Gleichwohl ließe sich leicht wiederum von Bloch her eine Gegenrechnung aufmachen; denn weder in der Begriffsbewegung der Logik noch in der Eiswüste der Abstraktion kommen jene das Dunkel des gelebten Augenblicks, das wir selber sind, ausdeutend umspielende Visionen vor, zu denen Bloch vordringt und die in uns allen lebendig sind. Hier zeigt sich für mich, daß wir beides in dialektischer Vermittlung brauchen: Blochs positives Hoffen und so etwas wie eine negative Dialektik. Erst beide zusammen bringen uns weiter.

[34] E. Bloch, Atheismus im Christentum (1968), Frankfurt a. M. 1973, 298 f.

Hierzu ein Beispiel: Bloch ist eigentlich dem Marxschen Projekt der „Kritik der politischen Ökonomie“ niemals wirklich nähergetreten, und er hat niemals den darin implizierten Anspruch einer negativ-kritischen Theorie der negativen Gewalt wirklich mitvollzogen. Von seiner Theorie der positiven Hoffnungen her sieht er gar nicht die Notwendigkeit zu einer solchen kritischen Theorie ein, einer Theorie, die sich gegen jene Mächte wendet, die dem Hoffen die Bedingungen ihrer Erfüllung entziehen. Woher nimmt er seine Gewißheit des Kommens von Sozialismus und Allianztechnik? Nichts davon wird kommen, wenn wir den Geschichtsprozeß sich selbst, d. h. der ihn diktierenden kapitalistischen Werkökonomie, überlassen. Dies kritisch in einer negativen Theorie der negativen Logik der herrschenden Kräfte herauszuarbeiten, um der Praxis die Wege ihrer revolutionären Überwindung aufzuweisen, war das Projekt von Marx, das wir heute auf die Ökologieproblematik auszudehnen haben.

Längst ist das Problem der Apokalypse ein anderes geworden als noch vor 70 Jahren. Der Weltuntergang wird ein vom Menschenarm gemachter sein, *wenn* es uns nicht rechtzeitig gelingt, uns selbst in den von uns geführten Arm zu fallen. Dies ahnt auch Ernst Bloch in seinen letzten Arbeiten und mahnt eindrucksvoll:

> Die echte Theorie-Praxis entnimmt methodisch die Ziele des Handelns einer Analyse der jeweiligen Umwelt, und Sozialismus ist dieser Praxis die conditio sine qua non zum Endziel. Derartige Praxis kann sich nicht darauf beschränken, das Verhältnis des Menschen zum Menschen in einer klassenlosen Gesellschaft von Entfremdung zu befreien; sie geht weiter verändernd in das Verhältnis des Menschen zur Natur hinein. So daß der Mensch in der Natur nicht mehr zu stehen braucht wie in Feindesland, mit dem technischen Unfall als ständiger Drohung ... Ein anderes nicht ausbeutendes Verhalten zur Natur wurde schon der objektiv-realen Möglichkeit nach bedeutet als befreundete, konkrete Allianztechnik ... Das wird nun um so notwendiger, als sich der Unfall ja längst ausgewachsen hat zu drohender Selbstausrottung des Menschen, gründlicher Zerstörung seiner natürlichen Existenzbedingungen durch Mißachtung der Ökologie.[35]

Schöne treffende Worte, aber nur Worte, wenn nicht auch eine Kritik an Naturwissenschaft und Technik unter der Vorherrschaft der Wertökonomie nachfolgt, die die drohenden Gefahren und damit die notwendigen Gegenschritte konkret benennen. Solche Kritik fehlt bei Bloch in allen seinen Systemteilen.

Doch will ich nicht mißverstanden werden: Der Kritik fehlt ihrerseits meist die positive Sinneröffnung, wie sie Bloch in seinem Werk grübelnd erfragt, ohne die wir im letzten nicht einsehen können, warum wir überhaupt und auf welche Ziele hin wir zu kämpfen haben.

[35] E. Bloch, Experimentum Mundi, 251 (vgl. Kurzbibliographie).

Daher ist für mich Bloch einer der großen philosophischen Problemeröffner. An uns ist es, die eröffneten Problemhorizonte kritisch fortzubilden.[36]

Kurzbibliographie Bloch

Geist der Utopie (1918), Frankfurt a. M. 1971, 2., erw. Auflage (1923), Frankfurt a. M. 1973 (Sigel: GdU).
Subjekt – Objekt. Erläuterungen zu Hegel (1949), erw. Ausg. Frankfurt a. M. 1962.
Das Prinzip Hoffnung (1954–59), 3 Bde., Frankfurt a. M. 1967 (Sigel: PH).
Tübinger Einleitung zur Philosophie (1963/64), Frankfurt a. M. 1970.
Experimentum Mundi, Frankfurt a. M. 1975.

[36] Aus der fast schon unübersehbaren Literatur über Ernst Bloch sei hier lediglich verwiesen auf: B. Schmidt, Ernst Bloch (Sammlung Metzler Bd. 222), Stuttgart 1985 (mit ausführlicher Bibliographie) sowie auf die beiden Auswahlbände: Materialien zu Ernst Blochs 'Prinzip Hoffnung', hrsg. v. B. Schmidt (stw 111), Frankfurt a. M. 1978.
Seminar: Zur Philosophie Ernst Blochs, hrsg. v. B. Schmidt (stw 268), Frankfurt a. M. 1983.

WILLARD VAN ORMAN QUINE

Partnerschaft zwischen der Philosophie und den Naturwissenschaften

Von FELIX MÜHLHÖLZER

Willard Van Orman Quine beginnt seine philosophischen Überlegungen häufig auf folgende Weise.[1] Er stellt fest, daß wir unsere Informationen über die Welt ausschließlich durch unsere Sinnesrezeptoren erhalten. Unsere Sinnesrezeptoren sind Nervenzellen, die durch das Auftreffen von Teilchen und Wellen gereizt werden. Diese Sinnesreizungen sind, in einem ziemlich theoretischen Sinn, unsere Daten. Quine nennt sie, wie ein Computerwissenschaftler, den „Input". Dieser Input bringt uns dazu, gewisse Schallwellen oder Anhäufungen von Tinte oder Druckerschwärze auf Papier zu produzieren, die wir als „Beschreibungen der Welt" oder als „Theorien über die Welt" klassifizieren. Sie sind der Output. Quine fragt sich, welche Beziehung zwischen diesem Input und diesem Output besteht, und er hält diese Frage für eine der wichtigsten der Philosophie. Daß sie äußerst schwierig ist, sieht man sofort, denn jedes Individuum hat offensichtlich seinen ganz eigenen Input und seine ganz eigene, subjektive und äußerst verwickelte Weise, ihn in Output zu verwandeln. Andererseits sind wir Menschen uns jedoch alle recht ähnlich, und in unseren Weltbeschreibungen und Theorien, zumindest den naturwissenschaftlichen, stimmen wir alle in großem Maße überein. Es sollte also wohl doch eine begriffliche Ebene geben, die die Frage nach der Beziehung zwischen Daten und Theorie auf eine Weise zu beantworten erlaubt, bei der die individuellen Unterschiede zwischen den Menschen keine wesentliche Rolle spielen. Die philosophische Kunst, so könnte man sagen, bestünde gerade darin, diese Ebene zu finden.

Quine ist Empirist insofern, als er als Daten, auf denen unser Wissen beruht, nur sinnliche Daten akzeptiert. Seine Daten sind jedoch keine 'Sinnesdaten' im Sinne der traditionellen Empiristen. Sie sind Reizungen der Sinnesrezeptoren (hauptsächlich auf unserer Körperoberfläche), also et-

[1] Etwa in 'Sticks and Stones; or, the Ins and Outs of Existence', in: Leroy S. Rouner (Hrsg.), On Nature, University of Notre Dame Press, Notre Dame, 1984, 13 ff. Siehe auch Quine 1981, 39 ff. (Vgl. Kurzbibliographie; Seitenangaben bzgl. der dort angegebenen Bücher betreffen immer die deutschsprachigen Ausgaben.)

was Physikalisches, von dem wir nur auf dem indirekten und letztlich hypothetischen Weg über Theorie und Experiment Genaueres wissen können. Unter 'Sinnesdaten' dagegen versteht man etwas Mentales, etwas tief drinnen im menschlichen Geist, von dem man direktes und sicheres Wissen hat. Der traditionelle Empirist will mit Hilfe seiner Sinnesdaten-Konzeption unser Reden über die Dinge der Außenwelt, wozu auch die Sinnesrezeptoren gehören, rechtfertigen, und er darf dabei diese Dinge nicht schon als gegeben, d. h. eben als 'Daten', voraussetzen. Sein Vorgehen wäre sonst zirkulär. Es hat sich jedoch gezeigt, daß dieses Rechtfertigungs-Projekt eine Illusion ist. Schon David Hume mußte einsehen, daß unsere normalen Aussagen über die Außenwelt nicht aus solchen über Sinnesdaten deduzierbar sind, und das Scheitern Rudolf Carnaps in seinem Buch ›Der logische Aufbau der Welt‹ zeigt, daß sie sich auch nicht in solche übersetzen lassen. Quine zieht die Konsequenz und akzeptiert sie einfach, jedenfalls so weit, wie sie von unseren wissenschaftlichen Erkenntnissen gedeckt sind. Von letzteren macht Quine ohne Zirkularitätsskrupel freien Gebrauch. Die Frage, wie es uns gelingt, aus den mageren Informationen, die wir aufgrund der Reizungen unserer Sinnesrezeptoren empfangen, unsere reichen wissenschaftlichen Theorien zu gewinnen, die ihrerseits wieder Aussagen über diese Sinnesrezeptoren und ihre Reizungen enthalten, beinhaltet für Quine keinen Circulus vitiosus, sondern einen Circulus virtuosus. Sie lädt zu einer Art Konsistenzbetrachtung ein. Unsere Theorien sollten unter anderem erklären, wie wir zu ihnen selbst gekommen sein können.

Dies ist Quines *naturalisierte Erkenntnistheorie.* Sie ist ein wesentlicher Aspekt seines *Naturalismus,* der einfach besagt, daß eine 'Philosophia Prima', eine Erste Philosophie, die uns mit sicherem Wissen ausstatten und das Vorgehen der restlichen Wissenschaften rechtfertigen könnte, unmöglich ist und daß uns nichts anderes übrigbleibt, als das wissenschaftliche Weltbild – wobei mit „wissenschaftlich" immer „naturwissenschaftlich", und letztlich sogar nur „physikalisch", gemeint ist – einfach zu akzeptieren und innerhalb dieses Weltbilds zu philosophieren. Was ist dann noch 'Philosophie'? Wodurch läßt sich dann noch die Philosophie von naturwissenschaftlichen Theorien abgrenzen? Quine findet diese Frage langweilig. Namen von Disziplinen und entsprechende Abgrenzungen mögen nützlich sein, um Ordnung in Lehrpläne oder Bibliotheken zu bringen, unser Erkenntnisinteresse jedoch sollte sich von ihnen nicht einengen lassen. Vergegenwärtigen wir uns, was die großen Philosophen der Vergangenheit getan haben, und versuchen wir, in ihrem Geiste weiter zu philosophieren. Quine ist der Meinung, daß er genau das tut. Die großen Philosophen haben alle nach Einheit in der Vielfalt des Wirklichen gesucht. Für Quine sind es die Naturwissenschaften und letztlich die Physik, von denen wir das gewünschte einheitliche Weltbild erwarten dürfen. Die Naturwissenschaften splittern sich allerdings faktisch, und vielleicht unvermeidlich, in immer mehr Spezialgebiete auf; dann fällt dem Philosophen die wichtige Aufgabe zu, den Blick immer wieder auf die angestrebte Einheit zu lenken.

Kommen wir zurück zu unserer *Grundfrage* nach der Beziehung zwischen dem Input an Sinnesreizungen und dem „wissenschaftliche Theorie" genannten Output an Schallwellen und Druckerschwärze. Für Quine besteht die richtige Beantwortungs-Strategie in folgenden zwei Schritten. Bei dem betreffenden Output handelt es sich ja um sprachliche Äußerungen, und wir sollten uns im ersten Schritt überlegen, wie wir unsere Sprache lernen. Weiterhin ist für Quine eine Theorie nichts anderes als eine Klasse von Sätzen (unserer Sprache), und wir sollten uns im zweiten Schritt überlegen, wie wir dazu kommen, diese Sätze als wahr zu akzeptieren. Wenn wir all dies verstehen, besitzen wir auch die Antwort auf unsere Grundfrage.

Was versteht Quine unter einer 'Sprache'? „Sprache ist eine soziale Kunstfertigkeit, die wir allein auf der Grundlage des beobachtbaren Verhaltens anderer Menschen unter öffentlich erkennbaren Umständen erwerben."[2] Quine denkt, daß das Phänomen Sprache rein behavioristisch erfaßt werden sollte. Sprache erschöpft sich in bestimmten Dispositionen zur Produktion von Schallwellen, Anhäufung von Druckerschwärze usw. Was den Begriff der 'sprachlichen Bedeutung' angeht, so hält Quine – und dies ist ein weiteres Kennzeichen seines Empirismus – an der sogenannten Verifikationstheorie der Bedeutung fest, die schon bei Charles Sanders Peirce und dann im Logischen Empirismus eine zentrale Rolle gespielt hat. Wenn die Wahrheit bzw. Falschheit eines Satzes – oder einer Klasse von Sätzen – jeweils als Konsequenz bestimmte mögliche Erfahrungen nach sich zieht, so sind es genau diese möglichen Erfahrungen, die die 'Bedeutung' des Satzes – oder der Klasse von Sätzen – ausmachen. „Mögliche Erfahrung" bedeutet für Quine, im Gegensatz zu Peirce und den Logischen Empiristen, natürlich: „mögliche Reizungen der Sinnesrezeptoren". Da diese Erfahrungen auch zugleich die letzten Testinstanzen für unsere wissenschaftlichen Theorien sind, fallen damit Semantik (d. h. die Lehre von den Bedeutungen) und Erkenntnistheorie (d. h. die Lehre von der Bestätigung und Widerlegung von Theorien) weitgehend zusammen. Wie kommt es, daß wir mit einem Satz – oder einer Klasse von Sätzen – bestimmte mögliche Erfahrungen als bestätigende bzw. widerlegende Instanzen verbinden? Offensichtlich ist es der Prozeß des Sprachlernens, der diese Verbindungen herstellt. Für Quine sind die Kanäle, über die wir, ausgehend von bestimmten Sinnesreizungen, die gesamte Sprache erlernen, identisch mit den Kanälen, über die eine wissenschaftliche Theorie mit der Erfah-

[2] Quine 1969, 41.

rung verbunden ist. Der oben genannte zweite Schritt zur Beantwortung unserer Grundfrage – zu verstehen, wie wir dazu kommen, gewisse Theorien zu akzeptieren und andere zu verwerfen – wird damit schon in beträchtlichem Ausmaß im oben genannten ersten Schritt – den Spracherwerbsprozeß zu verstehen – erledigt.

Den Spracherwerbsprozeß stellt sich Quine ganz schematisch (und wegen unseres geringen Wissens auf diesem Gebiet zwangsläufig sehr spekulativ) so vor. Als erstes lernt das Kind sogenannte *Beobachtungssätze,* z. B. den Ein-Wort-Satz „Mama“, der als Kurzform des Satzes „Hier ist Mama“ gedeutet werden sollte. Ein Beobachtungssatz im Quineschen Sinne ist ein Satz, der so direkt mit gewissen charakteristischen Sinnesreizungen korreliert ist, daß wir ihn ausschließlich aufgrund des Vorliegens dieser Sinnesreizungen und ganz unabhängig von unseren sonstigen Überzeugungen bejahen bzw. verneinen. Solch ein Satz kann rein ostensiv gelernt werden. Er hat die charakteristische Eigenschaft, daß seine Wahrheit oder Falschheit wesentlich von der Situation abhängt, in der er geäußert wird.

Quinesche Beobachtungssätze handeln meistens von vertrauten Gegenständen der Außenwelt und nicht etwa von ‘Sinnesdaten’. Sie können auch hochtheoretisches Vokabular enthalten. Für Mediziner kann z. B. der Satz „Dies ist ein Epileptiker“ ein Beobachtungssatz sein. Mediziner erkennen Epilepsie an charakteristischen äußeren Symptomen. Trotz seiner möglichen Theorienbeladenheit wird über einen in einer bestimmten Situation geäußerten Beobachtungssatz im allgemeinen intersubjektive Übereinstimmung hinsichtlich seiner Wahrheit herrschen. Zwei Mediziner mögen noch so verschiedene Theorien über Epilepsie vertreten, in ihrem Urteil, ob *dies* ein Epileptiker ist, werden sie meistens übereinstimmen. Diese Eigenschaft der Beobachtungssätze rührt daher, daß wir sie unmittelbar als unzergliederte Ganzheiten lernen können. Wir korrelieren sie als ganze mit charakteristischen Sinnesreizungen. Sie stehen mit der Wirklichkeit in *holophrastischem Kontakt.* Die dadurch ermöglichte intersubjektive Übereinstimmung macht sie zu idealen Überprüfungs- und Vergleichsinstanzen für wissenschaftliche Theorien. Die empirische Basis der Wissenschaft sollte nicht, wie die traditionellen Empiristen glaubten, aus privaten Wahrnehmungen, sondern aus intersubjektiv zugänglichen Destillaten privater Wahrnehmungen bestehen. Nach Quine ist es gerade der Spracherwerbsprozeß, der die gewünschten Destillate liefert. (In dieser Einsicht in die objektivierende Funktion von Sprache kann man, nebenbei bemerkt, einen der wichtigsten Gründe für den sogenannten ‘linguistic turn’ in der Philosophie des 20. Jahrhunderts sehen. Sie wurde von einigen Logischen Empiristen bei ihrer Suche nach einer Sinnesdatensprache allerdings zeitweilig vergessen. Ihre Blickrichtung war falsch. Ihr Wunsch nach Gewißheit und einer Ersten Philosophie ließ sie nach Begriffen Ausschau halten, die allen intersubjektiven Beiwerks entledigt waren. Quines Blickrichtung ist die entgegengesetzte. Er schaut darauf, was aus den privaten Wahrnehmungen an Intersubjektivem gewonnen werden kann.)

Hat man einmal die Erfahrung auf die Ebene der Sätze, eben der Beobachtungssätze, angehoben, so kann man hoffen, die Beziehung zwischen Theorie und Erfahrung als eine rein logische zu erkennen. Viele Logische Empiristen sahen sie in der Tat einfach als Implikations-Beziehung: Theorien implizieren Beobachtungssätze. Bei Quine ist dies nicht möglich, da seine Beobachtungssätze von der Äußerungssituation abhängen, während theoretische Sätze, etwa Naturgesetze, dies normalerweise nicht tun. Zwischen diesen verschiedenen Satzarten kann (jedenfalls für Quines Logik-Verständnis) keine logische Beziehung bestehen. Quine macht deshalb einen Umweg über Sätze, die er *beobachtungskategorisch* nennt. Ein beobachtungskategorischer Satz setzt sich aus zwei Beobachtungssätzen zusammen und besagt, daß mit der Wahrheit des ersten immer zugleich die Wahrheit des zweiten einhergeht. Ein Beispiel wäre der Satz „Wo Rauch ist, dort ist auch Feuer", der aus den Beobachtungssätzen „Hier ist Rauch" und „Hier ist Feuer" gebildet wurde. Beobachtungskategorische Sätze kann man vielleicht schon als rudimentäre Theorien ansehen. Sie haben insbesondere die gewünschte Eigenschaft, daß ihre Wahrheit oder Falschheit von der Äußerungssituation unabhängig ist. Quine kann mit ihrer Hilfe die Frage nach der Beziehung zwischen Sinnesreizungen und Theorie auf folgende Weise beantworten: Diese Beziehung ist eine dreistufige. Sinnesreizungen sind direkt korreliert mit Beobachtungssätzen; letztere sind über einfache Generalisierungen korreliert mit beobachtungskategorischen Sätzen; letztere sind korreliert mit Theorien, wobei diese Korrelation nichts anderes als die logische Implikation ist. Theorien implizieren beobachtungskategorische Sätze, die sich aus Beobachtungssätzen, die mit bestimmten Sinnesreizungen korreliert sind, zusammensetzen. Dies ist die Beziehung zwischen Theorie und Erfahrung.[3] Wir prüfen eine Theorie, indem wir prüfen, ob die von ihr implizierten beobachtungskategorischen Sätze mit unserer Erfahrung in Einklang sind. Wenn die Prüfungen hinreichend oft positiv ausfallen, sind wir motiviert, Schallwellen und Anhäufungen von Druckerschwärze zu produzieren, mit denen wir Sätze der Theorie zum Ausdruck bringen.

Unsere Grundfrage hat damit eine erste, grobe Antwort erhalten. Die Be-

[3] Dieses Bild von der Beziehung zwischen Theorie und Erfahrung kann nur dann als realistisch angesehen werden, wenn die betreffende Theorie sehr umfassend ist, wenn die beobachtungskategorischen Sätze, die aus ihr folgen, hinreichend komplizierte Vorderglieder haben (mit denen 'Anfangs-' oder 'Randbedingungen' ausgedrückt werden) und wenn man sich nicht an Ceteris-paribus-Vagheiten stört.

ziehung zwischen Sinnesreizungen und Theorie, die wir gefunden haben, hat eine bestimmte Richtung: *von* der Theorie *zu* den Sinnesreizungen. Diese Richtung genügt im allgemeinen, um eine Theorie prüfbar zu machen, d. h., um ihr empirischen Gehalt zu verleihen. Man kann jedoch auch nach der anderen Richtung fragen: Wie kommen wir von unseren Sinnesreizungen – sie sind ja das einzige, das uns wirklich 'gegeben' ist – zu unseren Theorien? Quine verleiht dieser Frage manchmal eine überraschend instrumentalistische Wendung. Er schreibt: „Das System der Wissenschaft . . . ist eine von uns selbst gebaute Begriffsbrücke, durch die verschiedene Sinnesreize miteinander verbunden werden."[4] Unser [wissenschaftliches und nichtwissenschaftliches] Reden über äußere Dinge . . . ist nichts weiter als ein Begriffsapparat, der uns hilft, zukünftige Reizungen unserer Sinnesrezeptoren unter Berücksichtigung vergangener Reizungen vorauszusehen und zu beeinflussen. Die Reizungen sind letztlich alles, was wir zur Verfügung haben."[5] Es stellt sich dann nicht nur die Frage, genau auf welche Weise wir von dieser schmalen Datenbasis unsere großen, hilfreichen Begriffsbrücken errichten – diese Frage muß letztlich von der Psychologie beantwortet werden –, sondern die viel philosophischere, wie groß unser Spielraum beim Brückenbau ist. In welchem Maße ist Wissenschaft eine freie Erfindung? Wie groß ist das Ausmaß an konventionellen Anteilen? Gegeben eine Theorie, die mit den Daten verträglich ist: In welchem Maße kann man sie abändern, ohne mit den Daten in Widerspruch zu geraten?

Wenn unsere Theorie nur aus beobachtungskategorischen Sätzen bestünde, hätten wir keinen Spielraum. Der Schritt von den Sinnesreizungen zu den Beobachtungssätzen geschieht durch einfache Konditionierung und der Schritt von den Beobachtungs- zu den beobachtungskategorischen Sätzen durch einfache Induktion aus Beobachtetem. Beide Schritte sind (im Prinzip) eindeutig. Beim Schritt in die theoretischen Gefilde unserer Sprache dagegen – sowohl beim Prozeß des Sprachlernens als auch bei späteren Theoriebildungsprozessen (wobei diese Prozesse von Quine kaum unterschieden werden) – kommt es zu 'Sprüngen', bei denen wir uns lediglich von Analogien leiten lassen. Diese Sprünge haben zur Folge, daß wir von den beobachtungskategorischen Sätzen nicht auf die restlichen Sätze unserer Theorien schließen können. Das Umgekehrte geht: Wir können von unseren Theorien auf beobachtungskategorische Sätze, und damit auf mögliche Beobachtungen, schließen. Allerdings nicht etwa so, daß wir *einzelne* theoretische Sätze auf ihre beobachtungsmäßigen Konsequenzen prüfen. Ein in Isolation betrachteter theoretischer Satz – etwa, ganz typisch, das Grundgesetz der Newtonschen Mechanik: „Kraft ist Masse mal Beschleu-

[4] Quine 1981, 34.
[5] Quine 1981, 11 (teilweise meine Übersetzung).

nigung" – hat normalerweise überhaupt keine bestimmte Beziehung zum Beobachtbaren. Die erhält er erst, wenn man ihn in eine bestimmte Theorie einbettet – im Falle des Newtonschen Grundgesetzes etwa in eine Theorie, die Aussagen darüber macht, in welchen Situationen welche speziellen Kraftgesetze herrschen. Aber dann ist es nicht mehr der einzelne Satz, der die beobachtungsmäßigen Konsequenzen hat, sondern nur noch die Theorie als ganze.

Thesen dieser Art, die die Rolle von Theorien als ganzen betonen, nennt man *holistisch.* Es gibt verschieden starke Versionen des Holismus. Die gerade eben entwickelte Einsicht ist holistisch lediglich in dem schwachen Sinn, als sie uns daran erinnert, daß bei wirklich interessanten Schlüssen das komplexe logische Zusammenspiel vieler verschiedener Sätze eine entscheidende Rolle spielt. Es gibt eine substantiellere holistische Einsicht, die auf Pierre Duhem zurückgeht. Duhem machte die Beobachtung, daß ein experimentelles Ergebnis, das einer bestimmten Theorie widerspricht und deren Korrektur erfordert, im allgemeinen nicht die Korrektur eines ganz bestimmten Satzes der Theorie erfordert. Man kann vor der Wahl stehen, entweder den Satz S_1 der Theorie oder den davon wesentlich verschiedenen Satz S_2 für falsch zu erklären und jeweils durch einen geeigneten anderen zu ersetzen. In seinem Aufsatz ›Zwei Dogmen des Empirismus‹[6] geht Quine (ohne bei der Niederschrift von Duhems These gewußt zu haben) noch einen Schritt weiter. Er behauptet erstens, daß bei empirischen Tests im Prinzip jeder Satz einer Theorie zur Disposition steht, daß aber auch, zweitens, jeder einzelne Satz, ganz gleich, wie die Testergebnisse aussehen, als unwiderlegt angesehen und beibehalten werden kann, wenn man nur an anderen Stellen der Theorie geeignete Änderungen vornimmt. Dies ist die *Duhem-These,* und die Position, die sie ausdrückt, nennt man *Duhem-Quine-Holismus.* Ihr erster Teil sagt, daß kein Satz einer Theorie apriorisch ist – „apriorisch" im Sinne von „immun gegenüber Erfahrung" –, und ihr zweiter Teil sagt, daß jeder einzelne Satz einer Theorie quasi per Beschluß zu einem apriorischen gemacht werden kann. Damit ist die Konzeption eines apriorischen Satzes ad absurdum geführt.

›Zwei Dogmen des Empirismus‹ ist die wichtigste Schrift Quines und der darin ausgedrückte Holismus Quines wichtigste Einsicht. Natürlich existiert für die Duhem-Quine-These kein strenger Beweis, aber auch kein Gegenbeweis. Sie erscheint nicht unplausibel, wenn man an die von Quine konstatierten Analogie-Sprünge denkt, mit denen wir zu unserem theoretischen Vokabular und unseren Theorien kommen. Diese Sprünge verleihen der Verbindung zwischen Theorie und Erfahrung gerade die in der Duhem-Quine-These behauptete Flexibilität. Die Plausibilität wächst,

[6] Quine 1961, 27–50.

wenn man weiterhin nur sehr umfassende Theorien in Betracht zieht, vielleicht sogar nur, wie Quine es häufig tut, die ‘eine große Gesamttheorie von der Welt’. Der erste Teil der Duhem-Quine-These – jeder Satz kann sich im Lichte neuer Erfahrungen als revisionbedürftig erweisen – wird vor allem durch einen Blick auf die Geschichte der Wissenschaft gestützt. Immanuel Kant, der Logik, Geometrie und zentrale Teile der Physik für apriorisch hielt, befand sich in einer irreführenden historischen Situation. Für ihn gab es nur eine Logik (die Aristotelische), nur eine Geometrie (die Euklidische) und nur eine Physik (die Newtonsche). Heute kennt man viele Logiken, viele Geometrien und mehrere Physiken (mindestens zwei: die klassische und die Quantenphysik), und die Versuchung, jeweils eine davon, oder auch nur Teile aus einer, als immun gegenüber Erfahrung zu deklarieren, ist weit weniger groß als zu Kants Zeiten. Die Skrupellosigkeit der Wissenschaftler im Ausdenken neuer Theorien hat uns eines Besseren belehrt. Es mag sein, daß vielleicht einige wenige Sätze tatsächlich erfahrungsimmun sind, aber es dürften wirklich nur sehr wenige sein und kaum diejenigen, die einer aprioristischen Philosophie Nahrung geben könnten.

Welches sind die ‘zwei Dogmen’, von denen Quines Aufsatz handelt? Das zweite, und wichtigere, ist das Dogma des *Reduktionismus:* „Der Glaube, daß jede sinnvolle Aussage äquivalent einem logischen Konstrukt aus Termen sei, die sich auf unmittelbar Erfahrbares beziehen.“[7] Dieses Dogma besagt insbesondere, daß einzelne Sätze (falls sie sinnvoll sind, was wir hier immer unterstellen) bestimmte beobachtungsmäßige Konsequenzen haben, und widerspricht damit unmittelbar dem Holismus (auch schon in dessen gemäßigteren Versionen). Der Holismus zeigt uns also, warum der traditionelle Empirismus mit seinen reduktionistischen Ambitionen scheitern mußte. Da dieses Scheitern für Quine ein wesentlicher Grund ist, eine naturalistische Position zu vertreten, ist demnach Quines Holismus eine wesentliche Stütze seines Naturalismus.

Das erste Dogma „ist der Glaube an eine grundlegende Kluft zwischen Wahrheiten, die *analytisch* sind, d. h., die auf Bedeutungen beruhen und nicht von Tatsachen abhängen, und Wahrheiten, die *synthetisch* sind, d. h., die auf Tatsachen beruhen“[8]. Dieses Dogma widerspricht dem Duhem-Quine-Holismus, der, wie wir gesehen haben, impliziert, daß es keine apriorischen Sätze gibt; denn im üblichen Verständnis von „analytisch“ bilden die analytischen Sätze eine Teilklasse der apriorischen, und somit kann es auch sie nicht geben.

Diese Auffassung Quines hat viel Wirbel erzeugt. Der Analytisch-synthetisch-Unterscheidung scheint ja eine starke Intuition zugrunde zu lie-

[7] Quine 1961, 27 (teilweise meine Übersetzung).
[8] Quine 1961, 27 (teilweise meine Übersetzung).

gen: „Alle Junggesellen sind unverheiratet“ ist analytisch, „Die Katze ist auf der Matte“ synthetisch. Das sind die Paradigmen. Wie kann man diese Verschiedenheit bestreiten wollen! Was jedoch hat der Unterschied zwischen „Alle Junggesellen sind unverheiratet“ und „Die Katze ist auf der Matte“ mit Philosophie zu tun? Die Logischen Empiristen glaubten: eine ganze Menge. Analytische Sätze drücken Sprachwissen aus, und dies war die einzige Art von Wissen, die sie als Empiristen neben dem Erfahrungswissen akzeptieren konnten. Mit Hilfe der Analytizitäts-Konzeption sollten zwei für einen Empiristen heikle Wissensgebiete erklärt werden. Erstens Logik und Mathematik, die ja anscheinend nicht auf Erfahrung basieren, und zweitens das die Erfahrung übersteigende und damit einem möglichen Metaphysikverdacht ausgesetzte theoretische Wissen der Naturwissenschaften. Der Gedanke lag nahe, theoretische Sätze mit Hilfe sogenannter ‘Zuordnungssätze’ mit der Erfahrung zu verbinden. Wenn man dann die Zuordnungssätze als „analytisch“ deklarierte, konnten die theoretischen Sätze einfach als Ausdruck von Erfahrungs- und Sprachwissen gelten und waren von jeglichem Metaphysikverdacht befreit. Dies sind respektable Motive und für einen Empiristen verlockende Ideen. Es zeigte sich jedoch, daß der Analytizitäts-Begriff von der Aufgabe, die ihm damit aufgebürdet wurde, überfordert ist. Die Schwierigkeiten bei dem Versuch, diese Aufgabe durchzuführen, erwiesen sich als unüberwindlich.[9] Die Apriorizität der Sätze der Logik und Mathematik damit zu erklären, daß man sie als „analytisch“ deklariert, erscheint letztlich als zu billig; der Analytizitäts-Begriff ist zu mager, als daß mit ihm mehr als eine Pseudoerklärung zustande kommen könnte. Und der Versuch, die Sätze unserer Theorien säuberlich in analytische, d. h. rein konventionelle, und synthetische, d. h. faktische, zu unterteilen, erwies sich als wenig ergiebig. Es ließen sich keine überzeugenden, nicht willkürlichen Aufspaltungen dieser Art finden.

Die Sätze, die Zusammenhänge zwischen Theoretischem und Beobachtbarem beschreiben, sehen, wenn man sich unsere tatsächlichen Theorien anschaut, meistens so ganz anders aus als der Satz „Alle Junggesellen sind unverheiratet“. Bei einem Blick zurück auf den Logischen Empirismus – und auf die analytische Philosophie mit ihrer Konzeption von ‘Philosophie als Sprachanalyse’ insgesamt – drängt sich der Eindruck auf, daß das Wort „analytisch“ häufig als Zauberwort benutzt wurde: Man deklariere gewisse Sätze als analytisch – und auf einen Schlag sind schwierige Probleme gelöst, ohne daß man sich noch der Mühe des Argumentierens unterziehen müßte. Was am Ende der ganzen Bemühungen um eine Klärung des Ana-

[9] Vgl. F. Mühlhölzer, Sprachphilosophie in der Wissenschaftstheorie, in: M. Dascal, G. Meggle, D. Gerhardus und K. Lorenz (Hrsg.), Handbuch Sprachphilosophie, in 2 Halbbdn., Halbbd. 1: 1992, Halbbd. 2: 1996, Walter de Gruyter, Berlin.

lytizitäts-Begriffs blieb, war nicht sehr viel mehr als das, was schon am Anfang da war: ein vages Analytizitäts-Gefühl mit „Alle Junggesellen sind unverheiratet“ als Paradigma. Die für Philosophen wesentliche Schwierigkeit mit diesem Gefühl liegt einfach darin, daß es sich nur für so wenige Sätze deutlich erwärmt und daß diese wenigen Sätze für philosophische Zwecke so wenig hergeben.

Die Duhem-Quine-These liefert uns gute Gründe, von den analytischen Sätzen zu sagen: Es gibt sie nicht. Quine sagt weiterhin: Selbst wenn es sie gäbe – wir brauchten sie nicht. Er kommt in der Tat leicht ohne sie aus. Er hat nicht das Problem, die Apriorizität von Logik und Mathematik zu erklären, weil diese Apriorizität für ihn gar nicht existiert. Der Sonderstatus der logischen und mathematischen Sätze rührt nach Quine daher, daß wir nur unter ganz extremen Umständen gewillt wären, sie zu revidieren, denn ihre Revision hätte ungeheuer weit reichende Konsequenzen. Aber im Prinzip sind auch sie nicht erfahrungsimmun. Und die Beziehung zwischen Theorie und Erfahrung wird, wie wir gesehen haben, von Quine ebenfalls ohne Zuhilfenahme analytischer Sätze beschrieben. Er muß sich nicht bemühen, das Konventionelle säuberlich vom Faktischen zu trennen, damit ja nichts Metaphysisches in unsere Theorien eindringt. Er hat nämlich keine Angst vor Metaphysik. Es gibt für ihn gute und schlechte Metaphysik, und die gute (wie etwa seine eigene) verträgt sich mit der Naturwissenschaft oder ist sogar ein Teil von ihr.

Auf den ersten Seiten von ›Zwei Dogmen des Empirismus‹ hat sich Quine darum bemüht, den Begriff „analytisch“ zu definieren. Es gelingen ihm Definitionen mit Hilfe der Begriffe „Bedeutung“ und „synonym“, aber er ist nicht zufrieden. Alle diese Begriffe liegen auf derselben Ebene und sind für Quine in derselben Weise unklar. In seinem Hauptwerk ›Wort und Gegenstand‹ hat er seinen Klarheits-Standard explizit gemacht. Er sucht nach „eine[r] ungefähre[n] Charakterisierung in Begriffen sprachlicher Verhaltensdispositionen“[10]. Sprache muß für Quine behavioristisch erfaßt werden, denn unser Sprachlernen stützt sich auf nichts anderes als auf Verhaltensbeobachtungen, und auch bei der Beurteilung der durch diesen Lernprozeß schließlich erworbenen sprachlichen Kompetenz einer Person steht uns nicht mehr zur Verfügung als deren Verhalten; dies gilt sogar dann, wenn man selbst diese Person ist. Die Frage ist also, ob, sagen wir, der Begriff der sprachlichen Bedeutung behavioristisch erfaßt werden kann. Es könnte zunächst so scheinen, als ob die schon erwähnte Verifikationstheorie der Bedeutung, die, grob gesprochen, die Bedeutung eines Satzes mit dessen Testsituationen gleichsetzt und die behavioristisch respektabel ist und von Quine akzeptiert wird, eine befriedigende Antwort

[10] Quine 1960, 357.

erlauben würde. Dies ist jedoch höchstens bei den Beobachtungssätzen der Fall.[11] Die restlichen Sätze besitzen, wie die Duhem-Quine-These zeigt, als einzelne keine wohldefinierten Testsituationen und damit keine wohldefinierte Bedeutung im Sinne des Verifikationismus. Wohldefinierte Testsituationen lassen sich, wenn überhaupt, nur Theorien als Ganzen zuordnen. Für den Verifikationisten Quine bedeutet dies, daß höchstens Theorien als ganze Bedeutung haben.[12] Diese Position heißt *Bedeutungsholismus.*

Eine Kritik am Begriff der Satz-Bedeutung, die sich nur auf die (von vielen Philosophen abgelehnte) Verifikationstheorie der Bedeutung stützt, ist vielleicht nicht besonders überzeugend. Quine macht deshalb in ›Wort und Gegenstand‹ einen weiteren Versuch, der Satz-Bedeutung zu Leibe zu rücken. Er erfindet die Situation der *Urübersetzung* ("radical translation"). Er stellt sich einen Linguisten vor, der einen ihm vollkommen unbekannten Volksstamm im Urwald besucht, um dessen Sprache in die seine zu übersetzen. Das einzige, was er dabei an Daten zur Verfügung hat, ist das Verhalten der Stammesbevölkerung – eine für einen Behavioristen ideale Situation. Übersetzen besteht in der Anwendung gewisser Übersetzungs-Richtlinien (auf die hier nicht weiter eingegangen werden kann), und diese Richtlinien sind wenig präzise und alles andere als konsistent. Aber etwas anderes hat man nicht zur Verfügung. Quine kommt zu dem Ergebnis, daß die Richtlinien keine eindeutige Übersetzung festlegen. Zwei Linguisten, die dieselben Verhaltens-Daten zur Verfügung haben, können, selbst in dem fiktiven Fall, wo das Daten-Material vollständig ist, gänzlich verschiedene Übersetzungen zustande bringen, die gleich gut mit den Daten verträglich sind. Dies ist Quines These von der *Unbestimmtheit der Übersetzung.* Sie besagt nicht, daß wir nicht wissen können, welche der beiden Übersetzungen unserer Linguisten die richtige ist, sondern daß auf die Frage nach der richtigen Übersetzung keine objektive Antwort existiert. Sprachliche, und insbesondere semantische Tatsachen müssen nach Quine letztlich Verhaltenstatsachen sein. Hinsichtlich des Verhaltens der Stammesbevölkerung sind jedoch unsere beiden Übersetzungen ununterscheidbar. Also kann die Frage, welche die richtige ist, keine Tatsachenfrage sein.

Diese These ist starker Tobak, und viele sehen in ihr eine Art reductio ad absurdum des Quineschen Behaviorismus. Für Quine jedoch ist der Behaviorismus für einen wissenschaftlich arbeitenden Linguisten zwingend, und er betrachtet seine These als eine reductio ad absurdum des

[11] Und noch nicht einmal bei denen kann man mit der Verifikationstheorie der Bedeutung wirklich zufrieden sein; siehe Mühlhölzer, a. a. O., Ende von Kap. 3.

[12] Quine zieht es vor, in diesem Fall anstatt von 'Bedeutung' von 'empirischem Gehalt' zu sprechen; vgl. Quine 1981, 39–46 und 92 ff. Siehe auch Mühlhölzer, a. a. O., Kap. 2.

Begriffs der Satz-Bedeutung. Hätten die Sätze der Urwald-Sprache und der Linguisten-Sprache wohldefinierte Bedeutungen, so hätte auch die Frage nach der richtigen Übersetzung eine eindeutige Antwort: Diejenige Übersetzung ist die richtige, die Sätze mit gleicher Bedeutung einander zuordnet. Da jedoch nach Quine eine solche Antwort nicht existiert, kann es auch keine Satz-Bedeutungen geben. Damit weist Quine insbesondere alle mentalistischen Bedeutungstheorien zurück, die Bedeutungen als mentale Entitäten auffassen, zu denen jeder Sprecher seinen eigenen, intimen Zugang hat. Und er kann, allgemeiner, sämtliche Theorien zurückweisen, die durch das Postulieren mentaler Entitäten oder Eigenschaften, welcher Art auch immer, in einen Widerspruch zur These von der Unbestimmtheit der Übersetzung geraten.

Aber ist die Urübersetzungs-Situation nicht einfach, wie ich sie oben genannt habe, eine 'Erfindung' Quines? Müssen wir das Quinesche Gedankenexperiment ernst nehmen? Es scheint so, als müßten wir es tun. Jeder einzelne von uns ist nämlich, genau wie unser Linguist gegenüber den Urwald-Bewohnern, in der Urübersetzungs-Situation gegenüber allen anderen Menschen. Die Daten, die jeder einzelne von uns von allen anderen Menschen hat, erschöpfen sich in deren Verhalten.[13] In der Praxis übersetzt jeder einzelne die Äußerungen der andern, wenn sie derselben Sprachgemeinschaft angehören, natürlich im allgemeinen homophon, d. h., er nimmt diese Äußerungen einfach hin, ohne an eine Übersetzung zu denken. (Manchmal allerdings greifen wir auch zu einer nichthomophonen Übersetzung, wenn uns die Äußerungen unserer Mitmenschen dadurch weniger absurd erscheinen!) Die Gepflogenheit der homophonen Übersetzung rührt natürlich von unserer auf die Sprachgemeinschaft bezogenen Sprachlernmethode her; sie ist außerdem bequem und hat sich bewährt. Von einem theoretischen Standpunkt jedoch stünden jedem von uns, wie unseren Linguisten, viele andere, äquivalente, nichthomophone Übersetzungen der Äußerungen seiner Mitmenschen zur Verfügung. Quine geht noch einen Schritt weiter. Jeder einzelne von uns könnte, wenn er als Theoretiker sich selbst zum Untersuchungsgegenstand machen würde, sogar seine eigenen Äußerungen nichthomophon übersetzen. Die Frage, ob mein Satz das bedeutet, was er in der homophonen, oder das, was er in einer äquivalenten nichthomophonen Übersetzung ausdrückt, hat keine objektive Antwort. In

[13] Wenn wir uns den Sprachlernprozeß vergegenwärtigen, sieht die Situation noch ungünstiger aus: Das kleine Kind kann sich nur auf das Verhalten der Erwachsenen stützen, und es hat noch nicht einmal eine eigene Sprache zur Verfügung. Allerdings darf man das *Lernen* einer Sprache nicht mit dem *Übersetzen* einer Sprache verwechseln. Unser Linguist könnte z. B., wie ein kleines Kind, die Urwald-Sprache lernen, aber damit hätte er das Problem des Übersetzens noch lange nicht gelöst. Nach Quine würde die Unbestimmtheit der Übersetzung weiterhin bestehen.

unseren Köpfen mag, wie man so sagt, viel vorgehen. Was jedoch unsere Sätze *bedeuten,* hat nur mit unserem Verhalten zu tun. Dies ist eine Auffassung, an der Quine, wie etwa auch der späte Wittgenstein, unerschütterlich festhält.

Bei allen bisherigen sprachbezogenen Betrachtungen ging es in erster Linie um Sätze als ganze. Natürlich spielt beim Prozeß des Sprachlernens, bei der logischen Implikation und beim Übersetzen das Zerlegen der Sätze in kleinere Einheiten eine wesentliche Rolle, aber die philosophischen Thesen, die bislang formuliert wurden, betrafen nur Sätze als ganze. Auch bei der Unbestimmtheit der Übersetzung geht es im wesentlichen darum, daß ein Satz der Urwald-Sprache in zwei verschiedene Sätze der Linguisten-Sprache übersetzt werden kann, wobei letztere in der Tat so verschieden sein können, daß der eine wahr und der andere falsch ist. Diese Satzorientiertheit ist charakteristisch für moderne Empiristen. Für sie ist der Satz als ganzer der primäre Träger von Bedeutung, und die Bedeutungen der Satzteile müssen aus den Bedeutungen der Sätze hergeleitet werden. Schauen wir uns an, was Quine, der im allgemeinen noch nicht einmal einzelnen Sätzen, sondern höchstens ganzen Theorien eigenständige Bedeutung zuerkennt, zu den Satzteilen, insbesondere zu den Wörtern und zu dem, was die Wörter bezeichnen, zu sagen hat.

Wörter bezeichnen, wenn sie etwas bezeichnen, Gegenstände, und Quine fragt sich, wozu wir die Wörter, die so etwas tun, überhaupt brauchen. Wozu postulieren wir, sowohl in unserem alltäglichen Reden als auch in wissenschaftlichen Theorien, Gegenstände, auf die wir uns beziehen? Warum geben wir uns bei unserer Kommunikation nicht einfach mit Sprachsignalen zufrieden, die ohne so etwas wie Gegenstandsbezug auskommen? Wir haben Quines Antwort schon gehört: Wir brauchen den Gegenstandsbezug zum Brückenbau: „Unser Reden über äußere Dinge, ja unsere Konzeption der Dinge überhaupt, ist nichts weiter als [eine Begriffsbrücke, die] uns hilft, zukünftige Reizungen unserer Sinnesrezeptoren unter Berücksichtigung vergangener Reizungen vorauszusehen und zu beeinflussen."[14] Die Art der Hilfe ist im wesentlichen eine logische oder kombinatorische. Das Postulieren von Gegenständen ist logisch nützlich. Es verzahnt die einzelnen Teile der Begriffsbrücke auf eine Weise, daß die Brücke stabil wird und große Lasten tragen kann.

In seinem Buch ›Die Wurzeln der Referenz‹ hat Quine detaillierte Spekulationen darüber angestellt, auf welche Weise wir die sprachlichen Mittel zum Gegenstandsbezug erwerben. Das Wort „Referenz" im Titel des Buches ist mehr oder weniger synonym mit dem Wort „Gegenstandsbezug". Es sollte am besten als philosophischer Terminus technicus aufgefaßt wer-

[14] Quine 1981, 11 (teilweise meine Übersetzung).

den. Referenz ist streng von dem zu unterscheiden, was oben im Zusammenhang mit den Beobachtungssätzen „Kontakt“ genannt wurde. Wir haben Kontakt mit der Wirklichkeit durch unsere Sinnesorgane, und deren Reizungen spielen beim Sprachlernprozeß und beim Äußern von Beobachtungssätzen eine entscheidende Rolle. Die mit den Beobachtungssätzen korrelierten Sinnesreizungen verankern die Sprache in der Wirklichkeit. Referenz dagegen hat es ganz allgemein mit Gegenständen zu tun – etwa mit Hasen, auf die sich das Wort „Hase“, oder mit der Zahl 5, auf die sich das Zahlwort „Fünf“ bezieht –, bei denen es sich normalerweise weder um Sinnesrezeptoren oder -reizungen noch um Sinnesdaten handelt. Quine vertritt weiterhin die Auffassung, daß Kontakt nur von ganzen Sätzen hergestellt wird – Kontakt ist holophrastisch –, während es bei Referenz nur um Wörter geht. Aber selbst wenn man auch Wörtern, etwa „warm“, so etwas wie Kontakt zuschreibt, muß man ihre Referenz davon unterscheiden. Nur weil wir mit der Wirklichkeit über unsere Sinne in Kontakt stehen, beziehen sich unsere Wörter noch lange nicht auf Sinnesdaten (und im allgemeinen auch nicht auf Sinnesreizungen). Es war ein entscheidender Fehler des Phänomenalismus, Kontakt und Referenz nicht auseinandergehalten zu haben.

Weiterhin sind für Referenz gewisse formale Schemata bindend. In seinem Aufsatz ›Anmerkungen zur Theorie der Referenz‹[15] nennt Quine als ‘Hauptbegriffe’ jeder Referenztheorie unter anderem die Begriffe „wahr“, „zutreffend auf“ und „bezeichnen“. Sie unterliegen den folgenden Schemata:

(1) „. . .“ ist *wahr* genau dann, wenn ---.
(2) „. . .“ *trifft auf* jedes --- *zu* und auf sonst nichts.
(3) „. . .“ *bezeichnet* --- und sonst nichts.

Hierbei sind jeweils die drei Punkte durch einen Satz, ein Prädikat bzw. einen Eigennamen der Objektsprache (d. h. derjenigen Sprache, über deren Gegenstandsbezug wir etwas aussagen wollen) zu ersetzen und die drei Striche durch die entsprechende Übersetzung in der Metasprache (d. h. derjenigen Sprache, in der wir unsere Aussagen über die Objektsprache und deren Gegenstandsbezug formulieren; im vorliegenden Fall ist die Metasprache Deutsch). Es ist charakteristisch für diese Schemata, daß sie die ‘Hauptbegriffe’ nicht in irgendeinem absoluten Sinn explizieren, sondern nur relativ zur jeweiligen Objektsprache S (es geht also eigentlich um die Begriffe „wahr in S“, „in S zutreffen auf“, „in S bezeichnen“) und relativ zu einer Übersetzung von S in die Metasprache. Der Logiker Alfred Tarski hat gezeigt, daß bei gegebener Objektsprache S und gegebener Überset-

[15] Quine 1961, 125ff.

zung von S in die Metasprache die Prädikate „wahr", „zutreffen auf" und „bezeichnen" in der Metasprache explizit definierbar – und damit eliminierbar – sind, falls die Sprachen nur gewisse allgemeine Bedingungen erfüllen. Tarskis definitorische Konstruktionen respektieren die Referenz-Schemata (1), (2) und (3) und zeigen, wie die 'Hauptbegriffe' miteinander zusammenhängen. Wichtig ist vor allem der Zusammenhang zwischen dem Wahrheitsbegriff und den restlichen. So ist etwa der Satz „Sokrates ist weise" genau dann wahr, wenn der Eigenname „Sokrates" einen Gegenstand bezeichnet, auf den das Prädikat „ist weise" zutrifft.

Was sind die 'Wurzeln' der Referenz? Quine kommt zu dem Ergebnis, daß es im wesentlichen Satzkonstruktionen mit Relativsätzen und Relativpronomina sind. Zum Beispiel: „Ich traf jemanden, der im Urwald wohnt." Diese Sätze können sehr komplizierte Verschachtelungen aufweisen, und um den Überblick nicht zu verlieren, formuliert man sie am besten mit Variablen. Im Falle unseres sehr einfachen Beispielsatzes etwa: „Es gibt ein x, so daß gilt: ich traf x, und x wohnt im Urwald." Quine nimmt Sätze der Art „Es gibt ein x, so daß gilt: . . ." beim Wort. Sie drücken, jedenfalls, wenn wir sie in wissenschaftlichem Geiste und in präziser Form aussprechen, unsere Auffassung davon aus, was es gibt, und gehören damit zur *Ontologie.* Ontologie ist die Lehre davon, was es gibt. Die Frage danach, was es gibt, ist für Quine im wesentlichen eine wissenschaftliche Frage. Sie muß letztlich von unserer Gesamttheorie, die wir von der Welt haben, beantwortet werden. Wir erhalten die Antwort, wenn wir uns die Sätze der Art „Es gibt ein x, so daß gilt: . . ." dieser Theorie anschauen. Die Variablen dieser Sätze beziehen sich auf bestimmte Gegenstände, und genau diese Gegenstände müssen wir als existierend anerkennen. Quine nennt diese Verpflichtung *ontologische Verpflichtung* ("ontological commitment"). Jeder, der ernsthaft eine Theorie vertritt, ist verpflichtet, die Gegenstände, auf die sich ihre auf ein „Es gibt" folgenden Variablen beziehen, als existierend anzuerkennen. Den Bereich aller dieser Gegenstände bezeichnet man oft selbst als „Ontologie der betreffenden Theorie".

Quine beansprucht mit seiner Ontologie-Konzeption nicht, tiefsinnig zu sein, sondern klar. Er nennt sie selbst „trivial". Wie trivial sie ist, wird sich sogleich noch deutlicher zeigen. Betrachten wir dazu unsere Gesamttheorie von der Welt. Sie ist eine Klasse von Sätzen, zwischen denen komplizierte logische Beziehungen bestehen, und sie impliziert beobachtungskategorische Sätze, die eng mit unseren empirischen Daten, den Sinnesreizungen, korreliert sind. Fragen wir uns, was wir, mit diesen Daten in der Hand, über die Ontologie unserer Theorie wissen können. Angenommen, Philosoph 1 verweist auf einen bestimmten Gegenstandsbereich G_1 und behauptet, dieser sei die Ontologie unserer Theorie. Er nimmt an, daß die Eigennamen bzw. Prädikate der Theorie Gegenstände in diesem Bereich bezeichnen bzw. auf sie zutreffen; d. h., daß die Eigennamen und Prädikate, wie man kurz sagt, in diesem Bereich 'interpretiert' sind. Durch diese Interpretation erhalten die Sätze der Theorie bestimmte Wahrheitswerte (von denen unser Philosoph natürlich annimmt, daß sie im Idealfall alle ein und derselbe sind, nämlich „wahr“; aber das ist im vorliegenden Zusammenhang nicht so wichtig). Kommt Philosoph 2 und ordnet jedem Gegenstand aus G_1 einen anderen zu, sozusagen einen Stellvertreter, und verschiedenen Gegenständen aus G_1 verschiedene Stellvertreter, und erzeugt damit einen Gegenstandsbereich G_2. Das heißt, Philosoph 2 gibt eine (eineindeutige) Funktion von G_1 auf G_2 an, die man als *Stellvertreterfunktion* bezeichnet. Mit ihr transportiert Philosoph 2 die von Philosoph 1 angegebene Interpretation der Eigennamen und Prädikate in seinen Bereich G_2. Er erhält damit eine neue Interpretation, die jedoch, wie man sich leicht überlegt, an den Wahrheitswerten der Sätze unserer Theorie nichts ändert. Philosoph 2 behauptet nun, G_2 sei die Ontologie unserer Theorie und seine Interpretation würde die Referenz-Beziehung angeben. Er kann dies guten Grundes tun. Bei seiner Interpretation behalten die Sätze unserer Theorie sowohl ihre Wahrheitswerte als auch ihre logischen Beziehungen untereinander und ihre Beziehung zu den empirischen Daten unverändert bei. Letztere kommt über die Beobachtungssätze zustande, und deren Beziehung zu den Daten ist eine holophrastische und gänzlich unabhängig von der Referenz ihrer Wörter. Die verschiedenen Interpretationen der Philosophen 1 und 2 sind also vollkommen äquivalent. Referenz erscheint demnach als unbestimmt. Quine nennt dies die *Unerforschlichkeit der Referenz.*

Wenn wir die Interpretation einer Sprache tatsächlich angeben wollen, müssen wir die Schemata (1) bis (3) benutzen. Wir müssen dabei die betreffende Sprache in die Metasprache übersetzen, und den verschiedenen Interpretationen, die aufgrund von Stellvertreterfunktionen möglich sind, entsprechen verschiedene Übersetzungen. Quine drückt seine These von der Unerforschlichkeit der Referenz meistens so aus: „Wenn man sagt, über welche Gegenstände jemand spricht, sagt man lediglich, wie man die Terminologie des andern in die eigene [d. h. in die Metasprache] zu übersetzen gedenkt; es steht uns frei, die Entscheidung mittels Stellvertreterfunktion zu variieren. Die Übersetzung hält den dahintreibenden Gegenstandsbezug der fremden Termini nur relativ zum dahintreibenden Gegenstandsbezug unserer eigenen Termini fest, indem sie die beiden verknüpft.“[16] Der letzte Satz drückt das aus, was Quine *ontologische Relativität* nennt. Der Gegenstandsbezug der Termini einer Theorie, und damit deren Ontologie, ist nur bestimmt relativ zu einer – oder besser: 'in Form einer' – Übersetzung dieser Termini in eine Metasprache.

[16] Quine 1981, 33 (teilweise meine Übersetzung).

Als Konsequenz ergibt sich, daß es bei Theorien nur um die Struktur geht, die sie einem Gegenstandsbereich aufprägen, und nicht um die Gegenstände dieses Bereichs als Individuen. Die Gegenstände fungieren nur als Haken, an denen die von den Prädikaten der Theorie gemachten Charakterisierungen aufgehängt werden. Ihre Individualität ist unwichtig. Wichtig sind die Charakterisierungen und deren Zusammenspiel. Die Haken dienen nur als Hilfsmittel.

Dieses Ergebnis ist verwirrend. Können wir die Referenz nicht einfach durch Hinzeigen festlegen? Philosoph 1 zeigt auf einen Hasen und sagt: „Dies ist ein Hase“ (oder: „Dies ist Harvey“). Macht sich Philosoph 2 mit seiner Stellvertreterfunktion, die diesem Hasen vielleicht eine Zahl, etwa die 5, zuordnet, nicht einfach lächerlich? Nein. Quine denkt, daß es eine Illusion ist zu glauben, man könne durch Zeigen die Referenz von Wörtern festlegen. Das mit Zeigegeste verbundene Aussprechen des Satzes „Dies ist ein Hase“ (oder „Dies ist Harvey“) korreliert höchstens den Satz als ganzen mit gewissen Reizungen der Sinnesorgane, jedoch nicht das Wort „Hase“ („Harvey“) mit dem gewünschten Gegenstand. Wer etwas anderes glaubt, glaubt an Magie. Er macht das Zeigen zu einem magischen Zeremoniell, einer Art transzendentem Zeigen auf ein Ding an sich. Damit will Quine nichts zu tun haben.

Trotzdem könnte es so scheinen, als würde Quine sich selbst in Widersprüche verwickeln. Er betont an vielen Stellen, daß er ein ‘robuster Realist’ sei, der unerschütterlich an Gegenstände der Außenwelt glaubt, an Galaxien, Sinnesrezeptoren, Elektronen. Wie paßt dies zur Unerforschlichkeit des Gegenstandsbezugs? Quine denkt, daß es paßt, wenn wir nur Ontologie und Erkenntnistheorie sauber auseinanderhalten. Sein realistischer Glaube an bestimmte Gegenstände der Außenwelt gehört zur Ontologie, die These von der Unerforschlichkeit der Referenz zur Erkenntnistheorie. Würde man letztere als ontologische deuten, so würde man den Fehler begehen, aus unserer Gesamttheorie der Welt heraustreten zu wollen. Man würde sagen: „Hier ist unsere Theorie, und dort sind die Gegenstände der Welt, und unsere Theorie schafft es nicht, eine eindeutige Beziehung zu ihnen herzustellen.“ Dies wäre der Standpunkt einer Ersten Philosophie, den Quine für illusorisch hält und durch seinen Naturalismus ersetzt. Nur innerhalb unserer Theorie hat die Frage danach, was es gibt, Sinn, und diese Frage wird von unserer Theorie selbst beantwortet. Referenz wird dabei zu einer Trivialität. „Hase“ bezieht sich auf Hasen. Mehr läßt sich nicht sagen. Mit Zeigegeste ausgesprochene Sätze der Art „Dies ist ein Hase“ konstituieren nicht Referenz, sondern sie haben andere, bescheidenere Funktionen, die man sich im einzelnen anschauen muß. (Mit dem späten Wittgenstein könnte man in bezug auf sie sagen: Schauen wir uns das Ostensions-Sprachspiel an, das wir mit ihnen spielen.)

Quine deutet die These von der Unerforschlichkeit der Referenz also als eine erkenntnistheoretische. Sie zeigt, was uns die empirischen Daten über die Referenz unserer Termini zu wissen erlauben. Es ist so gut wie nichts. Zugleich gehört natürlich auch diese These zu unserer Gesamttheorie von der Welt. Unsere Gesamttheorie von der Welt sagt uns, welche Gegenstände es gibt und welche Tatsachen bestehen. Die möglichen Änderungen der Referenz, die von der Unerforschlichkeitsthese behauptet werden, ändern nichts daran, was uns unsere Theorie *sagt.* Sie sind somit Änderungen, die nichts mit den Tatsachen der Welt zu tun haben.

Verlassen wir dieses schwer durchschaubare Terrain und kommen wir zurück zu der Frage, die weiter oben gestellt, jedoch bislang nicht beantwortet wurde. Es war nicht die Frage, inwieweit wir durch unsere empirischen Daten die Ontologie unserer Theorie, sondern die Theorie selbst als bestimmt ansehen können. Quine behauptet, daß auch im Falle der Theorien selbst große Unbestimmtheit herrscht. Dies ist seine These von der *Unbestimmtheit der Theorien durch die Erfahrung.* Sie lautet wie folgt: Es existieren Gesamttheorien der Welt, die sich tiefgreifend voneinander unterscheiden und trotzdem empirisch äquivalent sind in dem Sinn, daß sie genau dieselben beobachtungskategorischen Sätze implizieren. Wichtig an dieser These ist der etwas vage Ausdruck „tiefgreifend voneinander unterscheiden". Da für Quine Theorien Klassen von Sätzen sind, gibt es nämlich meistens auf ganz triviale Weise verschiedene und zugleich empirisch äquivalente Theorien. Nehmen wir etwa eine Theorie T_1, die unsere Physik mit den Wörtern „Elektron" und „Proton" enthält, und nehmen wir an, daß diese Wörter, da sie hochtheoretisch sind, in den von T_1 implizierten beobachtungskategorischen Sätzen nicht vorkommen. Sei dann T_2 diejenige Theorie, die aus T_1 einfach durch eine ausnahmslose Vertauschung der Wörter „Elektron" und „Proton" hervorgeht. Offensichtlich sind die Theorien T_1 und T_2 empirisch äquivalent, und zugleich widersprechen sie sich eklatant. Dieser Widerspruch läßt sich jedoch als ein rein verbaler behandeln. Der Anhänger der Theorie T_1 wird einfach die Aussagen des Anhängers der Theorie T_2 nicht homophon übersetzen, sondern dessen Wort „Elektron" als „Proton" und dessen Wort „Proton" als „Elektron" – und sämtliche Widersprüche sind behoben. Es stellt sich die Frage: Gibt es auch empirisch äquivalente Gesamttheorien der Welt, die sich nicht, oder zumindest nicht auf für uns erkennbare Weise, ineinander übersetzen lassen? Quine denkt, daß es sie gibt, und sein Grund dafür ist der Duhem-Quine-Holismus: Wir haben immer verschiedene Möglichkeiten, unsere Theorien der Erfahrung anzupassen – wir können diesen oder jenen Satz revidieren –, und das Spektrum an Revisionsmöglichkeiten ist so groß, daß es zu tiefgreifend verschiedenen Theorien führt, die zugleich empirisch äquivalent sind.

Wir haben damit eine Antwort auf die Frage nach dem Anteil des Konventionellen in unseren Theorien gewonnen. Dieser Anteil ermißt sich nach Quine nicht daran, welche analytischen Sätze unsere Theorie enthält – sie enthält (so gut wie) keine –, sondern daran, wie groß das Spektrum an Theorien ist, die mit unserer Theorie empirisch äquivalent sind. Die These, daß dieses Spektrum sehr groß ist, ist natürlich ebenfalls wieder, wie schon die These von der Unerforschlichkeit der Referenz, eine erkenntnistheoretische. Sie sagt etwas über den Spielraum aus, den uns die Daten bei der Theorienkonstruktion lassen. Wenn wir diese These jedoch aufstellen, stehen wir weiterhin auf dem Standpunkt *einer* dieser Theorien. Etwas anderes ist uns nach Quine nicht möglich.

Hier taucht ein Problem auf hinsichtlich 'Wahrheit'. Wir sind natürlich geneigt, die Sätze unserer Theorie (jedenfalls die meisten von ihnen) als wahr anzusehen. Unsere erkenntnistheoretischen Betrachtungen haben uns jedoch nun gezeigt, daß die empirischen Daten auch ganz andere, womöglich der unseren widersprechende Theorien stützen. Welche von diesen Theorien ist dann wirklich die wahre? Für Quine ist dies eine sinnlose Frage. Er denkt, daß wir nach Wahrheit nur innerhalb unserer Theorie fragen können, und dort bedeutet die Frage nichts anderes als: Welche Sätze akzeptieren wir und welche nicht? Von einem Satz zu sagen, er sei wahr, ist für Quine im wesentlichen dasselbe, wie den Satz selbst zu äußern. Unser Schema (1) drückt alles aus, was im Wahrheitsbegriff steckt. Innerhalb unserer Theorie besagt dieses Schema (wenn wir, was das natürlichste ist, homophone Übersetzung wählen): „Der Schnee ist weiß" ist wahr genau dann, wenn der Schnee weiß ist. Mehr läßt sich über Wahrheit im wesentlichen nicht sagen. Wer fragt, was einen Satz wahr *macht,* erhält von Quine die vielsagende Antwort: Es ist die Beschaffenheit der Welt. Und wer fragt, woher wir *wissen,* daß ein bestimmter Satz wahr ist, erhält die Antwort, daß es da gewisse methodische Richtlinien der Theorienkonstruktion, Theorienprüfung und Theorienwahl gibt, die uns schließlich dazu bringen, gewisse Sätze zu akzeptieren, d. h. als „wahr" zu bezeichnen. Natürlich können sich später gute Gründe ergeben, solch ein Urteil wieder zu revidieren. Wir haben nie absolute Gewißheit. Quines Wahrheitskonzeption ist ein wesentlicher Teil seines Naturalismus. Er charakterisiert sie kurz und bündig so: „Wahrheit ist immanent, und es gibt keine höhere."[17]

Quines Betrachtungen über Wahrheit und die Bestimmtheit von Theorien und deren Ontologie zeigen das für seine Position so charakteristische Wechselspiel zwischen instrumentalistischen und realistischen Tendenzen. In diesem subtilen Wechselspiel liegt Quines Weisheit. Er ist Instrumenta-

[17] Quine 1981, 36 (teilweise meine Übersetzung). – Quines heutige Einstellung zur Wahrheitsproblematik ist allerdings etwas differenzierter; vgl. sein kürzlich erschienenes Buch ›Pursuit of Truth‹ (dt.: Unterwegs zur Wahrheit, Paderborn/München/Wien/Zürich 1995).

list, wenn er Erkenntnistheorie treibt. Theorien stellen sich dann als Begriffsbrücken dar, die wir konstruieren, um Reizungen unserer Sinnesrezeptoren vorherzusehen und zu beeinflussen. Die Gegenstände, von denen unsere Theorien handeln, erscheinen als 'Setzungen' ("posits"). Die Theorien, und noch viel mehr die Gegenstände, erweisen sich als unbestimmt. Der Erkenntnistheoretiker betrachtet die Theorien und die Gegenstände, auf die sich die Theorien beziehen, vom Blickwinkel ihres Konstruiert- und Postuliertwerdens. Dabei steht er jedoch selbst auf dem Standpunkt einer dieser Theorien. Erkenntnistheorie ist nichts anderes als „auf sich selbst gerichtete Naturwissenschaft"[18]. Zwischen der Erkenntnistheorie und unserer Gesamttheorie von der Welt besteht in gewissem Sinn ein Verhältnis „wechselseitigen Enthaltenseins"[19]. Quine ist Realist, sobald er Ontologie und Metaphysik treibt. Die erkenntnistheoretischen Irritationen werden dann sozusagen vergessen. Wir akzeptieren eine Theorie von der Welt, nehmen sie beim Wort und sehen das von ihr Behauptete und Postulierte als real an. Die alte Frage „Konstruieren oder finden?" bekommt von Quine demnach eine zweifältige Antwort. Haben wir die Elektronen konstruiert oder gefunden? Beides. Vom Standpunkt des Erkenntnistheoretikers sind sie Konstrukte, vom Standpunkt des Ontologen sind sie etwas Gefundenes. Dabei muß sich weder der Ontologe noch der Erkenntnistheoretiker aus unserer Gesamttheorie der Welt, die letztlich von der Naturwissenschaft erstellt wird, hinausbegeben. Sie schauen lediglich in verschiedene Richtungen.[20]

Kurzbibliographie Quine

Word and Object, MIT Press, Cambridge, Mass. 1960 (Sigel: Quine 1960)
Wort und Gegenstand, übers. v. J. Schulte u. D. Birnbacher, Stuttgart 1980.
From a Logical Point of View (1953) 2. Aufl., Harvard University Press, Cambridge, Mass. 1961 (Sigel: Quine 1961)
Von einem logischen Standpunkt, übers. v. P. Bosch, Frankfurt a. Main 1979.
Ontological Relativity and Other Essays, Columbia University Press, New York 1969 (Sigel: Quine 1969)
Ontologische Relativität und andere Schriften, übers. v. W. Spohn, Stuttgart 1975.
The Roots of Reference, Open Court, La Salle, Ill. 1974 (Sigel: Quine 1974)
Die Wurzeln der Referenz, übers. v. H. Vetter, Frankfurt a. M. 1976.
Theories and Things, Harvard University Press, Cambridge, Mass. 1981 (Sigel: Quine 1981)
Theorien und Dinge, übers. v. J. Schulte, Frankfurt a. M. 1985.

[18] Quine 1981, 110 (teilweise meine Übersetzung).
[19] Quine 1969, 116.
[20] Ich danke M. Gutberlet und A. Kemmerling für hilfreiche Bemerkungen.